U0926693

上海市志

交通运输分志
海洋运输卷

1978—2010

上海市地方志编纂委员会　编

上海交通大学出版社

图书在版编目(CIP)数据

上海市志.交通运输分志.海洋运输卷：1978—2010／上海市地方志编纂委员会编.—上海：上海交通大学出版社，2018
ISBN 978-7-313-19181-6

Ⅰ.①上… Ⅱ.①上… Ⅲ.①上海—地方志②海上运输—交通运输史—上海—1978-2010 Ⅳ.①K295.1 ②F552.9

中国版本图书馆CIP数据核字(2018)第055032号

上海市志·交通运输分志·海洋运输卷(1978—2010)

编　　者：上海市地方志编纂委员会
责任编辑：吴芸茜　　　　封面设计：严克勤
出版发行：上海交通大学出版社　　　　地　　址：上海市番禺路951号
邮政编码：200030　　　　电　　话：021-64071208
出 版 人：谈　毅
印　　制：上海中华商务联合印刷有限公司　　　　经　　销：全国新华书店
开　　本：889 mm×1194 mm　1/16　　　　印　　张：46.75　插页：14
字　　数：1256千字
版　　次：2018年6月第1版　　　　印　　次：2018年6月第1次印刷
书　　号：ISBN 978-7-313-19181-6/K
定　　价：488.00元

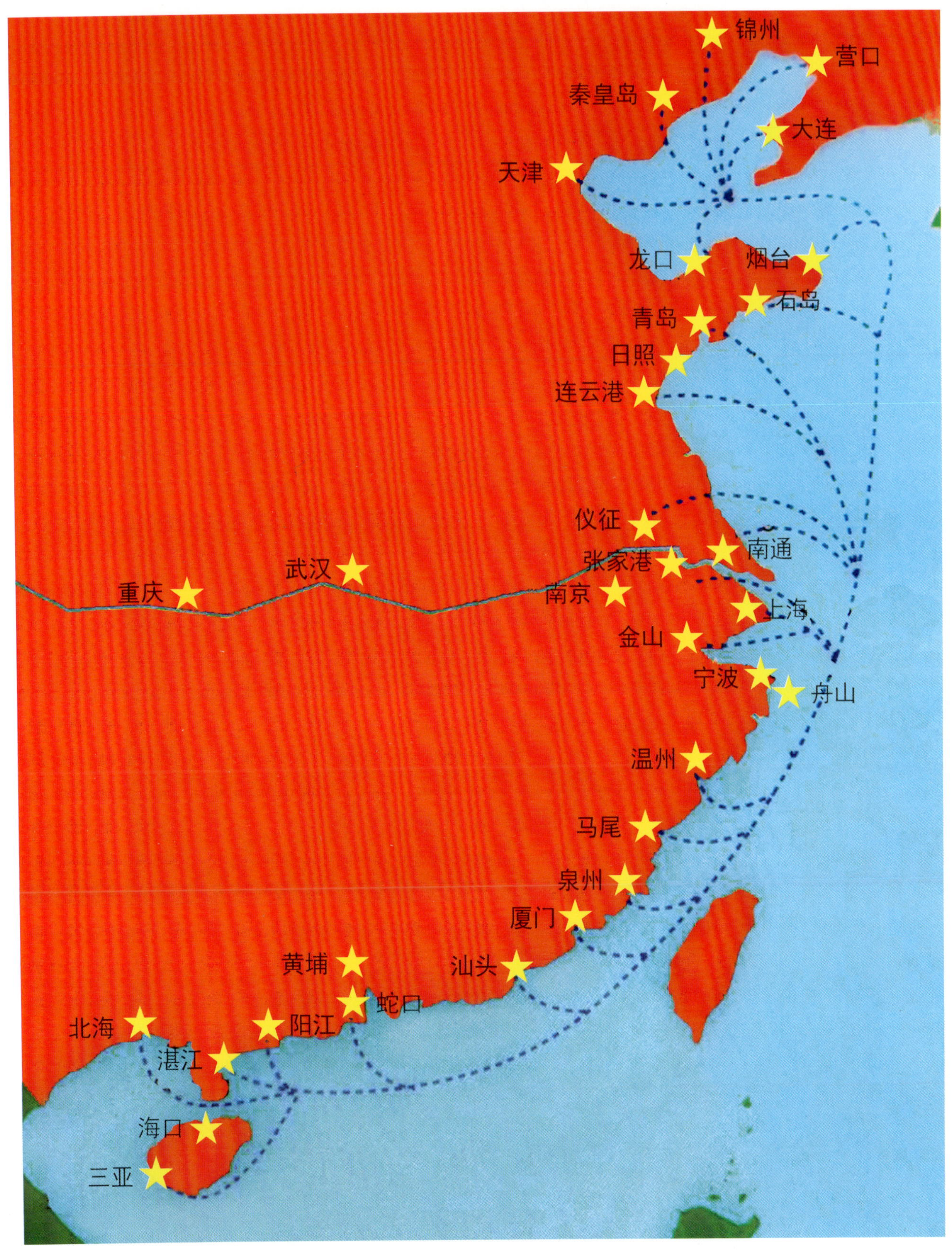

2010年，上海港内贸运输航线通达沿海各主要港口示意图

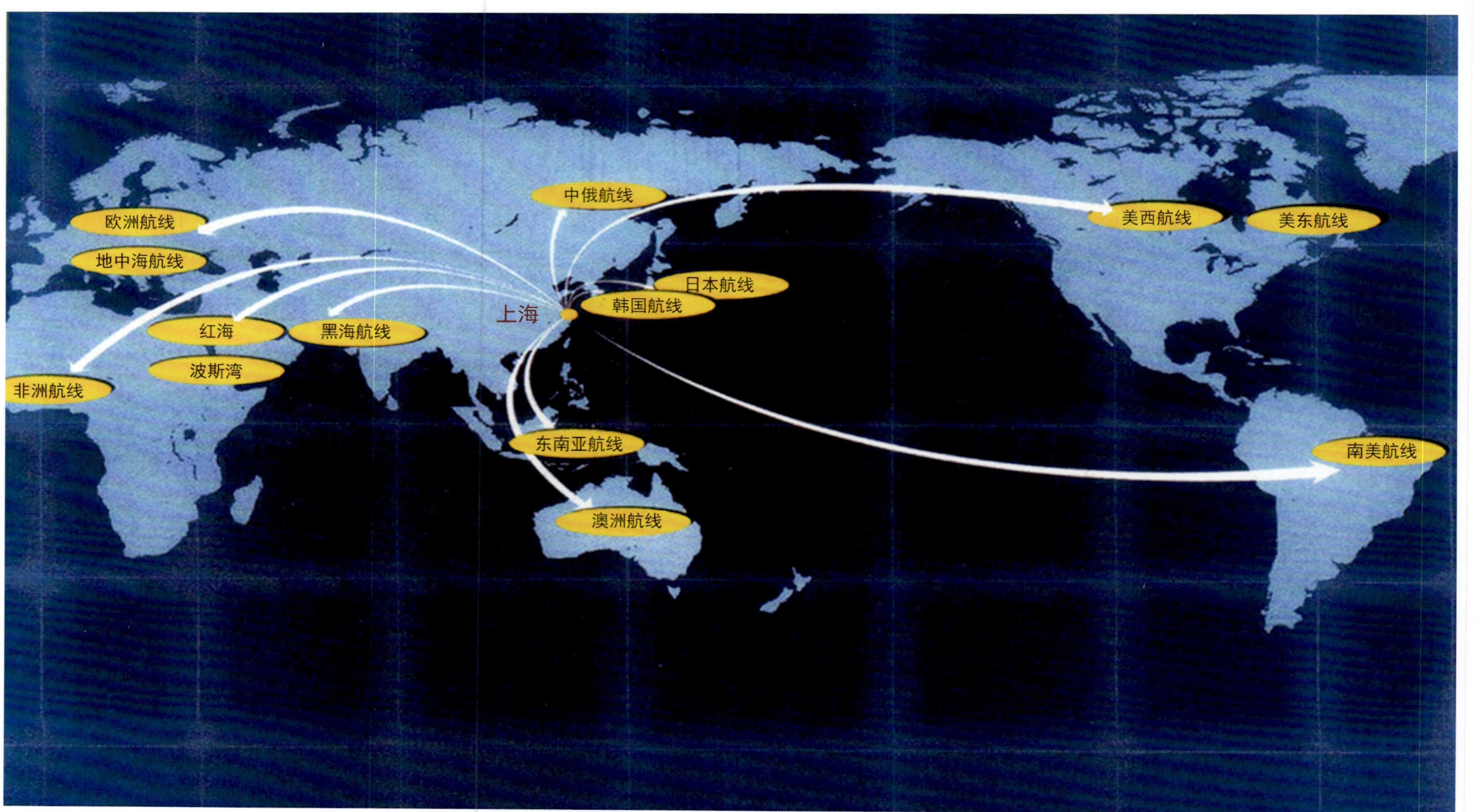

2010 年，上海港远洋运输航线覆盖五大洲示意图

2007 年 12 月 12 日，中海集运 A 股股票在上海证券交易所上市

1984 年 6 月 1 日成立的上海海事法院

2005 年 4 月 18 日，上海船东协会举行成立揭牌仪式

2003 年 10 月 11 日，中海集团超巴拿马型集装箱船“新盐田轮”建成下水

2008 年 4 月 3 日，国产第一艘 1 万 TEU 集装箱船“中远大洋洲”轮交付中远集运使用

2003 至 2009 年间，共有 13 艘 4.2 万吨级灵便型油轮先后交付中海油运使用，图为其中“盛池”轮建成下水

2004 年 11 月，国内第一艘悬挂五星红旗的超级油轮“新金洋”轮交付中海油运使用

2002 年，中海货运 7.4 万吨级散货船“莲花峰”轮建成投产

2001 年 4 月，时代航运接管的 3.5 万吨级自卸散货船“海王星”轮

2010 年 2 月 5 日，中海集团订造的 23 万吨级超大型矿砂船“中海兴旺”轮命名交接

2004 年 2 月，中波公司 3 万吨级重吊船“太阳”轮建成投入使用

2005 年 2 月，中海集团购入的 3292 车位大型汽车滚装船“中海高速”轮

1995—2010 年，振华船运共自行改造并拥有 22 艘整机运输专用船，图为其中“振华 10”轮

1994 年 4 月，新建成的“新鉴真”号豪华客货轮投入中日客运航线运营

1998 年 3 月，中海客运“棒锤岛”号客货滚装船航行上海—大连客运航线

建于 20 世纪 90 年代的豪华型客箱船“紫丁香”轮

沿海运输

1997 年 4 月 5 日，海兴公司“林园”轮开通内贸南北班轮航线

2006 年 5 月 16 日，中远集运武汉—洋山江海直达航线投入运营

2007 年 2 月 2 日，中海集运与上海铁路集装箱中心站发展有限公司签订海铁联运合同

2009 年 12 月，中海货运“华德”轮船员在保煤运输中冒雪抢修舱盖

中海油运船员正在进行输油管对接作业（摄于 2009 年）

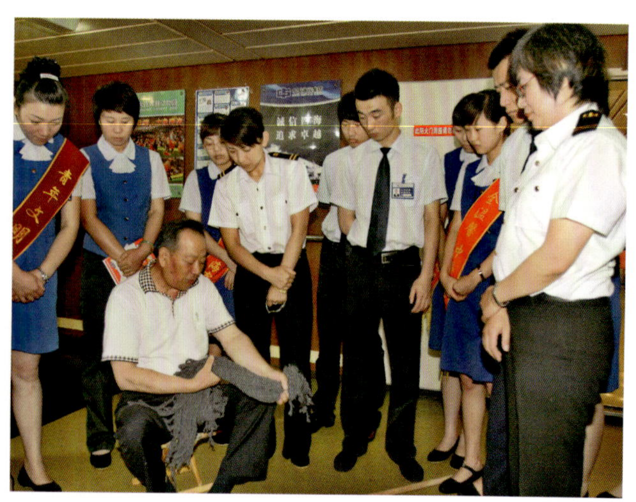

著名劳模，原上海海运局客轮服务员杨怀远在为青年客运服务员传授技艺（摄于 2010 年 7 月）

远洋运输

2008 年 7 月 24 日，由“中远西雅图”轮承运的第一批“空中客车”飞机部件吊卸码头

2008 年 9 月 16 日，锦江航运在上海一日本间开辟“锦江东海穿梭快航”品牌航线

中外运集运的集装箱船正在上海外高桥码头装卸作业（摄于 2004 年）

2005 年 2 月，中波公司为神头电厂承运大型电力设备

2010 年 2 月，中海集团与德国铁路股份公司合作开辟海铁联运

2009 年 4 月，中远集运“中远汉堡”轮受托为在亚丁湾执行护航任务的海军官兵补给瓜果蔬菜

2005 年 12 月，上海洋山深水港区正式开港

2001 年 3 月 9 日，中海集团与美国洛杉矶港务局正式签署协议，租赁该港 100 号码头

位于北外滩的上海港国际客运中心（摄于 2010 年 10 月）

2010 年，上海吴淞口国际邮轮码头基本建成

上海海事局海事安全监督管理人员正在进行现场调查（摄于 2005 年 10 月）

2002 年 12 月 27 日，上海海事局“海巡 21”轮海事监管人员对洋山深水港、东海大桥及附近水域行政执法正式开始

中海集团成立伊始即高度重视调度管理，不断理顺和强化船舶调度指挥体系，图为中海货运调度室工作现场（摄于 2010 年 2 月）

中远集运远洋船舶上的青年防海盗护船队（摄于 2009 年 2 月）

锦江航运船员正在进行安全演习（摄于 2006 年 10 月）

1996 年 11 月 28 日，上海航运交易所举行开业典礼

2008 年 10 月 9 日，中远物流再次刷新全国最重单件道路运输纪录

由中海船务代理的船舶正在进行过驳作业（摄于 2008 年 5 月）

陆岸保障

2010 年，建设中的中海工业长兴船厂年修理完工船舶达 260 艘

上海远洋船舶供应公司正在为中远集运“凌云河”轮配送食品（摄于 2003 年）

20 世纪 70 年代末，上海已有部分远洋船舶开始使用卫星导航设备

2007 年 7 月 5 日，中海集团与上港集团“移动式岸基船用变频变压供电系统启用仪式”在沪举行

中远集运“中远亚洲”轮机舱集控室（摄于 2007 年）

上海船研所参加 2009 年第十五届海事展样机

2010 年 3 月 25 日，“国际航运上海论坛 2010”在沪举办

2010 年 7 月 5 日，中国第一家国家级航海博物馆——上海中国航海博物馆正式开馆

2005 年 7 月 8 日，“郑和航海暨国际海洋博览会”在上海展览中心开幕

2008 年上海海事大学迁入位于上海临港新城西南角的新校区，图为新校区主入口校门

上海海事职业技术学院教学现场（摄于 2009 年 9 月）

船员教育培训课堂（摄于 2008 年）

船员

获得首届全国“十佳船长”等荣誉称号的中海集团高级船长辜忠东（摄于2005年7月）

中外运集运船员正在进行船舶维修保养（摄于2010年）

中波公司船员正在进行船舶克令撸油吊保养（摄于2008年6月）

2002 年，中日轮渡“新鉴真”轮客运部荣获全国“三八红旗集体”和“巾帼文明示范岗”光荣称号

中海对外技术服务公司外派船员（摄于 2008 年 6 月）

2006 年 6 月，锦江航运与上海集装箱码头有限公司同创共建文明航线

上海各航运企业十分重视对船员的爱国主义教育，图为 2009 年国庆节中海集团“中海亚洲”轮船员在航行途中升起五星红旗

《上海市志·交通运输分志·海洋运输卷(1978—2010)》评议专家名单

组　　长　施　欣

成　　员　(以姓氏笔画为序)

王应华　史文军　李　平　沈锦生　邹逸麟　林　拓　林惠政
钟祥财　顾振兴　曹忠铨　黄　竞　霍美芬

《上海市志·交通运输分志·海洋运输卷(1978—2010)》审定专家名单

组　　长　施　欣

成　　员　(以姓氏笔画为序)

王应华　李　平　吴芸茜　沈锦生　林惠政　钟祥财　顾振兴
徐　静　黄　竞　霍美芬

《上海市志·交通运输分志·海洋运输卷(1978—2010)》验收单位和人员

验收单位　上海市地方志办公室

验收人员　洪民荣　王依群　黄晓明　过文瀚　唐长国

业务编辑　杨军益

《上海市志·交通运输分志》编纂委员会

郭大成　　　　　　　　　黄　新
章荣军(2012.5—　)　　　虞　蓝(2015.9—　)
蔡　宁(2015.7—　)　　　蔡敬艳
颜为民(2015.8—　)

【2016.1—　】

主　　任　谢　峰

常务副主任　葛明明

副 主 任　郭竹学　常富治　胡亚明　高奕奕　蔡　军

委　　员　(按姓氏笔画排序)

王　宣　杨国平　佟成权　张必伟　张　戎　陈德明　周国平
周　淮　孟令毅　顾伟华　黄　新　章荣军

编纂委员会办公室

【2010.6—2015.12】

主　　任　金　炜(2010.6—2012.5)　　周　嵘(2012.5—　)

常务副主任　陈毅影

副 主 任　(按姓氏笔画排序)

陈德明　茅伯科　於士荣　赵玉琴　陶敬龙　蒋永年

【2016.1—　】

主　　任　周　嵘(2016.1—2016.11)　　丁　凌(2016.11—　)

常务副主任　沙伟倩

副 主 任　(按姓氏笔画排序)

丁小平　吴小勤　陈彭年　陈德明　茅伯科　徐　加　殷春雷
蒋永年

《上海市志·交通运输分志·海洋运输卷（1978—2010）》编纂委员会

《上海市志·交通运输分志·海洋运输卷（1978—2010）》主编、副主编

《上海市志·交通运输分志·海洋运输卷（1978—2010）》编纂室

主　　任　陈德明
副 主 任　王树军
编　　辑　卢启汉　于　强　施聪裕　张丽娟

《上海市志·交通运输分志·海洋运输卷（1978—2010）》主要参编单位

中国海运（集团）总公司
中远集装箱运输有限公司
中外运集装箱运输有限公司
中海集装箱运输股份有限公司
上海长江轮船公司
中海发展股份有限公司油轮公司
中海发展股份有限公司货轮公司
上海市锦江航运有限公司
中波轮船股份公司
东方国际上海新海航业有限公司
上海海华轮船有限公司
上海友好航运有限公司
上海时代航运有限公司
民生轮船有限公司上海分公司
上海长航国际海运有限公司
上海北海船务股份有限公司
上海国际轮渡有限公司
中日国际轮渡有限公司
上海浦海航运有限公司
上海新海丰集装箱运输有限公司
上海海事大学
上海航运交易所
上海船舶运输科学研究所
上海海事法院
中国海事仲裁委员会上海分会
上海船东协会
上海国际货运代理协会
上海市航海学会
上海市虹口区航运办公室
上海新航信息科技公司
上海泛亚航运有限公司
上海振华船运有限公司
上海仁川国际渡轮有限公司
中海工业有限公司
上海傲兴国际船舶管理有限公司
中石化中海船舶燃料供应有限公司
上海中波国际船舶管理有限公司
中海国际船舶管理有限公司
上海远洋运输有限公司
上海宝钢航运有限公司

（说明：参编单位名称截至2010年）

《上海市志·交通运输分志·海洋运输卷（1978—2010）》行业内部评审专家名单

组　　长　俞曾港

成　　员　（以姓氏笔画为序）

王逸奇　任照平　陈　巍　李一平　沈志华　宋飞飞　余思勤
金嘉慧　范济秋　张　页

《上海市志(1978—2010)》凡例

一、本志坚持以马克思主义为指导,遵循辩证唯物主义和历史唯物主义原理,实事求是记述上海市自然、政治、经济、文化和社会的历史与现状。

二、本志为上海市首轮社会主义新方志中《上海通志》、《上海市级专志丛刊》之续,续义不续例,体例方面创新调整,并对首轮志书补缺正误。采用小篇平列体,分别编纂,陆续出版,汇为全志。

三、本志记述地域范围,以2010年底上海市行政区划为准。由上海市辐射至外地及国外、境外事物,兼及记述。

四、本志记述内容的时限,上起1978年,下迄2010年,以反映上海市改革开放全貌。首轮《上海市级专志丛刊》所缺或记述内容不够丰富的分志、分卷,上溯至事物发端。人民代表大会分志、政治协商会议分志、政府分志等,为保持同一届次内容记述的完整性,下延至2010年后的首个换届年份。

五、本志按自然、政治、经济、文化和社会为序设置分志、分卷,事以类从,类为一志,并兼顾当代社会分工的原则。全志除总述外,设置经济综述分志、工业综述卷、商贸综述卷、金融综述卷、口岸综述卷等,加强全志整体性。各分志、分卷采用篇章节体,卷首设概述、大事记,以专记、附录、索引殿后。

六、本志体述、记、志、传、图、表、录诸体各随其宜,力求内容与形式统一。

七、本志人物传遵循"生不立传"原则,入传人物排列先后以卒年为序。在世人物依例不立传,以人物简介、人物表(人物录)载之。

八、本志采用规范的语体文、记述体,行文按《〈上海市志〉行文规范》,力求严谨、朴实、简洁、流畅,以第三人称记述。

九、本志纪年,凡1949年5月27日上海市解放以前的用历史纪年,一般标示朝代、年号、年份,括注公元纪年;1949年5月27日上海市解放后,一律采用公元纪年。

十、本志所记述的地名、机构名称、职称及币种、计量单位,一般按当时称谓。

十一、本志所用统计资料,原则上根据统计部门公布的材料;未列入统计部门统计的,根据部门统计的材料。

十二、本志资料来源于国家档案馆、上海市及有关省市档案馆、部门档案馆(室),以及历史文献、口碑资料、社会调查、部门提供的材料等,均经考证核实,一般不注明出处。

编纂说明

一、本卷以改革开放为主旨，以海洋运输企业调整、转型、升级为主线，力求全面、准确、客观地反映1978—2010年上海海洋运输行业的发展变化过程及特点。

二、本卷记载对象以注册上海的国内航运企业、航运辅助企业以及航运界机构、社团为主，对与上海相关的外省市和境外航运企业的活动情况酌情记载。

三、本卷对驻沪跨省市、跨境航运企业的运力、运量等统计范围含其市内、市外部分。

四、本卷分类将远洋、近洋运输统归于远洋运输；将沪、港(香港)、台(台湾)之间运输统归于沿海运输(但依照港口统计惯例，沪、港、台间运输的各项统计数据均计入外贸运输，而不计入沿海内贸运输)；将台湾、香港企业统归于境外企业；将台湾、香港企业与大陆企业合资设立的企业统归于中外合资企业。

五、本卷所涉企业、机构、文件、航线等名称，在首次出现时使用全称，并括注简称，其后一般使用简称(个别地方酌情使用全称)。为方便阅读，在卷尾设“本卷部分企业、机构全称和简称对照表”。

六、因本卷所用资料来源不同，第四篇“远洋运输”中，国外个别港口中文译音的文字表达有所不同，如“杰贝阿里”港，有的地方译为“吉拜阿里”，读音基本相同。

七、因部分涉及上海海洋运输的内容，如港口生产经营、水运安全管理、远洋拖航等，在上海市志交通运输分志《港口卷》和《海事·救助·打捞卷》中分别有具体记载，本卷只作有选择的记述，读者若有需要可阅读上述两卷。

序

1978—2010年，是上海交通发展史上突飞猛进，取得巨大成就的历史阶段。面对改革开放的新形势，按照上海建设国际经济、金融、贸易和航运中心的总体思路和要求，上海交通系统广大职工解放思想、抓住机遇、深化改革、扩大开放，水路、铁路、公路、航空运输和城市公共交通齐头并进，交通基础设施日新月异，交通服务功能健全完备，枢纽型、网络化、功能性综合交通体系构架基本形成。上海国际航运中心建设取得重大突破，以洋山深水港区和外高桥集装箱港区为基础的国际集装箱枢纽港已经建成，港口货物吞吐量和集装箱吞吐量先后问鼎世界；浦东机场和虹桥机场合力奋进，向世界顶级国际航空枢纽大步迈进；海洋运输和江河运输使上海与广阔的世界市场和内陆腹地的联系日益紧密。特大型城市公共交通体系建设取得重大成就，全面实施公交优先发展战略，轨道交通形成网络化运营格局，成为上海公共交通的骨干；公共汽电车线网逐步调整和优化，服务覆盖面不断扩大；公共交通在市民出行方式结构中的比重不断提高。以高速公路和高速铁路建设为先导，上海对外陆上运输加快进入高速、便捷、舒适的新阶段。上海综合交通管理体制和机制不断优化，绿色交通、平安交通和智慧交通正在成为上海交通发展的主旋律。30余年间，上海交通有力支撑了城市经济社会发展，所取得成就值得大书特书，所取得经验值得总结光大。从这个意义上说，本轮交通运输分志编纂工作意义重大。

2010年，在我担任上海市交通运输和港口管理局长期间，正值本市启动二轮修志工作之时。根据市政府办公厅《上海市第二轮新编地方志书编纂规划》明确的编纂任务，我局承担"交通运输分志"的编纂工作，牵头编纂《公路运输卷》《江河运输卷》《海洋运输卷》《港口卷》和《城市公共交通卷》5卷志书，协调推进《航空运输卷》(由华东民航管理局牵头)、《铁路运输卷》(由上海铁路局牵头)和《海事·救助·打捞卷》(由上海海事局牵头)3卷志书编纂，是全市修志任务最重、工作量最大的单位之一。2014年2月，上海市交通委员会成立后，此项工作由我们市交通委继续承担。在各参编单位的共同努力下，以熟悉交通行业情况、有工作责任心和奉献精神的老同志为主的修志工作人员辛勤耕耘,六易寒暑,先后完成资料收集、长编汇集、初稿撰写、志稿总纂、内部评审,经反复筛选、提炼、推敲,运用翔实的史料、严谨的结构、质朴的文字,忠实地记载了1978—2010年上海交通发展的历史轨迹,目前正进入收官阶段,付梓有望。在此,我们要向潜心修志的全体编纂人员表示深深的敬意,向全力参与此项工作的各个单位和热忱关心支持的社会各界表示衷心的感谢,向始终指导和帮助我们开展"交通运输分志"编纂工作的上海市地方志办公室表示诚挚的谢意。

存史、资政、育人是地方志编纂工作的主要目的。我们期待"交通运输分志"各卷能成为上海交通系统职工和社会各界关心交通发展的群众所喜爱的读本,成为市民了解、认识、理解和支持上海交通发展的向导,成为所有与上海交通有关的研究、授学的学者、专家、老师的重要参考工具,发挥其应有的作用。

上海的交通事业必将更加美好!

孙建平

2015年11月30日

(作者时任上海市交通委员会主任、《上海市志·交通运输分志》编纂委员会主任)

目　　录

Contents

概　　述

上海“以港兴市”,素有“江海之通津,东南之都会”称谓。远在唐代,古港青龙镇作为上海地区最早的河口海港,已可接纳海内外来船。入宋后,青龙镇港更是海舶辐辏,风樯浪楫,成为人所公认的“江南第一贸易港”。元代,以上海为集散中心的漕粮海运盛极一时。明清时期,因受“海禁”令阻挠,上海海洋运输一度衰落。清康熙年间海禁解除,航运贸易得以恢复和发展。19 世纪初,上海因沙船(一种航行沿海的平底木帆船)运输日渐繁华,被称为“沙船之乡”。鸦片战争后,上海被迫开埠,西方殖民者纷至沓来,上海海洋运输一度被外商独霸,直到轮船招商公局等民族资本航运企业出现,才打破这一局面。然而,处于半殖民地半封建的旧中国,民族航运业发展滞缓,举步维艰。特别是日本帝国主义悍然发动的侵华战争,使上海海洋运输蒙受空前劫难。抗战胜利后,国民党政府发动全面内战,上海水运行业再度陷入困境。至上海解放前夕,全行业基本处于瘫痪状态。

上海解放初至 1978 年,海洋运输业迅速复苏,并不断取得发展。1978 年,主要承担上海沿海运输的上海海运局,货运量和货物周转量分别为 1949 年的 78.9 倍和 171.6 倍;客运量和旅客周转量分别为 1949 年的 7.5 倍和 22.2 倍;船舶保有量则为 1949 年的 37.5 倍。同时,已初步形成自成体系的船舶修理、船舶供应和船舶通信导航等辅助、保障系统;建成一支既有一定文化素养,又有相当技术水平的海员队伍。上海主要远洋运输企业上海远洋运输公司(以下简称上远公司)的运输船舶由成立初的 8 艘增加到 115 艘,187.2 万载重吨;加上中波轮船股份公司(以下简称中波公司)所属船舶,上海已拥有一支 136 艘船,215.7 万载重吨的远洋船队。是时,上海海洋运输行业实行社会主义计划经济体制,由政府统筹兼顾,统一调配物资、统一使用运力。这一体制曾为上海海洋运输的复苏和发展起到过重要作用,但随着社会经济的快速发展,其弊端也逐步显现。由于长期实行政企合一的管理体制,政企职责不分;运输行业所有制形式单一,市内仅有少数几家国有航运企业担当国内外运输,且实行封闭式的划航区运输格局,导致水路交通缺乏活力和效率,客观上阻碍了海洋运输的继续发展。适时推进经济体制改革,进一步解放水路运输生产力势在必行。

(一)

中共十一届三中全会后,上海海洋运输步入快速发展时期。自 1978 年至 1992 年,全行业无论在管理体制、所有制形式,还是运输规模、运输能力上都发生了巨变,行业面貌焕然一新。1992 年,仅船籍港在上海,直接经营或兼营沿海运输的航运企业已有十多家,沿海货运量超过 7 000 万吨。从事近、远洋运输的船公司已近 20 家,全年承运外贸货物 3 200 多万吨,比 1978 年增长 2.47 倍,居全国之首。

管理体制放宽搞活。改革开放初期,随着国民经济和对外贸易发展步伐的加快,进出口货物运输急剧增长,各行各业对水路交通运输的需求迅速扩大,水运生产能力严重不足,港口“压船、压港、压货”现象屡屡发生,水路交通成为严重制约国民经济发展的“瓶颈”。要加快水路交通运输发展,必须改革缺乏活力和经济效益低下的原有水路交通管理体制。为此,国家开始逐步实行贯穿三条主线的水路交通改革开放,即:放开搞活,解放和发展水运生产力;政企分开,简政放权;转变职能,加强行业宏观行政管理。1978 年，在交通部支持下，上海海运局率先打破沿海运输企业只能从事沿海运输的局限，开始跻身国际航运市场，实行沿海与远洋运输并举。1980 年 11 月，根据国务院关于允许地方自行解决运输的规定，经上海市有关部门同意，市外贸总公司自营的第一艘地方外贸运输船首次由上海港航行香港。1983 年，交通部提出“有河大家走船、有路大家走车”，后又提出“各部门、各行业、各地区一起干，国营、集体、个人以及各种运输工具一起上”的改革思路，为交通运输的改革开放进一步铺平道路。在此背景下，上海水路交通运输业亦突破所有制束缚，集体、民营和中外合资运输经营者纷纷进入海洋运输行业，形成该行业以国有航运企业为主体，多种经济成分和多种经营方式并存的格局。1983 年 2 月，上海第一家地方国资远洋航运企业——上海市锦江航运有限公司（以下简称锦江航运）在沪创办，从经营上海—香港旅客运输起步，通过境外融资平台融资购买二手船舶，在短时间里建立起一支初具规模的市属船队，并在近洋航运市场上初步站稳脚跟。1984 年 1 月，主要经营上海—日本航线冷藏货和上海—海湾地区集装箱运输业的上海新海航业有限公司（以下简称新海航业）成立。1985 年，交通部颁布《关于从事国际海运船舶公司的暂行规定》，经批准允许外商以合资形式在中国设立国际船舶运输公司。同年 6 月，由中国远洋运输总公司与日本日中国际轮渡株式会社联合创办的上海中日国际轮渡有限公司投入运营，恢复了中断 40 余年的中日海上定期客运。1988 年，全国最早由港口投资经营的国际航运企业上海海华轮船公司开业。上海海洋运输的放宽搞活和多家经营，促使本行业引进竞争机制，并逐步走向市场化，打破延续多年的由少数国有航运企业垄断海洋运输业的局面，加速了上海海洋运输的发展。1990 年，国务院颁布《海上国际集装箱班轮运输管理规定》和《从事国际海运船舶暂行管理办法》，允许外国航运公司从事停靠中国港口的国际班轮运输，境外航运公司逐渐进入上海港，形成中外航运公司多家经营、相互竞争的局面。

沿海运输日趋繁忙。“六五”计划期间，上海沿海客货运输步入快速发展阶段。国家经济的迅速恢复和发展，使因公出差、探亲访友、观光旅游、外出打工、从事个体经商的旅客大量增多，促使沿海客运一度兴盛。为适应社会需求，1980 年，恢复中断 30 多年的上海—香港客货往来。1982 年，上海—福州客班航线通航。1983 年，上海—广州客班航线通航，翌年扩大为上海—厦门—广州线。1987 年，上海—厦门直达客运航班通航。至此，上海沿海客运干线已由 1980 年前的 4 条扩展至 8 条，年客运量近 380 万人次。同时，浙江省航运部门亦先后恢复和新辟多条沪浙间客班航线，有力缓解了浙江沿海与上海之间的客运紧张状况。沿海客运“淡季不淡，旺季更旺”的情景一直延续至 90 年代初，后因陆上、空中交通的快速发展和替代，上海沿海客运市场才逐步萎缩。随着国民经济的快速增长，上海往来沿海各地的各类货物，尤其是能源物资运输日益繁忙。为此，主要承担沿海运输的上海海运局专门制订“立足沿海，确保重点，开拓主业，搞活远洋，发展海运，服务四化”的经营方针，始终把煤炭、石油等能源物资的运输作为全局运输生产重点，从各方面予以优先考虑和安排。“七五”计划期间，其货运量以 7.7％的年均速度递增。其间总计完成货运量 3 亿多吨，而煤炭、石油两项的运量就高达 2.57 亿吨，占该局总货运量的 80％以上，有力保障了上海和其他相关地区的能源需求。

外贸运输范围扩大。1978 年 9 月，上海地区主要远洋运输企业上远公司以半集装箱船“平乡城”轮首辟上海也是中国大陆第一条集装箱班轮航线——中澳（澳大利亚）航线。1981 年 2 月，该公司以滚装船“张家口”轮开辟中国（上海）第一条中美（美国）集装箱班轮航线；同年 5 月，以“抚顺城”轮开辟中国（上海）第一条中日（日本）集装箱班轮航线；1983 年 8 月，又以“潍河”轮开辟第一条中国（上海）至西欧集装箱班轮航线；1985 年 1 月，开始经营上海—东南亚集装箱班轮运输；同年 3 月，增辟香港—美国西海岸集装箱班轮航线。锦江航运、新海航业、海华轮船等驻沪航运企业相继组建后,也派船投入外贸运输。至1992年底的十余年间,上海远洋运输船队先后开辟上海通往世界各大洲的集装箱班轮航线38条,每月可发出68个航班,核心班轮(重点班轮)准班率达到100%;在太平洋沿岸国家之间初步建成集装箱运输网络,环太平洋沿岸15个国家40多个港口的货箱都能及时、安全运抵。随着外贸集装箱运输发展迅猛,1984年,上海港集装箱吞吐量首次突破10万箱,1992年达到100万箱。同一时期,上海的外贸石油运输和外贸散杂货运输也取得快速发展,航区航线扩大,运量逐年上升。

船队规模逐渐增强。为保证有足够的运力投入内外贸运输,上海各海洋运输企业十分重视运力发展。其中,上海海运局在“六五”和“七五”计划期间,坚持贯彻“造买结合”方针,通过各种渠道筹集资金,添置船舶。仅1984—1988年,即以企业留成外汇,有计划地从国外购置29艘约56万载重吨的“二手船”;1986—1990年,委托国内外造船厂先后建成并投入营运船舶30多艘。在积极添置新船的同时,抓紧报废老旧船舶,至1988年已全部淘汰劳动强度高、能耗大的蒸汽机船。随着船舶技术水平和现代化程度的大幅提高,大吨位散货船比重增加,多用途船、自卸船、双体船、浅吃水肥大型船等多种船型陆续问世。1990年末,该局已拥有沿海和远洋运输船舶近200艘,共255万载重吨,2.53万人载客量。上远公司从1979年起,由过去单纯增加船舶吨位,逐步向船队结构的完善合理发展,先后在联邦德国、日本和国内船厂成批建造多艘技术性能较先进的滚装船、全集装箱船,为发展国际集装箱运输奠定运力基础。同一时期,锦江航运和新海航业也购进多艘集装箱船,开辟近、远洋集装箱运输。上海海运局所属上海海兴轮船有限公司先后购置多艘大型油轮和化学品专用船,用于发展内外贸石油和化学品运输。中波公司订造和购买多艘多用途船,以替代淘汰的杂货船。至1992年底,上海远洋运输船队已发展成一支拥有集装箱船、滚装船、多用途船、干散货船、油船、客货船和液体化学品专用船等多类船型的综合性船队;船舶艘数和载重吨位分别比1978年增长1.24倍和1.51倍,在国际航运市场形成较强的竞争力。

配套系统同步发展。其间,在广泛开展船员培训和实施劳动用工制度改革的基础上,上海海员队伍的整体素质和业务技术水平得到有效提升。部分企业已开始组织船员外派,大步走出国门的中国海员以其优良素质为上海、为祖国赢得了荣誉。由航运专业科研机构、院校科研机构和企业科研机构承担的科技创新活动广泛开展,取得诸多具有经济和社会效益的航海科技成果,不少科研成果达到国内领先和国际先进水平。由高等教育、中等教育和船员培训相结合的不同层次的教育培训体系渐趋形成。各类航运辅助业,包括修船、供应、通信导航、货运代理、船舶代理、集装箱修造等也得到同步发展。

(二)

1992年,邓小平“南方谈话”发表,强力推动了中国改革开放和社会主义现代化建设。是年10月,中共十四大确立关于建立社会主义市场经济体制的方针以及上海“一个龙头、三个中心”(即以上海浦东开发为龙头,进一步开放长江沿岸城市,尽快把上海建成国际经济、金融、贸易中心之一,带动长江三角洲和整个长江流域地区经济的新飞跃)的战略地位。1995年底,中共中央、国务院提出“建设上海国际航运中心”宏伟目标,翌年1月,国务院正式对外宣布建设上海国际航运中心。这一系列重要讲话和重大决策,明确了上海航运发展的指导思想和发展战略。上海海洋运输行业紧紧围绕上海“四个中心”建设目标,继续开放、培育和发展运输市场,努力提升航运服务能力,由计划经济逐步向社会主义市场经济转变，改革发展成果显著。2000 年，上海港年货物吞吐量已突破 2 亿吨，成为中国大陆唯一吞吐量 2 亿吨以上的港口；驻沪主要航运企业中海集团、中远集运分别完成货运量和货物周转量 1.77 亿吨、2 506.5 亿吨海里和 3 648.6 万吨、1 533.1 亿吨海里；分别完成集装箱运量 150.2 万和 395.9 万标准箱。中远集运的运力规模已达 123 艘，22.82 万标准箱位；中海集团则拥有各类船舶 341 艘，889.4 万载重吨，总资产比三年前初建时净增 61.2 亿元。

开放培育运输市场。1993 年，中共十四届三中全会首次正式提出并阐述建立现代企业制度问题，要求进一步转换国有企业经营机制，建立适应市场经济的"产权明晰，政企分开，责任明确，管理科学"的现代企业制度，有力推进了上海海洋运输行业的经济体制改革。1994 年，上海海兴轮船有限公司在全国水运行业率先改制为上海海兴轮船股份有限公司，由该公司发行的 H 股股票在香港联合交易所挂牌上市交易，成为在香港发行上市 H 股票的国内首家水运企业。1995 年，交通部确定上海海运(集团)公司、中国远洋运输(集团)总公司(以下简称中远集团)、中国长江航运集团等企业作为部属及双重领导企业建立现代企业制度试点。在深化改革中，政府部门对水运企业的管理办法逐步变化，市场性运输增多，指令性计划运输减少，运输价格除部分重点物资的运价和客运票价继续由国家控制外，一般货物均实行合同运价。上海各海洋运输企业由此加快转换经营机制，向自主经营、自负盈亏的市场经济主体转变。同年 3 月，交通部修订并发布新的《水路货物运输规则》和《水路货物运输管理规则》，遵循"公开、公平、公正"的原则，进一步打破远洋运输、国内沿海运输和内河运输中人为的市场分割，建立与国际接轨的市场体系，全面开放国内水路货运市场，上海海洋运输业日益繁荣兴旺。1999 年 1 月，中远集团、中国海运(集团)总公司(以下简称中海集团)等 5 家原交通部直属大型交通运输企业与交通部正式解除隶属关系，标志着上海海洋运输行业政企分开的管理体制改革已基本完成。鉴于政府交通部门把属于企业的自主权全部放给企业，不再干预其生产经营活动，运输企业可根据市场需求，在批准的规模内自行决定运力增减和班期调整，使企业各种运输方式的优势得以充分发挥，运输竞争能力明显增强，上海海洋运输全行业进一步走向市场化。

提升航运服务能力。1996 年 11 月，为推进航运市场发展，配合上海浦东开放开发，把上海建成国际航运中心，经国务院批准，交通部和上海市人民政府共同组建国内第一个国家级水运交易市场——上海航运交易所(以下简称上海航交所)。其基本功能主要为：沟通航运市场信息，规范航运市场行为和调节航运市场价格，从而对航运市场的健康发展起到积极作用。1997 年 7 月，为支持上海国际航运中心建设，新组建的中海集团将总部设在上海。1998 年 1 月，中远集团亦在上海成立中远集装箱运输有限公司(以下简称中远集运)，负责该集团集装箱船队的统一经营与管理。同年 4 月，中外运集装箱运输有限公司也入驻上海。由此吸引更多货运代理、船舶代理、无船承运人、船舶管理公司和外商航运企业的进驻，航运要素快速在上海集聚。在积极参与国际航运中心建设中，上海海洋运输行业的经营水平和辐射能力进一步增强。根据 1999 年 1 月全国交通工作会议提出的水路运输结构调整方案，上海各航运企业一方面着力发挥国内航运的大宗货物运输优势，一方面大力发展国际集装箱运输，促进全球集装箱干支线运输网络的完善；同时立足江海转运的有利区位，逐步形成公路、水路、铁路、航空等多种运输方式联运的格局。在运力上则重点发展集装箱船、多用途船、滚装船、石油和化学品船等船型，提高船舶技术水平，逐步淘汰老旧船舶。至 2000 年，上海在全球 12 个主要航区都有航班运营，从上海港始发的集装箱班轮航线通达全球 120 多个港口。每天都有船只行驶欧洲、北美航线，每周都有航班前往地中海、波斯湾、澳大利亚等地。每月的集装箱航班超过 1 000 班。集装箱船舶平均在港时间从 1993 年的 29 小时下降到 18 小时，缩短 34%。在国内航运市场上,上海海洋运输通达长江流域、珠江流域和沿海各港,已形成联通全国40个港口、有十多家航运公司加盟的内贸集装箱水运网。在大宗货物运输上,则担当着上海和华东地区能源物资运输的主力。尤其是煤炭运输,长期承担上海和华东地区供应总量的80%以上。同时,上海作为国内第一大港,吸引着越来越多的外省市来船,带动和促进了沿海沿(长)江各主要港口的水路运输和水上贸易发展。

加强政策法规建设。1992年11月,第七届全国人民代表大会常务委员会通过《中华人民共和国海商法》,旨在调整海上运输关系、船舶关系,维护当事人各方的合法权益。1995年,交通部制订的《水路货物运输规则》和《水路旅客运输规则》相继发布施行。1996年6月,交通部发布的《关于进一步加强我国水运市场管理的通知》,强调利用经济的、法律的和必要的行政手段,治理整顿市场秩序。1998年1月,上海市人民政府开始施行第一部全面调整水路运输及其相关管理活动的地方性法规《上海市水路运输管理条例》,为上海市水路运输行业管理提供了基本的法律依据。1999年,全国人大审议通过《中华人民共和国海事诉讼特别程序法》。2001年,国务院发布《中华人民共和国国际海运条例》。这一系列政策、法规的及时出台,使上海海洋运输在由计划经济转入市场经济时有法可依。上海市人民政府和上海海洋运输行业,依照国家陆续颁布的关于水路运输的一系列法律法规,一方面加快市场经济的建设步伐,一方面针对水运市场出现的新情况、新问题,加强市场规范和治理,适时开展水运市场整顿,从而营造出统一开放、有序竞争的市场环境。

(三)

进入21世纪后,中国成功加入世界贸易组织(WTO),进一步融入经济全球化,加速了航运市场的对外开放;中共中央确立科学发展观,提出区域发展总体战略,为航运的持续发展指明方向;国务院《关于推进上海加快发展现代服务业和先进制造业、建设国际金融中心和国际航运中心的意见》发布,有力促进了上海国际航运中心建设。上海海洋运输业内各种经济类型的航运企业充分发挥自身优势,积极实施战略转型,努力增强市场竞争能力,争相提高经营业绩和管理水平,全行业呈现出蓬勃发展的生机。2010年,上海港完成货物吞吐量6.53亿吨,连续六年排名世界第一;集装箱吞吐量完成2 906.9万标准箱,首次超过新加坡港跃居世界第一。全社会水路货运量和货物周转量(指注册上海的国有、民营、货主系统等航运企业完成的运输总量)分别达到4.54亿吨和1.86万亿吨公里。其中,沿海完成2.85亿吨,4 053亿吨公里;远洋完成1.52亿吨,1.45万亿吨公里。

提高国际竞争能力。2001年12月,中国正式加入WTO,外商进入中国航运市场的规模扩大。包括全球最大20家班轮公司在内的大批境外航运企业纷纷落足上海,进出上海港的各类外商船只日益增多。中外航运公司集中的北外滩东大名路,被称为"航运一条街"。至2002年5月,北外滩地区已集聚近千家航运服务类企业,其中包括上海航运业的三大主力中海集团、中远集运和上海国际港务(集团)股份有限公司的总部。此外,上海航交所、上海船东协会等十余家机构和社团也集聚于此,构成航运服务产业的良好发展平台。上海海洋运输业在"引进来""走出去"的互动中,不断发展壮大。2005年底,上海洋山深水港正式开港,大大提升了大型船舶及特种船舶靠泊上海港的条件,上海港国内外航线航班进一步增多,成为国际航运业重要的干支线节点,腹地货源大量涌入。上海口岸对外已形成四大开放水域,即黄浦江沿岸、长江上海段、杭州湾北岸、洋山深水港区,逐步发展成为腹地型国际航运中心。是年,上海全社会水路货运量和货物周转量分别为3.44亿吨,1.20万亿吨公里。其中,沿海完成2.13亿吨,2 668亿吨公里;远洋完成9 989万吨,9 285亿吨公里。至2008年底，在境外班轮运输企业中，除马士基外，地中海航运、长荣海运、达飞轮船、美国总统、韩进海运、日本邮船、东方海外等世界著名班轮公司都将其中国地区总部设于上海，分管位于中国其他地区的分公司。并有多家环球航运班轮公司将其全球结算、全球客服、全球单证和地区运营中心放在上海。上海港每月开出的国际国内集装箱航班已达2 258班，其中国际航班1 098班。在上海注册的国际海上运输及其辅助业经营企业有1 091家。注册登记的经营国际海上运输及其辅助业的外商驻沪代表机构达295家。在广阔的国际竞争环境中，上海海洋运输的内外辐射能力日益增强。2010年，上海主要航运企业中海集团的经营航线已遍及国内沿海、长江中下游地区和世界各主要港口，年货运量超过3.7亿吨，1 000万标准箱；中远集运的船舶挂靠世界140多个重要港口，经营75条国际航线、20多条内贸航线和内支线，在国内外拥有400多个分支机构，年运量达600多万标准箱。上海国际航运中心建设对于世界海运的影响力快速提升，上海港的航线结构进一步优化，当年新开航线65条，其中近洋航线29条，远洋航线36条，集装箱航班密度达到每月2 600班，国际班轮航班密度达到每月1 280班，内支线航班密度达到每月980班。

着力优化船队结构。为适应航运市场的新形势、新需求，上海海洋运输各企业普遍加快对船舶运力结构的调整和升级，船队规模和实力大增。随着运输装备的自主开发能力不断提高，船舶的动力性、安全性、舒适性明显改善，各种海洋运输船舶类型齐全、技术先进、适应能力强，平均船龄降低，形成大中小型相衔接、高中低档相互补的运输装备发展格局。大量由中国自主研发、自行设计建造，拥有完全自主知识产权的新型船舶相继加入上海海洋运输行列。尤其是“十一五”计划后期，上海海洋运输船队的规模化、大型化日显突出，包括万箱集装箱船、超级油轮（VLCC）、大型矿砂船（VLOC）等各类大船、新船成批量问世，既提高了上海船队在国际航运市场上的竞争能力，也适应了全球集装箱运输日臻网络化的发展趋势，满足了进出口物资运量快速增长的需求。2010年，在上海注册的沿海运输船舶已达478艘（内含客船3艘），970万载重吨，3.67万标准箱位，996人载客量；远洋运输船舶382艘（内含客货轮3艘），2 103万载重吨，89.33万标准箱位，856人载客量。随着运力的增长，中远集运、中海集运的集装箱船队已双双进入世界十强，不仅航区、航线得以扩大和巩固，而且班轮运输服务质量亦有新的提高，市场营销的广度和力度不断加大，成为诸多大型跨国企业的核心承运人。在传统亚欧班轮运输航线的基础上，中波公司已实现由区域性运输向全球航线运输的转变，并以主导产品重大件设备货运输领先国际航运市场，成为世界重大件设备货专业化运输一流企业。重点从事近洋运输的锦江航运，在上海—日本航线上，集装箱承运量和市场份额已连续多年领先于各班轮公司。上海海洋运输船队的科技水平也进入世界先进行列，先进的信息技术被越来越广泛地运用于内外贸航运及其辅助保障系统。各航运企业都十分重视信息化建设，精心打造信息服务网络和平台，确保船舶与船公司业务和管理平台之间的数据沟通，有力提高了水运行业的管理效能和经济效益，加速了运输管理的现代化进程。依照国际海事组织SOLAS公约（国际海上人命安全公约）缔约国大会要求，至2010年，上海海洋运输各主要企业都已建立安全管理体系，并注重自我监督、自我完善，随时适应市场经济及国际国内规则的变化，形成与时俱进的长效管理机制，从根本上提高了安全管理水平。然而，始于2008年的由美国次贷危机引发的全球金融风暴来势凶猛，对上海海洋运输行业造成很大冲击。不少航运企业因运价走低、运力过剩而出现经营亏损。大量新造和在建的大吨位船舶有待市场“消化”。面对复杂多变的国内外经济、贸易和航运形势，这些企业以推进精细化管理为抓手，加强市场开拓和营销，多管齐下应对危机，保持了运输生产和经济效益的总体稳定。

建立现代服务体系。及至2010年，在中共中央、国务院和上海市人民政府的关心、支持下，历经多年建设发展,上海国际航运中心的现代航运集疏运体系已基本形成,现代航运服务体系已初步建立,航运市场环境得到进一步完善和规范。全球10大国际集装箱班轮公司、9大船级社都已分别在沪设立总部等机构。落户上海的国际海上运输及辅助企业注册总数已达1 244户,同比增长5.8%;大量不同国籍、不同资本类型的国际海上运输及辅助服务企业齐聚上海。除上海本地航运企业外,外省市和境外航运企业往来上海的船只日益增多,上海作为重要的航运枢纽,其功能、地位、作用乃至国际影响力均更为凸显。为发展现代航运服务体系,中国内地首批持执业证书的航运经纪公司、首次船舶进场交易、首家专业船舶保险公估公司、首笔集装箱运价掉期协议、首个高端船舶金融服务体系先后在上海出现;上海国际航运研究中心、上海海事仲裁院、上海国际航运仲裁院、中国国际集装箱班轮运价备案中心、上海国际航运信息中心等机构相继成立。市场的航运服务功能加快提升,体系框架逐步形成,布局不断优化。北外滩已成为航运产业资讯发达、航运服务相关产业门类齐全的航运及辅助企业聚集区之一;陆家嘴高端航运服务区、外高桥航运物流发展区、洋山临港航运综合服务发展区等也成为航运服务业发展的重点区域。“十五”和“十一五”计划期间,上海航运基础设施建设也发展迅速,随着洋山深水港区的开港,港口吞吐能力大幅提升。口岸服务水平位于全国前列,进一步深化推进了“大通关”工程,优化“一门式”服务,加快“电子口岸”平台建设。邮轮经济方兴未艾。伴随着上海世博会的成功举办,国际邮轮频繁到访,直接拉动了上海邮轮产业的兴盛。至2010年,世界三大邮轮集团均已在上海设立分支机构和企业,并开设多条以上海为母港的区域邮轮旅游航线,软、硬件设施日臻完善,上海已成为亚洲地区最大和最先进的邮轮母港之一。上海现代航运服务体系虽已初步建立,但对照《国务院关于推进上海加快发展现代服务业和先进制造业 建设国际金融中心和国际航运中心的意见》的明确建设目标,尚有很长的路要走。2010年,上海航运服务产业尚主要集中于货运代理和船舶代理等层面,而且除若干国有大型企业自有的代理服务企业外,许多经营者在规模、资金和知识能力等方面缺乏牢靠的抗风险能力。航运金融、航运保险、航运经纪等产业才刚起步,航运法律服务、航运信息咨询、航运交易定价和航运教育培训等产业仍欠发达。加快上海现代航运服务业的发展,为国内国际航运提供更好的服务环境,任重而道远。

经过30多年改革开放,上海海洋运输在行业规模、经济模式、管理方式等诸方面都发生了深刻的变革,运输服务能力大大提升,法规制度日益完善,航运要素加快聚集,取得了突飞猛进的跨越式发展。这一切充分证明,在中国共产党领导下,坚持中国特色社会主义道路,坚持改革开放,不断解放和发展生产力,稳步推进社会主义市场经济,是海洋运输行业得以兴旺发达的必由之路。总结以往,展望未来,在党中央、国务院建设上海国际航运中心宏伟目标的指引下,上海海洋运输系统将不断强化上海的航运枢纽中心地位,充分发挥本行业在国民经济发展中的“先行官”作用,与相关各行业共同努力,在2020年前将上海建设成为航运资源高度集聚、航运服务功能健全、航运市场环境优良、现代物流服务高效,具有全球航运资源配置能力的国际航运中心。

大　事　记

PORT OF TIANJIN
PORT OF TIANJIN
PORT OF TIANJIN
COSCO ASIA
C O

1978 年

1月　国务院交通部、外贸部组成联合工作组来沪，与上海市工业交通办公室及相关部门商定有关开辟中—日、中—澳航线集装箱运输具体措施。

2月11日　中国远洋运输公司上海分公司首次为宝钢建设装运进口成套设备。

4月　上海海运局(是年7月改称交通部上海海运管理局，以下简称上海海运局)派船航行澳大利亚航线，打破长期局限于国内沿海运输的局面。

5月　上海远洋运输公司(以下简称上远公司)从日本购入国内第一艘滚装船"南口"轮。

6月28日　上海市航海学会成立。

7月19日　中共中央政治局委员，中共上海市委第三书记彭冲和交通部副部长彭德清等到上远公司"南口"轮视察指导工作。

9月26日　上海开通中国大陆第一条国际集装箱班轮航线——上海至澳大利亚航线。

1979 年

3月15日　上远公司"柳林海"轮首航美国西雅图港，恢复中断30年的中(国)美(国)海上航运。

3月18日　中美复交后第一艘由美国开往中国的远洋货轮"利莱克斯"号抵沪。

3月　上海海岸电台开放第一条高频单边带无线电话电路，使航行在千里以外的轮船可以同陆上直接通话。

5月9日　以全国人大常委会副委员长、中日友好协会会长廖承志为团长，国防部副部长粟裕为副团长的中国访日代表团400余人，乘远洋客船"明华"轮从上海赴日本访问。

5月　上海海洋运输部分企业开始开展船员劳务输出业务。

11月1日　上海—香港集装箱定期班轮航线正式通航。

1980 年

1月7日　上海—香港客货班轮航线中断30余年后复航。

3月31日　中国(上海)第一艘直达美国西海岸的杂货班轮——上远公司"荣城"轮完成首航任务返回上海港。

7月1日　中共中央主席、中央军委主席、国务院总理华国锋在沈阳军区司令员李德生、中共辽宁省委第一书记任仲夷等陪同下视察大连港，登上停泊在港的上海海运局"大庆61"轮看望全体船员。

9月1日　上远公司与外省市航运企业联合开辟汉口至香港的中国第一条江海直达外贸货运

班轮航线。

11月11日　上海第一艘地方外贸运输船"沪冷四号"从上海港启程驶往香港。

1981年

2月10日　上海开通中国—美国西海岸集装箱班轮航线。

3月18日　上远公司首次将电子计算机运用于集装箱跟踪管理。

5月31日　上海开通中国—日本集装箱班轮航线。

7月　上远公司制定出上海第一本集装箱包箱运价表。

10月　上海市人民政府成立交通办公室，负责管理全市海陆空运输。

1982年

3月5日　上海—福州客货班轮航线复航。

5月5日　上海海运局"大庆53"轮因个别船员违章作业，在山东石岛附近爆炸沉没，船长等20名船员遇难。

7月5日　上海港客运总站开辟上海—浙江岱山客班航线。

9月5日　上海海运局率先在国内承运磷二甲苯、乙二醇等液体化工产品。

9月　上远公司接收新造的国内第一艘全集装箱船。

10月　上海开辟中国直达美国东海岸的集装箱班轮航线。

1983年

2月3日　上海市第一家由市政府直接领导的地方航运企业——上海市锦江航运有限公司(以下简称锦江航运)在沪成立。

5月　上海海运局在国内首辟大连—上海—南通5吨集装箱江海联运航线。

8月1日　上海开通中国—西欧集装箱班轮航线。

11月11日　上海海运局"战斗67"轮航行天津—上海途中突遇大风翻沉，船长等23名船员遇难。

11月30日　上海—广州客货班轮航线开通。

11月　上海海运局从日本购入上海和国内首艘液体化学品专用船"化运1"轮。

12月29日　中共上海市委第一书记陈国栋、上海市市长汪道涵等到锦江航运"锦江"轮现场办公，要求"努力把锦江公司经营好"。

1984年

1月1日　上海外贸系统第一家自有自营的轮船公司——上海新海航业有限公司正式对外营业。

3月1日　上远公司开始在所属船舶安装卫星通信船站装置。

6月1日　上海海事法院成立。

7月1日　上海—厦门海上客运中断35年后复航。

7月　上海船舶运输科学研究所被列为全国科技体制改革试点之一。

9月20日　贯通上海、大连两港的国内第一条由铁路—海路—公路组成的集装箱多式联运线开始运转。

12月29日　上海港货物吞吐量突破1亿吨。

1985年

1月12日　上远公司首次为宝钢总厂装运进口金属矿砂。

同日　上海海运局立丰修船厂“华山”号浮船坞将总长178米,自重1.1万余吨的“大庆44”轮托出黄浦江水面,创造国内浮船坞超长超载抬船成功先例。

1月　上海开通中国(上海)至东南亚集装箱班轮航线。

3月　上远公司购入载重量14.8万吨散装货船,为当时国内最大的散装货船。

5月30日　上海首家中外合资国际客运企业——中日国际轮渡有限公司(以下简称中日轮渡)成立。

6月24日　中日轮渡正式开辟上海—神户—大阪中日客货班轮航线,恢复中断40年的上海—日本海上客运。

6月　锦江航运加入上海—香港集装箱班轮运输。

9月27日　上海—印度尼西亚货运航线中断多年后复航。

11月　上海海运局客轮服务员杨怀远被交通部党组授予“特级服务员”称号。

1986年

3月25日　上海市人民政府交通办公室召开专题会议整顿中美集装箱班轮航线,增强国轮竞争能力。

5月8日　交通部上海海上安全监督局组建,统一监督管理所辖海区和港口的交通安全。

5月24日　上远公司经营的中国—美国、加拿大,中国—欧洲,中国—澳大利亚,中国—地中海,中国—日本等班轮航线被国务院口岸办列入“核心班轮(重点班轮)航线”。

9月22日　上海市人民政府交通办公室发布《上海口岸国际集装箱集疏运工作暂行规定》和《上海口岸国际集装箱进出口运输工作程序》。

是年　上海海运职工大学在全国率先试办航海类高等职业技术教育。

1987年

2月5日　上海(芦潮港)与宁波(镇海)之间开始通航小型高速客班轮。

7月1日　首次中美航线及太平洋区域代理工作会议在上海召开。

8月13日　宝钢总厂主原料码头引桥被外轮撞断。上海海运局及时调整运行组织,对该厂实行定线、定船、定货运输,保证其原料供应不致中断。

11月5日　上远公司首次招收农民合同制工人。

12 月　上海—厦门直达客货班轮航线正式开通。

同月　上海海洋运输行业开始对船舶领导体制实行改革，逐步推行“船长负责制”。

1988 年

4 月 5 日　上远公司实施中国第一个“星期班”洲际集装箱运输。

4 月 20 日　上海开辟中国—日本—澳大利亚—新西兰集装箱班轮航线。

4 月 24 日　上海至福州客货班轮航线通航。

8 月 17 日　上海市市长朱镕基、副市长黄菊视察锦江航运“锦江”轮，对该公司“艰苦创业、联合发展、利用外资、借鸡生蛋”的经营方针予以肯定。

9 月 8 日　由台湾昌宏海运股份有限公司经营的基隆—那霸—上海海上客运航线通航。

9 月 12 日　台湾昌宏海运股份有限公司经营的“昌瑞”号客轮首靠上海港，是为上海与台湾海上客运中断近 40 年后首次通航。

12 月 24 日　上海市市长朱镕基视察上海海运局“华北”轮，看望和慰问船员，对他们抢运煤炭，为上海经济建设作出的贡献表示感谢。

同月　中共中央政治局委员、中共上海市委书记江泽民为锦江航运题词：“积极发展地方航运事业，适应外向型经济发展需要。”

1989 年

1 月 18 日　锦江航运“通顺”轮悬挂巴拿马旗从上海港始发，经香港换单后驶往台湾基隆、高雄两港，是为中华人民共和国成立后上海地方航运企业船舶首次航行台湾。

1 月 26 日　中国第一条开往地中海北岸的全集装箱航线——上海至地中海集装箱班轮航线在沪开班启航。

1 月 27 日(农历正月初一)　江泽民视察上海海运局“振奋 5”轮，向坚持节日生产，为上海和华东地区煤炭供应作出贡献的船员表示慰问和感谢。

3 月　江泽民为上海海运局题词：“发展海运，服务四化，祝贺上海海运局建局四十周年。”

5 月　全国最早由港务局投资经营的国际航运企业——上海海华轮船公司在沪成立。

6 月 19 日　上海开辟中国第一条航行南美洲的定期杂货班轮航线。

9 月 8 日　锦江航运在香港注册的全达船务有限公司正式开辟上海—香港—台湾集装箱运输航线。

10 月 31 日　上海港驳船运输公司所属“金山”轮航行天津—上海途中，在长山列岛附近突遇灾害性气旋风袭击倾覆沉没，30 名船员全部遇难。

1990 年

1 月　上海海运局“振奋 2”等 12 艘运煤船联名致信上海市市长朱镕基，汇报保煤运输成果，表达全体船员为上海经济建设服务的决心。朱镕基回信热情赞扬他们为上海“作了大贡献，创造了历史的业绩”。

2月9日　中波轮船股份公司(以下简称中波公司)为葛洲坝五十万伏直流输电工程承运的两台各重245吨的换流变压器从联邦德国安全运抵上海。

9月1日　上远公司召开新闻发布会,宣布基本建成环太平洋集装箱班轮运输干支线网络。

11月25日　上海海运局“大庆63”轮成功靠妥储油船“渤海长青”轮,开创国内海上“单点系泊”(指船舶单点系靠海上浮筒或储存设施,以船舶头缆或锚链系靠对方)先例。

1991年

1月　上海海运局“长自”“长力”“荣新”“繁新”“瑞新”等轮被交通部授予“文明客船”称号;上海—大连、上海—香港客货班轮航线被评为全国水路客运系统“文明客运航线”。

6月15日　中共中央政治局常委、国务院总理李鹏致信祝贺中波公司成立40周年,赞扬该公司“为中波两国经济建设作出了重要贡献,堪称中波两国友好合作的典范”。

8月24日　上海海运局“南极洲”轮因在英法海底隧道(英国段)工程建设中作出卓越贡献,其船名被英国当局永久刻上隧道竣工纪念碑。

1992年

1月　中国外轮代理公司上海分公司在国内首次独家承办国际集装箱检测业务。

7月31日　中共中央政治局委员、全国人大常委会委员长万里出席上海海运局新建油轮“定河”轮命名下水仪式,并为该轮下水剪彩砍缆。

10月29日　中日合资国际客运企业上海国际轮渡有限公司成立。

10月30日　中波公司从德国为上海地铁建设运回第一列电动列车。

11月30日　上海长江轮船公司经交通部批准可从事以上海港口为主的近洋国际货运业务。

12月4日　上海金海船务贸易有限公司开通上海至韩国水上贸易航线。

1993年

2月1日　上海国际轮渡有限公司“苏州号”客货班轮首航日本横滨。

6月18日　上海海运局改制为上海海运(集团)公司(以下简称上海海运)。

11月16日　锦江航运经交通部同意开辟上海—韩国(釜山)集装箱班轮航线。

11月18日　国内第一条沿海全集装箱运输航线广州(佛山)—上海集装箱航线开通。

1994年

1月19日　上海市市长黄菊写信祝贺上远公司成立30周年,勉励该公司职工为上海振兴和中国远洋事业发展作出新贡献。

2月26日　锦江航运在中韩两国政府签署海运协议后,开出从上海港驶往韩国的第一个班轮航次。

4 月 20 日　上海—广州客运航班因经营亏损停航。

6 月 20 日　上海长崎国际渡轮有限公司开通上海—日本长崎客运航线。

9 月　上海海运开通上海—神户—大阪集装箱班轮航线，首次进入日本班轮航运市场。

11 月 11 日　上海海兴轮船股份有限公司(以下简称海兴公司)发行的 H 股股票在香港联合交易所挂牌上市，成为在香港发行上市 H 股的国内首家航运企业。

1995 年

3 月　上海海洋运输行业开始执行交通部修订并发布的新的《水路货物运输规则》和《水路货物运输管理规则》。

7 月 19 日　上海市人民政府交通办公室在《关于建立上海国际航运中心有关工作情况的报告》中提出“推动在上海建设国家级有形航运市场，为上海建设国际航运中心提供市场基础”。

11 月 13 日　由上海立新船舶修造厂承修的 17 万吨级希腊籍货船“凯和”轮竣工出厂，是为当时上海修船行业承修的最大吨位船舶。

12 月　中共中央、国务院作出建设上海国际航运中心重大决策。

1996 年

1 月 16 日　中共中央政治局常委、国务院总理李鹏在上海召开专题会议，正式对外宣布建设上海国际航运中心。

5 月　上海市人民政府宣布：由上海市人民政府和国家交通部共同组建上海航运交易所(以下简称上海航交所)，由上海市人民政府负责行政管理，交通部负责行业管理。

10 月 17 日　根据《上海航运交易所管理规定》，《国际集装箱班轮运输运价报备制度实施办法》发布。

11 月 27 日　李鹏与中共中央政治局委员、国务院副总理吴邦国在中共上海市委书记黄菊、上海市市长徐匡迪等陪同下视察上海航交所。

11 月 28 日　由交通部和上海市人民政府共同组建的中国第一家航运交易服务机构——上海航交所正式开业。

12 月 20 日　华东地区最大的船舶污水处理厂——上海海运所属上海船舶污水处理厂建成投产。

12 月 21 日　中国第一条采用国际标准集装箱的内贸集装箱班轮航线——上海至厦门航线开通。

1997 年

5 月 18 日　上海港第一班集装箱海铁联运班列——上海至成都国际集装箱海铁联运直达快运班列开通。

5 月 30 日　海兴公司推出的国内首条全冷藏箱运输精品航线上海—日本特快、定时周班航线在上海港军工路集装箱码头开通。

6月　连接广州、蛇口、厦门、上海、营口、青岛、天津等港的南北沿海内贸集装箱运输航线全线贯通。

7月1日　中国海运(集团)总公司(以下简称中海集团)在沪成立。

9月1日　上海口岸集装箱国际转运业务正式投入运营。

11月　中海集装箱运输有限公司(以下简称中海集运)正式开通青岛/上海—大阪/神户全冷藏箱特快定时航线。

1998年

1月1日　上海市第一部全面调整水路运输及其相关管理活动的地方性法规《上海市水路运输管理条例》开始施行。

1月27日　中远集装箱运输有限公司(以下简称中远集运)在沪举行成立揭牌仪式。吴邦国为该公司揭牌。

2月　上海市市长徐匡迪在市十一届人大一次会议所作《政府工作报告》中提出要加快上海国际航运中心规划和建设。

3月8日　锦江航运开通上海经日本石垣岛航抵台湾基隆港的两岸三地集装箱航线。

3月22日　时为国内最先进的大型豪华客、车滚装船"棒棰岛"轮投入上海—大连航线客货运输。

4月13日　由交通部主持、上海航交所编制的"中国出口集装箱运价指数"(简称CCFI)首次发布,填补了世界集装箱运价指数和中国运价指数领域的空白。

4月24日　中外运集装箱运输有限公司在上海浦东新区注册成立。

7月　中海集团组建中海上海船员公司,对上海地区船员实行集中管理、统一调配的新的船员管理模式。

8月5日　中国与韩国合资组建的上海仁川国际渡轮有限公司开辟上海—仁川—济州客货班轮航线。

8月18日　上海市人民政府组建上海国际航运服务中心。

8月22日　中远集运开通该公司第一条内贸集装箱班轮航线。

8月　上海国际航运中心上海地区领导小组办公室与虹口区政府签订共建北外滩"航运街"协议。

1999年

1月1日　中海集团等5家原交通部直属大型运输企业与交通部正式解除隶属关系,标志着上海水路交通运输行业政企分开的管理体制改革基本完成。

3月5日　上海—大连内贸集装箱班轮航线开通。

3月26日　中海集运加入中国—澳大利亚集装箱班轮运输,开始经营远洋集装箱运输。

6月18日　中华人民共和国上海海事局(以下简称上海海事局)正式挂牌成立。

7月24—26日　全国水路集装箱运输工作会议在上海召开。

8月　中海电信有限公司开发中心研制成功的NR-1型接收机获得上海市99科技博览会

金奖。

同月　中海上海船员公司派出由30名船员组成的班子，成功接管中欧联合油轮公司25万吨级超级油轮“太平洋先驱”轮，填补了中国船员从未管理和操纵VLCC的空白。

2000年

4月10日　中海集团客运公司经营的上海至宁波海上客运航线退出营运。

6月19日　锦江航运经交通部批准开始经营宁波—上海—横滨—东京—基隆—石垣岛—宁波集装箱班轮航线。

8月18日　国内第一家专业化国际船舶管理公司——上海中波国际船舶管理有限公司在沪开业。

12月　中海发展股份有限公司油轮公司(以下简称中海油运)从国外引进首艘11万吨级成品油/原油轮，是为当时上海海洋运输行业拥有的最大油轮。

2001年

3月1日　上海至大连海上客运航线停航，至此，中海集团客运公司经营的从上海开往外埠的客运航线全部停航。

5月1日　上海海洋运输行业开始实行国家计委和交通部发出的《关于全面放开水运价格有关问题的通知》。

同日　上海海洋运输行业开始实行交通部、国家经贸委、财政部联合发布的《关于实施运输船舶强制报废制度的意见》。

5月31日　中海集团成为上海磁悬浮列车设备海上运输的唯一承运人。

7月28日　上海市市长徐匡迪、副市长韩正、交通部副部长翁孟勇等出席中远集运“COSCO SHANGHAI”(“中远上海”)轮首航上海—西欧航线仪式。

11月28日　由交通部主持、上海航交所负责编制的“中国沿海(散货)运价指数”首次对外公开发布。

2002年

3月29日　中共中央政治局常委、国务院总理朱镕基致信祝贺中海集团在泰国林查班港开通亚洲—美国西海岸—泰国集装箱班轮航线。

3月　由中远集运、韩进海运、阳明海运、川崎汽船和德国胜利航运五大公司结成的国际海运市场最大的海运联盟CKYH正式签署协议。

4月1日　中海集团开辟台湾—美国西海岸集装箱班轮航线。

5月9日　中共中央总书记、国家主席、中央军委主席江泽民在中共中央政治局委员、中共上海市委书记黄菊等陪同下视察中远集运。

6月6日　上海航交所在国内首次制作的规范性无船承运人范本提单开始在上海口岸使用。

9月1日　上海海岸电台正式开通全球海上遇险和安全系统地面无线电数字选择性呼叫

(GMDSS DSC)通信业务,成为中国唯一的选呼国际值班台。

9月 中海集运在美国西海岸码头工人罢工期间因准确判断市场,提前作好运力安排,在该次事件中成为全球班轮公司中唯一盈利者。

11月13日 世界级巨型豪华邮轮"狮子星"号停靠上海高阳路码头,该轮为当时亚洲最大邮轮。

2003年

10月4日 上海万邦邮轮有限公司购入国内第一艘五星级豪华邮轮"假日"轮,开通上海至普陀山假日旅游航线。

10月10日 上海市人民代表大会常务委员会《关于修改〈上海市水路运输管理条例〉的决定》由上海市第十二届人民代表大会常务委员会第七次会议通过,并予公布和施行。

11月 上海市人民政府与中海集团签订合作备忘录,在长兴岛提供3公里岸线和腹地,供该集团在长江口建设国内一流大型现代化修船基地长兴船厂。

2004年

3月24日 经交通部授权,上海航交所公开发布"设立5家中外合资船舶运输公司从事我国国内港口之间化工品运输(CDT)"的招标公告。

5月12日 上海国际港务(集团)有限公司(2005年5月改制为股份有限公司,以下简称上港集团)与中远集运签署协议,拟将上海至美国长滩集装箱航线打造成精品航线。

5月 经全国高等院校设置评议委员会评议通过,并经教育部批准,原上海海运学院更名为上海海事大学。

6月16日 中海集装箱运输股份有限公司(以下仍简称中海集运)向境外投资者公开发行的H股股票在香港联交所主板上市。

11月18日 中波公司订造的"中波太阳"轮等4艘3万吨级重吊船全部交付使用,为当时世界同类型船舶中主机较先进、航速较快、技术较新、起重吊较大的多用途船。

12月8日 国内最大的船舶管理企业——中海国际船舶管理有限公司在沪揭牌成立。

12月21日 中海油运拥有的中国第一艘悬挂五星红旗的30万吨级超级油轮"新金洋"轮正式投入使用。

2005年

1月 上海市人民政府将建设"北外滩航运服务集聚区"列入上海市现代服务发展整体规划和市"十一五"发展规划。

2月 中波公司进入美国墨西哥湾沿岸地区重大件设备运输市场,标志着该公司已从区域性承运人向全球承运人转变。

3月 上海海岸电台划转上海海事局。

4月18日 上海市船东协会(2009年11月更名上海船东协会)成立。

7月8日　为纪念郑和下西洋600周年，交通部、国防科工委、国家海洋局、上海市人民政府在上海展览中心举办“郑和航海暨国际海洋博览会”。

8月24日　中远集运从西藏洛隆县招收的7名藏族青年成为中国第一代藏族远洋船员。

11月1日　第二届国际海运(中国)年会在上海召开。

11月　上海长江轮船公司新造的第一组ATB(铰接式推轮和驳船)顶推船队——“长航洋山3001”和“长洋驳1号”轮投入运营，可从洋山深水港直达长江中下游沿线港口。

12月10日　中共中央政治局常委、国务院副总理黄菊出席上海国际航运中心洋山深水港区开港暨洋山保税港区启用仪式。

2006年

1月12日　上港集团在龙吴码头开辟世界首条电子标签集装箱航线(上海至烟台)。

同日　上海港洋山深水港区首次批量中转海铁联运集装箱。

5月16日　中远集运开辟武汉—洋山江海直达快航，改变长江中上游地区货物由下游中转的传统出运方式。

6月12—13日　中共中央总书记、国家主席、中央军委主席胡锦涛考察洋山深水港区。

7月2日　国际邮轮“COSTA ALLEGRA”(歌诗达·爱兰歌娜)号在北外滩上海国际客运中心码头举行首航仪式，标志着上海国际客运中心成为中国大陆第一个邮轮母港。

7月11日　交通部和上海市人民政府在上海洋山深水港区联合召开第二届“航海日”庆祝大会。中共中央政治局常委、国务院副总理黄菊发信祝贺。

8月22日　国内首个海事调解中心——中国海事仲裁委员会上海海事调解中心在沪成立。

9月19日　中远集运船舶全球动态监控系统科技成果鉴定会在沪举行。

11月9日　由上海船舶运输科学研究所承担的上海市重点科技攻关项目“洋山深水港江海联运集装箱船型开发”项目通过上海市科委组织的专家组验收。

11月　我国首个实现“海铁联运”的现代化铁路集装箱中心站——上海芦潮港铁路集装箱中心站全面建成并正式投入运营。

12月　上海市港口管理局、上海航交所联合召开中日航线集装箱班轮运输运价报备工作会议，进一步规范中日航线集装箱运价。

2007年

1月26日　国内一流的中海工业长兴船厂码头工程正式开工，标志着这个现代化大型修船基地进入全面建设阶段。

2月2日　中海集运与上海铁路集装箱中心站发展有限公司签订合同，联合开通以铁路芦潮港集装箱中心站为基地，辐射全国的海铁联运双向班列。

2月28日　中海集团与神华集团有限责任公司签署《战略合作框架协议》。

4月18日　南昌—上海国际集装箱海铁联运专列正式开通。

6月6日　国内最大的汽车船运输公司——中海汽车船运输有限公司在上海注册成立。

7月12日　中共上海市委书记习近平视察中海集团总部。

同日　习近平在虹口区调研时,对加强上海国际航运中心建设做出重要指示。

8月9日　由中远集运订造的上海第一艘,也是中国和亚洲首艘1万TEU集装箱船——“中远亚洲”轮在天津港首航。

10月19日　中海集团与武汉钢铁(集团)总公司签署战略合作框架协议,同时签署该集团为武钢集团承运进口铁矿石的长期包运合同。

10月30日　中远集运美西航线正式挂靠加拿大鲁珀特王子港,开辟经加拿大中转美西内陆点的全新低成本中转路径。

12月12日　中海集运A股股票在上海证券交易所挂牌上市。

12月13日　中海集团与上海海事大学签署战略合作框架协议。

2008年

1月　中海发展股份有限公司货轮公司(以下简称中海货运)启动应急反应机制,抽回部分外贸运输船舶,不惜牺牲企业局部利益全力保障上海及国内其他地区电煤运输。

2月21日　中海集团与宝钢集团在上海签署合资框架协议和进口铁矿石长期运输包运合同。

3月10日　世界首条“集装箱电子标签”国际航线——“中国上海港—美国萨瓦那港”示范航线在沪开通。

4月3日　中远集运订造的国产第一艘1万TEU集装箱船“中远大洋洲”轮交付使用。

4月29日　中海货运因抢运电煤成绩突出,在国资委央企抗击雨雪冰冻灾害总结表彰大会上被评为“抗雨雪冰冻灾害先进集体”。

7月5日　中共中央政治局常委、国务院总理温家宝视察上海洋山深水港,并要求加快上海国际航运中心建设。

7月14日　上海国际航运研究中心在沪成立。

8月5日　上海港国际客运中心新客站投入试运营。

11月28日　由上海航交所建立的中华船舶交易网在上海正式开通,是为国内首个面向全国的大型二手船舶交易平台。

11月29日　具世界先进水平的30万吨级浮船坞——“中海峨眉山”号在中海工业长兴船厂投产,标志着上海国际航运中心配套修船能力上了新的台阶。

12月14日　锦江航运经交通运输部批准,获得适用于海上直航的台湾海峡两岸间水路运输许可证。

12月15日　国务院台湾事务办公室、交通运输部、上海市人民政府在上海洋山港举行“海峡两岸海上直航”首航仪式。

2009年

3月21日　上海国际航运服务中心大楼开工建设。

4月14日　国务院国发〔2009〕19号《关于推进上海加快发展现代服务业和先进制造业建设国际金融中心和国际航运中心的意见》发布。

5月8日　《上海市人民政府贯彻国务院关于推进上海加快发展现代服务业和先进制造业建设

国际金融中心和国际航运中心意见的实施意见》出台。

5月19日 上海市虹口区政府、上海海事局、上海航交所共同签署“加快建设上海国际航运中心现代航运服务体系合作框架协议”。

5月25日 上海市市长韩正为上海国际航运仲裁院成立揭牌。

6月16日 中国海事仲裁委员会上海分会召开推进上海海事仲裁工作会议暨上海海事仲裁院揭牌仪式。

6月26日 上海国际邮轮经济研究中心成立。

6月 中海集团与台湾长荣海运集团在上海签订全面开展集装箱班轮航线合作协议。

7月3日 中共中央政治局委员、中共上海市委书记俞正声出席上海市人民政府与交通银行全面合作备忘录签署仪式。为支持上海建设国际航运中心，交通银行于当日成立航运金融部。

7月8日 中国银行上海市分行成立上海首个以航运行业为服务对象的“国际航运金融服务中心”。

7月31日 国内唯一的航运运价报备机构——国际集装箱国际班轮运价备案中心在沪揭牌成立。

8月4日 中海集团与上海交运(集团)公司签订战略合作框架协议，合力开拓国内外重大件运输和工程项目物流市场。

9月10日 原上海海运局客轮服务员、全国劳动模范杨怀远光荣入选“100位为新中国成立作出突出贡献的英雄模范人物和100位新中国成立以来感动中国人物”。

10月11日 上海洋山深水港区迎来第一艘进口液化天然气专用运输船舶。

10月16日 上海航交所编制的新版“上海出口集装箱运价指数”(SCFI)正式发布。

12月9日 中国首家航运经纪人俱乐部在沪成立。

12月29日 上海国际航运研究中心在上海首次发布包括中国航运景气指数(CSPI)、中国航运信心指数(CSFI)、中国航运预警指数(CSAI)、中国航运景气动向指数(CSCI)在内的四大指数。

2010年

1月15日 上海航交所以新版“上海出口集装箱运价指数”(SCFI)为结算标准，采用场外现金结算的掉期合同形式，达成全球首笔集装箱运价掉期协议。

1月24日 中海发展股份有限公司订造的我国首艘自主研发、自行设计、完全拥有自主知识产权的超大型原油船“新埔洋”轮投入运营。

1月18日 上海市人民政府分别与中海集团和神华集团签署保障上海世博会煤炭供应和运输合作协议。

1月26—27日 首届中国国际航运文化节在上海举行。

1月28日 交通运输部部长李盛霖与上海市市长韩正签署《加快推进国际航运中心建设合作备忘录》，就共同推进上海国际航运中心建设达成共识。

2月6日 中海货运订造的国内首艘23万吨级超大型矿砂船(VLOC)——“中海兴旺”轮投入运营。

3月25日 由交通运输部、上海市人民政府主办的“国际航运上海论坛2010”在沪举行。交通运输部部长李盛霖和上海市市长韩正在会上为上海国际航运信息中心成立揭牌。

4月10日　长江航运集团南京长江油运公司开通台湾高雄至上海成品油运输航线。

6月11日　为推进上海国际航运中心建设,上海市人民政府与中外运长航集团有限公司正式签署战略合作协议。

7月5日　中国第一家国家级航海博物馆——上海中国航海博物馆正式开馆。

同日　中海集团与上港集团股份有限公司联合举行"港航携手共建绿色水运——移动式岸基船用变频变压供电系统启用仪式",并发表《港航携手共建绿色水运宣言》。

7月10日　中国首次航运经纪执业资格考试在上海举行,135人经考试合格,取得《经纪执业资格(航运)考核合格证明》。

7月11日　中波公司订造的3万吨级重吊船"恒星"轮首航美国和欧洲。

7月12日　外高桥港区迎来当年全球最大的集装箱货轮巴拿马籍"地中海贝蒂娜"轮,刷新上海港靠泊最大集装箱船舶的纪录。

7月20日　上海市工商管理局颁出全市首批航运经纪人执业证书,是为中国内地首次颁发航运经纪人证书,标志着内地航运经纪人正式合法化走向市场。

7月29日　内地首批国际航运经纪公司颁照仪式在北外滩举行,克拉克森航运经纪(上海)有限公司等9家国际航运经纪公司注册成立。

7月　上海市交通港航发展研究中心成立。

8月　上海船舶运输科学研究所整体并入中海集团,成为其全资子企业。

10月22日　中海工业长兴船厂仅用96小时完成因擦碰严重受损的歌诗达"经典"号豪华邮轮维修任务。

11月19日　上海航交所被交通部指定为国内唯一的无船承运人运价备案受理中心。

11月30日　国内第一家专业从事船舶保险公估的公司——上海船舶保险公估有限责任公司成立。

第一篇

企业·机构·社团

宋元时期，上海地区开始出现专门从事航海贸易的海商、船户。清嘉庆、道光年间，沪上诸多沙船商(户)和沙船行(号)已具航运企业雏形。清同治元年(1862年)，市境内始有外商开办的航运企业。同治十一年底，由中国人兴办的第一家航运企业——轮船招商公局(以下简称招商局)在沪成立。清末民初，上海先后出现一批民族资本航运企业。民国22年(1933年)，在沪的华资轮船公司多至200余家。

1949年5月，上海解放时，市军管会接管招商局等官僚资本企业，在其基础上组建国营轮船总公司(后更名为上海海运局)。20世纪50年代中期，上海市人民政府完成对上海私营航运企业的社会主义改造。1962年，中波轮船股份公司总公司由天津迁址上海，为上海最早出现的中外合资航运企业。1964年4月，中国远洋运输公司上海分公司成立(1979年5月更名为上海远洋运输公司)，上海始有第一家从事远洋运输的国有企业。1978年，上海地区从事海洋运输的主要有上海海运局、上海远洋运输公司、中波轮船股份公司等国有和中外合资航运企业。

改革开放后，上海地区经济建设快速发展，内外贸运输步入新的发展时期，原先仅由少数几家大型航运企业一统上海沿海和远洋运输的局面不复存在。1979年，交通部批准上海海运局成立上海海兴轮船公司，专门从事远洋运输。1983年，上海市第一家由市政府创办和领导的地方航运企业——上海市锦江航运有限公司成立。1985年，上海首家中日合资航运企业——中日国际渡轮有限公司在沪开业。1988年，市政府批准成立上海海华轮船公司，为上海港务局所属国际航运企业。

1990年后，在国家提出的"调动社会各方力量，共同发展交通事业"政策导向下，上海地区航运企业含国营(1993年3月始改称国有)、联营、合资、集体、民营等多种经济形式。1992年底，船籍港在上海，经营沿海和远洋运输的企业已有数十家。1995年，在上海注册登记并经交通部批准可从事国际航线运输业务的地方船公司增至13家。同一时期，国内航运市场逐步向境外船公司开放。仅1992—1995年，就有法国达飞轮船(中国)有限公司、韩国韩进海运(中国)有限公司、台湾长荣海运集团、日本商船三井(中国)有限公司、日本邮船(中国)有限公司等多家世界著名航运公司先后入驻上海。

1996年1月，国务院正式对外宣布建设上海国际航运中心。为支持和配合上海国际航运中心建设，1997—2000年，新组建的中国海运(集团)总公司将总部设在上海；中国远洋运输集团总公司在上海新成立中远集装箱运输有限公司；中国外运(集团)总公司也在上海新组建中外运集装箱运输有限公司。这些大型国有航运企业成为建设上海国际航运中心的骨干企业。

2001年12月，中国加入世界贸易组织(简称WTO)后，更多的境外航运企业进入上海航运市场，既促进了上海航运业的繁荣，也加剧了上海航运市场的竞争。为提高上海航运企业的市场竞争能力，适应上海社会经济发展需求，国家和上海市人民政府在推行现代企业制度改革中，积极支持和引导航运企业进行改制，实施联合重组。上海航运企业的服务类型和经济形式由此更趋多样化。其中，既有国有大型骨干企业和地方国有企业，也有合营企业和民营企业；既有外商独资企业，也有中外合资企业；还有分别在上海和香港两地上市的股份制企业。与此同时，服务于海洋运输的各类辅助和保障性企业，包括航运物流、船舶修理、物资供应、通信导航、第三方船舶管理等企业也在原有基础上得到同步发展。上海市人民政府为进一步服务全国，扩大地区间经济交流与合作，积极鼓励和欢迎国家部委和兄弟省市大企业(集团)来沪发展，促使大批外来航运及辅助企业、机构加盟上海海洋运输行业，加快了上海航运要素的集聚。2005年，上海已有沿海运输企业94家，内含客运企业5家，液化危险品运输企业22家，集装箱运输企业13家；国际海上运输及其辅助企业846家，其中，国际船舶运输企业37家，国际船舶代理企业86家，国际船舶管理企业42家，无船承运人476家；在沪办理注册登记的经营国际海上运输及其辅助业的外商驻沪分公司及代表机构总数已达205家。

是时，上海除设有上海市建设和交通委员会(1978—1981年设有上海市工业交通办公室；1981—2001年设有上海市人民政府交通办公室)、中华人民共和国上海海事局(以下简称上海海事局)等行政机构，负责管理全市海陆空运输外，上海市航海学会(成立于1978年)、上海市国际货运代理行业协会(成立于1992年)、上海市船东协会(成立于2005年，2009年更名为上海船东协会)等航运界专业社会团体也先后成立，成为沟通政府部门与航运界联系的桥梁和纽带；上海海事法院(成立于1984年)、上海航运交易所(成立于1996年)、中国海事仲裁委员会上海分会(成立于2003年)等多家专业航运机构先后组建，加快了上海现代航运服务业的兴起以及海洋运输的法制建设，对上海海洋运输发展起到重要推动和促进作用。

2008年始，受全球金融危机影响，世界航运趋于萧条，上海有部分民间航运企业及辅助性企业被迫歇业，但同时也有新增企业补充。是年，上海水路运输企业歇业24家，新增21家，其中新增沿海运输企业12家；水路运输服务企业歇业51家，新增27家。至年底，全市共有国内水路运输企业251家，其中沿海运输企业122家；国内水路运输服务企业353家。同年，全市国际海上运输及其辅助业注销26家，新增159家，共有1 091家，其中国际船舶运输企业38家，国际船舶代理企业120家，国际船舶管理企业69家，无船承运人864家。

2010年，上海市境内共有国内水上运输企业255家，其中沿海运输企业127家；共有国内水上运输服务企业近400家，其中从事货运代理、船舶代理的358家，从事船舶管理的39家；共有国际海上运输及其辅助企业1 285家，其中国际船舶运输企业60家，国际船舶代理企业139家，国际船舶管理企业97家，无船承运人948家。是时，进入上海的外商独资船务公司及集装箱运输公司达41家。其中，丹麦马士基航运公司、美国总统航运公司、法国达飞轮船中国(船务)有限公司、韩国韩进海运公司、香港东方海外货柜航运有限公司等全球排名前20位的班轮公司都已在上海建立分公司或办事机构。首批9家国际航运经纪公司也在上海注册成立。由此，具一定规模且形式多样的海洋运输及其辅助服务体系初步形成。

第一章　航运企业

1978年，上海境内只有上海海运局、上海远洋运输公司、中波轮船股份公司等少数几家国有和中外合资海洋运输企业。改革开放后，本地国营、联营、合资、集体、民营等多种经济形式的海洋运输企业大量涌现。2010年，全市从事海洋运输的航运企业(含无船承运人)已逾千家，且经济形式和服务类型多样。其中尤以中国海运(集团)总公司、中海发展股份有限公司、中海集装箱运输股份有限公司、中远集装箱运输有限公司、中外运集装箱运输有限公司、上海长江轮船公司、上海市锦江航运有限公司、中波轮船股份公司等骨干航运企业发展较快、规模较大。

第一节 上 海 海 运 局

一、沿革

1978 年 7 月前，名为上海海运局，局机关地址为上海广东路 20 号，是交通部直属的集船舶运输、船舶修理、船舶供应、职工教育、医疗保障等为一体的大型综合性国有航运企业，也是当时沪上唯一经营沿海运输的航运企业。

是年 7 月，根据交通部《关于部直属企、事业单位实行党委领导下的局长分工负责制和一级单位名称的通知》精神，改称交通部上海海运管理局(以下简称上海海运局)，撤销"文化大革命"时期成立的局"革命委员会"，恢复职能处室建制。所设行政处室有办公室、人事处、教育处、运务处、机务处、工厂处、海务监督室、基建处、科技办公室、财务处、计划处、行政管理处、通信导航处等。

图 1－1－1 20 世纪 70 年代末位于上海广东路的上海海运局办公大楼

(照片提供：中海集团宣传部)

1979 年 9 月，经交通部批准，该局成立上海海兴轮船公司(以下简称海兴公司)，系相对独立核算的二级企业，注册资金人民币 1 337 万元。同年 12 月 15 日开始运营，按照国际贸易海上运输规则，以航为主，多种经营，开展上海—香港定线定期客货班轮及远近洋外贸运输业务，兼营船舶代理和租船业务。

1980 年，为有利于"既沿海，又远洋"的经营方式，避免分级分权管理和统一指挥、统一调度之间的矛盾，经交通部批准，该局撤销原先分船队管理形式，实行局对运输船舶的一级管理。同时按管理职能组建航运、船务和人事等三个部门，由分管副局长兼任部门主任，直接管理到船。

1982 年后，先后参与筹建上海市锦江航运有限公司、中国扬子江轮船股份有限公司等五个联营公司，各联营公司实行董事会领导下的总经理负责制。

1983 年底，在局机关设第一货轮、第二货轮、客轮、油轮等四个船舶管理处，同时撤销航运、船务和人事部。各船舶管理处属机关职能处室，对船舶的管理职能和权限较船队为小，主要开展人员、船舶技术设备和安全生产管理。

1984 年 4 月，鉴于中国远洋运输总公司不再为上海海运局承揽进出口货载，该局遂以海兴公司名义在国外建立外运代理和揽货经纪人业务网络，独立进行远洋运输业务。同年 8 月，对海兴公司在体制上进行改革，作为上海海运局内部一个相对独立实体，对外正式登记、自主经营，自立户册、自理开支、自负盈亏，按上海海运局规定每年上缴利润。根据国际航运惯例及商务需要，将该公司名称定为上海海兴轮船有限公司(以下仍简称海兴公司)。在经营上与上海海运局签订代管协议或代管经济合约。在管理体制上，按精简、效能原则，既考虑该公司为独立实体，又遵循专业管理要求合理组织，负责其经营业务，包括招揽货载、船务工作、船舶修理联系以及船员管理等。为便于经营管理，由香港金钢船务公司兼办海兴公司在香港的有关业务。

1985年，该局为在船舶管理上合理划小核算单位，再次实施管理体制改革，实行分级分权管理，撤销船舶管理处，组建相对独立的专业运输公司。当年11月，首先成立油运公司；随后相继成立客运公司、第一货运公司和第二货运公司。四个专业运输公司均作为一级管理机构，实行内部独立核算，在局统一计算产量、统一纳税、统一承担债务、统负盈亏的前提下，赋予相应的经营自主权，从而形成局、专业运输公司对船舶的二级管理体制。

1987—1988年，该局先后组建和参与组建（厦门）鹭海船务有限公司、上海兴海船务有限公司及金海船务贸易有限公司。

1989年8月，经交通部企业管理指导委员会审批，该局成为国家二级企业。1990年，局机关共设行政处室13个，下辖基层单位20个。

1993年6月18日，该局改组为上海海运（集团）公司（以下简称上海海运），实行"集团化管理，专业化分工，规模化经营，多元化发展"。翌年4月26日，国家国有资产管理局关于上海海运股份制试点国有股权管理复函交通部，同意上海海运将所属海兴公司、油运公司、第一货运公司、第二货运公司四个单位，168艘运输船舶（包括客运公司3艘客货轮）的相关资产及负债纳入股份制改造范围，设立上海海兴轮船股份有限公司（以下仍简称海兴公司）。其总资产和净资产（原账面值）分别占上海海运的71.18%和44.98%。上海海运所属物资供应公司、通信导航公司等30个全资子公司、控股子公司、参股子公司及事业性单位的资产不纳入股份制改造范围，与该（集团）公司关系不变。募股前，海兴公司为上海海运的全资子公司，募股后为其控股子公司。同年11月，由上海海运控股的海兴公司在香港联合交易所发行上市H股，成为在该所发行H股的国内首家水运企业。

1996年11月，海兴公司实施经营管理体制改制，与上海海运在管理机构上全部分离，并按专业化分工原则设置货运分公司、远洋运输分公司、集装箱运输分公司和油运分公司。

同年12月，上海海运机关由广东路20号迁址东大名路700号。

1997年7月1日，中国海运（集团）总公司在沪成立，上海海运成为其所属一级子公司，也是该集团下属地区性公司，其原有运输船舶大都划归该集团所属各专业运输公司。

1999年1月始，上海海运与中海发展股份有限公司油轮公司（详见本章相关介绍）一度按照"一套班子，两块牌子，一套机构，两本账"和"经营管理功能与服务管理功能分离"的原则，在组织机构上进行调整和合并。2005年，该两家公司在机构、人员等管理上彻底分开。此后，上海海运基本不再直接经营船舶运输业务，而是以中国海运（集团）总公司的快速发展为契机，主要履行地区公司职能，为集团所属各专业运输公司提供良好后勤保障服务。同时，加快陆岸产业发展，拥有船舶油污水处理厂、液体仓储、船舶抢修航修、商务公众物业管理、黄浦江水上服务、医疗服务等多家陆岸产业。

二、规模

从上海解放初期至20世纪70年代末，上海海运局在上海沿海运输中一直处于主导地位，为国内规模最大的一家沿海运输企业。1978年末，拥有客货运输船舶139艘，126.85万载重吨，1.15万客位。

改革开放后，该局逐步确立和完善"立足沿海，确保重点，开拓主业，搞活远洋，发展海运，服务四化"的经营方针。自1979年始，由所属海兴公司陆续将部分散装货轮、油轮和化学品专用船投入远洋外贸运输,突破延续多年的单一从事国内沿海运输界限,开创“既沿海,又远洋”的新的经营模式。

“六五”计划期间,该局客货运输发展迅速,客货运输量平均每年递增10.6%和5.2%;客货周转量平均每年递增9.7%和7.5%。客班航线在原有四线(申甬、申温、申青、申连)基础上,相继恢复和新辟了申港、申榕、申穗(弯靠厦门)等线,5年内新增载客能力54.8%。散货运输始终以煤炭、石油等能源物资运输为重点,辟有秦皇岛—上海、青岛—上海、石臼港—上海、连云港—上海等煤炭运输线和大连—上海、秦皇岛—上海、青岛—上海等原油运输线。其间,煤炭运量平均每年递增12%,年煤运量占总货运量的比重升至50%以上。外贸运输也快速增长,从1984年9月起,所属海兴公司开始在国际市场上独立揽货,独立经营。除进出口业务外,还承接第三国货载和程租、期租等远洋运输业务。除在香港派有常驻代表外,与国外20多家经纪人和上百家船舶代理行保持密切联系,建立国外代理网,使所属船舶在世界各主要港口都能顺利装卸货物。同时,在香港、纽约、新加坡等几个主要租船市场设有揽货代理,在国际租船市场上掌握“船少货多”的主动权。1985年,完成外贸运量407.5万吨,155.82亿吨海里,比1980年分别增长1倍和77%。外贸运输品种由初始的粮运、矿运为主,发展至煤炭、石油、钢铁、粮食、化肥、木材、杂货等多品种、多航线运输,并在国内率先开辟石脑油、二甲苯等运输要求较高的液体化工产品进出口运输,打破该项运输依赖国外航商的局面。

“七五”计划期间,该局货运量以7.7%的年平均速度递增。五年间总计完成货运量3.16亿吨,为“六五”计划时期的144%。其中煤炭、石油两项共完成2.57亿吨,超过总货运量的80%,担负着上海市煤炭、石油需求量80%~90%的运输任务。旅客运输新辟申厦、甬香(港)线,使沿海客班航线增至9条,年客运量维持在340万人次以上。外贸运输持续发展,1990年外贸运量达700.5万吨,为1985年的1.7倍。1979年后十余年间累计完成外贸运量4 583万吨,外贸货物周转量1 783亿吨海里,远洋航线通达五大洲400多个港口。因坚持“质量第一、信誉第一、用户第一”宗旨,已与世界各地200多家客商和货主建立良好业务联系。每年投入远洋运输的船舶吨位约占局属船舶总吨位的三分之一。五年间,年均创汇保持在8 000万美元以上。至1990年末,该局已有运输船舶194艘,255.38万载货吨,2.53万载客位;下辖基层单位20家;固定资产37亿元;运输能力、运输规模在国内同行业中居于首位。

1993年,该局改制为上海海运(集团)公司(即上海海运)后,年完成货运量8 300万吨,创历史最高纪录。1994年,该公司外贸运量首次突破1 000万吨。1996年末,共拥有各种类型运输船舶195艘,381.86万载重吨,1.54万载客位;年客货运量分别为198.3万人次和8 014.1万吨,在上海和华东地区乃至整个国民经济发展中发挥着重要作用。

1997年,中国海运(集团)总公司在沪成立后,该公司为服务集团发展战略,从以航运为主的运输型企业转型为服务保障兼顾投资管理为主的服务型企业。主要职能包括投资管理、陆岸产业经营管理、船舶运输服务、离退休员工服务和管理等。下属单位包括上海海运实业有限公司、上海海运基建住宅发展有限公司、上海海运服务有限公司等15家子公司。

进入21世纪后,该公司积极创新服务产品,培育新的经济增长点,业务取得良好进展。其中,客箱船租赁收入创历史新高;引航、试航、海图供应、围油栏、拖轮等业务得到拓展;所属学校、医院等也在原有基础上有所发展。在投资管理方面,该公司(及至2009年)除对中国海运(集团)总公司下属11家专业公司投资外,还对集团以外包括北海船务股份有限公司、华海石油运销有限公司、锦江航运有限公司等8家企业进行投资,因注重制度建设,加强风险管控,投资收益逐渐提高。2010

年，该公司实现主营业务收入 2.71 亿元，利润总额 1.54 亿元。资产总额 58.63 亿元，负债总额 7.43 亿元，资产负债率 12.68%。

表 1-1-1　1978—1997 年上海海运局(上海海运)党政主要负责人任职情况表

姓　名	职　　务	任 职 时 间	姓　名	职　　务	任 职 时 间
冯品德	党委书记	1978 年 3 月—1982 年 2 月	史　堪	局长	1978 年 3 月—1983 年 10 月
刘延穆	主持党委工作	1982 年 2 月—1983 年 9 月	刘延穆	代局长	1981 年 8 月—1983 年 9 月
张建会	主持党委工作	1983 年 9 月—1984 年 3 月	蔡国华	主持行政领导工作	1983 年 9 月—1984 年 11 月
张建会	党委书记	1984 年 3 月—1985 年 3 月	蔡国华	局长	1984 年 11 月—1991 年
黄为民	党委书记	1985 年 3 月—1995 年	孙治堂	局长(总经理)	1991 年—1995 年
孙治堂	党委书记	1995 年—1997 年	李绍德	总经理	1995 年—1997 年

资料来源：上海海运局(上海海运)

第二节　上海远洋运输公司

一、沿革

上海远洋运输公司原名中国远洋运输公司上海分公司(成立于 1964 年 4 月，地址为上海中山东一路 9 号)。1979 年 5 月 1 日，经交通部批准，更名为上海远洋运输公司(以下简称上远公司)，仍隶属中国远洋运输公司。公司地址迁至上海东大名路 378 号。

20 世纪 80 至 90 年代，该公司认真贯彻国家改革开放政策，进行行业整顿，实行经营承包，企业面貌发生很大变化，1984 年通过国家行业整顿验收，1989 年被评为国家二级企业，1991 年获得全国企业管理优秀奖(金马奖)。

图 1-1-2　20 世纪 70 年代末位于上海东大名路的上远公司办公大楼
(照片提供：上海新航信息科技公司)

1992 年，公司机关共设 26 个处室(含 6 个船舶管理处)；除运输船舶外，下辖上海远洋船舶修理厂、上海远洋船舶供应公司、上海海上电子设备工程公司、上海远洋医院等 15 家陆地单位；另有上海国际集装箱汽车运输股份有限公司、中日国际轮渡有限公司、上海国际轮渡有限公司等 14 家合资合营单位。是年 7 月，公司机关迁址上海长阳路 1551～1555 号。

同年 12 月，经国务院批准，中国远洋运输公司更名为中国远洋运输(集团)总公司(以下简称中远集团),成为国家首批进行企业集团改革试点的单位。该集团首先对集装箱运输经营管理模式进行改革,实行“集中经营,分散管理”,在北京成立相对独立的集装箱运输经营机构——中远集团集装箱运输总部(以下简称中集总部),将集装箱船舶的经营权集中起来。上海、广州、天津远洋运输公司不再经营集装箱运输,但船舶所有权不变。

1996年后,中远集团对航运体制作进一步改革,对所属船队进行资产重组,实行专业化经营管理。1997年,经交通部和上海市人民政府同意,将中集总部南迁上海,与上远公司合二为一,组建新的集装箱运输专业公司——中远集装箱运输有限公司(以下简称中远集运)。是年9月起,按照中远集团的统一部署,上远公司所属散装货船移交天津远洋运输公司,杂货船移交广州远洋运输公司,天津远洋运输公司和广州远洋运输公司的集装箱船则移交给上远公司。

1998年1月,随着中远集运(公司地址仍为上海长阳路1551～1555号)的正式成立,上远公司整体,包括所属单位、船舶全部并入中远集运。

2004年8月,中远集团、中远集运进行航运主业重组、调整时,重新组建以经营船员管理、船舶管理和陆上航运相关产业为重心的上远公司,并于2004年9月26日开始运作。重组后的新上远公司出资人为中远集团,由中远集团授权中远集运管理,具有独立法人经营资格。该公司不同于原先以船舶运输为主的上远公司,其以船员和船舶管理为业务重点,开展劳务输出、管理输出,拓展多元产业经营增长空间,成为集船舶管理、船员劳务、综合实业等多元化产业为一体的具有独立法人经营资格的现代企业。

2009年2月11日,遵照中远集团关于航运企业深化改革的整体部署,新上远公司改制为上海远洋运输有限公司,并依法设立登记。公司注册地址为上海市东大名路378号。同年8月27日,中国远洋控股股份有限公司(以下简称中国远洋)召开第二届第十三次董事会,一致通过有关收购母公司中远集团所持上海远洋运输有限公司100%股权等议案。同年9月,经国务院国资委和交通运输部批准,上海远洋运输有限公司成为在沪、港上市的“中国远洋”旗下集装箱航运业务单元的重要成员。

二、规模

1978年底,上远公司船队规模已由初创时(1964年)的8艘小型杂货船,发展到拥有滚装船、半集装箱船、多用途船、散装船、杂货船共115艘,187.2万载重吨,逐步建成初具规模的综合性远洋运输船队。公司经营的航线、航区,也由初创时的中日、中朝航线十多个港口,扩展到世界80多个国家和地区的273个港口;年货物运输量由初创时80多万吨,增加到860余万吨,成为上海乃至全国外贸运输的一支主力船队。

中共十一届三中全会后,上远公司为适应改革开放需要,更好地服务于国内经济建设,根据国际远洋运输发展趋势,对船队结构进行大幅调整,由过去单纯增加船舶吨位,逐步向船队结构的完善合理发展,增添集装箱船、多用途船,减少普通散杂货船,在及时淘汰老旧船舶的同时引进一批技术性能先进、自动化程度高的新型船舶,使船队规模和现代化水平显著提高。在远洋运输中接连创造多项上海和全国“最先”纪录:1978年9月,开辟中国大陆第一条国际集装箱班轮航线——上海至澳大利亚航线。翌年3月,最先派船直航美国,恢复中断30年之久的中国(上海)至美国海上航运。1981年2月,开辟第一条中美集装箱班轮航线。同年6月,开辟中日集装箱班轮航线。1982

年，开辟第一条中欧集装箱班轮航线。1985 年 6 月，最先投入客货班轮航行日本，恢复中断 40 年的上海—日本海上客运。

20 世纪 80 年代，该公司改变传统运输组织体系，大力开拓揽货和代运业务，把经营战略放在开辟和发展国际集装箱班轮运输上来，推动企业管理向纵深发展；并开始开发应用电子计算机新技术，改变传统的手工操作方法，不仅提高了工作质量和效率，也促进了船舶安全管理。该公司将运力提升与调整航线和运行组织同步启动、同步发展，实行定船、定线、定班期运行，大力扩充干线和支线运输，逐步建成环太平洋沿岸 15 个国家和地区的 40 多个港口连成一体的环太平洋集装箱班轮运输干支线网络。为促进远洋班轮运输的发展，在国家有关部门支持下，还确定部分航线为核心班轮（即重点班轮）航线，由港口、货主和船公司共同努力，确保班轮正点运行。

1987 年，该公司拥有 145 艘船舶，270 多万载重吨，航线延伸至世界 150 多个国家和地区的 600 多个港口，其中辟有国际班轮航线 21 条，每年承运货物在 1 400 万吨左右。因班轮管理工作程序化、制度化、规范化，对班轮实行全程跟踪调度，其 12 条核心班轮航线的准班率，按照国务院要求均达到 100%，受到货主好评。

1988 年，在香港—美西航线首次实行集装箱运输星期班轮，确保每星期固定时间开出一班船，由此进入世界上已开辟星期班轮的 7 大公司行列，达到国际同业先进水平。是年，船队规模扩至 152 艘远洋船舶，进出口货运总量达 1 770 万吨。货运总量和经济效益均比上年增长 40%以上，创汇增长 16.32%，人均实现利税比上年增长 40%左右，在全国同行业中处于领先地位。1989 年，在国际航运业动荡和萧条的情况下，仍完成货运量 1 824.8 万吨，货物周转量 793 亿吨海里，领先于国内各远洋运输公司。在拥有的 147 艘船舶中，集装箱船约占总数的三分之一，承运能力发展到 2.93 万 TEU；经营的定期班轮航线增至 28 条，每月从国内开出班轮 35 班，核心班轮的准班率（以小时计算）达到 100%；服务水平已从 1986 年公认的世界第 22 位，跃升至世界第 8 位，并因此成为世界上许多大财团、大货主指定承运的船公司。1990 年，据香港“航运信息”统计，上远公司集装箱船艘数已达 59 艘，居世界第 4 位；箱位量达 14 万 TEU，居世界第 9 位；在全球 100 家从事美国进出口集装箱运输的班轮公司中，其运量占第 10 位，增长幅度为第 1 位。

1992 年，该公司共拥有各类船舶 146 艘，300.2 万载重吨，平均船龄 16.1 年。其中滚装船 10 艘，10.3 万载重吨；杂货船 55 艘，65.8 万载重吨；散装船 23 艘，103.1 万载重吨；多用途船 14 艘，25.3 万载重吨；半集装箱船 6 艘，6.4 万载重吨；全集装箱船 37 艘，89.3 万载重；总载箱量达 5.01 万 TEU，其中载箱量 2 700 TEU 的 5 艘第三代集装箱船，为代表当时世界最新科技水平的全集装箱船舶；另有客货船 1 艘，2 994 载重吨，496 人载客量。集装箱船和滚装船约占船舶总数的三分之一以上。全年完成客运量 2.26 万人次，货运量 2 223.0 万吨。货运量中含进口货运量 762.3 万吨，出口货运量 423 万吨，第三国之间货运量 967.3 万吨。全年集装箱运量 112.36 万 TEU，计 1 204 万吨。是年底，该公司经营的航线已覆盖上海至东北亚、东南亚、大洋洲、海湾（波斯湾）、非洲、地中海、西欧、美洲等多个区域，以及由中国沿海各港开往世界 150 多个国家和地区的 700 多个港口。每月开出 110 个航班，核心班轮的准班率为 100%。在发展远洋运输主业的同时，该公司还积极发展包括宾馆、客运、揽货、房地产、海图供应以及职工培训等陆地产业，经营各类直接或间接为远洋运输生产服务的企业和事业单位。至 1992 年底，已建成以远洋运输为主、陆地产业为辅的综合性远洋运输企业，员工人数由成立初的 400 多人增加到 1.39 万人，其中船员 1.03 万人。

1994 年 10 月，在“中国 500 家最大服务业企业及行业企业评价”中，该公司列中国 500 家交通邮电业第五位，中国远洋运输业第一位。

1997年,上远公司在并入中远集运前共有运输船舶135艘,345.58万载重吨。其中杂货船、散货船和多用途船22艘,半集装箱船、集装箱船和滚装船111艘,客货船2艘。集装箱船、半集装箱船和滚装船占总数的82.2%,可装载集装箱19.7万TEU,运力规模位居世界集装箱班轮公司前列,也是当时中国最大的水上集装箱运输公司。

2004年9月,重新组建的上远公司及其投资企业共有员工1万多名。其中,企业经营管理和船舶安全技术管理人才近千名,具备良好职业道德和业务技术水平的远洋船员8 500多名(包括高级船员3 600多名)。凭借长期从事远洋船舶管理的经验和优势,以及计算机网络和船岸数据通信等先进技术,管理着中远集运经营的100多艘全集装箱船。所管理的船舶航行于全球20多条主干航线,挂靠100多个重要港口。在船舶日常管理中,该公司以安全管理体系为主,全面运行综合管理,按照安全、质量、环境和职业健康等国际、国内规则和标准要求,形成全方位现代管理格局,为中远集运航行船舶的安全准班运营提供人力资源支持。同时积极向中远集团以外的船东、航运经营人提供船舶管理和船员劳务服务,在国际国内船舶管理和船员劳务市场创立专业化服务品牌。(注:因重组后的新上远公司,职能和性质已非原先的上远公司,本目对其不作进一步记载。)

表1-1-2　1978—1997年上远公司党政主要负责人任职情况表

姓　名	职　务	任职时间	姓　名	职　务	任职时间
王玉琪	党委书记	1978年3月—1983年9月	钱永昌	总经理	1979年1月—1980年8月
李庆伍	党委书记	1983年9月—1994年9月	林祖乙	总经理	1980年8月—1983年9月
王云茂	党委书记	1994年9月—1997年12月	李克麟	总经理	1983年9月—1993年7月
			金忠明	总经理	1994年9月—1997年12月

资料来源:中远集运、上远公司

第三节　中国海运(集团)总公司

一、沿革

1997年7月1日,根据交通部党组决定,经国家经贸委批准,中国海运(集团)总公司(以下简称中海集团)在原上海海运、广州海运(集团)有限公司(以下简称广州海运)、大连海运(集团)公司(以下简称大连海运)以及中国海员对外技术服务公司、中交船业公司五家公司基础上,在上海组建成立。注册资本为66.20亿元,总部机关位于上海东大名路700号。是时,该集团为国务院确定的120家国有大型企业之一,获财政部授权经营及管理该集团下属各公司所拥有的国有资产,成为受中央直接领导和管理,以航运为主业的跨国经营、跨行业、跨地区、跨所有制的特大型综合性企业集团,既是国有重要骨干企业之一,也是上海海洋运输的一支中坚力量。

中海集团组建后，按照专业化分工原则，迅速和大幅度地对下属企业进行资产重组，先后成立集装箱、散货、油轮、客轮、船舶修造、物流、码头等专业化公司，主要从事集装箱运输、石油运输、散货运输、旅客运输和特种货运输五大专业运输服务；除航运业外，还从事综合物流、码头经营、船务代理、工程劳务、物资供应及信息技术等与主业密切相关的多元化产业。为实施跨国经营，分别在日本、新加坡（东南亚）、美国（北美）、德国（欧洲）、韩国、澳大利亚等地成立控股公司，在20多个国家和地区成立代理公司，经营和管理海外资产和业务。

图1-1-3　中海集团员工举行升旗仪式

（摄于1997年，照片提供：中海集团宣传部）

1999年1月1日，原交通部直属企业中远集团、中海集团等5家大型交通运输企业与交通部正式解除隶属关系。交通部专司水路和公路运输行业管理职能，包括行业发展规划、法规制定、运力审批、运价指导、港口管理等。中海集团等大型企业原由交通部管理的人事权移交中央或国务院另设的专门机构管理，财务移交财政部管理；国家经贸委则为这些企业的联系单位，负责企业同国务院有关部委的联络及协调；同时建立稽查特派员制度，对企业财务进行监督。

2001年，该集团拥有下属一级公司24家，二级公司180家。其中主要有上海海运、广州海运、大连海运、中海集装箱运输有限公司、中海客轮有限公司、中海集团物流有限公司、中海船务代理有限公司、中海工业有限公司、中海电信有限公司、中海海员对外技术服务有限公司、中海供贸有限公司等。至2003年，共控股三家上市公司，分别为中海发展股份有限公司、中海集装箱运输股份有限公司、中海（海南）海盛船务股份有限公司。

2003年3月，国务院国有资产监督管理委员会（国资委）成立后，中海集团成为受国资委直接监督管理的国家大型骨干企业之一。2004年，该集团被中宣部、国资委评为10家"国有企业改革发展重大典型"的首家。2007年7月12日，中共上海市委书记习近平视察中海集团总部。同年，该集团被国资委授予2004—2006年度任期业绩优秀企业称号。2008年，获得"中国企业500强"和"中国企业效益200佳、纳税200佳"称号，为关系国家安全和国民经济命脉的国家53家重要骨干企业之一。其间，该集团积极推进现代企业制度改革，进行产业结构调整，实施企业"五个转型"（即产业结构转型、发展方式转型、管理方式转型、团队建设转型、竞争模式转型），并推进与大客户合作战略，为应对全球金融危机对航运市场造成的冲击，在同行业中取得较好业绩打下基础。

及至2010年，中海集团一直为国家大型骨干航运企业之一。主营业务设有集装箱、油运、干散货运、客运、特种运输五大船队；相关业务设有船舶修造、码头经营、综合物流、船舶代理、空运代理、船舶经纪、船舶供应、船员管理、集装箱制造、金融投资、信息产业、科技研发等陆岸产业。其下属和控股的境内主要企业除2001—2003年时的20余家外，尚有2003年后成立或并入的中海汽车船运输有限公司、中海国际船舶管理有限公司、中海信息有限公司、上海船舶运输科学研究所等；所属境外企业主要有中国海运（欧洲）控股有限公司、中国海运（北美）控股有限公司、中国海运（东南亚）控股有限公司、中国海运(香港)控股有限公司、中国海运(西亚)控股有限公司、中国海运日本株式会社等;并有中国海运(韩国)株式会社和中石化中海船舶燃料供应有限公司两家合资企业。由中海集团控股的中海发展股份有限公司、中海集装箱运输股份有限公司、中海(海南)海盛船务股份有限公司以及上海交技发展股份有限公司分别在香港、上海、深圳等地上市。

二、规模

1997年,中海集团成立之初,拥有船舶运力750万载重吨,平均载重吨1.8万吨,年运量1.44亿吨;年末总资产251亿元,资产负债率59.92%,总收入67亿元,当年经营亏损1.84亿元。之后一二年内,因抓住市场机遇,进行集装箱运输低成本扩张,迅速形成初具规模的集装箱运输船队,并以发展集装箱运输为重点,推进集运、油运、货运、客运的共同发展,同时陆续成立多家陆上专业公司及境外企业。1998年即实现扭亏为盈。

20世纪末,该集团沿海货运量和客运量均居全国第一位。拥有各类运输船舶近400艘,总吨位约800万载重吨,居全国第二位。总资产257亿元,净资产100亿元。其集装箱运输发展尤为迅速,至2001年,在内贸运输方面,已开辟多条贯通南北的集装箱运输干线,基本确立在内贸集装箱运输市场上的主导地位;在外贸运输方面,除积极发展内支线、近洋航线外,还成功开辟中国—澳大利亚、远东—欧洲、地中海、美西、美东等中远程集装箱班轮航线,形成覆盖全球主要贸易区的远洋集装箱运输网络,该集团所属中海集运在全球班轮公司的排名已上升至第14位。是年9月,受美国“9·11”事件影响,全球航运市场一路下滑,该集团实施“反周期运作”策略,将国家拨给的24亿元贷款全部用以较低价格造船,新增运力700多万载重吨;新建和融资船舶总计150多艘,处置船舶86艘,使船队大型化、规模化、专业化程度得以提高。

2003年底,已经营运输船舶412艘,总运力1 154万载重吨,位居全国第二位。其中集装箱船舶(含驳船)艘数和箱位数分别为129艘和20万TEU,规模进入世界班轮公司前十位,年运输量达500万TEU。沿海货运量和客运量均居全国第一位。年末总资产416.06亿元,净资产124.25亿元,实现主营业务收入266.83亿元,主营业务利润36.13亿元,净利润12.56亿元。

2005年,总资产达640多亿元,经营各类船舶430多艘,近1 500万载重吨,年货运量超过3亿吨,并拥有船舶管理、综合物流等多家陆岸产业和270余家境外企业、办事处和代理网点。其集装箱运输在短时间内实现快速发展,已拥有140多艘、近35万TEU的集装箱船队,其中4 000 TEU以上船舶占总运力60%以上;已开辟60多条内、外贸集装箱班轮航线,遍及中国沿海和世界各主要港口,年运输重箱超过584万TEU,为当时世界排名第六的集装箱班轮公司。同时,拥有国内规模最大的海上石油运输船队,经营包括2艘超级油轮(VLCC)在内的各类型油轮90多艘,除承运国内沿海原油、成品油和过驳进口原油外,还承担外贸石油运输和第三国油品运输,年石油运量超过6 500万吨,其中原油运输占国内船舶承运市场的70%左右。其散货运输船舶年运量达1.3亿吨以上,经营航线遍及国内沿海、长江中下游地区和世界各主要港口。其中,煤炭年运量超过1.1亿吨,为保障国家电煤运输的骨干力量。

2007年末,拥有运输船舶436艘,1 768万载重吨,44.92万载箱位,1.28万载客位,7 165载车位。所属船队的规模化和大型化凸显,运力结构进一步优化,已形成以4 000 TEU以上新造集装箱船为主力的现代化集装箱船队。全年完成货运量3.70亿吨,货物周转量6 456.4亿吨海里。其中内贸完成2.73亿吨,1 954.45亿吨海里;外贸完成97.36亿吨,4 501.95亿吨海里;完成上海地区煤炭运输3 154万吨,约占整个上海煤炭运量的80%。

1997至2008年的11年间，总资产净增870多亿元，总资产和净资产分别增长3.5倍和6.7倍，总资产负债率控制在40%以下，总收入增长将近11倍，盈利总计300多亿元；船舶总载重吨位11年间增加1 100万吨；年货运量平均增长在10%以上，货运量、货物周转量分别增加1.6倍和2.4倍。2008年完成货运量3.73亿吨、6 366.76亿吨海里。其中，集装箱运输首次超过千万TEU，达到1 014.6万TEU；其在上海港的集装箱吞吐量已连续7年(2002年至2008年)排名第一，2008年为318.9万TEU，占上海港集装箱吞吐总量的11.42%。石油运量完成6 459万吨，为上年同期的98.45%；煤炭运量1.22亿吨，为上年同期的98.58%；金属矿石运量1 810万吨，为上年同期的98.03%；完成客运量272万人次，为上年同期的91.13%；车运量27.9万辆，同比增长2.5%。该集团还加速境外产业发展，着力建设和完善全球化经营网络，及至2008年，境外网络已覆盖全球86个国家和地区，设有香港、北美、欧洲、东南亚、西亚、韩国等6个控股公司，下设90多家公司及代理、代表处，营销网点超过300个。在航运主业带动下，中海集团的码头业、物流业、制造修理业、船舶管理业、供贸业、信息技术业、金融业等辅助保障性产业也得到较快发展，成为“依托主业优势、支持主业发展”的重要产业链和新的经济增长点。

始于2008年的全球金融危机使上海航运业受到严重冲击，中海集团积极应对由此产生的航运市场波动，稳步推进产业结构调整，加强经营管理和市场开拓，实行“大客户、大合作”战略，与中国石油化工集团公司(以下简称中石化)、中国石油天然气集团公司(以下简称中石油)、中国海洋石油总公司(以下简称中海油)、首都钢铁集团总公司(以下简称首钢集团)、宝钢集团股份有限公司(以下简称宝钢集团)、武汉钢铁集团公司(以下简称武钢集团)、中国华能集团公司(以下简称华能集团)、神华集团有限责任公司(以下简称神华集团)等主要客户建立长期战略合作关系，以增强集团抗风险能力，在全球航运市场持续低迷中继续保持平稳发展。

2010年底，中海集团共经营各类运输船舶472艘，2 346万载重吨，集装箱船载箱位近51万TEU。当年新船交付40余艘，其中包括1艘1.41万TEU大型集装箱船、3艘30万吨级油轮和4艘23万吨级矿砂船。全年完成货物运输量超过3.7亿吨、1 000万标准重箱。境外网点总数近400家，分布在以香港、欧洲、美洲、东南亚、日本、韩国、澳洲、非洲、中东等9个区域为中心的100多个国家和地区，实现利润约占集团总利润的40%。

表1-1-3　1997—2010年中海集团党政主要负责人任职情况表

姓　名	职　务	任职时间	姓　名	职　务	任职时间
戴金象	党组书记	1997—2003年	李克麟	总　裁	1997—2006年
李绍德	党组书记	2003—2006年	李绍德	总　裁	2006年—
马泽华	党组书记	2006年—			

资料来源：中海集团

第四节　中海发展股份有限公司

一、沿革

中海发展股份有限公司的前身为上海海兴轮船股份有限公司(简称海兴公司)，成立于1994年

5月3日。其以上海和华东地区沿海货运为主，兼营远洋客货运输，是当时华东地区最大的煤炭、原油水路运输企业。海兴公司为国务院证券委员会确定的第二批境外上市试点企业，经国家体改委批准，由上海海运独家发起设立。成立时总股本为14亿元，全部界定为国有法人股。

1994年6月18日，国务院证券委员会批复同意海兴公司公开发行H股，额度为10.8亿股(每股面值人民币1元)，发行后可向香港联合交易所申请上市。并明确海兴公司的股份总额为24.8亿股(每股面值人民币1元)，全部为普通股，其中，国有法人持股为14亿股，由上海海运持有并行使股权，占总股份的56.45%；H股10.8亿股，占总股份的43.55%。是年11月11日，海兴公司发行的H股在香港联合交易所上市，该公司成为在香港发行上市H股的国内首家航运企业。

1997年7月1日，中海集团在上海成立，作为核心企业全资持有上海海运、广州海运和大连海运的全部股份。为统一调配集团内部资源，实现中海集团的整体发展规划和集团内部专业化分工，减少同业竞争，也为了有效发挥上市公司在国际资本市场的窗口作用，经国家国有资产管理局批准，中海集团于当年7月18日，通过协议转让方式，从上海海运接收海兴公司14亿国有法人股股权，成为海兴公司的控股股东。同年12月，经上海市工商管理局核准，海兴公司更名为中海发展股份有限公司(以下简称中海发展)。

1998年2月和5月，为适应国内外航运市场变化，中海发展按照“集中经营、分级管理”的原则，先后组建油轮公司和货轮公司，为其分支机构。同时，按照专业化经营的要求，通过管理协议方式，统一管理和经营中海集团下属大连海运及广州海运拥有的所有油轮和干散货船。是年3月，中海发展以每股1.883 2元(折合港币1.76元)增发4.96亿新股(每股面值人民币1元)；其中向中海集团配售2.8亿股内资股，向H股股东配售2.16亿股境外上市外资股。中海集团则以船舶资产作为实物投资(中海发展通过增发，从大连海运及广州海运收购19艘油轮)，该资产由蛇口中华会计师事务所出具资产评估报告书，并经国家国有资产管理局确认。该次增发完成后，中海发展总股本为29.76亿股，其中国有法人股16.8亿股，占总股本的56.45%；H股12.96亿股，占总股本的43.55%。

2002年5月，经中国证监会核准，中海发展首次公开发行A股3.5亿股，并于当月23日在上海证券交易所上市。此次发行完成后，该公司总股本为33.26亿股，其中，国有法人股16.8亿股，占50.51%；上市H股12.96亿股，占38.97%；上市A股3.5亿股，占10.52%。

2005年12月8日，经国务院国资委及商务部批准，并经上海证券交易所同意和股东大会审议通过，中海发展实施股权分置改革。该项股改方案实施后，中海集团持股份数由原16.8亿股变更为15.79亿股，为境内有限售条件流通股，股权比例从原50.51%变更为47.46%；境外上市外资股(H股)12.96亿股，占总股本38.97%；境内社会公众股4.52亿股，为无限售条件流通股，占总股本13.57%。

2007年6月，经中国证监会核准，中海发展公开发行20亿元可转换公司债券。该可转换公司债券于2008年1月2日开始转股，共有人民币19.88亿元的可转换公司债券转换为公司A股股票，累计转换7 855万股，其余未转股部分则由公司全部赎回。转股后，该公司总股本变更为34.05亿股，其中，中海集团持股比例从47.46%变更为46.36%；境内无限售条件流通股(A股)变更为5.3亿股。2008年底，中海集团持有的中海发展15.79亿股境内有限售条件流通股全部上市。

2010年5月17日，中海发展与关联方上海海运签署股权转让协议，向上海海运收购其所持有的华海石油运销有限公司(以下简称华海公司)50%股权，价格为人民币1.44亿元。通过收购进一步推进该公司与中石油之间的大货主战略合作，也妥善解决中海集团内部的同业竞争，促进上市公司规范管理。是年底，中海发展总股本 34.05 亿股，均为无限售条件流通股。

二、规模

中海发展主营海洋货物运输，主要包括中国沿海地区和国际油品运输以及以煤炭、铁矿石为主的干散货物运输。自成立始一直以油运、煤运为核心业务，其分支机构油轮公司和货轮公司也分别是控股公司中海集团的支柱产业之一。

1997—2000 年，中海发展成立（更名）之初，根据国际航运市场变化，加大运力结构和经营战略调整力度，促使公司盈利能力明显提高，经营状况改观。2000 年底，共有船舶 145 艘，其中油轮 66 艘，载货定额 153.2 万吨；货轮 65 艘，载货定额 193.3 万吨；集装箱船 14 艘，载货定额 18 万吨。公司资产总额 81.42 亿元，固定资产净值 62.5 亿元；负债总额 31.33 亿元，资产负债率 38.48%。2001 年，该公司加强与各大货主合作，先后与神华煤炭运销公司共同组建珠海新世纪航运有限公司（2010 年更名为神华中海航运有限公司）；与上海电力燃料有限公司共同组建上海友好航运有限公司；其控股公司中海集团与华能集团共同组建上海时代航运有限公司。经过一系列资产结构和经营结构调整，公司在沿海原油和煤炭运输市场的主导地位更为突出。是年底，资产总额达 88.36 亿元，比上年增加 6.96 亿元；负债总额 37.49 亿元，比上年增加 4.94 亿元；固定资产净值 68.89 亿元，比上年增加 6.38 亿元。

2003 年，该公司坚持“立足沿海，拓展远洋”经营方针，牢牢把握一个核心业务（即电煤运输），三条业务主线（即远洋运输、矿石运输和大宗散杂货运输）的市场战略，资产总额增至 95.85 亿元，比上年增加 5.82 亿元；负债总额 24.48 亿元，比上年减少 6 798 万元，资产负债率为 25.5%；固定资产净值 69.53 亿元，比上年增加 1.41 亿元；应收账款 2.07 亿元，比上年减少 1 196 万元。

“十一五”计划期间，该公司对船队结构进行大规模调整，为适应国家进口原油和进口铁矿石增长需要，先后建造多艘超级油轮（VLCC）和大型矿砂船（VLOC），使主力船型形成一定规模优势，船队建设继续向大型化、现代化方向发展。2007 年，该公司还通过发行可转债募集资金，成功收购控股股东中海集团下属的 42 艘干散货船，使干散货船拥有量达到 134 艘，载重吨增加至 455 万吨。是年，其占有中国沿海近 70%的原油运输市场份额和 36%的煤炭运输市场份额，两项业务量均名列国内同行业第一。随着主力船型的发展，该公司主营业务和市场逐步由以沿海煤炭、油品运输为主，转型为沿海与远洋并举，能源和资源运输并举。鉴于公司资产规模不断扩大，经营业绩持续增长，抗风险能力增强，连续多年被上海国税局评为“纳税信用等级 A 类企业”。始于 2008 年的国际金融危机，使国内外航运市场受到严重冲击。面对复杂多变的市场环境，该公司以国内沿海电煤运输和内外贸油品运输业务为核心，坚持“立足沿海、发展远洋”战略，大力开拓市场，加强联营合作，优化船队结构，加强内部管理，保持整体稳健发展的态势。

2010 年，该公司共完成货物运输周转量 2 697.2 亿吨海里，同比增长 21.7%，实现主营业务收入人民币 113.99 亿元，同比增长 30.7%；主营业务成本人民币 89.31 亿元，同比增长 26.5%；实现归属于母公司所有者的净利润人民币 17.17 亿元，同比增长 61.2%，基本每股收益人民币 0.504 2 元。是年底，公司总资产为 407.10 亿元，总负债 176.19 亿元；共拥有船舶 176 艘，1 136.6 万载重吨，平均船龄 14.3 年；其中油轮 69 艘，638.7 万载重吨，平均船龄 8 年；散货轮 107 艘，497.9 万载重吨，平均船龄 17.7 年。

表1-1-4 1998—2010年中海发展党政主要负责人任职情况表

姓　名	职　　务	任 职 时 间
徐祖远	总经理兼党委书记	1998—2003年
燕明义	总经理兼党委书记	2003—2004年
茅士家	总经理兼党委书记	2004年—

资料来源：中海集团

三、中海发展股份有限公司油轮公司

1998年2月10日，中海发展股份有限公司油轮公司(以下简称中海油运)正式组建，作为中海发展的一个分支机构，统一经营管理控股股东中海集团的所有油轮，以达到综合利用中海集团内部油运资源、优化运力配置的目的。该公司是根据专业化分工和统一管理的需要，在原上海海运、广州海运、大连海运油轮船队基础上组建而成的专业化运输公司，主要经营国内外油品运输，自成立始一直是国内最大的海上石油运输企业之一。其总部设在上海浦东新区，广州设有分公司。

中海油运成立之初，经营和管理船舶96艘，238.7万载重吨，平均船舶吨位2.5万载重吨，平均船龄15年。其中，阿芙拉型油轮2艘，20.4万载重吨；巴拿马型油轮12艘，76.8万载重吨；4万吨级以下船舶82艘，141.5万载重吨，整个船队以4万吨级以下船舶为主。年货运量4 911.6万吨，周转量498亿吨海里；其中内贸货运量和周转量分别占70.3%和48.2%；外贸货运量和周转量分别占29.7%和51.8%；整个经营业务以沿海内贸运输为主。

"十五"至"十一五"计划期间，在中海集团发展战略中，该公司被列为重点发展船队之一。为适应市场格局的变化，满足国民经济发展和国家石油战略储备体系需要，该公司加快船队结构调整，加大重点船的发展力度，加速船队的优化整合，使主力船型形成一定规模优势，企业的核心竞争力得到提高。2005年末，该公司已经营和管理船舶89艘，总载重吨357.2万吨，其中：油船83艘，总载重吨343.6万吨，散货船6艘，13.6万载重吨。主力船型为30万吨级超级油轮(VLCC)、11万吨级的阿芙拉型、7万吨级巴拿马型和4万吨级灵便型。年运量6 230.0万吨，总资产达76.5亿元。公司以创建世界一流航运企业为目标，以世界级油轮船队为标杆，通过对标，扩展视野，更新观念，自我提升，形成一套严格按照国际安全管理规则和国际著名石油公司检查标准的船舶管理体系，在国内外油运市场的知名度和市场份额都得到提升。至2008年，公司成立10年间已累计完成石油运输6亿吨，为国家累计创利超过100亿元，在国内水路原油运输中保持60%左右的市场份额，有效保障了国民经济对石油的水上运输需求。且其业务重心已从沿海运输逐步向远洋运输拓展，在国家进口原油一程运输中发挥着重要作用。公司与国内沿海沿(长)江主要炼化企业都建有长期运输合作关

图1-1-4 中海油运船员正在进行船舶维修保养

(摄于2009年4月，照片提供：中海集团宣传部)

系，是这些炼化企业的最大原油运输供应商。

2010年底，中海油运共经营和管理船舶72艘，666.1万载重吨，与公司成立之初相比，船舶艘数减少24艘，载重吨位增加427.4万吨，平均船舶吨位上升到9.25万吨，增长3.7倍；平均船龄8.3年，下降6.7年。整个船队结构发生根本变化，30万吨级的VLCC从无到有，已达11艘，329.1万载重吨；阿芙拉型船舶扩大到6艘，63.4万载重吨；巴拿马型船舶发展到20艘，139.6万载重吨；灵便型和通用型船舶35艘，共134万载重吨。当年完成货运量8 089万吨，货物周转量1 578.6亿吨海里，实现运输收入60.98亿元，实现运输利润11.73亿元。至年底，资产总额186.26亿元。其内外贸运输结构变化明显：内贸货运量所占比重已下降到61.5%，周转量所占比重下降到17.1%；而外贸货运量所占比重上升到38.5%，外贸周转量所占比重上升到82.9%。公司的国际排名上升到全球第十位。是年10月，在国际权威组织Seatrade举行的中国国际海事颁奖典礼上，获得“油轮运营商奖”。

四、中海发展股份有限公司货轮公司

1998年5月28日，以原上海海运、广州海运、大连海运散杂货运输船队为基础，中海发展股份有限公司货轮公司(以下简称中海货运)在广州成立。其为中海发展的分支机构，也是中海集团属下的中国沿海最大的散杂货运输船队。公司总部设在广州，在上海、大连分别设有分公司。

公司成立后，主要担负中国沿海、长江中下游的煤炭、粮食、矿石等散杂货物运输，部分船舶也参与远洋运输业务。2000年，经营各类散、杂货船114艘，321.10万载货吨，年货运量7 968.53万吨，货物周转量899.73亿吨海里，实现收入25.04亿元，实现利润总额327.1万元。年末资产总额57.92亿元；负债总额31.25亿元，固定资产净值为49.81亿元，资产负债率为54%。

该公司自成立始，一直将煤炭运输，特别是电煤运输作为主要运输业务，在北方主要煤港至上海和华东地区的沿海煤炭运输市场中占有明显优势。其与上海和华东地区主要电力公司、钢铁企业都建有长期合作关系，是这些电力和钢铁企业的主要煤炭运输供应商。同时，将煤运业务拓展至华南地区，和华南地区沿海煤炭消费企业也建有业务联系。在公司全部干散货运输业务中，煤炭运输所占比重基本保持在70%以上，不仅市场份额稳定，而且在社会用电量日益增加、电厂耗煤不断走高的拉动下，一直保持在较高水平。2001年，该公司运往上海和华东地区煤炭约2 927万吨，占煤炭运输量的85.1%左右；运往华南地区煤炭约454万吨，占煤炭运输量的13.2%左右；此外还承运中国出口日本、韩国的部分煤炭。

图1-1-5　2010年中海货运运煤船正在为上海世博会承运电煤

(照片提供：中海集团宣传部)

“十五”和“十一五”计划期间，中海货运坚持服务于国家经济发展大局，优先保障电煤运力供应，认真兑现电煤运输合同。在经营中密切关注各大电厂发电量和存耗煤量，加强与政府、港口、货主单位的协调配合，在煤炭供应紧张时，多次发动和组织“保煤运输”，甚至不惜将盈利状况较好的外贸船舶临时调回沿海，参与抢运煤炭,积极发挥国有骨干航运企业在国民经济建设中的保障作用,履行应有的社会责任。其间,公司还与华能集团、神华集团、上海电力燃料有限公司等主要客户合资组建时代航运、友好航运、珠海新世纪航运有限公司、上海宝江航运有限公司、秦皇岛海运煤炭交易市场有限公司、上海银桦航运有限公司等多家联营公司(多由中海集团和中海发展出面,中海货运参与经营管理),以确保相关地区和单位的能源物资运输需求。

2006年始,鉴于国家铁矿石进口量逐年增大,铁矿石运输日益成为该公司主要干散货运输业务之一。其不仅承担进口铁矿石的二程中转运输,是宝钢集团等重点客户的铁矿石二程运输主要供应商,而且积极参与和发展进口铁矿石一程运输。与宝钢集团、首钢集团、武钢集团等主要钢铁企业相继签订进口铁矿石长期运输协议,并着手兴建一批23万吨和30万吨级大型矿砂船(VLOC),以履行协议。围绕着沿海和远洋两个市场的需求,该公司逐步建立起一支大型化、专业化、现代化的散货运输船队。

2008年,中国遭遇大范围雨雪冰冻和汶川大地震等历史罕见自然灾害,并受到国际金融危机冲击,航运市场跌宕起伏。是年初,国务院向全国发出“保交通、保供电、保民生”号召,该公司积极发挥沿海煤炭运输主力船队作用,履行国家大型骨干企业的社会责任,为确保国民经济的正常运行和人民群众的正常生活秩序做出杰出贡献,被国务院国资委授予“抗击雨雪冰冻灾害先进集体”称号。在复杂多变的市场形势下,该公司积极推进精细化管理,调整经营策略,加强与大客户合作,取得公司成立以来最好经营业绩,当年完成各项生产经营指标均创历史新高,主营业务收入比上年增长28.48%,主营业务成本比上年增长25.01%,主营利润比上年增长33.72%。

2010年,该公司共经营运输船舶101艘,432万载重吨,其中沿海船舶70艘,241.36万载重吨;远洋船舶31艘,190.71万载重吨。年完成货运量1.23亿吨,货物周转量1 546.92亿吨海里,分别为上年同期的114.35%和119.76%;为年计划的103.49%和101.11%。其中,完成煤炭运量9 793.82万吨(含电煤8 435.17万吨),991.05亿吨海里;金属矿石2 011.85万吨,319.99亿吨海里;粮食320.70万吨,145.49亿吨海里。经营航线遍及国内沿海、长江中下游港口和世界各主要港口。实现主营业务收入74.60亿元,利润总额10.95亿元;年末资产总额90亿元,负债总额11.14亿元,资产负债率12.38%。

第五节　中海集装箱运输股份有限公司

一、沿革

中海集装箱运输股份有限公司(以下简称中海集运)前身为中海集装箱运输有限公司,是由中海集团、中海发展、广州海运共同投资6.88亿元,于1997年8月28日在上海市工商管理局注册成立的有限责任公司,主要从事国际和国内集装箱运输营运和管理,业务范围涉及集装箱运输、船舶租赁、揽货订舱、运输报关、仓储、集装箱堆场、集装箱制造、修理、销售等。

2000年,经股东会决议,公司增资11.14亿元,同时新增股东上海海运。变更后的注册资本为18亿元。2001年,持有上海浦海航运有限公司50%股份(2004年11月始全资控股该公司)。2002年9月,中海发展将其持有的该公司25%股权转让给中海集团。同年11月15日,根据公司股东会决议和修改后章程规定,公司增资人民币10亿元,变更后的注册资本为人民币28亿元。2003年

10 月 5 日，根据公司股东会决议和修改后章程规定，公司再增资人民币 10 亿元，变更后的注册资本为人民币 38 亿元，其中，中海集团投资 31.72 亿元，占 83.45%；上海海运投资 3.51 亿元，占 9.24%；广州海运投资 2.78 亿元，占 7.31%。同年，根据经批准的公司章程、中海集团签署的中海集运发起人决议、国务院国有资产监督管理委员会《关于设立中海集装箱运输股份有限公司的批复》，由中海集团作为发起人，将原中海集装箱运输有限公司的净资产（至 2003 年 10 月 31 日）折股，独家发起设立中海集装箱运输股份有限公司。公司股本总数为 38.3 亿股，每股 1 元，股本总额 38.3 亿元。

图 1-1-6　2004 年 5 月 24 日，筹备上市 H 股的中海集运在香港举行盛大投资者推介会

（照片提供：中海集团宣传部）

2004 年 1 月 10 日，根据上海海运、广州海运与中海集团签订的股权无偿划转协议，该两公司将所持有的中海集运合计共 16.55%的股权转让给中海集团。股权转让后，中海集团成为中海集运的唯一股东，持有中海集运 100%股权。

同年 6 月 16 日，根据中国证监会《关于同意中海集装箱运输股份有限公司发行境外上市外资股的批复》，中海集运完成向境外投资者首次发行 24.2 亿股境外上市的外资股 H 股股票（其中包括国有股减持 2.2 亿股），并在香港联合证券交易所主板上市交易。9 月 15 日，公司通过发行境外上市的外资股 H 股，收到增加出资人民币 71.6 亿元，其中增加股本 22 亿元，增加资本公积 49.59 亿元（已扣除承销费用、专业机构服务费等上市费用）。公司增资后总股本为人民币 60.3 亿元，代表每股人民币 1 元的普通股 60.3 亿股，其中包括境内非流通股法人股 36.1 亿股，占 59.87%，由中海集团持有；流通股境外上市外资股 H 股 24.2 亿股，占 40.13%。

2007 年 6 月 12 日，中海集运申请发行 18 亿人民币国内企业债券，获国家发改委批准发售。该批债券的计息期为 10 年，固定年息率为 4.51%。募集的 18 亿元人民币资金主要用于 4 艘 4 250 TEU 集装箱船及 8 艘 8 530 TEU 集装箱船舶的建造。

同年，公司第二次临时股东大会通过《关于发行 A 股前可供分配利润分配方案》的决议。以截至 2007 年 6 月 30 日的股本为基数，每 10 股分配 5.5 股红股，共计增加股本人民币 33.17 亿元。股利分派完毕后，公司总股本为 93.46 亿股，其中中海集团持有 55.96 亿股，占 59.87%；H 股股东持有 37.51 亿股，占 40.13%。9 月 29 日，该公司召开临时股东大会批准，并经中国证监会《关于核准中海集装箱运输股份有限公司首次公开发行股票的通知》核准，向境内投资者首次发行不超过 23.37 亿股 A 股，变更后注册资本为人民币 116.83 亿元。12 月 10 日，公司完成向境内投资者首次发行 23.37 亿股境内 A 股股票，收到本期新增出资人民币 152.22 亿元，其中：增加股本人民币 23.37 亿元，增加资本公积人民币 128.85 亿元。本次增资后公司股本为人民币 116.83 亿元，其中：境内有限售条件股份 62.96 亿元，境内流通 A 股 16.36 亿元，境外流通外资股 H 股 37.51 亿元。12 月 12 日，中海集运 A 股在上海证券交易所成功上市。A 股发行后，中海集团在中海集运股本中共持有 47.89%的股份。

2008 年，中海集团将其持有的中海码头 100%股权交由中海集运持有，中海码头遂成为中海集运的全资子公司。同年，中海集运获得“30 年中国品牌成就奖”，成为国内航运界唯一获此奖项的企业。

2009 年 9 月,根据《境内证券市场转持部分国有股充实全国社会保障基金实施办法》,中海集运首次发行 A 股股票数量的 10%,计 2.34 亿股国有股转由全国社会保障基金理事会持有。至此,中海集运有限售条件的股份共 55.96 亿股,其中,中海集团持股 53.62 亿股,持股比例 45.89%;全国社会保障基金理事会持股 2.34 亿股,持股比例 2%。无限售条件流通股份 60.88 亿股,持股比例 52.11%,其中境内流通人民币普通股 23.37 亿股,持股比例 20%,境外流通外资股 H 股 37.51 亿股,持股比例 32.11%。

2010 年 12 月 12 日,由中海集团持有的中海集运有限售条件股份 53.62 亿股,已达承诺限售期而解禁,成为无限售条件流通股份。

二、规模

1997 年,中海集运成立时拥有 13 艘船舶,分别营运在 5 条内贸航线上,经营处于亏损状态。为打开局面,提高经济效益,该公司及时制定"立足沿海,拓展近洋,适时发展中远程航线"的战略方针,并采取改造船、租船和造新船并举的方式,迅速扩大运输船队。仅半年多时间已拥有 15 条航线,30 多艘营运船舶,主营收入由原来的每月 3 000 万元增加到 7 000 万元。

1998 年,公司全年收入比上年增加 3.2 倍,重箱完成量增加 3.3 倍,并实现整体盈利。每月运输量可达 3 万重箱以上,市场占有率稳步增长,除内贸航线继续扩展外,在中国、日本、韩国和东南亚之间已初步形成完整的集装箱运输网络。船队规模扩大到 47 艘,其中自有船 7 艘,期租船 8 艘,光租船 32 艘,总箱位达 1.92 万 TEU。是年 3 月至 1999 年,中海集团相继成立香港,欧洲、北美、东南亚、西亚控股公司,使中海集运的境外业务网络覆盖全球五大洲 86 个国家和地区,共有 90 多家公司、代理、代表处,营销网点超过 300 个,形成较强的全球集装箱运输经营能力。2000 年,该公司资产总额达 50.77 亿元,比上年增长 61.6%;负债总额 34.57 亿元,比上年增长 122.84%;固定资产净值 12.83 亿元,比上年减少 6 635.9 万元。

2004 年,中海集运 H 股在香港上市时,已先后开辟中国港口至日本、韩国、东南亚、澳大利亚、欧洲、地中海、北美、南美、非洲、中东波斯湾等数 10 条国际集装箱班轮航线,加之沿海内贸航线及外贸内支线,形成内外贸兼有、布局合理、航线集中的集装箱运输网络。公司的船舶运力也得到较快增长,包括 8 500 TEU 和 9 600 TEU 大型集装箱船在内的不同类型船舶相继投入营运,企业竞争实力进一步增强。是时,世界集装箱船的平均船龄在 8 至 15 年,中海集运船队平均船龄为 10 年,其中 4 000 TEU 以上主力船队平均船龄仅为 1.7 年,为船舶最佳服役时期。全球正在运行的大多数集装箱船速度为每小时 18～21 节,而中海集运新造的集装箱船平均航速达到每小时 25 节,船舶准班率前后不超过 4 个小时。

至 2007 年 6 月,经过 10 年发展,中海集运已经营集装箱船舶(包括自有船舶和租赁船舶)151 艘,运载能力 42.7 万 TEU,资产总额达 483.82 亿元,在全球班轮公司中排名第六位。其中,4 000 TEU 以上大型船舶运力共计 34.07 万 TEU,占船舶总运力的 79.8%;集装箱船舶平均船龄为 7.6 年,远小于全球集装箱运输行业 11.5 年的平均船龄。所属船舶在国外 104 个港口挂靠,经营 74 条国际航线;在国内 30 个港口挂靠,经营 17 条内贸航线,形成广泛的航线覆盖网络,可为客户提供全方位航线运输服务。该公司建立的全球网络网点及银行结算系统能够快速反应,保持信息交流畅通,从而灵活应对集装箱航运市场变化,有效抓住市场机会。是时,公司在中国以外 97 个国家和地区拥有118个销售和服务网点,并与82个公共代理建立业务关系;在中国主要城市拥有98个销售及服务网点,形成连接各主要城市的联运网络和服务系统。根据国家有关规定,只有悬挂五星红旗的船舶可以进行内贸运输。中海集运50%以上的集装箱船舶悬挂五星红旗,与国内外其他大型船公司相比具有相对优势,在我国内贸集装箱运输业务中居于龙头地位。

2008—2009年,受美国次贷危机冲击和中国对欧洲及美国出口增量减速影响,整个国内集装箱运输业箱量及收入均有所下调。中海集运经营和效益也出现大幅下滑,2009年实现收入与2008年相比,下降43.4%,完成重箱量较上年减少约3.7%,尽管采取多项措施,终未扭转亏损局面。面对困难的经营环境,该公司积极应对,一方面推行"大客户、大合作"战略,拓宽合作,增强抵御风险能力;一方面主动闲置运力,闲置率最多时达10%以上;同时以航线效益为导向,灵活切换航线运力及调动资源;通过严谨的成本控制措施,将急升的营运及燃油成本影响降至最低,使整体业务发展基本保持稳定。

2010年,该公司实现收益比上年增加74.7%;完成重箱量较上年增长6.9%,实现扭亏为盈。至年底,中海集运共经营集装箱船舶143艘、50.59万TEU(上市公司统计口径),规模居中国第二,并居于世界十大班轮公司之列。其运力结构和等级进一步优化,形成以4 000 TEU以上新造集装箱船舶为主力,在国内外航运市场具有较强竞争力的现代化船队。运输航线覆盖国内和全球各主要港口。当年完成货运量1.52亿吨,为上年的105.48%;货物周转量3 398.92亿吨海里,为上年的113.37%;箱运量1 044.20万TEU,为上年的108.10%;实现主营业务收入348.09亿元,利润总额43.20亿元;年底资产总额490.16亿元,负债总额190.54亿元,资产负债率38.87%。

表1-1-5　1997—2010年中海集运党政主要负责人任职情况表

姓　名	职　务	任职时间	姓　名	职　务	任职时间
赵世江	主持党委工作	1997年8月—2003年1月	贾洪祥	副总经理(主持工作)	1997年8月—2003年1月
赵世江	党委书记	2003年1月—2004年11月	贾洪祥	总经理	2003年1月—2004年11月
黄新明	党委书记	2004年11月—	黄小文	总经理	2004年11月—

资料来源:中海集团

三、上海浦海航运有限公司

原名上海浦海航运公司,成立于2000年1月,为中海集运下属的专业从事水路集装箱运输业务的航运企业。2001年7月25日,经上海市工商行政管理局核准,变更登记注册为上海浦海航运有限公司(以下简称浦海航运),注册资金1 180万元人民币。其中,中海集运持有50%股份,中海物流有限公司持有20%股份,中海船务有限公司持有20%股份,中海工业有限公司持有10%股份。共有员工50人。

该公司成立之初,购置"向安"号集装箱船,取得船东资质。在服务中海集运的前提下,不断扩大与外资班轮公司支线合作范围,逐步确立公共承运人地位。其租赁经营8艘光租船和17艘期租或程租船舶,总运力3 320 TEU,主要经营华东沿海、渤海湾、长江流域、香港外贸支线;渤海湾、长江流域内贸支线的集装箱运输。先后开发大小港口50余个,形成以上海、宁波、青岛、大连、天津、香港为中心的、连接长江流域和国内沿海各主要港口的支线运输网络。

2001年11月,该公司开辟"福州—香港—赤湾"航线,开始经营外贸运输。当年完成货运量222.1万吨,货物周转量5.5亿吨海里;完成箱量17.3万TEU,箱周转量4 266万箱海里;实现主营业务收入1.29亿元;利润总额275.1万元;年末资产总额1亿元;负债总额8 822.8万元;固定资产净值2 034.8万元。

2003年,公司完成大连、天津、福州、厦门、威海、重庆和东南亚地区的航线铺设工作,在华东沿海、渤海湾、长江流域形成比较完善的内外贸支线运输网络,以配合中海集运发展和航线调整。至年底,完成箱量49.66万TEU,货运量707.75万吨,货物周转量27.86亿吨海里;实现主营业务收入2.84亿元,租船及代理业务收入2 129万元,总收入3.05亿元;资产总额1.01亿元;固定资产净值1 555万元。

2004年,在创业和发展过程中,坚持多元化船队发展模式,订造12艘交通部内河集装箱标准型船舶(202 TEU型),使其长江运输船队实现现代化、规模化运作。同年11月,公司成为中海集运全资控股公司。

2007年,通过交通部海事局进行的国际船舶安全管理体系5年换证审核以及国内安全管理体系初次审核,并获得中国船级社签发的巴拿马旗DOC证书(DOC证书是海事局等部门发给船公司的安全证书)。同年,经商务部批复同意,在香港独资设立上海浦海航运(香港)有限公司,该境外企业注册资本和总投资均为100万港元,以现汇出资。

2008年,公司生产经营保持稳健快速发展,实现利润突破1亿元。经过8年发展,已基本形成网络化和规模化的区域支线经营格局。翌年,派船行驶中韩航线(CKX1)。4月,以人民币2 168万元收购中海集团持有的上海仁川国际渡轮运输有限公司51%的股权;以人民币1 041万元收购韩国沆林海运株式会社持有的上海仁川国际渡轮运输有限公司24.5%的股权。完成上述收购后,对上海仁川国际渡轮运输有限公司拥有75.5%的股权。

2010年1月14日,该公司为积极参与上海国际航运中心建设,将工商注册地由虹口区迁移至上海洋山保税港区。当年,新辟中日、中韩两条区域航线。拥有经营船舶41艘,总运力超过2万TEU;航线覆盖国内沿海、长江及东南亚各主要港口,形成国内沿海区域以上海、宁波、天津、大连、青岛、连云港、厦门为中转中心,长江区域以武汉、南京、张家港为中转中心,东南亚区域以巴生港为中转中心的集装箱支线运输网络和服务体系。并凭借集装箱支线运输领域品牌,开始由纯支线向干支线结合经营转型,相继开辟中国至东南亚、韩国、日本近洋航线,使亚洲区域服务能力得到有效提升,集装箱运输网络进一步完善,可为客户提供更为便捷、优质的全方位集装箱运输服务。

第六节　中远集装箱运输有限公司

一、沿革

1993年2月,中远集团对所属远洋运输船队经营管理体制进行调整改革,将上远公司经营管理的集装箱船改由北京中远集装箱运输总部(以下简称中集总部)统一经营,实行"统一经营,分散管理"的体制。

1996年底,中远集团深化航运体制改革,解决船队经营与管理分离问题,委派上远公司负责人与上海市人民政府商讨中集总部迁址上海的有关事宜。上海市人民政府为加速推进上海国际航运中心建设，对中集总部迁沪表示积极支持和欢迎。1997 年 10 月 21 日，交通部批复同意由中远集团和中远对外劳务合作公司共同出资组建中远集装箱运输有限公司(以下简称中远集运)。与此同时，上海市人民政府交通办公室根据市政府专题协调会议精神函复中远集团，同意在上海浦东新区注册成立中远集运。是年末，中集总部从北京迁至上海，与上远公司合并，把原分别属于上海、广州、天津远洋运输公司的集装箱船全部纳入新组建的中远集运，实现中远集团集装箱运输经营管理一体化。

1997 年 12 月 29 日，中远集运开始对外试营业，办公地址设在长阳路 1555 号。翌年 1 月 27 日，在浦东外高桥保税区举行中远集运成立揭牌仪式。中共中央政治局委员、国务院副总理吴邦国，交通部部长黄镇东，上海市市长徐匡迪等出席，吴邦国为该公司揭牌。中远集运成立时有员工 1.34 万名，其中船员 1 万名。作为中远集团经营管理集装箱船舶的专业化公司，其主要经营范围为：国际国内海上集装箱运输，接受订舱、船舶租赁、船舶买卖、船舶物料、备件、伙食、燃油供应以及船舶代理、通信业务、船员劳务外派业务、仓储和货物多式联运等与航运有关的其他业务。公司成立后，对总部经营管理机构实施一系列改革重组，并按照中远集团部署，在全球营销一体化改革中，将集团所属海内外有关集装箱运输业务的机构重组，先后成立中国部、美洲部、欧洲部、亚太部，各口岸分部亦相继组建，形成美洲、欧洲、亚太、中日、沿海五大贸易区的经营格局，并逐步凸显贸易区效益负责制，使原来属于总部的营销职能部分前移，更加贴近市场。

2001 年 10 月 10 日，公司完成“债转股”工商变更，并领取新营业执照。注册资本由原来的 10 亿元增加到 61 亿元，股东在原中远集团、中远对外劳务合作公司基础上，增加中国东方资产管理公司。2002 年初，办公地址搬迁至上海东大名路 378 号远洋大厦。

2004 年 9 月，上远公司重组，以船员和船舶管理为重心，拓展多元化产业经营。该公司由中远集团授权中远集运管理。

2005 年 6 月 30 日，中国远洋控股股份有限公司(系 2005 年 3 月 3 日注册成立)在香港联合交易所主板成功上市(股票编号：1919)，继而于 2007 年 6 月 26 日在上海证券交易所成功上市(股票编号：601919)。其作为中远集团上市的资本平台，拥有中远集运 100%的权益。中远集运由此进入境外和境内两个资本市场。

2010 年，中远集运作为中远集团所属专门从事国际国内海上集装箱运输的核心企业，亦为上市公司中国远洋控股股份有限公司的重要组成部分。

二、规模

1998 年末，中远集运拥有集装箱船舶 117 艘，总箱位逾 21 万 TEU；另有客货轮 2 艘，期租船 12 艘，驳船 61 艘。年运输集装箱 339.2 万 TEU，完成货运量 3 196.9 万吨。自成立始即积极建设营销网络，推进营销一体。对国内口岸集装箱货运进行业务重组，成立中国部，除远洋运输外，还抽出部分运力参与集装箱内贸运输。同时设有 300 多个提货机构，覆盖全国铁路枢纽、国际航空港和沿海各重要口岸。之后又相继成立美洲部、欧洲部和亚太部，使海内外集装箱运输业务趋于网络系统化和服务规范化。

2000 年，经营集装箱船舶 123 艘，客货船 2 艘，总载箱量 22.8 万 TEU，运力排名全球第五位。辟有远东—美西、远东—美东、中国—西北欧、亚洲—地中海、中国—澳大利亚、华南—东南亚、华

图1-1-7　2007年11月15日,中远集运美西北航线首航加拿大鲁珀特王子港仪式在当地举行

(照片提供:中远集运档案室)

北—东南亚、中国—海湾、上海—日本、上海—釜山等数10条国际集装箱班轮航线以及多条内贸航线,全年完成货运量3 648.58万吨;完成箱运量395.85万TEU。其陆上产业共有各类企业74家,实现利润数千万元。

进入21世纪后,中远集运开始推行航运业中的"高端服务"模式——快速交货服务(H.D.S.),即定时开航、定时到港、定时交货。因实现船到港2小时以后即可提货,将海运服务提升到准空运水平,吸引了包括三菱商事、日通运输等在内的一批大型企业。随着服务质量的不断提升和市场营销力度的加大,逐渐成为菲利普、埃克森美孚、杜邦等大型跨国企业的全球核心承运人。

2002年,该公司集装箱运量和重箱运量都比十年前的1993年增长三倍以上。2003年已经营集装箱船舶115艘、25.7万箱位,其中5 000 TEU以上超巴拿马型集装箱船13艘。另有已订造的5 000 TEU以上集装箱船16艘。在第三至第六届中国货运业大奖评奖活动中,该公司连获多项奖项。

2004—2006年,中远集运继续调整和优化运力结构,扩大运力规模,新增和订造一批包括8 000 TEU和1万TEU在内的大型集装箱新船。2005年底,共有全集装箱船舶124艘,总运力达32.2万TEU(A股年报统计口径)。其中,5 000 TEU以上船舶22艘,运力13.36万TEU,占总运力的41%。单船箱位由2 493 TEU提高到约2 600 TEU。2006年底,已经营集装箱船舶139艘,载箱量40万TEU。其中,5 000 TEU以上超巴拿马型集装箱船上升到29艘、20万TEU。据《国际集装箱杂志》(CI)统计,是时中远集运的运力规模在世界班轮公司中居于第五位。其间,在巩固干线运输的同时,不断完善支线运输网络,相继开辟环渤海湾内支线、东南亚—澳大利亚周班快航、马尼拉—中国香港航线、环亚得里亚海支线、中国—红海周班航线等一大批支线,还开拓了中美洲、红海、黑海、地东、菲律宾、越南以及南沙、汕头等新兴市场,并首次尝试与国际班轮公司的地区合作,先后与日本川崎汽船及台湾阳明海运等公司开展航线合作,使经营成本显著降低,企业服务覆盖面进一步扩大。

2009年,组建特种箱贸易区,将冷箱营销、特种箱设备管理、大件货营销、大客户及项目营销等四大业务板块放到该贸易区统一经营,为客户提供更专业的服务。其冷藏箱承运量大幅增长,在中国出口冷箱市场份额中排名第一。是年,为应对全球金融危机带来的冲击,该公司着眼于快速应变、规避风险,从现有运力和未来运力两条线入手,积极实施运力收缩计划,在最困难的时候保存实力。通过推迟新船交付、实施联盟船舶互租、退租及部分提前退租、加快老旧船舶退役等各种措施,使自营运力规模较上年同期缩减2.5%。

2010年底,该公司拥有船舶运力150艘(不含长江流域、珠江三角洲地区120余艘驳船),61.4万TEU,比上年底增长9.5%,其中5 000 TEU以上超巴拿马型集装箱船舶61艘,42.3万TEU,占总运力比例已达69%,为国内最大的集装箱运输企业。运力排名居亚洲第一,在世界班轮公司中排名第六。其集装箱船队已在全球铺设密集的航线网络,船舶挂靠五大洲140多个重要港口,经营70

多条国际航线(其中挂靠中国大陆港口的航线多达50多条)、近10条国际支线、20条中国沿海航线和内支线、70条珠江三角洲和长江支线。在国内外拥有400多个代理和分支机构(A股年报统计口径),为广大客户提供"全方位、全天候"的集装箱运输服务。同时,通过将海上运输与公路、铁路、内河运输有效结合,实现点到点、门到门的全球性延伸服务网络。该公司所在CKYH联盟(由中远集运、川崎汽船、阳明海运和韩进海运组成的海运联盟)为全球最大的海运联盟之一,其在太平洋航线和亚欧航线上的运力份额分别达到第一位和第二位。通过联盟合作,不仅使航线覆盖面进一步扩大,而且降低经营成本和风险。同时,通过提供更广的挂靠范围、更高的服务频率和更稳定的交货期,进一步提升客户服务质量。

进入21世纪后的10年间,该公司致力于打造"数字化中远",其以IRIS-2(全球代理统一使用的业务系统)为核心业务系统的信息系统在全球广泛应用,在此基础上,分别架构了MIS(管理信息系统)、EDI(全球数据交换平台)、电子商务和容灾管理系统等多个子系统,运行效率和管理水平显著提升,可为全球客户提供即时、高品质服务。

表1-1-6　1998—2010年中远集运党政主要负责人任职情况表

姓　名	职　务	任职时间	姓　名	职　务	任职时间
王云茂	党委书记	1998年1月—1998年5月	金忠明	总经理	1998年1月—1999年9月
孙锦华	党委书记	1998年5月—1999年12月	许立荣	总经理	1999年9月—2006年12月
张富生	党委书记	1999年12月—2002年9月	孙家康	总经理	2007年1月—
吴树雄	党委书记	2002年9月—			

资料来源:中远集运

三、上海泛亚航运有限公司

2004年5月18日,经中远集团批准,中远集运将本公司中日贸易区、沿海贸易区合并,纳入原上海中远集装箱沿海运输有限公司,并对原上海中远集装箱沿海运输有限公司进行变更,成立上海泛亚航运有限公司(以下简称泛亚公司),注册资本6.69亿元人民币。其中,中远集运占99.25%,上远公司占0.75%。同年12月,根据中远集团要求,上远公司所占0.75%的500万人民币股本经过资产评估全部转让给中远集装箱船务代理有限公司。同时,中运集运长江流域内支线经营主体也转移至泛亚公司。泛亚公司作为中远集运的全资子公司,独立参与市场运作,主要专业化经营包括中日航线、内贸航线及公共支线在内的中国近洋集装箱运输业务。是年底,泛亚公司拥有船舶24艘,租用船舶9艘,总运力3.04万TEU。下设6个部门:中日经营部、沿海经营部、支线经营部、经营保障部、财金管理部和行政管理部,共有员工60人。

公司成立当年,依托中远集运,实施差异化经营策略,以做精中日航线、做强内贸航线、发展内支航线为宗旨,先后开辟6条"中日快航",构筑起冷货、服装、电器三大高速货运通道;开辟8条内贸航线及外贸内支线,在推进中国沿海和腹地物流发展中发挥重要作用。全年实现利润2亿元。

2007年,该公司承运重箱量超过220万标箱,运费收入超过45亿元,中日航线经营效益在同行中居于领先地位;长江支线市场份额也连续多年位居同业第一;内贸航线市场份额超过22%,同业中名列第二。2008年,拥有和控制集装箱船112艘,运力规模超过5万TEU。辟有中日航线、内贸航线、内支航线80多条,挂靠33个干线港口和120个支线港口,形成以中日、内贸、支线三大板块为核心的集装箱航线体系,年重箱运量超过200万TEU,承运能力排名国内第三,在海内外的代理超过60个,国内揽货口岸公司和网点近200个。

2009年,受全球金融危机影响,该公司营业收入和实现利润总额下滑,出现亏损。但其把握住下半年出现的经济回升契机,全力推动运价恢复上涨,尽力减少亏损。

2010年,航运市场形势较上年有所改观。该公司全年共完成箱运量453万TEU,较上年增加68万TEU,与上年同比增加18%。其中,重箱量345万TEU,比上年增加21%;提单箱量(中日和内贸)175万TEU,比上年增加21%;实现运输收入54亿元人民币,比上年增加31%;含预扣税实现利润总额1 213万元人民币,实现扭亏为盈。至年底,公司共拥有船舶58艘,其中自有28艘,租用3艘,期租27艘,总运力8.98万TEU,年箱运量超过400万TEU。

第七节　中外运集装箱运输有限公司

一、沿革

1998年4月24日,中外运集装箱运输有限公司(以下简称中外运集运)在上海浦东新区注册成立,由中国对外贸易运输(集团)总公司(简称中外运)和中国经贸船务公司共同投资2 500万元人民币。其中,中外运股权比例为90%,中国经贸船务公司股权比例10%。作为中外运所属专业化子公司,其日常管理权由中外运负责。

翌年,经股东会决议,中外运将其持有的中外运集运90%股权转让给中外运上海(集团)有限公司,由中外运上海(集团)有限公司负责中外运集运的日常管理。

2002年,中外运设立中国外运股份有限公司,并于次年2月13日在香港上市。2003年,中外运上海(集团)有限公司、中国经贸船务公司将持有的中外运集运股权分别转让给中国外运华东有限公司、中国外运股份有限公司,同时减少注册资本至984万元人民币,由中国外运华东有限公司负责中外运集运的日常管理。

2005年,经股东会决议,该公司注册资本增加至1亿元人民币,股东持股比例及管理权不变。是时,国际航运市场大量新船交付使用,国际集装箱船队总运力同比增长约12.89%,竞争日趋激烈。该公司一方面收缩运力,降低运营成本;一方面以精品服务取得客户认可,努力增强航线竞争力。2006年,经股东会决议,中外运集运管理权由中国外运华东有限公司变更为中国外运股份有限公司。该公司当年投入运力2.14万TEU,承运重箱量62.49万TEU,被上海市国家税务局评定为纳税信用等级A类企业。

2009年3月,中外运与长航集团重组后,明确中外运集运作为中外运长航集团外贸集装箱班轮运输的经营主体,业务经营以亚洲区域内航线为主、远洋航线为辅,要求其做精做优亚洲区域内精品航线,努力成为亚洲区域内集装箱班轮运输精品服务承运人。2010年,该公司连续多年获得上海航交所及上海资信有限公司联合颁发的"国际班轮运输资质信誉良好企业"证书及荣誉称号,资信等级为AA级。

二、规模

中外运集运成立时，运力为8 900 TEU，重箱承运量1万余TEU，经营欧洲、美国、日本、韩国、香港等10条国际集装箱班轮航线。公司成立后，从建制上整合上海、天津、山东等口岸公司的集装箱班轮航线资源，主要负责集中经营、统一管理中外运系统内的国际集装箱班轮运输业务，分别在天津、山东、北京、辽宁、深圳、宁波、厦门、江苏、福州等地开设了分支机构。

2000年，随着航运市场形势好转，中外运集运针对航线实际情况，根据“以发展远洋干线为主，近洋支线服务为辅”的原则对航线操作模式、运力、箱位和运价进行适时调整，使航线服务区域不断扩大。当年运力为2.55万TEU，承运进出口货量23万TEU。次年，拥有总运力2.52万TEU，承运货量34.25万TEU，全年船舶出口1 880艘次，进口1 780艘次，合计3 660艘次。

图1-1-8　中外运集运上海口岸集装箱堆场
（摄于2007年7月，照片提供：中外运集运总经办）

2002年1月，根据中国外运股份有限公司在香港上市的整体需要，中外运集运停止经营欧洲航线，其经营航线包括美西航线、日本航线、韩国航线、香港航线及华北—东南亚航线等。当年内，该公司对上海—日本等航线船舶相继进行优化配置，使上海—日本线的周运力由原先1 000 TEU以内增加到1 600 TEU。是年，公司在干线经营上作出重大调整，欧洲、美国、日本等主要航线的箱量都有较大幅度增长。华南—美西航线顺利开航，美国航线舱位由调整前的每周746 TEU，增加到每周2 100 TEU。公司总运力达到1.69万TEU，承运货量40.30万TEU，同比增长17.41%。拥有自营船20艘，辟有12条自营航线，全年船舶出港2 526艘次，进港2 293艘次，合计4 819艘次，同比增长31.61%。

2004年，中外运集运开始经营华东至台湾的两岸集装箱业务，为交通部首批批准的两岸直航航线之一。同时开辟和调整多条航线，全年投入运力2.5万TEU，承运重箱量50.54万TEU，同比增加18.7%。

2007年，鉴于美国航线持续低迷，中外运集运撤出经营长达11年的该线，重点加强亚洲区域航线，尤其是日本航线的投入，使得公司在日本航线的运力投入、航线网络、服务品质均有较大提升。其在上海、天津、青岛等口岸成功推广至日本关东、关西的精品速航，不仅赢得客户好评，而且取得良好经营效果。翌年，根据中国外运股份有限公司集装箱运输业务整合方案，该公司进一步加强其在中日航线的优势地位，全年投入运力2.48万TEU，承运重箱量64.6万TEU。在当年《中国航务周刊》杂志主办的第六届中国货运业大奖评选中，荣获“中日航线最佳船公司金奖”“澳新航线最佳船公司金奖”“中韩航线最佳船公司银奖”“综合服务最佳船公司铜奖”4个奖项。

2009 年,公司通过调整优化青岛—日本航线、华北—台湾航线,稳固并升级澳洲航线,调整延伸韩国航线,恢复福建闽台航线,新增华北—东南亚航线等措施,进一步完善了在亚洲区域的航线布局。

2010 年,国际航运市场出现恢复性增长。中外运集运改变经营策略,继续巩固在日本航线上的优势地位,完成澳洲航线的调整,保持其他航线的稳定。其自 2004 年开始经营的海峡两岸集装箱业务,已从初期每周购买 50 TEU 舱位增加到每周平均 1 200 TEU 舱位,所承运的两岸间进出口箱量领先于所有经营台湾航线的航商。借助中外运长航集团的网络优势,该公司在国内多式联运中也具有较强实力,可为客户提供覆盖东北、华北、华东及长江沿线等地区的多式联运服务,包括长江流域内经上海中转的铁路、卡车直通和驳船运输网,渤海湾各主要港口之间的海海联运服务,连云港至中亚及天津至蒙古乌兰巴托的过境海铁联运服务,西安至天津、青岛等地区的海铁进出口联运服务等。当年多式联运货物进出口总量达到 8.22 万 TEU,占公司总货运量的 10%。2010 年底,公司共经营集装箱船舶 33 艘,3.27 万 TEU,业务范围覆盖国内十几个主要口岸,经营由中国大陆主要港口至日本、中国香港、韩国、中国台湾、澳大利亚、越南、印尼、菲律宾、新加坡等国家和地区的集装箱班轮航线,年承运重箱量 81.95 万 TEU。

表 1-1-7　1998—2010 年中外运集运党政主要负责人任职情况表

姓　　名	职　　务	任　职　时　间
李晓英	总经理兼党委书记	1998 年—1999 年
李小龙	总经理兼党委书记	1999 年—2006 年
徐秋敏	总经理兼党委书记	2006 年—

资料来源:中外运集运总经办

第八节　上海长江轮船公司

一、沿革

原为长江航运管理局上海分局。1983 年 6 月 25 日,国务院批转交通部《关于长江航运体制改革方案的通知》,要求按经济规律办事,打破行政区划,达到干线畅通,干支线直达,江海直达,货畅其流,客旅方便。同年 12 月,交通部同意"关于组建长江航务管理局和成立长江轮船总公司的实施办法"。1984 年 1 月 1 日起,长江航运实行政企分开,撤销原政企合一的长江航运管理局,组建长江航务管理局,作为交通部的派出机构;成立长江轮船总公司,以后又经国务院批准为中国长江航运(集团)总公司(以下简称长航集团),经营长江干线大宗客货运输和干支线、江海直达的货物运输。原长江航运管理局上海分局随之改组为上海长江轮船公司(以下简称上海长航),作为长航集团在上海地区的子公司,主要经营长江中下游客货运输和沿海、近洋货物运输。

2000 年,该公司组建外贸事业部及外贸连云港办事处,专事外贸运输。同年 12 月,由该公司控股的中国扬子江轮船股份有限公司在沪揭牌,对其集装箱运输进行统一经营管理。2002 年,长航集团剥离上海长江轮船公司、武汉长江轮船公司、重庆长江轮船公司的干散货运输经营业务,将其经营权集中，成立上海长航国际海运有限公司。上海长航的外贸事业部由此划入长航国际。2003年3月，按照长航集团货运结构调整方案，该外贸事业部由长航国际海运有限公司重新划归上海长江轮船公司，时有职工26名，下设业务部、船务部、财务部和连云港办事处。

2008年6月，该公司在香港设立“长和轮船有限公司”和“长运轮船有限公司”两个单船股份有限公司，由外贸事业部代管，承担船舶经营管理、船舶买卖、融投资等职能。2009年，该公司又将所属上海长航集装箱发展有限公司交外贸事业部经营管理，并改名上海长航海运发展有限公司。其拥有经营国际船舶运输许可证和经营国际船舶管理业务资质，成为上海长江轮船公司国际航运经营管理的平台。同年，中外运长航集团成立后，上海长航成为其所属大型综合性地区公司。

2010年，上海长航共辖24家全资子公司，4家控股公司和6家参股公司。

二、规模

上海长航成立后，在长航集团的支持下，实施“东出”战略（即“由江达海，并涉足远洋”），建造江海直达货轮，开发江海直达和沿海近洋货物运输，扩大经营范围。1990年，该公司共有运输船舶299艘，定额载客量2.69万人，定额载货量45万吨，全年完成货运量1 566.9万吨、客运量657.8万人次。

1992年11月30日，交通部批准上海长航可从事以上海港口为主的近洋国际货运业务。该公司陆续购置海轮，并设计开发肥大型浅吃水万吨级矿煤两用货轮，可通过南京长江大桥等地，海进江直达武汉。至1995年，共有海轮14艘，定额载货量24万吨，为公司载货总量的33.95%；并积极开展铁矿石江海联运，完成海上货运量648.6万吨、货物周转量37.2亿吨公里，分别占公司总货运量和货物周转量的29%和35%。1996年，开始经营近洋航线，开辟上海—日本、上海—韩国航线以及上海—张家港、上海—江阴等6条内支线集装箱运输业务，为适应国际航运发展的需要，按照国际安全规则，实施质量安全管理体系并获通过。

2004年，公司外贸事业部拥有运力近4万载重吨，运作8艘大小船舶；参与中、日、韩以及东南亚外贸件杂货运输市场的竞争，已形成一支具备相当规模和竞争力的外贸杂货运输船队。

“十五”计划期间，上海长航为了提升企业核心竞争力，提出“强化综合物流系统，实施主业优先”的战略目标，努力寻求发展集装箱运输的突破口和切入点。该公司抓住上海洋山港开港的发展机遇，成功研发集装箱新船型——江海直达平底船（即铰接式推轮和驳船，简称ATB），将内河推驳运输方式应用于海上，实现江海联运技术的突破，将长江中下游沿线港口及上海港“一环十射”的水运网络与洋山港区汇集点形成连通，也为其跻身洋山港集装箱运输业务提供了条件。该项目被列入上海市首批科教兴市重大产业科技攻关项目。从2005年底开始，上海长航先后投入两推两驳船组，开辟洋山港区—外高桥的“穿梭巴士”航线，并逐步提

图1-1-9　2005年11月上海长航研发的ATB推驳船组开始投入外高桥—洋山港运营
（照片提供：上海长航修志办）

高船舶负载率和周转率。至2007年末,共实现运量近30万TEU。是时,ATB船队已形成2条推轮、4条驳船的运输规模,年运量可达20万TEU。

在发展江海直达集装箱运输的同时,该公司外贸运输也实现新的突破,其外贸事业部所属货轮首次驶抵印度尼西亚巴拉望港。

2010年,该公司水上经营范围主要包括国际近洋、国内沿海、江海直达、长江中下游集装箱及近洋外贸件杂货运输等。该公司外贸事业部共经营13艘船舶,约10万载重吨,航行中韩、中日、东南亚、台湾航线和沿海内贸航线,主要运输钢材、化工品、农产品和重大件(舱盖板、设备)。全年完成货运量263万吨,货物周转量360.3万千吨公里,运输收入2.24亿元,利润总额961万元。

表1-1-8 1978—2010年上海长航党政主要负责人任职情况表

姓名	职务	任职时间	姓名	职务	任职时间
胡永彬	长航上海分局党委书记	1976年10月—1978年7月	蒲济生	长航上海分局局长	1978年8月—1980年9月
马志义	长航上海分局党委书记	1978年8月—1980年8月	李西海	长航上海分局局长	1980年9月—1984年1月
蒲济生	长航上海分局党委书记	1980年8月—1983年9月	夏国分	上海长江轮船公司代经理	1984年11月—1987年6月
赵恒灿	长航上海分局(上海长江轮船公司)党委书记	1983年9月—1985年4月	夏国分	上海长江轮船公司经理	1987年6月—1991年5月
蒋衍林	上海长江轮船公司党委书记	1985年4月—1992年6月	蒋衍林	上海长江轮船公司经理	1991年5月—1998年5月
薛传宏	上海长江轮船公司党委书记	1992年6月—1997年9月	何建中	上海长江轮船公司总经理	1998年5月—2001年12月
何建中	上海长江轮船公司党委书记	1997年11月—1998年5月	方卫建	副总经理主持工作	2001年12月—2002年4月
施性河	党委副书记主持工作	1998年5月—2002年4月	张路	副总经理主持工作	2002年4月—2003年3月
徐挺惠	党委副书记主持工作	2002年4月—2003年3月	张路	上海长江轮船公司总经理	2003年—
徐挺惠	上海长江轮船公司党委书记	2003年3月—			

资料来源:上海长航组织部

第九节 上海市锦江航运有限公司

一、沿革

1983年2月,经上海市人民政府批准,由上海海运局、上海爱建股份有限公司、上海国际信托有限公司和上海锦江饭店四家单位共同组建上海市锦江航运有限公司(以下简称锦江航运)。成立时由上海爱建股份有限公司、上海国际信托有限公司、上海锦江饭店三家企业出资,上海海运局派遣船员。公司注册资金人民币300万元,设址上海市茂名南路58号,办公机构只设一个办公室,所有人员合署办公。同年底,中共上海市委第一书记陈国栋、上海市市长汪道涵听取该公司专题工作汇报,同意将锦江航运建成经济实体,由上海市人民政府交通办公室直接管理,并要求"努力把锦江公司经营好"。该公司由此成为上海市第一家地方国有海运企业。

1986年,该公司办公机构设有业务部、船技部、人事部、财务部等部门。1987年11月,在香港设立满强航运有限公司,从事驳运、装卸和船货代理等业务;1988年3月,在香港设立通和实业有限公司,从事集装箱租赁业务。同年8月17日,上海市市长朱镕基、副市长黄菊视察锦江航运"锦江"轮,对该公司"艰苦创业、联合发展、利用外资、借鸡生蛋"的经营方针予以肯定。是年底,中共中央政治局委员、中共上海市委书记江泽民为该公司题词"积极发展地方航运事业,适应外向型经济发展需要"。中共上海市委于当年批复市编制委员会,确定锦江航运为局级单位。

2000年后,公司先后成立4家控股公司。其中,上海市锦诚国际船务代理有限公司主营中外籍国际船舶代理及相关业务;锦江航运(日本)株式会社,经报对外贸易经济合作部同意后,与日本住友仓库株式会社合资设立,主要从事船舶代理及相关业务;上海锦亿仓储物流有限公司提供仓储、拆装箱、空箱堆放、重箱转存、集装箱修理和清洗等物流相关配套服务;上海锦昶物流有限公司主营海运、空运进出口货物的国际运输代理业务以及无船承运业务。

图1-1-10　2002年1月,锦江航运"阪神穿梭快航"精品航线首次推出HDS(快速交货)服务

(照片提供:锦江航运总经办)

2001年,公司隶属关系由上海市人民政府交通办公室划入上海市外经贸委;2003年7月,又划入上海市国资委系统。2007年,上海市国资委明确该公司的核心主业为"集装箱运输和相关运输服务"。

2010年,公司的三家股东变更为上海久事公司、上海海运和中外运上海(集团)有限公司。是时,公司总部设有经营业务部、船技部、人力资源部、财务部、海监室、安全质量管理部、船员管理部、法务审计部等业务部门,分别实施主业经营以及对船队的管理。

二、规模

1983年,锦江航运成立之初仅有1艘"锦江"号客货轮,可载客406人,载重6 556吨,从事上海—香港客货运输。1985年始,公司逐步转变经营策略,实施"利用外资、借鸡生蛋"和"以货运养客运"的方针,从件杂货运输起步,逐步转向国际集装箱班轮运输。抓住国际市场船价较低的有利时机,积极利用外资,通过境外融资平台,相继购入散杂货船和集装箱船。是年底,公司拥有4艘船,包括客货船"锦江"轮,散货船"通海""通江"轮,集装箱船"通洋"轮,共3.5万载重吨,可载集装箱276 TEU。

1987—1989年,公司先后从境外贷款购入一批集装箱船和散杂货船,之后几年,为适应航运市场需求和集装箱运输发展,对老龄船进行更新淘汰,运力结构得到调整,建立起一支初具规模的市属近洋船队,开辟了上海和国内其他港口至香港、台湾、日本、韩国、泰国、马来西亚、印尼等国家和地区的集装箱和散杂货航线,并在长江流域开辟支线物流服务,逐步在航运市场站稳脚跟,且走上快捷、健康的发展之路。1992 年,完成总箱运量突破 10 万 TEU,达到 10.4 万 TEU。

1997 年 10 月,经交通部同意,该公司恢复经营上海经第三地至台湾的集装箱航线。1998 年又先后开辟上海—神户、大阪、门司、横滨、名古屋集装箱班轮航线和上海—香港—曼谷散杂货轮航线等,并把航线延伸到东南亚、澳洲、非洲、欧洲多个国家的港口。是年底,拥有集装箱船 6 艘,可载箱位 2 995 TEU,载重吨 5.09 万吨,年运箱量 7.4 万 TEU,年运输进出口货物达 100 万吨以上。其运输集装箱量约占上海市进出口总箱量的七分之一。公司固定资产已达 1.2 亿元,创汇 2 500 万美元,还先后与国内外企业合资开设 11 家企业。1999 年 5 月 16 日,公司注册资金增至人民币 1 亿元。

2000 年,在业界率先推出品牌战略,以经营"精品航线"为载体,以标准化服务模式为品牌建设的支撑,整合船舶、码头、代理的组合优势,充分发挥全流程协作优势,并在海事、海关等政府有关部门支持下,共同打造属于上海口岸的航线品牌。其通过精化货物运输全过程的服务质量,把缩短交货周期和定时到港交货作为最基本的服务特征,想方设法向客户提供可以满足现代化物流操作方式的精细、完美的增值服务。2001 年,该公司光租"恒裕""隆裕"两艘姐妹船,以"借船出海"方式首开上海—日本关西"阪神穿梭快航"精品航线,之后又陆续推出上海—日本关东的"锦江四季快航"、上海—日本关中的"锦江东海穿梭快航"两条精品航线,向客户提供"两定一快"和 HDS(即快速交货服务)特色服务,并充分发挥全流程协作优势。

2002 年,完成总箱运量 21.6 万 TEU,名列上海港集装箱进出口箱量前 10 名。2004 年,该公司一方面实施营销策略和品牌策略,一方面继续实施船舶运力更新,先后购置"春锦""夏锦""秋锦""冬锦"四艘姐妹船,有效提高各航线的运输能力。全年完成总箱运量 24.5 万 TEU,其中重箱运量 21 万 TEU。2005 年,总箱运量已突破 30 万 TEU。运输收入 7.77 亿元,利润总额达 7 345 万元,创造全年无亏损月度的佳绩。

2007 年,该公司打破航运界船舶运营以天计算到达时间的惯例,提出"精确到小时"的服务,在海运企业实行空运标准,努力为货主缩短物流时间,降低运输成本,从而以准班准点和优质服务享誉东瀛。上海—日本航线集装箱承运量领先经营该线的各船公司,成为上海地区知名的集装箱承运人。其航运品牌不仅获得业界首肯,在日本主要城市和我国台湾地区也享有较高声誉,得到大金空调、伊藤忠商社、索尼电子、东芝电器等一批知名大企业客户的好评。该公司在聚焦主业,发展海上船队的同时,同步发展陆地相关产业,积极延伸产业链,拓展国际船代、货代、集装箱堆存、仓储服务等综合物流配套服务,基本形成综合物流产业链,初步发挥出规模效应和集约优势。其在境外不断拓展和完善市场营销体系及客户网络服务,日本地区的主要港口覆盖率已达 100%;台湾地区已布点高雄、台中、基隆等港口。随着品牌战略的稳步推进,其主业生产规模和市场占有率持续扩大,盈利能力也实现同步递增,年净资产收益率在上海市国资委系统居于前列。2010 年,公司集装箱运输业务由公司总部直接经营,共投入"春锦""夏锦""秋锦""冬锦""恒裕""隆裕""锦江之星""锦江之光""永跃 7"(期租)9 艘集装箱船舶(其中自有船舶 6 艘),总舱位量达到 7 319 标箱,年运输能力超过 35 万标箱。相关运输服务业务由公司下属的 10 家境内外各级控股投资企业经营。主要经营上海—日本和上海—台湾航线,提供每周 9 班的集装箱班轮运输服务,同时在长江流域开辟了内支线物流服务。公司已拥有"锦江阪神穿梭快航"(一周三班)、"锦江四季快航"(一周两班)、"锦江东海穿梭快航”(一周两班)三条品牌航线及上海—台湾的准点快航(一周两班)。相关运输服务部分主要包括国际船、货运代理服务、集装箱堆存、仓储服务等在内的物流综合配套服务。公司还相继在境内外拓展和完善市场营销体系,分别在香港、东京、大阪、名古屋、太仓、南通等地设立了境内外分支及代理机构,通过延伸主业产业链来拓展发展空间。至2010年8月,公司境内资产规模为7.97亿元,净资产4.88亿元。

表1-1-9　1983—2010年锦江航运党政主要负责人任职情况表

姓　名	党委职务	任职时间(起—讫)	姓　名	行政职务	任职时间(起—讫)
孙学诚	党委书记	1984.10—1987.9	刘延穆	总经理	1983.2—1984.10
韩　滔	党委书记	1987.9—1991.11	孙学诚	总经理	1984.10—1987.5
石克强	党委书记	1991.11—1999.12	韩　滔	总经理	1987.5—1992.3
蒋　耀	党委书记	1999.12—2003.7	曹善元	总经理	1992.4—1993.5
陆正华	党委书记	2004.6—2010.2	李永福	总经理	1993.5—1999.12
夏西平	党委书记	2010.2—	蒋　耀	总经理	1999.12—2002.10
			姚　莉	总经理	2002.10—

资料来源:锦江航运总经办

第十节　中波轮船股份公司

一、沿革

1951年6月15日,中波轮船股份公司(以下简称中波公司)由中国和波兰两国政府共同投资成立,为新中国第一家远洋运输企业,也是新中国第一家中外合资企业和第一家股份制企业,中波双方各占50%股份。成立时总公司设于中国天津,在波兰格丁尼亚设立分公司。公司的最高领导和管理机构为股东会,由双方股东各选派3人组成公司管理委员会,负责对公司的经营管理实行领导。管委会每年开会二次,一次在中国,一次在波兰(后改为每年一次,在波兰和中国轮流召开)。其职权包括任免公司经理、副经理,批准公司预算及投资计划,定期向股东报告业务和财务情况,拟定盈利分配等。1962年2月24日,中波公司总公司自天津迁至上海,行政关系挂靠在交通部远洋运输局,中共党组织关系挂靠在上海海运局。根据交通部与远洋运输局签订的协议,公司中方船员由远洋运输局负责管理。“文化大革命”期间成立中波轮船股份公司革命委员会。1977年1月1日,根据股东会第13次会议决议,恢复公司名称为“中波轮船股份公司”,船东标志为宽红带上并排书写黄色“C”和白色“P”字,船舶烟囱也改用上述标志。1993年2月,中远集团成立后,中波公司(中方)为该集团代管单位。公司管理委员会中方主任委员由中远集团负责人兼任。

中波公司成立后,开辟第一条沟通亚欧的国际远洋航线,开启新中国远洋运输事业,为振兴国家建设和促进对外贸易发展作出重要贡献。该公司以“平等互利,协商一致”为原则,开展精诚合作,企业规模日益壮大,经营业绩良好,多次被国家领导人赞誉为“经济合作的典范”“中外合资的示范窗口”“中波两国人民友谊的桥梁”。中波公司的“CHIPOLBROK”“C-P”商标分别产生于1951

年和1976年，因其优质服务在国际、国内航运界享有较高知名度。2006年和2009年，该商标连续两次被认定为"上海市著名商标"，2007年被评选为"最具价值上海服务商标"。2010年10月8日，被中国国家工商总局商标局认定为"中国驰名商标"。

二、规模

中波公司成立时，有"普拉斯基""和平"号等10艘船舶，总载重吨10.05万吨，全都航行于波兰—中国航线。1979年后，以经营适应中波航线的半自动化多用途船舶为主。

20世纪80年代，陆续开辟中国至北欧定期班轮航线、波兰至美国南部港口查尔斯顿装运化纤至华北航线、上海—新加坡—卡萨布兰卡—科伦坡—利比亚装运茶叶航线；并开始挂靠韩国港口、中国台湾基隆及越南的西贡、岘港等港口。以经营亚—欧—亚航线件杂货班轮运输业务起家的中波公司，尤以承运复杂货种(超长、超高、超重件)和各种成套设备见长。80至90年代，先后运输大量大型、超大型、精密成套设备，包括山西神头电厂、葛洲坝电站、宝钢等国家重点工程的大型成套设备，还独家承运上海地铁、广州地铁设备与车厢，并为日本、内蒙古、新疆运输多套风力发电机组，均安全优质运抵目的港，受到货主好评。1984年后的五年，公司年货运量一直保持在百万吨以上，每年实现利润在10%左右，也是公司历史上获得利润最好的时期之一。

80年代后期，中波公司业务经营范围，已从创建初期只停靠少数国家与港口的单一航线，发展到挂靠50多个国家、250多个港口，货运种类也由机器设备、矿物、粮食等少数品种发展到集装箱、冷藏物品、超大超宽超重件等技术要求较高的多品种货物。为适应航运发展需求，加强船舶现场管理，为客户提供更加周到的服务，该公司在班轮航线到达港口以及公司船舶经常挂靠的港口，均设有比较固定的代理，密切与货主等有关方面的联系和合作。

1989年下半年起，受东欧局势动荡影响，中波航线货源严重不足，公司陷入成立39年中最困难的时期。但其及时转变观念，依靠企业自身活力积极参与市场竞争，仍取得良好业绩。是年底，公司已将1974年以前建造的旧船全部退出营运，共拥有23艘万吨以上多用途杂货船，平均船龄8.9年，绝大多数为无人机舱自动化船，成为中国远洋运输行业船龄相对较年轻、自动化程度相对较高的船队之一。

1996年，公司净资产为创立时的8.5倍；其依靠自己的资金积累，更新和发展船队，从成立之初的10艘老式蒸汽机旧船，发展到拥有21艘多用途船和半集装箱船、共42.28万载重吨。年货运量169万吨，货物周转量1 461.10万千吨海里。

1999年，该公司在持续不断推进全面安全质量管理体系的基础上，通过中国政府主管机关及英国劳氏船级社的审核，取得中国政府，马耳他政府及塞浦路斯政府颁发的3张符合证明(DOC证书)，以及劳氏船级社颁发的质量管理体系ISO9001符合证书。

进入21世纪后，中波公司提出"一个目标，两个转变"的发展战略，即围绕打造世界一流重大件设备货专业化运输公司的目标，运输方式由传统件杂货运输向重大件设备专业化运输转变，市场定位由亚欧航线区域性运输向全球运输转变。为实施这一战略，公司通过斥巨资建造新船和改造现有船等方式，加快船队更新步伐，在最短时间内完成第一轮船队结构调整，初步建立起一支符合公司发展战略的重吊船队。2004年，该公司已拥有4艘配有两台320吨重吊，抬吊能力达640吨的3万吨级重吊船舶。其以起重能力大、航速快、甲板宽、舱口大、箱式舱壁、可移动舱内甲板等特点，尽显承运重大件设备货的特色和优势，可以挂靠不具备大型起重设备的港口，依靠船舶自身重吊完成重大件设备货的装卸，为拓展市场提供了新的空间。由于积极发挥重大件设备运输优势，公司各项业务稳健发展。2005年，该公司拥有各类型多用途杂货船舶23艘、52万总载重吨，平均船龄15年。货运量与上年同比增长16.67%。在巩固原有亚欧航线件杂货班轮运输的基础上，当年新辟美湾航线，推出远东—美湾—欧洲基本港月班轮服务，取得良好经营业绩。其经营逐步向“专业化”“班轮化”市场定位转变，跻身国际重大件设备货运输船队行列。同时，公司还在美国、荷兰、新加坡设置分支机构或合营公司，在世界各主要港口建立揽货和代理网络，以抓好班轮服务，确保货运质量。

图1-1-11　2010年9月中波公司举行第30次股东会签字仪式

（照片提供：中波公司总经办）

2007年初，该公司提出“三高”揽货策略，即“高端客户、高质服务、高价货物”，以优质服务争取高端客户，着力加大重大件设备货的揽取力度。是年，公司重大件设备货运输比例高达54.2%，实现使重大件设备货成为公司主导产品的目标。2008年重大件设备货比例占62.9%，2009年继续升至85.1%，成为上海和全国重大件设备货水运市场的领先企业之一。是时，受全球金融危机影响，航运市场急转直下，但该公司贴近市场实际，及时调整揽货策略，采用灵活的运价机制增强对客户的吸引力，确保充足货源，巩固市场份额，仍取得较好业绩。

2010年，中波公司共拥有23艘现代化多用途杂货船舶，其中含多艘重吊船，总运力近50万载重吨。在亚欧班轮航线运输基础上，已实现由区域性运输向全球航线运输的转变。公司在波兰设有分公司，在美国休斯敦设有全资子公司，在荷兰鹿特丹和新加坡拥有合资代理公司，在各挂靠港口和重要地区建有代理网络，在上海港也办有船务代理、货运代理和仓储运输机构。其与世界多家大制造业商及国内知名的钢铁、发电、石化等企业都已建立长期合作关系，成为世界重大件设备货专业化运输知名企业。

表1-1-10　1978—2010年中波公司党政主要负责人任职情况表

姓　名	职　务	任职时间	姓　名	职　务	任职时间
徐文耀	党委书记	1978年—1985年	朱占福	总经理	1978年—1983年
赵继德	党委书记	1985年—1990年	吴其勇	总经理	1984年—1987年
张佑诚	党委副书记（主持工作）	1990年—1994年	盛百中	总经理	1988年—1990年
黄为民	党委书记	1995年—2004年	吴其勇	总经理	1991年—1995年
宋启明	党委书记	2004年—2008年	赵继德	总经理	1996年—2001年
夏立建	党委书记	2008年—	孙　敏	总经理	2001年—

资料来源：中波公司总经办

第十一节　其他航运企业

一、国内企业

【上海海联运输有限公司】

1980 年 3 月 31 日,上海海联运输有限公司成立,属有限责任公司,注册资本 600 万元人民币。主要经营沿海、长江、内河水路运输和码头装卸仓储、船舶代理、货运代理等业务。

1990 年始,该公司参与宝钢集团成品出厂水路运输业务,为该集团成品出厂主要承运商之一。同时,该公司还承运江苏沙钢、无锡雪浪钢铁厂、苏州钢铁厂、黄石大成钢铁厂等钢厂的原料及成品。

2002 年通过 ISO9001 质量体系认证;2006 年通过 ISO14001 环境体系及 OHSMS18001 职业健康安全体系认证,成为专业社会货物运输上海市七大联运公司之一。是时,拥有 500 吨货船 4 艘,2 500 吨海船 1 艘,3 000 吨海船 1 艘,4 500 吨海船 2 艘,共计 1.65 万载重吨;另与福建石狮市闽台船务有限公司合资建成 2 艘 1.6 万吨货船,于 2006 年 8 月投入运行;并固定代理各种船舶 40 余艘。

及至 2010 年,该公司业务仍以水路运输为主,固定航线涉及全国各主要港口,年运输量超过 200 万吨。

【东方国际物流集团上海新海航业有限公司】

1980 年 11 月 9 日,上海市对外贸易局决定选择上海市食品进出口公司船队(系东方国际物流集团上海新海航业有限公司的前身)中船况比较好的“沪冷四号”货船首航香港,运送冷冻食品。接着又有“沪冷二号”船投入该线运输。1981 年 11 月至 1982 年 5 月,该船队又添置 2 艘 7 000 吨级货船投入沪港航线营运。1982 年 7 月,上海市食品进出口公司船队并入上海市外贸总公司船队,成为由中国对外贸易运输公司上海分公司代管的独立经济实体,故又称外运公司自营船队。之后,再增 1 艘冷藏船和 2 艘 7 000 吨级杂货船,投入上海至香港和上海至日本航线营运,主要承运冷冻食品及杂货。1983 年 12 月 31 日,经上海市人民政府批准,在原外运公司自营船队的基础上成立上海新海航业有限公司(以下简称新海航业),注册资本为 1 274 万元,注册地在上海市滇池路 74 号,行政上隶属于上海市对外贸易总公司,主营国际和地区间近洋货运,为独立核算的经济实体。同年,投入 3 艘 1.5 万吨级杂货船,开辟上海至波斯湾航线,每月一班,中途停靠新加坡、卡塔尔等港口。

1984 年,完成货运量 22.82 万吨,集装箱运量 1 993 TEU。主要经营航线为上海—香港,有时也穿航于上海—日本之间。1985 年,接替原由新加坡新侨公司经营的上海—海湾地区航线,投入 3 艘杂货船,挂巴拿马国旗,每月一个航班,从上海出发,中途挂靠新加坡、卡拉奇等港。当年货运量 36.30 万吨,集装箱运量 9 784 TEU。是年 5 月,办公地址由滇池路 74 号迁至北苏州路 1040 号。1986 年,上海市对外贸易总公司撤销,该公司归属于上海市对外经济贸易委员会。1988 年 3 月,与中国外运上海公司共同投资,合作经营两艘集装箱支线船,航线为上海—日本和上海—香港。1990 年完成货运量 33.12 万吨,集装箱运量 3.19 万 TEU。

1992 年,公司拥有船舶 8 艘,其中冷藏船 2 艘,杂货船 1 艘,集装箱船 5 艘,每月可从上海定期开出 8 班集装箱船至香港;同时拥有自备集装箱 900 只以及专用码头和仓库。当年货运量达到 63

万吨，集装箱运量超过 6 万 TEU。自是年起，公司除从事为外贸服务的专业性运输之外，为提高市场竞争力，实行经营多元化，从单一经营海上运输，发展为集运输、贸易、仓储、船货代理和集装箱租赁等多方面的综合经营，参与浦东开发，在浦东注册上海新海国际船舶代理公司、上海新海国际货运代理公司；还与新加坡太平船务公司及源源船务公司合资成立华捷船务有限公司（注册在新加坡）；并在香港建立华海船务有限公司。

1997 年，经上海市国有资产管理办公室、上海市对外经济贸易委员会及国家工商行政管理局批准，公司加盟东方国际集团，更名为东方国际集团上海新海航业有限公司。2005 年，东方国际集团所属东方国际物流集团组建成立，公司划归该集团；2007 年更名为东方国际物流集团上海新海航业有限公司。

2010 年，该公司下设海务部、机务部、商务部、船员部、船舶安全管理部、船员技术服务部等业务部门，注册资本人民币 5 000 万元，经营范围为国际、国内沿海及长江中下游普通货物运输、揽货及相关业务。所属船队拥有“新海利”“新海润”“新海汇”等 3 艘集装箱船和 1 艘“新海明珠”号大灵便型散货船，共 8.51 万载重吨。同时参股投资若干货运代理公司和集装箱储运企业。

【上海天海海运有限公司】

20 世纪 80 年代，经交通部批准，上海天海海运有限公司由天津市海运股份有限公司、上海天海货运有限公司及上海嘉盛实业有限公司共同投资组建成立，注册资本 3 570 万元人民币。天津市海运股份有限公司为该公司的主要控股公司。

上海天海海运有限公司自成立始，立足上海，开展国际集装箱班轮运输业务，长期从事上海至日本、我国台湾、香港航线的进出口班轮服务。同时集船公司（上海天海海运有限公司）、货代公司（上海天海货运有限公司）、船代公司（上海天成船务代理有限公司）三大职能于一身，全方位为客户提供运输及相关辅助服务。2010 年，运力由成立之初的 1 艘集装箱船发展到 10 多艘船舶，主要经营上海至日本、我国香港、台湾的集装箱出口业务，每周发往日本 9 班船，发往台湾 3 班船，发往香港 2 班船，并为客户提供箱报关等一条龙服务。

【中国扬子江轮船股份有限公司】

1982 年 4 月，经交通部批准，中国扬子江轮船股份有限公司（以下简称扬子江公司）由长江航运管理局、中国国际信托投资公司、上海海运局合资组建成立，系在湖北省武汉市成立的非上市股份有限公司，注册资本 3 110 万元。其中，长江航运管理局出资 1 716.17 万元，占总股本的 55.18%；中国国际信托投资公司出资 762.65 万元，占总股本的 24.53%；上海海运局出资 631.18 万元，占总股本的 20.29%。主要经营外贸运输业务。1999 年，长航集团将其所控股权 1 716 万股（合计股本金人民币 1 716 万元）划转上海长航。（1984 年，长江航运政企分开后，原长江航运管理局撤销，组建长航集团）同时，将扬子江公司迁移注册到上海，公司的管理核心进驻上海。

2000 年 11 月 15 日，扬子江公司在原有 3 家股东，即上海长航、中信贸易公司、上海海运基础上，新增长航集团、武汉长伟国际航运实业有限公司（以下简称长伟公司）、长江国际船代、长江国际货代 4 家公司入股，增资扩股方式以船舶资产实物进行投入。上海长航投入“天柱山”轮；长航集团投入“盛丰”“盛泰”轮；长伟公司投入“集远”“集发”“海王星 1”“自航 8803”轮。该 7 艘船舶以实物作价投入的方式，经国家授权部门进行资产评估，以国家财政部确认的作价金额对扬子江公司进行增资扩股，增资总额约人民币 1.57 亿元。增资扩股后，公司拥有运输船舶 21 艘，总资产超过 3 亿元。其中,长航集团股比占38.33%,上海长航股比占28.9%,长伟公司股比占24.38%,中信贸易公司股比占4.58%,上海海运股比占3.79%。同时,上海长航对集装箱经营管理体制进行调整改革,授权新组建的扬子江公司集中公司所有集装箱资产,进行统一经营、统一品牌、统一管理、统一核算;并授权扬子江公司统一管理原由其管理的长伟公司、上海长航集发公司及其各分支机构的业务经营。同年12月16日,由上海长航控股的中国扬子江轮船股份有限公司(以下仍简称扬子江公司)正式揭牌。翌年,该公司分别成立武汉分公司、青岛分公司、泉州分公司、广州分公司。

2002—2008年,公司经历一系列资产重组及机构变化,并新辟多条内外贸航线,为企业的开拓发展奠定良好基础。2002年5月,为加强宁波航线船舶的现场服务,成立宁波办事处。2003年6月1日,上海长航调整集装箱运输格局,形成江运和海运两个集装箱运输经营实体。扬子江公司将长江内支线及同一市场区域的内贸集装箱运输经营权转移给长伟公司,长伟公司成为长江集装箱运输经营实体,而扬子江公司则成为集装箱海运经营实体。2004年,上海长航集发公司从扬子江公司划出,交由上海长江物流有限公司代管。是年,扬子江公司先后开辟岚山—厦门航线、岚山—黄埔航线和黄埔—宁波航线。翌年1月设立驻广州办事处,3月开通岚山—宁波—泉州—厦门航线。2006年12月5日,开辟上海—宁波—仁川外贸集装箱周班航线,投入“长航快航”轮(8 250载重吨,500 TEU箱位),往返于中韩之间,使集装箱运输从沿海扩至近洋。2008年5月,先后设立长联快航营运中心和公司货运部;9月设立太仓办事处。

2010年3月,该公司注册地迁至上海浦东新区洋山保税区。公司总部下设航运部、市场部、财务部、货运部、商务部、信息中心等业务部门,其中航运部主要负责各航线经营运作和船舶安全管理。同时设有广州办事处、宁波办事处、太仓办事处、青岛办事处、营口办事处、泉州公司6个分支机构。经营范围主要为国内沿海、内河及近洋集装箱运输服务。是年,该公司共营运13艘船舶(沿海内贸12艘,近洋外贸1艘),约10.32万载重吨,总箱位5 912 TEU,全部为租用(公司自有船舶6艘均租出)。共经营6条航线,其中沿海内贸5条,近洋外贸1条,分别为营口—黄埔航线、青岛—泉州—黄埔航线、太仓(长江)—泉州—黄埔航线、宁波—黄埔航线、营口—宁波—太仓航线、宁波—上海—仁川航线。

【民生轮船股份有限公司上海分公司】

前身为民生轮船有限公司上海分公司,成立于1984年。2009年,民生轮船有限总公司和上海国际港务(集团)股份有限公司合资成立民生轮船股份有限公司,原民生轮船有限公司上海分公司更名为民生轮船股份有限公司上海分公司(简称上海民生),为民生轮船股份有限公司在沪的分支机构,非独立法人单位。是时,民生轮船股份有限公司的子公司国际货物运输代理有限公司和民生国际船务代理有限公司,在业务上从属于上海民生。

自成立始至2010年,以信息系统支持海江陆联运的方式,为韩国SK集团(为韩国三大企业集团之一,以能源化工、信息通信为两大主力产业)下属的大型石化企业四川汇维仕化纤有限公司提供包括原料进口、产成品全国发运和仓储配送在内的一体化综合物流服务;并通过海江陆联运方式,承担长虹PDP大型精密设备(等离子显示屏生产线设备)的物流运输任务,从而跻身于大规模组织精密设备运输的现代航运物流行列。同时积极参与以沿海、近洋运输为主的海洋运输,辟有稳定的中国—日本集装箱班轮航线和中国大陆—台湾集装箱班轮航线。其日本航线,在国内直挂港口主要有宁波、上海、青岛、大连等,并通过内支线中转至沿海和长江沿线其他港口;在日本直挂港口为福山、水岛、广岛、德山、高松、伊万里、岩国、中关等。台湾航线直挂港口为基隆、台中、高雄。

在集装箱班轮运输经营过程中，公司及时调整航线，优化经营管理，与一汽集团、马自达(MAZDA)、三井物产(MITSUBISHI CO., LTD)、长安福特、三井化学(MITSUBISHI CHEMICAL)、大创(DASIO)等公司都建有紧密的合作关系，占有一定市场份额，并形成自身的特色航线，业务规模不断扩大。

2010年，上海民生共拥有7艘集装箱船，5 200 TEU，7.15万载重吨，全年运量15.50万TEU。

【上海凯达航运公司】

1985年，上海市人民政府批准成立上海凯达航运公司，由市政府协作办主管，从事国内沿海及长江中下游运输业务。其自有6 000和1万载重吨散货船各1艘，并与拆船总公司联营1.2万吨货船1艘。经营上海至泉州、汕头、蛇口、深圳、黄埔、海南岛等南方航线，至葫芦岛、大连、天津、烟台、青岛、连云港等北方航线，以及长江航线，承运粮食、木材、大型设备、水泥、建材等物资。后改称上海凯达航运船行，注册资本143万元，经营沿海，长江下游货运，并提供船员劳务，代理航运业务。2001年，在巴拿马注册建立新凯达航运有限公司，经营中—日—韩航线。自有2 000吨级散货船2艘，租用1 600吨级货船1艘。后又买入6 000吨级散货船，经营东南亚航线。及至2010年，自有小型船舶均已出售，参股经营2.2万吨散货船，并经营船舶买卖业务。

【上海海华轮船有限公司】

1989年5月，经交通部批准，上海海华轮船公司成立(以下简称海华轮船)，地址设于上海杨树浦路18号18楼。该公司为一家集船东、船舶代理、货运代理功能为一体的区域性航运公司。初始注册资金1 100万元，隶属于上海港务局，是全国最早由港口投资经营的国际航运企业。主要经营日本、东南亚及港澳地区各港口的国际和地区间航运业务，以及中国沿海、长江航运、船舶劳务输出、技术服务等业务。公司初创时期，有自有船1艘，租船1艘，每月3个航班。1992年，增至5艘自有船、4艘租船、2艘联营船，每月发出20多个航班。航线包括上海—香港、上海—日本、上海—新加坡、上海—泰国等。该公司依托上海港优势，强化基础管理，积极开拓资源，取得良好业绩。至1994年，已累计创利1 072万元，累计创汇602万美元。

1996年1月，被上海市人民政府列为200家现代企业制度综合配套改革扩大试点企业之一，由上海港务局国有独资改制为国有多元投资的有限责任公司，并更名为上海海华轮船有限公司(以下仍简称海华轮船)，注册资金由1 100万元扩大为1.35亿元。1998年4月，获交通部批文准予从事台湾海峡两岸间运输经营，并由公司“马那斯鲁”轮首航台湾。同年7月，与立荣香港有限公司合作开辟日本航线，开始在日本航线的服务尝试。

1999年，获得交通部颁发的DOC证书(安全符合证书)，以及船舶SMC证书(船舶安全管理证书)，拥有自有船舶5艘，总运力4.77万载重吨；包括期租船在内，船舶总箱位为3 669 TEU。主要经营国际和地区间班轮航线三条：上海—香港、上海—日本、上海—台湾，服务面覆盖香港、东京、横滨、大阪、神户、台中、基隆、高雄、桃园等九个港口。2000年7月至2001年2月，其88.5%的股份被上海港集装箱股份有限公司收购，遂成为上市公司控股的航运企业。

2002年1月，投资参股上海集海航运有限公司(以下简称集海航运，主要从事长江、沿海国际集装箱内支线运输业务)。同时，正式开通江海联运内支线，利用其联线延伸优势，向香港、台湾、日本地区开放国内三省七港口，包括武汉、黄石、荆州、九江、岳阳、株洲、长沙等地的进口全程运输。是年6月，创造了海华轮船成立后月度自营箱量第一次超万箱的纪录和公司市场部成立后本部出口首次超过 3 000 箱的纪录。同年 8 月,获得“中华人民共和国国际船舶运输经营许可证”。9 月,全面调整日本航线班期,进行公司成立以来最大一次扩容,每周航班密度增加一倍,彻底改变公司在日本航线的经营格局。由于日本线扩容,公司航线总运营舱位达到 2 510 TEU,外贸运量由月均 8 000 TEU 增长到 1.50 万 TEU,在上海港排名由第 25 位升至第 13 位。10 月,获得交通部颁发的“国际班轮运输经营资格登记证”,准予从事进出中国港口国际集装箱班轮运输业务。同时,公司正式投入上海—深圳(黄埔)内贸航线运行。至 10 月底,内贸运输业务进出口 9 个航班,承运箱量 972 TEU,装载率已达同行平均水平。11 月,公司运输总收入(包含海华货运公司)已达到 5 000 万元以上,外贸自营箱达到 1.55 万 TEU,自营吞吐箱达 2.26 万 TEU,航线毛利近 60 万美元,获得上海航运交易所、上海资信有限公司颁发的“资质信誉良好班轮公司”称号。

2003 年 10 月,经较长时间勘查调研,公司决定进入运价与货源相对稳定的华南—日本航线市场,与烟台海运合作开通赤湾—香港—厦门—东京—横滨—名古屋航线和赤湾—香港—厦门—东京—横滨—大阪—神户航线,构成周双班航期。该航线也是公司首次以上海港之外港口作为始发港的航线,开创公司集装箱运输境内多港装卸局面。11 月,经交通部批复同意,增加运力投入海峡两岸间水路运输。至是年底,在舱位扩容基础上,先后开辟华南—日本航线 2 条,上海—台湾航线 1 条,使每周航班达到 13 班,大幅扩充航线运能。全年总货运量 255.68 万吨,与上年同比增长 23.18%;承运总箱量 29.38 万 TEU,与上年同比增长 30.06%;自营箱量 19 万 TEU,与上年同比增长 46.81%。翌年 4 月,该公司正式开展上海—日本横滨的快速交货服务(HDS),以优化服务质量,赢得市场和客户。2005 年 8 月,开设上海至日本那霸间集装箱班轮航线。

2006 年,上海国际港务(集团)股份有限公司(以下简称上港集团)整体上市后,该公司成为上港集团航运产业之核心企业,围绕集团东北亚战略,大力推进集装箱国际中转箱运输,开始形成双向承运国际中转箱的新局面。当年累计完成箱量 31.6 万 TEU,同比增长 8.45%;其中国际中转进出口箱量达到 1.2 万 TEU,国内进出口中转箱量 1.19 万 TEU;首次获得“国际班轮运输资质信誉优良企业”称号,资信等级 AA。2007 年,与香港金星轮船有限公司联手开辟东南亚航线;并获交通部批准新增国内沿海及长江中下游外贸集装箱内支线班轮运输,运营规模进一步扩大。2008 年 1 月,获得上海市港口管理局国际海运辅助业经营资格登记证,拥有国际船舶管理业务资质。是年 7 月,与集海航运实施一体化运作。同年 10 月,公司台湾航线直航获得交通部批准,每航次航行时间可减少 20 小时。2009 年 6 月,公司办公地点由杨树浦路 18 号迁至东大名路 358 号 7~8 楼。

2010 年 6 月,与集海航运正式分别运作,同年集海航运将“集海之鸿”轮等 8 艘船舶资产划入海华轮船。至是年底,该公司注册资本 3.35 亿元,有自营船舶 17 艘(其中近洋船舶 7 艘,沿海船舶 8 艘,租赁近洋船舶 2 艘),总运力 1.1 万 TEU,在交通部公布的国内集装箱船队规模排名中名列第 8 位。主要经营东北亚和东南亚地区国际班轮航线,以及沿海内支线班轮航线运输服务。其海外代理遍布香港、东京、横滨、大阪、神户、名古屋、那霸、台中、基隆、高雄、胡志明、曼谷、林查班、马尼拉等 10 余个港口;国内沿海则在上海、宁波、温州、乍浦、厦门、福州、深圳、大连、青岛、连云港等港都设有代理点。

【上海金海船务贸易有限公司】

1988 年 12 月,为适应改革开放后高速发展的沿江沿海炼化企业的化学品运输需要,上海海运局与上海石油化工总厂联合组建金海船务企业有限公司,后改名为上海金海船务贸易有限公司(以下简称金海船务)。注册资金 2 000 万元,其中,上海海运局出资 1 600 万元,占 80%;上海石油化工总厂出资400万元，占20%。上海海运局以所属“化运3”轮，公证船价2 076万元中的1 600万元作股金，多余部分由公司退回。是为国内第一家专门从事散装化学品国际、国内运输的轮船公司。翌年1月“化运3”轮更名“金海联”轮，成为公司初建时唯一运输船舶。该公司以经营液体化学品运输为主，运贸结合。经营范围为承接国内外石油化工产品和原料的运输业务，开展本系统内石油化工产品和原料等经销运贸业务。公司集两家企业各自优势，使石油化工工业和海上运输得到良好协作。公司成立后不久，即进入国际化工品运输市场。在祖国大陆和台湾实现三通过程中，该公司所属船舶成为第一艘在台湾港口靠泊的大陆船东的化学品船。两岸实行直航后被列入交通部批准的第一批直航船公司。

1992年12月4日，该公司由“金海联”轮首航韩国，开辟中国—韩国水上贸易航线。

1997年，中海集团成立后，成为该集团旗下在上海证券交易所上市的中海海盛的全资子公司，经过资产重组，依靠中海集团资金优势，积极发展液体化学品运输。

至2010年，公司运输规模已由初建时的1艘船发展至拥有和管理6艘船，4.3万载重吨。先后与日本、菲律宾、泰国、中国香港等国家和地区，以及国内50多家大型化工厂建立长期合作关系。应国内外客户需求，先后承运纯苯、丙烯腈、对二甲苯、乙二醇、甲醇、乙醇、葡萄酒、棕榈油等一百多种液体化学品货物，积累了丰富的化学品运输经验。该公司自1995年始建立和完善安全管理体系，多年来一直保持安全生产无事故和PSC检查无滞留记录。

【上海育海航运公司】

前身为上海海运学院船务处，从1974年开始经营、管理国际航运船舶。1990年，经交通部批准，建立全民所有制国际航运企业上海育海航运公司，注册资本3 000万元人民币，隶属上海海运学院(后更名上海海事大学)。公司地处上海市浦东新区陆家嘴金融开发区。经商务部批准，持有《中华人民共和国对外经济合作经营资格证书》，可对外派遣航运业劳务人员。

公司成立后，抓住开发、开放浦东有利时机，充分依托培养海事人才的综合型高等学府的科学技术背景，以丰富的航运经验，先进的管理水平，优秀的人才队伍，良好的服务信誉，在远洋及沿海货物运输、国际集装箱运输、国际船舶代理、国际船舶营运技术管理、船舶修理及船用物料供应、船舶技术咨询服务及船员劳务外派业务等经营范围内，为国内外客户提供良好服务。

2010年，在编人员201人，签约船员超过800人，其中高级船员占五分之二，大多毕业于海运院校，并每年招聘本科毕业生充实到船员队伍。公司下设安监部、ISM(船舶国际安全管理规则)办公室、航运部、人事部、机务部、财务部、船员劳务外派中心等部门。各部门负责人以及关键岗位人员，均由具有丰富远洋航海实践经验的高级船长、轮机长或大学本科毕业以上学历人员担任。拥有1艘远洋教学实习船“育锋”轮，主要航行于东南亚等地区，从事远洋和航海教学实习，为航海事业培养高级技术人才。其与世界最大船舶管理公司VSHIPS和新加坡RICHFIELD(里奇菲尔德)公司签有海员劳务外派合作协议；与香港东方海外货柜航运有限公司有着长期劳务外派合作关系，已有数套船员班子和散派船员在上述公司船上工作。因严格的管理、雄厚的技术力量和良好信誉，其船员劳务外派得到国内外船公司广泛好评。公司还接受委托代管“育银”“育凌”轮等多艘船舶。有5套船员班子在上海振华船运有限公司的整机运输专用船“振华2”“振华4”“振华5”“振华7”“振华9”轮上工作，并派遣资深轮机长及航运管理人员在该公司机关工作，为这家大型设备船运公司提供营运和机务方面技术指导。

【上海港复兴船务公司】

1991年9月,上海港船舶拖带起运公司与复兴装卸公司合并成立上海港复兴船务公司,主要业务是为进出上海口岸大中型中外船舶提供拖带、护航、抢险、救助及大件吊装作业等服务,注册资本9 722万元人民币,为当时全国最大的船舶服务国有大中型企业之一。公司成立时,拥有具世界先进水平的全回转拖轮、起重船、无限航区海驳等多种服务船型,可为国内外客户提供港口水工、港机吊装、核电设备运输分包、大型船舶进出坞等特色服务。公司经营的船舶拖带作业,为上海港集装箱运输链中重要一环,其船舶拖带和重大件吊装服务,以上海为中心,辐射至国内沿海和长江中下游港口。拖轮服务、大件吊装、海上驳运成为该公司三大支柱服务产品,先后为秦山和田湾核电站、洋山深水港建设以及上海化学工业区重大件装卸运输作业提供服务。并参与过排除吴淞口外环线隧道E3沉箱事故险情、轨道交通四号线抢险作业等社会紧急突发事件的应对处理。1998年,上海港集装箱股份有限公司创建后,该公司为其下属子公司之一。自1992年至2001年,连续9年被评为"重合同守信用单位";2001年被国家工商总局首批命名为"重合同守信用单位"。

图1-1-12 上海港复兴船务公司拖轮船队
(照片提供:上海船东协会)

2010年,拥有拖轮27艘,20～500吨起重船5艘,带缆艇10艘,船舶修造厂一座;共有员工2 592人。

【长航凤凰股份有限公司上海华泰海运分公司】

长航凤凰股份有限公司上海华泰海运分公司,前身为上海华泰海运公司,成立于1991年。为适应国内外航运发展需要,其对国内船队进行国际化管理,按ISM规则要求,实施质量安全管理体系,并通过审核。公司有一批高学历、高素质、经验丰富的管理人员和持有江海双适航证书的船员。全体员工树立"追求客户满意度、创造利润最大化"的企业经营理念,以灵活的经营、严格的管理、优质的服务,为客户提供安全、可靠的运输服务。"十五"期间,上海华泰海运公司巩固优化散货运输,涉足远洋散货一程运输,成为国内外散货和江海直达运输企业。

2006年11月28日,上海华泰海运公司改制为长航凤凰股份有限公司上海华泰海运分公司。2008年上半年,该公司克服百年罕见冰雪灾害、寒潮风雾气候恶劣等不利因素影响,继续呈现快速、健康发展良好势头。1至6月营运率近97%,货运量和租金收入均取得较好成绩。面对燃油价格不断攀升,生产成本加大的困难,细化措施,强化管理,瞄准年度各项指标,采取按阶段、分目标、落实具体责任人的方式,一个个进行攻关。所属各轮响应公司号召,航行中尽量烧重油、努力开经济车速,走经济航线,乘潮汐发航。截至6月底,船舶单耗控制在2.59公斤/千吨公里的指标范围内;润燃油比低于指标10.7%;劣油比则高于指标近4个百分点。根据沿海干散货市场各方面因素的变化及运力相对不足的矛盾,公司适应市场需求,加大租船力度,通过与租船方多次协商,调节船舶租金,努力克服成本刚性上升带来的不利影响。

2010年,该公司拥有各类船舶14艘,总功率近12.2万千瓦,额定载货量约55万吨;有员工

500余人，主要经营国内沿海、江海直达运输。经营的货种主要有煤炭、金属矿、非金属矿、散装水泥等，年货运量1 800万吨，货物周转量130亿吨公里。

【五矿国际货运上海有限责任公司】

1993年1月8日，经对外经济贸易合作部批准，五矿国际货运上海有限责任公司成立，注册资本1 000万人民币。该公司为国有企业，具有独立法人资格，从事国际货运一级代理，隶属于世界500强企业——中国五矿集团。成立之初，拥有"金富运""海成鑫1"等沿海运输船舶，经营内贸散杂货航线，以自有船舶、期租船舶以及航次租船等多种方式并存，为客户提供长、短期包运配送或单航次运输服务。主要承接钢材、矿砂、煤炭、粮食、水泥、化肥等大宗散杂货物，以及化工产品、机械工程设备、大型构件等其他非适箱货物，为客户提供"舱底—舱底""场—场"以及"门—门"全程运输服务。其自有及期租船舶主要航行于中国南北沿海和长江中下游区域，与全国各主要港口的港航、公路、铁路、仓储、船舶修理、供应、货运代理等企业建有良好合作关系。2007年8月，由"金富运"轮担任首航，开辟日照—上海航线；翌年1月，由"海成鑫I"轮加入上海至北方航线；2009年7月，公司首艘自主建造的5 000吨级内贸重件散杂货船"金富通"轮投入运营，装载钢坯5 000吨，行驶锦州—上海航线；运力及业务能力均取得新的增长。是时，该公司在上海地区自有大型车辆10辆，可为广大客户承运集装箱和各类散杂货物运输。2010年，该公司仍为中国五矿集团下属航运企业，主要经营国内沿海散杂货物运输。

【上海江联海运有限公司】

1994年，经交通部批准，中国海员工会上海技术协会和浙江省机械进出口公司合作成立上海浦东江联货运有限公司，注册资金200万元人民币。1999年10月，改制组建上海江联海运有限公司，注册资金818万元人民币。在经济上实行自主管理、独立核算、自负盈亏，为依法纳税的股份制企业。其属上海市地方航运公司，具有交通部颁发的水路运输许可证。

2000年9月，购进日本制造的二手杂货船"江联1"轮(1.5万载货吨)，常年定线行驶营口—广州航线；2001年3月，购进日本制造的二手散货船"江联2"轮(8 700载重吨)，常年为营口鞍山钢铁厂承运成品钢材，定线行驶营口—上海航线；年总运力40多万载重吨。2004年，由于船龄原因，两艘船舶强制报废，公司暂成无船公司。

2007年10月，开始筹资建造两艘5 300吨级特种甲板货船，船名"江联兴"和"江联旺"轮，专业承运超长、超宽、超重钢结构大件。2009年1月1日，两艘船舶正式投入营运。至2010年，已先后承运上海振华港机厂的龙门吊、江阴澄西船厂超长超大钢结构、中海油钻井平台的钢结构、海底油管及配套设备等物质。其由资深船长、海机务人员、人事管理人员等对所属船舶进行全程的全面质量和人事管理，并强化信息技术和电子商务技术，推进电子信息化管理，由此促进航运业务不断发展。

【上海振华船运有限公司】

1995年，上海振华船运有限公司(以下简称振华船运)成立，为上海振华港口机械(集团)股份有限公司[2009年更名上海振华重工(集团)股份有限公司，以下简称振华重工]的子公司，注册资金1 500万元，主要承接大型起重机和超大重大海运件越洋运输业务，可经海路向国内外市场提供由振华重工生产的居世界先进水平的大型港口机械、桥梁和建筑钢结构以及相关配套件。

图 1-1-13 上海振华船运有限公司员工正在与客户洽谈业务
(照片提供:上海船东协会)

1996 年至 2008 年,其规模、资质、业绩、利润均取得较大发展,成为上海地区海上重大件运输的一支重要力量。公司初建时拥有 1 艘由老旧船舶改造成的叉装式整机运输专用船“振华 2”轮。1999 年 12 月,获得上海海事局颁发的 DOC 证书。2004 年,因国内外港口发展,对港口机械和大型平台的需求持续攀升。为独立承运振华重工的产品,保证其高质量、短周期地准时送达世界各港口用户,公司在自行改造船舶时,将船型由叉装式改为侧装式。其拥有的整机运输专用船舶种类增加,船队扩张,共拥有 7 艘 6 万吨级大型港口机械和重大件整机运输专用船。2005 年 11 月,获得中国船级社颁发的 DOC 证书。2006 年,新增 7 艘改造而成的整机运输船。2008 年,注册资金增加到 1.2 亿元,拥有运输船舶 25 艘(其中 4 艘在建),这些运输船舶载重量均在 6 万吨以上。是年 9 月,总资产规模达 21 亿元,净资产 3.38 亿元;仅前三季度已实现营业收入 7.37 亿元,利润总额 443.69 万元。

2010 年,该公司拥有自行改造的 22 艘整机运输船(“振华 8”至“振华 29”轮),其中包括“振华 15”“振华 22”“振华 28”“振华 29”4 艘半潜船,总载重吨位约 106 万吨。不仅可保障振华重工的产品运输,还可为全球用户提供大型浮吊及驳船从装货到卸货,包括装卸工艺、海上运输计算、绑扎设计及装卸的“一条龙”服务。其合作伙伴包括中远集团、中海集团、中外运集运、烟台莱弗士、和记黄埔、现代重工、斗山重工、丹麦马士基公司等国内外知名公司。至当年 6 月底,已成功承运世界著名的美国新海湾大桥所有钢结构部分以及英国的风力电站。自成立始至 2010 年底,该公司船队已累计运输 778 个航次,发运岸桥 1 116 台,场桥 1 860 台,轨道吊 387 台,装/卸船机 127 台,门机 36 台,龙门吊 4 台及众多大型模块,总计航程超过 600 万海里,相当于绕赤道 277 圈,足迹遍及世界各大港口。

【上海新海丰集装箱运输有限公司】

上海新海丰集装箱运输有限公司(以下简称新海丰集运)隶属山东海丰国际控股有限公司,成立于 1996 年,注册资本 1 600 万美元。2004 年,开始向东盟国家提供集装箱航运服务。2006 年,海丰国际控股有限公司成立,为一家以国际航运、物流业为核心业务的综合物流集团,业务领域涉及集装箱班轮运输、货运代理、报关报验、船舶代理、船舶经纪、船舶管理等领域。其下属海上物流和陆上物流两大业务体系。新海丰集运成为其海上物流企业,经营范围涉及集装箱班轮运输、船东等领域,2008 年在中国物流百强企业排名中,名列第 5 位。2009 年全年货运量超过 118 万 TEU(不含空箱),并成为国内经营亚洲区域航线的第四大集装箱运输公司。以是年拥有运力计,为上海也是中国最大的民营集装箱运输企业,在中国外贸集装箱运输行业中综合排名第三位。

2007 年至 2010 年 6 月,开辟东北亚市场,集装箱航线网络覆盖区内 25 个主要港口,包括中国的大连、连云港、青岛、秦皇岛、上海、石岛、新港、龙口、宁波及烟台,日本的博多、神户、松山、门司、名古屋、大阪、东京、丰桥、清水、四日市及横滨,以及韩国的釜山、仁川、光阳、平泽等。主要承运中国至日本及韩国的食品、纺织品、矿产及化学品，日本及韩国至中国的汽车部件、工业零件和化学品等。2009 年，公司在东北亚市场的货运量占同期总装运量的 65.1%。

2010 年，经营集装箱船舶 42 艘(其中自有船舶 15 艘，平均船龄 7.4 年，总运力 1.26 万 TEU)。通过自营、合作等方式，已开辟中国—日本、中国—韩国、中国—东南亚、大陆—香港、大陆—台湾、日本—台湾、日本—东南亚、韩国—香港、韩国—东南亚、台湾—香港等 40 多条航线，覆盖亚洲 8 个国家和地区 36 个主要港口。其中，中国—日本航线一直为公司主力航线。该公司拥有船舶中 85.7%属于 1 000 TEU 船型，以其船舶新、航速快、班期准、箱况良，挂靠港口轻便灵活等特色在业内赢得良好声誉。

【上海环岛轮船有限公司】

1997 年，上海环岛轮船有限公司成立，专业从事沿海普通客轮、高速客轮、客滚船运输，注册资本为人民币 1 000 万元。公司拥有多艘高速观光游览船，主要运行上海芦潮港—普陀山，芦潮港—嵊泗，洋山—岱山，芦潮港—东海大桥、洋山深水港等航线。2004 年 1 月 7 日，为满足海岛旅游客源增长的需求，公司抓住市场先机，与浙江岱山县蓬莱客运轮船有限公司合作，率先开辟上海芦潮港至岱山直达客运快航航线，在两地之间构筑起一条快速通道。2006 年 4 月 1 日起，洋山港和东海大桥正式作为旅游景点对外开放。作为当时上海唯一经营该旅游线的上海环岛轮船有限公司，为开通东海大桥、洋山深水港海上观光航线，特意购入海上高速观光游览船 1 艘，命名为“飞越”轮，并配备多辆豪华旅游大巴用于接送旅客，同时推出两条不同的洋山港旅游线路：长线班从芦潮港开船，沿东海大桥至洋山并环岛航行后返回；短线班从芦潮港开船沿东海大桥至主桥孔并穿越后原路返回。至 2010 年，该公司已全部退出上海至舟山之间的客运市场，专事上海浦江旅游。

【上海宝英航运有限责任公司】

1998 年 4 月，上海宝英航运有限责任公司成立。注册资金 3 000 万元。下属 6 家企业，拥有江海船舶 30 余艘，总运力约 15 万载重吨，并有长期合作船舶数百艘，年货物运输量逾 600 万吨。至 2010 年，已逐步形成以水路运输为主，集公路与铁路货运、中转、仓储为一体，专业从事第三方航运物流的现代物流企业，长年承接国内外各类大宗散装货物、杂件货物、集装箱、滚装汽车等物资的水路运输全程物流策划及运输服务等业务。公司根据国际 ISM 规则要求，已通过中国国家海事局航运船舶 SMS 安全体系认证，获得 DOC 符合证明书。为完善服务客户的质量保障，经英国摩迪(Moody)国际认证公司审核，通过并获得 ISO9001：2008 质量体系认证资质证书。

【上海新海天航运有限公司】

1998 年 12 月 7 日，经交通部批准，上海长航与中远散货运输有限公司(以下简称中远散运)共同投资 5 000 万元，组建上海新海天航运有限公司(以下简称新海天公司)。其中，上海长航出资比例为 58.17%，中远散运出资比例为 41.83%。公司注册地址上海张杨路 628 弄 1 号，经营范围为国内沿海及长江中下游各港间货物运输、国际近洋和远洋运输。时有散货海轮 6 艘，包括上海长航投入的“春江海”“嘉海”“江河”轮和中远散运投入的“安达海”“恒春海”“湘海”轮，船舶评估价为 1.95 亿元，总载重吨 16.2 万吨。新海天公司成立后，将 5 艘船舶期租给上海长海长江轮船公司至 2000 年底，留下“安达海”轮自己经营。2000 年 8 月底，公司资产总额为 2.07 亿元，职工在册人数 13 人(包括 2 名借用人员)，下设综合部、航运部、安技部、财务部。

2001年8月,新海天公司董事会决定第二届董事会董事长由中远散运委派出任,并推荐副总经理、财务经理;上海长航委派和推荐副董事长、总经理。此后各届董事会及经营管理机构主要领导人选按此交叉组合任职。是年,新海天公司先后建立上海至香港的钢材、南方至韩国的磷矿、京塘港至南方的煤炭运输航线。其以华东航线煤炭运输为主,同时开辟天津到南京,秦皇岛到南京,秦皇岛到镇江航线。2002年,实现运输收入5 084万元,利润48.6万元,所属船舶安全面达到100%,船舶设备完好率90%以上。是年,长航集团为适应长江航运经营管理需要,对散货运输结构实行经营与管船分离,上海长航成为地区性管船公司,其所参股的合资企业(含新海天公司)股权统一转让给长航集团。

2003年,公司在稳定已有货源基础上,积极拓展市场,利用下半年航运市场形势转好的有利时机,加大自营船舶生产力度,通过期租和自营,全年完成利润总额243.58万元,船舶营运率达95.62%。2006年,主营收入4 519万元,自营运输货运量近60万吨,全年主营业务利润924万元,利润总额710万元。

2008年12月,长航集团将集团系统内11家由长航凤凰股份有限公司代管的子公司(含新海天公司)调整为由长航凤凰直接持有其股权。当年新海天公司主营收入3 614万元,利润总额608万元。翌年,因航运市场低迷,运价连续下调,货源不稳定,船舶固定成本上涨,该公司完成货运量81.2万吨;同比增加4.6万吨;全年主营收入2 234万元,同比减少1 380万元。

至2010年底,新海天公司合计已向双方股东偿还投资船款近1.6亿元,其中长航集团方近9 542.5万元,中远散运方近6 862万元。因年内海进江矿石运价低位徘徊,货源紧缺,船舶固定成本上涨,该公司唯一经营的建于1994年,总吨位1.10万吨的"春江海"轮,完成58个重载航次,货运量达87.3万吨,与上年同比增加6.1万吨;主营收入2 363万元,同比增加129万元;完成利润总额约115万元,同比减少135万元。当年,公司职工在册人数为11人,下设综合部、航运部、安技部、财务部,主要经营范围收缩于国内沿海及长江中下游各港间货物运输。

【上海安吉汽车物流有限公司】

上海安吉汽车物流有限公司是由上海汽车工业销售总公司(上海大众总经销)长征储运经营部(成立于1989年2月)发展而来。2000年8月1日,由已经发展运转的上海安达汽车储运公司改名为上海安吉汽车物流有限公司(以下简称安吉物流)。拥有江轮"安达2"(195载重辆)、"安达4"(355载重辆)、"安达5"(250载重辆)轮;拥有海轮"安吉1～6"轮,分别可装载355、265、260、265、550、600辆汽车;并拥有滚装船13艘。所属子公司上海安盛汽车船务有限公司拥有多用途船舶和集装箱专用船舶17艘:"仁建壹""仁建贰""仁建5""仁建6""仁建7""安盛集2""安盛集5""安盛集6""安盛集7""安盛集9""安盛11""安盛12""安盛15""安盛16""新安源1""新安源2""新安源5"轮,总运力近40万吨。公司注册资本6亿元人民币。

2008年,安吉物流已形成整车物流、口岸物流、零部件物流三大业务板块,业务范围覆盖中国大陆、澳洲、德国等国家和地区。当年,实现运输各类商品车220余万辆,主营收入44亿元。2009年1—8月,运输量高达238万辆,同比增长47.3%。

2010年,安吉物流已开通多条沿江沿海水路运输班轮航线。包括上海—大连,每周三班;上海—天津,每周三班;大连—上海—东莞(南沙)—上海—大连,每周三班;东莞(南沙)—上海—天津—东莞(南沙),每周三班;上海—武汉—重庆及沿线港口和武汉—南京、芜湖—上海及沿线港口,每周三班等。

该公司将发展铁路和水路运输列为重点，已与铁道部下属的中铁特货建立上海安东、上海安北两个合资公司，从事整车铁路运输，打造覆盖各主机厂、各铁路站台的铁路运输平台。水路运输方面，则通过建设外高桥海通码头六期项目，建立水上综合运输枢纽，形成滚装码头、整车仓储、零部件集运中心。其在零部件物流和口岸物流领域进展都较快。先后与荷兰 TNT（荷兰国家邮局快递，后改制为荷兰物流集团）组建中外合资汽车物流企业—安吉天地物流有限公司，拥有零部件运输自有车辆 130 辆，可控车辆 900 余辆，拥有 35 万余平方米的零部件仓储能力；与上港集团等企业合资成立上海海通国际汽车码头有限公司（简称海通码头），该码头为中国第一个，也是上海口岸唯一一个专业从事滚装业务的公共码头，不仅是江海联运的重要转运口岸，也是中国国内汽车及装备进出口的基本港和枢纽港。

安吉物流把科技创新作为打造"绿色物流"的重要手段，贯穿于从设计到工艺和包装、从用户服务到配送和仓储的整个供应链，乃至物流自动化、信息化和网络化全过程。其采用和建立库存管理信息系统、配送分销系统、用户信息系统、GPS 系统（全球定位系统）以及货物跟踪和车辆运行管理系统等，集成一体化强有力的平台优势。同时全面优化工作流程，强化全方位 GPS 定位跟踪、信息反馈等，确保快速、准时、安全，从而担负起"高起点"发展的专业运作整车、零部件及口岸物流任务，成为中国最大，并居于世界前列的专业汽车运输物流企业。

至 2010 年，安吉物流已拥有年均运输 400 万辆商品车的物流运输服务能力，约占国内整车物流市场 35％的份额，也是当时国内唯一一家同时拥有公路、铁路、沿江沿海运输资源和运作能力，仓储网络遍布全国各地的汽车运输物流企业。在整车物流领域，拥有自有公路运力 2 600 余辆，加盟运力 2 000 余辆，铁路车皮 348 节，水路滚装轮船 9 艘，在全国拥有总面积近 320 万平方米的仓储资源，仓储能力近 10 万辆商品车；为国内 300 个城市近 30 家主机厂、2 000 家经销商、1 500 家维修站、600 家零部件供应商提供运输服务。

【上海时代航运有限公司】

2000 年 11 月 17 日，经交通部批准，中海集团与华能国际电力开发公司本着"长期合作、互惠互利、共同发展"的战略目标，双方各出资 2 500 万元人民币，共同投资组建上海时代航运有限公司（以下简称时代航运），经营国内沿海和长江中下游各港间货物运输。

2001 年 2 月 28 日，公司在浦东新区注册正式成立，注册资本为 5 000 万元人民币。下设行政部、财务部、经营部、安全技术部等部门。同年 8 月 8 日，取得上海物资流通行业协会颁发的《煤炭经营资格证》。当年公司拥有和控制船舶运力 15.8 万吨，完成货运量 420 万吨，货物周转量 15.78 亿吨海里，实现利润总额 641 万元。2002 年 1 月 16 日，取得《中华人民共和国进出口企业资格证书》；6 月 27 日，股东双方各增加投资 2 500 万元，使公司的注册资本增加到 1 亿元。12 月 6 日，华能国际电力开发公司将其持有的 50％时代航运股权划归华能能源交通产业控股有限公司。是年底，时代航运

图 1－1－14　时代航运所属 5.3 万吨级散货船"银宁"轮

（摄于 2010 年，照片提供：上海船东协会）

共拥有和控制船舶运力 31.3 万吨(其中自有船舶 9 万吨),货运量 889.6 万吨,货物周转量 46.13 亿吨海里,实现利润总额 1 553 万元。2003 年 3 月 7 日,取得《中华人民共和国国际船舶运输经营许可证》。2004 年 3 月 5 日,股东双方各增加投资 5 000 万元,并利用公司利润积累 1 亿元,使公司注册资本达到 3 亿元。翌年 4 月 7 日,为确保华能沿海电厂煤炭运输,落实公司发展规划,股东双方同意再增加投资 3 亿元。至 2005 年底,该公司已拥有和控制运力 34.5 万吨(其中自有船舶 21.4 万吨),货运量 1 421 万吨,货物周转量 77.8 亿吨海里,实现利润总额 5 021 万元。2006 年 9 月 20 日,公司与挪威 DnB 银行上海分行签署船舶抵押融资协议,是为全球外资银行为中国旗船舶提供抵押融资的第一个案例。同年 11 月 15 日,中海发展收购原甲方股东海南海翔投资有限公司所持有的时代航运 50%的全部股权。为进一步扩充时代航运的运力规模,支持公司发展,股东双方同意各增加投资人民币 3.5 亿元。增资后,公司注册资本为人民币 12 亿元;当年拥有和控制运力 64 万吨(其中自有船舶 29 万吨),货运量 1 761 万吨,货物周转量 101.3 亿吨海里,实现利润总额 9 678 万元。2007 年实现利润超过 3 亿元,累计完成华能电厂电煤运输量 2 476.3 万吨。2008 年,拥有和控制运力 127.2 万吨(其中自有船舶 98 万吨),完成货运量 2 910.5 万吨,货物周转量 261 亿吨海里,实现利润总额 10 亿元。

2010 年,公司注册资本 12 亿元人民币,资产总额突破 58 亿元人民币,固定资产净值 52 亿元人民币;拥有和控制运力 186.9 万吨,其中自有营运船舶 29 艘,160 万载重吨,包括多艘新建成的大型散货船和 2 艘国内最大的自卸散货船;在建船舶 12 艘(4.5 万载重吨 4 艘、4.9 万载重吨 4 艘、7.6 万载重吨 4 艘),68 万载重吨;主要承担华能集团沿海电厂的煤炭运输以及沿海沿(长)江各港间散货运输,年货运量 2 430.9 万吨,货物周转量 290 亿吨海里,实现利润总额 1.5 亿元。其运力规模和市场份额在国内沿海散货运输行业排名前列。

【神华中海航运有限公司】

2001 年 9 月,中国神华能源股份有限公司和中海发展共同出资,组建珠海新世纪航运有限公司,注册资本 51.8 亿元人民币。2010 年 3 月,该公司重组更名为神华中海航运有限公司,纳入神华集团板块管理。经营国际、国内沿海运输和进出口货物运输,承运远洋、近洋、沿海、沿江航线的煤炭、矿石、粮食等大宗散杂货物。主要承担由神华集团控股的沿海电厂、煤炭应急储备基地以及该集团进出口的煤炭运输。是年,公司自有船舶运力 11 艘,49 万载重吨,控制运力 55 艘、220 万载重吨,当年完成货运量 5 050 万吨,货物周转量 422 亿吨海里,营业收入 30 亿元人民币。

【上海集海航运有限公司】

2001 年 9 月 21 日,经交通部批准,由上港集团、海华轮船、上海外代共同投资组建成立上海集海航运有限公司。注册资金 2.5 亿元人民币。其中,上港集团持股 59.33%,海华轮船持股 20.67%,上海外代持股 20%。该公司主要从事长江、沿海国际集装箱内支线班轮运输,沿海、内河省际普通货物运输(含集装箱、大件设备运输)、水路货运代理、船舶代理,海上、陆路国际货物运输代理业务。2010 年,经营船舶 21 艘、总吨位 1.7 万余吨、总载箱量 800 TEU,经营国际集装箱内支线 22 条,可承担全冷藏箱、超大箱运输的特种服务。

【上海友好航运有限公司】

2001 年 11 月,上海友好航运有限公司(以下简称友好航运)由中海发展与上海电力燃料有限公司合资组建而成，地址位于上海浦东外高桥保税区。主要经营国内沿海和长江中下游普通货船运输、国际贸易、转口贸易和保税区内企业间贸易（涉及许可经营的凭许可证经营）。注册资本2 000万元人民币。成立之初拥有2万吨级“红旗121”轮和“振奋8”轮。

2005年12月，光船租入“振奋5”轮，总运力达5.54万载重吨。该公司依托中海发展在航运人才、技术管理方面以及上海电力燃料有限公司在供销等方面的优势，为沿海电厂和客户提供以煤炭运输为主的海上运输服务。2010年，公司股东由原先的中海发展与上海电力燃料有限公司，更改为上海电力股份有限公司与中海发展。双方股东各出资1亿元，各占股权50%。是年底，公司拥有自有运输船舶3艘，光租运输船舶2艘，共5艘船。分别为2万吨级“振奋5”轮、“振奋8”轮、“振奋13”轮、“振奋15”轮和“红旗121”轮，总载重吨位超过16万吨，注册资金2亿元人民币，为国内沿海电厂和其他客户提供安全、优质、高效的海上运输服务，并向以煤炭运输为主体的综合物流业发展。

【上海长航国际海运有限公司】

上海长航国际海运有限公司（以下简称长航国际）的前身分别为成立于1984年的武汉长江轮船公司海员对外技术服务公司和成立于1994年的武汉长福船务公司。2002年，与上海长江轮船公司外贸事业部合并，成立上海长航国际海运有限公司，在上海注册。公司隶属于国务院国资委下属的长航集团，为其全资子公司，同时也是长航凤凰股份有限公司的子公司，是长航集团专业从事近远洋散杂货及其他综合运输的独立法人企业，实行董事会领导下的总经理负责制。

2003年3月，按照长航集团货运结构调整方案，原上海长航外贸事业部由长航国际重新划出。此次干散货运输结构调整后，长航国际仅存1艘5 000吨级近洋杂货船，企业进入艰苦的二次创业阶段。通过创新与自我积累，该公司中日韩航线及洋江联运市场得以巩固和扩大，其中中韩杂货班轮航线连续多年位居上海港中韩杂货运输前列，先后被上海港及长航集团授予金牌航线称号。

2006年3月，该公司环球运输和国际化平台初成。经营航线进入全球化时期，成为长航集团散杂货“东出”战略的主要实施者。其自有及控制的船队规模成倍增长，企业持续盈利。已分别加入中国船级社(CCS)、美国船级社(ABS)、英劳船级社等多个船级社；分别取得中国、中国香港和巴拿马的DOC证书；2007年，在香港全资设立香港长航国际海运有限公司(YANGTZE NAVIGATION)。是时，公司已经营10余艘“海岬型”和“巴拿马型”散货运输船舶，控制和自有远洋运力30余万载重吨，主要航线拓展到欧洲、南美洲、澳洲、中东、印度、东南亚等地区。其承运的杂货包括出口管材、线材、设备以及进口的化工纤维原材料等；散货运输则主要承运印度矿、巴西矿、澳洲矿等进口金属矿石，为国内长江流域的货主输送原材料，提供全程运输服务，包括国际段的一程海运和长江段的二程驳运。

2008年底，该公司已实现长航集团干散货运输从江到洋的重要升级转型，成为长航集团特有的“江海洋”一体化全程物流链的重要组成部分。翌年5月，启动升级转型战略，船队结构重点转型为专业化，运输货物转型为高附加值产品，经营区域全面进入环球市场，从而进入远洋设备运输、原木运输和重大件运输高端市场。面对全球金融危机持续影响的不利形势，该公司仍提前一个月实现董事会三度调整提高后的2009年度经营目标。其与长航集团工程项目部建立战略合作关系，以工程物流方式，实现远洋杂货成套设备运输、大件运输、重吊运输的突破，从而大幅提升远洋杂货运输的等级和经济效益。公司货运量、货物周转量分别比上年同期增长11.2%和103.26%；运输收入比上年同期增长14.8%。

2010年，该公司实际拥有和控制运力已超过200万载重吨，其中自有船10艘，光租船1艘。全年完成货运量666.9万吨，其中内贸12.5万吨，外贸654.4万吨。主要经营中韩杂货班轮航线、中国—东南亚杂货班轮航线以及亚洲、美洲、澳洲等地区散杂货运输。其加大市场拓展力度，改变经营方式，将以往承运出口货为主改为进出口并重，新签约湖南华菱集团有限公司、北京首钢股份有限公司、永联钢厂、石家庄龙兴特钢有限公司、江苏华贸通进出口服务有限公司等一批客户；在货源组合上则向运输重件、大件设备等高附加值产品延伸，取得较好经济效益，散杂货运市场占有率得到长足提升。继东亚—澳洲—新西兰、中国—东南亚等航线的设备运输之后，该公司经营范围已扩大到美洲。其所属多用途重吊杂货船首航美国成功，使长航远洋杂货运输跻身发达地区杂货市场。同时，还分别开辟东亚—澳大利亚和东亚—新西兰等航线，涉足远洋杂货的第三国运输。

【上海中谷新良海运有限公司】

2003年12月，经交通部批准，上海中谷新良海运有限公司在上海市闸北区注册成立，注册资本为人民币300万元。公司由国有企业改制而成，前身为中国商业部中谷集团下属的国有粮食储运公司——洋浦中谷新良储运公司。2003年，经国家计委、发改委、商业部中谷集团批准同意，进行公司改制，成为由公司领导和员工持股的股份制企业。该公司总部设在上海，在广州、深圳、汕头、厦门、宁波、连云港及长江沿线的南京、镇江等地设有分支机构，辟有长江(多港)—上海—沿海各港的多条集装箱班轮航线。其利用江阴、上海、厦门、黄埔等港中转操作，使长江、珠江的集装箱可以江海直达，也使公司经营的航线形成一个整体。2004至2007年间，拥有6艘集装箱船舶，合计2 714 TEU，4.87万载重吨。2005年，公司增资为人民币1 000万元；2007年，增资为人民币3 000万元。

2010年，以国内沿海及长江各港间散货及集装箱货物运输为主营业务，兼营钢材、木材、建筑材料、针棉纺织品、日用百货、机电产品销售、集装箱租赁、商务信息咨询等其他业务。是年11月，与丹东港集团联合开通丹东—上海—宁波集装箱班轮周班航线，加密丹东港内贸集装箱航班，不仅为当地客户降低大量物流成本，也为远、近腹地货源出口增加更多选择。是时，公司已逐步形成以东北—华东、山东—东南、山东—华南、华东—东南和华东—华南等主干航线为核心，以环渤海、黄三角、长三角、海西、珠三角及长江沿线等支线为基础的运输网络，航线布局涵盖我国1.8万多公里海岸线，经营网点近50个，航线20余条；经营船舶40多艘，总运力50万载重吨，集装箱位超5万TEU。运输货物种类以粮食、化工品、建筑材料、纸浆、钢材等为主，以日用品、家用电器、食品、饮料等为辅。

【上海鼎衡船务有限责任公司】

2004年3月，上海鼎衡船务有限责任公司成立，注册资金1亿元人民币，总部位于上海浦东新区。2006年11月，由公司全资子公司舟山市鼎衡造船有限公司建造的第一艘化学品船“Ding Heng 1”(即“鼎衡1”)轮投入营运；翌年4月，公司首艘油化船“鼎衡8”轮在舟山投入营运。至此，公司投入国内航线的船舶增至5艘。2009年12月，公司从新加坡金光太平国际控股有限公司光船租赁3艘1.5万吨级化学品船，签订为期3年的协议，投入化学品运输，公司的运输业务由此从国内和东南亚航线拓展至全球航线。2010年5月，该公司光租的从事国际运输的“鼎衡12”轮(2 400载重吨)开始兼营国内沿海、长江中下游及珠江三角洲各港间成品油、化学品运输。是时，该公司经营和管理化学品船15艘，总载重吨位超过5万吨，主要从事国内沿海和国际化学品运输，与多家国际著名化工企业建有稳定的合作关系。

【中海汽车船运输有限公司】

2004 年 5 月 12 日，中海集团和日本川崎汽船株式会社（以下简称川崎汽船）在大连保税区合资注册成立中海川崎汽车船运输有限公司（以下简称中海川崎），注册资本 100 万美元。其中，中海集团占 51%，川崎汽船占 49%。主要经营国际航线汽车滚装船运输、船舶代理、租赁等业务。当年 9 月，中海川崎正式开业，其所拥有的汽车船“东方高速”轮期租给合资方川崎汽船，主要经营日本—澳洲、泰国—澳洲、新加坡—澳洲航线，船舶由中海集运管理。是年，该公司主要从事船舶期租业务，实现主营业务收入 1 072.26 万元，利润总额 311.35 万元。至年底，资产总额 9 049.93 万元。2005 年 3 月，公司投入汽车船“中海高速”轮经营国际航线；9 月份，开始兼顾经营国内航线，为国内外世界知名汽车厂商提供服务。

2006 年 2 月 24 日，中海集团与以色列 Ray Shipping 公司签约，期租（10 年）该公司 4 艘新建大型汽车船，其中 2 艘 6 400 车位，两艘 4 900 车位。同时，在大连注册成立大连中海汽车船运输有限公司，拥有两艘悬挂五星红旗的 3 290 车位汽车滚装船“东方高速”和“中海高速”轮，依托集团的资源优势，着力发展国际国内汽车滚装海运业务。

2007 年 5 月 16 日，中海集团决定成立中海汽车船运输有限公司（以下简称中海汽车船），属于中海集团控股的下属一级专业化公司。经上海市有关工商行政管理部门批准，当年 6 月 6 日由中海集团出资 1 亿元，在上海注册成立。主要投资和管理中海集团的内外贸汽车船运输业务。是时，中海汽车船分别持有大连中海汽车船运输有限公司 100%和中海川崎 51%股份。总计运力 6 艘，包括期租以色列 Ray Shipping 公司的“CSCC 亚洲”“CSCC 欧洲”“CSCC 天津”“CSCC 上海”等 4 轮，以及两艘自有船舶“中海高速”“东方高速”轮。当年完成车运量 4.04 万辆，实现主营业务收入 4 816.92 万元，利润总额 1 413.10 万元。

2008 年 10 月，中海集团在香港注册成立中海汽车船（香港）有限公司。是年，中海汽车船期租的 4 艘大型汽车船均已投入营运，其中 4 900 车位汽车船 2 艘；6 400 车位汽车船 2 艘，公司已具 2.9 万车位的运力规模，成为当时国内最大的汽车船运输公司。至 2008 年底，累计汽车运量已近 20 万辆。

2010 年，公司船龄已达 26 年的“东方高速”轮拆解报废。当年，共完成车运量 4.42 万辆，为上年的 143.38%。其中以国内运输为主，兼有少量国外运输。是年底，公司资产总额为 2.82 亿元。

【上海新洋山集装箱运输有限公司】

2004 年 11 月 18 日，上海长航与上海大盛资产有限公司合资组建上海新洋山集装箱运输有限公司（以下简称新洋山公司），从事国内沿海及长江中下游普通货物运输。公司为有限责任公司，注册资本 3 000 万元，公司成立之初有专职管理人员 4 人。

2005 年 11 月 23 日，新洋山公司经交通部水运司同意扩大经营范围，增加国内沿海及长江中下游集装箱内支线班轮运输经营资格。投入自有顶推船队（ATB）1 组（“长航洋山 3001”顶推船、360 TEU 的“长洋驳 1”驳船）经营武汉—九江—安庆—芜湖—南京—镇江—张家港—南通—常熟—上海—乍浦集装箱内支线班轮航线运输。同月 28 日，新洋山公司“外高桥—洋山”穿梭巴士航线投入营运。当年 12 月 10 日，洋山深水港开港，该公司自有顶推船队开始经营洋山港区至外高桥的江海直达集装箱运输。

2006年4月19日,公司新投入营运的“长洋驳2”轮船组首次承运危险品和冷藏集装箱。至此,公司在洋山—外高桥“穿梭巴士”航线上已相继投入“长洋驳1”“长洋驳2”两个顶推船组和“南泰7”集装箱轮(系期租船)运营。同年11月9日,公司开通江苏南京至洋山的内支线班轮运输。当年共完成箱量12.6万TEU,货运量169万吨,总收入1 495万美元。2007年8月31日,公司第一艘400 TEU集装箱船“长航洋山1”号江海联运疏运船正式投入运营,箱位436 TEU,全年通航于武汉—洋山沿途各港。是年公司完成箱量22.67万TEU,货运量304.3万吨,总收入2 742.2万美元。翌年,公司股东变更注册资本,上海大盛资产有限公司增资260万元,注册资本为3 260万元,占38.65%,上海长航占61.35%。是时,新洋山公司已成为ATB项目的实施主体,具体负责ATB系列船舶的研发建造、ATB运作模式和ATB运输的经营管理。2008年完成箱量27.37万TEU,货运量310.91万吨,总收入4 574.2万美元;其中,沿海、长江箱运量分别达17.2万TEU和7.8万TEU,同比增长6.4%和16%。2009年1—4月公司经营一度出现亏损,5月实现箱量1.62万TEU,开始扭亏为盈,全年完成箱量18.33万TEU,完成货运量293万吨,货物周转量4.94亿吨公里,主营业务利润50.8万元,营业利润总额176万元。

2010年底,公司注册资本3 260万元,有员工97人,其中管理人员7名为内部员工,90名船员均通过劳动中介外聘。拥有ATB550吨推轮2艘、3 440吨驳船3艘、3 382吨驳船1艘,组成4个船组;并有5 938吨集装箱船2艘,主要从事洋山—外高桥、洋山—南京航线的集装箱内支线运输。

【上海国电海运有限公司】

2004年12月,经交通部批准,福建国航远洋运输(集团)股份有限公司组建上海国电海运有限公司,经营业务以沿海、沿江电厂的电煤运输为主,兼营其他散货运输。至2007年,注册资金从成立初的2 000万元扩大到4亿元人民币;业务范围和企业规模发展迅速,拥有和控制巴拿马型和灵便型等各类散货船舶100万载重吨,年运输能力超过2 800万吨。

2008年8月31日,上海外滩茂悦大酒店、民生金融租赁股份有限公司、中国船级社、福建国航远洋运输集团签署四方“战略合作协议书”暨“18艘巴拿马型散货船租赁战略合作协议”。根据协议,民生金融租赁股份有限公司在未来3年内,除了为福建国航远洋运输集团控股的上海国电海运有限公司提供18艘巴拿马型散货船的融资租赁服务外,还将与其在船舶委托经营管理、金融政策以及航运市场信息互换等方面开展全方位合作;中国船级社则全面提供信息及技术支持。同年12月1日,上海国电海运有限公司第一艘新造3.23万吨散货船“国电7”号建成下水。

上海国电海运有限公司以干散货运输为主,是中国电煤运输骨干航运公司之一。2010年,公司拥有一支以巴拿马型散货船为主的运煤船队,经营和控制散货运力超过130万载重吨,年运量近3 000万吨,可为客户提供煤炭、粮食、矿砂、化肥、钢材、木材、农产品等货物的海上运输服务,航线遍及世界多个国家和地区。

【华远星海运有限公司】

2006年8月29日,华远星海运有限公司成立,注册资本4亿元人民币。该公司为中国华电集团所属专业航运公司,是集团“电为主体、煤为基础,产业协同”经营战略的重要组成部分。公司由华电煤业集团有限公司控股,上海华电电力发展有限公司、河北五兴能源集团有限公司和国投远东航运有限公司共同投资组建。注册地为上海市崇明县，注册资本3.4亿元，总部设在上海市浦东新区。经营业务主要为国内沿海及国际远洋船舶货物运输，以及长江中下游港口间船舶货物运输，兼营船舶代理、货运代理等业务。2007年4月，购入6.4万吨级散货船“华远星”轮；2009年7月，购入7.4万吨级散货船“华衡”轮，行驶秦皇岛港装运煤炭。

2010年1月，交通部向华远星海运有限公司颁发《国际船舶运输经营许可证》，正式批准该公司的国内、国际贸易运输兼营资质，使其业务领域和经营方式更加多样灵活，进一步拓展了电煤运输和其他干散货运输市场空间。4月28日，公司“华衡”轮期租进入国际航线，开启国际航运业务。7月，公司购入7万吨级散货船“华衡165”轮。同年7—8月，该公司“华衡166”轮、“华衡167”轮相继开工建造。至是年底，公司自有3艘巴拿马型散货船，运力规模20.8万吨。其中“华远星”轮载重6.4万吨，“华衡”轮载重7.4万吨，“华衡165”轮载重7万吨。租用船舶6艘，运力达18万吨。在建船舶4艘，包括2艘5.7万吨大灵便型散货船和2艘4.5万吨级灵便型散货船。

【上海恒鑫航运有限公司】

2007年，上海恒鑫航运有限公司成立，注册资本1 500万元人民币。其为一家以工程项目设备和重大件海上运输为主，为顾客提供工厂、仓储、集港装船、海运、目的港接货清关、目的国陆运、目的地验收交货全程物流服务的航运公司。该公司通过自有、期租等方式，组建起一支运输船队；通过购买和合作在尼日利亚组建起自己的大件运输车队；并先后在国内成立北京、天津、大连、青岛、上海、厦门办事处，在非洲拥有代理。

2010年，公司已与中国有色金属、中国铝业、中国电工、中国普莱克斯、上海电力、山东电力、印度爱沙、南车集团、现代重工等国际著名企业建立长期合作关系，以“安全、便捷、高品质”的物流运输服务赢得客户信赖和支持。其拥有20艘重吊船和工程船舶，可全方位满足客户多样货物需求。特定的船舶类型和船舶结构能够适应世界港口和货物的各种要求。船舶最小吃水6.5米，最大起重能力400吨。每艘船都配备专业的横梁、撑杆，防碰撞和全套绑扎设备。班轮航线遍及东南亚、波斯湾、地中海、红海和非洲地区，所能运载的货物有翅片管、罐体、火车、石油管道、箱子货物、工程机械、中石油营房等。在全球建有6个分支机构，包括60多名岸上专业作业员工和120多名专业船舶操作人员。月出口运力15万立方米，年承运量超过百万立方米，已逐渐做大做强件杂货，尤其是重大件货物门到门的全程物流，成为可靠的工程物流服务供应商。

【上海宝钢航运有限公司】

2008年6月，宝钢集团制定《宝钢原燃料航运物流业务发展规划》，明确宝钢40%沿海运量由自有运力承担。2009年9月，宝钢集团全资建立上海宝钢航运有限公司，作为宝钢沿海运力发展及运营平台，注册资本3.6亿元，注册地上海洋山保税区。该公司具有国内外运输，以及船代、货代资质；下设海务监督部、船舶技术部、航运业务部、综合管理部、财务部等部门。2010年5月10日，公司与江苏东方重工有限公司及福建省冠海造船工业有限公司签订沿海散货船委托建造项目合同，包括9艘2.3万吨级和1艘5.7万吨级沿海散货船，总投资约12亿元，约定2011至2013年间交付使用，主要从事煤炭、矿石等钢铁原料沿海及近洋运输。该项目合同的签订标志着宝钢自有船队建设全面启动。及至当年，公司共有员工37人；已交付运营船舶6艘，其中2.3万吨级4艘，5.7万吨级1艘，5 700吨杂货船1艘，总运力约16万吨。

图 1-1-15 2008 年 11 月 12 日香港海宝航运有限公司揭牌成立

(照片提供:中海集团宣传部)

【香港海宝航运有限公司】

2008 年 11 月 12 日,中海集团与宝钢集团为贯彻“国货国运”(即国家所需铁矿石等进口物资由中国船舶自己承运)方针,也为加强国有大型企业之间合作,共同应对世界经济剧烈变化,由各自下属的中海发展和宝钢资源有限公司共同出资,组建成立香港海宝航运有限公司。计划初期投入 6 艘大型矿砂船,总计 152 万载重吨,总投资规模超过 7 亿美元,主要经营巴西、澳大利亚至中国的铁矿石运输业务。2010 年 6 月,该公司订造的首艘 23 万吨级超大型矿砂船“仁达”轮交付使用,首航澳大利亚航线,为宝钢承运进口铁矿石。

【上海瑞宁航运有限公司】

2008 年 12 月,华能集团所属华能能源交通产业控股有限公司和华能海南发电股份有限公司共同投资组建上海瑞宁航运有限公司,在上海北外滩航运中心挂牌运营,注册资金 5 亿元人民币。该公司的成立,是为落实华能集团电煤路港运一体化发展战略,确保华能海南电厂的燃料海运。公司经营范围涵盖国内沿海及长江普通货船运输、国际船舶普通货物运输、国际船舶管理、货物及技术进出口、货物运输代理、船舶代理、船舶设备维修、煤炭贸易及商务咨询等,业务遍及国内、国际 100 多个大中小城市。不仅与华能东方电厂、华能石洞口第二发电厂、华能日照电厂、华能淮阴电厂、华能南京电厂等签订了长期合作协议,还与多家华能系统内电厂签订全年 COA 运输合同(包运租船签订的合同),并为华能玉环电厂、华能大连电厂、华能金陵电厂、华能石洞口第一发电厂、华能岳阳电厂、华能阳逻电厂等近 10 家电厂提供紧急和应急运输服务。按照华能集团统一安排,还全权负责瑞通(香港)航运有限公司的运营与管理。2010 年 10 月,华能岳阳电厂因铁路运力紧张,供煤严重不足,试运机组随时有断煤停机的危险,公司及时将两航次 5 万多吨电煤运到南京港,确保了电煤二程转驳江运的衔接。同年 11 月,该公司与深圳远洋运输公司签署《长期电煤运输协议》,本着优势互补、互利双赢、共同发展的原则,进行为期十年的长期电煤运输合作。至当年底,公司自有运力 10 艘船舶,51 万载重吨;总控制运力 25 艘船舶,111 万载重吨;全年完成运货量 1 200 万吨,其中为华能系统内电厂完成货运量 550 万吨,占总运输量的近一半;实现运输营业收入 10.2 亿元,实现利润总额 4 910 多万元,与上年同比均增长 3 倍。

【上海嘉禾航运有限公司】

2010 年 2 月 23 日,上海嘉禾航运有限公司由中海发展与申能股份有限公司共同出资,在上海市虹口区注册成立。中海集团与申能集团有着多年紧密合作关系,承担着上海地区重点电厂九成以上的海上煤炭运输任务。为进一步保障上海世博会的电力供应和支持上海国际航运中心建设,双方共同组建航运公司,旨在将合作关系推向新的发展阶段。公司注册资本 2.4 亿元人民币,其中中海发展占 51%股份,申能股份占 49%股份。主营业务为国际国内沿海及长江中下游各港间货物运输。公司下设航运业务部、安全技术部、财务部和综合管理部四个部门。同年 6 月,中海发展将散货船“沧州”轮(2.4 万载重吨)调拨该公司,公司由此获得水路运输许可资质。同时,该公司与中船集团澄西船厂签订 2 艘 5.3 万吨级大灵便型散货船建造合同,按照约定该两轮分别于 2011 年和 2012 年交付使用。

二、境外企业

【马士基航运公司】

马士基航运公司(以下简称马士基公司)隶属于 1904 年成立的 A.P.穆勒集团,为全球最大一家班轮公司。

1979 年,马士基公司首次以集装箱运输方式将一座完整的苏州园林运离中国大陆,送往纽约大都会博物馆展出。1980 年,开辟第一条上海至北美航线。1986 年,成为第一家获准在中国设立代表处的外国航运公司。1996 年,在中国订购 63 艘船舶。2001 年,其所属马士基(中国)航运有限公司上海分公司正式成立,设址上海市南京西路 1266 号恒隆广场 38 楼,拥有员工 110 人。主营承接揽货、订舱、签发提单、结算运费及上海港口至外国港口间的运输业务。2003 年,投资建设上海集装箱码头。2005 年 5 月,A.P.穆勒-马士基集团已将上海视为重要港口城市,马士基(中国)航运有限公司上海分公司每周有 6 个直航班次来往上海。

2008 年 3 月至 4 月,该公司旗下“伊迪丝马士基”“爱玛马士基”“艾巴马士基”“爱莉诺娜马士基”“尤金马士基”以及“埃斯特尔马士基”等轮先后靠泊上海洋山港。这些 PS 级船舶(新一代环境友好型集装箱船)总长 397.71 米,型宽 56.4 米,载箱量 1.1 万 TEU,最大营运载重吨位 15.70 万吨。至此,其投入商业运营的 8 艘 PS 级集装箱船中,已有 6 艘在一月之内靠泊洋山深水港,洋山港也成为当时世界上靠泊过该级别集装箱船次数最多的港口。

2009 年 3 月,该公司亚洲—西非航线增加在上海港与宁波港的停靠。新航线提供从中国东部港口到西非主要港口洛美港、科托努港与黑角港的直航服务,是中国至西非中转时间最短的航线之一。

2010 年 3 月 3 日,该公司新建当时世界最大的集装箱船——“伊迪斯马士基”号,并将洋山港作为其商业运营首航中国内地的第一站。至是年底,已在中国建立广泛的运输网络,覆盖各主要港口,并通过发达的固定周期航线将中国连接到全世界,其中 10 条航线至欧洲,7 条航线至北美,2 条航线至拉丁美洲,4 条航线至中东,2 条航线至大洋洲,另有 11 条航线服务于泛亚地区。

【达飞轮船(中国)船务有限公司】

1992 年 10 月,法国达飞海运集团公司(CMA CGM,系法国最大的班轮公司)正式登陆中国市场。其所属独资公司达飞轮船(中国)船务有限公司(以下简称达飞轮船)成立于 1996 年 6 月 19 日,注册于上海。自成立始,依托法国达飞集团的航运实力和覆盖全球的服务网络,为中国客户提供迅捷、优质、高效的航运服务。该公司作为中国境内主要国际班轮运输经营商,服务网络覆盖中国沿海及内陆地区。

2001 年 7 月,公司以第六代超巴拿马型集装箱船 6 712 TEU 的“达飞魏伦”轮首航欧洲,开辟中国—欧洲航线营运。2004 年,该公司全年进出口总箱量达 102.45 万 TEU,每周挂靠上海、宁波、天津、大连、青岛、厦门、深圳、汕头、赤湾、香港等中国主要沿海港口。依托快速增长的全球贸易,2005 年继续获得货运量和效益的持续增长,累计进出口箱量达 129.71 万 TEU,其中出口 109.88 万 TEU，进口 19.84 万 TEU，运费总收入突破 13.45 亿美元。及至 2006 年 2 月，共拥有 9 个分公司、51 个办事处(总部设在上海)，在华员工累计达 850 多人。经营航线 25 条，其中包括 6 条欧洲线、3 条地中海线、2 条非洲线、6 条美洲线、4 条澳洲线，4 条其他航线。2007 年 7 月，开通途经中国主要港口、连接亚洲和北非，被称为"北非特快"的新航线，依次停靠上海、宁波、香港、赤湾、雅加达、马耳他、巴生港等港口。首航船从上海启程，通过航运枢纽马耳他由支线船通往摩洛哥、突尼斯、阿尔及利亚和利比亚等国，成为当时唯一一家开通亚洲到北非航线的公司。2008 年 10 月 23 日，公司旗下"达飞维拉"轮满载 1.1 万个标准集装箱靠泊洋山深水港，完成该船的全球首航。"达飞维拉"轮为当时全球最大的集装箱船之一。其选择靠泊洋山深水港，表明上海作为国际经济、金融、贸易、航运中心的地位已得到包括达飞海运集团在内的国际航运界的普遍认可。2009 年 11 月 1 日，公司旗下运力高达 1.33 万 TEU 的超大型集装箱船"哥伦布"轮由上海首航亚欧航线。

【台湾长荣海运集团】

1994 年初，台湾长荣海运集团(以下简称长荣海运)已在中国大陆重要港口上海、大连、天津、青岛、南京、宁波、福州、厦门、广州、深圳、中山、武汉、重庆等设立 10 多个办事处，并投资堆场，有大陆员工近千人。

2003 年 7 月，长荣海运与英国荣升海运有限公司及意大利邮船公司合作经营上海直达美国西北岸及加拿大航线和上海直达美国西南岸航线。投入 5 艘船舶运营。2008 年 10 月 11 日，该公司规划多年的大陆营运总部—上海长荣大楼正式启用，进一步参与上海港国际航线运输。至 2010 年，该公司除独立经营外，多次与中海集团、中远集运等驻沪大型国企合作，以共同投船、舱位互换等形式，经营上海至世界各地的集装箱班轮运输。(详见本卷"远洋运输"篇)

【阳明海运股份公司】

1994 年，台湾阳明海运股份公司(以下简称阳明海运)上海代表处成立，注册资本 5 亿美元，主营上海至日本、印度、地中海航线。

2006 年 2 月，与日本川崎汽船合作开辟第二条亚洲至地中海联营航线，为客户提供由亚洲至地中海地区更快速便捷的选择，以及由台湾直航红海及地中海地区重要港口的服务，大幅缩短转运时间。2007 年 9 月，为配合中国与黑海沿岸中欧国家日益增长的经贸往来，为中国发货人提供更加可靠便捷的直达服务，新增上海、宁波、蛇口至黑海航线。同年 12 月，再辟上海至欧洲直达航线，挂靠泰晤士、安特卫普、鹿特丹等港。2008 年 12 月，投入 1 艘 1 500 TEU 集装箱船，开设台湾、大陆、香港航线，挂靠高雄、基隆、上海、大连、新港、青岛、连云港等港。当月 17 日，公司所属两岸直航货轮"宇明"轮，自台湾基隆港首发后顺利停靠上海港外高桥码头。该轮为两岸"大三通"开启当天，自台湾首批直航大陆的集装箱货轮之一。实现两岸直航后，包括基隆港在内的台湾货轮不必再绕行第三地石垣岛，该公司由此一年可节省近 30 亿新台币。2009 年 2 月，公司开设台湾—大陆快航，投入 2 艘 1 500 TEU 集装箱船，提供周班运输，挂靠高雄、台中、基隆、上海、大连、新港、青岛、连云港等港口，服务于两岸经贸往来。

【韩进海运(中国)有限公司】

1993 年起，韩国韩进海运有限公司先后在上海、天津、大连、青岛、北京等城市设立代表机构；

1995 年，正式成立韩进海运（中国）有限公司（以下简称韩进海运），注册于上海，下设天津等 6 家分公司，系韩进海运有限公司独资公司。

2004 年 4 月，该公司整合原有中国大陆至北美航线并扩充船队，提供 4 条航线，分别投入多艘船舶航行于上海、宁波、青岛、厦门、香港、横滨、韩国光阳，釜山、长堤、盐田、奥克兰、温哥华、洛杉矶等港口。2006 年 8 月，新辟上海至南美洲东岸的新航线，提供周班服务。2009 年 6 月开辟釜山—上海—越南海防港周班航线，与中外运集运共同运营，使越南至美国货运班期缩短 2 到 3 天。

2010 年 10 月，与太平船务和川崎汽船合作，以租赁舱位方式增开第二条亚洲—南非航线，定名为“南非快航”，使其与南美智利航运、万海、以星公司合作开辟的亚洲、南非、南美东岸航线得以进一步拓展。

【商船三井（中国）有限公司】

1995 年 3 月 23 日，日本商船三井（中国）有限公司（以下简称商船三井）成立，总部设于上海，为商船三井株式会社全资附属子公司，母公司设立于日本东京，并已经在日本注册为上市公司。该公司注册于上海，下设宁波等 8 家分公司。商船三井为世界知名航运公司之一，为客户提供一体化物流及多元化海上运输服务，业务遍及全球。在中国共有 18 个分公司、代表处、联络点，约有 370 名员工，并分布在我国沿海各重要口岸及城市。随着中国进出口市场的发展，商船三井的业务量亦同步跟进。

该公司长期与宝钢集团保持良好合作关系。至 2004 年 3 月已与宝钢集团签订四个进口铁矿石长期运输协议。所属 30 万吨级大型矿砂船往返巴西和中国之间，每年可为宝钢承运巴西进口矿约 130 万吨。

2007 至 2010 年，商船三井率先与美国总统轮船公司（APL）、韩国现代商船株式会社（以下简称现代商船）、韩进海运及阿拉伯联合航运船公司（UASC）合作，开辟上海—黑海航线（EBX），之后又先后开通上海至地中海、地中海西岸、东南亚、欧洲、金奈、澳大利亚、中东、南美等航线，分别投入多艘班轮从事远洋货物运输。

【日本邮船（中国）有限公司】

1995 年 4 月，日本邮船（中国）有限公司（以下简称日本邮船）在上海注册成立，系日本邮船株式会社独资子公司，下设青岛等 8 个分公司、9 个办事处和其他有关代理机构，覆盖中国各主要沿海城市和一些内陆城市。每周在中国提供 60 条直靠航线服务。

2002 年 5 月 5 日，投入“亚洲繁荣”号大型滚装船，开辟上海港至东南亚滚装班轮航线。该滚装船为专用汽车运输船只，可装载 840 辆小轿车，汽车可直接通过船舶跳板上下船，从而大幅节省装卸时间。

2007 年后，该公司主要运输业务之一是为宝钢集团承运进口铁矿石，年运输量可达 800 多万吨。旗下拥有 17 万吨级、20 万吨级、23 万吨级等大型铁矿石运输船，专为宝钢集团运输巴西、澳大利亚等国至中国的铁矿石，并与宝钢集团签订长期（10 年）运输协议。2010 年 8 月，投入滚装班轮“SATTHA BHUM”轮，新开上海至印度航线。

【东方海外货柜航运（中国）有限公司】

1996 年 3 月 18 日，东方海外货柜航运（中国）有限公司（以下简称东方海外）成立，注册于上海,总部设在香港,系香港东方海外货柜航运有限公司独资船务公司,下设大连等15家分公司。该公司是一家全球性集装箱运输和物流服务公司,在全世界50个国家设有160个分公司和办事处,服务网络遍及亚洲、欧洲、北美、地中海、印度次大陆、中东、澳大利亚和新西兰等地区。

2001年6月,投入向德国汉堡长期租赁的超巴拿马型集装箱船"东方海外法国"轮航行中国—欧洲快航航线,促进中法两国之间的经贸联系。2003年5月,开辟首条中国大陆至马来西亚直达集装箱班轮航线,以适应中马之间货物数量的不断增长。该航线连接上海、厦门与位于科隆坡近郊的库伦港,投入1 500 TEU型船运营,每周5班。2007年5月,将其在日本建造的5 888 TEU集装箱船部署于泛太平洋航线,提供西北太平洋快航(PNX)线服务。2008年3月11日,公司新建成的4 578 TEU集装箱船"东方德州"号,在上海洋山深水港一期码头由美国前总统乔治·布什的夫人现场命名,以推进中美两国关系。

2010年1月11日,公司将其新建成的8 063 TEU"东方海外华盛顿"轮和4 500 TEU"东方海外勒哈弗"轮分别投入欧亚航线和中国至印度航线;将新船"东方雅加达"轮(4 578 TEU)投入中巴(巴基斯坦)快线(CPX),经营区域进一步扩大。

【万海航运股份有限公司】

1986年8月,台湾万海航运股份有限公司(以下简称万海航运)首开台湾—香港—厦门两岸三地航线,促进两岸经贸交流。翌年11月,开辟台湾—香港—上海航线;同时,增辟中东第二航线,串联新加坡、巴生港、杜拜、喀拉蚩等主要港口。

1998年和2004年,先后与民生轮船公司合作开辟两条"两岸三地"航线,以推进大陆和台湾的两岸航运业务。

1999年7月30日,开辟公司首条上海至中东直达集装箱班轮航线,投入7艘1 368 TEU集装箱船行驶该线。由上海至中东迪拜的航行时间只需16天。

2006年2月26日,投入5艘2 500 TEU集装箱船,开辟连云港至中东直达集装箱班轮航线,实行周班服务。该航线的开通结束江苏口岸没有直达中东集装箱海运班轮航线的历史,改变了以往连云港市及经济腹地出口到中东的集装箱货物,需从青岛、上海等港口中转的历史。

2008年1—11月份,公司在上海港进出口重箱货量完成18.25万TEU,较上年同期15.99万TEU增长14.1%;整体作业量完成27.5万TEU,较上年同期26万TEU增长6%,在全球航运业不景气时,仍积极稳健扩展海峡两岸航运业务,取得良好业绩。同年12月,与民生轮船公司再度合作,在上海港举行上海至台湾的两岸直航首航仪式。2009年3月1日,该公司开通新亚洲线,为中国、越南及泰国间贸易提供便捷服务。2010年7月,与长荣海运共同经营,各派遣2艘2 100 TEU船舶,开辟华北—华南—印度尼西亚—星马航线。同年12月,与太平船务公司合作,开辟第二条地中海航线,配置8艘船舶,连接中国、地中海东岸和黑海地区海上交通。

【赫伯罗特船务(中国)有限公司】

2004年8月31日,德国赫伯罗特船务(中国)有限公司成立,系德国赫伯罗特公司独资船务公司,注册于上海,下设深圳等6个分公司。2005年4—6月,该公司先后将其新建成的集装箱船"科伦坡快航"和"科伦坡快运"轮投入以上海为始发港的亚欧航线运营。"科伦坡快航"轮总长335.07米,型宽42.8米,吃水14.5米,总吨9.38万吨,箱位8 753 TEU,是当时世界上最大的集装箱船舶之一,也是当时挂靠上海港的最大集装箱船泊。

【高丽海运(上海)有限公司】

自 1994 年 2 月起,韩国高丽海运集团分别在上海、天津、青岛、大连、厦门、深圳等地开办代表处,提供中国航线服务,并在中国、日本、东南亚、中东、俄罗斯等 20 多个国家提供班轮服务。2009 年 1 月 1 日,高丽海运(上海)有限公司成立,为韩国高丽海运集团在中国大陆地区第一家具有独立法人资格的分支机构。2010 年 5 月 24 日,该公司与中远集团合作新开东南亚航线,由公司经营的"高丽青岛"轮在上海首航。该航线为公司经营航线中投入母船(指船上装着较小船舶或驳船,完成主要远洋航行航段的船舶)的第 10 条航线。

【利胜地中海航运(上海)有限公司】

2009 年 12 月 8 日,瑞士地中海航运公司(时为全球第二大航运公司,以下简称地中海航运)旗下独资船务公司——利胜地中海航运(上海)有限公司在沪成立,作为地中海航运实施"中国战略""上海战略"的重要一步。是时,正逢国际金融危机爆发,该公司积极抢占市场份额,在不少跨国企业为抵挡金融危机冲击,调整战略,将部分功能中心向低商务和低人力成本区域转移之时,其逆势而为,与中国中化集团、中远集团、中海集团、上港集团等七大集团分别签约,并入驻上海北外滩商务楼宇,使之逐步发展成为地中海航运的亚太地区总部。

表 1-1-11　2004 年驻沪外商独资航运公司一览表

序　号	公 司 名 称	序　号	公 司 名 称
1	东方海外货柜(中国)有限公司	14	思多而特运输(上海)有限公司
2	胜利船务(中国)有限公司	15	兴亚船务(中国)有限公司
3	日本邮船(中国)有限公司	16	万邦(中国)船务有限公司
4	韩进海运(中国)有限公司	17	礼诺航运(中国)有限公司
5	商船三井(中国)有限公司	18	神原汽车(中国)有限公司
6	赫伯罗特船务(中国)有限公司	19	现代商船(中国)有限公司
7	川崎汽船(中国)有限公司	20	南美轮船(中国)船务有限公司
8	达飞轮船(中国)船务有限公司	21	达贸(中国)船务有限公司
9	长绵商船(中国)船务有限公司	22	马士基(中国)航运有限公司上海分公司
10	以星轮船(中国)船务有限公司	23	美国总统轮船(中国)有限公司上海分公司
11	铁行渣华(中国)船务有限公司	24	太平船务(中国)有限公司上海分公司
12	东车轮船(中国)船务有限公司	25	莱克斯轮船(中国)有限公司
13	宏海箱运船务有限公司		

资料来源:上海市港口管理局:"上海市港口与航运发展报告(2004 年)"P64

三、中外合资企业

【中日国际轮渡有限公司】

1985年5月30日,中远集团与日本日中国际轮渡株式会社共同创办中日国际轮渡有限公司(以下简称中日轮渡),总投资500万美元,注册资金240万美元,中日双方各占50%股份。总部设于上海。日本总代理为日中国际轮渡株式会社,设于日本东京。公司在中日航线投入客货渡轮"鉴真"轮,从事国际客货运输及相关业务。最初办公地点为上海大厦422室,有工作人员6名。该公司为中国法人,所属船舶悬挂中国国旗。"鉴真"轮为周班轮,轮流挂靠上海—神户/大阪/横滨,是中日两国恢复建交后中日航线上第一艘客货班轮。

1992年,为购买950 TEU干货箱,增资210万美元,投资总额为800万美元。随着改革开放深入发展和中日两国之间人员交往及贸易的迅速增长,经交通部、外经贸委、中远集团批准,于1993年底再次增资1 436万美元,建造"新鉴真"轮。至此,注册资本增加为1 886万美元,投资总额5 100万美元。在日本建造的"新鉴真"轮,于1994年4月取代"鉴真"轮,投入中日航线营运,每航次挂靠上海—神户/大阪。

中日轮渡自成立始,坚持安全第一,准班准点,旅客至上,优质服务的宗旨,在中外旅客中树立起良好信誉。"新鉴真"轮在业界首家获得并多次蝉联交通部"五星级"文明客船称号,多次被评为上海市交通邮电系统最佳服务窗口,2003年5月1日获得全国总工会颁发的"全国五一劳动奖状"。2004年,"新鉴真"轮累计完成102个航次,其中进出口各完成51个航次;累计完成集装箱重箱运量1.47万TEU,散货运量2 535.04立方吨,车辆1 128.2计费吨;累计完成旅客运量1.15万人次。

2008年,经历和克服中日两国间贸易由稳定发展转为滑坡、海上运输货量下降、燃油价格和港口使费不断上涨等困难,"新鉴真"轮累计完成旅客运量1.23万人次,为上年的101%;完成集装箱重箱运量1.32万TEU,为上年的99.5%。翌年8月,中日轮渡原投资者之一中远集团将其持有的该公司50%股权连同相应的权利和义务全部无偿划转给上海远洋运输有限公司。

2010年,公司下设经理办公室、货运部、客运部、市场部、安技部、财务部等部室,共有员工20人。总部设于上海东大名路908号金岸大厦。所属"新鉴真"轮全年累计完成100个航次,其中,进口50航次,出口50航次;累计完成集装箱重箱运量1.26万TEU,旅客运量1.21万人次;完成散货运量1 804.7立方吨,车辆437.8计费吨。全年安全面、设备完好率,准班准点率均达100%。

【上海国际轮渡有限公司】

1992年10月29日,上海国际轮渡有限公司(以下简称国际轮渡)由中远集团与日本11家世界知名船公司(日本邮船、第一中央汽船、川崎汽船、商船三井等)联合组成的上海客货船株式会社,按中日双方各50%的比例,合资组建而成。投资总额4 500万美元,注册资金1 800万美元。办公地址:上海市东大名路908号金岸大厦15楼D—G座。中远集团为其中方股东。

同年,从日本购入一艘新造的客货轮"苏州号"轮,根据股东之间协议,采用船东/经营公司双重体制经营。国际轮渡作为船东公司,将"苏州号"轮租赁给相同股东在日本组建的另一家合资公司——上海轮渡株式会社经营,同时代理和全面承担"苏州号"轮在上海方面的经营业务。与此同时,公司推出多项航运首创,包括10英尺迷你集装箱、3S服务(即3快服务:HDS快速交货服务、IDS拼箱快运服务、SHDS特快交货服务)等,将"苏州号"轮行驶的上海—大阪航线创建成为中日精品航线。其抵离港时间准确到小时，客户满意率、安全率、准班准点率、货物完好率、人员无案率达到100%。

2004年1月5日，经中国船级社(CCS)对“苏州号”轮进行ISPS审核(船舶接受港口国检查)并通过后，“苏州号”轮取得《国际船舶保安证书》，成为国内取得该证书的首艘客轮。

2008年，面对国际金融危机冲击和高油价影响，仍完成税后利润3 206.6万元人民币，超额完成上级公司下达的1 150万元必保指标和1 250万元奋斗指标，同时全面完成其他各项任务指标。客运量自公司成立后首次破万人记录。

2010年10月，公司按照SOLAS公约(国际海上人命安全公约)以及中国和日本主管部门要求，顺利通过交通部海事局对船舶SMS安全管理系统所作的年度审核。时有员工19人，下设总经理办公室、业务部、安技部、财务部等办公部门。所属“苏州号”轮船员由上海远洋对外劳务有限公司派遣。是年，完成东行货运量8 634.5 TEU，客运量5 232人次；西行货运量2 559.5 TEU，客运量4 914人次；全年完成税后利润1 816万元人民币。

【上海北海船务股份有限公司】

1993年，经交通部批准，上海北海船务有限公司(以下简称北海船务)成立。由上海海运、中国化工进出口总公司、香港银邦海外有限公司三方合资组建。注册资本600万美元。主营业务包括国际国内原油、成品油运输及原油、成品油、化工品和干散货海上运输的租船、揽货服务。

1994年，经由上海市外资委批准，中海石油销售公司加入北海船务，其股东方变更为四方，各占25%股份。是年，公司购入首艘油轮“胜利9”号并投入运营。1997—1998年共创利润5 051万元，已超过注册资本金。1999年，中国化工进出口总公司为上市需要，将其拥有的25%股份转让给中化国际贸易股份有限公司。2000年，中海油气开发利用公司(原属中海石油销售公司)将其持有的北海船务2%股份转让给中海实业公司，北海船务股东方变更为五家。同时合营期限延长至25年。2002年，公司从马士基公司购入10万吨级油轮——“北海希望”轮投入营运；翌年，注册资本增至2 550万美元。

2004—2006年，新建4.6万吨油轮“北海远望”轮；购入10万吨级油轮“凤凰洲”轮。运力规模大增。经中华人民共和国商务部批准，该公司于2006年更名为上海北海船务股份有限公司。是年，共申请大油公司检查37艘次，始终保持较高通过率。其间，先后与壳牌(SHELL)、英国石油(BP)、埃克松美孚(EXXONMOBIL)等多家世界知名大油公司建立稳固业务关系。因所属船舶连续多年安全营运，未发生重大及以上等级事故，为公司业务经营创造了良好安全环境。

2007—2008年，运力规模继续扩大，先后购入7万吨级油轮“天兴洲”轮(后更名为“北海之星”轮)，新建10万吨级油轮“北海威望”轮和“北海展望”轮。

2009年，公司股东变更为中海油气开发利用公司、上海海运、中化国际(控股)股份有限公司、香港银邦海外有限公司和中国近海石油服务(香港)有限公司等五家，注册资本增至7.64亿元人民币，总股本增至7.64亿股，上述各股东分别占总股本比例为30%、20%、20%、20%和10%。

2010年，设上海和北京两处办公室。上海办公室主要负责船舶安全管理、财务、行政等业务，在册员工30余人；北京办公室主要负责船舶经营业务，在册员工20余人。是年总资产已超22亿元；自有油轮6艘，期租油轮2艘，总运力达60.7万载重吨。6艘自有船舶都具备全球营运条件，主要从事国际、国内油品运输，2艘期租船舶从事沿海油品运输。

【上海长新船务有限公司】

1995年8月,上海长航、亚洲实业基金有限公司(台商海外投资体)、上海建材工业投资发展公司共同投资1 000万美元,组建上海长新船务有限公司,注册资金500万美元。

公司成立后,于当年从日本购入一艘8 000吨二手散装水泥(罐装)专用船——“长新101”轮,购入价220万美元。“长新101”轮主要从事沿海和长江散装水泥运输,该船为当时国内最大吨位的水泥专用船。

1997年,亚洲实业基金有限公司(原出资额占40%)改为新加坡亿福投资私人有限公司(出资额占40%)。

1998年5月,该公司又从韩国购买一艘5 000吨二手散装水泥(罐装)专用船——“长新102”轮,购入价为110万美元;“长新101~102”轮主要承运中转散装水泥,从镇江句容县运水泥到上海“新华港”和“龙吴港”(亚洲实业基金有限公司投资建造的水泥中转库内),1999年运量近60万吨。2003年为了参加上海洋山和东海大桥建设,该公司又打造一艘800吨散装水泥(罐装)专用船——“领航鲸”轮,造价为297万元人民币。

2004年,上海长航(原出资额占40.5%)改为中国长江航运有限责任公司(出资额占40.5%),其余两家不变。是年,国家对水泥行业采取控制措施后,水泥销售市场不景气,船舶营收受到影响,该公司3艘船舶受交通部对老旧船舶船龄限制,相继进行处置:“长新101”轮在2005年处置,卖出价为230万美元;“长新102”轮当废钢处置,卖出价为509万元人民币;“领航鲸”轮处置卖出价为152万元人民币。

2009年,该公司将处置旧船资金通过贷款建造一艘1.6万吨散货运输船——“长新江”轮,造价为7 133万元人民币。

2010年,交通部同意该公司延长中外合资经营期限申请,经营范围为从事国内沿海及长江中下游普通货船运输,公司经营期限延长15年。

【上海仁川国际渡轮有限公司】

1998年7月14日,经交通部批准,由中海集团(出资51%)与韩国沆林海运株式会社、大韩通运株式会社(各出资24.5%),共同组建上海仁川国际渡轮有限公司(以下简称仁川国际)。总投资200万美元。在上海登记注册。成立初拥有万吨级“海华”号客箱船1艘,经营上海—仁川—济州客货班轮运输。当年8月5日,正式对外营运。

2001年1—2月,公司投入由荷兰引进的豪华客箱船“紫丁香”轮,经营上海—釜山—仁川—上海航线集装箱、旅客运输,改变了以往至韩国集装箱运输需从釜山中转的惯例,缩短了华东地区与韩国经贸中心汉城、仁川等地的距离。3月起该航线改为上海—仁川—上海航线。全年实现主营业务收入4 308万元,为上年同期的77.6%;利润总额1 091.5万元,比上年同期减亏235.8万元。年底资产总额3 355.9万元,为上年同期的79.3%。

2002年2月25日,上海—仁川—济州岛客箱航线停航,“紫丁香”轮退出该线运营,由全集装箱船“向福”轮代替其经营上海—仁川集装箱运输;11月,公司又投入“向菊”轮,与“向福”轮共同经营一周双班航线。当年,公司实现主营业务收入9 339万元,为上年同期的180%;利润总额2 018万元。2004年,实现主营业务收入9 685.72万元,利润总额1 705.21万元,年底资产总额4 449.61万元。2007—2008年,分别以576 TEU的“向鹏”轮和582 TEU的“向坤”轮替下前船,行驶上海—仁川集装箱航线;2008年完成货运量79.11万吨,为上年的119.21%;货物周转量3.97亿吨海里,为上年的 119.22%；完成箱运量 5.49 万 TEU，为上年的 119.77%；实现主营业务收入 1.58 亿元，利润总额 926.19 万元；资产总额 7 382.15 万元。2010 年，完成货运量 84.62 万吨，为上年同期的 100.16%；完成箱运量 6.53 万 TEU，为上年同期的 110.65%。

【上海浦远船舶有限公司】

1999 年，上海浦远船舶有限公司由上海国际港务（集团）股份有限公司、佳力控股（香港）有限公司、上海贝优能实业有限公司、中远散货运输有限公司合资组建成立，是一家中外合资航运企业，主要从事大宗散货减载运输、国际船舶运输、国内沿海及长江中下游普通货船运输服务。注册资金 2.15 亿元，总资产 9.95 亿元。公司实行董事会领导下的总经理负责制。成立初期，拥有 1 艘 10 万吨级“新双峰海”减载平台；1 艘 2.5 万吨级散货船“万岭”轮；4 艘 1.69 万吨级散货船“浦兴海”“浦旺海”“浦发海”“浦达海”轮；1 艘 7.3 万吨级全球无限航区散货船“卡玲娜”轮。2007 年与中海发展合资建造 23 万吨级超大型矿砂船，是年末总资产为 6.15 亿元。2008 年 1 月，公司在浙江嵊泗县投资建造绿华山海上散货减载平台。该工程项目总投资 7 亿元，年设计吞吐量为 1 400 万吨，可分别靠泊 20 万吨级大型散货船和 5 000 吨以上接载船。绿华山海上散货减载平台各项技术设计能力及安全可靠性均优于“新双峰海”减载平台，加上已有自营船舶，可为长三角各大钢铁企业提供货物减载和二程运输服务。为经营管理绿华山海上散货减载平台，该公司控股组建嵊泗浦远散货减载有限公司。2010 年 11 月，与广州龙穴船厂及中船贸易在上海签订两艘 8.2 万载重吨散货船建造合同，总价 6 484 万美元，为公司进一步发展奠定新的基础。

【上海中化思多而特船务有限公司】

2005 年 10 月，上海中化思多而特船务有限公司（以下简称中化思多而特）成立。该公司由中化国际控股子公司海南中化船务有限公司和思多而特船务有限公司合资组建，海南中化船务占注册资本的 51%。注册资本 2 000 万美元。主要经营国内沿海、长江中下游及珠江三角洲化学品船运输业务。

2007 年，公司客户主要包括上海赛科、上海巴斯夫、中海壳牌和南京扬子巴斯夫等知名液体化工企业。公司自有船舶包括中化系列运输船“彩虹女神”“丰收女神”“智慧女神”“黎明女神”“玉兰”轮等，另有在建船舶 12 艘。是年前三季度，新开拓 SABIC（沙特基础工业公司）、CELANESS 公司（美国的一家大型化工生产企业）的 COA（包运租船长期合同）业务，保持国内中高端水运市场领先地位；累计完成运量 83 万吨，与上年同比增长 31%。其中东、台湾航线也出现超额增长，累计实现运量 87 万吨，与上年同比增长 187%。2008 年，公司购置有国内经营资格的化学品船 2 艘（共 7 733 载重吨），从事国内沿海、长江中下游及珠江三角洲各港间化学品运输。

2010 年，公司购入 5 800 吨位“南洋兰”轮，船队规模保持在 11 艘，除了 4 艘为涂层船外，其余均为不锈钢舱壁船。船舶的适装货物从常规化工品发展到精细化工品。其内贸化工品运输主要集中在拥有大批化工企业的长三角和珠三角一带。外贸运输以近洋航线的韩国、中国台湾等地为主。公司管理按照质量管理体系 ISSO9001：2000 的标准，所属船舶全面符合 ISM 和船旗国的相关要求。

【上海中船重工万邦航运有限公司】

2005 年,中国兵器工业集团与新加坡万邦集团合资成立上海北方万邦航运公司,成立之初拥有一艘化学品运输船,主要开展中国沿海和长江流域的化学品运输业务。2009 年 12 月 22 日,中船重工与万邦集团在原上海北方万邦航运公司基础上合资成立上海中船重工万邦航运有限公司,注册资本 3 000 万元。新加坡万邦集团是在全球化学品运输市场居于领先地位的国际航运集团,中船重工与之合作,有利于中外化学品运输市场的开发。2010 年,该公司在拥有 1 艘化学品运输船的基础上,签订建造 4 艘 5 500 吨 IMO Ⅱ型化学品运输船合同。

四、无船承运人

2001 年,中国加入 WTO 后,交通部发布《国内水路货物运输规则》,规定为组织开展联合运输方式或某一运输企业的经营人,也可以是无船、无车、无任何运输设备的运输组织或货运代理人(按国际惯例通常称无船承运人)。当年,经交通部批准,上海地区率先成立上海天骏航运有限公司、华展国际货运代理有限公司上海分公司等几家无船承运人航运企业。专业经营向海内外客户提供海、陆、空进出口货物运输服务,包括订舱,配载、报关、仓储、提运、保险以及多项航运物流服务。2001 年,上海美设国际货运有限公司成立(2005 年 9 月,取得无船承运人证书),从两名员工、3 台电话、80 平方米办公室的规模发展到 2010 年拥有 1 500 名员工和专家,服务面覆盖 120 多个国家,全年拼箱量超过 100 万立方米。

图 1-1-16　2002 年 6 月 6 日无船承运人范本提单在上海口岸启用

(照片提供:上海航交所总经办)

2002 年 1 月 1 日,《中华人民共和国国际海运条例》在全国生效实施,从立法上确立无船承运人的经营者地位。4 月 3 日,交通部向中国外轮代理总公司等首批 29 家企业颁发了无船承运业务经营资格登记证书。同年 6 月 6 日,国内首次制作的规范性无船承运人范本提单在上海口岸使用。

2010 年 9 月 28 日,交通运输部发布《关于试行无船承运业务经营者保证金责任保险的通知》,明确规定自 2010 年 11 月 1 日起,无船承运人可选择投保无船承运业务经营者责任保险方式申请取得无船承运业务经营资格。同年 10 月 1 日,交通运输部发布公告称,我国正式实施无船承运业务经营者运价备案制度。该制度与已实施 1 年多的国际集装箱班轮运价备案制度一起,形成一条完整的市场监测链。实施备案制旨在进一步规范我国国际集装箱运输市场价格行为,保障运输各方当事人的合法权益,促进海运市场健康发展。无船承运人须以正常、合理的运价提供服务,禁止以"零运价""负运价"方式承揽货物。10 月 26 日,交通运输部最新公布的《无船承运业务经营者名单》显示,在上海注册的无船承运业务经营者达到 948 家。上海市交通运输和港口管理局表示,作为经营主体最多、无船承运业务量最集中的上海,无船承运业务经营者行业的健康发展对上海加快"两个中心"建设具有重要意义,该局将配合交通运输部加强无船承运人市场监管工作,催生示范效应,促进无船承运行业的健康发展。11 月 19 日,上海航运交易所被交通部指定为国内唯一的无船承运人运价备案受理中心。

表 1-1-12　2010 年上海地区部分无船承运人名单(中英文对照)

上海铁洋多式联运有限公司	SHANGHAI TIE YANG MULTI MODAL TRANSPORTATION CO.,LTD.
上海锦海捷亚国际货运有限公司	JHJ INTERNATIONAL TRANSPORTATION CO.,LTD.
上海龙飞国际物流有限公司	SHANGHAI LONGFEI INTERNATIONAL LOGISTICS CO.,LTD.
中外运上海(集团)有限公司	SINOTRANS SHANGHAI (GROUP) CO.,LTD.
上海海华国际货运有限公司	SHANGHAI HAIHUA INTERNATIONAL TRANSPORTATION CO.,LTD.
上海市锦诚国际船务代理有限公司	SHANGHAI JINCHENG INTERNATIONAL SHIPPING AGENCY LTD.
上海永丰货运有限公司	SHANGHAI YONGFENG TRANSPORT CO.,LTD.
嘉宏国际运输代理有限公司	CARGO SERVICES (CHINA) LTD.
华贸国际货运有限公司	CTS INTERNATIONAL TRANSPORTATION CO.,LTD.
上海翔通货运代理有限公司	STS CARGO SERVICES CO.,LTD.
上海新贸海国际集装箱储运有限公司	SHANGHAI XINMAOHAI INTERNATIONAL CONTAINERIZED TRAFFIC CO.,LTD.
上海万航货运代理有限公司	SHANGHAI CITY UNION LOGISTICS NETWORK CO.,LTD.
长江国际货物运输代理公司	CHANGJIANG INTERNATIONAL FREIGHT & FORWARDING CO.
上海兰生国际货运有限公司	LANSHENG INTERNATIONAL TRANSPORTATION CO.,LTD.
金鹰国际货运代理有限公司上海分公司	EXEL-SINOTRANS FREIGHT FORWARDING CO.,LTD. SHANGHAI BRANCH
上海新文海国际货运代理公司	SHANGHAI NEWWENSEAS INTERNATIONAL TRANSPORTATION CORPORATION
上海永联航运有限公司	LINK & LINK SHIPPING LTD.
上海宏达国际货运有限公司	SHANGHAI GRANDWAY INTERNATIONAL TRANSPORTATION CO.,LTD.
上海环世船东服务有限公司	WORLDWIDE MARINE SERVICES LTD.
上海亚东国际货运有限公司	SHANGHAI ASIAN DEVELOPMENT INTERNATIONAL TRANSPORTATION PUDONG CO.,LTD.
上海民生国际货物运输代理有限公司	SHANGHAI MINSHENG INTERNATIONAL FREIGHT CO.,LTD.
上海瀚航集运有限公司	CHINA CONSOLIDATION SERVICES
上海宏源国际运输有限公司	GREAT SOURCE INTERTRANS (SHANGHAI) CO.,LTD.
中航狮威国际货运代理有限公司	ZHONG HANG SCANWELL INTERNATIONAL FREIGHT AGENT CO.,LTD.
中经得美国际快运代理有限公司上海分公司	DIMERCO ZHONGJING INT'L EXPRESS CO., LTD. SHANGHAI BRANCH

(续表)

天津泛艺国际货运代理服务有限公司上海分公司	FRITZ LOGISTICS SERVICE (TIANJIN) CO., LTD. SHANGHAI BRANCH
上海长发国际货运有限公司	SHANGHAI YUD INTERNATIONAL FORWARDING CO.,LTD.
上海新文捷国际货运有限公司	SHANGHAI NSJ INTERNATIONAL TRANSPORTATION CO.,LTD.
上海德威集装箱运输有限公司	DE WELL CONTAINER SHIPPING CORP.
上海丝金国际运输有限公司	SHANGHAI SI JIN INT'L TRANSPORT CO.,LTD.
上海茂鸿国际货运有限公司	SHANGHAI MAO HONG INTERNATIONAL TRANSPORTATION CO.,LTD.
东方国际货运有限公司	ORIENT INTERNATIONAL TRANSPORTATION CO.,LTD.
上海艺发国际货运代理有限公司	SHANGHAI YIFA INT'L TRANSPORTATION CO.,LTD.
中海船务代理有限公司	CHINA SHIPPING AGENCY CO.,LTD.
丹沙中福货运代理有限公司	DANZAS Z.F. FREIGHT AGENCY CO.,LTD.
大通国际运输有限公司上海分公司	EAS INTERNATIONAL TRANSPORTATION LTD. SHANGHAI BRANCH
上海华发国际货运有限公司	SHANGHAI HUAFA INTERNATIONBAL TRANSPORTATION CO.,LTD.
泛成国际货运有限公司	FAN CHENG INTERNATIONAL TRANSPORTATION SERVICE CO., LTD.
上海台骅货运代理有限公司	SHANGHAI T.H.I TRANSPORT CO.,LTD.
上海洪亮货运代理有限公司	SHANGHAI HONGLIANG TRANSPORTATION AGENTS CO.,LTD.
上海翘运货运代理有限公司	HELKA EXPRESS INTERNATIONAL LTD.
上海经贸国际货运实业有限公司	SHANGHAI E&T INTL-TRANS CO.,LTD.
上海佳达国际货运有限公司	BESTWAY INTERNATIONAL TRANSPORTATION CO.,LTD.
旗锋物流(上海)有限公司	ENSIGN LOGISTICS (SHANGHAI) LTD.
上海飞集货运代理有限公司	FASTIC TRANSPORTATION CO.,LTD.
上海南华国际物流有限公司	SHANGHAI NANHUA INTERNATIONAL LOGISTICS CO.,LTD.
上海通银货运代理有限公司	SILVER EXPRESS SHIPPING CO.,LTD.
上海悉科物流有限公司	SHANGHAI SHICO LOGISTICS CO.,LTD.
深圳市兆联实业发展有限公司上海分公司	FEI LOGISTICS LIMITED SHANGHAI BRANCH
万迅国际运输公司上海分公司	WANXUN INTERNATIONAL TRANSPORT COMPANY, SHANGHAI BRANCH
北京近铁运通运输有限公司上海分公司	BEIJING KINTETSU WORLD EXPRESS CO., LTD. SHANGHAI BRANCH
上海中星船务有限公司	SINOSTAR (SHANGHAI) SHIPPING CO.,LTD.

（续表）

上海高峰船务有限公司	SHANGHAI APEX SHIPPING CO.,LTD.
上海现代亚轮国际货运有限公司	SHANGHAI HYUNDAI ASIA SHIPPING INT'L FREIGHT FORWARDING CO.,LTD.
上海宇嘉货运代理有限公司	WORLD EXPRESS LOGISTICS SHANGHAI CO.,LTD.
上海定展航运有限公司	PHOENIX INTERNATIONAL FREIGHT SERVICES,LTD.
上海新海国际船舶代理有限公司	SHANGHAI NEWSEAS SHIPPING AGENCY CO.,LTD.
上海阳光物流管理有限公司	SHANGHAI SUNSHINE LOGISTICS MANAGEMENT CO.,LTD.
上海德祥船务有限公司	DIVINE PHOENIX INTERNATIONAL SHIPPING CO.,LTD.
上海远近船务有限公司	SHANGHAI SEAOCEAN SHIPPING CO.,LTD.
上海怡诚物流有限公司	YICHENG LOGISTICS (SHANGHAI) CO.,LTD.
上海宇富货运代理有限公司	SHANGHAI YUFU SHIPPING CO.,LTD.
上海利凯物流有限公司	TRIUMPH LINK LOGISTICS LTD
大连德诚船务代理有限公司上海分公司	DALIAN DECHENG SHIPPING AGENCY CO., LTD. SHANGHAI BRANCH
上海柏辉船务有限公司	T-Z CARGO LIMITED
马士基物流(中国)有限公司	MAERSK LOGISTICS (CHINA) COMPANY LIMITED
上海必富船务有限公司	SHANGHAI PIFF SHIPPING LTD.
上海七洋航运有限公司	SEVEN OCEAN SHIPPING CO.,LTD.
永骏货运咨询(上海)有限公司	VINPAC MULTITRANS CONSULTANCY (SHANGHAI) LTD.
上海运鸿储运有限公司	SHANGHAI YUNHONG TRANSPORTATION CO.,LTD.
上海海利利来集装箱储运有限公司	SHANGHAI HAILI REYNOLD CONTAINER TRANSPORTATION & STORAGE CO.,LTD.
上海华友国际货运代理有限公司	SHANGHAI HUAYOU INTERNATIONAL FORWARDING CO.,LTD.
上海国际集装箱汽车运输有限公司	INTERNATIONAL CONTAINER TRANSPORTATION CORPORATION LTD.
上海新嘉航运有限公司	CROWN SHIPPING LIMITED
上海仁嘉船务代理有限公司	ASIAN BEYOND SHIPPING CO.,LTD.
上海邦达兴物流有限公司	BONDEX LOGISTICS CO.,LTD.
铁行渣华(中国)集运服务有限公司	P&O NEDLLOYD LOGISTICS (CHINA) LTD.
上海江鸿物流有限公司	SHANGHAI JIANGHONG DISTRIBUTION CO.,LTD.
上海华比国际港口发展咨询有限公司	SHANGHAI SINO-BELGIUM INTERNATIONAL PORT DEVELOPMENT CONSULTING COMPANY

(续表)

上海通贸国际货运代理有限公司	SHANGHAI TONGMAO INTERNATIONAL FREIGHT FORWARDING CO. ,LTD.
上海泛洋货运有限公司	SHANGHAI FANYANG TRANSPORTATION CO. ,LTD.
上海海康船务有限公司	SHANGHAI HAI KANG SHIPPING CO. ,LTD.
上海联集国际货运有限公司	SHANGHAI DISTRIBUTION INTERNATIONAL FREIGHT LTD.
上海远天船务有限公司	GRAND SKY SHIPPING LINE LTD.
上海逸舟货运代理有限公司	SHANGHAI YZ FREIGHT AGENCY CO. ,LTD.
上海泽世船务有限公司	SHANGHAI ZENITH SHIPPING CO. ,LTD.
上海瑞科航运有限公司	SHANGHAI UCH SHIPPING CO. ,LTD.
上海世洋物流有限公司	SHANGHAI SEVEN SEAS LOGISTICS LIMITED
上海日进泰阳国际货运代理有限公司	SHANGHAI RIJIN-TOP EXPRESS INT'L FORWARDING CO. ,LTD.
上海金桥汉宏货运代理有限公司	SHANGHAI HELLMANN WORLDWIDE LOGISTICS LIMITED
海冠物流(上海)有限公司	OCEAN CROWN LOGISTICS (SHANGHAI) CO. ,LTD.
深圳中国民航客货运输销售代理有限公司上海分公司	CASA CHINA LIMITED SHANGHAI BRANCH
东方国际物流有限公司	ORIENT INTERNATIONAL LOGISTICS (HOLDING) CO. ,LTD.
上海港国际集装箱货运有限公司	SHANGHAI PORT INTERNATIONAL CONTAINER FORWARDING CO. ,LTD.
中海华东物流有限公司	CHINA SHIPPING LOGISTICS(EAST) CO. ,LTD.
上海凯展物流有限公司	SHANGHAI KAIZHAN LOGISTICS CO. ,LTD.
上海圣宇航运有限公司	SHANGHAI SHENG YU SHIPPING CO. ,LTD.
上海南顺航运有限公司	SHANGHAI NAN SHUN SHIPPING CO. ,LTD.

资料来源:《中国交通运输改革开放30年(水运卷)》,第181页,人民交通出版社(2009年出版)

第二章 辅助企业

20世纪70年代末,上海地区船舶代理、货运代理、船舶修理、燃物料供应、通讯导航等航运辅助业,历经多年建设,已初具规模。改革开放后,上海海洋运输快速发展,航运辅助业的建设步伐也随之加快。特别是党中央、国务院提出"建设上海国际航运中心"战略目标后,航运辅助业更是进入新的发展阶段。诸如船舶管理、航运物流、船代货代、修船、信息、通导、船舶供应等各类辅助、保障、服务及科技型企业大量增多,逐步形成上海地区现代化的海洋运输辅助业系统。至2010年,市内仅各种资本类型的航运物流服务公司就有数千家,为上海国际航运中心建设和上海海洋运输的持续发展提供了基础和保障。

第一节　物流和供应企业

一、物流企业

【中国上海外轮代理有限公司】

中国上海外轮代理有限公司(原名上海外轮代理公司,以下简称上海外代)成立于上海解放初期。是上海和华东地区成立最早、规模和综合实力都较强的一家外轮代理企业。主要经营船舶代理、货运代理、客运代理、集装箱管理、国际多式联运等业务。至1990年,公司积多年专业经验,已形成独特的服务品质,其专业能力和市场地位被业界公认。可在化工品船、旅游船、油船、矿船代理等领域为委托方提供准时、快捷的全过程船务代理服务。1995年,已与150多个国家和地区的1 000多家航运和贸易企业建立多种形式代理业务。全年代理船舶近7 500艘次,代理货运量达2 000余万吨,实现利润1.06亿元,占全国外轮代理系统利润的三分之一强,居同行业之首。公司还引进外资,发展陆上产业,当年在上海吴淞地区与日本伊藤忠株式会社等,合资投入1 800万美元,建立上海港口最大的集装箱综合性堆场之一上海南华国际物流有限公司;在外高桥保税区与新加坡叶水福集团等合资建立上海叶轮国际物流有限公司。上海外代积极推行ISO9002质量保证体系,1995年获得英国BSI(世界权威质量体系认证机构)认证。

图1-2-1　上海外代在对外服务中坚持“专家型代理,人性化服务”

(照片提供:上海外轮代理有限公司)

2002年1月,上海外代与中远国际货运公司部分优质资产合并,成立上海中远物流有限公司(为中国远洋物流公司旗下最大的区域公司)。其集中了中远集团上海地区的优质物流资源,总资产达到23亿元人民币,独资、合资企业近百家,其中包括上远储运堆场、上海亚太计算机信息系统有限公司等多家大型物流配套企业。

2004年6月17日,改制更名为中国上海外轮代理有限公司。是年,代理船舶8 608艘次,比上年增长9.3%;代理净吨、货运吨和班轮箱量均以两位数的幅度增长。除了为船公司办理常规内和外贸船舶进出港口相关手续外,还能为船公司、货主协调货物装卸、监管、地面操作,提供大件、特殊货物的装卸服务;利用公司雄厚的资金优势为客户提供船舶港口使费结算、监控、海运费收付、港口速遣费谈判及收付服务。除提供船舶代理服务外,还可为货主和船东提供出口至世界各港口的散杂货、大宗货的租船和订舱服务,以遍布全国的代理网络系统以及多年的港口从业经验为依托,为国外船东提供“一站式”总代理服务。

及至2010年，经过半个多世纪稳步发展，上海外代已拥有下属企业及控股参股公司近60家，其庞大的代理服务网络，沿长江向上游延伸，覆盖上海、江苏、安徽和湖南三省一市，包括16个对外开放口岸，为客户提供船舶代理、集装箱管理、客运代理、货运代理、物流服务、国际多式联运及其他相关服务，并与全球180多个国家和地区数千家船东客户建立密切业务联系，成为连接上海和长江流域船、货、港通向世界各地的纽带和桥梁，赢得国内公共船舶代理市场的主导份额。是年，该公司各项主要经济指标全面完成总部下达的考核任务。其中，实现考核利润3亿元，同比增长11%；全年代理船舶1.2万艘次，在国内船舶代理市场的公共船代艘次市场占有率达到38.36%；海运货代订舱量全年完成33万TEU，单箱利润99元；整个业务结构比例进一步优化，物流、货代和船代三大板块分别占30%、26%和44%。

【上海联合国际船舶代理有限公司】

1994年9月，上海联合国际船舶代理有限公司(以下简称联合船代)由上港集团物流有限公司和上海外代共同投资成立。注册资本为人民币2 000万元。公司不仅拥有丰富的行业经验，同时拥有码头及物流方面的丰富资源，主要从事各类国际航运船舶代理、集装箱运输代理、多式联运代理、船舶报关代理、修船业务及物流服务，与世界上20余家著名班轮公司建有长期代理关系。2004年，公司努力开拓市场，争取到17条新的集装箱班轮航线的代理权，为相关船公司开展延伸服务。当年，公司代理船舶净吨和代理箱量分别比上年增长0.6%和5.2%。2006年，积极争取新的集装箱航线代理权，为客户提供优质服务和差异化服务，取得良好业绩，全年代理船舶4 809艘次，代理船舶净吨1.08亿吨，代理集装箱量459万TEU，代理货物(含散杂货)3 104.75万吨，同比分别增长40%、62%、39%和26%。至2010年，公司已由最初代理一条国内航线发展到代理遍及全球主要港口的航线业务，从最初局限于散杂货业务发展到全方位、多领域业务，从手工单证到网络信息共享互动，成为行业的标杆企业之一。

【上海中远国际货运有限公司】

1995年12月18日，中远集团深化所属各远洋运输公司陆上货运体制改革，进行陆上货运业务及资产的合并重组，正式组建成立中远国际货运有限公司(以下简称中货公司)，统辖集团的国内各项陆上货运业务。

2001年底，根据中远集团班轮、物流两大核心主业重组的战略部署，中货公司主营业务重新定位为货运和中远集装箱船代，并与中远集运、各海外集装箱代理构成中远班轮主业单元，中货公司对内作为中远集运亚太部负责对亚太地区中远集装箱运输业务进行综合管理和业务指导。

2003年4月1日，根据中远集运要求，深圳中远国际货运有限公司成为中货公司直接隶属管理的口岸公司，中货公司的管理范围涵盖国内的10大地区公司(分部)。当年7月4日，按照中远集团、中远集运完善集装箱海内外运输管理体制的要求，为强化中远集运在中国本土的集装箱运输经营能力，中货公司对内职能改为中远集运中国部，负责对国内(包括香港)地区中远集装箱运输业务进行综合管理和业务指导。

上海中远国际货运有限公司(以下简称上海中货)为中货公司的上海地区公司，成立时有集装箱堆场和仓库20万平方米，各类集装箱运输车辆近100辆，并在上海地区以控股经营、参股管理等方式经营管理8家大中型货运代理企业。同时，在江苏、浙江、安徽3省还拥有20余家合资合营和全资子公司，为上海地区规模和综合实力较强的大型国际货运代理企业之一。公司在上海及江、浙、皖三省一市所设立的地区公司、分公司、货运部及其遍布三省城乡的分支机构多达40余家，进而构建成以上海口岸为龙头，以华东三省和长江沿线等内陆城市为业务覆盖面，集海运、陆运、空运和多式联运为一体的、全方位、多功能国际货运网络体系。

2005年初，为进一步适应中远集运全球营销体制的变革，上海中货（中远集运中国部上海分部）对营销机构进行优化重组。撤销原市场营销部、货运部，按航线设置成立美加营销部、欧地营销部、亚太营销部，同已成立的中远集运泛亚部形成四大营销板块，与中远集运贸易区相对应，全权负责上海港、宁波港的中远集运航线的舱位销售及进出口货运工作。是时，该公司在上海及江浙皖三省一市设有货运代理机构56家，船舶代理机构15家，服务范围覆盖全球106个国家和地区。全年完成揽箱量65万TEU，实现利润为计划的166.92%。

2010年，公司机构设有市场营销中心（下设美加营销部、欧地营销部、亚太营销部、泛亚营销部）、综合业务部（下设拼箱销售部、项目发展部、多式联运部）、单证部（下设单证制作部、审核部）、船代部（下设船务部、箱管部）、企业策划部等。有合资企业6家：上海奥吉实业有限公司、上海捷洋国际货运有限公司、嘉兴中远国际货运有限公司、湖州中远国际货运有限公司、上海航联报关有限责任公司、湖南中远国际货运有限公司。同时，在上海及江浙皖三省一市设有货运代理机构61家（包括下属法人企业及其分公司、办事处等）、船舶代理机构16家、报关代理企业2家。代理长江内支线班轮航线24条（含洋山直达线5条），每月281次航班；代理沿海支线4条，海铁联运线9条。其集船代、货代、箱管、项目物流等多种服务功能于一身，与其下属公司承担中远集装箱船舶在上海、宁波、南京、南通、张家港、镇江、温州、无锡、常州等口岸的船务代理职责，对船舶的进港、开航、靠泊、装卸货、船期进行现场调度，代表船公司现场处理船舶各种货运业务及运使费的审核、结算。时有员工2 064人。当年，累计完成重箱111.88万TEU，为年度指标的113.1%，比上年增长25.6%；累计完成销售箱量63.14万TEU，为年度指标的123.8%，比上年增长35.9%；实现利润为计划指标的225.4%，比上年增长58%；运费回收率98%，超上级下达指标2个百分点。

【上海经贸山九储运有限公司】

1996年10月，上海经贸山九储运有限公司由日本山九株式会社和上海经贸国际货运实业有限公司联合投资组建，注册资本100万美元，投资总额140万美元。在苏州、无锡、南通、张家港、宁波、杭州、乍浦、武汉等地设有公司或机构，承办海运、空运进出口货物、国际展品、私人物品及过境货物的国际运输代理业务、道路普通货物运输业务、联运代理、仓储业务、加工包装等劳务服务等业务。1998年经外经贸部批准获得国际货物运输许可证，经营范围扩大。次年经海关批准，获得代理报关许可，开始通关业务。1999年经交通部批准，取得道路普通货物运输许可。2001年公司投资上海外高桥保税区，设立上海山九物流有限公司，开始保税物流业务和检品业务。2004年7月，增加投资总额至940万美元、增加注册资本至471万美元。

2005年，在所属物流中心部（高东仓库）、国内物流部、国际物流部和管理统括部进行ISO9001质量管理体系推进，2006年10月，获得BSI（英标管理体系认证（北京）有限公司上海分公司）认证通过，取得ISO9001：2000证书。2008年获得海关A类企业管理资格，并被纳入国家税务总局下发的试点物流企业名单（第四批）。

至2010年，公司由成立初期的几十人发展到拥有员工800余人；拥有普通仓库面积超过5万平方米。在保税仓库管理上采用多种在库保管方法和仓储附加服务，提供进境备案、进口、出境备案、出口进仓、转关、区内移库等多项仓储业务服务。营业收入从初始时的几千万元发展到4亿元。是年,获2010年度大件物流行业全国十佳模范单位称号。

【中海船务代理有限公司】

1997年10月28日,经交通运输部批准,中海船务代理有限公司成立(该公司前身为1993年9月成立的上海金辉国际船务代理公司,以下简称中海船务),为中海集团的下属子公司。其股东成员和出资比例分别为:中海集团39.4%,上海海运20.2%,广州海运20.2%,大连海运20.2%。公司注册资本1.49亿元人民币。下属单位62家,其中法人公司56家、分公司4家、办事处2家。62家下属单位中具备货代资质的有19家。时有总资产11.82亿元,净资产6.08亿元,员工总数1 052人。主要从事国际国内船舶代理,客货运代理,办理船舶进出港申报联检、引水、靠泊、装卸,承揽货物、集装箱及其订舱、报关、仓储、转运,代签提单、合同、代收付运费,洽办租船、海商事处理、船舶供应、劳务及船员、旅客服务,无船承运等业务。公司机关设有计财部、人事部、船代业务部、集装箱业务部、商务法律部、企划部、质量管理办公室(职能由企划部代为行使)、监审部等业务部门。

2000年,公司获准开展大连、上海、广州3家口岸公司的外轮代理业务。全年共代理各类船舶2.12万艘次,比上年增长140.92%,代理集装箱158.89万TEU,为上年同期的182.9%;承揽集装箱20.85万TEU,为上年同期的188.69%;主营收入1.97亿元,为上年同期的178.69%;实现利润总额8 540.95万元,为上年同期的214.53%。2001年7月,通过中国船级社质量体系认证,获得ISO9001:2000质量体系认证证书。2002年,实现盈利超亿元的历史最好水平。2003年后,通过开发修船、造船、接送船员、处理海事、代办船公司租赁船、报关、拼箱、FOB进口(买家负责海运或空运的进口贸易)、海空联运等业务,船舶代理服务范围进一步拓宽。并与中石化、中石油、马钢(集团)控股有限公司、江苏沙钢集团有限公司、友好航运、时代航运及德国布鲁格公司等船东、货主建立良好合作关系。2004年,国际、国内船代市场进一步开放,竞争激烈,由于公司不断开拓公共船舶代理市场,充实服务内涵,大力提高服务质量,全年共代理各类船舶2.95万艘次,比上年增长4.31%;代理货物4.43亿吨,占全国港口货物总吞吐量的13.39%;其中,代理外贸货物7 960万吨,占全国港口外贸货物吞吐量的7.06%;代理集装箱57.94万TEU,为上年的65.97%,累计承揽集装箱14.16万TEU,与上年同比增长79.37%;实现主营业务收入1.83亿元,利润总额4 156.45万元。至年底,资产总额5.54亿元。同年7月,获英国皇家认可委员会UKAS证书。翌年4月,新增货运代理资质,陆路国际货运代理、海上国际货运代理、航空国际货运代理等经营业务范围扩大,当年完成揽货箱量1.53万TEU。2006年1月开始实行片区化管理模式。同年,以台湾台塑班轮航线开辟为契机,扩大公司在特定航线的市场占有率。

2008—2009年,全球金融危机给航运市场带来严重冲击。公司及时调整业务架构,从以船代为主的单一业务架构,逐步向船、货代并举、多种经营业务并行的多元化业务架构转型,探索发展新模式,提升片区整体抗风险能力,并以"确保集团外增量,发展公共代理"作为经营目标和方向,拓展集团外船、货代市场。2009年完成收入2 434.32万元,实现利润792万元;代理集团外各类船舶568艘次,完成揽货箱量2.89万TEU。

2010年,根据中海集团要求,与中海环球空运有限公司合并重组,形成"海空联动"的货运发展格局。同时根据业务发展需要,收购时已歇业的中海(香港)船务公司,积极整合资源,开展香港地区代理业务。在仓储物流方面,积极寻求入股黄骅港中铁物资储运项目,为进一步拓展服务领域奠定基础。当年,累计代理各类内外贸船舶3.72万艘次,全年承揽集装箱33.79万TEU。实现主营业务收入 2.98 亿元，利润总额 5 892.71 万元。年底资产总额 7.77 亿元。该公司成立 13 年中，资产增长 15.4 倍，资产负债率下降 39.2%，累计向国家上缴税费 3.43 亿元。

【中海集团物流有限公司】

1998 年 3 月，中海集团物流有限公司(以下简称中海物流)成立，为中海集团直属的专业从事综合物流的国有大型企业，也是国内大型综合物流企业之一。注册资金 4.71 亿元人民币，总部位于上海。主要经营海运进出口货物的国际运输代理业务和沿海内贸货物的运输代理业务。

2000 年，在天津、连云港、上海、广州、泉州建立独资、合资、租赁等不同形式的集卡车队；与沈阳铁路局合作开发东北海铁联运业务；与金杯汽车有限公司、上海华晨集团股份有限公司、燕京啤酒股份有限公司、佳旺电器有限公司等大客户建立第三方物流业务；开展海南绿色果蔬产品反季节销售运输；与东方仁恒现代农业、富岛农业、寿光蔬菜公司、网讯科技产业有限公司签订香蕉、蔬菜运输合作意向书；在陇海铁路沿线主要城市及四川等地设立物流分公司和揽货网点。当年累计揽货箱量 27 万 TEU，比上年同期增长 35.5%。其中，内贸箱 21.66 万 TEU，外贸箱 5.34 万 TEU，分别为上年同期的 147%和 102.9%。实现主营业务收入 8 795.6 万元，比上年同期增长 54.7%；利润总额为 435.4 万元，为上年同期的 99%。翌年，遵循中海集团拓展“大物流”、建设综合物流的战略部署，先后在国内 10 多个地区组建集卡车队，形成自有与合作车队近千辆集卡的规模。同时在大连、天津等八个地区通过租赁仓库，商谈合资合作等形式，开展物流配送业务。其下属网点增至 125 个，其中外贸公司 9 个，外贸分公司 8 个，内贸公司 35 个，储运公司 15 个，工作网点 58 个。当年累计揽货箱量 42.37 万 TEU，比上年同期增长 56.91%；实现主营业务收入 9 979.6 万元，比上年同期增长 13.5%。年底资产总额 5.22 亿元，同比增长 40.6%。

2002 年，按照中海集团物流重组方案，中海物流对区域公司进行重新布局，将原 7 个片区公司和 2 个直属公司的建制重组为北方、华北、山东、华东、福建、华南、海南、中西部八大区域公司，并对各区域公司实施控股管理，对区域公司的业务覆盖范围和地域进行重新划分，并将集卡运输归入相关区域公司进行控股管理。当年，公司共有下属网点 140 个，其中包括仓储公司 4 家，储运公司 7 家，堆场 4 个。其以沿海和内陆城市为枢纽，服务网络覆盖沿海、长江、珠江区域各口岸和内陆中心城市，并与区域性物流中心和配送枢纽一起，形成从南到北、由东至西、从沿海到内陆、立足上海、连接全国、辐射全球、纵横交叉的全程物流供应链服务体系。至 2003 年底，公司资产总额已达 13.23 亿元，固定资产净值 2.52 亿元。

2007 年，公司确定以航运项目物流、仓储、货代、集装箱疏运为主业，在此基础上进一步拓展与中小船东合作、海铁联运、长江珠江深度开发等辅助业务，提高整体盈利能力。当年实现主营业务收入 6.1 亿元，利润总额 6 772.94 万元；年底资产总额 9.25 亿元。

2009 年 8 月，中海集团与上海交运(集团)公司在上海签订战略合作框架协议，双方旗下的中海物流和上海交运大件物流有限公司签订合资合作协议，利用各自在海运和陆运领域的优势，加强物流供应链体系的建设和完善，合力开拓国内外重大件运输和工程项目物流市场。

2010 年，所属华北区域公司、山东区域公司、成都物流、西安物流及华南物流、海南物流与当地的(中海)集运公司分开独立运作。业务从传统的以集装箱货代业务为主体逐渐向工程项目物流、海外业务和金融物流等现代物流服务转型，形成具有竞争力的重点业务板块。当年承揽集装箱 48.69 万 TEU；集装箱卡车完成计费箱 6 500 TEU，车辆总行驶里程 41 万车公里；仓储公司完成装箱数 15.24 万 TEU，拆箱数 1.24 万 TEU，修箱数 25.65 万 TEU。实现主营业务收入 4.04 亿元，利润总额1 611.72万元。年底资产总额为6.8亿元。

【上海中远物流有限公司】

2002年2月6日,上海中远物流有限公司(以下简称中远物流)成立,是中国远洋物流有限公司下属最大的一个区域公司。公司整合并强化中远集团在上海地区和长江流域的优质物流资源,总资产达到22亿元人民币,约占中远物流总资产近三分之一强。年经营收入在4亿元左右。业务网络沿长江向上游延伸,覆盖上海、江苏、安徽和湖南三省一市,并控股、参股下属企业79家。其投资深入到多家大型场站设施、物流企业和船代企业,业务范围涵盖物流服务方案设计和实施、支线服务、拼箱分拨、海铁联运、航空货运、设备管理、场站服务和信息管理等诸多方面。依托母公司中远物流和中远集团的雄厚实力,公司重点发展汽车、化工、会展、仓储配送等专业产品领域的物流服务和电力、石化、重大件设备运输等国家重点工程项目的物流服务,服务范围从产品下线到各地经销商,包含整个物流项目的管理和策划。为上海及华东地区物流资源配套齐全、涉及物流服务领域广泛、综合实力较强的第三方物流企业之一。

图1-2-2 中远物流经营的汽车物流

(摄于2003年3月,照片提供:上海新航信息科技公司)

2008年,该公司制定的发展规划提出,以实现企业效益持续快速增长为目标,通过2008年、2009年、2010年三年时间的努力,形成物流板块、货运板块、船代板块三大板块的协调发展,实现3亿利润的目标。之后三年,经全体员工努力,经受住全球金融危机的考验,全面实现规划的各项目标:船、货代利润稳步增长,物流盈利水平快速提升。及至2010年底,顺利实现3亿利润目标,创造企业效益历史最好成绩。

该公司通过开拓创新,各板块业务呈现持续发展态势:实现第三方物流业务从无到有、从小到大、从大到强的快速成长;成功建立在全国最具规模的重大件平台和化工平台,综合实力在全国工程物流、大件运输行业处于领先地位;产品物流业务致力于不断拓宽业务领域,可在电子、化工、汽车、会展、政府物流、质押监管等多个领域,为国内外客户提供全程物流解决方案;船代业务在竞争日趋激烈的船代市场中,代理艘次、代理货运量、代理收入等连创新高,始终居于上海港及长江沿线口岸前列。

【中国外运华东有限公司】

2002年,中国外运集团公司整合在华东地区的优质资产成立中国外运华东有限公司,注册资本11.2亿元人民币,被上海市人民政府协作办公室、上海市工商行政管理局等部门共同认定为“上海市市外在沪大企业”。公司总部设在上海,集国际多式联运、综合物流、船务代理、陆上运输、仓储为一体,是上海和全国具有国际影响力的大型综合物流供应商之一。公司成立后,营收规模、利润贡献、资产总额逐年攀升。2003至2010年的8年间,上交各项税费累计近19亿元,屡次获评“全国先进物流企业”“上海市国际物流行业重点企业”“守合同重信用企业”等多项称号。

2010 年，公司自有各类专业普通及危险品仓库近 30 处，总面积超过 70 万平方米(其中上海地区 13.42 万平方米)，在长江三角洲主要物流节点地区拥有各类保税仓库，总面积近 4 万平方米，同时参股重要港口前沿的集装箱堆站，拥有 80 余万平方米的堆场资源(其中上海地区 56.87 万平方米)和近 2 万平方米的码头资源。同时拥有运营车辆 4 600 多台(含集装箱拖车 1 500 台)及各类挂车包括气囊平板和气囊鹅颈挂车，部分牵引车配备随车发电机，可承运精密仪器、避震设备和需要恒温的各类货物。其配有车辆卫星通信(GPS)系统和陆上物流信息管理系统(SRMIS)，运输业务遍及全国各地。公司不断进行结构调整和流程优化，利用先进的物流设施及信息技术，开发海运电子商务平台、客户可视化系统、供应商运营管理等多个业务信息系统，为客户提供专业化、个性化、现代化的物流服务。其先后为扬子巴斯夫项目、上海赛科 80 万吨乙烯一体化项目、南京扬子石化项目及后续改造项目、亚东石化上海奉贤 45 万吨精对苯二甲酸项目、福建 1 300 万吨炼油 80 万吨乙烯项目、上海化工园拜耳等石油化工综合物流项目提供过一系列综合解决方案和优质服务；为东方电气印度电厂项目、东方电气越南海防电厂项目、上海电气越南广宁电厂项目、上海外经贸集团越南山洞电厂等火电设备项目提供过一系列综合解决方案和优质服务；赢得包括杨子巴斯夫有限公司、上海广电电气集团有限公司、通用汽车公司、中石化、亚东石化、中信泰富、拜耳、杜邦、壳牌、可口可乐等国际国内众多知名客户的信赖和好评。

上海世博会期间，作为上海市人民政府指定的首家物流服务商，该公司派出多支团队进驻世博区，圆满完成世博物流操作，荣获国家颁发的“上海世博会先进集体”、国资委“中央企业班组标杆”、上海市“工人先锋号”等称号。是时，公司下设海运分公司、物流分公司、金陵分公司、储运分公司、工程物流分公司、会展物流分公司 6 家分公司，以及船务代理有限公司、国际货运代理有限公司、报关有限公司等 5 家子公司，并有 18 家合资企业，在长江中下游拥有近 200 个分支机构和营业网点。服务产品包括货运代理、船务代理、仓码业务、汽车运输及供应链物流，服务网络涵盖上海、江苏、浙江各主要城市，是华东地区最大的货运代理企业之一，也是中国最大的船舶代理公司之一。其拥有上海口岸规模最大的公共订舱平台，全面实现订舱业务的电子化，在上海口岸、宁波口岸居于市场前列。在长江三角洲各主要江、海港口还设有办事机构，通过遍及这些港口的 70 余个分支机构和数个海外代表处，以强大的代理网络为船公司提供船舶代理服务。所属中国船务代理有限公司不但是交通运输部指定的可以代理国外军事舰船、实习船、科学考察船、旅客运输船(含旅游船、私人游艇)、工程船及其辅助船的单位，且经外交部授权可办理签证。

【上海良友新港储运有限公司】

2009 年 4 月 7 日，该公司在试运营期间已成功接卸 1.7 万吨进口毛豆油脂；同年 6 月 13 日，其外高桥粮油码头完成首批检验检疫进口散装小麦；该批小麦起运港为温哥华，为进口储备粮，全船 5 个舱位装载数量 3.68 万吨、总货值 90.4 万美元。此次卸载首次启用散装作业系统流水线的品质样品自动取样器，既可提升取样速度又可节省人力。2010 年 1 月，上海良友新港储运有限公司正式运营，为上海良友(集团)有限公司投资新建的现代化粮油港口物流企业，集粮油储存、中转、集散、配送、贸易和信息服务等功能为一体，以粮油储存、中转和提供第三方物流为核心业务。

该公司地处上海浦东新区长江南岸外高桥五号沟地区下游，距上海市中心 22 公里，至吴淞口 20 公里，占地面积约 1 060 亩，可将远洋主航线、长江黄金水道与上海及周边省市公路运输网络有机结合，实现粮油物流多种集疏运方式的高效对接。

公司拥有长江码头、内河码头和铁路三个装卸作业区。长江码头共设6个泊位,主码头内外侧各设2个泊位,外侧可停靠5万吨兼顾7万吨海轮,内侧可停5千吨海轮;副码头设2个泊位,可停靠5千吨长江船舶。主码头设两台每小时1 000吨卸船机、一台每小时1 200吨装船机、两台16吨门座式起重机、两台10吨门座式起重机和两条每小时1 200吨粮食传输送线,并配设四条全自动化油脂接发作业输油管道(两条棕榈油专用恒温输油管道),单管作业接发能力可达每小时250吨。长江码头粮食年吞吐能力653万吨,粮食年中转量463万吨,植物油年中转量40万吨。内河码头设12个500吨泊位,主要承担内河船舶的货物接卸与疏港作业。公司拥有铁路专用线1 500多米,可承担散/包粮、植物油脂和其他货物的接卸与发放。并拥有各类平房仓、立筒仓、油罐等储存设施和接卸机械设备,规划粮食总仓容51万吨,油脂总库容20万吨(已投入使用的一期工程粮食仓容27万吨,植物油库17万吨)。

公司粮油接卸疏运作业全部实现机械化操作,并通过电脑系统进行集中控制和自动化运作,粮油"四散"作业设施齐全,自动化程度高、装卸效率快、作业损耗低。其拥有的移动式车载输油臂、粮情检测系统等均获得国家专利证书,粮油接卸设施和技术达到国内领先、国际先进水平。

2010年9月27日,公司码头成功靠泊承载6万吨巴西大豆的塞浦路斯籍"梅陇"轮,创造公司运营以来外轮满载直接靠泊的最高纪录。至是年底,该公司已接卸30余艘外轮,共接卸各类货物200余万吨,初步形成粮油物流园区运营格局。

表1-2-1 2010年上海地区部分航运物流企业简要情况表

企业名称	成立时间与规模	主要业务
东华集装箱综合服务公司	成立于1984年11月,注册资金265万美元,从业人员50人,拥有车辆20辆,总运力412车吨。	专营国际集装箱汽车运输。
上海中波汇利船务有限公司	成立于1984年6月,员工160余人,有配送仓库3个,仓储面积达6 000余平方米,大小运输车辆15辆等。	为全球航行的各类远洋船舶提供各项辅助服务。
锦海捷亚国际货运有限公司	成立于1992年,由4名员工、3辆自行车开始创业。至2010年,已拥有1 300多名员工,物流网络覆盖全球82个国家,建立起优质高效的海陆空全方位立体交通物流体系。	从事海陆空全方位立体交通物流。
上海奥吉实业有限公司	成立于1992年11月,注册资金400万美元,总投资800万美元。公司占地2.2万平方米,拥有9 000平方米的集装箱堆场,仓库面积2 500平方米,临时仓库面积约950平方米。拥有不同型号、吨位的大小铲车及由20辆集装箱卡车组成的运输车队。	承办海运进出口货物的国际货物运输代理业务,包括揽货、订舱、仓储、报关、报验、集装箱堆存及有关配套业务;保税区内协助海关查验的相关服务工作及协助出入境检验检疫局开展检验检疫查验工作等。
上海亚太国际集装箱储运有限公司	成立于1993年1月,总部位于宝山区外环线内侧,距离各港区码头8~15公里,地理位置优越,交通便利。	业务范围覆盖货代、运输、仓储(含区外保税仓库)、集装箱堆存、修理、租赁、物流银行、综合物流项目的策划和管理等现代物流服务各个环节。

（续表）

企业名称	成立时间与规模	主要业务
上海捷洋国际货运有限公司	成立于1993年4月，注册资金140万美元。	主要从事进出口货物的海运代理业务，包括揽货、订舱、集装箱检验和修理。
上海港船务代理有限公司	成立于1993年8月，注册资本金人民币1 000万元，具有货运代理、船舶代理和无船承运人资质，是专营货运、船舶代理的水运服务企业。	为船舶提供引航、拖轮、靠离泊和海事申报等服务；为货主或货运物流企业提供港口装卸、水陆中转、租船运输等代理服务。
上海远新国际运输有限公司	成立于1993年10月18日，投资300万美元，注册资本217万美元。	主要从事货物进出口报关、订舱、仓储等国际货运代理业务。
上海新海国际船舶代理有限公司	1993年9月2日成立，具备交通部颁发的国际船舶代理经营资格登记证和无船承运业务经营资格登记证。	主营国际船舶代理业务。
上海联合远洋发展有限公司	成立于1993年，注册资金1 660万美金。	承办海运、空运、陆运进出口货物的国际运输代理，包括揽货、订舱、仓储、中转、大件散货运输、集装箱拼装拆箱、国际多式联运、报关、报验等。
民生国际船务代理有限公司	成立于1993年，先后在天津、大连、青岛、宁波、广州、重庆等港口成立分支机构，国际船代业务延伸至中国沿海及长江沿线主要港口。	主要经营国际、国内集装箱班轮和各类散杂货船舶在中国港口的各项代理业务。
上海申格国际船务代理有限公司	成立于1994年9月，1999年获得挪威船级社颁发的ISO9002质量保证体系认证证书，在天津、大连设有分公司。2007年更名为上海中波国际船务有限公司。	经营国际船舶代理业务，包括缮制单证，代签提单、运输合同、速遣滞期协议，代收代付款项；办理船舶进出港手续，安排引水、靠泊、装卸；报关，办理货物的托运和中转等。
上海长江国际船舶代理公司	成立于1994年，是中国沿海口岸及长江沿线中外籍国际航行船舶及货运业务的公共代理人，经营网络分布国内10个重要港口。	为散杂货船、集装箱船、油轮、化学品船等各类国际船舶提供“一站式”代理服务。
上海亚东国际货运有限公司	成立于1994年10月，员工2 500余人。2008年营业额28.20亿元，位列中国物流百强第17位。依托覆盖中国的50多家全资子分公司和遍布海外的子公司及代理网络，为客户提供一站式物流与全球供应链管理服务。	业务范围涵盖海运进出口、船代租船、报关报检、仓储配送、国际物流等。
上海中波国际物流有限公司	成立于1996年4月16日，注册资本2 000万元人民币，投资2 000万元人民币。	承办海运进出口货物的国际运输代理业务，包括揽货、订舱、仓储、中转、集装箱拼装拆箱、结算运杂费、报关、报检；国际集装箱运输、保税区出口服装整理（检品）业务等。

(续表)

企业名称	成立时间与规模	主要业务
上海远洋国际集装箱储运有限公司	成立于1996年6月18日,注册资金7 200万元人民币,总投资9 000万元人民币。	专业从事集装箱堆存、修理、租赁、货物仓储、进出口货物装拆箱、进出口货物查验、进口分拨、集装箱陆上运输及提供与国际货物运输业务有关的配套服务。
上海远江集装箱船务有限公司	1997年9月18日成立,注册资本1 000万元,资产总额3 000万元。	代理长江中下游干线及支流省际内支线集装箱班轮运输。
上海大众交通国际物流有限公司	成立于1998年,系大众交通(集团)股份有限公司子公司。公司在浦东机场海关第一监管区内拥有占地1.45万平方米的经营场所,在浦东机场监管区外拥有占地5万平方米的大型普货库、冷库、特殊物品库。拥有近1 000辆各种吨位厢型货车车队。	具有一类国际海、空运代理资质,为出入境客户提供"门到门"一站式物流服务。
上海中海仓储运输有限公司	成立于1999年5月28日,注册资金4 600万元人民币。拥有3.2万平方米堆场和2 700平方米仓库,拥有大型集卡车队和先进的起重运输设备,年集装箱进出运作量10万TEU以上,集装箱堆存能力2 500 TEU。	主要经营各类集装箱中转、堆存、清洗、修理(含冷箱)、熏蒸、商检(适货商检);集装箱整箱拆装、货物仓储、货运代理及其他延伸服务。
中远集装箱船务代理有限公司	成立于1999年5月10日,注册资金1 000万元。	承办海运进出口货物的国际运输代理业务。
上海华港国际船舶代理有限公司	成立于2000年4月30日,注册资本800万元人民币,先后在宁波、青岛、大连、湛江、舟山和南通等口岸设立分公司。	主要经营中外国际船舶代理、集装箱管理及其相关业务。
上海航华国际船务代理有限公司	成立于2000年5月31日,由上海航交所和上海港船务代理公司共同投资,为上海口岸第四家具有甲级资质的国际船舶公共代理公司。	依托合作各方优势,巩固现有日本、台湾、香港、韩国和东南亚等航线代理业务,并拓展新的国际航线业务。
上海市锦诚国际船务代理有限公司	成立于2000年10月19日,注册资金300万元人民币。	主要经营中外籍国际船舶代理业务。
	为中外合资企业。	
上海锦亿仓储物流有限公司	2001年6月成立。公司拥有集装箱堆场3.5万平方米;室内仓库4幢6 000平方米及内装箱场地6 000平方米;并拥有瑞典产高空箱堆高机、41吨集装箱重型正面吊、3吨和6吨叉车、20吨内仓行车等先进设备。	集装箱中转、重箱转存、集装箱修理和清洗等,并为客户提供仓储、拆装箱等内装业务。
中波国际货运代理有限公司	成立于1996年1月25日,注册资本160万美元。	主要承办海运进出口货物的国际运输代理业务,包括揽货,订舱,仓储,中转,集装箱拼装拆箱,结算运杂费,报关,报验等。

（续表）

企业名称	成立时间与规模	主要业务
上海锦昶物流有限公司	成立于2003年，注册资金1 000万元人民币。员工由成立初30余人扩编为近100人，业务范围延伸至全球各地。	从事国际货物运输代理，以经营日本、台湾航线为主。
上海运星国际船务代理有限公司	2004年1月，由中国外运华东有限公司与以星综合航运有限公司合资组建，注册资本500万元人民币，地址设于上海市浦东新区。	受船舶所有人或船舶承租人、经营人委托，经营中外籍船舶代理及相关业务，包括办理船舶进出港口手续，联系安排领航、靠泊和装卸；代签提单、运输合同，代办接受订舱业务；办理船舶、集装箱以及货物的报关手续；承揽货物、组织货载，办理货物、集装箱的托运和中转；代收运费，代办结算；组织客源，办理有关海上旅客运输业务等。
上海宝钢国际货运代理有限公司	2004年5月10日成立。注册资金600万元。注册地在上海市浦东新区。	主要承办海运、空运进出口货物的国际运输代理业务，包括揽货、定舱、仓储、中转、集装箱拼装拆箱、结算运杂费、报关、报验、保险相关的短途运输服务及咨询业务等。
南美轮船(中国)船务有限公司	2004年6月24日，在上海成立。注册资本100万元。公司办公地址设在上海市福州路318号1109A室，在职员工100名。	主要经营为母公司自有或经营的船舶提供揽货、签发提单、结算运费、签订服务合同(涉及许可经营的凭许可证经营)等。
新海丰物流(中国)有限公司	成立于2005年3月，建有全球性服务网络，并在青岛、上海、天津、大连、宁波、连云港建成大型综合物流园区，可为客户提供完整的仓储、物流服务。	为客户提供进口、出口、空运、海运、陆运和快递等全方位一体化项目物流服务。服务内容包括国内货运、国际货运、仓储管理、保险和报关等。
上海中远物流重大件运输有限公司	成立于2005年6月，由上海中远物流和上海外轮代理有限公司共同出资组建。具有道路货物运输(四类大型物件)——全国最高级经营资质、电力大件运输总承包甲级企业资质；拥有德国索埃勒100轴线全液压自行式平板车，新型超大型货物运输车辆等先进设备。	承担着中远物流总部及上海中远物流的物流服务业务，主要从事陆上重大件运输。
上海中远物流配送有限公司	成立于2005年6月23日，注册资金人民币1 300万元。	从事钢材、电子、化工、航空、重型机械、汽车、纺织、会展等领域供应链策划和管理，为客户提供质押监管、集装箱及散杂货国际货物运输代理、国内公路运输、仓储，配送，报关报检等“一站式”服务。
中远孚宝物流有限公司	成立于2005年，一期项目总投资2.1亿美元，建成后总存储量约28万立方米。	主要从事液体化工物流。

(续表)

企业名称	成立时间与规模	主要业务
上海新景程国际物流有限公司	成立于2006年2月,是新景程国际物流有限公司在上海的分公司。2010年初已建立新景程物流网,专门为外部客户和内部分公司办事处提供货运业务实时查询平台。	主营海运集装箱货物、海运散杂货、国际铁路联运货、仓储配送服务等。
上港集团物流有限公司	成立于2006年12月,是上海国际港务(集团)股份有限公司全资拥有的港口物流领域核心企业。注册资本25亿元。	集装箱港口物流、散杂货港口物流、化工品物流、船舶代理、货运代理等。
上海中外运国际货运代理有限公司	成立于2007年1月15日,为具有国家一级资质的国际货物运输代理企业。	主营订舱,提供全程服务的集货代、会展、运输、报关等功能为一体的全方位、多层次、高品质物流服务。
上海中远集装箱综合发展有限公司	成立于2007年10月27日,临港项目工程占地面积约23.2万平方米。注册资本3.58亿元人民币,总投资4.5亿元人民币。	从事集装箱场站和仓储服务业务,为集装箱客户提供各类海运延伸服务。
上海中外运海港国际物流有限公司	成立于2008年1月1日,为中国外运华东有限公司下属的全资子公司,是一家拥有仓储、运输、集装箱堆场等经营性资产、综合性多功能的现代物流企业。公司本部总占地面积24万平方米,地处上海海港综合经济开发区。	主要经营国际货物运输代理,代办海运空运进出口货物的订舱、集装箱拆拼箱、报关、报检、报验、保险,承揽进口保税货物和普通货物的储存、分拨、配送等业务。
上海中远威治罐箱物流有限公司	成立于2008年,立足上海,辐射全国,凭借在上海、天津、广州、宁波及南京五个主要港口城市设立的分支机构,使业务范围遍及全国。	为全球客户提供可靠、经济的液体化工品、油品、液态散装食品等产品的一体化物流解决方案和高标准物流服务。

资料来源:表内相关公司

二、船舶供应企业

【上海远洋船舶供应公司】

上海远洋船舶供应公司(以下简称上海远供)成立于1973年,是一家综合性提供船舶物料、备件和船员伙食及生活用品供应、船用救生筏销售检修、消防设施检测等业务的专业公司,为当时中国及亚太地区规模较大的船用物资供应商之一,也是海外多家著名油漆、化学品、船舶备件制造企业在中国的代理商,供应网络遍布国内沿海主要港口。2004年,上远公司重组成立后,为其下属公司。

2005年,占地4万平方米,拥有库场、冷库、办公楼等3.2万平方米,设有海关综合性保税仓库,备有多种车船运输工具,形成完整的服务体系和计算机管理系统;通过ISO9001:2000标准质量管理体系的认证,获得海关综合性保税仓库"信得过企业"称号。并与国内外200多家航运企业建立业务关系，不仅向国内各大远洋运输公司的不同船舶供应各种船用物资，而且为中国南极考察船“雪龙”号以及一些国内石油钻井平台、来沪的邮轮提供服务。与新加坡泰昌祥公司、希腊高世迈公司、意大利邮航公司、台湾长荣海运和万海航运等十几家境外知名度较高的船东公司都建有长期合作关系。

图 1-2-3　上海远洋船舶供应公司

（摄于 2005 年，照片提供：上海新航信息科技公司）

2009 年，面对持续低迷的国际经济形势和严峻的航运形势，仍圆满完成上级公司下达的各项任务指标。

2010 年，船供服务业仍处于世界金融危机影响中，时逢世博会在沪举办，船供物资、车辆行驶、人员登轮等安全监管力度增强，因该公司具有危化品仓储及经营业务，日常作业中困难和压力加大。但该公司积极主动配合安检工作，尽力保障客户船供需求，全年实现主营业务收入 1.8 亿元，净利润 2 692 万元。

【中石化中海船舶燃料供应有限公司】

2003 年 12 月 25 日，中海集团供贸有限公司与中石化合资成立中石化中海船舶燃料供应有限公司(以下简称中石化中海燃供)，注册资本 8.77 亿元人民币。其中，中海集团下属上海海运占 21.16%，广州海运占 28.84%，中国石化销售有限公司占 50%，总部设在广州，在上海、广州、佛山、东莞、深圳、湛江、海口、厦门、宁波、青岛、天津、秦皇岛、唐山、大连等地设有 22 个分(子)公司，业务覆盖中国沿海主要港口。主要经营国际航行船舶保税油供应业务；燃料油(危险化学品除外)、润滑油、淡水、物料、金属材料、机电设备、船用零配件、建筑材料、五金交电、日用百货的批发业务，以及货物进出口和技术进出口业务等。2008 年，实现主营业务收入 81.29 亿元，利润总额−1 799.98 万元。年底资产总额 12.09 亿元，负债总额 2.28 亿元，资产负债率 18.84%。截至 2010 年 11 月底，公司总资产近 18 亿元，年销售各类油品超过 300 万吨，营业额约 100 亿元。

2010 年，拥有各类供应船舶 20 余艘，各类专业运输车辆 40 台；功能齐全的大型现代仓库 3 座，仓库面积 2.2 万平方米，堆场 1 万平方米；码头 5 座，岸线长 925 米，靠泊能力 0.3～3.5 万吨；现代化油库 6 座，总容量 48.29 万立方米。实现主营业务收入 97 亿元，利润总额 3 966.39 万元。年底资产总额 14.24 亿元，为当时国内最大的船舶燃料供应商之一。

【上海中燃船舶燃料有限公司】

20 世纪 60 年代为上海海运局所属燃料供应站。1972 年，中国船舶燃料供应总公司成立时，对外改称中国船舶燃料供应总公司上海分公司，并接管原上海外轮供应公司和上海石油公司的燃料供应船舶及人员，统一承担上海港中外船舶燃料供应业务。至 80 年代末，拥有何家湾油库、海滨油库以及两个供油船队 20 余艘供油船只、8 个供油船专用码头等设施设备。1990 年为进出上海港的中外船舶供应燃油 106.6 万吨。1998 年划归中海供贸有限公司。2001 年 5 月，由中海集团和中远集团共同投资组建的上海中燃船舶燃料有限公司(以下简称上海中燃)在沪成立，其由原中国船舶燃料供应总公司上海分公司改制更名而成。2002 年 12 月，由上海中燃(持股 51%)、中石油(持股

49%)共同投资成立上海中油中燃石油仓储有限公司。2010 年,上海中燃在上海市内合资拥有总罐容 3.2 万立方米的储油库—何家湾油库;在外高桥与中石油合营上海中油中燃石油仓储有限公司,拥有 29.4 万立方米大型库区,为上海地区船舶燃油供应主要企业之一。2010 年完成燃油供应量 125.7 万吨。

【中石化中海船舶燃料供应有限公司上海物资分公司】

前身为上海海运局物资站,为该局下属的物资供应与管理部门,负责局内钢材、水泥、木材及船用物资的管理与供应。1993 年 10 月,更名为上海海运(集团)公司上海物资公司。1998 年,经交通部批准,中海集团、广州海运、上海海运、大连海运共同组建中海供贸有限公司,该公司划归中海供贸有限公司,更名为中海供贸有限公司上海物资分公司。时有员工 744 名,资产总值 4 039 万元。机构设置企管科、技术科、行政科等;下设 11 个基层单位和 6 个多经公司。2003 年 9 月 25 日,经国资委批准,中石化和中海集团共同出资组建中石化中海船舶燃料供应有限公司,该公司转制成中石化中海船舶燃料供应有限公司上海物资分公司。主要经营物料、润滑油、金属材料、机电设备、车、船零配件、建筑材料、家用电器、日用百货的零售、代供代销、船舶救生设备的修理和安装、制冷设备修理和安装、油污水驳运、处理等业务。

2010 年,公司资产总值 5 120 万元,有员工 302 名。设有技安科、船供一部、船供二部、备件经营部、贸易部、采购部等业务部门;所属多经公司有上海浦东废旧物资利用经营部、上海星星救生消防设备有限公司;供应配套服务单位为海供船队、物流部。

【上海外轮供应有限公司】

上海外轮供应有限公司成立于 1957 年。是国家指定的从事上海口岸国际航行船舶港口供应的国有企业,注册资金 1 800 万元。1995 年,按照现代企业制度改制成有限责任公司,成为上海华联(集团)公司投资控股的涉外企业。1996 年加入国际船舶供应商协会(ISSA),是国内较早加入该协会的成员单位。该公司专为到港中外船舶提供船舶伙食、物料、生活用品、备件、油漆、免税品等物资以及医疗服务。秉承“全天候登轮、全方位服务、全身心投入”的经营理念,取得较好业绩,已通过 ISSA 质量标准认证,拥有完善的船舶供应网。其供应区域广阔,除黄浦江、长江口岸之外,在洋山深水港设有分公司,为中外货轮、班轮、邮轮等供应各种需求商品。2010 年,为百联集团下属子公司。

第二节　修船·信息·通导企业

一、修船企业

【中海工业有限公司】

1978 至 1998 年,上海海洋运输行业的修船企业主要有上海海运局(上海海运)所属立新修船厂、立丰修船厂、外轮修理厂等修船厂(详见本卷“陆岸保障”篇)。1998 年 6 月 18 日,中海工业有限公司(以下简称中海工业)在沪成立,原上海海运、广州海运所属修船厂和专业配套公司全部归属该公司管辖。公司成立当年拥有资产 9.13 亿元;工业总产值 4.43 亿元。

1999 年,公司在上海、广东、安徽等地拥有立丰、立新、菠萝庙、城安围、外轮、荻港六家船厂以及万度力机械工程有限公司、上海丰昌船务工程有限公司等与修船业务相关的20多家全资、控股、参股公司。主要从事船舶修理、改装、拆船及船舶机电设备的制造、翻新和修理，并从事修船代理、技术咨询等多方面配套业务，年承修各类船舶500艘以上，修船产值居全国第一位。

2001年，完成工业总产值7.13亿元；全年修船498艘，平均周期为21.8天；实现主营业务收入8.12亿元，实现利润总额346.8万元；年末资产总额为15.52亿元。

2003年底，收购位于长兴岛的粤海长兴船务工程有限公司股权，为建设中海长兴修船基地奠定基础。当年修船492艘，完成工业总产值6.5亿元；实现主营业务收入8.8亿元，完成考核利润总额618.66万元，连续三年实现盈利；年末资产总额16.2亿元。

2004年6月，公司电机维修基地建设工程在南汇祝桥空港工业园区竣工投产。同年底，中海长兴修船基地被正式命名为“中海长兴国际船务工程有限公司”，次年1月正式启动该修船基地建设。2005年，公司修船生产取得突破性进展，修船产值比上年增长38.8%，增净2.52亿元，创造历年最好水平。其中，中海集团范围修船产值比上年增长43.1%；国轮修船产值比上年增长9.4%；外轮修船产值比上年增长54.9%；实现主营业务收入10.86亿元，利润总额6 615.42万元；年底资产总额17.32亿元。翌年，修船总产值首次突破10亿元大关，利润首次超过1亿元。

2007年，公司以“中海九华山”浮船坞投产为契机，及时调整市场策略和经营目标，集中力量开拓大客户、大型船舶、外轮的修理比例。同时，加大技改投入，使生产潜力得到进一步发挥。全年共修理中海集团范围内船舶322艘次(除厂修船舶外，还包括坞修、航修和抢修船舶)，其中，集装箱船178艘次(包括卸货港区航修154艘次)，油轮37艘次，散货船92艘次，化学品船12艘次，沥青船2艘次，客轮1艘次。在发展修船业务同时，该公司加快实施“以修为主，修造并举”发展战略，顺利完成对“江都船厂”的资产收购。是年8月30日，开始建造首艘5.73万载重吨散货船；9月16日，公司造船基地的船坞、龙门吊和舾装码头三大重点工程项目相继开工；12月，其7万吨级船台试投产，首艘5.73万吨级散货船上船台建造(2008年7月建成下水)。当年，公司实现主营业务收入25.8亿元，利润总额1.69亿元。年底资产总额54.82亿元。

2008年1月21日，公司完成对上海地区下属单位立丰船厂、立新船厂、外轮修理厂三家船厂的整合。整合后厂名定为“中海工业有限公司立新船厂”，设有三林、塘桥、东沟、高桥等厂区。

2009年9月17日，公司所属“中海长兴国际船务工程有限公司”更名为“中海工业(上海长兴)有限公司”(以下简称长兴船厂)。是时，该大型修船基地已建成修船码头3 000多米，可同时靠泊修理10～30万吨船舶24艘，码头吊车起重能力近400吨，共有15～60吨码头吊车21座。既适应于常规大型船舶修理，又适用于海洋工程包括各类钻井平台和FPSO的改装。是年底，公司资产增至110.73亿元；工业总产值56亿元；修船产值占全国修船总量的4.6%，占全国修船行业前10强的9.4%。

2010年，公司承修各类船舶600多艘次，修船艘数位居全国第一；其中，修理中海集团内船舶174艘，占总艘数的26.48%；地方船166艘，占总艘数的25.27%；外轮317艘，占总艘数的48.25%。造船完工交船20艘，114.54万载重吨，主要以散货船和油船等中高档船型为主，年造船能力已达328万载重吨。拥有30万吨级干船坞2座、8万吨级干船坞1座、7万吨级斜船台1座；拥有码头岸线长3.5公里；实现主营业务收入62亿元，利润总额4.25亿元，年底资产总额123.51亿元。

【上海远洋运输公司船务工程分公司】

上海远洋运输公司船务工程分公司(以下简称上远船务公司)的前身是“上海远洋运输公司航

修站”,创建于1970年。1990年7月,更名为“上海远洋运输公司船舶修理厂”;1993年9月,更名为“上海远洋运输公司船务工程公司”;2001年更名为“上海远洋运输公司船务工程分公司”。经30多年建设,从只有90米的简易修船码头发展到拥有较完备的修船设施,可同时靠泊4艘万吨级以上船舶进行岁修。厂区内有1 000平方米、配有1台10吨龙门吊的大件工作场地,专门从事船舶舱盖板的整修;拥有各类船舶修理设备200多台件,各种类型车辆30多辆。1艘720吨级自航式多用途航修工作船可独立承接沿江沿海船舶的航修、抢修工程。2002年4月通过ISO9001—2000质量认证审查。是年12月31日,上远公司和中远船务工程集团有限公司对船务公司进行重组,重组后的上海远洋运输公司船务工程分公司更名为“上海中远船务工程有限公司”,为中远船务工程集团有限公司下属企业,注册资本2 675万元人民币。占地面积近4万平方米,拥有3万吨级和8万吨级浮船坞各1座;6 000多平方米的大件工作场地等。具有国内领先、国际知名的各类常规船舶修理和特种船舶改装的综合技术能力。及至2010年,该公司先后承接过成品油轮、化学品船、冷藏船、抓泥船、滚装船等多种类型特种船舶的修理和改装,客户遍及亚、欧、非、美洲等30多个国家和地区。

二、信息企业

【上海中远资讯科技有限公司】

1998年8月,中远集运为整合本系统内IT(计算机信息系统)资源,以市场化体制凝聚培育IT人才,加速推进中远集装箱运输全球信息化建设,成立中远集运计算机中心,对外称上海中远资讯科技有限公司,实行对内、对外两块牌子、一套班子运作。该公司所使用的数据库包括Sybase、SQLServer、DB2和Gemstone等。中心IT系统内部的系统环境包括生产环境、培训环境、开发环境、测试环境、预生产环境等,系统应用共计52个。同期引进IBM(国际商业机器有限公司)的ES9000和AS400服务器以及英国的船运信息系统。

2001年,该公司IT系统强势升级,投资10亿元引进东方海外全套信息系统。IT系统升级后,业务数据量增加到原来的100倍。中远集运数据中心的数据量占整个中远集团数据量的80%~90%。为了配合信息系统的上线,中远集运还根据其管理方式调整组织架构,引入事业部制进行统一的业务管理。从2002年起,开始逐步研发业务的外围系统,包括滞期费管理、堆存费管理等。2004年,该公司灾备中心成立。同年,中远集运与IBM合作制定SOA(面向服务的体系架构)实施与企业IT架构转型的路线图。按照规划从2004年10月到2005年6月进行基础SOA建设。2006年7月,该公司经上海市科学技术委员会、经济委员会、财政局、税务局联合评审,被认定为上海市高新技术企业。其信息平台性能不断提升,使中远集运信息系统为分布在全球52个国家和地区的近400多家分支机构提供24小时全天候IT服务,为90多万个集装箱提供实时的信息跟踪,为140多艘集装箱船提供全程通信。其复杂程度在国内所有行业中排名第2位(仅次于保险业),数据量是中国国家图书馆数据的2倍。

至2009年,中远集运计算机数据中心内共拥有400多台服务器,其中小型机和Windows NT平台的服务器各占50%;运行着500多个数据库实例,通过专线连接50多个国家的150多个分支机构。数据中心的运维管理人员有30余人。是年,中远集运自行开发的资源管理平台上线,通过有效的容量管理提升IT资源的利用率。2010年,引入基于ILOG(计算机软件的一种应用程序)的规则定制,可将SOA架构的灵活性更好发挥出来,使得整个业务流程简化而清晰。

【中海信息有限公司】

2008 年 3 月，中海信息有限公司成立，其前身为中海集团企管部下属信息中心，1998 年至 2008 年曾改制为中海电信有限公司信息分公司和环州电脑有限公司，是中海集团全额投资成立的一级子公司，专业从事集团信息化建设，IT 服务。注册资本为人民币 5 000 万元。

公司根据中海集团大力发展信息技术产业的要求，建立以上海为中心，覆盖国内沿海沿江主要港口城市和世界主要经济贸易国家和地区的下属公司网点，形成以全球化、网络化、数字化为特征的中海数据网、中海电子商务平台、集装箱运输管理系统、物流系统和内部信息管理系统等信息技术运用和管理体系。作为中海集团内唯一提供专业信息服务的公司，其专注于航运业相关应用软件的开发和解决方案的研发工作，以中海集团为依托，建立起一套成熟和完备的产品体系，能够为用户提供高质量、多方位、深层次的行业解决方案和集成服务。公司在中海集团所属船公司、代理、仓储、码头、船员管理等多个领域有完整的信息系统解决方案和成功案例，并具有实用、高效、稳定、安全和客户化程度高的特点。2009 年，公司通过 CMMI3G 评估(认证评审)。

2010 年，被上海市人民政府认定为“上海市高新技术企业”。该公司自主开发的《中海支线航运管理软件》《中海航运管理软件》被认定为上海市重点新产品；其中，《中海航运管理软件》被认定为上海市高新成果转化项目，并获得政府引导资金的扶持。是年，公司实现主营业务收入 9 426.11 万元，利润总额 111.53 万元。年底资产总额 1 亿元。

【上海亿通国际股份有限公司】

上海亿通国际股份有限公司(以下简称亿通国际)是根据上海市人民政府决策，整合原上海市 EDI 中心、上海港航 EDI 中心和上海经贸网络科技有限公司等三家企业业务、市场和客户资源以及技术和管理团队，由上海市信息投资股份有限公司、上港集团等 10 家单位联合发起，于 2001 年 7 月 28 日设立的股份制企业，注册资本 1 亿元人民币。由上海市人民政府授权，负责上海电子口岸平台、上海港航 EDI 中心平台的建设和运营。

2001 年 10 月，该公司建成开通亿通网(www.easipass.com)，并在 2002 年上海市第一届优秀网站评比中荣获“最佳专业网站”称号。2002 年 2 月与上海海关合作在全国海关率先试行 EDI 无纸报关。5 月，与中国电子口岸数据中心联合共建的“中国电子口岸数据中心上海分中心”成立，上海市和海关总署领导共同为该分中心揭牌。同年 12 月，该公司承担的上海市重大工程“大通关”电子平台 1 100 平方米中心机房建成。2004 年 1 月上海口岸电子支付平台建成开通投入运行。7 月建成上海口岸数据中心运营备份中心。10 月，由该公司承担编制的《上海口岸通关单证的文件格式和数据编码标准》通过上海市质量技术监督局组织的地方标准审定，正式颁布实施。10 月 25 日中国电子口岸数据中心、上海海关、上海市信息化委员会签署共同建设上海电子口岸的合作协议，标志着上海电子口岸正式启用。亿通平台作为上海电子口岸唯一的地方处理平台，承担海关业务的相关信息应用功能。同年 12 月 18 日上海电子口岸门户网站(www.eport.sh.cn)正式开通。2005 年 7 月起，该公司承担市府“一号工程”洋山深水港信息化建设，完成洋山港综合信息服务平台项目第一阶段的软件开发与系统集成，并被评为上海市 2003—2005 年重点信息化应用成果；同时完成洋山深水港一期配套工程弱电与通信系统项目建设，通过国家五部委及十部委的联合验收，被评为上海“白玉兰”优良工程。2007 年 11 月 17 日，该公司被国家人事部、中国物流与采购联合会授予“全国物流先进集体”称号。2009 年，公司“海运物流公共信息处理系统”荣获本年度上海市科技进步奖三等奖。2010 年 5 月，由该公司承建和运营的上海世博会物流管理信息系统正式启用。

亿通国际拥有1100平方米的电信级数据中心和异地容灾备份中心，平台网络连接海关、检验检疫、港口局、海事局、边检等主要口岸监管单位，以上海口岸高速成长的进出口和物流企业为主要服务对象，以口岸政府监管、物流信息和电子商务统一平台的设计、开发和运营为核心，涉及贸易、监管、物流、支付四大环节的信息技术开发和应用服务，努力促进信息技术在国际经贸领域各方面的发展与应用。自成立始相继承担建设了“上海大通关平台”“上海电子口岸平台”“上海出口加工区联网监管系统”“洋山综合信息服务平台”“上海世博会物流管理信息系统”等一系列市级重大项目，至2010年已发展成为主营业务收入快速增长，客户遍及海内外，业务范围涉及现代物流各环节，集口岸物流信息和电子商务平台运营商、软件开发和系统集成商、物流信息及应用服务提供商为一体的全国知名口岸物流信息服务企业。

三、通导企业

【上海远洋通信导航分公司】

前身为上海远洋运输公司通信站，1998年通过中国船级社ISO9001质量管理体系认证。2004年，重组的上远公司(后改制为上海远洋运输有限公司)成立后隶属于该公司。属下有上海捷讯科贸发展公司、中远自动化服务有限公司，是集科、工、贸一体化的综合性专业化公司。主要从事船舶通信导航设备和机舱自动化设备部件的研制、生产、销售和安装、维修、调试以及陆上通信、计算机网络等工程的设计和施工。公司下设财务部、保障部、生产经营部、通信服务部、信息服务部等业务部门。拥有通信实验室、导航实验室、电航实验室和1个保税仓库并承担自理报关企业的职责。

2009年10月28日，获得中国船级社质量管理体系认证证书。为JRC(日本无线株式会社)、RAYTHEON－ANSCHUTZ(德国航海系统供应商)、YOKOGAWA(日本横河电机株式会社)、TOKIMEC(东京计器美国公司，为东京计器株式会社东京计器公司的子公司)等世界著名厂商在中国口岸的专业维修代理，也是经CCS、NK、ABS、DNV、LR、KR船级社(分别为中国、美国、法国等国船级社)认可担当船舶无线电安全设备检验和VDR(计算机软件及应用)的公司。同年，面对严峻的航运市场和税赋调整的双重压力，公司利用金蝶K3软件理顺接单、评审、派单、领料、开票业务流程；结合F5项目(安防设备服务)的实施，对公司固定资产清查盘点，规范财务管理，确保资金安全运行。全年实现销售收入8461万元，其中越洋无线电公司收入6000万元，生产经营部收入1823万元，信息服务部收入188万元，通信服务部收入270万元，整机服务收入14万元；实现利润1254万元。

2010年，实现销售收入9433万元，与上年同比增加13%。其中越洋公司6583万元，对外销售收入占全年收入64.42%，比上年增加4.1个百分点；生产经营部收入2255万元，与上年同比增加23.7%；信息服务部收入209万元，与上年同比增加11.2%；通信服务部收入316万元，与上年同比增加17%；其他收入70万元，实现利润1185万元。

【中海电信有限公司】

1998年9月7日，中海电信有限公司(以下简称中海电信)由中海集团、上海海运、广州海运和大连海运共同出资，经上海市工商行政管理局批准登记注册成立，注册资本2亿元。是中海集团下属一级子公司，总部设在上海。

该公司是在原上海海运船舶通信导航公司、中海发展所属计算机信息中心、广州海运通导事业部、广州海运发展部计算机科以及大连海运船舶通信导航公司、大连海运企管部计算机管理科的基础上组建而成。原上海海运船舶通信导航公司共有职工 546 人，资产总额 1 786.9 万元；下设上海海岸电台、无线电修理厂、上海航运电子设备厂、通信信息中心、上海远航电子设备有限公司、上海迅盛通信有限公司、上海爱海通信技术有限公司等单位，主要承接国内外船舶近、中、远距离的通信业务及船舶通信导航设备的生产、组装、修理、安装、调试、检测业务。原中海发展计算机信息中心有职工 26 人，资产 2 600 万元，主要从事中海集团内部计算机信息管理业务。原广州海运通信导航事业部、广州海运发展部计算机科，共有职工 439 人，资产总额 6 230.7 万元；下设广州海岸电台、经纬公司、无线电修理厂、广州船舶通信导航公司、广州海信工程公司；主要经营国内外船舶近、远距离通信联络业务和船舶通信导航设备的修理、安装、调试、检测业务以及广州海运的内部计算机信息管理。原大连海运船舶通信导航公司、大连海运(集团)公司企管部计算机管理科共有职工 43 人，资产总额 3 328.9 万元；主要从事总机服务、船舶通信导航设备修理、安装、调试、检测业务和内部计算机信息管理。

中海电信成立后，职能部门设置为总经理办公室、企管部、财务部、科技发展部、通信部等。直属单位含广州分公司、大连分部、上海海岸电台、信息中心(信息分公司)、上海船舶通信导航修理厂、有线中心、上海航运电子设备厂、技术开发中心、上海迅盛通信工程有限公司、上海远航国际贸易有限公司、上海通骥实业有限公司、上海爱海通信导航综合服务有限公司等。当年底在册员工 998 人。

该公司成立初，主要从事水上无线电通信服务，通导代管、账务代管，船用通信导航设备的安装、开通和维修，船用电子设备的制造和贸易，计算机软件开发和信息服务；承接各类通信工程包括大楼智能化、微波传输和各种天线安装等工程项目。其所属上海海岸电台和广州海岸电台是当时国内规模最大的两座海岸电台。公司在上海、广州、大连分别设有三家单位，专业从事船用通讯导航设备安装和维修，承接国内外电子产品的来料加工，享有进出口口权。

2001 年，根据股东会议决议，将公司注册资金减至 1.03 亿元。全年实现主营业务收入 1.26 亿元，利润总额为 326.4 万元，年底资产总额 1.68 亿元。2003 年 8 月，为加强中海集团信息化建设，根据中海集团改革发展部署，该公司下属信息中心(信息分公司)整体划转为环州电脑有限公司上海办事处。2004 年，公司加大对信息增值业务、计算机新技术、新业务的开发，先后推出多项新的通信服务项目。当年实现主营业务收入 1.48 亿元，利润总额 2 433 万元，年底资产总额 1.57 亿元。2005 年 1 月，根据国务院国有资产管理委员会决定，将上海海岸电台、广州海岸电台的固定资产无偿划转给交通部，公司相应核减国有资本。调整后的中海电信由上海海运、广州海运和大连海运出资设立，注册资金减至 9 717 万元。3 月，根据国家建立现代企业制度，实行政企分开的要求，上海海岸电台、广州海岸电台分别整建制划转至广东海事局、上海海事局，随两海岸电台划转共 309 人。同年 8 月，公司经营范围变更为水上无线通信、通信业务及账务代理、货物及技术进出口、邮电通信工程施工、建筑智能化工程专业承包、国内外船舶通信导航设备的维修、安装及调试、电子产品的开发生产和销售、计算机及网络产品软件开发、通信及计算机技术咨询等。至是年底，在册员工总数为 515 人。2007 年，实现主营业务收入 1.99 亿元，利润总额－96.63 万元。年底资产总额 1.18 亿元。

2010 年，完成通导设备维修 6 847 艘次，为上年同期的 113.25%；其中，中海集团内部船舶 4 174 艘次，占 60.96%，集团外部船舶 2 673 艘次，占 39.04%。检验船舶 885 艘次，其中外部船舶 505 艘次，占 59.98%。船舶信息化系统软件安装 52 艘，维护 348 艘次。代管船公司通信业务共计

179 家;其中,集团内部 17 家,集团外部 162 家;代管船舶总数 740 艘。全年检查船舶 454 艘次,代办船舶电台执照 267 份,完成通信工程项目总数 301 项。全年通导修理业务完成产值 2 164 万元,设备销售业务完成产值 8 525 万元,船舶代管业务完成产值 4 343 万元,通信工程业务完成产值 3 881 万元,有线通信业务完成产值 1 283 万元,宽带信息业务完成产值 2 425 万元。至是年底,公司直属单位包括广州中海电信有限公司、大连分公司、有线中心、船舶通导管理中心、上海船舶通信导航修理厂、电子产品分公司、上海中海电信国际贸易有限公司等。在册员工总数 423 人,其中各类工程技术人员 161 人。拥有资产合人民币 1.83 亿元。

第三节 船舶管理及其他辅助企业

一、船舶管理企业

【中远集运船舶管理公司】

1998 年 9 月 28 日,为优化人力资源、增强市场竞争力、拓宽劳务渠道,中远集运船员公司在上海成立。其拥有近万名持有无限海区证书的国际海员,其中包括一批享受政府特殊津贴的航海、轮机专家,以及高级船长、轮机长和海务、机务管理人才等。2000 年 3 月 18 日,中远集运将公司管理部、上海远洋教育中心与中远集运船员公司合并,组建成立中远集运船舶管理公司,对内称中远集运船舶管理部,承担中远集运集装箱船舶和船员的管理职责。有船岸职工 1 万多人,管理中远集运所属 100 多艘集装箱船舶以及外派、合资、联营等 80 多艘船舶。公司下设船舶管理一、二、三、四、五处和对外船舶管理处以及其他职能部门。公司成立后,船舶与船员管理的综合优势得以显现。

2002 年 1 月,中远集运对该公司机构进行调整,将其所属船舶管理一处、二处、三处、四处、五处和对外船舶管理处分别更名为船舶管理一部、二部、三部、四部、五部和对外船舶管理部,机构编制职能不变。

2004 年 9 月,根据中远集团、中远集运关于主辅分离、改制分流的部署和要求,上远公司重组成立,成为集船舶管理、船员劳务、综合实业等多元化产业为一体的具有独立法人经营资格的现代企业。其以船员和船舶管理为重心,对中远集运的 100 多艘全集装箱船舶以及船员实行管理。原先中远集运船舶管理公司的人员和职能全部划归上远公司。

【上海远洋船舶管理有限公司】

上海远洋船舶管理有限公司(简称上远船管公司)是在中远集运船舶管理公司对外船舶管理处的基础上组建而成的。对外船舶管理处成立于 2000 年 3 月 18 日,主要职责是对非中远集运公司下属的船舶,按照《国际安全管理规则》(ISM 规则)进行委托管理。下设船舶管理科和信息咨询科。船舶管理科负责船舶的海务、机务、通导、物料管理,为船舶提供岸上支持和服务,按 ISM 规则为船舶建立和运行安全管理体系。信息咨询科负责对外开拓船舶管理市场,洽谈船舶委托管理业务,收集国内外对船舶安全和防污染的最新法规和管理体系。成立当年,接受 4 家公司委托,对 12 艘集装箱船和杂货船在不同项目上进行管理或服务,包括海务、机务代管和技术服务、通信导航技术服务、提供航行通告资料服务等。

2002 年 2 月 10 日,上远船管公司在上海市工商行政管理局正式注册登记成立。注册资本为 500 万元人民币,经营范围为船舶管理、维修保养,船舶领域的技术开发、技术转让、技术咨询、技术服务，销售食品、船舶备件、机电设备等。同年9月，上海市城市交通管理局同意上远船管公司从事国内船舶管理业务。该公司按《公司法》设立董事会、监事会和经营管理机构。经营管理机构设置五部，即：船舶管理部、船舶供应部、船员部、综合部、财务部。与此同时，公司获得中国船级社DOC证书，建立ISM船舶管理体系，经授权可从事国外经营船舶的管理。有资格管理各种船型的船舶，包括集装箱船、散装船、杂货船、汽车船等，与国内外多家船公司建立合作关系，聘请多名国外专家作驻外业务代表。至当年底，管理各种船舶12艘，并为我国台湾阳明海运公司、新加坡远洋公司和日本、印度等国船东提供修船、航修、备件物料供应和通信导航等各种服务。营业收入达448万多元，创利润55万多元。

2004年11月，根据中远集团要求，公司进行改制，股权变更为上远公司和上海远洋对外劳务有限公司。2008年12月股东变更，由上远公司全额出资成为法人独资公司。其在国内船舶管理行业中继续处于领先地位。所管船舶主要为散货船、集装箱船，其中散货船占71.1%，集装箱船占28.9%。全年投资回报率达90%以上。2010年，共管理干散货船41艘(其中既有中国和中国香港籍船舶，也有在巴拿马等地注册的方便旗船舶)，总载重吨位410.4万吨，船员在船人数950人；全年营业额2 000万元以上，投资回报率80%。

【上海中波国际船舶管理有限公司】

2000年7月6日，经交通部和上海市城市交通管理局批准，由中波公司中方出资筹建的上海中波国际船舶管理有限公司在上海成立，注册资本1 800万元，为国内第一家专业化国际船舶管理公司，拥有挪威船级社颁发的ISO9001/2008质量符合证书，专业从事重大件设备货船舶运输、国际船舶管理、船员劳务外派、买造船经纪等各项服务。该公司还是巴拿马运河最早的外轮代理公司BOYD STEAMSHIP CORPORATION(博伊德轮船公司)在中国的唯一代理，可及时为客户提供巴拿马运河的日报消息、周报信息和联系代理业务，同时负责为客户提供相关咨询和沟通联系等多方位服务。同年8月18日，该公司在沪正式开业。

2001至2002年，公司初创阶段的两项主要业务——第三方船舶管理和船舶买卖经纪开始起步，是时对外管理的船舶主要是小型近洋散货船，虽管理费用低廉，但为公司带来新的经济增长点。2002年，公司购入一艘小型杂货船舶，开始涉足国际船舶运输业务。

2003至2006年，公司的航运经营、船舶管理和船舶买卖中介等各项业务均出现较大起色。通过市场买卖将原有一艘小船置换成载重吨较大的船舶，提升了经营效果；对外管理的船舶也由近洋小型散货船升级为远洋船舶。期间，公司开始赢利，利润逐年提升。

2007至2010年，公司将业务重点逐步转向航运经营和船舶管理两项核心业务，从而进入新的发展阶段。公司自有船舶从1艘扩大到4艘，近10万总载重吨，加上注重航运经营人才培养，航运经营能力增强。在船舶管理业务方面，本着"求精"的原则，逐步对所管船队进行更新升级，所管国际航行船舶基本实现"大型化、新型化"，船队规模保持在20艘左右，资产规模和赢利能力显著提升。2010年，该公司为国内外船东的15艘载重量万吨级以上船舶提供安全技术管理和支持，已成功促成30多艘船舶的买卖交易，已基本形成较为稳定的"航运＋船舶管理"的核心主业和盈利格局。其经营范围主要为：提供国际船舶管理服务；为订立航次租船运输合同、船舶租用合同、船舶买卖合同提供居间服务；提供船舶监造服务；提供国际海运市场、信息咨询服务；船舶保险、货物运输保险、为人身意外险代理；从事货物和技术的进出口业务，向境外派遣各类劳务人员(含海员)(涉及行政许可的，凭许可证经营)。

【上海傲兴国际船舶管理有限公司】

2003 年 4 月 29 日,海南中化船务有限责任公司和美国思多而特船务公司合资组建上海傲兴国际船舶管理有限公司,注册资本 182 万元,由海南中化船务有限责任公司控股。公司主要提供船舶安全营运技术管理、船员配备、船舶建造、买卖、租赁、修理等技术服务。并取得中国、中国香港、巴拿马和巴哈马等国家和地区颁发的公司安全管理符合证明(DOC),具备经营和管理各种吨位油轮、化学品船的能力,为其所管各轮获得国际船级社协会成员 CCS、NK 和 BV 等业界著名船级社颁发的船舶安全管理证书(SMC)。成立当年始,管理着海南中化船务有限责任公司和上海中化思多而特船务有限公司所拥有的全部散装油/化学品船舶,所管理的船舶航行于全球多个重要港口。且与一些著名的全球油化运输公司建立长期合作关系。

2010 年,公司拥有 66 名员工,其中包括 14 名船长和 18 名轮机长,共管理 42 艘载重吨在 3 000 至 2 万吨级的油船/化学品船,总载重吨约 35 万吨。所管船舶承运货量约 550 万吨/年。承运货物种类有液体化工品、植物油、燃料油、柴油、汽油及食用油等,航区含国内沿海、东北亚、东南亚、南亚和中东等地区。

【中海国际船舶管理有限公司】

2004 年 12 月 8 日,中海集团为适应世界航运现代化、专业化发展趋势,解决集团快速发展中严重制约可持续发展的条块分割的体制性弊端,将其下属的人力资源、船舶管理资源和教育培训资源进行专业化重组,成立中海国际船舶管理有限公司(以下简称中海国际),系中海集团一级子公司。公司注册资金为 2 亿元人民币,由中海集团、上海海运、广州海运和大连海运分别按 40%、30%、22%、8%的股份比例持股。经营范围为:国际和国内船舶管理(包括船舶买卖、租赁及资产管理;船舶机务、海务和维修安排;船员招聘、训练和配备);对外派遣各类劳务人员;国内船员配置管理服务;承包境内、境外与港口及航运有关的工程及境内国际招标工程;上述境外工程所需的设备材料进出口;学历教育与职业培训等。重点负责中海集团范围船员管理、船舶管理及教育培训等方面管理工作。公司总部设在上海,在广州、大连设有分公司;同时,位于北京的中海海员对外技术服务有限公司以及中海集团设在上海、广州两地的教育培训中心也属其管理。为更好管理异地企业,降低异地分支机构管理与沟通的难度,提高管理效率,加强内部集中管理,采用 IT 技术手段实现管理目标。公司拥有近 3 万名员工,其中船员 2 万余名,高级船员占 51%以上;管理国内外船舶 76 艘,并与世界上 80 余家船公司建立稳定的业务合作关系,年劳务输出 1 万人次以上;拥有国内最大的船员培训基地,年培训能力超过 1.6 万人次。

2005 年,中海国际经过体制机制的磨合,在船员配备上可基本满足中海集团船队发展的需要,并已建立统一的船舶安全管理体系。是年末,公司船员全套派员 473 套,比年初增加 18 套,半套派员 74 套,劳务外派人数为 5 907 人;船舶管理艘数为 57 艘,其中市场船舶 18 艘,非市场船舶 39 艘,总载重吨 265 万吨;教育培训全年累计发生 1.75 万人次,培养新船长 108 名、新轮机长 106 名;新增教育培训合作项目 6 个,开发培训课程 9 个;船舶 PSC(港口国监控)检查和保养培训及船员岗前教育率均达到 100%。

2008 年,经中海集团批准,公司成立船管中心;并受中海集团委托,负责"中海国际海事技术服务中心"的行政管理。当年,公司获得中国海事局颁发的符合 ISM、NSM 两个规则(航海企业安全管理体系),覆盖四个船种、六种船旗、九个船级社的 DOC 证书;公司通过 DNV 认证(挪威船级社认证),获得 ISO9001:2000 质量管理体系证书;并拥有中国商务部颁发的对外劳务合作(外派劳务)经营资格证书。2009年6月,公司管理船员2.9万人,为中海集团主营船公司派员279艘,海员劳务外派在船人数5 290人;公司自管船舶67艘,总载重吨301万吨。

2010年,中海国际各主营船员库有船员1.33万人;为合资经营等船舶派员59艘,在船1 318人;外派船员全套227艘,半套41艘,在船7 085人。完成各类教育培训2.04万人次,其中中海集团内部1.03万人次。管理船舶74艘,其中非市场船62艘,市场船12艘,船舶总载重吨400万吨。年底资产总额7.41亿元,为当时全国规模最大的船舶管理公司。

二、其他辅助企业

【上海船舶运输科学研究所】

上海船舶运输科学研究所(以下简称上海船研所),成立于1962年,位于上海市浦东新区陆家嘴功能区。原为交通部直属科研事业机构,2000年转制为中央科技型企业,改由中央企业工作委员会领导。至2010年6月底,资产总额12.4亿元人民币,占地面积130余亩,从业人员近800人,其中80%以上为科技人员,具有高级专业技术职称的人员达190余名。是年8月,经报国务院批准,上海船研所整体并入中海集团,成为其全资子企业(有关该所规模和业务发展情况详见本卷第八篇第一章)。

【上海船舶污水处理厂】

1997年4月,上海船舶污水处理厂利用全球环保基金组织赠款、世界银行贷款和国内资金建成,总投资人民币1.9亿元。

该厂为上海海运直属企业,位于上海浦东新区外高桥长江南岸,距吴淞口约10公里。占地5万平方米,建有可停靠3万吨级船舶码头和现代化污水处理装置,专业承接国内外油轮的洗舱、清舱及船舶油污水接收处理业务。1999年起连续三年被评为上海市港口专用码头信得过单位,2000年通过ISO9002质量体系认证,并获"上海市文明单位"称号。其按照"服务优质,操作规范,排放合格,计量准确"的质量方针,致力于创建一流的兼具环保和仓储功能的特色企业,为上海港口水域环境保护提供重要保障。2010年,该厂年处理油污水能力达40万吨左右,污水处理质量稳定,达到国家排放标准;年仓储、过驳各类油品周转量达80万吨左右。为国内乃至远东地区最先进的船舶污水处理厂之一。

【中海集团国际贸易有限公司】

1997年12月31日,中海集团国际贸易有限公司(以下简称中海国贸)成立,注册资本5 000万元人民币。其中,中海集团持有27.66%股份,上海海运持有35%股份,广州海运持有25%股份,大连海运持有7.5%股份,中国海员对外技术服务有限公司持有4.84%股份。总部设在上海,为中海集团所属一级子公司,也是该集团对外贸易的窗口。公司主要经营二手船/废钢船买卖、船舶租赁代理、新造船代理、船舶融资、船舶改造、船舶监造监修、船型开发、设备进出口代理、招投标代理等业务。

2004年,公司将船舶贸易作为重点,努力拓展集团外市场,创建新的业务模式与种类。全年完成贸易总额2.17亿元;二手船买卖成交26艘,其中集团内14艘,集团外12艘;造船代理业务83笔,造船设备进口代理383笔,绑扎件代理送船97艘次,租船代理业务新签合同5个;工程技术服务总贸易额2 228.28万元,其中技术服务107万元,设备物料供应1 737.65万元,其他业务384.63万元。当年实现主营业务收入1.26亿元,利润总额4 966.52万元。年底资产总额为2.34亿元。

及至2010年,公司已构建全球客户网络,在世界各主要城市设有办事处,与世界各大船东及知名经纪人保持密切联系。累计代理二手船、废钢船买卖数百艘;代理国内外客户大量新造船、租船业务;成功租赁多艘5 500 TEU集装箱船;并改造多艘沥青运输船,填补了国内沥青船改造的空白。其船舶贸易业务及船舶技术服务涉及油船、集装箱船、货船、客滚船、特种船等多个领域。同时,经营和代理除国家组织统一联合经营的16种出口商品、国家核定公司经营的14种进口商品以外的其他商品及技术进出口业务;经营来料加工,对销贸易和转口贸易,船舶物料和备件供应,船舶淡水和润滑油供应,汽车经营(含小轿车),船舶修造领域内的技术开发、技术转让、技术咨询、技术服务,销售机电设备、仪器仪表、金属材料等业务。当年,完成集团内二手船代理共计28艘,新造船代理签约38艘,进口船舶设备代理开证15笔;实现主营业务收入1.6亿元,利润总额7 532.29万元。年底资产总额2.86亿元。

【中海集团投资有限公司】

为中海集团下属全资子公司,1998年6月26日成立(以下简称中海投资),主要经营实业投资、房地产经营、国际贸易及相关的咨询服务。总部设在上海。2005年前注册资本为3亿元人民币。是年增资3亿元后,注册资本为6亿元人民币,其中中海集团占93.33%,上海海运占5%,广州海运占1.67%。同年公司新增2家长期股权投资单位东方国际集装箱(连云港)有限公司和东方国际集装箱(锦州)有限公司,业务重点转入集装箱及半挂车制造。东方国际集装箱(连云港)有限公司于当年8月正式投产,至12月底已生产集装箱3.75万TEU。东方国际集装箱(锦州)有限公司于2006年8月投产。是时,中海投资共有14家联营企业,包括上海中海仓储运输有限公司、青岛新东方集装箱储运有限公司、大连中海集装箱储运有限公司、苏州中海集装箱储运有限公司、中海码头发展有限公司、中海环球空运有限公司和中海集运八大片区公司等。当年实现主营业务收入4.31亿元,利润总额-73.16万元,年底资产总额10.97亿元。

2007年12月5日,经公司董事会全体股东同意,将部分资产以分立形式设立上海环宇物流装备有限公司(简称上海环宇),分立后中海投资注册资本由原来9亿元人民币变更为3.5亿元人民币。其中,中海集团占93.33%,上海海运占5%,广州海运占1.67%。当年,公司成立箱管部,建立完善各项制度和业务流程,其市场接单、材料采购和技术研发初步实现统一管理,发挥资源共享的效能。全年共生产集装箱24.29万TEU,其中集团内销售11.09万TEU,占产量的45.64%;出口集装箱16.84万TEU,占产量的69.35%。实现主营业务收入29.57亿元,利润总额-1.37亿元。至年底,资产总额30.66亿元。2008年3月6日,经上海市浦东新区外高桥工商局批准,上海环宇正式成立,中海投资将持有的6家箱车制造厂的股权和部分现金注入上海环宇(因业务发展需要,中海投资于2010年8月投资7.33亿元,100%控股上海环宇)。2008年10月始,因受全球金融危机影响,集装箱制造业造箱市场急转直下。在严峻的市场形势下,公司通过市场和采购等多种渠道多方收集信息,对市场形势作出正确判断,成功度过2008至2009年的金融危机困难时期,业务经营取得新的发展。

2010年,该公司实现主营业务收入28.8亿元,利润总额3亿元。至年底,资产总额达39.3亿元。是时共拥有三家全资子公司:上海环宇物流装备有限公司,主要从事物流装备的研究开发、实业投资、物流装备为主的国际贸易、货物和技术进出口业务及相关的咨询服务,并以集装箱及半挂车开发制造为主营业务;上海虹晟置业有限公司,主要从事房地产开发经营:深圳海宁保险有限公司,主要从事为投保人拟定投保方案,选择保险人,办理投保手续等业务及相关咨询服务。

【中海码头发展有限公司】

2001 年 4 月 18 日成立,为中海集团下属的专业从事国内外码头经营、投资及相关业务的一级子公司(以下简称中海码头),总部设于上海。公司主要以合资控股、股份合作、长期租赁等方式经营国内外码头投资开发、仓储、码头设施的融资租赁,以及港口机械设备为主的国际贸易等相关业务。注册资本 10 亿元人民币。由中海集团控股,占 90.75%的股份,并由中海投资持有 3.25%的股份,中海物流持有 3%的股份,中海船务持有 3%的股份。公司下属 9 家合资公司,其中控股公司 2 家:锦州新时代集装箱码头有限公司(持股比例 60%)、连云港新东方集装箱码头有限公司(持股比例 55%);合营公司 2 家:上海港中海集装箱码头有限公司(持股比例 50%)、湛江港中海集装箱码头有限公司(持股比例 50%);联营公司 1 家:大连大港中海集装箱码头有限公司(持股比例 35%);参股公司 4 家:大连中海汽车船运输有限公司(持股比例 10%)、江苏长江石油化工有限公司(持股比例 8%)、营口银龙港务股份有限公司(持股比例 4.22%)、宁波港北仑股份有限公司(持股比例 1.82%)。

2004 年,完成集装箱吞吐量 131 万 TEU,比上年增长 43%。所属连云港新东方集装箱码头公司和湛江港中海集装箱码头公司共完成杂货吞吐量 12 万吨。实现主营业务收入 1.64 亿元,利润总额 3 392.02 万元。年底资产总额为 14.95 亿元。

2008 年 10 月,为完善集装箱运输产业链,加快整合集装箱业务,提高竞争力,公司由中海集运全资收购。其依托中海集运整体优势,以灵活多样的投资方式,主要从事国内外集装箱码头投资开发与经营等业务。至是年底,已在国内外合资经营及管理 13 个集装箱码头公司,分布在大连、营口、锦州、秦皇岛、天津、烟台、连云港、上海、广州南沙、湛江等沿海港口和美国洛杉矶、西雅图等港;投入使用的集装箱码头泊位共计 31 个、8 100 米岸线,年吞吐能力 1 700 万 TEU;另有 9 个集装箱泊位正在建设中,待建成后,中海码头经营和管理的集装箱泊位可达到 40 个、1.09 万米岸线,年吞吐能力 2 240 万 TEU。

【航运经纪公司】

2010 年 7 月 10 日,我国首次航运经纪执业资格考试在上海市举行,135 人经考试合格,取得《经纪执业资格(航运)考核合格证明》。同年 7 月 20 日,克拉克森航运经纪(上海)有限公司、上海辛浦森航运经纪有限公司、百力马航运经纪(上海)有限公司、百利航运经纪(上海)有限公司、毅联汇业航运经纪(上海)有限公司、祥华航运经纪(上海)有限公司、上海菁英航运经纪有限公司、上海津洋航运经纪有限公司和上海海高航运经纪有限公司等 9 家国际航运经纪公司获得由上海市工商管理局颁发的首批《上海市航运经纪人执业证书》。其大多是在国外船舶经纪公司代表处的基础上设立。是为全国首批航运经纪人获得执业资格并走向市场。

表 1-2-2 2009—2010 年上海国际海上运输及其辅助企业情况表

企 业 类 型	2009 年底总数(户)	2010 年底总数(户)	比 2009 年增减(%)
国际船舶运输	52	60	15.4
国际船舶代理	134	139	3.7

(续表)

企业类型	2009年底总数(户)	2010年底总数(户)	比2009年增减(%)
国际船舶管理	87	97	11.5
无船承运	903	948	5.0
合　计	1 176	1 244	5.8

资料来源：上海市交通运输和港口管理局年鉴(2011年)P92

第三章　机构·社团

1978年至2010年，上海先后由市工业交通办公室、市经济委员会、市政府交通办公室、市建设和交通委员会、上海市港口管理局、上海市交通运输和港口管理局等行政机构负责全市海洋运输的管理；先后由交通部上海海上安全监督局、中华人民共和国上海海事局(以下简称上海海事局)负责所辖海区和港口水域的交通安全监督管理。期间，还陆续成立一批航运专业机构和社会团体，包括上海市航海学会、上海海事法院、上海市国际货运代理行业协会、上海航运交易所、中国海事仲裁委员会上海分会、上海船东协会等，负责沟通政府部门与航运界的联系，提升现代航运服务功能，促进上海国际航运中心建设。

第一节　行政机构

1977年，上海市革命委员会成立工业交通办公室，主管全市工业和交通。1980年1月，上海市人民政府撤销工业交通办公室，成立市经济委员会，原工业交通办公室职能移至该委。1981年10月，上海市人民政府成立交通办公室，负责管理全市海陆空运输，在市政府领导下，组织本市交通运输各局(包括局级公司)及其所属企业，贯彻执行国家有关交通运输的方针、政策、法令、法规，执行市人代会、市人民政府和主管部门的各项决议、指令，完成国家和市人民政府下达的运输生产计划。其主要职责包括：开展交通经济调查，积极研究合理运输方案，改革改进各种运输生产方式；加强水路运输计划管理，组织编制年、季、月度运输生产计划；统一组织指挥日常运输生产，协调运输、物资部门之间关系等。

图1-3-1　上海海事局整治超载船现场
(摄于2006年5月，照片提供：上海海事局宣传处)

1986年5月8日，交通部上海海上安全监督局成立，为交通运输部直属行政机构。负责所辖海区和港口水域交通安全监督管理。1999年6月18日，在原交通部上海海上安全监督局基础上成立上海海事局，对所辖海区和港口水域的交通安全实行统一监督管理。其在上海市沿海海域和港口行使《中华人民共和国海上交通安全法》《中华人民共和国海洋环境保护法》《防治船舶污染海洋环境管理条例》《中华人民共和国船员条例》等法律、法规赋予的水上安全和防治船舶污染的执法权，统一管理上海市沿海、沿长江水域和上海港区水域内水上安全监管、防治船舶污染；负责辖区内的船员管理工作；负责规定区域内的船舶和海上设施检验管理、航标管理、港口航道测绘、岸台通信等工作。

2000 年 4 月，上海市人民政府在进行机构改革时撤销市政府交通办公室，将其职能划入市建设和交通委员会。

2003 年和 2008 年，为加强本市航运市场的监督管理，上海市人民政府先后成立上海市港口管理局、上海市交通运输和港口管理局。主要职责为：在市政府领导下，贯彻执行有关交通运输、港口和航运行业的法律、法规、规章和方针、政策；研究起草有关交通运输、港航管理的地方性法规、规章草案和政策，并组织实施；根据本市国民经济和社会发展总体规划，负责制定交通运输、港口等发展战略，编制交通运输专业规划和行业中长期规划并组织实施，根据有关法律、法规和规章的规定，负责港口的岸线、陆域、水域行政管理等。

2010 年，上海市仍由市建设和交通委员会及市交通运输和港口管理局负责对海洋运输行业的管理；由上海海事局负责所辖海区和港口水域的交通安全监督管理。

第二节　专 业 机 构

一、上海航运交易所

1996 年 1 月，国务院对外正式宣布建设上海国际航运中心。是年 11 月 28 日，经国务院批准，交通部与上海市人民政府共同组建的上海航运交易所(以下简称上海航交所)正式开业。是为中国第一家航运交易服务机构，也是中国第一个国家级水运交易市场。

上海航交所成立后实行会员制，其基本功能主要有三项，即沟通航运市场信息，规范航运市场行为和调节航运市场价格。按照交通部和上海市人民政府要求，上海航交所的主要任务是抓好市场功能开发，构筑运行框架，树立品牌形象；同时配合政府主管部门，积极做好中国加入世贸组织后航运市场有关规则的制定，协助政府和各会员企业，做好航运市场观察、信息情报传递、市场交易监管等工作；并实现由区域性运作为主向国内国际大市场的转变，促进上海国际航运中心地位的进一步增强。同时，构建航运信息研究平台、航运资信评估体系、船舶交易鉴证中心、口岸航运服务中心等，促进中国及上海航运市场的健康发展。其交易范围主要包括：国际国内水路货物运输、船舶租赁、船舶买卖和港口业务以及国务院交通主管部门允许进场交易的其他航运业务。根据交通部的规定和授

图 1－3－2　1996 年 11 月 28 日，上海航运交易所正式开业

(照片提供：上海航交所总经办)

权,独家受理上海、浙江、江苏地区二手船舶、废旧船舶的交易买卖。

从1997年1月1日起,根据交通主管部门的有关规定,受理凡在上海、宁波口岸经营国际集装箱班轮的航运公司运价报备。对违规行为,由交通主管部门给予行政处罚。是年末,有正式会员145家,成交货物运输量近300万吨。

1998年8月,在交通部和上海市人民政府领导下,上海航交所积极配合上海口岸"大通关"改革试点,组建上海国际航运服务中心,将涉及航运有关的港、航、货、代企业及海关、国检、边防、海事、金融保险、法律咨询等单位引入上海航交所集中办公,为广大会员企业提供"集中、便利、经济、高效"的"一门式""一条龙"服务。同年,正式发布中国出口集装箱运价指数,填补国际集装箱海运市场运价指数的空白。

2003年3月,上海航交所致力拓展船舶买卖核心业务。随着船舶买卖专用发票的实施使用,促使上海地区船舶买卖业务迅速发展。是年10月,该所利用上海国际航运服务中心对外服务的重要平台,增加财力、物力,用于服务中心硬件改善,在全国率先推出"5+2"口岸工作制,确保双休日服务中心内配套服务一切照常;为保证服务中心的安全运营,加大管理投入,重新修订综治工作方案,对各类可能发生的突发事件制订相应的应急预案。

2004年3月24日,交通部授权上海航交所公开发布设立5家中外合资船舶运输公司,从事我国国内港口之间化工品运输(CDT)的招标公告。在交通部指导下,招标项目涉及的各项工作圆满完成,得到投标人和有关方面充分肯定。是为该所成立以来首次开展招标业务,开创了中国水路运输特许经营权招标的先河,在理论研究和业务操作两个层面为进一步拓展招标业务打下基础。为充分挖掘集装箱运价指数效应,上海航交所于当年与上海期货交易所签订研究开发航运指数期货交易的合作备忘录,旨在为航运企业或货主提供有效规避运价波动风险的手段和工具。通过运价指数期货交易提高市场透明度,对上海形成外贸集装箱运输市场的定价中心,起到积极促进作用。同年9月底,交通部水运司委托该所设计开发"网上备案"系统。其中,国际船舶运输经营者、国际班轮运输经营者、国际船舶代理经营者、境外航运企业在华办事处4类企业可通过"中华航运网"的一级栏目进行"网上备案",根据《中华人民共和国国际海运条例》及其实施细则的要求和规定,填写和备案包括企业基本情况、投资人、船舶运力、航线运力等信息。该网上备案系统的投入使用,为企业备案信息提供了便利,也为政府航运主管部门掌握企业信息和联系渠道提供保证。

与此同时,上海航交所依托交易平台以及"中华航运网""中华航运物流人才网"等信息技术资源,为会员提供特色服务,满足会员单位的个性化需求。由上海航交所主办的"中华航运物流人才网"通过企业招聘信息发布、专业人才搜索、船员劳务、企业委托招聘等专项服务,帮助会员企业迅速锁定目标人才,为会员提供专业的人力资源解决方案;由上海航交所编制的航运动态月报和航运热点分析,为政府和会员单位了解航运动态、判断市场走势提供有益参考;上海航交所交易平台和"中华航运网"为有需求的会员及时提供或发布船舶买卖和租赁信息,帮助会员促成交易并提供船舶评估、代理船舶出口等延伸服务,为会员单位提供增值服务。在交通部和上海市港口管理局的支持和推动下,上海航交所还于同年内正式启动"舱单数据报送"项目,完成全国"舱单数据报送"项目在上海口岸试点的业务流程、技术方案。通过舱单数据报送、整理分析,有利于政府对中国国际班轮运输市场供需情况和竞争态势的动态监测,为建立我国班轮运力、班轮运输需求预测机制和市场预警机制打下基础。至是年底,上海航交所通过不断发掘信息源,构建信息网络,优化信息处理,创新信息传播,初步建成九大板块信息和分时段信息情报系列。

2006年内,上海航交所共收集发布船舶买卖信息数千条,完成交易鉴证的船舶150艘,船舶评估16艘次，船舶成交额约为10亿元。并积极探索建设与航运中心软环境相匹配的航运要素市场，对建立船舶交易信息平台的可行性进行探讨；从规范交易市场，务实、可操作性的要求出发，组织专业人员设计船舶交易平台运作流程模式，制定从挂牌、合同审核直至合同争议调解等整个运作过程的全套交易规则和管理办法。其十大板块信息产品，构建了日、周、月、年的全时段，全方位的信息发布网络，能及时反映市场走势，客观评价市场形势，成为港航企业不可或缺的航运指南。该所还继续深化开发"舱单数据报送"项目，积累丰富的基础数据，为建立舱单信息数据库做好积极准备。并应上海市虹口区要求，每月编制《北外滩现代航运服务业咨情报告》，对现代航运服务业进行全面追踪。

2007—2008年，该所不断完善功能定位。建立船舶交易产业链，大力培育船舶产权交易市场，在集装箱运价指数发布、航运政策研究、航运信息汇聚、"大通关"一门式服务等方面进一步发挥作用。2008年11月28日，推出全国船舶交易信息平台——"中华船舶交易网"，该网站集发布船舶交易供求信息、汇总船舶成交记录、分析全国船舶交易行情、公示核查船舶交易资料等功能于一身，并以优质服务赢得客户。至年底，共交易鉴证船舶100多艘，交易金额超过10亿元人民币。是年，上海国际航运服务中心共完成进出口货物报关量达667.21万票，货物总值2 790.22亿美元，报检量198.03万吨，货物报关量、总值和报检量三项指标同比分别增长3.1%、22.3%和2.1%。

2009年，作为上海航交所最主要的交易品种，二手船舶交易鉴证和服务逆势上行。全年共交易137艘船舶，总价值达25亿元人民币。经多年努力，该所已基本确立在国内船舶交易市场的核心地位。根据交通运输部当年20号公告要求，该所还在上海口岸启动并实施集装箱班轮运价备案工作，设立全国集装箱运价备案受理中心。由其开发的新版上海出口集装箱运价指数(SCFI)也于当年10月15日正式发布。

2010年1月15日，该所以SCFI(新版上海出口集装箱运价指数)为结算标准，采用场外现金结算的掉期合同形式，达成全球首笔集装箱运价掉期协议。3月5日，交通部发布《船舶交易管理规定》，填补船舶交易制度空白，使船舶交易有章可循，船舶交易管理进入规范化、法制化时代。上海航交所搭建的"中国船舶交易信息平台"发挥了积极效用：全国有26家船舶交易机构成为会员，严格按照《规定》要求报送船舶成交信息，并及时将重点船舶交易信息在平台上公示，为全国船舶交易信息的集散与发布提供良好平台与技术保障。是年，上海航交所共完成船舶交易196艘次，总价值高达31亿元，各项数据指标同比增长44.1%和24%。交易品种也由原先较为单一的散杂货船、集装箱船、油船等扩展到冷藏船、挖泥船、工作船、液化气船等特种船型，基本实现全覆盖。在交易业务类型上也得到进一步充实，拍卖、评估、招投标、法律咨询等服务比重有所提升，并与各大银行保持联系沟通，洽谈合作船款流转、船舶融资等业务，为客户提供更为完善的船舶交易增值服务链。同年6月，上海航交所与伦敦清算所和新加坡交易所亚洲结算行签署指数使用协议，授权使用SCFI作为全球场外交易(OTC)集装箱运价掉期合约的结算标准。上海航交所为适应SCFI指数衍生品国际交易需要，开发上海航交所英文网站，使指数权威性、规范性得到进一步体现。

同年，为贯彻落实国务院(2009)19号文件中关于"丰富航运金融产品，加快开发航运运价指数衍生品，为我国航运企业控制船运风险创造条件"的精神，以及交通运输部和上海市人民政府《加快推进国际航运中心建设合作备忘录》要求，上海航交所还积极推进运价指数中远期电子交易工作，发起成立"上海航运运价交易有限公司"，探索开展航运运价衍生品交易业务，以推进上海国际航运中心和金融中心的有机结合。

二、上海海事法院

1978 年前,上海曾设立过水上运输法院,后因海洋运输业不发达、案件数量不多被撤销。改革开放后,上海海洋运输发展迅速,上海港货物吞吐量大幅上升,同时海上各种案例及纠纷也有增多。为完善海事司法体制,保障改革开放政策顺利执行,最高人民法院与交通部于 1984 年 6 月 1 日联合决定,成立上海海事法院(由上海港务局代管)。院址设在上海市杨树浦路 8 号上港三区候工楼底层。是年 11 月 28 日,最高人民法院下发《关于设立海事法院几个问题的决定》,明确上海海事法院管辖区域包括南自福建省与广东省交界处、北至江苏省与山东省交界处的延伸海域和闽江口至福州港一段水域、长江口至张家港一段水域,其中包括东海、黄海南部、台湾省、海上岛屿和厦门、福州、温州、宁波、上海、南通、张家港、连云港等主要港口。

从 1987 年至 1992 年,上海海事法院管辖区域几经变化。1987 年 7 月 28 日,最高人民法院下发《关于调整武汉、上海海事法院管辖区域的通知》,明确浏河口以下区域归上海海事法院管辖。1990 年 3 月 2 日,最高人民法院下发《关于设立海口、厦门海事法院的决定》,明确南自福建省与广东省交界处、北至福建省与浙江省交界处的延伸海域由厦门海事法院管辖,上海海事法院对上述区域不再行使管辖权;1992 年 12 月 4 日,最高人民法院下发《关于设立宁波海事法院的决定》,明确浙江省所属港口和水域由宁波海事法院管辖,上海海事法院对上述区域不再行使管辖权。

1996 年 12 月 5 日,上海海事法院成立连云港派出法庭。

1999 年 7 月,中共中央决定,海事法院实行属地管理。上海海事法院转制后,由中共上海市委、市高级人民法院党组领导;全部人员成建制纳入地方司法行政体系,领导体制和管理模式比照地方中级人民法院。

2003 年至 2006 年,根据最高人民法院通知精神,海事法院的管辖范围发生变化。2003 年 8 月 11 日,最高人民法院下发《关于海事行政案件管辖问题的通知》。根据该通知,海事法院不再审理行政案件、行政赔偿案件,亦不审查和执行行政机关申请执行其具体行政行为的案件。2005 年,上海海事法院获准筹建洋山深水港区派出法庭,并于翌年 3 月 10 日正式成立。2006 年 6 月 20 日,最高人民法院下发《关于调整上海、宁波海事法院管辖区域的通知》,明确洋山港及附近海域发生的海事、海商纠纷案件由上海海事法院管辖。是年 9 月 24 日,上海海事法院新审判大楼竣工,院址由杨浦区杨树浦路 1360 号迁至浦东新区迎春路 567 号。

图 1-3-3 2005 年 3 月 10 日上海海事法院洋山深水港派出法庭揭牌成立

(照片提供:上海海事法院)

2007 年,连云港派出法庭由“巡回办案”转为“常驻办案”模式。2009 年 9 月 18 日,上海海事法院在江苏南通成立洋口港派出法庭。同年 10 月,该院成立上海亚太地区海事司法研究中心,致力于通过海事司法研究活动,整合国内海事法律研究资源,加强国际海事法律学术交流活动,培养海事法律人才,促进上海海事法律环境建设。是月 16 日,上海海事法院在互联网上开通上海国际海事法律信息交流网站,以海事司法为切入点，涵盖与此相关的航运、港口、贸易、金融等领域，集宣传、服务、咨询、交流、研究功能于一体，面向国内外航运界、司法界和学术界，广泛提供海事司法信息服务。

2010年9月14日，上海海事法院在江苏省启东市吕四港镇成立洋口港派出法庭吕四港巡回审判点。

三、上海海事仲裁机构

1978年前，在中国贸易促进会下设有中国海事仲裁委员会，作为专门的海事仲裁机构。1995年9月18日，上海仲裁委员会成立，遵循中国法律、参照国际惯例、按照仲裁规则，独立、公正、及时地受理并仲裁解决发生于平等主体的自然人、法人和其他组织之间的合同纠纷和其他财产权益纠纷。进入21世纪后，上海为提高国际航运中心的“软实力”，相继成立中国海事仲裁委员会上海分会、上海国际航运仲裁院、上海海事仲裁院等仲裁机构。

2003年，中国海事仲裁委员会上海分会成立，为中国海事仲裁委员会在上海设立的分支机构，以仲裁方式，独立、公正地解决海事、海商、物流争议以及其他契约性或非契约性争议。上海分会设有秘书处，负责处理日常事务，其仲裁员由北京统一管理。是年，中国海事仲裁委员会在上海地区聘请25名仲裁员。上海分会内部发行双月期刊《海事仲裁(上海)通讯》。

2009年5月25日，上海国际航运仲裁院成立，旨在为中外航运企业提供高效优质的仲裁法律服务，是上海仲裁委员会特设的专门审理航运交通、物流运输、海事海商、港口建设等纠纷案件的仲裁机构。上海国际航运仲裁院下设上海国际航运仲裁院调解中心和上海国际航运仲裁咨询服务中心。上海国际航运仲裁院调解中心地处上海北外滩，旨在搭建平台引入无仲裁协议的纠纷案件，促进市场主体自我解决争议。该调解中心为调解航运争议案件制定了《调解规则》，并聘请一批法律专家、著名学者、行业专家担任调解员，竭诚为当事人提供优质、高效、专业的法律服务。成立上海国际航运仲裁咨询服务中心，是顺应上海建设国际金融中心和国际航运中心的一项举措，也是航运界和法律界相结合的产物。该中心主要从事航运交通、物流运输、海事海商、港口建设、工程建筑、外贸商务、会展会务等法律咨询业务，依托国内外航运业相关部门的优势，发挥航运、法律专家和著名学者权威的特长，利用各种航运渠道信息，整合社会中介服务机构资源，助力推进航运金融、船舶交易、船舶管理、航运信息、航运经济等高端现代服务业，并为以上海为龙头、长江为轴线、苏浙及华东沿海其他省市为两翼的广大区域提供优质咨询服务。同年6月16日，上海海事仲裁院正式成立，其工作人员与上海国际航运仲裁院为同一套班子。

2009年底至2010年初，上海国际航运仲裁院两次增聘仲裁员，招募一批优秀人才充实仲裁员队伍。至2010年末，其仲裁员队伍已拥有80余名仲裁员，分别来自交通运输、海事海商相关的企事业单位、管理部门、大专院校以及专业律师事务所，其中经济领域专家占29%，学术领域专家占29%，法律领域专家占22%，行政领域专家占20%。

第三节　社　　团

一、上海船东协会

【沿革】

2005年2月25日，上海市船东协会举行首届会员大会，中海集团、中远集运、中外运集运、中波公司、马士基公司等49家上海地区船东代表出席会议。大会选举产生上海市船东协会第一届理事会,驻沪57家中外航运企业为上海市船东协会首批会员。同年4月18日,上海市船东协会正式成立。其业务主管单位为上海市城乡建设和交通委员会,登记管理机关是上海市民政局,同时接受上海市城乡建设和交通委员会、上海市交通运输和港口管理局及上海市民政局(社团管理局)的业务指导。上海市船东协会确定服务宗旨为:立足船东,面向行业,当好政府参谋,尽职尽力维护企业合法权益,充分发挥协会在政府与企业间的桥梁纽带作用,发挥专业特长,努力服务企业,促进行业自律,推进有序竞争。其主要职能是围绕市场调研、政策法律咨询、课题项目研究、信息服务、技术培训以及对外交流合作等方面为政府和企业服务。

2009年2月18日,上海市船东协会召开第二届会员大会暨二届一次理事会,审议通过《上海市船东协会章程(审议稿)》,选举产生新一届理事会成员,并聘请市有关部门和单位人员为协会顾问。同年11月10日,在该协会二届二次理事会上,审议通过将"上海市船东协会"更名为"上海船东协会",同时对协会章程作出相应修改。

2010年12月10日,上海船东协会召开二届三次理事会议,时有会员单位75家,其中包括中海集团、中远集运、中外运集运、中海集运、上海长航、中海发展、锦江航运、中海国际、新海丰集运、达飞轮船、马士基公司上海分公司等驻沪中外航运企业。

【主要活动】

当好政府参谋,协助政府部门加强市场管理,规范和维护航运市场秩序　2005年,上海船东协会成立之初,会同上海口岸协会、港口协会联合向政府有关部门提交《关于上海口岸超期"三废箱"处理情况的调研报告》;与相关船公司协商研究后,组建上海地区中日航线船公司经营自律委员会,起草并履行《上海地区中日航线船公司经营自律公约》和《公约实施细则》以及与协议相关的配套文件;并在原《上海地区中日航线经营自律协议》基础上,起草并实行《上海地区中日航线运价稳定协议》。2006年,协助市建委有关部门就上海承办2006年"中国航海节"内容进行申报工作;协助上海口岸工作领导小组就"上海口岸'5+2天'通关工作制"运行情况开展调研,配合上海口岸优化通关环境;组织召开"航运企业安全管理经验交流与研讨会"及"航运企业人事(船员)管理经验交流与研讨会",贯彻落实国务院、交通部有关安全生产指示精神,2007年始,先后与上海海事局和上海市港口管理局联合召开有40余家船舶管理公司领导出席的"上海地区船舶管理企业负责人会议暨上海船东协会船舶管理专业委员会成立大会",协助政府部门进一步规范本市船舶管理工作。召开"船舶管理工作研讨会",就船舶管理公司面临的困难和存在的问题进行交流探讨,配合交通部开展"船舶管理市场清理整顿专项行动"。根据上海市"知荣辱、讲文明、迎世博、建诚信"活动组委会建议,挂牌成立"上海航运业诚信企业创建办公室",全面负责推进上海地区所有航运企业的诚信创建工作。为配合上海国际航运中心建设,及时组织召开有关国务院《关于推进上海加快发展现代服务业和先进制造业,建设国际金融中心和国际航运中心建设的意见》政策解读报告会,并配合做好金融及法律配套服务,与中国银行上海市分行国际航运金融服务中心及上海国际航运仲裁院联合举办专题交流会。

维护航运企业合法权益,发挥协会在政府与企业间的桥梁纽带作用　2006年,参与完成对上海口岸呆滞箱问题的专项调研活动,积极反映船公司方面意见和建议。2008年下半年始,受国际金融危机影响,航运企业压力加大,该协会深入开展市场调研,向上海市各级政府主管部门反映情况,呼吁政府尽快落实支持航运企业发展的十项措施,在非常时期出台减轻航运企业税费负担的特殊政策，得到政府有关部门高度重视。同时紧跟航运市场形势，多次召开研讨会和座谈会，及时向政府主管部门反馈政策建议。2010年世博会期间，认真听取和反映相关航运企业就世博期间港口危险货物装卸、申报与监管过程中船期、成本等实际利益提出的意见和建议。促使政府主管部门在执法过程中作出相互协调，使确保世博安全与维护船东利益实现有机统一。

开展市场调研、项目研究、信息服务、政策业务咨询、技术培训及对外交流合作　2006年，就洋山港开港运营中出现的问题开展专题调研，并及时向有关方面反映、沟通。与上海国际金融研究会联合举办"上海金融界、航运企业合作发展交流会"，尝试构筑航运企业与上海金融界互惠互利、合作双赢的交流平台。2007年，成立专业航运咨询机构——上海世捷航运咨询有限公司，作为协会对外服务的窗口，致力于为政府部门、航运企业及相关领域提供专业、全面的咨询服务。对内贸集装箱航线经营状况开展调研并形成《关于"内贸集装箱航线经营状况"的调查报告》，取得政府支持，逐步改善内贸运输市场的营运环境。与中国进出口银行上海分行联合举办"航运企业融资策略选择研讨会"。与上海市交通运输和港口管理局联合召开"航运科技与安全国际会议2007"和"国际航运高级论坛"两次大型国际会议。

图1-3-4　"航运科技与安全国际会议2007"在沪召开
（照片提供：上海船东协会）

2008—2009年，先后会同上海市港口管理局、上海海事局、虹口区政府及上海海事大学联合举办"国际航运高级论坛2008·上海"。受上海市城市建设投资开发公司委托，承担跨年度课题《上海内河集装箱运输发展前景及建设方案研究》并通过专家评审。参与由市港口管理局牵头的《上海国际航运中心综合商务成本优化研究》与《上海国际航运中心航运文化建设研究》课题研究。根据上海市市长韩正的要求，圆满完成《上海国际航运中心未来发展面临的问题及对策研究》课题，经过充分调研，提出多项针对性及可行性较强的措施，获得市政府和有关专家肯定。与波罗的海国际航运公会合作，共同举办"上海海事大学和波罗的海国际航运公会共同研讨会"和"波罗的海国际航运公会新造船合同范本研讨会"等，以推动上海国际航运中心建设的开展。2008年内共为国内外业界与相关政府部门就国际航运市场、造船市场、物流市场、船舶融资、海事法律、海事仲裁、港航交流合作、国际合作意向、区域协调发展等提供咨询服务70余次；并举办"沪皖航商战略合作座谈会""航运市场形势分析暨企业经营策略交流会"与"航运企业发展策略交流会"等专题会议，为航运企业提供合作交流平台；与上海海事法院联合召开"航运金融法律论坛"，通过分析现代航运经济和船舶产业的发展动向，对船舶营运、管理、服务，特别是就航运金融法律问题开展前瞻性研究。2009年内先后完成《成立上海国际海员俱乐部可行性研究》《依托区域合作组织、加强沿江集装箱运输合作、促进上海国际航运中心与黄金水道的联动发展》《上海内河集装箱运输发展前景及建设方案研究》等7个决策课题研究；并先后与波罗的海国际航运公会（BIMCO）、劳氏船级社（Lloyd's Register）、丹麦出口协会、法国贸工部、香港船东协会、意大利船东协会、美国圣安东尼奥港、西雅图港、挪威船级社，西班牙商会、德国汉堡港、荷兰鹿特丹港、法国勒弗尔克港、英国船舶注册局、西班牙加利西亚自治区、意大利港口代表团等外商组织和机构进行交流与合作，增进中国航运企业与国际航运组织间的了解和友谊，扩大中国和上海航运在世界上的影响。同时，为政府有关部门及港航业界提供大量信息咨询服务，包括市工商管理局“如何促进本市航运中介服务业发展”、虹口区“如何加快北外滩航运服务业发展”、市政府“上海国际航运中心软环境建设方案”、浦东新区政府“推动陆家嘴航运服务产业发展”、交通部“船舶工业调整和振兴计划”征求意见的相关工作、市发改委“国际航运发展综合试验区相关政策”研究、市政协经济委员会“探讨上海‘十二五’规划编制工作”等；并参与上海国际航运中心软环境建设等20多个政府决策课题研究专家咨询任务，积极推动上海国际航运中心建设和上海航运服务业的发展。

出版发行协会会刊并承担行业志书《海洋运输卷》编纂任务 2005年8月，协会开始出版发行自己的会刊《上海航运》(月刊)，内容包括行业热点、数字与评论、经贸信息、航运市场述评(集装箱运输、干散货运输、油轮运输)、航运动态、内贸运输、港口动态、上海国际航运中心建设动态、口岸通关、物流纵横、船舶建造、船市行情、燃油市场、运价速递、案件传真、协会动态、会员园地等20多个栏目。至2010年底，已按时发行65期。因内容贴近实际，得到业界广泛好评。自2010年下半年起，该协会受上海市地方志办公室和上海市志交通运输分志编纂委员会委托，承担《上海市志·交通运输分志·海洋运输卷(1978—2010)》的编纂任务。

二、上海市国际货运代理行业协会

【沿革】

1991年8月，上海市对外经济贸易委员会为促进上海地区国际货运代理行业公平竞争、有序发展，提议组建上海市国际货运代理行业协会。翌年5月12日，召开协会发起人大会，根据大会决议，明确协会以“指导、服务、保护、协调”为宗旨，建立理事会(即会员大会)和常务理事会；选举产生协会第一任会长、副会长兼秘书长。同年7月7日，上海市民政局批复同意成立上海市国际货运代理行业协会。其组织机构为会员大会、理事会、常务理事会，秘书处为协会的日常工作机构。该协会是在我国改革开放不断深入，国际货运代理业快速发展趋势下，国内(除港澳台地区外)最早成立的省市级国际货运代理行业协会，是由本市国际货运代理企业自愿组建，经上海市社会团体管理局批准的跨部门、跨所有制的非营利性社团法人行业组织。

1995年5月，该协会第一届理事会第五次会议决定将协会组织机构从理事会(即会员大会)—常务理事会的二级机构，改为会员大会—理事会—常务理事会三级机构。第一届理事会由成员38家，常务理事11家组成。协会下设法律、规范服务及单证电脑三个专业委员会。

2008年11月27日，协会举行第五届一次会员大会暨一次理事会，确认有效身份会员534家参加，实际参会368家会员代表。会议选举产生第五届理事会成员90家，常务理事单位29家。

【主要活动】

维护行业和企业利益，沟通行业与政府联系 2000年6月，该协会有效抵制海外九家船公司以市场变化为由，停止支付从上海至东南亚的到付佣金，并下降其他航线FOB(装运港船上交货)运费佣金的行为，维护了本行业利益。2001年，就班轮公司要求降低美洲航线订舱佣金，出面协调，达成同意船公司提出的适当下调美国航线到付佣金的要求，并形成在航运市场形势好转时，相应按比例上调佣金的共识。2006年，及时回应报检电子申报营运商向货代企业大幅提高软件服务费收费标准问题的企业诉求，形成专题《关于商检电子申报收取软件服务费用的情况报告》，向政府有关部门反映，同时多次与电子软件服务商沟通，最终形成以递进式差别收费标准，维护了行业整体利益。2009年，全球金融危机造成进出口贸易严重滑坡和行业业务大幅下降，协会积极向国家有关部委和上海市人民政府反映，提出扩大全国物流试点企业范围，降低货代物流企业税赋比例；面对货代企业融资难问题，积极推动金融机构突破抵押货款的贷款模式，协助金融机构开发创新融资产品。2010年深圳发展银行首先推出航运货代保理业务，使广大中小货代企业融资有了新途径，为行业发展赢得较为宽松的政策环境。

协助政府部门规范货代市场，构建“公平、公正、公开”的国际货代市场环境　1996年9月，提出积极开展货代企业ISO国际质量认证（国际质量体系认证）的要求，促使ISO国际质量认证工作在上海货代行业全面展开，成为行业规范的重要途径，同时积极协助企业进行评审前的宣传及推进。2001年，协助市外经贸委对海运拼箱市场的“零运费，负运费”现象进行调查，相继制订《共同抵制海运拼箱“零运费”的公约》和拼箱市场指导价，以规范海运拼箱代理市场，促进供需双方公开，公平交易。2004年，围绕海运进出口集装箱服务收费标准进行调研，在征求企业意见基础上，整理拟定行业海运进出口集装箱业务服务指导价，经常务理事会议讨论通过后，向全体会员企业发布有关行业《海运进出口业务服务费指导价》的通知，向社会公开行业收费基本价格，防止乱收费；也对防止行业内恶性竞争起到一定制约作用。随着上海口岸国际贸易快速增长和货代企业数量大幅上升，各类业务纠纷也处于上升状态，其中业务合同争议占较大比重，为此协会从规范行业行为出发，会同市工商管理局，聘请专业法律工作者和行业内专家，先后制订《航空货运代理合同示范文本》（2004版）和《海运进出口代理合同示范文本》（2004版），为企业提供格式化合同文本，维护了合同双方合法权益。

推进行业自律，加强行业诚信体系建设　2000年，牵头召集相关专营企业会议，协商颁布自律公约，建立增强联系、相互督促的工作制度，使参加非贸业务自律的会员企业在规范服务中，实现赢利水平提升。同时，在上海海关支持下，建立上海非贸监管中心，既保障了海关监管的有效实施，又改善了非贸海运业务的通关环境。2003年，从加强行业诚信体系建设出发，开始有计划，分步骤地开展货代企业信用等级评估工作；连续三期举办“规范货代市场，促进诚信建设”的企业负责人培训班，宣传加强行业自律，打造货代市场诚信体系的客观必然性，并向全体会员单位发出《共筑诚信行业》的倡议书。为了形成符合本行业特点的企业信用评估标准，协会组织专家走访企业，在充分调研的基础上，形成具有行业特点和特色的八大评估指标以及与国际接轨的三等九级企业信用等级。为使评估工作更具科学、公平、公正和公信力，协会跳出“自我设计，自我评估”的工作框架，选用具备优质资质，拥有高素质人才团队的第三方品牌评估公司，作为本行业企业信用等级评估的实施机构，并在专业评估公司的支持下，细化八大评估指标，确保评估工作客观、公正、科学。2005年起，根据《上海市国际货运代理企业信用评估管理办法》，在全行业开展企业信用等级评估工作。按照“大力宣传，稳步推进，逐步提高”的工作原则和“自愿申报，协会培训，第三方评估，行业颁证”的工作流程，每年组织一次评估活动，引导企业把参加信用等级评估活动作为企业加强管理，完善制度，降低经营风险，提升服务水平的有效手段。经多年评估，一批诚信企业脱颖而出。协会对每年评出的A级（含A级）以上企业在媒体和协会网站进行公示和宣传，发挥诚信企业在行业中的示范引领作用。

开展行业从业人员的业务培训　1996年起，为解决行业培训无教材，从业人员无证书状况，组织有关院校教授及业内人士，编写近60万字的货代专用教材，在全国首先开展货代行业从业人员上岗证书培训。次年7月，第一期培训班开办后，培训数量持续上升，考试合格者获得上海市外经贸委颁发的货代从业人员上岗资格证书,从而促进货代从业人员业务素质的提高。随着货代从业人员资格证书培训影响力的扩大以及中国国际货运代理协会的成立,2002 年起,中国国际货运代理协会将上海货代行业从业人员资格证书提升为全国证书,并按照“六个统一”(统一组织、统一教材、统一时间、统一考试、统一阅卷、统一发证)的原则,在全国各省市货代行业推进货代从业人员上岗证的培训。其完整的教材体系,实用的教材内容,规范的考务组织在业内产生品牌效应和广泛影响,得到政府、企业、社会的肯定与认同。2004 年始,协会每年举办“货代法律风险与防范”“货代合同特点与风险”“供应商选择与操作注意要点”等法律知识系列培训;并配合货代责任保险,举办“物流保险知识”货代责任保险与海洋运输险讲座。2005 年,在推进进口集装箱提单电子化过程中,多次与市口岸办、亿通国际联合举办“进口集装箱提单电子化业务操作培训班”,通过具体讲解与演示,帮助会员企业业务操作人员尽快熟悉操作流程。2008—2010 年,先后举办“货代法律风险与防范”培训班、“美国海关贸易资料进阶防恐申报(10+2)研讨会”、空运销售代理上岗证培训、货代中高级管理人员系列培训班,以满足会员企业开拓业务、加强管理的实际需求。

三、上海市航海学会

【沿革】

1978 年,上海市航海学会成立。该学会是沟通政府部门与航海界联系的桥梁和纽带,也是航海科技工作者的交流平台。其办事机构由管理部、学术咨询部、《航海》杂志编辑部、磁罗经技术服务部、船舶技术工程经营部等部门组成。学会设有高级学术顾问委员会和船舶驾驶、机电、通讯导航、电子计算机、水运管理、海事法律、危险品运输、环保和防污染、航运信息和教育培训、船舶安全质量体系 10 个专业委员会。设有专门网站(http://www.shhhxh.com)。会员涉及上海地区的中外航运企业、海事机构(港监、船检、航管、法院等)、科研院校、物流代理、船舶工业、航运交易、渔业救捞等单位。该学会第一届理事会下设组织、普及、编辑、航海、轮机、水运管理、电子导航 7 个委员会。

1986 年,上海市航海学会在中国航海学会指导下,成立磁罗经技术服务部,为航经上海地区的船舶提供磁罗经校正服务。翌年 1 月,经上海市科技协会批准,学会成立“上海市科技咨询服务中心航海分中心”。

1991 年 5 月 14 日,上海市科技协会批准上海市航海学会为首批社团法人。2010 年,该学会有团体会员 64 家,个人会员 2 000 余名。荣获中国科协颁发的省级“学会之星”称号。

【主要活动】

开展技术咨询、技术评估等科技服务　学会成立后,先后为江浙沪经济开发区上海港发展规划、上海港水上交通管理系统、洋山深水港区船舶进出港安全、长江口深水航道安全航行、长江口、杭州湾、舟山群岛水域航路助航设施需求、黄浦江上游通航安全、黄浦江松江段分道通航等项目提供技术咨询;为崇明通航安全、中油中燃海滨油库码头扩建工程、上海港煤炭码头损害等提供技术评估;并为航运企业和相关领域编写安全管理体系文件。1987 年,承接并完成延安东路过江隧道江底地球物理调查工作,为过江隧道工程扫清障碍。此后,学会咨询部又完成南市水厂过江管道轴线钻探工程等多个项目,协助做好上海重大市政工程前期工作。20 世纪 90 年代初,承担上海市科协“二十一世纪上海对外交通发展战略研究”分课题研究,重点研究如何发展上海深水港区。该课题荣获1993年上海市科技进步二等奖。1995年，与广州远洋运输公司开展关于“海浪与船舶航行安全”专题研讨，就“如何进一步发挥上海港VTS系统(船舶交通管理系统)功能”，向上海海上安全监督局呈送“VTS系统进一步为船舶安全航行服务的九点建议”。2008年5月通过竞标，中标并开展上海世博局委托的“上海世博会水上(客运)交通组织与管理方案”课题研究，组织权威专家实地勘测，系统规划，科学论证，合理布局，精心组织模拟试验，技术方案及时通过专家评审。2009—2010年，在上海举办世博会之际，承担世博局工程部(指挥部水工项目部)委托的“上海世博会音乐喷泉项目水上工程对黄浦江通航安全影响评估”技术咨询项目，并及时完成咨询报告，保证了前期工程的如期竣工和该水域的通航安全。同时，“世博水工部”还委托学会承担该工程二期水上施工建设对黄浦江通航安全影响评估工作，学会于短时间内完成《世博园区庆典广场北侧大型音乐喷泉水景项目水上施工建设对黄浦江通航安全影响评估报告》，得到有关专家的肯定。受宝山区政府、上海海事局联合委托，学会组织专家开展发展邮轮经济、推进上海国际航运中心建设，研讨《吴淞口国际邮轮码头运营水上安全管理研究》项目，并如期通过评审，为制定科学的码头运营水上安全管理方案，保障大型国际邮轮靠泊及远期邮轮的安全运营提供了决策依据。

开展学术和文化交流 1987年6月，与浙江省航海学会联合召开“长江水道安全航行研讨会”。次年首次在上海举办“上海港黄浦江船舶安全航行学术研讨会”。1991年9月，承办沪港集装箱运输研讨会，组织大陆、香港和台湾地区集装箱运输专家、学者百余人就共同关注的集装箱运输问题，进行探讨，交流经验。1995年，经学会与日本创价学会波涛会多次商谈，为向上海人民展示海员生活，扩大航海事业在社会上的影响，并促进中日两国海员友好交流，与日方共同举行“中日海上生活摄影展览会”。学会还与日本波涛会、香港和台湾地区航运组织建立联络渠道，组团考察台湾地区航运企业。2008年，由上海市航海学会举办第二十届“苏浙闽沪三省一市航海学会学术交流会”。

图1-3-5 上海市航海学会主办的科普刊物《航海》杂志
(照片提供：上海市航海学会)

开展专业培训和航海科普教育 20世纪80年代，为帮助海员职工提高专业技能及获得合格证书，举办系列培训班。1984年4月始，由学会技术咨询服务部举办海员“四小证”培训班，对学员进行“海上求生”“船舶消防”“救生艇筏操纵”与“海上急救”的培训。1986年11月，受中国航海学会委托，在上海海运学院开办首期磁罗经校正师(员)考证培训班，并组织全国范围罗经师和校正师培训班和资格认证考试。同时分期举办“危险货物申报人员和装箱检查人员”培训班，组织该项目的资格认定和知识更新；开办IMO. MEPC107－108公约(防止船舶造成污染的国际公约)修正案学习班和船公司安全管理体系内审员培训班。1986年8月，为普及青少年航海知识，与上海市科协、共青团上海市委联合举办上海市青少年首次航海夏令营活动。此后，每年举办上海市青少年航海科普夏令营活动成为学会的一项制度性工作。2005年7月，积极参与纪念郑和下西洋600周年系列活动，参与举办中国“航海日”庆祝活动；参与中瑞友好使者“哥德堡号”与上海国际海洋文化节主题村的建设,协办以"'哥德堡'号与海洋文化"为主题的名家科普讲坛;并积极为中小学生开设航海知识讲座。

编辑出版行业刊物和有关科技书籍 1979 年 1 月,由上海市科技协会主管、上海市航海学会主办的《航海》杂志创刊,是为新中国成立后国内航海界第一本科普刊物,也是传播航海知识和文化的大众化期刊,成为学会、业界与社会各界及广大航海爱好者普及科学,交流信息的重要平台。该杂志面向海内外公开发行,双月刊,融航海学术交流、航海文化发掘、航海知识普及、航海生活展示等为一体。1979 年 9 月,创办中级技术期刊《航海技术》;1983 年起,由季刊改为双月刊,并由内部发行改为公开发行,由中国航海学会主办,上海市航海学会代管。该杂志为全国水路运输类中文核心期刊,被评为交通部优秀科技期刊,是航海工作者交流航海科研心得,切磋航海实践经验,解决航海技术难点、重点和热点问题的园地。为加强学会与广大会员联系,让广大会员更多了解学会活动情况,便于参与学会工作,学会于 1987 年 4 月 1 日首发《会员通讯》,并建立专门网站。同时,每月编辑《信息简讯》,收集、汇总、分析各类航运政策、经济、法规、技术等信息,提供会员单位参考。至 2010 年,学会已编辑出版一系列指导航海实践的科技书籍,包括《长江上海段船舶定线制规定》《上海黄浦江通航安全管理规定》《上海洋山港区及其附近水域通航安全管理规定百题问答》《航运公司安全管理内部审核培训教程》《船舶通讯导航设备实用手册》《英文航海日志记载要义》《上海港引航实用手册》《百年风涛——纪念吴淞商船学校建校百年》大型文献画册等。同年起,《航海》杂志改版为综合性科技期刊,立足上海国际航运中心建设,服务航运,服务社会。

第二篇

运 输 船 舶

唐宋时期，木帆船已被用于上海海洋运输。清开海禁后，上海境内沙船运输发展迅速，至嘉庆、道光年间，收泊于上海港的沙船多时可达 3 500 艘以上。鸦片战争后，上海辟为商埠，外国船只开始进入上海港，历时数百年的沙船海运渐被先进的轮船海运所替代。但往来上海与沿海各埠间的轮船一度均为外商船只，直至清同治十一年（1872 年）招商局在沪成立，上海始有本国轮船。其后 70 余年，上海从事海洋运输的本国轮船，无论在艘数、吨位还是技术性能上皆远逊于同期同地的外商轮船。民国 38 年（1949 年），国民党军队溃退时，沪上凡船龄较短，技术状况较好的船舶，大都被劫往台湾，有的则被凿沉或炸毁。

上海解放后，为发展海洋运输，国家投入大量资金，用于船舶更新和发展。自 20 世纪 50 年代始，在向国外购买和订造船舶的同时，各类国产客货轮、货轮、油轮陆续加入上海海洋运输。70 年代后期，集装箱船（时为半集装箱船）开始在上海海洋运输企业中使用；多用途船、自卸船、双体船等多种试用性船型也相继问世；同时加快淘汰耗能大的老式蒸汽机船。1978 年末，上海已拥有沿海运输船舶 139 艘，126.9 万载重吨，1.2 万载客位；远洋运输船舶 136 艘，213.7 万载重吨。整个行业的船舶技术状况得到改善，昔日老式落后的蒸汽机船多被设备性能较好的柴油机船替代。

中共十一届三中全会后，为适应上海及全国经济建设需要，提高航运市场竞争力，上海各海洋运输企业十分重视船队基础建设，通过购买、新造、租赁、改建、联营、与大货主战略合作等多种方式和渠道，调整和优化运力结构。随着各类技术性能好，适航能力强的新型船舶陆续建成，以及老旧船舶的淘汰和处置，上海海洋运输船舶总体规模和技术水平迅速提升。1990 年，以上海为船籍港的各类沿海运输船舶已达 272 艘，320 余万载重吨，2.5 万载客位。1992 年底，上海已拥有集装箱船、散装船、杂货船、滚装船、冷藏船、油船、化学品专用船等各类远近洋运输船舶 300 多艘、500 万载重吨，可航行于世界各地 700 多个港口。

20 世纪末和 21 世纪初，国家对船舶运力结构的调整和升级加快，并实行老旧船舶强制报废制度。根据交通部提出的"航运业结构调整的重点是运力结构、运输结构和航运企业结构。运力结构要从追求总量规模的外延扩张型向注重质量的内涵提高型转变，国内运力的总量在充分发挥市场作用的前提下，通过宏观调控实现供给和需求的基本平衡"的意见和要求，上海海洋运输行业的远洋、沿海船舶继续向大型化、专业化、现代化、年轻化方向发展，并重点发展大型散货船、大型油轮、各型集装箱船、滚装船、客滚船、液化气船等船型。由于注重建造符合"绿色环保"标准的船舶，将其作为转变行业发展方式的重点之一，在船舶的节能环保、经济性与适应性、自动化程度等方面亦得到优化。

及至 2010 年的 30 余年中，上海海洋运输行业在船舶运力建设上，实现多项从无到有，从小到大，从弱到强的重大变化：集装箱船队从市境内从无全集装箱船，到拥有多艘第五、第六代以及超大型集装箱船，并跻身世界前列。油轮船队从小船多、老龄和超龄船多，到以灵便型、巴拿马型、阿芙拉型和超级油轮（VLCC）为主力船型，可承担国内外各项石油运输任务。散货船队从以通用型、灵便型散货轮为主，到成批建造 20 万至 30 万吨级超大型矿砂船（VLOC）。杂货船队从只有传统的件杂货船，到拥有多艘装备 640 吨重吊的多用途船和 4 900 车位的大型汽车滚装船。在国家提出的“国轮国造”和“国货国运”方针指引下，大量由我国自主研发、自行设计建造、拥有完全自主知识产权的新型船舶先后投入上海海洋运输。全行业船舶类型多样、功能齐全、技术先进，且大中小型衔接、高中低档互补的格局逐步形成。在运力发展方式上，不少驻沪航运企业还从提高经济效益出发，积极实施从单纯拥有船舶向拥有和控制船舶并举的方向转变，通过加大租船工作力度，在有效控制和调整运力的同时，进一步壮大船队规模。其间，随着航运市场的对外开放和上海国际航运中心建设的逐步推进，越来越多的境外航运企业也加入上海海洋运输，进出上海港的各类境外船舶日益增多。（注：对境外船舶以及未在上海注册登记的国内船舶，本篇不作具体介绍）

2010 年，在上海注册的沿海运输船舶已达 478 艘（内含客船 3 艘），970 万载重吨，3.67 万标准箱位，996 人载客量；远洋运输船舶 382 艘（内含客货轮 3 艘），2 103 万载重吨，89.33 万标准箱位，856 人载客量。

第一章 集装箱船

20 世纪 70 年代末，上海海洋运输行业开始配置和发展集装箱船。初以半集装箱船和小型全集装箱船居多。后随着集装箱水运的迅速发展，集装箱船舶更新换代也同步加快。至 2010 年，通过买造并举、租造结合等多种方式和途径，大批具有世界先进水平的不同类型、不同规格的集装箱船舶相继投入上海海洋运输，为上海沿海和远洋集装箱船队实现大型化、现代化、规模化，增强在国内外航运市场的竞争能力奠定运力基础。

第一节 规模结构

1977 年 12 月，上远公司从国外购进“平乡城”轮，是为上海海洋运输行业拥有的第一艘半集装箱船。1982 年，该公司从国外购入二手集装箱船“沭河”轮，并在国外建成集装箱船“汾河”轮，分别为该行业最早购入和订造的全集装箱船。及至 1992 年的十余年间，上远公司先后在德国、日本和国内船厂承接 37 艘集装箱船，全部投入远洋集装箱班轮运输。其中载箱量（亦称箱位）2 700 标准箱（即以长度为 20 英尺的集装箱为国际计量单位，也称国际标准箱单位，以下均以英文缩写 TEU 表示）的 5 艘，为当时新型的第三代集装箱船舶（注：国际上常以集装箱船载箱量多少进行分代，如第一代集装箱船载箱量 700～1 000 TEU；第二代集装箱船载箱量 1 000～2 000 TEU；第三代集装箱船载箱量 2 000～3 000 TEU）。

同一时期，驻沪其他集装箱运输企业也对运力进行扩充。1985 年 5 月起，锦江航运先后购置集装箱船“通洋”“通运”“通州”“通联”“通顺”“通利”和“通展”轮行驶近洋航线，其单船载箱量自 191 至 443 TEU 不等。1988—1992 年，新海航业先后置有“新海腾”“新海华”“新海宁”“新海虹”“新海隆”5 艘集装箱船，定额载箱量共计 2 077 TEU。1989 年，海华轮船购进“秀山”号全集装箱船 1 艘，载箱量 185 TEU。1992 年底，上海海洋运输行业共有集装箱（含半集装箱）船 60 艘，近 5.8 万 TEU，其中上远公司 43 艘，5.03 万 TEU；锦江航运 7 艘，2 361 TEU；新海航业 5 艘，2 077 TEU；海华轮船 5 艘，2 438 TEU。20 世纪 90 年代前期，海兴公司也开始经营集装箱运输，分别在韩国、罗马尼亚订造 2 艘 316 TEU 和 2 艘 500 TEU 全集装箱船。

1992—1999年,鉴于集装箱运输业务发展迅速,运力不足的矛盾较突出,上海海洋运输行业在加紧订造、购买船舶的同时,亦加强集装箱船舶的租赁经营。其中,上远公司在总结往年租船工作经验基础上,对集装箱船舶租赁业务作出进一步探索:1992年续租1轮投入美西航线,使美西周班航线船型结构更趋合理。次年,先后以光租形式租入1轮投入宁波—日本航线和开辟上海—越南航线;租入1轮投入上海—日本航线;租入1轮开辟上海—张家港、镇江等长江内支线;从而不仅使公司短程支线运输竞争力增强,而且使其环太平洋集装箱干线运输优势得到发挥。1994年,该公司又适时把自营较困难的集装箱船期租出去,借以提高经济效益,全年共期租船舶15艘,取得可观收益。该公司认为“租船是远洋运输生产的一个重要经营方式,是充分利用运力的一种手段,只要对公司有利,租出租进业务都可以开展,应学会用人家的船做自己的生意”。

1997年,中海集团成立之初,仅有5艘自有小型集装箱船,加上光租、期租的10艘小船,组成最初的集装箱运输船队。其单船载箱量最大的只有614 TEU,最小的仅为113 TEU,共计5 705 TEU。不仅船小、船型落后,而且经营范围大多局限于沿海集装箱运输市场。时值亚洲金融危机爆发,因经济萧条,航运业疲软,国际航运市场上有不少船公司被迫卖船、拆船或低价出租船舶。为大力发展集装箱运输,该集团抓住有利时机,实施“反周期运作、低成本扩张”战略,通过改装船、租船和造船三管齐下,扩大集装箱船队运力规模。一方面将数十艘老旧散杂货船,改装为集装箱船,交由所属中海集运经营,既增加运力,也降低成本,靠着这批船发展近洋集装箱运输;一方面趁着航运市场低迷,租船市场租金低廉,及时租进大批低价优质集装箱船,借以开设欧洲、地中海、美东、美西等航线,拓展远洋集装箱运输。1999年末,中海集运共经营自有和租赁船舶93艘,9.84万TEU,分别为上年的2倍和5倍。

21世纪初,世界航运市场仍不景气,船价普遍低廉。特别是美国“9.11”事件发生后,航运市场一路下滑,造船和租船价格更为便宜。上海海洋运输行业抓住有利时机,以订造和租赁相结合,在短时间内添置多艘技术性能先进的集装箱船,有效扩大了全行业集装箱船队规模。2000—2001年,中海集运先后在上海、大连等地订造8艘5 668 TEU型、4艘4 100 TEU型集装箱船,并有2艘在国外订造的5 754 TEU型船建成交付使用。与之同时,积极租赁集装箱船舶,仅2000年就租船25艘(长期租船),包括12艘2 500 TEU、8艘4 050 TEU和5艘5 600 TEU型集装箱船,投入远洋航线营运。据粗略统计,1998—2002年的租船、造船价格共为该公司节约成本约6.2亿美元。中远集运针对中国加入世贸组织后进出口货量会有所攀升,合理优化航线配置,抓紧建造不同类型的集装箱船,至2001年底已拥有各类集装箱船114艘,总箱位逾24万TEU,其中含可装载5 250～5 446个标准箱的,具当时世界先进水平的超巴拿马型(注:本卷集装箱船以载箱量大小分类,2 000 TEU以下为灵便型;2 000～4 000 TEU为次巴拿马型;4 000～5 000 TEU为巴拿马型;5 000 TEU以上为超巴拿马型)集装箱船13艘。同时不失时机地以低租金租入船舶,降低航线经营成本,增强市场竞争力。仅2000年内就先后租入船舶13艘,投入各航线营运,箱位总计3.1万TEU,载重吨总计31.1万吨。锦江航运在自身资金有限的情况下,确立“小步快跑,稳健扩张”的原则,以或租或买的多种灵活方式,分批、分阶段更新运力,2000年后4年间不仅运力结构整体改善,且平均船龄下降近7年。

2003年,经历数年低谷的世界航运业出现转机,集装箱运输市场有所回暖。上海海洋运输的集装箱船队规模也随之加速扩张。2003—2004年,中海集运先后订造(4艘)和租赁(4艘)8艘9 600 TEU集装箱船、订造4+1(注:即先签订4艘,再视情续签1艘建造合同)艘8 530 TEU集装箱船。2004 年底,该公司共拥有 64 艘集装箱船、包括 5 艘 8 500 TEU 船,总箱位 36.9 万 TEU,平均单船箱位 5 700 TEU;另有 5 艘 8 530 TEU 和 8 艘 9 600 TEU 集装箱船正在建造之中。同年,由韩国船厂为中远集运建造的 5 艘 8 000 TEU 系列集装箱船陆续竣工交付,这组超巴拿马型集装箱船由德国一家集装箱船租赁公司订造,中远集运长期租赁经营,使其大型集装箱船运力进一步提升。当年 12 月,该公司又向中外船厂各订造 4 艘当时世界最大的 1 万 TEU 集装箱船。是年底,该公司共经营集装箱船舶 123 艘、总箱位 30 万 TEU,箱位数比上年增长 16.7%;其中含 5 000 TEU 以上超巴拿马型集装箱船 19 艘,8 000 TEU 以上大型集装箱船 5 艘。

2005 年 12 月,上海洋山深水港区开港。为配合该港区集装箱码头建设,充分利用长江至洋山航道资源,由上海船研所承担的上海市科委重点攻关项目"洋山深水港江海联运集装箱船型开发",于 2006 年 11 月通过上海市科委组织的专家组验收。该项目开发的"298 TEU 江海型""汉洋 300 TEU 江海型""400 TEU 中转联运型"三种集装箱船型,可促进长江沿线至洋山深水港的集装箱水上运输发展,提高上海国际航运中心水上集装箱疏运比例。2008 年 1 月,由中远集运所属泛亚航运订造的一批 300 TEU 江海型集装箱船,即为在其基础上优化而来。翌年 8 月,上海长航所属新洋山公司第一艘 400 TEU 集装箱船投入运营,是为当时长江内箱位量较大的江海联运疏运船,其采用"浅吃水肥大型"技术,可重载全年通航于武汉—洋山沿途各港。

2006 年前后,世界各大班轮公司为降低单位成本,提高赢利空间,取得市场主导地位,使集装箱船队结构调整中的船舶大型化趋势日益凸显。在亚洲/欧洲、亚洲/北美、欧洲/北美 3 大东西向航运主干线上,6 000 TEU 以上、吃水 13 至 15 米的超巴拿马型集装箱船成为主流船型,8 000 TEU 乃至 1 万 TEU 以上的超大型集装箱船越来越多。中远集运、中海集运等上海主要集装箱运输企业的船舶也趋于大型化。中远集运在 2006 年稳妥实施运力升级和结构调整,全年承接新船 24 艘,运力增幅达到 24%;尤其是 2 艘 8 204 TEU、5 艘 9 449 TEU 超大型船舶投入运营后,船队实力大为增强。至是年底,其平均单船箱位已达到 2 800 TEU。根据企业中长期运力发展计划,该公司确定的 2007—2010 年船舶订单总量为 26 艘船舶、合计箱位 17 万 TEU,年均运力增幅保持在 11%左右。2007 年 6 月,中海集运共经营集装箱船舶(包括自有船舶和租赁船舶)151 艘,载箱量合计 42.7 万 TEU,其大型集装箱船舶在整个船队中占有重要比重,可为客户提供全方位运输服务。是时,该公司经营的 4 000 TEU 以上大型船舶共有箱位 34.07 万 TEU,占其总运力的 79.8%;其中 7 000 TEU 以上船舶比例达到 26%。全部集装箱船舶平均船龄 7.6 年,远小于全球集装箱运输行业 11.5 年的平均船龄;且船龄小于 4 年的新船舶占总运载能力的 65%,不同类型船舶的平均船龄也都低于行业水平。船队的大型化和年轻化,不仅使该公司船舶运营效率提高,船速提升,也有效降低了船舶修理成本及单箱成本。在重点企业集装箱船舶趋向大型化的同时,上海也有部分船公司,如新海丰集运坚持以发展适用性和灵活性较强的 1 000 TEU 左右的小型集装箱船为主,使集装箱航运服务覆盖中国、日本、韩国、东南亚诸多港口。2010 年,该公司经营的集装箱船舶中有 85.7%属 1 000 TEU 船型。

"十一五"计划期间,国家大力推进民族造船工业发展。倡导集装箱船国产化设计和建造,从而为上海海洋运输行业调整和发展集装箱运力提供良好条件。2007—2009 年,中国船舶工业集团公司(以下简称中船集团)为中海集运建成的 5 艘"新亚洲"类型船先后交付使用。该系列船为当时国际航运市场上具先进水平的第六代(载箱量 8 000 TEU 以上)超巴拿马型集装箱船,对该公司增强国际市场竞争能力起到有力的促进作用。2008 年 4 月,中外合资南通中远川崎船舶工程有限公司(以下简称中远川崎)为中远集运建成 1 万 TEU 集装箱船"中远大洋洲"轮。同类型船共 8 艘(中远川崎建造 4 艘)相继建成后全部投入欧洲航线运营,标志着中远集运欧洲线运力升级的全面启动,受到沿途各港口密切关注。"十一五"计划后期,全球金融危机使世界航运市场急转直下,上海海洋运输行业因有大量新建成的大型集装箱船待用,且有大批在建集装箱船有待问世,运力增长过急造成的运营压力初显。

2010 年末,上海海洋运输行业经营的集装箱船舶(含在市境外注册船舶)已超过 400 艘,120 万 TEU,且种类多样,技术性能先进,既有超大型的 1 万 TEU 集装箱船,也有适用于支线运输的小型集装箱船,可满足国内外不同货主的不同需求。其中,中海集运经营集装箱船舶 143 艘、50.59 万 TEU(上市公司统计口径),并形成以 4 000 TEU 以上集装箱船舶为主力的船队结构。中远集运经营集装箱船舶 150 艘,61.5 万 TEU,其中 5 000 TEU 以上船舶占总运力比例达到 69%。该两家公司均已跻身世界十大班轮行列,分别排名第 9 位和第 8 位。中外运集运经营集装箱船舶 33 艘,3.27 万 TEU。锦江航运经营集装箱船舶 8 艘,6 640 TEU。新海航业经营集装箱船舶 3 艘,1 770 TEU。新海丰集运共经营集装箱船 49 艘,其中自有船舶 15 艘,1.26 万 TEU。这些船公司经营的集装箱船舶中,既有企业自有船舶,也有以多种形式租赁使用的船舶,体现出"买造结合、租造结合"的运力发展方针。是年,在上海注册的集装箱船共 454 艘,1 226 万载重吨,94.02 万标准箱位。其中沿海 88 艘,63.2 万载重吨,3.67 万标准箱位;远洋 256 艘,1 143.5 万载重吨,89.09 万标准箱位。

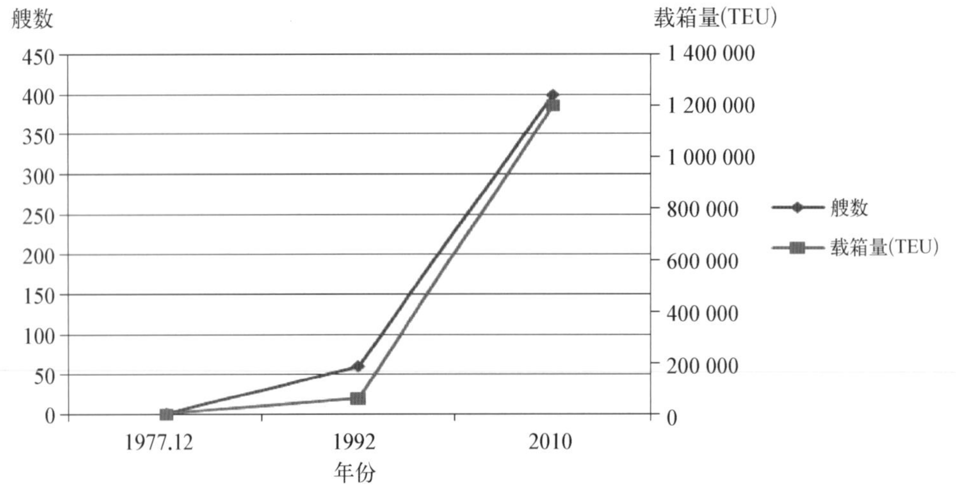

图 2-1-1 上海海洋运输行业集装箱运力变化图

(本卷编纂室制作)

第二节 主要船型

一、半集装箱船

1977 年 12 月,上远公司从国外购进上海海洋运输行业第一艘半集装箱船"平乡城"轮。该轮可同时装载集装箱和杂货,1969 年 3 月由联邦德国建造。其为球鼻型船艏,方型艉,机舱位于艉部,半平衡舵,总长 117.70 米,型宽 18.00 米,型深 10.00 米,最大高度 37.50 米;登记总吨(闭式/开式)5 376.38/3 368.21 吨,净吨(闭式/开式)2 777.74/1 398.26 吨;夏季载重量 7 047 吨,满载排水量

1.04 万吨，夏季吃水 7.91 米；主机功率 2 565 千瓦，营运航速 15 节，航行耗油 22 吨/天。船上有包装舱容 8 778 立方米。甲板和舱内分别可装载标准集装箱 70 TEU 和 107 TEU。船舶定员 30 人，救生艇定额左右各 36 人。船上有甲板起货机 5 台，最大起重力 22.5 吨。

1978—1983 年，上远公司又先后从联邦德国、芬兰等国购进“熊岳城”“抚顺城”“鄂城”“聊城”“顺江”“临江”等 6 艘二手半集装箱船。至 1983 年底，该公司共拥有半集装箱船 7 艘，载箱量合计为 2 245 TEU。

图 2-1-2　半集装箱船“平乡城”轮

（照片提供：中远集运档案室）

二、灵便型集装箱船

【“沭河”轮】

1982 年 12 月，上远公司从日本买进 1 艘 1978 年建造的二手集装箱船，命名“沭河”轮。是为上海海洋运输行业购入的第一艘全集装箱船。（注：本节以下部分记述的集装箱船均为全集装箱船）该轮为球鼻型船艏，方型船艉，机舱位于船艉部，总长 107.0 米，型宽 18.4 米，型深 9.25 米，最大高度 40.2 米，总载重吨 8 056 吨，营运航速 14.5 节，续航能力 8 000 海里。全船两个货舱，舱容积 1.15 万立方米。额定载箱量 296 TEU，其中甲板载箱（含冷冻箱 10 只）126 TEU，舱内 170 TEU，主机功率 2 809 千瓦。该船买进后一直固定在中国—东南亚各线运行，后改名“美达”轮。2010 年前，该轮已退出营运。

【“洛河”类型船】

20 世纪 80 年代前期，上远公司在联邦德国订造“洛河”类型集装箱船。同型船有“洛河”“汾河”“青河”“唐河”“沙河”“辽河”“春河”“秋河”“银河”和“潮河”等共 10 艘。该型船为球鼻型船艏，方型船艉，半平衡舵。总长 170.02 米，型宽 28.40 来，型深 15.45 米，最大高度 51.6 米，总载重吨 2.6 万吨，甲板载箱定额 642 TEU，舱内载箱定额 592 TEU，有冷藏箱插座 60 只。这批船中的“汾河”轮交船最早（1982 年 9 月），为上海海洋运输行业在国外订造并交付使用的第一艘全集装箱船。1985 年，按照中远总公司安排，上远公司将该型船中的“汾河”“青河”“唐河”“银河”等轮交由广州远洋运输公司经营管理。1998 年中远集运成立后，该型船均由该公司经营管理。1999 年，“汾河”“青河”“唐河”轮退役。2010 年，“沙河”“辽河”“洛河”轮退役。至 2010 年底，“春河”“秋河”“银河”和“潮河”等 4 轮仍由中远集运所属泛亚航运用于集装箱运输。

【“通”字头集装箱船】

1983 年，锦江航运在沪组建后，为发展上海—日本、东南亚、韩国等航线的集装箱运输，自 1985 年 5 月至 1989 年 9 月，先后买进一批命名以“通”字当头的集装箱船，即“通洋”“通运”“通州”“通联”“通顺”“通利”和“通展”等。这些船多为 20 世纪 70—80 年代由联邦德国和中国台北等地建造，载重量自 3 000 吨至 1.4 万吨不等，载箱量自 191 TEU 至 443 TEU 不等。至 2010 年，这批船舶已先后退出营运。

【"商城"类型船】

1984年11月,上远公司由大连船厂建成和交付使用1艘多用途集装箱船"商城"轮。该船为航行阻力小的球鼻型船艏,方型船艉。机舱位于船艉部。半平衡舵。总长147.5米,型宽22.2米,型深10.9米,最大高度44.7米,总载重吨1.3万吨,主机功率4 985千瓦。全船3个货舱,舱容积1.6万立方米。甲板载箱量420 TEU,舱内载箱量340 TEU,总计760 TEU,有冷藏箱插座40个。同类型船还有1984年12月建造的"高城"轮、1985年12月建造的"滨城"轮和1987年11月建造的"松城"轮。1998年中远集运成立后,该型船均由该公司经营管理。2008年,"商城""高城"轮退役。2009年,"滨城""松城"轮退役。

【"汉江河"类型船】

1984年,上远公司为开辟中国至日本、东南亚地区支线运输,需要数百箱位的中小型集装箱船。经中远总公司统一安排,在日本建造一批420 TEU的"汉江河"类型集装箱船。1984年9月,"汉江河"轮交付使用。同类型船共5艘,即"汉江河""汉水河""汉涛河""怀来河"和"怀集河"。该型船为球鼻型船艏,方型船艉,半平衡舵。总长126米,型宽21.4米,型深10.2米,最大高度41.75米,总载重吨9 509.9吨,营运航速15节,续航能力9 500海里,主机功率3 691千瓦。全船3个货舱,舱容积1.2万立方米。甲板载箱定额212 TEU,舱内载箱定额210 TEU。此类型船投产后长期作为支线船在中日航线运行。1998年中远集运成立后,该型船均由该公司经营管理。2008年,"怀集河""怀来河"轮先后退役。2009年,"汉江河""汉涛河"和"汉水河"轮先后退役。

【"香河"类型船】

1985年4月,上远公司接收由联邦德国建造的集装箱船"香河"轮。该船为球鼻型船艏,方型船艉,半平衡舵。船舶总长200.48米,型宽28.40米,型深15.6米,最大高度51.59米,总载重吨3.1万吨,主机功率8 824千瓦。主机为驾驶台集中控制即无人机舱。全船6个货舱,舱容积4万立方米,最大载箱量1 686 TEU,其中甲板载箱量852 TEU,舱内载箱量834 TEU,内含冷冻集装箱插座108个。同类型船还有"玉河""冰河""庄河""松河"轮,均由联邦德国建造。该类型船出厂后长期作为干线船在中国—西欧航线运营。1998年中远集运成立后,该型船由该公司经营管理。至2010年底,"香河""玉河""冰河""庄河""松河"等5轮仍由中远集运所属泛亚航运用于集装箱运输。

【"桃河"类型船】

自1987年11月至1988年3月,上远公司陆续购入丹麦马士基轮船公司5艘集装箱二手船,分别命名为:"桃河""惠河""顺河""益河"和"剑河"轮。这些船舶为1968—1969年间由挪威和瑞典船厂建造,后作过船体接长重大技术改造,船舶技术状况较好,单船额定载箱量1 414 TEU,其中含冷藏箱60 TEU。该5艘船买进后即投入香港—美西定班航线运营,并在中国首先实行星期班运行方式(即每星期固定一天开出一艘船),使服务能力得以提高。该型船由上远公司用至1997年。

【“新海”字头集装箱船】

1988年3月，新海航业与中外运上海公司共同投资，合作经营两艘命名以“新海”当头的集装箱船，即“新海腾”(载箱量403 TEU)和“新海华”(载箱量230 TEU)轮，行驶上海—日本和上海—香港航线。以后随着集装箱运输的发展，又陆续购置3艘二手小型集装箱船，分别命名为“新海宁”“新海虹”“新海隆”等。至1992年，新海航业拥有5艘“新海”字头集装箱船，载箱定额共计2 077 TEU。至2010年，这批船舶均已退出该公司营运。

【“向”字头集装箱船】

1994年3月，上海海运第一艘集装箱船“向秀”轮首航韩国釜山，开辟上海—釜山集装箱班轮航线。该轮4 018总吨，316 TEU载箱量，1994年由韩国建造。2008年6月27日，经中海发展2008年第十二次董事会议批准，该公司将所属“向兴、向珠、向秀、向达、向旺”5艘以“向”字当头命名的集装箱船，以总价3 652万美元的价格出售给关联公司浦海航运(香港)经营。该5轮中除“向珠”(载箱量514 TEU)由罗马尼亚建于1998年外，其余均为韩国1994—1995年建造(载箱量自316～392 TEU不等)。2010年，这批船舶仍由浦海航运经营中。

图2-1-3 上海海运局首艘集装箱船“向秀”轮
(照片提供：中海集团宣传部)

【“凌云河”类型船】

1998年10月至2000年9月，中远集运在上海和大连两地订造和接收9艘“凌云河”类型集装箱船，分别命名为“虹云河”“瑞云河”“白云河”“祥云河”“腾云河”“青云河”“飞云河”“华云河”“凌云河”轮。该型船总长179.7米，型宽27.6米，型深15.9米，总载重量2.25万吨，载箱量1 702 TEU，航行时速20.2海里，续航能力1.3万海里。船舶建成后被投入中澳航线运营，结果显示船舶技术性能符合设计要求，尤其是船舶稳定性和速航性已达当时世界先进水平。至2010年底，该型船仍由中远集运使用中。

【“松子”类型船】

1999年1—5月，中远集运先后接收3艘在日本船厂订造的干/冷集装箱船“松子”“竹子”“梅子”轮，投入该公司经营的中日“绿色快航”航线。该类型船总长138.03米，型宽22.40米，型深11.30米，9 509载重吨，载箱量564 TEU，有冷箱插座222个，实际航速17.50节，主机功率7 208千瓦。2010年该3艘船仍由中远集运使用中。

【“中远樱花”类型船】

2001年2月至2002年1月，中远集运在日本订造和接收3艘全冷藏集装箱船，即“中远樱花”“中远兰花”和“中远菊花”轮。该类型船总长138.0米，型宽22.0米，型深11.3米，9 290载重吨，542 TEU载箱量，有冷箱插座400个，实际航速18.0节，主机功率7 860千瓦。在此前已建成使用的“松子”系列船舶(详见本目“松子”类型船)基础上,“中远樱花”类型船的技术规格作了较大修改,船舶性能提高。其冷藏箱装载量从 222 TEU 增加到 400 TEU;船速增加到 18 节并增加侧推器;采用中央冷却系统;全船配备局域网。至 2010 年底,该类型 3 艘船仍由中远集运使用中。

【“浦海 211”类型船】

2004 年前后,中海集运集运箱运量增长迅速,每年约有 25 万 TEU 进入长江,由其所属浦海航运租用 50～130 TEU 集装箱船舶运输。为发展长江支线运输,更好为干线服务,该公司决定按照交通部推广的标准化船型,订造一批专用于长江支线运输的集装箱船。2004 年 7 月始,由浦海航运在安徽芜湖地区陆续签订 12 艘 202 TEU 集装箱船的建造合同。至 2006 年 8 月,同类型 12 艘船先后建成并投入运营,分别命名为“浦海 211”“浦海 212”“浦海 213”“浦海 215”“浦海 216”“浦海 217”“浦海 218”“浦海 219”“浦海 226”“浦海 227”“浦海 228”“浦海 229”轮。这批船舶为国家推广的长江中下游集装箱运输标准船型,结构科学,船体强度较高,安全性能较强。其总长 88 米、型宽 15.6 米、型深 5.6 米,载重 3 504 吨,为浅吃水肥大型船舶。投入运营后,有效提升了浦海航运经营长江支线运输的自有船队规模。2010 年,该类型船仍由浦海航运使用中。

【300 TEU 江海型集装箱船】

2006 年 11 月,由上海船研所承担的上海市重点科技攻关项目“洋山深水港江海联运集装箱船型开发”项目,通过上海市科委组织的专家组验收。专家组认为该所开发的“298 TEU 江海型集装箱船”“汉洋 300 TEU 江海型集装箱船”等多个船型结构合理,船型快速性能处于国内领先水平,其提出的长江干线集装箱江海联运运输方式现实可行。

图 2-1-4 汉洋 300 TEU 江海型集装箱船

(照片提供:中海集团宣传部)

2008 年 1 月,泛亚航运在江苏南通地区订造 9 艘 300 TEU 江海型集装箱船,总造价近 3 亿元,自 2009 年上半年起分 5 期交货。这 9 艘船都是在“汉洋 300 TEU 江海型”集装箱船型基础上优化而来,主要航行武汉—大、小洋山;船舶总长 108 米,型宽 17 米,型深 8 米,设计航速 21 千米/时,载重量 4 899 吨。2010 年 4 月和 8 月,9 船中的“泛亚洋山”“泛亚江阴”轮已先后交付使用。其余“泛亚太仓”“泛亚南京”“泛亚张家港”“泛亚南通”等轮仍在建造中。

【“长航洋山 1”类型船】

2007 年 8 月,新洋山公司在沪新建成的 400 TEU 集装箱船“长航洋山 1”轮交付使用。该轮载箱量达 436 TEU,为当时航行长江载箱量最大的江海联运疏运船。该船总长 122.8 米,自重 3 000 多吨,采用“浅吃水肥大型”技术,具有无舱盖、双尾鳍的设计特点,可重载全年通航于武汉—洋山沿途各港。其投入运营改变了当时长江集装箱船单船成本高、航速慢、装箱量少的状况。同年 10 月,“长航洋山 1”的姐妹船“长航洋山 2”轮也建成下水。2010 年,该类型船仍由新洋山公司用于江海联运。

【“中海东京”类型船】

2008 年 2 月，为发展中日航线集装箱运输，中海集运以新建成的 907 TEU“中海东京”轮首航日本东京港。同类型船共 4 艘，分别为“中海东京”“中海名古屋”“中海大阪”“中海横滨”轮。该型船总长 145 米，型宽 22.38 米，航速 17.2 节，总载重量 1.26 万吨，功率 7 860 千瓦。其中，除“中海横滨”建于 2009 年外，其余 3 艘均建于 2008 年。该型船建成后均用于中日航线集装箱运输。

三、次巴拿马型集装箱船

【“泰河”类型船】

1989 年起，上远公司利用低息贷款在英国和联邦德国订造 5 艘载箱量 2 700 TEU，自动化程度较高的集装箱船。是年 9 月接收由英国建造的第一艘船“泰河”轮。该船为球鼻型船艏，方型窗框式船艉，半平衡舵。船舶总长 236.12 米，型宽 32.2 米，型深 18.6 米，总高 46.6 米，总载重吨 4.6 万吨，舱内安置固定集装箱的格栅型装置。船上装有降低阻力的导流罩，营运航速 19 节，续航力 3 万海里，主机功率 1.5 万千瓦，由电气遥控操纵。全船 6 个货舱，舱容积 5.85 万立方米。额定载箱量全船 2 716 TEU，其中甲板 1 302 TEU(含冷藏箱插座 90 个)，舱内 1 414 TEU。1990 年 3 月，由英国建造的同型船“普河”轮投入营运。另外 3 艘同型船舶由联邦德国建造，船名分别为“民河”(1989 年 10 月交船)“东河”(1990 年 1 月交船)“高河”(1990 年 11 月交船)。该型船建成后固定在香港—美国西海岸航线运营。至 2010 年底，此类型 5 艘船仍由中远集运经营和管理。

【“中海巴拿马”类型船】

2006 年 2 月，中海集运与 Seaspan Corporation(西斯班船舶管理有限公司)签署 8 艘 2 500 TEU 集装箱船租船合同。该 8 艘船分别于 2008 年和 2009 年建成，并由中海集运租赁经营。船名分别为“中海巴拿马”“中海卡亚俄”“中海利马”“中海曼萨尼约”“中海蒙特维多”“中海圣保罗”“中海圣地亚哥”“中海圣何赛”。其中除“中海卡亚俄”和“中海曼萨尼约”轮建于 2009 年外，其余 6 轮均为 2008 年建造。该型船总长 208.9 米，型宽 29.79 米，航速 22 节，3.4 万总载重吨，2 500 TEU 载箱量，主机功率 2.2 万千瓦。

四、巴拿马型集装箱船

【“新重庆”类型船】

2003 年 9 月，中船集团所属沪东中华造船(集团)有限公司(以下简称沪东中华船厂)为中海集团建造的 4 100 TEU 集装箱船“新重庆”轮交付使用。同类型船共 4 艘，即“新重庆”“新南通”“新苏州”“新扬州”轮，分别于 2003 年和 2004 年建成和投入运营。该型船总长 262.9 米，型宽 32.2 米，型深 19.3 米，设计吃水 11 米。其设计合理，安全性、适航性等各项技术指标都达到当时世界先进水平。最后建成的“新扬州”轮还配备有岸电装备，专门为停靠防污染要求较高的美国洛杉矶码头设计。至 2010 年底，该类型 4 艘船舶都由中海集运用于内外贸班轮航线运输。

【“新洋山”类型船】

2003 年 12 月至 2006 年 11 月，中海集团及其控股的中海集运先后在上海、大连两地船厂订造和接收 4 250 TEU 集装箱船 18 艘。该类型船是在 4 100 TEU“新重庆”类型船基础上进行优化设计、开发的新品种，其载重量、载箱量和航速等技术指标都有新的提高。2005 年 4 月，由沪东中华船厂建造的该系列首艘船舶“新洋山”轮竣工交船，并投入中海集运内贸航线运营。该轮总长 263.23 米，型宽 32.2 米，型深 19.3 米，4.15 万总吨。船上配备电子海图、黑匣子、航线记录仪、卫星导航等设备，是当时国内具先进水平的巴拿马型集装箱船。同类型船还有沪东中华船厂建造的“新泉州”“新黄埔”“新南沙”“新湛江”4 轮；大连新船重工有限责任公司(以下简称大连新船重工)建造的“新防城”“新海口”“新北仑”“新汕头”“新长沙”“新日照”“新威海”“新营口”“新丹东”9 轮；大连船舶重工集团有限公司(以下简称大连船舶重工)建造的“新太仓”“新洋浦”“新武汉”“新漳州”4 轮。这些船舶交付使用后，即由中海集运投入内外贸集装箱航线运营。

2007 年 12 月，经中国远洋控股股份有限公司董事会议批准，中远集运与江苏新扬子造船有限公司签订“16+4”艘 4 250 TEU 集装箱船的建造合同(先签订 16 艘，后于 2008 年 5 月续签 4 艘)，先签订的 16 艘船舶总价为 10.81 亿美元，按照合同于 2011 年至 2012 年间交船。2008 年 6 月，中海集运根据运力需要，再次与中船集团签订 8 艘 4 250 TEU 集装箱船建造合同，总价约 5.59 亿美元，按照合同于 2011 年 10 月至 2012 年 6 月间交船。

【“中远名古屋”类型船】

2008 年 7—9 月，中远集运通过日本伊藤忠商事株式会社向日本洞云汽船株式会社租入 3 艘 4 500 TEU 系列集装箱船，分别为“中远名古屋”(COSCO NAGOYA)轮、“中远神户”(COSCO KOBE)轮和“中远大阪”(COSCO OSAKA)轮。“中远名古屋”轮总长 294 米，型宽 32.2 米，航速 25.2 节，载箱量 4 506 TEU。同类型 3 艘船均由韩国三星重工船厂建造。

五、超巴拿马型集装箱船

【“鲁河”类型船】

1996 年 12 月，上远公司受中远集团委托，派员赴日本船厂接收载箱量为 5 250 TEU 的第五代集装箱船“鲁河”轮。是为当时领先国内同行业的超巴拿马型集装箱船。该船由日本川崎重工坂出工厂(以下简称日本川崎)建造，总长 280 米，型宽 39.8 米，型深 23.6 米，6.93 万载重吨，实际航速 23.0 节，主机功率 4.31 万千瓦。前后共有 7 个货舱，实际载箱量可达 5 446 TEU。根据特殊需求，大舱内可混装 20 英尺和 40 英尺的集装箱，并适合装载国际标准化组织 104 技术委员会系列的 8 英尺、8 英尺 6 英寸及 9 英尺 6 英寸 3 种集装箱和 1 002 TEU 的冷藏箱。船舶驾驶台装备自动控制设备，无线电设备全部采用敞开式布置，取消独立报房，配有组合导航系统提供综合航海信息，使驾驶台成为船舶操纵中心。船上配有卫星导航、通信

图 2-1-5　1996 年上远公司接收的第五代集装箱船“鲁河”轮

(照片提供：中远集运档案室)

系统、船岸计算机联网、全自动电站等设备,其装备设施具当时世界先进水平。该轮接回中国后,投入东南亚—香港—日本—美国西部航线运营。中远集团共向日本川崎订造6艘此类型船舶,“鲁河”轮为首艘交付使用,其余5艘为“粤河”“云河”“皖河”“宁河”“川河”轮。至2010年底,该6轮仍由中远集运经营和管理。

【“中远安特卫普”类型船】

1999年10月,中远集团共向中远川崎和日本川崎两家船厂订造7艘5 446 TEU全集装箱船(日本川崎建造5艘,中远川崎建造2艘)。2001年9月,由中远川崎承建的该系列首艘船交付中远集运使用,命名为“中远安特卫普”轮。该船总长280米,型宽39.8米,型深23.6米,总载重量6.9万吨,最大载箱量5 446 TEU,船上有冷箱插座600个,航速24.5节,续航能力2.2万海里。机舱可24小时无人值守。当时世界上已经运营的该类型船舶仅有30余艘。同类型其他6轮分别为“中远上海”“中远香港”“中远新加坡”“中远鹿特丹”“中远汉堡”“中远费利克斯托”轮,均为2001—2002年建造,服务于中远集运。及至2010年,该类型船仍由中远集运使用中。

【“新浦东”类型船】

2000年6月6日,中海集团与中船集团和中国船舶重工集团公司签署8艘5 668 TEU集装箱船舶建造合同。该系列首制船“新浦东”轮和“新大连”轮分别由沪东中华船厂和大连新船重工建造,为当时国内现代化程度较高的超巴拿马型集装箱船,也是中国自行设计建造的首艘5 668 TEU集装箱船。其总长279.9米,型宽40.3米,型深24.1米,6.93万载重吨,航速25.7节,主机功率5.47万千瓦,船上配有610个冷箱插座,技术性能和设施设备在当时国际航运市场具先进水平。该型船从上海出发到地中海热那亚仅需21天,从香港出发到热那亚仅需16天。2003年2月,“新浦东”和“新大连”轮相继建成首航,分别从上海、大连出发,悬挂五星红旗,驶往欧洲。同类型船还有“新青岛”“新天津”“新宁波”“新连云港”“新盐田”“新厦门”6轮,均由沪东中华船厂和大连新船重工建造,于2003—2004年间陆续交付使用,由中海集运到投入“远东—欧洲”航线运营。及至2010年,该类型船仍由中海集运用于远洋集装箱运输。

【“中海神户”类型船】

2001年6月15日,中海集运订造的“中海神户”和“中海洛杉矶”两艘5 754 TEU集装箱船,在韩国三星重工船厂命名交船。该型船总长277米,型宽40米,航速26.2节,总载重量6.8万吨,功率5.5万千瓦。翌年4月1日,“中海神户”轮作为中国航商(除台湾省外)中第一艘5 700 TEU超巴拿马型集装箱船,由台湾启航行驶台湾—美西集装箱班轮航线。其从台湾基隆港到美国洛杉矶港的航行时间为11天。2010年,该型船仍由中海集运使用中。

【“新洛杉矶”类型船】

2003年11月18日,中海集团在上海与韩国三星重工船厂同时签署建造4艘9 600 TEU集装箱船订单和长期租赁4艘9 600 TEU集装箱船的租赁合同。2006年6月,该系列首制船“新洛杉矶”轮交付使用,由中海集运投入远东—欧洲航线运营。“新洛杉矶”轮全长336.67米,型宽45.6米,海上航速25.8节,最大载箱量可达9 572 TEU。其甲板面积比两个标准足球场面积还大,一次可运输130万台29吋彩电或5 000万部手机。该船采用震动最小化的建造方法,进一步完善结构的稳定性,并通过环保设计和经济性最大化,着重提高航运效率。同类型其他 3 艘船分别为“新上海”轮(2006 年 10 月 12 日由上海洋山深水港首航欧洲)、“新香港”轮(2007 年 2 月 6 日交付使用,并投入欧洲航线运营)、“新北京”轮(2007 年 4 月 19 日交付使用)。长期租赁的 4 艘同类型船分别为“中海长滩”“中海泽布勒赫”“中海釜山”“中海勒阿弗尔”轮(均建造于 2006—2007 年间)。随着多艘 9 600 TEU 超巴拿马型集装箱船的陆续投入,中海集运的交货期明显缩短,其中上海至欧洲交货期仅为 22 天。2010 年,该型船仍由中海集运使用中。

【“中海亚洲”类型船】

2004 年 7 月 9 日,中海集团订造的 8 468 TEU 集装箱船“中海亚洲”轮,在上海举行首航仪式,行驶远东至美洲航线。该轮由韩国现代重工船厂建造,总长 334 米,型宽 42.6 米,航速 25.2 节,最大载箱量 8 468 TEU,并配有 700 个冷藏箱插座,是当时国际航运市场上载箱量较大、技术性能具领先水平的超巴拿马型集装箱船。“中海亚洲”轮是中海集团订造的 5 艘 8 468 TEU 集装箱船的第一艘,另外 4 艘同类型船分别为“中海欧洲”轮(2004 年 8 月 28 日首航于青岛港)、“中海美洲”轮(2004 年 11 月 5 日首航于大连港)、“中海大洋洲”轮(2004 年 12 月 6 日从上海港投入远东至美洲的首航)、“中海非洲”轮(2005 年 1 月 24 日交船,1 月 28 日投入远东—欧洲航线运营)。2010 年,该型船仍由中海集运使用中。

【“中远长滩”类型船】

2004 年 7 月底,由中远集运租赁经营的 7 455 TEU 大型集装箱船“中远长滩”轮建成交付使用,同年 8 月 9 日靠泊深圳盐田港,并于当日首航美国长滩。“中远长滩”轮由德国船东和船舶管理公司 E. R. Schiffahrt 订造,韩国蔚山现代重工造船厂建造,中远集运长期租赁经营。该船总长 300 米,型宽 42.8 米,设计航速 25.2 节,9.4 万载重吨,为当时国际航运市场上载箱量较大,技术性能较先进的第六代集装箱船舶之一。中远集运为适应集装箱运输快速发展的需求,计划在当年内由 5 艘 7 455 TEU 系列船舶替代原 5 000 TEU 的干线船,“中远长滩”即为其中一艘。同类型的“中远深圳”“中远西雅图”“中远温哥华”“中远横滨”4 轮均于同年建成交付,并陆续投入远东至美国西海岸航线运营。这组超巴拿马型集装箱船全部由德国 E. R. Schiffahrt 公司订造,中远集运长期租赁经营。

【“新福州”类型船】

2004 年 9 月 22 日,由沪东中华船厂为中海集团建造的 5 688 TEU 集装箱船“新福州”轮在上海交付使用,投入远东至美西航线运营。该轮为当时国内建造的载箱量较大的集装箱船,技术设备先进,单机单桨,球鼻型船艏,机舱和上层建筑位于船舯后部,总长 279.60 米,型宽 43.30 米,型深 24.10 米,航速 25.7 节,载重量 6.8 万吨,载箱量 5 688 TEU,甲板上和货舱内均可装载冷藏集装箱 610 TEU。同类型集装箱船还有“新赤湾”“新秦皇岛”“新烟台”“新常熟”等,均由沪东中华船厂为中海集团建造。2005 年 7 月 18 日,最后建成的“新常熟”轮交付使用,投入中海集运内贸航线运营。2010 年,该型船仍由中海集运使用中。

【“中远亚洲”类型船】

2004 年底至 2009 年 3 月,中远集运为发展远洋集装箱运输,分别向韩国现代重工船厂和中远川崎订造和接收 8 艘当时世界最大的 1 万 TEU 集装箱船。其中，两家船厂各承建 4 艘。2007 年 8 月 9 日，该系列船舶的首制船，也是中国和亚洲首艘万箱级集装箱船“中远亚洲”轮，由韩国现代重工船厂建成和交付使用。该轮总长 337.2 米，型宽 45.6 米，型深 22.9 米，最大载重量近 11 万吨，载箱量 1.01 万 TEU，有冷箱插座 800 个，实际航速 24.9 节，主机功率 6.9 万千瓦；具有自动导航、自动驾驶和污水处理等功能，拥有英国劳氏船级社颁发的“环保”船级符号。

图 2-1-6　2007 年 8 月建成的中国首艘万箱级集装箱船——“中远亚洲”轮

（照片提供：中远集运档案室）

同类型船还有“中远欧洲”轮（2008 年 1 月 1 日建成和首航）、“中远美洲”轮（2008 年 3 月 13 日建成和首航）、“中远非洲”轮（2008 年 7 月 14 日建成交船）、“中远大洋洲”轮（2008 年 4 月 3 日建成交船）、“中远太平洋”轮（2008 年 7 月 9 日建成交船）、“中远印度洋”轮（2008 年 10 月 16 日建成交船，2010 年 8 月 10 日更名为“中远高雄”轮）、“中远太仓”轮（2009 年 3 月 3 日建成交船）。其中前 3 艘由韩国现代重工船厂建造，后 4 艘由中远川崎承建。由中远川崎承建的该系列船，在设计建造过程中，参考国外同行先进技术对船舶总体布局和船体结构进行了优化。船上共有 10 个货舱，一次可装载集装箱 1 万 TEU，其中包括多种等级的危险品集装箱。在安全设计上，全面采纳美国 ABS 船级社有关技术规程，安全性能、环保节能均达到世界领先水平。2008 年 4 月，由中远川崎承建的“中远大洋洲”轮命名交付使用，随即投入中远集运欧洲航线运营，是为国内船厂建造的第一艘 1 万 TEU 超巴拿马型集装箱船，其整体设计、动力装置、建造工艺等都达到当时国际先进水平。同年 12 月，“中远大洋洲”轮从天津港直航台湾高雄港，成为有史以来挂靠台湾高雄港的首艘万箱级集装箱船。该系列 8 艘船建成交付后，都由中远集运投入欧洲班轮航线运营。2010 年，该类型船仍由中远集运用于远洋集装箱运输。

【“中远希腊”类型船】

2006 年 3—7 月，中远集运向希腊 COSTAMARE（高士迈）航运公司期租 5 艘同类型 9 500 TEU 集装箱船，分别为“中远宁波”“中远广州”“中远盐田”“中远北京”“中远希腊”轮。这 5 艘船舶陆续投放于中国—西北欧航线，用于运力升级改造。“中远希腊”轮总长 351 米，型宽 42.8 米，最大载箱量达 9 500 TEU，载重量近 11 万吨，设计航速 25.4 节。其船体巨大，甲板面积相当于两个标准足球场大小，长度比美国尼米兹级航空母舰还要长 30 多米。该类型船均由希腊 COSTAMARE（高士迈）航运公司向韩国现代重工船厂订造，并由中远集运租赁经营。

【“新亚洲”类型船】

2007 年 5 月 28 日，由沪东中华船厂为中海集团建造的 8 530 TEU 超巴拿马型集装箱船“新亚洲”轮竣工并交付中海集运使用。该轮总长 334 米，型宽 42.8 米，型深 24.8 米，航速 27 节，载重量 10.1 万吨，载箱量 8 530 TEU，有冷箱插座 700 个，船上 4 台发电机可确保船舶运行和 700 只冷藏集装箱的需要。其技术含量、经济附加值和建造难度都较高，为当时国际航运市场上具先进水平的第六代超巴拿马型集装箱船。该船型的经济性尤为突出,与两艘 4 250 TEU 集装箱船比较,一艘 8 530 TEU 集装箱船的运营成本可节约 17%左右。中海集运向沪东中华船厂订造的同类型船舶共 5 艘,分别为"新亚洲""新欧洲"(2007 年 11 月 23 日命名交船)"新美洲"(2008 年 4 月 20 日命名交船)"新非洲"(2008 年 12 月 12 日命名交船)"新大洋洲"(2009 年 5 月 15 日命名交船)轮。

【"中海之星"类型船】

2007 年 8 月 8 日,中海集运为适应国际集装箱运输发展需要,增强船队核心竞争力,与韩国三星重工船厂在上海签订 8 艘 1.33 万 TEU 超巴拿马型集装箱船舶(实际建成时载箱量达 1.41 万 TEU)的建造合同。该类型船为当时世界上载箱量较大、技术装备先进的船型之一,仅此一项可使中海集运的集装箱运力提升 25%以上。2011 年 1 月 15 日,该系列船舶的首制船"中海之星"轮竣工交船,同月 19 日靠抵上海国际航运中心洋山深水港码头,由此刷新上海港有史以来靠泊最大集装箱船的纪录。"中海之星"轮总长 366.069 米,型宽 51.2 米,型深 29.9 米,15.547 万载重吨,主机功率 7.22 万千瓦。其投入远洋运营可大幅降低单箱运输成本和单位能源消耗。中海集运因"中海之星"轮的投入运营,成为继马士基和地中海航运公司之后,全球班轮业中第三家拥有 1.4 万 TEU 以上集装箱船的班轮公司。

【"天宝河"类型船】

2009 年 10 月 31 日,由中远集运向中船集团所属江南长兴重工船厂(以下简称长兴重工)订造的 5 100 TEU 集装箱船"天宝河"轮交付使用。该公司订造的同类型船还有"天运河""天兴河""天隆河""天秀河""天丽河""天盛河""天锦河""天安河""天康河""天庆河""天福河"11 轮,均由长兴重工建造于 2009—2010 年间。该系列船总长 294.0 米,型宽 32.2 米,型深 21.8 米,6.3 万载重吨,最大载箱量 5 089 TEU,船上有冷箱插座 385 个,实际航速 24.3 节,主机功率 4.6 万千瓦,为航速高、设备配置先进、航线适应性较强的超巴拿马型集装箱船。最后建成的"天福河"轮于 2010 年 7 月 26 日命名和交付使用。

表 2-1-1 2010 年上海海洋运输行业经营的 8 000 TEU 以上集装箱船舶一览表

船　名	船籍国	总载重量(万吨)	载箱量(万 TEU)	建造年份	经营者
中海长滩	中国香港	11.17	9 572	2007	中海集运
中海大洋洲	中国香港	9.95	8 094	2004	中海集运
中海非洲	中国香港	9.95	8 094	2005	中海集运
中海釜山	塞浦路斯	11.17	9 572	2006	中海集运
中海勒阿弗尔	塞浦路斯	11.17	9 572	2006	中海集运
中海美洲	塞浦路斯	10.17	8 094	2004	中海集运
中海欧洲	塞浦路斯	9.95	8 094	2005	中海集运
中海亚洲	中国香港	10.16	8 468	2004	中海集运
中海泽布勒赫	中国香港	11.17	9 572	2007	中海集运
新北京	中国香港	11.16	9 572	2007	中海集运

（续表）

船　名	船籍国	总载重量(万吨)	载箱量(万 TEU)	建造年份	经营者
新大洋洲	中国	10.24	8 533	2009	中海集运
新非洲	中国	10.24	8 533	2008	中海集运
新洛杉矶	中国香港	11.19	9 572	2006	中海集运
新美洲	中国	10.25	8 533	2008	中海集运
新欧洲	中国	10.25	8 533	2007	中海集运
新上海	中国香港	11.17	9 572	2006	中海集运
新香港	中国香港	11.17	9 572	2007	中海集运
新亚洲	中国	10.24	8 533	2007	中海集运
中远亚洲	PANAMA	11.00	1.01	2007	中远集运
中远欧洲	PANAMA	11.00	1.01	2008	中远集运
中远美洲	PANAMA	11.00	1.01	2008	中远集运
中远大洋洲	中国香港	10.99	1.00	2008	中远集运
中远太平洋	中国香港	10.10	1.00	2008	中远集运
中远非洲	PANAMA	11.00	1.01	2008	中远集运
中远印度洋(中远高雄)	中国香港	11.13	1.00	2008	中远集运
中远太仓	中国香港	11.15	1.00	2009	中远集运

资料来源:《中国海运统计年鉴 2011》《中远集装箱运输有限公司年鉴 2011》

第二章　油轮·液体化学品专用船

1978 年,上海海洋运输行业使用的油轮以 20 世纪 60—70 年代建造或购买的 3 000 至 2.4 万吨级中小型油轮为主要船型,且大多用于沿海运输。因未开展液体化学品运输,是时无专用的液体化学品船。后随着上海和沿(长)江沿海地区石化工业的发展,陆续购置和建造一批原油轮、成品油轮和液体化学品船,使运力规模和结构得以改善。至 2010 年,上海内外贸石油和液体化学品运输,在市场结构和流向上都发生较大变化,尤其是进口原油运输增长迅速,油轮运力也随之加快发展。为适应上海和全国经济建设需求,尤其是国家能源战略储备的需要,以中海油运为主力的上海海上石油运输船队,对所属油轮进行持续、大幅的结构调整和优化,在适时退役老旧油轮的同时,先后添置大批设备技术先进的新型油轮,并逐步形成以灵便型、巴拿马型、阿芙拉型和超级油轮(VLCC)为主力船型(注:本卷以载重量大小划分油轮类型:通用型油轮通常指 1 万载重吨以下;灵便型油轮为 1～5 万载重吨;巴拿马型油轮为 6～8 万载重吨;阿芙拉型油轮为 8～12 万载重吨;20 万载重吨以上为超级油轮)的海洋石油运输船队。以近洋为主的液体化学品运输,随着市场变化,在运力结构上也有新的调整和改善。

第一节 规模结构

20 世纪 70 年代,上海沿海石油运量增长迅速,油轮运力建设加快。1978 年,上海地区唯一一家海上石油运输企业上海海运局共拥有各种类型油轮 40 艘,总计 48.86 万载重吨,平均船龄 9.63 年。进入 80 年代后,该局在逐步退役老旧油轮的同时,陆续购置和建造一批原油轮、成品油轮和液体化学品专用船,以适应上海和国内其他地区经济建设的需要。但及至 80 年代后期,小船、旧船和超龄船,在整个油轮船队中仍占相当比重,且不少是"文化大革命"时建造的船舶,质量不过关。1988 年,该局共拥有各种类型油轮 45 艘,57 万载货吨。其中主要有 1.5 万吨级原油轮 11 艘(多为 70 年代前期大连船厂建造);2.4 万吨级原油轮 7 艘(多为 1974—1976 年大连船厂建造);3 000 吨级成品油轮 8 艘(为 1977—1980 年沪东船厂建造);5 000 吨级成品油轮 10 艘(为 1982 年后沪东船厂、上海船厂等建造)。另有液体化学品船 5 艘(后随市场变化均移交或期租给其他航运公司经营)。是时,因船价逐年高涨,贷款困难,为弥补运力不足,减轻企业负担,上海海运局对部分油轮实行技术改造,并试行"部分船舶按期报废超龄使用办法",以延长这些油轮的使用寿命。

1993 年,经交通部批准,由上海海运、中国化工进出口总公司、香港银邦海外有限公司三方合资组建北海船务公司,经营包括国际国内原油、成品油运输及原油、成品油、化工品和干散货的租船、揽货服务。翌年,该公司购入首艘油轮"胜利 9"轮投入运营。

1997 年,中海集团在沪组建时,其所属油轮(均为原上海海运所有)船型品种众多,但船舶标准和技术状况差异大;平均船龄老,近半数船舶已超过 20 年;船舶吨位小,35%的船舶为千吨小船;双壳油轮少(注:油轮有单壳、双壳之分,双壳油轮是拥有两层外壳的油轮,在安全和节能等方面都优于单壳油轮),艘数仅占整个油轮船队的 6%左右。

2001 年初,由中海集团控股的上海海洋石油运输主要企业中海油运共拥有 92 艘油轮,其中 15 年以上老龄船、超老龄船 48 艘,占 53%,且原油运输主力船尽在其中;而适宜远洋运输的大吨位船舶占比甚微。是时,国内石油运输市场结构已发生很大变化,竞争热点逐步转移至海洋原油和进口原油运输上。该公司的船舶结构已很难适应市场竞争需求,无论海洋原油运输还是进口原油运输,运力都相当缺乏。为此,在中海集团支持下,中海油运开始加大船舶结构调整力度,着力建设以沿海、近洋运输为主,并具有一定远洋运输能力的专业化石油运输船队,通过造船、买船、租船等多种形式,逐步向油轮运力的大型化、规模化、远程化方向发展。时因美国"9.11"事件影响,全球航运市场正一路下滑。中海集团抓住造船价格处于低位的有利时机,实施"反周期运作"战略,相继为中海油运订造一批包括 4.2 万吨级灵便型油轮、5 万吨级以上巴拿马型油轮、11 万吨级阿芙拉型油轮、30 万吨级超级油轮(VLCC)在内的设备配置好、能从容应对市场变化的油轮,同时加紧处置老旧油轮,使该公司船队结构得以优化。2004 年 12 月,中海油运拥有的首艘超级油轮"新金洋"轮首航,是为上海海洋运输行业拥有和经营的第一艘超级油轮,也是中国第一艘自主经营且悬挂五星红旗的超级油轮。第十个五年计划期间,中海油运共订造 25 艘不同类型油轮,合计 226.8 万载重吨,同时处置 22 艘老旧船和小船。2005 年底,该公司经营各类油轮 88 艘,其中超级油轮 2 艘,59.5 万载重吨;阿芙拉型油轮 6 艘,63.4 万载重吨;巴拿马型油轮 14 艘,91.9 万载重吨;灵便型油轮 24 艘,90.7 万载重吨;通用型船舶 37 艘,38.1 万载重吨。整个船队运力达 344 万载重吨,比"九五"计划期末净增 100 多万载重吨,平均船龄降至 15.8 年。通过结构调整,船队的大型化、年轻化程度明显提高，其中阿芙拉型、巴拿马型、灵便型等船型已形成一定规模，可适应内外贸市场的不同需求，为该公司经营重心从沿海向远洋的战略转型奠定基础。

"十一五"计划时期，我国石油消费量逐年增大，进口原油运输量增长迅速，且绝大部分需通过油轮自海路运进。作为国家大型石油运输企业，中海油运不仅承担着上海地区原油、成品油运输，而且要服务于国家石油战略储备，落实国家提出的"国油国运"(即逐步增大国内船舶在进口原油运输市场所占份额)发展规划。在此背景下，该公司继续致力于船舶运力结构调整。一方面不失时机地订造新船和购置二手船，一方面积极开发租船市场，将扩大船队规模与控制投资风险相结合。仅在2006年内就先后订造超级油轮8艘；购买二手超级油轮1艘；并出售和淘汰小型油轮14艘，18.21万载重吨。2007至2009年，接收新造油轮14艘，共计170.4万载重吨；租入2艘油轮，共计9.4万载重吨；同时签订2艘VLCC的长期租用合同(2011年起租)。

2008年下半年始，受全球金融风暴影响，航运业陷入低谷，但中海油运却有数百万吨油轮正在建造之中。2010年12月，中海发展再为中海油运订造30万吨超级油轮2艘、11万吨阿芙拉型油轮3艘。是年底，中海油运共经营各类油轮72艘(含在上海以外注册船舶)，660余万载重吨，平均船舶吨位9.3万吨，平均船龄8.3年。其中超级油轮11艘，阿芙拉型6艘，巴拿马型22艘，灵便型33艘。船队的国际排名已上升至全球第十位。虽船队规模不断扩大，能够承担上海地区及国家交付的内外贸石油运输任务，但船队规模增长过快，运力过剩的矛盾也已初步显现。

同年，上海另一家海上石油运输企业北海船务的运力亦实现较快发展。自2002至2010年，该公司通过建造和租赁等途径，先后添置10万吨级油轮3艘、4.6万吨级和7万吨级油轮各1艘，2010年共经营油轮8艘，包括6艘自有船和2艘期租船，总运力达到60多万载重吨，市场竞争能力明显增强，与壳牌(SHELL)、英国石油(BP)、埃克松美孚(EXXONMOBIL)等世界知名石油公司都建有稳固业务关系。

2010年，在上海注册的油轮共296艘，680.3万载重吨。其中沿海63艘，54.3万载重吨；远洋61艘，611.9万载重吨。

20世纪80年代至21世纪初，上海海洋运输行业的液体化学品船发展较滞后，承担液体化学品

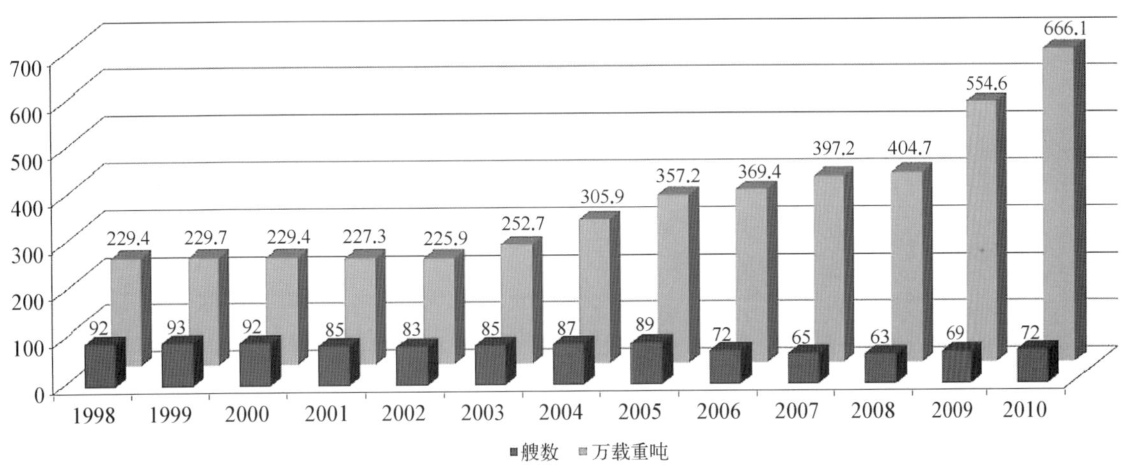

图2-2-1　中海油运1998—2010年船舶运力变化图

(本卷编纂室根据1999—2011年《中海油运统计年鉴》绘制)

运输的企业规模普遍较小,船舶也少,整体运输能力有限。2010 年,上海地区规模较大的液体化学品运输企业之一金海船务贸易有限公司仅有 6 艘液体化学品船,其中 4 艘 9 000 吨级主力船舶为期租经营。

第二节 主 要 船 型

一、通用型油轮

【“大庆 18”类型船】

20 世纪 60 年代中期,沿海成品油运输量上升较快,而上海解放初接管使用的 7 艘 1 500 吨级“永”字头油轮(即“永淮”“永洮”“永汉”“永潇”“永湘”“永渭”“永溆”轮,1950 年后这批油轮先后改以“建设”“大庆”为首命名,)已趋老化,为缓解运力和运量的矛盾,上海海运局于 1966—1967 年委托上海沪东造船厂建造 3 000 吨级尾机型成品油轮“大庆 18～23”等 6 艘,用以取代原 1 500 吨级油轮。该型船总长 96 米,型宽 13.6 米,型深 6.4 米,3 512 载重吨,3 000 载货吨,主机功率 2 000 马力,航速 12 节。这 6 艘成品油船投入营运后因长期装运汽油,有的还装运石脑油、苯等液货,腐蚀现象严重,除“大庆 18”“大庆 23”两船于 1978 年调拨大连海运局外,“大庆 19～22”轮先后于 1984—1986 年报废。

【“胜利”类型船】

20 世纪 70 年代,为发展沿海成品油运输,上海海运局委托沪东造船厂建造一批 3 000 吨级 A 型尾机型成品油轮。1977 年建成“胜利 1～3”轮。其主要技术性能参数与 3 000 吨级“大庆”型基本相同,只是主机采用改进后的 6ESDZ43/82B 柴油机,功率 3 000 匹马力,较前大 1 000 匹,航速每小时快 1～2 海里。1980 年又陆续建成同型船“胜利 4～6”“创业 3”(“胜利 10”)、“创业 4”(“胜利 11”)等。1982 年 6—7 月,上海海运局向石油部海洋石油勘探指挥部购入长期抛锚闲置不用的“南海 601”“滨海 605～606”共 3 艘 3 000 吨级同类型船,分别改名为“胜利 7～9”。是时,3 000 吨级“胜利”型成品油轮为上海和国内油轮主要船型之一。1985 年,“胜利 1”“胜利 10～11”等 3 轮调大连轮船公司使用。该类型船在 2002 年前已陆续处置或报废。

图 2-2-2 5 000 吨级油轮“建设 11”轮

(照片提供:中海集团宣传部)

【“建设”类型船】

1979 年 4 月,由交通部水运局召开的“六五”计划期间沿海运输船舶船型机型讨论会建议,鉴于油轮主机功率的改进提高、港口条件的改善和成品油货源的批量增加,原设计 3 000 吨级成品油船已不适应需要,应扩大为 5 000 吨级。1982—1986 年,上海沪东造船厂先后为上海海运局建成 5 000 吨级尾机型槽管成品油轮 6 艘,分别命名为“建设 1～6”;1986—1990 年江州船厂、上海船厂、求新船厂分别为上海海运局建成同类型船“建设 7～8”“建设 9～10”和“建设 11～12”。“建设”型 5 000 吨级油轮为河海型成品油船，能同时装运两种不同油料，适应国内沿海、长江下游和 B 级冰区航行。该型船总长 107.42 米，型宽 15 米，型深 7.49 米，4 839～5 346 载重吨，主机功率 2 210/2 500 千瓦，航速 13 节。“建设 4、5、11、12”等轮装有惰性气体保护装置。2006 年 6 月，中海发展将“建设 1”轮以人民币 900 万元价格售予南京恒顺达船务有限公司，将“建设 2”“建设 3”“建设 21”轮以总价人民币 2 700 万元售予洋浦中油华远船务有限公司。2006—2007 年，中海油运对船舶资产进行调整时，将“建设 4、5、6、11、12”等老旧油轮先后处置。2008 年 5 月至 2009 年 11 月，“建设 7～10”轮亦相继退出营运。

二、灵便型油轮

【“大庆 27”类型船】

1969 年，上海海运局委托大连造船厂建造的国产第一艘 1.5 万吨级原油船“大庆 27”轮交付使用。该轮为尾机型，驾驶台在船艏前。总长 163.4 米，型宽 20.6 米，型深 11.1 米，1.52 万载重吨，1.5 万载货吨，主机功率 6 490 千瓦，航速 14.5 节。1970—1973 年，上海海运局两次委托大连造船厂，先后建造同类型油轮“大庆 28～31”轮、“大庆 45～50”轮和“大庆 53”轮，期间还从国外购入“大庆 26”“大庆 32～39”等 1.5 万吨级旧油轮。20 世纪 70 年代后期至 80 年代前期，迫于石油运量增长较快而运力紧缺，尽管“大庆 45”“大庆 47～50”等轮存在艉轴油封漏油、机舱海水管系腐蚀烂穿、货油舱加温管烂漏等诸多缺陷和问题，却不得不时常推迟修期，抱病维持营运。1983 年，该局技管部门对“大庆 48”等 7 艘 1.5 万吨级油轮的电动液压舵机进行技术改造，使这些船舶能在较长时间里继续发挥作用。1990 年，上海海运局、上海造船学会和上海船舶技术事务所对 18 艘超龄原油船进行实船勘查，精密测算，认为这些平均逾 15 年的原油船，船体部分仍好，经技术改造后，每船可再延长使用寿命 5～10 年。经交通部同意，上海海运局每年可从运输成本中提取 3 500 万元用于旧船技术改造。翌年，该局率先对“大庆 27”轮施行全面技术改造。整个工程耗资 1 400 万元，相当新船价的 1/10，却可延长使用寿命 10 年。1997 年，进口原油进（长）江驳运量大增，“大庆 27”等多艘 1.5 万吨级油轮尽管船速慢、设备陈旧，仍为该项运输的主力船之一。2002 年 12 月，船龄已达 31 年的“大庆 30”轮，按有关规定强制报废。2003 年 4 月，已有 29 年船龄的“大庆 47”“大庆 48”轮退出营运，作废钢船出售。2004—2006 年，“大庆 45”“大庆 49”“大庆 50”“大庆 31”“大庆 46”轮相继报废（“大庆 31”和“大庆 46”轮在报废之前，一度通过技术改造，从油轮改为货轮，投入沿海煤炭运输）。至此，该类型油轮已先后报废。

【“大庆 42”类型船】

20 世纪 70 年代中期，上海海运局委托大连造船厂建造 2.4 万吨级原油轮“大庆 42～44”“大庆 51”“大庆 61～63”“大庆 65”等共 8 艘。此型船是在 1.5 万吨级原油轮基础上改型设计制造的，目的在提高载货量，改善船舶经济性。“大庆 42”轮总长 178.6 米，型宽 25 米，型深 12.6 米，2.47 万载重吨，2.23 万载货吨，主机为低速柴油机，功率 6 620 千瓦，航速 15 节，续航距离 7 000 海里。同类型船中，唯“大庆 65”轮主机功率较大，为 8 830 千瓦。该类型油轮建成投产后，在较长时间里一直作为上海沿海原油运输的主力船之一。上海海运局曾在“大庆 62”轮试用上海船研所研制的 CUO－1 型油位气动遥测与报警装置，并在该轮装设惰性气体系统（IGS）。1997 年，“大庆 42”“大庆 51”“大庆 61”“大庆 63”等轮在船龄老、速度慢、设备陈旧的条件下，多次承担进口原油进江驳运任务。2002 年 8 月至 2005 年 4 月,“大庆 61”和“大庆 63”轮一度通过技术改造,从油轮改为货轮,投入沿海煤炭运输。及至 2010 年,该类型油轮已先后报废。

【“大庆 73”类型船】

1990 年,大连造船厂开始为上海海运局建造国产第一艘 3.5 万吨级原油船“大庆 73”轮。该船由中国船舶工业总公司七〇八研究所设计,采用当时最新的改进型钢管涂塑工艺,可有效防止海水等介质对油轮管系的腐蚀,并设有原油洗舱装置和惰性气体防爆系统。船体设计能满足大吨位油轮满载进上海港和长江的要求。该轮于 1993 年 12 月 25 日建成投入营运。1994 年 5 月,大连造船厂为上海海运局建成同类型船“大庆 74”轮。1994 年 6 月至 1995 年 1 月,广州广船国际股份有限公司(以下简称广船国际)为上海海运局建成同类型船“大庆 75”和“大庆 76”轮;1994 年 11 月至 1995 年 1 月,沪东造船厂为上海海运建成同类型船“大庆 71”和“大庆 72”轮。至此,该局共拥有 6 艘“大庆 73”类型原油轮(又称“大庆 7”字头油轮),即“大庆 71～76”轮。该类型油轮,总长 185.4 米,型宽 27.5 米 3.48 万载重吨,载货定额 3.2 万吨,功率 5 853 千瓦。至 2010 年,该类型 6 艘船仍在中海油运管理下,经营内外贸石油运输业务。

【“玉池”类型船】

1992—1994 年,渤海船厂先后为上海和广州的海上石油运输企业建造 4 艘 3.8 万吨级原油轮,即“玉池”“晋池”“明池”“丹池”轮。该型船总长 180 米,型宽 32.2 米,3.8 万载重吨,3.41 万载货吨。1998 年,中海油运组建后,该 4 轮统归该公司经营管理。2010 年,“玉池”等 4 艘灵便型原油轮仍由中海油运用于内外贸石油运输。

【“平池”类型船】

2002 年 8 月 9 日,中海发展委托广船国际建造的第一艘 4.2 万吨级成品油/原油船“平池”轮建成下水。该轮总长 187.8 米,型宽 31.5 米,型深 16.8 米,载重 4.2 万吨,航速 15.3 节,续航力 1 万海里,主机功率 8 580 千瓦。2003—2009 年间,广船国际又先后为中海油运建成 13 艘同类型船舶,分别为“安池”“昌池”“盛池”“兴池”“旺池”“腾池”“达池”“飞池”“跃池”“百池”“年池”“中池”“海池”。这批船舶建成交付后,被用以逐步替换正在经营外贸运输的 3 万吨级大庆“7”字型和“池”字型船舶,并将换下的船舶移入国内,替换还在使用的 1.5 万吨级和 2.4 万吨级的老旧油轮,巩固内贸石油运输市场。

【“千池”类型船】

2008—2009 年间,中海工业(江苏)有限公司先后为中海油运建成 4 艘 4.5 万吨级同类型原油/成品油轮,即“千池”轮(建成于 2008 年 6 月 30 日)、“秋池”轮(建成于 2009 年 1 月 15 日)、“伟池”轮(建成于 2009 年 6 月 22 日)、“业池”轮(建成于 2009 年 11 月 18 日)。该类型油轮总长 184.84 米,型宽 32.26 米,4.6 万载重吨,3.3 万载货吨,功率 9 480 千瓦。这 4 艘船全部投入运营后,中海油运经营的 3 万吨级以上灵便型油轮已达 30 艘,合计 123 万余载重吨。

【4.8 万吨级原油/成品油兼用船】

2010 年 11 月 26 日,中海发展董事会审议通过决议,批准该公司在广船国际订造 8 艘 4.8 万吨级原油/成品油兼用船。同月29日，该公司与中船集团以及广船国际，签订8艘4.8万吨级成品油/原油船建造合同，交船时间预计为2012年7—12月。是时，中海发展尚有单壳油轮18艘、93.1万载重吨，主要从事沿海内贸原油运输业务。根据交通运输部规定，这些单壳油轮在2015年前要陆续被淘汰。中海发展提前建造这批4.8万吨级新船，旨在替代被淘汰的老旧船。

三、巴拿马型油轮

【“大庆91”类型船】

1985年8月20日，上海海运局与上海沪东造船厂签订两艘6.3万吨级原油轮的建造合同。第一艘“大庆91”轮于1987年12月建成。该轮总长224.6米，型宽32.2米，6.85万载重吨，6.1万载货吨，功率9 890千瓦。该型船舶为尾机型，5叶整体螺旋桨，球鼻艏，方艉，总体性能达到当时国际先进水平。船上设有足够的专用压载舱，为富裕干舷型，可航行巴拿马运河，并可同时进行两种品位的原油装卸；装有卫星导航、卫星通信、船桥遥控监测、气象传真、甚高频无线电话、ARPA避碰雷达、操舵控制台、自动警报装置等先进设备，采用微机技术。主机为沪东造船厂专利技术生产的具当时世界先进水平的新机型，具有运行参数越限时自动报警、降速和停车的保护等功能。同型船“大庆92”轮于1990年11月20日建成下水。同日，上海海运局再向沪东造船厂订造两艘同型船，并于1993年3月26日和8月18日先后建成，分别命名“大庆93”和“大庆94”轮。至此，该局(时为上海海运)共拥有“大庆91”类型(又称大庆“9”字头)原油轮4艘，即“大庆91～94”轮。2005年10月，华海石油运销有限公司与中海油运达成“大庆93”轮期租协议，并将该轮改装为成品油轮，为中国石油东北地区炼厂的成品油下海承担运输。2007年1月17日，“大庆91”轮退出营运。2010年，“大庆92～94”轮仍被用于海上原油、成品油运输。

【“定河”类型船】

1992年12月28日，大连造船厂为广州海运局建造的6万吨级原油船“定河”轮建成交付使用。1997年，中海集团成立后该轮归属中海油运经营和管理。该轮总长228.5米，型宽32.2米，6.33万载重吨，6.13万载货吨，主机功率8 826千瓦。至2009年底，中海油运共经营6艘以“河”字命名的原油轮，分别为“定河”“锦河”“明河”“桂河”“淮河”和“阳河”。其中除“桂河”轮(5万吨级，1980年由英国船厂建造)、“锦河”轮(6万吨级，1988年由江南造船厂建造)外，其余4艘均为“定河”同类型船，由大连造船厂建造于1992—1993年间。2010年，“定河”“锦河”“明河”“淮河”4艘原油船仍由中海油运经营使用中。

【“瑞金潭”类型船】

2004年12月30日，中海油运与广船国际签订4艘5.3万吨级原油轮建造合同，该4艘船舶均于2007年内建成，即“瑞金潭”“黎平潭”“遵义潭”“泸定潭”轮。

图2-2-3 5.3万吨级原油船“瑞金潭”轮

(照片提供：中海集团宣传部)

首制船“瑞金潭”轮，总长184米，型宽

32.26 米,型深 18.9 米,5.3 万载重吨,4.6 万载货吨,主机功率 9 720 千瓦,服务航速 14.6 节,舱容 5.85 万立方米。该船与同尺度常规油船相比,具有舱容大、油耗低、安全性高、操纵性灵活以及注重绿色环保等特点,既可服务于超级油轮,又可单独使用,有助于中国进口原油运输的发展。

【"金牛座"类型船】

2005—2006 年间,大连造船重工相继为中海油运建造 4 艘 7.5 万吨级巴拿马型原油轮,即"金牛座"(2005 年 8 月 22 日投入营运)"狮子座"(2005 年 9 月 19 日投入营运)"天龙座"(2006 年 4 月 21 日投入营运)"凤凰座"(2006 年 6 月 28 日投入营运)。"金牛座"轮总长 228.60 米,型宽 32.26 米,型深 21.10 米,7.55 万载重吨,6.71 万载货吨,主机功率 1.22 万千瓦,服务航速 15.56 节。该型船建成后主要用于外贸原油运输。

【"麒麟座"类型船】

2007 年 3 月 2 日,中海发展与大连造船重工签订 6 艘 7.6 万吨级成品油/原油兼用船建造合同,次年 9 月 10 日,中海发展董事会审议通过关于续建 4 艘该类型油轮的议案,并于当日与大连造船重工签订建造合同。2009 年 6 月 30 日,大连造船重工为中海发展建造的第一艘 7.6 万吨级成品油/原油兼用船"麒麟座"轮投入运营。同年 11 月,同类型"飞马座"轮投入运营。2010 年 2—11 月,又陆续有"羚羊座""海豚座""珊瑚座""鲸鱼座""山鹰座"5 艘同类型船交付使用。这批船舶均以"座"字命名,故又称"座"字型船。该类型船总长 228.6 米,型宽 32.26 米,型深 21.2 米,7.6 万载重吨,6.71 万载货吨,功率 1.22 万千瓦,设计航速 15.4 节,货舱舱容超过 8.5 万立方米,船舶各项主要指标均达到当时世界先进水平。

四、阿芙拉型油轮

【"大庆 88"轮】

1993 年 8 月,上海海运在工商银行上海分行和招商银行上海分行支持下,贷款 2 850 万美元,从国外购入 1 艘 8.5 万吨级成品油/原油兼用船"大庆 88"轮。该轮总长 243.8 米,型宽 41.6 米,9.02 万载重吨,8.3 万载货吨,主机功率 1.1 万千瓦,1986 年 6 月由日本建造。船上配备气象导航、卫星导航和由中央调控的自动化装卸设备,可以分别装运原油和成品油。"大庆 88"轮投入营运后,先后参加过海湾至远东航线石脑油运输和国内海洋平台石油运输。至 2010 年底,该轮仍由中海油运经营使用中。

【"湾"字类型船】

2000 年底,中海油运从国外引进上海海洋运输行业首艘 11 万吨级油轮"枫林湾"轮。该轮 1988 年 7 月由日本建造,总长 243 米,型宽 42 米,总吨位 11.03 万吨,主机功率 1.23 万千瓦,满载航速 14 节,是当时中海油运经营的最大吨位成品油/原油船。2001 年 2 月,"枫林湾"轮离开接船地韩国,投入海湾至远东石脑油运输。

2001 年 6 月,中海集团与香港巴拉歌集团、日本名村造船厂等签署 11 万吨级成品油/原油船"松林湾"轮建造合同,该船于 2002 年 11 月 27 日交付中海油运使用。接回上海后不久,即投入中东—远东航线油品运输。

2002年6—10月，中海发展先后与大连新船重工签署3艘11万吨级阿芙拉型油轮的订造合同。其交付使用后，主要投入中东—远东成品油运输市场。2004年6月6日，新建成的11万吨级油轮“柳林湾”轮交船投入营运。该轮总长244.60米，型宽42米，服务航速15.7节，总载重量10.92万吨，续航力2万海里。同年8月至11月，同类型船“杨林湾”和“榆林湾”轮先后建成。至此，中海油运已拥有11万吨级阿芙拉型油轮5艘。这5艘成品油/原油船均以“湾”字命名，又称“湾”字型船。

2010年12月22日，中海发展与大连船舶重工以及中国船舶重工国际贸易有限公司签署3艘11万吨级阿芙拉型成品油/原油船的建造合同。

【“北海希望”等轮】

2002年，北海船务从马士基公司购入10万吨级阿芙拉型油轮“北海希望”轮。该轮总长243米，型宽42米，航速14节，10万载重吨，功率1.23万千瓦，建于1988年。2006年，北海船务又从大连造船新厂购入10万吨级油轮1艘，船名“凤凰洲”，11.05万载重吨，功率1.36万千瓦。2007—2008年，北海船务订造的2艘10万吨级油轮“北海威望”和“北海展望”轮相继由上海外高桥造船厂交船和投入营运。该型船243米，型宽42米，10.44万载重吨，功率1.36万千瓦。至此，北海船务已拥有10万吨级阿芙拉型油轮4艘。2010年，该类型船仍由北海船务经营和管理。

五、超级油轮

【“太平洋力量”“太平洋先驱”轮】

1998年11月，中海集团与比利时CMB航运集团合资组建的中欧油轮有限公司，光租1艘25万吨级超级油轮(VLCC)“太平洋力量”号，并在新加坡正式投入营运。是为上海海洋运输行业早期接触和经营管理的超级油轮，也是当时中国石油运输船舶中最大的一艘油轮。该轮总长317米，型宽58米，型深28.8米，高度相当于10层楼，吨位相当于两艘半“米尼兹”号航空母舰。

翌年，中海上海船员公司与中欧联合油品公司签署一份关于接管、操纵该公司VLCC“太平洋首脑”号(后改名为“太平洋先驱”号)的合同。“太平洋先驱”轮是一艘载重27.35万吨的巴拿马籍超级油轮，当时，国内造船业还没有能力建造如此大吨位的油轮。根据合同规定，中海上海船员公司派遣30余名船员，成功接管、操纵“太平洋先驱”轮，填补了中国船员管理、操纵超级油轮的空白，也为日后中国船员经营和管理VLCC积累了宝贵经验。“太平洋先驱”轮于2000年由上海船员接管使用几个航次后报废。

【“洋”字类型船】

“十五”计划期间，中国进口石油需求量不断增长，成为仅次于美国的世界第二大石油消费国，继美国、日本之后的世界第三大石油进口国。石油运输市场良好的发展前景和空间，备受各大船公司关注。但及至当时，承担中国进口石油运输的主力一直为国外轮船公司。为适应国家能源发展战略需要，加快拓展海上外贸石油运输，中海油运积极调整和优化船队结构，开始订造30万吨级超级油轮。2003—2004年，中海发展先后为中海油运签订3艘30万吨级VLCC建造合同，分别由大连新船重工和大连船舶重工承建。2004年11月28日，中海发展订造的首艘30万吨级超级油轮

图 2-2-4 2010 年建成投产的 30.8 万吨级 VLCC“新埔洋”轮

(照片提供:中海集团宣传部)

“新金洋”轮由大连新船重工建成交船,翌月 20 日投入运营。是为首艘国产超级油轮,也是第一艘悬挂五星红旗的 VLCC。该轮总长 330 米,型宽 60 米,29.74 万载重吨,26 万载货吨,功率 2.55 万千瓦,设计航速 16.7 节。“新金洋”轮的建成,改写了中海油运没有超级油轮的历史,标志着该公司已有能力直接参与国家进口原油的一程运输。2005 年 4 月 28 日,由大连新船重工建造的“新金洋”轮姐妹船“新宁洋”轮投入营运。此后,中海发展订造 VLCC 的步子加快,2006 年内先后与大连、广州两地船厂签订 8 艘 30 万吨级 VLCC 的建造合同;并购入 1 艘由日本建造的二手超级油轮“新平洋”轮,该轮总长 30 米,型宽 60.04 米,28.14 万载重吨,26 万载货吨,功率 2.27 万千瓦,建于 2001 年 9 月。2007 年 11 月 26 日,由大连船舶重工为中海油运建造的 30 万吨级 VLCC“新安洋”轮投入营运。2009—2010 年,中海发展批量订造的 VLCC 中先后有 7 艘建成交付使用,即“新通洋”“新润洋”“新岳阳”“新汉阳”(该 4 艘船由大连船舶重工建造)“新埔洋”“新甬洋”“新申洋”(该 3 艘船由广州龙穴造船建造)。这批船舶设备先进,性能可靠,自动化程度高。其中,“新埔洋”轮是国内首艘自主研发、自行设计、完全拥有自主知识产权的超大型原油船,由中船龙穴造船有限公司联合中国船舶及海洋工程设计研究院研发设计。其载重量达 30.9 万吨,是美国最大航母的 3 倍;甲板长 333 米,宽 60 米,相当于 3 个标准足球场的面积;货舱深达 27 米,满载货物量相当于 150 列 40 节火车的装载量,并采用国际船级社协会关于双壳油船结构统一规范设计,用于装载闪点低于 60℃ 的原油;服务航速 15.7 节,最远续航可达 4 万公里,相当于绕地球赤道 1 圈。该船因装有超大功率的驱动离心泵,24 小时就可把 30 万吨油品卸完。船舶的安全性能也较高,在遭遇海盗袭击或其他突发事件时,可在 35 秒之内,通过船舶保安警报系统,以传真或电话短信方式迅速向船公司和船舶主管机构报警,并自动提供船舶信息,使岸上相关机构能够及时向船舶提供援助。

至 2010 年,中海油运已拥有 30 万吨级 VLCC 11 艘共 330 多万载重吨,因这批船舶都以“洋”字命名,又称“洋”字型船。是年 12 月,中海发展再次与大连船舶重工及中国船舶重工国际贸易有限公司签约,建造 2 艘 30 万吨级 VLCC。

表 2-2-1 2010 年上海海洋运输企业经营的 90 000 吨级以上大型油轮一览表

船舶经营人	船　名	建造年月	船 旗 国	总载重量(万吨)
中海油运	大庆 88	1986	中国	9.02
中海油运	枫林湾	1988	中国	11.03
中海油运	松林湾	2002	中国香港	10.60
中海油运	柳林湾	2004	中国	10.92
中海油运	杨林湾	2004	中国	10.94

(续表)

船舶经营人	船　名	建造年月	船 旗 国	总载重量(万吨)
中海油运	榆林湾	2004	中国	10.93
中海油运	新安洋	2007	中国	29.75
中海油运	新汉洋	2009	中国香港	29.73
中海油运	新金洋	2004	中国	29.74
中海油运	新宁洋	2005	中国	29.74
中海油运	新平洋	2001	中国香港	28.14
中海油运	新埔洋	2010	中国	30.94
中海油运	新润洋	2009	中国香港	29.72
中海油运	新申洋	2010	中国	30.92
中海油运	新通洋	2009	中国香港	29.72
中海油运	新甬洋	2010	中国	30.93
中海油运	新岳洋	2009	中国香港	29.72
北海船务	北海威望	2007	中国	10.44
北海船务	北海展望	2008	中国	10.43
北海船务	凤凰洲	2006	中国	11.05
北海船务	北海希望	1988	中国	10.00

资料来源：《中国海运统计年鉴 2011》(P132～133)

六、液体化学品专用船

【“化运 1”类型船】

20 世纪 80 年代前期，上海等地进出口液体化学品运输增多，其中包括出口石脑油和苯类产品，进口散装硫酸和乙二醇等。因液体化学物品多属有毒物质或易燃、易爆危险物品，常具有很强的腐蚀性、爆炸性、挥发性，需要用耐腐蚀性能强、隔热效果良好的液体化学品专用船舶运输，以确保运行安全。1983 年 11 月，海兴公司从日本购入上海也是国内第一艘液体化学品专用船，命名“化运 1”号(原名“南方十字架”)。买回后第一航次由日本装运 1 500 吨散装硫酸至天津新港。翌年，又购买同类型船“化运 2”轮和“化运 3”轮。1985 年再次买进略大些的“化运 4”轮和“化运 5”轮。这些船均为艉机型，有艏楼及艉楼，便于船员工作和休息。单层甲板，全双层船底，液化货舱为纵向舱壁，用于装运在摄氏 37.8 度时蒸汽压力不超过每平方厘米

图 2-2-5　1984 年海兴公司从日本购入的液体化学品专用船“化运 3”轮

(照片提供：中海集团宣传部)

2.8公斤的散装液体化学品或闪点低于摄氏65°的成品油。“化运1”轮总长89.95米,型宽14.6米,船上共有14个小货舱,9台货泵,其中4个货舱和4台货泵为不锈钢所制,1航次可同时装运多种化工产品。此类船舶设有集控(IMC)装置,船舶主机由驾驶台集中操纵。船上防火设备先进,能满足《1960年国际海上人命安全公约》和《国际防止船舶造成污染公约(1973)》有关附则的要求。1988年12月,金海船务在沪组建时,“化运3”轮移交该公司经营和管理,并于次年1月改名“金海联”轮,为该公司初建时期唯一运输船舶。1992年,上海海运局拥有“化运1、2、4、5”等液体化学品专用船4艘,共2.26万载重吨。1997年,中海集团成立后,“化运1、2、4、5”轮一直由上海海运期租给其他航运公司经营。2010年,除“化运1”轮已作报废处置外,其余3轮仍在使用中。

【“白杨”号液体化学品运输船】

2005年9月,经交通部特许招标并批准成立的上海中化思多而特船务有限公司在上海开业。翌年7月5日,该公司委托宁波新乐造船有限公司建造的3 600吨级化学品运输船“白杨”轮正式交船。该船总长97米,型宽15米,型深6.9米,航速13节。为保证装载化学品的品质,该船采用“单舱单泵”设计工艺,船上共有8个货舱,每个舱都安装1个泵,可同时装载8种不同类型的液体化学品。船舶自动化程度较高,作业人员可通过液货控制室遥测系统,监视并操控装卸货情况。若各舱位同时工作,可在10个小时内装卸完毕,由于装卸货速率快捷可有效掌控在港作业时间。2008年12月31日,该轮被列入交通运输部水运司当日公布的《从事台湾海峡两岸海上直航业务的航运公司及船舶名单》。

图2-2-6 2006年7月5日3 600吨级化学品运输船“白杨”轮正式交船

(照片提供:上海船东协会)

【“金海洋”类型船】

2010年,金海船务共拥有6艘液体化学品船,其中“金海洋”“金海湾”“金海潼”“金海湖”4艘为期租中海海盛香港船务有限公司的9 000吨级液体化学品船。该类型船总长107.38米,型宽18.2米,航速13节,总载重量8 984~9 002吨,功率3 356千瓦,1995年建造,原为“建设33”等4艘油轮,2007年由中海海盛香港船务有限公司购入后,改造为化学品船。金海船务租赁该类型船期间,主要用以从事近洋液体化学品原料和成品运输。

【7 800载重吨Ⅱ类不锈钢化学品船】

2010年9月29日,金海船务与中国船舶重工国际贸易有限公司及重庆川东船舶重工有限责任公司签订《7800载重吨Ⅱ类不锈钢化学品船建造合同》,共建造两艘,计划在2012年底前加入公司运输船队。

第三章 散杂货船

20世纪70年代末，上海海洋运输使用的散、杂货船大多为“文化大革命”前后建造或购买，其中不少船龄老，吨位小，设备技术不良。进入80年代后，为适应上海和国家经济建设的发展，特别是煤炭、粮食等重点物资的运输需求，陆续添置多批吨位较大，设备技术较先进的散货船、多用途船、滚装船及其他专用船。以往的老旧散货船逐步淘汰，传统老式杂货船也随着集装箱船的兴起日渐衰落。至2010年，上海沿海和远洋散杂货运输在货种、流向等方面变化较大。在沿海煤炭运输市场持续兴旺的同时，进口铁矿石运输、大件设备运输等也快速发展，在散、杂货运量中占有较大比重。为适应市场变化，满足客户需要，上海海洋运输行业开始装备20～30万吨级超大型矿砂船、配有640吨重吊的3万吨级多用途船等具有当时世界先进水平的散、杂货船，整个船队的大型化、现代化、规模化程度进一步提高。

第一节 规模结构

1978年，上海海洋运输行业投入沿海和远洋运输的散货船，以通用型和小灵便型(注：本卷以载重量大小划分散货船类型，按通常分类方法，1万吨级左右为通用型；2～3.5万吨级为小灵便型；3.5～5万吨级为大灵便型；6～8万吨级为巴拿马型；10～18万吨级为好望角型，也叫“海岬型”；20万吨级以上为超大型)居多；杂货船则大多为传统的件杂货船。之后十余年间，散、杂货船更新发展速度逐步增快，相继添置一批浅吃水肥大型散货船、快速自卸型散货船、多用途船以及一批吨位较大的滚装船；同时淘汰部分船龄偏高、技术状况差的老旧船。整个行业的散、杂货船运力结构得以明显改善，船队规模扩大，基本能够适应上海和国家经济建设的需要。1988年，上海海运局拥有的各类货轮已逾百艘(105艘)，165万载货吨。1992年，上远公司拥有的货船也超过百艘(102艘)，且品种多样，包括散货船23艘、杂货船55艘、多用途船14艘、滚装船10艘，共计200多万载重吨。

1997年，中远集团实行航运体制改革。是年9月起，原上远公司经营的散货船全部移交天津远洋运输公司，杂货船全部移交广州远洋运输公司。同年，总部设于上海的中海集团成立，其控股子公司中海货运成为上海海上散货运输的主力船队。根据市场需求，该公司积极优化散货船队资源配置，推进运力结构调整，并制定货运船队向大型化、规模化发展的规划。至2002年，已经营和管理货船112艘，总载重量373.1万吨。

“十一五”计划期间，中海货运采取建造、购买、联营、租赁等多种形式扩展运力规模，优化运力结构，同时加快老旧船舶的报废处理。新添置的各型船舶适航能力强、设施设备先进、安全性能可靠。2010年，该公司共拥有各类货船101艘，431万载重吨，比“十五”期末的载重吨位净增50万吨，增长13.2%。为适应上海等地煤炭、铁矿石等重要物资的运输需求。该公司开始成批建造超大型矿砂船。2010年2月，其订造的首艘23万吨级超大型矿砂船(VLOC)“中海兴旺”轮投入运营。是年底，已有4艘VLOC(含2艘联营船)投入远洋货运。

同一时期，上海另一家大型散货运输公司时代航运，以为华能国际电力开发公司(以下简称华能国际)所属各沿海电厂运输煤炭为业务重点，积极发展运力，扩大散货运输规模。2010年，已自有散货船29艘,160万载重吨。其中含有两艘具国内先进水平的自卸船以及11.5万吨级好望角型散货轮等大型船舶。运力规模和市场份额在国内沿海散货运输行业中仅次于中海货运而位列第二。上海长航和长航国际等中外运长航在沪企业为发展海洋运输,亦通过建造、购置、租赁等多种形式,积极添置海船。至2010年已建成一支具一定规模的沿海和远洋散杂货运输船队。其中,长航国际实际拥有和控制运力超过200万载重吨,并已拥有10余艘"海岬型""巴拿马型"散货运输船和可用于重件、大件设备等高附加值产品运输的多用途重吊杂货船,航线辐射能力拓至欧美、澳洲、中东、南亚、东南亚等诸多地区。

自20世纪80年代始,传统件杂货运输方式在世界航运市场渐显落后。老式杂货船,特别是舱口小、货舱甲板层数多的老旧船越来越不适应远洋运输发展的需要,世界上不少地区和港口已限制老式杂货船进港。这类船只逐渐由集装箱船和多用途船、滚装船以及各种专用船和特种船所替代,上海海洋运输行业使用的杂货船也及时更新换代。至1989年底,主要杂货运输企业中波公司已将1974年以前建造的老旧杂货船全部淘汰,同时拥有23艘万吨级以上多用途杂货船,平均船龄8.9年,其船龄之年轻、自动化程度之高领先于国内同行。21世纪初,为实施由传统件杂货向重大件设备货运输的转变,该公司开始配备3万吨级、带有640吨重吊的多用途船,至2010年,共拥有重吊船舶17艘,平均船龄约8年,使重大件设备货全球航线网路布局和班轮服务水平得到进一步完善和提升。上海振华重工(集团)股份有限公司在向多元化市场转型中,积极发展自己的整机运输船队。2010年,其所属振华船运已拥有自行改造成的22艘大型整机运输船,总载重吨位约106万吨,其中包括4艘技术性能先进的半潜式特种运输船,可将公司制造的港口机械等大型设备高质量、短周期地准时送达世界各港用户。

2010年,在上海注册的从事海洋运输的散杂货船共386艘,1 198.4万载重吨。其中,沿海运输船舶324艘,852.7万载重吨;远洋运输船舶62艘,345.7万载重吨。

第二节　主要船型

一、通用型和灵便型散货船

【"郑州"类型船】

1973年,沪东造船厂为上海海运局建成国产艉机型散货船"郑州"轮,载重量2.4万吨,采用球鼻艏。之后数年,陆续建成同类型船共13艘。船名多以"州"字作尾,故此类型船又称"州"字型船,即"郑州""锦州""徐州""神州""沧州""福州""泸州""梧州""海州""柳州""德州"等,每艘投资约2 198万元。该类型船总长185.5米,型宽23.2米,型深14.2米;2.42～2.62万载重吨,主机功率8 830千瓦,航速15节。1976年,因国家装载进口小麦所需,从这一年起新造的"州"字型船拨给上远公司,由该公司监造和接船,先后有"福州""泸州""梧州"

图2-3-1　建于20世纪70年代的2.4万吨级散货船"锦州"轮

(照片提供:中海集团宣传部)

“海州”和“柳州”5艘散货船，建成后即投入中国—澳大利亚航线装运小麦。由于某些技术原因，此类型船立即投入远洋航线不适应，故障较多，故在1978年又全部拨还给上海海运局。此后建造的“沧州”等轮，竣工后全部在沿海运行。1979年起，部分“州”字型船经过入级修理，取得远洋船证书后，重新投入中国—澳大利亚航线运输小麦。

受“文化大革命”时期技术条件限制，“州”字型船主机质量问题较多，常因缸套裂开损坏或备件供不应求，造成船舶停航待修。仅1989年前4个月里，“州”字型船因主机故障而停航即达28艘次，损失运力500多万吨/天。1990年后通过技术改造，“州”字型船的营运率才普遍有所提高。2006年后，部分“州”字型船因船龄已到期限而作报废处置。

2010年底，“沧州”“德州”“海州”“柳州”等轮仍在使用中，由中海集团下属公司经营管理。

【“长辉”类型船】

1974年始，上海海运局委托江南造船厂批量建造1.8万吨级散货船用于煤炭运输，先后建成12艘，其船名均以“长”字为首，即“长辉”(原名“长春”)“长阳”“长虹”“长宁”“长乐”“长治”(1989年1月改名“长宇”)“长顺”“长青”“长建”“长通”“长运”“长连”，故又称“长”字型散货船，其中，“长辉”轮总长161.5米，型宽22米，型深13米；1.88万载重吨，1.78万载货吨；主机功率7 940～6 620千瓦，航速14节。同类型船均为艉机型，具有双层底和顶边压载水舱，内底板在两舷处斜升，便于散货向货舱部集中，甲板设置油缸式舱口盖。建造出厂后主要在国内沿海运营。20世纪70—80年代，该型船一直为上海沿海煤炭运输的主力船。海兴公司成立后，部分“长”字型船曾投入远洋航线装运粮食。1992年始这批船全部安排在国内沿海运营。2007年后，部分“长”字型船因已达到交通部颁布的《老旧运输船舶管理规定》中需强制报废的年限，陆续作报废处置。2010年，尚有“长建”“长通”“长运”“长连”4艘建于80年代前期的“长”字型船仍在运营之中，由中海货运经营管理。

【“友谊3”类型船】

1980年6月，南斯拉夫船厂为上海海运局建成第一艘5 000吨级“友谊”型散货船“友谊3”轮。该船总长106.9米，型宽15.2米，型深8米，5 120载重吨，主机功率2 210千瓦，航速12.8节。艉机型，船体钢质，甲板一层，有4个货舱，适合于运输散货。船壳有阴极保护装置，通讯导航设备先进，可在驾驶台遥控操作，机舱有集中操纵室和监视机械运转的轮机装置，各舱室均有空调设备。上海海运局共订造10艘同类型船，均以“友谊”为首命名，即“友谊1～10”轮。后其中5艘由湖北省晴川轮船公司购入，并改名为“晴川1～5”轮。1982年6月，巴基斯坦卡拉奇船厂为中国建成同类型船“友谊11～12”轮，同年9月投入营运。

【“宁海”类型船】

1981年，上远公司使用银行贷款委托沪东造船厂建造两艘2.5万吨级散货船“宁海”和“通海”轮。两船为同一张图纸建造的姐妹船，总长184.72米，型宽23.2米，2.57万载重吨，主机功率7 502千瓦，营运航速14.5节。全船6个货舱，货舱容积3.08万立方米，舱口宽度11.6米。投入运营后，主要承担进口粮食的运输。

【“华”字头散货船】

“六五”计划期间，为适应运输市场需要，上海海运局贯彻“买造结合”方针，在加速建造新船的同时,向国外买进一批2～3万吨级二手散货船,船名以“华”字为首,分别命名为“华阳”“华红”“华东”“华西”“华南”“华北”“华中”“华达”“华方”“华光”“华浦”“华明”,共12艘。其中,“华光”轮原名“世望”,1981年由日本建造,总长190米,型宽27.6米,主机马力1.2万匹,航速14.7节。“华明”轮1976年由日本建造,从非洲摩洛哥买进,总长199米,型宽27米,航速15节,最大载货量3.8万吨。1988年,上海海运局贷款购进2万吨级散货船“华丰”“华德”(原名“华盛”)“华程”(后改名“华进”)和3万吨级散货船“华鲲”“华鹏”“华歌”等轮。这些货船在当时一般技术状况良好,设备较先进,有的船舶装有卫星通信设备。1990年,上海海运局再以贷款购入“华振”“华万”“华强”“华凌”“华图”“华志”等灵便型散货船。至2010年,“华歌”轮(总长185.8米,型宽27.8米,航速12节,3.98万载重吨,功率8 820千瓦,建于1978年)、“华光”轮(总长190.1米,型宽27.6米,航速11.5节,3.74万载重吨,功率8 807千瓦,建于1982年)仍由中海货运使用中。

【“振奋1”类型船】

1984年2月,交通部召开“七五”计划期间运输船舶发展计划座谈会,鉴于沿海煤炭运量大幅增长,提出发展2～3.5万吨级煤炭散货船的设想。结合当时秦皇岛港(为国内煤炭下海主要港口之一)1号码头新型高速装船设备已投产,上海港装卸煤能力也有较大提高,以及航道水深和物资在途时间的长短,综合“长”字型和“州”字型船舶(详见本目“长辉”类型船和“郑州”类型船)在性能结构和动力设备等方面的利弊,经上海海运局与上海船舶研究设计院改进设计,由上海江南造船厂、上海船厂和天津新港船厂建造,于1984—1985年建成第一批2万吨级“振奋”型煤矿两用船共12艘,并相继投入沿海煤炭等物资运输。船名均以“振奋”为首,分别为“振奋1～12”。“振奋1”轮总长164.9米,型宽22.86米,型深13.45米,2.11万载重吨。“振奋1～4”轮由江南造船厂建造,主机功率6 620千瓦;“振奋5～10”轮由上海船厂建造,主机功率5 650千瓦;“振奋11～12”轮由天津新港船厂建造,主机功率5 300千瓦。“振奋”型散货船耗油比同吨位同类船少20%,载重量却增加25%,且具备MCC级,即机舱集控室操作和监视机械运转。12艘船中,除“振奋9～10”轮装有双杆5吨起重设备外,其余10艘均为无吊船,可适应宝钢原料码头岸线短、泊位少、起重设备大型化的特点,为当时国内重点发展船型之一。进入20世纪90年代后,又有“振奋13～20”“振奋22～23”等轮陆续建成投入运营。至2001年底,中海货运共经营和管理8艘“振奋”型散货船,即“振奋5～10”“振奋13～14”轮。2002年,友好航运公司成立,“振奋8”轮光租给该公司使用。2004年5月,友好航运增资完成后,为承担上海煤运,提高经济效益,于同年欲购入新的运力。中海发展9月将“振奋8”轮以市场价出售给该司。次年12月,友好航运光船租入“振奋5”轮,以后又先后购入“振奋13”轮,光租“振奋15”轮。

图2-3-2 建于20世纪90年代的2万吨级煤矿两用船“振奋19”轮

(照片提供:中海集团宣传部)

中海集团组建初期,为调整运输生产经营结构,重点发展集装箱运输,将部分“振奋”型散货船改造为集装箱船(以下简称“货改集”船)。

后随着大批新型集装箱船问世以及运输市场的需求变化，又对部分“货改集”船进行处置或改为他用。2008年1月始，中海集运的“向利”“向壮”“向茂”“向悦”四轮（均为“货改集”船）逐艘移交中海货运经营和管理，船名分别改为“振奋17”“振奋18”“振奋19”“振奋20”。该四轮总长186.4米，型宽25米，航速11节，2.9～2.91万总载重吨，主机功率5 100～5 640千瓦，1992—1995年建造。2010年，友好航运共拥有“振奋”型船舶4艘，其中“振奋8”轮和“振奋13”轮为自有，“振奋5”轮和“振奋15”轮为光租。中海货运共经营管理“振奋”类型船9艘，分别为“振奋6～7”“振奋9～10”“振奋14”“振奋17～20”轮。

【“安平1”类型船】

改革开放初期，上海海运局在确保沿海运输的基础上，实行“既沿海，又远洋”方针。为提高远洋运输能力，于20世纪80年代中期设计建造一批3.5万吨级，以“安平”编号的散装货船。此类型船既能航行沿海，又能航行远洋，能煤、矿运输两用，又能从事散装粮食运输，故可增强运输能力的调节功能。1986年，江南造船厂为上海海运局建成第一艘3.5万吨级散货船“安平1”轮，于当年7月1日投入营运。该轮在当时设备先进，自动化程度高，机舱采用电子计算机、闭路电视控制、操作，可作无限区航行。船舶总长195米，型宽28.4米，型深15.8米，3.9万载重吨，主机功率7 190千瓦，航速14.4节。该型船有舱口大小接近的6个舱。同类型船“安平2～3”“安平5～6”轮于其后陆续建成。前两艘1986—1987年由江南造船厂建造，后两艘由上海船厂在同一期间建造。至2010年底，该5艘“安平”型散货船仍由中海货运管理和经营。

【“宁安1”类型船】

“六五”计划期间，进入上海港的散装能源物资，特别是煤炭运输量激增。鉴于上海港长江口航道高潮时只能满足2万吨级船吃水9.5米通过，否则须减载，排队候潮进港，每潮最多只能通过8～12艘船，要求港口装卸能力和船舶运输能力相应提高。1984年，根据交通部部署，开始进行肥大型浅吃水船和散货快速自卸船的船型论证和建造。经国务院重大装备办公室立案，由国家计划委员会列入计划，交通部拨款，首先成立研制该2种船型的2个课题组，委由上海海运局牵头，组合有关科研、设计、院校、造船厂等19个单位攻关研究。优选确定3.5万载重吨肥大型浅吃水散货船和2.7万载重吨自卸船船型方案。1989年，上海船舶研究设计院在会同有关科研部门，对浅吃水肥大型船的水动力和结构性能进行系统研究基础上，最终完成国家重大技术装备“六五”“七五”计划期间重点科研攻关项目3.5万吨级浅吃水肥大型散货船的全部设计。

图2-3-3 1991年底交付使用的浅吃水肥大型散货船“宁安1”轮

（照片提供：中海集团宣传部）

1990年6月21日，由渤海造船厂开工首建“宁安1～2”轮。第一艘3.5万吨级浅吃水肥大型散货船“宁安1”轮，于1991年12月25日交付使用，1992年全年完成煤炭运输量68个航次，且营运率达到100%，成为上海海运局运煤史上第一艘年运煤量突破200万吨大关的船舶，获得较好经济效益，得到国务院重大装备办公室和交通部的肯定。通过一年实船使用，证明3.5万吨级浅吃水肥大型船的研制、设计成功，达到攻关预期目的，成为发展沿海能源运输的新船型。该型船总长185米，型宽32米，型深15.4米；3.59～3.85万载重吨；主机功率3 360X2千瓦，航速13.5节，为典型的浅吃水肥大型船。该类型船投产后主要承担秦皇岛—上海煤炭运输，以应对“七五”和“八五”计划期间上海地区煤炭需求量的大幅增长。1993—1995年，同类型船共续建13艘，即“宁安2～12”“宁安15～16”轮，其中由渤海造船厂建造3艘，广州造船厂建造10艘。至2010年，同类型船共14艘仍由中海货运等船公司运营使用中。

【“南极洲”类型船】

1984年，为发展沿海煤炭运输，提高港口装卸能力和船舶运输能力，根据交通部部署，上海海运局等单位着手研制散货快速自卸船，并优选确定2.7万载重吨每小时自卸3 500吨散货的自卸船船型方案。后因该船型自动控制和自卸设备系统在国内尚属空白，也缺乏建造自卸船的经验，改由瑞典和西德联合设计配套自卸系统，委由日本组装建造。是年底，签订同类型2艘船的建造合同，1986年初开工，当年第四季度完工。其中第一艘命名为“北极星”，总长175.00米，型宽27.80米，型深16.00米，2.75万载重吨。全船共设五个货舱，自卸臂长76.5米，自卸能量1小时3 500吨，可航行于世界各航区，交由大连轮船公司营业，在秦皇岛、大连间穿梭运输。另一艘命名为“南极洲”，由上海海运局投资购入使用。该轮总长175米，宽27.8米，深16.3米；2.35万载货吨，主机功率4 190千瓦，航速12.5节；设有侧推装置及自卸装置，辅机功率较大，货舱底呈W形，下面尖部有开口(斗门)，可将货物漏到开口下部的两条纵向传动皮带上，皮带各宽1.8米，煤炭通过传动皮带流到甲板上的自卸臂杆，再由臂杆伸向码头上的漏斗。自卸臂杆长76米，可摆动88度。该轮有5个货舱，78个斗门，其中最大的货舱底有18个斗门。自卸能量1小时3 500吨。

1986年11月，“南极洲”轮首航由秦皇岛港装煤驶往上海，翌月1日在上海洋泾码头进行试卸，自卸情况良好，2.2万吨煤实际自卸时间为13小时。该船虽具快速卸货优点，但设备结构复杂，加之国内港口煤炭卸货码头前沿堆场有限，且码头前沿到后方堆场的输送流量小于该轮自卸流量，故难以发挥其作用。1988年4月，“南极洲”轮期租给美国拿维斯公司，参加英法海底隧道工程物资运输，期间创造出1 000天不停航，装运石料300余万吨的业绩。鉴于船员做出卓越贡献，“南极洲”轮的船名被刻在该工程纪念碑上。2010年，“北极星”轮仍在使用中，由时代航运管理和经营。

【“海王星”类型船】

2001年4月，时代航运分别在大连港和营口港接管2艘租购的3.5万吨级自卸散货船“海王星”和“天龙星”轮，用以从事华能国际大连、营口、丹东电厂的电煤运输。2007年11月间，该公司取得“海王星”和“天龙星”轮的所有权。该两轮为姐妹船，1995年由德国建造。船舶总长186.6米，船宽29米，载重吨3.75万吨，设5舱5口，是当时国内吨位较大的两艘自卸散货船，也是华能国际东北三电厂电煤运输的配套船舶。至2010年，“天龙星”和“海王星”轮仍由时代航运经营管理，从事海上电煤运输。

【“嘉诚山”类型船】

2001—2002年间，中海货运分别与上船澄西船舶有限公司(以下简称澄西船厂)和渤船重工船舶有限责任公司(以下简称渤海船厂)签订共8艘5.73万吨级大灵便型散货船的建造合同，由两家船厂各承建4艘。该系列散货船是中海集团自主开发的优良灵便型散货船。

2004年10月15日，由渤海船厂建造的首艘5.73万吨级散货船“嘉诚山”轮交付使用。该轮总长199.99米，型宽32.26米，型深18米，航速14节，3.36万总吨，功率8 510千瓦，为单机、单桨驱动的艉机型散货船。设球艏、方艉、流线型半平衡舵，船舶线型具有较佳航速、较低燃油消耗和较高推进效率。全船设连续的上甲板、艏楼和6层艉甲板室，共五个货舱，第一货舱和第五货舱设置成双壳体，以提高船舶的安全性；高强度钢使用率不超过50%，以提高船舶抗疲劳能力，可降低营运期的维修保养成本；机舱可实现24小时无人值班，在国内处于领先水平。可航行于世界各航区，主要运输谷物、煤炭、铁矿石等干散货。该型船建成后因能适应国内通航条件的变化，成为中海货运已有3.5万吨级船舶的替代船型。2004—2005年，续建的“嘉信山”“嘉祥山”“嘉和山”“嘉安山”“嘉宁山”“嘉永山”“嘉顺山”7艘同类型船先后建成和交付使用。其中“嘉信山”“嘉永山”“嘉顺山”由渤海船厂建造，其余4艘由澄西船厂建造。2010年，该类型8艘船都由中海货运管理和经营，主要从事远洋货运。

【“银宁”类型船】

2006年5月22日，时代航运与澄西船厂在北京签署4艘5.3万吨级大灵便型散货船的建造合同，以满足华能国际所属沿海各大电厂煤炭运输需要。2007年12月—2010年6月，新建成的“银宁”“银顺”“银平”“银能”4艘5.3万吨级散货船先后交付使用。该类型船总长190米，型宽32.26米，航速14节，总载重量5.34万吨，功率9 480千瓦。投入营运后，主要用以替代原3.5万吨级散货船，承担沿海煤炭运输。

图2-3-4 2009年5月8日“安国山”轮建成下水

（照片提供：中海集团宣传部）

【“安国山”类型船】

2007年3月29日，中海发展与中海工业签订12艘5.73万吨级大灵便型散货船建造合同。同年11月28日，为确保国家煤电油运任务的完成，两家企业又签订6艘同类型船建造合同。2009年5月8日，该系列散货船的首制船“安国山”轮由中海工业（江苏）有限公司建成交付使用。其船舶技术性能与此前建造的5.73万吨级“嘉诚山”类型船基本相同（详见本目“嘉诚山”类型船）。同年9月至次年，同类型船“安民山”“安强山”“安诚山”“安惠山”“安顺山”“安信山”“安永山”“安裕山”等相继建成交船。因船名均以“安”字为首命名，该型船又称“安”字型船。这批船舶是中海货运针对沿江沿海电煤运输特点，与上海船舶研究设计院共同开发的新船型。主要航行沿海港口，可运输谷物、煤炭、铁矿石等干散货。

【“银致”类型船】

2009年9月20日—2010年7月8日，中海工业（江苏）有限公司为时代航运建造的4艘5.73万吨级大灵便型散货船“银致”“银连”“银杰”“银远”轮先后交船投入运营。该类型船与中海货运订造的“安国山”类型船（详见本目“安国山”类型船）的技术性能基本相同，至2010年，时代航运已拥有5.3万吨级以上“银”字头大灵便型散货船8艘。

【4.8万吨级系列散货船】

2010年9月,中海发展与中海工业和中海工业(江苏)有限公司签订协议,订造12艘4.8万吨级散货船,用于扩大沿海煤炭运输船队规模。12艘船舶皆为沿海远洋兼营型,可在沿海煤炭和进口煤炭运输领域互相调剂使用。

二、巴拿马型散货船

【"九龙峰"类型船】

2002年,由中海货运委托江南造船(集团)有限公司(以下简称江南造船)建造的"九龙峰""莲花峰""光明峰""神农峰"4艘7.4万吨级巴拿马型散货船,相继建成投产,用于远洋货运。该系列船舶属单机、单桨驱动的艉机型散货船,设球艏、方艉、流线型半平衡舵。总长225.00米,型宽32.26米,型深19.20米,航速14.16节,7.4万载重吨,主机功率1.02万千瓦。为国内最早开发和建造的巴拿马型船舶,航速、燃油消耗和推进效率等均具较佳水平。全船设连续的上甲板和5层艉甲板室,共七个货舱,高强度钢使用率不超过50%,可提高船舶抗疲劳能力,降低营运期维修保养成本,货舱盖为液压折叠式钢质风雨密舱口盖。机舱自动化程度高,可实现24小时无人值班。该类型船可航行世界各航区,主要运输谷物、煤炭、铁矿石等干散货。是年2月,经中国船级社PMS("船舶计划保养系统"英文缩写)检查组严格检验、审核,在"九龙峰"轮船舶入级证书上签注PMS附加标志。

【"时代1""时代3"类型船】

2005年1月31日,时代航运向江南造船厂订造2艘7.6万载重吨巴拿马型散货船,以保障华能玉环电厂的电煤运输。2007年5—12月,该2艘船舶"时代1""时代2"轮相继交船和投入营运。"时代1"轮总长225米,型宽32.26米,型深19.60米,载重吨7.66万吨,航速14.5节,主机功率8 833千瓦。同年,时代航运购入4艘由日本建造的二手巴拿马型散货船,分别命名为"时代3""时代5""时代6""时代7",4艘船的载货量均为6.75万吨,分别建于1993—1994年间。其中,"时代3"轮总长225米,型宽32.20米,6.97万载重吨,主机功率7 269千瓦,建于1994年9月。

图2-3-5 2007年5月交付使用的时代航运所属"时代1"轮

(照片提供:中海集团宣传部)

【"日观峰"类型船】

2008年6月10日,中海发展与中船集团签订8艘7.6万吨级散货船建造合同,是时,中海货运仅有4艘巴拿马型散货船,因数量少,未形成规模,影响外贸经营收益水平。此次合同签订,可使中海货运巴拿马型散货船总数达到12艘,形成一定规模,适应发展外贸货运的需要。同时,随着电力市场化改革的深入,不少国内燃煤电厂要求航运公司使用大型船舶承运煤炭,新造7.6万吨级巴拿马型船舶可更好适应这些电厂的需求,在沿海煤炭运输中发挥良好的市场适应性和竞争能力。

2009年11月至2010年5月，中海发展与中船集团及江南造船再签3艘7.6万吨级散货船建造合同。至此，中海发展共向中船集团订造11艘此类型散货船。2010年8月18日，由中海发展委托江南造船厂建造的首艘7.6万吨级散货船“日观峰”轮建成命名。该轮总长225米，型宽32.26米，航速13.6节，总载重量7.56万吨，净载重量7.2万吨，主机功率8 833千瓦。同类型船“月观峰”轮也于同年建成投入营运。

三、好望角型散货船

【“普安海”“普宁海”轮】

1985年，上远公司买进一艘当时上海最大的好望角型散装货船“普安海”轮。该船1973年由联邦德国建造，总长303.15米，型宽43米，载重量14.82万吨，主机功率1.91万千瓦，营运航速13节，续航能力2.1万海里。船上有11个货舱，容积共14.5万立方米。该船买进后固定在上海—澳大利亚航线运营，每年可为上海宝山钢铁厂装运100余万吨专用矿砂。翌年9月，上远公司又买进一艘好望角型散货船“普宁海”轮，由瑞典建造，当时已有10年船龄。该船12.28万载重吨，11.5万载货吨，主机功率1.76万千瓦，营运航速14节。买进后亦固定在上海—澳大利亚航线运营，与“普安海”轮搭配成定期班轮，主要为宝山钢铁厂运输进口金属矿石。

【“时代20”“时代21”轮】

2010年10月13日—11月24日，由长兴重工为时代航运建造的2艘11.5万吨级好望角型散货船“时代20”“时代21”轮相继命名交船和投入运营。该型船总长254米，型宽43米，型深20.80米，航速13.5节，6.47万总吨，3.74万净吨，功率1.31万千瓦，全船共设7个货舱，可航行于世界各航区，主要运输谷物、煤炭、铁矿石等干散货。该2船为当时国内沿海较大的内贸矿船，投产后被用以承担进口铁矿石二程转运。

【18万吨级系列散货船】

2010年11月，中海发展与长兴重工签署“4+2”艘(即先签订4艘，再视情续签2艘)18万吨级散货船建造合同。该型船总长295米，型宽46米，型深24.8米，服务航速15节，挂方便旗营运。根据合同约定，首艘船在2012年11月交付使用。

四、超大型矿砂船

【“中海兴旺”类型船】

“十一五”计划期间，中海集团为适应国家进口铁矿石运输快速增长的需要，着手进行23万吨级超大型矿砂船(VLOC)的设计和订造。2007年2月2日，中海发展与广州龙穴造船厂在上海签订4艘23万吨级超大型矿砂船建造合同，以推进和落实与首钢集团等大货主签订的进口铁矿石长期运输合同。同年10月27日，中海发展又与广州龙穴造船在广州签订4艘23万吨级散货船建造合同。至此，中海发展已先后向广州龙穴造船订造8艘该型船舶，借以加强与首钢、宝钢等大型钢铁企业的战略合作，为国家提出的“国矿国运”(即中国进口矿石由中国船舶承运)方针的实施提供运力保证。

图 2-3-6　2010 年 6 月交付使用的 23 万吨级超大型矿砂船"仁达"轮

(照片提供：中海集团宣传部)

2010 年 2 月 6 日,广州龙穴造船厂为中海发展建造的首艘 23 万吨级超大型矿砂船"中海兴旺"轮在广州建成启航,驶往澳大利亚装运铁矿石。这艘超大型矿砂船交由中海货运经营管理,专门承担首钢集团的进口矿石运输业务,也是当时澳大利亚装货港口可以进港靠泊的最大船型。"中海兴旺"轮由广州龙穴造船联合上海船舶研究设计院研发,载重量 23 万吨,总长 324.99 米,型宽 52.50 米,型深 24.30 米。为单机、单桨驱动的艉机型矿砂船,设球艏、方艉、流线型半平衡舵,船舶线型具有良好快速性,技术、经济性能优良。全船设连续的上甲板和 6 层甲板室,共有 5 个货舱,9 个舱盖,第 1 货舱单舱口,第 2~5 货舱为前后布置的双舱口,货舱盖为液压侧开式钢质风雨密舱口盖。船舶自动化等级高,可实现机舱 24 小时无人值班。该轮可航行澳洲、南美、南非等航区,从事进口铁矿石运输,续航力达 3 万海里。

同年 6 月 18 日,由中海集团和宝钢集团合资成立的香港海宝航运公司,也在广州接收 1 艘 23 万吨级超大型矿砂船"仁达"轮。该轮由广州龙穴造船厂建造,总长 325 米,型宽 52.5 米,航速 15 节,续航力 3 万海里。交付使用后首航澳大利亚航线,主要用于承担宝钢集团进口铁矿石的远洋运输,借以降低大型钢铁企业的原材料运输成本。9 月 12 日,中海发展专为武钢集团订造的 23 万吨超大型矿砂船"中海希望"轮由广州龙穴造船厂建成。该船为"中海兴旺"轮的姐妹船,也是我国自行设计、建造并拥有自主知识产权的船舶,具有运量大、航线灵活、高效、经济、环保的特点,交付使用后可为武钢集团进口大宗原材料,降低运输成本,保障重要物资安全。是年 11 月,"中海希望"轮从南非运载铁矿石抵达湛江港。

【30 万吨级超大型矿砂船】

2007 年 10 月 22 日,中海发展与大连船舶重工及中国船舶工业贸易公司在大连签订 4 艘 30 万吨级超大型矿砂船(VLOC)的建造合同,总价约 4.552 亿美元,交船时间预计为 2011 年 8 月—2012 年 3 月。该公司"十一五"发展规划提出,要在继续主导沿海煤炭运输的基础上,进一步加强与大货主的战略合作,通过签订长期运输合同来发展大型干散货船队,重点发展 23 万吨、30 万吨级超大型矿砂船(VLOC),积极参与中国进口矿石一程运输。同年 12 月 29 日,中海发展再次与大连船舶重工、中国船舶工业贸易公司签署 4 艘 30 万吨级超大型矿砂船建造合同。至此,已共计订造 8 艘 30 万吨级 VLOC。

五、普通杂货船

【"江川"类型船】

20 世纪 70 年代,上远公司在南斯拉夫订造 4 艘万吨级远洋杂货船,船名分别为"江川""汉川""银川"和"铜川"。该类船为多功能杂货船,总长 157.10 米,型宽 21.60 米,载重 1.55 万吨,载货

1.3万吨，船上有5个干货舱，容积1.98万立方米。除装干杂货外，还可以装载冷冻货，冷冻舱在第四舱底部，舱容2 638.14立方米。可以自行装卸60吨重的大件货物。主机功率8 824千瓦，营运航速16.5节。投入营运后，长期固定在中国—西欧冷藏杂货班轮航线，具有载重量大、速度快、适货性好、续航力远、自动化程度高的特点，甲板还可捎带国际标准集装箱，是当时中国—西欧杂货班轮航线的主力船。2010年前，该类型船已先后退出营运。

【“阿城”类型船】

1978年，上远公司从联邦德国买进5艘小吨位艉机型杂货船“阿城”“宽城”“海城”“黎城”和“满城”轮。该类船由联邦德国于1974年至1976年建造。总长91.45米，型宽14.2米，载重量4 114吨，载货量3 500吨，满载吃水6.08米，主机功率1 471千瓦，航速12.5节，航行日耗油10吨。船上有3个货舱，2层货舱甲板。在联邦德国，该类船为内河集装箱转运船，舱内有集装箱专用垂直轨道，可装载92个标准集装箱。买回后长期作为杂货船使用，有时也安排在集装箱支线运营。2010年前，该类型船已先后退出营运。

【“新华7”类型船】

1975年，为改变中小型杂货船运力和运量上的比例失调，上海海运局委托中华船厂建造了一批3 000吨级杂货船“新华1～5”轮，以应急需。这些船舶建造时正逢“文化大革命”，设备质量上存在不少问题。1981年，上海海运局又订造“新华7～10”等4艘3 300吨级杂货船，该型船总长101.1米，型宽13.8米，型深7.7米，3 876载重吨，3 300载货吨，主机功率2 210千瓦，航速14.7节，主要用于国内沿海杂货运输。至1999年底，该类型船已先后退出营运。

【“通”字头杂货船】

1983年，锦江航运成立后，为发展远、近洋货运，自1985年始连续买进“通江”“通河”“通达”“通协”“通发”等二手杂货船，投入中国—日本、中国—海湾、中国—东南亚等航线运营。1992年底，该公司尚拥有“通江”“通河”“通协”3艘杂货船。其中，“通江”轮1960年由荷兰建造，1985年买进，1.54万载重吨；“通河”轮1971年由联邦德国建造，1987年买进，1.62万载重吨；“通协”轮1969年由日本建造，1.52万载重吨。2010年前，这些船舶已陆续退出营运。

六、多用途船

【“桐城”类型船】

1978—1979年间，上远公司由国外买进8艘二手多用途船，船名分别为“大沙坪”“大石寨”“桐城”“荣城”“运城”“宣城”“项城”“晋城”。其中“晋城”“项城”“荣城”“运城”和“桐城”5轮，载重量在1.9万吨上下，较其他几艘为大。“桐城”轮1.89万载重吨，主机功率6 912千瓦，营运航速14节，1977年建于日本。此类型船为既可装运普通件杂货，又可装运散装货或集装箱的远洋货船，故称为多用途船。船上有多个大型货舱，舱口大，船体强度高，配备吊货机具和集装箱加固设施，适合装运大件设备。买进后多次参加进口成套设备、木材和散装小麦等货物运输，1989年起投入上海—南美洲东岸航线运行，并形成杂货定班运输。1997年，中远集团实行航运体制改革时。原上远公司经营的杂货船全部移交广州远洋运输公司经营。

【"鲁班"等多用途杂货船】

1979年后,中波公司为适应世界航运形势的变化和运输方式的发展,逐步淘汰全部老旧杂货船,并增添多艘多用途船,除装运中国和波兰两国进出口散杂货外,还捎运少量集装箱。是年7月6日,该公司与中国机械进出口公司在上海签订4艘多用途杂货船"鲁班""张衡""华佗""屈原"轮的建造合同。同日,又与波兰船舶进出口公司在上海签订3艘1.6万吨级多用途杂货船"派兰道夫斯基""卡罗维奇""柴依诺瓦"轮的购买合同。

上述7轮中,"鲁班"轮1.62万载重吨,1981年12月13日投入营运,2010年2月23日退出营运。"张衡"轮1.61万载重吨,1982年6月28日投入营运,1997年4月23日退出营运。"华佗"轮1.58万载重吨,1983年6月16日投入营运,2010年2月1日退出营运。"屈原"轮1.58万载重吨,1983年12月23日投入营运,1997年5月27日退出营运。"派兰道夫斯基"轮1.58万载重吨,1982年2月10日投入营运,1997年7月11日退出营运。"卡罗维奇"轮1.58万载重吨,1982年9月22日投入营运,1997年10月17日退出营运。"柴依诺瓦"轮1.56万载重吨,1982年12月31日投入营运,2010年4月9日退出营运。

【"新和"类型船】

20世纪80年代中期,沿海中小港口散货运输任务剧增,而适宜航行这些港口的中小船舶运力十分紧张。为适应港口货种变化,满足货主需要,同时提高散货船的经济性,上海海运局开始委托有关造船厂建造5 000吨级多用途船。这种船既可装散货,也可装载木材、板材、百杂货和集装箱等。第一艘"新和"轮委托中华船厂建造。1985年9月14日建成后首航上海至青岛。该轮总长106.9米,型宽17.6米,型深9米,可载杂货5 000吨或散货7 000吨,主机功率2 610千瓦,航速13.4节。此类型船具有双层船壳的开式结构,艉机型,有两层纵通甲板,两个货舱,舱口较大,有利提高装卸速度。可装载134只20英尺标准集装箱或50只6英尺5英寸集装箱。其适应性较强,可无限区航行。同型船共6艘,即:"新和""新泰""新平""新宁""新城"和"新惠"。

中海集团组建初期,为调整运输生产经营结构,重点发展集装箱运输,针对集装箱船等运力短缺,一度对所属"堡"字型、"新和"型、"振奋"型等货船进行技术改造,将其改建为集装箱船或其他船种。"新和""新平""新城""新宁"等轮也在改建之列。1998年前后,"新和""新平""新城"分别被改建为416 TEU的集装箱船"向鹰""向莲"和"向丹"轮;"新宁"轮被改建为沥青船"平安海"轮。2010年底,"向鹰""向莲"和"向丹"轮仍在中海集团所属浦海航运从事内外贸运输;"平安海"轮由中海集团控股的中海海盛经营管理。

【"西蒙诺夫斯基"等多用途杂货船】

20世纪80年代末,中波公司根据当时集装箱运输市场发展态势,制定公司1988—1992年度船队更新和发展计划,规划到1993年初拥有22艘多用途杂货船,约41.6万载重吨,平均船龄8年。为此于1988年至1993年末,委托南斯拉夫船厂陆续建成4艘2.2万吨级多用途杂货船,分别为"西蒙诺夫斯基"轮(1991年6月26日交船)、"维尼亚夫斯基"轮(1992年5月7日交付使用)、"嘉兴"轮(1992年9月30日交付使用)、"崇明"轮(1993年3月交付使用)。1995年后,根据业务发展需要和船队技术状况,中波公司又与克罗地亚船厂签订3艘多用途杂货船(均为2.2万吨级)的建造合同。1997年9月,首艘新造船"泰兴"轮投入营运。1998年4—8月,第二艘"诺尔维特"轮和第三艘"永兴"轮也相继交付使用。

2004 年,国际航运市场形势好转,世界各国航运企业抓紧造船,新造船船价随之上涨。中波公司根据重大件设备运力需求,积极启动新一轮船队更新计划,于 2006—2007 年将 3 艘"泰兴"型船舶的起吊能力从原先 50 吨提高到 300 吨。经过近两年运营检验,情况良好。至 2009 年,该公司又完成"崇明"型 4 艘船舶起吊设备的改造工程,使该公司的重吊船比例进一步提高,达到 11 艘,船队结构得以优化,为扩展重大件设备货运市场份额提供了运力保障。

【"李白"类型船】

1988 年 6 月—1989 年 8 月,江南造船厂先后为中波公司建造 4 艘 1.81 万载重吨多用途船"李白""鲁迅""肖邦"和"莫纽斯克"轮。这批多用途船由中船公司 708 所技术设计。随着这些船舶的建成,到 1989 年底,中波公司已拥有 23 艘万吨以上多用途杂货船,平均船龄 8.9 年,绝大多数为无人机舱自动化船,成为上海和全国远洋运输行业中船龄较年轻、自动化程度较高的船队之一。2010 年,该类型船仍由中波公司使用中。

【"永安城"类型船】

1990 年起,上远公司在国内建造 5 艘载重 2.1 万吨的多用途船,其中 3 艘由广州船厂承建,两艘由上海船厂建造。1992 年,首制船"永安城"轮由广州船厂交付使用,主要技术参数为:总长 174 米,型宽 25.8 米,型深 14.20 米,载重吨 2.28 万吨。船上有 4 个货舱,可载 689 个标准集装箱。主机营运功率 7 246 千瓦,可由驾驶台遥控操作,营运航速 16.2 节,续航能力 1.5 万海里。该轮建成后固定在上海—南美洲航线运营。同型船还有"静安城""泰安城""海安城""富安城"等。1997 年,中远集团实行航运体制改革后,此类型船移交上海以外航运公司经营。

【"弗·奥尔坎"类型船】

20 世纪 90 年代末,随着世界装备业和制造业的转移,大件成套设备运输市场日渐升温,超长、超高、超重设备货源充沛,为航运市场开拓了新的发展空间。但发展大件设备运输需要有精良的船舶装备,而是时中波公司所属船舶多为传统多用途杂货船,航速一般控制在 14 节左右,克令吊的单吊最大起重能力只有 25 吨,并吊也只有 50 吨。为此,中波公司提出建造和配备重吊船舶的设想和计划。在 2001—2004 年间,订造 4 艘 2.7 万吨至 3 万吨、带有重吊的多用途船,初步建立一支符合公司发展战略的重大吊船队。2002 年 4 月 17 日,4 艘重吊船舶的建造正式启动。该类型船舶由上海船厂建造,设计航速 19.2 节,载重吨 3 万吨,每艘船舶配有两台 320 吨重吊,抬吊能力达 640 吨,具有"起重能力大、航速快、甲板宽、舱口大、箱式舱壁、可移动舱内甲板"等特点,适于承运重大件设备货,可挂靠不具备大型起重设备的港口,依靠船舶自身重吊完成重大件设备货的装卸。船上配备无凸轮电喷环保主机、一人桥驾驶楼操船装置等先进设备,被国家经贸委列为"国家重大装备创新研制项目"。

图 2-3-7　2003 年 10 月 9 日中波公司订造的 3 万吨级重吊船"明月"轮交付使用

(照片提供:中波公司总经办)

2003年11月,第一艘3万吨级重吊船"弗・奥尔坎"轮正式投入运营,随后同类型船"太阳""明月""莱・斯塔夫"轮陆续交付使用。是时,适逢世界航运业由低迷转向复苏,中波公司以运力优势获得客户青睐,使北非、波斯湾、地中海、南欧和国内一些港口没有浮吊装卸大件、重件的难题得以解决,运输效率也明显提高,船舶周转加快,欧亚航线平均每航次运输周期缩短15至20天。

2007年2月8日,中波公司又与中远船务工程集团有限公司(以下简称中远船务)签订"4+2"(即先签4艘,再视情续签2艘)艘重吊新船的建造合同。此次新建的6艘船舶均为载重3万吨并配备有640吨重吊的重大件设备运输船,与该公司已建成的4艘重吊船一样,在节能、环保、效率等方面居于世界前列。2009年11月5日,首制船"阿斯尼克"(ADAM ASNYK)轮投入营运。翌年7月11日,同类型第二艘重吊船"中波恒星"(CHIPOLBROK STAR)轮建成。该轮载重3万吨,总长199.80米,型宽27.80米,最大起吊能力640吨,航速19.31节,最多可装载集装箱1 904 TEU。其结合散货船、集装箱船、重吊船等多项功能于一体,具有吨位大、装箱多、起重能力强、航速快、装载灵活、自动化集成度高等特点。至2010年底,第三艘"帕兰道夫斯基"(PARANDOWSKI)轮和第四艘"中波寰宇"(CHIPOLBROK GALAXY)轮也完工交接。

七、滚装船

【"小口字"号、"大口字"号滚装船】

1978年5月,上远公司从日本买进1艘上年建造的滚装船"南口"轮,是为上海最早出现的滚装船。该船总长136.19米,型宽21.47米,型深13.8米,最大高度37.90米,夏季载重吨5 692吨。营运航速15节,续航能力1.16万海里。全船包装舱容1.42万立方米。最大载箱量为304 TEU,其中冷藏集装箱插座15只。主机功率6 985千瓦。同年底,上远公司又购入两艘滚吊船"阳方口"和"龙溪口"轮。该两船比"南口"轮大,既可装运汽车等滚动货物,又可装运包装、捆装等普通件杂货物,较适用于装运大件设备。买进后一直作杂货船使用,1979—1980年在装运宝山钢铁厂进口设备中发挥重要作用。是时,上远公司又在日本川崎先后建造8艘滚装船,其中"小石口""花园口""枝江口""太平口""白河口"5船,因载重吨位较小,与"南口""阳方口""龙溪口"轮,同被俗称为"小口字"号。"古北口""喜峰口""张家口"3船,载重吨位较大,俗称"大口字"号。"小口字"号滚装船总长146.55米,载重吨7 374吨,可装载集装箱430 TEU,其中冷藏箱30 TEU。"大口字"号滚装船总长176.98米,载重吨1.4万吨,可装载集装箱753 TEU,其中冷藏箱40 TEU。大小"口字"号滚装船的共同特点是船艏为球鼻型,机舱位于船艉部,艉跳为固定右舷收放式,位于船艉右摆40度,可在驾驶台遥控操纵收放和调节。1998年7月,"喜峰口""古北口""张家口""枝江口""白河口""小石口""太平口"等轮由中远集运船舶管理一部管理经营。其中,"喜峰口""古北口""张家口"轮为日本至澳大利亚班轮;"枝江口""白河口""小石口""太平口"轮为日本至新西兰班轮。1998年10月始,"太平口""小石口""枝江口""白河口"等"小口子"号滚装船相继下线。1999年4—6月,"喜峰口""古北口""张家口"等"大口字"号轮亦相继退役。

【"东方高速""中海高速"号汽车滚装船】

2004年5月,中海集团与日本川崎汽船株式会社合资并控股的中海川崎成立,拥有1艘3 292车位汽车滚装船"东方高速"轮。该轮为日本建造,总吨位3.31万吨,标准装载量为小汽车3 290辆。自投入营运后,航行于日本、韩国、加拿大、美国、新加坡、马来西亚、希腊、英国、荷兰、法国及中东地区的港口，半年多时间内即完成汽车运输总量1.33万辆。同年8月，中海集团全资子公司大连中海汽车船运输有限公司在大连注册成立。2005年2月，该公司从日本购入1艘3 292车位大型汽车滚装船"中海高速"轮，3月起以期租给日本航运企业形式，投入日本—澳洲航线运营，同年9月开始经营国内航线，为世界知名汽车厂商提供服务。"中海高速"轮总长173米，型宽28米，航速17节，总载重量1.19万吨，功率7 754千瓦，由日本船厂建于1985年。其与"东方高速"轮技术性能相同，在当时同为悬挂五星红旗的国内大型汽车滚装船。2007年6月6日，中海集团在上海注册成立中海汽车船公司，主要投资和管理所属内外贸汽车船，"中海高速"和"东方高速"轮亦归其所有。2010年8月，船龄26年的"东方高速"轮拆解报废。

图2-3-8 2007年9月大型汽车滚装船"中海高速"轮首靠海口港

（照片提供：中海集团宣传部）

【"CSCC上海""CSCC天津"号汽车滚装船】

2006年2月24日，中海集团所属大连中海汽车船运输有限公司与以色列RAY SHIPPING公司签署4艘新建大型汽车船10年期租合约。其中"CSCC亚洲""CSCC欧洲"2艘为6 400车位，"CSCC天津""CSCC上海"2艘为4 900车位。是为该集团着力发展国际国内汽车滚装海运业务的一项战略举措。2010年底，"CSCC天津""CSCC上海"两轮已交由中海汽车船管理和经营。该型船总长176米，型宽31.1米，航速19.5节，总载重量1.22万吨，4 900车位，功率1.25万千瓦，建于2008年。

八、专用船

【"林海""森海"型铁木专用船】

1978—1979年，上海海运局先后向日本购进6 000吨级运木专用货船5艘，以取代早先承运木材的普通货船。这5艘船名均以"林海"为首，顺序编为"林海1～5"，因主要装载木材和生铁，通常称之为"林海"型铁木船。该型船总长106.4米，型宽16.3米，型深8.1米，6 134载重吨，主机功率2 790千瓦，航速12.7节；1976—1977年建造。此型船为尾机型设有艄楼的单甲板船，舱口长大，货舱内无支柱，舷墙较高，甲板加强，可装运原木或半成品木材，起货能力较强。通常甲板上装运木材占总运量的三分之一，其堆高不超过船宽的三分之一，甲板舱口盖能满足堆装木材的强度要求。船舶重心高，设有顶边水舱或舷垂直水舱，以保证足够的压载和良好的水密。船上普遍采用性能优良的起货机，可兼作首锚机和尾绞缆机用，并可长时间运行，能耐一定的高温，在低温下也能正常工作，可靠性高，操纵灵活，便于装卸木材，维护保养也方便。

"林海"型铁木船的购进，缓解了当时沿海木材运力紧张的状况，但运木专用船仍不够用，以致产地木材存量超过正常水平甚多，而销地货物供应不足。1979年，交通部在上海召开的"六五"计划期间沿海船舶船型讨论会，建议建造双舱口直壁式7 000立方米万吨级运木船10艘，以大连上海间木材运输为主要任务,搭载部分生铁或其他重货。1980年,第一艘国产万吨级常规型运木专用船"森海1"轮在大连船厂建成。次年1月同型船"森海2"轮投入营运。该类型船均以"森海"当首命名,故通常又称之为"森海"型铁木船。"森海1"轮总长135.3米,型宽20.4米,型深11.1米,1.02万载货吨,主机功率3970千瓦,航速13.8节。此型船以运木材为主,兼装散货。在主尺度上,考虑到木材货类体积大、积载因素大等特点,选用了较大的型深和型宽,以提高稳性,甲板上亦可多载木材。为改善回程空放时船舶的适航性,此型船在货舱区两侧,设有顶边压载水舱,连同底压载水舱,压水量共达3700吨。除艏艉舱外,船舶中间4个货舱配有4套单杆吊货设备,吊重15吨,单杆起重能力14吨,可适应铁木成组运输需要。货舱口宽度达12米,接近船宽的59%;舱盖为电动液压起闭。甲板两侧设有固定可卧倒式档木立柱及索具,有专用的电动绞车驱动,立柱外侧与舷墙间留有空道,供船员行走。该型船机舱设备先进,可在集控室进行操作和监视轮机运转。

"森海"型铁木船前后共建4艘,即"森海1～4"。鉴于1980年后船舶添置从原先由国家拨款改由企业向银行贷款,船价亦大幅上升,原先建造10艘"森海"型铁木船的计划未能全部实现。已建成的"森海"类型船受上海港接卸木材能力限制,后多改为承运煤炭。1999年,"森海1～4"轮均由中海货运上海分公司经营管理。2000年1月,"森海3""森海4"轮先后出售。2001年10月和2003年5月,"森海2""森海1"轮先后光租给福建国航远洋运输(集团)股份有限公司经营。至2010年底,"森海2"轮仍由该公司使用中。

【"振华"系列整机运输专用船】

1992年,上海振华港口机械(集团)股份有限公司[后改名为上海振华重工(集团)股份有限公司(以下简称振华重工)]创立之初,因缺乏运输船队,不能将港口机械产品整机运往世界各大港口。当时全世界只有荷兰一家专业航运公司可整机装运港口机械产品,运价贵而且不准时,给港机生产经营造成很多困难。但建造一艘此类专用船至少要2年半时间,耗资也大。为此,该公司从二手散货船市场买进1艘旧船,并请船舶研究设计院专家指点,把两个装卸设备用的叉子,从船艉移到船艏,历经4个月将其改装成该公司第一艘整机运输专用船"振华2"轮(该轮于2007年拆解报废)。

1995年,由振华重工投资参股的振华船运成立,最初只有"振华2"轮一艘运输船。由于是叉装式改装船,该轮在启运、航行、上岸等环节上存有诸多缺点。后该公司在继续实施老旧船改造中,将整机运输船型由叉装式改为侧装式,在此基础上,又在世界上首创带轨道便于装卸的平台,并采用斜拉索大桥上的钢缆,固定起重机;同时采用港口机械整机运输装置、集装箱起重机海运加固绑扎等6项具世界先进水平的整机运输技术。因其改造船种类增多,船队规模逐渐扩大,且内含多艘6万吨级大型港口机械和重大件整机运输专用船,整机运输自产大型港口机械设备的能力明显增强。2005年7月,改装船"振华9"轮装载3台大型吊机由上海港驶往韩国。其高度达89米,相当于30层高楼;载重达4万吨,吃水接近9米;且载运的巨型吊机伸出左舷74.7米,伸出右舷38米,加上自身船宽,共达157米宽度,相当于三四艘万吨轮并排之宽,成为当时进出上海港的一艘超高超大船舶。2006年,振华船运新增7艘由老旧船改造成的整机运输专用船,2008—2009年又陆续增添6艘此系列改造船。期间,振华船运还改造成功4艘半潜式特种运输船。其中,"振华15""振华28""振华29"可半潜7米,"振华22"可半潜3米。"振华28"轮,总长232米,型宽42米,型深13.5米,总吨4万吨,载重吨4.71万吨,装运甲板长度152米,甲板承载能力每平方米20吨。2009年2月8日,振华船运自行改建的第一艘半潜船"振华22"轮,在上海崇明水域成功半潜,装载为美国企业建造的 1 700 吨浮吊启程赴美。

2010 年底，振华船运已拥有自行改造的 22 艘整机运输专用船，总载重吨位约 106 万吨。庞大的整机运输船队成为其核心竞争力之一。每艘整机运输船可装 4 至 6 台集装箱岸桥或大件货物跨海越洋驶向世界各港，并大幅缩短交货周期。

【“江联兴”“江联旺”号特种甲板货船】

2007 年 10 月，上海江联海运有限公司开始筹资建造两艘 5 300 吨级特种甲板货船“江联兴”轮和“江联旺”轮，用以专业承运超长、超宽、超重的钢结构大件。2009 年 1 月，新造船正式投入营运。该类型船总长 102.60 米，型宽 21.00 米，型深 5.80 米，总吨 3 260 吨，压载水排量每小时 400 立方米，甲板负荷每平方米 5 吨，甲板装货面积 1 785 平方米(21 米×85 米)，满载排水量 7 427.9 吨，载重量 5 327.9 吨，可载集装箱 268 TEU，主机功率 1 103×2 千瓦，航速 11 节。建成后主要承运振华重工生产的龙门吊、江阴澄西船厂的超长超大钢结构、中国海洋石油总公司(以下简称中海油)钻井平台的钢结构、海底油管及相配套的设备等物件。

【铰接式推轮和驳船顶推船队(Articulated Tug & Barge，简称 ATB)】

“十五”计划期间，因上海港洋山深水港区的建设和开港，亟须开发一种能适应洋山深水港海运与内河航运相衔接的新船型。2004 年 7 月 30 日，上海长航“平底船—江海联运疏运模式(ATB)”科技攻关项目，被正式列入上海市首批 29 个科教兴市科技攻关项目。经多家航运与科研单位的共同研发，2005 年 12 月 10 日洋山港开港之日，上海长航第一组 ATB，即铰接式推轮和驳船(Articulated Tug & Barge)顶推船队行驶外高桥—洋山港并取得成功，较好解决了海船进不了桥低水浅的内河，内河船只又难挡海面风浪的矛盾。该顶推船队由长航洋山 3001 轮和长洋驳 1 号组成，将推轮与驳船联成一体，实现顶推功能。“长洋驳 1”轮为长约 90 米，自身无动力的平底船，一次可装载 350 个标准集装箱，相当于约 200 辆集装箱卡车的总运量。“长航洋山 3001”轮长约 20 多米，因功率大，可推着满载集装箱的平底船以 11 节(约为每小时 20 公里)的速度行驶。而 ATB 铰接装置在一定角度上能随其轴向进行转动，使船组纵向也随其轴进行转动，加之装置承受力大，能有效消除海面风浪对船组的影响，故可在江海之间从容航行，穿梭于洋山港和外高桥之间。至 2006 年 1 月底，该组 ATB 顶推船队已完成集装箱量约 1.7 万 TEU，在长江中下游港口与洋山港的集装箱转运中发挥重要作用。同年 3 月 20 日，第二组 ATB 船舶也投入洋山港集装箱营运。

第四章　客　货　轮

20 世纪 70—80 年代，上海沿海客运一度兴旺，中日国际客运航线也在沪开辟。为适应客流量的快速增长，满足各航线上旅客需求，上海海洋运输行业先后建造和购买一批不同类型的客货轮，用于发展沿海和远洋客运。进入 90 年代后，上海沿海客运因被更具优越性的陆路和空中交通运输方式替代而趋于萎缩，原航行沿海客运干线的客货轮陆续退出运营。及至 2010 年，上海海上客运仅剩中日客运航线上的国际客货轮和申浙客运航线上的小型客轮仍在运营中。

第一节　规模结构

1980—1985年的第六个五年计划期间，上海沿海客运主要承运者上海海运局新增客货轮11艘，增加载客能力54.8%。1988年底，上海海运局共有客货轮29艘，载货量3.53万吨，载客量2.53万人。其中大多为3000吨级及7500吨级，可载客900人左右的大型客货轮。同一时期，上海与宁波和舟山群岛间短途海上客运持续增长，部分浙江省航运企业开始投放小型高速客轮，兴办海上短程快速客运。上海远洋客运自1985年起也逐步得到发展，先后投入"鉴真""新鉴真""苏州号"等大型客货轮及"紫丁香""郁金香"等豪华客箱船，载运中外旅客。

1990年后，随着陆运(火车、汽车)和空运等多种运输方式竞相发展，上海沿海客运的客源开始明显减少，部分长航线客运量迅速萎缩。至2001年，原由中海集团客运公司(中海集团成立后，上海沿海客运主要由该公司承担)经营的9条沿海客运干线已先后停运，原先行驶这些航线的客货轮也随之退出营运。至2010年，上海地区除上海—日本国际客运航线仍有客货班轮行驶，上海—浙江短途客运航线仍有外省市客货轮往返外，基本无其他客货轮经营海上客货运输。

第二节　主要船型

一、沿海客货轮

【"长征"类型船】

20世纪60年代中后期，上海沿海客运量逐年增长，而客船严重不足，难以适应需要。1965年，上海海运局总计18艘客货轮的载客量尚不足1万人。按照交通部"以多载客，立足国内，简化船型，成批生产为原则"的设计主导思想，沿海新型客货轮于1969年开始设计动工。1971年，由沪东造船厂建成中国当时最大的甲型沿海客货轮"长征"轮。该船总长138米，型宽17.6米，型深8.4米，载货量2000吨，载客量856人；主机功率2×3310千瓦，航速17节，续航力3500海里。同类型船称"长征"型(或"长"字型)客轮，至1981年分两批先后建成12艘，船名均以"长"字为首，分别加以征、自、力、更、生、锦、绣、山、河、松、柏、柳字。后三艘的上层建筑较前略有修改，将游步甲板上的客舱延伸到舷边，增设了特等客舱4间、文娱休息室1间、第二旅客餐厅1间(内设酒吧间、咖啡间、休息室、跳舞厅等)，总吨达7600余吨。

图2-4-1　建于20世纪70年代的甲型沿海客货轮"长更"轮

(照片提供：中海集团宣传部)

"长征"类型船建成后，主要由上海海运局用于上海至大连、青岛、厦门、广州航线客运。与先前的乙型客船相比，沿海甲型客货轮具有航速快，稳性好，抗风力强和载客量大等优点。但造船质量不过关，载货吨位偏大而难以充分利用。其中部分船只是在"文化大革命"时期建造，质量尤差。"长征"轮出厂后，主机运转3.6万小时，汽缸头损坏，阀门换过47个；在航行中还发生过主机曲轴断裂和舵轴承支撑断裂等严重机损事故。另有 5 艘同类型船出厂后被迫更换全部辅机。在设计上还把试验未过关的克令吊和液压装卸设备安装在船上，以致出厂后一直不能使用，行驶上海、青岛客班航线时长期不能装货，在大连港码头也只能以岸吊装卸货物。耗油量大也是该类型船缺点之一，航行上海—大连航线的“长”字型客货轮有的一航次耗油高达 46～48 吨。经船员和技术员工逐步改进，该型船的技术状况方有所改善。

1990 年后，上海沿海客源开始明显减少。至 2001 年 3 月，中海集团客运公司(以下简称中海客运)经营的行驶上海至广州、厦门、青岛、大连等客运航线的“长”字型客货轮，因亏损严重不得不相继停航。至 2002 年，该型船已全部退出营运。

【“繁新”类型船】

20 世纪 70 年代，针对上海至闽、浙沿海部分港口航程较短、旅客较多，以及宁波、温州等港口航道狭窄，水深仅 2.5～3 米等特点，上海海运局在原沿海乙型客货轮基础上，改进设计建造 3 000 吨级/915 客位的“新”字型客货轮(同型船船名末尾均为“新”字)。该类型船因适当减少各种公共活动舱室面积，有利于载客定额提高和营运成本降低。第一艘“繁新”轮，由上海求新船厂建造，1977 年竣工后投入上海至宁波、温州和福州(弯靠三沙)航线运营。该船总长 106.67 米，型宽 15.8 米，型深 7.7 米；总吨 3 858 吨，载货 140 吨，载客 915 人；主机功率 4 410 千瓦，航速 15.5 节。至 1984 年“新”字型客货轮先后共建成 8 艘，分别命名为：“繁新”“荣新”“昌新”“盛新”“茂新”“鸿新”“展新”和“望新”。其共同特点为吃水浅，载客多，操纵灵便，航速快，较适合沪浙闽沿海港口的客货运输。但原设计主机烧重柴油，油舱较少，且大部分设置在双层底内，只有两个 15 立方米的油舱在双层底以上。后为节约燃料开支，实行掺烧渣油，对每轮增加一个 2～3 立方米的平衡油柜。

图 2-4-2　20 世纪 70 年代上海海运局订造的 3 000 吨级沿海客货轮“鸿新”轮

(照片提供：中海集团宣传部)

进入 20 世纪 90 年代后，沿海客源大量减少。至 2000 年 4 月，中海客运经营的上海至温州、宁波等客运航线先后停运，“繁新”类型客货轮也相继退役。2001 年，中海客运经营的客货轮中尚有“荣新”和“新上海”(系由“展新”轮改造成的邮轮)两轮。2002 年底，该型船除“新上海”外，已全部退役。

【“上海”“锦江”“海华”“海兴”轮】

1980 年 1 月 7 日，中断 30 余年的上海香港客班航线复航。首航香港的是上海海运局所属万吨级客货轮“上海”轮。该轮原名“凯赛”，是一艘游览船，1957 年建造于比利时，1976 年 1 月由交通部买进并交由上海海运局进行改装，并改名“更新”，后又于 1978 年 5 月改名“上海”轮。该轮总长 170 米，型宽 21.3 米，型深 12.3 米，载客量 451 人，载重量 9 113 吨，主机功率 9 190 千瓦，航速 15.5 节。船上有现代化助航仪器和救生、自动灭火等设备。客舱分特等、一等 A、一等 B、二等 A、二等 B、三等 A、三等 B 和普通舱 8 个等级，共 115 个房间，451 个客位，另有 25 只儿童铺位。客房设备齐全，舒适优雅，各客房之间有腰门相通，既能组合，又能分离。二等以上客舱内均有浴厕间，走廊铺有地

图 2-4-3 20 世纪 80 年代行驶上海—香港客运航线的"锦江"号客货轮
(照片提供:上海新航信息科技公司)

毯。船上设有旅客休息室,内陈各种花草盆景;阅览室可供阅读报刊杂志,晚上可收看电视;小型医院内医疗设备齐全;船上还有旅客餐厅、微型电影院、咖啡厅、酒吧、舞厅、卖品部和服务台等设施;最上层甲板建有海水游泳池。船舱内有上下 7 层自动电梯,供旅客使用。该轮有大小货舱 5 个,另有 4 个冷藏货舱,可为客户运送各类冷鲜食物。"上海"轮自建成起历经多年营运,设备日趋老化,部分管系腐蚀严重,后经技术改造,使用期限得以延长。

同一时期航行上海—香港客运航线的还有"锦江""海华"和"海兴"轮。"锦江"轮属锦江航运,1983 年 2 月首航香港,原名"玛丽波赛",排水量 2.2 万吨,193 间客房,446 铺位,主机功率 1.44 万马力、航速 17 节,6 层甲板,7 个货舱(容积 1.01 万立方米),4 个冷藏舱(容积 843 立方米)。"锦江"轮退役后,由上海海运局 1989 年 1 月从比利时购入的"海华"轮顶替。该轮总长 161.15 米,型宽 23.1 米,型深 13 米,载客量 144 人,载重量 1.54 万吨,载货量 1.45 万吨,可配载集装箱,航速 15 节。"海兴"轮属海兴公司,原名"育华",1958 年由荷兰建造,载客 382 人,载货 3 000 吨,功率 1.13 万千瓦,1983 年 3 月首航香港。随着船龄的老化,上述各轮在 2010 年前均已报废。

【"瑞新"号双体客货轮】

20 世纪 80 年代初,上海沿海客运量剧增,客运能力不适应需要的矛盾十分突出。为此,除加速建造单体客货轮外,上海海运局开始与上海交通大学合作,研究设计沿海双体客货轮。1985 年 4 月 2 日,中国自行设计、制造的第一艘双体客货轮"瑞昌"号试航。同年 7 月 22 日由上海首航温州,正式由上海海运局客轮公司投入申温客运航线营运,同时改名为"瑞新"轮。该轮由上海交通大学设计、中国船舶工业总公司江州造船厂制造。总长 98 米,型宽 26 米,型深 8.2 米,载客量 1 502 人,载货量 140 吨;主机功率 6 000 马力,航速 15.5 节,续航力 1 300 海里。船上客位比同吨位普通客船多 500 余个,客舱分特、二、三、四、五等,全部配有空调;有 2 个餐厅及阅览室和文娱休息室。走廊、楼梯转角处比一般客船宽畅。沿海双体客船虽具甲板面积大、载客量多、抗风能力强、抗沉性能好、舱室设备实用等特点,但因设计采用对称线型,耐波性较差。1990 年后,上海至温州、宁波等客运航线先后停运,"瑞新"号双体客货轮亦随之退役。

【"百灵"类型船】

1986—1987 年,天津新港船厂为上海海运局建造"百灵"号客货轮。该轮总长 120 米,型宽 18.8 米,型深 9.6 米,载客量 1 302 人,载货量 500 吨;主机功率 2×2 721 千瓦。客舱分特、二、三、四等,全部装有空调,环境舒适。投入营运后主要航行上海至温州线。"百灵"型客货轮造型多运用直线条,美观气派。在前货舱前端和后货舱后端,各配备 50 吨电动液压起货机 1 台,装卸货较为便捷。同型船还有"喜鹊"轮。20 世纪 90 年代后,上海至温州客运航线客流量大幅减少乃至停运,该类型船遂退出上海沿海客运。

【客货滚装船】

1979 年 4 月,交通部在上海召开"六五"沿海运输船舶船型研讨会。经过论证,认为单纯建造 7 500 吨级及 3 000 吨级客货船,已不能适应沿海干线客运增长的需要,根据海上客运特点,可发展一种航速较快的集装箱滚装客船船型,即沿海客货滚装船。1985 年,国家先后从国外购进 4 艘客货滚装船,其中"红菊""红棉"两轮交广州海运局,"天鹅"轮交大连海运局,"海樱"轮交上海海运局使用。"海樱"轮总长 143.43 米,型宽 16.8 米,型深 7.2 米,载客量 758 人,载货定额 980 吨,载重量 2 848 吨;主机功率 1.18 万千瓦,航速 19 节,1973 年建造于日本,是一艘全空调客货滚装船。有两个货舱,船艏货舱可装 44 只 5 吨集装箱或 23 辆小轿车,船艉货舱可装 96 只 5 吨集装箱或 27 辆大卡车或 47 辆小轿车。艉货舱有滚装设备,两侧各有一滚装桥,由液压系统控制起落,桥长 13.12 米、宽 3.6 米,自重 17 吨,可滚装重量 20 吨。购入后在上海港进行过滚装试验,将 30 辆小轿车和拖车滚装,从放桥到装车完毕,侧门收妥,全过程 35 分钟。该轮自投入营运后,一直作常规客船使用,安排在上海—厦门—黄埔航线上运行。由于港口码头不具备滚装条件,未能发挥其专有设备的优势,加之该轮燃油耗量大,被称之为"油老虎",致经营亏损严重。20 世纪 90 年代后,由中海客运经营的上海沿海客运航线先后停驶,该轮亦随之退役。

1998 年 3 月 22 日始,中海客运客货滚装船"棒棰岛"轮一度航行上海—大连客运航线。该轮建于 1995 年,是中海集团从荷兰引进的豪华客/车滚装船,原在渤海湾客运航线营运。该轮总吨位为 1.56 万吨,总长 134.8 米,可载客 1 160 人,装载大型车辆 80 辆或小型车辆 200 辆,集装箱车辆可直接开上船。月载车量在 5 000 辆左右,多时可超过 6 000 辆。该轮时速 20 海里,从上海到大连仅需 34 小时,使申连线航行时间大幅缩短。船上设有先进的防摇装置,抗风力强。拥有设备齐全的各类等级客房、高级餐厅、大型普通餐厅、自选商场、儿童娱乐场,能容纳 500 人的豪华卡拉 OK 舞厅等设施。并设有卫星通信电话,可随时与世界各地联络,成为集旅游、观光、娱乐、办公于一体的现代海上交通工具。上海沿海客运干线先后停运后,该轮一直用于渤海湾客运,至 2010 年底仍由中海客运经营管理。

【"新上海"邮轮】

1997 年,上海海运将普通客轮"展新"轮改造成豪华邮轮"新上海"轮,并于是年 10 月 1 日首航上海—嵊泗—洞头成功。"新上海"轮,总长 108.2 米,型宽 15.8 米,总吨位 3 857 吨,可载客 493 人,有"流动的海上三星级酒店"之称。该轮功能设施齐全,配置有中央空调、卫星电视、豪华套房、温馨双人房、海景四人间及经济客舱。餐厅、跃层式娱乐厅、镭射影院、观海平台、怡情酒吧、购物超市等一应俱全,实行星级酒店式服务。1999 年 3 月 29 日,承担上海—温州客运航线复航的首航。时申温航线因旅客日渐流失,被迫于 1998 年 8 月停航,后随着旅游业兴起,选择乘船出行的旅客有所增多。"新上海"邮轮改建试营期间投放申温线 3 个航次,客流量每航次递增。2002 年暑期,"新上海"邮轮一度执行大连—天津—大连客运任务。该轮在中海客运一直用至 2003 年。

【小型高速客轮】

20 世纪 80 年代后期,上海—宁波客运航线上除有普通客班轮运营外,新增快速新颖的小型客轮"甬兴"轮。该轮是由挪威建造的铝合金结构双体客船,造于 1985 年。总长 38.8 米,型宽 9.4

米,可载客312人,航速32节。船上客舱分为上下两层,设上舱、下舱、特等舱。船内铺设地毯,设有航空型软座、冷暖空调和闭路电视、立体音响等设施设备。轮机系全自动操作。该轮由中外合资宁波花港有限公司经营,1987年2月5日首航申甬线。从宁波小港码头至上海南汇县芦潮港码头,航程55海里,航时仅2小时左右。

2003年3月14日,上海金海峡渡船公司"甬渤"号高速客轮,仅用2个半小时就完成从上海芦潮港至浙江普陀山航线62海里的航程,大大缩短客运时间。

2004年1月7日,"仙洲5"号高速客轮开辟上海至岱山高速直达航线。上海距岱山仅43海里,但此前常规客船营运,至少需航行12小时。上海寰岛轮船有限公司与岱山县蓬莱客运轮船有限公司合作,建造并投入高速客轮,率先开辟上海芦潮港至岱山直达快航,航时只需约100分钟。"仙洲5"号高速客轮由武汉南华高速船舶工程有限公司设计和建造,总造价1 657万元,船体总长48米,型宽6.4米,型深3.3米,总载重吨348吨,主机功率为1 641×2千瓦,设计航速28节,船舶核定抗风等级8级,共有客位295个,设有普通客舱、特等客舱、贵宾室和小卖部,配有先进的助航仪器设备、豪华舒适的航空式座椅和先进的救生消防等设施,是当时国内同类型船舶中较为新型豪华,适合航行国内沿海的高速客船。

图2-4-4　2004年1月"仙洲5"号高速客轮开辟上海—岱山直达客运航线

(照片提供:上海寰岛轮船有限公司)

是时,上海寰岛轮船有限公司拥有多艘高速观光游览船,运行上海芦潮港至普陀、芦潮港至嵊泗、洋山至岱山、芦潮港至东海大桥和洋山深水港等多条航线。2006年3月,该公司为开通东海大桥、洋山深水港海上观光航线,特意从日本购入海上高速观光游览船1艘,更名为"飞越"轮,该轮额定载客235人,出于安全考虑,运营时一次限载150人。海上观光航程从芦潮港开船,沿东海大桥至洋山并环岛航行后返回,航时2小时30分。

同年,舟山通达高速客轮有限公司以载客130人的"飞舟9"号高速客轮开通定海三江至小洋山航线。定海旅客取道小洋山,经东海大桥,约3小时就可到达上海市区,比直接坐大巴可节省一半时间。次年1月,该公司又以高速客船"飞舟10"号替代"飞舟9"号投入定海三江至小洋山(上海)航线营运。该轮拥有260客位,客舱更加宽敞舒适,且抗风等级更强、速度更快。"飞舟9"号轮从三江至小洋山需1.5小时航程,"飞舟10"号轮提速至1小时15分。

2008年8月12日,"宝陀"号高速客轮由普陀山首航小洋山。该轮由舟山海星轮船有限公司投资建造,造型美观,设施先进,乘坐舒适。定额载客263位,航速26节,每天开2班4航次。最高航速可达每小时26海里,投入小洋山—大衢—普陀山航线运营,全程约2.5小时。

二、远洋客货轮

【"鉴真""新鉴真"轮】

1985年6月,中日轮渡成立之初,购置大型高速客货轮"鉴真"号,固定在上海—日本神户、大阪

(横滨)航线,从事远洋客货运输。该轮1974年由日本三菱重工下关船厂建造,曾作为日本沿海大阪—那坝航线定期渡轮。其总长160.68米,型宽22.09米,型深13.2米,总载重量2 994吨。除可载运旅客496人外,还可装载130个标准集装箱或装运大型货车74辆,小汽车102辆。该船装有功率1.18万千瓦的主机2台,营运航速20节。船尾部装有功率625千瓦的侧推机和可变螺距等技术先进的机器装置,船舶进出港口和靠离码头十分方便,安全可靠。

1994年4月,中日轮渡以"新鉴真"轮替代"鉴真"轮,投入中日航线运营。"新鉴真"轮1.45万总吨,总长156.69米,设计航速23海里,服务航速21海里。客运区共有345个客位,设有经济舱、一等舱、特等舱、贵宾舱四种等级标准舱位,餐饮、娱乐等设施一应俱全。货运区设有集装箱标准箱位250 TEU(其中冷藏箱100 TEU),也可装载车辆、散货、大件等各种货物。该轮造价51亿日元,由日本尾岛造船株式会社制造。其船体坚实稳固、外形线条简洁、色彩明朗、美观大方。至2010年,该轮仍由中日轮渡用于中日航线客货运输。

【"苏州号"轮】

1992年,上远公司受中远集团委托,与日本上海客货船株式会社共同投资,在日本新建一艘客货船"苏州号"轮,翌年1月投入上海—日本客运航线。"苏州号"轮总吨位1.44万吨,总长154.73米,营运航速每小时22海里,除载客外尚可载货2 822吨,可载运集装箱229 TEU,包括冷藏箱7只,并可承运少量杂货。额定客位322个,设有贵宾室、特等室、一等室、二等室等多种舱室。航行上海—大阪,航程约800海里,航时约46小时。

图2-4-5　1993年1月投入中日客运航线运营的"苏州号"客货轮

(照片提供:中远集运档案室)

根据股东之间协议,"苏州号"轮采用船东/经营公司双重体制经营。上海国际轮渡有限公司作为船东公司,将"苏州号"轮租赁给相同股东在日本组建的另一家合资公司上海轮渡株式会社经营,同时代理该船在上海港的业务。至2010年,该轮仍航行于上海—日本客运航线。

【豪华型客箱船】

20世纪90年代中期,上海海运先后在德国、荷兰建造4艘豪华型客箱船。其中"紫玉兰"和"香雪兰"轮分别为400客位/286 TEU,利用德国政府贷款,由德国MTW船厂建造。"郁金香""紫丁香"轮400客位/224 TEU,由荷兰政府贷款建造。1995年,"紫玉兰""郁金香"轮交付使用后,分别投入烟台—釜山、香港—马尼拉航线。该两轮外形美观,设备先进,设施完备,性能良好,为当时国内最豪华的客箱船。"紫玉兰"轮总吨位1.61万吨,航速20节。其客房舒适,设有歌舞厅、游泳池、电影院、酒吧、健身房、桑拿浴室、图书馆、棋牌室等休闲娱乐设施。"紫丁香"轮,总吨位1.23万吨,航速20节,船上200多个标准箱位中有134个冷箱插座,另有50吨的船吊,具有良好适货性。

1997年5月30日,由上海海运控股的海兴公司推出国内首条全冷藏箱运输精品航线,即上海—日本"特快、定时"周班航线,以"郁金香"和"紫丁香"轮作为全冷藏箱姐妹船,行驶该航线,航速为20节。

1999年,主营上海—仁川—济州岛—上海集装箱、旅客运输的仁川国际投入豪华客箱船“紫丁香”轮,开辟上海至韩国仁川等地的直达集装箱和旅游周班航线。

2002年始,豪华型客箱船“香雪兰”轮由上海海运租给烟台中韩轮渡有限公司开发运营,投入烟台—仁川客货班轮航线。

2008年4月,原由中海集团出租给秦皇岛市的“郁金香”轮,正式易主秦皇岛市经济技术开发区,并更名为“新郁金香”号,继续从事秦皇岛至韩国仁川的客货班轮运输。

至2010年,中海集团尚拥有“紫玉兰”“香雪兰”和“紫丁香”3艘豪华客箱船,其中“香雪兰”和“紫丁香”轮分别租给烟台中韩轮渡有限公司和营口泛营海运公司经营。

表2-4-1　2010年上海海洋运输行业部分企业运力情况表

单　位	经营船舶艘数	载重吨(万吨)	载箱位(万TEU)	备　注
中海集团	472	2 336.44	51.19	其中:集装箱船166艘、644.06万载重吨、51.19万TEU;散货船202艘、943.54万载重吨;油轮76艘、724.39万载重吨。
中远集运	150		61.5	不含长江流域、珠三角地区120余艘驳船。
中海发展	176	1 136.6		其中:油轮69艘、638.7万载重吨;散货船107艘、497.9万载重吨。
中海集运	143		50.59	
中波公司	23	50		均为多用途杂货船。
锦江航运	8		0.66	包括自有和租赁船舶。
中外运集运	33		3.27	其中:自有船舶3艘。
海华轮船	17		1.1	
振华船运	22	106		均为公司自行改造的整机运输船舶。
新海航业	4	8.51	0.18	其中:集装箱船3艘、散货船1艘。
时代航运	29	80		
新海丰集运	49(其中:自有船舶15艘)		1.26(自有船舶)	
上海长航(外贸事业部)	13	10		均为散杂货船。

资料来源:表中各相关航运企业

第三篇

沿海运输

上海沿海运输始于唐代，古港华亭当时已有从事沿海运输的木帆船往来。元代，开始有木帆船自沪至津海运漕粮。明末清初，朝廷推行“锁海”和“禁海”政策，沿海航运一度中断。清康熙年间海禁解除后，沿海航运贸易得以恢复和发展，尤以沙船运输为盛。鸦片战争后，上海被辟为通商口岸，轮船业迅速取代沙船业，上海沿海航运一度为外商独霸。后虽办有轮船招商局，但发展滞缓。1937年，日本帝国主义发动的侵华战争，使上海沿海运输业蒙受空前劫难。抗战胜利后，上海沿海运输业短暂复兴，因国民党政府发动内战，很快重入困境。上海解放后，市军管会接管轮船招商局等官僚资本企业，上海沿海运输业逐步得以恢复和发展。

1949—1978年，上海沿海运输主要由上海海运局承担。该局从接管轮船招商局留下的一批老旧油轮和货轮入手，历经30年艰苦创业，年客货运量达到147.64万人次和3 832.07万吨，分别为1949年的7.5倍和78.9倍，年均递增7.2%和16.3%。

改革开放初期，上海经济发展迅速，尤以电力、钢铁、石化等工业发展为快，煤炭和石油等能源物资运输需求量大增，海上客运业也趋于兴旺。为满足社会需求，上海海运局作为上海市和华东地区沿海运输的主力船队，坚持将煤炭、石油等重点物资运输作为货运的重点，从各方面予以优先考虑和安排，同时陆续增辟沿海客运干线，在运力逐步增加的同时，不断改善运输组织和运输方式，提高客货运输效率和运输质量。“六五”计划期间，该局客、货运输量年均递增10.6%和5.2%，年煤炭运量占总货运量的比重上升至50%以上。“七五”计划期间，其沿海货运量年均递增7.7%，其中煤炭、石油两类物资占全局总货运量80%以上，一直担负着上海市煤炭、石油需求量80%～90%的运输任务。至1990年底，上海沿海货运航线已遍及除台湾省外沿海诸港，沿海客运干线最多时达到9条(不含沪浙短途客运)。其间，以地方国营、联营、合资、民营等不同形式新成立的航运企业也纷纷加入上海沿海运输，整个行业由原先的独家经营转变为多家经营。

20世纪90年代，上海沿海运输持续发展，除散杂货运、油运外，集装箱运输也进入快速发展期。但一度繁荣的沿海干线客运市场因受迅速崛起的陆运(铁路、公路)、空运分流而日趋萎缩(至2001年，由中海客运经营的从上海开往外埠的沿海客运干线已先后停运，仅沪浙之间尚有少量地方客运公司经营的海上短途客运)。

1996年后，为支持上海国际航运中心建设，中海集团、中远集运等大型国企相继落户上海。是时，中海集团的沿海运输市场份额约占整个上海的50%～70%，居于市场主导地位。同时，上海长航积极实施由江入海的经营战略转移，大力发展江海联运，成为沿海运输一支新生力量。加之改革开放后数十家以各种资本形式组建的航运企业，以及钢铁、石化等大型国企自建的船队，形成规模庞大的上海沿海运输船队。

90年代后期，上海沿海集装箱运输开始加速发展。继国内第一条内贸集装箱班轮航线上海—厦门航线开通后，中海集运、海南海口南青集装箱班轮公司等内贸主力船队先后开辟多条以上海为起讫港或主要挂靠港的内贸集装箱班轮航线。以远洋集装箱运输为主的中远集运，在经营外贸运输的同时，也加入上海沿海内贸集装箱运输，且市场份额稳步上升。1999年，上海龙吴港内贸集装箱吞吐量已达20余万TEU，成为中国最大的内贸集装箱码头。之后十余年，上海在沿海集装箱运输市场投入的运力所完成的沿海集装箱吞吐量始终位居全国第一。同时,因立足江海转运的有利地域位置,形成公路、水路、铁路、航空等多种运输方式联运格局,上海对长江流域和沿海港口的辐射能力也不断增强。

2001年11月11日,中国加入世界贸易组织后,航运市场进一步放开。上海沿海运输在货种、货源和货物流向上不断变化,市场竞争加剧。从事沿海运输的各航运企业面对复杂多变的市场环境,及时调整运力和货源结构,加强运营组织,多方拓展市场,特别是克服世界航运市场萧条带来的困难,取得良好经营效益。

及至2010年,上海沿海各项运输均取得较大发展。其中,集装箱运输已形成以上海港为枢纽,贯通大连、天津、青岛、宁波、厦门、广州和深圳7个内贸运输干线港,干支线交错的网络体系;沿海石油运输因积极参与进口原油二程运输和海洋石油运输,运量明显提升;沿海散杂货运输陆续开辟多条新航线,适应了上海及国内其他地区经济建设的快速发展。是年,进出上海港的沿海海船数量达到9.35万艘次。上海港(海港)内贸货物吞吐量达2.61亿吨;集装箱内贸(沿海)吞吐量78.6万TEU(重箱),沿海内支线集装箱吞吐量22.2万TEU(重箱)。

第一章 集装箱运输

20世纪70年代末和80年代初,上海开始在申连、申温、申厦、申穗等客运航线试行以客班轮捎带5吨和2吨集装箱业务。1984年9月,贯通上海、大连两港的我国第一条由铁路—海路—公路组成的集装箱多式联运线开始运转。1986年,开始以上海港为枢纽开展国际集装箱沿海内支线运输。1996年,上海率先在国内开辟采用国际标准箱的内贸集装箱班轮航线,加速上海及周边地区沿海集装箱运输的发展。2004年,上海港内贸集装箱吞吐量累计完成205.3万TEU,居全国第一。2010年,上海沿海内贸集装箱运输干支线,由北到南已贯通沿海30余个大小港口;沿海内支线运输、江海直达运输、多式联运等也同时取得长足发展;以上海为枢纽中心,覆盖国内主要港口及城市的沿海集装箱运输网络基本形成。

第一节 内贸运输

一、航线开辟

【以上海为起讫港或主要挂靠港的沿海内贸航线】

1979年,上海海洋运输行业开始采用客轮捎带集装箱(2吨箱和5吨箱)的方式,在申连(上海—大连)客运班轮航线上试行集装箱运输,箱运量月均80～90箱,全年完成集装箱运量739吨。为充分发挥这种先进的海上运输方式,在门—门(即由托运人负责装载的集装箱,在其货仓或工厂仓库交承运人验收后,由承运人负责全程运输,直到收货人的货仓或工厂仓库交箱为止。)条件不具备情况下,先后试行对上海肥皂厂和江苏省宜兴茶叶厂等单位物资进行港—门集装箱运输,并收到预期效果,从而对条件允许的客户都积极组织推行港—门或门—港运输,以提高两地间集装箱载箱量及运输效率。继申连线后,在申烟(台)、申榕(福州)、申厦(门)、申穗(广州)和申温(州)等航线上也先后采用客轮捎带集装箱运输方式(该项业务一直延续到21世纪初。2002年,沿海客货班轮捎带集装箱航线尚有大连—天津—烟台—上海和上海—温州航线,使用5吨货箱,由中海集团经营)。

20世纪80年代,鉴于各地邮件托运量增多,上海地区开始将集装箱运输运用于沿海邮运。1982年5月,交通部水运局和邮政总局经磋商决定,在上海海运局航行于申青线(上海—青岛)的客货轮上开展邮件集装箱试运行,每航次装载5吨箱6只,发邮件600袋,两港对等发运。1984年9月,上海—广州客运航线亦开通集装箱邮路,7天1组(8箱)往返邮运。利用集装箱装运邮件,可增加运量,保障邮件安全。90年代后,航空、火车、公路运输快速发展,海上邮运被其快捷交通运输所取代。

90年代初,上海港开办有3条国内集装箱运输航线,即广东佛山经广州到上海的全内贸5吨箱班轮运输航线、南北沿海及长江全内贸集装箱航线,以及申青、申烟、申榕、申厦、申温等客班轮航线5吨箱和2吨箱捎运业务。1992年,上海港共完成内贸集装箱吞吐量7.48万TEU。但是时限于运力落后等多种因素,内贸集装箱运输发展滞缓,甚至处于徘徊不前状态。

1996年,随着各地企业改革推进、产业结构调整、贸易方式改变,以及物流行业在生产和流通中的兴起,货主对内贸集装箱运输服务需求大增。加之当时国际集装箱运输市场竞争十分激烈,转而为发展内贸集装箱运输提供良好机遇与条件。是年12月,在交通部大力支持下,上海港龙吴港务公司与相关船公司通力合作,经周密市场调查,率先开辟中国第一条采用国际标准箱运营的内贸集装箱班轮航线上海—厦门线,由"丰顺"轮从厦门首航上海。该集装箱班轮航线的开通,引发我国内贸集装箱运输多采用国际标准箱,使国内水路集装箱运输进入专船运输的新阶段。1997—2000年,上海地区沿海集装箱运输,以年均25%速度保持高速增长,也有力带动长江三角洲地区、华东地区集装箱运输的发展。上海及周边地区除国有大型企业外、许多民营或联营企业也纷纷加入内贸集装箱运输,陆续开辟多条沿海内贸集装箱运输航线,促使市场竞争加剧。但是时,上海沿海内贸集装箱运输基本处于起步和前期发展阶段,船队规模和船型相对较小,内贸集装箱运输的航线经营模式类似散货航线经营模式,哪里有货就去哪里,定班定点不足,操作模式也较单一,基本是"港到港"的简单运作。

1997年始,上海沿海内贸集装箱运输逐步进入快速发展时期。是年4月5日,海兴公司开通内贸南北班轮航线,以上海为中心,北接营口、天津、青岛,南连厦门、蛇口、黄埔等珠江三角洲港口,辐射内陆城市。投入运营的是两艘船龄仅1年的600 TEU高速集装箱船"林园"轮和"金鹏"轮。其采用国际标准20英尺和40英尺干货、冷藏箱和各类特种集装箱,并提供仓储、拖运、装拆箱、海运等一揽子服务。该航线的开辟,使上海沿海内贸集装箱运输进入新的发展时期。之后三年,中海集团(中海集运)以上海为枢纽中心,在国内相继开辟多条贯通南北的集装箱班轮运输干线和运输支线,并将触角向内河运输延伸,建立长江和珠江三角洲驳船运输体系,形成遍及沿海港口辐射内陆腹地的水系运输网络。1999年,完成内贸集装箱运输26万TEU,市场占有率达70%。同时,外省市部分航运企业也将上海作为其发展内贸集装箱运输的枢纽中心。海南海口南海青年实业公司(后更名南青集装箱班轮公司)经调查研究,设计构筑了以上海为枢纽,辐射长江下游、南北沿海的"T"字型水路内贸集装箱运输网络,并开始运转。

随着沿海内贸集装箱运输的快速发展,许多原先只经营外贸航线或只经营内河航线的驻沪航运公司也陆续介入这个市场,中远集运、上海长航、扬子江公司等都开始布局沿海内贸集装箱运输。1998年,上海长航集装箱发展有限公司获交通部、铁道部批准,开展集装箱多式联运经营业务,开通沿海内贸集装箱航线3条,挂靠青岛、上海、宁波、广州、深圳等港,并在沿海和长江沿线各主要港口城市设立20余家分公司和办事处，初步形成沿海和沿江揽货和服务网络。1999年，中远集运继上年8月22日开通该公司第一条内贸集装箱航线(航行营口、青岛、黄埔、蛇口)之后，又投入船舶4艘，开设南南线和南北线两条内贸航线，其中2艘在蛇口、黄埔、上海、青岛航线营运。至年底，累计完成运输量达5 418 TEU。2000年6月，扬子江公司通过资产整合和管理重组，成为江海一体化集装箱运输航运企业，开辟以上海港为枢纽，辐射沿海、沿江及近洋的航线。所辟沿海内贸集装箱航线主要有上海—泉州—赤湾—黄埔等航线。当年完成箱运量13.8万TEU，其中沿海内贸箱6.8万TEU。

2000年前后，因国际、国内燃油价格上涨，航运企业经营成本上升，而运价持续低迷，上海经营内贸集装箱运输的船公司中，有的因陷入亏损境地，不得不采取撤销部分航线，削减运力等措施维持运营。2001年，燃油价格回落，沿海内贸集装箱运输市场重现生机。是年1月8日，中海集运开通上海至漳州港内贸集装箱航线。漳州港位于厦门湾南岸，腹地广阔，货源充足，设有3.5万吨级码头，年货物吞吐量可达100万吨。该航线的开通为漳州及腹地物流运输提供了更为便捷的环境和条件。是时，因国内经济的快速发展及内外贸运输的需要，单一运输方式已无法满足托运人日益增长的多方面需求。引进或融入现代物流系统，渐成集装箱航运企业应对市场变化和发展的一种导向和趋势。为此，中海集运与中海物流等驻沪企业，通过签订责任协议，整合资源，实现优势互补，形成内贸集装箱航线整体运营物流系统，将航线开辟与物流功能有机组合成一体，为客户提供全程服务。2001年5月25日，中海集运"向浦"轮满载海南新鲜瓜果、蔬菜和其他货物，由海南省海口港起航驶往上海等地。是为中海集团配合海南省启动"绿色通道"工程，开通的一条"海上绿色通道"特快航线。海南省地处我国最南端，盛产瓜果蔬菜和其他物产，全年仅出岛鲜果蔬菜就达350多万吨，其中香蕉80多万吨，海上货运发展空间很大。但由于其特有地理位置及瓜果蔬菜运输特殊要求，以往出岛货物，主要通过公路和部分集装箱卡车运输，运输成本高、周期长、货损较大，并受到多项条件制约。海南省政府因此把热带水果和反季节蔬菜的种植、运销作为重点发展支持项目，积极招商引资，并制定相应优惠政策。中海集团抓住时机，投入8艘1 000 TEU、配有近百个冷藏箱的全集装箱船，开通海南至上海、秦皇岛、大连、天津、青岛等沿海城市的"海上绿色通道"，并辐射东北、华北、华中和华东等地内陆城市，为海南瓜果蔬菜和各种货物的出岛提供了快速、低成本、低货损的便捷航线。

图3-1-1 中海集运内贸集装箱船"新武汉"轮靠泊天津港

(照片提供：中海集团宣传部)

同年开通的还有中国外运公司经营的，连接长江三角洲和珠江三角洲的"阳光速航"内贸集装箱班轮航线。是为国内第一条无中转、直接通过长江、珠江三角洲两个经济最发达地区的航线，反映出内贸集装箱运输市场的竞争，已由单纯价格竞争，逐渐转向服务质量上的竞争。负责该航线经营的中外运阳光速航运输有限公司(2009年12月25日在沪开业)，旨在立足上海国际航运中心，通过构建以上海为枢纽辐射全国的沿海内贸集装箱运输网络，实现中国外运长航集团大力发展内贸物流的战略目标。另有中远集运于当年11月开辟的北方—蛇口航线，沿途挂靠天津、营口、日照、深圳、汕头、上海等港，由载货830 TEU的"辽河"轮自营口港首航。

2002—2004年,世界经济复苏,中国经济保持平稳较快发展,促进沿海集装箱运输需求快速增长。是时,上海沿海集装箱内贸运输干支线已贯通南北,通达沿海30余个大小港口。随着长江三角洲地区、渤海湾地区、珠江三角洲地区支线运输市场的逐渐成熟,内贸干线和支线运输互为依托,相得益彰。期间,中远集运先后开辟上海至南方内贸集装箱运输航线、广西北海港至深圳、宁波、上海、山东、天津、辽宁等地内贸集装箱班轮航线以及上海至营口、锦州等地内贸航线。其中,上海至南方航线,投入3艘先进快速的集装箱船舶,总箱位约4 400 TEU,南线2天可至蛇口,4天可至汕头;北线可直达天津、营口、日照、连云港。该航线与长江内支线衔接、中转,可使服务触角深入沿江内地各省。同时,借助中远集团遍布国内各地区的300多家货运网点和设施资源,可向广大客户提供公路、铁路、江河等多式联运服务,实现货物门到门运输及网络化配送。同一期间,海华轮船也加入沿海内贸集装箱运输市场,投入载箱量118 TEU的"益友188"轮,从上海龙吴港首发,开辟上海—深圳(黄埔)内贸集装箱班轮航线。

2006年后,又有多家驻沪或外省市航运企业,新辟以上海为起讫港或主要挂靠港的沿海内贸集装箱运输航线。是年8月28日,上海新瓯海运有限公司由"新锦岳"轮开通漳州—宁波—上海—青岛—丹东内贸集装箱航线,每周一班,共投入3艘集装箱船营运。2008年10月21日,招商局国际有限公司青岛码头正式开通青岛—上海直达内贸航线,由驻沪航运企业中谷新良的"新海旺"轮担负首航。是为该码头开通的首条内贸集装箱航线,五天一班,在青岛港与上海港间穿梭航行。南方各港货物均可通过该线中转送达,可为山东乃至周边省市客户提供多样化货运选择。翌年3月24日,中谷新良还开通广州(黄埔)—上海—宁波—连云港—大连—厦门—日照航线,使挂靠上海港的内贸航线进一步增多。2010年,海南南青集装箱班轮有限公司启动"水上高铁"项目,使内贸航线设置更科学、网络更均衡。其打造的申埔线(上海—黄埔—上海)、津沪线(上海—天津—上海)、申厦汕线(上海—厦门—汕头—上海)、申深线(上海—蛇口—上海)等精品航线陆续开通,为客户提供高质量服务的能力明显增强,市场地位提升。

上海举办世博会期间,上海海洋运输行业将开设内贸集装箱精品航线与为世博会服务紧密结合。各地海事部门则予以积极配合,为前往上海港的内贸集装箱船舶开辟"世博绿色通道",提供优先签证、简化手续、快速查验等便利条件,缩短签证办理时间。针对集装箱船到港时间不定、停泊时间短的实际情况,提供夜间安检服务和复查服务,并高效处理相关文书手续,确保集装箱船舶的正常班期。

至2010年底,国内共有11家航运公司参与上海沿海内贸集装箱运输。其中,以驻沪大型航运企业中海集运、中远集运为骨干(市场份额约占半数以上),上海长航、中外运阳光速航公司、扬子江公司、中谷新良等多家驻沪企业以及外省市航运公司参与其中。以上海为起讫港(或主要挂靠港)的内贸集装箱运输航线遍及沿海各主要港口,并由单一航线经营发展到辐射沿江(长江、珠江)沿海主要港口及内陆城市的网络化经营。同时,推出多条内贸精品航线与多式精品联运,为客户提供快速、安全、可靠的优质服务。根据客户具体要求,一般可在船舶卸空后36小时内将集装箱送至门点,遇有特急货物,在12小时内即能送至客户指定地点。沿海集装箱适箱货物也已从原先的单一货源,逐步发展到以粮食、化工品、建筑材料、纸浆、钢材等低值重货为基础货源,其他包括汽车、日用品、家用电器、食品、饮料、白糖、橡胶、反季节瓜果蔬菜等多种货物为辅的货源结构。是年,上海成为全国内贸集装箱吞吐量最大、作业效率最高的港口城市,内贸集装箱年吞吐量达377万TEU(进口187万TEU,出口190万TEU)。其中,沿海内贸集装箱年吞吐量完成231.4万TEU(含进口115.4万TEU,出口116.0万TEU)。从2000—2010年,上海沿海集装箱运输吞吐量增长11.58倍。

表 3-1-1 2010 年上海港沿海内贸分流向集装箱吞吐量统计表 单位：万 TEU

项　目	合　计	空　箱	重　箱	重量(万吨)	
				合　计	内：货重
出港	116.0				
北方小计	58.9	26.8	32.1	517.3	394.4
天津	14.6	7.1	7.5	148.5	117.2
河北省	1.5	0.6	0.9	24.2	20.8
辽宁省	26.8	10.7	16.1	233.4	177.5
江苏省	0.8	0.6	0.2	5.6	4.1
山东省	15.2	7.8	7.4	105.7	74.9
南方小计	57.1	10.6	46.5	940.2	820.1
浙江省	12.4	6.7	5.7	122.7	97.6
福建省	12.1	2.4	9.7	213.5	187.8
广东省	28.5	0.9	27.6	528.7	468.0
广西省	1.2	0.5	0.7	11.9	9.7
海南省	3.0	0.1	2.9	63.5	57.1
进港	115.4				
北方小计	49.3	7.3	42.0	854.5	752.6
天津	7.0	1.2	5.8	130.9	116.2
河北省	1.7		1.7	39.2	35.5
辽宁省	31.0	3.0	28.0	581.8	517.4
江苏省	2.4	1.4	1.0	20.3	15.5
山东省	7.2	1.8	5.4	82.4	68.1
南方小计	66.1	12.6	53.5	1 124.6	985.5
浙江省	7.4	5.4	2.0	37.2	22.1
福建省	16.7	1.6	15.1	358.4	322.7
广东省	34.2	3.6	30.6	595.9	524.0
广西省	3.0	1.4	1.6	43.9	37.9
海南省	4.7	0.6	4.1	88.6	78.6
中国其他	0.1	0.1		0.6	0.4

资料来源：上海港口统计年鉴(2011)

【驻沪航运企业开辟和经营的沿海其他港口间内贸航线】

1998—2010 年，部分驻沪航运企业在经营上海至沿海各港内贸集装箱运输的同时，在上海以外沿海港口之间也陆续开辟和经营多条内贸集装箱运输航线，有力支持和促进了这些地区的经贸发展,发挥出上海海洋运输行业在全国经济建设中的重要作用。其中,尤以中海集运、中远集运等大型国有企业开通航线和投入运力为多。这些航线主要有:

1998年8月,中远集运开辟的营口—青岛—黄埔—蛇口航线,提供半月班服务。

2002年6月,中海集运开辟的黄埔—天津内贸集装箱精品航线,主要为南北沿海间化工、农产品、建筑材料等货物往来提供全方位海上运输服务。

2004年11月,中海集运开辟的营口—大连—宁波—黄埔内贸集装箱航线,提供周班服务。

同年12月,中远集运开辟的黄埔—蛇口—大连—烟台航线和黄埔—蛇口—山东航线,在原有南北航线基础上增加新的挂靠港和航线服务。

同年底,上海中谷新良海运公司开辟的连云港直达厦门内贸集装箱航线,实行旬班服务。

2005年3月,扬子江公司开通的岚山—宁波—泉州—厦门内贸集装箱班轮航线,旨在进一步提升该港作用,推动山东地区经贸发展。

2006年1月,中海集团开通的北海/黄埔—北方内贸集装箱航线。完善北海港集装箱航线布局,为该港及其经济腹地的国内贸易货物提供便利的出海通道。

同年3月,中远集运开辟的青岛—石岛航线,每周提供三班服务。

同年6月,扬子江公司开通的营口—厦门内贸航线,借以拓展以内贸南下货物居多,市场空间较大的东北集装箱运输市场。

同月,中远集运增开的唐山—烟台—华南航线,发挥唐山港作为内贸新兴口岸的潜力。

同年8月,中远集运推出的两条集装箱精品航线:"津广快线"和"两江快航",为客户提供高端内贸集装箱运输服务。

同年8—12月间,中海集运连续推出的天津—南沙、连云港—南沙、锦州—营口—南沙、秦皇岛—大连—南沙4条内贸精品航线,为客户提供准班率高、速度快、交货期有保证、安全可靠的全程优质服务。

2007年4月,中海集运开辟的嘉兴—广州内贸集装箱航线,每周开行一班。

同年12月,中远集运开通的唐山—黄埔点对点集装箱班轮航线,旨在进一步发掘内贸新兴口岸唐山港的发展潜力。

2008年3月,中海集运开辟的福州—漳州—营口内贸集装箱航线,是为福州新港首条精品内贸航线。

同年5月,中海集运开通的烟台—南沙内贸集装箱航线,为烟台腹地经济以及山东半岛、辽东半岛与珠江三角洲之间经贸往来提供了更加便捷的途径。

同年6月,中海集运开通的龙口—东北内贸集装箱航线,使龙口港与东北各主要港口之间全部实现集装箱运输。

同年9月,中海集运与连云港新东方国际货柜码头有限公司联合开辟的连云港—大连—营口集装箱班轮航线,贯穿东三省区域,有效缓解了铁路运输瓶颈问题。

同月,扬子江公司开通的太仓—黄埔集装箱精品航线,因可提供稳定的船期保障吸引太仓当地核心客户,成为该公司集运的品牌。

同年10月,中海集运开通的洋浦—华东地区内贸集装箱航线,结束了洋浦货物需通过广东南沙港中转运往华东地区的历史。

2009年4月,中海集运升级的连云港—南沙周班内贸精品航线,使山东全境、苏北、沿陇海线到新疆阿拉山口广大地区均可通过海运、铁路、公路运输方式集货到连云港,享受该线优质服务。

同年5月，中海集运开通的泉州—连云港内贸集装箱航线，可将泉州生产的瓷砖等货物北上通过陇海线运往内地，解决长期困扰和制约内地集装箱运输的出口空箱短缺问题。

同年11月，中海集运开通的海口—营口集装箱绿色精品航线，可充分发挥"两港一航"区位优势和资源优势，打通海南至北方海上经济运输通道，为海南发展现代农业助力。

2010年1月，中海集运开通的广西钦州南北直达航线，结束了广西北部湾没有南北直达航线的历史。

同年3月，龙口港与浦海航运合作开通的龙口—天津—锦州内外贸同船集装箱运输航线，可进行外贸货源开发，使外贸中转与环渤海航线互为补充。

同年4月，中海集运开通的连云港—大连、连云港—青岛—泉州内贸集装箱航线，旨在落实中央关于江苏沿海大开发战略，将连云港建成沟通南北、连接东西的枢纽港。

至2010年底，驻沪各航运企业内贸集装箱运输涉及的沿海港口，大致分布在三个区域：环渤海港口群（包括营口港、大连港、天津港、青岛港、烟台港等）、华东沿海港口群（包括上海港、宁波港、连云港港等）、华南沿海港口群（包括广州港、厦门港、海口港等）。随着成都、呼和浩特、哈尔滨、昆明等一批内陆网点的建成，内贸集装箱运输还可通过海铁联运运至四川、内蒙古、东北、云南等内陆地区，形成覆盖全国的运输网络。

二、运营组织

【运力投放】

20世纪70年代末，上海海洋运输行业尚无专用集装箱船用于沿海内贸集装箱运输，多以客货班轮和多用途船配载小型集装箱承担运输。1979年，上海港设计制造的2吨船用箱交由上海至大连航线客货班轮试用。翌年2月，交通部投资300万元购置1 000个国家标准5吨集装箱，交上海海运局和大连轮船公司，供行驶申连、申烟、申榕、申夏、申港、申穗和申温等航线的客班轮开展捎带5吨和2吨集装箱运输业务。1985年始，上海海运局以6艘"新和"类型多用途船投入捎带集装箱营运，单船可载134只20英尺标准集装箱。

80年代末，上海部分航运企业开始向国外船厂购置少量集装箱新船，投入沿海内贸运输，上海海上集装箱运输也从捎带运输逐渐走向专业化运输。1989年，海华轮船购置1艘荷兰1969年建造的"秀山"号全集装箱船（185 TEU），投入沿海内贸运输。之后，上海海运局向罗马尼亚订造500 TEU全集装箱船2艘，向韩国订造316 TEU全集装箱船2艘，陆续投入沿海内贸集装箱运输。1997年4月，海兴公司投入新建不久的600 TEU"林园"轮和"金鹏"轮，首辟以上海为中心，贯通南北沿海多个港口的内贸集装箱干线。

90年代后期，用于上海沿海内贸集装箱运输的船舶，既有专用集装箱船，也有兼用船，以及由其他货船改造成的集装箱船。其中，中海集运投入的集装箱船，不少都是由散杂货船改造而成，1998年，已有11艘"货改集"船投入沿海集装箱运输，内贸航线箱位从公司成立初的1 800个增加到8 000个，停靠港口从过去的9个发展到14个。是年12月，该公司由散货船"振奋23"轮改造成的1 000 TEU"向平"轮首航上海—广州，成为国内第一家在内贸集装箱航线投入大箱位集装箱船的公司，该轮也是这家公司当时箱位和载重吨最大的全集装箱船。其他企业中，中谷新良和山东航运集团有限公司投入上海沿海内贸航线的主要是新造船；海南海口南青实业公司主要采取租船方式经营；扬子江公司以自有集装箱船投入；中远集运投入沿海内贸运输的则主要是从外贸航线退下的全集装箱船舶,箱位一般在1 300~1 700 TEU之间,在当时内贸经营船舶中属于最大型和最现代化的。是时,上海沿海内贸集运市场船舶普遍老旧,平均船龄偏大。除少量新造集装箱船外,大部分由散杂货船改造的集装箱船和大部分租赁船的船龄平均在20年以上。中远集运投入内贸运输的船舶平均船龄也在18年左右。2000年下半年始,该公司逐步从运力、财力、管理等方面加强对沿海内贸集装箱运输的投入,成立专门的内贸集装箱运输机构,实行独立经济核算,运量和市场份额都有较大幅度提高,在当时内贸集装箱运输市场中,运力和规模仅次于中海集运。

至2001年,上海沿海内贸集装箱运输船况已有明显改善,逐步向专业化和大型化发展。平均单船箱位已超过150 TEU,200 TEU左右的船舶占90%。在南北主要航线上有20余艘1 000 TEU以上集装箱船运营。其中,中海集运投入沿海内贸集装箱运输市场的运力占该市场总运力50%左右,箱运量市场份额比例在45%左右。中远集运投入沿海内贸运输的运力占市场总运力25%左右,箱运量市场份额在20%左右。上海港每月开出的沿海内贸集装箱班轮航班数达到117班,有40多艘船投入运营,最大船型1 328 TEU,最小36 TEU,平均箱位184 TEU。是时,中海集运共投入12艘船,平均箱位150 TEU,每月40余个航班;中远集运投入6艘内贸船舶,箱位共6 314 TEU;上海长航投入4艘船,平均箱位168 TEU,每月16班。外省市的海南南青集装箱班轮有限公司投入13艘船,平均箱位195 TEU,每月45班。

21世纪初,上海海洋运输行业在沿海内贸集装箱运输市场中,无论投入运力,还是完成运量均位居全国第一。其中,中海集运、中远集运等驻沪大型航运企业投入大量运力,促使上海沿海集装箱运输持续发展。2002年,中远集运为加强内贸运输,在上年投入6艘船舶的基础上,再增8艘船舶加入内贸航线,使从事内贸运输的船舶增至14艘,1.56万TEU,辟有6条航线、21个挂靠港,运力成倍增加。全年内贸运输箱量完成32.2万TEU,其中重箱量25.85万TEU,市场占有率从上一年的9%上升到21%。同年底,中海集运在内贸集装箱市场已投入30余艘船舶,共计5.5万TEU,全年完成箱量超过65万TEU。其在运力投入、市场占有率和运输网络构建上都占有明显优势,市场份额位居上海沿海内贸集装箱运输第一位。

2004年,中远集运对投入沿海内贸运输的运力精心设计和安排,在原黄埔、蛇口至上海及北方港口航线基础上,改造推出“双点快航”,将老航线“一拆四”,改投入8艘船,组成四组对开,每组船南北各靠2个港口。使交货期缩短40%,各港间平均交货期缩短到一周之内,准班率和舱位利用率大幅提高。经一个月运作,取得明显效果,投入的四组快航船箱量普遍上升,甚至出现“爆舱”现象。翌年4月,该公司沿海经营部为提升南北干线竞争力,对航线重新规划,投入4艘1 700 TEU船舶营运东北华南线,4艘1 300 TEU船舶营运天津华南线。针对航线特点,推出“优良快航”特色服务,受到广大客户好评。2006年,该公司根据总体运力规划,在内贸市场灵活寻求所需运力及租出富余运力,强化主干线,增开次干线,改造短航线,亦收到良好成效。根据市场需求,不断改造和优化运力,使该公司不仅提高了客户服务质量,也有效提升企业运营效益。同年,中远集运所属以经营近洋和内贸运输为主的泛亚航运,以年增20%速度,加大对内贸运输市场的运力投入,适时将航行国外的大船也投入内贸,精心编织内贸集装箱运输服务网络,使公司在该市场综合竞争实力大幅提高。

同一时期,中海集运在沿海内贸运输市场的主导地位进一步巩固。至2007年,该公司在内贸航线投入的船舶总运力已超过6万TEU,新投入8艘4 250 TEU以上大型船舶,船速快,货运量大,运营成本低,盈利能力强。以集装箱吞吐量计算,其内贸航线在国内沿海主要港口市场占有率逾50%,部分港口占有率高达80%至90%。为提高集装箱运输质量,该公司以内贸班轮航线为突破口，相继开辟多条内贸精品航线；同时大力推广海铁联运业务，提高航线载箱率和运费收入，内贸海铁联运市场占有率达80%以上。由于只有悬挂五星红旗的船舶才可以进行内贸运输，相对国际航线而言，内贸航线市场竞争力度相对较小，利润率较高。而中海集运50%以上的船舶悬挂五星红旗，相对国内其他大型班轮公司而言，在该市场拥有明显优势。中远集运在沿海内贸市场上则以新船多、船型好等优势紧随其后。上海长航投入沿海内贸运输的集装箱船舶全部为租用船只。是年，上海港内贸(含沿海、长江、内河)集装箱吞吐量完成340.9万TEU，同比上年增长8.7%。其中沿海内贸集装箱吞吐量为190.4万TEU(进港89.6万TEU，出港100.8万TEU)。是时，随着内外贸集装箱同船运输模式的兴起，且内贸集装箱船舶呈现大型化趋势，部分船公司已开始将4 250～5 600箱位的大型船舶投入沿海内贸市场，上海港内贸集装箱业务由吴淞港区逐步向外高桥港区扩展。内贸集装箱业务成为上海港集装箱业务发展的重要组成部分。

2009年底，上海主要班轮公司沿海内贸集装箱运力投放规模分别为：中海集团投入35艘船舶，实际载箱量4.06万TEU，箱位数6.69万TEU；中远集运投入24艘船舶，实际载箱量3.76万TEU，箱位数5.46万TEU；中谷新良投入23艘船舶，实际载箱量6 888 TEU，箱位数9 500 TEU；扬子江公司投入9艘船舶，实际载箱量2 550 TEU，箱位数3 603 TEU(以上船舶运力统计以内贸干线为准，不包括支线运力)。

表3-1-2　2009年上海主要班轮公司沿海内贸集装箱运力投放情况表

船 公 司	船舶(艘)	总载重吨(万吨)	箱位数(万TEU)	实际载箱(万TEU)
中海集团	35	93.66	6.69	4.06
中远集运	24	86.58	5.46	3.76
中谷新良	23	17.22	0.95	0.69
扬子江公司	9	6.37	0.36	0.26

资料来源：上海长航2010年档案　长期28—12　第21～22页《关于航运组调研提纲(集运公司)汇报材料》

2009—2010年，受全球金融危机冲击，国际国内航运市场陷入低迷。驻沪各海洋运输企业积极调整运力配置，提高航线效益，仍取得较好业绩。其中，中海集运与成立初期相比，投入沿海内贸集装箱航线的经营船舶已由当初的3艘增加到30余艘；单船最大运力由12年前的600 TEU，上升到5 668 TEU，甚至达到8 500 TEU(为应对全球金融危机影响、响应国家扩大内需政策，中海集运在2009年专门投入原用于远洋外贸航线的8 500 TEU集装箱船，加入内贸精品航线运营，是为当时在国内航线运营的最大级别集装箱船)；总运力由12年前的1 800 TEU，上升到近8万TEU；航线挂靠港口由原来的8个增加到30多个；月重箱运输量由当初的近2 000 TEU上升至二十多万TEU。

【货源开发】

上海沿海内贸集装箱运输起步较晚，直到1996年才开辟第一条采用国际标准箱运营的内贸航线。但此后随着沿江沿海地区社会经济的快速发展和人民物质文化生活需求的不断提高，集装箱内贸运输发展迅速，新的货源不断开发，货源结构不断变化。至21世纪初，上海沿海内贸集装箱适箱货物已从以往的单一货源，逐步发展到以粮食、化工品、建筑材料、纸浆、钢材等低值重货为基础

图 3-1-2 中海集运上海公司正在进行大众汽车装箱作业
(摄于 2010 年 7 月,照片提供:中海集团宣传部)

货源,其他货种如汽车、日用品、家用电器、食品、饮料、白糖、橡胶、反季节瓜果蔬菜等为辅的货源结构,且形成北方—华南、北方—华东、华南—华东三大主要货源流向。北以大连、营口、天津、青岛为中心的环渤海湾地区,中以上海、宁波为中心的华东地区,南以广州、深圳为中心的珠江三角洲地区构成沿海内贸集装箱运输货源生成和货流进出的三大区域。北方南下采用集装箱运输的主要货种为粮食类、矿类、建材类、纸浆、酒类、食品等。华南地区出运至华东和华北的货物以内墙砖、高档地砖、废旧五金、化工品等建材基础货源为主,另有陶瓷卫生洁具、家具、橡胶、日用百货、家用电器、白糖、海产品、反季节瓜果蔬菜、木材、淀粉等货物。华东地区货源市场主要以上海为中心,包括浙江、江苏和福建等几个省份,向华南和华北地区出运的主要货种有成品纸、机电产品、显像管、化工品、家电产品以及高级建材物料等。

根据货源结构和流向变化特点,驻沪各班轮公司一方面开辟多条内贸航线,包括实行差异化服务的精品航线,投入多种类型运力,适应各地货主需求,稳定和扩大已有货源,一方面加强揽货和营销,陆续开发新的货源和新兴市场,在为客户提供优质服务的同时,力争获取最佳经济效益。

2000 年,为支持中国核电事业,中远集运决定在确保安全的前提下接运用于大亚湾核电站的核燃料。该公司与中国原子能总公司已有多年合作,曾为秦山核电站承运全部核电设备。但核燃料运输与设备运输有本质区别,其对装、卸、中转、过境、在船照料等均有严格要求和特殊规定。为保证运输安全,中远集运班轮部、市场部及各有关部门成立专门运输小组,在协助原子能公司做好运输全过程申报的同时,对该批货物进行全程跟踪监控,确保了货物安全、准时运抵目的地。2002 年 5 月,该公司在内贸航线新开发汽车整车运输项目。为保证服务质量,每当有大批汽车发运,该公司都派员至现场做好客户服务工作,赢得货主和收货人一致好评。至当年底,该公司内贸集装箱共承运整车约 2 000 辆。

2003 年春,北方"非典"(非典型肺炎)疫情加重,当地人民群众对新鲜蔬菜和水果的需求增加。根据北方春季蔬菜、水果供应偏紧的特点,中海集运及时调整内贸集装箱航线,投入 3 艘 1 000 TEU 集装箱船,在一个多月内,为北方疫区运输产自海南的各种新鲜蔬菜和水果 469 个标准箱,共计 9 820 吨。

2004—2005 年,中远集运针对客户需求,及时提供各种差异化服务,在提高服务质量的同时,也使内贸货源得到进一步开发。其沿海冷箱运输持续发展。2004 年共承运 5 931 TEU,比上年增加 1 816 TEU;冷箱货种也逐渐多样化,不但对原有客户提高出货量,还新开发一些大客户,减少调箱成本,延长内贸冷箱运输高峰时间段,取得良好效益。2005 年,该公司继续大力开发南方海产品冷箱货物品种,全年沿海冷箱运输比 2004 年增长 82.7%。同时加强对内贸航线的创新。针对粮食货流特点,推出"优粮快航"服务;针对水果季节性特点,推出"鲜果快航"服务;针对国内汽车市场竞争激烈,适时改进汽车运输服务方式,获得广大客户欢迎,公司内贸航线品牌由此得以提升。

2006 年 8 月,中海集运开辟天津—南沙精品航线后,平均每三天一艘船,都是 4 250 TEU 的大船。而精品航线，靠离泊时间以小时计算，班期雷打不动，即使船上只装载一个箱子，也要准时起航。要保持班班满载或者多载，揽货压力相当大，该公司结合天津口岸特点精心改善货源结构，提高舱位利用率。在保持带钢、胶合板、煤炭等大宗货前提下，加大轻泡货、高值货揽取力度。对轻泡货实行专人、专项跟踪，设定工作计划和目标，尽力将轻泡货源争取为精品航线上的稳定货源。新揽到的轻泡货源包括玻壳(彩色荧光屏)、电扇、易拉罐、膨化芯材、玻璃瓶、纸箱、服装、冷饮食品等多种，其货量约占内贸出口大柜总量的15%以上，使得该公司在天津的内贸市场份额，由原来的50%上升到60%至65%。精品航线开辟后，为实现航线效益最大化，必须提高航线载箱率和运费收入。为此，中海集运提出营销工作要转变传统经营模式、转变传统揽货观念、转变传统货源结构，在提高市场占有率同时，努力优化客户结构、货源结构，提高航线载箱率。2007年，该公司在中国的主要城市已拥有98个销售及服务网点，形成连接各主要交通城市的联运网络和服务系统，加大揽货力度。在连辟4条内贸精品航线的基础上，逐步完善了以渤海湾、长江流域、珠江三角洲以及北部湾为重点的江海支线网络，建立健全以海铁联运为主干的内陆集疏运网络，切实推进营销服务从各自为战向网络化、一体化转变，从“港—港”海上运输向“门—门”全程物流链转变，市场营销模式也从价格竞争向高附加值的服务竞争转变。同时加快建设长江、珠江中转服务体系，促使码头中转与陆上配送等配套服务标准化，向两端集疏运领域扩展，加快形成全程物流链服务，使得货源结构在淡季与旺季之间、满载与满舱之间获得平衡优化。

及至2010年，上海沿海内贸集装箱货源主要来自长江三角洲的江苏、浙江两省和上海市，并日益向长江经济带腹地延伸。由于上海海洋运输行业重视和不断加强货源开发，整个长江流域已成为建设上海国际航运中心潜在的集装箱箱源体系“大后方”。在长江上游，重庆港每天都有开往上海的集装箱班轮；在中游，九江港的进出口集装箱有80%以上要经上海港中转；在下游，南京港48%的集装箱运至上海港。

【业务合作】

20世纪90年代始，上海地区从事沿海内贸集装箱运输的国有大型航运企业，十分重视开展与国内主要港口和主要客户的多方面业务合作，实施优势互补，共担风险。尤其是港航之间的密切合作，有力促进了内贸集装箱运输的繁荣。班轮公司通过参与港口开发和经营，能够更全面地铺设航线网络，提高班轮服务质量，开发新兴市场和货源，并降低港口费用等成本支出；港口同班轮公司合作后，有助于更具前瞻性地了解船舶建造和整个运输业发展趋势，在码头投资、设计和建设过程中充分考虑市场对港口设施建设的需求，使港口发展能够更加贴近市场。

1999年8月5日，中海集团与大连港务局、新加坡港务集团合资成立经营“大连大港中海集装箱码头有限公司”。同时，大连—黄埔直达快航集装箱航线在大连首航。中海集团投资700万元，占合资公司35%股权。该集团参股经营大连港集装箱码头后，内贸干线船舶挂靠大连港，使得大连港内贸集装箱吞吐量大幅增长。合资后内贸集装箱码头引进新加坡港务集团先进管理机制和管理模式，以国际集装箱运作水准发展内贸集装箱运输，充分发挥大连港货源网络作用，有力拓展了东北腹地与南方地区的水路运输通道。

同年底，中海集团与上海港务局签订“上海港中海集装箱码头有限公司”合资协议，为拓展上海内贸集装箱运输业展开新的港航合作。合资公司由中海投资和上海港龙吴港务公司共同出资4 000万元组建并经营，双方各占50%股份。上海港投入巨资将下属的洋泾港等老港区码头改造为内贸集装箱专用码头和堆场，由合资公司租用20年。合资公司拥有5个专用泊位，近千米岸线和数10万平方米的堆场。中海集团通过与有关港口合资组建集装箱码头,内贸集装箱年运输量已超过30万TEU,其中在上海港龙吴港务公司的集装箱吞吐总量近9万TEU。

2000年5月,中海集团与连云港港务局合资成立连云港新东方集装箱码头有限公司,依托集团的航运实力,充分利用连云港区位优势,做大做强连云港口岸内贸集装箱运输业。其深入进行货源调查,开展转关业务,积极拓展连云港经济腹地范围,使连云港周边地区大米、胶合板、玩具、成品纸等货物可经连云港中转运输到南方诸港,南方瓷砖等货物也可通过内贸航线运至连云港中转到郑州、西安等内陆地区。

翌年10月1日,由中海集团码头公司控股的"锦州新时代集装箱码头有限公司"正式开张营业。其不仅成为中海集团在北方的重要内贸集装箱装卸港,还可配合该集团开通海南现代农业"绿色通道",拓展仓储、陆上运输等物流业务,建成海南蔬菜瓜果运输在北方的重要集散地。

2004年7月23日,中海集团与大连市人民政府签署《战略合作框架协议》,在航运、港口、物流、进口液化天然气以及其他相关领域进行全面战略合作。同时还签署了与大连港集团合资建设和经营大窑湾三期集装箱码头合作意向书。该项目包括5个深水泊位,可以容纳大型集装箱船。是时,该集团内贸集装箱运量已占到大连口岸份额的16.9%。

图3-1-3 2007年7月"长航洋山1"轮开辟"太仓港—洋山港"集装箱快速通道

(照片提供:上海长航修志办)

2005年7月14日,中谷新良与山东龙口港合作开通龙口—上海集装箱航线,填补了龙口港尚无直达上海港的内贸集装箱航线空白。至7月下旬,龙口港已新添三条集装箱航线,其中龙口—天津外贸支线由龙口港与浦海航运合作开发,龙口—上海内贸航线由龙口港与中谷新良公司合作开通,可同时转接厦门和长江下游沿岸各城市货物,为龙口腹地与上述地区之间提供了更为便捷、经济的海上运输通道。

及至2007年1月,中海集运与连云港港口集团通力合作,在铁路运力局部时间受到限制的情况下,克服困难,相继在连云港口岸开通连云港—郑州、西安、成都的班列;结合连云港—南沙内贸精品航线的开辟,又成功开通乌鲁木齐—连云港快运班列,使连云港口岸内贸航线每周货量由2005年的500 TEU左右增加到1 200 TEU到1 500 TEU,其中陇海线占1/3。并新开发出新疆PVC、番茄酱项目(运到黄埔、上海)以及侯马、运城、山西南部的焦炭、铝锭、铸铁件等各种内贸货源。郑州、西安地区的内贸货源也逐步开始运作。

2007年7月13日,上海长航与江苏省太仓港管理委员会合作,新辟"太仓港—洋山港"集装箱快速通道。该航线由上海长航投入400 TEU集装箱船"长航洋山1"轮承担运输任务,太仓港则给予优惠航运政策和扶持。该港位于江苏省境内,拥有天然优质深水港和优厚的物流腹地资源,其与上海长航运进行合作,有力促进了"长江第一枢纽大港"的建设。

同年11月12日,中海集运旗下中海码头公司与营口港务集团签署营口港集装箱码头合作合资框架协议。双方合资成立集装箱码头公司,各持股份40%和60%,经营营口港53号、54号2个集装箱泊位,岸线长580米,码头前沿水深15.5米,陆域面积约40万平方米,配备6台集装箱岸桥和相应场桥,形成100万TEU集装箱吞吐能力。营口港位于辽东湾,是东北地区能源、原材料重要转运港,也是东北地区增幅最大、最具潜力的内贸集装箱枢纽港。中海集运把营口港作为内贸集运精品航线的重要进出口岸，当年在营口港运输箱量近 45 万 TEU，占该港集装箱吞吐量的 3 成多。

至 2008 年，上海从事沿海内贸运输的主要航运企业，与沿海各主要港口都已建立广泛的业务合作关系，有力推动内贸集装箱运输业务和南北经济贸易的发展。同一时期，这些航运企业与一些大客户的业务合作也进一步加强。

原先(2006 年之前)，由于国内海运船公司尚无法提供统一的标准服务和舱位保障，伊利集团的液态奶主要依靠铁路运输。中海集运内贸精品航线开辟后，以其安全、准班、高效的全程物流服务吸引伊利集团，使之液态奶运输逐渐向海运倾斜。至 2008 年，双方合作区域已由华北扩大到东北，箱量规模也不断增长。为长期稳定地推进双方合作，中海集运相继在华北和东北地区开通多个内陆点至天津、营口等口岸铁路班列，不断完善、优化海铁联运网络，为伊利集团提供更加优质的全程物流服务。此项合作的成功，也促进了中海集运在东北、华北等地区大客户营销工作的开展，其与另一家大型乳业公司蒙牛乳业以及当地纸业、石化、食品、粮食和煤炭等行业多家企业都先后建立起稳定的合作关系。

2009 年 7 月 29 日，中远集运与风神轮胎股份有限公司签署战略合作协议，构建面向长期的战略合作伙伴关系。风神轮胎是中国最大的全钢子午线轮胎重点生产企业之一和最大的工程机械轮胎生产企业。通过合作，双方可发挥各自优势，实现信息共享，共同探讨和研究远洋和国内沿海运输业务，定期沟通，共谋发展。因中远集运对风神轮胎物流领域提供的优质服务，获得该公司“2009 年度最佳物流供应商奖”。这也是风神轮胎历史上第一次颁发此奖项，中远集运是该奖项唯一得主。

2010 年 3 月 4 日，中海集团与中国储备粮管理总公司(以下简称中储粮总公司)签署战略合作框架协议，旨在进一步加强双方在物流领域的合作，充分发挥中储粮总公司遍布全国的粮食储备库和中海集团的集装箱运输物流网络资源优势，确保国家粮食调拨和经营贸易运输任务的完成。中海集团和中储粮总公司主营业务互补性强，有着共同的股东和利益，通过合作不仅为中海集运的沿海内贸运输带来稳定的集装箱货源，而且创新了粮食调拨运输模式，真正实现粮食运输“无破碎、零损耗”，保证了中储粮总公司粮食运输的质量和安全，使国内粮食物流链进一步完善，流通效率提高，粮食集装箱运量增大。

第二节　内 支 线 运 输

上海沿海内支线运输始于 20 世纪 80 年代中期。1986 年，上远公司开始以上海港为枢纽，开展国际集装箱沿海内支线运输，最初辟有上海—广东线，不久停航；以后先后开辟上海—大连、上海—天津、上海—青岛线。1986—1992 年，上海港内支线吞吐箱量从 6 309 TEU 增至 7.5 万 TEU，其中长江内支线从 3 025 TEU 增至 4.4 万 TEU，沿海内支线从 3 284 TEU 增至 3.1 万 TEU。

1992 年，以上海港为枢纽，形成国际集装箱班轮航线 17 条和内支线 6 条。内支线中含沿海内支线 3 条：上海—大连—青岛—天津线，每月 2 班，沿途挂靠大连、青岛、新港；上海—大连—青岛—天津线，每月 2 班，沿途挂靠新港、宁波；上海—宁波线，每月 4 班。

90 年代中后期，中海集运、中远集运等大型班轮公司在沪组建后，积极构建以枢纽港为中心的内支线网络；上海长航、新洋山公司、海华轮船等驻沪航运企业也逐步投入运力加入内支线运输；众多中小船公司也跻身其中，开辟班轮航线。其中，沿海内支线运输市场始终以中远集运所属的泛亚航运和中海集运所属的浦海航运居于主导地位。

1997年7—8月,中海集运开通上海—宁波—温州内支线。该线初始只航行上海至温州,1998年初增挂宁波北仑港,至同年2月底,市场基本培育成熟,重箱量基本满载,并呈现出良好发展前景。为此,又增投一艘船,每周开两班船,航线密度增加后,载箱量明显上升。

2001年4月,浦海航运成立不久即开辟上海—青岛—连云港—青岛—上海航线,为中海集运美洲线、欧地线和澳洲线等外贸干线船提供支线服务。同年8月,该公司又推出上海—青岛—宁波—上海外贸内支线班轮航线,由载箱量614 TEU的"桃园"轮承担运营。以载箱量500 TEU以上的船舶专营内支线,在当时国内航运企业中尚不多见。该航线主要为各大班轮公司提供支线服务,力求在班期、服务方面更加贴近客户需求。是时,该公司的内、外贸支线船队规模已达20艘,其中有4艘船舶经营沿海内支线运输,总运力700 TEU,在华东、华南和渤海湾区域共辟有4条沿海内支线。当年4线共完成箱量8.39万TEU。

2003年,中远集运对北方沿海内支线CF1线的挂靠港跟随干线船舶同步实施调整,在原有基础上北行增加挂靠青岛港。调整后该线挂港次序为上海—青岛—大连—天津—营口—青岛—上海,形成一条以青岛为中心的"8"字形航线,可依托上海、青岛2个主要中转口岸提供外贸支线中转服务。

2004年底,交通运输部为提高内支线船舶利用率和航运公司与港口的资源利用效率,促进集装箱枢纽港的形成和发展,发布《关于促进国际集装箱内支线运输发展的若干意见》,出台有关调整改革市场准入管理政策、改革港口装卸费率标准、积极推进内贸与外贸集装箱同船运输、推广标准集装箱船型、打破地区封锁,优化航线布局、改善口岸环境,发挥口岸功能、鼓励建立和完善集装箱服务网络等7项具体措施,使包括上海港在内的沿海内支线运输得以进一步发展,除大型国有企业外,大量中小型航运企业也加入沿海内支线运输。

2005年4月,中远集运为适应干线运力升级需要,对由泛亚航运经营的沿海内支线进行调整优化。其调整后的内支线由上海—天津周班航线(CF3)、上海—大连—青岛—连云港周班航线(CF4)及天津—营口—青岛周班航线(CF5)3条航线组成,具体挂靠港序分别为CF3:上海、新港、上海;CF4:上海、大连、青岛、连云港、上海;CF5:新港、营口、青岛、新港。同月,泛亚航运还租入运力,开辟环渤海湾支线,提供周班服务,同时为内贸和外贸航线提供货源补给。在中远集运调整优化内支线的同时,中海集运(浦海航运)的沿海内支线运输也得到拓展,至是年底投入船舶已达7艘,总运力3 000 TEU,在华东、华南和渤海湾共开辟7条沿海内支线,全年完成箱量31.22万TEU。

上海洋山深水港开港后,部分驻沪航运企业根据该港区地理位置和特征,及时开发江海直达内支线,通过洋山港转运,方便外贸企业进出口,拓宽主干线运输渠道,上海港外贸集装箱吞吐量明显上升。2005年11月始,为适应中远集运西北欧航线由长江中下游主要港口直达洋山的中转需要,泛亚航运及时租入2艘江海直达驳船,开通南京—太仓—洋山、南通—太仓—洋山两条江海直达支线。同年12月,上港集团开辟"穿梭巴士"业务,即在外高桥港区与洋山港区之间开通固定时间、固定班次的船舶运输航线,从事区间快速往返集装箱驳运业务,由上港集团所属集海公司、浙江嵊泗飞洋公司及上海长航所属新洋山公司三家企业承担经营。上海长航新研发的能适应洋山深水港海运与长江内河航运相衔接要求的新船型——ATB推驳船组投入该线运输后,至2006年1月底已完成箱量约1.7万TEU。是年3月20日,新洋山公司第二组ATB船舶也投入营运,其穿梭巴士航班由原来的每月22班增加到每月44班,集装箱运量大幅攀升。

2006年始,中远集运相继新辟和优化多条沿海内支线。是年5月16日,中远集运开通武汉—

洋山直达快航，是为长江中下游第一条真正意义上的江海直达集装箱航线。该航线的开辟，使湖北武汉地区货物接转欧洲干线班轮的时间比原有中转方式平均缩短7天左右，由此改变长江中上游地区货物需由下游中转的传统出运方式，从货流上拉近长江内陆城市与上海的距离，同时也为洋山港提供了更加广阔的货源腹地。同年7月，该公司对北方沿海内支线CF1进行优化调整升级，投入两艘1 200 TEU型集装箱船“洛河”“沙河”轮运营。调整后CF1线挂港顺序为：上海、天津、上海、大连、青岛、连云港、上海。同年，泛亚航运在3艘自有船投入营运基础上，通过加大与其他支线船公司合作和购买公共支线舱位等方式，改善环渤海湾内支线及宁波、温州内支线服务，其北方沿海内支线服务已延伸至宁波、温州、锦州、烟台、秦皇岛、威海等多个港口。与之同时，该公司的珠江内支线网络也进一步完善，覆盖面不断扩大。翌年，该公司加强与其他支线船公司合作，利用租用舱位等形式，新辟上海—福州—厦门、青岛—日照以及上海—温州—乍浦等内支线服务，以进一步完善沿海支线网络。是时，该公司内支线运营网络已成为国内第一家覆盖沿海、长江、珠江和渤海湾所有主要港口的健全网络。并初步形成一支航行速度快、单船运力大、航行设备先进的新型支线运输船队。

2007年8月，新洋山公司第一艘400 TEU集装箱船“长航洋山1”号正式投入运营。是为当时长江最大箱位量的江海联运疏运船，采用“浅吃水肥大型”技术，可重载全年通航于武汉—洋山沿途各港。新船型的推出使上海地区江海直达运输在运力上得到进一步提升。2008年，新洋山公司投入“穿梭巴士”航线的运力，已由两组船增加至四组船，在运量上占据该航线50%以上份额，且经济效益明显。

2008年7月，中远集运通过与青岛远大航运公司进行舱位合作，采用租舱形式开通CF17（青岛—烟台）沿海内支线，为外贸干线提供青岛、烟台之间周双班服务。同月，该公司天津—烟台—上海集装箱外贸内支线正式开通，由泛亚航运投入724 TEU和422 TEU型集装箱船各一艘承担运营。该航线经天津、烟台至上海接转中远集运欧美干线出境，每周一班。首班在烟台港配载集装箱86标箱，箱源主要来自烟台地区芝罘、招远、莱山、牟平等县市区所辖企业。该线的开通，使烟台港与上海国际航运中心直接对接，为烟台市面向欧美的外贸企业加快发展营造了高效便捷的物流环境。同年下半年始，受国际金融危机影响，上海沿海内支线运输舱位利用率下降明显。为此，中远集运对内支线营运布局作了调整，将原先经营的3条航线缩减为2条航线，运力也相应由3艘船（共计2 849 TEU）缩减为2艘船（共计2 427 TEU）。其中一艘周班运营，挂靠上海、天津、连云港；另一艘周班运营，挂靠上海、上海洋山、大连、青岛港。翌年3月，公司新辟南方沿海内支线，挂靠上海、温州、福清、泉州、厦门等港口，利用交通部新颁布的内、外贸可同船运输政策，提供上海至温州、厦门内外贸中转运输，以及北方沿海口岸、上海本港及长江流域至泉州、福清内贸运输，开拓沿海支线在南方口岸的中转路径。同时，在沿海支线继续扩大SOC箱（货主自备箱，使用货主自己的箱子配货出口）营运业务，开发天津至上海洋山港特色服务，揽取地中海航运、南非海运等外资班轮公司从天津到南非航线的中转外贸货，提高船舶舱位利用率，增加营运收入。

2010年，以上海、大连、天津、青岛、宁波、苏州、厦门、深圳、广州9大干线港为主，其他沿海支线和喂给港为辅构成的沿海集装箱内支线运输网络进一步完善。北方的辽宁、天津、河北、山东、江苏和南方的浙江、福建、广东、海南等地区诸多海港都与上海港有内支线往来。是年，上海承担沿海内支线运输的主要航运企业中远集运（泛亚航运）共辟有11条沿海内支线，挂靠上海等15个港口；投入自有船舶1艘，期租船舶3艘，自有运力3 342 TEU，可提供周舱位4 000 TEU，每周开出航班17班次，当年完成重箱总量15.77万TEU，其中SOC箱1.47万TEU，较上年增长26%，促使沿海支线舱位利用率提高,航线收入递增。中海集运(浦海航运)在华东、华南和渤海湾等区域共辟有7条沿海内支线,投入9艘船舶运营,总运力5 500 TEU。全年共完成箱量42.41万TEU,其中华东区域33.10万TEU,渤海湾2.76万TEU,华南6.55万TEU。

表3-1-3 2010年上海港沿海内支线分流向集装箱吞吐量统计表

项目	合计(万TEU)	空箱(万TEU)	重箱(万TEU)	合计重量(万吨)	内:货重(万吨)
出港					
北方小计	30.9	16.1	14.8	296.9	234.1
天津	9.1	3.6	5.5	96.9	78.6
河北省	0.1		0.1	1.0	0.9
辽宁省	13.0	11.0	2.0	55.6	28.7
江苏省	3.0	0.2	2.8	64.8	58.6
山东省	5.7	1.3	4.4	78.6	67.4
南方小计	14.7	7.3	7.4	150.7	121.0
浙江省	6.8	4.0	2.8	54.8	41.1
福建省	4.4	2.3	2.1	52.0	42.9
广东省	3.5	1.0	2.5	43.9	36.9
进港					
北方小计	19.0	8.5	10.5	179.9	141.5
天津	1.0		1.0	15.6	13.5
辽宁省	10.4	7.7	2.7	62.5	41.0
江苏省	2.3	0.1	2.2	33.6	29.2
山东省	5.3	0.8	4.5	67.2	56.8
中国其他				1.0	0.9
南方小计	8.4	3.0	5.4	90.3	73.6
浙江省	1.8	0.8	1.0	14.0	10.6
福建省	3.4	0.4	3.0	57.3	50.2
广东省	1.6	0.7	0.9	11.0	7.9
中国其他	1.6	1.1	0.5	8.0	4.9

资料来源:《上海港统计年鉴》(2011)

第三节 多式联运

20世纪80年代,上海海洋运输行业开始与铁路、公路等运输部门开展合作,加强与产销部门联系,为货主提供安全、快速、经济可靠的集装箱多式联运。随着集装箱运量的持续增长,多式联运网络逐步扩大，由沿海推进到长江、内河和内陆，为内贸集装箱货源开发提供了广阔空间。

1980 年 2 月 7 日，申连(上海—大连)“三、六、九”线集装箱水陆联运正式试运。按联运试运方案，上海港和东北沈阳、长春、哈尔滨三地都使用国家标准 BJ5 型 5 吨集装箱等额对发。试运 9 个月，经大连港中转的联运量共 1 516 箱，4 052.5 吨，试运用箱 200 只。由于当时东北货物发运量小，运价有矛盾，装卸、运输技术装备不配套，以及管理体制等方面问题，于 1981 年初停运。

1984 年 9 月 20 日，国内第一条由铁路、海路、公路组成的集装箱多式联运线开始运转。该线由东北地区沈阳、长春、哈尔滨等 24 个火车站，华东地区上海、杭州等 7 个火车站和上海、大连两港、上海海运局申连航线，以及东北和华东地区相关公路共同组成，上海港成为发展多式联运的国内集装箱运输枢纽。

1998 年，上海地区部分航运企业与铁道部签订《海铁联运》协议，在大连—哈尔滨、大连—长春、新港—西安、新港—成都、新港—包头、新港—乌鲁木齐、青岛—郑州、青岛—成都、连云港—郑州(海棠寺)、上海—成都(青白江)、黄埔—昆明、黄埔—长沙、香港—武汉、香港—重庆、香港—郑州、香港—长沙、香港—成都等城市和地区之间大力开展集装箱海铁联运业务。中远集运、中海集运、中外运集运、上海长航集装箱发展有限公司等驻沪企业获交通部、铁道部批准，开展集装箱多式联运经营业务。是年，中海集运对以东北、华北、陇海线为重点区域的海铁联运进行陆运网络建设，并逐渐拓展至珠三角、长三角及辐射西南内陆省份的海铁联运网络，在广州黄埔港开通由该公司直达特快内贸班轮与铁路专列组成的“海铁联运”南北大动脉。2001 年 1 月，中海集运与沈阳铁路局合作，凭借东北地区发达的铁路运输网，开通冠名为“中国海运一号”的“大连—长春”内外贸集装箱混装班列。该班列由沈阳铁路局、大连铁路局、长春铁路分局组织运行，大连港务局、大连中海物流公司组织货源。自 2000 年 6 月试开通至 2000 年底，已运行 88 班次，运载海铁联运集装箱 1.4 万多 TEU，为东北地区的货物流通开辟了一条经济便捷的快速通道，取得良好经济效益和社会效益。

图 3-1-4 20 世纪 90 年代上海港国内集装箱海铁联运网络逐步扩大

(照片提供：上海新航信息科技公司)

2001 年 6 月 28 日，上海中远国际货运有限公司开通上海—温州海铁联运线。该线开创海铁联运全新营运模式，在货源地设立操作点，实行全程监控，使操作流程顺畅，信息反馈准确，两地运价政策和服务质量高度统一。通过提供从装货上车到装船出运，所有环节“一条龙”服务，免去客户两地奔波。该公司全年共完成箱量 6 704 TEU，从而走出先前海铁联运业务量一度低迷状态。

2002 年，中远集运为保证基础货源稳定，通过与北方大货主多次沟通和探讨，积极开发新的货物运输方式，采用“散粮火车抵港—卸车装箱—海运—卸港拆箱入驳—运抵货主码头”运输方式，让货主在不改变发货和收货方式基础上，将散粮运输进行集装箱化运输，形成铁路—海运—驳船联运方式。新的运输方式实行后，仅在营口一港一年就有 10 万吨以上散粮改用集装箱运输，可增加 4 500～5 000 TEU 内贸集装箱运输重箱。

同一时期，中外运集运为创造服务的附加价值，重点构建亚太地区综合物流网。依托中国外运集团的网络优势,提供多项具有特色的多式联运业务。其中包括经大连、天津中转环渤海联运业务、天津—西安铁路班列服务、经青岛中转山东半岛联运业务、经上海中转长江内陆联运业务、经宁波中转浙江地区联运业务、经厦门中转福建地区联运业务等。为扩充长江内陆运输网,其着力构建铁路、卡车和驳船运输网,使长江内陆运输网和公司的核心海上运输连接,从而有效完成整体运输服务。

至2003年底,上海港集装箱海铁联运内陆站点含成都东、大湾镇、绵阳、重庆、合肥、蚌埠、长江、醴陵、西安、郑州、南昌、宜春、温州、宁波、义乌、南京16个。海铁联运班列和主要流向有成都线["五定"班列,每周三班,挂靠成都东、青白江、绵阳;"五定"班列指在主要城市、港口、口岸间铁路干线上组织开行的定点(装车地点)、定线(固定运行线)、定车次、定时(固定到发时间)、定价(运输价格)的快速货物列车];合肥、蚌埠线(天天班,挂靠株洲、南昌、长沙、醴陵);西安、郑州线(天天班);义乌线(天天班);南京线(天天班)。是时,上海港发展集装箱海铁联运常受到铁路运能限制。2004至2005年,铁路货运部门为保证煤炭、粮食等重点物资运输,运能始终处于饱和状态,难以保证海铁联运需求,以致上海多次出现大批海铁联运集装箱在口岸积压现象。2004年,上海港完成集装箱海铁联运箱量6.3万TEU,同比减少15.6%;2005年,完成集装箱海铁联运箱量5.3万TEU,同比又减少17.4%,主要原因之一即受限于铁路运能。鉴于上海铁路设施比较薄弱,铁路货流中间环节较多,对于内地货主而言成本不具优势。上海港以长江三角洲地区即江苏省与浙江省为直接经济腹地,与直接腹地联系以公路为主,辅以长江黄金水道的水上运输,故口岸集装箱集疏运对铁路依存度不大。上海港集装箱码头,主要有外高桥码头和洋山码头,尚无铁路直达码头的港站。海铁联运集装箱经上海口岸进出,必须经过车站—港区间短驳。使得集装箱在上海中转比在青岛、深圳等港中转增加两次装卸车和一次驳运作业,不但费用增加,货物在港时间延长,也带来海铁联运衔接的不确定性。上海洋山深水港开港后,上海地区的集装箱联运主要以江海联运为主。洋山港位于杭州湾崎岖列岛,距上海南汇芦潮港约30公里,长江驳船无法直达该港区,通过江海联运可有效解决问题。而同期海铁联运因受到运输体制、铁路运能不足、港铁分离等多重因素影响,发展缓慢,2005年仅完成8.4万TEU,占上海港集装箱吞吐量的0.4%。

2006—2007年,中海集团在连续开通多条内贸精品航线的基础上,将海铁联运网络与精品航线联结成物流链,包括东北海铁联运、天津—西安海铁联运、连云港—陇海铁路沿线海铁联运、湛江—昆明海铁联运、广州—昆明海铁联运等,有效实现航运业务向两端陆地的延伸。作为内贸精品航线参与者之一,该集团所属中海物流在全国各重点城市都设有配送中心,提供城市周边区域仓储、配送服务。凭借中海集团内贸集装箱精品航线的资源优势,以及海铁、海公(路)等多式联运便捷、经济的特点,以高品质物流服务,受到广大客户欢迎。鉴于中国资源分布北方居多,而消费主要集中在南方,南北运输成为我国地理经济的明显特征,中海集运与铁路部门以及其他相关部门广为合作,形成立体化、多元化的多式联运格局,不仅产生综合费用较低,而且在运输速度上具有明显优势。其通过铁海联运将新疆棉花运至广东,将广西白糖、广东陶瓷运往大连、营口等地,均成为业务新亮点。

2008年初,一场历史罕见的冰雪冻雨灾害突袭江西赣州地区,造成交通大面积受阻,当地依为物流动脉的汽车运输也出现停滞现象。时有16万吨脐橙积压在果农家里,因无法及时运出,将果农逼入困境。2月4日,中共中央政治局常委、国务院总理温家宝批示:"要迅速解决江西赣州脐橙销售难问题。"2月6日,国家商务部紧急向北京、上海等13个省、市商务主管部门下发《关于帮助江西解决脐橙销售难问题的通知》,要求发扬一方有难、八方支援精神,以实际行动支持赣州革命老区建设。对此，国家重点航运企业中海集运立即做出回应，以高度社会责任感向赣州地区市场投入人力、物力资源，为当地脐橙贸易紧急搭建新的物流通道。该公司以赣南脐橙—东北地区流向作为市场开发切入点，并设计出“汽运—海运—汽运”的多式联运物流方案，和客户一起细抠全程从装箱、汽运、集港、海运、卸船、汽运一直到交货等各个环节的耗时，让客户自己得出集装箱海运交货期有保证的结论。由于按照精品航线标准操作，密切跟踪、协调全程相关环节，确保准班准点，最终妥善解决了当地果农的燃眉之急。该公司因在当地市场建立良好口碑，业务量稳步上升，当年承运62 TEU，次年承运433 TEU。

2009年8月3日，中海集运开通“东北—厦门—赣州”集装箱海铁联运通道，每3天有一班集装箱班轮往返于这条航线。赣州及周边地区饲料企业较多，年产饲料在100万吨左右，所需原料玉米、豆粕、小麦、糠等主要从东北采购。当地每年也有大量脐橙等货物运往北方地区销售，故赣州和东北两地间物流需求十分广阔。以往两地间货物大部分由铁路运输，由于铁路运力有限，尤其旺季时运力严重匮乏，影响到两地间物流通畅。东北—厦门—赣州集装箱海铁联运通道的开通，对拓展厦门港海铁联运市场、降低货主运输成本、缩短运输交货时间、提高运输服务质量，都可发挥积极作用。同年，中海集运还与宁波港股份有限公司、中铁联合国际集装箱有限公司合作，开通宁波至义乌集装箱海铁联运“五定”班列，把浙江义乌地区生产的小商品装进集装箱，用火车运到宁波北仑港，再装船运往国内外，为国内著名的小商品出产地提供了一条便捷的产品流通渠道。

2010年春节前夕，国家为保障南方稻米市场稳定供应，发出抢运50万吨中央储备粳稻南下的紧急任务。时值春运高峰时期，铁路直达运力难以保证调运任务按时保量完成，中储粮总公司紧急联系中海集团，要求帮助调运8.07万吨稻谷。该集团立即动员，全力投入稻谷抢运，精心制定运输方案，积极协调有关方面，发挥服务网点遍布全国、深入内地的优势，通过南北联动，多式联运，为粮食运输提供全过程物流服务。至是年2月20日，已按中储粮总公司要求，将全部稻谷抢运出库，其中拖车到门2.72万吨、海铁联运2.39万吨、码头“散(装)改集(装箱)”2.96万吨，在保证南方稻米市场供应中，履行了中央大型企业的社会责任。

及至2010年底，上海海洋运输行业的中海集运、中远集运、中外运集运、上海长航等多家企业，因积极推进海铁联运、海公(路)联运等多式联运方式，业务触角已伸至国内沿海各主要港口和内地各主要城市，建立起日趋完善的多式联运服务体系与服务网站，并与各地一大批大客户相继建立战略合作伙伴关系，服务功能不断拓宽。

第二章 散杂货运输

20世纪70年代末至80年代，上海沿海散杂货运输主要由上海海运局、上海长航及部分外省市航运企业承担。90年代中后期始，由中海集团控股的中海发展，包括中海货运和中海油运，成为上海沿海散杂货运输主力。主要承担以上海为枢纽和中心的沿海各港间煤炭、矿石、钢铁、矿建材料、木材、原盐、粮食及石油等货物运输，其中尤以煤炭、石油等能源物资运输为重点。进入21世纪后，随着改革开放深入推进和沿江沿海地区经济建设需求增长，上海及各地中小型民营航运企业大量兴起，在沿海散杂货运输市场占有越来越大的比重。但及至2010年，中海货运、中海油运等国有骨干企业始终为该市场的中坚力量，特别是在关系国计民生的煤炭、石油、粮食等重点物资运输中一直占有主导地位。在确保上海地区各项物资运输需求的同时,上海海洋运输行业还担当起支援全国各地经济建设的任务,散杂货运输航线遍及南北沿海各主要港口。

第一节 煤炭运输

一、上海港煤炭运输

20世纪70年代末至80年代初,上海及沿江沿海地区经济建设快速发展,煤炭需求量增大,特别是电煤运量持续攀升。1980年,上海港共进港煤炭1 939.7万吨,其中由北方沿海煤炭港口输入1 359.4万吨,内含秦皇岛港820.5万吨,连云港港277.8万吨,青岛港255.1万吨;共出港煤炭923万吨,其中运往南方沿海202.8万吨。是时,承担上海和华东地区沿海煤炭运输的主要企业上海海运局,煤炭运量在整个货运结构中所占比重开始超过石油运量,且差距越拉越大。80年代中期,上海市电力煤和工业用煤需求量进一步加大,尤以改革开放后新建成投产的宝钢、石洞口发电厂等国家重点企业为甚。是时,上海地区用煤大户主要为上海燃料公司、华东电管局上海电力工业局,以及国家计划单列宝山钢铁厂。上海市物资局所属上海燃料公司是上海民用煤、工业用煤、炼焦和制气用煤供应单位,其所需煤炭多由海上运入。华东电管局在上海黄浦江边有6家电厂,即高桥、杨树浦、闸北、南市、闵行、吴泾电厂,年需煤量在400万吨以上。1984年水运至这些电厂煤炭共457万吨,其中海运量320.5万吨,绝大部分都是由上海海运局经秦(皇岛)申线运抵上海,计318.7万吨,占99.49%。1985年后的几年内,宝钢年煤炭需求量由276万吨增加到449万吨,增长62.7%,年均递增12.9%。其煤炭供应主要依靠上海海运局经秦申、石(臼港)申等航线,由海上运入。1987年国家计委批准的上海石洞口第二电厂建设计划,明确该厂燃煤量每年约300万吨,安排陕西神木、东胜低硫优质煤,经铁路运到秦皇岛下海,再由上海海运局经海路运抵上海。鉴于煤炭吞吐量持续增长,与上海港煤炭运输相关的沿海及长江港口的装煤或卸煤能力也有新的提高,部分货主单位(主要是电厂)专门修建了大型卸煤专用码头,扩大了上海港煤炭接卸能力。是年8月,宝山钢铁总厂主原料码头引桥被外轮撞断,致该厂原料供应面临危机。为使宝钢不中断生产,上海海运局及时调整运行组织,抽派船只对该厂实行定线、定船、定货运输。行驶石申线的运煤船(承担宝钢原料运输)与其他航线上的运煤船同心协力,提出“宁可船等码头,不让码头断船”,翌月,为宝钢运煤21.8万吨,比该厂主原料码头被撞前的月运量还多2万余吨。

图3-2-1 中海集团的自卸散货船正在码头卸煤作业
(摄于1986年,照片提供:中海集团宣传部)

“六五”和“七五”计划期间,山西、内蒙等地成为上海和华东地区主要供煤基地。为提高晋煤外运能力,国家将秦皇岛港列为基本建设重点,投入大量资金,加紧秦港煤运码头以及与其配套的铁路建设,先后建成(北)京秦(皇岛)和大(同)秦(皇岛)铁路,并对原丰(台)沙(城)大(同)和(北)京山(海关)铁路进行技术改造,形成“三线对一港”的态势,促使秦皇岛港成为国内最重要的能源(包括煤炭、石油)输出港。与此同时,上海港的煤炭吞吐量也逐年递增,成为中国最大的煤炭输入港,其与秦皇岛港南北呼应，构成了沿海北煤南运的主轴。由晋北、内蒙、陕西等地运往上海和华东地区的煤炭，多经铁路东运至秦皇岛港下海。秦申海上煤运线在上海经济建设中所处的地位日益突出。随着煤炭资源的开发和生产力布局的发展变化，至80年代中期国内沿海已形成“北煤南运”的4条铁(路)水(运)联运主要通道。即：北路，从大同经铁路运到秦皇岛，由秦皇岛港出海；中路，从太原经铁路运到青岛，由青岛港出海；南路之一，由铁路从焦作经新乡、兖州运到石臼所，从石臼所港出海；南路之二，由铁路经陇海线运到连云港，从连云港出海。这4路通道的海上运输均由上海海运局和部分地方航运企业承担。通过以上出海通道运出的煤炭，约占沿海各省市用煤的72%。其主要运往上海、江苏、浙江、福建和广州四省一市。其中运到上海地区的包括苏、浙、闽用煤，约占国内海运供应量的64%；而上海港接卸量又占“三省一市”(沪、苏、浙、闽)海上调入总量的80%左右。由上海出港的煤炭，主要是运往南方沿海，尤以运往浙江、福建沿海的中转煤为多。

1988年下半年，上海地区煤炭供需矛盾一度加剧，市内无论电煤、工业用煤、民用煤均供不应求。有的电厂煤炭库存只够使用几个小时，部分工厂企业因供煤供电紧张，一周内被迫实行“开五停二”，甚至“开四停三”。为缓解上海地区燃煤紧缺局面，上海海运局迅即动员、部署，发起“保煤运输”。调动数十艘运煤主力船多装快跑，日夜兼程于北方煤港与上海港之间。当年11月，运到上海煤炭比上年同期增加6.7%；12月份，到沪煤运量继续上升，比上年同期又净增50多万吨，包括市燃料供应部门争取到的几十万吨计划外煤炭，也都全部及时运抵上海。至年底，该局所属“振奋2、3、4、8”和“徐州”五轮因首次实现单船年运煤突破一百万吨大关目标，在全局保煤运输总结大会上，被授予“运煤先锋船”称号。是年底和翌年初，中共中央政治局委员、中共上海市委书记江泽民和市长朱镕基分别视察该局“振奋5”轮和“华北”轮，亲切看望运煤船员，表彰他们为上海经济建设作出的特殊贡献，赞扬他们以辛勤的劳动确保了上海人民正常生活和用电。

1989年8月，交通部召开煤炭运输紧急会议，对上海海运局当年后五个月煤运任务下达指令性计划，要求每月必须达到370万吨以上(此前该局煤炭月运量最好水平为346万吨)。在运力短缺情况下，该局不惜牺牲企业局部利益，及时从国外抽回部分承担外贸运输，经济效益较好的大吨位船舶参加国内煤运。至8月下旬，投入沿海煤炭运输的运力已近90万载重吨，再度掀起“保煤运输”高潮，全年共完成国内沿海煤运量3 893.3万吨，比上年增长17%。其中，上海港进口煤炭由秦皇岛港下海2 166万吨(由上海海运局和地方航运企业承运)，占该港煤炭进口量的62.5%。上海海运局单船年运煤突破百万吨的“运煤先锋船”也由1988年的5艘增至12艘。其中有的煤船一年中航行60多个航次，运煤量超过120万吨。

是时，参与上海港煤炭运输的还有部分外省市航运企业。1989年，河北省海运公司投入4艘运煤船舶，计6.8万吨，从事秦皇岛至上海煤运，年运量近200万吨；浙江省海运总公司和宁波海运公司投入运力12万吨，主要承运上海至宁波中转煤炭；福建省投入9万余吨运力从事沿海煤运，除直接由秦皇岛港运煤至福州华能电厂外，还承担上海港至该省中转煤运输。

图3-2-2 2010年初中海货运的运煤船正在秦皇岛港抢运电煤

(照片提供：中海集团宣传部)

1990年初，“振奋2”轮等12艘“运煤先锋船”联名致信上海市市长朱镕基，汇报保煤运输成果，表达全体船员为上海经济建设服务的决心。朱镕基当即回信,热情赞扬煤运船员"作了大贡献,创造了历史的业绩"。是年,上海港进口煤炭中,来自北方沿海航线的占61.7%,其中以秦皇岛港来煤为最多。上海海运局秦申线煤运量当年达2 062万吨。

在沿海煤运量大幅上升的同时,港口接卸能力不足等矛盾渐显突出。为确保重点物资运输,驻沪航运企业除精心调度、合理安排运力外,十分注意密切港、航之间的横向协作,促进运输效率的提高。在秦申线上,上海海运局、秦皇岛港务局、华东电管局、上海和沪浙闽苏等省市燃料公司、浙江电力局、大同和开滦矿务局、山西省煤炭运销总公司、天津铁路分局等矿、路、港、航、货单位建立了秦申线煤炭运输联合协调例会制度,加强煤炭产运销全过程管理,发展各部门间横向联合协调,至1988年4月已先后召开五次例会。该线煤炭运输联合协调小组及联合全面质量管理小组,将全面质量管理的科学方法运用于煤炭运输,有效促进了煤运效率和质量的提高。在云(连云港)申、石(石臼所)申等航线上,上海海运局也与上海港煤炭装卸公司、石臼所港务局、连云港煤炭装卸公司加强横向协作,于1990年分别成立跨地区、跨行业的煤炭运输联合全面质量管理小组,以全面质量管理的科学方法促进装卸运输效率提高。上海海运局为两航线分别定派1艘2万吨级运煤船;连云港和石臼所两港则对定线船实行优先配载,优先靠泊,优先装货;上海港对定线船优先安排库场,优先靠卸;装卸运输效率由此得到明显提高。是年,石申线煤运量达660万吨,占上海海上煤炭运量的18%。其中,运抵宝钢和石洞口电厂的煤炭,在该线运量中所占比重上升至60%左右。石申煤运线的迅速崛起,使石臼港在短短几年中,发展成为国内第二大煤炭输出港。连云港年煤炭输出量近600万吨,其中云申线煤运量约占50%。作为晋煤外运的主要通道之一,云申线不仅承运上海地区用煤,而且担负着江浙地区部分中转煤的运输。承担晋中煤炭外运的青(岛)申线年运煤量持续多年保持在300万吨左右。

同一时期,因海上煤炭供应量大幅增长,上海港接卸压力加大,尽管市政府在运输组织上采取一系列分流措施,但上海港中转煤比重仍呈上升趋势。上海海运局为此积极组织煤船直达分流,将部分原需在上海中转的煤直接运抵福建秀屿、浙江镇海、江苏南通、张家港、镇江等地,在一定程度上减轻了上海港压力。

20世纪90年代,沿海煤炭运量持续稳定增长。1992年,上海港接卸煤炭约占北方煤港下水量的50%。上海海运局(1993年6月后改制为上海海运)长期承担着上海和华东地区80%以上煤炭运输任务。1995年初和年末,针对上海及华东地区一度出现的电煤严重缺口,该公司提供足够运力,全力抓好北方港口至上海的电煤运输,保证上海地区用煤需要。同时,选择合适船型,采取船舶直接停靠电厂码头办法,确保电煤运输卸货质量,满足客户需求。90年代后期,上海长航也抽调船只,参与上海沿海煤炭运输,且运量增长迅速。1999年,该公司海煤运量已突破300万吨大关,比上年增长50%以上。

21世纪初,上海沿海煤炭运输业务集中在南北两个方面。其中北面主要是从秦皇岛、天津、日照(石臼港)、青岛和连云港北方五大煤炭发运港出发(除原先四港外,天津、黄骅等北方港口当时也已成为煤炭重要出海口),将煤炭运到上海和华东地区,主要客户包括宝钢集团、上海电力燃料公司、浙江省富兴电力燃料公司、江苏省电力燃料集团有限公司等。

2001年2月,由中海集团与华能集团共同组建的时代航运在上海开业。该公司拥有5艘租购和租赁的大型散货船,共17万载重吨,包括当时国内最大、最先进的3.5万吨级煤炭自卸船"天龙星"轮和"海王星"轮,凭借华能和中海两大集团的规模优势和实力,致力于发展海上煤炭运输,除为华能集团沿海电厂运输生产用煤外,还为上海等地广大客户提供安全、优质、经济、高效的运输服务。同年 11 月，中海发展和上海电力燃料有限公司共同组建友好航运。成立初拥有 2 万吨级散货船 2 艘，依托投资双方航运人才、技术管理和燃料供销等方面优势，主要承担上海电力股份有限公司所属部分电厂燃料运输业务，年承运量约在 200 万吨。是年，中海货运运往上海和华东地区煤炭 2 927 万吨，占该公司煤炭运输量的 85.1%。

2002 年，中海货运共从北方五大煤炭发运港运至上海地区电煤 1 800 多万吨。其中从秦皇岛港运至宝钢码头电煤 53 万吨，运至金山电煤 149.9 万吨，运至石洞口二厂电煤 31 万吨，运至上海市内电煤 704 万吨；从日照港运至宝钢码头电煤 123.7 万吨，运至石洞口一厂电煤 81 万吨，运至石洞口二厂电煤 17 万吨，运至外高桥电煤 100 万吨；从日照（岚山头）运至石洞口二厂电煤 3.8 万吨；从连云港运至宝钢码头电煤 249.8 万吨，运至石洞口一厂电煤 88 万吨，运至石洞口二厂电煤 7 万吨，运至上海市内电煤 18 万吨；从青岛港运至宝钢码头电煤 65 万吨，运至石洞口一厂电煤 68.8 万吨，运至上海市内电煤 35.8 万吨，运至外高桥电煤 35 万吨；从黄骅港运至宝钢码头电煤 59 万吨；从上海宝钢码头运至营口电煤 1.03 万吨。

2003—2010 年，因沿海各大电厂电煤需求日益增长，而铁路、水路运能偏紧，加之气候异常等特殊因素影响，上海及华东、华南等地多次出现煤炭供需紧张局面。承担上海煤炭运输的驻沪航运企业，尤其是国有大型骨干航运企业，每遇紧要关头，坚决响应政府号召，以高度的社会责任心，担负起保煤运输重任，始终确保了上海电力、钢铁等行业以及市民生活的用煤需求。2008 年 1 月，上海及华东、华南等地天寒地冻，遭遇历史罕见的大面积冰雪灾害。电煤告急，而铁路、公路均不通畅，运煤主要依靠海上通道。上海海洋运输系统积极响应国务院发出的“保交通、保供电、保民生”号召，全力以赴发起保煤运输。为统筹运输保障，增加运力投入，中海货运暂停市场煤炭、中转矿及其他物资运输，并紧急调回外贸航线上 3 艘共计 15 万载重吨方便旗船，临时参与国内电煤抢运，使公司参加保煤运输的船只达到 125 艘，共计 450 万载重吨。同时，密切关注各大电厂煤炭库存量，加强与装卸港口、电厂协调，建立全天候值班、跟踪、监督、协调制度，及时解决运输生产中遇到的各种问题，提高运输效率。经过集中抢运，加之春节期间电煤耗量有所下降，由该公司承运煤炭的上海和华东地区主要电厂，电煤库存从春节前不足 80 万吨上升到 140 万吨。2010 年 3 月，中海发展与申能股份有限公司合资组建上海嘉禾航运有限公司，旨在整合与发挥双方各自优势，加强煤炭运输领域合作，保障上海地区各重点电厂的电煤供应。根据协商，合资公司成立之日起一年内，自有运力达到 10 万载重吨，之后四年内，自有运力要达到申能股份所属电厂所需最大运力的 80%，成为申能股份所属电厂主要的煤炭承运商。

图 3-2-3　2010 年中海集团与上海市人民政府签订关于保障上海世博会煤炭供应和运输合作协议

（照片提供：中海集团宣传部）

2010 年，国内“北煤南运”的大致路径为：山西和内蒙古煤炭主要通过天津港和秦皇岛港下水，陕西煤炭主要通过天津港和黄骅港下水，山东煤炭主要通过日照港下水。在大约 1.65 亿吨的内贸煤炭下水总量中，仅上海、江苏、浙江、福建、广东五省市的煤炭接卸量就达 1.47 亿吨，占全部下水量的 88.5%。其中，上海港沿海内贸煤炭及制品吞吐量达 6 544 万吨（大部为电厂用煤），内含进港 6 510 万吨，出港 34

万吨。是时,承担上海地区煤炭运输的驻沪航运企业主要有中海货运、上海长航、时代航运、友好航运、上海国电海运有限公司、上海瑞宁航运有限公司等。其中尤以中海货运的运力、运量规模为大,在整个沿海煤炭运输市场中始终居于主导地位。

2010 年末,中海货运共经营沿海运输船舶 70 艘,241.36 万载重吨,其中大多用于沿海煤炭运输;全年完成煤炭运量 9 793.82 万吨,其中电煤运量达 8 435.17 万吨,大多由北方煤港运至上海和华东地区。时逢上海世博年。为积极支持上海举办世博会,上海海洋运输各相关企业都把保证世博会用煤供应列为重点任务。中海集团与上海市人民政府签订了保障上海世博会煤炭运输合作协议,确定世博会期间,为上海各主要电厂投入运力,确保月均运输煤炭 200 万吨以上。在半年时间里,该集团克服恶劣天气、封航等因素影响,选派"青年文明号"等标兵船执行上海港电煤运输任务,共计运输上海地区电煤 1 200 万吨,其间约有 300 艘次煤运船舶进出世博园区水域,确保了上海世博会期间的电煤需求。上海瑞宁航运有限公司在上海负荷中心主力电厂石洞口第二发电厂因故一度面临断煤停机之际,紧急调用运力,迅即从北方运来电煤,为其解了燃眉之急。

二、上海以外港口煤炭运输

中共十一届三中全会后,国内经济建设快速发展,沿江沿海地区煤炭需求量不断增大。驻沪航运企业上海海运局作为关系国计民生的国家大型骨干企业,在确保上海煤炭运输的同时,也积极参与和承担外省市海上煤炭运输,及时将北方煤港下海的电煤、工业用煤和生活用煤运至沿(长)江沿海各港。1981 年,该局沿海煤炭运输中,由秦皇岛运至烟台 67.73 万吨,运至青岛 22.27 万吨,运至张家港 27.58 万吨,运至宁波 4.47 万吨,运至镇海 19.37 万吨;由青岛运至南通 10.58 万吨,运至镇海 16.78 万吨;由连云港运至张家港 8.66 万吨,运至温州 3.73 万吨。1986 年,该局沿海煤炭运输中,由秦皇岛运至龙口 42.43 万吨,运至威海 4.84 万吨,运至烟台 64.06 万吨,运至南通 31.87 万吨,运至张家港 43.30 万吨,运至镇海 92.43 万吨,运至北仑 155.82 万吨;由青岛运至南通 18.77 万吨,运至镇海 22.86 万吨;由石臼所港运至南通 5.86 万吨,运至张家港 3.53 万吨,运至镇江 3.81 万吨,运至镇海 9.46 万吨;由连云港运至南通 7.82 万吨,运至张家港 3.88 万吨。

20 世纪 90 年代,该局(1993 年后改制为上海海运,1997 年后归入中海集团)仍长期承担上海以外包括华东、华南部分地区的海上煤炭运输。1995 年,华东部分地区一度出现电煤严重缺口,该公司提供足够运力,全力抓好北方港口至相关港口的电煤运输,确保了这些地区的用煤需要。

21 世纪初,上海沿海煤炭运输业务集中在南北两个方面:北面主要由北方煤港将煤炭运至上海和华东地区;南面则从秦皇岛、天津、日照、青岛和连云港等煤炭发运港出发,将煤炭运输到广州,货主主要为华南地区电力企业,包括广东省电力公司、珠海电厂、深圳能源集团等。2001 年 2 月,由中海集团和华能集团联合组建的时代航运在沪成立,其除参与上海和华东地区煤炭运输外,以保障华能集团下属各电厂煤炭需求为主要业务,航线遍及华能集团位于沿江沿海的各大电厂。同年 10 月,中海集团和神华集团合作,以珠海高栏港为基地,联手建立东南沿海能源产销运输物流体系。由两大集团合资组建的珠海新世纪航运有限公司(以下简称珠海新世纪),首期投资 1.5 亿元,购置 4 艘万吨级货轮,同时租用中海集团船舶,开展国内沿海及长江中、下游各港间水上煤炭运输。该公司成立后,每年可有 1 500～2 000 万吨西部地区煤炭,通过铁路和海路运至上海及华东、华南地区沿海电厂。是年,中海货运由北方煤港运往华南地区煤炭约 454 万吨,占该公司煤炭运输量的 13.2%。

2002 年，神华集团黄骅港一期工程投产后，中海集团积极支持该集团煤炭销售下水业务，通过双方共同努力，黄骅港投产当年就实现下水煤量 1 653 万吨，进船 774 艘次的好成绩。其中中海货运及其下属联营公司承运 1 191 万吨，进船 557 艘次，分别占该港总下水量和进船数 70％以上。其中除运至上海宝钢近 60 万吨外，大都在上海以外港口间运输。翌年上半年，中海货运克服罕见冰冻及大风天气造成的困难，在不到 5 个月中，又为该港承运 520 万吨煤炭，进船 235 艘次，有力保证了该港疏运量和开局工作的顺利。

图 3－2－4　2007 年 2 月 28 日中海集团与神华集团签署《战略合作框架协议》

（照片提供：中海集团宣传部）

2003 年后，受煤炭生产和消耗快速增长，陆上运力偏紧以及气候反常等因素影响，华东、华南部分地区屡次出现煤炭尤其是电煤供应紧张局势。每逢紧要关头，中海货运、上海长航、时代航运、友好航运、国电海运等驻沪航运企业都全力以赴，投入上海及沿江沿海其他港口的保煤运输，坚决履行国有骨干航运企业在国民经济建设中的保障责任。是年四季度，因国内部分地区严重干旱，造成水电减少，用电量需求全部压到火力发电上，而当时国家正关闭大批事故不断的小煤矿以及整顿乡镇煤矿，加之国际海运运价上涨，日、韩等国由以往进口澳洲煤转为从中国进口煤炭，致内销煤源日渐紧张；同时受北方强冷空气和大风影响，运煤船舶效率降低，大量船舶堆积在秦皇岛、天津等货、等泊；由此导致沿海大部分电厂煤炭库存急速下降，发电用煤难以为继。由中海货运承运煤炭的 23 个主力发电厂（含上海和外地电厂）中，有 21 个煤炭库存已下降到警戒线以下，部分电厂存煤仅够用一两天。国务院及各级政府和主管部门多次召开专项会议协调、部署，向相关部门和企业发出“保障电力、冶金生产用煤运输供应”的指示。为此，中海集团迅即成立煤炭运输工作领导小组，指示中海货运按照集团提出的 8 项具体要求，全力保障煤炭运输。保煤运输展开后，中海货运迅速实施一系列具体措施，包括跟踪各大电厂存耗煤情况，重点确保库存量在 5 天以下用户的供煤；组织人员加大现场疏港力度，加快船舶周转；科学合理地调度运力，避免船舶等泊；抽调部分远洋运力参与国内电煤运输；加强信息沟通，每周两次向有关单位通报船舶在北方煤港等泊情况，共同抓好煤炭供应各个环节等。该公司投入的国内煤炭运力，从年初 160 万载重吨上升到年底 250 万载重吨，相当于增加 20 艘 4.3 万吨级运煤船舶。全年共完成国内沿海煤炭运输 8 473 万吨，比 2002 年增加 938 万吨，增幅达 12.45％，从而保证了华东、华南各大电厂的电煤所需。

2007 年 11 月，为确保南方地区电煤供应，中海集团与广东省签署海上煤炭运输（2008—2010）战略合作框架协议。以往数年间，该公司每年承运广东地区煤炭数量以 10％的速度递增。同年，时代航运已累计完成华能集团所属位于各地的电厂电煤运输量 2 476.3 万吨，实现利润超过 3 亿元，有力保障了华能集团的煤炭需求。是时，国内煤运市场需求持续旺盛，运力偏紧。上海海洋运输行业多方努力，认真兑现各地各厂电煤运输合同和履行社会责任，通过精心调配运力，优先保障电煤运力的供给。其中，一批已处高龄的老旧船舶也急用户所急，想客户所想，在加强船舶维修保养前提下，积极投入电煤抢运。具有 29 年船龄的“海州”轮在半年多时间内，就安全运输 38 个航次，完成货运量近 85 万吨。船龄已达 30 年的“长顺”轮第 21 航次根据公司指令需要清扫货舱，为了确保船期,在缺乏自吊设备条件下,船员们顾不上休息,冒着大雨连夜奋战,利用自己简单加工的“卷扬机”,一桶一桶将货舱里残存煤炭吊上甲板,终于在抵港前两小时完成扫舱任务,保证船舶顺利受载。

2008年1月,华东、华南等地天寒地冻,电煤告急,而铁路、公路均不通畅,运煤主要依靠海上通道。针对部分省市出现的用煤紧张局面,上海海洋运输行业积极响应国务院发出的“保交通、保供电、保民生”号召,全力以赴发起保煤运输。为增加运力投入,甚至不惜牺牲企业局部利益,紧急调回部分外贸航线上效益较好的船只,临时参与国内电煤抢运。在相关各方的共同努力下,全国交通电煤抢运取得显著成效。据交通部当年2月14日发布的消息,自1月25日至2月14日,水路抢运电煤共投入船舶运力超过1 000万载重吨,抢运电煤3 300多万吨。中海货运自1月25日—2月24日,共运出国内煤炭1 175.33万吨,同比增加224.71万吨,增幅达到23.64%。经过集中抢运,加之春节期间电煤耗量有所下降,由该公司承运煤炭的上海和华东地区主要电厂,电煤库存增幅达到85%,平均可使用9天左右;华南地区主要电厂电煤库存从春节前90万吨左右上升到180万吨,平均可使用18天左右;所有电厂均未发生断煤停机现象。是年4月29日,在北京召开的国资委央企抗击雨雪冰冻灾害总结表彰大会上,中海货运因抢运电煤成绩突出,被评为“抗雨雪冰冻灾害先进集体”,并获交通运输部“全国交通行业抗灾保通先进集体”称号。时代航运在此次保煤运输中,也调动各方积极因素,为保障华能集团沿海电厂安全稳定发电发挥了重要支撑作用。该公司将20艘约100万载重吨自有船队运力,全部投放华能集团沿海电厂航线。其中新建成的“时代1”轮、“时代2”轮、“银宁”轮等大型散货船,一经投产立即加入保煤运输行列。同时紧急调回原定从事海外运输的“时代3”轮、“时代6”轮、“时代7”轮行驶国内航线,大幅缓解了电煤运输的紧张局面。该公司还积极筹措市场运力,从市场租入船舶约30万载重吨,加入沿海电煤运输。经努力,确保了华能集团沿海各大电厂电煤库存的充足。

2009年四季度始,北方地区遭遇历史罕见大风、大雾和强降雪等恶劣天气,一些主要煤炭装港因此长时间封港,生产处于半停滞状态,导致船舶大量压港,北煤南运通道受阻,华东、华南地区电煤需求告急。当此紧急关头,上海海洋运输行业再次勇担社会责任,发动保煤运输。由驻沪航运企业提供服务的沿海各大电厂燃煤机组始终运行平稳,未发生一起因海运原因造成的断煤停机现象。是年底,北方地区再遭强降雪。当全国各地沉浸在迎接新年的欢乐祥和气氛中时,在风雪裹胁的北方港口,数十艘运煤船舶的船员正站在寒风刺骨的甲板上,紧张进行靠泊作业。12月30日,停泊黄骅港的“华德”轮船员冒着纷飞大雪,争分夺秒抢修货舱舱盖。船员们裹着厚厚的棉衣,在风雪中互相鼓劲打气,经3个多小时奋战,最终修复成功,保证了货运安全。翌年1月4日晚,秦皇岛外锚地寒风呼啸,但“玉龙山”轮船员却在船舶领导带领下,冒着严寒抢修开舱马达,从傍晚一直奋战到次日凌晨,终于解决马达机械故障,确保如期受载。1月5日,在天津港外抛锚的“安平2”轮甲板积雪厚达1米。船员们冒着零下17度严寒清理舱盖、甲板上的积雪,保证了当晚顺利靠泊装货。

表3-2-1 1999—2010年中海集团国内煤炭运输量统计表 单位:亿吨

年 份	国内煤炭运量	电厂煤运量	年 份	国内煤炭运量	电厂煤运量
1999	0.53	0.20	2002	0.77	0.65
2000	0.62	0.55	2003	0.87	0.76
2001	0.66	0.57	2004	1.03	0.92

（续表）

年　份	国内煤炭运量	电厂煤运量	年　份	国内煤炭运量	电厂煤运量
2005	1.10	0.95	2008	1.18	1.05
2006	1.07	0.93	2009	0.87	0.72
2007	1.19	1.05	2010	1.00	0.89

资料来源：中海集团统计年鉴(2000—2011)

第二节　石 油 运 输

1978年，上海沿海石油运输由上海海运局独家经营。经历多年建设和发展，该局已逐步形成一支实力雄厚的海上石油运输船队。是年，其所属油运船队共有油轮40艘，48.86万载货吨；完成原油运量1 415.68万吨，占该局沿海总货运量的36.94%。

中共十一届三中全会后，沿江、沿海地区石油运量快速增长。除上海海运局外，陆续有多家新成立的中小型石油运输企业，加入上海沿海石油运输，其业务范围多为成品油运输。20世纪80—90年代，上海海运局(1993年后改制为上海海运)一直承担着上海石油需求量90%左右的运输。是时，该局沿海石油运输业务，主要是为华东和上海地区炼化企业承运大庆、胜利等油田通过输油管道下海的原油。1997年，中海集团在沪成立后，由其控股的中海油运成为上海海洋运输行业中承担石油运输的主力船队，在上海沿海石油运输市场始终居于主导地位。

进入21世纪后，上海沿海石油运输持续发展，并主要集中于四个细分市场，即承担陆上管道原油的海上运输、进口原油的二程中转运输、国内海洋原油运输和内贸成品油运输。其中尤以原油运输所占比重为大，主要客户为中石油、中石化、上海石化下属的炼化企业。内贸成品油运输则主要集中于将东北地区成品油产品运至上海和华东、华南等消费地区。根据沿海石油运输市场的结构特点和变化，中海油运不断调整运营组织和运力结构，除重点保障上海地区石油化工企业的运输需求外，在沿江沿海其他地区原油、成品油运输中，也发挥着国有骨干企业的重要支撑作用。2010年，上海港共完成沿海内贸石油天然气及制品吞吐量1 032万吨，其中进港923万吨，出港109万吨。中海油运共完成沿海内贸石油运量4 974.64万吨，其中原油运量4 294.30万吨，占86%；共为上海地区运进内贸石油881.11万吨，其中原油731.29万吨，成品油149.82万吨；由上海港运出内贸石油40.15万吨，均为成品油。

一、上海港石油运输

【管道原油运输】

20世纪70年代，上海地区主要由大庆油田、胜利油田、任丘油田供应原油。这三处油田均建有输油管道，可将原油输送至秦皇岛、青岛等地出海口，再由海路运至上海等地。全长1 162公里的大庆—铁岭—秦皇岛输油管道，使秦皇岛成为大庆原油输出的重要出海口。秦(秦皇岛)—申(上海)海上原油运输线开通后，成为当时上海地区原油供应的主要通道，提供上海地区90%左右所需原油。胜利油田至青岛港黄岛油区输油管道建成后，该油田原油可经管道直接输往黄岛油港装船，青

(青岛)申线原油运量随之大幅提高。河北任丘油田也有输油管道通往山东,亦可经管道输送至黄岛油区下海运往上海。

1978 年 9 月,北起山东临邑,南至江苏仪征,全长 655 公里的鲁宁输油管道建成输油,原先只能从青岛港下海的胜利油和任丘油,大部改走鲁宁管道,直输长江沿岸的仪征港,青申线原油海运量因之锐减,是年,由黄岛油港运沪的原油只有 123 万余吨,较上年减少近百万吨(进入 80 年代后,该线原油年运量更减至数十万吨乃至数万吨)。

1980 年,上海港共从北方沿海输入石油及石油制品 786.5 万吨(多为北方油田生产的原油),其中来自秦皇岛港 542 万吨、大连港 225.4 万吨。

1982 年,上海石化总厂陈山原油码头也开始输入由仪征港发出的胜利原油。是年上海海运局从仪征运抵金山原油 13.1 万吨。1984—1988 年,仪征—金山和仪征—镇海年原油运量分别维持在 30～40 万吨左右。

80 年代中期,东北大庆、华北中原以及山东胜利等油田的出海口分别为:大庆油分 2 路出海,一路在大连鲇鱼湾油港出海;另一路在秦皇岛油港出海。中原油、胜利油分 3 路出海,一路在秦皇岛油港出海;一路在青岛的黄岛油港出海;另一路从鲁宁管道到江苏仪征,通过江海直达出海。此外,尚有少量辽河原油,经铁路到大连,在大连寺儿沟油港出海。通过以上港口出海的原油,均由上海海运局承担运输,主要供应上海炼油厂、上海石化总厂、南京炼油厂和浙江炼油厂等上海和华东地区大型石化企业。80 年代中期,每年从秦皇岛运至上海炼油厂的原油在 400 万吨以上;运至上海石化总厂的原油也在 200 万吨左右,两处运量总计约占上海海运局原油运输总量的 60%左右。随着上海炼油厂生产规模的扩大,其原油需求量也不断增多。但该厂当时储油能力较低,只能维持几天用量。运多了,炼油厂接收不了,会出现“以船代库”;运少了,炼油厂又会频频告急,迫使海运局油轮必须均衡调度,保证原油有节律地供应。

1990 年,上海海运局由秦皇岛运至上海原油 435.38 万吨;运至金山(上海石化总厂)原油 220.14 万吨。至是年末,该局经营的原油运输航线已由早期的 3 条发展到 10 余条。其中包括大连、秦皇岛、青岛至上海航线和江苏仪征至金山的江海直达航线。

1995 年,上海港共由北方沿海输入石油 920.5 万吨(大部为管道原油),其中来自秦皇岛港 482.7 万吨,来自大连港 298.3 万吨,来自青岛港 138.8 万吨。

1997 年,中海集团在沪成立后,上海海洋运输行业承担管道原油下海运输的唯一企业为中海油运。2001 年,该公司完成管道原油下海运输量 364.2 万吨,占该公司全部油运业务的 8.6%。2002 年,完成管道原油下海运输量 493.4 万吨,增幅 42.4%。其中部分由北方大连、秦皇岛、青岛等港运往上海石化和高桥石化。

2004 年始,鉴于国家“北油北用、南油进口”战略的实施,以及大庆油田原油产量逐年递减,北方陆产原油下海运输量逐年减少。是年 1 月,胜利油田原油已停止从青岛港中转;4 月份开始,大连港也停止陆产原油下海,仅剩秦皇岛港还有少量大庆原油由海路运输。当年 1—6 月,从大连、秦皇岛下海的内贸原油不足 60 万吨,大庆、胜利原油基本停止通过管道下海转运,管道原油海运市场因之大幅萎缩。是年,中海油运管道原油运量为 61.00 万吨,占市场总运量 77.73 万吨的 78.5%;2005 年运量 19.43 万吨,占市场总运量 19.75 万吨的 98.4%;2006 年始,大庆油田又有部分原油通过管道从秦皇岛下海转运,属于国家临时性货源调整。是年,中海油运由秦皇岛运至上海原油 7.49 万吨,由大连运至金山原油 3.02 万吨。

【海洋原油运输】

20 世纪 80 年代起，沿海石油勘探和开采不断取得新的进展。海洋原油运输因之兴起，逐渐成为沿海内贸原油运输的重要组成部分。1983 年，上海海运局所属油轮运出第一载海洋石油，从此介入国内海洋原油运输市场。

90 年代中期，海洋原油运输量逐渐增大。上海海运局对该市场运力投入也逐渐增强。1997 年，其下属海兴公司发挥内外贸兼营优势，投入包括 6 艘“大庆 7”字头油轮（3.5 万吨级）在内的船只，确保海洋平台原油运输任务的完成。

2000 年 12 月 13 日，中海油运“大庆 72”轮在新建成的渤海绥中平台码头成功运出第一载海洋原油。是时，因管道原油下海运输量逐年下降，海洋原油运输利润较高，国内一些规模较大的油轮公司都想加入海洋原油运输市场，竞争十分激烈。但海洋石油平台终端作业有其特殊性，对油轮船期和安全管理要求很严，特别是平台储油有限，若船方耽误船期极易导致关井停产。中海油运凭借自身管理和服务优势，保持着 70%以上高比例的市场份额。海洋石油销售公司与中海油运之间保持“热线”电话联系，双方约定，无论海洋平台方面有什么要求，只需一个电话，中海油运就会尽力加以解决。每月中旬，海洋原油生产计划下达后，中海油运调度部门总是先行安排好海洋油船期，再考虑其他原油运输。每次台风来临，该公司也总是先行腾出运力确保海洋油运输，确保平台生产安全。有时为赶船期，甚至不计成本保平台。是年 8 月，一外轮滞后到达，南海平台生产告急，海洋石油销售公司通过“热线”电话向中海油运求援。但此时已无空船，中海油运立刻指示在黄埔港才卸了一半石油的“宁河”轮停止作业，立刻开航为南海平台抢运石油。该公司的优质服务，赢得海洋平台方面高度赞誉，其海洋原油运输市场也不断得以巩固和发展。至 2000 年底，该公司已累计安全运载海洋油 3 500 多个航次，8 000 余万吨。

图 3-2-5　中海油运“大庆 46”轮参加海洋原油运输

（摄于 2006 年 7 月，照片提供：上海新航信息科技公司）

21 世纪初，南海和渤海等地相继发现和开发多处有价值的海底油田，国内海洋原油生产呈逐年上升趋势，除部分出口外，主要用于满足国内需求。中海油运经营的沿海石油细分市场格局已发生新的变化，针对国内管道原油下海减量，内贸成品油市场持续低迷的形势，该公司及时调整货源结构，从原先以管道原油、内贸成品油运输为主向海洋原油、外贸进口油、过驳原油运输为主的转变。为巩固和发展海洋原油运输市场，该公司加强与海洋石油公司高层的联系，定期派人参加海洋平台的生产调度会，抽调配备 IGS（惰性气体系统）装置的原油船无条件满足海洋原油生产需要，成为海洋石油公司最佳合作伙伴。2002 年，在该公司五项油种构成（管道原油、中转原油、海洋原油、内贸成品油和外贸石油）中，海洋原油占 28.7%。其业务重点为开展海洋原油内贸运输和二程中转运输。内贸运输主要从渤海、南海等海上石油平台，将产出的海洋原油运至国内中转港口和各炼化企业；二程中转运输将已到达中转港口的海洋原油，再分别运至沿海、沿江的炼化企业。是年，位于南海东部的惠州、流花、西江等平台都有海洋原油运至上海。其中，由惠州平台运至金山（上海石化）11.53 万吨；由流花平台运至上海石化 4.10 万吨；由西江平台运至上海石化 4.06 万吨，运至上海高桥石油化工公司(以下简称高桥石化)3.81万吨。

位于南海的流花平台由英国石油公司(BP-AMOCO)控股,每年原油产量在100～120万吨,承运该平台石油需通过英国BP公司检查。BP公司是一家以管理严格著称的大石油公司。20世纪90年代初,上海海运局曾两次派船欲承运该平台原油,但限于条件和财力,满足不了设备和操作上的严格要求,均未成功。后中海油运想方设法改进船舶设备、改善船舶工作环境、提高船员技能素质,从而获得英国BP公司检查认可。2003年5月,随着"大庆91"轮前往流花平台提油成功,该石油平台终于完全认可中海油运的软、硬件管理。

2004年,国内海洋原油多个新平台投产,内销油增多。为确保运输,中海油运进一步加强与海洋石油公司的协作,优化货运质量,努力满足海洋平台提油需要。当年1月和8月,文昌平台、曹妃甸平台相继投产,该公司及时安排运力,安全、顺利完成两平台首载提油任务,为新平台船舶提油安全操作积累了经验。由于积极承运曹妃甸、渤中251、281以及赵东、文昌等新平台石油,至年底该公司共完成海洋原油运量1 575万吨,比上年增长21.9%。海洋原油运输在其内贸石油运输各项业务中所占比重已达41.1%,仅次于中转油(47.0%)而居第二位。是年,南海东部的番禺、西江平台和南海西部的文昌平台都有海洋原油运至上海。其中,由番禺平台运至上海石化2.1万吨,由文昌平台运至上海石化3.76万吨,由西江平台运至高桥石化20.73万吨。2004—2006年,中海油运海洋原油运输市场份额分别为:2004年运量1 575万吨,占市场总运量2 300万吨的68.5%;2005年运量1 695万吨,占市场总运量2 513万吨的67.4%;2006年运量1 706万吨,占市场总运量2 472万吨的69.0%。

2010年10月19日,中海油运所属"黎平潭"轮靠泊中海油勃中28-2油田终端进行提油作业,被协靠的拖轮剐蹭造成损坏,使得提油作业无法进行。但此时该油田终端原油库存已较高,如不及时输出,将面临停产危险。中海油运得知情况后,未因事故责任不在己方甩手不管,而是始终保持与终端销售人员的沟通,设法调拨船舶前往接替。经努力,该公司调派"瑞金潭"轮于次日及时抵达渤中28-2油田终端,并迅速投入接卸,使终端原油库存有效降低,确保了生产正常进行。是年,中海油运共完成海洋原油运量2 524.39万吨,比上年增长24%。其中,由番禺、涠州(位于南海西部)、西江、渤中(位于渤海)等平台运至上海石化和高桥石化的海洋原油共计64.84万吨。

与中海油运同时承担海洋原油运输的驻沪企业,还有中外合资的北海船务。2010年,该公司自有油轮6艘,期租油轮2艘,从事国内外油品运输。海洋平台原油运输为其国内油品运输业务之一。

【进出口原油二程中转运输】

20世纪80年代中期,承担海上油运的上海海运局为搞活原油运输,提高企业经济效益,在完成国内港埠间油运的同时,先后开辟多处海上外贸原油二程驳运点。

20世纪90年代至21世纪初,我国进口原油增长幅度每年达15%左右。其运输方式主要由外轮从中东、西非或东南亚运抵我国沿海港口,其中30%需经二程中转过驳,年过驳量达1 800万吨。中海油运积极抢占这一市场,不仅弥补了管道原油减量造成的缺口,也给企业带来新的经济增长点。是年,虽受全球经济衰退及美国发生9·11事件影响,国家进口原油减少,中转货源不足,但该公司在进口原油二程中转过驳市场仍占据70%份额。全年完成运量752.3万吨,占公司全部油运业务的17.8%。其原油驳运业务,主要从宁波、黄埔、青岛、舟山等中转港口将进口原油二程中转运输到其他港口或沿海、沿江炼化企业,包括上海石化和高桥石化等位于上海的大型石化企业。

2002年，中海油运针对市场变化，及时调整运力结构，加快船舶周转，集中力量做好原油过驳运输，使进口原油中转量比上年增长465万吨，增幅为62.6%。2003年，我国进口原油又有增长，带动二程中转油运输大幅上升。中海油运加大揽货力度，做好中转油集中到港的运输安排，全年完成运量1 805万吨，实现收入7.61亿元，同比分别增长49.2%和60.9%。其中，由宁波运至金山（上海石化）原油405.07万吨（大部为进口原油二程中转，下同），运至上海（高桥石化）373.85万吨；由青岛运至上海（高桥石化）69.17万吨，运至金山（上海石化）183.22万吨；由舟山运至金山108.56万吨，运至上海109.42万吨。

2004年初，国内各炼油厂加工量增加，原油需求旺盛。海上原油大量进口，过驳运力需求也随之增长。且进口外轮常常集中到达港口，更增添了及时驳运的难度。针对部分炼油厂加工量增加而原油库存较低现象，中海油运在内贸原油运力吃紧的情况下，急调8艘外贸油轮，投入国内中转油运输，有效缓解了中转油运力偏紧的压力。1月份即完成进口中转油运量227万吨，比上年同期增加92万吨，创该公司成立后月中转油运量历史新高。3月25日至4月1日，宁波港有127万吨原油急需过驳；5月21日至5月26日，又有6艘VLCC超过150万吨进口原油需过驳。面对紧急、繁重的过驳任务，中海油运多次与中石化、中石油等大货主开展高层互访，就进口原油集中到港过驳运输问题加强沟通，认真协调运输计划，及时解决运输中存在的困难。同时，加大运力投放，强化船舶调度，随时与宁波、舟山、青岛等驳运港方协调，共同研究驳卸方案，做到船到即靠，装毕即离，有效提高过驳周转速度，避免外轮滞港现象。是年，由宁波、舟山、青岛三处驳运港运至上海石化和高桥的二程中转油合计超过1 000万吨。其中由宁波运至金山341.69万吨，运至高桥280.57万吨；由舟山运至金山142.97万吨，运至高桥157.95万吨；由青岛运至金山39.10万吨，运至高桥45.67万吨。

图3-2-6 中海油运的原油轮正在进行过驳作业

（摄于2005年9月，照片提供：中海集团宣传部）

2004年6月，宁波大榭—镇海石化总厂—杭州湾海底—嘉兴白沙湾油库—上海金山和高桥石化——南京金陵石化和扬子石化，全长666公里的甬沪宁输油管道开通，沿途炼化企业所需进口原油多由管道供给，海上二程中转运输货源大幅减少。针对二程中转市场出现的货源萎缩、船多货少局面，中海油运及时调整运力结构，合理调配内外贸兼营船的投入，并加紧报废旧船，在保证进口原油中转运输的前提下，达到船货相对平衡。2004至2006年，该公司在进口原油二程中转市场所占份额平均达60%以上。2004年，运量1 803万吨，占市场总运量2 886万吨的62.5%；2005年，运量1 496万吨，占市场总运量2 204万吨的67.9%；2006年，运量1 298万吨，占市场总运量2 222万吨的58.4%。

2007年，甬沪宁管道的仪长（仪征—长岭）管道开通，优化了国内原油运输结构，进口原油水路中转量由此进一步下降。是年1—10月，外贸进口原油中转运输量下降近9%，其中尤以海进江中转量下降幅度为大。此后，长江沿岸的进口原油运输以管道运输为主，水运只作为少量补充。但沿海许多炼油厂因当地无法停靠大型油轮，国家进口原油中仍有25%左右需从宁波、青岛、大连、舟山等主要转运港中转运入。2008至2010年，中海油运进口原油二程驳运量分别为1 187.29万吨、

1 094.59 万吨和 1 475.3 万吨。2008 和 2010 年,由宁波、舟山和青岛三港中转至上海石化和高桥石化的进口原油分别为 607.5 万吨和 654.3 万吨。

【内贸成品油运输】

20 世纪 70—80 年代,上海海运局针对成品油运力不足问题,先后批量建造和购买 3 000 吨级“胜利”型成品油轮 11 艘、5 000 吨级“建设”型成品油轮 12 艘,以促进上海沿海成品油运输发展。这一时期,上海沿海成品油运输装货港以大连、上海及新建成的金山、镇海石化总厂为主,卸货港则遍及东南沿海(浙江、福建)和长江沿岸多个港口,所运成品油品种包括汽油、柴油、煤油等。担负成品油运输的成品油轮,基本上能做到哪里需要就把油运到哪里。

80—90 年代,上海以及沿海其他地区,新成立多家成品油运输企业,致市场运力偏多,出现无序竞争。1999 年 6 月,交通部下发《关于加强国内成品油运输市场管理的通知》,以实现国内成品油运力运量基本平衡,维护成品油运输市场秩序,加强国内成品油运输企业市场准入管理。

2001 年,国内成品油消费主要集中于长江流域和华南等经济较发达地区,内贸成品油呈现“北油南运”特点,海上运输是成品油内贸运输主要方式之一,其大多从东北成品油加工企业经大连、营口、秦皇岛、天津等港口,运至南方消费领域。中海油运的成品油运输主要集中于将东北汽、柴油等产品运输到华东、华南等成品油消费地区。是时,上海港作为沿海内贸运输的枢纽和中心,与南北沿海多个港口都有成品油运输往来。其中,北方的锦州、秦皇岛、大连、营口、青岛和南方的黄埔、东莞、宁波等港常有成品油运到上海,而上海港也常有成品油运往南方的黄埔、惠州、蛇口、厦门、深圳和北方的天津、青岛、日照等港。2001 年 3 月 28 日,中国最大的成品油销售商中石油销售公司、炼油分公司以及最大的成品油代理商大连海运分公司与中海油运签订扩大运输合作协议,把每月至少 30 万吨成品油交由中海油运承运。是时中石油销售公司每月要销售成品油 100 多万吨,占我国成品油销售总量 70%左右,其中大部分通过代理商大连海运分公司等由海上油运来实现。此前,大多通过地方中小油运公司承运,目的是要降低运费及销售成本,中海油运每年参与运输量仅十几万吨。但在市场运作实践中,代理商见大油运公司管理规范,运输船舶类型可选择性大,抗风险能力强,与大油运公司合作更具优势,故而改与大油运公司合作。中海油运为表示合作诚意,从运力中选择包括 1.5 万吨至 2.4 万吨级的 6 艘油轮投入该项运输,每年还配以 5 000 吨级小船 20 艘次,确保中石油销售公司每月 30 万吨成品油的运输需要。2002 年,该公司共完成内贸成品油运量 398.33 万吨,其中进出上海港的有:从大连运至上海 22.63 万吨;从锦州运至上海 5.11 万吨;从营口运至上海 2.64 万吨;从秦皇岛运至上海 2.68 万吨;从青岛运至上海 2.73 万吨;从宁波运至上海 3.49 万吨;从舟山运至上海 14.49 万吨;从金山运至黄埔 2.62 万吨,运至惠州 1.37 万吨,运至南通 3.77 万吨;从上海运至黄埔 5.89 万吨,运至惠州 1.76 万吨,运至金山 2.48 万吨,运至青岛 1.14 万吨。

是时,由于开展沿海成品油运输主要是 1 万吨以下小船,市场进入门槛较低,且客户也相对分散,不少中小船公司介入该项运输,致运力过多,竞争激烈。中海油运凭借经营管理优势和良好市场信誉,在内贸成品油运输中始终占有稳定的市场份额。据对国内 4 000 吨以上批量成品油内贸运量统计,中海油运 2004—2006 年内贸成品油市场份额分别为:2004 年运量 396 万吨,占市场总运量 3 200 万吨的 12.4%;2005 年运量 510 万吨,占市场总运量 3 500 万吨的 14.6%;2006 年运量 562 万吨,占市场总运量 3 750 万吨的 15.0%。

2007 年,由于南方炼油厂的新投产和改造增量等因素,促使沿海成品油运输流向发生较大变化，北油南下减少，市场长时间处于低迷状态。中海油运适逢处置多艘小型成品油轮，至是年底已基本退出沿海成品油运输市场，只保留少量运力投放到收益较好的石脑油运输市场。2008 年，沿海成品油运输市场延续上年疲态，总体运量减少。中海油运因小型成品油运力已基本处置完毕，对成品油运输使用外贸运力，将 11 万吨级“枫林湾”轮等大型船舶投入沿海汽柴油运输，并使用优质运力运输优价石脑油，使成品油船舶盈利状况有较大改善。是年，该公司共完成内贸成品油运量 328.79 万吨。其中进出上海港的有：从大连运至金山 32.42 万吨，运至上海 1.77 万吨；从锦州运至上海 4.01 万吨；从莱州运至金山 1.86 万吨；从麦寮运至上海 2.91 万吨；从宁波运至金山 1.85 万吨；从金山运至湛江 3.18 万吨等。

2010 年，我国拥有从事沿海成品油运输的较大港口 12 个，万吨级以上泊位 33 个。形成北部以大连港为中心，华东地区以上海港、舟山港为中心，华南地区以广州港、深圳港为中心的成品油海洋运输体系。成品油需求主要集中在沿海和内陆经济发达地区，规模效益使国内炼油企业向大型化发展，同时因政府对成品油进口实行全面限制，使原依赖进口汽油、柴油为主的广东、福建、广西油品市场，改由国内东北炼油厂供货，使“北油南调”运输格局又有增强。是时，上海地区参与沿海成品油运输的船公司主要有中海油运及部分民营企业（中海油运内贸成品油运输进出上海港的运量和流向详见附表 3－2－2）。是年，上海举办世博会，为确保期间上海市的油品供应，中海油运等企业指定船况好、安全可靠的油轮承运大连至上海世博会专用柴油，圆满完成运输质量要求较高的世博会专用成品油运输任务。

表 3－2－2　2010 年中海油运内贸石油运输进出上海港运量统计表　单位：万吨

到　港	原　油	成 品 油	出　港	成 品 油
黄浦至金山	2.9		金山至惠州	8 771
黄浦至上海	5.74		金山至水东	2.17
陆丰至上海	3.50		金山至深圳	2.12
番禺平台至金山	11.58		金山至湛江	2.49
涠州平台至上海	8.63		金山至大连	1.08
西江平台至上海	14.39		金山至南通	1.05
渤中平台至金山	8.30		金山至上海	14.27
渤中平台至上海	21.95		上海至水东	1.10
大连至金山		89.63	上海至湛江	4.10
大连至上海		35.06	上海至香港	5.90
锦州至上海		2.34	上海至金山	3.92
营口至上海		2.69		
青岛至金山	20.95	10.89		
宁波至金山	222.38	8.43	上海至京唐	1.08
宁波至上海	153.05			

(续表)

到　港	原　油	成品油	出　港	成品油
舟山至金山	66.53			
舟山至上海	191.38			
香港至上海		1.10		

资料来源：中海油运统计年鉴(2011)

二、上海以外港口石油运输

【管道原油运输】

1978年前，上海海运局除承运从北方港口运至上海的管道原油外，还承担大连、秦皇岛、青岛至南京的海进(长)江原油运输和大连、秦皇岛、青岛至浙江镇海石油化工总厂的原油运输。是年9月，北起山东临邑，南至江苏仪征，全长655公里的鲁宁输油管道建成输油，原先只能从青岛港下海的胜利(油田)油和任丘(油田)油，大部改走鲁宁管道，直输长江沿岸的仪征港，使南京、安庆、武汉等沿江炼油厂的原油供应，由原先主要依靠海轮进江运输，改为以管道直接输送为主。海进江原油运量因之锐减，1980年，大连—南京原油运量由上年51.1万吨减至29.9万吨，秦皇岛—南京原油运量也由上年379.8万吨减至299.2万吨，青岛—南京则基本无原油运输。尽管如此，受油源不足、油种不同等因素影响，沿长江各炼油厂仍需油轮不断从北方港口海运原油进江补给。

地处浙江宁波镇海区的镇海石油化工总厂，为20世纪70年代兴建的一家大型石油化工联合企业。其所属浙江炼油厂所用原油，除少量由国外进口外，大多来自国内大庆、辽河、胜利等油田，且全部由上海海运局油轮自大连、秦皇岛、青岛等港运入。70年代末，每年由大连、秦皇岛、青岛海运"浙炼"的原油约50万吨。1981年，随着鲁宁输油管道输油量增加，镇海石化总厂所需原油部分由鲁宁管道终端仪征港供应。是年，上海海运局从仪征运抵浙江炼油厂原油3.5万吨。80年代后期，每年由大连、秦皇岛、青岛海运至浙江炼油厂的原油量上升至近200万吨，其中尤以青岛港运出的胜利油为多。航行秦皇岛—镇海的3.5万吨级油轮"大庆85"轮每航次原油运量可达3.4万吨。

20世纪90年代，该局经营的原油运输航线已由早期的3条发展到10余条。其中既有大连、秦皇岛、青岛至上海和至镇海的沿海航线，也有大连、秦皇岛、青岛至南京的海进(长)江航线，还有从江苏仪征至金山、镇海的(长)江出海航线。在上海与邻近地区已建成的高桥、金山、金陵、扬子、镇海五个大型石化企业中，扬子石化公司和金陵石化公司所需原油主要通过鲁宁输油管道供给，其他石化企业所需原油多由产地经输油管道运至装货港下海，由海路运达炼油厂专用码头。下海管道原油基本上都由上海海运局承运。

2004年始，鉴于国家"北油北用、南油进口"战略的实施，以及大庆油田原油产量逐年递减，北方陆产原油下海运输量逐年减少。同年6月，甬沪宁输油管道开通；2007年，北方陆产原油已很少通过管道下海运至南方。

【海洋原油运输】

1990年2月，中国海洋石油总公司渤海分公司与上海海运局合作，委托该局油轮参与承运"渤海长青"轮的储油。"渤海长青"轮是一艘中外合资用于储存海上开采石油的5万吨级储油船。由于靠泊该船需海上"单点系泊"(指船舶单点系靠海上浮筒或储存设施,以船舶头缆或锚链系靠对方),受海潮、气象等影响,靠泊难度较大,自投产始其储油一直依赖租用外轮承运。为开发这一新的海上运输业务,上海海运局专门指示所属油运公司进行可行性研究,数次派员赴现场考察,确认本局油轮经改造后有能力担当这个任务。随后,该局对设有惰性气体装置的"大庆63"轮进行设备改造,并投入营运。当年11月25日,"大庆63"轮在渤海老铁山西南约60海里海面上,顺利靠妥"渤海长青"轮,开创了国内海上"单点系泊"的先例,并将第一载海洋原油顺利运至南京。

1998年3月27日,中海油运"建设12"轮,在温州龙湾电厂卸下4 460吨流花油,标志着该公司成功开辟又一条国内海洋油品运输新航线。流花油产于南海流花石油平台,其含硫量高,又称高硫原油。温州龙湾电厂正式投产后,每年需要20万吨流花油燃料从宁波驳运至温州。中海油运抓住机遇,与厂方达成承运协议,把首载驳运任务交给"建设12"轮。因流花油中含有硫化氢等气体,运输安全要求较高。为了赢得长期稳定货源,公司采取了五条具体措施,包括委派主管人员前往南海流花平台,学习掌握承运高硫原油安全操作要求和注意事项;为承运船舶添置测毒仪、空气呼吸器等安全设备;派员跟船培训船员掌握操作技术;派专人去宁波港监和劳动局,商定安全操作及劳动保护措施;加强与货主联系,对承运船舶有关设备进行必要改造,适应提油需要等,以确保首载驳运成功。全体船员则以严谨科学态度投入紧张的强化培训,反复操练,直到符合标准为止,使试运任务得以顺利完成。

进入21世纪后,国内南海和渤海等地相继发现和开发多处有价值的海底油田,国内海洋原油生产呈逐年上升趋势。中海油运、北海船务等驻沪航运企业积极参与海洋原油的运输,其业务重点为开展海洋原油内贸运输和二程中转运输。内贸运输主要从渤海、南海等海上石油平台,将产出的海洋原油运至国内中转港口和各石化企业;二程中转运输将已到达中转港口的海洋原油,再分别运至沿海、沿江的石化企业。故而在为上海地区提供海洋原油运输服务的同时,这些石油运输企业的船只也经常穿行于沿海其他港口、石化企业与海洋石油平台之间。2010年,中海油运海洋原油运输,从南海东部惠州平台运至大连66.85万吨,运至龙口10.46万吨,运至营口10.28万吨,运至湛江5.39万吨;从南海东部流花平台运至宁波53.15万吨;从南海东部番禺平台运至锦州40.95万吨,运至宁波17.66万吨,运至黄埔70.42万吨;从南海西部涠州平台运至大连23.10万吨,运至锦州5.65万吨,运至龙口5,69万吨,运至营口6.01万吨,运至湛江33.73万吨;从南海西部文昌平台运至湛江30.20万吨,运至莱州6.02万吨;从南海东部西江平台运至大连5.87万吨,运至锦州58.90万吨,运至湛江11.67万吨,运至宁波11.75万吨;从渤海湾曹妃甸平台运至惠州11.40万吨,运至高港6.03万吨,运至龙口5.89万吨,运至宁波82.76万吨,运至青岛2.88万吨,运至天津新港25.46万吨,运至舟山22.92万吨;从渤海湾蓬莱平台运至惠州35.32万吨,运至宁波16.03万吨;从渤海湾绥中平台运至湛江42.84万吨,运至高港117.27万吨,运至锦州11.47万吨,运至莱州26.05万吨,运至龙口0.36万吨,运至宁波82.18万吨,运至南京72.37万吨,运至天津新港175.20万吨,运至营口2.77万吨,运至青岛12.05万吨;从渤海湾渤中平台运至高港39.11万吨,运至锦州8.62万吨,运至莱州57.71万吨,运至龙口119.55万吨,运至宁波17.82万吨,运至南京66.23万吨,运至南通24.61万吨,运至天津新港109.75万吨,运至营口9.26万吨,运至舟山6.02万吨;从渤海湾赵东平台运至江阴11.05万吨,运至温州16.56万吨。

【进出口原油二程中转运输】

1984年9月,在国内计划油源不足情况下,上海海运局另辟蹊径,争取到由秦皇岛至青岛的外贸原油驳运任务。首批参加驳运的“大庆 65、43、27”等轮,克服航线新、为外轮(多为 10 万吨以上巨型油轮)驳载要求高等困难,全力保证驳油质量,是月即成功完成 5.9 万吨外贸油的驳运,为国家创收 40 余万美元。1985 年 8 月,该局“大庆 16、47、50、85”4 轮齐心协力,仅用五六天时间,就从青岛港运出 9 万吨原油,在烟台港锚地驳给外轮,创汇数 10 万美元。是年 9 月,上海海运局以 22 万吨超级油轮作为海上驳油平台船的“北仑”轮正式投产,开始承担由仪征港至北仑港(位于浙江宁波)的出口外贸原油驳运业务。是年,即驳油 62.4 万吨。翌年,该线原油驳运量猛增至 181.3 万吨。1987 年,国家对原油出口量作较大幅度调整,仪征至北仑原油驳运量锐减,全年完成 38.8 万吨。此后,上海海洋运输行业经营的外贸原油二程驳运,基本上都是进口外贸原油驳运。

1996 年,中国石油天然气总公司与委内瑞拉就联合开发年生产能力 500 万吨规模油田签订意向书。是年,委内瑞拉奥里原油源源不断进口,经青岛港中转。由于奥里油储量大,国际市场价格稳定,国家又采取让利给用户政策,国内不少用户纷纷看好这一市场,江苏中油集团还委托有关公司开发成功适用于各类锅炉的奥里油燃烧机,并在苏南、苏北迅速形成奥里油销售网络。上海海运所属海兴公司在摸准销售和运输市场动态基础上,进行原油船运输奥里油可行性研究,证实部分油轮符合该油种运输,并经主动要求,揽到部分奥里油货源。奥里油属“水包油型”,运输和卸货难度大,加温过高或泵速过快都会破坏乳化机理,造成油品变质。为此,该公司给承运首载奥里油的“大庆 27”轮发去专电,对蒸气压力、加温温度、卸油泵速作出明确规定,并委派指导船长、热工和调度人员赶到卸货港,帮助和指导船方做好卸油工作。是年 6 月 2 日,“大庆 27”轮完好无损地将 1.5 万吨奥里油运送至目的地进罐。

1997 年,由于进口原油增量,海兴公司海进(长)江二程驳运量大幅增加。当时的国内原油运输主力船 1.5 万、2.4 万吨级油轮遂成为进江原油运输主力。这些船舶大都船龄老、船速慢、设备陈旧。但在油运船员的驾驭下,像老黄牛一样任劳任怨,周转往复,继续为国家建设作出贡献。及至是年 9 月 30 日,已有 11 艘原油船进江达到 10 个航次以上,其中“大庆 42、46、48”轮进江 10 航次;“大庆 45、51、61”轮进江 11 航次;“大庆 31、63”轮进江 12 航次;“大庆 47、50”轮进江 13 航次;“大庆 27”轮是当时公司船龄最老的一艘老旧油轮,却已进江 17 航次,为各原油船海进江驳运之最。

2004 年,二程中转原油中有相当一部分需由海进(长)江,运到沿江各炼油厂。受长江年初枯水、年中汛期、三程驳运不畅等不利因素影响,给进江运输带来不小困难。中海油运根据这些炼油厂库存和需求情况,合理安排船舶衔接,做好疏港工作,多次派业务主管到现场监卸,并随时保持与各炼油厂、港务局“热线”联系,取得较好效果。1 至 7 月,共完成进江原油运量 720 万吨,平均每月完成 102 万吨,与上年同期相比增长 26.8%。

是年 6 月,甬沪宁输油管道开通,沿途炼化企业所需进口原油多由管道供给,海进江中转运输货源大幅减少。2007 年 1—10 月,外贸进口原油中转运输量下降近 9%,其中尤以海进江中转量下降幅度为大。此后,长江沿岸石化企业所需进口原油以管道运输为主,水运只作为少量补充。但沿海许多炼油厂因当地无法停靠大型油轮,国家进口原油中仍有 25%左右需从宁波、青岛、大连、舟山等主要转运港中转运入。

【内贸成品油运输】

1978 年始,上海海运局(后为中海油运)等驻沪海上石油运输企业以及改革开放后陆续成立的一些民营成品油运输企业，在为上海地区提供成品油运输服务的同时，一直参与国内其他一些地区和炼化企业的成品油运输。20 世纪 80—90 年代，沿海成品油的装货港以大连等北方港口和上海港（包括上海石化总厂）、镇海石化总厂等为主，卸货港则遍及沿（长）江沿海的许多港口，包括长江沿岸的九江、铜陵等港口。

21 世纪初，国内成品油消费主要集中于长江流域和华南等经济较发达地区，内贸成品油呈现“北油南运”特点，海上运输是成品油内贸运输主要方式之一，其大多从东北成品油加工企业经大连、营口、秦皇岛、天津等港口，运至南方消费领域，包括上海以外的许多南方港口。2002 年，中海油运内贸成品油运输中，由大连运至黄埔 37.37 万吨，运至汕头 5.16 万吨，运至深圳 2.86 万吨，运至珠海 3.05 万吨，运至江阴 9.73 万吨，运至宁波 6.66 万吨，运至南京 5.23 万吨，运至南通 1.93 万吨，运至天津新港 6.63 万吨，运至青岛 3.09 万吨，运至泉州 4.44 万吨，运至镇江 3.40 万吨；由营口运至黄埔 1.41 万吨，运至汕头 1.23 万吨，运至江阴 3.96 万吨，运至镇江 1.46 万吨；由锦州运至黄埔 7.98 万吨，运至江阴 4.19 万吨，运至宁波 2.93 万吨；由秦皇岛运至南通 2.61 万吨；由宁波运至南京 3.28 万吨，运至天津新港 20.67 万吨，运至黄埔 18.76 万吨，运至惠州 1.84 万吨，运至深圳 2.83 万吨。

2004 年，国内成品油消费大幅抬升，中石化、中石油两大石油集团为满足成品油市场旺盛需求，加大所属炼厂原油加工量，各炼厂满负荷生产，沿海成品油运量因之呈上升趋势。翌年 10 月，装有 5 万多吨柴油的“大庆 93”轮从中石油大连石化分公司 4 号码头起程，驶往浙江舟山、宁波。7 万吨级的“大庆 93”轮是当时在国内航线运营的最大吨位成品油轮，此前一直服务于中海油运，承担国内外海上原油运输任务。由于国内油品市场供求数量不断增加，华海公司与中海油运达成“大庆 93”轮期租协议，并将该轮改装为成品油轮，为中石油提供海上成品油运输服务。其对中石油东北地区炼厂的成品油下海发挥重要作用，为中石油“北油南运”业务提供了支持和保障。

2010 年，国家对成品油进口实行全面限制，使原依赖进口汽油、柴油为主的广东、福建、广西油品市场，改由国内东北炼油厂供货，使“北油南调”运输格局又有增强。是年，中海油运内贸成品油运输，从大连运至宁波 10.58 万吨，运至江阴 16.23 万吨，运至太仓 9.48 万吨，运至乍浦 12.73 万吨，运至南京 5.39 万吨，运至黄埔 3.79 万吨，运至惠州 15.33 万吨，运至钦州 6.46 万吨，运至深圳 3.52 万吨，运至湛江 9.56 万吨，运至珠海 17.81 万吨；从营口运至江阴 4.76 万吨，运至宁波 3.75 万吨，运至南京 2.22 万吨，运至钦州 12.20 万吨，运至厦门 3.46 万吨，运至湛江 12.05 万吨，运至珠海 7.32 万吨。

表 3-2-3　2006—2010 年中海油运内贸石油运量统计表　　单位：万吨

年　份	内贸合计	原油小计	海洋原油	中转原油	管道原油	成品油小计
2006	3 758.08	3 195.94	1 706.31	1 298.09	191.55	562.14
2007	3 460.00	3 214.19	1 580.42	1 280.95	352.83	245.81
2008	3 484.45	3 245.87	1 694.29	1 187.29	364.28	238.59
2009	3 848.21	3 398.14	1 920.98	1 094.59	382.57	450.06
2010	4 974.64	4 294.28	2 524.39	1 475.29	294.60	680.36

资料来源：中海油运统计年鉴(2007—2011)

第三节　其他散杂货运输

一、粮食运输

20世纪70年代,从海路运抵上海的国内粮食,大多来自北方,以玉米等工业用粮和饲料粮为主,主要承运人为上海海运局。

1978年前后,由大连港调沪玉米数量增多。国家计委、交通部、铁道部、商业部就连申线玉米运输发出联合指示,要求上海海运局固定船只,及时完成装运任务,运力不足时可临时安排机动船舶参加运营。为此,该局除固定投入"战斗72"和"战斗45"两艘5 000吨级货船外,采取定船、机动、捎带和大中船相结合的办法,基本上做到每天有船在大连港装载玉米。

进入80年代后,由于东南沿海地区改革开放推进得较快,工业化、城镇化进展快,土地占用多,导致粮食生产减少,而东部地区减产后缺口主要靠东北和中西部地区补充。国内传统的"南粮北运"格局基本转变为"北粮南运"。是时,上海沿海粮食运输仍主要由上海海运局承担。1980年,上海港内贸粮食吞吐量中,包括从南方沿海输入68万吨,运往南方沿海86.3万吨。

1983年,东北地区玉米获特大丰收,翌年,调沪玉米量激增。根据国家经委关于确保玉米南运的指令,上海海运局除委派专人负责此项工作外,成立玉米承运小组,专门研究玉米运输方案。从大连、秦皇岛等港调沪的玉米既有包装的,也有散装的。而散装玉米运输要求较高,不仅要保证货舱干净,而且要考虑船舶稳性。为保质保量运好玉米,该局抽调稳性较好,易于装卸的"森海"型万吨级货船担任运输主力。该局"森海3"轮改运玉米后,船方专门到局商务部门和有关单位了解玉米性能及装卸货应注意事项,制定出装运玉米具体程序及规定,要求全体船员严格把好质量"五关",即清舱关、防渗漏关、装货关、运输关和卸货关。在1984年第一季度两载玉米运输中,该轮未发生任何差错和质量问题。由国家经委和粮食部等单位组成的调查组在视察该轮装运玉米情况后,对其运输玉米经验加以推广。是年,在港、航等部门通力协作下,东北地区玉米调沪任务得以圆满完成。上海海运局全年整船装运玉米近50万吨,非整船装运7万余吨,玉米运量占该局当年粮运总量90%以上,为历年之最。在承运过程中,由于玉米装运效率低(上海海运局选派的"森海"型货轮装运玉米,效率约降低50%,艘船平均航次亏损在2.8万元以上),蒙受较大经济损失。在整船装运玉米中,亏损额高达119.5万元。其中散装亏53万多元,平均每吨亏1.46元;包装亏66万多元,平均每吨亏5.12元。翌年,根据国家经委关于"海运到华东港口的北方玉米,要本着让航运单位保本微利的原则,由托运单位给予适当补贴"的文件精神,上海市粮食储运公司与上海海运局签订从北方运进粮食亏损补贴协议,根据航程每吨包装粮补贴金额在7元上下。

1985年秋,上海市人民政府交通办公室和财贸办公室共同召开"上海市粮食调运工作协调会议",要求粮食运输部门将接运黑龙江等省调沪大豆、玉米作为年内的一次重要任务对待:粮食部门要落实货源,不能有船无货,船到上海要及时提供流向,安排进仓或疏散,加快船只周转;上海海运局则要完成第四季度每月4万吨左右接运计划,做到基本定船,不能有货无船。但在实际执行过程中,因粮食计划不落实和起运港粮船过多、泊位紧张等原因,粮运计划完成不理想,10月份,仅完成计划4.6万吨的56.6%;11月份上中旬,也仅完成月计划的20%,且船舶航次成本上升,运力浪费较大。

1988年6月,被国务院列为紧急重点工程的东北粮食中转站在大连建成,月转粮能力10万吨以上。东北粮食可通过该站经大连港南运上海、广州等地及外贸出口。是年，上海海运局根据“上海口岸1988年度进口粮食和东北粮食接运工作会议”的布置，组织“振奋”型等专用船只，共接运由大连、秦皇岛发往上海的大豆、玉米等粮食40余万吨。在运粮过程中，该局十分重视质量问题，为减少粮食损失，在装货港注意做好破包修补和地脚粮的罐包，在卸货港则认真看舱，制止拖关、摔关等违章装卸行为，保证了粮食正常接运。

1990年夏，南方持续高温，北方连绵阴雨，给粮食运输带来不少困难。上海海运局运粮船舶采取一系列措施，保证船上污水井、污水沟畅通，货舱干燥，并勤测舱温，适时通风，严禁雨天作业，及时清除雨后舱盖和甲板上的积水，防止粮食霉变和受潮，确保了粮运质量。是年，上海港内贸粮食吞吐量中含有从南方沿海输入的41.7万吨、从北方沿海输入的21.1万吨以及运往南方沿海的70.7万吨。

1992年，上海港共输入粮食355.9万吨，其中14.7%来自北方沿海，10.5%来自南方沿海；输出粮食284.1万吨，其中22.2%输往南方沿海，仅0.5%输往北方沿海。

1995年，上海港从北方沿海输入粮食56.1万吨，在内贸粮食吞吐量中，超过了南方沿海、内河和长江的输入量。输出粮食中含有运往南方沿海的103.7万吨。

1997年，中海集团在沪成立后，由其控股的中海货运为上海沿海粮食运输主要承运者之一。1999年，该公司共承运沿海内贸粮食223.39万吨，大多由北方港口运至华东和华南地区。其中从大连运至防城3.68万吨，运至黄埔28.25万吨，运至钦州3.25万吨，运至蛇口12.96万吨，运至厦门8 559吨，运至湛江1.30万吨，运至福州18.39万吨，运至南通1.98万吨，运至上海3.80万吨，运至张家港19.04万吨；从锦州运至赤湾13.58万吨，运至海口7 334吨，运至黄埔27.83万吨，运至妈湾2.83万吨，运至蛇口15.16万吨，运至汕头4 999吨，运至厦门9 917吨；从秦皇岛运至赤湾1.61万吨，运至海口1.16万吨，运至黄埔4.61万吨，运至蛇口1.78万吨；从营口运至赤湾3.97万吨，运至防城2.88万吨，运至黄埔16.30万吨，运至钦州2.64万吨，运至蛇口11.61万吨，运至湛江1.74万吨，运至福州1.84万吨，运至泉州1.11万吨，运至上海7 148吨。

2001年，中国西部地区加大“退耕还草”和“退耕还林”力度，保护生态环境；东部地区进行经济种植结构调整，粮食种植面积继续减少，加之粮食产区遭受不同程度干旱灾害，粮食产量比上年略有下降。但因国家粮食库存量较大和国民粮食消费结构变化，粮食市场供应没有出现紧张情况，表现为货源充足，物价平稳。是年，国内水上调运粮食比常年增长水平略有提高，水上运输需求也略显紧张。中海货运始终以充足的运力，适应国内粮食运输需要。翌年，我国粮食总需求稳定增长，80%以上的中央储备粮实现推陈储新，中央储备粮库存质量状况达到储备制度建立后最好水平。在中央储备粮轮换增多和粮食出口加大的影响下，当年粮食运输有所增加。但在不同运输方式中，铁路和公路分流了部分粮食货源，内贸粮食水路运输量比重下降。中海货运当年共完成内贸粮运69.05万吨。其中大多由大连、锦州、秦皇岛、营口等北方港口运至南方港口。

“十五”和“十一五”计划期间，上海沿海粮食运输仍维持“北粮南运”格局。由于粮食产区主要集中在东北地区、黄淮海地区和长江中下游地区，而粮食消费相对集中在东南沿海经济发达地区、京津和港澳台地区，因此每年大约有1.7亿吨的粮食流通量。2005年沿海主要港口粮食吞吐量达8 590万吨，其中装船完成3 583万吨，并主要集中在北方地区，占75%左右。北方粮食下水港主要为大连、营口和锦州等港；东南和华南沿海接卸港主要为福州、深圳、广州和海口等港。上海港内贸粮食（含沿海、内河）年吞吐量连续多年（2005—2010年）均在100万吨以下。

是时,承担沿海粮食运输的船公司大多为发货和卸货地区的地方中小型企业。中海货运作为国家大型骨干航运企业,亦一直参加该项运输,并始终将关系国计民生的粮食运输列为必保的重点物资运输,在运力投入、生产调度上予以优先考虑和安排。2005年,中海货运共完成国内沿海粮食运输(南北线)90.58万吨;其中,从大连运至赤湾14.33万吨,运至黄埔2.07万吨,运至妈湾33.41万吨,运至蛇口7.20万吨;从锦州运至妈湾12.63万吨,运至蛇口3.13万吨;从秦皇岛运至黄埔2.51万吨;从营口运至妈湾5.18万吨,运至蛇口10.12万吨。2010年,上海港共完成沿海内贸粮食吞吐量42万吨,其中进港33万吨,出港9万吨。中海货运完成国内沿海粮食运量170.89万吨,并以南北线运输为主(170.43万吨);其中,从大连运至赤湾3.38万吨;从锦州运至赤湾18.56万吨,运至妈湾87.96万吨,运至蛇口8.05万吨;从营口运至妈湾30.44万吨,运至蛇口22.05万吨;从石岛运至江阴4 610吨。

二、钢铁运输

20世纪70—80年代,上海沿海钢铁运输主要由上海海运局承担。该局先后投入6 000吨级"林海"型铁木船和万吨级"森海"型铁木船,从事钢铁运输,改变了以往运载钢铁全赖3至5千吨级中小型货轮局面。1980年,上海港内贸钢铁进口量中含有从北方沿海港口,主要是大连港和天津港运进的153.9万吨。

80年代中期,上海海运局内贸钢铁年运量多年维持在100万吨上下,占该局国内货运量比重在2%~8%之间。是时,虽各地钢铁生产日益发展,1988年全国钢产量已达6 000万吨,但随着钢铁工业生产力布局逐步改变及上海炼钢所需生铁自运能力的扩大,上海沿海钢铁运量不增反减。上海海运局1988年国内沿海钢铁运量为85.5万吨,1989年为72万吨,1990年减至58.7万吨,占该局国内货运量比重尚不足百分之一。货物流向集中于大连—上海和天津(由新港和塘沽港出海)—上海两线。这一时期,随着改革开放政策的贯彻实施,从事上海沿海钢铁运输的企业,已由原先仅上海海运局一家发展至多家船公司,其中既有注册上海的,也有往来上海的外地航运企业。

1990年,上海港从北方沿海输入钢铁67.4万吨,主要来自天津港(34.9万吨)和大连港(31.4万吨);输往南方沿海港口的钢铁为44.1万吨。1992年,上海港共进港钢铁620.9万吨,其中20.2%来自北方沿海;出港钢铁396万吨,其中24.3%运往南方沿海。是时,上海有部分航运企业专为宝钢集团承运钢材产品。上海海联运输有限公司因参与宝钢集团成品出厂水路运输业务,成为该集团成品出厂主要承运商之一(业务范围含南北沿海及内河、长江成品运输)。并以安全、准时承运宝钢各类产品,连续多次被宝钢集团评为"优秀承运商"。1993年9月,宝钢集团与福建琯头海运公司共同投资成立福建省宝琯海运发展公司,并租用2艘海轮进行钢材成品出厂的沿海运输。1995年和1997年,又分别购置载重780吨和载重580吨的海轮各1艘,承运钢材成品。

1997年,中海集团成立后,其控股企业中海货运亦参加上海沿海钢铁运输。是时,该公司钢铁运输以东北、华北至华南地区为主。1999年,完成沿海钢铁运量105万吨,其中以南北航线运量居多,为88.63万吨。北方装货主要有大连、锦州、秦皇岛、京唐、青岛等港;南方到货主要有黄埔、妈湾、上海、赤湾、蛇口、汕头、海口等港。

2000年,上海港分别从北方沿海和南方沿海输入钢铁111.6万吨和41.6万吨;分别运往北方沿海和南方沿海钢铁45万吨和27.6万吨。

2000—2001年,由中国海员工会上海技术协会和浙江省机械进出口公司合作成立的上海浦东江联货运有限公司(成立于1994年),分别购进日本制造的二手杂货船"江联1"轮(载货吨为1.5万吨)和"江联2"轮(载重吨为8 700吨),为鞍山钢铁厂承运成品钢材。"江联1"轮定线行驶营口—广州航线,"江联2"轮定线行驶营口—上海航线,年总运力达40多万吨。2004年,由于船龄已到期,该两艘船舶强制报废。

"十五""十一五"计划期间,承担上海沿海钢铁运输的船公司大多为上海及外省市中小航运企业,年运量呈逐年增长趋势。其间,中海货运内贸钢铁年运量除2003年为128万吨外,其余年份均维持在数万吨至数十万吨之间。2010年,上海港共完成沿海内贸钢铁吞吐量2 424万吨,其中进港2 009万吨,出港415万吨。

三、金属矿石运输

20世纪70年代后期,上海沿海金属矿石运输主要由上海海运局承担。时该局金属矿石年运量徘徊于数万至数十万吨之间,除"南矿北调"外,尚有少量华北产的金属矿石经由秦皇岛港出海南运上海。1978年,上海港从南方沿海输入金属矿石74.1万吨,运往南方沿海金属矿石35.1万吨。

进入80年代后,钢铁企业遍布全国各省区。在地区平衡的情况下,经上海水陆联运的中转金属矿石基本终止。除接卸国外进口铁矿石外,国内沿海金属矿石货源日益减少。上海海运局当时的金属矿石运输货源只剩下国内海南矿与外贸进口矿。海南矿发运港在海南岛八所港,海上通道分2路:一路海运经湛江港转铁路供西南、中南各钢厂;另一路海运北上,分别运至上海港、青岛港、秦皇岛港、大连港,再转至相关钢厂。其中运到上海港的供上海各钢厂,进长江的供梅山钢铁厂等沿江钢铁厂。

图3-2-7 1982年宁波北仑港矿石中转码头投入试生产

(照片提供:中海集团宣传部)

1982年底,上海宝山钢铁总厂重要配套工程——宁波北仑港矿石中转码头工程竣工验收并投入试生产。上海海运局开始承担由北仑港中转澳大利亚进口铁矿石的海江直达运输,1985年,该局金属矿石运输开始走出低谷,年运量从1984年的3万多吨,回升到近70万吨。是年,上海港由南方沿海输入金属矿石125.2万吨,运往南方沿海金属矿石31.6万吨。1987年,上海海运局沿海金属矿石运量有较大幅度突破,达274.9万吨,在货源构成上,99.66%是转运外贸进口矿,即将澳大利亚进口铁矿石由宁波北仑港区运至上海宝山钢铁厂和梅山钢铁厂,或海进江直达南通、镇江等地,而同期国内所产矿石运输只占极小比重。1990年,上海港进港金属矿石987.4万吨中,有30.7%来自南方沿海港口,其中主要是从宁波港转运来的外贸进口铁矿石195.8万吨和从海南八所港运入的铁矿石57.1万吨。

90年代,上海长航在上海注册全资子公司上海华泰海运公司(以下简称华泰海运),也积极加入铁矿石江海联运,取得显著成效。1995年,该公司已拥有各类干散货海轮17艘,海运运力共计27.4万吨,占其总运力的1/3,形成具一定规模的海运船队。主要经营由宁波北仑港转运至长江沿岸各大钢厂的矿粉运输。当年共完成海运量736.7万吨,货物周转量25.4亿吨海里,分别比上年增长28.4%和45%。是年,上海港因从宁波北仑港转运的进口矿石大量增多,共从南方沿海输入金属矿石1018.2万吨,其中仅从宁波港输入的就达928.8万吨,超过了当年的外贸金属矿石进口量。1998年11月,上海长航在承运北仑港到马鞍山钢铁厂铁矿石的同时,为不让回船空放,成功开辟芜湖—宁波北仑的水泥熟料运输线,从而成功组织江海直达对流运输。1999年,该公司加大海拖海驳改造力度,投入两条新海驳,加入北仑至马鞍山钢铁厂专线运营,使船舶效率得以充分发挥。同年11月20日,该公司万吨级“江洋”轮装载从北仑港转运的2万吨巴西球铁矿,成功靠泊江苏沙钢集团新建深水码头,在营销和拓展市场货源上再次取得新进展。从1999年12月至2000年1月,上海长航相继投入9艘船舶,承运由北仑港中转进江的进口铁矿,总量超过100万吨。至此,北仑进江矿石运量占该公司年海运量55%,占全年货运量超过38%。

同一时期,由中海货运承担的从海南岛八所至上海等地的金属矿石运量有所增长。1999年从八所港运至宝山码头28万吨,运至上海32万吨,运至连云港8万吨,运至南京10万吨,运至南通32万吨,运至青岛16万吨,运至天津1.5万吨。2000年和2001年,运输海南矿分别达280万吨和228万吨。

进入21世纪后,中海货运和上海长航的沿海铁矿石中转业务都有新的发展。铁矿石运输已成为中海货运内贸运输中除煤炭外,最主要的一项干散货运输业务。随着铁矿石进口量逐年增加,该公司的二程中转运量也有较大幅度提升,2001年共完成547万吨,其中为宝钢集团承运铁矿石268万吨,成为宝钢集团进口铁矿石二程运输的主要供应商。在承担进口铁矿石中转运输的同时,该公司继续承运海南矿,年运量稳定在200万吨以上。华泰海运2001年的铁矿石中转运量已突破1000万吨大关,达1074万吨,比上年净增210万吨,增幅达24.45%;其中,为宝钢集团承运铁矿石268万吨。自1990年开始承担北仑进江矿石运输起至2001年,年运量由当初的16.6万吨,发展到1000万吨以上,12年增长约65倍。沿海及进江铁矿石转运已成为该公司最为重要的主营业务。

2002年,中国铁矿石进口量达1.12亿吨,创历年最高水平(及至当时)。宁波、上海、青岛三大港口的铁矿石接卸量为7946.4万吨,占沿海主要港口的57%。是年12月,宝钢第三期工程重要配套项目,位于嵊泗县的马迹山矿石中转港码头竣工,是为当时亚洲最大规模的矿砂中转港,主要承担宝钢进口铁矿石中转业务。该码头拥有25万吨级卸船泊位1个,3.5万吨级装船泊位1个,年吞吐能力2000万吨以上(2004年,马迹山矿砂中转港实际完成吞吐量2530万吨,超过年吞吐2000万吨设计能力)。由此,使上海沿海铁矿石二程中转运输量明显上升。是年,中海货运共完成沿海金属矿石运量1100多万吨,其中,从北仑港运至宝钢码头213万吨,运至上海7万吨;从福州运至上海18万吨;从绿华山运至宝钢码头43万吨,运至上海45万吨;从马迹山运至宝钢码头130万吨。

2003—2004年,国内进口铁矿石二程中转运输量继续大幅上升。2003年,沿海主要港口共接卸进口铁矿石1.41亿吨,2004年接卸量达2.02亿吨,增长38%。受进口铁矿石集中到港、铁路疏运能力不足和矿石价格波动、贸易矿压港囤积等原因,宁波港、青岛港、湛江港、秦皇岛港、烟台港等多个主要铁矿石接卸港出现压船、压港现象。国内进口铁矿石二、三程中转运输运力紧张,运价上扬。2004年底,北仑至上海、南通的运价指数分别报收于1348.54点、1453.28点,较上年同期分别上涨24.9%、17.5%。

2007年,中海发展与宝钢集团签署国内、国际铁矿石包运合同,其包括两部分内容:第一部分为国内沿海铁矿石运输,自2007年4月1日起至2010年3月31日止,运量约为每年600万吨;第二部分为国际进口铁矿石运输,合同期自2010年始,为期15年。同年,随着大连、营口、日照、湛江、防城等港铁矿石专用码头的投产，进口铁矿石被分流到各港，二程中转量下降。在唐山港曹妃甸港区铁矿石码头投产后，其进口接卸量加上大连、营口港的进口接卸量，基本可满足东北和华北地区钢厂的进口铁矿石需求。原先需通过天津港、青岛港海运转往这些地区的二程矿运量也相应减少。

2008 年，上海浦远船舶有限公司在浙江嵊泗县投资建成绿华山海上散货减载平台。可分别靠泊 20 万吨级大型散货船和 5 000 吨级以上接载船，为上海和长三角地区各大钢铁企业提供进口铁矿石减载和二程运输服务。

2010 年，因矿运船舶趋于大型化，进口铁矿石一般集中在大型码头卸载，再通过小型船舶转运至沿海其他港口及长江内港口，致使金属矿石二程中转量又有明显增加。中海货运加大北上矿石揽货力度，通过与客户沟通交流，充分利用船舶空放时机，装运二程矿北上，提高船舶运输效率。仅当年 5 月份，就装运铁矿石 129.36 万吨。为及时协调装港船舶进靠，当月该公司派出三批疏港人员赶赴现场，每天向港口调度了解排船计划，通过沟通协调，促进船舶早靠早离，全年共完成沿海金属矿石运量 1 468 万吨。是年，上海港共完成沿海内贸金属矿石吞吐量 2 844 万吨，其中进港 1 806 万吨，出港 1 038 万吨。

四、建材运输

1978 年，上海宝山钢铁总厂等单位土建工程需要大量黄沙。是时，黄沙主要产地为山东烟台、青岛等地，且产量逐年提高，货源充沛。上海海运局为满足上海各大企业基本建设需求，及时投入运力，承运山东运沪黄沙。由于上海港口接卸能力跟不上，一度出现压船等卸现象。个别船舶停港时间甚至长达 250 多小时。当年，上海海运局沿海建材运量完成 313 万吨，其中通过海运调入上海市的黄沙有 180 多万吨，占 57%，黄沙运量中以烟(台)申线为多，达 121.9 万吨。

20 世纪 80 年代前期，沿海建材运输仍保持升势，上海海运局年运量一般在 300 万吨以上，最高时的 1983 年达到 447.3 万吨，占该局沿海总货运量的 11%，成为仅次于煤炭、石油的第三大类大宗货源。建材结构仍以黄沙为主。1983 年，仅由山东沿海运至上海的黄沙就有 250 万吨。其中龙口—上海 50.96 万吨，威海—上海 2.31 万吨，烟台—上海 148.84 万吨，青岛—上海 46.98 万吨。除北方的黄沙外，南方的福州在 80 年代也有河沙运沪，年运量约数万吨。

80 年代后期，沿海建材运输量逐渐回落，主要是黄沙运量下降。至 1990 年，因国民经济实施“治理整顿”，压缩基建规模，加之山东黄沙货价偏高，在上海市场竞争力不强，致北方沿海黄沙运沪量大幅走低。是年，上海港分别由南方沿海和北方沿海输入矿建材料 109.1 万吨和 51.2 万吨。上海海运局当年内贸建材运量仅 33.16 万吨，为上年的 35%；与年运量最高的 1983 年相比，仅及其 7%。“八五”计划期间，上海市政工程建设进入高潮，加之浦东新区大规模建设，以及旧城区改建，需大量矿建材料，使矿建材料一举成为上海港货物吞吐继煤炭、金属矿石之后第三大货种。1995 年，上海港共完成内贸矿建材料吞吐量 1 820.4 万吨。在进港矿建材料中来自南方沿海 229 万吨，含舟山港 71.3 万吨，福州港 21.3 万吨、泉州港 15.6 万吨；来自北方沿海 49 万吨，主要含烟台港 47 万吨。

80—90 年代，上海海运局沿海木材运输主要是承运大连—上海木材，年运量在数十万吨。为适应连申线木材运量增长需要，上海海运局特从日本选购 5 艘 6 000 吨级大舱口木材专用船“林海 1、2、3、4、5”轮，先后投入该线运营。随后又将大连船厂建造的万吨级“森海”型铁木船，投入连申线木材运输。但该类型船货舱大，一次可装运木材 7 000 立方米左右，抵沪卸货时，港口接卸能力有限，船舶难以正常周转，只试运数航次，即改用于运煤。其间，木材成组运输在历经波折后，取得较快进展。木材自林区起即成组装车，直至到上海港成组卸货。在试行小型成组运输成功基础上，上海海运局“勤奋 24”轮由大连首载 4 000 余吨大型成组圆木抵沪，由上海港务局采用门机和桥机接关工艺卸载成功。1988 年，由上海港务局研制成新型卡环式木材成组装卸工具，在连申线上进行成组圆木装卸试验，取得较好效果。1990 年，连申线木材运量为 10.4 万吨。

1995 年，由长航集团、新加坡亿福私人投资有限公司、上海建材工业投资有限公司三家法人单位共同投资的上海长新船务有限公司成立后，主要从事长江和沿海散装水泥运输。1996 年，该公司从日本引进 8 000 吨级“长新 101”轮，投入营运后，第一年完成水泥运量 10.5 万吨，1998 年上升到近 39 万吨。当年下半年，又从韩国购入“长新 102”轮投入营运，使得水泥运量再次提升。该两轮设备工艺先进，技术状况良好，设有全封闭内胆型货舱，装卸效率分别达 450 吨/小时及 350 吨/小时，是当时国内最大载重吨位的机械自卸式散装水泥海轮，同时公司还置有一艘小吨位水泥罐船。1999 年，其水泥运量近 60 万吨。2000 年因水泥市场波动，运量跌至 46 万吨。是时，其水泥起运港主要为日照、秦皇岛，沿海与长江航线比例约为 6∶4，正常年份运输量在 70～80 万吨。2002 年后，该公司添置 2 艘 800 吨级气械式散装水泥专用海轮，并投入上海洋山深水港工程建设。至 2005 年，全国水泥市场总体下滑，且幅度较大。该公司主要起运港秦皇岛和日照受价格因素影响，水泥大量外销，迫使货主将采购点移向长江和浙江等地，而这些地点水路大多仅限小船通行，导致该公司货源失去保障，船舶经常长时间等货待泊。2006 年，“长新 101”轮被强制报废，“长新 102”轮亦进入特别检验期，该公司被迫退出水泥运输市场。

进入 21 世纪后，上海沿海建材运输多由上海和外省市中小航运公司承担。中海货运等大型企业则较少参与该类货物运输。2001 年，中海货运共运输沿海内贸矿建材料 17.93 万吨，其中由福州运至上海 14.93 万吨，由三都澳运至上海 1.77 万吨；运输沿海内贸木材 1.38 万吨，其中由大连运至上海 7 405 吨。2005 年，该公司仅参与沿海木材运输，由湛江和防城两港运至山东日照木材 34.23 万吨。2009 年，中海货运基本未参加沿海建材运输。

2010 年，上海港共完成沿海内贸矿建材料吞吐量 161 万吨，其中进港 155 万吨，出港 6 万吨；沿海内贸水泥吞吐量 8 万吨，均为进港；沿海内贸木材吞吐量 23.1 万吨，其中进港 23 万吨，出港 0.1 万吨。

五、原盐运输

20 世纪 80 年代，上海沿海内贸原盐以供应上海市工业用和民用为主，主要由上海海运局承担运输。针对散盐运输中亏吨率大的质量问题，该局与各港口、货主单位多次召开专门会议，研究解决办法，并将全面质量管理的科学理论和方法运用于散盐运输全过程。在天津—上海和连云港—上海盐运线上都成立了由产、供、销、港、航部门组织的联合质量管理小组，加强盐运管理，促进海上盐运质量提高。

1986 年，上海海运局散盐运输亏吨率降至 1.16％，成为历史最低点。1989 年，该局共运输内贸原盐 131.43 万吨，多来自北方港口。其中，新港—上海 49.74 万吨，塘沽—上海 3 950 吨，龙口—上海 33.35 万吨，威海—上海 17.49 万吨，烟台—上海 5 950 吨，青岛—上海 18.5 万吨，连云港—上海 9.75 万吨。

1988年,全国用盐分配比例为:食用盐占46.04%,工业用盐占50.36%,农、牧、渔业用盐占0.72%,外贸出口盐占2.88%。上海地区以工业用盐所占比例最大,主要供应上海天原化工厂、吴泾化工厂等化工厂家,部分转运去浙江省衢州化工厂。翌年,上海海运局共运内贸原盐131.43万吨,其中新港—上海4 973吨,塘沽—上海3 950吨,龙口—上海33.35万吨,威海—上海17.49万吨,烟台—上海5 950吨,青岛—上海18.49万吨,连云港—上海9.75万吨。是时,河北芦盐主要由新港下海;山东鲁盐主要由青岛、龙口、威海等港下海;江苏淮盐主要由连云港下海。

90年代后期,中海货运接替上海海运(原上海海运局),参与沿海内贸原盐运输。1999年,该公司原盐运输主要由北方港口运至南方港口。其中从莱州港运至防城4.9万吨,运至广州5.9万吨,运至新会9 150吨;从天津运至黄埔1.4万吨。

进入21世纪后,上海港内贸原盐吞吐量呈逐年递减趋势,从2000年的83万多吨降至2010年的31万吨(其中沿海内贸为25万吨)。其间,沿海原盐运输多由外省市航运企业承担。中海货运仍承运部分外港间盐运,主要流向为莱州至防城、广州、新会以及天津至黄埔等,年运量在数万吨至十余万吨之间。

六、液体化学品运输

20世纪70年代,上海海运局“大庆7”轮(1 500吨级,由美国登陆艇改装而成)曾往来南京、上海间装运苯,是为上海早期液体化学品运输,持续一年多时间。该轮为普通油轮,密封性能差,防火、电气设备落后,而装运液化产品需要洗舱、测试,进行严格设备检查,装载要求高,危险性大,故船员在装卸货时不能用明火做饭,只能食用一些备用干粮。

80年代前期,随着我国石化工业发展,进出口液体化学品运输增多,上海地区承担液体化学品运输的上海海运局所属海兴公司为此先后从日本购买一批液体化学品专用船,分别命名“化运1～5”轮,主要从事近洋液体化学品运输。1988年12月,上海海运局与中石化所属上海石化联合组建金海船务公司。上海海运局以所属“化运3”轮作为部分股金,参与营运。该轮后改名“金海联”轮,为金海船务组建初期唯一运输船舶。金海船务为国内第一家专门从事散装化学品国际、国内运输的轮船公司,也是上海地区首家散装液体化学品运输专业公司。鉴于液体化学品为一种高危险性和高附加值商品,具有密度范围大、容易燃烧、毒性大、易污染海洋环境等性质,对航运安全、环境保护、货品质量要求很高,需要船公司具有科学合理、管理严格的运输船队,故80—90年代,上海地区只有极少数企业从事该项运输。

2004年,交通部为引进国外化工物品运输公司先进技术和资金,特许中外合资船舶运输公司从事中国国内港口之间化工品运输活动,并授权上海航交所在沪组织开展该项目招标工作。是时,共有24家中外企业组成10家投标联合体参与投标。经过资格审查和专家评标,交通部确定5家中外联合体为中标人,分别为海南中化船务有限责任公司和思多而特运输集团有限公司、上海东展油运有限公司和奥德费尔股份有限公司、大连远洋运输公司和小可由油轮株式会社、中国北方工业公司和万邦航运控股有限公司、南京扬洋化工运贸有限公司和东京MARINE株式会社及第一油船株式会社。中标的中外合资船舶运输公司陆续参与国内化工品水路运输,推动了国内沿海化工品水运建立统一开放、竞争有序的市场体系,也为中国石油化工行业及其他相关行业的发展提供了方便、快捷和安全的配套运输服务。同时,对提升我国沿海化工品水运服务水平,吸引原有国外港口化工品中转量向中国港口转移起到积极促进作用。

2004—2005年,上海地区先后成立多家各种资本类型的液体化学品运输公司,经营沿海液体化学品运输。2004年3月,上海鼎衡船务有限公司成立,经营和管理化学品船14艘,从事国内沿海和国际化学品运输。2005年9月,经交通部特许招标并批准成立的上海中化思多而特船务有限公司在上海举行开业典礼。同年12月,大连远洋运输公司和日本小可由油轮株式会社,在沪成立上海中远小可由船务有限公司(因两家公司的优势,亦吸引日本邮船株式会社加入其中,遂由三家公司共同组建)。日本小可由油轮株式会社拥有5艘载重吨位在1 000吨至3 500吨的化学品船,在与中国客户长达30余年合作中,已积累了中国沿海散装液体化学品航运方面丰富经验。同年成立的还有奥德费尔东展航运(上海)有限公司,其新建化学品船/油船1艘,3 845载重吨,取得上海海事局签发的化学品船、油船符合证明,从事国内沿海、长江中下游液体化学品运输。

2007年7—11月,上海中化思多尔特船务有限公司先后投入使用"新乐3"轮和"新乐4"轮两艘新建化学品船(载重吨均为3 697吨),从事沿海液体化学品运输,其客户包括上海赛科、上海巴斯夫、中海壳牌和南京扬子巴斯夫等知名液体化工企业。2008年,上海市交通运输和港口管理局同意上海中远小可由船务有限公司购置"天都峰"轮(3 191载重吨)从事国内沿海及长江中下游散装化学品运输;并同意其在国内新建化学品船2艘,共6 400载重吨,从国外购置化学品船1艘,3 600载重吨,投入国内沿海及长江中下游各港间化学品运输。同年12月,交通部批准上海中化思多而特船务有限公司,购置有国内经营资格的化学品船2艘,共7 733载重吨,从事国内沿海、长江中下游及珠江三角洲各港间化学品运输。是年底,中船重工与新加坡万邦集团合资经营的上海中船重工万邦航运有限公司成立,主要从事中国沿海和长江流域化学品运输业务。2010年4月,经交通部同意,上海市交通运输和港口管理局注销上海中远小可由船务有限公司国内水路运输经营资格。

图3-2-8 上海中化思多而特船务有限公司"紫丁香"轮

(摄于2009年7月,照片提供:上海新航信息科技公司)

2010年7月26日,上海中化思多而特船务有限公司所属船舶"紫丁香"轮,圆满完成由上海亨斯迈聚氨酯有限公司托运的国内第一个内贸航次二苯甲烷二异氰酸酯(MDI)的散装海运。由于该类货物品质管控的高难度和人员防护的特殊性,上海傲兴国际船舶管理有限公司专门派遣经验丰富的海务船长随船,对运输及装卸作业进行全程监控和指导。该货物内贸船运的成功,填补了国内散化海运在散装液体异氰酸酯(MDI/TDI系列产品)方面的技术空白,也为国内各大化工企业在托运此类货物时增加了散装海运选择。

同年,金海船务历经20多年发展,在国际、国内运输中已承运过纯苯、丙烯腈、对二甲苯、乙二醇、甲醇、乙醇等一百多种液体化学品货物,成为驻沪主要液体化学品运输企业之一。在实现大陆和台湾"三通"过程中,其所属船舶成为第一艘靠泊台湾港口承载运往大陆化学品的大陆船舶。

至2010年底,上海沿海液体化学品运输仍由多家水运企业参与经营,其中比较知名的有金海船务、上海中化思多而特、上海中船重工万邦航运等；经营区域以华东、华南区域内运输和南北运输为主；货物种类以烧碱、甲醇、乙二醇、硫酸、对二甲苯、冰醋酸、苯乙烯和盐酸等居多。是时，国内化工产业布局中，华北、华东为初级化工品生产主要地区，华东、华南为化工品精加工和消费主要地区。上海和华东地区液体化工品产能集中，约占全国总产能的45%，需求约占全国总需求的60%，成为主要液化品船运输区域；华南地区产能仅占全国10%，而需求占全国总需求的20%，也是主要液化品船运输区域；华北地区产能占全国30%，需求仅占全国总需求15%，成为主要液化品船运出地。同时，进口液化产品的二程分拨量在内贸水运量中也占有一定比重。主要中转港口有华北的大连、岚山港，华东的宁波、舟山、上海、太仓以及华南的珠海、广州、东莞等。

七、杂货运输

20世纪70—80年代，上海与沿海各港口间物资交流日益频繁，日用百杂货往来运输发展较快。北方沿海航区主要有上海—大连、上海—天津(塘沽)和上海—青岛百杂货运输线；南方沿海航区主要有上海—温州、上海—福州、上海—厦门等百杂货运输线。其中，北方沿海3条百杂货运输线年运量可达10万吨左右。

80年代初，各地落实农村经济责任制，养蜂业兴起，北方沿海蜜蜂运输量猛增。按以往惯例，蜜蜂海运季节性强，每年11月份以后，海上寒流频繁，沿海船舶一般不再装运蜂箱，由北及南的蜜蜂，由铁路承运。但1980年冬令开始，直至1981年冬，由于铁路运力不足，海上运费又相对较低，海上蜂运任务持续不断。是时上海地区海上蜜蜂运输主要由上海海运局承担，该局为满足养蜂单位需求，即使在冬令季节，仍尽量腾出运力装运蜂箱。在海上风大浪急气候条件下，轮船甲板上浪，蜂箱、蜂具很容易被卷入海中造成货损。为保障蜂农与承运船舶经济利益，中国人民保险公司经与交通部商定，从1982年4月开始，试办国内沿海蜜蜂运输保险业务，对已投保蜜蜂、蜂具在运输过程中凡“由于海浪、暴风、暴雨袭击船舶舱面，以致蜜蜂淹死，蜂具、蜂箱遭受损毁或卷走”时，由保险公司负责赔偿。上海海运局要求参加蜂运各轮，对已投保蜜蜂、蜂具，在运输过程中仍要贯彻执行“安全质量第一”方针，尽可能避免货损事故发生，使蜂运得以顺利开展。

90年代初，上海海运局百杂货船往来上海与沿海各港间，承运各种日用杂货，1990年，该局由上海运往大连货物计13万余吨，除少量钢铁、粮食、非金属矿石外，大都为百杂货；由上海运往烟台货物1.3万余吨，多为百杂货；由上海运抵青岛货物共3.8万余吨，也多为百杂货；由上海运抵宁波百杂货1.03万吨；由宁波运抵上海百杂货1.57万吨；由上海运抵温州日用百杂货5.72万吨；由温州运抵上海土产、百杂货2.93万吨；由上海运至马尾日用百杂货1.28万吨；由马尾运至上海百杂货7 711吨；由上海运往厦门日用百杂货2.31万吨；由厦门运往上海百杂货1.09万吨；由上海运至黄埔百杂货3.26万吨；由黄埔运至上海货物1.26万吨，多为百杂货。

此后，随着集装箱运输的快速崛起，传统件杂货运输逐渐被集装箱运输所取代。

1992年后，上海部分航运企业开始尝试整船运输汽车和整机运输大型机械。是年3月，上海海运局以多用途船“新和”轮满载150辆桑塔纳轿车由上海驶抵大连港，是为该局首次整船运输轿车。1996年11月，振华船运6万吨级专业运输船“振华3”轮，装载6台大型集装箱起重机，首次运往青岛港。该自航式整机运输船，抗风浪能力强，航行平稳，运载过程中起重机无须特殊加固。

1998年3月，中海客轮经营的由荷兰建造的大型豪华客、车滚装轮“棒棰岛”轮投入申连航线

(上海—大连)营运。当年月载车量超过6 000辆。

2000年,中海集团沿海杂货运输,分别承运车辆17万辆、机械设备及电器等杂货681万吨、轻工医药产品14万吨。

2007年9月5日,驻沪航运企业中海汽车船运输有限公司与海马汽车公司签订长期运输合作协议。当日,该公司汽车滚装船"中海高速"轮,首次停靠海口秀英港,装载1 070辆海南马自达公司最新生产的轿车直运天津。此前,海马汽车公司向华北等地运输,主要通过铁路和公路完成。"中海高速"轮,是悬挂五星红旗航行国内沿海的纯汽车滚装船,有10层车载甲板舱,最大运力3 292车位,船舶技术装备先进、船速快,是当时挂靠海口秀英港的最大汽车滚装船舶。汽车滚装运输与其他运输方式相比,具有品质高(颠簸小、货损小、车壳击伤划痕少等)、成本低等优点,适合长距离运输。

2008—2010年,上海江联海运有限公司、上海安吉物流公司等航运企业在杂货运输中取得较快发展。其中,上海江联海运有限公司筹资建造的5 300吨级特种甲板货船"江联兴"轮和"江联旺"轮可专业运载超长、超宽、超重钢结构大件,主要承运上海振华重工生产的龙门吊、江阴澄西船厂超长超大钢结构、中海油的钢结构钻井平台、海底油管及相配套的设备等。安吉物流拥有年均400万辆商品车运输服务能力,约占国内整车运输市场35%的份额,2008年实现汽车运输量220万辆,为当时中国最大、并居世界前列的专业汽车物流企业。2010年,该公司海上汽车运输辟有上海—烟台—天津—营口、上海—东莞、上海—大连(每周三班的班轮航线)、上海—天津(每周三班的班轮航线)、大连—上海—东莞(南沙)—上海—大连(每周三班的班轮航线)、东莞(南沙)—上海—天津—东莞(南沙)(每周三班的班轮航线)等多条汽车运输线。

表3-2-4　2010年上海港沿海内贸货物吞吐量统计表　　单位:万吨

货物分类	进港	出港	合计
煤炭及制品	6 510	34	6 544
石油天然气及制品	923	109	1 032
金属矿石	1 806	1 038	2 844
钢铁	2 009	415	2 424
矿物性建筑材料	155	6	161
水泥	8		8
木材	23	0.1	23.1
非金属矿石	72	0.8	72.8
化学肥料及农药	1	4	5
盐	25		25
粮食	33	9	42
机械、设备、电器	243	256	499
化工原料及制品	121	113	234
有色金属	1	0.2	1.2

（续表）

货 物 分 类	进　　港	出　　港	合　　计
轻工，医药产品	35	5	40
农林牧渔业产品	16	1	17
总计	11 981	1 991.1	13 972.1

资料来源：《上海港口统计年鉴》(2011)

第三章　客　　运

改革开放初期，往来上海进行工作交流、经商以及旅游人员增多，上海沿海客运日趋兴旺。“六五”计划期间，上海海运局客运量平均每年递增10.6%；旅客周转量平均每年递增9.7%；客运量最高的年份1984年达到485.5万人次。五年内新增客货轮11艘，增加载客能力54.8%。

1980年，中断30多年的上海—香港客班航线（该航线详情见本篇第四章沪港台间运输）恢复通航，继而又新辟和恢复上海—福州、上海—广州、上海—厦门等直达定期客运航班。至80年代后期，以上海为起讫港，已辟有申连（上海—大连）、申青（上海—青岛）、申甬（上海—宁波）、申瓯（上海—温州）、申榕（上海—福州）、申厦（上海—厦门）、申港（上海—香港）、申穗（上海—广州）8条沿海客运干线，年客运量370余万人次。同时，上海与浙江之间地方客运亦取得较快发展，先后恢复和新辟上海至定海、海门、沈家门、岱山、普陀山等地短途客运航班；并兴办沿海短途快速客运业务，先后开辟上海（芦潮港）—宁波、上海（芦潮港）—普陀山等快速客运航班。

为促进沿海客运业务发展，上海海运局等单位不断改进和提高客运服务质量。全国劳动模范、特级服务员杨怀远全心全意为旅客服务的“小扁担精神”得到广泛发扬。上海—大连客运航线多次被交通部评为“文明客运航线”；上海—香港客运航线及“上海”“海兴”“长自”“长锦”“荣新”等一批客轮也先后获得“文明客运航线”和“文明客船”称号。

进入90年代后，上海沿海客运因受铁路、公路、航空运输快速发展影响，客源被明显分流，以年均20%的速度下降，沿海客运市场趋于萎缩，客运干线自南向北逐年撤退。至2001年3月，上海至广州、香港、厦门、福州、温州、青岛、宁波、大连等客运航线相继停航。

2004—2010年，上海沿海客运跨省航线尚存吴淞—岱山—普陀山、吴淞—定海、芦潮港—定海、芦潮港—普陀山、芦潮港—大、小洋山、芦潮港—岱山等短途客运或旅游航线。

第一节　客 运 航 班

一、沿海干线

【申连线】

1978年11月1日起，经交通部同意，上海海运局申连线（上海—大连）客运航班实行天天班，由

图3-3-1　20世纪80年代繁忙的上海沿海客运
（照片提供：中海集团宣传部）

5艘客货轮对开。上海、大连港每天有1艘客轮对发载客。客船在两港停泊时间各为23小时。实施这一运行方案后，上海开船时间早，旅客赶船不便；船抵大连时间晚，影响旅客及时转乘东北班车。1979年5月1日，为方便旅客旅行，上海海运局在该线实行6艘客货轮开航，每船6天往返1次，并对客货轮发航、到港时间作调整：申—连、连—申单程航行均为36小时，两港各停泊36小时。运行调整后，是年申连线客运量比1978年增加13.2万人次，增长39.8%。

1983年，沿海客流量猛增，上海海运局增加大量临时载客定额，超定额运送旅客，上海—大连航线每艘客轮均使用两个货舱装运400名散席旅客。1984年，沿海客运票价调整提高，该线小商小贩等流动人员有所减少。1985年夏秋高温酷暑，上海乘船去大连、青岛旅游旅客骤增，申连线第三季度客运量较上年增加约15%。上海海运局除以6艘“长”字型客轮实行天天班外，增开机动客班船，满足该线客运需要，避免积压旅客。是年，申连客运航线被交通部和中国海员工会命名为“文明客运航线”，成为全国水运系统唯一获此荣誉的客运航线。

1989年，受调整客票价格等因素影响，旅客逐月减少。是年，申连线客运量为64.4万人次，比上年下降12.76%。

1990年，申连线客运量为58.67万人次，其中由上海发送大连旅客30.13万人次，由大连发送上海旅客28.54万人次。

1995年，申连线客运量为38.52万人次。

1998年3月22日，中海客运开通上海—大连客滚船航线，由“棒棰岛”轮从上海汇山码头首航大连。该轮为中海集团下属大连海运投资4.6亿元人民币，从荷兰引进的当时国内最大、最先进的豪华客/车滚装船，可载重1.5万吨，载客1160人，时速达到20海里，从上海到大连仅需34小时。航线开通后，对南北两地经济发展和地区繁荣，以及上海航运中心地位确立起到积极推动作用。之后，该公司又投入“海洋岛”轮参与连申线车客运输。该轮于当年7月26日起一度停开，12月4日恢复通航。

同年，上海亚通股份有限公司从瑞典购进1艘二手客滚船“崇明岛”轮，经整修后于当年7月投入上海至大连客运航线运营。因航程时间长，加之船龄老，营运成本高，投入营运后一直处于亏损状态(2003—2004年该轮每年亏损达750万元)，遂于2005年初停运。

2001年2月，因国内公路、铁路、航空加速发展，走水路的旅客越来越少。申连线由上海开出的“长”字型客轮一个航次仅载旅客123名，占此型客轮载客量不到百分之二十，亏损严重。自是年3月1日起，该航线正式停航。至此，中海客运从上海开往外埠的海上客运干线已全部停航。该航线停航后，大连港客运航线主要聚集在环渤海湾的威海、烟台、蓬莱、天津等几个港口。

【申青线】

1978—1983年，申青客运航线(上海—青岛)年客运量由2.1万增至5.3万人次。1984年，因沿海客运票价大幅调整提高，小商小贩等流动人员减少，春节期间申青线客流量大幅下降，上海海运局为节日运输准备的足够运力未能全部用上。是年，该线客运量降至4万余人次。

1985年，农村剩余劳动力外出打工人数增多，城乡个体经商产供运销兴旺，当年夏秋季又值高温酷暑，旅游避暑人员增多，申青线客运出现前所未有高峰，客流量比上年增加9.6%。为此，上海海运局增派一艘客轮支援申青线，班期由原3天2班改为4天3班。1986年，沿海各线客流量普遍下降，但申青线客运量上升，全年为52.3万人次，较上年增加1.6%。其中第三季度进入旅游高峰后，由上海北上青岛旅客比上年同期增加7.7%；而第四季度从北方到南方旅游人数也比上年同期增加8.1%。由于该航线客流量增加迅猛，上海海运局临时抽调“长力”“长征”两艘大型客轮加班疏运旅客。

1988年第一季度，因上海“甲肝”传染病流行，进出上海港旅客减少，申青线客运量较上年同期下降25.1%。

1989年9月，沿海客运票价调整，抑制了以往出现的旅游热，各航线自费旅游和探亲访友人员减少。但申青线年客运量并未下降，达39.2万人次。1990年，申青线客运量维持在39.1万人次，其中青岛往上海旅客比上海往青岛旅客多1.58万人次。

1990年起，因陆运（火车、汽车）和空运快速发展，沿海客源开始明显减少，申青线客运量迅速萎缩。1995年后，申青线客流量愈发减少，营运严重亏损，被迫于1996年1月停运。

2000年暑期，沿海客运出现短暂高峰。中海客运上海分公司将封存客船启封投入运营。其中，长柳轮于7月1日投入申—青线运输，实行3天班，当天到当天开。是为该线临时性复航，不久后即停驶。

【申甬线】

20世纪70年代末至80年代初，申甬线（上海—宁波）客流量增长迅猛，旅客购买客票困难。1980年和1981年春运期间，行驶该线的上海海运局“工农兵3”（原“民主三号”）、“工农兵14”（原“民主十四号”）两轮采用“一铺两用”高峰定额运客；“工农兵18”（原“民主十八号”）、“工农兵19”（原“民主十九号”）两轮载客率也分别达到119.1%和130.7%。上海海运局以7 000吨级“长”字型客货轮加班申甬线，首次停靠宁波镇海港区。

1983年，上海海运局将申甬线上每艘客轮增加散席客位300～400人，增加客位占正常定额30%～50%。是年春节、暑期客运时，该局还抽调5艘“长”字型客轮，轮流参加申甬线客运。

1985年，上海沿海客运量出现前所未有高峰，月月超过1984年同期客运量，尤以申甬线旅客增加为多。为此，市政府发出指示，要求加强申甬线客运能力、解决旅客买票难、乘船难问题。上海海运局为适应该线客运量日益增长需要，抽调“盛新”“贺新”两艘客货轮，同原在申甬线上航行的两艘客货轮实行早、晚双班对开。但此后出现早晚班客流量不平衡，早班轮载客不足，通常只有四五百人，占客轮定额50%左右；大多数旅客喜欢乘晚班船，包括因公出差人员和旅游者，因白天可在两港办事、游览，晚上乘船睡觉，节省时间和精力。上海海运局在调查分析上述情况后，分别与上海、宁波港务局协商，适当调整运行组织和客轮班期。1990年3月1日起，申甬线早班船改为晚班船，两个晚班改为晚一班和晚二班，受到旅客欢迎。与上年同期相比，早班船改为晚班船后8个多月，多完成客运量8.8万人次。是年，申甬线共完成客运量146.8万人次，其中申—甬73.1万人次，甬—申73.7万人次。

80年代后期，上海至宁波客运航线上新增快速新颖的小型客轮“甬兴”轮。该轮是由挪威建造的铝合金双体客船，造于1985年，可载客312人，航速32节，轮机系全自动操作。船上客舱分为上下两层，设上舱、下舱、特等舱三种座位，设施设备先进。该轮由中外合资宁波花港有限公司经营。1987年2月5日，首航申甬线。从宁波小港码头至上海南汇县芦潮港码头，航程55海里，航时仅2小时左右。

1990年11月，宁波海运公司“天一”轮(原“浙江603”轮)开通甬申线运营，中途弯靠镇海。1993年，该航线一天往返船舶多时可达10艘，一般也有4至5艘，年客运量在120～130万人次。

1998年8月31日，由上海港、福州港及上海海客实业公司三家联手，共同开辟上海—宁波—福州周班、上海—宁波周末班航线。是为国内首次由港航共同经营沿海客货班轮航线。航方和港方运用各自优势及多年积累的经验，大胆经营，拾遗补缺，为繁荣地区间经济、文化交流，方便市民出行及旅游提供了良好服务。上海—宁波—福州周班航线，周一晚上7点30分从上海开船，周二早晨7点抵甬；上下客及进行必要补养后，8点即开福州，周三早晨8点抵榕；当日下午2点返沪，周四晚上8点抵沪。上海至宁波周末班航线周五晚上7点30分开宁波，周六早晨6点抵甬；周日下午5点30分返沪，周一早晨5点30分抵沪，其间免费供应一顿夜餐。该两线上船地点均在上海公平路码头。

同年，沪杭甬高速公路开通，上海与宁波之间直达高速大巴达到每天68班，行驶时间也减少到4个小时，加上两地间的铁路提速、民航增开航班，分流部分旅客，申甬线海上客运量开始下降。但其季节性客流上升特征依然十分明显，尤其是每年清明前后大量乘客由海路赴甬扫墓，客流因之呈现高峰。2000年清明节期间，申甬航线旅客爆满。航行此线的中海客运“望新”轮赴甬某航次，1 000多张船票在一周前便已告罄。此时与公路、铁路相比，申甬线客轮在价格、旅行条件等诸方面尚有竞争优势，但其仅为季节性客流增多。受公路、铁路、航空分流影响，是时海上客运量每年以20%速度下降。且行驶上海至宁波客运航线的船舶设施趋于老化，航速缓慢，已无法满足旅客快速化、舒适化要求，乘客逐渐减少，最少时一航次仅200～300人，平均载客率仅40%左右。是年4月9日，“望新”轮载客847名由宁波返回上海，是为中海客运在该航线上最后一航次客运。由该公司经营的申甬客运航线于翌日正式退出营运。

2000年8月，舟山海星轮船有限公司亦退出申甬客运航线经营。2001年5月，舟山轮船公司加开的“浦济”轮亦正式停运申甬客运航线。此时申甬线仅剩宁波海运公司“天封”轮勉强维持两天一班的运营。后由于油价上涨、高速公路和铁路客运冲击，以及改造“天封”轮成本巨大难以收回等原因，宁波海运公司被迫于同年6月24日正式停驶该航线。至此，始于清同治元年(1862年)的上海至宁波海上客运航线正式停航关闭。

【申温线】

20世纪70年代末至80年代，申温(上海—温州)海上客运航线一度处于鼎盛时期，年客流量一般在80万人次左右，最高时达91万人次，被誉为“黄金水道”。

1979年春节，上海地区客运和新老兵运输同时进行，旅客流向流量高度集中，上海海运局除安排客货轮营运外，还抽调部分货轮运送申温线旅客。

80年代初，随着上海海运局“繁新”“荣新”“昌新”“盛新”等3 800吨级客轮加入该航线运营，其航班最盛时达到每天一个班次，航行时间也缩短为10多个小时。1980年和1981年，申温线客流量增长迅猛，航行该航线的“繁新”“盛新”轮载客量最高时达1 735人，超载89.6%。因该线班次间隔时间较长，客流量大，旅客买票难成为一大突出问题。

1983年春节客运高峰时，上海海运局抽调5艘“长”字型客轮参加申温、申甬两线客运，采取北

(洋)线“长”字型客轮在南(洋)线套用办法,抢运旅客。同时根据客流变化情况,及时调整运力。

1985 年 3 月,国务院把温州市列入首批 14 个沿海对外开放城市之一。“温州模式”出现,导致各地大量人员去温州参观,温州地区则有不少人员外出沟通购销渠道,申温线客流量激增。上海海运局遂将中国自行设计建造的第一艘沿海双体客货轮“瑞昌”(后改船名为“瑞新”)轮,投放申温线营运。该线客班轮船期亦改为每天一班。1986 年春节后,由南往北单向旅客流量增加,上海海运局除保证申温、申连两线天天班外,抽调 3 艘“长”字型大客轮加班行驶上海—温州、大连线,抢运单向北上旅客。1987 年,沿海客运量持续增长,除外出打工农民及个体经商者外,由企业组织职工旅游活动也较频繁,集体乘船人数增多,申温线年客流量为 80 余万人次。1989 年 9 月,海上客运票价上调幅度较大,而铁路、公路客运票价未同步调整,申温线旅客人数比上年减少。

图 3 - 3 - 2　1985 年沿海双体客货轮“瑞昌”轮投入申温线运营

(照片提供:中海集团宣传部)

进入 90 年代后,因温州民航通航、温州火车站投入使用和公路客运快速发展,申温线海上客运量持续下降,乘船已不再一票难求。1990 年 7 月,温州机场正式启用后,申温线年客流量降至 70 万人次;1993 年起,温州公路运输出现多元化发展,长途客车越来越多,至 1997 年,申温线年客运量已下降至 30 万人次。1998 年,该线年客流量仅为 8.42 万人次,不到鼎盛时期的十分之一。因乘客稀少,申温线客运不时出现“暂停现象”。1998 年 8 月 31 日,中海客运经营的申温客运航线被迫停航。

1999 年一季度,因沿海旅游业兴起,乘船出行方式开始升温。3 月 29 日中海客运申温客运航线复航,由豪华邮轮“新上海”轮担任首航。是时申温客运航线已通航 40 年,当地人们习惯于走水路,认为乘船安全可靠、舒适价廉。“新上海”邮轮改建试营期间,曾投放申温线 3 个航次,结果客流量每航次递增。中海客运因此对该轮采取冬天南下、夏天北上的“候鸟式”经营方式,辅以联营、包船、航租、期租等多种经营手段作进一步尝试。“新上海”邮轮设施设备齐全、舒适,较适合探亲、经商、会议、旅游和中老年旅客乘坐。但日益发展的航空、铁路和长途汽车客运最终改变了申温两地人们的交通出行方式。尽管在申温海上客运航线投入“新上海”等豪华型客船,仍无法使该线客运量止跌回升。2000 年春节,上海至温州海上客运航线首次出现“零”客运,遂于当年 2 月停航。

【申榕线】

1981 年 12 月 1 日,交通部同意上海海运局恢复申榕线(上海—福州)客货班轮通航。福建省全境山地、丘陵占全省总面积 90%以上,故有“闽道更比蜀道难”之说。申榕航线恢复通航,打开台湾海峡海上客运封闭状态,促进了上海与福建两地经济联系、物资交流和人员来往。

1982 年 3 月 5 日,上海海运局投入 3 000 吨级客货轮“茂新”轮,首次试航申榕线,7 日上午抵达福州马尾。是时马尾港犹如过节,港作小船均挂满彩旗,码头上站满人群,欢庆申榕客运航班通航。8 日上午,“茂新”轮载客 396 人,安全通过马祖列岛西侧海域,9 日返抵上海港。试航成功后,由“茂新”轮担负申榕线客运任务,每 5 天往返一次。是年下半年,因申榕线客流量增加,上海海运局增派“鸿新”轮与“茂新”轮对班航行。至 1983 年 3 月 5 日,申榕线客轮已航行 140 个航次,6.1 万海里,运送旅客 5.46 万人次。

但此线开航初期旅客较多,后客源逐渐减少,至 1984 年 3 月,平均单航次旅客只有 390 人,客位利用率仅 41.36%。为此,交通部同意该航线客班轮弯靠霞浦县古镇三沙港,以提升客源,同时方便闽东地区旅客乘船。经过筹备,1986 年 1 月 17 日,“茂新”轮于榕申航行途中首次弯靠三沙港,从三沙港载运旅客 94 人到上海。三沙港六、七月份盛行西南风,常在港内引起大涌浪,影响客轮靠泊码头,下船旅客需过驳上岸。故“茂新”轮于当年第 53 航次进行三沙港过驳试验,5 月 10 日上午由上海起航,11 日上午到达三沙港割山锚地锚泊,110 名旅客由当地驻军水运大队小型登陆艇开到茂新轮船边接运过驳。申榕线客班轮弯靠三沙港仅 4 个月,便为闽东地区 2 000 余名旅客提供旅行方便。

1982—1988 年 7 年间,上海—福州客运班轮共运送旅客 41.5 万人次,托运行李 13.6 万件。1988 年,上海海运局又增辟上海—福州航线快班轮(不在三沙靠泊,分别直航福州或上海),5 天 1 个往返。逢 2、7 日由上海开船;5、10 日由福州(马尾)开船,由该局“鸿新”轮承运。1990 年,申榕线客运量达 20 万人次,为 1982 年复航初期客运量的 4 倍多。

1996 年 4 月,上海至三沙、福州客运航线因出现亏损,一度停航近 5 个月。经多方努力,于当年 9 月复航。上海海运客轮公司改变原有经营机制,与上海港、福州港、三沙港联手采取包货、包客办法共担风险。客轮 5 天一班。上海发船每月首期为 5 日,福州发船每月首期为 2 日,逢大月福州多停一天,两港开船时间均为上午 10 时。

1998 年 8 月 31 日,为繁荣地区间经济、文化交流,方便市民出行及旅游,上海港、福州港及上海海运客轮公司三家联手,共同开辟上海—宁波—福州周班航线,船期为周一晚上 7 点 30 分从上海开船,周二早晨 7 点抵甬;上下客及进行必要补给后,8 点即开福州,周三早晨 8 点抵榕;当日下午 2 点返沪。

2000 年,因海上客运市场日益萎缩,该航线客源锐减,经营亏损,最终被迫停航。

【申厦线】

1984 年 6 月,为适应厦门经济特区发展需要,交通部决定,由上海海运局航行上海—广州航线的客货班轮弯靠厦门港,中断 35 年的申厦(上海—厦门)客运航线得以复航。之后,申厦间客运量逐年上升,1984 年为 1.4 万人次,1986 年为 2.93 万人次。1987 年 12 月,上海海运局和厦门市政府联营组建鹭海船务有限公司,投入“海樱”号客货轮,正式开辟厦门至上海直达客运航线,班期为 6 天 1 班。上海逢每月 1、7、13、19、25 日开航;厦门逢 6、12、18、24、30 日开航,航时 39 小时。至 1990 年,申厦线年客运量已增至 10.23 万人次,为 1984 年复航时的 7 倍多。

进入 20 世纪 90 年代后,上海沿海客流量逐渐下降。申厦客运航线 1991 年客运量为 10.5 万人次,1995 年已降至 3.13 万人次。因客源不足,经营亏损,当年 9 月被迫停航。

【申穗线】

1981 年 5 月,国务院决定由交通部负责组织水运分流,减轻铁路压力,逐步开辟广州至厦门、上海、青岛、天津、大连客货班轮航线。

1982 年 8 月,交通部与广东省经委、广州市、上海市人民政府交通办公室、上海海运局、上海港务局、黄埔港研究协商,决定开通申穗(上海—广州)客货班轮航线,由广州市、上海海运局共同担负这条航线客货运输任务。广东省经委考虑到参加该航线营运的大型客货轮吃水较深,不能直驶广州港，只能停靠黄埔港，决定将黄埔至广州间旅客和行李、包裹接运交由广东省航运厅负责。申穗客运航线通航后，上海—黄埔段，由广州海运局“紫罗兰”轮和上海海运局“长柳”轮承担营运；黄埔—广州段由珠江航运公司小型客轮“红星”轮接运旅客，广州港务局以汽车接运旅客托运的行李、包裹。港口客运业务由广州、上海两港办理，黄埔港负责大客船与小客船旅客中转；货物装卸由黄埔港、上海港办理。班期安排为：每逢星期一 19 时由上海开船。星期四 9 时抵黄埔港，11 时由小客轮转运旅客至广州。每逢星期二 14 时，小客轮转运旅客离广州，17 时大客轮由黄埔港开船，星期五 8 时抵上海港。

1983 年 11 月 30 日，上海海运局“长柳”轮由上海港公平路码头首航广州，12 月 2 日，“长柳”轮与由广州首航上海的“紫罗兰”轮在台湾海峡相会。次日上午 9 时，“紫罗兰”轮载着 400 名旅客靠妥上海港码头，“长柳”轮则同时到达广州黄埔港。上海—广州客货班轮的通航，对于沟通南北海上旅客运输，减轻铁路、民航负担，方便市民出行，发挥了重要作用。同时，上海的钢材、轻工产品和广东的糖、纸浆板等物资，也可通过这条航线相互运往对方港口。随着改革开放深入发展，尤其是厦门实行经济特区建设后，往来上海、厦门之间各类人员增多，厦门市政府要求行驶上海—广州的客货班轮顺路在厦门港停留，兼顾客货运输。1984 年 7 月 1 日，交通部决定航行广州—上海的客货班轮弯靠厦门港。申穗线运行班期也因之作相应调整。

进入 90 年代后，申穗客运航线客源日显不足。1990 年客运量比上年锐减 9 000 余人次。1994 年 4 月 20 日，上海—广州客运班轮终因亏损严重而停航。

表 3-3-1 1978—1996 年上海海运局(上海海运)沿海客运量统计表 单位：万人次

年 份	客 运 量	年 份	客 运 量
1978	147.6	1986	348.0
1979	192.8	1987	378.3
1980	382.4	1988	391.1
1981	412.6	1989	371.9
1982	434.1	1990	365.1
1983	482.4	1995	260.9
1984	485.5	1996	198.3
1985	368.9		

资料来源：《上海沿海运输志》P79、上海年鉴(1996、1997)

二、上海至舟山客运航线

20 世纪 70 年代后期，浙江省航运公司舟山分公司所属客轮“浙江 815”行驶申定线(定海—上海)，3 天班(1983 年 7 月，改驶 2 天班。1985 年秋，该公司又增添 3 000 吨级，920 客位的“南湖”轮航行该线，2 天班。1990 年，申定线客运量为 15.43 万人次)。

1980 年 11 月，舟山地区轮船公司(1987 年撤地建市时更名为舟山市轮船公司)成立后，抓住舟山旅游事业初兴机遇，以全国重点风景区普陀山为依托，积极开拓向上海等沿海大中城市辐射的客运航线。1981年2月,该公司开通上海到舟山定海沈家门定期客班轮航线,为旅客游览普陀山旅游胜地提供方便。原来上海到沈家门要先到定海,再乘坐长途汽车1小时左右方能到达,增开这条直达航线后,全程只需11小时,旅客晚上乘船,隔天早晨便可到达沈家门,再换乘渡船到普陀山游览。沈家门设有专为旅客服务的旅社和饭店,当地客运站还为旅客代办宿、食和往返普陀山联票。增开沈家门航线的定期班轮"海星"轮原为一艘普通客轮,经该公司更新改造,成为能为旅游服务的客轮,航速快、稳性好、抗风力强、设备良好。船上有380个客位,分二、三、四、五等客舱,均有软垫卧铺,五等散席也设有坐席。该航线班期为3天1班。是年客运量8.31万人次。

1982年7月5日,上海港客运总站为适应上海到舟山地区旅客需要,新辟上海—岱山客轮航线。该航线由"浙江603"轮营运,具有八级抗风能力,稳性好,设有二、三、四等卧席客舱和五等座席,全程航行11小时,旅客晚上乘船,次日早晨即可到岱山。岱山到沈家门设有轮渡,可换乘车船去定海或普陀山旅游。申岱线在上海港十六铺码头上下船,船期为每3天开1班。

同年,舟山地区轮船公司购置"普陀山"轮1艘,总吨4 071吨,载客定额1 010人,营运申普航线(上海—普陀山),3天班。1984年4月,开通普岱申(普陀山—岱山—上海)客运航线后,年均运送旅客可达40多万人次。

1987年8月,舟山市轮船公司和岱山轮船公司联营,新置"蓬莱"轮,600客位,从沈家门启航弯泊岱山、高亭至上海,3天班,1988年春运时改为2天班,1990年客运量达14.9万人次。同年10月,浙江省航运公司宁波分公司由"浙江603"轮开通甬—岱(山)—申客运航线。

1990年3月10日,舟山市轮船公司开通普陀山至上海芦潮港客运航线,由高速豪华客轮"梅岑"轮承担营运。同年8月8日,由岱山县高亭海运公司、上海长江经济联合发展股份有限公司和岱山县风景旅游服务公司合营"徐福"号豪华高速客轮,投入普陀山—高亭—芦潮港客运航线运营。

1993年5月15日,上海市人民政府交通办公室、侨务办公室与舟山市人民政府交通委员会本着互相开放、平等互利原则,进行两地间客运协作。上海方面增加"锦屏"轮经营上海—舟山客运航线,舟山方面投入"飞翔"号高速客轮经营舟山—上海客运航线,通过双方协作,发展海上客运,促进两地旅游事业发展。

1996年3月,舟山市在嵊泗列岛新增1艘可载15车、320客的"舟桥1"号车客渡轮,定期往返于泗礁—上海芦潮港之间。同年5月,另一艘120客位高速客轮"嵊翔"轮往返于嵊山—泗礁—大洋山—上海芦潮港之间,使嵊泗列岛对外海上新航线达到10条。以往,当地乘船仅有舟山至上海客轮在泗礁岛设个停靠站。至当年,仅上海方向即有多艘客轮和车客渡轮运营,大大方便了岛民出行。

随着沿海地区人民生活水平的不断提高,特别是国内实行"双休日"后,上海至浙江定海、普陀山旅游人数明显增加,原主要由浙江省航运企业承担上海至定海、普陀山客运已不能满足社会需要。为开辟上海至定海、普陀山高速客轮旅游航线,满足广大旅客需要,上海交运(集团)公司所属上海金马海船务公司从国外购买了一艘高速客轮,290客位,设计航速每小时28海里,于1996年9月20日正式投入上海(金山)至定海、普陀山航线营运。同年11月,该公司又新增300客位高速客轮1艘,航行上海至普陀山、定海航线。翌年7月,舟山市海峡汽车轮渡公司按对等原则,投入与上海金马海船务公司同等运力(客滚船1艘),经营舟山西码头至上海金山卫车客渡码头航线。

1998年3月,舟山市轮船公司改名舟山海星轮船有限公司(以下简称舟山海星)。至2001年6月,该公司已拥有常规客船、高速客船共23艘,总吨1.58万吨,总客位5 203个,实行"客运为主,客货运并举,多种经营,全面发展"经营方针。辟有普陀山至上海、宁波至上海等客运航线。是年,上海至宁波海上客运干线已停航，纯交通式海上客运时代终结。但上海至舟山群岛海上客运兼旅游航线仍维持兴旺。是时，上海每天开往舟山群岛的海上客轮已增至 4 艘，另有从南汇芦潮港开航的海轮、高速船和滚装船 9 艘，合计达十余艘。当年三季度，芦潮港至嵊泗日均客流量为 1 400 人，而上年同期只有 900 人，日均增幅 55%。嵊泗本岛只有 3 万人定居，整个嵊泗县也仅有 8 万人。但自 1999 年起，进出该海岛县游客已超过 20 万人。而国家级海岛旅游风景区，佛教四大圣地之一的普陀山，进出港旅游人数更是大幅提升。

21 世纪初，因上海洋山深水港开发建设，到大小洋山看海成为一项新旅游项目。仅 2002 年 8 月至 12 月，从芦潮港至洋山客流量就为 2001 年同期 2 倍多，2003 年发送量更达到上年同期 353%。在陆岛旅游客运不断升温形势下，这一市场成为当时沪浙地区航运公司展开竞争与共同开发的一个热点。

2003 年 3 月 14 日，上海金海峡渡船公司投入“甫渤”号高速客轮，开通上海至舟山群岛客运航线。该航线从上海浦东芦潮港至普陀山 62 海里航程，只需要 2 个半小时，大大缩短客运时间，从而为中外旅客提供更便捷、更安全海上通道。是时，舟山群岛中的普陀、岱山、嵊泗等岛屿具有丰富海岛旅游资源，吸引大批中外游客。上海至普陀山水上年客运量已增至 200 万人次，上海至嵊泗月均客流量也突破 2 万人次。

图 3-3-3 国内第一艘五星级豪华邮轮——“假日”轮

（照片提供：上海船东协会）

同年 8 月，上海万邦邮轮有限公司成立，拥有国内第一艘五星级豪华邮轮——“假日”轮。10 月 4 日，“假日”轮开通上海至普陀山假日客运航线。该轮可容纳 400 多位客人入住客房，并配备自助餐厅、西餐厅、酒吧间、舞厅、桑拿会所、立体电影院、室内恒温泳池、棋牌室及购物中心等设施；船上还设有可容纳 300 多人的多功能会议厅和小型会议厅、备有卫星闭路电视系统、卫星电话等视讯设备及无线 POS 机配置；集客房、餐饮、娱乐、康体、商务、海上观光为一体。由该轮开辟的“上海至普陀山盛世尊贵之旅”，将海上旅游、假日休闲、佛教文化等融为一体，引起社会瞩目。是时，除有众多中外游客乘坐该轮旅游外，不少国际、国内活动也在“假日”邮轮举行。

2003 年 9 月，上海十六铺客运码头搬迁，由此仅存的芦潮港与岱山、大小洋山、嵊泗等陆岛交通线，成为浙江与本市不少船公司盯住的商机。此前，从十六铺与芦潮港这两个港口离港的本市旅客，每年达 130 万，其中十六铺就有 100 万。十六铺客运码头搬迁后，使得芦潮港与舟山群岛之间陆岛交通线比其他港口更具竞争力。是时，参与竞争芦潮港与舟山群岛之间“陆岛交通”的船公司有舟山海星、通达、嵊泗船运、茂盛船运、飞翔公司与上海金海峡渡船有限公司等 8 家船公司。为在竞争中取胜，金海峡渡船公司在已开通芦潮港至普陀山、大小洋山、嵊泗航线基础上，又开通芦潮港至岱山航线。为方便旅客乘车至芦潮港，上海南浦大桥附近旅游集散中心专门设置了车船摆渡汽车班线。

2004 年 1 月 7 日，上海寰岛轮船有限公司与岱山县蓬莱客运轮船有限公司合作，投入“仙洲 5”号高速客轮，正式开通从芦潮港至岱山的第一条高速客轮直达航线，同时拉开当年陆岛海上春运序幕。是时，上海至岱山常规年客运量达 10 万人次。随着海岛旅游开发与兴旺，位于舟山群岛中部，拥有近百处著名景点，素有“蓬莱仙岛”之称的岱山已成为国内旅游新热点之一。但由于陆岛之间交通限制，以往常规客船营运，从上海至岱山43海里需航行12小时，旅客在船需一个晚上，大大增加在途时间消耗。上海芦潮港至岱山直达快航航线的开通，在两地之间构筑起一条快速通道，满足了海岛旅游客源增长需求。

至2005年，由舟山海星(时名为舟山地区轮船公司)辟于1984年的普岱申(普陀山—岱山—上海)客运航线，已成为连接舟山和上海两地的一条重要通道。该航线包括普陀山、岱山、吴淞3个客运站(中心)和“洛伽山”“锦屏”“法雨”3艘客轮。3个客运站(中心)分属三家港口，3艘客轮属于舟山海星。四家单位齐心创建文明客运，分别获得过国家级和省市级“文明客运站”“全国文明客船”、国家和省级“青年文明号”等荣誉称号。2006年，舟山海星已辟有普陀山—上海吴淞、芦潮港—宁波大榭、定海—上海吴淞、芦潮港—洋山和洋山—嵊泗等沿海跨省客运航线以及普陀山至沈家门、岱山、朱家尖、桃花等岛际客运航线共11条，并重点向海上旅游客运和高速客运发展。

及至2008年，上海寰岛轮船有限公司置有多艘高速观光游览船，运行于上海芦潮港至普陀山、芦潮港至嵊泗、洋山至岱山、芦潮港至东海大桥和洋山深水港等航线。为开通芦潮港至东海大桥、洋山深水港海上观光航线，该公司特地购入海上高速观光游览船1艘，同时配备多辆豪华旅游大巴用于接送旅客。

2010年2月，受寒潮大风影响，从洋山深水港通往舟山定海、岱山、普陀山、嵊泗等地客运船舶全线停航，客运码头积压大量车辆和旅客。2月13日是农历除夕，但在地处洋山深水港的小洋山客运码头上，仍有3 000名前往舟山各岛旅客，赶着坐船回家与亲人团聚。洋山港海事处及时与相关海事部门进行联系，在确认两地风力适于客船开航情况下，允许船公司和客运站复航，并要求客运站严格按客船核定数载客。同时，为杜绝各类客运船舶缺员营运、违法载运、携带危险品等违法行为，执法人员在客运现场增派人员做好客船开航前安全检查，特别是客滚船车辆绑扎系固检查，并协助老人、小孩等行动困难人群顺利登船，确保春运期间旅客安全出行。洋山港海事处还开设客运监控专台，专为客运船舶提供导航、助航以及安全提醒等服务，以保证客运船舶航行安全。

是年底，上海地区从事上海—舟山海上旅游客运的上海寰岛轮船有限公司，已退出该市场，业务重心转向市内浦江旅游。上海与舟山间海上客运和旅游航线主要由舟山地区航运公司经营。

第二节　客运服务

一、航班服务

【餐饮服务】

1979年，上海经营沿海客运的主要航运企业上海海运局整顿客运秩序，提高服务质量，从规定低档菜品种、价格入手，改进旅客就餐质量，把提高餐食供应质量作为客运服务工作重点来抓。

20世纪80年代初，该局进一步制定《客船旅客餐食供应与管理办法》，要求所属客轮本着服务周到、方便旅客、按质论价、合理供应精神，力求餐食品种多样化，配量适当，口味鲜美。餐食售价以经济实惠，大众化为原则。供应旅客就餐一律采取“预售餐筹、售筹供应”办法。旅客餐食供应明码标价，设立样品，统一价格，由该局旅客服务所制定“客船饭菜统一价格表”参照执行。该局航行于申连线的客船，对重点照顾旅客和二等舱以上客房旅客，坚持送饭到舱或者安排提前进餐厅用餐等服务。

1986年，上海海运局“鸿新”轮根据申瓯线、申甬线旅客消费水平较高情况，增设酒点小吃、炒菜及音乐茶室。根据船舶航行宁波晚上开、翌晨到的特点，申甬线客船在夜里供应牛奶、面包点心。一个单航次销售牛奶、面包可达400多套，占乘船旅客数40％左右；每个航次光顾音乐茶室旅客，占旅客总数10％左右；点用酒菜小吃旅客，每航次也有近百人。

1989年，上海海运局结合沿海客运票价调整，进一步整顿客运秩序，提高服务质量，改进旅客餐食供应工作，做到"三结合"，即高、中、低档菜结合，以低档菜为主(在出差人员平均每餐伙食补贴标准以下)，其中一元钱左右的低档菜供应充足；下客舱和定点售饭票结合；送饭菜下舱和在餐厅用餐结合。餐食烹调讲究色、香、味，保证饭热、菜热、汤热。对外国旅客、华侨、港澳台同胞、少数民族和有困难的旅客，餐食给予特殊照顾。餐厅备有清真餐具和清真餐料，对信奉伊斯兰教的旅客供应清真食品。

1990年，上海市物价局核准的"客轮经营服务项目和收费标准"规定：旅客餐食毛利率为25％～30％；点菜、炒菜和团体点菜毛利率为40％；外宾的餐食供应毛利率为50％，使海上客运餐饮服务更加规范化。

【客舱服务】

20世纪70年代末始，针对上海沿海客运日趋兴盛，客流量显著增大特点，上海海运局十分重视海上客运服务工作质量，及时制定《申连、申青线客运质量管理程序》等规章制度。对客舱服务工作内容作出具体规定，要求做好送水、送小卖、送温暖、送方便等全面服务工作，以及对老弱病残孕幼(包括二等舱以上旅客)的重点照顾工作(对外国旅客、侨胞、首长等，由服务组长或派专人接待服务)；做好扫拖地板、倒痰盂、垃圾桶、揩桌椅、洗刷厕所、洗脸间、茶水站等清洁卫生工作；收拢客舱里的餐具，及时送回餐厅；宣传保管危险品注意事项，配合船上民警做好安全保卫工作；抵港下客时，巡视客舱，维持好秩序；值夜班服务员每小时巡视客舱一次，并做好值班记录，处理夜间日常客运事务；办理到港留宿业务时，按分配任务，做好留宿工作等。

图3-3-4　上海海运局客轮服务员杨怀远的"小扁担"精神广受旅客赞扬
(照片提供：中海集团宣传部)

1979年，申连客运航线参加交通部组织开展的全国水上四条客运航线"安全、正点、服务好"对口竞赛。航行该线的上海海运局"长锦""长力""长山"等6艘客货班轮，严格认真贯彻《申连线客运工作七项统一作业程序》和《客运服务员全程岗位工作细则》，与港口密切配合，在安全、正点前提下，努力提高客运服务质量，受到广大旅客好评，自1979年5月至12月的8个月内，共收到旅客表扬信1.9万余件，经对口检查荣获第一名。翌年初，交通部在沪召开表彰大会，授予申连客运航线"先进客运航线"荣誉称号。该航线客运服务人员，通过几年实践总结出"亲、勤、和"服务经验，即对待旅客在思想上突出一个"亲"字，把旅客当亲人，主动、热情、诚恳、周到地为旅客服务，做到"心灵美"；在工作上突出一个"勤"字，遵守劳动纪律，按时进岗，人不离岗，做到"四勤"(勤扫、勤拖、勤揩、勤倒)、"四理"(理桌面、理行李、理鞋子、理毛巾)，保持客舱"环境美"；在态度上突出一个"和"字，做到说话和气，文明用语，微笑待客，得理让人，讲究语言艺术，做到"语言美"，这些规定及先进经验对提高海上客运服务质量起到有力推动作用。

80年代,在全国劳动模范、上海海运局客轮服务员杨怀远等先进典型影响带动下,上海海运局所属各客轮职工广泛开展"假如我是一个旅客"大讨论,及"全面服务、主动服务、微笑服务、语言服务、重点服务"竞赛活动。客运服务人员纷纷以杨怀远为榜样,自购工具,自学本领,把杨怀远等人创造的旅客服务经验用于客舱服务。"婴儿摇篮""母子床板"等免费便民服务活动由申连线扩展到包括申港线在内的8条客班航线,29艘船舶。杨怀远的"小扁担"精神(杨怀远在客运服务员岗位上,长期、热心地坚持用扁担为上下船旅客挑送行李,人们将其全心全意为旅客服务的精神称为"小扁担"精神)在客运职工中得到发扬光大。是时,该局客舱便民服务内容由挑行李、送针线,增加到为旅客缝衣钉扣、修鞋补包等几十种项目。服务工具由扁担、针线等小件用品增加到缝纫机、修鞋机等大件工具,并使免费服务规范化、程序化、制度化。许多客轮专门组织青年服务队,设有缝纫组、修理组、理发组等,并将下客舱为旅客做好事,作为客运工作统一作业程序的一项制度来实行。航行途中,每逢"为您服务"时间,佩戴标志的青年服务员或为旅客缝衣服、钉纽扣,或为旅客理发、出租图书,或为旅客修拎包拉链,或为旅客洗净烘干小孩尿布。"鸿新"等轮还针对有的内地旅客从未乘过船、见过海而开办海上摄影服务;并根据不同旅客需要,长期坚持超重行李托运、加铺等9个收费服务项目和缝补小修、出借工具、代热熟食品、扶老携幼等一批免费服务项目,颇受旅客欢迎。"上海"轮客运部在总结服务员为港澳和海外旅客免费推拿服务经验基础上,增设代客冰冻食品,代办电报业务,代客绑扎行李,代办托运,代客熨烫衣服,修补皮鞋和行李包等14个服务项目;并针对回沪港澳旅客大多携带大件用品特点,经有关部门批准,扩大船上卖品部业务,增加免税烟酒品种,供应彩电、冰箱、洗衣机、录像机、录音机、自行车、多用搅拌机、卷发器等34种商品,以方便旅客。为了照顾好重点旅客,上海海运局客轮普遍建立"老、弱、病、残旅客登记表",对重点旅客实行迎上船,送到床、送水、送饭、送下船、送出港、送到家等"一条龙"服务。

1980—1990年,上海海运局客运系统在全国和上海市获得诸多荣誉。申连客运航线连续多年被交通部命名"文明客运航线";申港客运航线亦被交通部命名为"文明客运航线";"长征""长锦""荣新"等客轮被交通部命名为"文明船"。1989年在上海市"十大窗口"竞赛评比中,上海海运局有16艘船舶上等级,占参赛船舶的88.8%。1990年,该局所属客船安全运送旅客372万人次,收到旅客表扬信17万件,收到旅客赠送锦旗246面,受到各类报刊载文表扬110篇。

进入90年代后,虽上海沿海客流量逐渐下降,但行驶各客运航线的客货轮始终保持了良好的客舱服务质量。杨怀远的"小扁担"精神继续在广大客运服务员中得到学习和发扬。杨怀远本人于1991年被调到申港线客轮上当服务员,及至1997年退休的6年间,挑扁担超过1.2万担,磨破四五件的确良工作服。一些老年旅客为能等待杨怀远的服务,宁肯晚一个月买票,也要乘他所在的这艘船。

2000年,中海客运"望新"轮针对申—甬线老年旅客多(时该线60岁以上老年客约占40%,其中80岁以上高龄客也占一定比例)的特点,实行专人负责护送上下船;专人负责送饭、送水到床边;专人负责航行中服务。其以情感化服务艺术、职能化服务技能、市场化服务方式,受到广大旅客欢迎和好评。

2004年底,普陀山—岱山—上海客运航线被交通部评定为全国3条部级文明航线之一,也是其中唯一一条跨省航线。航行于该航线的"洛伽山"轮,为交通部授牌的四星级文明客轮。该轮长年坚持为旅客提供优质客舱服务,广受旅客赞誉。某航次一位住四等舱旅客,在公共盥洗室洗完脸后,发现结婚戒指不见了,赶紧向船上工作人员求助。该轮客运主任和服务员立刻赶到盥洗室,边安慰旅客不要着急，边逐一拆开滴水盆检查。在拆开 10 多只滴水盆后，终于找到那枚戒指。船舶航行途中，每遇风浪时，驾驶人员总是尽可能选择风浪较小的航道，宁可经营成本有所上升，坚持把旅客安全、舒适置于第一位。

二、旅游和其他服务

1998 年 5 月，中海客运为拓展客运市场，扩大经营渠道，首次为海上油气平台外籍工程技术人员提供运输服务并获成功。由世彭集团亚洲分公司与欧洲海洋工程承包有限公司合资开发的东海平湖油气平台，位于北纬 29 度 08 分、东经 124 度 52 分约 253 海里的东海海面。由于在该平台从事管道铺设工程的部分外籍工程技术人员工作期满，4 月下旬，该油气平台与中海客运接洽，有意租用“新上海”邮轮接运这批人员去沪，然后分批返回所在国。鉴于该平台附近海域水深达 90 余米，涌浪较多，客轮安全抵靠难度较大。该公司船舶尚无此运送先例，而且接运对象又是分属 17 个国家的外籍人员，但公司在选派指导船长经过实地勘查，取得抵靠可行性方案后，仍决定承担此项特殊运客任务，并选调客运设施较好的“新上海”邮轮前往油气平台。为确保万无一失，该公司还选派有关部室干部随船协助工作，并由 3 名资深船长上船指导。5 月 5 日凌晨，“新上海”邮轮抵达东海平湖油气平台附近海面，上午 8 时在拖轮拖带下靠妥平台。下午 1 时，265 名外籍人员全部上船后，该轮解缆离开平台，开往芦潮港。在近 19 个小时航程中，该轮服务人员热情周到地为旅客服务。厨房人员为外籍旅客精心准备可口的饭菜；娱乐场所全部免费开放，电影院 24 小时滚动播放影片，棋牌室、游戏机、歌舞厅吸引不少旅客；超市、咖啡沙龙成为旅客购物、交流的好去处。对于“新上海”邮轮的良好服务，外籍旅客予以高度赞赏。离船前，带队负责人一再向船方表示感谢。

20 世纪 90 年代后期，上海有大量游客参与海上旅行，海上旅游服务随之升温。1997 年 7 月 9 日，上海海运客轮公司开辟国内首条长距离环海旅游航线，推出上海至烟台、威海、秦皇岛“海之旅”大型旅游团 8 日游活动。该旅游航线采用国外常见的“夜宿日游”方式，即白天由船上用车辆送游客到风景点游玩，晚上回船休息。船上还设有各种现代化娱乐设施，供游客娱乐。10 月 1 日，该公司由普通客轮“展新”轮改造成的豪华邮轮“新上海”轮首航上海—嵊泗—洞头成功。其载员定额 498 人，是一艘集海上休闲娱乐、海岛景点观光于一体的豪华邮轮。同年，该公司还恢复上海—青岛、上海—福州旅游航线，开辟大连至秦皇岛客班旅游航线，增开“连云港之夏”海上旅游活动，取得良好社会效益和经济效益。

2006 年 4 月，上海洋山港和东海大桥作为旅游景点对外开放。上海部分航运企业为此增设新的旅游服务项目。是月，上海寰岛轮船有限公司推出两条不同的洋山港旅游线路，长线班从芦潮港开船，沿东海大桥至洋山并环岛航行后返回，整个航程约 2 小时 30 分钟；短线班从芦潮港开船，沿东海大桥至主桥孔并穿越后原路返回，整个航班为 1 小时 30 分。在游船穿越东海大桥过程中，游客有 15—20 分钟时间可以上甲板拍照留念，其他时间则必须在船舱内观光。该旅游线周一至周五每天开两班，上午为长线班，下午为短线班，主要接待团体游客；周六、周日推出每天 4 班短线班，主要接待散客。负责运送游客的是该公司“飞越”号高速观光游览船，额定载客 235 人。出于安全、服务等方面考虑，每次航行游客数不超过 150 人。游轮出海取决于当天海面风速，风速超过 8 级，航班停开，轮船公司会提前一天在 3 个售票窗口贴出告示，通知游客。

2009 年 6 月 28 日，舟山海星“洛伽山”轮载着近百名游客从上海吴淞客运中心出发，实行舟山群岛海上环游试航。其航行的上海—东极—桃花岛—普陀山—岱山—嵊泗—上海旅游航线，横跨沪浙两省,覆盖舟山群岛主要旅游区域。随船有30多家上海旅行社负责人,与游客一起全程体验,以便将此新的旅游产品推介给上海市民。“洛伽山”轮原往返于上海—普陀山之间,随着大桥交通时代来临,该航线客源面临重大冲击。公司主动谋求转型升级,提出“旅+游”的组合方案,弱化航线交通功能,强化休闲、游乐元素。其同上海水上旅游促进中心、上海吴淞港开发公司、上海相关旅行社等达成合作意向,决定在运行正常旅游交通航线间隙,试运行舟山群岛海上环游项目。该项海洋旅游服务,把舟山群岛热门的和有待进一步开发的景点,都用航线串联起来,形成融“吃、住、行、游、娱、购”为一体的休闲度假旅游产品,受到旅客欢迎。

表3-3-2 2004—2010年进出上海港沿海海船数量统计表　　单位：万艘次

年　份	数　量
2004	8.53
2005	9.10
2006	9.14
2007	9.96
2008	9.93
2009	9.90
2010	9.35

说明：表中数据不含香港、台湾航线船舶
资料来源：上海海事局修志办公室

第四章　沪港台间运输

20世纪70年代末,上海至香港散杂货和集装箱班轮航线开通。80年代初,中断30多年的上海—香港客货班轮航线恢复通航。80年代后期,台湾已有客轮来沪;上海海洋运输行业的船舶也在上海解放40年后首次进入台湾。进入90年代,沪港台三地航运企业间交流与合作日益频繁。90年代后期至21世纪初,香港回归祖国和台湾海峡两岸实现小规模通商、通航和通邮,使沪港台间运输进入新的历史发展时期。2008年11月4日,随着《海峡两岸海运协议》签署,两岸同胞渴望已久的两岸海上直航终于实现。至2010年,上海、香港和台湾之间航运不断取得新的发展。

第一节　集装箱运输

一、上海至香港

20世纪70年代末至80年代,上海与香港之间贸易和海上运输发展较快,承担两港间运输的驻沪航运企业除上远公司、中波公司外,陆续增加锦江航运、海兴公司、新海航运、海华轮船等10余家船公司。货运业务由不定期杂货运输发展到定期杂货班轮运输，后又发展到集装箱班轮运输和客货班轮运输。

1979 年 11 月，香港招商局经营的香港—上海集装箱运输定期班轮正式开通。由该局“临江”轮承担运输，每月定期航行一班次。11 月 1 日，“临江”轮初抵上海港；同月 4 日，满载上海出口物资，离沪驶往香港。

1980 年 3 月，上远公司正式开通上海—香港集装箱班轮运输，由该公司“熊岳城”轮承担营运，载箱量为 294 TEU，每月往返 3 个航次，10 日、20 日、30 日离开上海，13 日、23 日、3 日抵香港，14 日、24 日、4 日离开香港，18 日、28 日、8 日返回上海。

图 3-4-1　1980 年 3 月上远公司“熊岳城”轮开通上海—香港集装箱班轮运输

（照片提供：上海新航信息科技公司）

1985 年 5 月，锦江航运与上海外运公司合资购买一艘集装箱船“通洋”轮，并于 6 月 8 日投入上海至香港航线。是年集装箱运量达到 5 391 TEU。（后该公司又分别于 1987 年 8 月、1988 年 2 月购入三艘全集装箱船“通运”“通联”“通顺”轮，投入上海—香港航线运营。1988 年 3 月在香港设立通和实业有限公司，从事集装箱租赁业务。1989 年 4 月，该公司“通利”轮投入上海—香港—泰国航线运营。）80 年代中期，上远公司为充实中—美、加及中—日—澳—新航线，把神户、香港两港作为货物主要集散点，进行分流倒载，加密中国至日本各港及中国大陆港口与香港之间的支线集装箱运输，以组建环太平洋集装箱运输网络。

1988 年 3 月 21 日，新海航业与中外运上海公司合作经营两艘集装箱支线船“新海腾”轮和“新海华”轮，行驶上海—日本和上海—香港航线。以后该公司又陆续购置几艘二手小型集装箱船。1992 年已拥有船舶 8 艘，其中集装箱船 5 艘，每月能从上海定期开出 8 班集装箱船前往香港。

至 1992 年底，上远公司每月有 6 艘次集装箱船行驶于上海与香港之间，或上海经香港驶至他港航线。其中，有专门行驶上海—香港航线，载箱量为 138 TEU 的半集装箱船“临江”轮，每月 2 班；有航行上海经香港至澳大利亚航线的滚装船，每月 3 班；上海至欧洲干线船每月 1 班，挂靠香港。由此，每月共有 1 500 多标准集装箱可供上海与香港之间运输需要。

1993 年 4 月，锦江航运新购入一艘 618 TEU 集装箱船“通星”轮，从上海满载首航香港。

1998 年，中外运集运成立后即开始经营香港航线集装箱运输，包括上海—香港及华北—香港。

1999 年，中海集团加快发展远洋集装箱运输，先后开辟中澳、中欧、地中海和美西四条中远程集装箱班轮航线。其中中国—澳大利亚集装箱班轮周班航线、远东—地中海集装箱班轮周班航线均挂靠上海、香港等港口。

2003 年，上远公司以上海、香港为挂靠港的远洋班轮航线有：远东—美西北快航、欧洲—远东—美西钟摆航线远东—美西段、远东—美东航线、中国—西北欧航线、远东—地中海航线、华南—西北欧快航、欧洲—远东—美西钟摆航线远东—欧洲段、中国—澳大利亚航线、华北—东南亚快航、中国—中东航线等。

2006 年 2 月 11 日，海华轮船集装箱船“晓云”轮投入上海至香港航线运营。同年 3 月，中海集运在中东新航线投入包括“新湛江”在内的9艘4 250 TEU集装箱船舶,新航线主要挂靠港中含香港和上海。

2009年5月,中海集运ANW1航线挂靠顺序为南沙—香港—盐田—宁波—上海—釜山—西雅图—温哥华。同年6月,中海集团与台湾长荣集团达成全面开展集装箱班轮航线合作协议,携手应对世界金融危机带来的市场冲击,实现共同发展。两家公司共同开发的远东——墨西哥、美国东岸航线,以上海为始发港,沿途挂靠港中含有国内的香港、盐田等港。

2010年,经营上海至香港集装箱班轮运输的驻沪企业主要有中海集运、中远集运、中外运集运、新海丰集运、海华轮船等。以上海和香港为起讫港或主要挂靠港的航线有:上海—香港航线、华南—美西北航线、华北—华东—美西北航线、厦门—美西北航线、远东—西北欧1线、远东—西北欧4线、地中海快航1线、地中海快航2线、地中海快航3线、中国—澳大利亚集装箱定期周班航线、日—韩—澳周班航线、日—韩—香—新周班航线、中东快航、远东—南美东周班航线、远东—南非周班航线、中国印巴快航等。是年,中海集运上海—香港航线重箱运量为1.41万TEU,其中上海至香港4 727 TEU,香港至上海9 417 TEU。上海港上海至香港集装箱运输航线吞吐量为83.2万TEU。

表3-4-1 2000—2010年上海港上海至香港航线集装箱吞吐量统计表 单位:万TEU

年 份	合 计	进 口	出 口	年 份	合 计	进 口	出 口
2000	45.1	19.1	25.7	2006	86	31.8	54.2
2001	46.7	22.5	24.1	2007	93.8	36.6	57.2
2002	56.8	25.7	31.1	2008	106.5	47.4	59.1
2003	60.5	21.9	38.6	2009	76.8	36.7	40.1
2004	70.1	24.0	46.1	2010	83.2	40.9	42.3
2005	66.9	19.9	47.0				

资料来源:上海港口统计年鉴(2001—2011)

二、上海至台湾

1989年1月18日,锦江航运“通顺”轮(可载箱位为422 TEU、航速每小时13.5海里)悬挂巴拿马国旗,从上海港始发,经香港进行换单后驶往台湾基隆、高雄两港。航程1 650海里,航行时间6天。是为中华人民共和国成立后上海地方航运企业船舶首次进入台湾。此后,该公司所属“通运”“通联”“通展”等轮也先后投入此线营运。该航线营运初期,台湾当局允许所载货物在香港更换提单后,驶往台湾所属港口卸货,因方便海峡两岸货主,货运量逐渐增加,促进了两岸“三通”的进展。1989年至1991年,该航线共装运2.65万TEU,25.47万吨货物。1992年起,台湾当局对此线采取限制措施,要求线上船舶所装货物在香港必须换船,才能进入台湾所属港口,手续繁琐、额外费用支出巨大,致使该航线货运量骤减,于1994年停止营运。

1990年5月17日,中波公司波旗船“莫纽斯克”轮首次挂靠台湾基隆港,卸集装箱58只。这是该公司成立以来船舶首次挂靠台湾港口。

1997 年 1 月起，上海、天津、青岛、大连、福州、厦门、盐田等国内港口与台湾基隆、台中、高雄等港口之间，开通运送两岸货物绕经第三地而不需换船的集装箱班轮航线，两岸贸易货物运输成本大幅降低。5 月 30 日，中远集运投入 2 艘船舶开辟华南—香港—台湾航线，挂靠港口为福州、厦门、香港、高雄、台中、基隆。7 月 1 日，台湾当局开放 100%大陆权宜轮经第三地，可原船、原集装箱往返两岸，两岸间货物不必再经由香港、日本转运，即可原船载货往返台湾和大陆港口，运输时间可缩短 3 天。7 月 16 日，大陆公布首批核准的台湾权宜轮弯靠两岸三地航线名单。10 月 20 日，取得大陆两岸三地航线核准的阳明海运公司所属“祥明”轮首航上海，该公司成为台湾第一家经营上海对外远洋定期航线的轮船公司。由此，其所经营的高雄、基隆—釜山—洛杉矶—奥克兰—横滨—神户—釜山—上海—高雄航线，每年可节省 1.5 亿新台币的转口费用。11 月初，中远集团、中海集团等驻沪企业与台湾长荣集团、阳明海运集团进行两岸航运联营，合作内容包括以大陆港口为起点的对外航线、全球性及区域性国际航线及其双方舱位互租、业务联营等。

1998 年初，台湾当局核准祖国大陆上海锦江航运的“通顺”轮与“通利”轮经营经第三地的两岸定期航线。3 月 8 日，该公司第一艘定期航行两岸的祖国大陆权宜轮“通顺”轮经日本琉球石垣岛航抵基隆港。5 月 20 日，中远集运投入 1 艘船舶与锦江航运合作开辟华东(上海)—台湾航线，沿途挂靠港为上海、石垣岛、台中、基隆。同年，海华轮船所属“马纳斯鲁”号货轮，与台湾立荣海运公司互租舱位，经营上海经第三地(石垣岛)至台中港集装箱运输业务(至 2003 年 11 月，该公司已有“马那斯鲁”“晓峰”“晓星”三轮投入海峡两岸间集装箱运输)。

1999 年 5 月 15 日，中远集运投入“大清河”和“子牙河”轮开辟华东—日本—中国台湾航线(CNJP)，沿途挂靠港为宁波、上海、名古屋、东京、横滨、基隆、石垣岛。[后经一系列调整，至 2003 年改为华东快航关东线(CJ7)，投船为“子牙河”“永定河”轮，挂靠港为宁波、上海、东京、横滨、基隆、石垣岛。]

2000 年下半年，中外运集运陆续增开宁波、上海—台湾(挂靠港为宁波、上海、基隆、台中、高雄、宁波)及华北—台湾(挂靠港为上海、大连、天津、青岛、高雄、台中、基隆)两条自营航线。

进入 21 世纪后，上海航运企业与台湾航运企业间合作和交流日趋频繁。2001 年 12 月，台湾航业股份有限公司经大陆交通部批准，开通华中、华北与台湾之间两岸三地间接定期航线，即高雄、基隆、石垣岛—上海—烟台、青岛—香港—高雄航线，由两艘可载 700 多个标准箱的多用途集装箱货轮提供每周一次的运输服务。该公司采取舱位外包方式，即由阳明海运集团所属的联营集团承包 400 个标准箱舱位，立荣海运、华冈船务等承包其余约 300 个标准箱舱位。是月 23 日，该公司集装箱货轮“桃园”轮与“宜兰”轮首航大陆。同年，中远集运与台湾阳明海运公司、日本川崎汽船、韩国韩进海运、德国胜利航运公司等五大航运公司在全球主要航线上开展全面合作，提供更密集配船、班航及弯靠港口等服务，并构建海运联盟。

2002 年初，中远集团经台湾当局特批，以香港公司名义，在台湾设立分支机构即中国远洋企业公司，并持股 85%股权。是为大陆第一家航运公司在台湾投资建立航运企业。与此同时，台湾长荣集团先后成立上海长荣集装箱货运公司(出资 600 万美元，持股 60%)、上海宝荣国际集装箱公司(出资 800 万美元，持股 65%)等。是时，台湾长荣集团和立荣公司在上海、中山、深圳、珠海、厦门、福州、宁波、南京、广州、青岛、大连、天津、北京等地已设有 20 多个营运据点。阳明海运也通过香港阳凯航运子公司在上海、青岛、天津、厦门、中山、东莞、深圳、广州、顺德、汕头、珠海、江门和澳门等城市设有办事处。该公司承揽大陆货运量每年以 20%速度增长，并与中远集团保持密切合作关系。2004 年 10 月，中外运集运与万海航运合作经营的集装箱船舶“YONG YUE NO. 6”取得由交通部

图3-4-2 2008年12月15日“海峡两岸海上直航”首航仪式在上海洋山深水港举行
(照片提供:中海集团宣传部)

颁发的“台湾海峡两岸间船舶营运证”,经营台湾海峡两岸间接班轮航线集装箱货物运输,挂靠港为:天津—大连—青岛—香港—高雄—基隆—石垣岛—上海—天津。

2005年,中远集运对台湾航线实施规模化经营,“向规模要效益”,首先通过调整货源结构,将重点放在化纤原料、家用电器运输上,给予舱位、服务、用箱优先保障;其次根据台湾货源流向特点,加挂宁波港,拓展宁波新兴市场;对于长江流域货源,协同长江流域揽货机构共同开发,主要是进口高科技附加值产品,含电子产品、化工产品等。与2004年相比,全年投入台湾航线运力增加30%、市场运价每单箱下降USD 30元,箱量同比增加2 313 TEU,收入增加2 764万元人民币,整体效益增加1 704万元。

2006年4月,海华轮船通过互换舱位开辟宁波—台湾航线,成功实现直挂高雄港的零的突破。是月8日,该公司在已有周四和周日上海—台湾航线基础上,通过与中外运集运互换舱位新增宁波(周六)—上海(周日)—基隆(周二)—台中(周三)—高雄(周四)—宁波(周六)航线服务。

2008年11月4日,《海峡两岸海运协议》在台北签署,两岸同胞渴望已久的两岸海上直航终于实现。上海至台湾实行直航后,航程可缩短1/3,物流成本大为减少,为两岸经贸关系发展注入新的活力。是年12月15日,中远集运“远河”轮(4 215 TEU)和中海集运“新非洲”轮(8 530 TEU)在上海洋山港开启洋山港—高雄港直航航程,标志着《海峡两岸海运协议》正式生效。国务院台湾事务办公室、交通运输部、上海市人民政府当日在上海洋山港举行“海峡两岸海上直航”首航仪式。同日,中远集运“中远大洋洲”轮(10 000 TEU)和中海集运“新烟台”轮(5 688 TEU)满载机械设备、建筑材料、化工产品、食品、农副产品等集装箱,由天津新港分别直航台湾基隆与高雄港。当月,锦江航运经交通运输部批准也获得台湾海峡两岸间水路运输许可证(适用于海上直航)。该公司“夏锦”轮于12月18日从上海港直航台湾基隆、台中、高雄港。该公司推出的台湾航线“宝岛快航”,以“灵活、准班、诚实、高效”为理念,以促进海峡两岸经济贸易交流和发展为目的,向客户提供上海至基隆、台中、高雄周班往返快捷运输服务,并通过长江内支线集装箱运输,将服务延伸至南通、张家港、镇江、南京、武汉、重庆等沿江城市。

2009年8月10日,经交通部批准,海华轮船在上海至台湾集装箱班轮直航航线中加挂温州港。每周开行一班,从事直航船舶分别为“晓星”轮和“晓月”轮,载重吨分别为1.01万吨和1.02万吨,载箱定额各为614 TEU。该直航航线,具备航程短(温州到基隆仅需12小时,到台中为24小时)、运价省的明显优势,有助于温州产业经济转型升级,形成温州港对浙西南、闽

图3-4-3 2009年8月17日由中远集运承运的援台救灾物资起吊运往台湾
(照片提供:中远集运档案室)

北、江西等地积极的辐射效应，对增进温州乃至浙江与台湾之间合作、交流、交往均具有积极意义。8月17日，“深圳市捐助台湾灾区活动板房(组合屋)启运仪式”在深圳盐田港国际集装箱码头举行。1 000套活动板房由中运集运免费全程承运。同年11月，中外运集运开辟闽台航线，挂靠厦门、台中、基隆、福州及高雄五个港口，实行周双班集装箱运输服务。至此，中外运集运共辟有三条独立运营的台湾航线，分别为宁波上海—台湾航线、华北—台湾航线及福建—台湾航线，提供上海、宁波、大连、天津、青岛、福建、厦门等多个大陆港口至台湾高雄、台中、基隆港的集装箱直达运输服务及其他次要港口的中转服务。同时，该公司还结合市场客户的不同需求，通过与海华轮船、新海丰集运等船公司互换舱位，经营上海—基隆—台中、上海—高雄—台中—基隆、宁波—上海—高雄—台中—基隆等航线，实现与各航商的合作共赢。同一时期，中远集运也设有3条大陆到台湾周班服务航线，总运力达1 000 TEU/周。中海集运在海峡两岸直航市场投入2艘集装箱船，运力分别为8 500标箱和4 500标箱，相比于大陆和台湾其他船公司，在运力上更具优势。新海丰集运(中国当时最大的民营集装箱运输企业)的亚洲区内集装箱航运服务，已覆盖台湾台中、高雄及基隆3个港口，每周靠港14次。

表3-4-2 2008年12月29日交通运输部水运司发布的从事台湾海峡两岸海上直航业务的航运公司及集装箱船舶名单(部分)

公　司	集装箱船舶	挂　靠　港
中远集运	OCEANIA	大连—天津—高雄—盐田—香港—南沙
中远集运	远河	盐田—青岛—上海—高雄—南沙
中海集运	新烟台	天津—基隆—上海—宁波—蛇口
中海集运	新非洲	宁波—上海—高雄—蛇口—香港—盐田
阳明海运	宇明	高雄—基隆—上海—大连—天津—青岛—连云港
台湾航业	TAO YUAN	上海—大连—烟台—青岛—香港—高雄—基隆
台湾航业	YE LAN	上海—大连—烟台—青岛—香港—高雄—基隆
万海航运 中外运集运	WAN HAI	上海—青岛—天津—大连—香港—高雄—台中—基隆
中外运集运	中外运高雄 SINOTRANS KAOHSIUNG	上海—青岛—天津—大连—香港—高雄—台中—基隆
新海丰集运	SITC SHANGHAI	宁波—上海—高雄—台中—基隆
新海丰集运	O. M. HUMORUM	宁波—上海—高雄—台中—基隆
海华轮船	BLUE STAR	上海—基隆—台中
海华轮船	BLUE MOON	上海—基隆—台中
锦江航运	JJ NAGOYA	上海—基隆—台中—高雄

资料来源：交通运输部水运司发布的从事台湾海峡两岸海上直航业务的航运公司及集装箱船舶名单(2008年12月29日)

2010年10月24日，中远集运“中远高雄”轮命名首航典礼暨中远集团驻台湾代表处揭牌仪式在台湾高雄港举行。该代表处为中国国有航运企业在台湾地区设立的第一家办事机构，主要从事货柜船总代理、散(杂)货船总代理和其他代理业务。同年 12 月 9 日,海华轮船经营上海—台湾航线的“晓洋”轮首航高雄港。该轮载箱量 816 TEU,可提供台湾南部地区与大陆华中地区双边进出口货物往来。两岸开通直航后,该公司延长挂靠基隆、台中两港的两岸航线,以扩展服务范围,当年又获交通部核准挂靠高雄港载货。及至是年底,从事海峡两岸间集装箱运输的驻沪航运企业主要有中海集运、中远集运、中外运集运、锦江航运、海华轮船、新海丰集运等。

表 3-4-3　2005—2010 年上海港上海至台湾航线集装箱吞吐量统计表　　单位:万 TEU

年　份	合　计	进　口	出　口
2005	44.3	26.4	17.9
2006	41.6	24.0	17.6
2007	52.4	28.6	23.8
2008	45.3	25.5	19.8
2009	46.8	25.8	21.0
2010	50.4	27.6	22.8

资料来源:《上海港口统计年鉴》(2006—2011)

第二节　散杂货运输

一、上海至香港

1979 年 10 月,上远公司在国内航运企业中率先以“长安”轮和“新安”轮开辟上海—香港杂货班轮航线。初时安排每周一班,每星期一船到上海港装货 2 000 吨、约 5 000 立方米,星期五开船。香港也是星期一船到港装货,星期五开航,载货 800 吨、约 2 000 立方米。经两个月试运行,“长安”轮完成 3 个往返航次。第一次 23 天,第二次 21 天,第三次 14 天,平均每次 20 天,时间逐次缩短;“新安”轮一个半月完成一个半往返航次。所费时间较长,主要是受制于气象影响,适逢冬天风大,两次均遭遇东北大风而抛锚待航,且当时香港安排的装卸码头也不适应该航线班轮要求。至 1980 年,该航线情况逐步趋于稳定,往返航次大体维持在 20 天左右,两艘船每月 3 个航班。是年 3 月起,因沪港间集装箱班轮航线开通,原杂货班轮压缩为 2 月 2 班。翌年 6 月起,该杂货班轮航线停开(后一度恢复运行),两地货物由集装箱班轮和中国—西欧杂货班轮运输。

1980 年 4 月,上海海运局以海兴公司名义,陆续派出“新华 5”“泰山”“新华 6”3 轮,分别担任从九江、芜湖、武汉 3 港装运外贸物资航行香港的任务。4 月 1 日,“新华 5”轮首航九江—香港。4 月 10 日,“泰山”轮首航芜湖—香港。4 月 26 日,“新华 6”轮首航武汉—香港。同年 9 月 1 日起,海兴公司与湖北省外运公司、长航武汉港务局联合开辟汉口至香港的国内第一条江海直达外贸定线杂货班轮航线。

是时,上海口岸对外贸易发展迅速,出口散杂货商品数量大幅增长。但限于交通部门运力不足等原因,使部分出口散杂货商品有时不能按期运到,影响合同执行。为改变这种局面,上海外贸部门根据国务院关于允许地方自行解决运输的规定,开始自营地方外贸运输船队。1980 年 11 月 11

日，上海市外贸总公司投入自营的第一艘地方外贸运输船“沪冷四号”轮，从上海港启程首航香港。该轮载重量为 1 400 多吨，有冷舱 4 个，专门用于运载鸡、鸭、兔、猪肉、鱼虾等出口冷冻食品。此类冷藏小型船舶使用灵活、方便，很适宜运载批量小的冷冻食品，尤其适合上市要求均衡的香港市场需要。该船航行上海—香港航线，20 天可往复一次。继“沪冷四号”轮试航上海—香港成功后，上海市外贸总公司又投入“沪冷二号”轮，加入该线冷冻食品运输，同时也穿航于上海—日本之间。1981 年 11 月—1982 年 5 月，该公司购进 2 艘 7 000 吨级杂货船“新海利”“新海宁”轮，投入上海—香港间散杂货运输，80 年代末，“新海利”轮也来往于上海—台湾—香港之间。

1989 年，锦江航运的杂货轮“通江”“通河”和“通州”轮也投入上海—香港航线运营。

进入 20 世纪 90 年代后，集装箱运输加速兴起，该航线传统的件杂货运输逐渐被集装箱运输所取代。2010 年，上海—香港航线散杂货吞吐量为 871.6 万吨，其中进港 349.2 万吨，出港 522.4 万吨。

二、上海至台湾

20 世纪 80 年代，台湾海峡两岸已有挂方便旗的海上民间间接通航。上海新海航业的杂货船“新海利”轮一度来往于上海—台湾—香港之间。

1997 年，中海集团组建后，其所属货船与台湾也有往来。2001 年，该集团自台湾高雄运至上海杂货 1 539 吨；2002 年，自高雄运至上海杂货 5.08 万吨；2003 年，自高雄运至上海杂货 4.83 万吨；2004 年，自上海运至高雄杂货 581 吨，自高雄运至上海杂货 169 吨；2005 年，自高雄运至上海杂货 3.48 万吨；2006 年，自上海运至高雄杂货 3 256 吨；2007 年，自高雄运至上海杂货 3.18 万吨。

2007 年 4 月 10 日，长航集团南京长江油运公司与中国联合石油有限公司(以下简称中联油)签订台湾高雄至上海的航煤运输合同。4 月 21 日，该公司悬挂香港旗的“长航勇士”号首次执行高雄至上海航煤运输租船合同。通过与中联油签署 COA 包运协议，不仅开拓了台湾市场，也为本公司船舶运力增添了新的货源。

2008 年 11 月，《海峡两岸海运协议》在台北签署，实现了两岸间海上直航，也为推动和发展两岸散杂货运输往来提供了更为有利的条件。2010 年 4 月，长航油运获得“台湾地区与大陆地区海运直航营运许可证”，准许该公司 5 艘 4.6 万吨级成品油轮和 3 艘 5 000 吨级沥青油轮直航台湾，是为两岸第一次有成品油轮获取台海直航许可资格。

2010 年，上海港上海—台湾航线散杂货吞吐量为 682.6 万吨，其中进港 387.6 万吨，出港 295 万吨。

第三节 客 运

一、上海至香港

中共十一届三中全会后，国家为发展对外贸易和旅游事业，促进地区间经济和文化交流，决定恢复上海—香港客货班轮航线。1979 年 8 月，交通部批准上海海运局组建海兴公司，并由该公司负责经营上海—香港航线客货运输业务。

1980 年 1 月 7 日，中断 30 多年的上海—香港客货班轮航线正式恢复通航。海兴公司投入 1.3

图3-4-4 20世纪80年代航行上海—香港客运航线的“上海”轮
(照片提供:中海集团宣传部)

万吨级大型客货船“上海”轮首航香港,首批乘客大都为回乡探亲后返港的港澳同胞。香港丽的电视台派人专程到沪,随“上海”轮拍摄纪录片。是月10日,“上海”轮安全抵达香港。香港电台、电视台和各家报刊杂志均播发、刊登新闻和评论,祝贺“上海”轮首航成功。该航线定线定班,安全准点、周转快,运价低。承担运输的“上海”号客货轮不仅客运设施设备齐全,而且配有冷藏货舱等货运设施,可装载高质量保鲜货物,使得该航线复航后,旅客运输量稳定,且部分高档外贸物资运输也由空运转入该轮海运。是年,申港客运航班运送旅客1.09万人次。其中,上海到香港4 482人次,香港到上海6 409人次。

1981年3月,海兴公司所属“海兴”号客货轮也投入该航线运营,每星期与“上海”轮在沪港两地间对开航班。申港客运航线恢复通航后,为港澳同胞、华侨回乡探亲访友、观光游览,以及外国朋友来沪旅游、进行贸易和文化交流等活动提供了方便,客货运量迅速上升。是年客运量升至1.68万人次,1983年继续上升到2.35万人次,其中,上海到香港1.09万人次,香港到上海1.26万人次。该航线通航三年中,“上海”“海兴”两艘客货轮已安全、正点运送港澳同胞、海外华侨、国外旅客及内地赴港人员4.8万多人次,各类货物30多万吨。

1984年2月,锦江航运投入“锦江”号客货轮参与沪港客运航线营运。每月4日、9日、14日、19日、24日、29日从上海开航;2日、7日、12日、17日、22日、27日从香港开航。1985年,海兴公司和锦江航运的3艘客货船共运送上海—香港航线海上旅客2.72万人次,比1980年增长149.5%。其中,上海到香港1.25万人次,比1980年增长178.4%;香港到上海1.47万人次,比1980年增长129.4%。

是时,海兴公司和锦江航运十分注重客运服务质量的提高,提出“服务至上,信誉第一,安全优质,价格合理”的经营宗旨,着力为旅客提供安全、优质、舒适、迅速、方便的服务。1986年2月,锦江航运在香港组建“香港旅游有限公司”,专职经营“锦江”轮的旅游业务,组织香港、东南亚和西欧各地旅客到中国大陆旅游,开辟由香港乘海轮经上海至苏州、无锡、杭州的轮船、火车、住宿往返“一条龙”服务。海兴公司“上海”轮为满足旅客旅途文化生活需要,每航次组织迎宾电影招待会、猜谜游戏等活动,组织文艺演出队为旅客表演京剧、沪剧、越剧、配乐诗朗诵、魔术、男女声独唱、哑剧等节目,并邀请旅客一起上台演出,被旅客誉为“海上商场和乐园”。海兴公司和锦江航运还积极参加上海市组织的精神文明建设10大窗口竞赛活动。“锦江”“海兴”和“上海”轮多次被评为上海市交通邮电系统文明船舶和最佳服务窗口。上海海运局经营的申港线,被交通部命名为“文明航线”。1990年,航行上海—香港客班航线的“上海”“海兴”轮与上海海关、边防检查站、港务监督、卫生检疫站、外贸运输公司、中国银行等12家单位签订同创共建“双文明”活动公约,联合开展“学雷锋、见行动、送温暖、多奉献”活动,努力提高服务质量。“上海”“海兴”轮被上海海关命名为“信得过船舶”。

及至1990年,上海—香港客班航线复航后10年间,“上海”“海兴”两轮已安全航行75万海里,安全运送旅客17万人次,以优质服务享誉海内外,成为上海发展外向型经济的一个窗口。1991年,著名全国劳动模范、上海海运局客轮服务员杨怀远调到申港线"海兴"轮工作，他在工作中观察到往返上海—香港旅客中，约有60%旅客是60多岁老年人，其来往上海—香港两地探亲、访友、旅游，携带行李较多，用起货机从码头吊上轮船甲板，再由服务员帮助肩扛手拎搬进客舱，十分不便，便又取出自备小扁担义务为旅客挑行李。逢客船到达两港，杨怀远总是在凌晨5点钟以前起床，将旅客行李从每个房间挑到服务台，有时一个航次就要挑40多担。由此，杨怀远被广为传播的"小扁担精神"在申港客运航班进一步得到发扬光大。不少年纪大的香港同胞高度称赞杨怀远的"小扁担"精神，十分钟情于乘坐"海兴"轮，领略杨怀远为人民服务的精神与风采。

90年代后期，随着铁路、航空等交通工具的快速发展，选择乘坐客轮往来上海和香港的旅客越来越少，有的航次服务员甚至比旅客还多，以致上海至香港客班航线经营出现亏损，最终被迫停航。

表3-4-4 1980—1992年上海—香港客班航线历年客运量统计表

单位：人次

年　份	运量合计	上海—香港	香港—上海	年　份	运量合计	上海—香港	香港—上海
1980	10 891	4 482	6 409	1987	31 053	12 672	18 381
1981	16 800	7 623	9 177	1988	34 686	13 622	21 064
1982	20 580	9 205	11 375	1989	20 327	10 967	16 366
1983	23 541	10 909	12 632	1990	31 678	12 182	19 496
1984	29 648	13 896	15 752	1991	33 350	12 488	20 862
1985	27 178	12 478	14 700	1992	35 136	13 275	21 861
1986	26 191	10 790	15 401				

资料来源：《上海远洋运输志》P170

二、台湾至上海

1988年，经大陆相关部门批准，同意台湾昌宏海运公司开辟基隆港—日本冲绳那霸港—上海港的客运定班航线(6天1班)。是时，该公司购有"昌鑫"轮和"昌瑞"两艘客轮，用以开办这条客班航线，主要疏导大量急于返乡探亲的国民党老兵。

是年8月4日，上海市人民政府交通办公室发出"关于台湾客轮首航上海港口岸工作安排的报告"，按照市领导有关"统一领导，分工负责，各司其职，一定要把这件事认真办好"的指示，对接待台湾客轮来沪事宜认真进行了研究和部署。9月8日，"昌鑫"轮(悬挂巴拿马国旗，客位337个)由台湾基隆港发船(经日本琉球那霸港，换船，换文)，9月12日由"昌瑞"号客轮自那霸港驶抵上海港。是为大陆与台湾海上客运中断40年后第一次通航，也是时隔40年后台湾客船第一次行驶上海港。(详情见本卷专记《海峡两岸隔断近40年后台湾客轮首航上海港》)

至当年12月3日，台湾昌宏海运公司经营的"昌瑞""昌鑫"轮在台湾基隆—日本那霸—上海航线上，共运行12个航次，运送台胞1 880人次。因绕道航行经营亏损，两艘客船在运营3个月后被迫宣布停航。

第四篇

远洋运输

唐、宋时期，市境内古港华亭、青龙镇已可接纳国内外远洋船舶。元代，以上海镇为港口，开辟海外航线。明初，著名航海家郑和率船队从浏家港(今江苏太仓浏河，当时为上海地区出海口)启航下西洋。明末清初，朝廷实行海禁政策，远洋运输被禁。清康熙年间开海禁，上海远洋运输辟东线至日本、朝鲜，南线至南洋群岛。鸦片战争后，上海开埠，外国船只涌入，并相继开辟上海与各国、地区间远洋运输。轮船招商局在沪成立后，亦参加远、近洋运输，但在外国列强和航商的排挤打压下，处境艰难。第一次世界大战后，上海远洋运输主要由外国轮船公司把持。民国26年(1937年)"八一三"事变后，所有中国轮船公司经营的航线一概停航。抗日战争胜利后，上海远洋运输基本由美英等国轮船公司垄断，国营招商局仅辟上海至美国和上海至东南亚等少数航线。

朝鲜战争爆发后，美国对中国封锁禁运，上海远洋运输一度断航。1962年，中波公司迁址上海，经营中国—波兰杂货班轮运输。次年，交通部决定在上海发展远洋运输船队，由上海海运局负责，先行承接国产新造船"跃进"轮首航日本，在"跃进"轮意外触礁沉没后，为强化远洋运输力量，国务院批准成立中国远洋运输公司上海分公司，1964年4月正式挂牌(1979年5月更名上海远洋运输公司，简称上远公司)，经营日本、朝鲜航线，从8艘船起步逐步扩展。至1978年末，已拥有远洋船舶115艘，187.2万载重吨，远洋航线涉及世界82个国家和地区273个港口，初步建成一支综合性远洋运输船队。但是时，上海远洋运输总体规模有限，只有几家企业从事远洋运输，且在较长时间内仅有干散货和传统的件杂货两项远洋运输。

中共十一届三中全会后，国家对远洋运输管理体制进行改革，简政放权，鼓励地方兴办远洋船队，上海远洋运输业进入多家经营，快速发展的新时期。1979年，以往只从事沿海运输的上海海运局开始跻身国际航运市场，上海远洋运输实力大增。及至1985年，上海航运企业已先后开辟上海至大洋洲、美国、日本、欧洲、东南亚等地集装箱班轮运输航线。1985年6月，中日轮渡开始在上海和神户、大阪间从事远洋客货运输，恢复中断40余年的中日海上定期客运。1992年，上海远洋运输船队共承运货物3 259.81万吨，其中，集装箱运输量占61.45%。1995年，上海远洋运输船队航行150多个国家和地区，驶抵1 000多个港口。是年末，中共中央、国务院作出建设上海国际航运中心的重大战略决策，上海远洋运输事业进一步走向兴旺。为推进国际航运中心建设，上海市人民政府积极支持国有大型航运企业落户上海，扶持和鼓励驻沪各航运企业开辟国内外新线路、新班次。至20世纪末，上海海洋运输行业在远洋运输的规模和结构上都已发生深刻变化，尤以远洋集装箱运输发展为快，初步形成干支线交错的全球运输网络。

2001年，中国加入世贸组织(WTO)，促使上海远洋运输业加速融入世界经济。同时，越来越多的境外航运企业相继入驻上海，在沪设立子公司或办事处。由中资轮船公司、外资轮船公司独家经营，或由中外轮船公司合作经营的，以上海为起讫港或主要挂靠港的班轮航线通达世界各地。中远集运、中海集运等上海主要班轮公司先后跻身世界十大班轮公司之列，远洋散货运输也取得新的发展，进口原油和进口铁矿石一程运输得到积极开发，重点扶持，并向"国油国运""国矿国运"目标迈出扎实一步。远洋杂货运输的发展，尤以大件设备运输为快，无论运力配置、运输质量在国际件杂货运输市场都赢得良好声誉。国际客运，则以设施先进、服务优质，吸引着越来越多的中外旅客。随着国际邮轮的频繁到访，上海已成为亚洲地区最大和最先进的邮轮母港之一。

在激烈的市场竞争中，特别是面对始于2008年的全球金融危机的冲击，驻沪各远洋运输企业积极改进经营管理，调整和优化船队结构，加强运营组织和与国际著名航运公司间的合作，努力提高客货运服务质量，在适应国民经济和社会发展，适应国际、国内两个市场需求中，取得明显成就。"十一五"计划期间，上海口岸进出口货物总额累计达到3.65亿美元，占全国进出口货物总额的30%以上，其大都经由海运完成。2010年，国际航行船舶进出上海港4.07万艘次；共12.62亿总吨。上海国际航线集装箱吞吐量达2 200多万吨，各类外贸货物吞吐量超过3亿吨，上海国际航运中心建设取得阶段性丰硕成果。

第一章　集 装 箱 运 输

上海远洋集装箱运输始于1978年，随着改革开放的推进而发展迅速。至20世纪90年代，经营范围已达亚太、美洲、欧洲、非洲、中东多个国家和地区，形成以上海港为枢纽，辐射国内外两大扇面的全球干支线运输网络。90年代后期至21世纪初，包括中海集运、中远集运、中外运集运、锦江航运、海华轮船、新海丰集运在内的多家驻沪中资企业及众多著名外国航运公司都已涉足上海远洋集装箱运输。2010年，上海港辟有集装箱远洋航线151条，近洋航线134条，覆盖世界各大洲主要港口；国际集装箱航班已达1 207班，其中日本航线234班，韩国航线65班，香港航线13班，台湾航线65班，东南亚航线217班，中东航线117班，澳大利亚航线43班，南非南美航线87班，非洲航线47班，美西航线108班，美东航线52班，地中海航线55班，远东航线9班，西北欧航线95班。国际航线吞吐量超过2 200万TEU。每月由上海港开出的国际航班多达1 200余班。

第一节　运 输 网 络

1978年前，上海港尚无国内航运企业经营的国际集装箱班轮航线。

1978年1月，国务院交通、外贸两部组成联合工作组，到上海落实开辟国际集装箱班轮航线准备工作，并与上海市工业交通办公室召开上海地区港、航、贸等有关部门会议，商定开辟中—日、中—澳集装箱航线具体事宜。同年4月，驻沪远洋运输企业上远公司开始以新购半集装箱船在中日航线试装集装箱；9月，以半集装箱船"平乡城"轮首辟上海至澳大利亚航线，也是中国大陆第一条国际集装箱班轮航线；1981年2月，以滚装船"张家口"轮开辟上海/天津至美国西海岸的中美集装箱班轮航线；同年5月，以半集装箱船"抚顺城"轮首航日本神户港，开辟上海直达神户的中日集装箱班轮航线；翌年10月，又辟上海至美国东海岸纽约、查尔斯顿、休斯敦等港直达集装箱班轮航线，同时将上海至美国西海岸的航线加挂加拿大温哥华港；1983年7月，新辟天津、上海—西欧集装箱班轮航线；1985年1月，开始经营上海—东南亚集装箱班轮运输业务。至此，该公司已相继开通上海至澳大利亚、美国、日本、欧洲、东南亚等国家和地区的集装箱班轮航线。

1986年初,上远公司根据系统工程原理,开始进行中国航运史上第一个“环太平洋集装箱运输网络工程”设计,对本公司在环太平洋地区的集装箱运输航线实行合理有序调整,通过开辟干、支航线,加密发船班次,形成东西、南北纵横交叉的运输网络,充分发挥各航线营运效率。其将中国—美国、加拿大和中国—日本—大洋洲航线分别作为东西、南北干线“大动脉”,把中国大陆沿海各港到日本、香港及东南亚各国,日本到泰国,新加坡到澳大利亚港口的航线作为支线“小血管”,中国大陆沿海通过神户和香港这两个集散点把干、支线联结起来,使环太平洋沿岸15个国家和地区40多个港口的外贸货物像人体“血液”一样通畅流到“躯体”各个部位,组成一个集装箱运输干支线交叉衔接的运输网络(整个运输网络至1990年秋已基本建成)。该网络的建成,既方便了货主,缩短了交货期,又能多揽货载,提高承运能力,社会和经济效益显著,对我国集装箱运输发展产生重要影响。

图4-1-1 1990年上远公司召开建成环太平洋集装箱运输网络新闻发布会

(照片提供:中远集运档案室)

1988年底,国家计委批准的“国际集装箱运输系统(多式联运)工业性实验项目”启动,首先推行建立以上海港为枢纽的试验示范线,推动外贸件杂货集装箱化,三年后已建立起以上海港为枢纽,与远洋航线相连接的沿海、长江、内河和铁路多式联运支线,完善国际集装箱集疏运系统,初步形成上海港辐射国内外的两大扇面。

自20世纪80年代末至90年代初,新海航业、锦江航运、中外运上海公司及新海丰集运等驻沪航运企业,陆续加入中日集装箱航线运营,致力于亚洲区内高密度集装箱航线网络的构建,提供航次高频率及高效率服务,并取得明显成效。至1992年底,上远公司等驻沪航运企业经营的从上海开往世界各地的集装箱班轮航线已增至38条,包括上海至日本、韩国、东南亚、俄罗斯、澳大利亚、新西兰、波斯湾、地中海北岸、西欧、美国等,每月开出68个航班。在开辟经营中国—美国、加拿大、中国—大洋洲主干线的同时,也重视发展支线运输,先后开辟中国—日本、中国—东南亚、日本—泰国和新加坡—澳大利亚以及上海—香港等支线运输,以保证主干线各船货源,加快货物周转。是时,仅上远公司经营的中国与日本及其他国家和地区间支线集装箱班轮航线就有10条,每月开出43个航班。太平洋地区任何一个国家的集装箱,都能通过该公司的干、支线运输网络,迅速,安全、可靠地运达目的港,年可承运集装箱货物1 200多万吨。

1995年底,中共中央、国务院提出建设上海国际航运中心的战略目标。翌年起,上海市委、市政府对该重大政策全力贯彻。其实践过程加速了航线和箱源向上海港集中。至90年代后期,中海集运、中远集运、中外运集运和上海长航等大型国企均将总部安在上海,一方面加强船队建设,扩大船队规模,一方面积极开辟远近洋航线,构建和完善全球干支线运输网络和营销网络;一批外资大航运企业因对上海港发展信心增强,也争相进驻上海,境外航商在上海设立子公司或办事处已达百余家;50多家船公司(含外商)已在沪开辟200多条集装箱班轮航线;上海港与周边港口围绕枢纽港与支线港的分工逐步明朗。

1997年,中海集团在沪组建后,大力发展集装箱运输,积极布局全球班轮航线。是年11月,中海集运正式开通青岛/上海—大阪/神户全冷藏箱特快定时航线，这也是该公司成立后开辟的第一条近洋航线。1999年，该公司继续加大远洋运输市场开发力度：3月，分别在青岛和上海举行中国—澳大利亚班轮航线首航仪式；4月，开辟首条远东—欧洲集装箱班轮航线；8月，在大连开辟第二条远东—欧洲班轮航线；11月，开通远东—美国集装箱班轮航线。2000年，在远东—美国集装箱航线上已形成3条美西航线和1条美东航线的布局；2001年6月，开通亚洲—地中海—美东航线，以地中海为中心，形成远东至美东的钟摆航线。其与该公司原有的AAS(华南/台湾/香港—美国西南岸航线)、AAC(远东—美国西岸航线)、AAE(远东—美东航线)以及远东—欧洲航线一起，形成中海集运的环球航线。在加快国际主干航线发展的同时，该公司还通过加强支线运输布局，进一步完善干支航线网络，先后以投船和互换舱位等方式开辟东南亚、中东、红海、黑海和地中海支线。2004年5月，中海集运所属浦海航运公司新辟越南胡志明市到柬埔寨金边航线，成为第一家获准进入湄公河经营国际集装箱运输业务的中国航运企业。及至当年，中海集运已基本形成可覆盖槟城、巴生、雅加达、泗水、新加坡、胡志明和金边等港口的东南亚支线网络。

同一时期，上远公司(中远集运)的集装箱运输网络日趋完善。1997年7月，中远集团集装箱总部从北京迁至上海，与上远公司合并成立中远集运。之后不断调整航线结构，合理配置船舶，扩大对外合作，1998年已经营20多条国际集装箱班轮主干线，每月开出170多个航班，核心班轮的准班率达到99%。该公司制定的发展战略为：以上海为依托，连结沿海港口，构建辐射世界各地的航运网。为争取更多货主，从1999年起，中远集运先后对上海至澳大利亚、至欧洲、至地中海、至日本等航线，进行全面优化调整。其每年承运的315万标准箱量、3 000多万吨货物中，上海和上海周边地区支撑的货源达到三分之一以上。在经营主干线的同时，该公司也不断完善支线运输网络，2005年始相继开辟东南亚—澳大利亚、马尼拉—中国香港、环亚得里亚海航线、环阿拉伯海航线(RAS)等一大批支线。其中，通过数条印巴支线的开设，使该公司在印巴次大陆的支线网络得到逐步完善，航线覆盖面进一步扩大，并开发国内到印巴、印巴到欧洲、欧洲到印巴和印巴到国内四个尚未涉足的市场，并为欧洲航线运力的升级做好货源补充；东南亚区域的支线铺设和货源开发，则极大丰富了该公司的干线货源。

上海洋山深水港区投产后，国内外船公司在上海港新开的远洋集装箱航线大幅增多，投入的集装箱船型也明显放大。2006年内新增远洋班轮航线21条，包括欧洲线2条、地中海线1条、波斯湾线2条、美西线3条、美东线3条、黑海线2条、南非美线5条、非洲线1条、澳洲线1条、俄罗斯线1条；近洋班轮航线11条，包括东南亚线4条、日本线3条、台湾线3条、香港线1条(注：此为上海港口统计资料，本卷根据地理位置将台湾、香港航线列入沿海运输)。及至是年末，上海港已吸引国内外70多家船公司加盟国际班轮航班营运，世界前20大航运企业均已在上海港开通集装箱航线，上海港的航班密度达到每月2 106班，其中国际航班1 033班，航线覆盖范围遍及全球200多个国家和地区的300多个港口，成为中国大陆集装箱航线最多、航班最密、覆盖面最广的港口。上海海洋运输行业各相关企业在集装箱运营组织中，不仅注重市场开发，提高经济效益，而且注意把提高客户服务质量，加强客服工作信息化、标准化建设放在突出位置，通过发展多式联运、开辟精品航线等各种方式和渠道，为客户提供优质服务，赢得国内外广大客户的信赖和好评，有力提高了企业的市场声誉和竞争力。

2008年，驻沪主要航运企业中远集运、中海集运开辟的集装箱班轮航线已遍及全球，构成以中国、美国、欧洲三大板块为核心的东西主干航线体系，以日本、澳洲、东南亚为支撑的南北次干线体系,以及中国、东南亚、欧洲三大区域内的多个支线网络。中外运集运、锦江航运、海华轮船、新海丰集运等驻沪船公司则以经营近洋航线,包括中国至日本、韩国、东南亚等航线为主。

上海海洋运输行业在构建和完善集装箱运输网络中,除了依靠自身壮大的实力外,十分注重与世界各著名班轮公司的合作。始于20世纪90年代的国际海运公司间以合作投船、互换舱位、租赁舱位等形式开展的航运合作,因有利于班轮公司提高大型船舶的舱位利用率,优化航线设计和运力配置,在国际集装箱运输市场得以广泛运用。通过航运合作,可使船舶营运效率得到提高,港口更广、航班密度更大,同时可减低经营风险,避免过度竞争,实现资源互补。2002年3月,由中远集运、韩进海运、阳明海运、川崎汽船和德国胜利航运五大公司结成的国际海运市场最大的海运联盟CKYH正式签署协议。其拥有的各类型商船总计达337艘(包括租赁使用的商船),年总海运规模达85万TEU以上。通过航运合作,CKYH联盟成员公司不仅发展和优化了集装箱运输网络,而且年可节省成本8 200万至8 800万美元。2008年下半年始,全球金融危机向实体经济加速传导,令国际集装箱运输业陷入低谷。中海集运、中远集运等驻沪企业在对外合作领域及时推出一系列重大举措,合作规模之大、范围之广、动作之迅速,均超过其他班轮公司。其结果有效控制了市场运力增长,降低了运营成本,以合理运价稳定班轮市场,在危机中巩固和进一步完善了全球干支线运输网络。

2010年,上海港国际集装箱航线结构进一步优化,航班加密,共新开国际航线65条,其中近洋航线29条,远洋航线36条。至此,上海港开通的远洋集装箱航线已达151条,近洋集装箱航线134条。国际航班密度达到每月1 207班,其中日本航线234班,韩国航线65班,东南亚航线217班,中东航线117班,澳大利亚航线43班,南非美航线87班,非洲航线47班,美西航线108班,美东航线52班,地中海航线55班,远东航线9班,西北欧航线95班。各航线中既有驻沪航运企业和外商航运企业独立经营的航线,也有航运企业间以互换舱位、共同派船、出租或租用舱位等形式合作经营的航线。除水路运输外,遍及全球各地的多式联运亦日益发展,不仅方便客户,而且为远洋集装箱运输市场提供了稳定、丰厚的货源。是年,上海港国际航线集装箱吞吐总量达2 200.2万TEU,其中进港1 079.3万TEU,出港1 120.9万TEU。以上海为枢纽港的全球化集装箱运输网络日臻完善。

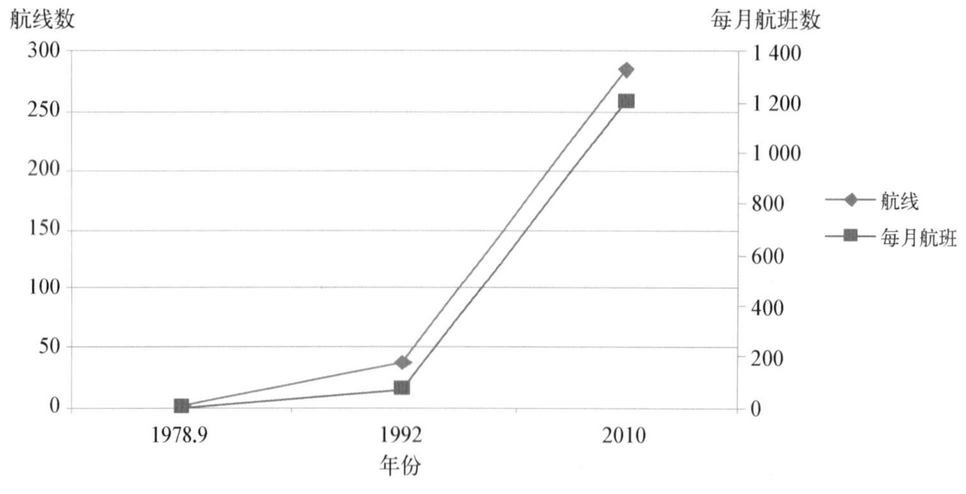

图4-1-2　上海国际集装箱航线、航班变化图

(本卷编纂室绘制)

表 4-1-1 2000—2010 年上海港外贸集装箱航线航班统计表 单位：班/月

年份	总计	日本	韩国	香港	台湾	东南亚	中东	澳大利亚	南非美	非洲	美西	美东	地中海	远东	西北欧
2000	452	150	48	22	26	30	30	13	10	6	52	9	17	4	35
2001	467	160	39	17	30	35	26	9	11	7	56	13	17	8	39
2002	591	186	56	17	34	74	43	9	13	13	60	17	26	4	39
2003	717	212	60	17	39	91	57	9	17	11	91	32	30	8	43
2004	827	229	65	22	48	78	66	30	22	16	104	39	30	13	65
2005	942	245	60	22	47	99	83	32	52	22	112	52	30	17	69
2006	1 033	281	56	26	56	99	91	39	61	26	112	61	43	17	65
2007	1 057	232	60	20	48	132	112	36	56	39	96	62	68	16	80
2008	1 098	220	68	16	44	140	116	36	68	40	104	64	72	6	94
2009	1 069	247	65	17	52	169	100	37	61	28	91	56	68	4	74
2010	1 207	234	65	13	65	217	117	43	87	47	108	52	55	9	95

资料来源：原上海港务局、上海国际港务(集团)股份有限公司业务部提供：《上海港外贸集装箱航线航班历年统计资料》
注：本表中将香港、台湾航线、航班列入外贸统计

表 4-1-2 2010 年上海港国际集装箱航线航班一览表

航　线	代　号	船公司/联盟	到港时间	挂　港
伟大联盟美西线	CCX	HLC、NYK、OOCL	周五	釜山、洛杉矶、奥克兰、釜山、青岛、宁波
商船三井南美东线	CSW	MOL	周四	新加坡、香港、新港、大连、青岛、釜山、外高桥、洋山、香港、新加坡、德班、桑托斯、布宜诺斯艾利斯、蒙得维的亚、巴拉那瓜、圣弗郎西斯科杜苏尔、圣多斯、里约热内卢
孟虎印巴航线	ACS	HMM、WHL、MOL	周四	赤湾、新加坡、巴生、马得拉斯、科伦坡、厦门
RCL 泰越线	RBJ	RCL、MOL、HLC、OOCL	周三	林查班、曼谷、西贡
RCL 印度线	CCI	RCL、WHL	周六	香港、新加坡、巴生、那瓦西瓦、科伦坡
RCL 泰国线	RBC	RCL、GCS	周六	曼谷、林查班、胡志明、宁波
阿联酋中东线	HGLX	ESL、NYK、OOCL	周四	宁波、釜山、新加坡、巴生、那瓦西瓦、科伦坡、杰贝阿里、班得阿巴斯、琵琶瓦、蛇口
现代中印快航	CIX	HMM	周六	宁波、香港、新加坡、那瓦西瓦、琵琶瓦、科伦坡、盐田
现代中东线	KMS	HMM、HLC	周五	宁波、基隆、香港、盐田、新加坡、巴生、迪拜、阿巴斯、卡拉奇、新加坡、香港、光阳、釜山

(续表)

航　线	代　号	船公司/联盟	到港时间	挂　港
中外运周二关东线	SJ3	SNL	周二	大阪、神户
中外运周四关东线	SJ1	SNL	周四	东京、横滨
中外运周五关东线	SJ2	SNL	周五	名古屋
中外运周日关东线	SJ9	SNL	周日	东京、横滨
中外运周一关西线	SA1	SNL	周二	大阪、神户
中外运周六关西线	SA2	SNL	周六	大阪、神户
中外运周二台湾线	NCT	SNL	周二	高雄、基隆、台中
中外运周日台湾线	SCT	SNL	周日	高雄、基隆、台中、香港
中外运澳洲线	CKA	SNL、HJS、GCS	周一	宁波、蛇口、高雄、墨尔本、悉尼、布里斯班、釜山
德翔日本关东1线	SJX1	TSC	周五	大阪、神户
德翔日本关东2线	SJX2	TSC、GSC	周一	东京、横滨
德翔泰国线	CHT	TSC、KMTC	周二	宁波、香港、林查班、曼谷
德翔中东线	CEM	TSC、HLC	周日	宁波、香港、巴生、杰贝阿里、班得阿巴斯、卡拉奇、科伦坡、那瓦西瓦
德翔澳洲线	CAX	TSC、POS、SNL	周一	宁波、上海、香港、蛇口、悉尼、墨尔本、布里斯班
APL 中东航线	CMX	APL	周三	赤湾、香港、新加坡、科伦坡、杰贝阿里、达曼
APL 美西航线	PS5	APL	周一	那霸、釜山、圣佩德罗、奥克兰、荷兰港、横滨、釜山、那霸
俄罗斯远东航线	FFE2	FSC	周日	东方港、海参崴
马来西亚中东线	HES	MISC	周四	蛇口、新加坡、巴生、那瓦西瓦、科伦坡、卡拉奇、杰贝阿里、班得阿巴斯
玛丽亚娜澳洲线	KTX	MXL	周四、周五	那霸、香港、马尼拉、达文、托斯维尔
澳洲2号线	AUS2	MOL、NYK、K-Line	周三	横滨、名古屋、大阪、釜山、上海、盐田、香港、墨尔本、悉尼、布里斯班

（续表）

航 线	代 号	船公司/联盟	到港时间	挂 港
中外运 & 高丽东南亚线	CKI	SNL、KMTC	周六	光阳、上海、宁波、香港、雅加达、新加坡、基隆、釜山
泛洋美西线	CAE	POS、TSC	周五、周六	宁波、上海、长滩
东航香港线	HK01	SNL	周日	上海、香港
德翔 & 以星中东线	CME2	TSL、ZIM	周三	新港、青岛、上海、宁波、蛇口、新加坡、巴生北港、巴生西港、杰贝阿里、巴生西港、巴生北港、新港
上海越南海	HESW	SNL、HJS	周一	上海、海防、上海、釜山
上海釜山线	HESE	SNL、HJS	周三	上海、釜山
日本	CKJ	中海	周五	上海、东京、宁波、上海、门司、博多、上海
日本	CKJ	中海	周六	上海、大阪、神户、宁波、上海
日本	LH1	神原	周二	上海、福山、水岛、广岛、宁波、上海
日本	RB1	神原	周五	上海、镜港、新潟、富山、小樽、大连、青岛、上海
日本	LH2	神原	周六	上海、福山、水岛、广岛、宁波、上海
日本	CJ1	民生	周二	上海、福山、水岛、广岛、德山、上海
日本	CJ2	民生	周六	上海、福山、水岛、岩国、上海
日本	CJ4	民生	周六	上海、高松、广岛、岩国、上海
韩国	KOR	中海	周二	上海、仁川、上海
韩国	KR	中海	周五	上海、仁川、宁波、上海
东南亚	CPX	中海	周六	上海、宁波、马尼拉北港、马尼拉南港、胡志明、上海
东南亚	CPX3	中海	周三	上海、宁波、马尼拉北港、马尼拉南港、上海
东南亚	CVX	以星	周四	洋山、外二、厦门、香港、胡志明、曼谷、横滨、胡志明、香港、上海
东南亚	WAX	马士基、浦海	周一	上海、巴生、新加坡、雅加达、宁波、蛇口、巴生、香港
东南亚	KSX	以星	周六	上海、马尼拉、香港、巴生、新加坡
澳洲线	AUS2	东方海外、中海、澳航	周一	上海、宁波、厦门、香港、高雄、墨尔本、悉尼、布里斯班、横滨、大阪、釜山、青岛、上海
澳洲线	NCA	长荣、韩进、赫伯罗特	周二	上海、香港、高雄、悉尼、墨尔本、布里斯班、釜山、上海
澳洲线	AUS1	中海、东方海外	周五	上海、赤湾、香港、悉尼、墨尔本、布里斯班、高雄、香港、上海
黑海	ABS	北欧亚、赫伯罗特	周日	上海、宁波、基隆、赤湾、巴生、杰达、达米埃塔、康斯坦萨、伊斯坦布尔、康斯坦萨、达米埃塔、科伦坡、巴生、上海

(续表)

航　线	代　号	船公司/联盟	到港时间	挂　　港
黑海	ABX	中海、阳明、川崎、以星	周五	上海、宁波、香港、马尼拉南港、巴生、苏伊士、库姆、康斯坦萨、伊利伊雷夫斯、库姆、康斯坦萨、伊利伊雷夫斯、苏伊士、上海
亚得里亚	ADEX	意大利海运	周一	上海、宁波、赤湾、香港、丹戎不碌、巴生、苏伊士、塔兰托、里耶卡、的里亚斯特、库帕、塔兰托、巴生、丹戎不碌、上海
地中海	AMAX	中海	周四	上海、赤湾、香港、盐田、巴生、苏伊士、海法、那不勒斯、热那亚、巴塞罗那、瓦伦西亚、哈利法克斯、纽约、诺福克、查尔斯顿、萨凡纳、上海
地中海	EUM	新世界联盟、伟大联盟	周五	上海、宁波、厦门、盐田、南沙、香港、赤湾、新加坡、苏伊士、瓦伦西亚、上海
地中海	AEM	意大利海运	周六	上海、宁波、南沙、香港、丹戎不碌、海法、塞浦路斯、比雷埃夫斯、伊斯坦布尔、丹戎不碌、上海
地中海	UAM	意大利海运	周日	上海、宁波、盐田、高雄、天津、科伦坡、塔伦托、热内亚、巴塞罗那、瓦西亚塔可马、东京、大阪、上海
中东	GAX	以星、北欧亚、韩进	周三	上海、青岛、新港、釜山、赤湾、新加坡、巴生、科伦坡、吉拜阿里、豪尔费坎、卡拉奇、那瓦西瓦、巴生、新加坡、香港、上海
中东	PCL	伊朗航运	周三	上海、光阳、釜山、宁波、高雄、香港、迪拜、阿巴斯、上海
中东	PHL	伊朗航运	周五	上海、宁波、赤湾、巴生、阿巴斯、迪拜、阿巴斯、天津、上海
中东	AMA	中海(达飞)	周六	上海、迪拜、孟买新港、上海
美西	AMA	中海	周六	上海、洛杉矶、上海
美西	CAX	韩进海运	周一	上海、釜山、长滩、奥克兰、釜山、上海
美西	ANW1	中海、达飞	周一	上海、釜山、温哥华、西雅图、上海
美西	AAC2	中海、达飞	周四	上海、釜山、洛杉矶、上海
美西	CPS	意大利海运、长荣	周四	上海、宁波、奥克兰、洛杉矶、上海
美西	CPN	意大利海运、长荣	周五	上海、釜山、塔科马、温哥华、青岛、上海
美西	CLX	美森	周三	上海、长滩、夏威夷、关岛、宁波、上海
美西	CLX2	美森	周六	上海、长滩、夏威夷、关岛、宁波、上海
美西	PS3	商船三井	周一	上海、宁波、神户、东京、洛杉矶、温哥华、西雅图、东京、名古屋、神户、上海
美西	PCX	现代商船	周四	上海、釜山、塔科马、奥克兰、釜山、天津新港、宁波、上海

(续表)

航线	代号	船公司/联盟	到港时间	挂港
美西	PNW	现代商船	周四	上海、釜山、名古屋、东京、西雅图、温哥华、釜山、光阳、高雄、盐田、香港、上海
美东	AWG	韩进海运	周日	上海、釜山、萨凡娜、诺福克、查尔斯顿、厦门、香港、盐田、宁波、上海
美东	AWH	韩进海运	周一	上海、釜山、纽约、威明顿、萨凡娜、釜山、青岛、宁波、上海
美东	AAE1	中海、达飞	周一	上海、厦门、盐田、香港、曼萨尼略、迈阿密、萨瓦纳、纽约、诺福克、金斯顿、曼萨尼略、釜山、上海
美东	PACAR	南美轮船	周五	上海、釜山、赤湾、香港、釜山、曼萨尼约、瓜亚基尔、安东尼奥、曼萨尼约、上海
美东	NATCO-4	川崎轮船	周三	上海、赤湾、盐田、香港、纽约、萨瓦纳、上海
美东	AUX	意大利海运、以星	周日	上海、宁波、青岛、巴拿马、科隆、金斯顿、埃弗格雷斯港、萨瓦那、威明顿、科隆、巴拿马、上海
美东	NUE	长荣	周六	上海、釜山、大阪、名古屋、东京、清水、洛杉矶、巴拿马、科隆、查尔斯顿、诺福克、纽约、安特卫普、不来梅、泰晤士港、鹿特丹、莱哈佛、纽约、诺福克、查尔斯顿、克隆、巴拿马、洛杉矶、沃克兰、东京、大阪、上海
东南亚线	JABCO-1	川崎	周日	林查班、曼谷、胡志明市、雅加达、新加坡、巴西古当、费里曼特尔
波斯湾线	CST	太平	周日	仁川、拉各斯、科托努、特马、杜阿拉、新加坡、光阳、恩纳、开普敦
东南亚2线	CTS	阳明、世腾、正利	周日	胡志明市、曼谷、林查班
台湾2线	SK2	海丰	周日	高雄、台中、基隆
日本关东2线	PST-2	海丰	周日	名古屋、东京、清水、神户
日本关西3线	SKS7	海丰	周日	大阪、神户
印尼线	PAS	阳明	周日	香港、雅加达、泗水、三宝垄
台湾2线	TC2	阳明	周日	高雄、台中、基隆
东南亚线	ACIS	美国总统	周日	新加坡、雅加达、泗水、巴生、林查班
地中海线	DRAGON	地中海	周日	香港、新加坡、巴塞罗那、拉斯佩齐亚、那不勒斯、福斯、梅尔辛、塔兰托、文亚淘罗、胡姆斯、伏洛斯、科伦坡
东南亚4线	CJT	海丰	周日	林查班、曼谷
地中海2线	TIGER	地中海	周日	香港、新加坡、比雷埃夫斯、拉塔克、伊兹密尔、贝鲁特、梅尔辛、塞萨洛尼基、伏洛斯、伊拉克利翁、的里亚斯特、胡姆斯

(续表)

航　线	代　号	船公司/联盟	到港时间	挂　　港
印尼线	JCV	万海、运达	周一	香港、大浦、卡莱、黄埔港
美西2线	PSW4	阳明、韩进	周一	神户、名古屋、东京、长滩、洛杉矶、奥克兰
台湾线	CT1	万海	周一	基隆、台中、高雄、台北
东南亚3线	CJV-3	海丰	周一	基隆、香港、海防
印度线	CIS	马士基	周一	丹戎不碌、巴生、青奈、维沙克
台湾线	HDT	洋浦中诚	周一	高雄、台中、台北
韩国线	GTS	世腾、高丽海运	周一	釜山、蔚山、浦项、光阳
日本关东1线	PST-1	海丰	周二	名古屋、四日市、横滨、东京
日本关西1线	HSS	海丰	周二	大阪、神户、松山
日本九州1线	SKU	海丰	周二	博多、门司
东南亚线	CVT	海丰	周二	香港、海防、仁川、平泽
美西线	CTP	太平	周二	长滩、奥克兰、温哥华、香港
美西线	TP2	马士基、达飞、地中海	周二	香港、长滩、洛杉矶、芝加哥
远东航线	无	俄亚海运	周二	釜山、瓦尼诺
中东3线	CSG	马来西亚航运、川崎、太平、万海	周三	新加坡、巴生、吉拜阿里、阿巴斯、卡拉奇、高雄、香港、迪拜、孟德拉、达曼
台湾线	TCX	阳明	周三	高雄、基隆
美西线	FSX	海天	周三	洛杉矶、奥克兰、关岛
远东航线	YD	萨哈林航运	周三	海参崴、东方港
东南亚6线	CJP2	海丰	周三	马尼拉南港、马尼拉北港
红海线	RSS	太平	周四	香港、新加坡、科伦坡、亚丁、吉布提、吉达、苏丹、奥苏卡那、阿喀帕、巴西古当
中东线	CPX	阳明、东方海外	周四	香港、新加坡、卡拉奇、槟城、巴生、那瓦沙瓦、皮帕瓦沃
台湾线	CT2	民生	周四	台中、基隆、高雄
日本关东4线	CJV-2	海丰	周四	大阪、神户、名古屋、釜山
台湾线	MCT	正利、天海、海丰	周四	基隆、台中、高雄
台湾线	NSK	海丰	周四	高雄、台中、基隆
东南亚线	CKV	海丰	周四	香港、海防、仁川、平泽
美西2线	CALCO-C	川崎	周四	长滩、奥克兰

（续表）

航　线	代　号	船公司/联盟	到港时间	挂　　港
东南亚线	FM3	马士基	周四	香港、丹戎不碌、科伦坡、皮帕瓦沃、那瓦沙瓦、盖西姆港
韩国线	SK1	马士基	周四	釜山、蔚山、光阳、东方港
中东 2 线	CGX	阳明	周五	基隆、香港、巴生、迪拜、阿巴斯、卡拉奇、吉拜阿里、孟德拉
黑海 2 线	BSC	太平、万海	周五	新加坡、巴生、塞德港、亚里山德里亚、伊斯坦布尔、敖德萨、新罗西斯克
东南亚 2 线	CJV－2	海丰	周五	香港、海防
东南亚线	NIS	世腾、现代、宏海	周五	胡志明市、新加坡、雅加达、泗水、仁川
东南亚 1 线	CJV－1	海丰	周五	胡志明市、香港
日本关西 2 线	CJV－1	海丰	周五	大阪、神户
美西线	TPX	南美轮船	周五	长滩、奥克兰
东南亚线	CHN1	正利、阳明、德翔、长荣	周六	香港、马尼拉北港、马尼拉南港、雅加达、泗水
日本线	NAS	太平	周六	新潟、古小牧、八户、仙台、基隆、台中、高雄
印尼线	CJP	海丰	周六	马尼拉北港、马尼拉南港
日本关东 3 线	SKT	海丰	周六	东京、横滨、清水
日本九州 2 线	PSU	海丰、中外运	周六	博多、门司
日本关中线	SNS	海丰	周六	名古屋、四日市、丰桥
东南亚 5 线	CJV4	海丰	周六	香港、海防、大阪、神户、门司
澳大利亚	SAS	中远、太平	周一	上海、宁波、厦门、南沙、蛇口、香港、悉尼、墨尔本、布里斯班、上海
新西兰	JKHN	中远、三井、日邮、汉堡南美	周一	上海、香港、澳克兰、利特尔顿、纳尔逊、内皮尔、陶朗阿、澳克兰、横滨、神户、釜山、上海
美西	PNWN	中远、韩进	周二	上海、釜山、西雅图、波特兰、温哥华、光阳、香港、盐田、上海
中东	COSMEX	中远、东方	周一	上海、宁波、香港、蛇口、新加坡(两靠)、杰布阿里、达曼、新加坡、香港、上海
中东	FMX	韩进、长锦、泛洋	周三	上海、宁波、高雄、新加坡、阿巴斯、杰布阿里、法堪、卡拉奇、巴生、新加坡、青岛、光阳、釜山、上海
中东	HES	马来西亚	周二	上海、宁波、高雄、新加坡、阿巴斯、杰布阿里、法堪、卡拉奇、巴生、新加坡、青岛、光阳、釜山、上海
红海	FRX	中远	周四	上海、宁波、蛇口、新加坡、亚丁、吉达、阿喀帕、苏伊士、新加坡、天津、青岛、上海

（续表）

航线	代号	船公司/联盟	到港时间	挂港
红海	FRS	长荣	周五	上海、宁波、蛇口、新加坡、亚丁、吉达、阿喀帕、苏伊士、新加坡、天津、青岛、上海
红海	RES	阳明、韩进、川崎、中海	周五	上海、宁波、高雄、蛇口、新加坡、吉达、索科纳、阿喀帕、新加坡、上海
印度	IFX	印度国航、万海、太平	周一	上海、宁波、香港、新加坡、巴生、科伦坡、那瓦西瓦、科伦坡、新加坡、釜山、上海
印度	ACS	德翔、长锦、兴亚	周三	上海、宁波、香港、新加坡、巴生、科伦坡、那瓦西瓦、科伦坡、新加坡、釜山、上海
东南亚	CSE	中远、万海、高丽	周日	上海、大连、新港、青岛、宁波、马尼拉(南)、雅加达、新加坡、丹戎帕拉帕斯、巴生、上海
东南亚	PH1/S	马士基	周日	上海(明东)、洋山(盛东)、大连、青岛、上海(明东)、香港、马尼拉、卡加廷德奥、达沃、上海(明东)
东南亚	IA5	马士基	周日	上海、大阪、东京、横滨、名古屋、高雄、香港、盐田、胡志明、西哈努克、林查班、胡志明、香港、高雄、上海
东南亚	IA4	马士基	周日	上海(周一)、海防、上海(周三)、釜山、上海
东南亚	FTS	现代	周三	上海、胡志明、曼谷、林查班、马尼拉、青岛、光洋、釜山、上海
东南亚	ANX	高丽、长锦、以星	周三	上海、香港、胡志明、林查班、雅加达、胡志明、蛇口、香港、仁川、釜山、蔚山、上海
东南亚	KHX	高丽、泛洋	周四	上海、釜山、光阳、海防、厦门、上海
东南亚	KCT	兴亚、泛洋	周四	上海、香港、林查班、曼谷、林查班、香港、蛇口、仁川、青岛、上海
东南亚	PH1/N	马士基	周四	上海(明东)、洋山(盛东)、大连、青岛、上海(明东)、香港、马尼拉、卡加廷德奥、达沃、上海(明东)
东南亚	NTS	韩进、高丽、泛洋	周五	上海、香港、林查班、曼谷、胡志明、釜山、光洋、上海
东南亚	KMS/S	高丽	周六	上海、香港、巴生(北港)、新加坡、巴西古当、新加坡、香港、上海
东南亚	FIX	韩进、高丽、泛洋	周六	上海、宁波、盐田、新加坡、那哈社、槟城、新加坡、青岛、蔚山、釜山、光阳、上海
东南亚	CTV	东方	周六	上海、香港、胡志明、林查班、曼谷、林查班、胡志明、香港、上海
韩国	ISS	高丽	周日	上海、仁川、瑞山、上海
韩国	CIN	泛洲	周日	上海、仁川、上海
韩国	CKS	达通	周日	上海、釜山、上海

(续表)

航 线	代 号	船公司/联盟	到港时间	挂 港
韩国	KMS/N	高丽	周一	上海、蔚山、釜山、光阳、上海
韩国	CJK	东进	周二	上海、博多、釜山、蔚山、上海
韩国	NSSH	南星	周四	上海、釜山、新潟、占小牧、八户、仙台、宁波、上海
韩国	CKR	长锦	周六	上海、釜山、新潟、占小牧、八户、仙台、宁波、上海
日本	CHM	天敬	周日	上海、博多、门司、釜山、蔚山、上海
日本	SKX	大新华、德翔	周二	上海、大阪、神户、上海
日本	CKJ	泛洲	周四	上海、博多、门司、上海
日本	STX	大新华	周五	上海、东京、横滨、上海
日本	EKX	大新华	周六	上海、大阪、神户、界泉北、宁波、上海
日本	NSSL	南星	周六	上海、宁波、釜山、清水、小名滨、日立、光阳、上海
日本	KJCS	高丽、兴亚	周六	上海、釜山、清水、仙台、上海
台湾	STW1	锦江	周四	上海、台中、高雄、基隆、上海
台湾	CTW-2	中远	周日	上海、台中、高雄、基隆、上海
东南亚	KCT/S	阳海	周六	上海、釜山、光阳、海防、厦门、上海
韩国	PSS	长锦	周日	上海、仁川、瑞山、上海
韩国	SKZC	东映	周三	上海、仁川、上海
韩国	CJKR01	杨子江	周四	上海、仁川、上海
日本	SJH3	锦江	周日	上海、大阪、神户、上海
日本	SJK1	锦江	周一	上海、东京、横滨、上海
日本	CJ18	中远	周二	上海、大阪、神户、上海
日本	CJ9	中远	周二	上海、大阪、神户、上海
日本	SJH1	锦江	周二	上海、名古屋、清水、上海
日本	SJD1	锦江	周二	上海、名古屋、清水、上海
日本	CJ7	中远	周五	上海、名古屋、清水、上海
日本	SJK2	锦江	周五	上海、名古屋、清水、上海
日本	SJH2	锦江	周五	上海、大阪、神户、上海
日本	SJD2	锦江	周五	上海、东京、横滨、上海
日本	CJ22	中远	周六	上海、大阪、神户、上海
日本	CJ21	中远	周六	上海、名古屋、清水、上海
韩国	CHK	京汉	周五	上海、蔚山、釜山、光阳、上海
韩国	SKU	共同海运	周六	上海、名古屋、清水、上海

(续表)

航　线	代　号	船公司/联盟	到港时间	挂　　港
欧洲线	AE2	MSK、CMA	周日	上海、苏伊士、不来梅、汉堡、鹿特丹、费里克斯多、安特卫普、苏伊士、新加坡、釜山、新港、大连、青岛、光阳、上海
地中海线	AE6	MSK、CMA	周一	上海、宁波、厦门、香港、盐田、丹戎不碌、吉达、苏伊士、巴塞罗那、瓦伦西亚、阿尔赫西拉斯、丹吉尔、苏伊士、丹戎不碌、胡志明市、盐田、香港、洛杉矶、横滨、名古屋、上海
欧洲线	AE7	MSK、CMA	周一	上海、宁波、厦门、香港、盐田、苏伊士、阿尔赫西拉斯、丹吉尔、鹿特丹、费利克斯托、不来梅、马拉加、苏伊士、盐田、香港、上海
欧洲线	AE8	MSK、CMA	周二	上海、盐田、丹戎不碌、巴生、苏伊士、勒哈弗、汉堡、鹿特丹、泽布吕赫、苏伊士、巴生、新加坡、宁波、上海
欧洲线	AE10	MSK、CMA	周二	上海、高雄、盐田、香港、丹戎不碌、苏伊士、勒哈弗、泽布吕赫、汉堡、格但斯克、哥德堡、奥尔胡斯、不来梅、鹿特丹、苏伊士运河、新加坡、香港、神户、名古屋、清水、横滨、香港、盐田、丹戎不碌、苏伊士、费里克斯多、鹿特丹、汉堡、不来梅、阿尔赫西拉斯、苏伊士、吉达、吉布阿里、宁波、上海
地中海线	AE11	MSK、CMA	周六	上海、福州、香港、赤湾、盐田、丹戎不碌、巴生、沙拉拉、苏伊士、塞得港、交亚淘罗、热那亚、交亚淘罗、塔米埃特、塞得港、苏伊士、沙拉拉、巴生、新加坡、连云港、青岛、上海
欧洲线	NE1	CYHK(ECC、HJ)	周一	上海、香港、南沙、苏伊士、阿尔赫西拉斯、汉堡、鹿特丹、费里克斯多、宁波、上海
地中海线	MD1	CYHK(ECC、HJ)	周一	上海、宁波、香港、蛇口、新加坡、苏伊士、比雷埃夫斯、那不勒斯、热那亚、巴塞罗那、瓦伦西亚、上海
地中海线	MD2	CYHK(YML、KL)	周五	上海、宁波、厦门、高雄、香港、盐田、新加坡、苏伊士、塞德港、阿什杜德、热那亚、里窝那、福斯、塞德港、新加坡、香港、上海
地中海线	MD3	CYHK(HJ)	周六	上海、香港、盐田、新加坡、苏伊士、塞德港、马耳他、拉斯佩齐亚、巴塞罗那、瓦伦西亚、阿尔赫西拉斯、釜山、宁波、上海
欧洲线	LPB	伟大联盟	周五	上海、宁波、蛇口、新加坡、苏伊士、汉堡、安特卫普、南安普顿、塞德港、吉达、吉布阿里、新加坡、蛇口、宁波、上海
欧洲线	LPC	伟大联盟	周五	上海、厦门、高雄、香港、蛇口、新加坡、巴生、新加坡、鹿特丹、汉堡、南安普顿、新加坡、香港、高雄、宁波、上海

（续表）

航线	代号	船公司/联盟	到港时间	挂港
地中海线	EMX	ZIM	周一	上海、宁波、巴生、科伦坡、苏伊士、海法、阿什杜德、海法、苏伊士、那哈沙瓦、科伦坡、巴生、厦门、釜山、香港、上海
欧洲线	FES	PIL、WHL	周日	上海、宁波、香港、蛇口、南沙、新加坡、巴生、苏伊士、鹿特丹、汉堡、安特卫普、苏伊士、巴生、新加坡、蛇口、上海
欧洲线	CES	EVG	周二	上海、台北、香港、丹戎帕拉巴斯、科伦坡、塔兰托、勒哈弗、鹿特丹、汉堡、泰晤士、宁波、上海
地中海线	MAE	YML、HJ、HMM、UASC	周日	上海、宁波、盐田、新加坡、科伦坡、苏伊士、塞德港、爱德蒙顿、梅尔辛、科佩尔、的里亚斯特、里耶卡、威尼斯、塞德港、苏伊士、新加坡、香港、釜山、上海
欧洲线	AEC	UASC	周二	上海、盐田、新加坡、巴生、吉达、苏伊士、勒哈弗、鹿特丹、汉堡、安特卫普、苏伊士、吉达、豪尔费坎、新加坡、釜山、青岛、上海
美西线	NWX	伟大联盟	周三	上海、青岛、釜山、温哥华、西雅图、温哥华、东京、名古屋、神户、釜山、青岛、上海
美东线	ZCS	ZIM	周日	上海、釜山、巴尔博亚、巴拿马、金斯顿、萨瓦纳、纽约、哈利法克斯、塔拉戈纳、海法、比雷埃夫斯、利沃诺、热那亚、塔拉戈纳、海法、纽约、萨瓦纳、金斯顿、巴拿马、长滩、奥克兰、深圳、香港、宁波、上海
美西线	CCX	伟大联盟	周日	上海、釜山、洛杉矶、奥克兰、釜山、青岛、宁波、上海
美东线	NCE	伟大联盟、ZIM	周六	上海、纽约、诺福克、萨瓦纳、釜山、青岛、宁波、上海
美西线	CEN	ECC	周四	上海、青岛、鲁伯特港、长滩、奥克兰、大连、宁波、上海
美西线	TP9	MSK、CMA	周二	上海、釜山、西雅图、温哥华、横滨、上海、宁波、香港、盐田、丹戎不碌、苏伊士、纽华克、诺福克、萨瓦纳、苏伊士、丹戎不碌、香港、盐田、上海
美东线	TP7	MSK	周四	上海、盐田、香港、新加坡、釜山、巴尔博亚、迈阿密、萨凡娜、查尔斯顿、迈阿密、巴尔博亚、洛杉矶、奥克兰、东京、大阪、高雄、上海
美东线	AWE	ECC	周二	上海、宁波、横滨、萨凡娜、纽约、波士顿、青岛、上海
美东线	AWN	HJ、YML	周四	上海、釜山、纽约、诺福克、萨凡娜、高雄、盐田、上海
美东线	AME	CSAV	周二	上海、釜山、金斯顿、埃弗格雷斯港、伊丽莎白、伊丽莎白、卡塔赫纳、曼沙尼略、萨凡娜、纽约、诺福克、迈阿密、宁波、上海
南美线	ADX	CSAV	周二	上海、釜山、曼萨尼约、伯纳文图拉、瓜亚基尔、卡亚俄、伊基克、安托法加斯特、圣文森特、圣安东尼奥、横滨、基隆、香港、赤湾、宁波、上海

(续表)

航　线	代　号	船公司/联盟	到港时间	挂　　港
南美线	ANX	CSAV	周六	上海、曼萨尼约、拉扎诺卡蒂娜斯、圣何塞、阿卡胡特拉、布埃纳文图拉、瓜亚基尔、卡尔德拉、香港、上海
南美线	AAX	CSAV	周六	上海、宁波、赤湾、香港、新加坡、德班、桑托斯、帕拉那瓜、伊塔加、里约格兰德、青岛、上海
南美线	AI1	MSK、HB	周一	上海、香港、新加坡、丹戎帕拉巴斯、德班、塞佩提巴、桑托斯、布宜诺斯艾利斯、里奥格兰德、巴拉那瓜、伊丽莎白港、釜山、上海
南美线	AC2	MSK	周五	上海、拉扎诺卡蒂娜斯、巴尔博亚、横滨、盐田、香港、厦门、宁波、上海
南美线	AA1	HB、CCNI	周三	上海、宁波、香港、曼萨尼略、圣何塞、卡尔德拉、派塔、卡亚俄、伊基克、安托法加斯塔、梅希约内斯、瓦尔帕莱索、利尔奎、釜山、上海
南美线	AA2	HB、CCNI	周六	上海、门司、釜山、曼萨尼约、布埃纳文图拉、瓜亚基尔、伊洛、梅希约内斯、瓦尔帕来索、香港、赤湾、宁波、上海
南美线	ADS	MSC	周六	上海、香港、釜山、横滨、曼萨尼约、布埃纳文图拉、伊基克、圣文森特、瓦尔帕来索、弗里波特、安加莫斯、大阪、洛杉矶、卡亚额、巴尔博亚、赤湾、上海
南美线	NHK	HMM、KL、PIL	周一	上海、宁波、香港、蛇口、新加坡、桑托斯、不宜诺斯艾莉斯、蒙得维的亚、纳韦甘蒂斯、帕拉那瓜、桑托斯、里约热内卢、开普敦、新加坡、香港、上海
南美线	ESA	ECC、EVG	周日	上海、宁波、高雄、盐田、香港、新加坡、丹戎帕拉巴斯、德班、开普敦、桑托斯、蒙得维的亚、布宜诺斯艾利斯、巴拉那瓜、香港、上海
南美线	ALX	NYK、MOL、KL	周四	上海、宁波、基隆、厦门、香港、名古屋、横滨、曼萨尼约、克萨尔港、布埃纳文图拉、瓜亚基尔、卡亚额、伊基克、瓦尔帕来索、卡亚额、曼萨尼约、东京、釜山、上海
非洲线	SAF	MSK	周五	上海、宁波、盐田、丹戎不碌、德班、伊丽莎白、佛得角、路易港、丹戎不碌、香港、上海
非洲线	FEW	MSK	周三	上海、宁波、南沙、香港、丹戎不碌、洛美、科托努、德班、丹戎不碌、上海
非洲线	FAX	ECC、EVG	周四	上海、宁波、高雄、盐田、香港、新加坡、德班、开普敦、新加坡、高雄、上海
非洲线	AND	CSAV	周三	上海、新加坡、德班、开普敦、阿比让、特马、科图努、拉各斯、新加坡、香港、宁波、上海

（续表）

航线	代号	船公司/联盟	到港时间	挂港
非洲线	EAS	PIL	周六	上海、宁波、新加坡、路易港留、尼旺塔、马塔夫、蒙巴萨岛、新加坡、马尼拉、上海
非洲线	FWA	NDAL	无固定班	上海、蛇口、新加坡、德班、洛美、特马、洛杉矶、德班、新加坡、上海
非洲线	SWX	NYK、NDAL	无固定班	上海、新加坡、德班、开普敦、黑角、罗安达、落比托、纳米比、新加坡、上海
韩国线	IA1	MSK	周四	上海、仁川、光阳、釜山、上海
澳洲线	AU1	MSK	周三	上海、宁波、悉尼、墨尔本、费里曼特尔、新加坡、丹戎不碌、费里曼特尔、墨尔本、悉尼、布里斯班、横滨、大阪、釜山、青岛、上海
中东线	HDM	IRNL	周三	上海、青岛、新港、光阳、釜山、宁波、高雄、赤湾、新加坡、巴生、吉布阿里、阿巴斯、霍梅尼、巴林、新加坡、上海
川崎/太平南非ASA线	ASA	川崎、太平	周日	德班、开普敦、巴生港、新加坡、香港、上海、宁波、基隆、蛇口
川崎美西线	CAC	川崎	周五	盐田、香港、上海、长滩、奥克兰、神户、宁波、厦门、盐田
达/中南美东线	SE1	达飞、中海	周三	青岛、釜山、上海、赤湾、巴生、里约热内卢、桑托斯、不宜诺斯艾莉斯、蒙得维的亚、里奥格兰德、南圣弗朗西斯科、帕拉那瓜、香港、帕拉那瓜
达飞欧洲1线	FAL1	达飞	周六	大连、新港、上海、厦门、香港、盐田、巴生、苏伊士、丹吉尔、南安普敦、汉堡、鹿特丹、泽布鲁赫、勒哈弗、马耳他、毫尔费坎、盐田、大连
达飞地中海MEX线	MEX	达飞	周四	考凡克、巴生、赤湾、名古屋、横滨、神户、釜山、光阳、上海、宁波、厦门、赤湾、香港、巴生、吉达、苏伊士、塔米埃特、马耳他、瓦伦西亚、巴塞罗那、福斯、热那亚、那不勒斯、马耳他、塔米埃特、苏伊士
达飞黑海1线	BEX1	达飞、马士基	周二	大连、新港、釜山、上海、宁波、台北、赤湾、盐田、丹戎不碌、巴生、阿卡巴、苏伊士运河、塞得港、塔米埃特
达飞黑海2线	BEX2	达飞、马士基	周一	上海、釜山、香港、赤湾、丹戎不碌、巴生、塞得港、塔米埃特、里雅斯特、科佩尔、塔米埃特、塞得港、吉达、巴生、新加坡、上海
达飞美东线	PEX3	达飞	周三	上海、厦门、赤湾、香港、巴拿马运河、休斯敦、迈阿密、杰克逊维尔、萨凡纳、查尔斯顿、诺福克、丹吉尔、苏伊士运河、吉贝阿里、上海
地中海欧洲线	LIO	地中海	周二	勒哈弗、汉堡、不来梅、苏伊士、吉达、新加坡、赤湾、釜山、青岛、宁波、上海、盐田、南沙、香港、赤湾、新加坡、苏伊士、锡尼什、勒哈弗

(续表)

航　线	代　号	船公司/联盟	到港时间	挂　　港
地中海欧洲线	SIL	地中海	周六	费里克斯多、鹿特丹、安特卫普、苏伊士、吉布阿里、新加坡、香港、新港、宁波、上海、厦门、盐田、香港、赤湾、新加坡、沙拉拉、苏伊士、费里克斯多
美总商船现代美西线	PS1	美总	周三	林查班、新加坡、盐田、香港、上海、西雅图、温哥华
美总美西线PS5线	PS5	美总	周三	那坝、上海、洋山、釜山、圣佩德罗、奥克兰、荷兰港、横滨、釜山、那坝
现代美总三井欧洲线	SCX	美总、三井	周二	宁波、上海、厦门、赤湾、香港、新加坡、科伦坡、苏伊士、安普敦、泽布吕赫、汉堡、鹿特丹、苏伊士、沙拉拉、新加坡、香港
赫伯罗特、美总南美线	MAX	赫伯罗特、美总	周六	上海、釜山、横滨、恩塞纳达港、曼萨尼约、拉萨罗卡德纳斯、恩塞纳达港、横滨、宁波、上海
现代商船美总三井欧洲线	AEX	现代、美总、三井	周四	博多、光阳、釜山、上海、高雄、香港、香港、盐田、新加坡、苏伊士、鹿特丹、汉堡、泰晤士港、苏伊士、科伦坡、新加坡、香港、高雄、博多
中、达南美东线	PE2	达飞、中海、南美轮船	周日	上海、青岛、釜山、恩塞纳达、曼萨尼约、巴尔博亚、曼沙尼略、巴尔博亚、卡塔赫纳、金斯顿、JMKIN、卡西多、卡贝略港、西班牙港
中达马南美西线	ACS	中海、达飞、马鲁巴	周一	香港、赤湾、上海、釜山、曼萨尼约、克萨尔港、阿卡胡特拉、科林托、埃纳文图拉、圣文森特、卡亚额、圣安东尼奥布、圣文森特、宁波、巴尔博亚
中海、马鲁巴、赫伯罗德西非线	WAX	中海、赫伯罗德	周三	上海、宁波、厦门、蛇口、巴生、德班、特马、洛美、挺坎、科图努
中海欧洲1线	AX1	中海	周日	上海、宁波、盐田、苏伊士港、菲利克斯托、汉堡、鹿特丹
中海中东线	AMA	中海、达飞	周四	天津、大连、釜山、上海、宁波、蛇口、巴生、考凡克、吉布阿里、达曼
中欧7线、达欧2线	AEX7、FAL2	中海、达飞	周三	宁波、上海、盐田、香港、巴生、勒哈弗、鹿特丹、汉堡、泽布吕赫
中远、韩进、川崎、阳明欧洲线	NE4	CKYH联盟	周日	光阳、釜山、宁波、上海、新加坡、汉堡、鹿特丹、勒哈弗、塞德港、新加坡、香港、光阳
地中海、马士基、达飞美西线	TP8	马士基、地中海、达飞	周日	上海、宁波、洛杉矶、奥克兰、大连、新港、上海
商船三井南美线	CSW	三井	周六	新加坡、香港、新港、大连、青岛、釜山、上海外高桥、上海洋山、香港、新加坡、德班、桑托斯、布宜诺斯艾利斯、蒙得维的亚、巴拉那瓜、南圣兰西斯科、桑托斯、里约热内卢

（续表）

航　线	代　号	船公司/联盟	到港时间	挂　　港
美总、伟大联盟欧洲线	CEX	美总、伟大联盟	周五	青岛、洋山、蛇口、盐田、新加坡、勒阿弗尔、南安普顿、鹿特丹、汉堡、新加坡、赤湾、香港、青岛
韩进、万海、智利、以星、赫伯南美线	ALX	韩进、万海、智利、以星、赫伯	周三	釜山、上海、宁波、盐田、香港、蛇口、新加坡、德班、里约热内卢、桑托斯、布宜诺斯艾利斯、蒙得维的亚、里奥格兰德、伊塔雅伊、桑托斯、D德班、新加坡、香港、釜山
达飞西非线	WA2	达飞	周五	青岛、上海、宁波、福清、汕头、赤湾、巴生、沃尔维斯湾、特马、阿帕帕、洛美、阿比让、哥伦比亚、巴生、青岛
达贸西非线	SAF	达贸	周五	上海、宁波、香港、赤湾、新加坡、巴生、黑角、罗安达、巴生、上海
韩进、阳明、川崎、中远欧洲线	NE5	韩进	周二	光阳、釜山、上海、宁波、盐田、新加坡、汉堡、鹿特、勒阿弗、巴塞罗、高、光
美总中东线	CMX	美总	周一	上海、宁波、香港、CIW、新加坡、阿里山、谢里丹、SHQ、新加坡、扬迪纳、上海
马士基、达飞美东线	TP3	马士基、达飞	周四	盐田、上海、洋山、釜山、西雅图、温哥华、横滨、上海、宁波、香港、盐田、丹戎帕拉帕斯港、苏伊士港、纽约港、诺福克、萨凡纳、苏伊士港、丹戎帕拉帕斯港、香港、盐田
日邮、川崎、三井南美线	ALX2	日邮、川崎、三井	周二	釜山、基隆、宁波、上海、名古屋、横滨、檀香山、曼萨尼约、布埃纳文图拉、开罗、GYAUQUIL、曼萨尼约、檀香山、东京、釜山
韩进、中海、达飞、现代南美线	ALW	韩进、中海、达飞、现代	周五	蛇口、宁波、上海、釜山、曼沙尼罗、布韦那文图拉，哥伦布、瓜亚基尔、开罗、伊基克、瓦尔帕莱索、圣维森特港、曼沙尼罗、釜山、蛇口
浦海日本线	CJX	浦海	周二	关东（东京、横滨）、福州、乍浦、冠东、关西（大阪、神户）、福州、乍浦、关东
中海、阿拉伯	AMX1	中海、阿拉伯	周日	青岛、上海、宁波、蛇口、新加坡、巴生港、塞得港、拉斯佩琪亚、热那亚、福斯港、瓦伦西亚、塞得港、吉达港、亳尔费坎、巴生港、新加坡、青岛
伟大联盟欧洲线	LOOPD	伟大联盟	周双班（周四、周五）	西行：南安普顿、勒阿弗尔、汉堡、鹿特丹、新加坡、上海（1 st）、釜山 东行：釜山、青岛、上海（2 nd）、宁波、蛇口、盐田、新加坡、南安普顿
新世界联盟美东线	NYX	新世界联盟	周三	上海、宁波、盐田、香港、高雄、曼萨尼略、纽约、诺福克、萨瓦纳、杰克逊维尔、迈阿密、曼萨尼略、巴尔博亚、釜山

(续表)

航　线	代　号	船公司/联盟	到港时间	挂　　港
韩进美东线	AWH	韩进	周一	青岛、宁波、上海、釜山、纽约、威尔明顿、萨凡娜、恩塞纳达、釜山、平泽、青岛
地中海美东线	GGP	地中海	周三	新加坡、赤湾、香港 上海、宁波、赤湾、盐田、新加坡塞拉莱、过苏伊士运河
中海、长荣美东线	AAE1、AUE2	中海、长荣	周二	上海、厦门、盐田、香港、拉札罗卡地那司、纽约、诺福克、萨凡纳、迈阿密、拉札罗卡地那司、上海
长荣美东线	NUE	长荣	周二	釜山、上海、宁波、青岛、巴拿马、科隆、查尔斯顿 诺福克、纽约
达飞西非线	AFEX	达飞	周五	天津、上海、蛇口、香港、南沙、巴生港、阿比让、科托努、拉各斯、杜阿拉、马普托、巴生、天津

说明：按照港口统计惯例，本表将中国香港、台湾航线列入国际(地区)航线
资料来源：《中国港口年鉴 2011》

第二节　亚太地区运输

一、日本航线

【上海—日本】

上海—日本集装箱运输始于20世纪70年代末。1978年2月，上远公司开始在中日航线采用杂货班轮捎带国际集装箱的运输方式。同年4月，该公司以新购买的半集装箱船“平乡城”轮和“熊岳城”轮在上海—日本航线试装集装箱。

1981年5月31日，上远公司半集装箱船“抚顺城”轮，装载137只集装箱，共计1 800多吨出口货物，从上海港首航日本神户港。为适应对外贸易发展的需要，上海港务局克服泊位、库场和机械紧张的矛盾，与该公司共同努力，在国内首辟这条中日集装箱班轮运输航线。同年11月，该航线增挂横滨港。1984年4月，对该航线进行班次调整，把每月2班改为每月3班。此后几年里，随着中国改革开放和中日贸易的发展，上远公司陆续开辟上海至日本各港的集装箱运输，并经营国内其他港口与日本各港之间的集装箱运输。

1988年，锦江航运派船加入上海—神户集装箱航线运营(次年又将上海—神户、大阪的集装箱运输航线延伸至横滨、名古屋等港口)。同年3月始，新海航业与中外运上海公司共同投资，合作经营两条集装箱支线船，其中一条行驶上海—日本集装箱航线。

1992年底，上远公司已辟有5条从上海港开往日本的集装箱班轮航线，即：① 上海—大阪(横滨)、神户(名古屋)航线，每月3班，由载箱量422 TEU的“汉江河”轮投入营运。② 上海—横滨、神户航线，每月3班，由载箱量424 TEU的“怀来河”轮投入营运。③ 上海—日本航线，每月1班，由载箱量424 TEU的“怀集河”轮投入营运。该轮每月上半月行驶上海—日本，下半月行驶天津—日本。④ 上海—神户、横滨航线，由国内行驶中美集装箱班轮航线的船舶，每月挂靠日本神户，横滨各一次，由载箱量为1 700 TEU的“玉河”轮等营运该航线。⑤ 上海—日本、澳大利亚、新西兰航

线，每月2班，由“小石口”“张家口”等“口”字型滚装船行驶该航线，从上海出发，中途挂靠日本的神户、横滨、名古屋等港口。

1994年9月，上海海运正式开通上海—神户—大阪全集装箱班轮航线，首次进入日本班轮航运市场。1997年5月30日，由上海海运控股的海兴公司开通国内首条全冷藏箱运输精品航线—上海至日本“特快、定时”周班航线。该航线包括上海—横滨和上海—神户、大阪2条航线、4个港口，由全冷藏箱姐妹船“郁金香”轮和“紫丁香”轮投入运营，箱位各为228 TEU，航速20节。因其实施以小时计算的精品管理模式，特别适宜鲜活类水产品和其他有特殊要求的特种冷藏货的运输。海兴公司为此专门成立冷藏箱运输精品航线管理小组。同年11—12月，成立之初的中海集运在船队规模尚显不足的情况下，为打响品牌，赢得客户，以精品服务为抓手，在不到一个月时间里相继开辟包括青岛/上海—大阪、神户在内的两条全冷藏箱特快定时航线，成为业界建设精品航线的先行者。这也是该公司成立后最早开通的近洋航线，成为其由沿海走向近洋的第一步。

1998年7月，海华轮船与立荣香港有限公司(UNIGLORY HONGKONG LIMITED)合作开辟日本航线，挂靠港依次为宁波、上海、横滨、大阪、上海、宁波，由此开始其在日本航线上的服务尝试。

及至1998年的5年间，中日之间集装箱班轮运输，以异乎寻常的速度增长，船舶吨位不断增加，运量增至占亚洲区域总运量的1/6。但中外多家班轮公司仍以增辟新航线和投入更大吨位船舶来获取潜在贸易机遇，导致该航线运力过剩和运价走低。是时中远集运为中日航域最大的航运公司，辟有16条航线，投入27艘船，覆盖日本各主要港口及中国东北和华中多个港口。是年4月10日，中远总公司与中海集团签约，在中国—日本集装箱运输航线上进行合作，两集团在各自开辟的中国沿海至日本的集装箱航线上实现资源共享，互为对方提供箱位，在双方原各投入运力不变的情况下，增加航次密度，提高舱位利用率，扩大服务范围，为中外集装箱货主提供良好服务。在国际班轮公司大量涌入我国的情况下，此举有效提高了国有航运企业在国际航运市场上的竞争能力。

图4-1-3　1999年行驶中日航线“绿色快航”的“竹子”轮

(照片提供：中远集运档案室)

同时，根据国内各口岸贸易的不同特点，中远集运有针对性地在货量最为集中的青岛和上海口岸开辟多条中日精品快航航线，分别针对食品、服装、电器等不同客户的运输需求，设计不同的班期、挂港、运输时间，提供特殊用箱，以保障和方便客户需求。本着“不靠增加运力抢占市场，而以解决客户不断提出的新需求为动力”的发展思路，该公司发现日本国内大部分农副产品都需要进口，尤以蔬菜为主的鲜活产品需求量为大，并且只能近距离运输。而我国肉、蛋、菜沿海高产区正好可为日本的“菜篮子”—能保鲜的冷藏集装箱运输带来巨大市场发展潜力。通过精确的“市场号脉”，中远集运还发现生鲜货物运输的最大障碍就是交货时间得不到保证。由此，形成一个富有创意的构思方案，即投入新船舶，在中国和日本之间开设一条“食品运输链”，以冷藏、冷冻货运输为主，实施周期更短、营运效益更高的班轮运输——“绿色快航”(“绿色”代表着环保,寓意着畅通)。1999 年 5 月,该公司以 3 艘船舶对原青岛—日本关东航线、连云港—青岛—日本关西航线和上海—门司—神户航线进行调整,推出“绿色快航”精品航线,实现准点营运、当天交货的“绿色服务”。准点营运,即以精确到小时的班期投入运营;当天交货,则要求有关部门切实保证舱单资料、船舶配载图、电放通知、随船单证等货运资料的准确性和顺利流转。“绿色快航”的挂港顺序为上海、门司、神户、青岛、东京、横滨、名古屋、连云港、青岛、大阪、神户、门司。由于减少航线配船,且在日本港口自引、自靠、自离,实行服务承诺,使箱运量节节上升,航线效益较原先明显好转。中远集运以“绿色快航”为总名,先后投入 6 艘船舶,并冠以“松”“竹”“梅”“樱花”“兰花”“菊花”等既优雅又新颖的船名,体现出中日两国在经济和文化方面的融合。其不仅以精确到小时的准空运水平,提供快速交货服务(HDS),实施“三定”(定时开航、定时抵港、定时交货),而且在运载技术上也进行创新,投入带喷淋保湿功能的冷箱运输,为新鲜货品提供绿色保障,把客户还没意识到的需求变为现实,受到日本客户广泛好评。

图 4-1-4　2001 年 9 月锦江航运开辟上海—日本精品航线“锦江阪神穿梭快航”

(照片提供:锦江航运总经办)

2000 年 6 月 19 日,经交通部批准,锦江航运开始经营宁波—上海—横滨—东京—基隆—石垣岛—宁波集装箱班轮航线,经营船舶为 316 TEU 的“通利”轮。随着中日间集装箱运输的快速发展,市场竞争日趋激烈。为赢得客户和拓展业务,许多航运公司在对班次和运力投入进行调整、改造的同时,争相在中日航线上推出特色服务。同年 10 月 13 日,上海洋浦惠隆海运有限公司与日本海阳通商株式会社合作开辟上海—日本集装箱班轮航线。其从上海宝山港区首航的“金满洋”轮,拥有 572 个箱位,实行周班服务。该轮的特色是采用托盘宽集装箱载货方式,可为货主提供低成本,高效益的海运服务。次年 9—10 月,锦江航运投入 2 艘新型集装箱船舶“恒裕”轮和“隆裕”轮,形成上海—日本关西周双班直达定时快航班轮,命名为“锦江阪神穿梭快航”。上海至日本(大阪、神户)一直是锦江航运有限公司重点经营的航线,其以“安全、可靠、定时、快捷”为服务宗旨,把缩短交货周期和定时到港交货作为最基本的服务特征,利用船舶、中日码头、中日代理的整体组合优势,实施“二定一快”服务模式(即船期定港、交货时间定时、单证信息货物信息传输快速准确),向客户提供可满足现代化物流操作所需的服务标准和项目。

同一时期,中外运集运加速发展中日航线运输。2000 年 11 月,其经营的中日班轮航线在上海口岸共出航 44 个航次,出口实装总箱量达 1.06 万 TEU,是为该公司成立后在上海口岸月出口箱量首次突破 1 万标箱大关。该公司当年的中日航线承运量占上海口岸中日航线总承运量的 50%以上,居于参与该航线经营的各船公司之首。

2002 年 6—9 月,中远集运在其“华东快航”线上海至东京段、“霓裳快航”关东线上海至名古屋段、“霓裳快航”关西线上海至大阪段、长江至日本线上海至横滨段等航线上相继实行快速交货服务,并吸引了包括三菱商事、AIT、TRADIA、NOHHI、日通运输等诸多大型企业在内的大批客户。当年,该公司所属中日贸易区还与上海港务局、上海集装箱码头有限公司(SCT)、引航站等单位协作，在上海口岸实施“三定”服务，使交货期比原先缩短二天，便于客户加速货物流转，减少流通成本，当年的定时开航比例达到80%以上。

2004年4月，海华轮船在913 TEU的“晓松”轮上，正式开展上海—日本横滨快速交货服务，是为当时上海到日本关东最为快速的HDS(快速交货服务)。该公司在迅速扩张日本航线舱位的同时，以快速、优质服务在客户中留下良好口碑。

同年7月，中外运集运上海—名古屋/东京航线顺利开航。该航线开辟后，中外运集运在上海口岸可提供每周七班通往日本关东的航线服务，使航班密度增加，在一定程度上缓解日本航线舱位紧张的矛盾，并可为客户提供多种班期选择。

2005年4月，锦江航运开辟“锦江四季快航”，即上海与日本东京、横滨、名古屋、清水间的快速航班。由“春锦”“夏锦”“秋锦”“冬锦”四艘姐妹船舶投入运营。该航班以“安全、可靠、定时、快捷”为服务宗旨，把缩短交接货周期和定时到港交货作为最基本的服务特征，向客户提供“二定一快”(即船期定港定时、交货时间定时、单证信息货物信息传输快速准确)的服务模式，使船舶准班率接近90%，上海口岸出口货物的提单处理签发周期缩短至一个半小时，并实现出口舱单等资料开航当天传送至境外代理。因精化货物运输全过程的服务质量，赢得客户信赖。该项服务的推出使锦江航运当年出口箱量同比增加41.2%，直接客户箱量增长率达到60.2%。同月，中外运集运日本关西航线也在上海口岸首次推出上海至大阪的HDS服务。同年8月14日，海华轮船正式开设上海至日本那霸间的全集装箱航线，每周日从上海开航，周二凌晨抵达那霸，周三返抵上海，使中日间集装箱运输航域进一步扩大。

及至2005年，国内参与中日航线集装箱班轮运输的港口主要有上海港、青岛港、天津港和大连港。据日本海关统计，是年上海港至日本各港的运输量为137.30万TEU，占当年中日航线中国各港口集装箱运输总量286.69万TEU的近半，在各港中居于首位。

2006年10月，中外运集运与上海浦东国际集装箱码头有限公司签订协议，共同开辟“日本关东精品航线”，设立关东快航E线、C线与R线，分别针对输日的电器商品、拼箱货物和冷藏箱服务，各航线集装箱班轮的准班率达到98%以上，并提供VIP客户快速交货服务。同年11月，海华轮船首次承载由南美经上海中转至日本的国际中转箱，从洋山深水港区出发驶往日本，开始形成该公司双向承运国际中转箱的新局面。

是时，随着中日间集装箱运输高速发展，大量集装箱船舶涌入中日航线，导致该线运力持续大于运量，不少航运公司杀价争夺货源，大部分航运企业在该线的运价远远低于成本价格，出现大范围亏损局面。上海市人民政府及相关行业协会针对这一动向，及时采取多项措施，规范国际海上运输经营行为，维护中日航线集装箱班轮运输市场正常秩序。由上海船东协会主持制订的《中日航线船公司经营自律公约》，于2005年9月8日在上海签署。2006年12月，上海市港口管理局、上海航交所联合召开中日航线集装箱班轮运输运价报备工作会议，明确由上海航交所对上海口岸17家航行于中日航线的中外船公司实行运价报备，以进一步规范中日航线集装箱运价。

2006年后，中日关系趋于紧张，日本绿色贸易壁垒和反倾销政策影响中日贸易量增长，中日航线运力发展超过运量需求，日本码头拥堵和泊位紧张导致船舶营运效率低，均对中日航线的运营带来影响。2007年，中外运集运重点加强亚洲区域尤其是日本航线的经营，在运力投入、航线网络、服务品质方面均有较大提升。在上海、天津、青岛等口岸成功推广至日本关东、关西的精品速航，并

图 4-1-5 2005 年 9 月 8 日《中日航线船公司经营自律公约》在沪签署

(照片提供:上海船东协会)

增加至日本北九州的航线服务,赢得顾客好评,取得良好经营效果。翌年,该公司开辟上海周日关东航线,进一步加强其在中日航线的优势地位。2008 年始,受全球金融危机影响,为中日集装箱运输发展带来障碍。但鉴于航运技术不断发展、中日贸易额继续增长、国家"十一五"交通工作计划付诸实施,仍给经营中日航线的航运企业提供了发展空间。"十一五"计划期间,上海经营中日集装箱运输的企业,不仅新辟多条中日航线(含上海和国内其他港口通往日本的集装箱航线),且根据市场实际,随时实施航线的调整和优化,以品牌服务赢得客户。2008 年 9 月 16 日,锦江航运继其"锦江阪神穿梭快航""锦江四季快航"航班在上海—日本航线取得成功之后,推出又一品牌航线"锦江东海穿梭快航",开辟上海与日本名古屋、清水间的快速周双班航线,为其实施经营重心东移日本的营销策略进一步奠定基础。同一时期,全国最大一家民营集装箱运输企业新海丰集运在中日集装箱运输中亦取得快速发展。每周已可在上海与日本之间提供 16 次来回航程,包括上海与东京之间 7 次来回航程运输服务。

2009 年 8 月 20 日,上海航交所主持召开中日航线船东高层会议。为进一步稳定和规范中日航线的市场经营秩序,成立上海航交所日本航线专业委员会,负责对中日航线的运价稳定、附加费的制订以及运力控制等进行协调。

2010 年,上海港共辟有 50 余条上海—日本集装箱班轮航线。因经营这些航线的中外船只频繁往来,港口吞吐量达 270.3 万 TEU,占上海港国际航线集装箱吞吐总量的 12.3%,其中进港 138.3 万 TEU,出港 132.0 万 TEU。中国自日本进口主要商品为核反应堆、锅炉、机械器具及零件,车辆及零附件(铁道车辆除外),电机、电器、音像设备及零附件、光学、照相、医疗设备及零附件;出口日本主要商品为机电产品、纺织品及原料、家具、玩具、杂项制品等。是时,经营上海—日本集装箱班轮航线(包括以上海为起讫港或主要挂靠港)的上海航运企业主要有中远集运、中海集运、中外运集运、锦江航运、海华轮船、新海丰集运等。其中,中远集运(包括泛亚航运)经营的航线主要有:上海绿快关东航线(CJ9)、上海绿快关西航线(CJ18)、霓裳快航关东航线(CJ22)、霓裳快航关西航线(CJ21)等。中海集运(包括浦海航运)经营的主要航线有:上海—关东线、上海—关西线、上海—九州线、宁波—上海—关西线等。中外运集运经营的主要航线有:上海—关东线、上海—关西线、上海—台湾—日本线等。锦江航运经营的主要航线有"锦江阪神穿梭快航""锦江四季快航""锦江东海穿梭快航"等。

表 4-1-3 2000—2010 年上海港日本航线集装箱吞吐量统计表

单位:万 TEU

年　份	合　计	进港(其中重箱)	出港(其中重箱)
2000	102.6	48.9(21.8)	53.7(52.2)
2001	115.5	57.9(23.8)	57.6(56.4)

(续表)

年 份	合 计	进港(其中重箱)	出港(其中重箱)
2002	146.4	72.2(31.7)	74.2(72.9)
2003	150.5	72.3(31.8)	78.2(76.5)
2004	185.5	90.5(41.2)	95.0(92.3)
2005	212.8	106.6(50.5)	106.2(104.1)
2006	239	119.8(56.9)	119.2(116.5)
2007	254.1	131.8(65.9)	122.3(119.8)
2008	263.7	137.8(69.3)	125.9(123.0)
2009	248.7	126.3(68.9)	122.4(119.0)
2010	270.3	138.3(74.3)	132.0(127.1)

资料来源:《上海港口统计年鉴》(2001—2011)

【上海以外港口—日本】

20 世纪 90 年代始,上海部分海洋运输企业在经营上海—日本集装箱运输的同时,在上海以外港口与日本之间也先后辟有和经营多条集装箱运输航线。

1990 年初,上远公司开辟张家港、芜湖—日本航线,把长江运输和环太平洋集装箱干支线网络联成一体。1992 年始,新海丰集运开辟青岛与神户之间的直达集装箱运输航线,提供"点对点"服务,因特别适合新鲜食品供应商及分销商需求,受到客户欢迎。

1992 年前后,上远公司经营大连至日本、天津新港至日本、青岛至日本、宁波至日本、蛇口—日本等多条集装箱班轮运输支线,以保证其主干线各班轮的货源,加快货箱周转。

1997 年末,中海集运开辟青岛、上海—大阪、神户和青岛—横滨两条全冷藏箱特快定时航线,成为业界建设精品航线的先行者。次年 11 月 19 日和 1999 年 1 月 14 日,中远集运相继开通烟台—日本和南京、南通—日本航线,使近洋航线经营获得发展。

1999 年 9 月 2 日,中海集团为在大连发展集装箱运输,与大连港务局、新加坡港务集团合资成立"大连大港中海集装箱码头有限公司",新辟大连—日本特快、定时、精品全集装箱航线。

2000 年 4 月 18 日起,中远集运与新海丰集运各投入一艘 400 TEU 船舶,开辟泉州—福州—日本关东周班航线,旨在进一步开发福建地区市场。5 月 26 日,中海集团正式开通宁波至日本关东、关西和九州地区的三条直达特快集装箱班轮航线,为宁波及周边地区出口贸易提供更加方便、快捷的运输服务。同月,中外运集运开辟宁波至日本航线,关西、关东每周各一班。当年 9 月,该公司开辟大连至日本航线。

2001 年 12 月 8 日,中远集运开辟连云港—青岛—横滨周班航线,为公司揽取连云港、青岛到横滨和东京的高价值冷藏货,提供重点港口之间港到港快捷服务。

2003 年 10 月,海华轮船与烟台海运公司合作经营,新辟赤湾—香港—厦门—东京—横滨—名古屋和赤湾—香港—厦门—东京—横滨—大阪—神户两条华南—日本航线,构成周双班航期。

2004 年 5 月,中远集运所属泛亚公司已经营 6 条"中日快航",在中日主要港口间构筑起冷货、服装、电器三大高速货运通道。

2005年1月,新海丰集运与中外运集运共同开设日本—渤海湾、连云港、青岛航线,提供周班运输。6—7月,中外运集运开辟宁波—关西和连云港—关西航线;同年9月,与新海丰集运合作开辟宁波—关东航线。

2007年,中外运集运与新海丰集运等七家公司达成青岛—石岛—平泽航线合作协议,增加"青岛—平泽—石岛—平泽—青岛"周班服务。同年,中外运集运还与新海丰集运共同投船开辟华北(天津、烟台、大连)—日本九州航线。

2008年1月,由新海丰集运开辟的福州至日本航线投入运营。同年8月,中远集运开辟烟台至日本关东航线,以承运烟台地区出口日本关东的冷箱为主。

2009年,中远集运将原华东南—日本航线延伸至台湾、泰国。新海丰集运新辟深圳至日本关东航线。中外运集运将原青岛—关东航线调整为青岛—关东串行青岛—名古屋航线,提高日本航线的准班能力和稳定性。

2010年9月,中海集运在福州港相继开辟至日本关东和关西的"双通道"特色航线,大幅提升福州港吸引周边地区货物通过该港进出口日本的竞争力。同月,新海丰集运开通惠州—大阪—神户班轮航线,为惠州地区进出口企业提供多样化、区别化的港口物流选择。

及至2010年,中远集运、中海集运、中外运集运、锦江航运、新海丰集运、海华轮船等驻沪航运企业开辟和经营的上海至日本和国内其他港口至日本的集装箱航线,覆盖中国的上海、大连、连云港、青岛、秦皇岛、石岛、新港、龙口、烟台、宁波、厦门、福州、惠州和日本的博多、神户、松山、门司、名古屋、大阪、东京、丰桥、清水、四日、横滨等多个港口。

二、韩国航线

【上海—韩国】

1993年,《中韩海运协定》签订,中韩双方建立年度磋商机制,每年举行双边海运会谈,就协定执行情况及双方共同关心的问题进行探讨,交换意见。1994年2月26日,经交通部同意,锦江航运在驻沪航运企业中首辟上海—韩国釜山集装箱班轮航线。当日,该公司"通顺"轮在上海港宝山集装箱码头受载后,启航驶往釜山港。是为中韩两国政府签署海运协定后,从上海港开往韩国的第一个班轮航次。其在上海的货运、船务代理,由中国外运上海公司担任。同年3月22日,上海海运也开通上海—韩国釜山的集装箱班轮航线,投入"向秀"轮由上海首航釜山。1995年8月,锦江航运将上海—釜山航线加靠南通港,港序为上海、釜山、南通、上海。(1998年6月23日,上海市人民政府办公厅同意该公司上海—釜山集装箱班轮航线增靠宁波北仑港。两年后,经交通部同意,锦江航运上海—釜山集装箱班轮航线加靠太仓港,运营船舶为"通运"轮。)

1996年,上远公司辟有上海—釜山集装箱运输班轮航线,每月16班。1998年,中远集运组建之初,辟有四条中韩周班航线,其中南通—釜山航线,挂靠南通、上海、釜山。

1999年4月,"中国海运(韩国)株式会社"成立,中海集团占该公司注册资本的51%。其作为中海集运的韩国国内代理,总部设在首尔,釜山、仁川则设有事务所,主营该公司集装箱班轮运输的代理,一年代理约600艘、35万TEU(包括上海和国内其他港口运往韩国的货载)。

2000年10月,为配合上海—日本航线的有效运转,中外运集运开辟上海—釜山航线,并通过与其他公司的合作,在上海实现周双班服务。

2001年3月,经交通部审批,中外运集运获准与韩进海运株式会社、德国胜利航运公司合作经营中国—韩国—美国集装箱班轮航线。该航线挂港顺序为:天津、上海、釜山、长滩、奥克兰、釜山、光阳、天津。合作方式为共同派船,互租舱位。其中,中外运集运投入一艘4 024 TEU全集装箱船舶。

2002年9月,在汉城举行的第10次中韩海运会谈中,中、韩两国政府达成协议,于次年1月开放仁川—上海、青岛集装箱航线。原本通过釜山、光洋港出口中国的韩国首都圈及中部地区货物,可直接由仁川港运出,由此可大幅降低中间运输费用,受到货主欢迎。是时,我国北方港口和上海港与韩国仁川港之间的集装箱运输,根据两国协议均由客货两用轮承运,运价较集装箱运输船昂贵,为此中韩双方协商,于2003年1月1日起完全开放这几条航线上的集装箱运输,使两国和第三国集装箱运输船均可参与该航线箱运竞争。同年,经中韩两国交通部门批准,上海—仁川海运航线从客货班轮运输转为集装箱班轮运输。获得该航线经营权的船公司共有5家,其中有包含仁川国际在内的中资船公司2家,韩资船公司3家,中韩船公司具有平等经营地位。因该航线准入门槛较高,经营格局较为稳定。

2003年5月,中远集运经营的中韩集装箱班轮航线中含有:釜山—蔚山—上海周班航线、上海—釜山周班航线等。

2005年10月,在中国海运(韩国)株式会社成立后取得显著经济效益的基础上,中海集团决定在韩国设立"中国海运(韩国)控股株式会社",以进一步加大对韩国市场的投入,拓展航运、码头、物流、船舶管理、空运、房地产投资等相关业务,逐步形成规模化、多元化的产业格局。

2007年下半年,为提高港口综合效益和社会效应,江苏省大丰港与仁川国际合作开通仁川—大丰—上海国际集装箱班轮航线,后又与山东烟台国际海运集装箱公司共同开辟大丰经上海至釜山的集装箱班轮航线。

2010年8月,上海至仁川集装箱班轮航线从开辟之初只有1家航运公司投入1艘客货滚装船经营,发展成由5家班轮公司共同运营的集装箱运输市场。共有6艘集装箱船舶行驶该线,箱位总计4 162 TEU。

及至是年,从事中韩航线集装箱运输的主要经营人几乎都是中国和韩国的承运人,其中由实力比较突出的14家中国籍和14家韩国籍承运人联合组成黄海班轮委员会[the Yellow Sea Liners' Committee(YSLC)],其主要成员公司有中韩商船(SMM)、韩国海运(KMTC)、泛洋(Pan Ocean)、中外运(Sinotrans)、中远集运(COSCON)和中海集运(CSCL)等。每年韩国和中国政府有关部门领导人在黄海班轮委员会(YSLC)负责人陪同下会见和商谈,具体决定各家承运人可以调配集装箱运输船舶的数量,预测贸易的集装箱运量和延伸经营许可证经营期限等。具体操作办法为:由黄海班轮委员会决定各家远洋承运人提供运输服务的集装箱船舶艘数,每一艘准入集装箱船舶需持有其获得批准的有效经营许可证一份。黄海班轮委员会未强制规定集装箱船舶的单船运力,只规定在100～1 000 TEU之间。参与经营中韩集装箱运输的承运人可以自行决定其航线、航班和挂靠港口,是时较多的是每周一班或者两班的航线。由于缺少经营许可证的其他国家远洋承运人无权参与和经营中韩集装箱贸易运输,中韩集装箱贸易运输几乎全部被黄海班轮委员会所控制。

2010年底,上海港已开辟中韩集装箱班轮航线18条,全年吞吐量达135.5万TEU,占上海港国际航线集装箱吞吐总量的6.15%,其中进港74.9万TEU,出港60.6万TEU。中国自韩国进口的主要商品为电机/电器/音像设备及零附件、光学/照相/医疗设备及零附件、核反应堆/锅炉/机械器具及零件、有机化学品等;出口韩国主要商品为电机/电器/音像设备及零附件、核反应堆/锅炉/机械器具及零件等。在上海航运企业中,中远集运经营的上海—韩国集装箱班轮航线有:釜山—上海—釜山周班航线(AK6)、釜山—上海—釜山周班航线(AK7)等。中外运集运经营的上海—韩国集装箱班轮航线有:上海—釜山周班航线(SK3)。中海集运经营的上海—韩国集装箱班轮航线有:宁波—上海—釜山—光阳—宁波—上海航线、上海—蔚山—釜山—光阳—上海航线等。

表 4-1-4 2000—2010 年上海港韩国航线集装箱吞吐量统计表 单位:万 TEU

年 份	合 计	进港(其中重箱)	出港(其中重箱)
2000	41.7	19.6(16.1)	22.1(19.1)
2001	45.5	20.2(15.1)	25.3(22.8)
2002	65.1	31.8(21.1)	33.3(30.3)
2003	66.9	33.4(27.4)	33.5(27.5)
2004	75.2	38(31.5)	37.2(30)
2005	81.8	41.2(31.8)	40.6(36)
2006	100.6	53.5(38.4)	47.1(43.1)
2007	120.8	63.3(46.1)	57.5(51.7)
2008	130	73.6(53.1)	56.4(51.1)
2009	111.2	64(48.4)	47.2(39.4)
2010	135.5	74.9(55.3)	60.6(53.3)

资料来源:《上海港口统计年鉴 2011》

【上海以外港口—韩国】

20 世纪 90 年代始,部分驻沪航运企业在经营上海—韩国集装箱航线的同时,也辟有和经营多条上海以外港口至韩国的班轮航线。

1998 年,中远集运组建之初,辟有南通—釜山、连云港—釜山、营口—釜山和新港—釜山四条中韩周班航线。

2000 年 10 月,中外运集运在青岛—釜山航线上与新海丰集运合作,开辟周双班服务,加大航线密度,提高服务水平。翌年 4 月,该公司与长锦公司合作开辟天津—釜山—光阳集装箱班轮航线。

及至 2003 年 5 月,中远集运辟有釜山—营口—大连—釜山、釜山—宁波—釜山、新港—釜山—大连、青岛—釜山、天津新港—釜山、釜山—大连—烟台—平泽—釜山等周班航线。

2004 年 8 月,中外运集运开辟天津—威海—釜山航线。翌年 4 月,开辟连云港—釜山航线。

2006 年 12 月,扬子江公司开辟宁波—仁川外贸航线,投入 500 TEU 的“新加坡快航”轮承担运营。

2007 年 3 月,中海集运正式开通厦门—釜山集装箱直航航线。投入 4 艘载箱量为 1 500 TEU 的集装箱船,进一步提升厦门港到韩国、日本等东亚地区的进出口运力。

2009 年 3 月,中海集运所属浦海航运开辟汕头—仁川航线(CKX1)。同年,新海丰集运开辟的中韩班轮航线通达韩国的釜山、光阳、仁川、平泽等多个港口。

及至2010年,上海航运企业开辟的上海以外港口至韩国的集装箱航线主要有:中远集运经营的釜山—新港—大连—釜山周班航线(AK3)、釜山—烟台—青岛—釜山周班航线(AK5);中外运集运经营的连云港—青岛—釜山周班航线(LK1)、连云港—青岛—釜山周班航线(QK2)、天津—釜山周班航线(TK4)、天津—釜山周班航线(TK2);中海集运经营的大连—仁川—大连航线等。

三、东南亚航线

【上海—东南亚】

上海—东南亚集装箱运输始于20世纪80年代。1982年12月28日,上远公司从日本买进上海第一艘全集装箱船"沭河"轮,固定在中国—东南亚各线运行。

1985年1月,上远公司开始在上海—东南亚航线推行集装箱班轮运输,首先投入的是"商城"轮,每月1班,从上海港始发,沿途挂靠香港、曼谷、新加坡、巴生、槟城,然后返回厦门或上海,航次周期为25天。

图4-1-6 20世纪80年代行驶中国—东南亚航线的集装箱船"沭河"轮

(照片提供:中远集运)

同一时期,锦江航运投入集装箱船经营上海—香港—曼谷—马来西亚航线。新海航业的"新海华""新海宁""新海腾""新海虹""新海隆"等5艘载箱量为200～400 TEU全集装箱船也行驶于上海—香港—新加坡之间,每月8班。新海丰集运自90年代中期始,向东南亚国家提供集装箱航运服务,且发展迅速(2007—2009年,其在东南亚市场的年总装载量已分别达到10.88万TEU、32.18万TEU和41.47万TEU)。

2001年3月26日,中远集运投入3艘700～800 TEU集装箱船("阳江河""潮汕河""永定河"轮),开辟华东—东南亚航线,港序为:宁波、上海、温州、新加坡、雅加达、蛇口和宁波。该航线的开辟,使开发印尼市场的力度加大,中国口岸至东南亚的服务网络得以完善。开线后,由于东南亚航线竞争激烈且运价持续低迷,为充分利用舱位,改善航线效益,从当年7月2日起,中远集运将"永定河"轮出租给太平船务公司,将该线投入船舶减少至2艘。同时,北行加挂香港,其港序为:宁波、上海、温州、新加坡、雅加达、蛇口、香港和宁波。

2002年2月始,中海集运投入航速21节,可载2 500标准箱的船舶10艘,开通亚洲—美国—泰国航线。该航线与原有的中东航线(APX)一起,形成中海集运环球航线。航线依次挂靠:洛杉矶、瓦仑西亚、西雅图、釜山、大连、天津、青岛、釜山、上海、宁波、香港、赤湾、巴生、迪拜、孟买新港、巴生、林查班、香港、博多、神户、洛杉矶、瓦伦西亚、西雅图。

2005年始,中外运集运亦向东盟国家提供集装箱航运服务,辟有上海—宁波—马尼拉和釜山—上海—海防等周班航线。2007年1月13日起,中外运集运与中海集运在菲律宾航线进行舱位互换合作,旨在发挥各自网络优势,取长补短,实现互利双赢。中海集运在上海—宁波—马尼拉航线投入2艘1 700 TEU集装箱船,为中外运集运提供30 TEU/WEEK的舱位;中外运集运则在汕头—厦门—马尼拉航线上投入1艘600 TEU船舶,为中海集运提供40 TEU/WEEK的舱位。同年5月22日,海华轮船与香港金星轮船有限公司联手开辟一条东南亚航线,提供周班服务,该航线依次挂靠上海、厦门、香港、胡志明、曼谷、林查班、香港、上海，航程为21天。

2009年6月，中外运集运与韩进海运合作开辟上海—釜山—越南海防航线，首次将航线挂靠延伸至越南口岸。航线调整后不仅有效改善了航线收益，而且提升了公司航线服务品质，优化了亚洲区域的航线布局。

因经济效益等方面原因，中远集运在2003年和2008年一度撤销华南—东南亚和华北—东南亚航线。2009年7月26日，该公司为满足客户需求以及开拓东南亚市场需要，与台湾长荣海运公司共同开通中国—东南亚航线(CSE)，恢复中远集运东南亚直航服务。在CSE线上双方共投入4艘2 800 TEU船舶，其中中远集运投入3艘(舱位1 575 TEU/2.20万吨)，长荣投入1艘。该线挂港顺序为：上海、大连、新港、青岛、宁波、马尼拉南港、雅加达、新加坡、丹戎帕拉帕斯、巴生、上海。同年10月28日，CSE线加挂南沙港，进一步完善了华南地区出口路径。

2010年，中外运集运与高丽海运船公司(KMTC)合作，开辟釜山—华东(上海)—印尼(CKI)航线。同年12月14日，新海丰集运开辟马尼拉二线(CJP2)，由宁波首航。此航线的开辟不仅增加了华东的石岛、青岛、日本关西到马尼拉的直航服务，而且全面提升了日本九州、上海、宁波、厦门—马尼拉的直航服务。

及至2010年，上海已辟有本港至东南亚集装箱班轮航线近40条，通达印度尼西亚、马来西亚、菲律宾、新加坡、泰国、越南等多个国家和地区。其中新加坡航线年吞吐量达99.4万TEU，占上海港国际航线集装箱吞吐总量的4.52%；泰国航线年吞吐量27.9万TEU，马来西亚航线年吞吐量44.1万TEU，分别占上海港国际航线集装箱吞吐总量的1.27%和2.00%。中国自东南亚进口主要商品为机电产品、塑料、橡胶、化工产品等；出口东南亚主要商品为机电产品、贱金属及制品、纺织品及原料、运输设备等。是时，经营上海—东南亚集装箱班轮航线(包括以上海为起讫港或主要挂靠港)的上海航运企业主要有中海集运(辟有上海—宁波—马尼拉北港—马尼拉南港—林查班—香港—上海和宁波—上海—蛇口—胡志明—盐田—南沙—宁波—上海等航线)、中远集运(辟有中国—东南亚航线，挂靠上海、大连、新港、营口、青岛、宁波、南沙、马尼拉、雅加达、新加坡、巴生、上海)、中外运集运(辟有釜山—上海—海防周班航线、上海—宁波—马尼拉周班航线)以及新海丰集运、浦海航运、海华轮船等。

表4-1-5　2000—2010年上海港新加坡航线集装箱吞吐量统计表　　单位：万TEU

年　份	合　计	进港(其中重箱)	出港(其中重箱)
2000	28.5	12.64(9.52)	15.91(15.03)
2001	27.8	13.21(10.22)	14.59(13.99)
2002	37.4	19.9(14.2)	17.5(16.3)
2003	55.3	27.2(20.0)	28.1(26.5)
2004	68.3	32.4(21.6)	35.9(32.6)
2005	77.4	39.0(21.4)	38.4(37.1)
2006	86.2	44.8(21.8)	41.4(39.2)
2007	103.2	55.5(24.5)	47.7(46.2)

（续表）

年 份	合 计	进港(其中重箱)	出港(其中重箱)
2008	110.9	66.7(24.2)	44.2(43.1)
2009	86.9	51.2(19.5)	35.7(34.3)
2010	99.4	63.4(20.8)	36.0(35.1)

资料来源：《上海港口统计年鉴》(2001—2011)

【上海以外港口—东南亚】

20世纪80年代始，部分驻沪航运企业在经营上海至东南亚集装箱运输的同时，也辟有和经营多条上海以外港口至东南亚，以及东南亚各港之间班轮运输航线。

1986年起，上远公司经营青岛、连云港—东南亚集装箱班轮航线，每月1班。1990年2月始，该公司投入“商城”“聊城”两轮，经营日本—泰国集装箱班轮航线，每月2班。

1991年3月，上远公司开通新加坡—印度尼西亚—澳大利亚航线，每月2班，以完善环太平洋集装箱干支线运输网络。

1998年，中远集运针对东南亚金融危机，调整该地区运力，将其经营的东南亚航线由3条并为1条。

2000年6月，中远集运与新加坡太平船务公司合作，正式开辟华北—东南亚航线。

2002年6月，中远集运将华北—东南亚、华东—东南亚、华南—东南亚三线合并成新华北—东南亚、新华南—东南亚2条东南亚航线。

2004年5月，浦海航运新辟越南胡志明市到柬埔寨金边的航线，成为第一家获准进入湄公河经营国际集装箱运输业务的中国航运企业。同年，中远集运就东南亚支线网络铺设，与长荣海运、日本邮船、中海集团等公司合作，先后开辟泰国—越南线、泗水—三宝垄—新加坡、雅加达—新加坡等新航线，以扩大公司在东南亚的航运范围。

2005年3月，中远集运开设香港—马尼拉支线，进一步拓宽主干线货源供给渠道，降低公共支线费用支出，争取整个东南亚地区更多舱位。翌年，开辟香港—海防支线，将泰越线延伸到汕头和印尼。至此，在东南亚已形成以新加坡、香港两个主要中转港为接点，八个支线港(雅加达、泗水、巴生、曼谷、林查班、胡志明、海防、马尼拉)为主体及若干偏港为补充，以13条自有及合作支线为主，公共支线为辅的支线衔接网络。

2007年，中海集运和中外运集运在汕头—厦门—马尼拉航线上展开舱位互换合作，实现互利双赢。

2008年3月—2009年4月，中远集运先后开辟泉州—香港—马尼拉线(HPH)和湛江—新加坡/胡志明线。

至2010年6月，中外运集运在东南亚集装箱运输市场上，已经营11条贸易航线(其中3条通过互换舱位安排经营)，包括釜山—上海—海防(HES)、汕头—厦门—马尼拉(WMI)、华北—东南亚等周班航线。

2010年8月，中海集运开通钦州港—越南海防集装箱直航航线，使钦州港国际航线服务周期和成本优势大幅提升。同年，新海丰集运相继开辟厦门—马尼拉、海防四线(CJV4)、中国华南—泰国—越南航线(CTV)。

及至2010年底，驻沪航运企业开辟和经营的上海以外港口至东南亚集装箱航线主要有：汕头—厦门—马尼拉南港—马尼拉北港—汕头—厦门、香港—蛇口—海防—香港、马尼拉南港/马尼拉北港—香港、香港—海防—防城、马尼拉—香港、胡志明—新加坡、新加坡—滨城、曼谷—林查班—泗水—雅加达—新加坡、泰国—帕西古当—新加坡—雅加达等。

四、大洋洲航线

【上海—大洋洲】

1978年9月26日,驻沪远洋运输企业上远公司开辟从上海—澳大利亚悉尼、墨尔本港的国际集装箱班轮运输航线,是为中国第一条集装箱班轮航线。该线由半集装箱船“平乡城”轮担负首航,10月20日抵达悉尼港,11月12日返抵上海港。继“平乡城”轮之后,上远公司于同年10月下旬又投入“熊岳城”轮参加该线营运。两轮投入中澳航线后,每月从上海港发出一班船,往返周期60天。中澳班轮航线的开辟,得到国家经委、交通部和上海市人民政府的高度重视。交通部领导多次到上海实地考察,落实各项集装箱运输规划。上海市人民政府先后发布《上海市集装箱疏运管理暂行办法》和《上海口岸国际集装箱进出口运输工作暂行规定》,对集装箱装运中的各个环节和运价费率等作出具体规定。上海港务局干部职工按照“下决心把集装箱运输搞起来”以及“边建设,边发展”的指示精神,以上港十区为基点,从码头设备、仓库场地、装卸机械、劳动力、技术力量等方面做好充分准备。上远公司则着力准备集装箱和集装箱船。上海外贸部门也配合港、航单位,积极组织货源。经过一段时间筹备,终使该航线顺利开通。在中澳集装箱班轮航线开辟之前,上海运往澳大利亚的货物,一般都要先运到香港等地转口,改装集装箱船到澳大利亚港口。该线开通后,我国集装箱船直航澳大利亚,可缩短运输时间,减少货物损坏,消灭货差,节约运输费用,有效促进了国家对外贸易的发展。

图4-1-7 上远公司行驶中国—澳大利亚班轮航线的集装箱船舶

(照片提供:中远集运档案室)

1980年初,上远公司对中澳集装箱班轮航线进行调整,把从日本接回的新造滚装船“花园口”“枝江口”轮投入该线营运,把“平乡城”“熊岳城”等轮替换下来,下半年始加挂香港。同年9月,又把该航线延伸到新西兰的陶朗加和奥克兰港,揽运新西兰运往中国的羊毛,形成上海—香港—澳大利亚—新西兰航线,由“太平口”“白河口”“小石口”“枝江口”4艘滚装船投入营运,每月12日,27日从上海各发一班船,往返周期60天。

1987年4月,上远公司对上海—香港—澳大利亚—新西兰航线实施“二改三”调整措施,即由原来每月发2班船改为每月发3班船,投入“花园口”“枝江口”“小石口”“太平口”“白河口”5艘滚装船,每月4日、14日、24日分别从上海港开出,港序为上海、香港、墨尔本、悉尼、上海,不再停靠新西兰港口,往返周期50天。由此可为货主提供更多订舱、发货机会,受到货主欢迎和支持。该线由中远总公司报请交通部核准,定为核心(即重点)班轮航线。1987年该线全年箱运量由上年的2.41万TEU增加到3.10万TEU,提高28.3%,利润相应增加96.6%。

1990年3月起,上远公司再次对上海至澳大利亚航线进行调整,在不增加船舶,保持原来班期和挂港顺序的情况下，返航时挂靠菲律宾马尼拉港，不仅使运输效益提高，而且可解决南北干线集装箱调运不平衡的矛盾。

经过多次调整，1992 年底上远公司经营的大洋洲集装箱班轮航线主要有 4 条，其中含有上海—澳大利亚东部集装箱班轮航线，每月 3 班，自上海始发，沿途挂靠香港、悉尼、布里斯班，返航时挂靠马尼拉、香港，返回上海，往返 50 天，投入“兴海河”(800 TEU)“龙海河”(800 TEU)“鄂城”(半集装箱船，686 TEU)“滨城”“松城”5 艘集装箱船在该航线运营。

1997 年 4 月，中远总公司对其经营的澳大利亚、新西兰航线进行调整改造，将原来的中国—澳大利亚、日本—韩国—澳大利亚、日本—新西兰和中国台湾—中国香港—新西兰四条航线改造为中国—澳大利亚和日本—韩国—澳大利亚—新西兰两条航线，投入船舶由 19 艘缩减为 12 艘，有效降低航线固定成本。改造后的中国—澳大利亚航线沿途挂靠上海、黄埔、香港、悉尼、墨尔本、布里斯班、马尼拉港。

同年，中海集团在沪组建后，积极布局全球集装箱班轮航线。1999 年 3 月 26—28 日，由中海集运开辟的中国—澳大利亚集装箱班轮航线首航仪式分别在青岛和上海举行，首航船舶为载箱量 1 002 TEU 的“向津”轮。该航线实行周班服务，共投入“向津”“向济”“向洲”“向沧”“向滨”“向浩”“向宁”7 艘 1 000 TEU 的全集装箱船，全程挂靠青岛、上海、香港、悉尼、墨尔本、布里斯班、马尼拉、门司、博多等多个国内外港口，并可接转中国沿海北至大连、天津，南到汕头、黄埔等港的货物，往返航次时间为 49 天。其对上海进出口贸易的发展和国际航运中心建设起到积极推动作用。至此，中海集运的集装箱航线不仅贯穿中国南北各大港口，且初步形成覆盖北亚、东南亚、大洋洲的集装箱运输网络。

2001 年 5 月 11 日，中海集运与东方海外和以星轮船有限公司联手推出“远东—澳大利亚”联营特快航线，首航始于上海港军工路码头，首航船为“潘佳斯”轮。该航线共投入 5 艘 2 600～3 100 TEU 集装箱船运营，沿途挂靠港为上海、赤湾、香港、悉尼、墨尔本、布里斯班、高雄，实行周班营运，为当时远东—澳大利亚航线上投入箱位最多，船舶航速最快，最具竞争力的联营航线，可为中国华东、华南包括香港、台湾等地区主要港口至澳大利亚的货物提供集装箱运输服务。远东—澳大利亚航线为重要的国际集装箱班轮航线，是时已有 10 余家国际班轮公司参与该线经营。当年一季度，中国对澳大利亚的进出口贸易额达 19.6 亿美元，其绝大多数贸易货物经由海运完成。中海集运等三家公司根据互惠互利原则，联合阳明海运等多家班轮公司，联营开辟此线，使远东—澳大利亚之间航行周期由原 49 天缩短为 35 天，上海—澳大利亚航行时间由原 18 天缩短为 13 天，香港—澳大利亚航行时间由原 14 天缩短为 9 天，并使该航线港口覆盖面和服务范围进一步扩大，从而为客户提供更为优质的集装箱运输服务。

2004 年 7 月 30 日，中远集运开辟华北—澳大利亚航线(NCX)，港序为大连、青岛、上海、宁波、墨尔本、悉尼、布里斯班、大连。2006 年 10 月，该公司投入 3 艘 3 400 TEU 船舶，并由合作方美国总统公司和太平船务投入 2 艘 3 400 TEU 船舶，对其经营的中澳航线运力进行升级，共由 5 艘 3 400 TEU 型船运营，南行加挂香港。港序为：厦门、青岛、上海、宁波、悉尼、墨尔本、布里斯班、香港、厦门。此项调整使该公司平均单箱成本下降约 15%，可用舱位从 1 550 TEU 增加到 1 770 TEU，增加 14%。

2008 年初，中远集运抓住市场机会，果断增加 1 艘 3 500 TEU 船舶加入中澳航线，使运力增长 20%，周舱位约 2 400 TEU。全年中澳航线贡献率位列该公司第二位。同年 5 月，中海集运、东方海外和澳大利亚国家航运公司将合作经营的亚洲北部—澳洲航线(AANA)运力，升级为 5 艘

4 250 TEU船舶,全程35天。升级后可使亚洲主要港口到澳大利亚东岸的交货期平均缩短4天左右。挂靠港口依次为:(北行)墨尔本、悉尼、布里斯班、横滨、大阪、釜山、青岛、上海、宁波、香港、高雄;(南行)横滨、大阪、釜山、青岛、上海、宁波、香港、高雄、墨尔本、悉尼、布里斯班。同月,中外运集运与韩进等公司合作,开辟上海—澳大利亚航线,于当月3日首航。

2008年下半年始,受世界金融危机影响,集装箱运输市场受到严重冲击,市场急转直下,运价大幅下滑,上海—大洋洲航线也未幸免。各相关驻沪企业对该线运营积极实行调整和改造,通过收缩运力、缩减舱位、加强合作等措施,有效扭转市场供需失衡状况,在困境中维持了市场稳定。

及至2010年,上海通往大洋洲的集装箱班轮航线已超过10条,通达澳大利亚、新西兰、诺福克岛、巴布亚新几内亚等国家和地区。上海港澳大利亚航线年吞吐量51.2万TEU(进港27.2万TEU,出港24.0万TEU),占该港国际航线集装箱吞吐总量的2.33%;新西兰航线年吞吐量7.7万TEU,占该港国际航线集装箱吞吐总量的0.35%。中国自澳大利亚进口主要商品为铁矿石、原油、煤炭、粮食(以上适宜散装)、羊毛、纺织品及原料、贵金属及制品等;出口澳大利亚主要商品为机电产品、服装纺织品、轻工制品包括家具、玩具、箱包、鞋、化工产品、五金制品等。是时,经营上海—大洋洲集装箱班轮运输(包括以上海为起讫港或主要挂靠港)的上海航运企业主要有中远集运、中海集运、中外运集运等。其中,中远集运经营的航线主要有:中国—澳大利亚集装箱定期周班航线(SAS),沿途挂靠上海、宁波、厦门、南沙、蛇口、香港、悉尼、墨尔本、布里斯班、上海;日—韩—澳周班航线(NAE),沿途挂靠横滨、名古屋、大阪、釜山、上海、蛇口、香港、墨尔本、悉尼、布里斯班、横滨;日—韩—香—新周班航线(JKN),沿途挂靠东京、神户、釜山、上海、盐田、香港、布里斯班、奥克兰、内皮尔、纳尔逊、惠灵顿、利特尔顿、内皮尔、陶兰加、东京。中海集运经营的航线主要有:澳洲一线(AUS1),始发上海港,沿途挂靠上海、赤湾、香港、悉尼、墨尔本、布里斯班、高雄、香港、上海;澳洲二线(AUS2),沿途挂靠横滨、大阪、釜山、上海、宁波、香港、高雄、墨尔本、悉尼、布里斯班、横滨。中外运集运经营的航线主要有:釜山—上海—宁波—高雄—墨尔本—悉尼—布里斯班周班航线(CKA);宁波—上海—香港—蛇口—悉尼—墨尔本—布里斯班周班航线(CAX)。

表4-1-6 2004—2010年上海港澳大利亚航线集装箱吞吐量统计表 单位:万TEU

年 份	合 计	进港(其中重箱)	出港(其中重箱)
2004	15.6	6.4(3.7)	9.2(8.3)
2005	22.8	9.8(5.2)	13.0(11.8)
2006	28.9	12.3(5.2)	16.6(15.3)
2007	39.8	19.6(5.5)	20.2(19.0)
2008	41.1	18.9(6.5)	22.2(21.1)
2009	41.2	20.9(8.5)	20.3(19.6)
2010	51.2	27.2(9.6)	24.0(22.8)

资料来源:《上海港口统计年鉴》(2005—2011)

【上海以外港口—大洋洲】

20世纪80年代始,部分驻沪航运企业在经营上海—大洋洲集装箱运输的同时,也辟有多条上海以外港口至大洋洲航线。

1988年4月,上远公司于以天津新港为始发港开辟中—日—澳—新集装箱班轮航线,为中国东北及京津地区至澳大利亚、新西兰外贸运输提供方便,同时也可承运部分日澳、日新之间货物。次年初,上远公司对中—日—澳—新集装箱班轮航线进行调整,变原来一条航线为中—日—新和日—澳两条航线,变单向循环运输为交叉循环运输。

1991年3月15日,上远公司开辟新加坡—澳大利亚航线。每月2班。

1992年底,上远公司共经营4条大洋洲集装箱班轮航线,其中除上海—澳大利亚外,尚有天津新港—日本—澳大利亚、日本—澳大利亚、日本—新西兰集装箱班轮航线。

1999年4月,中远集运将其经营的中国—澳大利亚、日本—韩国—澳大利亚、日本—新西兰和台湾—香港—新西兰四条航线改造为中国—澳大利亚和日本—韩国—澳大利亚—新西兰两条航线。翌年4月,该公司开始在日本—韩国—中国台湾—澳大利亚航线上与台湾长荣公司合作派船。共同经营周班服务。

2001年2月—2002年5月,中远集运和中海集运加大大洋洲航线的对外合作力度,分别在日本—韩国—香港—新西兰、中国—澳洲、日本—澳洲、澳大利亚—东南亚等航线上与外籍船公司开展合作经营。

2003年7月,中远集运开辟深圳—新西兰航线。同年11月,推出远东经由新加坡或奥克兰中转至南太平洋岛屿的集装箱运输新航线,使西北欧、地中海、东南亚、印度、中国香港及中国大陆地区的货物可通过新加坡或奥克兰,中转至南太平洋岛国。

2004年,中远集运重点开发新西兰陶朗加港—华南木材运输,使该港供箱量比上年增长14%。翌年2月,该公司与汉堡南美航运公司、金星轮船有限公司合作,共同开辟东南亚—澳大利亚航线。同月,中海集运与其他船公司合作,开辟澳洲三线。

至2010年,驻沪航运企业开辟和经营的上海以外港口至大洋洲集装箱航线主要有:中远集运经营的东南亚—澳大利亚周班快航(AUSE—AAA1)、东南亚—澳大利亚周班快航(AUSE—AAA2);中海集运经营的澳洲三线(AUS3);中外运集运经营的宁波—布里斯班周班航线(CAX)等。

五、俄罗斯远东地区航线

1992年,上海至海参崴辟有班轮航线,每周1班,挂靠香港、东南亚港口及东方港,由当时的独联体国家经营。

2000年10月19日,俄罗斯第二大航运企业远东航运公司在沪开通首条上海至东方港集装箱班轮航线。该公司由320 TEU“吉达斯基”轮自上海港出发驶往俄罗斯东方港。是为俄罗斯三大航运公司于当年8月联手进驻上海后首辟国际班轮航线。在俄罗斯政府重振海运业的新战略下,俄罗斯航运业看好中国航运市场,此次开通试航的直达班轮航线,旨在以上海为辐射基地,连接长江三角洲及整个长江沿线地区的外贸进出口货物,从东方港通过铁路联运到达东欧与西北欧地区。

2010年9月,俄罗斯萨哈林航运公司(SASCO)开通一条连接符拉迪沃斯托克与上海的集装箱运输航线。该航线由“Dintel Trader”轮担负首航,将中国产的新集装箱运至符拉迪沃斯托克。这些增高增大容积的集装箱货柜,可通过新辟航线为发货者运输货物。发自中国的货物既可向远东、亦可向俄罗斯全境消费者运输。“Dintel Trader”轮每12天执行一次航班,海上航线的过境时间

(上海至符拉迪沃斯托克或返程)为4昼夜。在上海港装卸货均在外高桥4号码头进行,在符拉迪沃斯托克装卸货则在该港集装箱码头(VCT)进行。至2010年底,上海已辟有3条往来俄罗斯(远东地区)的集装箱班轮航线,年吞吐量7.9万TEU(进港3.8万TEU,出港4.1万TEU)。

第三节 美洲地区运输

一、美国・加拿大航线

【上海—美国・加拿大】

1979年1月,中美正式建立外交关系后,两国间贸易发展迅速,海运量直线上升。为适应形势需要,发展外贸运输,驻沪远洋运输企业上远公司经中远总公司报请交通部批准,开辟中国—美国西海岸集装箱班轮运输航线,以替代原来的杂货班轮运输。

图4-1-8 1981年2月10日首航美国旧金山港的上远公司"张家口"轮

(照片提供:中远集运档案室)

1981年2月10日,上远公司滚装船"张家口"轮(载箱量753 TEU)在天津新港和上海港受载582 TEU、351个托盘和一重件共6 578吨货,首航美国西海岸旧金山港(SAN FRANC1SCO),是为国内第一艘行驶中美航线的集装箱运输班轮。该轮于当年4月5日返抵上海港。此后每月18—23日在天津新港,25—30日在上海港装货后驶往美国。同时"张家口"轮的姐妹船"喜峰口""古北口"轮亦参加该线营运,每航次装运700 TEU左右。

中美集装箱班轮航线开辟后,虽有交货快、货运质量好的优点,但由于船舶只停靠美国西海岸港口,而中国对美加出口货的目的地大部分在美国东海岸、东南海岸和加拿大,需通过美国内陆转运,支付高额的转运费,且出口美国的货源不集中,上远公司船舶每航次从中国装出口货物往往需靠20余个港口;而从美国进口的货源也大部分在美国东海岸,需从陆上运到西海岸,成本很高,导致船公司营运亏本。鉴于中美两国间贸易量增长快,集装箱运输亟待进一步发展。为此,上远公司经中远总公司报请交通部批准后,于1982年10月新辟一条从天津新港、上海港直达美国东海岸的集装箱班轮运输航线,由新建造的载箱量为1 200 TEU的全集装箱船"汾河"轮及滚装船"喜峰口""古北口"3艘船投入营运。这些船舶在国内装货后直驶美国东海岸的纽约(NEW YORK)、查尔斯顿(CHARLESTON)、休斯敦港(HOUSTON),往返周期90天。同时,将中国至美国西海岸的航线加挂加拿大温哥华(VANCOUVER)港,由滚装船"张家口""太平口"等轮投入运行。至此,中国至美国的班轮航线分为中国—美东,中国—美西、加西两条航线营运,每月各发一班船。1984年底,上远公司又用新建造的载箱量为1 300 TEU的"春河"轮等5艘全集装箱船,替代原来的混合型船队进入中国至美东航线营运。每月派船改为两班。

1985年10月,上远公司针对中美航线设计不尽合理,船期不准,交货时间长,货源不足,交货分散,经营亏本等实际情况,再次研究调整中美航线,提出航行该线的船舶途经日本时弯靠日本神户港,进入日本市场,揽取日美与美日间货源的设想。中远总公司经反复研究后,于10月15日同意上远公司调整方案,并责成该公司与天津新港、上海港洽谈中美航线调整及保证船期事宜。

1986年3月25日，在上海市人民政府交通办公室主持下，由上远公司、上海港务局、上海外轮代理公司等单位参加，召开"整顿中美集装箱班轮航线"专题会议，针对国内至美国东海岸和西海岸两大干线出现经营亏损现象，提出缩短航次周期，进行倒载分流，同时增加国内到日本的支线船，加快交货速度，节省在美内陆转运费用等意见，并要求上海港把中美集装箱班轮列为"必保班"轮，优先供泊。同年4月1日起，上远公司对中美集装箱班轮航线作正式调整：将中国至美东航线由原来6艘船改为5艘船营运，国内挂港由原来二港改为一港（天津新港和上海港轮流挂靠），班期从原来90天改为75天。美东、美西航线（包括天津新港、上海港—美东和香港—美西）的船舶均弯靠日本神户港进行倒载分流。调整后，上海港每月有8班干、支线船开往神户，天津新港每月有7班船开往神户，加之国内其他港口每月也有2班支线船停靠神户，使中国去美国的货源可及时在神户分流，由上远公司干线船舶弯靠神户，把货物分别运送到美东及美西，缩短交货期。调整前，从中国到美国纽约港的货最短为51天，最长为76天。调整后，最长只需39天，提前37天。调整前，从美国休斯敦港到大连港的进口货运输最短为139天，最长为191天；到青岛最短为119天，最长为191天。调整后，到达大连最长为47天，提前144天；到达青岛最长只需39天，提前152天。通过调整，可明显增加航次运量，提高箱位利用率和经济效益。调整后的当年，美东线东行时箱位利用率从25%提高到38%，西行时从65%提高到75%；美西线东、西行时，箱位利用率由20%分别提高到64%和61%；同时还能以成本低、服务好的优势揽取日本、美国等大量第三国货载。这次航线调整使上远公司结束中美航线连续几年的亏损，实现盈利。

1988年5月25日，上远公司由上海增开一班直达美国东海岸的集装箱班轮，挂港顺序为上海、神户、横滨、长滩、纽约、休斯敦、神户、上海，同时接运美西、美东的货箱，在神户港卸下后转装其他直达船，由"沱河""潍河""滦河"三轮投入行驶，每月一班，航次周期为90天。翌年1月，该公司对从中国出口行驶美东线进行调整，加挂美国西岸西雅图港，以揽取日本、香港至美国西雅图的货物，初步形成在美国西海岸南北对开的两条班轮航线，同时将中国—美东航线上的干线港增为4个，即西雅图、纽约、查尔斯顿、休斯敦。

1992年，上远公司把揽取高运价冷藏箱货源作为公司增产增收的一项措施。航行美西周班航线的2 700 TEU船舶为了多装冷藏箱，采取控制生活区用电等措施，以多承运冷箱。至是年底，上远公司共辟有两条上海至美国的集装箱班轮航线，一条是上海或天津新港至美东线，每月2班，3日从上海开出，12日从天津新港开出，由载箱量1 700 TEU的5艘全集装箱船投入营运。另一条是上海至美国西海岸再至美国东海岸的航线，每月1班，由3艘载箱量为1 140 TEU的多用途船投入营运。同时配以香港至美国西海岸延伸至加拿大温哥华的航线，每周开出1班，星期五从香港开出，以4艘载箱量为2 700 TEU及2艘载箱量为1 400 TEU的全集装箱船投入营运。中国沿海大连、青岛、天津新港、上海、宁波、广州等港及长江沿岸南通、张家港等港开设有至日本神户、横滨、大阪、名古屋等港的集装箱支线班轮，连结上海至美国的集装箱干线班轮。

1998年，成立初期的中远集运实行集装箱运输经营管理一体化和全球营销一体化。其经营的38条主要班轮航线中，含有上海—美西和上海—美东等航线。该公司通过强化管理，提高经营水平，优化航线设置，使原来上海至美东航线交货期83天，缩短为26天，成为全球所有经营这一航线公司中最快、最安全的承运人。翌年，该公司将中国—美西线（NEA）一分为二，改造成华北东—美西线（CEN）和华南东—美西线（CES）。调整前，中国—美西线沿途挂靠的主要港口为天津新港、大连、青岛、上海、神户、长滩、奥克兰。改造后，华北东—美西线沿途挂靠天津新港、大连、青岛、神户、温哥华、长滩港。华南东—美西线沿途挂靠厦门、宁波、上海、神户、名古屋、长滩、奥克兰。

2000年,随着全球班轮运输市场的复苏,各航线箱量普遍增加,其中美国航线是班轮运输市场最为繁忙的航线。为了抓住这个大市场,中海集运对原有航线进一步细化管理,重点开辟充实美国航线。是年4月,通过和达飞轮船、铁行渣华的航线合作,新辟“远东—美东”集装箱航线,共投入2 400～2 600 TEU的集装箱船9艘,计2.25万箱位,采用经巴拿马运河,至加勒比和美东的全水路运输方法,实行周班服务。该航线沿途挂靠釜山、青岛、上海、盐田、香港、经巴拿马运河抵金斯顿、纽约、诺福克、赛凡纳,再由金斯顿经巴拿马运河抵釜山,来回航程63天。中海集运的集装箱班轮航线覆盖面由此扩大至北美东西两岸。与此同时,该公司还与ZIM航运公司以舱位互租合作方式再辟一条“远东—美西”航线,使加拿大温哥华也成为中海集运的直挂港。同年6月21日和22日,中海集运第二条“远东—美西”集装箱班轮航线首航仪式在连云港及青岛举行。中海集运在该线投入6艘2 000箱位、航速为19节的全集装箱船,实行周班服务,航线依次挂靠连云港、青岛、上海、博多、横滨、洛杉矶、奥克兰、横滨。从连云港直达美国的交货期为18天,从青岛直达美国的交货期仅16天。此航线的开辟,为连云港、青岛及周边地区广大货主提供了更加便捷、快速和周到的服务,并使中海集运美国航线的国内始发直挂港增加到7个。

图4-1-9 2000年4月24日中远集运举行远东—美东快航上海港首航仪式

(照片提供:中远集运档案室)

是年,中远集运与日本川崎和台湾阳明公司合作,以联合派船方式开辟远东—美东快航(AEX),沿途挂靠上海、盐田、香港、巴拿马运河、纽约、诺福克、查尔斯顿、东京、神户等港(翌年,中远集运对该线进行改造,取消神户挂港,在国内加挂青岛,提供青岛至美东的直航迅捷服务,以优化航线结构,改善航线效益)。该公司的业务经营始终将美加航线列为重点,每年度均与货主签订全年合约,并超额完成当年各项指标。至当年12月12日,总签约箱量超过指标的32.71%;其中直接客户箱量超过指标的12.84%,占签约总指标的67.7%。(9·11事件之后,美国经济出现衰退,但中远集运美加航线的签约工作依然有序展开,2002年总签约箱量超过指标9.29%,其中直接客户箱量占签约总指标69.61%。)

同一时期,中海集运经营的远东—美西集装箱航线也有较快发展,其使洛杉矶港集装箱吞吐量增长迅速,从1999年的几千箱发展到2000年的37.4万TEU。该港已成为中海集团在美国最为重要的挂靠港口。该集团计划将远东—美西航线扩展为4条,并全部挂靠洛杉矶港,为此于2001年3月9日同洛杉矶港务局正式签署租赁洛杉矶港100号码头协议。此举意味着该集团码头经营业务也开始走出国门。同年7月13日,中海集运以洛杉矶港命名的5 700 TEU集装箱新船“洛杉矶”轮抵达该港,是为中海集团投入美国航线的当时最大最现代化集装箱船舶。同月,经交通部审批,中外运集运获准与韩进海运株式会社、德国胜利航运公司合作,经营中国—韩国—美国集装箱班轮航线。挂港顺序为:天津、上海、釜山、长滩、奥克兰、釜山、光阳、天津。合作方式为共同派船,互租舱位。合作各方共投入船舶5艘,其中中外运集运投入一艘4 024 TEU的全集装箱船舶。

2002年4月1日,中海集团(中海集运)在台湾基隆港举行台湾—美西集装箱班轮航线首航仪式,中国航商(除台湾省外)第一艘5 700 TEU超巴拿马型集装箱船“神户”轮从台湾起航驶往美国。

此前,中国(除台湾省外)还没有一家船公司在台湾开辟美西航线,故此线的开辟被台湾航运界人士称为“中海集团破冰成功”。该航线为该集团泛太平洋集装箱班轮航线之一,共投入5艘5 500～5 700 TEU全集装箱船,航速26节,挂靠港口顺序为:宁波、上海、盐田、香港、基隆、釜山、洛杉矶、宁波,提供周班服务,从台湾基隆港到美国洛杉矶航行时间为11天。基隆港为著名集装箱大港,也是台湾对外贸易的重要窗口,具有良好设施功能、服务水平、装卸效率以及成熟的货源市场,台湾有六成以上货柜都集中在台中以北。台湾—美西集装箱班轮航线的开辟,可直接促进大陆市场、台湾市场和全球市场的开拓发展。

5月14日,中远集运新辟远东—美西北快航(PNW),投入5艘1 702 TEU船舶,挂港顺序为:赤湾、香港、横滨、温哥华、西雅图、上海、赤湾,其将温哥华作为第一挂港,缩短了华南、日本到温哥华的交货期(平均缩短4天)。

同年9月开始的美国西海岸劳资纠纷升级,引起码头工人罢工、业主封港,国际海运界将近20%的船舶运力受到影响。因上百艘大型货轮停泊在美西港口外无法卸货,导致世界上许多港口、船公司、外贸企业急迫等船装货,运价上涨。是时,中海集团判断美港罢工必然会导致货物无法卸船,有去无回的连锁反应,罢工结束时大量货物将无集装箱可装,于是抓住国际航运市场这一变化,在国内放国庆长假时及时定做8万个集装箱。后又及时调动船舶,增加美国航线运力。结果在别的航运公司都被危机牵连时,该集团却净赚了6亿多美元。

9月18日,中海集团、台湾阳明海运、美国海运码头公司签署洛杉矶西部码头公司合资协议。是为海峡两岸两家大型航运公司首次联手进入美国码头产业。美国洛杉矶西部码头有限公司在原中海集团洛杉矶100号码头与阳明海运洛杉矶126号码头基础上重新组建而成。新码头拥有近300英亩土地,7个大型集装箱泊位,16台集装箱桥吊,并拥有完善的铁路联运设施和先进的信息管理系统,最大可停泊9 200 TEU的大型集装箱船舶,年吞吐量可达150万标准箱。其组建进一步完善了中海集团和阳明海运的美国航线集装箱运输服务网络,提高了中海集团远东—美西航线服务水平。

2003—2004年,中远集运对中美航线作出一系列调整。2003年1月,为满足远东—美东线货运需求及提供发展空间,增加航线服务频率及缩短交货期,通过与其他公司合作,对原有钟摆航线远东—美东—西北欧(AUE)进行拆分调整,形成3条美东线,使远东—美东线竞争力明显提高,且主要挂靠港青岛、上海、盐田、香港出口美东纽约的交货期缩短1～2天,接近市场最快服务。其中,香港—纽约23～25天,盐田—纽约24～26天,上海—纽约26天。同年底至翌年一季度,该公司对CES(上海—美西)航线进行调整,先安排其淡季停航5个航次,减少燃油费和港口使费支出;后又将CES线调整为CLX线,即上海—长滩快航。

21世纪初,中远集运先后开辟多条远洋特色精品航线。欧美精品航线是该公司运营多年的传统品牌,以准班准点、快速交货著称。其中,被誉为“海上直通车”的上海—长滩快航是业内首创的美国航线中定点、定时交货航线。是时,中美集装箱运输航线货运量一直很大,中远集运基于数据挖掘和分析,发现在中美航线中,从上海到美国长滩港货量最多,如直接开通一条上海—长滩快航,中间不再挂靠别的港口,可因挂港少,航线时间短而提高船舶利用率。原先该航线循环周期为35天,每周一班需安排5艘船,而快航航线将循环周期调整成28天,只需4艘船就可把航线经营起来,从而减少1艘船舶的固定成本,并可减少挂靠港口多带来的成本增加。客户基于交货周期缩短,也愿接受更高的运价。于是,在2004年3月正式开通上海—长滩快航(CLX)。该线为直达航线,全程往返只挂靠中国上海和美国长滩两港,由4艘1 700 TEU全集装箱船承担运输任务,港到港交货期仅为12天,比原航线快2天。及至当时,在中美远程航线上实施点到点穿梭运输,在国际集装箱运输市场上并不多见,在上海港更属首创,其具有交货期短、运输装卸效率高、货运质量可靠性强的明显优势。开线后每班船进出口舱位均保持满载。特别是航线所体现出的"国际枢纽港"概念,更被港航双方同时看好。

2004年5月12日,上港集团与中远集运在上海港集装箱外高桥码头签署协议,拟将上海至美国长滩集装箱航线打造成"精品航线"。双方商定,以中远集运新开通的上海—长滩快航航线为首个项目平台,港航携手,围绕航线舱位利用率、进出口及中转箱量、班轮准班率、码头作业效率、船舶和港区安全生产等,建立全新合作互动机制,共同打造"精品航线"服务品牌,以促进双方经营效益和核心竞争力的持续增长,提升上海国际枢纽港地位,推进上海国际航运中心建设。鉴于上港集团和中远集运都是立足上海、面向全球的大型企业,在国际航运市场上具有较强影响力和竞争力。两家企业共建"精品航线",不仅对该航线安全准班运行和货运优质服务提供了更为有力的保障,同时也对提高上海国际航运服务整体水平、探索洋山深水国际枢纽港模式、培育国际中转箱市场等,起到重要促进作用。

图4-1-10 2004年7月"中海亚洲"轮由上海启航首航远东至美洲航线

(照片提供:中海集团宣传部)

2004—2005年,中海集运和中外运集运的中美航线运输也有新的发展。2004年7月,中海集运新建成的当时世界最大集装箱船——"中海亚洲"轮(近8 500 TEU)由上海启航,首航远东至美洲航线。2005年10月24日,该公司美洲新航线AAN挂靠盐田港,是为该港迎来的第42条美洲航线。该航线每逢周一挂靠盐田,依次挂靠赤湾、盐田、上海、连云港、青岛、釜山、洛杉矶和奥克兰。中海集运在该航线上投入包括新建成的"新北仑"轮在内的5艘4 250 TEU型集装箱船舶。同年,中外运集运"中外运大连"轮荣获美国长滩港评选的当年度环境贡献绿色旗帜奖。该奖项是当地政府针对美国港口尤其是西岸港口进出船舶数量和货物大幅增加,为保护港口环境而设立的。评选条件要求船舶在邻近港口的航段低速航行,以减少油耗排放污染,同时在一些码头靠泊期间停用船上发电机,使用岸电。"中外运大连"轮在进出长滩港时给予良好配合,并且在减少排放方面100%符合港口要求,体现了中外运集运良好的经营管理水平。

是年,中远集运在太平洋航线上的战略布局逐渐向美西北和美东转移。自年初始,结束与川崎汽船、阳明海运等航运公司在远东—美东航线(AWE2)上的共同派船经营,增加2艘船舶共8艘4 500 TEU型船舶独立经营该线,周舱位由2 550 TEU增长到3 500 TEU,增幅达37%。该线取消挂靠诺福克,加挂上海,港序为:青岛、上海、盐田、香港、巴拿马、查尔斯顿、纽约、波士顿、巴拿马、青岛。后该公司又对此线进行调整优化,使上海至纽约交货期比调整前减少2天,并可解决美东地区空箱合理调运等问题。是时,韩进海运、中远集运、阳明海运、川崎汽船分别独立经营美东一线(AWE1)、美东二线(AWE2)、美东三线(AWE3)、美东四线(AWE4)。通过舱位互换后,中远集运在自己经营的AWE2舱位为2 000 TEU,在合作方的AWE1、AWE3和AWE4舱位分别为800 TEU、200 TEU和500 TEU,因航线覆盖面扩大,远东主要港口的挂靠频率增加,服务水平有了质的提高。

2006 年 3 月，中远集运与台湾长荣海运合作，共同开辟中国—巴拿马—美东航线(CUE)，其不仅可有效疏缓旺季时美国东岸舱位的不足，而且可经由巴拿马的科隆港，进一步服务南美西岸地区货主。该线由长荣海运投入 5 艘、中远集运投入 4 艘，共 9 艘集装箱船舶营运，沿线挂靠港口依序为：上海、盐田、香港、科隆、萨瓦纳、迈阿密、科隆、上海。同年 5 月下旬起，中远集运投入 4 艘 5 400 TEU 船舶，与川崎汽船、阳明海运、韩进海运合作，改造原来的美加航线(PNW)，开辟 PNW 南线、PNW 北线、台湾—美西北(YPNW)、日本—美西北(KPNW)4 条远东到美西北航线。其中 PNW 南线挂港盐田、香港、横滨、温哥华、西雅图、横滨、盐田，PNW 北线挂港上海、釜山、西雅图、波特兰、温哥华、光阳、上海。航线改造后，中远集运美西北航线运力由原来的每周 2 350 TEU 提升为 4 250 TEU，增长 80%，同时拓宽温哥华门户的运输管道，使一部分由长滩中转进美国中西部的货物改为由成本更低的温哥华中转进入，服务质量得以明显提高。6 月始，中远集运按照中转成本最低原则兼顾中转时间、班期密度等因素，对太平洋航线(中美航线)远东进出口的中转路径进行清理，其中，华东地区以上海为中转港。

2007 年 6 月，鉴于墨西哥为北美自由贸易区重要成员，又是连接南北美的关键通道，战略地位十分重要，年进出口箱量达 200 万 TEU 以上，中远集运将中国—巴拿马—美东航线(CUE)正式挂靠墨西哥拉萨罗港，每周提供 250 TEU 舱位。开线后 5 个月内，从最初每航次仅有 100 TEU 左右货物到基本稳定在 250 TEU 规模，整体效益高于美国航线，达到预期效果。同年 7 月，中远集运重辟中国—长滩快航(注：该航线于 2006 年 8 月始一度停航)，投入 2 742 TEU 的“COSCO 墨尔本”、2 702 TEU 的“COSCO 悉尼”、2 702 TEU 的“COSCO 巴拿马”和 3 400 TEU 的“COSCO 哈尼河”4 轮，连接宁波、上海到长滩。2007 年内，中远集运新辟远东至墨西哥直航服务，港序为上海、宁波、盐田、香港、拉萨罗、科隆、上海。中外运集运则因运价一直处于低位以及燃油成本大幅度上升，为控制经营风险，于当年结束了经营长达 11 年的美国航线运营，退出该线市场。

2008 年 3 月 10 日，上港集团在上海振东集装箱码头举行“上海—萨瓦纳集装箱电子标签中美航线开航仪式”，标志着采用新一代智能集装箱电子标签的中美集装箱运输示范航线正式开通。是为由中国开通的世界上首条“集装箱电子标签”国际航线[即在集装箱上安装智能电子标签“中国上海港—美国 Savannah(萨瓦纳)港”]，这也标志着现代航运服务业重大科技项目取得重要阶段性成果。其使集装箱物流链上的所有节点，包括货主、物流公司、船公司、货代、船代、海关、边检、商检以及最终的客户都能进入该系统，通过电子标签对集装箱实行全程实时在线监控，集装箱物流链的所有节点可随时在系统网站查询物流信息，从而对提高集装箱物流的整体效率、货运质量和安全保障，全面提升集装箱运输服务水平，产主重要促进作用。

图 4-1-11　2008 年 3 月 10 日“上海—萨瓦纳集装箱电子标签中美航线开航仪式”在沪举行

(照片提供：上海船东协会)

2008 年下半年始，国际金融危机对航运市场包括中美集装箱运输市场的影响不断加深。中海集运、中远集运等公司采取优化航线配置、调整运力结构、推进运价上涨、实施节能减排、加强航运合作等多项措施,在一定程度上缓解了低迷市场带来的冲击。2009 年 5 月 27 日,中海集团与台湾长荣集团达成全面开展集装箱班轮航线合作协议,携手应对金融危机。根据协议,自同年 6 月 16 日起在远东—美西南、远东—墨西哥、美东等航线,共同投入 26 艘 9 600 TEU 及 8 500 TEU 大型集装箱船舶,近 19 万 TEU 运力,既可优化整合航线,也使得大型船舶得到有效利用。

2010 年,上海已开通 40 条通往北美洲的集装箱班轮航线,通达加拿大、哥斯达黎加、萨尔瓦多、危地马拉、牙买加、墨西哥、美国等多个国家和地区(注:上海港口统计年鉴中只分南、北美洲,中美洲国家和地区相关数据归于北美洲统计)。因中外船只频繁往来,全年吞吐量达 547.4 万 TEU,占上海港国际航线集装箱吞吐总量的 24.9%。其中,美国航线(含美东和美西线)年吞吐量 422.4 万 TEU,占上海港国际航线集装箱吞吐总量的 19.20%(内含进港 187.5 万 TEU,出港 234.9 万 TEU);加拿大航线年吞吐量 71.8 万 TEU(内含进港 33.3 万 TEU,出港 38.5 万 TEU)。中国自美国进口主要商品为机电产品、植物产品、运输设备、化工产品等;出口美国主要商品为机电产品、电机/电器/音像设备及零附件、家具/玩具/寝具、服装/鞋靴、日用品等。在经营北美洲集装箱运输的上海航运企业中,中海集运经营的美西二线(AAC)挂靠青岛、连云港、上海、宁波、釜山、洛杉矶、奥克兰、青岛;美东一线(AAE1)挂靠上海、厦门、盐田、香港、拉萨罗卡德钠斯、纽约、诺福克、萨凡纳、迈阿密、拉萨罗卡德钠斯、上海;美东二线(AAE2)航线挂靠宁波、上海、青岛、天津、釜山、曼萨尼约、金斯敦、萨凡纳、纽约、金斯敦、卡塔吉那、宁波。中远集运经营的华北—美西南航线(CEN)挂靠大连、新港、青岛、上海、鲁伯特王子港、长滩、奥克兰、横滨、大连;上海—韩国—美西南航线(PSX)挂靠盐田、高雄、上海、光阳、釜山、长滩、奥克兰、西雅图、釜山、盐田;上海、韩国、日本—美西航线(CAX)挂靠上海、光阳、釜山、长滩、昂塞纳达、釜山、上海;日本—美西周班航线(KPSW)挂靠上海、神户、四日市、名古屋、东京、长滩、奥克兰、东京、名古屋、上海;华东—美西南航线(PSW-4)挂靠上海、宁波、釜山、塔科马、洛杉矶、奥克兰、釜山、光阳、上海;华北—华东—美西北航线(N—PNW)挂靠上海、釜山、西雅图、波特兰、温哥华、光阳、香港、盐田;远东—美东一线(AWE1)挂靠青岛、宁波、上海、釜山、巴拿马、纽约、威明顿、萨瓦那、巴拿马、釜山、平泽、青岛;远东—美东二线(AWE2)挂靠青岛、上海、宁波、横滨、拉萨罗、巴拿马、克里斯托瓦尔、萨瓦那、纽约、波士顿、巴拿马、青岛。

表 4-1-7 2000—2010 年上海港美国航线集装箱吞吐量统计表 单位:万 TEU

年 份	合 计	进港(其中重箱)	出港(其中重箱)
2000	66.9	31.4(13.5)	35.5(33.8)
2001	86.2	40.6(11.2)	45.6(43.7)
2002	126.2	57.8(18.8)	68.4(66)
2003	211.1	110.1(32.5)	101(98.2)
2004	276.4	140.0(47.4)	136.4(133.3)
2005	347.5	177.1(49.7)	170.4(166.9)
2006	425.7	218.2(56.8)	207.5(205.9)

（续表）

年 份	合 计	进港(其中重箱)	出港(其中重箱)
2007	461.9	229.7(71.2)	232.2(230)
2008	433.6	203.5(78.2)	230.1(228)
2009	373.4	169.4(82.1)	204.0(203.4)
2010	422.4	187.5(82.7)	234.9(232.9)

资料来源：《上海港口统计年鉴》(2001—2011)

【上海以外港口—美国·加拿大】

20 世纪 80 年代始，部分驻沪航运企业还辟有多条上海以外港口至美国、加拿大的集装箱班轮航线。

1985 年 3 月 30 日，上远公司增辟香港至美国西海岸航线，承运香港至美国和中国其他港口、东南亚各国经香港转运美国的货物。后又将该线由西雅图向北延伸至加拿大西海岸的温哥华港。

1987 年 9 月，上远公司增辟香港至美国东海岸集装箱班轮航线。次年 4 月将该线由原来每月三班改为每周一班，其中每月有两班船延伸到广州黄埔。

1989 年 4 月，上远公司开辟大连至美国集装箱班轮航线，把中国东北地区的货物直运美国，缩短交货期。

90 年代始，中外运集运除上海港外，也经营宁波、深圳等口岸至美国的集装箱班轮航线。

1999 年 11 月，中海集运正式开通“远东—美西”集装箱班轮航线，投入 6 艘 2 000～2 500 TEU，航速 20 节的全集装箱船舶，实行周班服务。翌年 6 月 2 日，对该航线挂靠港进行调整，加挂韩国光阳港。

2002 年 3 月，中海集运在中泰两国总理直接关心和支持下，正式开通泰国—美西集装箱班轮航线(AAT)，实行周班服务，以促进中泰经贸合作。

2003 年 6 月，中海集运开通“青岛—美加”特快航线，因交货期短，航线优势明显。翌年 9 月，该公司在南沙港分别投船，开辟美西航线(PSW)和加拿大及美西航线(PNW)。

2006 年，中远集运通过与合作方互换舱位，开辟马来西亚和新加坡至美西南直达服务。同年 3 月，中海集运新辟和独立经营远东—中东—美西(AMA)航线。同时，与达飞轮船合作增开连接欧洲与北美东岸的集装箱新航线。6 月，中远集运对太平洋航线远东进出口中转路径进行清理，华北以青岛为主要中转港，华东以上海为中转港，华南珠三角以南沙为中转港，并从当年 7 月始，将太平洋航线(SEA)挂靠南沙港。

2007 年 10 月 30 日，中远集运将美西线(PNW)正式挂靠鲁珀特王子港，开辟经加拿大中转美西内陆点的全新低成本中转路径。2008 年内，又对华北东—美西线(CEN)进行改造，使华南、华东、华北港口到美国中西部的货物均可通过鲁珀特王子港转运。

2010 年，驻沪航运企业开辟和经营的上海以外港口至美国、加拿大集装箱班轮航线主要有：中远集运经营的华南—美西南航线(SEA)、东南亚—美西南航线(SJX)、台湾—美西南航线(YPSW)、厦门—美西北航线(KPNW)、远东—美东三线(AWE3)、远东—美东四线(AWE4)、远东—美东五线(AWE5)等；中海集运经营的美西一线(AAS)、美西四线(ANW1)、美东三线(AAE3)、美东四线(AAE4)等。

二、中南美洲航线

【上海—中南美洲】

1989年6月,因中国和南美各国之间经济贸易关系不断发展,货运量也随之增长,不定期派船已不能适应外贸发展和国际间航运竞争的需要。驻沪远洋运输企业上远公司对行驶南美洲航线的船舶加装集装箱底座,以满足新加坡、马来西亚货主装载集装箱的需要。该公司对上海至巴西、阿根廷、乌拉圭等国家实施定期杂货班轮运输,投入"运城""晋城""桐城""项城""荣城"五艘1.8万吨级,并可装载172个标准集装箱的多用途船参加营运。其挂港顺序为天津新港、上海,经香港、新加坡后跨过印度洋,绕经好望角,穿过大西洋驶往巴西的里约热内卢、桑托斯港,乌拉圭的蒙得维的亚,阿根廷的布宜诺斯艾利斯,然后返航经好望角靠新加坡后驶天津、上海,全程3万余海里,往返航行需92天左右,整个航次需150天左右,每月1班。上远公司每月还增加一艘不定期船舶投入该航线运营。

1994年4月5日,中远总公司开辟中国至南美集装箱班轮航线。该航线由已辟的中国至南西非航线改造而成,共投入5艘全集装箱船,每月从新港、大连、上海开出两班,往返航次需75天,其中到第一挂靠港布宜诺斯艾利斯只用31天,是当时南美航运市场上交货期最短的航线。其可接载南美、南非、中非、东非沿海及其内陆货物以及东南亚货物,使该公司集装箱运输网络更趋完善。

2005年4月19日,中海集运开辟远东至南美东航线(SEAS),每周一班。该航线西行挂港顺序为:上海、宁波、香港、赤湾、巴生、德班、里约热内卢、桑托斯、布宜诺斯艾利斯、里奥格兰德、巴拉那瓜;东行挂港顺序为:里约热内卢、桑托斯、布宜诺斯艾利斯、里奥格兰德、巴拉那瓜、桑托斯、德班、巴生、香港、上海。同年5月23日,该航线第一班轮——"CSCL NAPOLI"轮靠妥阿根廷布宜诺斯艾利斯港,圆满完成首航任务。南美东市场是中海集运此前从未涉及的新市场,为开辟这条航线,该公司及时了解了南美各国的货源、客户、船公司情况,并邀请南美东市场各家FOB(国外货)主要客户洽谈并落实与中海集运的合作事宜。

2006年3月17日,中海集运新辟南美二线(ACSA)。该航线由中海集运、法国达飞、南美邮船公司和马鲁巴航运有限公司共同经营,共投入11艘1 740 TEU型集装箱船舶。沿途挂靠上海、釜山(韩国)、曼萨尼约(墨西哥)、圣何赛(危地马拉)、阿卡胡特拉(萨尔瓦多)、科林托(尼加拉瓜)、卡尔德拉(哥斯达黎加)、布埃纳文图拉(哥伦比亚)、卡亚俄(秘鲁)、圣安东尼奥(智利)、长滩(美国)、香港等港口。同年5月13日,中远集运和台湾长荣海运合作,各投入4艘2 700 TEU集装箱船,开辟远东—巴拿马—美东南(CUE)周班航线,挂靠上海、盐田、香港、科隆、萨瓦那、埃弗格雷斯港、科隆、上海,并以巴拿马为中转,提供到加勒比海周边中南美的服务。这条航线的开设,为进一步拓展中美洲市场奠定了基础。因该公司陆续开辟巴拿马、古巴、哥伦比亚、哥斯达黎加、委内瑞拉等中美洲市场。首班船舶载箱量就达到830 TEU,舱位利用率达82%。7月5日,中远集运近3 000 TEU的集装箱船"中远巴拿马"轮装载2 700个集装箱首航巴拿马。该轮为新辟的CUE航线服务船舶之一,也是中远集团首条以"中远"两字加上拉丁美洲城市名称命名的船只。同年8月起,为节省航线经营成本,加大新型市场开发力度,中远集运与长荣海运对CUE线进行改造,将航线定为远东—中(南)美航线,取消挂靠美国的萨瓦那和埃弗格雷斯港,实现船舶"8改7",专事拓展巴拿马和中美洲市场。调整后航线单箱成本下降15%;周平均舱位比调整前增加7%,为发展中美洲和加勒比海市场打开了空间。其港序为:上海、盐田、香港、巴拿马运河、科隆、巴拿马运河、上海。

2007年5月起，中远集运把与其他船公司联营的远东—南美、南非航线升级成二组，分别为远东—南美航线(简称ESA)与远东—南非航线(简称FAX)，以满足市场需求并提升服务品质。重组后的ESA航线配置9艘2 800 TEU船舶，每往返航次63天，与原先的ESA航线相比，由远东各港至巴西最多可缩减14天，时效为市场之最。其挂靠港顺序为：上海、宁波、盐田、香港、新加坡、丹绒帕拉巴斯、桑托斯、蒙德维德、布宜诺斯艾利斯、桑托斯、新加坡、香港、上海。

2008年初，中远集运联合台湾长荣海运，共同用9艘3 500 TEU船舶升级ESA线。其中，中远集运投入3艘3 500 TEU船舶，使公司周舱位数增长20%。升级后航线取消南非挂靠，从新加坡直航南美，港序为：上海、宁波、盐田、香港、新加坡、PTP(丹戎帕拉帕斯)、桑托斯、蒙德维地亚、布宜诺斯艾利斯、桑托斯、新加坡、香港、上海。因缩短交货期，增加舱位供给，为客户提供便捷服务，船舶装载率保持高位，6月，为拓展中美洲市场份额，提升航线服务质量，消化公司运力，中远集运在远东—巴拿马—美东南(CUE)航线投入7艘2 800 TEU船舶独立运营，舱位增加到每周2 200 TEU。新CUE线增挂太平洋沿岸BALBOA港，并通过铁路经由CRISTOBAL码头提供到加勒比海各国的服务。8月，为应对高油价，该公司又对ESA线运力实行“9改10”调整，中远集运增加1艘船舶投入，使周舱位增加到1 200 TEU。全年累计效益，南非南美航线贡献率位列该公司第一位。10月底开始，中远集运的CUE线逐步趋于停航，该线服务通过远东—美东二线(AWE2)加挂墨西哥和巴拿马解决。调整后AWE2+CUE周舱位减幅为34%。

同年，中海集运也对原有远东至南美东航线(SEAS)进行了改造升级。该公司联合达飞轮船、马鲁巴集运和川崎汽船，于当年6月增开一条连接亚洲和南美洲东岸的航线。该线路由两条航线组成，分别为SEAS Ⅰ和SEAS Ⅱ，港口覆盖范围明显扩大。SEAS Ⅰ和SEAS Ⅱ分别由10艘2 500 TEU集装箱船运营。中海集运提供其中5艘，其余船只由合作企业提供。两条周班定期航线中，SEAS Ⅰ沿途挂靠港为：青岛、釜山、上海、赤湾、巴生港、里约热内卢、桑托斯、布宜诺赛勒斯、蒙德维的亚、奥格兰德、伊塔雅伊、桑托斯、巴生港、香港、青岛；SEAS Ⅱ沿途挂港为：上海、宁波、香港、蛇口、巴生港、桑托斯、布宜诺赛勒斯、南圣弗兰西斯科、巴拉那瓜、桑托斯、里约热内卢、德班、巴生港、香港、上海。新航线的开辟成为中海集运继续发展南美市场的重要一步。

2009年，受全球金融危机影响，中远集运与长荣海运合作经营的南美ESA线与南非FAX线舱位利用率不理想，且运价持续下滑，航线亏损严重。为控制经营风险，两公司协商将南非线和南美线合并。7月上旬新航线投入11艘3 500 TEU船舶(中远集运4艘，长荣7艘)。调整后，中远集运舱位从2 087 TEU缩减到1 090 TEU，缩减幅度47.7%，有利于实现减亏。同年，中海集团与达飞轮船和马鲁巴集运合作开辟一条由10艘4 000 TEU船舶运营的远东—南美东航线，挂港天津、釜山、上海、宁波、赤湾、巴生、里约热内卢、桑托斯、布宜诺斯艾利斯、里奥格兰德、帕拉那瓜、旧金山、桑托斯、德班、巴生、香港、天津。

及至2010年，上海港已辟有往返南美洲(注：上海港口统计年鉴中只分南、北美洲，中美洲国家和地区相关数据归于北美洲统计)集装箱班轮航线约20条，通达阿根廷、巴西、智利、哥伦比亚、厄瓜多尔、乌拉圭、委内瑞拉等多个国家和地区，当年吞吐量达76.3万TEU，占上海港国际航线集装箱吞吐总量的3.47%。其中进港36.5万TEU，出港39.8万TEU。自南美洲进口主要商品为原油、铜、铁矿石(以上适宜散装运输)、农牧业产品、纺织品及原料、鱼类加工产品等；出口南美洲主要商品为机电产品、汽车产品、服装、鞋靴、轻工制品、日用品、工艺品等。是时，上海航运企业中经营上海—中南美洲集装箱班轮运输的主要有中海集运和中远集运。其中，中海集运经营的南美一线(SEAS)，挂靠釜山、上海、宁波、赤湾、巴生、里约热内卢、桑托斯、布宜诺斯艾利斯、里奥格兰德、伊塔亚伊、巴拉那瓜、桑托斯、里约热内卢、德班、巴生、香港、釜山;南美二线(ACSA),挂靠香港、赤湾、宁波、上海、釜山、曼萨尼约、圣何塞、阿卡加地、科林托、布韦那文图拉、卡亚俄、圣安东尼奥、圣文森特、卡亚俄、布韦那文图拉、圣何塞、曼萨尼约、香港;南美三线(ACSA2),挂靠蛇口、宁波、上海、釜山、曼萨尼约、布韦那文图拉、瓜亚基尔、卡亚俄、伊基克、瓦尔帕莱索、圣维森特、曼萨尼约、釜山、蛇口。中远集运经营的远东—南美东周班航线(ESA),挂靠上海、宁波、盐田、香港、新加坡、桑多斯、蒙特维丽亚、布艾利斯、桑多斯、新加坡、香港、上海。

表 4-1-8　2004—2010 年上海港南美洲航线集装箱吞吐量统计表　　单位:万 TEU

年　份	合　计	进港(其中重箱)	出港(其中重箱)
2004	14.8	7.6(5.0)	7.2(5.8)
2005	25.8	12.2(7.3)	13.6(11.2)
2006	35.6	13.4(7.4)	22.2(20.1)
2007	43.9	16.9(9.5)	27.0(26.0)
2008	59.9	24.9(12.2)	35.0(33.2)
2009	52.1	23.0(15.0)	29.1(27.3)
2010	76.3	36.5(17.2)	39.8(38.8)

资料来源:《上海港口统计年鉴》(2005—2011)

【上海以外港口—中南美洲】

20 世纪 90 年代始,部分驻沪航运企业在经营上海至中南美洲集装箱运输的同时,也辟有和经营上海以外港口至中南美洲班轮航线。

1998 年以前,中远集运投入 11 艘船舶经营远东—南非南美东航线。是年 11 月至 1999 年 5 月,改与台湾阳明海运公司以共同派船形式合作经营此线。2000 年 5 月始,又改与台湾长荣海运公司合作经营此线。2003 年,该公司经营的主要班轮航线中有远东—南非—南美东线(ESA),班次为周班,经营方式为合作投船,沿途主要挂港为香港、高雄、新加坡、路易、德班、开普敦、布宜诺斯艾利斯、蒙特维的亚、桑多斯等。

2006 年 4 月,中海集运与法国达飞轮船公司合作,部署 6 艘配载 2 400 标箱的船舶,开辟北欧至南美航线。

2007 年 3 月,中远集运京汉(巴拿马)航运公司开始经营加勒比支线运营业务,拓展以巴拿马为中心的中美洲航区。加勒比支线(PVX)挂靠巴拿马、哥伦比亚的卡塔赫纳/巴兰基利亚港(选挂)、委内瑞拉的卡贝瑞拉/拉瓜伊拉等港,实行周班服务。

第四节　欧洲·地中海地区运输

一、欧洲航线

【上海—欧洲】

上海至欧洲集装箱运输始于 20 世纪 80 年代初。1982 年下半年,上远公司在经营上海—欧洲杂货班轮运输基础上，开始用多用途船装运去欧洲的集装箱，每艘次仅装标准集装箱 130 只左右。

1983 年 8 月 1 日，上远公司集装箱船"潍河"轮由上海港驶往西欧，开辟第一条中国—西欧集装箱班轮航线。该航线在国内停靠天津新港和上海港，途经香港、新加坡，然后抵达费利克斯托、安特卫普、鹿特丹、汉堡。每月上半月和下半月各有一趟班轮开航。上远公司共投入 6 艘 1 200～1 300 TEU 全集装箱船行驶该航线，航次周期为 90 天。次年 5 月起，该公司对上海—西欧航线实行"六改五"调整措施，即将行驶该线的 6 艘船改为 5 艘船，国内挂靠两港改为一港，往返航次周期从 90 天缩短为 75 天。挂港顺序为上海经香港、新加坡后，直驶英国伦敦、联邦德国汉堡、荷兰鹿特丹、比利时安特卫普；接转港为利物浦、费利克斯托、不来梅、不来梅哈芬、阿姆斯特丹、哥本哈根、奥斯陆、赫尔辛基等。实行"六改五"措施后，该航线经济效益明显上升。

1985 年 7 月，中远总公司根据集装箱运输特点和发展趋势，对中欧集装箱班轮运输航线进行调整，变上远公司一家经营为广州远洋公司和上远公司联合经营，把上远公司管辖的"汾河"等 5 艘全集装箱船交给广远公司管理，上远公司另调五艘全集装箱船"春河""秋河""洛河""辽河""沙河"，由此共投入 10 艘载箱量各为 1 300 TEU 的第二代全集装箱船营运中欧航线，保证上海、天津、黄埔三个港口每月发 4 班船。即上海每月发 2 班船，天津每月发 1 班船，广州每月发 1 班船。每船往返航次为 75 天，每航次在始发港(上海、天津、黄埔三港中的一个)装货起航，沿途挂靠香港、新加坡后，直驶伦敦、汉堡、鹿特丹、安特卫普、敦克尔克。同时还安排 4 艘载箱量为 100～300 TEU 的集装箱轮营运于青岛、大连、天津、上海、厦门与香港之间的支线运输，为货主提供较多班次，使之有较多双向发货机会。

图 4－1－12　20 世纪 80 年代行驶中欧集装箱班轮航线的"洛河"轮

(照片提供：中远集运档案室)

1994 年 4 月 5 日，当时世界上最先进的第四代大型集装箱船"大河"轮(载箱量 3 800 TEU，载重量 5.08 万吨，可装运各类危险品和冷藏箱，最大续航能力 1.9 万海里)，由上海港出发，开始驶往欧洲的处女航。同一时期，中远总公司有 7 艘同类型船纳入中欧航线，使该航线运输能力提高 17%，至欧洲第一挂靠港仅需 24 天，比原来缩短一星期。

1999 年 4 月 25 日，中海集运所属近 3 000 TEU 全集装箱船"凯普兰"(CAPERACE)轮从天津启航，开始驶往欧洲的班轮运输航程，标志着该公司远东—欧洲集装箱班轮航线正式开通。是为中海集团继开辟中澳班轮航线后，发展中远程集装箱运输的一项重要举措。该公司在远东—欧洲航线投入 9 艘近 3 000 TEU 的全集装箱船，实行周班服务，为客户提供快捷、经济的班轮服务，平均载箱率达 85%以上。航线沿线挂靠天津、青岛、上海、香港、新加坡、鹿特丹、汉堡、费利克斯托等港口，国内可接转中国沿海北起大连，南至珠江三角洲诸港及相关内陆点的货物，国外可接转日本、韩国和东南亚各港经香港、新加坡中转的货物。

进入 2000 年后，中海集运、中远集运、中外运集运等驻沪企业加大欧洲航线集装箱运输的开发力度。2000 年 2 月 18 日，中海集运与达飞轮船正式建立集装箱航线合作关系。双方签订的协议规定：从当年 3 月 1 日起，双方共投入 50 艘集装箱船，13.9 万 TEU 运力，进行合作经营，其航线可覆盖远东16个港口，欧洲6个港口，地中海6个港口，实行周班服务。协议实施后，中海集运原先从大连、青岛、宁波等港口运出的集装箱，无须通过中转即可直达欧洲，并增加巴生、高雄、基隆、马耳他和福斯等挂靠港。达飞轮船也改变原先地中海航线在中国没有直挂港的布局，使天津、大连、青岛、上海、宁波等港口成为其直挂港，并增加雅加达和南安普敦两个基本港。此航线合作关系的建立，使合作双方都能提高舱位利用率，增加航线密度，扩大服务范围，提高在国际航运市场的竞争能力，取得双赢结果。是时，上海大众汽车有限公司(以下简称上海大众)从欧洲进口的汽车配件一直都由中远集运承运。在长期合作中，中远集运“精益求精”的服务态度和“以客户为中心”的服务理念得到上海大众认可。2000年5月，上海大众与中远集运的合同期从半年一签改为一年一签，签约量从75%增加到100%。根据客户需求，中远集运不断扩展服务内容，发展国内物流运输及出口整车运输。同年12月，中外运集运将3艘4 038 TEU、航速25节的全集装箱船陆续投入欧洲集装箱班轮航线，以提高公司欧洲航线的服务水平。次年，该公司在欧洲航线通过互换舱位，分别与韩进海运和中远集运进行合作，进一步增加挂港和航班密度。

2001年5月31日，中海集运与上海磁悬浮交通发展有限公司正式签署海运服务合同，成为上海磁悬浮高速列车工程全部进口设备的海上承运人。上海磁悬浮快速列车工程是经国家计委批准的上海市“十五”交通建设重点项目，总投资约89亿元人民币。其中，总价值达46.5亿元人民币的设备由海上运输完成。这些设备价值高，数量大，承运技术要求高，服务周期长，故货主单位明确规定凡由集装箱运输的货物，承运班轮从装运港到目的港的海上航运时间不得长于28天。根据海运服务合同，从是年6月中旬到2004年初，总计约6.5万立方米的磁悬浮工程设备，需由德国汉堡港和荷兰鹿特丹港陆续发往上海。因磁悬浮为世人瞩目的新科技建设工程，其进口设备海上运输服务项目，采取严格的招投标竞标方式，并引起国内外各大航运企业高度关注。中海集运在中海集团的关心支持下，积极竞标，由公司负责人和有关部门人员组成专门工作小组，从收集信息、核算成本，到制作标书、服务承诺，在近20天时间里全部完成，最终一举中标，成为上海磁悬浮快速列车工程海运服务的唯一承运人。中海集团为此成立专门领导机构，统一指挥、协调该项目运输，同时抽调资历深、有经验的船长制订配载、绑扎措施，采取一系列举措，确保任务完成。6月17日，中海集运“厦门”轮受载首批磁悬浮快速列车设备从德国汉堡起航，经过24天航行，顺利运抵上海，于7月12日准时挂靠上海外高桥码头。该批设备为配套设备中的专用电缆线，计12个40尺框架箱、4个40尺高箱、3个40尺普通箱，共计885立方米。

2001年7月，中远集团为表示对上海国际航运中心建设的支持，决定把中远集运新建成的7艘5 446 TEU集装箱船的第一艘，用船公司名加港口名，命名为“COSCO SHANGHAI”(中远上海)轮，加盟上海—欧洲航线。当月28日下午，“COSCO SHANGHAI”轮离开上海港首航欧洲。8月，中远集运远东—欧洲航线的超巴拿马型集装箱船“云河”轮(5 400 TEU)第一次挂靠深圳盐田港，提供周班服务。是时，该公司的远东—欧洲航线以安全、准班和服务一流成为中远集运精品航线之一，先后3次被世界著名航运刊物英国《劳氏周刊》杂志授予“准班明星奖”。该航线挂靠顺序为上海、青岛、盐田、香港、新加坡、费利斯托、鹿特丹、汉堡、安特卫普。“云河”轮上线后，使盐田港至欧洲第一港——费利斯托港的交货期由28天缩短为22天。2001年，该航线准班率保持在100%。为了利用合作方航线更广泛的覆盖面，并将公司新增运力分散消化，中远集运在中国—西北欧航线全面升级为5 400 TEU船舶后，实行与合作方川崎公司适当互换部分舱位的市场策略。自当年9月下旬始，将彼此舱位互换从每航次270 TEU提高到500 TEU。同时又与中外运集运在彼此西北欧航线互换150 TEU舱位。实施舱位互换后，可提供天津地区至欧洲的直航服务，减少该公司天津新港进出西北欧地区货物的中转费支出，延伸服务范围，为客户提供更全面和更便捷的运输服务。

2002 年，德国—上海磁悬浮列车设备运输量进入高峰，平均一个东行航次要使用近 30 个 40 尺特种箱。为了及时足量备箱、合理安排运力，中海集运制订严密调箱计划，及时将足量特种箱调至汉堡港。并先后将 5 700 TEU 的“中海西雅图”“中海洛杉矶”“中海神户”“中海上海”等轮加入该线营运。次年 2 月，又将 5 700 TEU 集装箱船“新浦东”“新大连”“新青岛”和“新天津”轮先后投入，在欧洲航线形成 8 艘 5 700 TEU、航速 26 节的集装箱船队，为磁悬浮设备运输提供有力的运力保障。2003 年 8 月 14 日，上海磁悬浮列车的最后一节车箱运抵上海军工路集装箱码头，标志着由中海集运承担的上海磁悬浮列车工程海上运输项目圆满完成。在两年多时间里，中海集运共为该项目运输各种规格集装箱 1 715 个，其中 991 个 20 尺普通箱、130 个 40 尺普通箱、38 个 40 尺高箱、17 个 20 尺开顶箱、246 个 40 尺开顶箱、16 个 20 尺框架箱、377 个 40 尺框架箱，并完成滚装滚卸作业量 1.18 万立方米，没有发生一起因运输责任引起的货损。托运人和最终用户对中海集运在整个磁悬浮列车设备运输过程中的优质服务给予高度评价。

2004 年 2 月 23 日，中海集远 4 250 TEU 的集装箱船“费利克斯托”轮从上海外高桥码头启航驶往欧洲，标志着中海集运远东—欧洲二线（AEX2）在上海正式开通。该线的开辟凸显出该公司远东—欧洲航线的快航优势，其从远东至欧洲鹿特丹直航仅需 20 天。中海集运在此线共投入 9 艘第四代、第五代集装箱船（4 250 TEU 以上），并以大连为起始港，依次挂靠大连、天津、青岛、上海、宁波、盐田、香港、赤湾、巴生、鹿特丹、安特卫普、汉堡和费利克斯托等港口（同年 7 月 27 日，连云港庙岭 30 号集装箱泊位试投产、中海集运欧洲二线 5 688 TEU 集装箱船“新宁波”轮首航连云港）。此前，中海集远开设的欧洲航线经历调整变化后尚余远东—欧洲一线（AEX1），共投入 8 艘 5 668 TEU 集装箱船，以上海为起始港。同年 9 月，中海集运在远东—欧洲集装箱班轮航线投入当时世界上最大的集装箱船——8 500 TEU 的“中海欧洲”轮。当月 9 日，该轮首航马来西亚巴生港。该港是“中海欧洲”轮在西行航线上挂靠的最后一个亚洲港口，此后该轮即直驶费利克斯托、鹿特丹、汉堡和安特卫普等欧洲港口。巴生港也是中海集团在东南亚地区的重要中转枢纽，以该港为中心形成较为完善的干支线运输网络。

2005 年 6 月，中远集运与韩进海运合作，将双方的亚洲—欧洲航线优化调整为欧洲 1 线（AE1）、欧洲 2 线（AE2）、欧洲 3 线（AE3）、欧洲 4 线（AE4）四条航线。其中欧洲 1 线（AE1），由中远集运投入 8 艘 5 500 TEU 船舶独立经营，港序为上海、大连、青岛、新加坡、苏伊士、塞得港、鹿特丹、菲利斯托、汉堡、安特卫普、苏伊士、新加坡、香港、上海；欧洲 2 线（AE2），由中远集运投入 3 艘 5 500 TEU 船舶，韩进海运投入 5 艘 5 500 TEU 船舶，港序为上海、宁波、盐田、巴生、科伦坡、苏伊士、汉堡、鹿特丹、菲利斯托、勒哈佛尔、塞得港、苏伊士、科伦坡、巴生、香港、上海。为配合上海洋山深水港的开港，中远集运于当年对其西北欧航线在上海港的停靠码头进行调整，先是由外高桥二期码头（SHA04）搬迁到外高桥五期码头（SHA07），后又从外高桥五期码头搬迁到上海洋山深水港。该公司协调各相关部门、单位和口岸，在班期保证、货物中转、业务流程、支线服务、码头操作、特殊箱安排等各个方面做好充分准备，确保航线顺利搬迁。自当年 11 月始，该公司以及其他船公司上海至欧洲航线的 5 000 TEU 及以上集装箱船都在洋山港靠泊。

2005—2006 年，中远集运先后有多艘新船和大船投入欧洲航线运营。该公司通过对大船上线后的成本、各港进出口舱位需求、各地市场增量预期、欧洲各线网络资源利用、区域箱体平衡等情况进行综合分析，对欧洲航线进行优化组合，在运力匹配、航线功能、航线成本、航线服务、舱位协调、箱体平衡和应急方案等方面都取得良好经济效益。2006 年四季度，由中远、川崎、阳明和韩进等航运公司组成的CKYH联盟对西北欧航线结构进行了优化调整。调整后,中远集运在独立经营的欧洲一线(AE1),投入3艘8 200 TEU和5艘9 400 TEU船舶;在与合作方共同经营的欧洲二线(AE2)投入3艘5 500 TEU船舶参加运营。次年,中远集运加强与合作方川崎汽船、阳明海运、韩进海运的沟通和交流,进一步拓展合作范围,将CKYH联盟在欧洲航线上的合作延伸至支线中转业务,新辟CKYH支线,即RTM/ANR/FXT—GOTHENBURG(歌德堡)/HELSINKI(赫尔辛基)/KOTKA(科特卡)支线,通过转运路径的优化设置,有效节省装卸费和支线转运成本。

2006年10月31日,中海集运欧洲一线(AEX1)大连—欧洲直航暨"中海大洋洲"轮首航大连仪式在大连大窑湾码头举行,标志着该公司由大连直达欧洲班轮航线的开辟,其不仅使中海集运在大连及东北的业务量更快增长,而且支持和推进了大连港加快东北亚国际航运中心建设,巩固了大连在区域经济中的龙头地位。中海集运在欧洲一线共投入9艘船舶,挂港顺序为:天津、大连、釜山、上海、宁波、盐田、香港、赤湾、巴生、勒阿佛、费力克斯托、汉堡、鹿特丹、巴生、香港、天津。其服务范围广、舱位数多、航线直达服务优势明显。

2007年11月26日,中海集运与上实国际贸易有限公司(以下简称上实国贸)签订价值约10亿美元的海运服务意向书。上实国贸通过中海集运的海运服务(从2008年始,预期3年),为其母公司上海实业集团在俄罗斯的"波罗的海明珠"项目提供物资出口服务(价值约10亿美元),主要包括建材、机械设备及电器等。"波罗的海明珠"是俄罗斯圣彼得堡的地产项目,由上实集团牵头联合上海百联集团、锦江国际集团、上海工业投资集团、绿地集团等数家企业于2005年5月共同投资建设。是为当时中俄最大的战略合作项目,也是上海有史以来在海外投资的最大项目。同年11月始,中远集运对其经营的欧洲一线(AE1)和欧洲四线(AE4)进一步优化,调整为远东(北)—欧洲线(AEN)和欧亚美西航线(AES)。其中AES航线挂靠上海、宁波、厦门、香港、南沙、新加坡、鹿特丹、汉堡、安特卫普、新加坡、香港、上海。同时将新建成的"万箱船"逐步纳入AEN/AES航线,进一步提升两线运力。至2008年上半年,该公司在其独立经营的AES航线(欧亚美西航线),已投入2艘1万TEU、5艘8 500 TEU和1艘8 200 TEU船舶。运力的升级使其西北欧航线周舱位峰值达到1.69万TEU,比上年同期增长38%。

2008年7月12日,由中海集运和达飞轮船联营的全新大运力欧洲航线(FAL4)开通,该航线覆盖华中、华南及欧洲一些基本港口,挂港顺序为上海、厦门、南沙、盐田、巴生港、泽布勒赫、汉堡、鹿特丹、费利克斯托,由8艘运力达9 600 TEU的集装箱班轮共同运营。其欧洲首站泽布勒赫港,能为到港货物提供顺畅的联合运输服务,是连通比(利时)荷(兰)卢(森堡)三国经济联盟和德国内地的一个重要港口。由盐田到该港仅需22天,为当时市场上最快的航线之一。

图4-1-13　2009年5月27日中海集团与台湾长荣集团举行欧洲航线合作签约仪式

(照片提供:中海集团宣传部)

同年11月,因受全球金融危机影响,国际集装箱航运市场持续低迷,尽管中远集运采取积极主动营销措施,使舱位利用率一直高于市场平均水平,但由于市场运价持续下滑(欧洲航线市场运价水平已跌至2001年后最低谷),收效有限。为对欧洲航区运力进行战略性收缩,制止航线经营损失扩大,该公司对AEN和AES航线实行并班运行。并班后新航线为

CNEU，沿途挂靠大连、新港、青岛、上海、宁波、香港、南沙、盐田、新加坡、费利克斯托、鹿特丹、汉堡、安特卫普、新加坡、香港、上海、大连，投入 10 艘 9 469～1 万 TEU 型船舶经营此线，周舱位缩减 8 500 TEU。

2009 年 4 月，中远集运和韩进海运合作，投入 8 艘 1 万 TEU 船舶，以“4＋4”的形式合作经营 AES 线（当年 3 月底，因远东—西北欧市场货量开始逐渐恢复，遂将 CNEU 航线拆分为 AES 和 AEN 两条航线），同时互租 4 艘船舶（中远集运出租 4 艘 1 万 TEU 船舶给韩进，同时向韩进租入 4 艘 5 500 TEU 船舶）。在该方案下，中远集运成功启用其所有大船资源，实现 1 组半欧洲线的经营，也实现欧洲航线稳妥的运力恢复，避免了大型船舶停航。

同年 5 月 27 日，中海集团与台湾长荣海运在上海签署全面开展集装箱班轮航线合作的协议。双方投入 26 艘 9 600 TEU 和 8 500 TEU 等大型集装箱船，共同经营六条远东至美洲和欧洲航线。其中，欧洲航线以 9 600 TEU 船舶为主，为货主提供最快 25 天到欧洲基本港的海运服务。10 月，中远集运积极推进 CKYH 联盟内部实施“联盟运力调整计划”，利用共同资源，优化航线配置，共同收缩运力，从西北欧航线撤出 1 组 6 500 TEU 船舶投入地中海航线，保留 4 组由 8 500 TEU 以上船舶运营的航线，使该公司西北欧航线周舱位缩减幅度约 20％。

2010 年 8 月 30 日，被誉为全球最大集装箱船之一的“达飞哥伦布”轮，在海事巡逻艇的护送下顺利靠泊上海洋山深水港二期 4 号泊位，这已是当月洋山港迎来的第 11 艘 15 万吨级以上集装箱轮，凸显出洋山港对世界航运界的巨大吸引力。“达飞哥伦布”轮隶属于法国达飞轮船，总长 365.5 米，型宽 51.2 米，甲板面积相当于 3 个足球场大小，载重 15.7 万吨，最多可装载 1.3 万余标准集装箱，由于最大吃水达 15.5 米，上海港中唯有洋山深水港区可供该轮停靠。该轮主要航行于远东—欧洲航线（FAL7），依次挂靠上海、宁波、厦门、香港、盐田、阿尔赫西拉斯、鹿特丹、不莱梅等港。

2010 年底，上海港共辟有往返欧洲的集装箱班轮航线（包括以上海为起讫港或主要挂靠港）20 余条，通达比利时、克罗地亚、法国、德国、希腊、爱尔兰、意大利、马耳他、荷兰、俄罗斯、斯洛文尼亚、西班牙、英国等多个国家和地区，全年吞吐量达 433.4 万 TEU，占上海港国际航线集装箱吞吐总量的 19.70％，其中进港 185.6 万 TEU，出港 247.8 万 TEU。自欧洲进口主要商品为运输设备、汽车及配套产品、机械设备、电子产品、酒类、农产品等；出口欧洲主要商品为服装纺织品、家具、日用品、工艺品、手工业制品等。是时，上海航运企业中，由中海集运独立和合作经营的上海—欧洲班轮航线主要有：欧洲一线（AEX1），挂靠青岛、上海、宁波、盐田、新加坡、巴生、菲利克斯托、鹿特丹、汉堡、泽布洛赫、鹿特丹、巴生、盐田、青岛；欧洲三线（AEX3），挂靠宁波、上海、厦门、香港、赤湾、盐田、巴生、丹吉尔、南安普顿、汉堡、鹿特丹、泽布洛赫、勒哈佛尔、马耳他、豪尔法坎、宁波；欧洲七线（AEX7），挂靠宁波、上海、厦门、盐田、巴生、鹿特丹、安特惠普、汉堡、菲利克斯托、鹿特丹、吉达、巴生、蛇口、宁波等。由中远集运、川崎汽船、阳明海运和韩进海运组成的 CKYH 联盟共同经营的上海—欧洲班轮航线主要有：远东—西北欧一线（NE1），挂靠宁波、上海、香港、南沙、苏伊士、鹿特丹、汉堡、费利克斯托、安特卫普、苏伊士、新加坡、宁波；远东—西北欧四线（NE4），挂靠光阳、釜山、宁波、上海、新加坡、苏伊士、汉堡、鹿特丹、勒哈佛尔、塞得、苏伊士、新加坡、香港、光阳；远东—西北欧五线（NE5），挂靠光阳、釜山、上海、盐田、胡志明、新加坡、苏伊士、汉堡、鹿特丹、勒哈佛尔、阿尔赫西拉斯、苏伊士、新加坡、高雄、光阳。由中远集运独立经营的远东—西北欧六线，挂靠釜山、上海、盐田、新加坡、巴生、苏伊士、勒哈佛尔、鹿特丹、汉堡、安特卫普、苏伊士、釜山等港。

表 4-1-9　2004—2010 年上海港欧洲航线集装箱吞吐量统计表　单位：万 TEU

年　份	合　计	进港(其中重箱)	出港(其中重箱)
2004	197.3	87.4(49.9)	109.9(107.8)
2005	257.2	114.8(55.4)	142.4(139.6)
2006	275.1	109.1(59.9)	166.0(163.4)
2007	386.3	153.3(70.5)	233.0(229.7)
2008	433	185.9(81.5)	247.1(243.4)
2009	352.4	154.9(93.0)	197.5(196.2)
2010	433.4	185.6(91.5)	247.8(245.5)

资料来源：《上海港口统计年鉴》(2005—2011)

2011 年 1 月，中海集运将刚建成的当时世界上现代化、快速化、信息化程度最高的超大型集装箱船，1.41 万 TEU 的“中海之星”轮投入该公司欧洲一线运营，挂靠港序为上海、宁波、盐田、菲利克斯托、汉堡、鹿特丹、香港、上海。

【上海以外港口—欧洲】

20 世纪 90 年代始，部分驻沪航运企业在经营上海至欧洲集装箱运输的同时，先后辟有多条上海以外港口至欧洲班轮航线。

1999 年 8 月，中海集运根据欧洲航线集装箱运量不断上升的市场状况，投入 10 艘 2 000～3 000 TEU 集装箱船，开辟第二条远东—欧洲航线，在远东地区挂靠大连、宁波、厦门、香港、赤湾等港口。

2001 年 3 月始，中远集运一度开辟印度—欧洲集装箱航线，后因该市场运力和运量供需严重失衡，于次年 1 月退出该线营运。

2001 年 10 月，中外运集运经营的华欧航线首次挂靠华南地区港口(赤湾港)。

2003 年 2 月，中远集运与合作方共同开辟华北—西北欧快航(CEX)，挂靠青岛、天津新港、釜山、盐田、巴生、苏伊士运河、汉堡、鹿特丹、费利克斯托、高雄等港口。

2004 年 6 月，武汉神龙汽车有限公司与合资方法国 PSA 标致雪铁龙集团扩大合作，引进新车型标致 307，中远集运负责从法国内陆点到武汉工厂的全程运输。同年 8 月始，中远集运陆续投入 5 艘 5 500 TEU 船舶，开辟华南—欧洲快航，即欧洲二线。该线以厦门为国内始发港，往返于欧洲与中国华南各基本港之间，使公司的欧洲航线运力大幅提升。

2005 年 6 月，中远集运与韩进海运合作，对双方的亚洲—欧洲航线进行优化调整。调整后的欧洲 4 线(AE4)港序为厦门、香港、南沙、盐田、吉达、苏伊士、安特卫普、汉堡、菲利斯托、苏伊士、厦门。

2007 年 11 月开始，中远集运对原欧洲一线(AE1)和欧洲四线(AE4)进一步优化，调整为远东北—欧洲线(AEN)和欧亚美西航线(AES)，同时将新建成的 1 万 TEU 集装箱船逐步纳入 AEN/AES 航线，使其运力进一步提升。

2009 年 6 月 17 日，中海集团与台湾长荣集团合作，开辟和经营青岛—欧美直达航线，使青岛成为欧美两条合作干线的枢纽港，既有利于青岛和山东经济的发展，也提升了公司在远东至欧洲和美洲干线上的服务水平。

2010 年，驻沪航运企业经营的上海以外港口至欧洲的集装箱班轮航线主要有：中远集运经营的远东—西北欧二线(NE2)、远东—西北欧三线(NE3)；中海集运经营的欧洲 4 线(AEX4)等。

二、地中海·黑海航线

【上海—地中海·黑海】

1989 年 1 月 26 日，为适应上海口岸对外经济贸易发展，满足货主对航运市场的需求，国内第一条通往地中海北岸的全集装箱航线上海—地中海集装箱班轮航线在沪开班启航。该航线由天津远洋运输公司承担经营，共投入 5 艘万吨级船舶。由 2.3 万吨的“华泰河”轮首航。

1999 年 11 月 8 日，中海集团在远东—地中海航线货主座谈会上宣布，正式开通远东—地中海集装箱航线。欧共体成立后，该公司看好中欧贸易持续性发展前景和欧共体经济的增长潜力，决定在已有欧洲航线基础上，新辟此航线，旨在建立较为完善的服务网络，以满足亚欧贸易不断增长的需求。远东—地中海航线共投入 9 艘 2 000 TEU、航速 18.5 节的全集装箱船，实行周班服务，可承接来自中国、日本、韩国、东南亚基本港至地中海的集装箱货载。航线依次挂靠大连、天津、青岛、上海、宁波、香港、雅加达、新加坡、比雷埃夫斯、那不勒斯、热那亚和巴塞罗那等港口，并可接转至塞萨洛尼基、敖德萨、康斯坦察、瓦尔那、伊斯坦布尔、伊兹密尔、贝鲁特、利马索尔、海法、塞德港、亚历山大及福斯等港的货载。

2000 年之前，中远集运在远东—地中海—美东钟摆航线上共投入 12 艘 3 400～3 800 TEU 船舶，挂靠天津新港、上海、香港、新加坡、苏伊士运河、海法、那波里、热那亚、福斯、巴塞罗那、纽约、诺福克、查尔斯顿、瓦伦西亚等港口。是年 4 月 14 日，该公司在沪与川崎汽船、阳明海运公司，就合作开辟三条洲际集装箱班轮航线正式签订协议。由此将原钟摆航线调整改造为远东—地中海快航(AMX)、地中海—美东快航(TAS3)和远东—美东快航(AEX)三条航线。三条新开合作航线加上原有航线，使中远集运在全球的干支线航线和航班触角，可抵达美国西部、东部、欧洲、波斯湾、地中海、澳洲、东南亚各大主要港口；同时也使该公司从上海港始发的集装箱班轮由原先 52 班增加至 148 班。其中，AMX 线挂靠天津新港、上海、香港、蛇口、新加坡、巴生、科伦坡、苏伊士运河、塞德港、海法、那波里、热那亚、福斯、巴塞罗那、瓦伦西亚等港口，由“飞河”轮等 8 艘船舶运营，来回周期 56 天。同年 8 月，又将该线运力由 8 艘船舶改为 7 艘，同时取消天津新港和海法等挂靠港。至 2003 年，AMX 航线仍维持 7 艘船舶运营，由中远集运与合作方共同投船，其中中远集运投入的 4 艘，皆为 3 400 TEU 集装箱船。

2001 年 6 月 1 日，中海集运开通亚洲—地中海—美东(AMA)航线，以地中海为中心，形成远东至美东钟摆航线，共投入 13 艘航速 18 节以上的船舶运营。其与该公司原有的华南—台湾—香港—美国西南岸(AAS)、远东—美国西岸(AAC)、远东—美东(AAE)等航线以及欧洲航线一起，形成中海集运环球航线。AMA 航线依次挂靠大连、天津、青岛、上海、宁波、赤湾、巴生、比雷埃夫斯、那不勒斯、里窝那、热那亚、福斯、巴塞罗那、瓦伦西亚、纽约、诺福克、萨瓦纳、瓦伦西亚、热那亚、那不勒斯、比雷埃夫斯、巴生、香港、大连等港。

同年 10 月 26 日起，中远集运投入 8 艘 1 900 TEU 船舶，开辟远东—地东航线，港序为：上海、香港、新加坡、苏伊士、海发、比雷埃夫斯、的里雅斯特、海发、苏伊士、新加坡、香港、上海。该航线的

图4-1-14 2006年7月27日中远集运"COSCO HELLAS"轮首航希腊比雷埃夫斯港

(照片提供:中远集运档案室)

开辟,可提供远东至地中海直航周班服务,对开发地中海区域,尤其是地东区域市场起到一定促进作用。但由于开线后实际货量没有达到开线时设想和预计,使运营亏损大于该组船舶的封船成本,故于次年1—3月撤销该线。

2005年1月,中海集运与以星航运合作,开辟远东—地中海东、黑海航线。双方各投入4艘2 500 TEU船舶,提供周班服务。该航线主要挂靠釜山、天津、青岛、上海、宁波、巴生港、达米埃塔、伊斯坦布尔、康斯坦萨、敖德萨以及俄罗斯的诺沃罗西斯克。

2006年3月2日,中远集运开始对远东—地中海航线运力实施"7改8"的调整计划,远东挂港增加青岛,地中海挂港增加阿什杜德和比雷埃夫斯。调整后的远东—地中海快航(AMX)改由中远集运独立经营,挂港为:青岛、上海、香港、蛇口、新加坡、阿什杜德、比雷埃夫斯、那波里、热那亚、巴塞罗那、瓦伦西亚、新加坡、香港、青岛,由中远集运投入3艘3 400 TEU、4艘3 500 TEU、1艘3 800 TEU船舶运营。当年4月8日,中远集运3 800 TEU船舶"俊河"轮首航希腊最大港口比雷埃夫斯港(Piraeus),是为中国大型集装箱船舶首次直航希腊。同年11月,该公司对地东航线(ADX)进行运力升级,由1 800 TEU船型替换1 400 TEU型。调整后的地中海航线AMX/ADX加之互换舱位的合作航线AMS2/AMP,可提供4组远东到地中海服务,服务质量和服务范围得以提高和扩大。同月,该公司新辟AMS2(地中海二线),港序为上海、宁波、厦门、高雄、香港、盐田、新加坡、吉达、塞得、热那亚、里窝那、福斯、塞得、吉达、新加坡、香港、高雄、上海。

2007年7月31日,中海集运"中海鹿特丹"轮顺利靠泊南沙港区一期码头,标志着该公司新辟的地中海航线(AMX1)在南沙港区正式开通。该航线每逢周日挂靠南沙港区,共投入7艘5 000 TEU集装箱船运营,沿途挂靠上海、宁波、厦门、南沙、赤湾、巴生、苏伊士、瓦伦西亚、巴塞罗那、热那亚、杜姆亚特等港,为客户提供20天直达地中海的便捷服务。同年9月13日,中海集运与川崎汽船、阳明海运和以星航运合作,开辟一条连接罗马尼亚黑海港口康斯坦萨至上海的新的运输线路,共投入7艘船舶(单船载箱量4 000 TEU,其中中海集运提供4艘,其他三家船公司各提供1艘)加入这条名为"亚洲—黑海快运"航线运营。首航船舶"新汕头"轮于当年10月11日靠妥康斯坦萨港(CSCT)码头。该航线班期为周班,每班运输4 250 TEU,沿途挂港为:上海、宁波、蛇口、南沙、巴生港、伊斯坦布尔、康斯坦萨、伊利切夫斯克、上海。其开辟为中罗两国贸易合作提供了便捷的海上通道。

2007年10月16日,中远集运远东—地中海快航(AMX线)开始挂靠宁波港。首航船舶"天后"轮在宁波港远东集装箱码头装载424 TEU货物后,准班离港。是时AMX线由4艘3 500 TEU、1艘3 800 TEU、2艘4 200 TEU船舶承担运营,挂港顺序为上海、宁波、香港、蛇口、新加坡、巴生、那不勒斯、热那亚、巴塞罗那和瓦伦西亚。AMX快航通过连接中远集运在那不勒斯—西非和亚德里亚海自有的支线服务,可将服务辐射区域扩大到亚得里亚海及西非地区。及至是年底,中远集运连同合作方川崎汽船(KL)、阳明海运(YM)等共可提供5组远东至地中海航线服务,即：地中海西 AMX 航线，提供远东至意大利、西班牙直达服务；地中海东 EMX 航线，提供远东至以色列、希腊直达服务；土耳其航线（ADX），提供远东至土耳其服务；另有合作航线 AME/AMP，均为远东—地中海。翌年 3 月始，中远集运对地中海航线实行运力升级，在地西 AMX 航线上投入 7 艘 5 500 TEU、1 艘 3 800 TEU 船舶，并独立经营该线；在地东 EMX 航线上投入 4 艘 3 400 TEU 船舶，与合作方共同经营；在地东 ADX 航线上投入 1 艘 1 700 TEU、1 艘 2 000 TEU 船舶，与合作方共同经营。10 月起，该公司撤出地东 EMX 航线和 ADX 航线经营，运往地东的货物通过 AMX 航线和欧洲航线带到塞得港后转支线。同时加大与联盟成员在地东支线上的合作，扩大市场覆盖面。在满足地中海地区服务的前提下，地中海航线周舱位淡季从 7 048 TEU 缩减到 5 200 TEU，缩减 26%，因 EMX 和 ADX 撤线有效节省了航次成本。

2009 年 10 月 23 日，中海集团与阿拉伯联合国家轮船公司（UASC）首度合作，开辟远东—地西航线（AMX1），主要挂港为青岛、上海、宁波、蛇口、新加坡、巴生、塞得港、拉斯贝西亚、热那亚、福斯、瓦伦西亚、塞得港、吉达、豪尔费坎、巴生、新加坡、青岛。

2010 年底，上海港已辟有 20 条往返地中海的集装箱班轮航线和 10 条往返黑海的班轮航线（包括以上海为起讫港或主要挂港）。其中，对以上地区主要国家的年吞吐量分别为：埃及 33.7 万 TEU，土耳其 12.4 万 TEU，法国 31 万 TEU，希腊 6.5 万 TEU，意大利 47.2 万 TEU，马耳他 8.8 万 TEU，罗马尼亚 5.9 万 TEU，西班牙 34.7 万 TEU。是时，上海航运企业中，中海集运经营的上海—地中海航线主要有：地中海一线（AMX1）、地中海二线（AMX2）、地中海五线（AMX5）、远东—黑海线（ABX）等。中远集运经营的上海—地中海航线主要有：地中海快航一线（MD1）、地中海快航二线（MD2）、地东黑海快航（ABX）等。

【上海以外港口—地中海·黑海】

2000 年始，部分驻沪航运企业在经营上海至地中海、黑海集装箱运输的同时，也经营过上海以外港口至地中海、黑海班轮航线。

2000 年，中远集运由中远考斯里奇公司开辟热那亚—纽约直航航线。初为旬班，后改为周班运营。

2003 年 6 月始，中海集运每周各有一艘直航班轮由厦门港运营欧洲线和地中海线，成为当时厦门港首家同时经营厦门至欧洲和地中海两条直航航线的班轮公司。

2004 年 3 月，中远集运与合作方德国胜利航运公司共同开通一条连接亚洲至地中海东部的海上快速航线，即被称为“爱琴海快航”（ADX）的亚欧地航线，改变了一直以来从亚洲运往地中海东部的货箱需绕道中转、交货费时的局面，填补亚洲至地中海东部直达航线的空白。

2005 年 7 月 18 日，中远集运根据本公司的支线网络铺设计划，开辟亚得利亚海支线，投入一艘 400 TEU 船舶“怀来河”轮，在该地区提供周班服务。

2006 年 3 月 16 日，中远集运开辟地中海至西非航线（MAF），使远东至西非货物可由亚洲—地中海航线于意大利热那亚港接转 MAF 航线。

三、大西洋航线

20 世纪 90 年代始，部分驻沪航运企业在欧美之间的大西洋地区也辟有和经营集装箱运输航线。

1998年10月,中远集运与合作方共同投入5艘船舶开辟南大西洋航线(TAS2),挂港为安特卫普、费利克斯托、鹿特丹、不来梅哈芬、安特卫普、勒哈佛尔、查尔斯顿、迈阿密、新奥尔良、休斯敦、查尔斯顿。

2000年4—5月,由中远集运远东—地中海—美东钟摆航线改造拆分的地中海—美东周班航线(TAS3),挂靠纽约、诺福克、查尔斯顿、热那亚、那波里、巴塞罗那港,由4艘船舶营运,来回周期28天。同年6月起,该公司增开热那亚—纽约旬班航线(热纽快航),挂靠热那亚、纽约两港,当年10月又改为周班服务。后为降低航线成本,提高经济效益,于2002年3—4月,将热那亚—纽约航线并入TAS3线。

2000—2002年,中远集运的大西洋航线存在舱位过多、成本居高不下的问题,为提高市场竞争力,该公司对大西洋航线运力进行调整,大幅缩减美东—西北欧和美东—地中海航线舱位,使经济效益有所改善。是时,该公司还以购买舱位的合作方式,经营两条南大西洋航线。其中,南大西洋合作一线(GASS),以5艘船舶周班运营,挂靠安特卫普、泰晤士、不来梅哈芬、休斯敦、新奥尔良、安特卫普;南大西洋合作2线(SGX),以8艘船舶周班运营,挂靠南安普顿、勒哈佛尔、鹿特丹、汉堡、迈阿密、休斯敦、汉堡、鹿特丹、安特卫普、南安普顿。

2006年3月,中海集运与法国达飞轮船,在大西洋航线各投入2艘2 500 TEU型船,开始合作营运。新开辟的大西洋二线(EAX)挂靠勒阿弗尔、安特卫普、鹿特丹、不来梅、利物浦、纽约、波尔的摩亚、诺福克及查尔斯顿等港口。

2008年11月,中远集运共合作经营3条大西洋航线。其中TAS1(西北欧—美东周班航线)航线由该公司投入1艘2 700 TEU,合作方投入3艘2 700 TEU船舶经营,挂靠:安特卫普、不来梅哈芬、鹿特丹、勒哈弗尔、纽约、诺福克、查尔斯顿。在另两条航线上则与合作方进行舱位互换。

2010年底,驻沪国内航运企业开辟和经营的大西洋航线主要有:中远集运经营的以色列—美东周班航线(ZCS)、地中海—美东周班航线(TAS4);中海集运经营的大西洋一线(MAX)等。

第五节　其他地区运输

一、中东航线

【上海—中东】

上海至中东地区集装箱运输始于20世纪80年代后期。1987年,上海新海航业辟有一条从上海、天津至海湾的集装箱班轮航线,每月2班,自上海、天津港发船,沿途挂靠香港、达曼、曼谷、新加坡、卡拉奇、沙加、科威特等港口。

1999年10月24日,中远集运与台湾立荣海运开始在中国至中东航线上展开合作经营,共同开辟中国—海湾集装箱运输航线,次年又对该线进行改造,在国内加挂青岛;在海湾靠港由迪拜一港增加到迪拜、达曼和卡拉奇三港,以增加航线效益,加强沿线服务。改造后该线挂靠天津新港、青岛、上海、宁波、香港、盐田、新加坡、迪拜、达曼、卡拉奇港。同时,为扩大海湾服务覆盖面,该公司用在海湾东行的富余舱位与立荣海运的APS航线互换150 TEU(东行)舱位,开辟中远集运迪拜至印度孟买和孟买至远东新加坡、香港、泰国等地的直达服务市场。

2003年,中远集运与合作方共同投入6艘船舶,包括"泰河""东河""高河"等集装箱船,经营中国—海湾航线(CPG),挂靠天津新港、青岛、上海、宁波、香港、盐田、新加坡、迪拜、达曼、卡拉奇港,周班运营。

2005 年 12 月初,中远集运与长荣海运在双方共同派船经营的中国—海湾航线(CPG)互换舱位 250 TEU 后,该公司在华南—波斯湾快航(SMX)航线上的可用舱位为 850 TEU,在 CPG 航线上的可用舱位增加到 1 550 TEU。

2006 年 3 月 10 日,中海集运新辟远东—中东—美西(AMA)航线。该航线由中海集运独立经营,共投入 9 艘 4 250 TEU 型集装箱船舶运营,沿途挂靠上海、宁波、赤湾、巴生、迪拜、那瓦夏瓦(印度)、林查班(泰国)、香港、长滩(美国)等港口。5 月 23 日,中海集团(西亚)控股有限公司和中海阿联酋代理有限公司开业仪式在阿联酋迪拜市举行。前者由中海集团全资拥有,负责支持和指导南亚、中东、红海沿岸、以及东非地区航运代理工作,拓展这些地区的航运市场,为货主提供优质服务,同时拓展支线运输和物流等新业务。后者为中海集团与阿联酋沙拉夫集团成立的合资公司。因阿联酋迪拜港的独特地理位置和重要战略地位,中海集团将该港作为中东地区的枢纽港,在迪拜集装箱运输市场所占份额不断提高。是时中海集运开辟的中东航线受到货主普遍欢迎,以至船船爆满。同年 7 月 24 日,中海集运 8 500 TEU 的大型集装箱船"中海亚洲"轮从上海港首航阿联酋最大的商港阿里山港(Jebel Ali),是为当时中国/远东至中东航线上载箱量最大的集装箱船。"中海亚洲"轮首航成功,创造该港多项操作新纪录,特别是单船最高装卸标准箱数和操作总箱数两个新纪录,在当地引起广泛关注。

2008 年 3 月,因国家实施宏观经济调控,中国出口市场货量增速明显放缓,波斯湾航线市场运力快速上升,中远集运为此进行航线调整和改造。是年 6 月将原中国—波斯湾航线(即 CPG 航线,原由中远集运与长荣海运共同投入 6 艘 3 400 TEU 船舶运营,两公司各投入 3 艘船舶,中远集运可用舱位为 1 200 TEU)升级改造为中国海湾周班航线 1(CPG1)和中国海湾周班航线 2(CPG2)两条航线,该公司与长荣海运均独立经营波斯湾航线,并互换 1 000 TEU 舱位。其中,中远集运独立经营 CPG1 航线,投入 5 艘 3 400 TEU 船舶,港序:上海、宁波、盐田、新加坡、杰贝阿里、阿巴斯、卡拉奇、新加坡、上海。长荣独立经营 CPG2 航线,投入 6 艘 3 500 TEU 船舶,港序:青岛、上海、宁波、香港、盐田、PTP、杰贝阿里、达曼、孟买新港、新加坡、高雄、上海。互换舱位后,中远集运在 CPG1 航线上每周可用舱位 1 700 TEU,在 CPG2 航线上每周可用舱位 1 000 TEU。可用舱位比原先增加 125%,同时使航线直航港口覆盖面扩大,服务能力增强,市场份额提升。

图 4-1-15　2008 年 2 月 11 日中远集运"珞巴河"轮首航迪拜杰布拉里港

(照片提供:中远集运档案室)

2009 年 1 月,为克服全球金融危机影响,减少航线亏损,中远集运对中东航线进行改造,减少运力投入,实施"4+2"经营,即将 CPG1 与 CPG2 线合并为 1 条航线,该公司 CPG1 线暂停经营,投入 2 艘 3 500 TEU 船舶到长荣海运的 CPG2 线,长荣海运则在 CPG2 线撤出 2 艘船舶。新 CPG2 航线共投入 6 艘 3 500 TEU 船舶,其中,中远集运投入 2 艘,长荣海运投入 4 艘,挂靠港为青岛、上海、宁波、香港、盐田、新加坡、PTP、孟买新港、杰布阿里、达曼、新加坡、青岛。经调整后,可降低波斯湾航线经营成本,达到减亏目的。同年5月,中远集运对原有波斯湾航线再次进行升级改造,终止与长荣公司在CPG2航线的服务,改为由COSCON/OOCL/TSK三方合作,投入5艘7 500 TEU船舶共同经营。其中,该公司投入2艘,OOCL/TSK投入3艘(从该公司租入)。新航线命名为MEX,挂港为:上海、宁波、香港、蛇口、新加坡、杰布阿里、达曼、新加坡、香港、上海。5月17日,MEX线第一班船挂靠上海港开始运作。MEX与原CPG2经营相比,航次网络成本大幅减少。燃油/港口使费可节省约6.3万美金/RV(来回航次)。12月11日开始,MEX线加入第6艘船舶实施加船减速运营,并增挂伊朗阿巴斯港。MEX线"5改6"后,燃油成本有效降低;航线降速运营,增加船舶速度储备,可灵活运用船速抓班期,提高班期准班率和航线服务质量;因MEX线增挂伊朗阿巴斯港,开拓了中国到伊朗的直航服务。同年内,中远集运对红海航线也进行了改造,在该公司远东—红海航线(FRS)和红海二线(SRS)上与长荣海运终止合作,由本公司新投入6艘3 400 TEU船舶独立经营新红海线(FRX),并将其延伸直达服务到华北新港,提供北方港口到东南亚的短程舱位,该线挂靠港序为:(天津、青岛)、上海、宁波、盐田、新加坡、亚丁、吉达、亚喀巴、索卡纳、新加坡、天津。

2009年内,中海集团在中东航线的经营也有发展。当年2月26日,中海集运与韩进海运、日本川崎、阳明海运共同投船,开辟亚洲—红海航线,沿途挂靠上海、宁波、高雄、蛇口、新加坡、吉达、苏赫奈泉、亚喀巴、新加坡、上海。7月9日,该公司与法国达飞轮船合作开辟亚洲至中东地区AMA航线,首航船舶从天津港起锚。"中海集运中东航线升级推介会"同日在天津举行。升级后的新航线沿途挂靠天津、大连、釜山、上海(洋山)、上海(外高桥)、宁波、蛇口、巴生港、豪尔费坎、杰贝阿里、达曼、阿巴斯、巴生港、南沙、天津。其覆盖范围扩大,航行时间缩短,并增加了阿联酋的豪尔费坎与伊朗的阿巴斯两个挂靠港。新航线以6艘8 500 TEU集装箱船,取代原有的5 700 TEU与3 000 TEU集装箱船,为同类航线上最先进、最具竞争力的船舶,其运力总量仍保持不变。与欧洲等航线相比,中海集运以迪拜为中心的波斯湾航线整体货量较为稳定。是时,全球金融危机向实体经济加速传导,令全球航运业陷入低谷,市场竞争日趋激烈。该航线的升级也是中海集运应对金融危机、在航运低谷时期对外合作的一项重要举措。同月17日,中远集运的"中远深圳"轮在阿拉伯联合酋长国杰布拉里港靠泊,是为中东快航航线(MEX)首航迪拜。是年,中远集运在整体运力收缩的情况下,经对波斯湾/红海航线进行扩张,每周可用舱位提高到4 800 TEU,使其在逆市情况下取得较好经营成效:全年完成提单箱量19.64万TEU,较上年提高35%;红海航线市场份额占有率较上年提高18%;波斯湾航线市场份额较上年提高12%;印巴航线市场份额较上年提高10%。单箱收入也较开线初期大幅提高,其中红海线单箱收入由2009年开线初的USD 574/TEU提高到年底USD 1 015/TEU。

2009—2010年,中远集运、中海集运往返中东航线的集装箱船舶,多次受托为在亚丁湾执行护航任务的中国海军舰艇编队,捎带蔬菜水果等生活补给。2009年春节前夕,中远集团积极组织力量在新加坡市场采购各类新鲜蔬菜2 000公斤,由航经新加坡的"皖河"轮转运至亚丁湾中国海军护航舰艇编队。这批蔬菜是交通部委托中远集团集装箱船在新加坡购买并顺路捎带的,都是当时护航编队所缺少的蔬菜品种,带至目的地后很快用小艇分发到编队各舰。中海集团"新非洲"轮为正在亚丁湾护航的中国海军编队送去3吨新鲜蔬菜和水果。护航编队以直升机吊运这些蔬菜和水果,实施垂直补给。当年4月13日,中远集运"汉堡"轮又为在亚丁湾的海军护航舰队送去蔬菜832箱(每箱30公斤)。2010年3月2日,中海集运"新浦东"轮受集团领导委托,向正在索马里、亚丁湾海域执行护航任务的海军指战员送去满载两个集装箱的瓜果蔬菜和冷冻食品。

2010年底，上海港共辟有中东集装箱班轮航线20余条(包括以上海为起讫港或主要挂港)。其中对该地区部分国家的年吞吐量分别为：沙特25.8万TEU；阿曼6.3万TEU；阿联酋49.7万TEU。是时，上海航运企业中，中海集运经营的上海—中东航线主要有：中东线(AMA)、中东线(AMK)、中东五线(MIP)、中东六线(AMG)、红海一线(RES1)等。中远集运经营的中东和红海航线主要有：远东—红海快航(FRX)、中东快航(MEX)等。

【上海以外港口—中东】

2001年始，部分驻沪航运企业在经营上海至中东集装箱运输的同时，也经营过上海以外港口至中东的班轮运输。

2001年4月，中远集运与台湾立荣航运公司合作，开辟远东—红海线，港序为巴生、新加坡、科伦坡、亚丁、吉达、亚克巴和巴生。通过主干航线的接转，可以提供红海区域至全球的运输服务。

2005年7月，中远集运与韩进海运合作开设环阿拉伯海航线(RAS)，挂靠科伦坡、卡拉齐、孟买、科伦坡，每周可用舱位400 TEU。同时与SEACON(东南亚公共支线)进行相关舱位互换。通过数条印巴支线的开设，在印巴次大陆的支线网络得到逐步完善，同年9月，中远集运与川崎汽船、韩进海运共同开辟联结华南与中东地区的周班航线华南—中东快航(SMX)，港序为高雄、香港、盐田、新加坡、迪拜、班达阿巴斯、新加坡、高雄，共投入4艘2 800 TEU型船舶运营。同年11月，中远集运与长荣海运、赫伯罗德海运共同整合三家公司原有的2条远东—红海航线，将服务延伸到华南地区(南沙港)，为货主提供更便捷的直航运输服务。

2006年7月，中远集运对华南—中东快航(SMX)港序进行调整，取消高雄港，同时把华南地区港序中香港和盐田位置互换。调整后SMX航线港序为：盐田、香港、新加坡、迪拜、班达阿巴斯、新加坡、盐田。同年内，中远集运与长荣海运联手开辟海峡—红海航线，港序为新加坡、丹绒帕拉巴斯、吉拉、苏丹港、荷台达、新加坡。2007年4月，鉴于华南—中东快航(SMX)运价下滑，经营亏损严重，中远集运关闭该线。

二、非洲航线

【上海—非洲】

上海与非洲之间集装箱运输始于2005年。是年4月，中远集运通过与长荣海运、意大利邮船公司等合作，在远东—南非—南美东周班航线(ESA)共同投入11艘3 400 TEU型船舶(中远集运投入其中3艘)，替换原10艘2 700 TEU型船舶，以提升该航线服务，并将直达服务延伸到上海、宁波、盐田。挂靠港为：上海、宁波、高雄、香港、盐田、新加坡、德班、开普敦、布宜诺斯艾利斯、蒙得维的亚、桑托斯、新加坡、香港、高雄、上海。航线提升后该公司的舱位增加60%，平均达到每航次873 TEU。

2006年，中远集运和长荣海运共同经营远东—南非—南美东航线(ESA)，其投入的3艘船舶装载率保持高位。翌年5月，中远集运将联营的该航线升级成二组，分别为远东—南美航线(ESA)与远东—南非航线(FAX)，以满足市场需求并提升服务品质。重组后的FAX航线，共投入8艘3 400 TEU船舶，服务触角延伸至华东与华南地区，沿线靠港顺序为：上海、高雄、香港、盐田、新加坡、丹绒帕拉巴斯、德班、开普敦、新加坡、香港、高雄、上海，每往返航次56天。

2008年7月,为更好应对亚非大陆之间贸易增长的需求,中海集运升级其远东—西南非(WAX)航线,从上海起步,提供连接中国至西南非的直航服务。航线升级后成为连接亚非大陆的一条主要贸易航线,由中海集运与赫伯罗特航运公司(Hapag Lloyd)、马鲁巴航运公司(MARUBA)共同投入5艘2 100至2 500 TEU船舶承担运营。其中,赫伯罗特和马鲁巴各投入一艘船舶。航行全程为70天,两周一班。沿途挂靠上海、宁波、厦门、蛇口、巴生、德班、特马、拉各斯、德班、巴生、上海。至2008年,上海港已开通往返非洲的外贸集装箱班轮航线8条,占该港全部远洋班轮航线的5.5%。

2009年,受全球金融危机影响,中远集运与长荣海运合作经营的南美ESA线与南非FAX线因舱位利用率不高,运价持续下滑,出现航线巨亏。为控制经营风险,中远集运与长荣海运协商,对南非线和南美线实施合并。是年7月,对新航线共投入11艘3 500 TEU船舶运营,其中中远集运4艘,长荣海运7艘。调整后,该公司舱位从2 087 TEU缩减到1 090 TEU,减幅47.7%,有利于实现减亏。

2010年底,由上海港行驶非洲的集装箱航线(包括以上海为起讫港或主要挂港),已通达毛里求斯、安哥拉、贝宁、吉布提、加纳、科特迪瓦、摩洛哥、尼日利亚、南非、多哥、埃及、坦桑尼亚等多个国家和地区。当年,该港非洲航线集装箱吞吐量为93.1万TEU,占上海港国际航线集装箱吞吐总量的4.15%,其中进港54.4万TEU,出港38.7万TEU。中国自非洲进口主要商品为原油、原木、矿产品(以上适宜散装)、农产品等;出口非洲的主要商品为机电产品、服装纺织品、轻工产品、粮油食品、通信产品、药品等。是时,承担上海—非洲集装箱班轮运输的上海航运企业主要有中海集运和中远集运。其中,中海集运经营的上海—西非航线(WAX),挂靠上海、舟山、厦门、蛇口、巴生、德班、特马、洛美、科托努、汀坎、德班、巴生、上海。中远集运经营的远东—南非周班航线(FAX)挂靠上海、宁波、高雄、盐田、香港、盐田、帕拉帕斯、新加坡、德班、开普敦、新加坡、高雄、上海。

表4-1-10　2004—2010年上海港非洲航线集装箱吞吐量统计表　　单位:万TEU

年　份	合　计	进港(其中重箱)	出港(其中重箱)
2004	23.1	12.3(3.3)	10.8(10.6)
2005	45.9	25.0(5.6)	20.9(20.5)
2006	60.7	33.2(8.5)	27.5(27.2)
2007	73.8	42.2(11.8)	31.6(31.3)
2008	93.6	59.5(15.3)	34.1(33.5)
2009	61.4	52.5(14.9)	35.9(35.0)
2010	93.1	54.4(13.9)	38.7(38.3)

资料来源:《上海港口统计年鉴》(2005—2011)

【上海以外港口—非洲】

20世纪90年代始,部分驻沪航运企业开辟和经营过上海以外港口—非洲航线。

1998年以前,中远集运投入11艘船舶运营远东至南非南美东周班航线(ESA),沿途挂靠香港、高雄、新加坡、路易、德班、开普敦、布宜诺斯艾里斯、蒙特维的亚、桑多斯。1998年11月至1999年

5月,该公司改与台湾阳明海运公司以共同派船形式合作经营此线。2000年5月始,又改与台湾长荣海运公司合作经营该线,挂港为香港、高雄、新加坡、路易、德班、开普敦、布宜诺斯艾里斯、蒙特维的亚、桑多斯、开普敦。

2000年3月,中远集运将原南非—西非航线调整为地中海—西非航线,挂港为:热那亚、福斯、巴塞罗那、达卡尔、拉各斯、特马和阿比让、拉各斯、特马和阿比让,实施双周班服务。

2001年,中海集运开辟东南亚—西非航线。

2004年4月始,中远集运与长荣海运、汉堡南方等公司共同投入4艘船舶开辟远东—南非航线(FAX),港序为新加坡、德班、新加坡,周班运营。2007年5月,FAX航线升级后沿线靠港顺序改为:上海、高雄、香港、盐田、新加坡、丹绒帕拉巴斯、德班、开普敦、新加坡、香港、高雄、上海。

三、南亚航线

【上海—南亚】

2006—2007年,中远集运一度开设中国—印度航线(CSI)。2006年8月该线开通,除提供中国和印度之间直达服务外,同时提供部分支线服务,替代已关闭的环阿拉伯海支线的部分功能。CSI线的港序为:上海、宁波、香港、新加坡、科伦坡、孟买新港、新加坡、巴西古当、林查班、香港、上海。该线由中远集运、长荣海运、萨姆达拉公司、阳明海运等合作运营。开线初期,中远集运投入1艘1 400 TEU船舶"密云河"轮,萨姆达拉投入1 400 TEU船舶2艘,长荣海运和阳明海运各投入1 400 TEU船舶1艘。中远集运可用舱位每周240 TEU。同年10月,中远集运增加投入1 400 TEU船舶"峰云河"轮,萨姆达拉减少1艘1 400 TEU船舶,中远集运在CSI航线上每周可用舱位增加到480 TEU。2007年10月12日,该线因经营亏损而关闭。

2008年1月19日,阳明海运和东方海外货柜航运共同派船,开辟印巴快速航线。该线直接连接中国、巴基斯坦和印度西岸的蒙德拉港,而不需再经新加坡换船中转,自上海至巴基斯坦卡拉奇港运营时间仅15天,为该市场运转时间最短的快速航线。该航线由5艘1 200 TEU集装箱船经营,沿途挂靠上海、宁波、蛇口、新加坡、卡拉奇、蒙德拉、滨城、巴生、新加坡、香港、上海,航行时间为35天。后中远集运通过互换舱位,亦加入该航线运营。2010年,中远集运在中国印巴快速航线(CPX)上共配置5艘船舶,周班运营。沿途挂靠上海、宁波、蛇口、新加坡、卡拉奇、孟买、新港、滨城、巴生、新加坡、香港、上海。

2010年,上海港印度航线集装箱吞吐量为35.0万TEU,其中进口15.0万TEU,出口20.0万TEU。

【上海以外港口—南亚】

2001年3月25日,中远集运与台湾长荣、日本川崎和马来西亚国际航运合作,联手开辟印度—欧洲航线,共投入6艘2 100～2 400 TEU船舶运营。其中,中远集运投入1艘("COSCO NEWYORK",2 900 TEU),长荣投入2艘,川崎投入2艘,马来西亚国际航运投入1艘,实行周班服务。中远集运可用舱位在380 TEU左右。港序为科伦坡、孟买、塞得港、费利克斯托、汉堡、安特卫普、塞得港和科伦坡。该线把印度次大陆市场纳入中远集运全球航运网络,有助于确立中运集运全球承运人地位,并可以此为契机开发南亚次大陆—美东市场。

第六节 多式联运

20世纪90年代,中海集运和中远集运等驻沪大型集装箱运输企业,为了推进集装箱运输快速发展,形成覆盖全球的干支线网络,十分重视开拓和发展多式联运,通过与国内和国外铁路、公路运输部门合作,陆续开发多处联运线路,不仅使运输效率提高,运输成本降低,而且有效提升客户服务质量。

1997年5月开通的上海—成都8176次国际集装箱海铁联运五定(定点、定线、定车次、定时、定价)班列,于2000年6月23日在上海被中远国际货运有限公司和上海铁路局冠名为“中国远洋一号”(简称“中远一号”),这是第一个以中远集团名义冠名的连接中国中西部地区的集装箱运输班列。“中远一号”五定班列依照国际多式联运做法,实行一次托运、一票到底、一次付费、全程服务。每周对开一列,运程时间为4天。该班列开通后货运量连续以年均24%幅度递增,其中50%的货量在上海口岸通过中远集运船舶运往世界各地。

同年,中远集运在欧洲地区的运输服务已从几个大港口扩展到数十个港口及其内陆腹地,可抵达的内陆点遍及欧洲大部,包括新开发的巴尔干地区,相关的联运服务主要通过公共支线和内陆拖车联运完成,初步建立起以基本港为核心的放射状运输网。是时中远集运已和20多家公共支线公司建立起合作关系,通过联运方式将港口和内陆点连接起来,网络覆盖地中海沿岸、斯堪的纳维亚诸国、波罗的海沿岸各国,以及爱尔兰和葡萄牙等国,为客户提供及时、便捷的服务。

2002年,中远集运上海中货公司开发秦山三期核燃料和重水运输项目。年初,承接价值昂贵的重水运输,通过公路安全运抵秦山工地。至当年6月23日,自加拿大多伦多至浙江海盐秦山工地的秦山核燃料全程运输结束,创下上海港一次性进口核燃料安全运输最高纪录。核燃料和重水运输分别完成集装箱货1 280 TEU和1 460 TEU。

随着世界经济一体化的推进,以青岛、连云港为桥头堡的欧亚大陆桥业务焕发生机,客户对连接亚欧、美亚的大陆桥业务产生浓厚兴趣。为此,中远集运在2002年内重点开发美洲、大洋洲、东亚及东南亚国家经青岛至中亚地区(哈萨克斯坦、乌兹别克斯坦、土库曼斯坦、吉尔吉斯斯坦、塔吉克斯坦)大陆桥联运业务。鉴于中亚地区实际情况,先从货主自有箱(SOC箱)业务着手,在哈萨克斯坦设立办事处,在青岛至阿拉木图联运业务中采用重进空出形式承揽部分SOC箱。

2006年,上海洋山深水港区海铁联运集装箱批量中转获得成功。是年1月12日,由温州铁路站首发的一批集装箱,成功经铁路运至芦潮港铁路集装箱中心站,转集卡运到洋山深水港区一期码头出口。这是首次在洋山深水港区批量中转的海铁联运集装箱。

同年,中远集运与日本铁路货运(JR货运)合作,在中日航线上开展海铁联运。由中国出口的家电产品与服装等,可通过中远集运船只由内地运至门司、名古屋和东京,再通过JR的铁路货运从港口货站发往北九州及关东等日本各地。而日本厂家的汽车及家电配件等也可以类似方式实现到中国的配送运输。中远集运与日本铁路货运进行合作后,双方可在中国与日本两国的海运与铁路运输方面整合运输网络,以使海运货物更快到达客户手中。通过提供配送服务及采用快速集装箱船等方式,可使上海港出发的海运货物提前半天左右交到客户手中,为客户提供比传统海运快捷,又比空运费用便宜的运输模式,同时通过海铁联运将运输网络由港口直接延伸到日本内陆各地。

2007年2月2日,中海集运与上海铁路集装箱中心站发展有限公司在芦潮港签订海铁联运合同,联合开通以铁路芦潮港集装箱中心站为基地,辐射全国的海铁联运双向班列,以进一步扩大洋山港海铁联运规模，加快推进上海国际航运中心建设。此次开通运行的芦潮港站—安徽合肥西站集装箱海铁联运班列，运行时间为20小时，起初每周开行一列，逐步达到每周三列、双向对开。3月13日，安徽合肥西站至上海芦潮港站集装箱海铁联运双向班列正式开通。此后，合肥出口产品可通过铁路直达上海，运往世界各地。安徽地处我国中部诸省最东部，为“长三角”产业梯度转移的首选地带和第一承接地。合肥及周边地区大型企业集中，对外进出口贸易发展较快。但以往出口运输颇费周折，大多采用卡车拖运集装箱至南京、芜湖等港口，再装上长江驳船运至上海接驳远洋干线船，或直接由卡车拖运至上海港接干线船，极易受到天气、路况、驳船等因素影响，耗时长、成本高。为支持上海国际航运中心建设和洋山深水港开发，满足安徽省进出口企业需求，促进安徽暨合肥市外向型经济发展，在交通部和铁道部关心下，开通这条“五定”集装箱班列，与传统运输方式相比，更具快捷、安全、节能等特点。而海铁联运优势更为明显，进出口货物由铁路运至沿海港口转运，或抵达海港后由铁路转运，只需“一次申报、一次查验、一次放行”即可完成。至此，皖沪两地实现真正意义上的铁路与海运国际集装箱直达运输。

同年6月，中远集运与加拿大鲁珀特王子(PRINCE RUPERT)港签订港航合作协议，内容涉及船舶挂靠、码头装卸、铁路转运等。根据协议，中远集运的船舶挂靠该港码头，可获得优惠码头费率和内陆拖运费。与经长滩港进入北美内陆费率相比，拖运成本降幅约35%，全年可节省相当可观的中转成本。当年10月30日，中远集运“安特卫普”轮靠泊该港集装箱码头，卸下该港有史以来第一个集装箱。中远集运美加航线(PNW)正式挂靠鲁珀特王子港，标志着在美加地区有了新的战略性中转门户。该港位于加拿大不列颠—哥伦比亚省西岸北端，为加拿大西岸最北部的重要商贸港口城市、北美西岸最北部的不冻港，也是加拿大国家铁路(CN)的西岸终点。因与亚洲之间海上距离最短，使其在缩短航行时间与降低海运成本方面独具优势。中远集运通过与加拿大CN铁路合作，开辟这条全新中转路径，使集装箱货物中转至美国境内时间大为缩短，在北美内陆中转成本支出大幅降低，减少北美内陆转运通道对于美国铁路公司的依赖，争取到内陆转运费率以及其他合同条款方面的巨大让步。该中转路径开辟后，每月通过该港中转至美西的货量保持在3 000 TEU左右，不仅增强了中远集运太平洋航线整体竞争力，而且迫使美国BNSF铁路公司推迟合约年度的费率上涨，并给予费率一定幅度优惠。之后数年里，中远集运利用签约契机继续加大对经鲁珀特王子港及CN铁路中转的低成本路径推广力度，将传统路径货源转移至经优势路径中转，既可提供质优价低客户服务，又能维持大客户货量支持。

图4-1-16　2007年10月9日连云港至莫斯科国际“五定”班列开通

(照片提供：中海集团宣传部)

2007年10月9日，中海集团、连云港市政府、中铁集装箱运输有限公司在连云港举行中海集运“新亚洲”轮(8 530 TEU集装箱船)首航连云港暨连云港至莫斯科国际“五定”班列开通仪式。中海集运联手中铁集运成功开通这趟五定班列，使横跨亚欧大陆的集装箱班列与横跨太平洋的远洋集装箱班轮在连云港实现对接。该通道的开通，使新欧亚大陆桥过境集装箱直达运输首次由中亚延伸到欧洲。其途经中国、哈萨克斯坦、俄罗斯3个国家，全程8 301公里，运行时间15天左右，比海路运行节省30天，比从西伯利亚大陆桥运行节省10天时间,凸显快捷、经济、安全的优势。10月23日(北京时间),"连云港—莫斯科"首发国际班列顺利抵达莫斯科的帕维列茨卡亚车站,完成首发运输。实行国际海铁联运之前,从日本、韩国运出的货物在经中国港口后,必须先运到德国的汉堡港,再经过陆路运输到达莫斯科,期间需要40到50天时间。而海铁联运通道开通后,可在连云港直接通过铁路运到莫斯科,仅仅只需要十多天时间。

2008年1月9日,"北京—汉堡国际集装箱示范列车"从北京大红门火车站发车,标志着中海集运与中铁集装箱公司联手推出的中国至德国汉堡海铁联运货物首发成功,双方战略协作取得重要发展。自是年起,中海集运提供的自国内至中亚五国、蒙古、欧洲和俄罗斯等地间的国际海铁联运业务,依托中海集运遍布全球的航线网络,可为客户提供高效的全程一站式海铁联运方案。其每天发运的自连云港至中亚五国和自天津至蒙古的天天班服务,使来自世界各地的建材物资、汽车及配件和食品饮料等通过海铁联运,运至中亚和外蒙地区。

同年7月7日,为避免受巴拿马运河宽度影响,中远集运"中远悉尼"轮挂靠巴拿马Balboa码头,通过与当地铁路部门合作,运用高速铁路网络将集装箱转运至大西洋侧码头,同时将该服务辐射至加勒比地区及南美洲东岸部分地区,标志着船舶不通过巴拿马运河,而经巴拿马铁路连接太平洋和大西洋之间全新服务模式的展开,为规避巴拿马运河拥挤带来的风险和大幅减少运河费用开支,开辟了新的途径。

2009年2月28日,宁波港股份有限公司与中铁联合国际集装箱有限公司签署协议,双方共同出资组建合资公司,经营宁波港北仑港区铁路集装箱办理站,开通运营宁波至义乌的集装箱海铁联运"五定"班列,使集装箱列车像公交车一样来往于小商品集聚地和集装箱码头之间。首趟班列装载的67个标准箱,全部由中海集运上海公司揽取。是时,中海集运在义乌设有分公司,市场份额排名为义乌集装箱海运市场第一位。义乌为世界瞩目的小商品出产地,产品出口世界215个国家和地区,仅经金华海关出口的义乌小商品就超过50万标箱,其中80%通过宁波港出口。但截至2008年底,这些箱量基本上都是通过卡车经公路零散运抵宁波港装船。中海集运此次与宁波港、中铁公司的合作,不仅方便了义乌小商品的出口,也为合作三方带来良好经济效益。

2010年底,国际海铁联运物流新模式在厦门启动。借助新模式,由厦门出海的货物可通过与日本铁路运输系统的对接,实现中日"门到门"贸易,形成两头陆运、中间海运的"远洋桥"模式。该"远洋桥"业务由中远集运和日本铁路公司合作开通,其中厦门至横滨的海上运输由中远集运承担,日本铁路公司则负责横滨港至客户所在地的铁路运输。

表4-1-11 2000—2010年上海港国际航线集装箱吞吐量统计表 单位:万TEU

年份	合计	进港	出港	年份	合计	进港	出港
2000	450.4	208.9	241.5	2006	1 858.2	909.6	948.6
2001	511.2	243.7	267.5	2007	1 987	948.6	1 038.4
2002	683.6	322.8	360.8	2008	2 138.6	1 053.5	1 085.1
2003	887	425.6	461.4	2009	1 866.5	920.8	945.7
2004	1 127.3	538.3	589	2010	2 200.1	1 079.3	1 120.8
2005	1 403.1	684.7	718.4				

资料来源:《上海港口统计年鉴2011》

第二章　散杂货运输

1978年，上海地区国内航运企业中仅有上远公司和中波公司从事远洋散杂货运输。其中，中波公司以杂货运输为主；上远公司承担钢材、粮食、金属矿石、煤炭等散货及各类杂货运输。是时，上海港外贸进口大宗货物以金属矿石、钢铁、粮食、化肥为主，出口以纺织品、食品、小五金工具等工业制品为多。1985年，上海港完成外贸吞吐量2 871.6万吨，进口货物主要为钢铁、金属矿石、木材、粮食等；出口货物以石油、日用工业品、粮食、食品为多。

20世纪80年代末，上海海洋运输行业从事远洋散杂货运输的中资企业增至6家。是时，上海港外贸进口货物仍以金属矿石、钢铁、粮食、木材等为主，其中金属矿石主要来自澳大利亚和巴西，钢铁主要来自日本、苏联、韩国，木材主要来自美国、新西兰、加拿大、印尼等国，粮食主要来自加拿大、美国；外贸出口货物主要有钢铁、石油、日用工业品、食品等，其中石油主要运至东南亚国家，钢铁主要运至日本、韩国和泰国。

90年代前期，因集装箱运输快速兴起，上海远洋散杂货运输在远洋货运总量中所占比重下降，尤其是传统的件杂货运输日益为集装箱运输所替代。是时，上海港外贸进口大宗货物中，占前五位的是金属矿石、钢铁、木材、粮食、化肥及农药；外贸出口货物中，占前五位的是机械设备电器、轻工及医药制品、石油及石油制品、钢铁、非金属矿石。参加上海港外贸运输的除上海本地航运企业外，尚有大量境外和外地航运公司。

2000年，上海港外贸进口货物4 548.7万吨，主要有金属矿石、机械设备电器、石油天然气及制品、钢铁等，输出国为澳大利亚、日本和韩国等；出口货物3 084.2万吨，主要有机械设备电器、轻工医药产品、钢铁、粮食等，以运往日本、美国、韩国为多。“十五”计划期间，上海港外贸货物吞吐量持续增长。2005年，完成外贸进口量1.01亿吨，出口量8 394万吨；外贸进口散杂货以金属矿石、机械设备电器、轻工医药产品、钢铁、化肥及农药为主，出口以机械设备电器、轻工医药产品、钢铁等居多。

至2010年，进口原油和进口铁矿石运输渐成驻沪航运企业外贸散货运输的主要货种。其不仅服务于上海地区进出口贸易和物资需求，而且服务于全国各相关地区，成为中国进口原油和进口铁矿石运输的一支主力船队。同一时期，在远洋杂货运输市场上，驻沪航运企业针对市场变化和特征另辟新径，重点发展了重大件设备专业运输和大型港口机械设备整机运输，并享誉国际航运界。是年，上海港外贸吞吐量已达3.02亿吨，其中进口1.65亿吨，出口1.37亿吨。参加上海港外贸运输的有上海本地、外地以及境外多家航运企业。

第一节　金属矿石运输

一、上海港金属矿石运输

20世纪70年代末至80年代初，上海地区远洋金属矿石运输由上远公司和境外船公司承担。到港金属矿石主要供上海冶金局所属各钢铁厂以及长江沿岸武汉、南京、马鞍山等钢铁厂使用。

1978 年,从国外运进上海港的金属矿石为 373.9 万吨,从上海港运往长江沿岸和南方沿海的金属矿石为 380.5 万吨。

中共十一届三中全会之后,国内出现经济建设高潮,钢铁工业也有较大发展,对金属矿石需求量增加。1979 年,上远公司全年金属矿石运量上升到 236 万吨。除出口到日本和西北欧地区 1.6 万吨外,其余大多为运进上海港的进口金属矿石。其中来自澳大利亚 121.4 万吨,朝鲜 64.7 万吨,东南亚地区(主要是印度矿石和巴西矿石从菲律宾转口货)35.7 万吨。1980 年,该公司远洋金属矿石运量继续上升至 334.4 万吨,所运矿石仍主要来自澳大利亚、朝鲜和东南亚等地区。其中,澳大利亚占 34.6%,朝鲜和东南亚分别占 21.3%和 4.2%。是年,上海港由这些地区进口的金属矿石总计近 400 万吨。1981 年,上海海运局所属海兴公司船舶也开始加入远洋金属矿石运输,与上远公司共同承运进口金属矿石,主要由国外运至上海港。

1985 年,上海宝山钢铁总厂(简称宝钢)一期工程投产,对金属矿石需求量增大,其所用铁矿石除极少部分是国产海南矿外,其余全部是进口矿。仅从澳大利亚进口的铁矿石数量一年就超过 200 万吨。当年 1 月,宝钢从澳大利亚和巴西、印度进口的金属矿石开始启运。1 月 12 日,上远公司装运宝钢进口铁矿石的第一艘船"江达海"轮,装载 2.9 万吨印度块状矿石抵靠宝钢矿石专用码头。该公司共准备了十几艘大中型散装货船,包括刚从国外购进的当时国内最大散货船"普安海"轮(14.8 万载重吨)和"普宁海"轮,投入进口金属矿石运输。"普安海"轮固定在上海—澳大利亚航线运营,年可装运 100 余万吨宝钢专用矿砂。是年,上海港金属矿石进口量突破 600 万吨。其中,上海远洋运输船队(包括上远公司和海兴公司)共装运进口金属矿石 269.7 万吨,出口金属矿石 0.74 万吨。进口的高品位铁矿石,大部分供上海各钢铁厂使用,其余转经长江运往武汉、马鞍山、梅山等钢铁厂。

1990 年,上海港共进口外贸铁矿石 674.7 万吨,主要来自澳大利亚(449.9 万吨)、巴西(111.5 万吨)、印度(52.3 万吨)、朝鲜(41.3 万吨)。1992 年,上海港共进出口金属矿石 1 953.8 万吨,为仅次于煤炭的第二大货种。其中进口 1 543.4 万吨的 56.1%来自国外。是时,该港进口外贸铁矿石运输除由上远公司、海兴公司等上海航运企业承担外,多由境外船公司参加承运。

20 世纪 90 年代,宝钢因生产所需铁矿石的 95%以上依靠进口,在其他航运公司为其承运进口铁矿石的同时,自建船队投入原料运输。1992 年 3 月,宝钢与中国对外贸易运输总公司在香港合资成立宝运企业有限公司(由宝钢控股),购买二手货船,从事从澳大利亚进口的铁矿石和煤炭等原料运输。1993 年 3 月,该厂与中国冶金进出口公司在美国合资成立宝力航运有限公司(由宝钢控股),以租船方式,运输进口铁矿石。1994 年初,宝钢与香港金山轮船公司在香港合资成立宝金企业有限公司(以下简称宝金公司),承担进口铁矿石运输。是年,宝金公司先后与中国船舶工业总公司合资建造 2 艘 15 万吨级散货船,与日本三井物产株式会社合资(由三井物产融资 90%)建造 2 艘 17 万吨级散货船。这 4 艘散货船,每年可分别为宝钢承运澳大利亚、南非和巴西进口铁矿石约 180 万吨、100 万吨和 105 万吨。1995 年 12 月,宝钢独资成立上海宝钢海洋运输有限公司,以上海港为主,为宝钢承运进出口货物,货运量逐年增加,经济效益良好。

1996 年,因中远集团实施集中经营的体制改革,上远公司所属散货船全部移交中远总公司集中经营,其远洋铁矿石运输随之中止。翌年中海集团在沪成立后,中海货运成为上海海洋运输系统中承担进口铁矿石运输的主要企业。时国内钢铁工业发展迅速,所需生产原料铁矿石大多由澳大利亚、巴西、印度等国进口。上海港外贸金属矿石进口量由 1995 年的 892.7 万吨上升到 2000 年的 1 418.2 万吨。其中,除中海货运等上海航运企业承担少部分运输外,绝大部分由境外和外省市航运公司承运。

“十五”和“十一五”计划期间，中国铁矿石进口量大幅增长，2005年进口总量为2.75亿吨，同比猛增32.3%；2006年进口3.26亿吨，同比增长18.6%。由于铁矿石远洋运输，船型越大意味着越经济，故巴西航线以30万吨级以上超大型矿砂船（VLOC）为最佳船型，澳洲航线以20万吨级VLOC更经济。而是时世界散货船总保有量中，20万载重吨以上VLOC仅80艘，约1 800万载重吨，其中多数为日本和韩国船东所有。国内当时拥有的海岬型散货船大都在20万吨级以内，数量也仅30余艘，无论在船队规模还是船型结构上，都显势单力薄。虽2006年国内运输船舶总运力超过1亿载重吨，但由于大多数船型不适合远洋铁矿石运输，故进口铁矿石一程运输大多依靠租用外轮来完成。宝钢集团等中国钢铁企业与船运商签订的进口铁矿石长期运输合同（COA），大部分都交给了日本、韩国、欧洲等国家和地区的船运公司，其中尤以日本船运公司为甚。总部设于上海的日本商船三井（中国）有限公司（简称商船三井），长期与宝钢集团保持良好合作关系。2004年3月与宝钢集团签订了采用30万吨级大型矿砂船，承运宝钢巴西进口矿20年的长期运输协议。该30万吨级大型矿砂船下水后往返巴西和中国之间，每年可为宝钢承运巴西进口矿约130万吨。双方还签有澳洲航线进口矿15年长期运输协议。2007年，日本邮船株式会社所属日本邮船（中国）有限公司承担宝钢集团远洋铁矿石运输量810万吨，并将其旗下17万吨级“海洋城堡”轮、20万吨级“宝富”轮、“宝国”轮列为宝钢集团专用远洋铁矿石运输船舶。其中，“宝国”轮为日本邮船株式会社专为宝钢集团订造的，具备当时世界先进水平的大型远洋铁矿石运输船，用于巴西至宝钢铁矿石运输航线，为宝钢服役十年，年可运送铁矿石60万吨。2008年11月，该公司租赁经营1艘23万载重吨铁矿石运输船“宝安”轮，专门为宝钢承运澳大利亚至中国的铁矿石。根据协议，每年为宝钢承运200万吨进口铁矿石，承运期为10年。

鉴于进口铁矿石一程运输基本都由外轮承运，而铁矿石运价指数连年上涨，给国内钢铁企业带来沉重成本压力，国家提出“国矿国运”发展方针，鼓励大型国有航运企业积极参与进口铁矿石一程运输。为此，中海集团开始重点发展23万吨、30万吨级超大型矿砂船，为参与进口铁矿石一程运输提供运力，同时进一步加强与各大货主的战略合作，通过签订长期运输合同为超大型矿砂船提供稳定货源。2007年1月，中海集团与宝钢集团签署散装铁矿石包运合同。内容包括两部分，其第二部分为国际进口铁矿石运输，合同期自2010年始为期15年。中海集团控股的中海发展用公司所属大型矿砂船，采用连续航次程租方式运输，合同航线为澳大利亚至中国港口，合同运价在基准运价基础上与油价联动。协议签署之后，中海集团立即为宝钢集团“度身定做”多艘23万吨和30万吨级超大型散货船，用于为宝钢从澳大利亚和巴西等国运回铁矿石等生产原料提供服务。2008年2月，中海集团和宝钢集团开始联手拓展海运市场，双方合资组建铁矿石运输公司，承担国际铁矿石进口运输。合资公司的注册资金为800万美元，中海发展和宝钢集团分别占股51%和49%。双方还同时签署进口铁矿石长期运输《包运合同》，由新组建的合

图4-2-1　2008年2月中海集团与宝钢集团签署进口铁矿石长期运输《包运合同》

（照片提供：中海集团宣传部）

资公司初步投入2艘30万吨级和4艘23万吨级大型矿砂船承运进口铁矿石。其中,5艘船专门为宝钢运输巴西、澳大利亚至中国的铁矿石,签订10~15年长期运输合同;另1艘则为其他钢厂运输进口铁矿石。

2010年6月18日,宝钢集团和中海集团合资成立的香港海宝航运公司首艘23万吨超大型矿砂船"仁达"轮交用投产,主要承担宝钢进口铁矿石远洋运输。(2011年1月6日,香港海宝航运公司订造的第二艘23万吨级矿砂船"义达"轮,从澳大利亚载矿顺利抵达宝钢原料码头。"义达"轮为"仁达"轮姐妹船,投用后亦主要用于宝钢集团铁矿石远洋运输。)

至2010年,金属矿石连续多年一直为上海港货物吞吐量中的重要货种,全年外贸金属矿石吞吐量已达到3 829万吨,约占该港当年全部金属矿石吞吐量的47%,基本都为进口铁矿石。该货类主要从澳大利亚的黑德兰和丹皮尔港进口,全年从澳大利亚进口2 673万吨,占进口总量(是年上海港内、外贸金属矿石进港总量为5 657万吨)的47.2%。此外还从巴西的圣路易斯港和乌布角港进口该货类,巴西的进口量占进口总量的10.3%。是时,上海外贸金属矿石主要由境外航运企业承运。中海货运、上海长航等驻沪中资企业也参与运输。中海货运当年从澳大利亚丹皮尔港运至宝山码头金属矿石10.71万吨;从澳大利亚澳尔科特港运至宝钢码头和上海港金属矿石10.96万吨和33.65万吨,运至马迹山(宝钢矿石中转港码头)金属矿石44.49万吨;从南非里查德湾运至上海金属矿石2万吨。

表4-2-1　2001—2010年上海港外贸金属矿石吞吐量统计表　　单位:万吨

年　份	合　计	进　港	出　港	年　份	合　计	进　港	出　港
2001	1 424	1 415	9	2006	2 627	2 623	4
2002	1 887	1 878	9	2007	2 906	2 905	1
2003				2008	2 881	2 880	1
2004	2 293	2 289	4	2009	2 897	2 896	1
2005	2 533	2 530	3	2010	3 829	3 828	1

注:因时逢港口体制变化,表中无2003年相关统计数据

资料来源:《上海港口统计年鉴》(2002—2011)

二、上海以外港口金属矿石运输

20世纪80年代始,上远公司、上海海运局(海兴公司)、中海货运等驻沪航运企业,在为上海承运外贸金属矿石的同时,为支援外省市经济建设,拓展企业经营范围,也一直承担着进出国内其他港口的进口金属矿石运输。1988年,海兴公司从菲律宾运至南京金属矿石1.27万吨;从澳大利亚装载金属矿石运至大连1.31万吨,运至烟台1.68万吨,运至湛江3.06万吨;从加拿大运至烟台金属矿石9 600多吨。

进入21世纪后,中国经济持续保持较高增长速度,钢铁产量快速增长,外贸铁矿石进口量也逐年加大。为适应各地钢铁企业日益增长的原料需求,中海货运等驻沪航运企业,积极发挥国家大型骨干企业的主力作用,在力所能及的前提下,坚持为各相关地区和企业提供进口金属矿石运输服

务。2001 年是中国进口铁矿石增幅较大的一年，中海货运是年内共为国内各港运输进口铁矿石 125.2 万吨。其中：澳大利亚班伯里—青岛 7 万吨；班伯里—天津 3 万吨；澳大利亚丹皮尔—大连 6 万吨；丹皮尔—秦皇岛 7 万吨；澳大利亚埃斯佩兰斯—南通 15 万吨；埃斯佩兰斯—京唐 7 万吨；埃斯佩兰斯—张家港 7 万吨；澳大利亚黑德兰港—南京 11 万吨；澳大利亚澳尔科特港—南京 15 万吨；澳尔科特港—青岛 6 万吨；印度霍尔迪亚—营口 3 万吨；印度马德拉斯—南京 7 万吨；马德拉斯—湛江 6 万吨；印度莫尔穆冈—南京 3.8 万吨；莫尔穆冈—南通 3.8 万吨；莫尔穆冈—秦皇岛 6 万吨；印度新芒格格尔—南京 9 万吨；新芒格格尔—厦门 3.6 万吨；印度巴拉迪布—南京运输 7.6 万吨；巴拉迪布—营口 2 万吨。另有牙买加凯泽港—连云港 3 万吨。

为响应国家发出的“国矿国运”号召，中海集团除与上海宝钢集团加强战略合作，提供进口金属矿石运输服务外，先后与首钢总公司、武钢集团等大型钢铁企业也签署了进口铁矿石长期《包运合同》。2006 年 10 月 26 日，该集团与首钢总公司《战略合作协议》以及中海发展与中国首钢国际贸易工程公司(简称首钢国际)《散装矿石长期包运合同》签约仪式在北京举行。该包运合同期限为 15 年，自 2009 年下半年起算，合同总量为 3 700 万吨，合同航线为澳大利亚或巴西港口至中国港口，合同运价在基准运价基础上与油价联动。2007 年 12 月 2 日，中海集团又与首钢签署进口铁矿石长期运输《包运合同》，中海集团提供 2 艘 30 万吨级和 1 艘 23 万吨级超大型散货轮，长期为首钢承运进口铁矿石。同年 10 月，中海集团与武钢集团签署了为期 15—20 年，总量达 1.7 亿吨的进口铁矿石包运协议。按照双方签署的《包运合同》，在之后 20 年内，中海集团每年为武钢提供 3 艘 23 万吨级、2 艘 30 万吨级矿砂运输船运输进口铁矿石，每年运量可达到 500 万吨。为落实这些协议和合同，中海集团当年内先后与中国船舶工业贸易公司、广州龙穴造船、大连船舶重工等造船企业签下 8 艘 23 万吨级和 8 艘 30 万吨级超大型矿砂船(VLOC)的建造合同。

2010 年 2 月 6 日，由广州龙穴造船建造的首艘 23 万载重吨超大型矿砂船“中海兴旺”轮在广州建成启航，驶往澳大利亚装运铁矿石。其由中海货运经营管理，专门承担首钢集团的进口铁矿石运输业务，从澳大利亚航行我国北方港口曹妃甸。该轮也是及至当时澳大利亚港口可以进港靠泊的最大船型。4 月中旬，“中海兴旺”轮由澳大利亚丹皮尔港装运铁矿石至曹妃甸港，按照“能多装一吨就多装一吨”的要求精确计算合理配载，装货量达到最大值 22.43 万吨，比首航多装 8 831 吨，为中海货运增创效益 70 多万元。9 月 12 日，中海发展专为武钢定造的 23 万载重吨超大型矿砂船“中海希望”轮由广州龙穴造船建成。次月 7 日首航澳大利亚，安全载运 22.3 万吨铁矿石至宁波北仑港卸货。同年 11 月，“中海希望”轮从南非运载铁矿石抵达湛江港。是时，由中海货运承运的自国外至国内其他港口的进口金属矿石主要来自澳大利亚、印度尼西亚、印度、菲律宾等国家；国内主要卸港为：曹妃甸、天津、青岛、连云港、日照、营口、北仑、岚山头、锦州、湛江、防城等。

第二节　石油运输

1978—2010 年，上海地区从事近、远洋外贸石油运输的国内企业主要有上海海运局所属海兴公司(1997 年中海集团成立后为中海油运)。中国加入 WTO 后，进口原油运量大增。国务院及国家有关部门及时建立国家石油战略储备，并着力扶持“国油国运”(即国家进口原油由中国船舶自己承运)。中海油运遂将外贸石油运输定为企业重点发展方向，在承运上海港进出口外贸石油的同时，也担负起国内其他地区进口原油运输任务，服务于全国石油战略储备。2010 年，其外贸石油运量已超过 3 000 万吨。

一、上海港石油运输

20世纪70年代后期,上海远洋外贸石油运输以成品油为主。是时,上海石化总厂生产的石油化工制品部分出口日本、东南亚和澳大利亚,基本都由外轮承运。上海唯一的海上石油运输企业上海海运局(油轮船队),因营运范围局限于国内沿海,除个别情况外,基本无外贸石油运输。

1979年底,上海海运局在沪组建海兴公司,专事远洋外贸运输,包括利用上海海运局所属油轮承担中国进出口石油运输。该公司也是当时上海海洋运输行业唯一一家从事外贸石油运输的国内企业。1985年,海兴公司外贸石油运量(均为成品油)上升到167.9万吨,其中出口163.8万吨,主要运往日本和新加坡,分别占出口量的83.2%和12.7%;其余为东南亚地区及孟加拉等国。出口成品油的种类主要有上海石化总厂等国内沿海炼油厂生产的汽、煤、柴油。在出口石油的同时,也从国外进口部分石油,是年海兴公司从国外运入上海等地石油4.14万吨,主要是来自日本的成品油。至80年代末,该公司已有20余艘油轮航行于中国—日本、东南亚各国,运载成品油、石脑油、航空煤油。除海兴公司外,部分外地和境外轮船公司也参与上海外贸石油运输。1989年,广东远洋公司“莲池号”轮装载2.63万吨印度尼西亚原油,停靠上海金山石化总厂陈山码头东泊位卸油,使该原油码头开始经营进出口业务。1990年,上海港进出口外贸石油及制品分别为18.4万吨和77.9万吨,进口石油主要来自印尼、日本、美国、新加坡和苏联。

1992年,上海港共输入石油及石油制品1 596.7万吨,其中9.9%自国外进口,主要来自印度尼西亚、日本、美国、新加坡和苏联,多由海兴公司以及外地和境外船公司承运。1998年2月,中海发展股份有限公司油轮公司,即中海油运在沪成立,其作为上海地区海上石油运输的主力,不仅为上海地区提供内外贸石油运输服务,而且业务经营范围遍及国内外多个港口和多家石油化工企业。

2001年,中海油运从事部分进出口原油的海上运输。该公司在东南亚进口原油海上运输市场中占有一定份额,并开展部分陆上管道石油出口的海上外贸运输。当年完成外贸原油运输总量320.2万吨,占公司全部油运业务的7.6%。其中从越南(头顿)运入上海原油22.25万吨;从文莱(诗里亚)运入上海原油7.45万吨;从印尼(杜迈)运入上海原油3.74万吨;从马来西亚(居茶)运入上海原油5.30万吨。同时,根据国际、国内市场需求,该公司还承担部分出口和进口成品油运输,在日本、韩国、俄罗斯等国进口燃料油和清洁成品油等产品外贸运输中,占有一定市场份额。是年,该公司从日本的岩国、水岛、室兰等地运入上海成品油7.76万吨;从韩国仁川、昂山、蔚山、丽水等地运入上海成品油95.18万吨;从俄罗斯(纳霍德卡)运入上海成品油2.77万吨。从上海运往韩国成品油近3万吨。

中国加入WTO后,原油进出口环境随之发生重大变化,进口量大增。是时原油进口主要通过海洋运输,且其绝大部分由外资轮船公司(主要有丹麦的马士基,日本的日本邮船、川崎汽船、商船三井,以及韩国、新加坡和中国香港等地的航运公司)承运,整个中资油轮船队占中国原油进口海运市场的份额仅在10%左右。2005年,中海油运共完成进口原油运输量920万吨,仅占全国原油进口总量的7.3%,但在整个中资油轮船队所占市场份额中仍居首位。其中,从印尼运至金山(上海石化)原油近20万吨,运至上海7.40万吨;从越南运至金山8.5万吨,运至上海29.93万吨。同年,该公司继续为上海承运部分外贸成品油。其中,从日本运至上海近3万吨;从韩国运至上海75.87万吨;从新加坡运至上海2.9万吨;从上海和金山运至越南近8万吨。

“十一五”计划期间,上海所需外贸原油大多通过输油管道进入或由第一接卸港二程中转至炼化厂,而极少由国外直接运入。故自2005年至2010年,除前两年尚有少量外贸原油由国外直接运进外，以后几年此类外贸原油运量基本为零。但上海港外贸成品油年进出口量仍保持在300～500万吨。2010年，中海油运共为上海港运输进出口成品油80.33万吨，其中进口63.15万吨，出口17.17万吨(是年，上海港外贸石油吞吐量587万吨，其中进港419万吨，出港169万吨，货物种类均为成品油)。进口成品油多来自韩国、日本、俄罗斯和东南亚；出口成品油多运往东南亚的印尼、马来西亚、菲律宾、新加坡等地。是时，中海油运经营的外贸石油运输，除为上海地区承运部分外贸成品油外，重点是服务于全国石油战略储备，积极参与自国外装货港至国内接卸港的进口原油一程运输，为中石化、中石油等国有大型化工企业提供海上石油运输服务。

表4-2-2 2004—2010年上海港外贸石油吞吐量统计表 单位：万吨

年份	合计	原油进港	原油出港	成品油进港	成品油出港
2004	368	111		192	65
2005	361	56		211	94
2006	370	18		295	57
2007	339			285	54
2008	438			410	28
2009	456			347	109
2010	588			419	169

资料来源：《上海港口统计年鉴(2005—2011)》

表4-2-3 2010年中海油运外贸石油运输进出上海港运量统计表 单位：万吨

进口来自地	成品油	出口运至地	成品油
新加坡	4.30	印尼 CILACAP	5.16
俄罗斯 NAKHODKA	2.97	马来西亚 哥打巴鲁	2.78
马来西亚 帕西古当	1.79	马来西亚 坦中帕拉帕斯	2.80
韩国丽水	21.25	菲律宾 SUBIC BAY	1.48
韩国蔚山	8.81	新加坡	4.94
韩国昂山	9.77		
韩国 DAESAN	6.61		
日本水岛	3.27		
日本千叶	2.95		
韩国平泽	1.43		
进口合计	63.15	出口合计	17.17

资料来源：《中海油运统计年鉴(2011)》

二、上海以外港口石油运输

中共十一届三中全会后，在交通部大力支持下，上海海运局开始抽派部分船舶参加外贸物资运输。1979年四季度，该局将“大庆14”“大庆21”“大庆43”“大庆44”和“胜利5”等油轮投放到大连、青岛、南京、宁波等港至日本、泰国、菲律宾等国航线上，开展外贸石油运输，当年共完成外贸石油运量12.03万吨。

随着改革开放的逐步深入，海兴公司外贸石油运量逐年上升，1980年完成56.6万吨，1981年完成73.8万吨，1982年突破一百万吨，达到106.77万吨，1985年上升到167.9万吨，1992年已达171.4万吨。这些外贸石油，既有进出上海港的，也有进出国内其他港口的。

1998年2月，中海油运在沪成立，是为上海地区也是国内最大的水路石油运输企业。其作为国家大型骨干企业，不仅为上海地区提供内外贸石油运输服务，而且业务经营范围遍及国内外多个港口和多家石油化工企业。1999年，该公司相继开辟俄罗斯—韩国和海参崴—韩国—大连—日本的石脑油航线，促使本公司外贸运量大增。2000年，在巩固原有石脑油、汽油、航煤等市场的同时，开辟俄罗斯—中国燃料油航线，年内承接17货载；还积极承揽运价较高的远东—韩国、日本基础油和腊油第三国货载，共运出19载。

进入21世纪，中海油运继续加大外贸成品油运输市场的开拓力度。及时从国际市场上引进二手阿芙拉型油轮“MAERSKVIRTUE”轮，改名“枫林湾”，投入海湾至远东航线，从而打入中东—远东成品油运输市场。2001年3月21日，“枫林湾”轮在韩国卸下7.42万吨石脑油，成功完成中东—远东成品油运输首航任务，航次收入超过300万美元，创下公司单船航次收入最高纪录。

中国加入WTO后，原油进口量逐年增大，且主要依靠海洋运输。中海油运在巩固国内油运市场的同时，加大对外贸石油运输的投入，航线遍及国内外多个港口。2001年，该公司共完成外贸石油运量1 524.9万吨。其中，除部分进出上海港外，还含有从印尼运至湄州湾的原油12.34万吨，运至大连港的原油11.04万吨，运至宁波的原油12.62万吨；从文莱运至宁波、青岛、天津等港的原油27.51万吨；从越南运至锦州、宁波、青岛、天津、湛江、舟山等港的原油73.64万吨；以及从韩国运至黄埔、宁波、福州、厦门、汕头、大连、青岛、蛇口、深圳、珠海等港的成品油513.26万吨；从日本运至黄埔、宁波等港的成品油9.36万吨等。

是时，进口原油绝大部分由外资轮船公司承运，且所需进口石油的80%需经过马六甲海峡，易因战争或其他原因受阻。为此，国务院于2002年11月决定建立国家石油战略储备。翌年3月，国家发展和改革委员会下设能源局，与国家石油储备办公室一同负责国家石油储备的规划、建设、政策和管理。同年下半年，国家有关部委多次会同中石化、中石油、中海油三大石油生产商以及大连远洋、中海油运、招商轮船、长航油运四家国内主要石油运输商召开会议，讨论“国油国运”问题，制定详细发展规划，旨在提高国内油轮公司在进口原油运输市场中承担的份额，保障国家石油安全。为响应“国油国运”号召，中海油运提出“创建世界级油轮船队”目标，并

图4-2-2　承担进口原油接卸任务的宁波册子岛30万吨原油中转码头

（照片提供：中海集团宣传部）

通过新建、购置、租赁、改建、处置等多种方式，对船队结构进行调整和优化，着手添置30万吨级超级油轮（VLCC），积极参与自国外港口至国内第一接卸港的进口原油一程运输。

2004年12月21日，中海油运所属第一艘悬挂五星红旗的VLCC油轮——“新金洋”轮，由大连港驶往沙特阿拉伯装载进口原油，标志着该公司已具备直接参与国家原油进口一程运输的能力。2004—2006年，国家进口原油一程运输主要为中东、西非、南美和东南亚等地至国内港口的运输。国内最主要的原油进口商是中石化、中化集团、中石油三家企业。进口原油一程运输中由中资油轮企业承运的运量在20%左右，其余部分均由外资油轮企业承运。中海油运在进口原油运输中所占市场份额为：2004年运量644万吨，占原油进口总量的5.2%；2005年运量920万吨，占原油进口总量的7.3%；2006年运量1 011万吨，占原油进口总量的7.0%；为国内最大的原油进口运输商之一。是年，该公司还与负责中石化原油进口业务的联合石化签署了10年期限长期运输协议。在承运进口原油的同时，中海油运也一直是我国进出口成品油主要承运人之一。2006年，中国进出口成品油5 250万吨，该公司承运475万吨，约占市场份额9%，其中，除为上海地区提供运输服务外，部分进出国内其他港口。

至2008年底，中海油运已在30多个国家和地区开辟外贸石油运输航线，重点从事中东—远东、西非—远东的进口原油一程运输和环太平洋地区（包括东南亚、美国西岸及澳大利亚等）的原油、成品油运输。是年，该公司VLCC运力的70%用以承运联合石化的进口石油，共执行进口一程原油COA运输20载500余万吨，不仅为保障国家能源运输需求作出贡献，也为公司实现稳定收益打下基础。

2010年，为应对全球金融风暴的冲击，拓宽国际油运市场，中海油运除继续抓好远东市场的巩固和拓展外，积极开拓西半球市场，增加美湾市场的运力投入。年初新辟VLCC中东—美湾—西非—东亚的原油运输航线。以30万吨级VLCC“新润洋”轮首航非洲西部赤道几内亚和尼日利亚两个国家。该轮在赤道几内亚和尼日利亚两国进行SBM（单点系泊）装载原油作业，并于4月9日满载原油返回湛江。

表4-2-4　1998—2010年中海油运历年外贸石油运量统计表

年　份	货运量(亿吨)	货物周转量(亿吨海里)
1998	0.15	258.2
1999	0.12	208.1
2000	0.15	250.0
2001	0.15	273.5
2002	0.14	278.0
2003	0.19	337.8
2004	0.20	370.0
2005	0.22	620.0
2006	0.25	734.1
2007	0.25	806.3

(续表)

年　份	货运量(亿吨)	货物周转量(亿吨海里)
2008	0.26	863.7
2009	0.32	1 040.3
2010	0.31	1 307.9
合计	2.71	7 347.9

资料来源:《中海油运统计年鉴》(1999—2011)

第三节　大件设备运输

20 世纪 70 年代末始,随着改革开放方针政策的逐步推进和国内经济建设的蓬勃开展,各地各行业引进国外先进技术设备的需求大增,上海远洋运输市场大件设备运输取得迅速发展。

1978 年起,上远公司船队开始承担上海宝山钢铁总厂进口设备运输。宝钢工程是当时国家引进的一项最大工程,整个工程总运输量约 2 200 万吨,其中从国外引进设备、材料约 300 万吨,包括成套设备 55 万吨,钢管桩 49.5 万吨,几乎全部由海船运输。在引进的设备中,单件重量在 60 吨至 300 吨的长重大件共 900 多件。由于该公司对承运这些设备准备充分,措施得力,连年圆满完成运输任务,所运重大件设备全部完好无损运达目的地,保证了宝钢工程建设的需要,受到收货部门好评。

1979 年 2 月至 1985 年底,上远公司为南京化学工业总公司等 18 个单位装运从国外引进的机械设备 33.90 万吨,102.6 万立方米,并多次装运中国出口到巴基斯坦、斯里兰卡、非洲、阿尔巴尼亚和东南亚各国的机械设备。其中,该公司"大沙坪"轮于 1984 年 3 月装运南京化机厂支援孟加拉国的尿素合成塔一套,重 656.8 吨,其中最重的一件达 118.6 吨。

1986 年,上远公司调派多艘船舶装运秦山核电厂进口设备 1 万余吨。该厂进口设备主要来自法国和日本,其精密机器、仪器多,运输要求高,不能有一点碰擦,且单件重量大,最重的合成塔压力壳单件重 216 吨,由"黎城"轮从日本运回。该项设备体积大,国内运距较远,需经过黄浦江到石化总厂码头,再转运到秦山核电厂。经过上远公司、上海港和上海市交通运输局协同努力,最终完好运达目的地。

1986—1988 年,上远公司接受并圆满完成装运宝钢二期工程进口设备的运输任务。80—90 年代,民生轮船公司上海分公司积极发展远洋运输事业,以 7 艘远洋轮船,8.2 万载重吨位,经营上海—日本、上海—韩国、上海—东南亚、上海—俄罗斯等航线外贸运输。期间成功运输过许多进口大型设备,包括四川江油电厂 66 万千瓦发电机组、重庆珞璜电厂 72 万千瓦发电机组、四川两套 30 万吨合成氨及 52 万吨尿素生产设备等。这些设备中,最长件为 44.5 米,最高件为 7.5 米,最重件为 266 吨。该公司利用既有远洋运输,又有内河运输的便利条件,广泛开展江海联运,办理世界各地至中国各地之间"一票到底""门到门"(发货人仓库到收货人仓库)的运输服务。从日本运输成套设备到重庆仅需 19 天,从重庆运输钢材到日本仅需 16 天。

1990 年 2 月,中波公司"蔡伦"轮把从联邦德国出口,用于葛洲坝电站至上海五十万伏直流输电工程的两台各重 245 吨的大型直流变压器安全运抵上海,由上海转运葛洲坝。是为该公司承运特大件高精尖生产设备获得的一次重要成功。该型变压器起初由一家国外轮船公司承运，运输过程中5台设备坏了3台，不得不回欧洲返修，之后交由中波公司承运。其运载要求特别高，绝对不能受外力冲击。曾经有人用手轻轻一碰货箱，上面安装的监控仪器立即把这个外力精确记录下来，足见其精密程度。为此，中波公司技术人员专门考察了曾运坏变压器的船只，研究损坏原因，重新制定绑扎运输方案。之后一年多时间里，中波公司共运输此类变压器22台，全部完好无损。

图4-2-3　中波公司船舶正在装运上海地铁1号线列车厢
（照片提供：中波公司总经办）

1992年始，中波公司开始承担上海地铁设备运输。地铁1号线是当时上海市人民政府一号工程，由于自身开发设备条件有限，列车需要从德国进口，水上运输全过程颇费周折。根据计划，需进口列车16列，每列由6节车厢组成，每节车厢长22.8米，宽3米，高3.8米，重42吨。为了装载这些列车，中波公司一共投入11艘超长舱口船舶，从开始到结束，前后历经4年时间。1998年底，中波公司又开始承运上海地铁2号线电动客车，也是从德国全进口，全部37列列车于2002年装运完毕。从1992年至2002年，历时10年，中波公司员工以高度责任心和良好技术素质，将53列地铁列车、共318节车厢，完好无损运抵上海，为上海经济建设发展和人民生活水平的提高作出重要贡献。

20世纪末和21世纪初，受新兴集装箱运输的强大冲击，传统件杂货运输方式货源锐减，利润下降，生存空间日趋狭小。2002年初，在经过充分调查研究和缜密分析后，中波公司提出"一个目标，两个转变"的发展战略，即围绕打造世界一流重大件设备货专业化运输公司的目标，运输方式由传统件杂货运输向重大件、设备货专业化运输转变，市场定位由亚欧航线区域性运输向全球运输转变。自当年始，该公司相继斥巨资建造"中波太阳""中波明月""弗·奥尔坎""莱·斯塔夫"4艘装备640吨重型吊机的3万吨级重吊船，并在此基础上继续建造多艘同类型重吊船（至2010年共建成和投入运营8艘）。新船在主机、航速、技术和起重吊方面，均领先于国际同类型船舶。因其可停靠不具备大型起重设备的中、小港口，完成重大件设备装卸，不仅能减少租用浮吊的巨额费用，也可解决没有浮吊的港口装卸难题。在北非、波斯湾、地中海、南欧和国内一些港口，都可由此解决缺少浮吊的困扰。随着重吊船的上线，该公司的传统货源，包括石材、钢管、三夹板、茶叶等普通件杂货逐步淡出，取而代之的是卷钢和大量重大件设备货。

图4-2-4　满载风车叶片的中波公司多用途船
（摄于2002年2月，照片提供：中波公司总经办）

2002年4月，中海集团与荷兰重大件海运公司合资的中海重大件运输有限公司在上海成立。荷兰重大件海运公司是当时从事重大件运输的国际一流专业化公司,拥有 11 艘起吊能力 360 吨到 1 000 吨的专用重吊船,具有 30 年海上重大件运输的丰富经验,擅长运输超重和超尺寸的大型工业设备。中海集团依托发达的集装箱运输网络、完善的物流体系和揽货渠道,与该公司合作经营,积极开拓国内外特别是中国地区重大件和相关货物运输市场,为客户提供门到门的全球性重大件运输服务。该公司正式成立前夕,已开始实质性运转,由荷方重特大件专业运输船“菲罗德”轮为秦山核电站承运大型设备。该轮拥有一个可分割的大舱,其二层仓板可按需升降,两台船载大吊各可吊起 250 吨重物,500 吨以下货物可轻松装运。其专为中国秦山核电站承运的两台英国制造的大型变压器,各重 180 吨。

同年 8 月,由中海集团承运的上海磁悬浮轨道列车设备首批动力控制部分,即俗称列车头,经过近 30 天海上航行,从欧洲安全运抵上海港。中海集团与上海磁悬浮快速列车工程的托运人和最终用户订有海运服务合同,为该工程项目唯一的海上承运人。在一年多时间里,中海集团已为上海磁悬浮快速列车工程运输集装箱货物 1 844 TEU,非集装箱货物 6 915.38 立方米,包括轨道、电缆、变电站设备等。针对磁悬浮快速列车工程设备价值高、数量大、承运技术要求高、服务周期长的特点,为保障工期进度,该集团组织成立专项运输小组,合理安排船期,调整运力,所有运抵上海的由集装箱装运的设备和非集装箱运输的货物,都做到准点、按期交货,未发生任何货损。此次运抵上海的磁悬浮列车动力控制设备共计 3 个车厢,其中 2 个为列车动力控制部分,即带有车头的车厢,每个长 27 米,另一个为 24 米的车厢,从海路到达码头后,再通过陆路运抵磁悬浮工程工地安装。

2003 年,中波公司承运了从韩国、日本和国内出口的一系列较大批量设备货,运费收入达到上年的 118%,航运主业经营效益大为改善。2004 年,其新建的 4 艘 3 万吨级重吊船全部投入运行。当年 11 月,成功中标上海地铁 M8 线列车首批运输项目,共承运列车部件包括车厢设备和控制设备等总计 6 000 立方米。同月,该公司在美国德克萨斯州休斯敦市设立中波美洲公司(Chipolbrok American Inc),负责履行该公司在美洲地区的总代理职能,开展揽货、船舶和港口操作、运费收取等各项业务,为公司打入美湾市场、开辟美湾航线打下基础。同年底,中波公司经过三个多月艰苦谈判,联手世界著名专业重大件承运人 JUMBO 公司,与美国货主签下首个远东至美湾航线设备运输合同。同时,还揽下日本出口美国的设备和上海至美湾的特种集装箱。翌年 2 月,3 万吨级重吊船“太阳”轮从上海启程,满载机械设备和特种集装箱,横跨太平洋,经过巴拿马运河驶往美国杰克森威尔士港,正式开辟远东—美湾—欧洲航线的月班轮服务。随后,中波公司其他 3 艘新造重吊船“弗·奥尔坎”轮“明月”轮“莱·斯塔夫”轮也相继加入美湾航线运营。新航线的开辟,标志着该公司逐步从区域性承运人向全球承运人转变。其充分利用 4 艘新船的重吊优势,抓住市场机遇,成功承运风车设备等一大批高运价货物,开辟韩国重大件设备货市场,为拓展美湾航线提供了货源保障。是年,该公司美湾航线设备货占航线总运量 50%,而传统亚欧航线仅占 16%;中波公司在美湾航线投入 20%的船舶创造了 40%的利润。随着远东—美湾市场的成功开辟,该公司与通用电器、日立重工、现代重工、西门子、ABB 等世界知名机械设备制造商,相继建立长期友好合作关系。2006 年 8 月 2 日,中波公司所属“弗·奥尔坎”轮第 16 航次在印

图 4-2-5 中波公司“嘉兴”轮实现船运船奇观

(摄于 2009 年 8 月,照片提供:中波公司总经办)

度孟买港成功装运两件重达 502 吨/件的反应器，是为孟买港首次装运也是印度首次出口到中国的单体重量超过 500 吨的大型设备。装载全程由船舶自有重吊并吊完成。这次装运开创孟买港开港以来单件装载的新纪录，也是中波公司有史以来船舶装运最重的单件货物。及至 2006 年的几年间，该公司还先后承运过重达 489 吨的海底电缆、单艘 600 多吨的出口驳船、220 吨至 320 吨的系列直流变压器、长达 80 多米的石化蒸馏塔等。并为日本、内蒙古、新疆等地运输多套风力发电机组。这些巨型“电风扇”的叶片最长近 35 米，玻璃钢材质脆弱娇贵，而且头重脚轻，两台船吊需象合手捧鸡蛋一样小心轻放，承运人员为此在舱货调配上动足脑筋，确保了运载安全。2007 年，中波公司除保持每月远东—美湾—欧洲班轮服务外，还开始尝试根据货载需要增开美东港口和美湾直回远东的航线，完成东向远东—美湾线每月两班、西向美湾—远东线每月一班的布局，使航线结构进一步优化。

2008—2009 年，在全球金融危机冲击下，中波公司的业务量依然直线上升，2008 年陆续开发日本到美国、韩国到欧洲等多条项目设备货运航线，并为西门子公司承担大型风车运输任务。因积极扩大与欧、美、日、韩、印度和波斯湾等地高端客户的合作，货载结构进一步优化，华—欧向重大件设备承运比重高达 62.9%，欧—华向更是高达 68.5%，设备货物已成为利润增长的最重要来源。2009 年，其承运重大件设备货比例已达到本公司总业务量的 85.1%。2010 年，上海世界博览会前夕，中波公司为国家电网运载了用于保证世博会供电的大型变压器。这批设备由欧洲起运，由于当时遇有许多变动因素，导致装船时间延后，而卸货时间提前，给确保优质按时运抵带来极大挑战。为满足此项目投产时间的特殊要求，该公司高度重视，共投入 5 艘重吊船，承运 8 台大型变压器及系列设备。因及时与货主沟通，认真做好船舶积载和调度工作，通过船舶加速、货物倒舱、改变卸货港序等办法，最终比原计划提前 4 天抵达上海港，确保该项目的顺利投产。设备到沪后，该公司还充分利用船舶自备重吊，安全、优质、顺利地把重型变压器卸到接货驳船上，赢得国家电网的充分肯定和信任，荣获国家电网颁发的“优秀供应商”称号。

在中波公司大件运输蓬勃发展的同时，上海另一家大型船运企业上海振华船运有限公司(以下简称振华船运)也在重大件设备运输领域闯出一条新路。振华船运由上海振华重工(集团)股份有限公司(ZPMC)组建成立，主要承接本企业大型起重机和超大重大件的越洋运输业务。依靠这支整机运输船队，振华重工每年有几百台集装箱起重机被运往世界各地。振华船运成立之前(1992 年前后)，全世界只有荷兰一家专业航运公司可以装载类似巨大的集装箱起重机，运往世界各大港口，不仅运价贵，而且不准时，常为客户造成很多困难。振华船运成立后，先后自行改造和拥有 20 余艘大型整机运输船，为本企业大型港口机械产品的发送打开方便之路，彻底改变了运力受制于人的局面。

【宝钢工程设备运输】

1978 年起，上远公司开始承担上海宝山钢铁总厂进口设备运输任务。是年 2—3 月，首次为宝钢装运进口成套设备，投入的船舶是 1.25 万吨远洋货轮“风光”轮。2 月 11 日，“风光”轮接到命令后，改变原来进船厂修理锅炉的计划，卸完货后立即开赴日本水岛和伊予三岛装运钢材 8 415.8 吨，机械设备 2 999 吨，其中包括宝钢急用的 550 吨打桩机和钢管。同年 6 月，经国务院批准，在上海召开宝山钢铁总厂协作会议，研究进口设备运输等有关问题。宝钢工程是新中国成立后从国外引进的一项最大工程，整个工程总运输量约 2 200 万吨，其中从国外引进设备、材料约 300 万吨。主要有成套设备 55 万吨，钢管桩 49.5 万吨，各种钢材 46 万吨，水泥 75 万吨，几乎全部经由海上运输。引进的设备中,单件重量在60吨至300吨的长重大件共900多件,港口接卸和水陆中转任务繁重。交通部、中远总公司决定以上远公司为主,承担宝钢设备运输工作,并抽调13艘远洋船舶约15万吨运力,固定在中日航线上,包运宝钢从日本进口的设备。另外,还准备了几艘备用船,确保在日方交货期内,均衡派船接运。

1979年1月5日,交通部在北京召开专门会议,认真研究宝钢设备运输问题。1月14日,交通部领导专程抵达上海,会同上海市人民政府交通办公室,召集上海有关单位领导人会议,落实宝钢设备运输的具体问题。上远公司接到运输任务后采取多项措施,除派一名副经理参加上海市宝钢运输工作领导小组外,还会同上海外轮代理公司、港务局及上海外运公司等组建"宝钢进口设备运输工作小组",统筹安排接运工作。同时,认真选定"南口""花园口""阳方口""秦岭""铁岭""长岭""大沙坪""博兴海""洪茂海""华阴""龙溪口"11艘舱口大、货舱口大、货舱平整、船体强度高、航速较快的货船承担设备运输任务,根据宝钢提供的进口设备资料长重大件多的特点,逐条进行落实。由于宝钢工程对进口设备需求急、港口卸货往往来不及,故实际参加设备运输的船舶有20余艘,运力达26万多吨。为使运输工作做得更扎实,上远公司还对参加宝钢设备运输的船舶充实了干部力量。9月21日,上远公司具体制订运输宝钢设备的技术措施,对承担运输各船从配载、重吊使用、装卸、运输各个环节的责任划分、大件绑扎、船岸通信联络等方面都提出具体要求,强调凡单件重量在20吨以上,长度12米以上,宽度和高度在3米以上的货物,在货载电报中都要注明货物合同号码、单件重量、长宽高尺寸和实际装舱位置。是年内,上远公司船舶共装运宝钢设备113船次,32.84万吨。其中钢管22.89万吨、钢材7.39万吨、机械0.95万吨、设备1.61万吨,全部完好无损运到上海港,受到收货部门好评。该公司"南口"轮自当年10月接受装运宝钢建造码头引桥用的第一批钢桁梁设备的任务。这批桁梁共5段,50件,每件长39.9米、宽11.36米、高2米、重125～160吨。如此大件设备,国内船舶从未装运过,难度很大,而宝钢施工要求又急,供货方新日本钢铁公司认为中国船舶装运不了,多次提出由日方派船。"南口"轮接到任务后,反复研究和制订措施,做到精心配载,认真绑扎,克服船小、抗风浪能力差等困难,一航次紧接一航次运输,直到翌年3月8日,历时138天,往返12个航次,圆满完成运输任务,确保了宝钢工程建设进度的需要。1980年,上远公司共装运宝山钢铁总厂进口设备26.7万吨,全部按期保质保量完成运输任务。

1986年,上远公司又接受装运宝钢二期工程进口设备的运输任务。宝钢二期工程进口设备10万吨,近25万立方米,主要从联邦德国的汉堡港、荷兰的鹿特丹港和法国的马赛、敦克尔刻港、日本的神户、日明(HIAGARI)、横滨港和美国的纽约、巴尔迪摩(BALTIMORE)港装船。该公司在认真总结装运宝钢一期工程进口设备经验基础上,制订更为完备的安全措施。并组成"宝钢二期工程进口设备海上运输领导小组",充分利用上海—欧洲、上海—日本、上海—美国航线的定期班轮,按计划装运。并另外抽调"运城""项城""荣城""晋城""桐城""阳方口""潞城"和"张家口"8艘大型多用途船和滚装船加入大件设备运输,至1988年底基本完成宝钢成套设备运输任务。

【上海地铁设备运输】

20世纪90年代,中波公司独家承接上海地铁设备运输任务。地铁1号线是当时上海市人民政府一号工程,由于自身开发设备条件有限,所用列车需要从德国进口,运输全过程颇费周折。1992年10月30日,中波公司"西蒙诺夫斯基"轮运回上海地铁第一列电动列车。之后,该公司共用4年时间,完成1号线全部列车的运输任务。根据计划,一号线需进口列车16列,每列由6节车厢组成,每节车厢长22.8米,宽3米,高3.8米,重42吨。为了装载这些列车,中波公司一共投入11艘具有超长舱口的船舶。1998年底始,中波公司又开始承运上海地铁2号线的37列电动列车,也是从德国全进口。地铁二号线列车由德国汉堡与上海组成的GSMG集团供货,每列车厢自重34吨,定员310人,较1号线列车更为宽敞,并采用更为安全、节能的交流电传动。

上海地铁1号线、2号线所采用的地铁列车均由德国制造,这些列车在德国柏林造好后,先经陆路运至汉堡港,然后由当地精选出的专业装卸公司吊装上船,再由中波公司货船一列一列地运回。这些制造精巧、价格昂贵的列车,没有想象中的包装,外表全部裸露,给运输造成相当大的困难和风险。每船每航次只能运一列地铁,共6节车厢。每运一趟行程便达1.1万海里,且要经过大西洋、印度洋、南中国海等风浪大的海区。航行中船体经常随风浪剧烈摇摆,稍有不慎便会造成地铁列车"受伤",轻者"颜面"划破,重则设备受损。但中波公司员工凭着高度的责任心,处处严格要求,创下次次成功的佳绩。其优质服务贯穿始终,无论是列车装船、绑扎固定,还是途中运输、卸货下船,船员们处处精心操作,确保安全质量。为了不污脏列车,不磕碰列车,每次在列车吊装上船之前,都要仔细清扫船舱灰尘,清除铁链、木料等不固定物件,并反复进行检查。运输过程中,各轮船长、大副、水手长和甲板部人员认真开展质量管理,坚持每天下舱检查。途经一些风浪高发海域时,船舶经常遭遇狂风巨浪,而当时承担地铁设备运输的多为2万吨级左右货船,船体摇摆剧烈,有时达二三十度。越在此时,船员们越是惦记着船舱中的列车,坚持换上雪白的新手套,下舱仔细检查列车绑扎、固定情况,及时进行修整加固,不让列车发生丁点移位。船长还视情主动调整航线,尽可能避开大风浪。为了保证列车运输质量,中波公司宁愿损失不少有效舱容,坚持不将地铁设备与别的货物混装,留出足够的安全空间,每3节列车独用一个大舱,享受"进包厢、进雅座"的待遇。为预防万一,该公司还费尽心思,买来一些床垫,放置在列车空隙之间,不让列车吊装进舱时发生擦碰。为解决地铁设备卸货难题,公司早在运送首批列车时,便花费1万多美元在德国定制了高强度铝合金框架及地铁底部托板,并配备专门索具和工具,能将每节地铁列车稳稳当当地从船上吊到上海军工路码头铁轨上。

2001年12月22日,上海地铁2号线最后一列电动列车装上中波公司"泰兴"轮,从德国汉堡港起航,翌年2月5日运抵军工路码头,至此该线37列列车全部装运完毕。从1992年至2002年,历时9年多,中波公司将53列地铁列车,共318节车厢完好无损地运抵上海,成功率达100%,创造出远洋大件设备运输的奇迹,被上海媒体称为像"捧鸡蛋"一样,把一节节地铁车厢捧回上海。

2004年底,中波公司成功中标上海M8线列车的首批运输项目。经海路运输的列车部件包括车厢设备和控制设备两部分,分别由法国借道西班牙毕尔巴鄂港和巴塞罗那港运出。中波轮船公司承接的是毕尔巴鄂港的运输任务,总计6 000立方米,分数次运送完毕。中波公司"永兴"轮于当年12月上旬将装载的首批列车部件运抵上海港。与地铁1号线、2号线不同的是,M8线地铁列车不采用从国外进口整车的形式,而是选择从海路运输列车部件,抵上海后转运南京,由制造商法国阿尔斯通公司的合作伙伴—中国南车集团南京浦镇车辆厂进行组装。

【大型港口机械设备整机运输】

1994年前,上海振华重工(时名振华港机集团公司)生产的大型起重机等港口机械设备,都是由外籍轮船公司承担出口运输业务。是时,全世界只有荷兰一家专业航运公司可以装载类似巨大的集装箱起重机,不仅运价贵,而且不准时,常为客户造成很多困难。为不受制于人,为本企业大型港口机械产品的发送打开方便之路,振华港机集团公司决心开发自己的运输船型。1994年,该公司用200多万美元买进1艘6万吨级旧货船,请船舶设计院专家指点,把两个装卸设备用的叉子,

图 4-2-6 1995 年成立的振华船运专业从事大型起重机和超大重大件越洋运输业务
(照片提供:上海船东协会)

从船尾移到船头,将该船改装成大型港口机械和重大件整机运输专用船。4 个月后,改装成的振华港机第一艘专用运输船“振华 2”号,把 4 台起重机由上海按时运到美国迈阿密港目的地。在此基础上,振华港机又在世界上首创带轨道便于装卸的平台,并采用斜拉索大桥上的钢缆,固定起重机。其创造的港口机械整机运输装置、集装箱起重机海运加固绑扎等 6 项整机运输技术均为世界首创。1995 年,该公司下属振华船运成立,专业从事大型起重机和超大重大件越洋运输业务。翌年 8 月,振华船运以特制的港口起重机运输船,经过 64 天海上航行,将振华港机生产的当时世界最大的 3 台集装箱码头起重机运抵瑞典哥德堡港口。这些由哥德堡港口公司向振华港机定购的,高度达 118 米的起重机,成为瑞典最大港口城市的“新坐标”。

1999 年 12 月 29 日,振华船运获得上海海事局颁发的 DOC 证书,2005 年 11 月 17 日获得中国船级社颁发的 DOC 证书。在“振华 2”轮(已于 2007 年拆解报废)的基础上该公司船队规模不断扩张,仅 2006 年就新增 7 艘改造船,2008 年新增 3 艘,2009 年再新增 3 艘,至 2010 年底已拥有自行改造的 22 艘整机运输船,总载重吨位约 106 万吨,其中包括半潜船 4 艘。已累计运输 778 个航次,发运岸桥 1 116 台、场桥 1 860 台、轨道吊 387 台,装、卸船机 127 台、门机 36 台、龙门吊 4 台及众多大型模块,总计航程超过 600 万海里,相当于绕赤道 277 圈,足迹遍及世界各个港口,并连续 11 年占据全球 70%以上岸桥和 50%以上场桥的市场份额。世界著名的美国新海湾大桥的所有钢结构部分以及英国的风力电站均由振华船运负责承运。振华重工生产的大型机械设备,其价格之所以有竞争力,很大程度上是由于使用自有船舶,运输成本低。其之所以能准时交货,运输船舶掌握在自己手中也是重要原因。客户之所以敢于将大额合同授予该公司,其重要原因之一也是看中该公司有自己的运输船队,有运力保证。

(续记:2011 年 10 月 20 日,振华船运半潜运输船“振华 29”轮满载 14 艘大型驳船,从上海崇明岛出发,驶向目的地加拿大温哥华港。所载驳船的长、宽皆为 60 多米,相当于一个海上石油钻井平台。按照以往设计,一艘运输船最多只能装载 10 艘该种型号的驳船,但公司船运设计人员通过精确测量、创新工艺,利用潮汐变化,将 14 艘大型驳船利用叠加方式,4 组一装,成功完成全部装载任务。其船运工艺、海绑设计均体现出振华船运史上的新难度。加拿大用户对公司高效、创新的装船模式赞叹不已。)

第四节 其他散杂货运输

一、粮食运输

20 世纪 70 年代,上海航运企业开始经营外贸粮食运输,主要承运加拿大、澳大利亚等国进口粮食。1978 年 4 月,交通部要求相关单位把粮、矿运输当作大事来抓。上远公司对运粮工作精心安排,制订保质量、保安全、保班期的具体措施,并印发公司所属“静海”轮装运粮食的经验,确保粮运质量。同年，上海海运局为支援外贸运输，以所属 2.5 万吨级“神州”轮首航澳大利亚，成功装运进口小麦 2 万余吨。1979 年，中国同美国正式建立外交关系，是年 3 月 15 日，上远公司“柳林海”轮首航美国西雅图港，在该港装载 3.58 万吨玉米，于 5 月 15 日返抵上海港。同年，国家进口粮食运输任务加重，因远洋运力不足经交通部批准，从上海海运局抽调“长辉”等 19 艘船舶参加远洋运输。上海海运局所属海兴公司以及上远公司当年共承运外贸粮食 199.5 万吨，其中进口粮食 194.8 万吨(包括运进上海港和国内其他港)，占 97.6%，主要为来自澳大利亚和加拿大的小麦，其次是东南亚地区的大米。

1980 年，上海港开始进口澳大利亚和加拿大小麦，当年从国外进口粮食 225.8 万吨，其中美国 120.4 万吨，澳大利亚 51 万吨，加拿大 47.4 万吨；外贸出口粮食 61.1 万吨。是年，上海远洋船队(海兴公司和上远公司)共承运粮食 277.04 万吨，主要是来自加拿大、澳大利亚和美国的进口小麦，包括运入上海港和国内其他港口。

1981 年，上远公司建造 2 艘 2.5 万吨级散装货船“宁海”轮和“通海”轮，主要用于进口粮食运输。1981—1982 年，上海远洋船队年运粮大体在 200 多万吨。上远公司 1982 年进口粮食运量占其全部进口货运量的 24%，在各类进口货物中名列首位。

1983 年起，国外进口粮食减少，上海远洋船队外贸粮食运量也随之减少，年运量在 150 万吨上下。1985 年起，上海远洋船队除运输进口粮食外，出口粮运增加，主要是运往日本的玉米、大豆和运往西北欧地区的大米；1988 年，共运输出口粮食 49.3 万吨，占其进出口粮食运量的 30%。1990 年，上海港完成外贸进口粮食 211.5 万吨，主要来自美国(70.5 万吨)、加拿大(52 万吨)、澳大利亚(46.1 万吨)。当年运往朝鲜粮食 1.99 万吨。

1992 年，上海港共输入粮食 355.9 万吨，其中 50%从国外进口，主要来自加拿大、法国和美国；外贸出口粮食 55.4 万吨，其中流向亚洲 8.9 万吨、欧洲 6.5 万吨、北美洲 9.2 万吨、南美洲 1 万吨、非洲 29.7 万吨。除境外航运公司外，上海航运企业上远公司、海兴公司等亦参加上海进出口粮食运输。1995 年，上海港共进口外贸粮食 302.8 万吨，主要是来自美国的小麦 192.4 万吨，来自加拿大的小麦 46.9 万吨；出口外贸粮食 4.2 万吨，主要运往非洲、北美洲以及地中海、东南亚等地。

1996 年后，上远公司所属散货船全部交由中远集团集中经营，该公司进出口粮食运输随之中止。1997 年中海集团在沪组建后，海兴公司更名中海发展股份有限公司。其分支机构中海货运继续参与上海外贸粮食运输。

90 年代后期，因居民饮食结构变化等因，上海港外贸进口粮食大幅减少。2000 年，外贸粮食出口量已超过进口量。进入 21 世纪后，上海港外贸粮食年进出口量维持在 50～100 万吨左右。2005 年，中海货运参与少量外贸粮食运输，其中由美国奥尔巴尼港运至上海港 1.5 万吨。2010 年，上海港外贸粮食吞吐量 101 万吨，其中进港 101 万吨，出港仅 0.01 万吨。其多由外地和外籍轮船公司承运，中海货运等上海航运企业很少参与此项运输。是年中海货运共承运外贸粮食 150.27 万吨，大多由国外运进国内其他港口。

表 4-2-5　2000—2010 年上海港外贸粮食吞吐量统计表　　单位：万吨

年份	合计	进港	出港	年份	合计	进港	出港
2000	185	60	125	2002	110	74	36
2001	186	122	64	2003			

(续表)

年份	合计	进港	出港	年份	合计	进港	出港
2004	138	129	9	2008	2		2
2005	53	51	2	2009	44	42	2
2006	53	52	1	2010	101	101	0.01
2007	30	28	2				

注：因时逢港口体制变化，表中无2003年统计数据
资料来源：《上海港口统计年鉴》(2001—2011)

二、煤炭运输

20世纪70年代中期，上远公司开始承运外贸进出口煤炭。1981年煤运量增至55.3万吨，其中包括进出上海港和进出国内外其他港口运输。1982年，海兴公司也开始派船参加远洋煤炭运输，全年装运0.6万吨，其中出口0.4万吨。1985年，上远公司和海兴公司共承运进出口煤炭80.7万吨，其中上远公司承运30.3万吨，海兴公司承运50.4万吨，主要是宝山钢铁总厂从澳大利亚进口的优质煤。1992年，上海远洋船队(上远公司和海兴公司)共承运外贸煤炭161.6万吨，其中包括进出上海港的运输和上海以外港口间运输。

1996年后，上远公司不再承担远洋散货运输，海兴公司则继续参与进出口煤炭运输。1997年，海兴公司更名中海发展股份有限公司，其分支机构中海货运兼营内外贸货运，包括外贸煤炭运输。2001年，中海货运承运部分中国出口日本、韩国的煤炭，年运量约40万吨。2005年，由加拿大鲁珀特港运至上海宝钢码头煤炭3.30万吨。

21世纪初，世界煤炭生产、消费和贸易量呈增长态势，煤炭生产国际化和海运成本下降，加速煤炭国际贸易的发展，中国煤炭进出口贸易比重也有显著变化，从2002年开始煤炭进口量快速增长，年进口量超过1 000万吨。上海港外贸煤炭吞吐量也持续增长，2010年达到463万吨，为2000年的6.1倍。其中，进港外贸煤炭454万吨，主要来自澳大利亚、印度尼西亚、越南、俄罗斯等国。

2010年9月，中海发展召开当年第九次董事会会议，同意本公司订造8+4艘(先造8艘再视情续造4艘)4.8万吨级散货船。其目的主要是为了满足上海和华东地区煤炭运输需求，同时作为兼营船舶，在沿海运输淡季时，可以穿插承担印尼进口煤炭及澳洲矿石等“大三角”航线外贸运输。是时，上海外贸煤炭由中海货运等中资航运企业以及部分境外航运企业共同承担运输。中海货运当年由澳大利亚奎纳纳港运至宝山石洞口电厂煤炭7.7万吨，运至上海港煤炭4.28万吨；从印尼ADANG BAY港运至宝山石洞口煤炭3.86万吨；从印尼三马林达运至宝山码头煤炭3.97万吨；运至上海上电煤炭6.69万吨，运至上海外高桥煤炭15.32万吨。

表4-2-6　2000—2010年上海港外贸煤炭及制品吞吐量统计表　单位：万吨

年份	合计	进港	出港	年份	合计	进港	出港
2000	75	31	44	2002	161	72	89
2001	82	23	59	2003			

（续表）

年 份	合 计	进 港	出 港	年 份	合 计	进 港	出 港
2004	157	115	42	2008	66	66	
2005	160	132	27	2009	369	369	
2006	66	65	1	2010	463	454	9
2007	105	104	1				

注：因时逢港口体制变化，表中无2003年统计数据
资料来源：《上海港口统计年鉴》(2001—2011)

三、钢铁运输

1978—1979年，全国各行各业对钢材的需求量急剧增加，上远公司船队承运外贸钢材量也大幅增长，1979年完成250.7万吨，其中除对香港和东南亚地区出口1.9万吨外，其余全部为进口钢材。1980年上海港从国外进口钢材159.3万吨，其中，从日本进口91.7万吨，从澳大利亚进口23.5万吨。

1986年，上海远洋运输船队（上远公司和海兴公司）外贸钢铁运量上升到308.96万吨（包括进出上海港和其他港口运量，下同），为历年最高（截至当时），其中上远公司承运203.63万吨，海兴公司承运105.33万吨。是年，上海港进口外贸钢材204.6万吨，主要来自欧洲、巴西、日本等地。其中，海兴公司从日本运至上海19.62万吨，从澳大利亚运至上海8.93万吨，从英国运至上海1.18万吨，从西德运至上海2.18万吨，从东德运至上海1.03万吨，从西班牙运至上海6.02万吨，从希腊运至上海9 989吨。

1990年，上海港进口外贸钢铁204.6万吨，其中来自欧洲82.2万吨、巴西57.5万吨、日本50.3万吨；出口外贸钢铁120.2万吨，其中运往朝鲜24.7万吨、泰国32.6万吨、日本19.1万吨以及中国香港地区20.1万吨、中国台湾地区12.9万吨。

“八五”计划期间，上海地区除进口外贸钢材外，宝钢和上钢三厂等钢铁厂也开始出口钢材。1995年，上海港外贸进口钢材主要来自日本（100万吨）、韩国（21.2万吨）和欧洲（32.4万吨），出口钢材主要运至中国台湾（61.2万吨）、中国香港（23.8万吨）、韩国（70.9万吨）、泰国（43.6万吨）、日本（40.6万吨）、美国（16.9万吨）、马来西亚（14.9万吨）、菲律宾（12.6万吨）和印尼（12.3万吨）等地。是年，上远公司和海兴公司共承运外贸钢铁179.79万吨，其中，上远公司完成83.51万吨、海兴公司完成96.28万吨。其出口钢材主要运往日本、美国、东南亚等地；进口钢材主要装自日本、地中海和拉丁美洲等地。

1996年后，上远公司所属散货船全部交由中远集团集中经营，故不再承担外贸钢铁运输。海兴公司则继续参与进出口钢铁运输。1997年，海兴公司更名中海发展，其分支机构中海货运在其后十余年间（及至2010年）一直参与我国进出口钢铁运输，但大多在上海以外港口间运营。

进入21世纪后，国内钢铁产业持续发展，上海港钢铁进出口吞吐量也逐年上升，但外贸进出口吞吐量所占比重趋于下降。2010年，该港钢铁吞吐量达到4 134万吨，其中外贸进出口量仅为722万吨，占总量的17.5%。是时，进出上海港的外贸钢铁主要由境外和外地航运公司承运。

表 4-2-7　2000—2010 年上海港外贸钢铁吞吐量统计表　单位：万吨

年份	合计	进港	出港	年份	合计	进港	出港
2000	548	229	319	2006	821	222	598
2001	506	316	190	2007	943	215	728
2002	469	323	146	2008	916	219	697
2003				2009	526	223	303
2004	618	351	267	2010	722	233	489
2005	622	247	375				

注：因时逢港口体制变化，表中无 2003 年统计数据
资料来源：《上海港口统计年鉴》(2001—2011)

四、木材运输

1980 年，上海港从国外进口木材 82.1 万吨，其中来自菲律宾 37.8 万吨、美国 17.3 万吨、智利 12.3 万吨、印尼 7.5 万吨。参与上海外贸木材运输的除上海本地企业外，大多为境外航运企业。是年，上远公司承运的出口货物中，木材占 0.3%；进口货物中，木材仅占 0.2%。

“六五”计划期间，因受国内东北地区木材资源制约，上海港从国外进口木材量增大。1985 年进口外贸木材 329.6 万吨，主要是来自美国、加拿大、智利、新西兰以及东南亚和苏联远东地区的花旗松和热带林木等。

图 4-2-7　参加远洋木材运输的长航国际船舶
(摄于 2010 年，照片提供：上海长航)

1990 年，上海港输入木材中，88.4%来自国外，其中从美国进口 84.5 万吨，从苏联进口 33.3 万吨，从马来西亚进口 23.6 万吨，从新西兰进口 13.4 万吨。承运外贸进出口木材的仍以境外航运企业为主。上远公司当年的外贸出口运量中，木材仅占 0.4%；外贸进口运量中，木材占 3.9%。

2000 年，上海港从国外进口木材 88.9 万吨。是年，中海货运承运的外贸货物中，木材 5.40 万吨，占总量的 0.61%。

2005 年和 2010 年，上海港分别从国外进口木材 75 万吨和 185 万吨，运出外贸木材 5 万吨和 2 万吨，进出口木材多由境外航运企业承运。是时，长航国际也参加远洋木材运输。

五、液化天然气运输

2006 年 10 月，上海液化天然气有限责任公司与马来西亚液化天然气第三公司签署《液化天然气购销合同》，合同期为 25 年。根据合同约定，马来西亚从 2009 年开始由海路向上海供应液化天

然气(LNG),数量从 110 万吨起逐年增加,2012 年后保证每年供应 300 万吨液化天然气(约 40 亿立方米)。上海液化天然气项目接收站位于洋山深水港区中西门堂岛,一期建设规模为年接收能力 300 万吨。供应上海的天然气资源地位于马来西亚东部民都鲁地区,由马来西亚液化天然气公司生产。

上海液化天然气项目为国家"十一五"期间能源战略和天然气发展布局重要项目之一,也是 2006 年市政府重点工程,被视作上海加快能源结构调整和保障能源供应长期安全、全面提高城市综合竞争力以及成功举办世博会的关键项目。是时,上海使用的天然气主要有两处来源,即东海天然气每年为上海提供 5 到 6 亿立方米,新疆通过"西气东输"管道每年向上海输送 16 亿立方米。中马《液化天然气购销合同》生效后,上海从马来西亚进口的液化天然气成为本市能源供应又一重要渠道。

图 4－2－8　2009 年 10 月 11 日洋山深水港 LNG 码头迎来第一艘大型液化天然气专用运输船"北极精神"轮

(照片提供:上海船东协会)

2009 年 10 月 11 日,新建成的洋山深水港 LNG 码头迎来第一艘大型液化天然气专用运输船,即巴哈马籍"北极精神(ARCTIC SPIRIT)"轮。该轮装载 4.5 万立方米液化天然气从马来西亚驶抵洋山深水港。10 月 25 日,洋山深水港又迎来马来西亚籍"钻石公主一号(PUTERI INTAN SATU)"轮,其满载 7 万吨(13.5 万立方米)液化天然气,是截至当时驶入上海港的最大吨位 LNG 船。该轮成功靠泊,标志着洋山深水港 LNG 码头正式开始投产运营,通过全长 36 公里的海底输气管道将进口液化天然气并入输气管网,可使上海市民家庭用上来自马来西亚的液化天然气。洋山深水港液化天然气一期规模为进口天然气 300 万吨(约 40 亿立方米)/年。而其输送途径全部依靠海洋运输,即由大型液化气专用船承运。同年 11 月 21 日,马来西亚籍大型液化天然气专用船"绿松石公主"轮满载 13 万立方米液化天然气安全靠泊洋山港 LNG 码头。其时,全国多个地区因雨雪天气造成天然气供气紧张,该轮的到来为上海天然气正常供应提供了保障。洋山深水港作为上海天然气供应的新能源储备基地,当时的液化天然气供应量已占全市天然气使用总量的 60%左右。每立方米的液态天然气汽化后为 600 立方米,洋山港 LNG 储运基地每天可向外运送 700 万立方米左右。"绿松石公主"轮承运的一船天然气至少可供应 10 天。

洋山港 LNG 储运基地建成投产后,不仅接收马来西亚天然气,也接收来自其他国家和地区的进口天然气。2009 年 12 月 24 日,一艘由比利时开来的大型液化天然气专用运输船"戈拉尔玛利亚"轮安全靠泊洋山港,为上海运来 14.4 万立方米液化天然气,可以满足大半个上海 12 天的天然气使用需求,从而大幅缓解上海当时因持续低温天气造成的天然气需求猛增压力。至此,洋山深水港 LNG 码头自开始运营起,已有 7 艘大型 LNG 专用运输船靠泊,累计运输液化天然气 73.5 万立方米。因洋山深水港的液化天然气供应量已经占到上海全市天然气使用总量的一半以上,大型液化天然气专用运输船能否如期安全靠泊,直接影响到上海天然气的正常供应和上海市民的生活。

LNG 专用运输船体并不庞大,吃水也不深,但每次进港,都受到海事部门格外"关照",不仅因为这类船安全靠泊关系着上海能源安全,还因这种船进港和靠泊要求非常高。由于 LNG 船运输时一般都将天然气冷却至约－162℃,使天然气由气态变成液态,而低温是其主要危险特征。每逢

LNG 船进港,洋山港海事处都要对其实施护航,即在 LNG 船前后船长的 4 倍、左右船长的 6 倍范围内禁止任何船舶进入,形成“真空”区域。即便安全靠岸后,也要实行 24 小时监护。自 2009 年“北极精神”轮首次成功试靠至 2010 年底,所有来沪液化天然气船舶在洋山港海事处保驾护航下,安全进出港和靠离泊,未发生一起事故和险情。洋山港海事处在实践中已积累一整套液化天然气船舶监控、护航、警戒的经验,增强了海事部门对洋山深水港区大型集装箱船舶、高速客运船舶、大型油轮、LNG 液化天然气船舶以及各类施工船舶的同时监控和协调组织能力,为船舶安全进出洋山港提供有力保障。

2010 年,上海港外贸天然气及制品吞吐量共计 183 万吨,其中进口 182 万吨,出口 1 万吨。及至是年底,上海进口液化天然气均由境外轮船公司承运。但国内已有航运企业积极筹建自有 LNG 船舶,为国有船舶运输进口液化天然气作准备。中海发展于 2009 年 4 月以 1 亿元收购中海集团液化天然气投资公司 100%股权,同时与中石油共同成立中国北方液化天然气运输投资有限公司,从事 LNG 运输业务,中海发展持有合资公司 90%股权。2010 年 2 月,由中远集团、招商局集团和中海油共同组建的中国液化天然气运输(控股)有限公司与沪东中华造船签署建造一艘 LNG 运输船合同,用于为上海液化天然气接收站运输 LNG。

六、液体化学品运输

20 世纪 80 年代初,我国石油化工工业发展迅速,外贸业务量扩大,但石油化工产品的原料运输与其很不适应。在外贸运输中,一级危险品——磷二甲苯的运输,长期为日本轮船公司垄断。1982 年,上海海运局为适应外贸运输需要,决定以“大庆 14”轮试运液体化工品。经过对磷二甲苯装载过程中技术要求和注意事项的探讨,采取相应措施,制定试运方案。是年 8 月 9 日,“大庆 14”轮从大连港装运石脑油 1 526 吨到日本川崎港,卸空后于 8 月 31 日到日本四国松山港,按规定要求清仓 4 天,于 9 月 5 日满载磷二甲苯 1 541 吨,返航天津港。按预定计划完成试运任务,一举打破该项运输长期由国外航商垄断的局面。之后,为扩大液体化学品运输的品种、数量,避免在运输过程中对人体及环境的危害,海兴公司在原先使用普通油船承运的基础上,从 1983 年 11 月起先后从日本购进“化运 1”“化运 2”“化运 3”3 艘化学品专用船,承担液体化学品的专业运输。

图 4-2-9　1985 年海兴公司购入的化学品专用船“化运 5”轮

(照片提供:中海集团宣传部)

1984 年底,日本“进华丸”轮靠泊金山石化总厂小码头,卸下进口对二甲苯 1 499.44 吨。同时,国家海关、边防检查、卫生检疫、港务监督等口岸机构派员驻码头办公,金山化工码头自此对外开放。总厂海运从单纯原油输入扩大至化工物料进出口领域,使易燃、易爆、剧毒的化工物料,避免了内河、陆路运输不安全因素,就近由海运进出。由于化工物料易燃、易爆、剧毒的特性,码头作业职工严守操作规程,在危险品装卸、管理和统计工作中,受到国务院交通部和上海港务局的肯定。是年进出口吞吐量 2.01 万吨,进口出口数量比为 5.6 : 1,创汇 63.93

万美元(80年代末,金山化工码头投资120万元,改造2号泊位,加长81.5米,使靠泊海轮从0.5万吨级提高到1.5万吨级。至1992年,该厂海运码头已累计进出口化工物料665.37万吨)。

1985年,海兴公司再次从日本购进比前3艘载重量稍大的化学品专用船"化运4""化运5"轮。这5艘化学品专用船主要用于载运上海金山石化总厂生产的石脑油、汽油等产品,驶往日本千叶、四日、横滨、水岛等港口,同时从日本的波万、松山等港口装运上海石化总厂所需进口乙二醇等化工原料。

"八五"至"十一五"计划期间,上海承担外贸液体化学品运输的中资企业有金海船务(1988年12月由上海海运局与上海石化总厂联合组建)和上海鼎衡船务有限公司(2004年成立)等。金海船务主要承接国内外石油化工产品和原料运输业务,成立后不久即进入国际化工品运输大市场,先后与日本、菲律宾、泰国、香港等国家和地区以及国内50多家大型化工厂建立长期合作关系。承运过纯苯、丙烯腈、对二甲苯、乙二醇、甲醇、乙醇等一百多种液体化学品货物。鼎衡船务有限公司经营和管理十余艘化学品船,总载重吨超过7万吨,主要从事国内沿海和国际化学品运输,与国际著名化工企业(Yangzi-Basf,Lucite,MRC,Exxon-Mobil,Dow Chemical,Byaco等)建有稳定合作关系。承担外贸液体化学品运输的中外合资企业有上海中化思多而特船务有限公司(简称中化思多而特,2005年9月在上海开业)等。该公司客户包括上海赛科、上海巴斯夫、中海壳牌和南京扬子巴斯夫等知名化工企业,并已成为这些企业液体化工产品的物流合作伙伴。其外贸运输港口以韩国和中国台湾为主,主要经营近洋航线。外贸货物以进口为主,主要运输货种为苯酚、环氧丙烷、丙酮、苯乙烯、二甲苯、苯、丙烯腈、醋酸、乙烯乙酸、异氰酸酯、丙烯酸丁酯以及一些外贸专有的烯烃类货物。

七、矿建材料等散货运输

1978—2010年,上远公司、海兴公司、中海货运、长航国际等上海航运企业,在远洋散货运输中还承运过矿建材料、水泥、非金属矿、化肥农药、盐、糖等货物(含进出上海港和上海以外港口间运输)。但与铁矿石、石油、粮食、煤炭、钢铁等货物相比,其在进出口运量中所占比重较小。

1980年,上远公司承运的出口货物中,水泥占13.4%,非金属矿占3.6%;进口货物中,水泥占5.2%,化肥农药占5.4%,糖占4.1%。1990年,该公司承运的出口货物中,水泥占5.8%,非金属矿占5.5%,矿建材料占0.4%,化肥农药占0.3%;进口货物中,化肥农药占5.1%,水泥和非金属矿分别占0.7%和0.5%。

2000年,中海货运共承运外贸货物880.29万吨,其中矿建材料92.82万吨,水泥94.02万吨,非金属矿石37.52万吨,化肥农药51.84万吨,分别占总量的10.54%、10.68%、4.26%和5.89%。

2005年,该公司承运外贸货物818.58万吨,其中非金属矿石28.30万吨,水泥24.42万吨,矿建材料7.02万吨,化肥农药8.84万吨,分别占总量的3.45%、2.98%、0.86%和1.08%。2010年承运外贸货物1 639.74万吨,其中非金属矿石30.71万吨,化肥农药22.79万吨,水泥4.45万吨,分别占总量的1.87%、1.39%和0.27%。

"十五"和"十一五"计划期间,长航国际亦加入远洋散货运输,其以金属矿石进口运输为主,同时也承担部分化肥、水泥熟料等外贸散货运输。

八、普通杂货运输

20世纪70年代后期至90年代,随着中国对外贸易的发展,上海与日本、朝鲜、东南亚、澳大利亚、海湾、非洲、地中海、西欧、美国等国家和地区之间均有杂货船只往来运输。

1978年9月起,上远公司开始经营上海—日本四条定期杂货班轮航线,即上海—神户、横滨;上海—门司、名古屋;上海—神户、大阪和上海—横滨、川崎航线。四条航线均为每月1班,分别由4 000~7 000吨级杂货船"北安""东安""丰城""盐城"轮投入营运。同时还逐步开辟中国其他港口至日本港口的杂货班轮航线,包括天津新港至日本,每月3班;青岛至日本,每月2班;连云港至日本横滨、大阪,每月1班等。同年11月,上远公司试行上海至地中海航线班轮运输,每月10日从上海港发出1艘船,投入船舶为"汉川""江川""铜川""银川""大柏树""兴城"等。经过一段时间营运,因进口货源不稳定,无法定线定班,只能根据货源情况不定期派船行驶该线。同一时期,上远公司对上海至东南亚各国部分港口每月投放杂货班轮,一般为2艘万吨级船运营:1艘从上海出发经香港、新加坡,驶马来西亚巴生港;另一艘从上海出发,驶新加坡和马来西亚巴生港、槟城港。行驶该航线的杂货船均有三层柜,比较适合装坛装、罐装等出口货。每月中旬从上海港开出,进口则安排东南亚地区运往上海的杂货。

1979年,经中国和罗马尼亚两国友好协商,上远公司决定从11月底起试行开辟天津新港、上海—康斯坦萨港杂货班轮航线,每月1班,安排"风阳""岳阳""漂阳""风鹰""朝阳"5艘船承担运输任务,在双方努力下,该班轮航线维持一年多时间,完成不少重要物资的运输,受到两国货主的欢迎。后因回程货太少等因改为不定期派船。

1980年1月,上远公司投入1.8万吨级"荣城""桐城""运城"3轮,开始在上海至美国西海岸港口波特兰之间进行直达班轮运输。该3艘船系多用途船。每月从上海港发1艘船,航次周期为90天。这条航线的开辟,适应了中美两国贸易日益增长的需要。对进一步发展两国贸易、促进两国人民友好往来发挥了积极作用。是年上远公司承运出口美国的货物6.66万吨,以非金属矿物及日用杂货为主;进口货物87.81万吨,以粮食为主,也有部分糖及杂货。后因货源较缺,1.8万吨级的船要亏舱百分之六十左右,且发往美国的货物中目的港太多,转运费用昂贵,航线经济效益不佳而停驶,改为不定期派船。

80年代初,中波公司根据业务发展需要,积极开辟杂货运输新航线,先是于1980年与中国租船公司签订协议,开辟中国至北欧的定期班轮航线。后又于1981年8月,与中国租船公司洽商并报远洋运输局同意,首次派中旗船"永兴"轮自波兰赴美国南部港口查尔斯顿(Charleston)装运化纤来华北港口。从1982年始,中波公司的船舶每月一次定期挂靠香港;80年代后期又陆续开辟上海至新加坡、新加坡至卡萨布兰卡、科伦坡至利比亚的茶叶航线,以及大连至香港航线。1989年,该公司挂波兰旗的船舶首次挂靠韩国港口。

1984年1月,上海市对外贸易局所属新海航业成立,有"沪冷四号""沪冷二号"2艘冷藏船和"新海利""新海宁"2艘杂货船,主要承运上海出口香港、日本的冷冻食品及上海—香港之间杂货。同年3月,上远公司开辟上海—新加坡杂货冷藏货班轮航线。主要承运上海与新加坡和东南亚其他地区间的杂货、冷藏货物,每月1班,挂靠港口为上海、香港、新加坡、巴生、槟城。投入该航线的"江城""清河城"轮都有冷藏货舱。由于船期抓得紧,准班准点运行,货运安全可靠,服务工作良好,受到货主欢迎。"清河城"轮被交通部评为安全优质先进船。年内,上远公司还一度开辟天津、上海—地中海杂货班轮航线，由“汉川”“江川”“银川”和“铜川”4艘船承担运输，并在船舶甲板上试装集装箱，后因该线转由天津远洋运输公司经营而撤出。

1985年，中国同印度尼西亚两国尚未恢复外交关系，由于双方已签署《恢复直接贸易谅解备忘录》，中远总公司决定由上远公司“宣城”轮首驶印尼坤甸港，经营上海至印度尼西亚杂货运输航线。以后由于货运量逐步增多，双方开放的港口也不断增加，印度尼西亚方面有雅加达、坤甸、泗水、巴厘巴板、三马林达、马辰等20多个港口，中国方面有上海、青岛、大连、连云港、天津新港等港。同一时期，海兴公司也有十几艘中小型杂货船承担上海与东南亚地区杂货运输，其中香港至泰国的不定期班轮航线经常保持有2至4艘杂货船对开。

1985年4月起，新海航业接替原由新加坡新侨公司经营的上海—海湾地区杂货运输，投入3艘1 500吨级杂货船，悬挂巴拿马国旗和利比亚国旗，开始经营该航线外贸运输业务。每月中旬从上海港发出一艘船，中途挂靠新加坡、卡拉奇(KARACHI)、迪拜(DUBAI)、科威特(KUWAIT)，全程6 500海里左右，航次周期为90天。同年7月，因中国从西北欧进口货源增多，特别是许多危险品货物、钢材以及宝钢二期工程所需的设备大件不能及时安排船舶运回国内，加之这些货物又不适合集装箱装运，上远公司重新恢复上海至西欧的杂货班轮营运，船型启用“运城”类多用途船，载重吨位为1.8万吨，仓容为2.3万立方米，每月发1班船，往返周期95天，在西欧诸国挂靠伦敦、安特卫普、鹿特丹、汉堡等港口。是年下半年，上远公司承揽1万吨核桃出口欧洲的运输任务。由于核桃产地天气变化，发货人未能及时备好货，致装货期推迟了5天。为了确保核桃运输质量，并在圣诞节前安全运抵卸货港，该公司有关部门和负责承运的“安亭”“荣城”“江城”等轮克服多种困难，最终抢回由发货人耽误的时间，提前抵达卸货港。在经营欧洲航线的同时，上远公司当年还承运出口至地中海沿岸国家货物2.83万吨，以非金属矿及杂货为主；从当地进口货物21.99万吨，以钢铁、化肥为主。1987年，新海航业共承运上海出口海湾地区货物8万吨，进口货物14万吨，并承揽第三国货物4万吨，经济效益良好。

1988—1989年，上远公司向中远总公司报送关于开辟中国—南美杂货班轮航线报告并获批准。1989年6月由该公司“运城”轮首航，载运中国对南美洲巴西、阿根廷、乌拉圭等国家的出口杂货，沿途停靠天津新港、上海、香港、新加坡、布宜诺斯艾利斯、桑托斯、蒙得维的亚等港。该航线由“运城”“桐城”“晋城”“项城”“荣城”5艘载重1.8万吨的多用途船承担，每月1班，往返150天。是为国内第一条开往南美洲的定期杂货班轮航线。航线开通后，运量逐渐增加，在新加坡加载部分集装箱。后分成两条航线，一条由原来的天津新港、上海港装货出口，另一条由香港装货经新加坡到南美，全航线增加4艘船。

同一时期，锦江航运相继开辟上海—香港—泰国、上海—印度尼西亚、黄埔—曼谷、连云港—朝鲜、上海—新加坡—马来西亚及龙口—韩国等杂货运输航线，1990年的货运量上升至93.88万吨。

1990年，中波公司在坚持传统航线的基础上，开启两条散杂货捎带集装箱班轮航线：一条从新港、上海、新加坡至鹿特丹、汉堡、赫尔辛堡、格丁尼亚；一条从青岛、韩国、香港至安特卫普、鹿特丹、格丁尼亚；并把原有的上海至摩洛哥的茶叶航班扩展为大连、上海、新加坡至卡萨布兰卡、欧洲航班，以优化航线结构，开拓市场货源。同时，该公司还与中国租船公司合作，承运美洲港口的杂货，每月派船1艘，自西北欧到美国再返回中国。是时，上海至西北欧航线的件杂货货源逐渐减少，上远公司在该航线行驶的杂货班轮经营亏损，故将该线在欧洲的挂港由5个改为3个，以减少港口使费，降低运输成本。同时根据航线上回国货源杂、批量少的情况，尽力揽取沿线第三国港口之间的货物运输，以实现扭亏为盈。上海至西北欧杂货班轮航线，先后承运过宝山钢铁总厂第二期热、冷轧设备、秦山核电厂设备、葛洲坝电站设备等。

1990—1991 年,上远公司先后开辟上海—孟加拉、印度杂货班轮航线和上海—印度尼西亚杂货、集装箱班轮航线。前者每月一班,由上海港发船,沿途挂靠孟加拉国吉大港和印度的加尔各答港后返回上海港;后者每月一班,由上海港发船,沿途挂靠香港、新加坡和印尼的雅加达、泗水,返程挂靠香港后抵上海港,集装箱装于货船甲板上。

1991 年,为适应货源、货种、货物流向的变化,中波公司在中国—欧洲方向仍以经营散杂货捎带集装箱班轮航线为主,在欧洲—中国方向则正式开启每月两班的西北欧—中国件杂货定期班轮航线,该公司件杂货定期班轮航线由此而生。

是时,随着集装箱运输的快速发展,很多适于装箱的货物改为集装箱运输,上远公司的杂货运输在货运总量中所占比重明显下降。1980 年,该公司杂货运输占其承运货物的比重高达 75.2%,而集装箱运输仅占 3.2%;1992 年,其杂货运输所占比重已降至 5.0%,而集装箱运输所占比重则上升至 27.7%。

1995 年,中波公司在杂货货源紧张、运价下降的情况下,采取多项应对措施,除下力气在上海地区开展揽货外,还充分利用本公司天津、广州、青岛、连云港及大连代表处的揽货力量,使公司自己揽取的货物占整个货量比重大为增加。同时努力寻找新货源,开辟新航线。在承运中国到叙利亚的水电设备中,凭借精心安排和优质服务,赢得客户好评;在首次承运南汽汽车散件中,通过合作服务为客户留下良好印象,被该公司称为信得过的船公司;年内还圆满完成新加坡地铁的运输合同。

1997 年前,上海海洋运输系统从事远洋杂货运输的航运企业主要有上远公司、海兴公司、中波公司等。1997 年 9 月,上远公司根据中远集团部署,将散装货船和杂货船分别移交天津远洋公司和广州远洋公司,其除集中经营集装箱运输外不再经营散杂货运输。同年,中海集团在沪成立,原海兴公司更名中海发展,其分支机构中海货运继续参与远洋杂货运输。

20 世纪末。随着远洋集装箱运输的发展,国家进出口货物大都使用集装箱装运,杂货班轮只作为集装箱班轮的补充,承运集装箱船难以装运的长大件货和低质散装货。在此背景下,经营传统件杂货运输已五十年的中波公司开始寻求新的发展之路,逐步向以重大件设备运输为主的方向转型。

2000 年,中海货运承运外贸轻工医药产品 5.62 万吨、农林牧渔产品 16.15 万吨、其他杂货 525 吨,合计 21.82 万吨,占外贸货物运输总量的 2.48%。(2005 年运输外贸轻工医药产品 5.78 万吨、农林牧渔产品 1.13 万吨、其他杂货 5.03 万吨,合计 11.93 万吨,占外贸货物运输总量的 1.46%。2010 年,运输外贸机械设备和电器 1.40 万吨、化工原料及制品 5.51 万吨、轻工医药产品 4.2 万吨、其他杂货 2 248 吨,合计 11.33 万吨,占外贸货物运输总量的比重不足 1%。)

2003 年始,为使本企业船队规模得到综合协调发展,在发展集装箱运输、石油运输、散货和特种船运输的同时,中海集团开始积极发展海上汽车运输产业。2003—2004 年,其悬挂五星红旗的当时国内最大的 3 290 车位汽车滚装船"东方高速"轮和"中海高速"轮,依托集团资源优势,着力拓展国际国内汽车滚装海运业务。"东方高速"轮于 2004 年 8 月投入营运后,先后航行过日本、韩国、加拿大、美国、新加坡、马来西亚、希腊、英国、荷兰、法国及中东地区诸多港口,仅半年多时间里即完成汽车运输总量 1.3 万余辆。"中海高速"轮 2005 年 3 月由大连开航,一度经营澳洲与南亚各国之间汽车运输,每航次可装载几千辆高级车辆。

同一时期,驻沪长江航运企业亦积极派船加入上海远洋杂货运输。2002 年内,上海长航外贸事业部开辟3条近洋件杂货班轮航线，完成货运量58.71万吨，运输收入4 867万元，与上年相比增幅分别达20%和21.5%。2003年，其以3艘外贸船、1.6万吨运力为基础，结合租船，全年运输收入5 000万元、主营利润达600万元。为使外贸件杂货运输实现跨越式发展，该部适时调整市场定位和经营策略，一方面抓好货源批量小、杂，风险相对较小的班轮航线，着力巩固连云港—仁川、上海—仁川等杂货班轮航线，一方面不局限于班轮航线，在巩固班轮航线的同时大力发展中日韩之间以及东南亚市场的不定期航线，加大不定期航线的运力投入，初步形成以不定期航线为主，班轮航线为辅的经营格局，在一定程度上缓解杂货班轮航线运价下滑不止和资金回收率低的局面。经过几年奋斗，上海长航外贸件杂货船队已成为中日韩件杂货运输市场上一支重要力量。针对中日韩件杂货运输市场航线短、批量小的特点，该部在新增运力的同时加大租船力度，2003年新租期租船3艘，1.7万吨运力，并与原有船舶组成具有自身特色的5 000吨级船队，在中日韩航线上形成一定竞争力，既可开发货源，满足客户不同需求，又能避开同质竞争而赢得市场。2003年后，根据长航集团"立足长江、发展沿海、走向远洋"的发展战略，长航国际大力发展海岬型、巴拿马型等大型远洋船舶，散杂货航线遍及亚洲、欧洲、美洲、澳洲、中东等地区。其中传统的中韩杂货班轮航线连续多年在业内处于领先地位，成为上海港当时规模最大的杂货班轮航线。从出口管材、线材、设备等货物到进口化工纤维原材料等，该公司航迹遍布整个长三角及韩国各港口。2005年，上海长航外贸事业部积极应对市场变化，拓展远洋件杂货运输市场。是年12月3日，其所属"高华"轮在上海港装载机器设备驶往孟加拉国，开始远洋航行，在穿越马六甲海峡，完成其历史上最长的20天单航程后，顺利抵达孟加拉国吉大港。同年12月31日"高华"轮又抵达印度千耐港，在该港受载后开往印度尼西亚巴拉望港。两个重载航次的印度洋之行为该公司经营远洋外贸运输积累了宝贵经硷。2010年，上海长航外贸事业部经营的件杂货航线主要有中韩、中日、中国至东南亚(南亚)航线，承运的货种主要有钢材、舱盖板、金属制品、化工品、农产品、成套设备等。2010年完成货运量263万吨，运输收入2.24亿元，利润总额961万元。

表4-2-8　2010年上海港外贸分货类吞吐量统计表　　单位：万吨

货　类	合　计	进　港	出　港
煤炭及制品	463	454	9
石油天然气及制品	781	607	174
金属矿石	3 829	3 828	0.9
钢铁	722	233	489
矿物性建筑材料	10	1	9
水泥	3	1	2
木材	187	185	2
非金属矿石	5	1	4
化学肥料及农药	6	5	1
盐	76	76	0.1
粮食	101	101	0.01

(续表)

货　　类	合　　计	进　　港	出　　港
机械、设备、电器	5 257	2 512	2 745
化工原料及制品	239	158	81
有色金属	25	23	2
轻工、医药产品	1 560	669	891
农林牧渔业产品	42	42	0.01
其他	16 922	7 572	9 350
合计	30 225	16 466	13 759

注：表内含香港、台湾航线吞吐量
资料来源：《上海港口统计年鉴 2011》

第三章　国际客运

20 世纪 70—80 年代，进出上海港的国际旅客增多，推动上海远洋客运业复兴。海兴公司、锦江航运、中日轮渡、仁川国际、上海国际轮渡等船公司在沪成立后，相继开辟上海—香港(注：上海—香港客运航线详情记述于本卷“沿海运输”篇)、上海—日本、上海—韩国等国际客货班轮航线，并努力提高客运服务质量，受到国内外旅客广泛好评。进入 21 世纪后，因上海国际航运中心建设的推进和上海世博会的举办，吸引众多国际邮轮来沪访问，带动上海邮轮产业勃兴，使上海港成为国内乃至亚洲地区最为先进的邮轮母港之一。及至 2010 年，上海港除有国际客货轮定班航行中日、中韩航线外，与亚洲、欧洲、美洲数十个国家和地区间均有国际邮轮往来。

第一节　中日航线客运

1979 年 5 月 9 日，全国人大常委会副委员长、中日友好协会会长廖承志率中国访日代表团 400 余人，乘坐远洋客船“明华”轮从上海赴日访问，先后停靠日本大阪、神户、名古屋等港。该轮因此被誉为“中日友好船”。

1985 年 6 月，中日轮渡在沪成立，其所属客货船“鉴真”轮挂中国国旗，开辟中日客运航线(上海—日本)，实行周班服务。是为中日两国恢复建交后行驶中日航线的第一艘客货班轮，也是自第二次世界大战结束后中日间第一次开设定期轮渡。6 月 24 日，该轮从上海首航日本神户、大阪，固定每星期一个往返航次。是年，共运送上海—日本航线旅客 5 889 人次，其中上海到日本 2 858 人次，日本到上海 3 031 人次。翌年，运送该线旅客增加到 2.07 万人次。中日轮渡对旅客服务工作十分重视，从成立始就提出“迅速、安全，优质”的服务宗旨和“货主至上，旅客第一”方针。在中日航线开航前，联系上海有关行业，将旅客游览一条龙组织、客票销售等客运业务包给上海旅游局办理；客船上的旅客伙食、服务工作请上海的大饭店承担；船公司则集中精力做好船舶安全、确保船期、组织

图 4-3-1　1985 年 6 月开辟中日客运航线的“鉴真”轮

（照片提供：中远集运档案室）

客源等工作，使客运班轮得以顺利经营。上海—日本客班航线开航后，该公司及时制订“客运管理实施办法”，对客船上旅客服务部门和岗位，包括服务台、客房、酒吧、小卖部、旅客餐厅和医务室的任务，以及客运主任、管事、服务组长、医生等人员的岗位职责和工作标准都作了具体规定，要求热心为旅客服务，确保旅客满意。同时对与旅客有关的营业性事务，特别是供应旅客的食品也制定质量、卫生标准。该公司还与上海港客运总站、上海海关、上海外代等 10 家单位签订同创共建“双文明”协议，为中日航线旅客提供中转购票和行包托运“一条龙”服务，由船上和客运站共同办理旅客在中国沿海港口旅游的船票和行李托运等事项。翌年，又扩大到轮船、火车、飞机、住宿、联检和验关等“一条龙”包干服务，进一步为旅客提供方便。自 1986 年始，“鉴真”轮 7 次被上海市评为文明服务窗口。1987 年 10 月，应日本横滨市要求，经中日双方协商决定，“鉴真”轮每月挂靠日本横滨港（同时免靠大阪港）一次。当年共运送该航线旅客 2.24 万人次。

1988 年 9 月 8 日，“基隆—那霸—上海”海上客运航线通航。是为新中国成立后祖国大陆和台湾首次间接通航的尝试。因该航线必须绕道日本那霸换航载客，经营亏损，前后只航行 14 个航次，载客 1 968 人次，于当年 12 月被迫停航。

1992 年，为适应中日两国人民友好交往需要，上海国际轮渡从日本购入一艘新造客货轮“苏州号”，于翌年 1 月投入中日客运航线运营。该轮可载运集装箱 229 TEU，载客 316 人，设有从贵宾室到自由散席等多种等级标准客舱。船上各类设备齐全，还配有高级厨师，可为旅客提供舒适、温馨、安全的服务。根据股东之间协议，“苏州号”轮采用船东/经营公司双重体制经营。国际轮渡作为船东公司，将“苏州号”轮租赁给相同股东在日本组建的另一家合资公司—上海轮渡株式会社经营，同时代理该轮在上海港的业务。该公司以“高速、准确、客户至上”作为企业经营宗旨，坚持“创新经营，服务制胜”经营理念，信守“精确到小时”的承诺，并推出多项航运首创，包括 10 英尺迷你集装箱、快速交货系统（HDS）、拼箱快运服务（IDS）等，使“苏州号”轮行驶的上海—大阪客班航线成为名副其实的中日精品航线，创出货运、客运、旅游服务品牌——“海上之家苏州号”。

同年，随着中日两国间人员交往及贸易增长，海上客流不断增加，中日轮渡的“鉴真”轮因船龄偏高已难以满足航线运营要求。经交通部、外经贸委、中远集团批准，该公司追加投资至 5 100 万美元，注册资金增加至 1 886 万美元，合同期延长十年，并在日本新造一艘豪华客货班轮“新鉴真”轮，以替代“鉴真”轮运营。翌年 4 月，“新鉴真”轮取代“鉴真”轮投入中日客运航线营运。该轮拥有集装箱箱位 250 TEU（其中冷藏箱 100 TEU），客位 345 个，每航次挂靠上海—神户、大阪。

1994 年 6 月 18 日始，上海至日本长崎海上客运航班一度复航。是时，上海海运与长崎渡轮株式会社共同投资组建上海长崎国际渡轮有限公司，由该公司客货轮“海华”轮首航上海—长崎客班航线。该轮可载客 162 人，装运集装箱 208 TEU，航程 30 多小时。每周一从上海港起航，周四从长崎返航。之后因客源不足，该航线复航不到三年再告停航。2003 年，中日海上客运市场受非典（SARS）流行以及空运挤压影响，一度出现严重下滑窘况。该线客货班轮的客运量下降最高幅度达 60%以上。为有效遏制客运急剧下滑势头，中日轮渡积极调整市场策略，瞄准旅游团队目标市场，采取了抓两个“两头”带“中间”策略,即扩展中国大陆和日本“两头”市场客源,开展由公司自行负责联系住宿、旅行社和旅游景点的一条龙服务,以景点多、费用低的优势吸引日本旅客,组织日本公民赴中国旅游的特别团队,收到良好成效;开辟“一老一少”“两头”市场,以“夕阳红”赴日海上旅游项目为主导,先后组织两批共239人的老年团队乘船,由此引发“夕阳红”海上旅游热,一段时间内“新鉴真”轮月月都有“夕阳红”团队登船赴日。2004年,中日海上客运恢复性增长,重现良好势头,是年7月10日,从上海始发的“新鉴真”轮345个客位无一虚席,出现几年少有的客运满舱。

2006年,中日轮渡和国际轮渡两家公司与中、日两国各旅行社联手合作,以项目游吸引、拓展团队客源,积极实行由海上客运为主向海上旅游为主的转变,并突破原有赴日海上游的“船去船回”模式,采取“飞(机)去船回”新模式,为旅客节省旅程时间和费用。当年暑期,中日航线客运量迭现“高潮”。7月13日,“新鉴真”轮从日本载客165人回沪;7月20日,从日本载客199人回沪。自7月中旬始,“新鉴真”轮和“苏州号”轮每航次客运量均达到7～8成,特别是从日本神户和大阪至上海的客运量超过总舱位量的80%。

2007年4月,上海港国际客运中心、上港集团所属高阳分公司、上海外轮理货有限公司、中日轮渡和国际轮渡等5家港航企业联名发起“同创共建精品航线”行动,即以“新鉴真”轮和“苏州号”轮为平台,共同把从北外滩国际客运中心始发的上海至日本客运航线,建成上海港首条国际客货班轮精品航线,打造具有国际影响和社会知名度的航运服务品牌,并以确保客户满意率100%,确保中日客货班轮准班率100%作为共建的最终目标。是时,作为该航线唯一定期挂靠的周班轮,“新鉴真”轮和“苏州号”轮已连续十多年名列上海港至大阪港、神户港的班轮安全准班率之首。在上海港国际客运中心初步完成码头改建和泊位设施建设后,两船重新挂靠国际客运中心码头,至发起该项行动时已累计运送中外旅客近2万人次,货箱量3万TEU。除了重点打造“新鉴真”和“苏州号”两大品牌外,5家港航企业还首次公布中日客运航线19项服务承诺,主要包括码头装卸作业及时、安全、优质,拆装箱安全质量率达100%;国际客运确保旅客人身安全率100%、行李完好率100%;理货准确、规范、整洁,服务交付率100%,信息及时率100%,不发生有理投诉;船公司在船舶设备、靠离港时间、客货信息沟通等方面做到及时、准确、规范,满足安全靠泊和装卸的各项要求等。

同年7月,上海市科教工会与上海青年旅行社组织由中科院院士、劳模、三八红旗手以及上海世博会总策划师等参加的暑期赴日旅游第一个团队。之后至8月底,又有数个团队陆续乘坐“苏州号”轮返回上海,总人数近千人次。为了开发以高校教师为主体的赴日旅游团队客源,确保分批出游团队顺利返沪,国际轮渡从当年4—5月起,就通过市场推介、上门拜访、登轮参观等方式,让疗休养团队组织方加深了解、熟悉海上客运环境及服务措施,并根据科教系统疗休养团队人员年龄大、层次高等特点与需求,与组织方多次研究制订从旅客上船、住宿到菜肴、休息等专项服务方案。7月13日,“苏州号”轮回程途中适逢4号台风袭来。为了确保团队旅客安全,该轮提早绕道,选择最有利的航线避开台风袭击,使台风对旅客造成的影响降至最小。

同年四季度,上海国际客运中心乘坐国际客轮“新鉴真”“苏州号”的旅客明显增多,自10月份至年底,两轮共计出入境33艘次,载运出入境旅客6 000余人次,比上年同期增长15%,形成海上出行小高潮。乘船旅客多为出国务工人员、境内外旅游团队以及一些来回中日之间探亲的人群。乘坐“新鉴真”等国际客轮经济实惠,单程票价仅1 000余元,购买往返双程票还能有对折优惠;国际客轮停靠地点在市中心,交通便利;对旅客携带行李设限较宽,可带几十公斤大型物品;且国际客轮环境也较舒适,部分旅客甚至可以有自己的套间,沿途可观光海景,故很受旅客欢迎。但由于许多旅客是首次乘船出入境,对办理出入境边检手续较陌生,影响了口岸通关秩序,有的年老旅客不知如何办理行李托运手续；有的出国务工人员不知道乘船出国还要办理边检手续；有的团队旅客不了解边检法规，未等人员聚齐就要求办手续通关。针对这些情形，上海边检站一面友情提醒乘坐国际客轮旅客在出入境时需注意事项，一面针对海上出境游逐渐趋热，推出多项便民措施，努力为出入境旅客提供优质、快捷和人性化服务。

2009年，鉴于日本经济不景气，大批研修生团体提前回国，客源减少，且日本旅游的地接价格居高不下，致赴日旅游人数相对减少。但“中秋”“国庆”期间，上海港日韩邮轮航线“经典号”轮、中日客运航线“新鉴真”“苏州号”轮全力运行，迎合市民“海上出境游”“海上过中秋”需求，受到许多市民家庭青睐。自9月30日到10月8日，上海港共出入邮轮、国际客轮11艘次，出入境旅客船员近1.3万人次，相比上年同期增长75%。在“海上出境游”的旅客中，80%以上是举家出游的内地公民，另外还有少量从国外或港澳地区专程赶来乘坐邮轮的旅客。上海港边检部门除设立“绿色通道”，确保旅客安全、便捷、快速通关外，还组织精通英、日、韩等国语言的青年警员，组成“青年志愿者服务队”，在旅检现场设立咨询服务台，及时为旅客提供出入境相关政策、签证咨询、旅游咨询等全方位服务。

2010年，上海举办世博会，上海国际客运中心接连迎来客流高峰。“新鉴真”“苏州号”等国际客轮开足航班，屡屡出现旅客爆满情况。是年，上海—日本客运航线总计完成客运量2.2万人次，其中到港下船1.2万人次，上船离港1万人次。中日轮渡“新鉴真”轮全年累计完成100个航次（进口50个航次，出口50个航次），完成旅客运量1.21万人次。国际轮渡“苏州号”轮全年累计完成客运量1.05万人次（东行客运量5 232人次，西行客运量4 914人次）。

表4-3-1 2000—2010年上海港中日航线旅客吞吐量统计表 单位：万人次

年份	总计	到港下船	上船离港
2000	1.33	0.73	0.60
2001	1.75	0.88	0.87
2002	2.07	1.06	1.01
2003	1.52	0.70	0.82
2004	1.80	0.90	0.90
2005	1.70	0.90	0.80
2006	1.80	0.90	0.90
2007	2.20	1.10	1.10
2008	2.40	1.20	1.20
2009	1.80	0.90	0.90
2010	2.20	1.20	1.00

资料来源：《上海港口统计年鉴》（2001—2011）

第二节 中韩航线客运

1998年8月，中海集团与韩国泛林株式会社、大韩通运株式会社联手组建的上海仁川国际渡轮有限公司(简称仁川国际)在沪开业。8月5日,由该公司开辟的上海—仁川—济州岛客箱航线正式通航。是时,经国务院正式批准,韩国已成为继新加坡、马来西亚、泰国等国之后中国第七个旅游目的地国家。韩国的釜山、汉城和被称为韩国夏威夷的济州岛均为旅游胜地。韩国30余家旅行社先后在上海召开新闻发布会,专题介绍韩国旅游情况,旨在掀起一轮赴韩旅游热潮。中海集团因看好韩国旅游良好前景,遂与韩方企业联手。首航上海—仁川—济州岛航线的“海华”轮,是一艘从国外引进的万吨级豪华客箱轮,设有贵宾室,特等B,一等A、B,二等A、B等六个等级舱及130个豪华客位,船上有先进的卫星导航系统,便捷的卫星通信,并设有中央空调、免税超市及各种娱乐、休闲设施。该轮还可装载242个标准箱,有32个冷箱插座。可为两地货主提供安全、便捷、经济、优质服务。同月,仁川国际还与中海客运上海分公司联营,投入“新上海”邮轮,开辟上海—济州岛旅游定班航线。

至1999年8月,上海—仁川—济州岛客箱航线开航一年间业绩喜人,已累计运送旅客7 000多人次、集装箱1万多TEU。航线开通之初,每航次只有几十位旅客,几个集装箱,经过仁川国际和几家代理公司努力,尤其是将原“海华”轮换成豪华客箱船“紫丁香”轮后,旅客越来越多。1999年6月份开始爆满,不少旅行社争相取得船票额度,船票预订从当年8月份已排到10月份。一些社会团体纷纷包船,因既可在船上组织活动,又可到韩国仁川、汉城和济州岛游览。一些原先乘飞机到韩国旅游的客人认为,坐船虽比飞机慢,但费用便宜,而且吃得好、又可在海上观光浏览,故改乘船。不少韩国人也愿乘船来沪旅游,一些留学生还特地从外地赶到上海乘船。

2001年1—2月,仁川国际“紫丁香”轮经营上海—釜山—仁川—上海航线集装箱、旅客运输。同年3月起该线改为上海—仁川—上海航线。4月12日起,“紫丁香轮”加挂烟台港,将原先航线改为上海—仁川—烟台—仁川—上海。其班期不变,仍为每周二下午在上海起航,周一上午到达上海。期间,船舶停靠仁川港后,游客到仁川、汉城等地旅游,“紫丁香”轮则利用两天间隙,与烟台仁川轮渡有限公司合作,航行于仁川与烟台之间。通过航线调整,提高仁川国际经营收入,降低营运成本。同年秋,为满足上海日趋增多的离退休职工和老年市民旅游需求,仁川国际与中国旅行社等单位联手,在上海旅游节期间推出优惠的“金秋银发韩国之旅”。时间跨度从11月13日至11月27日,其间共有3个航班任由旅客选取。每个航班全程7天,每周二从上海出发,下周一从韩国返抵上海。每位老年游客以及伴随老人出游的家人、朋友可同享全程优惠价待遇,受到游客好评。

2002年2月25日,上海—仁川—济州岛客箱航线停航。行驶该航线近3年的“紫丁香”轮,于当日返回上海港后退出这一航线营运。该航线自1998年8月开航后,受到游客欢迎,“紫丁香”轮客座率基本维持在70%以上,并一度带动上海海上旅游热。但“紫丁香”轮为客货兼运的客箱船,在上海—韩国客运航线上,每日租金高达数千美元,成本较高。按照惯例,船公司客运一般需要有充沛货源补贴,盈利主要依靠集装箱运输。而是时中韩贸易主要集中在渤海湾一带,“紫丁香”轮在上海—韩国航线装箱量不足,处于经营亏损状况,故被迫停航。

是年6月,一度停航的上海—韩国济州岛航线因“世界杯”足球赛引发中韩旅游热而复航。中海集团和澳门皇冠投资有限公司合资投入一艘豪华邮轮“皇冠”号行驶该航线。该轮由芬兰制造,总吨位2.85万吨,可载客1 000余人,船上软硬件设施先进,各项娱乐功能齐全,服务人员均受过专业培训。游客在船上可尽享安全、舒适的海上旅游生活。该航线属经济型海上出国旅游航线,每周两班,其中一班主要是利用国内双休日时间,于每周五开航,下周一抵沪,海上单程22小时,在济州岛可游玩2个半天和1个晚上。同年11月,该旅游航线因游客量锐减再度停航。

2002年底,中韩合资的上海游船公司以豪华大型游轮“洛神号”再辟上海到韩国旅游胜地木浦的旅游航线。韩国木浦市地处朝鲜半岛西南方，距釜山、仁川约3小时车程。上海游船公司开通此线，旨在充分利用上海和韩国木浦距离较短、木浦经济发达和风景优美的优势，用低廉价格和快捷、方便的海上运输推动两国贸易和旅游业发展。担当首航任务的"洛神号"轮能容纳500多名乘客、装载50多个集装箱和150多辆各类车辆。船上设有夜总会、音乐沙龙、游泳池等设施，能满足不同层次旅游者的需要。但该线仅开通六个月后便因亏损严重而停开。

2006年7月15日，韩国客轮"中韩之桥"号抵达上海，这是上海港汇山国际客运码头迎来的首艘韩国籍定班轮，至此，停靠上海港国际客运码头的国际航线定班轮数达到4艘和每周10个航次。"中韩之桥"轮为客货两用船，始发地为韩国木浦。是为韩国木浦市为加强与上海的经贸、旅游交流而开设的一条海上客运航线。"中韩之桥"轮首航共搭载162名来沪进行旅游和商贸活动的韩国旅客和140名中外籍出境旅客。为确保该轮首航任务完成，上海出入境边防检查站提前进行部署，加派警力，增加入出境检查通道，在候检现场增加引导人员，为首次搭乘该轮入出境的旅客提供良好服务。

至2010年底，上海与韩国木浦之间仍保持着海上客运往来，木浦港和上海港每周各发两班船，单程22小时，由外籍船公司经营。

表4-3-2　2000—2010年上海港国际航线旅客吞吐量统计表　　单位：万人次

年　份	总　计	下船到港	上船离港	年　份	总　计	下船到港	上船离港
2000	5.5	2.8	2.7	2006	7.7	3.9	3.8
2001	5.7	2.8	2.9	2007	10.6	5.3	5.3
2002	8.5	4.3	4.2	2008	13.1	6.5	6.6
2003	4.2	2.0	2.2	2009	18.4	9.3	9.1
2004	4.4	2.2	2.2	2010	28.5	14.5	14
2005	6.6	3.3	3.3				

资料来源：《上海港口统计年鉴2001—2011》

第三节　国际邮轮

20世纪80年代，已有国际邮轮停靠上海港，使上海成为我国最早接待国际邮轮的港口城市。

1997年，上海迎来第一批国际邮轮旅游客人，随后几年，特别是进入21世纪后，通过乘坐邮轮出入上海的境内外游客逐步增多。

2002年6月始，世界级豪华邮轮"皇冠"号一度航行于上海与韩国济州岛之间。同年11月13日，当时亚洲最大的邮轮"狮子星"号与船身略小的"白羊星"号一起驶进黄浦江，双轮并进，同时停靠高阳路码头。2004年5月1日，丽星邮轮集团在上海开通"上海—香港"国际邮轮定班航线。此前，访沪邮轮每年不足10艘次，随船出入境游客不足3万人次；2005年，出入上海口岸的国际豪华邮轮多达25艘次，随船出入境旅客、员工人数达7.7万人次，与上年相比，坐豪华邮轮来沪人次增长150%。2006年，上海来访邮轮已达57艘次，出入境游客8万多人次。是年7月2日，世界上最大的邮轮集团美国嘉年华旗下意大利籍豪华邮轮"歌诗达·爱兰歌娜"(COSTAALLEGRA)号在北外滩国际客运中心码头举行首航仪式,标志着北外滩国际客运中心成为中国大陆第一个邮轮母港。

2007年,邮轮访沪数量和随船出入境人数再创上升纪录,几乎每月都有邮轮抵沪,其中尤以3月、10月靠泊邮轮数量最多,每月访沪邮轮多达8艘次。是年2月4日“处女星”号邮轮开通从上海出发至新加坡的航线。3月5日,葡萄牙籍“黛娜公主”号(PRINCESS DANAE)、中日航线国际客轮“苏州号”和巴哈马籍豪华邮轮“环球航海家”号(SEVENSEAS VOYAGER)等3艘大型豪华客轮同时靠泊在建成不久的上海北外滩邮轮码头上。这是北外滩邮轮码头自2006年7月启用后,首次有3艘豪华客轮同时靠泊。“黛娜公主”号豪华邮轮从日本来沪,其船长162.4米,型宽21.4米,吃水7.8米,总吨位1.65万吨,随船载有450余名旅客和200余名船员。“苏州号”客轮是从日本大阪返回上海。“环球航海家”号豪华邮轮从菲律宾来沪。时值中国元宵佳节,三艘大型豪华客轮载来近2 000名旅客和船员,在沪参观东方明珠、人民广场和城隍庙等景点,观看中国传统杂技,有的还去苏州游览。是时上海北外滩邮轮码头已拥有880米的岸线码头,可同时靠泊三艘8万吨级以下大型豪华邮轮。北外滩紧挨上海市中心,步行到外滩和繁华的南京路只需10多分钟,隔江可望著名的东方明珠电视塔和陆家嘴金融贸易区,是邮轮靠泊极佳地点。同年7月3日,意大利歌诗达邮轮集团旗下“歌诗达”号豪华邮轮开辟上海—日本长崎—韩国济州岛邮轮定班航线。这些邮轮航线一经推出立刻受到国内外游客欢迎。是年出入上海口岸的国际豪华邮轮多达92艘次,随船出入境13.5万人次,分别比上年增加61%和63%。首艘以上海为邮轮母港的“歌诗达·爱兰歌娜”号豪华邮轮当年共运营28个入出境航次,载运出入境中外旅客2.3万余人次,为来沪豪华邮轮中载客数量和入出境艘次最多的邮轮。在当年为数众多的访沪邮轮中,除了“蓝宝石公主”号、“富士丸”号等先前已来过上海外,还新增“环洋航海家”“宝瓶星”号等首次来沪的邮轮,表明上海港已吸引越来越多的国际豪华邮轮来沪开辟新航线。

据上海边检部门分析,最初乘邮轮访沪的游客集中在美国、英国、加拿大等少数几个欧美国家,后澳大利亚、阿根廷、奥地利、马来西亚、日本、土耳其等更多国家的游客也加入进来。2007年,仅一艘“蓝宝石公主”号,就带来世界各地40多个国家和地区的游客。豪华邮轮频繁来沪,催热了上海旅游市场。邮轮旅游属高端旅游,邮轮旅客消费能力、购物热情高于一般游客。按国际旅游组织统计标准,一位邮轮游客每抵达一个港口平均消费1 341美元。按此计算,是年抵沪邮轮可为上海和周边城市带来超过1.8亿美元的消费。针对逐步掀起的“邮轮热”,上海国旅等众多大型旅行社,很早就着手专为邮轮游客设定长短各异的多条旅行线路,其中最热门的长线是华东三地游、长三角游等,使诸多旅游景点都可在邮轮经济中分得利益。

2008年3月17日,世界上商业运营时间最长的著名英籍豪华邮轮“伊丽莎白2号”(Queen Elizaberth 2)停靠上海港外高桥码头。该轮从香港起程,载有1 491名海外游客及1 006名船员,为上海港当年接待的最大入境游团队。游客中大多为来自英国、美国以及澳大利亚等31个国家和地区的中老年游客。“伊丽莎白2号”邮轮建造于20世纪60年代末,尽管已经历近40年海上运营,但在造型上仍为全球船业经典之作,是当时世界上航速最快的邮轮。其船长293.52米,有近3个足球场长,船高54米,相当于18层楼高。船上950间套房中,海景房多达670多套,游泳池、高尔夫球场、图书馆、剧院等娱乐、休闲场所一应俱全。该轮此次访沪,是其(当年11月底)结束长达40年商业营运前最后一次载客环游世界,抵达上海港作告别游。

2009年底,因上海世博会临近,上海港吸引越来越多的邮轮公司。是时,意大利歌诗达邮轮公司、皇家加勒比邮轮公司、地中海邮轮公司以及丽星邮轮公司等世界四大邮轮公司都已在上海设立

图 4-3-2 2010 年 2 月 15 日世界著名邮轮“玛丽女王 2 号”到沪
（照片提供：上海船东协会）

分支机构。据上海港国际客运中心统计，是年共检查出入境豪华邮轮 124 艘次，出入境旅客、船员 21 万余人次，相比上年增长约 33%。

2010 年，受上海世博会拉动，邮轮产业发展环境日渐改善，发展趋势良好，国际邮轮来沪高潮迭起。是年 2 月 15 日，世界著名邮轮“玛丽女王 2 号”停靠上海外高桥海通码头，满载近 2 500 名旅客、1 200 余名船员。是为上海开埠后迎来的最大豪华邮轮。其船长 345 米，比 3 个足球场的长度加在一起还长；船高相当于 23 层楼高，吃水线以上高度为 72 米。船上的发电量，足可供应有 30 万居民的城市。其设施设备相当豪华，备有风格各异的酒吧、俱乐部、豪华餐厅、游泳池、戏院、图书馆、舞厅、娱乐场等。由于吨位及高度过大，该轮无法驶入黄浦江内的上海国际客运中心，只能停靠于外高桥海通码头。受天气、潮水等因素影响，“玛丽女王 2 号”比原定时间延迟约 12 小时抵达上海，当晚即离沪前往日本长崎，在上海停留仅 10 个小时。为了保证该轮旅客能有充裕时间观光旅游，浦江边检站采取“随船办证”的通关方法，抽调骨干民警，提前一天飞赴该轮停靠的上一港口香港，在那里登上邮轮，在其驶往上海途中，为所有旅客船员办理边检手续，使邮轮靠泊后，旅客和船员无须在通关上花费时间，实现“通关零等待”。

3 月 18 日，皇家加勒比邮轮公司“海洋神话”号豪华邮轮，满载 1 600 余名旅客靠泊上海国际客运中心。当天下午乘坐“海洋神话”号出境的旅客达 1 900 余名。由于该轮实行“全球销售”模式，旅客中 60%是大陆游客，40%来自世界各地。是为当年首艘以上海为母港开启海上旅游航线的国际邮轮，也是当时以中国为母港始发的最大国际邮轮。其从 3 月 18 日至同年 9 月 25 日共计 18 个航次，运营为期 6～7 天的“上海—韩日”旅游航线。继“海洋神话”号之后，歌诗达邮轮公司的“经典”号和“罗曼蒂克”号邮轮，也以上海为母港开通海上旅游航线，从 4 月上旬至 10 月下旬共计运营 88 个航次，以致当年一度有三条邮轮航线同时开通以上海为母港的“海上出境游”。

3 月 20 日，上海港国际客运中心相继迎来马绍尔籍豪华邮轮“娜蒂卡”号、美国豪华邮轮“海洋公主”号；此前马耳他籍豪华邮轮“精钻探索”号以及往返中日之间的国际客轮“新鉴真”号已先期抵靠，以致上海港再次（首次为 2009 年 3 月 26 日）出现 4 艘大型豪华邮轮和国际客轮同时靠泊北外滩邮轮码头，创造了当年上海港单日出入邮轮最高记录。据浦江边检站统计，当天，边检民警共为这 4 艘船的旅客和船员办理边检手续近 5 000 人次，为历年少有的客流高峰。“娜蒂卡”“海洋公主”“精钻探索”号均为上海港“老常客”，多次到访上海。“海洋公主”号此次已是第三次来沪。

4 月 27 日，基本建成的上海港吴淞口国际邮轮码头，成功试靠 11.6 万吨“钻石公主号”邮轮。随着吴淞口国际邮轮码头的建成，乘坐 10 万吨级以上国际邮轮来上海的游客，可在这里换乘水上快艇或经陆路抵达市区。

10 月 12 日，从上海驶抵厦门国际邮轮中心的“歌诗达浪漫号”国际邮轮，准点开赴台湾高雄港。这是交通运输部、公安部于 2009 年发布“国际邮轮多港挂靠政策”后，特案批准的首个国际邮轮多港挂靠航次。该轮搭载的 1 252 名浙、沪、闽游客，亦成为大陆首批搭乘国际邮轮直航台湾、并可在两岸多港口下船旅游的游客。根据原有政策规定，在中国市场开展区域客班轮营运的邮轮，营运线路只能是“境内港口—境外港口—境内港口”,若从厦门出发的国际邮轮,便不能再停靠上海或青岛等国内其他港口载客,因而限制了中国邮轮消费市场的培育。此次特案航次的成行,一举实现国际邮轮在我国沿海多港挂靠、两岸直航的重大政策突破。

2010 年底,上海港母港邮轮航次已从 2007 年 15 艘次上升到是年的 60 艘次;口岸出入境邮轮乘客从 2007 年的 10 万人次增长到是年的 28.3 万人次,年均增长约 37%。无论来沪邮轮规模,还是出入境客流量,上海港的“邮轮经济”均创历史新纪录。世博会举办期间,浦江边检站共计检查邮轮 141 艘次,中日客班轮 102 艘次,各国旅客及船员 26 万余人次,其中母港邮轮 17 万余人次。与上年同期相比,客流量增长 176%。这些邮轮旅客来自欧美、亚洲、南美等数十个国家和地区,大都为前来参观上海世博会。

表 4-3-3 1978—2010 年国际航行船舶进出上海港艘次和总吨位统计表

年 份	进出港船舶(艘次)	进出港船舶总吨位(万吨)
1978	1 719	1 473.26
1979	1 991	1 564.70
1980	2 018	1 732.30
1981	2 018	1 628.23
1982	2 279	1 837.54
1983	3 234	2 320.15
1984	2 933	2 375.83
1985	4 611	1 953.62
1986	5 361	5 180.46
1987	3 448	3 539.86
1988	3 515	3 282.69
1989	3 837	3 301.93
1990	3 711	3 900.36
1991	6 763	5 808.78
1992	7 643	6 979.01
1993	7 316	7 533.64
1994	8 371	7 932.01
1995	9 369	8 291.90
1996	10 048	11 298.68
1997	10 136	13 284.18
1998	14 187	18 633.78
1999	15 927	22 143.38
2000	18 540	27 688.97

（续表）

年　　份	进出港船舶(艘次)	进出港船舶总吨位(万吨)
2001	20 111	31 278.44
2002	22 763	38 983.98
2003	25 018	45 192.01
2004	27 980	51 411.32
2005	31 801	61 047.80
2006	34 689	72 534.72
2007	37 777	95 761.96
2008	39 656	110 430.89
2009	38 116	111 376.37
2010	40 658	126 205.50

说明：表中数据含往来香港、台湾船舶
资料来源：上海海事局修志办公室

第五篇

运 输 管 理

清代，轮船招商总局成立伊始即订有“招商局章程”，对该局的日常管理、核定股份、租赁船只、参加保险、承运漕粮、选用水手、报关纳税及购用煤炭等问题作出详细规定。其在行政管理、轮运管理、财务管理等方面，吸收外国航运管理经验，结合自身营运实际，建立起一套较为完备的近代轮船营运管理制度。民国26年(1937年)，日本帝国主义悍然发动侵华战争，在上海的华籍商船被迫全部停驶，招商局的经营管理蒙受空前劫难。民国37年(1948年)后，国民党政权迅速崩溃，招商局客货运输走向衰落，航区萎缩，管理混乱，海事频发。

新中国成立后，上海海洋运输行业在较长一段时间内实行的都是计划经济体制下封闭式的运输管理。市内仅有几家国有大型航运企业，归属于交通部直接领导，根据国家下达的计划进行运输生产。运输管理的主要任务是保证生产的正常进行和国家计划的完成。上海市人民政府自20世纪50年代始一直设有行使交通管理职权的行政机关，主管本市交通运输行业。1981年10月，成立市政府交通办公室，主管全市的海陆空运输(2000年4月，为方便管理，市政府在机构改革中将原交通办公室职能划归上海市建设和交通委员会)。同时，由交通运输部直属行政机构上海海上安全监督局(1999年在其基础上成立上海海事局)，对上海市所辖海区和港口水域的交通安全实行统一监督管理。

20世纪80至90年代，随着改革开放方针政策的贯彻执行，上海海洋运输业开始步入市场化。除原先的航运企业外，新成立的国营、民营、合资、外资等不同经济类型的航运企业大量出现，原先按计划分配货源的模式逐步为航运企业的自主揽货、自主经营所替代，市场竞争日趋激烈，传统的运输管理模式也相应转变。1993年，中共十四届三中全会首次正式提出并阐述了建立现代企业制度的问题，要求进一步转换国有企业经营机制，建立适应市场经济要求、“产权明晰，政企分开，责任明确，管理科学”的现代企业制度。随着国家航运管理体制改革的深化，政府交通部门职能逐步转变，先是以加强宏观调控和行业管理为主，主要抓好统筹规划、政策法规、经济调节、监督服务，淡化对企业直接控制的职能，强化对企业间接调控的功能，后又逐步转变为主要实施行业管理，把按规定属于企业的自主权放给企业，不再干预其生产经营活动，使改进经营管理、调整船队结构、加强运营组织、抓好安全生产、提高经济效益，成为各航运企业自身的主要责任。为此，驻沪各航运企业在水运市场化进程中，都十分重视抓好管理工作，把加强管理渗透于企业的生产调度、市场营销、成本控制、风险控制、船队管理和安全运营等各个方面，使管理能力和管理水平不断提高。

20世纪90年代至2010年，国家先后颁布一系列重要水运法律法规，中国加入世贸组织后国内航运市场加速开放，现代企业制度全面推行，促使上海各航运企业进一步转变观念，把适应市场变化，提高管理水平和竞争能力置于企业发展战略重中之重的地位。以先进信息技术为代表的现代科学技术成果，被各企业广泛应用于水运管理，使各项管理更加便捷、通畅、精细、扎实，有力提高了水运行业的管理效能和经济效益，推进了运输管理的制度化、规范化和现代化。与之同时，国家交通主管部门和上海市人民政府对上海水运行业的管理，主要是市场和安全等方面的管理不断加强，出台大量法规和措施，既促进了市场的繁荣向上，也保证了市场运转的健康有序。由交通部和市政府共同组建的我国第一个国家级水运交易市场——上海航运交易所，以规范航运市场交易行为、调节航运市场价格、沟通航运市场信息为基本功能，对水运市场的健康发展发挥积极示范引导作用。

第一章 市 场 管 理

1978 年至 2010 年的 30 余年间，为维护和促进上海水运市场的健康稳定发展，国家交通主管部门和上海市人民政府根据市场变化发展中出现的各种新特点、新问题，在规范水运市场秩序、加强水运监管、促进市场繁荣等方面，陆续制订和颁布一系列法律法规，有针对性地出台多项市场治理措施，基本形成公平公开、竞争有序的上海水运市场体系。

第一节 市 场 监 管

一、法规体系

改革开放初期，由于国内水路运输市场发展较快，立法和管理措施相对滞后，水路运输市场出现许多新情况和新问题。为利用经济的、法律的和必要的行政手段治理整顿水路运输市场秩序，加强水运市场管理，国家和地方政府先后制订和颁布一系列法律法规，不断加强水运市场的法规体系建设，营造公平公开、竞争有序的水运市场体系。自 1978 年至 2010 年的 30 余年间，上海海洋运输行业执行的由国家和上海市人民政府颁发的有关水运市场管理法律法规及重要通知主要有：

1983 年 9 月 2 日第六届全国人民代表大会常务委员会第二次会议通过，1983 年 9 月 2 日中华人民共和国主席令第七号公布，自 1984 年 1 月 1 日起施行的《中华人民共和国海上交通安全法》。

1986 年 9 月 22 日上海市人民政府交通办公室发布的《上海口岸国际集装箱集疏运工作暂行规定》和《上海口岸国际集装箱进出口运输工作程序》。

1987 年 7 月 1 日交通部发布的《水路货物运输管理规则(试行)》。其发布目的主要是为了认真贯彻《中华人民共和国经济合同法》及经国务院批准由交通部发布的《水路货物运输合同实施细则》，在水路货物运输中明确水运企业港航之间的权利义务关系和相互责任分工。交通部在通知中要求各港航企业密切联系，积极配合，做好服务，以便做到货畅其流，促进社会主义商品经济的发展，保证国家“四化”建设和人民生活需要。

1990 年 12 月 5 日国务院发布的《中华人民共和国海上国际集装箱运输管理规定》。该规定明确设立海上国际集装箱运输企业的必备条件、开业审批程序和办法；规定集装箱应使用专门的集装箱运输单证；规定了集装箱及集装箱货物运输的国家法规，旨在加强我国海上国际集装箱运输的行业管理、搞好宏观调控。

1992 年 11 月 7 日第七届全国人民代表大会常务委员会第二十八次会议通过的《中华人民共和国海商法》。其制定目的是为了调整海上运输关系、船舶关系，维护当事人各方的合法权益，促进海洋运输和经济贸易的发展。《海商法》系统规定了船舶、海员、海上货物运输合同、海上旅客运输合同、船舶租用合同、海上拖航合同、船舶碰撞、海难救助、共同海损、海事赔偿责任限制、海上保险合同、时效以及涉外关系的法律适用等海商法律制度，为规范海上商事行为、解决海事纠纷、保护当事人的合法权益提供重要依据。

1995年3月交通部修订并发布的新的《水路货物运输规则》和《水路货物运输管理规则》。

1995年12月12日交通部发布的《水路旅客运输规则》,该《规则》分总则,运输合同及作业合同的订立,旅客运输合同的履行,行李运输合同的履行,作业合同的履行,代理业务,客运费用,运输发生意外情况的处理,运输、作业合同争议的处理,附则等10章150条,自1996年6月1日起施行。1997年8月26日根据交通部发布的《关于补充和修改〈水路旅客运输规则〉的通知》进行第一次修正。

1996年6月12日交通部发布的《关于进一步加强我国水运市场管理的通知》。该通知强调,针对水路运输市场出现的许多新情况和新问题,需要利用经济的、法律的和必要的行政手段治理整顿市场秩序,逐步建立一个统一开放竞争有序的水路运输市场。

1996年10月3日,经国务院批准,由交通部发布的《上海航运交易所管理规定》。

1996年11月4日交通部为加强水路危险货物运输管理,保障运输安全,防止事故发生,适应国民经济发展而发布的《水路危险货物运输规则》。

1997年6月16日交通部发布的《关于继续加强我国水运市场管理的通知》。该通知要求各级交通主管部门按照“控制总量、优化调整结构、加强管理、提高效益,促进水运行业健康发展”的方针,进一步加强对水运市场的治理整顿和宏观调控。

1997年10月21日上海市第十届人民代表大会常务委员会第三十九次会议通过,1998年1月1日起施行的《上海市水路运输管理条例》(2003年10月10日根据上海市第十二届人民代表大会常务委员会第七次会议《关于修改〈上海市水路运输管理条例〉的决定》修正)。是为上海市第一部全面调整水路运输及其相关管理活动的地方性法规,其根据发展社会主义市场经济的需要和当时水路运输管理中存在的实际问题,在充分吸取水路运输管理实践中经验教训的基础上形成。在适用范围、管理原则、资质条件、经营行为规范以及法律责任等方面作了一系列新的规定,成为上海市水路运输行业管理的基本法规依据。

1998年11月17日交通部《关于加强国内水运市场管理有关问题的通知》。该通知要求重点加强规模小、管理差的航运公司和单船公司的管理;加强运力总量控制,优化运力结构,鼓励船舶更新;继续加强对特种运输船舶的市场准入管理;加强国际运输船舶进入国内营运的管理。

2000年8月28日交通部发布的《国内水路货物运输规则》,共九章九十六条(含附则),自2001年1月1日起施行。其发布目的是为了明确国内水路货物运输有关当事人的权利、义务,保护其合法权益,适用于中华人民共和国沿海、江河、湖泊以及其他通航水域中从事的营业性水路货物运输。

2001年12月5日国务院第49次常务会议通过,2001年12月11日国务院令第335号公布,自2002年1月1日起施行的《中华人民共和国国际海运条例》。该条例的制定是为了规范国际海上运输活动,保护公平竞争,维护国际海上运输市场秩序,保障国际海上运输各方当事人的合法权益。

2009年6月9日交通运输部发布的《关于我国将正式全面推进实施国际集装箱班轮运价备案制度的公告》。该公告旨在维护我国国际集装箱班轮运输市场秩序,保护公平竞争,保障运输各方当事人的合法权益,促进航运业健康发展。

2010年9月15日交通运输部根据《中华人民共和国国际海运条例》第20条规定发布的《关于推行无船承运人运价备案制度的公告》。该项制度从2010年12月1日起正式实施。其推出的初衷,一方面是要明确无船承运业务经营者的权利和义务,另一方面也是为了弥补班轮运价备案的“漏洞”,使两者相互配合,共同加强对集装箱运输市场的监管,消除“零运价”“负运价”揽货现象。

其终极目标是维护集装箱运输市场正常的定价机制，促进无船承运行业的健康发展。

二、市场规范和治理

20 世纪 80 年代始，上海市人民政府和市海洋运输行业依照国家陆续颁布的关于水路运输的一系列法律法规，一方面加快市场开放的步伐，一方面重视和加强市场的规范和治理，着力维护市场的正常秩序。

1986 年 3 月 25 日，为了贯彻落实国务院领导和全国口岸工作会议关于充分利用国轮、保护国轮、发展祖国航运事业的指示精神，上海市人民政府交通办公室（以下简称市府交通办）召集各有关单位，就调整改革中美集装箱班轮航线，增强国轮竞争能力的问题召开专门会议。针对当时美东、美西两大干线尚无专门为干线服务的支线，以及船期不准、转运速度慢、交货时间长，货主感到服务不理想、竞争能力不强等问题进行商讨，并充分肯定上远公司关于整顿改革中美集装箱班轮航线的方案，认为其充分利用国轮更好地为货主和外贸服务的措施是必要和有力的。同年 9 月 22 日，市府交通办发布《上海口岸国际集装箱集疏运工作暂行规定》和《上海口岸国际集装箱进出口运输工作程序》，对进口集装箱的船舶资料提供、靠泊卸船、集装箱堆场布局、整箱和拆箱、提箱、进口危险品、内陆运输、集装箱发入管理和出口集装箱的订舱截单、进箱时间等工作程序作了具体规定，从而促进上海集装箱运输市场的健康发展。

1995 年 7 月 19 日，市府交通办在发给市府办公厅的《关于建立上海国际航运中心有关工作情况的报告》中提到：（该办）推动在上海建设国家级有形航运市场，为上海建设国际航运中心提供市场基础。积极争取列入交通部试点，已获批准。组织起草该有形市场即上海航交所筹建开办、管理运作、组织机构、工程建设等 9 个基础性、规范性的规章和方案，并报交通部和市政府审批。加强综合运输的基础建设和组织协调、提高上海港集疏运能力。巩固和扩大上海口岸国际集装箱运输多式联运工业性试验成果，实行集装箱运输港、航、货、代联合办公和一条龙服务。大力发展集装箱堆场、储运、中转、联运业务，提高运输效率和管理水平。完善和扩大道路货运市场试点，研究和推动海（运）铁（路）国际集装箱联运。

1996 年 11 月 27 日，中共中央政治局常委、国务院总理李鹏视察即将开业的上海航交所时指出，“上海航运交易所是上海国际航运中心的重要组成部分，是我国航运业务在社会主义市场经济条件下，深化改革、加快发展的产物，发展前景很好”。当月 28 日，经国务院批准，交通部和上海市人民政府共同组建的中国第一个国家级水运交易市场——上海航交所正式开业。其基本功能是：规范航运市场交易行为、调节航运市场价格、沟通航运市场信息，对水运市场健康发展发挥示范引导作用。上海航交所成立后，航运市场逐步走向规范有序，航交所通过沟通航商与货主，成为联系交易当事人的桥梁。经交通部授权，上海航交所在上海、江苏和浙江口岸率先实行运价报备制度，增加交易的公开性和透明度，使上海成为我国航运市场交易成本最低的口岸城市。

1997 年 1 月 30 日，市府交通办收到交通部《关于由上海市人民政府交通办公室对不执行运价报备的美国两家航运企业实施处罚的通知》后，迅即行动，按照法定程序，严肃认真地做好执行该通知的准备工作。同时向尚未执行运价报备的美国总统轮船公司、美商海陆联运有限公司等两家外国航运企业送达了《延期执行运价报备制度的通知》，要求两家美国航运企业在当年 1 月 31 日 16 时前，向上海航运交易所报备运价。市府交通办的通知送达后，促使两家美国航运企业即向上海航交所报备运价。

同年4月16日,市府交通办下发《关于停止收取提单盖章费等费用的通知》,针对有些船公司以"提单盖章费、单证费"的名义并采取付款放单的形式向托运人收取费用,影响上海外贸出口运输业务正常开展的现象,及时规范市场行为,要求有关船公司及其代理人停止收取提单盖章费、单证费等不合理收费行为,并及时将以往暂扣的提单尽快送交托运人。

同年6月23日,市府交通办针对美商海陆联运(中国)有限公司上海分公司拒绝上海航交所进行运价检查的行为,派出行政执法人员,按交通行政执法程序向该公司发出"交通行政(当场)处罚决定书",给予其警告处罚,并要求该公司对违规行为在十五日内予以纠正。

2001年7月,针对当时我国水运市场存在的突出问题,上海海洋运输行业根据交通部的统一部署和要求,开始有重点分步骤地推进水运市场整顿工作,以创造统一开放、有序竞争的市场环境。规范和整顿水运市场秩序的重点和主要措施是:以法制建设为保障,制定政策,对水运业进行战略性结构调整;实施运输船舶强制报废制度,大幅度提高进口二手船的船龄标准,并建立较严格的技术检验管理制度;根据全国整顿和规范市场经济秩序工作会议精神,对水运市场秩序和安全进行规范和专项整顿,促进水运业健康有序地发展;用1～2年时间,以水运法规为依据,以经营人是否取得合法经营资格、经营行为是否规范为重点,集中治理业内反映强烈,严重侵害承、托运人利益,扰乱市场秩序,严重影响运输安全的行为,创造统一开放、有序竞争的市场环境,使国内水路运输市场秩序和安全状况明显好转。该项整顿工作的开展,对上海航运市场的健康发展起到重要促进作用。2002年6月6日,为规范无船承运人(NVOCC)业务发展,上海航交所在国内首次推出无船承运人范本提单,对规范市场发展取得良好效果。

2003年,上海航交所按照国务院赋予的职责,分别开展规范船舶买卖交易、对航运企业进行资信评估等项工作,进一步规范上海航运市场秩序。该所还组织实施国际海运从业人员资质培训,旨在提高国际海运从业人员的业务水平和法律规范意识。为提高航运交易服务资信水平,上海航交所从2002年就开始筹建"航运资信网络平台",通过开展资信"信得过企业"的评估,倡导航运企业规范运作,创造良好的市场环境。经该所和上海资信有限公司的联合评估,2003年11月评出当年度资质信誉良好的航运企业和国际船舶代理企业21家。

2004年3月24日,为规范市场、促进交易,上海航交所经交通部授权,公开发布设立5家中外合资船舶运输公司,从事国内港口之间化工品运输(CDT)的招标公告。在交通部指导下,招标项目涉及的各项工作均圆满完成,得到投标人和有关方面充分肯定。这是上海航交所成立后首次开展招标业务,开创了中国水路运输特许经营权招标的先河,也是上海航交所发挥规范市场重要职能的具体体现,在理论研究和业务操作两个层面为该所进一步拓展招标业务奠定基础。同年,在交通部和上海市港口管理局的支持和推动下,上海航交所还正式启动"舱单数据报送"项目,研究完成全国"舱单数据报送"项目在上海口岸试点的业务流程、技术方案。通过舱单数据报送、整理分析,方便政府对国际班轮运输市场供需情况和竞争态势的动态监

图5-1-1　2004年7月8日上海航交所首次开展的招标业务举行合同签约仪式

(照片提供:上海航交所总经办)

测，为建立班轮运力、班轮运输需求预测机制和市场预警机制打下基础。

2006年前后，中日航线班轮运输市场竞争一度处于无序状态，根据交通部《关于整顿和规范中日航线班轮运输市场秩序的公告》的要求，上海市以《中华人民共和国国际海运条例》等法律法规为依据，由上海组合港管委会、上海市港口管理局、上海航交所和上海船东协会建立起协调机制；召开"中日集装箱班轮运输企业负责人座谈会"；下发《市港口局关于加强中日航线集装箱班轮运输市场监管通知》；对上海口岸中日航线市场情况展开调查，严查涉嫌"零运价""负运价"方式承揽货物的违法行为，并在专项整顿基础上，推行运价备案制度。当年11月12日，上海市港口管理局发出通知，要求中日航线集装箱班轮运输公司按时报送中日航线经营船舶基本情况、航线经营状况等材料；加强对运价备案制度实施情况的监管；加强企业自律，遵循诚实信用的原则，不得以低于正常、合理水平的运价提供服务；禁止以"零运价""负运价"方式承揽货物。同月，上海市港口管理局、上海航交所联合召开中日航线集装箱班轮运输运价报备工作会议，明确由上海航交所对上海口岸的17家航行于中日航线的中外船公司实行运价报备，以进一步规范中日航线集装箱运价。当月26日，上海船东协会和中国船东协会分别召开中日航线船公司座谈会及中日海上运输委员会成员大会，并签署《中日航线自律公约》。为稳定和规范中日航线的市场经营秩序，上海市在其后几年还专门成立上海航交所日本航线专业委员会，对中日航线的运价稳定、附加费的制订以及运力控制等进行协调。

同一时期，根据交通部《关于开展对违规经营无船承运业务专项调查的通知》要求，上海市港口管理局就查处违规经营无船承运业务行为制定专项调查计划，并通过查阅银行信用卡结算单证获取违规签发提单证据，查明未办理无船承运经营业务经营责任登记、涉嫌违规经营进出上海口岸的无船承运业务的企业名单，配合交通部依法处理，规范航运市场秩序。

2009—2010年，为贯彻落实交通运输部《关于开展水运管理规范年活动的通知》精神，结合上海港航水路运输管理实际，上海市交通运输和港口管理局组织开展上海港航水运管理规范年活动。该项活动贯彻中共十七大精神，以科学发展观为统领，以促进上海港航水运行业可持续发展为根本目的，以高水准服务为导向，以依法行政为原则，以管理规范为内容，以行政透明为手段，以人才、信息化建设为保障，旨在进一步推进上海国际航运中心建设。通过活动的开展，促使各港航企业增强服务意识，提升公共服务能力和管理水平，提高管理队伍素质，使港航管理做到更加公开透明、便民高效、规范有序，从而促进了规范水运管理长效机制的形成，也为2010年上海世博会的举行提供了良好的市场秩序和稳定的港航公共安全环境。

第二节　运 价 管 理

一、运价制定和调整

新中国成立后30余年间，交通部对国营水运企业的运输价格实施统一领导和管理。交通部直属的长江和南北沿海骨干水运企业（包括上海海运局等）的航运运价、港口装卸等价格，由国家定为重点商品价格，纳入国家计划。凡交通部直属水运企业的船舶承运货物运价，均根据"中华人民共和国交通部直属水运企业货物运价规则"计算。地方国营水运企业的运输价格则根据有关省、市、自治区按照"统一领导，分段管理"的定价原则，由地方审订公布执行。

20世纪80年代，上海远洋运输行业重点进行了集装箱运价的制定。1981年7月，上远公司制订了上海第一本集装箱包箱运价表,即上海—香港集装箱运输费率表(此前上海各远洋运输公司的集装箱运价均参照杂货运价计价)。

表5-1-1 1981年7月上远公司上海—香港集装箱运输费率一览表 单位:港元

箱内货类别	FCL (CY-CY) 20英尺	FCL (F10) 20英尺	FCL (FILO) 20英尺	LCL	
				立方米	吨
普通杂货	3 400	2 600	2 900	200	300
电器用品 半危险品	3 800	2 900	3 200	250	350
空箱	—	2 300	—	—	—

说明:① 中国港口拆箱费,由货主负担,每吨20港元,如贸易合同说明采用集装箱运输则免收。② 中国港口拖箱费每吨12港元,托运时一并收取。③ FCL(CY-CY)只适用于中国远洋运输公司集装箱。用其他船公司箱子按FCL(F10或FILO)条款托运。由货主承担装卸费。

资料来源:《上海远洋运输志》P164(1999年10月第一版)

是时,因船价、燃物料价格、港口使费、船舶修理费用等不断上涨,航运单位的运输成本年均递增15%左右。但这类企业一直在使用计划经济条件下国家统一制订的运价,以致形成"50年代的运价,80年代的成本"的现象,使海运运价很难在企业自主经营中发挥其应有的调节功能。

1983年,交通部直属水运企业(包括上海海运局等驻沪企业)进行运价调整。自是年12月1日起,运价率实行按货物的重量和体积择大计费颁发;为照顾某些轻泡货物在按体积计费后不致负担过重,又将货物等级由8级改为10级,新增了第9、10二级,并调整了原8级级差。与此同时,参照国际水运惯例,结合中远总公司的计费办法,除对个别列名货物规定按重量计费者外,一般都改为按货物重量和体积择大计费办法,即一吨重量货物的体积在一立方米以下者按重量吨计费,在一立方米以上者按体积吨计费,对个别轻泡货物负担运费过重者,指定特定条件下的优惠价,以避免杂货运输中部分货物体积和重量之比偏大,完全按重量吨计费既不利于船舶仓容的充分利用,又不利于促进货物包装标准化。

沿海客运票价自1958年后20余年间基本没有变动。1981年调高高级客舱舱位的票价,五等卧铺按五等散席加15%,一等舱按二等舱加100%,特等舱按一等舱加100%。1983年12月1日起进行一次客运票价的全面调整,使部分航线的客运亏损现象有所扭转,但到80年代后期这部分航线重又陷入困境。

随着改革开放的深入,新的地方航运企业大量出现。这部分航运公司不受国家计划制约,可组织合同运输,运价随行就市。而交通部直属水运企业不仅要确保国家计划的完成,而且必须执行国家规定的低运价。两者相比,同样的运输,运价有时可相差几倍。1989年,秦皇岛至上海的煤炭运输,上海海运局所属船舶每运一吨收费7.26元,而地方运价可达44元;大连至上海的原油运输,上海海运局每吨收费10.25元,地方运价可达50元;大连至上海的木材运输,上海海运局每吨收费7.5元,地方运价可高达70元。由此造成直属水运企业难以适应自主经营、自我发展的需要。是为当时运价"双轨制"在海运运价上的突出反映。

1989年6月,上海远洋国际货运公司首次制定上海至国外集装箱包箱运价表。该运价表适用于上海到香港、新加坡、马来西亚、泰国、菲律宾、日本、澳大利亚、新西兰、地中海、欧洲、韩国、台湾、卡拉奇、海湾、东西非、南美洲、加拿大等国家和地区以及香港转口二程船的集装箱运输。运价表内货物划分12个大类，其中按尺码吨(M)计算的4级，按重量吨(W)计算的4级，分别对应杂货运价1～20级；另按货物性质划分出一般化工品、半危险品、危险品和冷冻货4级。该运价表除中国—欧洲航线冷冻货运价自1988年11月5日实行外均自1989年9月15日起实行。

1990年2月，鉴于交通部直属水运企业运价偏低，为扶持和加快交通运输事业的发展，经国务院批准，交通部和国家物价局联合发出《关于下达提高水运货运价格实施方案的通知》，对交通部直属水运企业(包括上海海运局等驻沪企业)的货物运价进行适当调整。综合运价每吨公里由1.051分调为1.353分，提高28.7%。其中沿海货运每吨公里由0.905分调为1.135分，提高25.6%。粮食、食盐、化肥、农药和客货班轮承运的货物维持原先运价不动；水泥、矿石、煤炭等因原运价基础低，提价幅度略高于平均幅度。与之同时，取消水陆和水水联运货物的优惠价。对秦皇岛至石洞口等新航线的煤炭运输，均按合同运输，实行提高2.5倍的新运价。

同年3月1日，中国远洋货运运价本(6号运价本)公布实行。翌年1月16日，中远总公司对中国—西欧航线集装箱货物运价进行调整，进一步简化货物分类等级，以尺码吨(M)计价的，由原来的20个等级减少为4个等级，以重量吨(W)计价的货物等级，由原来的20个简化为3个。同时规定，由中国出口到西北欧的整箱货只接收整箱交接(CY-CY)条款的货运，拆、装箱由货主负责。修改后的运价适用于中国上海、大连、天津新港等中国主要港口进出口的货物。装运中国其他港口的货物要加收转船附加费。对西北欧非基本港口的货加收转运附加费。1993年中远集团成立后，重新公布中国远洋运价本，简称中远集团1号运价本。运价水平和规定均与1990年3月1日中国远洋货运运价本(6号运价本)相同。

1993年4月16日，为缓解水运企业的经营困难，增强航运能力，经国务院批准，交通部、国家物价局对各省、自治区、直辖市及计划单列市交通厅、物价局(委员会)、交通部各直属航运单位发出《关于调整交通部直属水运企业货运价和客货运实行国家指导价的通知》，规定自是年7月1日零时起，调整交通部直属水运企业货物运价：一、货物运价基价平均每吨公里提高2.1厘；二、煤炭的运价等级由四级调为五级；三、粮食、食盐、化肥和农药分别按原相应等级的运价优惠10%；四、取消长江芜湖区间附加费和其他新航线实行议价的规定。按此规定执行后，各类货物的运价平均每吨公里增加3.38厘，提高17.2%。根据国家物价局(1992)价工字474号《国家物价局及国家有关部门分工管理价格的重工商品及交通运输目录(1992年本)》的规定，自当年5月1日起，交通部直属水运企业(包括上海海运局等)的旅客运输和对确定为计划内运输的货物，企业可在规定运价上下20%的幅度内自行确定具体价格。客运季节性票价浮动仍维持原先规定。按以上原则修订的交通部《直属水运企业货物运价规则》由交通部另行颁发。

至90年代后期，国内水路运输状况仍是中央企业中央管，地方企业地方管，由于权限不一样，这些企业执行的水运价格也不一样。是时，上海水运行业共实行三种价格，即政府定价、政府指导价和市场调节价。虽远洋运输市场已与国际市场接轨，国内航运市场的干散货运价也已由政府下达指令性和指导性价格逐步向市场调节转变，但因部分物资包括石油产品运输在国民经济发展中的特殊地位，其运价一直由国家实行指令性价格和政府指导价相结合的政策。

2001年5月1日，为适应社会主义市场经济体制要求，充分发挥价格杠杆对水运市场资源的配置作用，促进水运业发展，经国务院批准，国家计委、交通部发出《关于全面放开水运价格有关问题的通知》，规定：一、2001年5月1日开始，放开水运客货运输价格(不包括由军费开支和财政直接支出的军事、抢险救灾运输价格),实行市场调节价。具体价格由水运企业根据经营成本和市场供求情况自行确定,中央直属水运企业的客货运输价格由企业报国家计委、交通部备案,其他水运企业的运输价格报相关省(区)价格、交通主管部门备案。二、由军费开支和财政直接支出的军事、抢险救灾运输价格继续实行政府定价,具体价格由国家计委会同交通部制定。三、水运价格放开后,各水运企业应严格执行国家关于明码标价的有关规定。除合同运价外,水运企业调整水路客、货运输价格,应提前30天向社会公布。各级地方政府价格主管部门和交通主管部门要加强对水运市场价格变化情况的跟踪和监测,发现异常情况及时报告国家计委和交通部。要认真受理用户投诉,对于调价幅度明显不合理引起社会各方面强烈反映的,依据《价格法》有关规定进行必要的干预。至此,中国的水路和公路运输已顺应了国家在“十五”计划中提出的“要在未来5年内进一步开放市场,放开价格,引入竞争机制,建立和完善全国统一、公平竞争、规范有序的市场体系”的要求,基本实现由计划经济向市场经济的转型。

2004年,中远集运沿海经营部与各内贸船东加强沟通,在制定市场价格方面发挥主导作用,充分了解市场情况,制定合理运价政策,避免价格战,全年对运价调整76次,2004年单箱收入比2003年上升15%。

2008—2009年,中海集运和中远集运两家上海主要集装箱运输企业相继加入泛太平洋运价稳定协议组织(TSA,全称为Transpacific Stabilization Agreement)。该组织是由十几家全球著名班轮公司组成的社团组织,主要功能是为从亚洲至美国各个港口和内陆收发站的货物运输制定参考运价,由其成员自主选择适用。TSA的参考运价须经其所有成员一致同意方能通过,但对其成员不具有当然的约束力,成员可以自由决定采用与否。是时,TSA成员公司包括中海集运、中远集运、长荣海运、阳明海运、东方海外、赫伯罗特航运、美国总统轮船、达飞轮船、日本邮船、川崎汽船、现代商船、韩进海运、以星航运、地中海航运等。

鉴于海运在国际货物运输中的重要地位(占国际货运量90%),而船舶投资的高成本和利润回收具有长期性,且海运运价易受多种因素影响(包括政治局势、燃油供应、天气情况等),船公司建立统一的组织协调稳定运价,以防止运价的频繁、剧烈震荡影响船舶投资的稳定性显得十分必要。时另一运价协议组织远东班轮公会(FEFC)已借助转好的市场环境,重启涨价计划。在2007年1月、4月、7月三次上调亚欧西行航线运费后,10月份又实施当年第四轮运价恢复计划。泛太平洋运价稳定协议组织则要求会员公司,2008年必须制定浮动的燃油附加费,将基本运费与油料附加费分开计算,并且全额收取燃油附加费,免除有些长约签署全包运价,未将油料附加费分开计算,造成海运业自行承担上涨的油价状况。同时TSA还对外宣布了2008年航线加价计划,对相关航线加收GRI(一般性涨价)及PSS(旺季附加费)等。由于中海集运已于2007年11月递交加入TSA的申请,此计划有助于稳定其美洲航线的盈利能力。

至2010年末,上海海洋运输行业客货运价除由军费开支和财政直接支出的军事、抢险救灾运输价格外均实行市场调节价,即随行就市。是年12月,中国沿海运输市场因行情下行,市场需求萎靡不振,综合运价指数亦持续回落。

二、运价指数

20世纪90年代后期,随着国内水运市场经济体制的逐步建立和完善,水路运价改革积极推进,水运价格已基本实现市场化。在水运价格经常变化、各种运营商参与竞争的态势下,编制和发布水

图5-1-2　1998年4月13日中国出口集装箱运价指数(CCFI)首次发布
(照片提供：上海航交所总经办)

运价格指数成为市场主体和政府部门的共同需要。是时水运市场运作行为日趋规范，市场统计信息体系基本确立，也为编制水运价格指数提供了现实可能性。上海航交所建成和运作后，更使得运价指数的数据信息采集、指数编制方案研究和日常运转发布工作有了实体依托。在此背景下，自1998年始，中国出口集装箱运价指数(CCFI)和沿海散货运价指数(CBFI)相继推出，并发挥三项主要作用：准确反映水运价格水平的变动趋势和幅度，提升水运企业的价格认知能力，为经营决策提供参考；有利于政府部门及时了解水运市场信息，从而科学地进行运价监管和宏观调控；为制定水运业发展规划，客观评价水运价格变动对其他部门及国民经济运行的影响提供了依据。

1998年4月13日，为了适应中国集装箱运输市场迅猛发展的需要，由交通部主持、上海航交所编制发布的中国出口集装箱运价指数(CCFI)首次发布。该指数以1998年1月1日为基期，基期指数1 000点。根据典型性、地区分布性、相关性三大基本原则，筛选出11条航线作为样本航线，分别为香港、韩国、日本、东南亚、澳新、地中海、欧洲、东西非、美西、美东、南非南美航线，国内出发港口包括大连、天津、青岛、上海、南京、宁波、厦门、福州、深圳、广州等十大港口。运价信息由16家商誉卓著、航线市场份额大的中外船公司按照自愿原则组成运价指数编制委员会负责采集提供。其中包括达飞轮船、中远集运、中海集运、韩进海运、赫伯罗特船务、川崎汽船、马士基、商船三井、日本邮船、东方海外、铁行渣华、太平船务、海华轮船、锦江航运、中外运集运、新海丰船务有限公司等。发布方式为：上海航交所每周五编制、发布中国出口集装箱综合运价指数及11条分航线指数。中国出口集装箱运价指数的发布，填补了世界航运市场的空白，顺应了世界集装箱运输大发展的态势。其发布半年多后，因反映市场走势的"晴雨表"功能得到充分显现，在国内外航运界引起较大反响，产生相当大的经济和社会效益，被全球港航业广泛认同与采纳，并以其科学性、权威性而与波罗的海的干散货运价指数、巴尔的摩的油轮运价指数，共同构成世界航运市场的三大指数，被联合国贸发会海运年报作为权威数据引用。由于该运价指数客观反映了集装箱市场状况，成为世界了解中国航运市场的重要指标，为各大航贸企业日常经营决策提供有力依据，也为政府部门对我国集装箱航运市场的宏观调控提供了决策依据。

表5-1-2　中国出口集装箱运价指数
上海航运交易所　2006年9月1日发布

航　　线	一季度前	一月前	本　周	与上月比
	2006-6-2	2006-8-4	2006-9-1	涨跌
综合指数	993.37	998.00	1 009.64	1.2%
分航线指数				
1. 日本航线	699.57	572.04	610.92	6.8%

(续表)

航　　线	一季度前	一月前	本　周	与上月比
2. 欧洲航线	1 222.84	1 255.56	1 274.97	1.5%
3. 美西航线	1 196.33	1 175.45	1 170.46	−0.4%
4. 美东航线	1 205.32	1 260.32	1 233.43	−2.1%
5. 香港航线	542.02	652.04	580.90	−10.9%
6. 韩国航线	548.80	708.16	715.49	1.0%
7. 东南亚航线	830.84	791.59	837.69	5.8%
8. 地中海航线	1 268.94	1 321.45	1 383.57	4.7%
9. 澳新航线	758.48	771.71	808.30	4.7%
10. 南非南美航线	774.15	804.44	808.46	0.5%
11. 东西非航线	1 085.32	1 077.75	1 131.67	5.0%

资料来源：上海航运交易所

2001年11月28日，为全面反映沿海运输市场运价变化情况，适应水运价格体制改革需要，促进沿海运输市场健康有序发展，在交通部指导下，上海航交所正式发布中国沿海(散货)运价指数(CBFI)。首日公布的运价指数为1 065.26点，高出基准值65.26点，表明当时我国沿海航运市场平稳，总体运价水平依然走低。

酝酿三年之久的中国沿海(散货)运价指数编制工作十分严谨。其以2000年1月为基期，基期指数1 000点。依据重要性、典型性和广泛性原则，选择列入中国沿海港口散货吞吐量前五位的货种作为沿海运价指数样本货种，包括煤炭、原油、成品油、金属矿石和粮食(这五种货物的沿海港口吞吐量占国内沿海散货吞吐总量的60%以上)。基于运量规模，兼顾区域覆盖性，结合考虑航线未来发展形势，选取18条样本航线，其中，原油航线是：大连—上海、宁波—南京、舟山—南京、广州—南京；成品油航线是：大连—上海、大连—广州；金属矿石航线是：八所—上海、北仑—上海、北仑—南通；粮食航线是：大连—广州、营口—深圳；煤炭航线是：秦皇岛—广州、秦皇岛—上海、秦皇岛—宁波、日照—上海、天津、京唐—上海、秦皇岛—福州、秦皇岛—厦门。运价信息的采集，由长航上海海运公司、大连万通船务股份有限公司、大连远洋运输公司、福建省轮船总公司、福建省厦门轮船总公司、广东顺峰船务有限公司、广东海运股份有限公司、广州港集团有限公司、河北省海运总公司、南京长江油运公司、宁波港集团有限公司、宁波海运股份有限公司、秦皇岛港务集团有限公司、上港集团、天津港集团有限公司、浙江省海运集团、中海集团等17家港航单位负责。发布方式为：上海航交所每周五编制、发布中国沿海(散货)运价指数及18条分航线指数。

中国沿海(散货)运价指数是中国航运界推出的第二大指数，不仅适应了我国航运市场运作体系的需要，也提升了上海的世界影响。其作为沿海运输市场的“晴雨表”，及时反映航运市场的价格变动趋势，增强航运市场的透明度，为航运交易提供了可衡量的价格尺度，有利于政府部门对沿海运输市场的宏观调控，有利于船公司、货主、贸易企业、港口、代理等相关企业获取市场信息，掌握市场动态。

2007年4月24日，经中国沿海(散货)运价指数编委会第4次全体会议表决通过，从是年5月

18 日起，中国沿海(散货)运价指数正式启用新方案编制，在中华航运网(中英文版)、《航运交易公报》等媒体上公开发布。新编制方案在船型、航线、样本公司、权重、发布形式和时间等方面均做出调整：新增 10 家样本公司、7 条样本航线，同时取消部分代表性较弱的航线，对公司权重、航线权重和货种权重根据市场结构特征和发展趋势做出相应调整，使指数更加准确、客观地反映市场变化；公布运价指数的同时公布分航线市场运价；指数发布时间从每周五提前至每周三，使指数的及时性、表征性、实用性更加突出。中国沿海(散货)运价指数方案的调整优化，适应了沿海运输市场的变革，进一步树立了该运价指数的权威性和指导性。

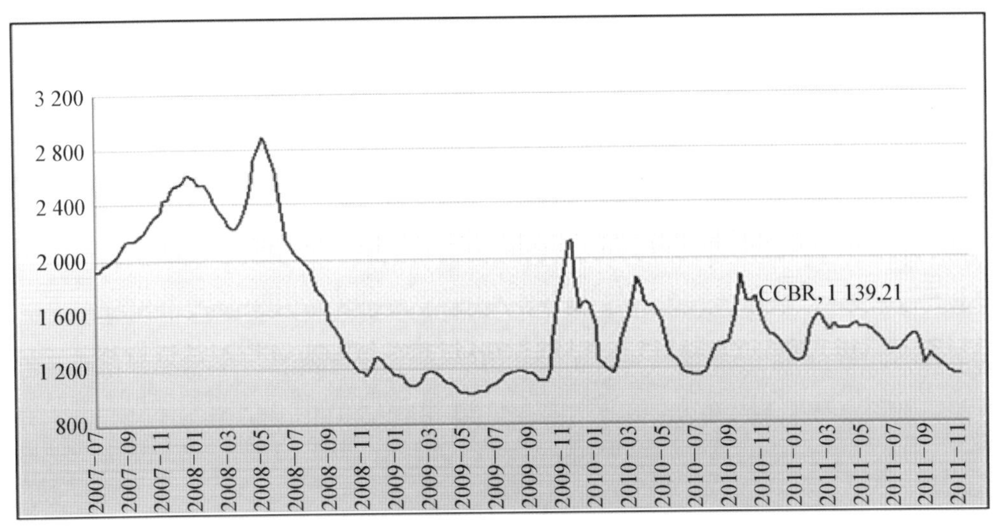

图 5-1-3　中国沿海(散货)运价指数(CCBFI)

资料来源：联合金属网(2015.12)

2009 年 10 月 16 日，上海航交所编制的新版上海出口集装箱运价指数(SCFI)在上海发布，其中包括 1 个综合运价指数和 15 条分航线市场运价指数。综合运价指数以 2009 年 10 月 16 日为基期，基期指数为 1 000 点。分航线市场运价反映各航线即期市场海运费及海运相关附加费水平，附加费包括燃油附加费、紧急燃油附加费、币值附加费、旺季附加费、战争附加费、港口拥挤附加费、运河附加费等。航线覆盖上海出口集装箱运输的主要贸易流向及出口地区，分别为上海至欧洲、地中海、美西、美东、波斯湾、澳新、西非、南非、南美、日本关西、日本关东、东南亚、韩国、台湾和香港。自 1998 年上海航交所发布中国出口集装箱运价指数(CCFI)后，已在国内外航运界引起较大反响。在此基础上，该所对原 CCFI 进行完善和优化，进一步研究开发出新版 SCFI，在时效性、表征性、安全性、公正性和权威性等方面作了重要改进，反映现货市场的灵敏度明显提高，表达更加简单、直观，方便使用者将发布的运价与市场现货价格进行比较，制定套保策略。该指数新扩充吸收 15 家货代企业后，采取船方和货方多方报价的形式，进一步提高了运价指数的客观性和可信度。

至 2010 年末，由上海航交所发布的中国和上海出口集装箱运价指数以及中国沿海(散货)运价指数在国内外航运市场继续发挥着重要作用，并根据市场实际不断完善和优化。

三、运价报备

1996 年 10 月 17 日，为规范航运市场运输价格，促进公平竞争，保护当事人合法权益，根据《上海航运交易所管理规定》，交通部制定并发布《国际集装箱班轮运输运价报备制度实施办法》，规定在江苏省、浙江省、上海市对外开放口岸经营国际集装箱班轮运输的航运公司应将其通过上述口岸出口的国际集装箱运价(目的港为美国港口的除外)向上海航交所报备(航运公司可以自行或委托其船舶代理报备)。报备运价生效时上海航交所予以公开。报备的运价分为公布运价、多重运价和协议运价(公布运价是指航运公司运价本上载明的运价，多重运价是指单航次一定箱量时的运价，协议运价是指航运公司与货主商定的运价)。报备运价须同时报备附加费及佣金，须使用统一的运价报备表。调整运价、附加费及佣金要重新报备。报备的运价生效前，航运公司不得提出新的运价调整要求。航运公司报备的运价不得超出上海航交所公布的最低、最高限价。受交通部委托，上海航交所负责接受运价备案。

图 5-1-4　2009 年 7 月上海航交所举办国际航运集装箱班轮运价备案操作培训

(照片提供：上海航交所总经办)

2002 年颁布实施的《中华人民共和国国际海运条例》明确规定：“经营国际班轮运输业务的国际船舶运输经营者的运价和无船承运业务经营者的运价，应当按照规定格式向国务院交通主管部门备案。国务院交通主管部门应当指定专门机构受理运价备案。”由于当时全面推行运价备案存在操作设备不足、程序有待研发和管理经验不足等问题，运价备案制度仍维持原两省一市试点的运价报备实施办法，没有全面推行。

2008 年国际金融危机爆发后，国际贸易量大幅下滑，国际海运业遭受前所未有的巨大冲击。部分国际海运企业为了揽取货源，恶性杀价，以低于正常合理的运价水平揽货，部分航线甚至出现“零运价”和“负运价”。为维护中国国际集装箱班轮运输市场秩序，保护公平竞争，交通运输部根据《国际海运条例》的规定，酝酿实施国际集装箱班轮运价备案制度。

2009 年 4 月 22 日，交通运输部水运局发出通知，就《国际集装箱班轮运价备案实施办法(征求意见稿)》向社会公开征求意见，并于正式颁布实施前组织有关国际班轮公司召开专题座谈会征求意见。2009 年 6 月 9 日，为维护中国国际集装箱班轮运输市场秩序，保护公平竞争，保障运输各方当事人的合法权益，促进航运业健康发展，根据《中华人民共和国国际海运条例》第 20 条规定，交通运输部发布公告，正式颁布实施《国际集装箱班轮运价备案实施办法》(以下简称《办法》)。该《办法》明确规定：国际集装箱班轮运价属于市场调节价，由班轮经营者自主制定。班轮经营者应遵循依法经营、诚实信用的原则，提高运输服务质量和效率，降低经营成本，根据运输经营成本和航运市场供求状况，以正常、合理的运价提供运输服务，禁止以“零运价”“负运价”方式承揽货物。持有交通运输部颁发的《国际班轮运输经营资格登记证》并经营集装箱船舶运输业务的经营者为运价备案义务人。备案的运价包括公布运价和协议运价。运价备案义务人应报备中国港口至外国基本港的出口集装箱货物海运运价(Ocean Freight)幅度，即对外报价的上限和下限。备案的运价幅度应正常、合理。实际执行的运价超出备案公布运价幅度的，按照协议运价的方式报备，协议运价生效时间为受理备案之时起满 24 小时。交通运输部指定上海航交所为运价备案受理机构。由上海航交所根据《办法》制定运价备案操作指南，并提供相应的技术服务。《办法》还规定了有关违规行为的处罚措施。该《办法》自当年6月15日起生效,生效后过渡期为45天。原交通部于1996年发布的《国际集装箱班轮运输运价报备制度实施办法》同时废止。

同年7月31日,交通运输部水运局在上海召开全国范围运价备案制度实施工作会议,有100多家经营中国出口集装箱班轮运输的中外班轮公司出席会议。设立于上海航交所的国内唯一航运运价报备机构——国际集装箱国际班轮运价备案中心于同日揭牌成立。8月,交通运输部水运局对持有国际集装箱班轮运输经营许可证的班轮公司进行全面梳理,对10家未按时备案的中外班轮公司依据《行政处罚法》做出行政处罚决定,并予以通报;随后又依法注销15家已经停止运营、逾期未备案运价的国际班轮运输经营者的经营登记证;从而为运价备案制度推向全国奠定坚实基础。

是时,运价备案制度的推进以中日航线监管为突破口,规范市场行为。中日等近洋航线由于航程短,进入门槛低,淡季恶性杀价现象由来已久,加之附加费结构比较复杂,长期形成附加费高于海运费的"倒挂"现象,以致市场"零运价""负运价"揽货的现象屡禁不绝。全国范围运价备案制度实施后,交通运输部水运局明确加强对中日、中韩、东南亚等近洋航线实施重点监管的要求,针对部分中日航线船公司在备案运价中出现明显不符合要求的备案运价信息,及时责令整改,使中日航线运价备案工作逐渐转入正轨,船公司纷纷扭亏为盈;遂通过中日航线的示范作用,以点带面,促进其他航线市场规范、健康发展。

2010年2月,交通运输部水运局组织调查组,在青岛、上海口岸分别开展中日航线班轮运价备案执行情况检查工作,共检查13家班轮公司26个班轮航次的运价执行情况。根据检查结果,对11家班轮公司运价备案中的违规现象进行书面告诫。同年4月27日,该局领导带队组成调查组,在上海口岸组织运价检查,共检查4家班轮公司8个航次的运价执行情况。根据检查结果,对2家外资班轮公司运价备案中的违规现象进行书面告诫,对2家中资班轮公司运价备案不一致及不配合检查的违规行为,发出《交通行政处罚决定书》,予以行政处罚。由于监管措施有力,班轮运价备案制度推进顺利。截至2010年11月1日,进入上海航交所班轮运价备案数据库的公布运价共计41万余条,协议运价共计632万余条,合计673万余条;是时有效运价87万余条。持有国际班轮运输经营许可证的123家集装箱班轮运输企业全部履行了备案义务,运价备案覆盖率达100%。随着国际集装箱班轮运输市场秩序的逐步规范,无船承运人通过套约、以"零运价""负运价"方式承揽货物的恶性竞争问题越显突出,一定程度上影响和制约了国际集装箱班轮运输市场秩序的规范。为此,交通运输部依据《中华人民共和国国际海运条例》规定,开始实施无船承运人运价备案制度。于2010年9月15日发布公告,10月1日起实施该制度,实施过渡期60天,2010年12月1日正式实施。

图5-1-5 2010年11月19日无船承运业务经营者运价备案制度宣贯会在沪举行
(上海航交所总经办提供)

运价备案制度全面推行后的一年多时间里,这一制度实施的成效初步显现。2009年上半年,在全球金融危机的冲击下,国内外船公司大面积亏损,部分船公司已处于退出航线经营的临界点。而运价备案制度的及时推出稳定了市场信心,改善了班轮公司的经营环境,避免了亏损情况的恶化。及至2010年末,虽经历全球金融危机的波及,上海和全国未出现类似船公司亏损倒闭的事件,维护了班轮运输行业的稳定,同时也保障了外贸运输的需要,保护了相关当事人的合法利益。通过这些制度的有效实施,是年在班轮公司削减运力和市场有所回暖背景下,上海班轮运输市场运价得以恢复和稳定,中日等航线恶性竞争的态势得到有效控制,中外不少船公司扭亏为盈。

第二章 生产经营管理

20 世纪 70 年代末至 2010 年,上海海洋运输逐步走向市场化。驻沪各航运企业在不断增强市场意识、服务意识、风险意识、品牌意识的基础上,努力改进经营管理方式和手段,提高管理水平和客服质量,使生产调度、市场营销、风险和成本、安全生产(安全管理内容详见本篇第三章)、船队管理等诸方面,能够基本适应市场的需求和变化,企业经济效益不断得到改善和提高。

第一节 调度管理

20 世纪 70 年代末和 80 年代初,上海海洋运输系统实行的是计划经济体制下的计划运输。即中长期计划由国家统一编制,年度计划由国家下达控制数,经企业编报后组织实施。国家每年召开全国性订货会议和物资分配会议,落实货源,确定计划运输量,作为企业综合平衡生产计划的主要依据。企业为平衡江海运输,合理配置船舶,保证水上运输月度计划的完成。

时交通部每月在北京召开月度运输计划会议,与各港航企业、外贸货运、外轮代理公司等调度计划人员一起,共同编制下月份的运输生产计划。为了加强直属水运生产调度指挥工作,适应国家社会主义现代化建设的要求,交通部在总结新中国成立以来水运治理工作经验的基础上,制订和颁发《水运生产调度规程(试行)》和《水运调度通讯规程(试行)》,并经直属企业生产调度会议讨论、修改、定稿,自 1980 年 7 月 1 日起试行。上海海运局和上远公司等上海主要航运单位均执行交通部颁发的《水运生产调度规程》和《水运调度通讯规程》。按照规定,月、旬运输计划由交通部及各港航企业的调度、货运计划部门负责编制。月度运输计划任务经交通部批准后,在每月的月度生产平衡会议上宣布,由交通部下达的月度计划为计划内运输,其他为计划外运输。

《水运生产调度规程》(以下简称《规程》)规定了水运生产调度部门的基本任务是:以客货运输为中心,编制和执行水运生产计划,经济合理地利用船舶、港口设备能力,搞好有关部门协作,加速车、船、货周转,多快好省地完成客货运输任务,努力为国民经济、对外贸易、人民生活和国防建设服务。水运生产调度工作的原则是:严格执行国家运输政策,贯彻"安全质量第一"的方针,加强计划管理,组织均衡生产,执行"客货并重,正点运行,确保重点,兼顾一般,按经济规律办事"的原则。

依照《规程》,水运调度系统在生产业务上实行集中指挥分级管理的原则。交通部由水运局调度代行部调职权,各海运局、中远总公司、长江航运局、各港务局的调度部门为局调;港务局作业区或海(航)运局下属分局、中远下属各公司,分别设置调度机构,为区调或分局调。各级调度部门主管计划调度、值班调度、快速统计、综合分析等工作。其中,计划调度负责月以下客、货船舶运行和装卸作业计划的编制与执行,保证重点物资和港航企业月度计划的完成;值班调度负责昼夜不间断地督促、检查运行和作业计划的实施情况,消除作业中断脱节等现象,组织正常生产;快速统计和综合分析的任务是，及时综合反映生产计划的执行情况，定期进行分析总结，为各级领导组织指挥生产提供必要的专题或综合性文字材料。

是时，上海海运局调度部门的主要职责是：在局长领导下，负责本局日常运输生产组织指挥工作。根据交通部下达的月度计划，编制船舶月度、旬度运行计划，下达航次任务，并组织全面完成。准确掌握船舶航行动态、装卸进度和货物集中疏运情况，及时调整船舶密度，保持航区正常的航行秩序。与有关单位加强联系，做好技术、辅助作业安排，消除运输中的脱节现象，大力压缩非生产停泊时间，加速船舶周转。督促船舶充分利用载重量和载货容积。掌握气象变化情况，会同安全监督部门对灾害性气象采取防范措施。对船舶海事、人身事故采取救护措施。经常深入现场，检查了解安全、生产，客货运输质量、客轮正点运行情况，分析存在的问题，提出改进措施。向调度会议汇报安全、生产、客货运输质量情况和存在的问题，督促检查会议有关运输生产各项决议的执行情况。负责运输生产日报和快速统计的编制工作。分析运输形势，研究改进船舶运行组织。按旬、月做出调度工作小结，推广调度先进工作经验，不断提高调度工作水平。参加货源调查，组织合理运输，参与制订水运货物合理流向图，搞好货物集中和疏运等。

80 年代前期，上海海洋运输行业开始将计算机技术应用于船舶调度。原先航运部门调度船舶均靠手工操作，由于远洋运输点多、线长和流动分散，船舶调度管理颇为困难。尤其遇台风季节，为收集船位信息，要花费较长时间，还容易漏船，给船舶航行安全造成危害。1981 年，上远公司决定在引进的 M－140F 中型电子计算机上，开发远洋运输船舶调度管理系统（以下简称调度系统）。1983 年 10 月，该公司航运处与计算机室技术人员配合，编成《航运业务代码》发至各远洋船舶。从 1984 年 1 月 1 日起，各远洋船舶根据中远总公司制定的调度规程，在与公司保持通信联络时，均严格按照《航运业务代码》拍发电报，准确、及时和完整地向公司报告船舶动态和运输生产活动情况。1984 年 5 月，调度系统开发完成，并在航运处投入使用。内容包括船舶计划管理、动态管理、动态查询和提供各类报表。联机画面均按中远总公司颁发的《船舶调度通讯规程》设计，做到标准化、表格化，与调度业务流程一致，操作简单，使用方便，可随时调整船舶运输生产任务。通过终端，可查询资料，便于掌握船舶动态及装卸进度。能自动打印输出各种类型的调度管理统计报表，校对完成运输生产任务情况，为航运管理部门改善生产经营活动提供可靠依据。1985 年 5 月，由交通部主持，经国家科委、国家计算机委员会、交通部及上海市科委等单位参加评审，该调度系统通过交通部部级鉴定。

随着国家改革开放政策的逐步实施，上海沿海和远洋进出口货物的运输管理也在不断改革，逐步由计划管理型向社会主义市场经济型过渡。大量进出口货由船货双方直接安排，原先月度生产平衡会议所掌握的货源逐步减少，其作用也相应减小。1986 年 1 月，中远总公司和中外运总公司联合下发“提高月度平衡会质量”的通知，对平衡会议内容进行整改。为了适应船、货、港口和外贸成交形势的发展变化，克服计划变化多的困难，避免换船频繁、倒签提单情况的发生，要求月度平衡会充分考虑港口、备货、备船等诸多影响货物及时装船出运的因素，减少跨月船等不正常情况的发生。1989 年 11 月，中外运总公司和中远总公司决定每月一次的海运出口平衡会改为每季度召开一次，即每年的 2 月、5 月、8 月、11 月召开，其他月份的船货平衡工作由两公司协商安排，必要时请部分分公司人员参加。翌年下半年，两公司的船货平衡会基本不再召开，由各口岸召开港、船、货平衡工作会议，保证运输秩序的正常运转。至此，中国进出口货物的订舱配载业务由计划安排转入社会主义市场经济模式，远洋运输船舶承运货载除部分重点物资由国家统一安排外，大部分由船公司自行在市场上揽运。

进入90年代后,上海海洋运输行业始终把调度管理作为生产经营管理的一项重要内容,从组织机构和工作程序上抓好落实,使调度管理进一步程序化、规范化。

1992年前后,为适应远洋运输现代化管理需要,上远公司执行中远总公司颁布的《船舶调度规程》,要求航行船舶向公司报告正午12时船位,沿海、近洋航区每天一次,同时预报24小时船位和48小时船位;远洋航区每两天一次,同时预报24小时船位和48小时船位。有关职能部门对集装箱班轮跟踪管理,每天调度会上汇报船舶运行动态,发现问题及时提出解决方案。

90年代中期,锦江航运调度部门的主要职能是,密切跟踪公司所有船舶的动态,保持与船、岸和各级代理的联系,下达公司对各船舶的指令。船舶在港所有的靠、离泊作业计划都由所在港口代理安排,调度从各代理处获取相关信息。

1997年,中海集团在沪成立后,为了加强生产指挥,及时建立有集团领导和所属各专业公司及机关各部门参加的每天的生产调度例会制度,设立中海集团总调度室,理顺船舶调度指挥体系,各生产单位、总部各部室的情况都能在例会上得到及时的沟通和交流。该集团生产调度处设有处长1名、值班调度员4名、计划调度员2名、统计分析审核员1名。生产调度处隶属集团运输部,亦为集团总调度室,对集团的运输生产、安全状况等负有全天候的监控责任,其主管领导为运输部总经理。该集团生产调度处的主要职责为:一、担负调度值班,要求值班人员24小时连续值班;加强与集团各专业船公司、各陆岸单位相关值班人员的联系,以保持信息渠道的畅通和高效;强化对有关航运生产和船舶管理等专业知识的学习和掌握,对陆岸单位以及船舶营运中发生的事故或紧急事件,能够做好应急处理、正确报告和详细记录等工作。二、参加集团每日的生产调度会,汇总编制集团重点船舶动态表、集装箱核心班轮脱班监控表、煤炭船舶等泊情况表等,按规定做好有关会议材料的汇总、准备、整理和发放工作。三、负责安全监控,保持各种通信渠道的畅通,确保各种安全信息能够得到及时接收和处理;准时接收和汇总集团各专业船公司的每日船舶动态,对所发生的各种安全事件按程序进行处理;对集团陆岸以及船舶所发生的各种事故做好记录并汇总统计。此外,生产调度处还负责应急反应、船舶运输生产监控、生产完成情况的快速统计等。每年末在综合考虑集团运力变化、市场情况及船队发展规划等因素的基础上,会同有关处室制订集团下一年度生产运输计划;每月末根据运力变化和市场情况等,编制中海集团月度运输生产计划并下达给各专业船公司。

1998年7月,中远集运在本公司班轮部设有调度处。主要负责船舶动态跟踪和管理,及时布置航次任务,输入船舶箱运量并对当天离开各区域港船舶的箱运量进行快速统计;掌握船舶动态,做好保班工作;做好有关船舶生产的统计工作(包括周报、月报、年报)及有关运输生产的报表,按时做好每月班轮计划表,并上报中远集团运输部;及时编制船期表并对其做好维护工作,保证对外公布船期的及时性和准确性;监督落实船舶在各口岸的舱位分布计划;指导船舶利用港口、装卸等协议中的优惠条款在航行及港口作业中合理控制成本等。该调度处下设船期管理、综合统计、货运监督、值班调度、合作航线、美洲线、欧洲线、澳洲线、日本线、东南亚/西亚线等10个科室。

90年代后期至21世纪初,计算机技术得到较快发展,亦被越来越广泛地应用于上海海洋运输的调度管理。为加大科技投入,加强企业管理,提高经济效益,中远集运不惜花费巨资,在全球气象监控、全球航运调度、全球货运和企业内部管理中,广泛引进和应用当时最先进的信息技术。其拥有的全球气象监控、全球航运调度系统,可实时跟踪全球航经海域的气候状况和船舶运行状态,为船舶安全准班运营提供可靠保障。中海集团也一直把信息化工作放在重要位置,根据集团"十五"信息规划,先后建立集团网站,开发航运管理、船舶动态信息管理、物流信息和资金结算管理等系统。

2004 年，随着船舶现代化程度的不断提升，中远集运开始研发船舶全球动态监控系统，将船舶航行过程中涉及的卫星通信系统、船舶局域网、船舶管理信息系统、电子海图、船舶自动识别系统（AIS）以及陆地通信网络、机关办公网络等诸多方面的技术集成在一个系统中，以利于加强调度管理。2008 年，该公司船舶抵离港（ADR）系统得到升级和推广。ADR 属该公司航运信息核心系统（IRIS-2）一个重要外围辅助系统，航线调度借助该系统可从港口获得船舶抵离港动态数据，从而为航线调度及营运管理提供决策支持。同时，该系统的数据也是单证公司及相关部门对港口使费审核的重要参考依据。该系统升级上线后应用稳定，并在全球进行深入推广。成功推广的航线达 109 条，涵盖 112 个港口，涉及船舶达 618 艘次。推进的效果显示，数据质量较以往有明显提高，总部航线调度和口岸代理越来越重视 ADR 系统的监督和应用。

图 5－2－1　2006 年 9 月举行的中远集运船舶全球动态监控系统科技成果鉴定会

（照片提供：中远集运总经办）

同一时期，中海集团船舶总调度监控管理信息系统建设也取得重要进展。根据该集团信息化建设滚动规划和精细化管理的需求，此项系统的建设和运转，为运输生产管理、安全管理等部门建立起统一的船舶动态信息系统，统一所属各企业、部门间的差异化和特殊性，为用户的快速查询、相关信息了解、应急指挥和辅助决策等应用提供了保障和支持。此系统的一期工程已于 2010 年 12 月完成，其核心功能为全球电子海图应用，主要对传入的船舶相关信息及数据进行解析，并以电子海图形式展现，再加入海洋气象信息系统、船舶航线监控、防海盗危险区域报警及船公司动态日报汇总而成。

及至 2010 年，交通部始自 1980 年的月度生产平衡会议制度一直延续实行。但随着改革开放的深入，其名称已由月度生产平衡会议改为月度生产协调会。参会单位与当初相比基本没有变化，依然由交通运输部、铁道部、港口、主要航运单位以及有关供需双方参会。会议议题基本围绕市场形势分析、有关行业经营情况分析以及重点物资运输、经营问题的协调衔接等方面展开。

第二节　营 销 管 理

1978 年，上海海洋运输行业实行的是计划经济体制下的计划运输。是时，国家每年召开全国性订货会议和物资分配会议，落实货源，确定计划运输量，因而上海海运局、上远公司等驻沪主要航运企业都有稳定的货源，其主要任务是按照国家方针政策和部署，确保国家运输计划的完成。在开展客货运输时遵循“先计划内，后计划外；先重点，后一般；优先运输国家指令性计划产品和急需物资，适当兼顾指导性计划产品及其他物资”的原则。

中共十一届三中全会后，贯彻改革开放方针政策，旧的航区界限和独家经营局面被打破，上海海洋运输企业逐步由生产型向生产经营型转变，后又逐步走向市场化经营。原先在固定航区范围内按计划分配货源的组织运输生产方式，逐步为承托运双方直接见面，以合同形式组织运输生产的方式所代替。在运输组织上则进行了一系列改革和调整，不再受计划和航区的限制和束缚，积极组织承运经济效益高的货种、物资，大力承揽回程货或第三国货载（即在外国港口间装卸的货物），提高船舶营运效率。及至2010年,随着国家市场经济体制改革步伐的加快以及水运市场特别是外贸市场的逐步放开,加强市场营销管理越来越引起驻沪各航运企业的重视,并成为生产经营管理的重点内容之一。

一、营销模式

20世纪80年代初,国家对水运市场实行放开搞活的政策。交通部提出“有水大家走船,有路大家走车”“各部门、各地区、各行业一起干,国营、集体、个体和各种运输方式一起上”等一系列放宽搞活的具体措施。全国各地从事海洋运输的船公司纷纷成立,行业间互相竞争发展的局面逐步形成。

面对这一形势,上海海洋运输各主要企业及时调转经营方向,改变作风,着手货源调查工作,主动与外贸部门和货运单位联系,积极揽运计划外货载,改进和加强客户服务的意识明显增强。上远公司在运营中,一方面通过在国外的远洋船舶代理和驻外航运代表揽运第三国货物,一方面积极主动做好船在国外港口的现场工作,并组织人员到国外考察,随船调研,通过多种渠道揽运第三国货载,很快见到成效。1979年承运第三国货23.6万吨,创收外汇人民币1 000多万元。1980年装运第三国货153.7万吨,收入外汇人民币2 394万元。为组织和揽取更多货源,该公司提出为货主服务的“三个第一”方针,即树立“货主第一”的经营宗旨、坚持“服务第一”的经营标准、恪守“信誉第一”的经营信条,努力做到准班正点,合同兑现。

80年代前期成立的锦江航运在集装箱运输中较早实施标准化服务模式,完善服务体系和服务标准,在地面服务方面,则推行首问责任制和客户联系走访制,得到客户广泛认可。

1986年,上远公司通过整顿班轮运输,狠抓准班准点来赢得货主信赖。该公司成立班轮领导小组,制定班轮工作程序和人员岗位职责,努力使班轮管理程序化、制度化、规范化,对班轮实行全程跟踪调度,努力缩短航期,提高准班准点率,收效明显。中美航线往返航次周期由原来的90天缩短到70天,中澳航线由原来的60天缩短到50天,集装箱班轮准班准点率达到100%,对货主的吸引力也有增强。

1988年,国务院相继颁发《关于加快和深化对外贸易体制改革若干问题的规定》和《关于沿海地区发展外向型经济的若干补充规定》等文件,要求外贸体制实行“自负盈亏、开放经营、工贸结合、推行代理制”;沿海地区要有领导、有计划、有步骤地走向国际市场、国际交换和国际竞争,大力发展外向经济。为此,上远公司专门召开处以上干部座谈会,商讨如何适应外向经济发展,并提出加快外向型发展的目标和对策措施,树立竞争观念、效益观念、服务观念,从“等货上门”转为“找货上门”,从“重运量”转为“重效益”,从“官商”转为“服务”,从而进一步明确了为货主服务的观念和创优良经营业绩的目标。

90年代,国内第一家中外合资航运企业中波公司在运营机制上实行转型,抛开传统的计划经济模式,代之以市场营销模式,着力加强揽货网络建设,消除“等、靠、要”思想,在稳定传统航线、开辟新航线、优化班轮运输、确保船期、降低经营成本、增强市场竞争力等方面都取得了新的成果。

1997年,中海集团在沪组建后,从一开始就把市场营销置于重要地位,积极实施“走出去”战略,开展国际化经营。至1999年已形成八大区域公司,设立和管理各区域内的营销服务网点,境外网络覆盖全球五大洲,形成较强的全球经营能力。

同一时期,成立之初的中远集运根据中远集团部署和要求,对集装箱运输实施“全球营销一体化”的改革。其衡量“全球营销一体化”的标准是：贴近市场、客户满意、服务规范、环节减少、成本降低、效益提高。总体思路是：面向市场、贴近市场、适应市场，从以调度为中心向以客户服务为中心转变，通过对海内外经营管理机构的重组与调整，改变经营管理现有格局，把中远集团所有海内外集装箱经营管理机构全部纳入中远集运管辖范围，形成一个利益共同体，最终形成以中远集运总部为核心、以所属的海内外区域性公司为主干、以所属各口岸分支机构(包括代理)与各货运网点为基础的集装箱运输经营网络体系，实现“贴近市场、客户满意”的市场营销目标。根据市场的变化与发展，及时采取各种有效的市场营销策略确保集装箱运输服务能满足客户的各种需求，增强企业在国际航运市场上的竞争能力，提高经济效益。遵循“满足客户需求、提供优质服务”的全球营销一体化宗旨，该公司专设市场部客户服务处，以客户满意为中心，以市场为导向，逐步建立和完善中远集运全球市场营销客户服务体系，按照国际标准化组织(ISO)制定的质量体系要求，制定一系列规范服务标准和业务须知，力求为客户提供全面、满意的服务。

进入 2000 年后，上海海洋运输行业在市场营销方面，进一步实现由计划主导型向市场主导型的转变，营销策略愈加贴近市场，多样而具特色，尤其注重大客户开发战略，不断提高客户服务质量。而且将先进的信息技术广泛应用于市场经营和客户服务，有效提升了营销管理水平。

是年，中远集运在国内同业中率先投资 10 亿元，建设自己的计算机核心业务系统。该系统全面实现网上货物跟踪、电子订舱、电子提单和网上询价等功能，为中远集运的客户提供高附加值的个性化服务，大大增强该公司同国际最先进班轮公司的竞争能力，实现业务全面提速。经过多年运营，这套系统不仅提升了中远集运的管理水平，也积累了大量经营数据。该公司计算机中心通过对数据的深度挖掘，从多个维度进行市场细分，在利润率更高的细分市场提供有针对性的增值服务，吸引了众多优质客户。2004 年 3 月，其开发的上海—长滩快航，就是基于数据分析开发出来的细分市场新业务。时中美集装箱运输航线一直是货量很大的航线，通过进一步数据挖掘，该公司发现在中美航线中，从上海到美国长滩的货量最多。发现这个规律后，即开通上海—长滩快航，直接由中国上海开往美国长滩，中间不再挂靠别的港口。该航线因挂靠港口少，航行时间短，对船只的利用率高，投入的船舶能够快速循环。原先该航线循环周期为 35 天，每周一班需安排 5 艘船，而快航航线循环周期调整成 28 天，只需 4 艘船就可以把航线经营起来，既降低成本，又提高效率。客户因交货周期缩短，也愿接受更高的运价。

中海集团在营销管理中，十分重视与大客户的合作。自 2004 年起，每年都有新的大客户加入其战略合作联盟。该公司先后与中石化、中石油、中海油等石油巨头建立战略合作关系，推进原油、成品油以及化工产品运输的合资合作；与宝钢集团、武钢集团、鞍钢集团、首钢集团、沙钢集团等钢铁企业建立战略合作关系，推进铁矿石、煤炭和成品钢材运输的合资合作；与神华集团、华能集团、中电投集团、华润集团、大唐集团、中煤能源等煤炭电力企业建立战略合作关系，推进煤炭运输的合资合作；与中铝集团、中储粮等企业建立战略合作关系，推进铁矿石、粮食运输的合资合作。

“十一五”计划期间，由中海集团控股的中海油运坚持互利互赢宗旨，与中石化等国内龙头石油企业开展多方位合作，有效巩固和提高内外贸原油、成品油及国内海洋原油运输的市场份额。为了主动适应市场需要，全面加强与各大货主的合作，该公司连续多年坚持一年一度的外贸货主恳谈会和内贸货主恳谈会制度，围绕“增进友谊、促进合作、共谋发展”的主题，分别就外贸和内贸油品运输的经营合作事宜进行深入探讨，并针对经营业务中存在的问题研究解决办法，提出完善操作管理的积极建议。

2006 年始，由中海集团控股的中海集运转变传统营销模式，不打“价格战”而打“价值战”。其

图5-2-2　中海油运召开2005年内贸油品运输座谈会
(照片提供：中海集团宣传部)

在国内各口岸不断创新营销模式，积极占领市场制高点，形成许多新的经济增长点。该公司专门为通用汽车开设的上海至营口汽车零部件专营航线，定船、定班、定时，实现客户在美国本土无法实现的“2 000公里以外零库存”目标。此航线的开通营运，因满足了客户需求，航线箱量连年攀升。为积极应对市场波动，中海集运实行一体化服务经营策略，通过与国内外重要运输公司签订联运战略框架协议，积极扩展多式联运模式。作为该经营策略的重要实践，中海集运确立大客户开发战略，成立货物拥有者权益实益拥有人BCO(Beneficial Cargo Owner)客户服务工作组，为全球大客户提供标准化和一体化的服务，培育一批具有稳定箱量、能为航线带来更大收益的优质客户群，提高优质货比例。该公司十分重视应用现代信息技术，为客户提供及时、全面、丰富的信息服务，2006—2007年相继建立网上客户服务平台和大客户电子订舱平台。其网上客服平台成功推出后，网站日浏览量从几千人次增加到1万多人次，满足了客户对货物动态查询、船期查询下载、报表统计分析等多种需求。由于多方原因，中海集运深圳公司在往昔的市场开发中，大中型客户比例不高，直接客户比例偏低，市场营销缺乏中长期规划及针对性市场策划，影响航线效益的提升。是年，该公司通过认真分析市场拓展等方面存在的不足，对市场营销管理进行针对性细化，将欧地航线打造为模范航线，作为提升整体揽货量与航线效益的突破口。从加强市场营销力量入手，逐步形成由口岸销售、下属公司销售和网点销售构成的三层揽货网，按照分解箱量指标，层层落实。该公司还着力加强客服对销售的支持力度，一方面明确界定销售与客服的职能定位；一方面增设内部销售岗位，协助外部销售人员做好客户维护工作，建立起“外部销售—内部销售—客户服务”的三级销售支持模式，大幅改善销售工作效率，也提高了大客户对航线服务的满意度。

同一时期，中远集运积极推行全球关键客户(GKA)营销管理模式，相继出台一系列GKA营销管理规章制度，组建以“客户经理制”为核心的组织机构，完善配套系统网络，从而使以销售团队为主体形式的销售模式在大客户开发和维护方面逐步发挥作用，在提升公司大客户营销和服务水平方面取得成效。至2007年底，该公司共确立GKA客户211家，实际出货量达到104万TEU，占公司总体货量的22%。

2008年下半年始，美国次贷危机引发的金融风暴迅速波及各个行业，航运市场也进入旺季不旺、淡季更淡，运价快速回落的萧条期。面对复杂多变的国内外经济、贸易和航运形势，中海集团、中远集运等驻沪海洋运输企业以推进精细化管理为抓手，加强市场开拓和营销，坚持“大客户、大合作”战略，合理调配运力，精心组织运输生产，多管齐下，采用各种措施，积极应对金融风暴和经济危机对航运市场的冲击，保持了运输生产和经济效益的总体稳定。

2009年9月，中远集运战略策划部在收集相关资料的基础上，结合航运企业和本公司实际情况，对客户服务理念和技巧进行归纳整理，编写出《优质服务和客户满意度提升(中远集运客户服务指南)》，分发海内外各网点销售人员，促进客户服务的标准化建设。同年，中远集运电子商务部对网上直接向客户销售舱位进行探索，在没有额外投入资金的情况下，会同计算机中心开发网上销售平台(货易网),实现向中小客户直销舱位,从而提高公司销售能力。货易网的主要功能有:客户注册、船期和运价查询、订舱操作、订舱批复和运价维护等。当年11月下旬,网上销售平台首先在青岛至韩国航线上开始运行。鉴于航运市场竞争的日益同质化,该公司在营销管理中,还从客户需求出发,提供差异化服务,以创新和突破,提升企业核心竞争力。同年开始组建特种箱贸易区,将冷箱营销、特种箱设备管理、大件货营销、大客户及项目营销等四大业务板块从原先各自的贸易区中分离出来,放到特种箱贸易区统一经营,为客户提供更专业的服务。截至2010年10月,该公司冷藏箱承运量超过12万标准箱,当年货量同比上年大幅增长25%,并在中国出口冷箱市场上份额排名第一。

图5-2-3　2004年12月中远集运召开全球销售委员会例会
(照片提供:中运集运总经办)

及至2010年的数年间,中海集运一直致力于建设“无缝管理”和协同服务的客户服务体系,推进网络化营销,实施一体化服务。通过推进全球服务标准化项目,在广泛听取客户、合作方意见和建议的基础上,先后出台近20项服务规范和标准,完善市场、航线、中转、客服、直属单位等各部门和各单位的联动机制,建立客户服务的快速响应机制,提高对客户需求的反应灵敏度。通过推行“大客户经理制”,进行“细节营销”,为大客户提供一体化的综合物流解决方案,稳定航线经营。通过细分客户群,掌握客户的不同需求,提供差异化服务,实现服务增值,进一步提升客户忠诚度,培育一大批优质客户。该公司在抓经营、促管理的同时,深入贯彻实施“大客户、大合作”战略,努力打造服务品牌:按照“网络化营销,一体化服务”的经营策略,通过客户服务工作小组为大客户提供不同层级的VIP式服务;成立品牌服务对标小组,对提升公司服务质量进行调研论证,提出可行意见和建议。至2010年底,该公司已初步造就出一支市场经验丰富、素质高、执行力强的销售队伍,形成一套独特的营销管理模式。

二、营销机构

1997年,中海集团、中远集运等大型海洋运输企业在沪组建后,为推进经营管理体制改革,加强市场营销,在组织机构中均设有营销管理部门。

为了推进集装箱运输“全球营销一体化”,中远集运成立之初就深化改革,重组营销机构。1997年11月开始组建中远集运中国部上海分部的试点,1998年1月正式成立中国部上海分部。在试点取得实践经验的基础上,大连、青岛、广州、天津等口岸也如期完成分部机构重组工作,并正式组建中远集运中国部。与之同时,中远集运“全球营销一体化”的美洲地区试点也于1997年11月开始。翌年7月1日正式成立中远集运美洲部,总部设在美国新泽西,管辖范围为美国、加拿大,以及中美、南美地区。在美洲地区试点基础上,1998年9月1日组建成立欧洲部,总部设在德国汉堡,管辖范围为欧洲地区,包括地中海沿岸国家、北非、以色列。1999年8月1日又组建成立亚太部,总部先是设在香港,次年9月1日起搬迁至上海,管辖范围是除中国部、美洲部、欧洲部管辖范围以外的地区。四大部的组建构成中远集运的几大支撑点和全球揽货网点,在中远集运的统一指挥下,推行全球一体化营销策略,极大丰富了货源结构,提升了中远集装箱运输的市场竞争力,初步实现"做强班轮"的战略构想。

同一时期,中远集运对其总部经营及部分管理机构也进行了改革,建立健全适应营销一体化的组织体系。1998年7月,建立中远集运海外区域部,完善全球营销网络,推进运使费审核工作前移,做好各区域预算制指标的制定和考核工作,推进中国部二级口岸机构的一体化改革。同月,成立中远集运市场部,下设市场运价处、全球销售处、客户服务处、综合物流处、经营分析处。其中,全球销售处直接进行营销和揽货,对大客户报价、签订运输合同、投标,下设全球投标科、项目管理科、FOB管理科、协议管理科等科室。

中海集团自成立始也高度重视拓展海外产业的发展,建立由两级投资管理构架组成的海外营销服务网络体系,即由总公司直接投资设立并管理区域控股公司,作为区域投资和管理中心,再由其设立和管理区域内营销服务网点。1998年3月,该集团首先成立香港控股有限公司,随着海外业务特别是集装箱全球班轮航线的发展,自同年7月始又相继成立新加坡控股、欧洲控股、北美控股、西亚控股等公司。在日本、韩国也建有株式会社(即股份公司)。这些区域控股公司对各自下辖的公司进行控股管理,经营和管理集团的海外资产和业务。其经营范围包括船舶代理、货运代理、投资、供应、集装箱运输及相关业务等。

随着全球揽货能力的增强和集装箱运输规模的不断扩展,对单证处理提出更高要求。针对当时存在的单证处理点多、面广、单线成本高、质量参差不齐现象,为进一步提高单证质量,降低管理成本,中海集团于2002年在美国休斯敦成立客户服务分中心,次年又在浦东成立全球客户服务中心,以优质的客户服务辅助提升企业整体竞争实力。

图5-2-4 1998年3月成立的中海集团香港控股有限公司

(照片提供:中海集团宣传部)

2003年1月,中海集团对内地货运体制进行改革,新组建八个集装箱运输片区公司,即中海集运大连公司、天津公司、青岛公司、上海公司、厦门公司、广州公司、深圳公司、海南公司,作为中海集运控股的有限责任公司。中海集运还成立货运部,加强对片区公司的管理和协调。随着货运体制改革和各片区公司的成立,揽货工作取得突破性进展,各大口岸中海集运的市场份额均名列前茅,货量增长明显。

"十一五"计划期间,上海海洋运输行业在经营管理上,进一步强调从"以营运为中心"向"以客户为中心"的转变。为适应航运市场需求,推进全球营销工作的开展,中海集运、中远集运等企业都先后成立大客户部。中海集运自2006年始,在岗位上陆续设置"最佳服务团队"(BST)、大客户营销经理、全球大客户部;在标准化建设上,制定实施"中海集运全球大客户标准化服务体系",制订近二十项服务标准、操作规范。一系列标准化服务的实施,使该公司与全球先进班轮公司的差距大为缩小,其品牌影响力、服务稳定性、服务覆盖性排名分别由2009年的10名以外迅速上升至前10位的先进行列。

中远集运积极构建大客户营销体系,在对客户服务细分标准进行初步界定的基础上,于2006年5月成立大客户部,工作目标是以精细化管理、一体化服务赢得更多大客户。为了提升大客户服务水平，该公司还初步构建基于客户关系管理的客户档案信息系统。至2010年，通过完善从总部到网点的营销组织架构，该公司已形成一支专业化营销队伍，做到营销指标落实到人。为加强营销管理，在所属经营管理部门美洲贸易区、欧洲贸易区、亚太贸易区、特种箱贸易区内均设有市场营销部，其主要职责为：负责市场调研，制定本贸易区运价策略管理办法；监督并统计分析各航线运价执行情况；组织并负责与大货主、大货代洽谈协议货量、运价、条款，并评审和签订（合同）协议；监管协议客户货量完成情况，检查运价执行情况；分析本自贸区各航线所涉及的国家和地区间进出口货源情况，市场运价变化情况，定期提供市场分析报告供公司领导决策参考；负责本贸易区营销政策研究和营销队伍建设，指导并实施货源组织开发等。

三、营销网络

20世纪90年代始，在经济全球化推动下，全球集装箱贸易量出现快速增长，为大型船舶营运提供了货源基础，而跨国公司利用全球资源为其生产经营服务，使国际集装箱运输市场货源生成地与货源目的地分布范围更加广泛。由此，对承运人的全球航线和营销网络覆盖范围提出了更高要求。上海海洋运输行业对全球营销网络的构建和发展极为重视，通过不间断努力也取得良好成效。

其中，中远集运在1998年成立之初，就着手推进全球营销一体化，把中远集团所有海内外集装箱经营管理机构全部纳入公司管辖范围，形成一个利益共同体，最终使中远集运形成以总部为核心、以所属海内外区域性公司为主干、以所属各口岸分支机构（包括代理）与各货运网点为基础的集装箱运输经营网络体系。该公司积极调整航线布局，合理配置船舶，扩大对外合作。一年间已经营全球二十多条集装箱班轮运输主干线，每月开出一百七十多个航班。该公司开拓经营思路，严格控制成本开支，努力构筑经营管理一体化和全球营销一体化，在国内设有三百多个揽货机构，覆盖全国铁路枢纽、国际航空港和沿海各重要口岸，同时致力于全球计算机服务EDI和商务计算机TW系统的开发，形成由中国、美洲、欧洲、亚太四大区域经营机构组成的集装箱运输市场营销体系，以增强公司参与国际市场竞争的能力。

图5-2-5　1998年中远集运成立之初就着手建立集装箱运输市场营销网络体系
（照片提供：中远集运总经办）

中海集团自组建开始，就全力投入全球营销网络的建设，除相继成立各大区域控股公司外，根据中海集运航线全球化布局的加快，积极布设全球代理，不断完善覆盖全球的营销服务网络，仅数年间便建成遍及全球的多级营销服务体系，形成基本覆盖世界各主要国家和地区的境外营销网点，为提升集团的全球经营能力和成为全球承运人提供强有力的支撑。

2001年始，锦江航运以跨国经营为突破，实施营销重心东移策略。为更好地实现差异度竞争，该公司于2001年在东京合资成立锦江航运（日本）株式会社；后又先后成立锦江航运（日本）株式会社大阪支店和锦江航运名古屋事务所。其海外营销和客户服务网络已覆盖整个日本地区，主要港口覆盖率达到100%。此外，该公司每年走访东京、横滨等7大港口，与日本知名商社公司进行交流，增强海外营销力度，增进与海内外代理的联系，竞争差异度和客户信誉度逐步建立，出口货量和回程货量逐年攀升。

2003年，中远集团对海外网点资源进行整合，全部划归中远集运，并明确所有海外网点只有一个任务，就是为中远集运揽货，只有一个利润中心，就是中远集运。在中远集团的统一领导下，中远集运完成对营销服务网点的全面整合，在国内形成以上海等九大口岸公司为龙头，遍及全国的营销服务网络。在海外通过建立美洲、欧洲、亚太、中日等各大贸易区营销服务网点，全面实施航线经营效益负责制，海外机构的调整也逐步到位，形成海内外一体化的全球营销服务网络。

自1998年至2005年的七年间，中海集运始终紧跟市场，加强全球经营网络建设，增强核心竞争优势。先后建立并不断完善六大支持网络体系，即：海外集装箱揽货、船舶代理体系；沿海揽货、船舶代理体系；全球10个集装箱集散转运中心和4个全球客户单证服务中心；全球化联网、全天候运转、全过程服务的集装箱信息技术网络；全球现金结算网络；综合物流网络体系。强有力的网络支持体系，使该集团所有新接的集装箱船都能做到当天接船，当天装货，始终保持较高的船舶载箱率和载重率。2006年，整个中海集团的海外产业已由单一的网点布局向相关产业发展，从单一的代理揽货逐步发展到远洋运输、船代、货代、船舶管理、租船、租箱造箱、码头、物流、集卡运输、物供、贸易、劳务输出等多方面，呈现出多元化趋势，成为其全球化经营的重要保障体系。

“十五”和“十一五”计划时期，上海海洋运输企业在全球营销网络建设中，还积极引进和运用先进的信息技术，提升营销管理的现代化水平。其间，中远集运航运信息系统IRIS-2系统引进和建立后，在全球范围内投入使用，使中远集运的经营管理发生革命性变化。一个庞大的营销网络全天候支撑起中远集运的全球集装箱运输和物流业务，大幅提高其主业经营网络化、信息标准化和系统集成化程度，实现网上货物跟踪、电子订舱、电子提单和网上询价，可为客户提供高附加值、个性化服务。中海集运上海公司以建立成熟、完善的企业信息系统来保障前端服务、销售和后端管理、运营等各个环节的流畅、迅捷和高效。该公司先后推出的网上电子订舱、电子更改、网上提箱服务等业务，既方便了客户，也提高了工作效率。时中海集团信息技术产业全球网络以上海为中心，已覆盖国内沿海沿江主要港口城市以及世界主要经济贸易国家和地区的下属公司网点，形成全球化、网络化、数字化的中海数字网、中海电子商务平台、集装箱运输管理系统、物流系统和内部信息管理系统等管理体系。

及至2010年，上海多家海运企业都已成功构建自己的营销网络体系。其中，中海集团的全球营销网络日臻成熟。其由两级投资管理构架组成的海外营销服务网络，在生产经营中发挥了积极作用。在网络建设上，该集团主要开展了三方面工作，即整合及重组海外资产，理顺对地区控股公司的投资管理关系，同时建立起海外公司的区域控股管理体制；在网点空白地区加快组建新的区域控股公司和境外代理公司，并采取合资形式组建代理公司；充分利用当地公司和员工的本土化优势，快速提升市场开拓能力并迅速形成营销服务网络。截至是年底，该集团已成立欧洲控股、北美控股、东南亚控股、西亚控股、香港控股、韩国控股、日本株式会社和澳大利亚代理有限公司等八大区域公司，基本完成地区控股公司的布设，建成覆盖全球的营销服务网络，在五大洲90余个国家和地区，设有300余个海外营销网点，形成区域成片、全球联网的多级代理和业务体系。

中远集运共经营150艘集装箱船，总运力超过61万标准箱。在全球超过44个国家和地区的144个港口挂靠，构成以中国、美国、欧洲三大板块为核心的东西主干航线体系，以日本、澳洲、东南亚为支撑的次干航线体系，以及中国、东南亚、欧洲三大区域内的支线网络，共经营75条国际航线、9条国际支线、70条珠江三角洲和长江支线。其在全球范围内拥有广泛的销售和服务网络，共拥有

400多个代理和分支机构。在中国本土拥有货运机构300多个，形成以大连、天津、北京、青岛、上海、广州、深圳、厦门、武汉为支点的服务网络，境外网点则遍布欧、美、亚、非、澳五大洲。该公司依托全球性的航线网络和销售、服务网络，可为国内外客户提供优质的"门到门"服务。

锦江航运公司已初步搭建起以国际集装箱运输管理、国际船舶代理、国际货运代理、堆场管理四大业务处理系统为基础的经营业务数据处理平台，以OA办公系统、电子档案管理系统、财务管理系统、人力资源管理系统、船舶技术安全管理系统为基础的管理支撑性平台，基本实现对企业经营、管理的全覆盖。整个企业的网络体系以及相应的硬件和软件系统构成公司的信息化基础设施。

中波公司在国外已形成亚、欧、美三足鼎立的全球网络格局，揽货网覆盖三大洲主要设备货运输港口；在国内则形成以上海为龙头，京津和大连为两翼的华东、华北和东北地区网络格局，公司的整体服务能力和市场竞争力明显提高。

第三节　成本和风险管理

一、成本管理

20世纪70年代末，上海海洋运输行业积极贯彻国家关于大力开展扭亏增盈工作的通知，努力增产节约，多创利润。节约的重点是港口使费、燃油费、修理费、物料费以及管理费等主要成本开支项目。1980年4月，上海海运局传达全国交通工作会议精神，要求基层单位负责人认真抓好运输生产，深入开展增产节约运动，重点抓好增收节支，广开财路，堵塞漏洞。1983年3月，该局在第二十二届职工代表大会第二次会议上提出，要积极稳妥地试行以承包为中心的经济责任制，抓好企业全面整顿，增收节支，提高"三率"（营运率、航行率、载重量利用率），节约"三费"（燃油费、修理费、港口费）。

表5-2-1　1980—1988年上海海运局运输成本的实际组成情况表

年　度	合　计	船舶费用(%)							管理费(%)
		工　资	燃　料	润物料	折　旧	修理基金	港口费	其　他	
1980	100	7.71	22.30	5.90	16.87	29.23	12.46	3.33	2.20
1985	100	6.70	25.59	4.66	19.30	20.16	16.69	5.35	1.55
1988	100	10.51	20.43	4.67	21.89	18.81	17.32	4.18	2.19

资料来源：上海海运局《上海海运四十年》

80年代后期，上海海洋运输各企业积极实行以承包经营为主的船舶经济责任制，对单船定生产任务，定安全质量，定燃油、物料消耗，定维修保养费用和修船时间，调动船员的工作热情与生产积极性，推动增收节支的开展和运输生产等各项任务的完成。

1996年，上远公司从多个方面抓好成本管理：按月对实际成本与计划成本进行比较，每季度作出书面分析；坚持每季度进行单船盈亏分析，航次效益分析，及时调整船舶经营策略；建立、健全港口使费审核控制制度，严格审核使费，对同类型船、同港口的使费作比较，指导船舶把好第一关；加强对船舶各种物料、备件、通导材料的管理,加强对修船计划和修费的监控力度;合理调度船舶,节约船期,控制修船期,尽量安排船舶在国内修理;做好国际石油市场船用燃润料行情、价格的研究和跟踪工作,适时选择合理加油港,降低燃润料费支出;做好保险理赔工作,降低保险理赔费支出;压缩管理费等开支,按计划对招待费、修理费、办公费、用车费进行严格控制,实行差旅费包干。1998年,该公司成立成本控制小组,具体部署成本控制工作,并建立成本控制例会制度和成本控制监督员队伍。

2000年,中海油运建立成本费用分析例会制度,严格执行三项成本及管理费用的审批、审核。在油料大幅上涨的情况下,全年燃油费用只占到计划的92%;修理费用为全年计划的93%;润物料费为全年计划的94%;管理费支出为全年指标的94%;应收赊账余额同比减少1 424万元。

同年,中远集运建立成本监控体系,把各项成本指标逐月、逐部门、逐岗分解,同每个员工的收入直接挂钩,有效遏制成本上升的势头。在燃油成本同比1999年上涨79%、箱运量增加8.51%的情况下,运输成本同比仅上升14.07%。该公司还建立效益评估体系,推行销售预算,在揽货前对每票货作成本、效益、贡献值的分析,将收入不能覆盖成本的货源拒之门外,实现对航线经营状况的科学分析和预控,注重提高航线效益。

“十五”和“十一五”计划期间,随着国家建立资源节约型、环境友好型社会战略的实施,水运行业更加重视节能减排工作。上海海洋运输系统以节能减排作为企业管理的重点目标,以对燃料成本的控制作为各项成本管理的重点,实施“成本领先”战略,采取多项措施、多种途径降本节支,促进成本管理水平不断提高。

2001—2002年,中海集团先后成立增收节支领导小组和工作组,建立成本控制体系,落实责任部门,坚持成本进度每周定期报告制度,对核定指标层层分解,细化考核。2003年,中远集运对成本控制实施“严防死守”方针,并将成本控制工作同IRIS-2系统应用紧密结合,改变过去单纯的职能管理方式,进一步向流程管理方式转变,强化成本控制体系中的控制手段,拓展成本控制主体,强化对供应商的控制,充分发挥海内外各区域、各口岸在成本控制中的作用。在航次同比2002年增加88个、总箱运量增加12.9万TEU的情况下,港口使费与上年持平,单箱货物成本减少16美元,货物费总体减少2.18亿元。

2006年,中海集团面对低运价和高油价的双重压力,努力开拓市场,组织货源,以加强精细化管理实现增收节支,向管理要效益。全年实现利润总额64亿元、净利润(不含少数股东损益)33.53亿元,超额完成国资委下达的45亿元的利润总额考核目标。

2008年5月,中远集运出台成本问责制,重点突出目标管理、岗位协同、过程跟踪、预警通报与动态改进,并与相关领导人员薪酬、职务挂钩。通过成本问责制,有效加强成本控制和节约开支。

同年下半年始,美国次贷危机引发的金融风暴波及全球。上海海洋运输行业采取加强合作、“抱团取暖”的方式,积极控制成本,对抗危机。通过行业间共同投船、互换舱位等合作,合理进行运力配置,提高船舶运营效率,节省运输成本;通过超低航速、锁定油价等方式有效控制燃油成本;通过优化航线配置、与港口加大谈判力度等措施,有效降低航程成本和港口费用等开支。

2010年,中海集运成立综合竞争力指标体系工作小组,摸索出一套科学的推测模型,理性分析市场,预测市场趋势,并从战略管理、公司价值(盈利能力)、成本控制、信息化、人力资源、品牌服务等多方面,与全球前20大班轮公司进行对标,基于对标差距分析,提出公司发展的措施建议,分阶段落实。同时,加强市场开拓、对外合作、成本控制、航线经营,收到良好成效。

【燃油成本控制】

20 世纪 70—80 年代，上海海洋运输行业一直将控制燃油成本视为增收节支的一项重点，依靠加强管理和科技进步，采取多种方式和途径，努力降低燃油单耗（每千吨海里耗油量）。1979 年，上海海运局“长顺”“云海”等轮试烧 6∶4 渣、重混合油成功。该局试制的 CNT 燃黏度调节器通过技术鉴定，可以自动地把燃油调节到最佳雾化黏度，保证燃烧良好，消除结炭，节约用油，解决了燃烧劣质油的技术关键，经“长顺”轮使用效果良好，节约燃油 1%。1987 年，上远公司大力开展技术革新，采用国内外先进节能技术，包括燃油以重（油）代轻（油），使燃油消耗大幅下降。当年燃油消耗每千吨海里 8.7 公斤，比年计划降低 16.6%，1988 年又比年计划降低 14.7%，1992 年，每千吨海里耗油仅为 8 公斤。

图 5-2-6　2008 年 2 月中远集运召开当年节能减排首次联席会议

（照片提供：中远集运总经理办公室）

1997 年，上远公司制订节支计划时，确定全年节支燃油费 320 万元。为了完成计划，降低成本，该公司航运部采取各种措施控制燃油费，包括指导船舶到油价低的港口，采用货比三家的办法，选择信誉好、价格低的油公司补油；对补油多的港口，运用期货交易等手段减少燃油价格浮动的影响；把节油计划分解到各船，发动船员做好节油工作，加强技术管理，防止出现燃油（包括滑油）跑、冒、滴、漏等现象。是年，节约燃油 13.1 万吨，燃油费 1 585 万元。

进入 21 世纪后，水运行业的节能减排工作日益受到重视。上海各主要海运企业都建有节能减排领导机构，并初步建立起领导协调机制，制、修订一系列相关的部门规章和技术规范标准，使节能减排工作更加规范有效。其中，中海集团成立了由总裁和主管副总裁任正副组长，集团各主要业务部室和重点用能单位一把手组成的节能减排领导小组，领导和监督企业的节能减排工作。且每年多次召开集团范围的节能减排工作会议，专题部署节能减排工作。

2002 年，中海集运将控制燃油成本列为企业经营管理的重点，设立专门部门负责营运船舶的燃料采购和安排，把过去单纯由船上提出申请的分散、被动采购模式，改为集中起来，在全面了解市场变化的基础上选择最佳供应点和供应商的积极主动采购方式，从而使公司燃油成本控制在最低限度，全年节省燃油费达 2 500 万美元以上。该公司燃油科坚持对国内外各港口油价变化情况，包括鹿特丹、新加坡燃油期货价的变化等，进行跟踪和了解分析，经汇总后每天以书面形式提供给公司领导和各箱运部门参考决策。通过摸清主要港口的油源库存情况，判断油价未来的涨跌趋势，采用时间差的办法应对油价变化，在预计油价可能下跌时，控制船舶加油量或尽量将加油时间往后推移，反之则相反。

中海油运以加快船队结构调整，淘汰能耗大的老机型和小油轮，加快新机型和巨型油轮的发展力度，来推进节能减排工作的进展。2006 年在签订和建造 47.4 万载重吨 VLCC 和灵便型油轮的同时，处置老机型和小油轮达 35.3 万吨。大吨位、新机型、低消耗油轮的投入营运使燃油单耗明显下降。该公司还积极推广节能技术，鉴于燃料油比柴油每吨便宜 1 500～1 600 元（2005 年市场比价），着力提高燃料油的消耗比例，使 180 CST 和 380 CST 燃料油消耗比例由 2004 年的 86.257% 提高到 2006 年底的 91.31%，减少船用轻柴油 2.5 万吨，在燃油价格不断上涨的情况下，节约燃油费 3 000 多万元。

“十一五”计划期间，国际油价持续攀升，直接影响到航运企业的运营成本和经营业绩。为了克服油价大幅上涨造成的压力，上海海洋运输行业在密切关注燃油市场变化的同时，采取多种手段降低燃油费用开支。2007 年，中波公司投入 63 万元人民币，在两艘实验船舶中使用燃油添加剂，使燃烧更加充分，排除废气明显减少。在取得经验之后，次年又增加到 5 艘船舶使用燃油添加剂。原来使用轻油的“肖邦”类型船舶副机全部改用重油，有效节省了能源消耗。该公司专门成立了以总经理为组长，各主要职能部门参加的节能减排工作领导小组，并建立责任目标、管理制度和工作流程。自是年始，每年 6 月份开展“节能宣传周”活动，深入宣传节能减排、保护环境的重大意义。同年，中海集运适时与燃油供应商锁定部分燃油价格，共锁定燃油 75 万吨，约占全年计划用油量的 30%。为降低燃油成本，该公司还积极推行大型船舶超低负荷运行，用降低船舶航速的方法，降低船舶主机油耗，使船舶节油效果凸显，既节约燃油消耗开支，又减少污染物排放。自 2007 年下半年始，其所属所有大型集装箱船舶均已实行经济航速[50%MCR(82.4 rpm)]常态化运行管理。中海货运积极推进节能减排工作，将节约能源、降低消耗作为企业可持续发展的重要措施，结合实际，强化管理，深入挖潜，2007 年通过燃油锁价等措施使船舶燃油单耗比上年降低 3.84%。其“提高船舶副机运行效率，降低燃油消耗”和“制定船舶航速与油耗关系表，设定合理航线、航速”两个项目经交通部体法司研究，被推荐作为全国交通系统节能减排示范项目。同年，中远集运面对节节攀升的燃油价格，从内部入手，依靠技术创新和调整运营来控制船舶燃油消耗。通过综合分析，该公司发现欧美航线船舶耗油量占到油耗总量的四分之三，这些 5 400 TEU 以上大型船舶日耗油都大于 180 吨，主机转速每增减一转，理论油耗量增减就会超过 10 吨以上。只有将主机转速降下来，才能有效保证燃油消耗的降低。据此提出了节约船舶在港时间，让主船队在大洋航行段减速，以确保燃油消耗有效降低的可行性方案的实施。

2008 年 1 月，中远集运在上海业界率先提出“船队降速 10%，年减少油耗 30 万吨”的节能减排目标。为了实现这一目标，该公司推出“管理节能、经营节能、技术节能”三管齐下的节能措施，通过调整船队结构、推广采用成熟节能技术、开发新技术等，持续降低燃油单耗，并有效减少船舶燃油消耗对环境的污染。其在已有的燃油监控系统基础上，新增船舶油料超耗提醒、IRIS-2 系统船舶航线和班期数据自动衔接等功能，将船舶节能减排作为考核船舶的一项硬性指标纳入管理体系。同时，坚持探索船舶节能新技术的应用和推广，收到良好的节油效果。

2010 年前后，鉴于上海海洋运输发展迅速，船队规模日益庞大、船型众多、机型复杂、航线覆盖面大等因素，传统的油耗统计方法和监控手段已很难满足企业燃油统计的要求，且单纯依靠改进技术减少燃油消耗效果有限。中海集团、中远集运等驻沪主要航运企业都将节能工作的重点逐步转向实现船舶燃油管理的科学化、数字化上来。中远集运联合上海海事大学，成立“船舶燃油监控系统”(简称 VNRS 系统)课题组，研发新型信息化燃油管理模式，追求企业与社会的共同可持续发展。课题组通过系统分析、论证，提出成熟的解决方案，并立即组织实施，尽快投入使用，节能效果良好。中海油运除坚持技改投入，改善船舶主机、辅机、锅炉等设备技术状况，提高燃油使用效率外，对船上所有可能含有污染物的排放水建立监测体系，经过处理并满足各项环保数据后才可排放，同时建立以此为基础的绩效考评制度。中海集团在技术创新中，突出节能效果，在精细化管理中，有效控制能耗成本。2008 年起每年与上海市建设和交通委员会签署节能减排推进书，2009 年进一步规范燃油添加剂的选择，通过抓住重点环节解决主要问题，取得明显成效；通过技术创新、调整船舶投放力度、推行船舶经济航速等措施，年节约燃油约 90 万吨；经努力提前一年完成国资委下达的“十一五”节能减排目标。

【修船成本控制】

20 世纪 80 年代，上海海洋运输行业开始在船舶修理方面推行经济责任制，以船舶修理经济责任承包的方式，鼓励船员自修，节约修船费用。1980 年 4 月，上远公司根据中远总公司关于对自修有成绩的船舶实行奖励的规定，制定出《船员扩大自修奖励试行办法》，并在各船试行。该《办法》对“奖励的范围”“奖励的条件”“奖金”“奖金分配”分别作了详细说明，要求船员发扬艰苦奋斗、自力更生精神，提高维修能力，使船舶各项设备保持良好状况，减少事故，降低成本，提高营运率。是年，该公司“岳阳”轮原准备由公司航修站修理的一号辅机，因运输任务紧迫而未修，经公司批准到日本航修，日本有关船厂报价需外汇人民币数千元。结果船上发动船员自己动手，利用在港装卸时间进行修理。经过八天努力，按说明书技术要求，更换必要备件和进行适当修理，使该台辅机重新投入正常运转，节省了外汇和船期。上远公司为此通报表扬“岳阳”轮，并按奖励办法发给该轮奖金。“岳阳”轮成为该公司第一艘因自修而得奖励的船舶。同年 8 月，上远公司又制定下发“船舶厂修、自修范围划分的暂行规定”，鼓励船员进一步发扬自力更生精神，提高自修能力。

上海海运局自 80 年代始，实行船员自修劳务津贴，首先在“长宁”轮上进行试点，将该轮进厂前的机舱清洁、油漆工作交由船员承担（原拟请外包工负责），3 部副机中的 2 部交由船员自修，各种泵浦的 90%也都由船员负责自修完成。1981 年 12 月，该局第一艘试行自修劳务津贴的“神州”轮在江阴澄西船厂经过 66 天修理，比合同期提前 9 天出厂，节约修理费用 5 万元。按规定，该船提前 1 天出厂，可得津贴 150 元，节约的修船费可提成 3%。“神州”轮在进厂前就把修船所需的缸头、缸套、油泵、电动机等运到船上。在进厂途中，轮机部即自修冷藏机，甲板部拆卸好吊货索具，还承包了主甲板以上的敲铲油漆。修理过程中轮机部将原定厂修的 2 台辅机、油舱刀门、2 台海水泵、12 个主机油头、6 个高压油泵以及汽缸起动阀等 40 多项扩大为自修，节约大量修理费用。

1984 年 7 月，上海海运局发出全面试行船舶修理经济责任承包的通知，规定将各轮按年初计划压缩 20%后的当年年度修船指标作为考核各轮修理费和修理期限的依据。船舶在保证质量、安全和不超过修理期限的情况下，可从节约的修理费中提取 3%至 5%作为船员奖金。后该局又制定和颁发《加强船舶维修保养鼓励船员扩大自修劳务奖励办法》，自 1989 年 5 月开始试行，进一步调动船员自修的积极性，也使得修船费用连年上升的状况得到抑制。

1990 年，中波公司根据经理会议作出的努力降低成本决定，在保证安全前提下，采取多项措施降低修理费用：对于即将退出营运的船舶，用加强自修和临时修理办法，取消原先安排的坞修，节约 135 万瑞士法郎和 72 天非营运天；根据船舶实际技术状况，延长部分船舶坞修间隔时间，节省船期；对进行坞修和保修的船舶，合理控制修理范围，节约费用 181 万瑞士法郎和 38 天非营运天；合理控制临时项目和扩大船员自修范围，节约修理费用 62 万瑞士法郎；对特检修理进行合理控制，当年大修费用提存作以外收益 100 万瑞士法郎等；是年共节约修理费 522 万瑞士法郎和 149 天非营运天。

同年，为了适应修费不断上涨的形势，进一步调动船员积极性，保持船舶的正常技术状态，减少修费支出，提高船员自修技能，上远公司正式颁发《船员扩大自修奖励办法》，对原先的扩大自修奖励办法进行调整，奖金额比 1988 年的标准平均提高 20%～25%，其中主、辅机吊缸等重点项目奖金标准提高幅度较大。该公司船员在当年自修中，自吊主机 669 缸次，自吊辅机 254 台次。根据国内外主、辅机吊缸费测算，这些数量的主、辅机进厂修理需 1 177 万元。1991 年，上远公司再次对《船员扩大自修奖励办法》进行部分修改。该公司船员当年自吊辅机227台次,自吊主机609缸次,仅此两项节约修费600多万元。全年船员自修共为公司节约修理费用1 000多万元。1992年,上远公司针对船舶修理费上涨,特别是国外修费昂贵的情况,要求各轮能自修的不厂修,能在本公司船厂修理的,尽量不到其他厂或国外厂修理,并进一步提高自修奖励标准,鼓励船员扩大自修。是年该公司修备费支出2.45亿元,为年计划的92.7%,比计划节约修备费近2 000万元。

90年代中后期,上海海洋运输行业大力推广船舶维修保养体系(CWBT),在远洋船舶机务管理方面产生较好经济效益和社会效益,对船舶修理费用的控制也起到促进作用。中海集团、中远集运等企业在机务管理工作中,继续加强对船舶自修的技术指导,鼓励船员积极开展自修工程,既缩短了修期,也减少了大量修备费的支出。

图5-2-7 中海集团"光明峰"轮船员争分夺秒进行船舶海上抢修

(摄于2007年7月,照片提供:中海集团宣传部)

2004年开始,随着航运市场有所好转,国内修船市场也趋兴旺。中波公司及时调整修船策略,将公司的船舶修理集中于一家较小的船厂,享受船厂VIP待遇。如此既能保证修船质量和修期,也能获得优惠的修理价格,还能在船舶临时修理时保证有坞可进,从而最大限度节约公司机务成本的支出和对船期的影响。同时,该公司继续有计划、有组织地安排船员自修。从设备的日常维护保养到机舱主、辅机的吊缸,从相关设备易磨损部件的定期更换到甲板起货设备的钢丝撸油、克令吊臂油漆保养,从甲板到船体,发动和引导船员发扬主人翁精神,爱船如家,克服诸多困难,尽一切力量保证船舶处于良好技术状态,延长船舶的营运寿命。2008年2月,该公司"李白"轮在印度金奈港,依靠船员自身技术力量,成功更换船上二号辅机的曲轴,完成一项技术要求非常高又无先例可循的大工程。2010年9月该公司"鲁迅"轮船员自己动手,在安特卫普港完成对2号发电机组的更换工作。整个过程顺利,试车一次成功,从根本上解决该船副机震动和抱轴的老问题。

同一时期,中远集运船舶技术部坚持每月召开修船平衡会,加强与各有关部门协调和沟通,根据修船市场动向,合理选择修理厂家,与有关修理厂签订互利的修船协议,有效控制修船费的支出。该公司所属上远公司为节省修船费用,利用航运危机对修船业的影响,采取多家报价竞争,选择价低、质优的厂家签订"单船修理合同";锁定大船坞档,锁定价格,签订长期协议。其2009年8月的修理系数从上年末和当年初的1.8至2.0下降到1.2左右,大船坞费则从每天8~10万元下降到2万元。中海集团的船舶,则一直规定必须由集团所属船厂修理,且实行一定的集团内部优惠,使修船成本得到有效控制。

"十五"和"十一五"计划期间,上海海洋运输业发展迅速,船队结构调整步伐日益加快,大批大型和超大型技术装备先进的新船相继投入运营,同时加大对老旧船舶的处理力度。船队的大型化和年轻化提高了船舶运营效率,增快了船速,同时也有效降低了修船费用的开支。各家海运企业还加强对修船过程的科学化管理,将快速发展的信息技术应用于修船成本控制。由中远集运委托上海海运学院开发的船舶机务信息管理系统(该课题于1999年底一期工程开发结束),主要模块投入中远集运局域网运行后，可基本满足该公司现有管理模式下的船舶机务管理工作需要。在信息管理系统的支持下，船舶设备完好率和准班率得到提高，偶然事故率降低，并实现维修费用的有效控制。该系统根据《中远集运船舶机务管理信息系统需求书》提出的要求，在完成对中远集运现行管理模式调研的基础上，参照国外船舶管理公司的先进经验完成管理模式选择，其基本结构由修船管理、证书管理、油品管理、物资管理、费用管理、安全管理等十二个主模块组成。其中，"修船管理"模块记录了与当时修船管理业务相关的各种数据，具备提供历史数据的比较、同类型船舶与维修厂家的修费比较等功能，从而便于厂家的选择和修费的控制。

【箱管成本控制】

鉴于集装箱箱务管理是集装箱运输系统中重要环节，直接关系到降低集装箱运输总成本，减少置箱投资，加快集装箱周转，提高集装箱货物装载质量和货运质量，提高企业经济效益和国际航运市场的竞争能力，上海海洋运输各相关企业对箱务管理都十分重视。20 世纪 70 年代末，上远公司开展集装箱运输之初，就设有专门的箱管部门，负责集装箱的备用、租赁、调运、修理等工作。

1981 年，上远公司开始运用电子计算机对集装箱进行跟踪管理，及时掌握公司拥有箱子的基本动态，为开展集装箱管理分析研究、合理进行集装箱调运提供可靠依据。1992 年底，该公司已拥有 15 万只标准集装箱，计算机跟踪管理进入联网阶段。其采用美国通用电器公司所提供的集装箱管理系统及全球通信网络，以先进的管理手段对在世界各国港口或内陆腹地的所有集装箱进行跟踪。该系统可随时显示公司拥有的全部集装箱在世界各地港口的数量、型号、状态，便于航运部门掌握箱子动态，加快箱子周转。

1997 年，中海集运成立之初即建有箱管中心，负责其全球箱管工作，指导、监管箱管分中心和全球代理的集装箱管理工作；负责全球设备的统一供应和统一调度，合理安排空箱调运及各地空箱保有量，保证全球用箱需求；负责箱管商务及信息方面的管理工作，包括全球设备的融资、租赁，超期箱、错用箱、全损箱的管理及保险理赔以及箱管信息的收集、整理和分析；负责指导、监管集装箱设备的修理及维修保养工作，保障设备质量。

2000 年，中远集运北美进口重箱的数量创该公司历史新高，从上年的 58.5 万 TEU 增加到 66.2 万 TEU，上升了 13.1%，而出口重箱数量只从 38.6 万 TEU 增加到 41.1 万 TEU，上升 6.3%，进出口差额从上年的 19.9 万 TEU 上升到 25.1 万 TEU，给设备平衡工作带来巨大困难。该公司箱管处就北美等地区可能发生的严重压箱形势多次向公司专题汇报，得到公司领导及相关部门重视，并根据箱管处的建议及时制定有关对策，有效控制北美地区总箱量，及时调出富余空箱，缓解远东地区缺箱情况，最大限度地减少远东租箱数量和箱管成本支出。至当年底，北美地区总箱量回落至 7.5 万 TEU 的合理水平。

2004 年前后，根据货运体制改革后代理箱量成倍增长的情况，中海集运上海公司将箱管放箱管理纳入电子订舱 CAR-GO2000 系统，利用因特网建立客户申请电子平台，提高公司管理效率。只要客户电子订舱成功，即可在网上提交电子提箱的申请书。箱管工作人员通过电脑自动核查比对订舱信息，核对无误，即生成设备交接单，并根据不同的订舱要求，合理安排提箱地点。如核查结果与订舱信息不符，即写明原因，通过网络发送到客户的申请端。而客户只要及时刷新自己的申请列表，便可查看任何一单货物申请的状态，如遇接受即可去现场放单；如遇拒绝，则可根据具体原因更正后再次发送，直至成功。完全自助化的操作大大减轻工作量，也使人为差错的概率降到最低。其实施后，该公司每日平均放单量几乎是公司重组之前的一倍，而箱管工作人员却从过去的 18 人减至10人。

2006年,中远集运围绕保障公司用箱、有效控制用箱成本的原则,结合租、造市场新造箱价格及租金水平波动较大的特点,重点抓好新租箱成本控制工作。通过广泛收集租、造箱市场的相关资料,密切关注新造箱价格走势和租箱市场动态;研究和分析主要船公司和租箱公司的订单对箱价和运输生产可能带来的影响;跟踪各主要箱厂接收订单的情况、钢材等原材料价格的走势;在深入分析研究的基础上,果断安排新造箱订单下单决策,在新造箱价格底部区域落实大部分新租箱计划。是年,在保证航线用箱需求前提下,新租箱使用成本比上年下降18%。同年,该公司还制订下发《中远集运超期重箱清查处理办法》,成立超期重箱清查小组,全面负责超期重箱清查、处理工作,使超期200天以上重箱由年中的1 617箱下降到年底的1 408箱,下降幅度达13%。翌年,为清查处理进口超期重箱,制定下发《中远集运进口重箱预防超期及超期后处理指导办法》,建立超期重箱季度例会制度,协调、处理超期重箱清查工作中存在的问题,及时启动超期重箱止损机制,使2007年末的严重超期重箱(超期200天以上)比年初下降17%。

同一时期,中海集运箱管中心针对箱管工作中超期箱量居高不下的问题和冷箱运输中的薄弱环节,积极落实精细化管理措施,也取得可观的阶段性成果。由于多种原因,该公司超期箱数量一度徘徊在1.50万箱左右,难以下降,成为箱管工作的瓶颈。在海外代理和公司各部门的大力配合下,箱管中心按照PDCA质量管理程序,对全球范围内的超期箱展开清理,严格按照步骤流程,层层筛选,找出问题所在,终使超期箱量明显下降。据粗略估算,仅此次清理超期箱,就可为公司每天节约9 600美元。针对冷箱利用率较低现象,由箱管中心牵头、其他部门协同,积极提升冷箱运输方案的精细策划,提出测算航线效益的方法,制定冷箱运输思路,明确冷箱干用效益,并提出冷箱运输考核指标,最终制定出中海集运《冷箱操作白皮书》。其付诸实施后,使公司每周的冷箱运输量由原来的1 800 TEU上升至2 500 TEU,增长38%。每周冷箱干用箱量也由原来的10个上升到将近200个,增长近20倍,按平均每箱节约250美元计算,每周可为公司节约5万美元。2009年,该公司通过加快集装箱周转、减少空箱积压、加强超期箱管理以及“高退低租”等方式严控箱管成本,使当年箱管总成本较上年同期减少34.3%,单箱箱管成本同比下降32.3%。翌年,该公司在精细化管理理念指导下,箱管成本继续得到有效控制。由于公司准确判断市场,在箱价低位时果断购置3万TEU集装箱,并低价锁定4.5万TEU租箱等,不仅有效缓解了行业整体缺箱的局面,而且使本公司当年箱管成本与上年相比,单箱成本仅上升2.6%,远低于箱价上涨幅度。

2010年,全球集装箱运输市场小有回暖,集装箱设备需求大幅提升。但中远集运仍坚持适当偏紧的集装箱总量配备原则,采取全方位措施加快周转,将箱位比控制在1.65倍左右的历史最低位。全年在箱运量同比上升两成以上的情况下,集装箱总量增幅仅7个百分点左右,大大低于箱运量增长。同时,该公司高度重视集装箱平衡调运,积极实践“平衡是金”的理念,倡导从营销源头上注重箱体平衡。在上半年箱运量同比增长三成的情况下,空箱海运调运量上升不足两成,空箱内陆调运量仅上升一成,空箱在同一码头的调运成本同比下降近10个百分点。

为更好控制箱管成本,上海部分海洋运输企业在购箱、租箱的同时,从20世纪90年代起,还尝试自办集装箱制造厂。1991年,上远公司与上海市金桥经济发展总公司等5家单位合资组建上海远东集装箱有限公司,共建有厂房1.65万平方米;集装箱堆场4个,面积2.2万平米;各类材料、备件仓库4座,面积2万余平米;主要经营集装箱制造、修理、销售和租赁等业务。该公司建成后十分重视技术开发,紧紧围绕“提高经济效益”的中心,尽力降低成本,提高产品质量。1997年,其集装箱产品已有60余种,远销欧、美、亚洲40多个国家和地区,年产箱能力达5万余标准箱。“十五”计划期间，鉴于全球航运业处于高峰期，多家集装箱运输公司的运输量持续增长，刺激箱量需求大增。某些制造企业的集装箱价格高得离谱，但集装箱班轮公司船队为配备足够的箱量，一定程度上只能无奈受制于集装箱制造商。是时，中海集运拥有和租赁的集装箱保有量已达67万TEU，但供需依然紧张。仅仅凭借订造集装箱已不能完全满足船队规模迅速扩大的需要。故大力发展造箱业务，成为中海集团实施船岸战略、调整产业结构的一项重要举措。2005年2月，中海集团开始投资建设本企业首个集装箱制造工程项目。其充分利用江苏连云港大力发展临港工业的有利时机，选择在连云港经济开发区投资建设大型集装箱产品制造基地，由所属中海投资有限公司（以下简称中海投资）与东方国际集装箱有限公司合资成立专事集装箱制造、销售、租赁的专业公司——东方国际集装箱（连云港）有限公司。一期工程投资约2亿元，当年8月建成并投入生产。新建成的大型集装箱产品制造基地占地约30.7万平方米，拥有年产15万箱的现代化集装箱生产线。此后不到两年时间内，又先后投资建成锦州和广州两处集装箱制造基地。至2007年3月，三家箱厂的干货箱年生产能力达到45万标准箱。及至2010年的数年间，中海投资的集装箱年产量由最初的3.8万TEU上升至近22.0万TEU，在全球造箱市场的份额稳步上升到10%左右。其客户结构也发生显著变化，外部客户订单份额逐年增加，由2005年的5%增加至70%左右。中海集团涉足造箱业，既填补了集装箱产业链空白，确保自身集装箱船队用箱需求，也促进了其下属物流、码头板块的协调发展。

图5-2-8　2005年始中海集团开始自办集装箱制造厂

（照片提供：中海集团宣传部）

【港口使费控制】

1994年，国内港口使费成倍增加，致使船舶运输成本大幅上升。上远公司在当年职工代表大会上提出狠抓船舶在港装卸的船期，要求职工抓好船舶的现场跟踪管理，船到国内港时，专门派航运调度人员深入现场，做好各方面协调工作，及时落实装卸泊位，千方百计提高船舶营运率；船舶除了主动配合，积极与有关方面联系外，还要抓好平时的自修和保养工作，以减少非生产性停泊。1996年，该公司航运部、财务部重点抓了港口使费的审核，通过审核成功拒付不合理港口使费750万元。1997年，该公司提出全年节约港口使费1 200万元的目标。为此，由航运部制定具体措施和规定，把节约使费工作加以细化，分解到12个月份和各船，并设计“船舶港口使费反馈表”，由各轮填写船舶在各港涉及港口费用的现场情况后反馈给公司审核，以加强与船舶的联系，促进和提高船舶节约港口使费的自觉性。是年共节约港口使费1 437万元，超计划完成全年节支港口使费的目标。该公司财务部还修订“使费审核人员月度考核表”，对每个使费审核人员追回或拒付的金额予以统计分析和比较，提高其业务水平和工作能力。全年审核出不合理港口使费800多万元，并予以拒付。次年，中远集运制订、下发《运使费审核工作联系制度和操作规定》，并在19条航线中选了2名有经验的船长，收集港口费用收取情况，编制港口费率资料发船，加强船舶成本控制，仅上半年节支港口使费2 669万元。

1999年，中海集运为节省港口使费，与国内外各港口签订优惠费率，其中天津港至日本线下降3%，欧洲线在日本线基础上再下降4%，韩国东部公司装卸费降20%，泰国曼谷在原优惠基础上再降6%。该公司还通过科学合理地安排船舶进出港和靠泊作业时间,减少额外费用;在确保安全的前提下鼓励船长自引进出港,减少引水和拖轮费。

同年,中远集运加大运使费审核力度,推进运使费审核前移,明确运使费现场审核的重要职责是发挥了解第一手资料的优势,进行成本控制和现场管理、把关。该公司专门编写《港口使费须知》,内容涉及港口费率、规定、节支注意事项等,在指导调度和船舶安全运营的同时,充分考虑节约成本支出。

2001年,中远集运东南亚—美西线(SEA)和中国—西北欧线(CNEU)的港口费控制标准试点模式在公司自营航线全面推广实施,共覆盖19条航线,85艘船舶,73个港口。该模式通过制定港口费数据标准以及一线代理、船长的有关信息反馈加强港口费控制,规范操作行为,为财务审核提供依据,使港口费控制达到标准化、规范化、信息化。据公司财务部统计,2001年该公司在航线调整、船舶升级、挂靠港口次数增加的情况下,港口费仍控制在年计划指标之内,取得较好效果。

美国"9·11事件"发生后,世界经济不景气,导致航运业持续滑坡。中远集运"中远樱花"轮船长响应公司"降本增效"的要求,结合中日航线实际,认真研究日本各港口地理、水文、洋流、气象特性,破解在不要拖轮的前提下自引航道、自靠码头、自离码头的难题,以降低港口使费成本,摸索出一整套操船理念,创造了在一个聘任期内的"三自"(自引、自靠、自离)全过程中基本不使用一条拖轮的纪录。仅此一项,全年就为国家节省港口使费1 400多万元。

"十五"和"十一五"计划时期,上海海洋运输行业船队规模扩张,国内外航线大量增多,港口费用也随之上升。但其间特别是"十一五"后期,航运业滑坡,运费长期处在低迷状态,更加重了航运企业负担。为最大限度控制港口使费,上海各海运企业一方面加大与港口的谈判力度,一方面强化内部管理,大力推进管理的精细化和科学化。

2007—2010年,中远集运中国地区船舶代理通过强化上下港联动保班机制,积极协调码头、"一关三检"等部门,争取最有利的靠离港时间,以提高船舶直靠比例。据不完全统计,三年间该公司在国内码头的靠泊时间共节约近5万小时,累计节约国内港口使费等近2.7亿元。

为加强成本支出的精细化管理,中海油运积极推进成本控制信息化建设进程,积极开发和运用航运管理一期系统、财务SAP系统、船舶PMS系统、船管信息管理系统等,进一步健全和规范备件和物料供应、船舶修理、港口使费、管理费等成本管理的规章制度和操作流程,每月定期对成本支出使用情况进行汇总分析,并开展港口使费、修理费等专项费用效能监察审计,确保各项费用控制在预定范围内。

中海集运依托公司整体优势和中海品牌优势,充分利用码头运营成本下降和日趋激烈的竞争关系,使港口费率谈判取得较好效果。2009年,该公司减少港口使费近亿元人民币。平均至单箱,港口使费下降幅度达27.3%,装卸费下降约22.5%。2010年,港口使费亦同样得到有效控制。

【备件、物料成本控制】

20世纪80年代初,为强化船用物资管理,上海海运局相继制定有关物资采购和管理的一系列制度和规定。在此基础上,自1985年开始,随着船舶经营承包责任制的深入推行,利用对比分析、加权平均法,以与船舶运输生产挂钩的五项物资消耗定额作为考核船舶物资消耗的依据,促进船舶节约物料费用。在加强定额管理,降低船用物料消耗的同时,充分利用船舶退下来的旧料,在保证船舶供应的前提下,控制和降低物料成本。1979—1988年,共回收缴库材料380.9万元,利用销售旧料 416.2 万元。随着现代化管理手段的提高，自 1985 年以后，在 28 大类的 3 100 多种物料中开始应用电子计算机辅助船用物料的供应。从输入船舶需求的信息开始，到输入财务支出，全部采用电子计算机控制，用电子计算机制订采购计划，减少库存积压，加速资金周转。

进入 21 世纪后，电子信息技术被进一步应用于上海海洋运输企业的备件、物料管理。中远集运开发的船舶机务信息管理系统基本结构共有十二个主模块，其中包含备件管理模块。该模块有利于船舶备件实现动态式库存管理，始终保证备件、物料处于最佳保有量，从而既可使船舶设备的成本开支得到有效控制，又保证了船舶维护保养的需求。

2009—2010 年，中远集运所属上远公司强化船用备件、物料和油漆管理。重点推广使用国产化备件，加大国产备件开发、使用和质量跟踪的力度。加强与国内外供应商的接洽，根据当时形势及原材料价格现状，降低供货价格。同时，针对船舶常规易耗备件，与供应厂商协议制定批量采购方案，以获取更大优惠折扣；物料供应则试行"船舶物料定位配置"，进一步降低供应成本。该公司还加强对船舶物料备件库存的检查，尤其是大宗物料的库存量，使物料备件的存放、出入库管理有序，防止库存过多造成资金积压。

二、风险管理

20 世纪 90 年代，中海集团、中远集运等国有大型航运企业在沪组建后，在努力提高企业经济效益，满足广大客户需求的同时，对企业的风险管理一直予以高度重视。

2000 年底，中海集团运输部专门邀请专家，围绕油轮运输合同订立过程中的问题和油轮提单签发的风险防范、无单放货的风险防范、担保存在的风险及合同变更带来的额外风险等 5 大专题作了探讨。

2003 年 9 月，为规范签订船舶运输合同，规避商务经营活动中的风险，减少合同签订和执行过程中的差错，中海油运制定《运输合同管理操作实施细则》，对各类运输合同的签订做出明确规定，以减少和杜绝因岗位职责不清、责任不明、把关不严所造成的经营风险。该公司首先成立规范运输合同管理领导小组，对运输合同进行分类，对各类运输合同管理程序提出要求，并严格按照"谁揽货、谁洽谈、谁签合同、谁承担收回运费"的最终责任原则，确定洽谈、揽货人为第一责任人。同时对各类运输合同采取四级审核制：对信誉好的著名大公司由航运部揽货人员直接签订租船合同，处长审核即可；对省、市、自治区级地方公司、炼厂、石油贸易商等的运输合同，实施二级审核，即沿海、远洋运输处长审核后，经航运部分管副主任审批后方可实施；对民营企业、代理商、中介人实施三级审核，即二级审核后由航运部主任审批后才能签合同；对光租合同、期租合同、COA 合同，初次租船、有过不良记录和租船人资质发生变化的，航运部需了解租船人资质、资信等相关情况，专门报公司主管副总经理、总经理，经批准后才由航运部实施。

同年 10 月，中海集团召开商务工作会议，对商务工作进行定位。明确商务工作是实施风险防范、成本控制、效益核算、规范经营行为、处理市场信息、处理商务纠纷、对服务质量和货运质量进行监控的职能部门职责；商务工作应贯穿于经营生产的整个过程，起到检查、监督、指导的作用，要达到制度化、标准化、数字化的发展要求。

及至 2004 年的七年间，该集团通过各种有效方式和科学手段，结合企业的实际需要，努力降低和规避企业发展过程中的各类风险，提高企业抗风险能力。其采取的主要措施为：坚持以一业为主，积极发展多元相关产业的发展战略，规定不涉足与航运业无关的产业，不发展自己没有优势的产业,从根本上控制和防范发展战略风险;不断提高和增强核心主业的竞争力,做强做大核心主业,即大力发展集装箱运输,积极发展油轮、货轮船队,控制客运发展的规模,以增强企业自身的抗风险能力;坚持规范程序,防范决策风险,包括制订重大事项决策程序、坚持民主集中决策制度、重大事项由专家委员会先进行集体审议、重大决策事项必须由集团主管部门递交可行性报告等,建立起一整套行之有效,符合企业实际,适应市场需要的决策机制和体制;集中统一管理,防范资金风险,实行统一开户,统一结算,统贷统还,集团成立之初即成立结算中心,规定集团下属企业都必须在集团的结算中心开户,同时采用现代化科技,建立中海集团全球现金结算网上银行体系,通过与世界和国内各大银行合作,使集团对全球的现金管理全部通过网上银行操作;加强安全管理,降低经营风险,将安全预控措施贯彻到生产的全过程,保持安全状况的相对稳定;加强成本风险控制,包括人工成本、管理费用、船舶修理、燃润物料费用的控制等;加强应收运费的控制和管理;加强信息运用的风险控制,在香港建立中海集团计算机信息系统备灾系统,并保持与主体计算机系统同步运行,一旦主体计算机信息系统出现不测,备灾系统可立即启用;不断加强和实施对外联营战略,使合作双方的市场风险都得到有效控制,取得双赢效果。

2005年,中远集运成立风险管理委员会,由公司总经理、各部门负责人等24名成员组成,主要职责是根据公司总体要求,统筹管理公司各类风险。通过建立相关的机制,监督公司风险管理全过程,对公司风险管理实施内部检查,讨论相应对策,确定风险控制方法;负责对公司下属单位的风险管理进行指导、管理和监督。同年,中海集团在当年召开的工作会议暨职工代表大会上,要求各级领导进一步增强风险意识,建立本单位风险预警机制,加强发展战略风险的防范。

2006年6月,为全面落实科学发展观,进一步加强和完善国有资产监管工作,深化国有企业改革,加强风险管理,国务院国资委根据《企业国有资产监督管理暂行条例》(国务院令第378号)关于"国有及国有控股企业应当加强内部监督和风险控制"的要求,出台《中央企业全面风险管理指引》(以下简称《指引》)。《指引》对中央企业开展全面风险管理工作的总体原则、基本流程、组织体系、风险评估、风险管理策略、风险管理解决方案、监督与改进、风险管理文化、风险管理信息系统等方面进行详细阐述,对《指引》的贯彻落实也提出明确要求。根据《指引》要求,企业应建立健全风险管理组织体系,包括规范的公司法人治理结构、风险管理职能部门、内部审计部门和法律事务部门以及其他有关职能部门、业务单位的组织领导机构及其职责。具备条件的企业应全面推进,尽快建立全面风险管理体系。2008年5月,为了加强和规范企业内部控制,提高企业经营管理水平和风险防范能力,促进企业可持续发展,维护社会主义市场经济秩序和社会公众利益,财政部会同证监会、审计署、银监会、保监会,根据国家有关法律法规,制定《企业内部控制基本规范》。该制度自2009年7月1日起在上市公司范围内施行,并鼓励非上市的大中型企业执行。

以上两个文件出台后,上海海洋运输行业及时、认真地进行贯彻。各航运企业,尤其是中央在沪企业的全面风险管理体系逐步得到建立和完善。中海集团于2008年4月正式成立集团风险控制和管理委员会,由集团总裁亲自担任委员会主任。至2009年5月底已基本建成集团全面风险管理体系。该公司认为,全面风险控制管理从根本上说是企业发展战略问题,因而需重点抓好三个方面的防控,即战略决策风险、经营管理风险和海外管理的风险。

同年,中远集运为适应建立全面风险管理体系的要求,进一步加强风险防控,保证稳健经营,将公司安全技术管理部综合质量部更名为安全技术管理部综合质量和风险管理部,负责公司的综合管理体系、内部控制、风险管理工作。并明确公司机关各部门的质量监督员,同时作为各部门风控管理员,配合做好风险管理体系的日常运行和管理工作。依据国资委《中央企业全面风险管理指引》、国家财政部等部门《企业内部控制基本规范》以及ISO31000《风险管理—实施原则和指南》等标准，该公司于是年12月着手建立和逐步完善全面风险管理体系，促进公司战略目标的实现和公司业务持久、稳步发展。该公司制定的2010版《风险管理手册》自2010年1月1日起正式生效。要求全体员工必须贯彻执行风险管理方针和目标，严格遵守风险管理体系文件各项规定，以确保各项业务活动符合风险管理原则，实现风险管理体系的持续有效运行。公司总经理还任命公司首席风险官(CRO)，全权负责建立实施全面风险管理体系，并对体系的有效运行进行协调和监督。

按照《企业内部控制基本规范》的要求，中海集运于2009年开始进行内部控制体系建设。聘请中介机构作为咨询机构，对公司内部控制体系建设进行全面设计。同年11月启动在上市范围内实施全面风险管理体系建设项目，并成立公司全面风险管理委员会和实施项目领导小组、工作小组。2010年，利用培训、在线学习网站宣传、专题汇报等形式，多层次、多渠道地进行内控体系建设和风险管理专题宣教活动，以增强全员内部控制和风险防范意识。是年内初步建立全面风险管理组织架构。针对筛选出的重大和重要风险，确定重大风险偏好和承受度，正确认识和把握各类风险与收益的平衡，分别制订针对性的风险策略工具组合，进行差异化管理控制，并据此进行合理的资源配置(包括人力、财力等)，实现对整体的风险管理策略及风险管理应对措施的安排。同时，完成全面风险管理体系文件，包括《全面风险管理报告》《全面风险管理手册》《全面风险管理策略》《全面风险管理预警机制》和《中海集运全面风险管理办法、工作职责和工作细则》初稿，提交公司风险管理委员会审定。该公司风险信息系统也于当年8月正式上线，通过对预警指标的日常监控，完成定期和不定期的各类风险报告，向公司风险管理委员会提交风险的成因分析和相应应对措施，使全面风险管理成为公司决策的有力保障。

同一时期，锦江航运也加强内控管理，建立健全风险防范机制。陆续出台一系列完善资产监管的管理制度，进一步明确公司内部资产监管的职能分工，完善企业资产运作管理体系。2010年7月，该公司法务审计部正式成立，使公司内控管理工作在职能上得以进一步明确和落实。根据上海市国资委的工作要求，公司还拟定财务风险预警工作方案，对债务风险、现金流风险、盈利能力风险、投资风险四大部分进行预警管理。

第四节　船 队 管 理

一、管理体制

【机关管船体制】

20世纪70年代始，驻沪海洋运输企业在机关管船体制上屡有变化。70年代末，上海海运局对船舶实行分船队管理。即将所属船舶分成货运、客运、油运三个船队。各船队除有调度、海务、机务、船员调配、工资发放、成本核算等职能和权限外，亦可向船舶行文。还可自建职工住宅和实施住房分配；自建航修站，承担船舶航修任务；自备车辆、交通艇，自主调配使用。

1980年，为有利于“既沿海，又远洋”的经营方式，避免分级分权管理和统一指挥、统一调度之间的矛盾，经交通部批准上海海运局于是年11月撤销船队，实行局对运输船舶的一级管理。同时按管理职能组建航运、船务和人事等3个部，由各分管副局长兼任部主任，各部直接管理到船。1983年底，在局机关设第一货轮、第二货轮、客轮、油轮4个船舶管理处，并相应撤销航运、船务和人事部。船舶管理处的管船范围基本上仍按船队管理时的原则划分。不同的是，船队管理是两个层次的管船，而管理处属局机关职能处室，一个层次直接管理到船。其对船舶的管理职能和权限较船队为小，主要职能可简化为：管船、管人、管安全。即从生产到生活，加强对人的管理；从操作技术到维修保养，加强对船舶设备的管理；从贯彻落实责任制，到健全安全保证体系，加强对船舶安全生产的管理。为扩大对人的全面管理，把党的工作也转到管理处的职能范围内，在各管理处建立党的基层组织，负责所属船舶党务工作。

1985 年，为在船舶管理上合理划小核算单位，实行分级分权管理，上海海运局再次实施船舶管理体制改革，撤销船舶管理处，组建相对独立的专业运输公司。是年 11 月，该局石油运输公司首先成立。继而又成立性质相同的客运公司、第一货运公司和第二货运公司。4 个专业运输公司均作为一级管理机构，实行内部独立核算，在局统一计算产量、统一纳税、统一承担债务、统负盈亏的前提下，赋予相应的经营自主权，从而形成局、船公司对船舶的二级管理体制。

80 年代前期，上远公司在船舶管理上实行的是公司直接管船，即由机关职能处室直接面对 139 艘船舶。由于管理幅度过大，管不深，管不细，公司领导和职能部门整天忙于事务，难以集中精力思考船队经营等问题。对于船舶来讲，机关 20 多个处室管船，船舶到港时各自派人上船，好比 20 多条线穿一根针，船上应接不暇；对船舶提出需要解决的问题，则往往因分工和权力所限推诿扯皮。为了改变这种状况，该公司于 1985 年底开始酝酿改革方案，1986 年 3 月在公司职代会上提出理顺关系，把船舶管理同企业经营分开的设想，并决定把船舶管理体制改革作为一件大事来抓。同年 4 月，首先对集装箱船舶进行改革试点，成立集装箱船舶管理处(后称管理四处)，将“花园口”轮等 34 艘集装箱船、滚装船的现场管理和 2 000 多名船员划归该处领导。管理处下设政工、船员管理、安全技术三个科，分别负责船舶的思想政治工作、船员管理、海务和机务及安全技术管理、后勤保障等工作，定编 41 人。同时建立同级基层党委，负责党的建设和对船舶党支部的领导。集装箱船舶管理处成立以后，在实践中逐步建立各项规章制度、工作程序和标准，明确与各职能处室的业务分工和横向联系办法，坚持做到“船到人到，现场服务，现场办公”，为保证集装箱班轮准班正点运行发挥积极作用。

1986 年 9 月，上远公司向中远总公司作了专题报告，并抽调专人开始拟定成立四个船舶管理处的具体方案实施步骤。1987 年 5 月，经中远总公司批准，该公司成立投资杂货船管理处(管理一处)，贷款杂货船管理处(管理二处)和散装船管理处(管理三处)。为了引进新的经营体制，增强竞争力，加强对杂货班轮的管理，又于 1989 年 8 月成立管理五处，负责 15 艘杂货班轮的调度、经营和管理，并实行内部经营独立核算。随着公司集装箱船队的扩大，航线的拓展，为划小集装箱船舶管理处幅度，于 1990 年 2 月，从集装箱船舶管理处(管理四处)划出部分船舶和人员成立管理六处。至此，上远公司共设置六个船舶管理处，实施对所属船舶的管理。各船管处成立后，在面向船舶、强化管理、保证经营、提高效率方面成效明显，主要为：缩小管理幅度，加强现场管理，使各项管理工作更加深入、细致，逐步走向标准化、规范化、程序化；提高办事效率，凡有关船舶技术业务、后勤保障、人事调配和思想政治工作等方面的问题，船管处内即可解决，决策快，工作效率高；加强船舶思想政治工作，促使船员政治素质不断提高；改善机关服务态度，扎实为船舶服务，为船员服务，为船员家属服务；有利于公司领导层集中主要精力考虑经营方针和重要决策。

1993 年，上远公司机关机构调整时，设立船舶管理部，由一名公司副经理兼任管理部经理，加强对几个船舶管理处的领导和协调工作。

同年底，中远集团对集装箱运输实行“集中经营、分散管理”的管理体制，在北京成立集装箱运输总部，把集装箱船舶的经营权集中起来，将运价的制订和管理、航线的设计和调整、航线上船舶的配置以及集装箱的使用统一起来经营，上远、广(州)远、天(津)远公司则不再负责这些集装箱船的经营。

1997年，中海集团组建后，对所属船舶实行专业化管理。自是年8月起，先后成立中海集运、中海油运、中海货运、中海客运等专业船公司，按照集中经营、分级管理和实施“六个统一”（统一计划、统一经营、统一对外、统一调度、统一核算、统一收支）的组建原则分别管理和经营集团的集装箱船、油轮、干散货轮和客轮。各专业船公司内都设有专门的船舶管理部门，对船舶进行综合管理和现场管理。专业化重组的实施，使各专业船公司的管理和规模优势得到进一步发挥，船舶基础管理特别是外运船舶的基础管理得到加强，许多船舶因管理严格、服务优良，受到货主欢迎，赢得市场好评。

同年，中远集团再次实施航运体制改革，将中远集装箱运输总部迁往上海，与上远公司合二为一，成立中远集运，以实现中远系统集装箱运输经营管理一体化和全球营销一体化的战略决策。是年9月起，原上远公司的散装货船移交天远公司，杂货船移交广远公司，广远和天远公司的集装箱船则移交上远公司（中远集运）。中远集运成立后，按照新型的管理科学要求，将公司分成经营、船舶（船员）和陆上产业三大块，进行管理体制改革。先是成立船员公司，主要负责船员管理，并协同公司管理部做好船舶管理工作。而后于2000年3月将船员公司与中远集运管理部、上海远洋教育中心合并，组建中远集运船舶管理公司（以下简称船管公司），对内称中远集运船舶管理部，承担中远集运船舶和船员的管理职责。船管公司有船岸职工1万多人，管理中远集运所属100多艘集装箱船舶以及外派、合资、联营等80多艘船舶。船管公司下设船舶管理一、二、三、四、五处和对外船舶管理处以及其他职能部门。其成立后，船舶与船员管理的综合优势得以显现。

图5-2-9　浦海航运召开2008年船舶管理工作会议

（照片提供：中海集团宣传部）

20世纪末和21世纪初，随着改革开放的深入推进，国内有不少航运以外大型企业自行组织小型近海、远洋运输船队，从事包括承运本企业原材料、产品在内的海上运输经营业务，以求降低本企业成本或开拓本企业新的经济增长点。但这些只拥有少量船只的船公司，如自行组织人员对船舶实施管理，需投入较高管理成本，并存在船舶管理人才不足或浪费问题，而且是时国际航运强制性实行国际安全管理规则（ISM），港口国检查（PSC）、船旗国检查（FSC）越来越严格，促使这些船公司寻找专业公司为其代理船舶管理业务，代行船舶管理职责。2000年8月，由中波公司投资300万元组建的上海中波国际船舶管理有限公司，顺应这一市场需求而成立。该公司集合中波公司船舶管理精英，既有雄厚的技术人才为支撑，又有近50年远洋船舶管理经验作后盾。其投入运营后，本着“诚信、专业、创新”的企业精神，为船东提供船舶船员调配及管理、航行安全生产、机舱甲板各种设施技术监督管理、海务监督管理和船岸安全体系管理等全方位优质服务。

2002年1月，中远集运对部门机构进行调整，将公司船舶管理部（船舶管理公司）所属船舶管理一处、二处、三处、四处、五处和对外船舶管理处分别更名为船舶管理一部、二部、三部、四部、五部和对外船舶管理部。公司管理部（船舶管理公司）机构编制职能不变。同年2月，上海远洋船舶管理有限公司在中远集运船舶管理公司对外船舶管理部基础上组建。其主要职责是对非中远集运下属的船舶按《国际安全管理规则》（ISM）进行委托管理。船舶代管业务作为中远集运一个新的经济增长点,显示出良好发展前景。

2004年9月,根据中远集团、中远集运关于主辅分离、改制分流的部署和要求,上海远洋运输公司实施重组。重组后的上海远洋运输公司由中远集团总公司授权中远集运管理,恢复独立经营法人地位。其以船员和船舶管理为重心,对中远集运的100多艘集装箱船舶实行管理,对中远集运的航运主业发挥重要支撑作用。在船舶日常管理中,该公司全面推行综合管理体系,贯彻执行ISM规则和《国际船舶和港口设施保安规则》等国内外有关条约和规定,按照安全、质量、环境和职业健康等国际、国内标准要求,形成全方位管理格局。

同年11月,当时国内最大的船舶管理企业—中海国际船舶管理有限公司在沪成立。其除了管理船员外,亦接受船舶所有人或船舶承租人、船舶经营人的委托,经营国际船舶管理业务,包括船舶买卖、租赁以及其他船舶资产管理,保证船舶技术状况和正常航行。时共管理国内外船舶76艘(中海集团各专业船公司的船舶不归其管理)。

及至2010年,上海海洋运输系统各企业在船舶管理体制上虽不尽相同,但都遵循一项原则,即从生产实际出发,对现行船管体制不断予以改善和优化,以利于企业对船舶的综合管理和船舶各项工作的顺利开展。

【船舶领导体制】

20世纪80年代初,上海海洋运输行业在船舶领导体制上实行的是船舶(中共)党支部领导下的船长政委分工负责制。1983年3月30日,中共上海海运局党委发出《关于执行船舶党支部领导下的船长政委分工负责制条例(试行)的通知》,指出30多年的实践证明,坚持这个制度有利于实行党政分工,加强和改善党对船舶的领导,发挥党支部的战斗堡垒作用;加强以船长为首的生产管理指挥系统,保证安全生产。要求各轮组织干部学习讨论,认真贯彻执行。翌年1月,该局党委正式颁发《船舶党支部领导下的船长政委分工负责制条例》,要求全局所有船舶认真贯彻执行。该《条例》规定:船舶党支部是船舶的领导核心,实行政治、思想和组织的领导;船长全面负责本船的安全、生产、技术、经济、管理等行政领导工作,保证局的命令、指示、计划和党支部决议的贯彻执行;政委应以主要精力抓好本船党的建设和思想政治工作。在紧急情况下,凡属运输、安全、生产业务方面的问题,由船长决定;属于政治、公安、民兵、外事等方面的问题,由政委决定,事后及时报告党支部委员会和上级。

1987年始,上海海洋运输行业开始对船舶领导体制实行改革,实行船长负责制。是年底,中波公司改革船舶管理体制,将党支部领导下的船长、政委分工责任制,改为船长负责制。船舶政委改称副船长,主要负责船舶思想政治工作和行政管理工作,协助船长做好船舶管理。在推行船长负责制的改革中,该公司举办三期船长、副船长培训班,共有30名船长、副船长参加培训,部分轮机长也参加培训班学习。主要学习内容是中共"十三大"文件和中远总公司《关于在远洋运输船舶实行船长负责制若干问题的规定》《中国共产党远洋运输船舶支部工作条例》《远洋运输船舶民主管理工作条例》《远洋船员职务规则》的"总则"部分。通过学习明确船长在船舶工作中的中心地位,明确副船长的职责及党、政、工三者之间的关系和船舶党支部保证监督作用的内涵、途径和方法。至1988年底,该公司已在7艘中管船上成功实行船长负责制。

1988年3月,上海海运局党委在该局政治工作会议上要求,上半年争取有三分之一的船舶实行船长负责制,年内所有船舶都实行船长负责制。实行船长负责制的船舶政委改为副船长。同时指出,实行单轨制后,思想政治工作不仅不能削弱,而且要进一步加强。同年5月,该局颁发执行《船长负责制条例》《党支部工作条例》《船长职务规则》《副船长职务规则》(试行),要求各船舶运输公司和船舶积极贯彻落实。《船长负责制条例》规定，船长是船舶的主要领导，是技术职务，又是行政职务，在局和船舶运输公司领导下对船舶的生产指挥、行政管理、技术管理、涉外工作、治安保卫和思想政治工作统一领导，全面负责。实行船长负责制后，船舶政委改称副船长，为船舶行政领导之一，是行政职务，在船长领导下工作，分管船员思想政治工作和部分行政管理工作。《党支部工作条例》规定，船舶党支部必须以海上运输生产为中心，坚持四项基本原则，坚持改革开放，紧紧围绕安全生产开展工作，保证船长负责制的实施。为适应船舶领导体制的改革，扩大各专业运输公司的自主权，该局自当月始将船长、副船长、轮机长的管理权限亦下放给各船舶运输公司。至1989年2月，该局船舶领导体制已基本完成由党支部领导下的船长政委分工负责制向船长负责制的转变。

同一时期，上远公司根据中远总公司“统一思想，稳定情绪，平稳过渡，确保安全”的要求，也开始进行船舶领导体制的改革，成立船舶体制改革工作小组，经过酝酿，先选择几艘船舶进行船长负责制试点，取得经验后全面铺开。至1989年2月，在公司所属150艘船舶已全部实行船长负责制。该公司要求船长、副船长做到“职责上分，思想上合；工作上分、目标上合；体制上分，关系上合”。船员要以实际行动支持船长为中心的工作体制，服从船长管理。同时要求实行船长负责制后，各轮要坚持贯彻《船舶党支部工作条例》《船舶民主工作条例》，发挥党支部的政治核心作用、战斗堡垒作用和保证监督作用，发挥职工的民主管理作用。为理顺船长和副船长、船舶领导和各部门之间关系，该公司制定45条工作关系条例，下发船舶实施。

1990年1月，交通部党组发出《关于完善船舶领导体制的通知》，决定航运企业和拥有船舶的单位，其船舶继续实行船长负责制。为更好发挥船舶党支部的政治核心作用和加强船舶的思想政治工作，船舶专职政工干部的职务名称，由副船长改为政委。为了做好这一转制工作，使之积极、稳妥、统筹、有序的进行，上远公司用了近10个月时间，分批对副船长培训，并进行严格考核，经党委讨论认为合格后才予以任命政委职务，至是年底顺利完成转制工作。上海海运局配有副船长的197艘船舶，除7艘远洋期租船舶外，在当年也都完成副船长改政委工作。

1998年，中海货运把管理重点放在船舶上，强化船长在船舶行政管理上的权威，赋予船长相应权利，承担相应责任，并设立“星级船长制度”，与工资奖金直接挂钩的新激励机制以及实施“船长三审制度和末位淘汰制度”的新约束机制，有力促进船长负责制的推进和完善。

2004年12月，中海集团召开的船舶管理工作会议明确指出：船舶实行船长负责制，要以安全、效益为中心，党的工作要为经济建设这个中心服务。国有企业要坚持支部建在船上，这是船舶管理体制与党的政治优势紧密结合的体现。要充分发挥船舶党支部的战斗堡垒作用，首先要把船舶领导班子建设好。船舶“三长”（船长、政委、轮机长）的协调配合是搞好船舶工作的基础。在配备船舶领导班子时，既要坚持确保安全生产，又要考虑党的建设问题，为船舶党支部工作提供有力的组织支持。船长、政委要相互配合支持；政委要维护船长的领导权威，善于围绕船舶的安全生产来开展工作；船长要支持政委抓党建、抓思想政治工作，稳定船员队伍；领导班子团结一致，形成合力，才能充分发挥船舶党支部的战斗堡垒作用。

及至2010年，上海海洋运输系统主要企业在船舶领导体制上仍实行船长负责制。

二、管理模式和方法

【船舶经济责任制】

20世纪80—90年代，上海海洋运输系统在船舶管理中一度推行以承包为主的船舶经济责任制。1981年10月,上远公司下达《船舶经济责任制试行方案》,先在部分船舶上试行。旨在克服“大锅饭”弊端,贯彻多劳多得、少劳少得、不劳不得的分配原则,调动船员生产积极性,使其从切身经济利益上关心船舶经营成果,安全优质完成运输任务。该试行方案突出一个“包”字,核心内容是:定额包干、节约提成、超耗计罚。要求在安全上消灭责任性海损、机损、污染、火警、人身大事故和重大事故,力争不发生一般性事故,实现安全的船舶给奖,发生事故的船舶按事故性质和严重程度计罚;在货运质量上不发生规定限额以上的货损货差事故,低于限额的计奖,超过限额的计罚;在争取船期上要求保证航行调度命令所规定的船期,全年没发生责任性停航或延误船期者给奖,因船舶自身原因造成停航或延误船期者计罚;在修船时间上按天数包干,缩减修船时间按天计奖,超过包干定额按天计罚;在修理费用上实行全额包干,节约提成,超支按比例扣罚;在燃油和物料消耗上也实行全年定额包干,低于定额按一定比例提成计奖,超过包干定额也按同样比例计罚。

1983年4月,该公司对原试点方案进行修改后,向各轮下发《船舶经济责任制实施方案(试行)》。该实施方案对经济责任制的基本内容有了更明确概括,即船舶在确保完成公司下达的航次运输生产任务前提下,积极发挥主观能动作用,突出安全、优质,并在争取船期、争取计划外货载、挖掘载重和舱容潜力、做好维修保养、缩短修船时间、节约修理费用、节约燃油和物料等方面,实行定额包干。

1984年7月,上海海运局发出全面试行船舶修理经济责任承包的通知,规定将各轮按年初计划压缩20%后的当年年度修船计划指标,作为考核各轮修理费和修理期限的依据。船舶在保证质量、安全和不超过修理期限的情况下,可从节约的修理费中提取3%至5%作为船员奖金。这是该局为节约修船费用,压缩修船期限在修船制度上实行的一项改革,并起到调动船员积极性的作用。

1988年,上远公司在推行船舶经济责任制时开始实行单船定额承包,对单船定生产任务,定安全质量,定燃油、物料消耗,定维修保养费用和修船时间。翌年初修正承包方案,实行船舶周期承包,以减少船舶承包的短期行为。同年末又开始实行船舶航次承包,即包安全质量、包货运任务、包维修保养、包船舶管理和责任外劳务工作(班轮增加包准班正点)的航次经济责任制。为了加强对船舶各种经济责任的管理,该公司逐步建立由船舶、船舶管理处和公司三级考核体系,结合方针目标管理,分层次、有重点地对船舶进行动态考核,并将考核结果作为对船员实行奖惩的依据。由于把船员个人利益与劳动成果紧密结合起来,体现多劳多得、按劳分配原则,有利于调动船员积极性、主动性、创造性,促进船舶管理,保证运输安全质量和准班正点,使增收节支措施落到实处,对提高经济效益起到积极作用。在国际航运业动荡和萧条的情况下,该公司1988年进出口货运总量和经济效益均比上年增长40%以上,全公司核心班轮准班率达到100%。

90年代前期,中远总公司对集装箱船实行集中经营时,下达集装箱包干费指标,将船舶班期与包干费直接挂钩,耽误班期,就意味着扣减包干费,企业效益就会受影响。为此,上远公司各船舶管理处把包干费指标列为船舶创优评先活动的重要条件,以激励船员积极性,使包干费得到有效控制。同时,该公司对船舶继续施行以航次承包、减员承包、老超龄船承包为主的船舶经济责任制,并辅之以船舶文明达标、升级考核等激励手段,促进船舶经营管理水平的提高。

90年代中期,随着现代企业制度的逐步建立,船舶经济责任制渐为加强船舶现场管理的其他制度和方式所替代。

【信息化管理】

进入21世纪后,先进的信息技术被越来越广泛地应用于上海海洋运输船舶管理,提高了工作和办事效率，促进了管理现代化、科学化。2006 年 9 月，中远集运举行船舶全球动态监控系统科技成果鉴定会。该系统由中远集运和上远公司共同研发，其涉及船舶卫星通信系统、船舶局域网、船舶管理信息系统、电子海图、船舶自动识别系统（AIS）以及陆地通信网络、机关办公网络等诸多方面技术，对强化船舶现场管理起到有力推动作用。

锦江航运在信息化管理方面则长期关注一个重点，即如何使移动的船舶与岸基之间以较低成本实现数据和信息及时快速沟通，并在管理模式上有机统一。该公司利用 3G 移动网络新技术，及时为船舶配备航线所涉国家和地区的无线网络设备，使船舶在近海和靠泊期间均能实现与公司信息沟通，为船舶数据通讯提供有力保障。在软件方面，该公司对涉及船舶管理的信息系统以基于 WEB 服务（一种面向服务架构的技术，通过标准 Web 协议提供服务，保证不同平台的应用服务可以交互）方式的应用为主，有效实现船岸联动，降低船岸之间的信息传递成本，同时提高工作效率。

【大型船舶管理】

进入 21 世纪后，运输船舶大型化趋势明显。如何管理好大型船舶成为中海集团、中远集运等驻沪大型航运企业高度关注的一个课题。2003—2004 年，中海集团根据大型船舶特别是大型集装箱船迅速增多（从 2003 年 2 月至 2004 年 12 月陆续有 16 艘新造大型集装箱船投入营运）的特点，将加强大型船舶管理列为集团船舶管理的重点。坚持“高起点、高标准、高要求”，使管理制度进一步完善，管理力度加大。其制定新标准，对大型集装箱船舶强调 PSC（港口国安全检查）以无缺陷通过为及格，本集团的安全大检查以“A”（检查结果分为 A、B、C、D 几个等级）为及格，船舶机舱的维修保养要求做到“四无一亮”（即无油、无水、无垃圾、无锈迹，机电设备铜光铁亮）；拓宽新思路，通过对大型船的管理，促进管理人员的知识更新和对新技术的掌握，提高学习能力，改变管理小型船舶所形成的思维定势，确立新的管理理念；取得新经验，以加强船舶学习制度建设、船风船貌建设、备件物料管理为突破口，从行为规范、管理规范入手，包括印制下发《集装箱船舶管理制度汇编》和《船舶管理标准图示手册》等，促使管船能力不断提高。当时世界最大的集装箱船——“中海亚洲”轮（8 500 TEU），由于准备充分，衔接有序，一出厂即顺利投入营运；“新盐田”轮出厂后不到一年时间，连续经历 5 次 PSC 检查，1 次 FSC（国内港口海事部门安全检查），2 次 ISPS（国际船舶和港口设施保安规则）专项检查，全部无缺陷通过，并获得美国海岸警卫队签发的一年 ISPS 免检证书。

针对船舶大型化的船队发展大趋势，该集团在船舶管理工作会议上要求各有关船公司，特别是中海集运、中海油运，进一步转变管理观念，积极进行管理创新，制定和完善大型船舶管理制度、管理程序、操作规范和技术标准，以此指导、考核各项管理工作，使之与世界一流企业相适应，与大型现代化船队相配套。并要求加强对陆岸管理人员的学习培训和知识更新，不断提高管理大型船舶的业务能力和技术水平，使之熟悉国际法规和有关海事公约，熟悉有关航区和港口情况，重视信息技术等现代科技的实际应用，总结和积累大型船舶管理经验。同时进一步提高大型船舶船员的综合素质，强化工作责任性，确保开好大型船，管好大型船。

【现场管理】

20 世纪 80 年代初，中波公司船舶现代化程度大幅提升，基本实现无人机舱。根据船舶机务管理实际，该公司加强船舶现场管理，建立机务和电讯监督员上船检查报告制度，以及船舶在航修、岁修、特修时监督员到现场检验和指导制度。同时要求派调度人员到现场调度，建立救生消防等应急设备的有效期检查制度。由于进一步规范和加强船舶现场管理制度，有效改善了船舶技术状况和船舶安全管理。

上远公司针对集装箱船舶船期紧、周转快、管理矛盾突出的新情况，于1986年4月建立集装箱船舶管理处，统一管理34艘集装箱船和滚装船，集海务、机务、安全技术、船员调配、党建政工、后勤保障等为一体，为一线船舶提供全方位、高效率服务。该公司制定《上船现场办公程序》，强调现场办公，并在现场办公中把握好“听、看、查、考、评”五个环节，当场处理、解决船舶提出的问题，对一时难以解决的事项带回机关协调相关部门予以解决，从而大大方便船舶，提高办事效率，受到船舶和船员好评和欢迎。1987年5月，在总结集装箱船舶管理处经验的基础上，又相继成立船舶管理一至四处，原集装箱船舶管理处改为船舶管理四处，此后又扩充到六个船舶管理处，现场办公和服务进一步制度化和规范化，密切了机关与船舶的联系。1993年，上远公司实施机关机构调整时，设立船舶管理部，加强对几个船舶管理处的领导和协调工作。各船舶管理处十分重视做好现场管理工作，除坚持“船到港，管理处人到船”的良好作风外，还经常举办各种形式的现场办公会，认真听取船上意见和情况汇报，帮助船舶及时解决各种困难和问题，提高办事效率，取得良好效果。1995年，该公司各船舶管理处、外派管理处加强对船舶的现场办公，及时指导船舶工作，一年间共上船现场办公493艘次，有效促进船舶现场管理。

1997年，中海集团组建后，其所属各专业船公司均设有船舶管理部门，负责实施对船舶的现场管理。1999年4月，中海集运船舶工作部(以下简称船工部)开始正式运作，旨在推进船舶专业化管理的规范化和制度化。船工部拥有包括船、机、电、通导、政工、人事和生活后勤等诸方面的管理干部，具备对船舶开展各项基础管理的基本条件。其职能定位为“四管一保证”，即在公司党政领导下直接管船，负有管安全、管成本、管船、管在船船员和保证船期的职责，并具有相应的管理权限。为了提高管理的有效性，除此职能外，还明确了船工部(一部、二部)的特殊功能，即对船舶进行综合管理和现场管理。综合管理要求发挥船工部块状结构的管理优势，凡涉及船舶海务、机务、政工、人事、生活后勤和“双文明”建设等各项基础管理工作都由船工部统管，保证船舶的适航、适货、适工。一般情况下，对船舶的各项管理都在船工部内部运转，通过部门内的协调和沟通，做到条块结合，把各个专项管理连接起来，实现对船舶全面、全过程的综合管理。现场管理则要求做到船到人到，船未到人先到，人等船。把机关管船的职能延伸到船舶现场，现场解决或处理船舶需要解决的问题。

进入21世纪后十年间，随着航运事业的发展和船队规模的扩大，上海海洋运输各企业对加强船舶现场管理更加重视，普遍强调“关口前移”，采用不同管理模式，积累不少成功经验。中海集运采取“一体化管理、主管负责制”的管理模式，其特点是以安全准班为目标，以“三长”(船长、政委、轮机长)管理为重点，以实施SMS体系和严格考核为手段，大力加强船舶现场管理。并明确管船部门“船到人到、适航适货、安全准班”的管理职能。中海油运实行海务部、技术部和船舶工作部“三线管船、靠前指挥”的办法，对船舶的现场管理基本做到安全预控靠前、指导督促靠前、现场办公靠前。中海货运推行“三位一体”分船组管理模式，责权分明，效率较高，保证了对船舶、船员动态的及时了解和掌握，也保证了对船舶充分、快捷、有效的岸基支持。该公司提倡“管理标准上移，管理重心下移，预控关口前移”，切实转变工作作风。并建立机务主管跟船制度，坚持内贸船舶在进厂修理前，由船工部派机务主管跟船一到两个航次，全面了解船舶状况，为船舶提供现场指导，及时解决船舶存在的问题。中海客运实行机关部室与指定船舶挂钩的管理办法。中远集运船管三部在船队推行机关、船舶管理互动模式，建立机关、船舶之间的绿色通道——“半月报告制度”，由船舶政委负责通过电子邮件每半月向政工科报告一次船舶情况。“绿色通道”的建立，使机关与船舶之间有问题时可尽量在第一时间予以处理解决。

【学习争创活动】

1993 年 10 月 26 日，交通部和中国海员工会全国委员会、中国公路工会全国委员会发出《关于在全国交通系统开展向两个文明建设标兵船“华铜海”轮学习的决定》(注：“华铜海”轮是中远总公司购进的一艘二手船，交由广州远洋运输公司运营，自 1984 年始至 20 世纪末退役，先后出租给美、日、英、瑞典、香港等国家和地区，在竞争日益激烈的国际航运市场上，创造出一流的安全、一流的效益、一流的维修保养和一流的船风船貌。被客户和外国验舱官员称赞为“中国出租船舶的一面旗帜”，被誉为“海上中华名牌”，多次受到国家、交通部、广东省、中远总公司的表彰，被交通部授予“两个文明建设标兵船”荣誉称号，荣获全国“五一劳动奖状”)和《关于在全国交通系统开展向全国劳动模范包起帆学习的决定》。同年 11 月，交通部召开全国交通系统精神文明建设经验交流会，对全国交通系统开展学习“包起帆精神”和“华铜海精神”做出具体部署。自此，一个“人学包起帆、船学华铜海、企业学青岛港、创建文明行业”的“三学一创”活动在全国交通系统深入持久地得以开展。上海海洋运输行业在“三学一创”活动中，将学习“华铜海”轮作为加强船舶现场管理、争创先进船舶、打造一流船队的一项重要内容，取得许多成功经验。

1994 年，上远公司在船队管理中，以学习“华铜海”轮为主线，从狠抓班子配备、船员管理、现场考核、制度建设四个环节入手，进一步加强和完善各项承包考核、达标升级等管理措施。公司党政领导召开专题会议，就如何深入开展学习“华铜海”轮活动进行部署，并推出学习“华铜海”的实施办法，强调要以改革精神学“华铜海”，强化管理；以务实精神学“华铜海”，力求实效。该公司先后制订有关学习规划和考核标准，成立学习“华铜海”工作领导小组、考核小组和办公室，并在调查基础上，修改等级船舶日常考核和奖金发放办法，理顺达标船、一级船、“华铜海”式船舶之间的关系。是年有 65 艘船列入一级船行列，占船舶总数的 44.82%，有 42 艘船评为文明达标船，占船舶总数的 28.96%，并有 4 艘船舶被评为公司级“华铜海”式船舶。翌年，该公司继续实行船舶升级达标制度，争创“华铜海式船舶”。为加强管理力度，将一级船、文明达标船的评审权限下放到各船舶管理处。各船舶管理处把评审“一级船”“文明达标船”“华铜海式船舶”作为加强船舶管理的有力手段，运用各种形式促进船舶积极开展争创活动。全年列入“文明达标船”55 艘，“一级船”46 艘，两项相加占公司船舶总数的 72.7%，并有 16 艘船舶被评为“华铜海式船舶”。

图 5-2-10　两个文明建设标兵船——“华铜海”轮

(照片提供：中海集团宣传部)

1997 年，中海集团成立后，将“三学一创”活动视为加强企业两个文明建设和加强船舶管理工作的一根主线和一项重要任务，认真抓好基础工作，形成“三学一创”活动的管理体系和工作机制。其采取多种方法，宣传先进人物，推广先进典型，理顺工作关系，引导各单位、各船舶从抓“厂风厂貌”“船风船貌”入手，以提高工作质量和服务质量来取得客户信任，降低成本，提高经济效益。特别是一批老旧船舶，通过学习“华铜海”轮，加强船舶管理、维修保养和安全工作，延长船舶使用寿命，使经济效益得到明显增长。通过学创活动的开展，在该集团涌现出一大批“华铜海”式标兵船和先进船，有力促进了船舶和企业的管理。

2005 年前后,中远集运继续深化“三学一创”活动,适应社会发展和企业变革的要求,研究和探索新形势下“三学一创”活动的有效方式,进一步完善“争先创优”科学机制。其大力培育具有时代特点、企业特色的先进典型,总结和提炼出本企业在“三学一创”活动中涌现出来的“民河”轮等先进集体和先进个人的新鲜经验(注:“民河”轮为中远集运学习“华铜海”轮的典范,自 1989 年投入北美太平洋航线营运起至 2000 年 10 月,连续 11 年 200 个航次安全承运 53.8 万标准集装箱,安全航行 130 万海里,节约各种费用 2 650 万元,准班率达 100%,曾荣获“上海市模范集体”和交通部“安全优质运输标兵船”等称号)。该公司将学习“民河”轮与学习“华铜海”轮紧密结合,充分发挥先进典型对提升员工队伍素质的感染力和影响力。通过对先进典型的广泛宣传,在公司内部形成争先创优的良好氛围。

【劳动竞赛活动】

20 世纪 90 年代,中海集团、中远集运等大型航运企业在沪组建后,始终把广泛、深入地组织开展各种劳动竞赛活动,作为调动和发挥广大职工积极性,加强企业和船舶管理的一项重要手段。

1998 年 3 月,中海集团工会开始在全集团范围开展以管理效益为主要内容的“中海杯”劳动竞赛活动,并明确活动的主战场在船舶。竞赛内容是动员广大船员以“人节 2 000 元,船节 20 万”为起点,在船舶开展“五个一”活动,即提一条加强管理的建议,查找一个事故隐患,总结一条安全工作经验,搞一项节支达标活动,做一件提高管理效益的实事。因其切合生产实际,赢得所属各公司、各轮的积极响应。至是年底,仅中海油运在竞赛中就有 484 人提出 688 条合理化建议,其中“大庆 44”轮在修船中一项建议就节省 10 多万元。全集团绝大部分运输船舶都完成或超额完成“船节 20 万”的目标,部分船舶还取得节支百万元的成绩,其中中海集运的“丽湖”轮以节支 180 万元名列榜首。及至 2010 年,该项劳动竞赛已持续开展 12 年,每年都紧密围绕中海集团当年的工作重心,赋予竞赛活动不同的主题,从而有效调动广大船员和职工的生产劳动热情。

中远集运成立后几年间,坚持开展增收节支劳动竞赛和“安康杯”劳动保护竞赛等活动(注:1998 年,中华全国总工会和原国家经贸委在总结内蒙古自治区开展“安康杯”竞赛活动经验的基础上,对这种活动形式给予充分肯定,并在进一步完善和充实活动内容、形式的基础上在全国逐步展开。其参赛范围不断扩大,覆盖全国各种性质类型的企、事业单位)。2004 年,该公司结合“安康杯”竞赛活动的开展,围绕“提升核心竞争力、实现可持续盈利”的工作目标,扎实开展“我为公司效益作贡献”“安全在我身边、降本增效从我做起”等主题活动。运用多种形式,组织船舶开展以“查隐患、抓整改、严管理、促效益”为重点内容的劳动安全竞赛,倡导“在岗一分钟,安全六十秒”,“从安全准班上盈利,在服务客户中扬名”,取得良好成效,既促进了安全生产,也加强了船舶管理。

同一时期,中海集团控股的中海油运在所属船舶中积极开展抓管理、促效益、保安全立功竞赛活动,发动各轮争创优秀驾驶台管理、优秀机舱管理和优秀厨房管理。为保证竞赛活动有序开展,公司专门成立竞赛活动指导评审小组。各轮也成立由船舶领导负责的立功竞赛工作小组,制订竞赛工作计划和方案,并通过召开船员大会、部门会及板报宣传等形式,广泛宣传发动,使每个船员了解竞赛的目的,积极投身于增收节支、保安全等活动。从而在公司范围营造出你追我赶,人人为降本节支献计献策,个个为企业增产增收作贡献的竞赛氛围,有效提高了船舶管理水平。

第三章　安 全 管 理

20 世纪 70 年代末始，上海海洋运输行业进入快速发展的新时期，船舶运输安全管理也不断得到加强。是时政府和各主要航运企业都设有专门的安全管理机构和部门；涉及水上运输的各项法规制度、安全操作规程逐步得到健全和完善；安全工作管理体制进一步理顺；对船员、员工的安全教育更加贴近实际，注重实效。尤其是始于 90 年代的安全管理体系在全行业普遍建立和运行，有效促进了船舶安全管理的制度化和规范化。及至 2010 年，上海海洋运输的船舶安全状况日趋稳定，与 70 年代和 80 年代相比，各类海损、机损事故显著减少。

第一节　管 理 机 构

一、政府安全管理机构

1986 年 5 月，上海港口管理体制改革，港务监督和航道局的航标测量处等合并，组成交通部上海海上安全监督局（简称海监局），负责上海海区和港口的交通安全，监督检查船舶的安全技术状况、航行和装载情况，防止水域污染，组织指挥辖区船舶防台和海上搜寻救助救生等事项。

1999 年，经交通部与上海市人民政府协商，在原海监局基础上组建中华人民共和国上海海事局，是年 6 月 18 日正式挂牌成立。其为交通部直属行政机构，负责在上海市沿海海域和港口行使《中华人民共和国海上交通安全法》《中华人民共和国海洋环境保护法》《中华人民共和国船舶和海上设施检验条例》以及《中华人民共和国航标条例》等法律、法规赋予的行政执法权；统一管理上海市沿海、沿长江水域和上海港区水域内水上安全监管、防治船舶污染；负责辖区内船员管理工作；负责规定区域内的船舶和海上设施检验管理、航标管理、港口航道测绘（2005 年上海海岸电台也划归该局管理）等工作。该局设有 21 个机关处室，下辖 19 个处级基层单位。其主要职责为：贯彻和执行国家水上交通安全、防治船舶污染以及航海保障方面的法规，制定本辖区具体管理规定并监督执行。按照交通运输部海事局船员管理工作授权，负责辖区船员、引航员培训、考试和发证工作；辖区船员注册和服务簿管理工作；辖区海员出入境证件的管理工作；辖区船员服务机构、海员外派机构和船员培训机构的管理工作；辖区船员培训机构的船员教育培训质量管理体系审核工作。负责上海地区所有海船和主要在上海港区营运的内河船舶的船舶登记工作；审批高速客船安全操作证书、船舶最低安全配员、船上油污应急计划、船上垃圾管理计划、货物系固手册等船舶法定配备的操作性手册和文书。

图 5-3-1　上海海事局海事安全监管人员正在进行海事港口国检查

（摄于 2003 年 4 月，照片提供：上海海事局宣传处）

负责辖区内港口国监督检查(PSC)、船舶安全检查工作;航行船舶进出口岸查验、国内航行船舶进出港签证、监督执行国家强制引航制度等工作。负责辖区内船舶装运危险货物和其他货物安全、防止船舶污染水域等监督工作;监视港区水域污染情况,拟定和执行港口油污应急计划。负责辖区内禁航区、航道(路)、交通管制区、锚地、安全作业区等水域的审核和航行警(通)告发布;审核辖区水上、水下施工和大型设施的水上拖带的安全技术状况;港区内使用岸线涉及水上交通安全时对工程进行审核;负责执法船艇的管理调度和水上巡逻。组织、协调辖区内船舶防台、水上搜救工作。负责辖区内通航环境、通航秩序的维护工作,对重要航区实行交通管制。管理沉船沉物的打捞,强制清除碍航物体等工作。负责辖区内水上交通事故、船舶污染事故及水上交通违法案件的调查、处理。根据中华人民共和国海事局(交通运输部海事局)的授权,负责一定区域内的船舶、海上设施检验工作的监督管理。审核、监督船舶所有人安全生产条件和水运企业安全管理体系、船检管理机构资质等工作。负责辖区内海上干线公用航标和主要港口航标的管理和规划建设,编制航标表等。

2010年,该局共办理查验国际航行船舶4.07万艘次,同比增加6.71%。共实施PSC检查658艘次;国际航行船舶重点监护1 105航次;船载危险品审批数量20.2万件,船载危险品开箱检查数量326件。航道航标维护管理4 466座。世博期间,上海海事局共出动海事巡逻艇1.86万航次,执法人员9.96万人次,共核查船舶27.62万艘次。对航经世博核心管制区水域的船舶管控11.51万艘次。拦截船舶1.05万艘次,查处违规入沪船舶3 591艘次。完成国内航行船舶世博专项安全检查5 430艘次;国际航行船舶世博保安检查472艘次。上海海事局举全局之力,科学制定《上海世博会水上交通安全与保障手册》;建立"环沪护城河"海事机构世博水上安保协调机制、上海世博会水上交通管控和应急指挥中心、组建上海海事局世博办事处;积极有效应对连续10天水上游客超20万的大客流安全考验,创造了世博核心水域零碰撞、零污染、零伤亡的记录,为上海世博会创造了安全、畅通、有序的水上交通环境。

表5-3-1 2000—2010年上海海事局实施PSC(港口国监督检查)和FSC(船旗国监督检查)统计表

单位:艘次

年份	PSC	滞留(PSC)	FSC	滞留(FSC)
2000	206	6	4 340	10
2001	211	8	3 863	9
2002	397	9	3 463	30
2003	517	9	6 427	73
2004	591	42	5 239	259
2005	590	72	5 465	705
2006	599	76	4 461	810
2007	594	51	4 822	695
2008	618	46	5 058	327
2009	548	25	4 062	0
2010	658	63	6 662	0

资料来源:上海海事局修志办公室

二、企业安全管理机构

改革开放前,承担上海海洋运输的上海海运局和上远公司等驻沪企业已设有企业安全管理机构。上海海运局自20世纪50年代始,即设置海务监督室,负责船舶的安全监督工作,指导船舶技术业务安全管理。60年代中期始成立安全委员会,加强水运安全监督和管理。上远公司于1977年建立海务管理机构,定名海务监督室,属正处级编制,设正、副主任各1人。每10艘船配备1名海务监督员,并配备航海图书资料和普航仪器管理人员。海务监督室成立后,强化对船舶的安全生产管理,其主要职责为贯彻国家有关安全生产的方针、政策、法令和上级有关指示与规定;督促检查船舶遵守、执行有关国际公约、规则和地区性规定;经常深入船舶进行安全教育,了解安全航行情况等。

1979年2月,当时的上海市革命委员会批复同意上海海运局恢复职能处室建制。经批准设置的处室中含有海务监督室。其主要职责仍为负责船舶的安全监督工作,指导船舶技术业务安全管理。

1980年,中波公司成立"安全质量领导小组",负责抓生产安全,货运质量安全及防台防汛等安全生产活动,在公司中旗船中开展安全优质运输活动,对船员、员工进行安全教育。

80年代新成立的一些上海航运企业也及时设立企业安全管理机构。1983年,锦江航运在沪成立后,在公司层面,设有以总经理为主任的安全生产委员会。海监室则为公司船舶安全生产的主管部门,配备的安全管理人员都是具有海上运输丰富经验的资深船长。

1984年2月,上远公司成立安全质量委员会,由经理、副经理和机关各职能处室负责人组成。其工作职责主要为:领导、督促和检查远洋船舶、机关各处室和陆地基层单位的安全质量工作,包括防海损、防机损、防货损货差、防污染、防工伤以及各类季节性安全如防台、防汛工作;定期召开安全质量例会,听取汇报,分析情况,确定下一步工作;协调处理安全质量管理工作上出现的问题;组织领导公司范围的安全质量活动;组织领导重大事故的调查分析,提出防范改进措施等。安全质量委员会下设安全质量办公室,为日常安全质量工作办事机构。

同年,上海海运局改组安全生产委员会,并设安全生产委员会办公室,每季度对全局安全情况进行评估、分析并提出相关建议,适时组织全局性安全检查。后又对本局安全生产委员会进行调整,将海务监督室和安全生产委员会办公室合并为安全监督室。其主要工作职责为:对船舶运输生产在技术、业务、管理上进行指导;在遵章守纪、技术操作、设备使用上进行监督;在安全生产横向关系和边缘问题上进行综合协调;为局属运输生产单位和职能部门提供服务;组织开展本局安全检查和"百日安全活动"等。

1993年,上远公司精简调整机关机构,设立安监部,对船舶安全生产实施统一管理和监督,逐步理顺公司对船舶安全工作的管理体制。随着公司陆上基层单位的增多,特别是合资合营企业的发展,陆上安全质量工作也日益突出。为了加强对全公司安全质量工作的领导,1994年该公司建立三级安全管理体系,调整安全管理委员会,公司总经理为委员会主任;党委书记、副书记和公司其他领导、有关部门负责人为委员会成员。明确公司安监部、企划部和发展部分别管理船舶、陆地基层单位和合资合营企业的安全生产,并要求陆上各单位、各企业和船舶建立安全委员会。1998年7月,新组建不久的中远集运将原安监部、技术部和ISM(《国际船舶安全营运及防污染管理规则》)办公室合并组成管理部。其主要职责是:贯彻国际国内法规、法令、公约及上级安全工作指示,制定船舶海务机务管理的规章制度,并督促、检查和指导船舶的各项安全工作;负责船舶海损、机损、污染、火灾等各类事故的汇总分析和统计上报;负责船舶接受港口国检查情况的统计分析和上报;主持重大、大事故的调查处理;负责制定船舶发生海损、机损等紧急情况时的应急抢险方案,并向船舶提供技术支持及物资援助;监视全球灾害性天气,指导船舶安全航行;布置船舶冬防、雾航、防台等季节性安全工作;负责公司质量及安全管理体系的运行管理及体系文件的控制管理等。管理部下设安监处(安委办)、技术处、质量处和技术中心。

1998年8月,中海集团安全委员会为加强消防安全管理,成立该集团第一个专业委员会——防火安全委员会。其成员由集团所属上海海运、中海油运以及上海、广州、大连三家海运公安局的负责人等人员组成。防火安全委员会下设办公室,负责日常工作。

2000年初,中海集团为建立安全工作长效管理机制,成立安全管理部,并着手开展两项安全管理基础工作:要求所有下属单位都要层层建立起安全管理机构,并有人专管或分管;进一步理顺安全管理关系,坚持"谁主管谁负责"原则,形成一级管一级、一级抓一级,在集团内部不允许有任何游离在外的无上级主管的单位。是时,该集团每年都有新组建的专业公司,在组建过程中集团要求安全管理机构、人员,必须同步考虑和设置。至是年止,该集团已基本建立起安全管理网络,形成纵向到底、横向到边的安全管理机构体系。

2004年9月,中远集运成立安全技术部,下设安全监督部、综合质量部、运营管理部。其主要职责为:贯彻落实国家安全生产法相关规定和中远集团的安全管理要求、实施安全生产监督;负责船舶重大事故调查处理,协调组织船舶应急抢险;组织各类安全生产宣教、上传下达各项安全生产数据信息;跟踪检查船舶安全航行、船舶设备维护和适航适装;实施船舶机、海务宏观监督;负责机关通讯费用、船舶管理和运营费用等相关成本测算、统筹分析、审核监督;跟踪综合管理体系(质量、环保和职业安全健康管理体系等)相关国际标准和管理体系发展动态,负责综合管理体系建立和维护;监督相关方管理体系执行情况和质量管理活动;组织开展质量管理(QC)小组活动等。

"十一五"计划时期,上海海洋运输系统各单位着力建设和完善安全管理体系,营造安全工作的长效管理机制,其各级安全质量管理机构较以往更加健全。及至2010年,除政府层面设有上海海事局,主管上海水上安全外,各海洋运输企业都按照建立安全管理体系的需要及国家有关部门规定和要求,建立健全自身的安全质量管理机构。其中,中海集团及所属单位都已成立安全生产委员会,健全安全管理机构,配备高素质安全管理干部,完善安全生产管理网络。其一级单位配备安全管理干部505名(其中专职195名、兼职310名);二级单位安全管理人员777名(专职267名、兼职510名)。中远集运安全技术部下设安全监督部、运营管理部、综合质量和风险管理部、保卫部等四个部门。其中,安全监督部负责贯彻落实国家安全生产法的相关规定和中远集团安全管理的有关要求、实施企业安全生产督察;综合质量和风险管理部负责建立运行和保持公司质量环保、职业安全健康、社会责任和风险管理等可持续发展管理体系。

第二节　安全管理体系

20世纪90年代初,国际海事组织(IMO)通过对所发生事故的原因分析认识到,必须制定国际安全和防污染管理规则,并于1992年4月责成国际海事组织海上安全委员会(MSC)起草《国际安全管理规则》(即ISM规则,系指国际海事组织大会通过的,并可由该组织予以修改的《国际船舶安全营运及防污染管理规则》)。1994年5月,国际海事组织SOLAS公约缔约国大会通过SOLAS公约第九章“船舶安全营运管理”，使该规则成为强制性规定，要求负责船舶营运的公司和其所营运的船舶，都应建立起一套科学、系统和程序化的安全管理体系。按照国际海事组织的规定，ISM 规则于 1998 年 7 月 1 日生效，至 2002 年 7 月 1 日全面强制性实施。1998 年 7 月 1 日和 2002 年 7 月 1 日前适用范围的航运公司和船舶都必须贯彻实施《国际船舶安全营运和防止污染管理规则》(ISM 规则)，建立安全管理体系(SMS)，并通过由船旗国政府主管机关或其认可机构的审核认证，获得公司“符合证明”(DOC)和船舶“安全管理证书”(SMC)。并对船舶实施以 ISM 规则为主要内容的港口国检查(PSC)。

在驻沪航运企业中，上远公司最早引入安全管理体系(SMS)。1994 年 4 月始，为进一步加强对安全工作的领导和健全安全管理体系，该公司分层次抓好船舶和陆地安全综合管理，建立起公司安全工作委员会(以下简称安委会)领导下的三级安委会管理体系。其中，公司安委会为一级安委会，办事机构安委会办公室设在安监部，是领导全公司安全工作的组织机构，主要职能是在安委会主任(公司总经理)的领导下，布置、综合、协调、检查和总结全公司安全工作；各船舶管理处、陆地基层单位主管部门安委会为二级安委会；船舶、陆地基层单位、合资合营单位安委会为三级安委会。按照交通部规定，明确公司总经理为安全生产第一责任人，主管安全生产的副经理负重要责任。并制订各级安委会职责。三级安委会管理体系的建立使安全管理工作基本做到职责明晰，分层管理，纵向到底，横向到边，各司其职，各尽其责，使以国际安全管理规则(ISM 规则)为基础，以各级安全生产责任制为保障的监督、反馈、激励机制更加合理、有效。上远公司也成为国内第一家引入安全管理体系(SMS)的企业。

图 5－3－2　2008 年 10 月 18 日国际海事组织秘书长米乔普勒斯先生访问上海海事大学

(照片提供：上海海事大学)

1995 年 9 月，上远公司组建 ISM 办公室，主要职责是负责贯彻实施 ISM 规则和 ISO9000 族标准[即国际标准化组织(英文缩写为 ISO)于 1987 年制订，后经不断修改完善而成的系列标准。主要针对质量管理，同时涵盖部分行政管理和财务管理的范畴]，实施公司安全管理体系内部审核，协调外审认证，指导船舶安全管理体系的建立运行和审核认证，指导基层单位贯彻实施 ISO9000 族标准，全面负责质量管理工作。是年底开始，该公司通过派员外出培训和自办培训班等形式，逐步建立起一支人员覆盖范围广、审核能力强的 SMS 内部审核队伍。经培训合格并由公司总经理任命一批内审员，共 34 人，分别为海务监督、机务监督、安全质量监督及相关部门的业务骨干，先后参加对公司各职能部门和船舶的内部审核。为贯彻实施 ISO9000 族标准，该公司还举办专门的内审员培训班。根据 ISM 规定要求，上远公司经过对 ISM 规则的全员认识性培训、成立专门的工作班子、对原有管理情况调查评估和分析、安全管理体系设计、编写 SMS 文件、SMS 文件培训学习、内审员队伍的建立和培训等阶段工作，逐步建立起本公司的安全管理体系，并于 1996 年 4 月 15 日开始运行。是年夏进行 SMS 运行后第一次内部审核。同年 8 月经报交通部安监局进行安全管理体系认证审核后，成为全国交通运输系统第一家取得“符合证明”(DOC)的船公司。在此基础上，该公司不断进行体系改进，1997 年先后两次对体系文件进行修改，并拍摄电教片《走向实施 ISM 大行动》，编写《船舶建立 SMS 指导书》和《上远公司实施 ISM 规则培训教材》,举办 ISM 培训班,对职工和船员进行体系教育。是年,已有 54 艘船舶建立运行 SMS,其中 20 艘船舶一次性通过中国船级社的审核认证,获得 SMC。1998 年,新组建的中远集运根据 ISO9000 标准建立质量管理体系,并于当年年底通过质量管理体系认证,分别获得中国船级社质量认证公司和挪威船级社颁发的 ISO9002 质量体系认证证书。同年,该公司将原 ISM 办公室改建为质量处,隶属管理部。(2000 年 3 月,其质量处与安委办合并成立安质处,隶属中远集运船管公司管理部。期间,继续贯彻实施 ISM 规则和 ISO 9000 族标准,建立质量及安全管理体系,使公司的安全质量管理工作上了新的台阶。)

中海集团在沪组建后,对安全管理体系的建设极为重视。自 1998 年 10 月起,集团所属中海油运、货运、客运等专业公司同时开始实施 SMS 改版文件体系,使中海集团安全体系由区域化管理转变为专业化管理。此次改版以原地区体系文件为基础,将综合管理体系文件改为专业管理体系文件,原体系文件不作废,只进行改版,使之符合专业公司框架的要求,旨在建立与完善专业化管理机制。中海集团总公司在实施改版 SMS 的通知中要求,各专业公司组织机关工作人员和船员做好对新体系文件的学习,确保船舶顺利交接和过渡,确保圆满顺利地完成体系转换工作。在体系转换期间,各公司须充分发挥转换工作小组的工作有效性,及时解决遇到的各类问题,把问题尽量留在公司管理机关解决,不得把问题推向船舶,以免影响船舶 PSC 的检查效果。1999 年 5 月,中海集团 SMS 检查组对中海集运实施 ISM 规则、建立安全管理体系工作进行专项检查,强调集装箱运输在快速发展的同时,必须抓好安全管理。专项检查的主要内容包括中海集运《SMS 实施计划》的实施情况、安全管理体系建立情况(包括公司 SMS 机构和职责,公司职责与 ISM 要求相附情况,各部室、各岗位职责以及相互关系,SMS 文件编写情况等)以及公司各项安全活动和人员培训现状。并要求中海集运当年必须完成安全管理体系的建立和运行工作,在年底通过交通部审核;体系文件不仅要按 ISM 规则要求制订,且要有中海集运的特点,有原则性和可操作性。

为迎接 ISM 规则的全面强制性实施,推进和加强船舶 SMS 建设,中远集运自 1998 年始建立体系文件发船档案;每月统计汇总各船管部所属船舶体系建立运行情况;对船舶体系建立运行情况进行跟踪指导;每月底召开例会,通报各船管部船舶 SMS 推进实施情况,提出具体实施要求和改进意见。同时利用各种方法,对船舶体系建立运行情况进行检查指导,对船舶主要领导骨干进行培训,为船舶能按时实施 ISM 规则打下良好基础。至是年底,已有 97 艘船舶建立体系,其中 65 艘进入实际运行。1999 年起,加大船舶安全管理体系审核认证的力度,实施船舶内审、外审计划。船舶 SMS 的推进,按监理、运行、内审、外审程序有序进行。当年公司 100 艘船舶中有 96 艘船舶进入实际运行,其中通过内审的 94 艘,通过外审的 37 艘。2000 年,公司 107 艘船舶中有 102 艘纳入 SMS 体系运行,其中 73 艘通过外部审核并取得 SMC 证书。至 2001 年底,已全面完成公司所属船舶安全管理证书(SMC)的审核取证工作。期间,中远集运还及时将计算机技术应用于体系建设,在其新版(第 3.0 版)SMS 体系文件生效后,根据公司计算机运行情况,将体系文件根据实际使用需要,按工作岗位在公司办公自动化系统中发布,取消机关纸张形式的体系文件。并对船舶文件进行整理,从发船数量、文件清单、报表内容等方面进行调整,减少发船文件,统一船岸信息传递的要求,对船舶文件改为以软盘形式发放。

2001 年 8 月始,中海货运着手推动建立质量安全管理体系。该体系以现有的安全管理体系(SMS)为基础,将质量管理内容纳入其中,进一步规范质量管理,以适应客户的更高要求。新建立的质量安全管理体系(QSMS)于 2002 年 3 月 8 日开始运行,6 月份通过中国船级社质量认证公司 ISO9001:2000 版认证审核。(2007 年,中海货运根据国际公约、规则和新的航运安全法律法规的实施，对质量安全管理体系（QSMS）文件进行修改换版工作，新版文件于当年5月28日生效实施。）

2003年6月，中海集团连续下发三个安全管理文件，以加强船舶安全管理：为进一步改进PSC管理工作，减少船舶滞留率，修订并下发《中海集团港口国监督管理程序》；为加强海上保安，下发“中海集团《国际船舶和港口设施保安规则》实施计划”的通知；为充分发挥上海港水域的通航能力，保障船舶航行和港口设施的安全，转发上海海事局关于公布施行《上海港船舶通航尺度规定》的通知。该集团要求各轮吃透以上三个文件精神，认真贯彻执行，开创安全工作新局面。

为积极推进质量标准化工作，进一步完善安全管理体系，中海集团在2004年船舶管理工作会议上，要求各船公司加快质量标准化建设步伐，规范各环节、各岗位的安全质量行为，夯实安全管理基础。在完善SMS体系的同时，积极探索质量安全管理体系（QSMS）、质量环境安全管理体系（QESMS），推动安全生产从集中专项整治向规范化、制度化、经常化管理转变，从以控制伤亡事故为主向全面做好职业安全健康工作转变。同时要求各船公司在安全管理体系运行中，加强对船舶的安全检查和监控，特别要重视发挥船长在船上的监督作用，加强对船舶的岸基支持，确保船长能单独履行其船舶管理和监督责任，提高安全管理体系运行的有效性。

2004年7月1日起，由交通部发布的《中华人民共和国船舶安全营运和防止污染管理规则》（简称《国内安全管理规则》）对第二批船舶，包括载客定额50人及以上所有跨省航行的客船（内河客渡船除外）和500总吨及以上的油船（港内作业的除外）生效。（注：该项规则于2001年7月12日发布，2003年1月1日起对第一批船舶，包括载客定额50人及以上跨省航行的客滚船、旅游船、高速客船和150总吨及以上的气体运输船和散装化学品船生效。其实施有力促进了第一批适用船舶安全和防污染管理水平）交通部海事局决定《国内安全管理规则》对第二批船舶生效，旨在进一步强化水上交通安全管理，推进各航运企业安全管理体系建设。

图5－3－3　2002年5月26日中远集运“腾河”轮在美国查尔斯顿港接受PSC检查时得到高度赞扬

（照片提供：中远集运档案室）

至2010年，上海海洋运输行业各主要企业都已建立健全安全管理体系，并注重自我监督、自我完善，随时适应市场经济及国际国内规则的变化，形成与时俱进的长效管理机制，从根本上提高安全管理水平。其中，中海集团所属8家船公司都按照《国际安全管理规则》和《国内安全管理规则》的要求建立安全管理体系。经过十多年运行，各公司多次改版体系文件，使之更加严密、规范，增强了体系的有效性、符合性、适宜性和可操性，多个公司自愿把质量、环境和职业健康安全要求纳入体系文件，使体系文件覆盖公司整个管理、所有流程。各船公司的远洋船舶都按《国际船舶与港口设施保安规则》要求建立保安体系，针对亚丁湾、索马里海域严峻的防海盗形势，还及时建立船舶过亚丁湾防海盗程序。是年，该集团安全面达99.7%；全年共接受船舶PSC检查385艘次，无缺陷通过267艘次，无缺陷通过率69.4%，比上年上升1.3%。陆岸单位中，除了建立职业健康安全体系外，多家公司也将质量和环境保护纳入体系中，提升体系的标准，体系运行管理持续改进。该集团坚持每年召开体系年会，通过对安全管理体系的运行情况进行总结和讨论，不断完善安全长效机制，达到螺旋上升，持续改进的要求。

同年内,中远集运以开展“安全生产年”等活动为主线,进一步增强全员安全意识和安全责任感,促进安全工作控制力的提高。全年成功防抗台风22个,成功率100%;PSC迎检船舶173艘次,无缺陷通过率达76%。中波公司和锦江航运的SMS安全管理体系历经多年运行,不断优化精简,内容更加明晰,便于操作。中波公司高度重视船舶PSC检查工作,2002年通过总结经验教训,找出公司和船舶控制中的薄弱环节,制定有效应对PSC检查的岸基联系制度,并严格执行。2003年始加大力度收集和研究PSC检查动态和相关资料,及时了解备忘录组织检查的侧重点,向船舶通报检查情况,指导船舶做好迎检工作。2007年编制港口国控制抵港前检查单,进一步加强抵港船舶自查工作的指导,有效提高本公司船舶PSC检查的通过率。锦江航运按照ISM规则,及时建立和实施国际通行的SMS安全管理体系,引入国际化航运管理模式,试行以PMS(工程生产管理系统)进行船舶设备保养,以C-MAIL方式进行船岸通讯,对船舶报文进行自动处理,通过电子海图加强对船舶的实时监控,其新型手段对提高船岸安全系数起到积极推动作用。

是时,按照精简、统一、效能的原则,交通部不断深化海事管理体制改革,我国水上安全监督管理体系日臻完善。已经建立覆盖全国各个通航水域的水上安全监督管理体系,在统一的领导体制下,上海海事局等20个交通部直属海事局和28个省级地方海事局明确界定对有关水域的管理分工,实行“一水一监、一港一监”,实现“统一政令、统一布局、统一监督管理”的改革目标,从而具备较强的水上综合执法和监督管理能力。

第三节　法规·制度

一、政府发布的水运安全法律法规

【水上交通安全】

1983年始,上海海洋运输行业开始贯彻实施《中华人民共和国海上交通安全法》(1983年9月2日经第六届全国人民代表大会常务委员会第二次会议通过,1983年9月2日中华人民共和国主席令第七号公布),该法规于1984年1月1日起实施,共12章53条。主要规定了船舶、设施和人员在海上航行、停泊和作业必须具备的技术条件、应该享受的权益和各自承担的义务;并授权中华人民共和国港务监督机构对沿海水域的交通安全的指挥管理职责。

1995年1月9日,交通部为加强上海水上安全监督管理,保障港口、船舶、设施和人命、财产的安全,防止船舶污染水域,维护国家权益,依据《中华人民共和国海上交通安全法》等有关法律和行政法规,发布《上海水上安全监督规则》。对该规则的适用水域、适用对象、主管机关、船舶进离港手续、船员配备、接受安全检查、载客装货、明火作业、航行通则、通航环境、码头安全作业、船舶防污管理等都作了具体规定,并明确中华人民共和国上海港务监督是实施本规则的主管机关。

1999年6月18日,上海海事局在原交通部上海海上安全监督局基础上成立,对所辖海区和港口水域的交通安全实行统一监督管理。其在上海市沿海海域和港口行使《中华人民共和国海上交通安全法》《中华人民共和国海洋环境保护法》《防治船舶污染海洋环境管理条例》等法律、法规赋予的水上安全和防治船舶污染的执法权。

2003年6月10日,上海海事局在《关于加强内贸集装箱危险货物运输安全管理工作的通知》中要求相关水运单位:严格执行国家有关危险货物运输的法律法规,明确危险货物运输的安全责任,落实运输、装卸、装箱、申报等各个环节的安全措施,切实做好内贸集装箱危险货物运输的安全管理工作。托运人应保证所托运危险货物的安全适运。危险货物包装必须符合水路危险货物安全运输规定，经国务院质检部门认可的专业检验检测机构检验检测合格，并按规定如实向主管机关办理危险货物安全适运申报，不得匿报或者谎报为普通货物进行托运。货物集装箱承运人应严格审核货物的危险特性，并按规定如实向主管机关办理船舶载运危险货物申报。载运内贸集装箱危险货物的船舶，应具备安全可靠的适载条件，并按规定对危险货物进行合理积载，做好危险货物间的有效隔离。对货物性质不详、危险货物安全适运单证不齐备或与货物不相符、包装、标志、标记不符合规定要求等不能满足水路安全运输要求的，不得擅自受理运输。内贸集装箱危险货物装箱，应严格执行《上海海事局关于船载危险货物集装箱装箱安全质量监督管理办法》的规定。装箱前对集装箱和待运危险货物进行认真检查，危险性质不相容的货物，不得在同箱装运；装入箱内的包件，应进行必要的衬垫和加固；装入箱内的危险货物以及集装箱外表，均应按规定张贴危险货物标记和标志。主管机关依据有关规定对内贸集装箱危险货物装箱情况实施抽查监督，对拟装船的货物集装箱进行抽样开箱检查。有关货物集装箱装箱单位、货物承运人、托运人和港口作业单位，应当积极配合主管机关开展检查工作。发现涉及违反集装箱危险货物运输规定的情况，应及时报告主管机关，以保障内贸集装箱危险货物的运输安全。对于违反集装箱装运危险货物规定的单位和船舶，主管机关将依据水上安全监督行政处罚规定予以处罚。性质严重的，移交司法机关追究其刑事责任。

2008年，由上海海事局制定的《长江口船舶定线制(2008)》和《长江口船舶报告制》经交通部1月7日公告，于6月1日起实施。《长江口船舶定线制(2008)》解决了长江口深水航道三期工程航道轴线与原长江口船舶定线制通航分道轴线不完全一致、三期工程向东延伸段航道与原长江口船舶定线制B区警戒区重叠的矛盾；与长江上海段船舶定线制连接部分实现无缝衔接；划定南北通航分道，使船舶航行更安全、便捷。配合《长江口船舶定线制(2008)》制定的《长江口船舶报告制》，规定客船、300总吨及以上其他船舶和300总吨以下自愿加入该报告制的船舶进入长江口船舶报告制水域的报告内容，要求船方将船名、呼号和海上移动业务识别码(若适用)经纬度或相对于陆标的位置、航向、航速、始发港、目的港、缺陷及限制(拖船应报告其拖带长度及被拖物名称)、总长及总吨等向海事部门报告。随着长江口深水航道大型船舶双向通航的需求日益增加，同年2月起，上海海事局在组织多次长江口深水航道超宽会遇实船试验的基础上，形成《长江口深水航道超设计能力船舶实船交会试验研究报告》，6月，该报告通过专家组评审并获交通运输部批准。8月1日，上海海事局颁布实施《长江口深水航道超宽船舶交会通航安全管理办法(暂行)》，规定超大型船舶在长江口深水航道交会应具备的安全条件、交会点要求和综合提高深水航道双向通航能力的措施。这一举措突破长江口深水航道350米宽度对双向通航船舶尺度的限制，提高深水航道实际通航能力。

【海洋环境保护】

20世纪70年代至80年代，上海海运局、上远公司等驻沪航运企业执行的由各级政府发布的环境保护法规和制度主要有：①《1973年国际防止船舶造成污染公约及1978年议定书》；② 1977年国务院颁布的《防止沿海水域污染暂行规定》；③ 1980年7月1日上海港务监督公布施行的《防止上海港水域污染暂行办法》；④ 1982年8月全国人民代表大会常务委员会通过的《中华人民共和国海洋环境保护法》第五章“防止船舶对海洋环境的污染损害”，计12条；⑤ 1983年4月9日发布的《中华人民共和国船舶污染物排放标准》；⑥ 1983年12月29日国务院颁发的《中华人民共和国防止船舶污染海域管理条例》；⑦ 1984年5月11日全国人大常委会通过的《中华人民共和国水污染防治法》；⑧ 1985年2月起试行的《上海市水域环境卫生管理规定》及《关于船舶废弃物清除管理的实施办法》;⑨ 1985 年 3 月 6 日国务院颁发的《中华人民共和国海洋倾废管理条例》;⑩ 1985 年 4 月 19 日上海市人大通过的《上海市黄浦江上游水源保护条例》;⑪ 1987 年 9 月 5 日全国人大常委会通过的《中华人民共和国大气污染防治法》。⑫ 1989 年 2 月,交通部转发的有关国际《防止船舶生活垃圾污染规则》等。

2000 年始,上海海洋运输行业贯彻执行的由各级政府发布的环保法规主要有:① 2001 年 7 月 12 日,交通部发布的《中华人民共和国船舶安全营运和防止污染管理规则》(试行)(自 2003 年 1 月 1 日起对国内跨省航行载客定额 50 人及以上的客船(包括客滚船、旅游船、高速客船)、150 总吨及以上的气体运输船和散装化学品船生效。对其他船舶的具体生效日期另行通知,原则上对油船不迟于 2003 年 7 月 1 日生效)。该项规则明确,当船舶安全和防污染与生产、经营、效益发生矛盾时,应当坚持安全第一和保护环境的原则;在不妨碍船长履行其职责并独立行使其权力的前提下,船舶管理公司对处理涉及船舶安全和防污染的事务具有最终决定权。② 2008 年颁发的《中华人民共和国水污染防治法》(2008 年中华人民共和国主席令第 87 号颁发),其第七十九条规定:船舶未配置相应的防污染设备和器材,或者未持有合法有效的防止水域环境污染的证书与文书的,由海事管理机构、渔业主管部门按照职责分工责令限期改正,处二千元以上二万元以下的罚款;逾期不改正的,责令船舶临时停航。船舶进行涉及污染物排放的作业,未遵守操作规程或者未在相应的记录簿上如实记载的,由海事管理机构、渔业主管部门按照职责分工责令改正,处二千元以上二万元以下的罚款。③ 2009 年 9 月 2 日,国务院审议通过并公布施行的《防治船舶污染海洋环境管理条例》。相比于 1983 年的法规,新颁布的《防治船舶污染海洋环境管理条例》将“防止污染”原则转变为“防治污染”,将船岸等相关各方都纳入调整范围,实现了船舶防污染管理工作由防止到防治、从事后到事前、从点到面的转变。特别是在船舶污染的预控、应急反应、污染事故的调查、油污损害的赔偿以及有关法律责任等方面增设了一系列规定。④ 2010 年 12 月,交通运输部 2010 年第 7 号令公布的《中华人民共和国船舶及其有关作业活动污染海洋环境防治管理规定》。其明确规定;船舶、港口、码头和装卸站未配备防治污染设施、设备、器材,由海事管理机构予以警告,或者处 2 万元以上 10 万元以下的罚款。凡违反该规定,船舶结构不符合国家有关防治船舶污染海洋环境的船舶检验规范或者有关国际条约要求的,由海事管理机构处 10 万元以上 30 万元以下的罚款。

【老旧运输船舶管理】

进入 21 世纪后,驻沪各海洋运输企业认真贯彻国家有关部门发布的规定,使老旧船舶管理进一步得到规范和强化。这些规定主要有:① 2001 年 4 月 9 日交通部发布的《老旧运输船舶管理规定》。其对国内老旧船舶管理提出新的要求,旨在建立并实施以船龄标准强制退出市场和技术勘验相结合的管理制度,淘汰严重超龄船舶和过剩运力,优化运力结构,提高我国船舶总体技术水平。② 2001 年 5 月 1 日,交通部、国家经贸委、财政部经国务院同意后联合发布的《关于实施运输船舶强制报废制度的意见》(客船类运输船舶强制报废,自 2001 年 5 月 1 日起施行,其他类运输船舶的强制报废,自 2002 年 1 月 1 日起施行)。该通知指出,实施船舶强制报废制度,对保障船舶运输生产安全,保护人民生命和财产安全具有十分重要的意义。实施船舶强制报废制度,有利于优化运力结构,推动航运业结构调整,提高运输服务质量和竞争力。同时要求对老旧运输船舶进行严格管理,对已达到强制报废船龄的船舶实施强制报废制度,强制退出水路运输市场,不得在中华人民共和国登记从事水路运输。③ 2006 年 7 月 5 日,交通部发布的《老旧运输船舶管理规定》(1993 年首次发布,2001 年进行修订),自 2006 年 8 月 1 日起施行。该项《规定》建立以船龄标准的运输船舶强制退出市场和技术检验管理相结合的管理制度，提高危险品船进口船龄和技术标准、加强客船、危险品船改建管理、加强对挂靠我国港口的外国籍老旧运输船舶管理、增强宏观调控能力、应变能力和安全管理能力，有利于提高运输船舶总体技术水平，优化运力结构，推动航运业结构调整，保障船舶运输生产安全，保护人民生命财产安全。④ 2009 年 12 月 7 日，交通运输部发布的《提前淘汰国内航行单壳油轮实施方案的公告》及《国内航行单壳油轮淘汰时间表》。按照规定，自 2011 年 1 月 1 日起，600 载重吨及以上的国内航行单壳油轮将逐步淘汰。自 2015 年 1 月 1 日起，600 载重吨及以上不满足防污染双壳结构要求的国内航行油轮，不得载运重质货油在渤海海域、京杭运河航行、停泊和作业。自 2010 年 1 月 1 日起，600 载重吨及以上不符合相关要求的国内航行油轮不能办理船舶检验、船舶登记和营运手续。禁止违反规定的国内航行油轮进入港口、近海装卸站和在管辖水域内进行过驳作业。

【水上消防监督管理】

1987 年 9 月 22 日，上海市人民政府发布《上海市水上消防工作暂行法》。其中第三条明确在市公安局领导下，设立上海市水上消防监督站(以下简称监督站)，行使本市水上消防监督职权：① 负责布置、检查、监督、协调辖区内港航公安部门、有关主管单位的消防工作；② 对辖区内有关单位公安消防、保卫部门进行消防业务指导；③ 必要时对辖区内中外民用船舶(包括修、造中船舶)进行消防安全检查；④ 监督检查辖区内码头、仓库、工厂、油库以及其他建筑的建设(从设计到施工)中有关防火规范规定的执行情况，参加竣工验收；⑤ 负责辖区内火灾调查、火因鉴定和火灾统计上报工作；⑥ 实施水上消防工作奖惩事宜。第十三条规定，船舶明火作业应经批准，未经批准，不得动火。船舶明火作业由上海海上安全监督局(以下简称海监局)负责管理，分级实施：① 对消防制度和消防组织健全、消防设施完好的船舶主管部门，经海监局审核授权，可自行审批船舶的一般明火作业；② 船舶在港内危险明火作业必须经海监局审批，并接受海监局监督检查；海监局在审批前，应按规定指派专人到现场检查动火条件和消防措施落实情况；动火时，船方必须派员在现场看火，船舶明火作业的主管单位应派员在现场监督；海监局认为必要时，可责成船方向监督站申请派出消防力量到现场监护。

1988 年 7 月，上海海运局等驻沪航运企业开始贯彻执行交通部颁布的《港口消防监督实施办法》。该“办法”对火灾预防、消防组织、火灾扑救、消防监督等均有具体规定，对装载危险品货物也有安全要求。

1994 年 12 月 29 日，上海市人民政府发布《上海市水上消防监督管理办法》(以下简称《办法》)，原《上海市水上消防工作暂行法》同时废止。该《办法》根据《中华人民共和国消防条例》及其实施细则和有关规定，结合上海市实际情况制订，旨在加强水上消防工作，保护船舶、港口码头及沿岸的公共财产和公民生命、财产安全。《办法》明确，市公安局是本市水上消防工作的主管部门。市消防局负责本市水上消防监督管理工作，其所属的水上消防监督站负责具体实施：① 运输易燃易爆化学物品，应当持有市公安消防监督机构签发的《易燃易爆化学物品准运证》；② 船舶载运、装卸易燃易爆化学物品，应当向公安消防监督机构提供有关情况；有专用码头的，还应当向上海港务局提供船舶装卸易燃易爆化学物品的情况；③ 船舶运输、装卸易燃易爆化学物品，应当接受公安消防监督机构的消防监护、消防护航；对拒不接受消防监护、消防护航的，有关部门应当根据公安消防监督机构的通知，不予安排作业。消防监护、消防护航的收费，按国家有关规定办理；④ 装卸易燃易爆化学物品的码头，应当按规定配备消防设备、器材及防火围控设施，并持有市公安消防监督机构颁发的

《易燃易爆化学物品消防安全许可证》;⑤ 从事运输、装卸、储存易燃易爆化学物品的有关操作人员,应当持有市公安消防监督机构颁发的《上海市化学危险品作业证》。船员作业涉及易燃易爆化学物品的,按有关规定管理。

1991 年 5 月 25 日,交通部、公安部、中国船舶工业总公司为了加强船舶在船厂、航修站修理期间的消防安全管理工作,根据《中华人民共和国消防条例》及其实施细则等消防安全法规,发布《船舶修理防火防爆管理规定》,规定船舶修理期间的消防安全工作,按照"谁主管谁负责"的原则,由厂、站方负责,厂、站主要领导为防火负责人。船方要加强自身防火管理,并积极协助厂、站做好修船施工的消防安全工作。

1995 年 2 月 23 日,交通部为了保障运输船舶的安全,根据《中华人民共和国消防条例》及其实施细则和国家有关法规,发布《运输船舶消防管理规定》。该规定进一步明确,船舶消防工作贯彻"预防为主,防消结合"的方针,坚持"谁主管谁负责"原则。

2010 年 12 月 20 日上海市人民政府公布《关于修改上海市农机事故处理暂行规定等 148 件市政府规章的决定》,对《上海市水上消防监督管理办法》予以修正并重新发布。

二、企业制订的水运安全规章制度

【责任制和问责制】

1981 年 8 月,交通部针对船舶数量和船员人数大量增加,为加速对新船员的技术指导,加强海务和机务技术监督工作,逐步建立起船舶技术管理正常秩序,决定在航运企业恢复指导船长、指导轮机长制度("文化大革命"中指导船长、指导轮机长制度被破坏废止)。翌年 8 月 3 日,上海海运局决定建立指导船长、指导轮机长安全责任制。每一指导船长、指导轮机长对口负责管理 15 艘左右船舶。指导船长、指导轮机长分别受局海监室主任、机务处处长领导,并向总船长、总轮机长负技术安全责任。继而于当月 26 日颁发《关于贯彻指导船长、指导轮机长制度的细则》,落实安全技术责任制,明确指导船长和指导轮机长的具体职责。《细则》规定每年指导船长、指导轮机长必须有一半以上的时间随船工作。这一制度恢复后,对帮助解决运输生产难题,落实安全责任制起到积极作用。

1987 年 9 月 1 日起,上海海运局开始在全局范围试行安全责任制,强化督促检查,并将岗位责任连锁激励机制,奖惩分明,抓住正反典型,促进安全生产。该项制度具体规定了局党政领导、机关各处室、各基层单位、船舶等在安全方面的责任。

2001 年 8 月 1 日始,中海集团正式实施《中海集团重、特大事故责任追究规定(试行)》(以下简称《规定》)。该《规定》适用范围为集团总部机关部门负责人及以下职务的所有干部和员工;集团所属各公司正(代)职领导及以下职务的所有干部和员工。《规定》的核心条款主要有责任追究规定;责任追究权限;申诉、仲裁和回避;附则等。其中责任追究规定条款包括重、特大事故等级标准和界定;重大事故责任追究;特大事故责任追究;船舶以及集团所属公司下属公司的责任追究规定等。根据这一规定,发生重大责任事故时,对事故的防范、发生负有过失责任的公司主管部门负责人将受到警告或严重警告处分;发生特大责任事故,对事故的防范、发生负有过失责任的公司正职领导和集团相关部门负责人,将受到严重警告、记过或记大过处分。构成玩忽职守罪或者其他罪的,将由司法机关追究其刑事责任。《规定》同时明确,受到重、特大事故责任追究的有关人员,如对事故原因分析、事故责任属性认定以及对执行本规定的任何偏差和错误,均有权向所属公司主管部门、集团相关的专业安全委员会办公室，直至向集团安全委员会办公室提出申诉。

2005 年，中远集运重新审定《中远集装箱运输有限公司岗位安全生产责任制(2005 修订版)》，出台公司历史上首部“安全生产问责制”文件。公司各部门、各单位坚持“安全第一、预防为主”方针，结合实际认真完善本部门(单位)安全生产管理制度，按照“谁主管、谁负责”的原则，严格执行安全生产责任制，健全安全生产奖惩机制，落实安全生产问责制，加强安全文化建设。针对 2004 年发生的事故，该公司按照责任追究制度，对相关责任人进行处罚，处罚金额共计 85 万元人民币；对在安全管理上有突出贡献人员，则进行表扬和奖励，奖励金额共计 58 万元人民币。责任追究和奖惩并举制度的落实，有力遏制了安全事故和隐患的上升势头。

2010 年，中海集团以落实企业安全生产主体责任为重点，认真履行央企的责任，根据国资委《中央企业安全生产监督管理暂行办法》《上海市安全生产工作责任书》等文件要求，与 22 家下属一级单位签订安全生产工作责任书。各一级单位把安全生产控制指标细化和分解，层层落实到基层，分别与下属二级单位及部门签订安全生产工作责任书。各基层单位与所有一线操作员工也都签订“安全生产承诺书”。

【安全会议制度】

20 世纪 70 年代末始，驻沪各主要航运企业根据企业实际，都建有安全会议制度。1982 年，上远公司建立船长、轮机长每月安全例会制度。例会的主要内容为传达上级或公司有关安全工作的指示；组织必要的技术业务讲座；针对本公司和兄弟单位近期发生的事故，共同探讨应吸取的教训；交流经验体会，互相取长补短。1988 年始，上远公司安全工作委员会实行例会制度，通常每月召开一次(1997 年中远集运组建后，改为每季度召开一次)。例会主要内容为：传达上级有关安全工作指示精神，通报安全检查及事故情况，研究安全生产形式，布置下一季度的安全工作。1997 年前，上远公司的船长例会通常每月召开一次。1997 年后，中远集运实行每季一次船长、政委、轮机长联合大例会制度，原先的船长例会由每年 12 次改为 9 次。会议内容主要是传达上级有关安全工作的会议和指示精神，通报公司内外海损事故情况、剖析原因、吸取教训，结合公司安全生产实际，布置落实季节性安全工作和安全宣传教育活动具体措施。中远集运自组建始，还于每年年初和年中各召开一次安全生产动员大会，总结和部署安全工作，明确下一步安全工作奋斗目标。

图 5-3-4　2004 年 6 月 16 日中远集运召开船舶安全工作专题会

(照片提供：中远集运档案室)

中海集团自 1997 年组建始，一直坚持每月一次的安全生产例会，即每月 15 日召开，如遇节假日视情况调整。出席部门为集团各部室、各专业公司；出席人员为集团领导、集团各部室及上海地区各单位副总经理以上干部等，在集团主会场参加会议；同时在北京、大连、广州、香港、海南、深圳设立分会场，相关公司人员在分会场参加会议。每年一、四、七、十月份召开季度安全生产例会，由集团副总经理主持，要求所属各公司党政一把手参加会议。此外，该集团自成立始，还坚持每年召开两次安全工作会议，不定期召开安全生产专题会议，对安全工作进行部署。

【规章制度汇编】

20世纪70年代末始,驻沪各主要航运企业都十分重视安全规章制度的修订。1979年8月,上海海运局成立规改小组,对原先有关规章制度进行修改补充,合编为《船舶安全生产规章制度(85项)》,于1980年底颁发。后又根据局职工代表会议决议,由海监室组织部分船员成立汇编修订小组,对以往船舶安全生产规章制度进行再修改,于1981年9月1日颁布实行《船舶安全生产规章制度汇编》。此《汇编》搜集了新中国成立以来该局历次颁布的有关船舶安全生产规章制度,并参考有关单位资料,经过精选、修改、增订后汇编成册。1986年12月,上海海运局颁发经重新修订的《船舶安全生产规章制度汇编》,从1987年1月1日起执行。《汇编》分十一类(船舶管理、航行安全、安全操作、检修养护、应急部署、防止污染、甲板部规章制度、轮机部规章制度、客运部规章制度、油船管理、军运船舶要求)共55个规章制度。1981年刊印的《汇编》同时废止。

1987年9月23日,上海海运局颁发《上海海运管理局运输生产船舶安全检查标准》(细则300条)在船舶试行。这个《标准》以防海损、防火灾、防机损、防工伤、防污染、防货损为主要内容,包括安全第一的思想教育、遵守劳动纪律、遵守安全生产规章制度和操作规程、船舶设备管理、安全管理基础等五个方面,是船舶自查和上级机关上船检查的主要内容,也是船舶进行安全工作整顿的依据。

同年,上远公司将以往有关船舶安全管理的规章制度及文件,汇总成《船舶规章制度文件选编》共七册。1989年7月起,该公司执行中远总公司制订的《船舶安全检查提纲》(一千条),使船舶安全检查工作形成制度化、规范化。

1990年,锦江航运根据安全运输生产需要,对原有规章制度进行修订补充,编订成《船舶安全规章制度汇编》,其中包括船舶管理、航行安全、甲板部管理、轮机部管理、安全操作、检修养护、应急部署和遵章守纪等8个方面,共51个文件,使船舶安全管理有章可循,安全得到保障。

1997年,上远公司编印《远洋驾驶员避碰规章汇编》学习手册,并对驾驶员进行避碰知识考试,建立专业技术人员考试情况档案,以提高这些人员的业务技术水准。90年代后期至2010年,结合安全管理体系的建立,驻沪各航运企业,特别是大型骨干运输企业十分重视体系文件的修订和完善,根据新生效的法规、公约、业界新要求以及PSC/FSC检查结果和要求,多次改版体系文件,使之在企业已有各项规章制度的基础上,更具有效性、符合性、适宜性和可操作性,覆盖安全管理各个方面。

【安全航行】

1980年9月,上海海运局开始推行《驾驶台操作规程》,翌年将贯彻执行《驾驶台操作规程》作为落实船员职务规则,建立安全生产秩序的重要组成部分,列为海务监督工作的中心任务之一。要求船员各尽其责,严格执行岗位责任制,对违纪者予以严肃处理。

1981年,14号台风影响上海,黄浦公园潮高5.22米。上海海运局"繁新"轮先后发生走锚,搁浅。事后该局对《船舶防台规则》进行修订,增加台风威胁中和台风袭击中的紧急措施及台风过后的工作等内容。鉴于上海沿海北行船舶每年11月中旬至次年3月常遇到盛行的东北季风和涌浪,若防风不慎,加之货物移位等,极易发生船舶倾覆事故;每年1月遇寒潮,渤海湾和黄海北部有不同程度的冰冻现象,对北行船舶安全航行也会带来困难和危险,上海海运局于同年颁发《船舶防风、防冻及冰区航行规则》,要求船舶及时收听气象预报,及早做好防寒潮、大风、冰冻的准备,注意冰区航行安全等。

1982 年，上海海运局经总结解放后 20 多年雾航事故教训，提出雾航安全五点预防措施：① 雾航二级戒备制度。当视程降低到 5 海里时，应备车、开雷达，认真瞭望，戒备航行。当视程降低到 2 海里时，船长上驾驶台，派水手瞭头，全船戒备，使用安全航速，谨慎驾驶。② 头脑中要有 1 条线（定线分道航行中的分隔线）、2 个圈（使用雷达时的 2 个警戒圈：5 海里减速，2 海里停船）、3 个 S（Safe Speed 安全航速、Starboard 右舵和 Stop Ship 停船）。③ 狭水道航行必须做到早开雷达，早抛锚，决不摸航 1 分钟。④ 正确使用雷达。⑤ 坚持安全质量第一方针。

1986 年 11 月，上海海运局颁发《雾航制度》，规定必须严格遵守《国际海上避碰规则》及各港港章，在雾天视线不良时不得使用自动舵；正确使用安全航速，并在避让程序上倡导 6 海里为发现圈，3 海里为判断圈，2 海里为避让圈，2 海里以内为戒备区；对使用雷达避碰（包括自动雷达标绘 ARPA），亦作了较详规定。

同年 12 月为贯彻“安全第一，预防为主”方针，防止各类事故的重复发生，上海海运局安全委员会办公室编发《船舶安全措施》。其中，防止碰撞措施要求做到“避碰十要”：① 严守规则；② 遵循避碰程序；③ 善用安全航速；④ 发挥良好的船艺；⑤ 早让、宽让；⑥ 核对避让效果；⑦ 防止 2 海里圈；⑧ 掌握正确船位；⑨ 掌握追越要领；⑩ 正确使用雷达。防止倾覆措施要求船舶：① 保持良好稳性；② 保持良好适航状态；③ 防止货物移动；④ 水密设备处于正常状态；⑤ 排水系统畅通正常；⑥ 注意防台和大风浪中正确操纵船舶。

90 年代初，上海海运局对《船舶防台规则》再次作了修订，并向船舶提供介绍台风和热带风暴知识的资料。

90 年代后期始，中远集运在所属船舶中广泛推行由该公司制定的《航行安全保障措施》。根据当时全集装箱船队周转快、通航环境严峻等情况，该公司于 1998 年 1 月发出通知，要求航行于内外支线的船舶根据本船特点、航经海域水文气象及环境特点，制订切实可行的航行安全保障措施。并在支线船先行制订后，推广至干线船舶。至当年 9 月底，所有干、支线船均制定有关安全保障措施。公司安监部门在船舶自行制订的基础上，经审核、修订、完善，形成公司的《航行安全保障措施》。通过推进和实施该《措施》，对保障船舶航行安全起到积极促进作用，是年公司的船舶安全面达 99.18%。翌年，该公司又将《航行安全保障措施》改名为《航行计划和值班指导书》，并立项进行分航线、按标准格式制订。

2002 年，该公司海监室重视和推进《航行计划和值班指导书》的修订、完善，实施跟踪监督，并完成《航行计划和值班指导书》的汇编出版。

2004 年，中远集运安全监督部为加强海务安全监督和行使宏观管理职能，先后编发《船舶发生事故时的应急预案》《海损事故发生后的善后工作和处理事项》《安监部对上远海监部、船管部和船舶的监督检查制度》《安监部对上远海监部、船管部和船舶的监督检查内容》等文件，促使安全管理进一步制度化、规范化。自 90 年代末至 21 世纪初，该公司坚持认真组织实施本企业制订的《船舶安全航行保障措施》，把防碰撞、防火防爆、防工伤、防污染列为船舶安全工作重点，使碰撞等事故发生率大幅下降。

【防火防爆】

20 世纪 80 年代初，上海海运局年客运量增长迅猛。根据国务院九部委紧急通知精神，该局于 1981 年专门制定有关严禁旅客携带易燃易爆危险品乘船的通告。

1982 年 3 月 9 日，上海海运公安局制订《关于油船油舱涂塑防火防爆的安全措施》共 10 条，要求海运系统各修船厂、航修站及各涂塑防腐的油轮认真落实。

同年5月5日,上海海运局"大庆53"轮航行途中,因机舱人员违章明火作业,发生爆炸沉没事故。事后该局建立船舶《明火作业记录本》,并颁发《船舶机舱明火作业的暂行补充规定》,规定航行船舶明火作业必须由轮机长亲自布置,现场检查,在具备安全条件和船长批准后,方可进行作业,并向船公司报备。同时,上海港务监督、市劳动局、公安局、中国船舶工业总公司等单位,也发出防火防爆明火作业的要求及《船舶气焊、电焊使用管理规定》等,并进行电焊工防火培训,严禁无证焊工操作。为加强消防责任制,还对操作人员实行使用"动火交换牌"的管理制度。

1983年3月2日,"大庆20"轮在上海高桥码头卸油时,因雨水渗进前桅照明灯水密电源插座而引起火警。为防止其他船舶发生类似事故,上海海运局专门发出通报,拆掉油船大桅上强照明灯。同年,根据交通部颁发的《油船安全生产管理规则》,该局结合具体情况制订实施细则,并增加"在不加温控制环境中洗舱措施"等内容。

1986年10月,上海海运局通知局属油船按照国际公约(73/78MARPOL)规定,即日起除2万载重吨以下的油船仍可用蒸汽蒸舱洗舱外,2万载重吨以上的油船不得再用此法洗舱。同年秋,上海海运局"繁新"号客轮泊外滩江面抢修,因动火、看火脱节发生火灾后,该局下达《局属船厂(站)修理局属船舶的消防安全责任(试行)》。同年底,上海海运局安全委员会办公室编发的《船舶安全措施》中规定十项防止火灾措施:① 严守船舶防火防爆有关规则;② 注意用电超负荷;③ 防止烟蒂乱丢;④ 向旅客和装卸工人宣传防火;⑤ 堵绝漏油、溢油;⑥ 防止夹带危险品登船;⑦ 弄清货物性质,防止危险品货物混装、错装;⑧ 修船严密防火,遵守明火作业规则;⑨ 保持消防设备处于良好状态;⑩ 机舱、货舱内严禁吸烟。

1990年,上海海运局拟订《船舶室内救火须知》,对救火工作的实施提出具体要求。

2008年5月,中远集运制订《对瞒报、误报危险品类货物的处理办法》,以规范管理,有效防范和处置危险品瞒报事故。

【老旧船舶管理】

20世纪80、90年代,中海油运使用的老旧船舶较多。至1998年尚有老旧船50艘,其中超龄船20艘,对这些船舶的安全管理成为公司安全工作的重中之重。为此,该公司及时制定老旧船管理办法实施细则,并推行海务、机务、人事三级管理。由于老旧油轮设备先天不足,没有IGS系统,防火、防爆、防静电工作成为老旧船管理的重点。要求老旧船必须做好自查、自检和整改工作,逐项对照检查,必要时由公司派专业技术人员随船具体指导检查。在老旧船人员管理上,尽量选派熟悉老旧船特点、胜任老旧船工作的船长、轮机长及肯干肯吃苦,车、钳、焊水平高的船员,并控制船员调动量,保持人员稳定。1996年5月,上远公司修订老龄船管理办法,正式印发《老、超龄船、大型船管理办法》,把老、超龄船管理纳入安全管理责任网络,明确责任,层层把关,推行船舶、船管处、公司有关职能部门和公司领导的四级责任制,以及时、有效地解决老、超龄船运行中出现的问题,确保老、超龄船安全。

【环境保护】

自1981年起,上海海运局结合生产实际,陆续制订《加强燃油管理规则》《机炉舱防污染规则》《油轮洗舱、下舱作业规则》《油轮防污染规则》《散装有毒液体物质船舶污染管理办法》等具体规章制度,使部分环保法规得到充实和具体化。

20世纪90年代至21世纪前十年，海洋环境保护和节能减排工作在上海海洋运输行业中，越来越引起高度重视。驻沪各航运企业结合对《中华人民共和国船舶安全营运和防止污染管理规则》《中华人民共和国水污染防治法》和《防治船舶污染海洋环境管理条例》等法律法规的贯彻执行，普遍订有本企业节能减排和防污染具体规则或办法。其中，中海集团自成立始，始终注意加强船舶节能减排和环境保护，及时制订企业《节能减排管理办法》和节能考核指标，督促下属各单位严格执行。在废旧船舶处理上，专门制订《中国海运(集团)总公司船舶处理规定》，将报废船只按营运船和废钢船两种形式出售给有营运资质和拆卸资质的公司，以确保不造成环境污染。对于航运中废水的处理，该集团也订有严格的管理制度，一方面尽可能减少废水产生，一方面加强对废水的收集、到泊处理和达标排放管理，每艘船舶均设有油水分离器监控装置；同时制订全面的废弃物管理制度，有效防止因固体废弃物处置不当引起的环境问题。对于船舶运营中产生的压载水，该集团从维护海洋生态平衡出发，专门制订了压载水操作规程，要求所属各公司对压载过程进行记录，实行压载水全程监管，以保护海洋环境不受污染。

【防海盗袭扰】

2008年，针对亚丁湾海域海盗事件频发态势，交通运输部多次发出紧急通知，要求船舶加强防范海盗工作。驻沪各远洋运输企业普遍订有防范海盗袭扰应急预案，并在实践中不断修改和完善。是年12月4日，中远集团召开"远洋船舶防海盗袭扰"工作第一次专题会议。传达贯彻交通运输部有关"远洋船舶防海盗袭扰工作专题会议"精神，要求细化已有的《恐怖分子、海盗袭击等保安事件或威胁事件应急预案》，明确各部门职责，责任到人。同一时期，中远集运也要求所部进一步完善防海盗应急预案，并在遇险时按应急预案执行。

2009年2月27日，中海集团召集中海集运、中海油运、中海货运和中海国际等下属单位负责人，召开远洋船舶防范海盗第二次工作小组会议，明确各船公司主要负责人是防海盗工作第一责任人，船长是直接责任人。要求各轮在思想上高度重视防范海盗工作，在具体操作上岸基要提供强有力支持。

同年秋，中海油运针对本公司船舶过往亚丁湾海域次数越来越多，可能遭受海盗袭击风险随之增大，对船舶过亚丁湾防海盗程序做了大幅度修改，内容涉及船舶过亚丁湾前的信息通报、护航方式的选择、通过时的报告和监控等，并将该程序下发给各相关部门和船舶，强调程序的严格执行对于确保船舶航行安全极为重要。

第四节 设施设备

一、安全航行

1986年，"国际海事组织"(IMO)为改善船舶海上遇险时的通信工作，制定"全球海上遇险与安全系统"(简称GMDSS)，决定于1992年2月起在全世界开始实施，并强制规定于1999年2月起全面实施。为适应实施GMDSS系统需要，上远公司于1987年11月起在"泰河""普河"两艘集装箱轮上首先安装能自动接收航行警告、气象预报和紧急通知的"NAVTEX—2"型气象航行警告接收机(简称NAVTEX)，后又逐步在其他船安装。1989年9月，上远公司从"民河"轮开始，配备船舶遇险时，能自动或手动接通电源，在规定频率上发射遇险信息，供卫星接收的"TRON—30S"型卫星紧急无线电示位标装置(简称 S—EPIRB)。1991 年 7 月该公司 140 多艘船舶全部配齐 S—EPIRB 装置。

1997 年,上海海洋运输行业积极推广计算机技术在海务安全管理中的应用。是年,上远公司引进美国气象导航公司的北极星(POLARIS)系统,对全球灾害性天气和海况实时监控,指导船舶避开恶劣气象;运用中央气象台的"全球气象导航系统"指导船舶防台抗台;运用计算机软件"海损事故统计分析专家预控系统"对所发生的海损事故进行定量分析,为制定对策、措施,减少同类事故的发生提供科学依据;运用"中远通用航海图书管理系统"软件对船舶航海图书特别是海图资料的配备实施跟踪管理,在保证船舶航行安全的前提下尽力使宝贵的航海图书资料物尽其用。

2000 年 12 月 5 日,国际海事组织(IMO)第 73 届海安会通过的《1974 年国际海上人命安全公约》修正案规定,所有 300 及 300 总吨以上并从事国际航行的船舶,500 及 500 总吨以上非国际航行的货船,以及不限尺度的客船,必须强制配备 AIS 设备(AIS 岸基网络系统又叫自动识别系统,产生于 20 世纪 90 年代,是集通信、网络和信息技术于一体的多门类高科技新型航海设施和系统)。该修正案于 2002 年 7 月 1 日生效。中国作为 IMO A 类理事国,积极履行国际公约的相关要求,于 2001 年 12 月 18 日发布船舶强制配备 AIS 设备的公告。驻沪各航运企业均按照"公告"要求予以实行。

2003 年 4 月 1 日起,上海海事局全面启用电子签证。该系统包括船舶基本信息共享、重点船舶跟踪、船员违法记分、各类统计分析、港务费征收等功能。

2004 年,随着船舶现代化程度的不断提升,中远集运开始研发船舶全球动态监控系统,将船舶航行过程中涉及的卫星通信系统、船舶局域网、船舶管理信息系统、电子海图、船舶自动识别系统(AIS)以及陆地通信网络、机关办公网络等诸多方面的技术集成在一个系统中。其采用的多路船位数据调用、船舶 AIS 设备远程数据传输功能(LRF)实际应用、多系统数据共享叠加和不同电子海图数据兼容、岸基主动调取船舶数据等多项技术为国际首创,解决了之前卫通 POLLING 船位数据调取不稳定、船岸数据交换由岸基主控等多项难题。2005 年投入试运行。2006 年 9 月 19 日,中远集运举行船舶全球动态监控系统科技成果鉴定会,该系统被专家认定为具有前瞻性和实用性的先进平台。

图 5-3-5 2008 年 9 月 11 日上海海事局召开"东海海区 AIS 管理中心大屏幕显示系统拼接工程"验收会

(照片提供:上海海事局宣传处)

及至 2007 年 5 月,中海集团为加强对运输船舶的动态监控,提高船舶安全航行能力,已出资为所属 324 艘主营船舶全部安装 AIS 自动识别系统,其中 83 艘内贸运输船舶提前完成安装;与该系统相配套的集团岸基信息采集系统也完成安装调试;船公司和船管公司可从中海集团总部信息采集系统中获得船舶信息,对本公司管理的船舶进行实时动态监控。AIS 系统的投入使用,有效提高了船公司对运输船舶的监控指导和应急处理能力。已安装 AIS 系统的船舶,在海上航行中可以通过该系统进行相互沟通,尤其是雾中航行,成为避碰雷达使用的一项辅助手段,能进一步提高船舶安全航行系数。

2010 年底,国内沿海包括上海沿海已建成

1个国家级AIS管理中心、3个海区管理中心、19个辖区管理中心和121座基站。AIS岸基系统沿海信号覆盖率达到99.97%以上,信号可利用率达到99.95%以上。中国沿海水域与内河AIS岸基网络系统建成后,实现了船岸之间的信息交换,能够提供实时和历史的、航行于中国沿海水域和内河高等级航道的船舶动态和静态信息,有效提升海事公共管理和公共服务水平,实现数字化、信息化和标准化的水路运输交通管理。

二、消防

20世纪70—80年代,上海海洋运输系统不少船舶装有“1211”固定灭火系统和手提式“1211”灭火器。后因卤代烷等人造化学物质对臭氧层有破坏作用,影响生态环境,而中国已加入联合国环境规划署《蒙特利尔认定书(修正案)》,并制订削减臭氧耗损物资的方案,故对“1211”等灭火剂的生产和使用予以淘汰和控制。

80—90年代,上海海运局大部分油轮配有泡沫灭火系统。当时广泛采用的是空气机械泡沫固定式灭火系统,有立式和横式两种空气泡沫产生器,按每秒钟泡沫发生量,计有25、50、100、200升等多种。低膨胀泡沫多用于大型油轮甲板泡沫固定系统,高膨胀泡沫多用于船舶机舱、油泵间灭火。

同一时期,固定式CO_2灭火系统因价格低,在国内建造的海船上也大量采用。上海海运局80年代建造的“建设”型油轮和“安平”型货轮,CO_2系统布置较合理,设备配套先进,操作简捷。但部分船舶因操作或换瓶人员对系统原理和性能缺乏了解,曾发生误施放事故。为此该局特于1989年1月发出《关于防止船舶灭火(CO_2、“1211”)系统误施放的通知》。同年,又下发《加强船舶固定灭火系统安全管理的补充规定》,要求各轮制订切合本船实际的固定灭火系统操作规程,其内容应包括报警、风油切断、人员撤离、关闭舱室门窗、操作技术要求,以及由船长或船长授权的值班驾驶员下达施放命令等条款,并报船公司核备。

80年代中期至90年代初,上海海运局在“大庆63”等油轮上安装过自制的惰性气体发生器。在载运闪点不超过60℃的散装油船上,装设惰性气体系统(简称IGS)是防火防爆的有效手段,可用以取代卤代烷灭火。该装置每小时可发生1 000立方米惰性气体。其包括废气燃油组合式发生炉、惰气洗涤塔、甲板水封组件、压力真空安全器及货油舱闭封液位遥测系统等。该局还制订了《油轮惰性气体系统操作、保养、检修分工明细表》付诸执行。至90年代初,该局共有7艘油轮装有惰性气体系统。1999年11月15日,交通部海事局在上海组织各方面专家对安装惰性气体系统的老旧油轮“大庆61”轮进行评估验收,认为这一系统的设置、安装符合设计方案要求,符合中国船级社“钢质海船入级与建造规范”的相关要求,而且能满足中国船级社通函总第167号“液货船透气系统改装的通知”要求。

2002年7月始,《国际安全管理规则》(ISM规则)全面强制实施。根据港口国监控对消防设备及器材的检查要求,上海海洋运输行业所有营运船舶都必须做好本船消防设备和器材的配备、保养和检查工作,包括:① 固定灭火系统(如泡沫等)的状况是否良好(含管路状况和测试),自动烟雾测试系统是否张贴于适当位置;② 固定水灭火系统的消防总管、消防栓、皮龙、水枪、阀门和关联的管道配置状况是否满足要求并正常工作,消防皮龙是否按要求放在皮龙箱内,主甲板消防管路和排放污水阀是否处于良好状况,有无渗漏和裂口现象;③ 消防栓的状况如何,是否每周测试并计入航海、轮机日志,中英文操作说明书是否张贴于适当地方;消防泵的水压情况是否符合要求,应急消防

泵的水压情况是否符合要求,应急消防泵应于抵港前启动一次;④ CO_2 系统的测试、称重、管路吹通、报警系统、通讯系统、中英文操作说明书及其符号标志等情况如何;⑤ 各种便携式灭火器的状况是否良好,是否最少每两个月检测/试验一次并记录在起标签上,是否备有100%的备件;⑥ 最新的消防控制图是否张贴于指定场所(起居场所等);是否固定存放于起居场所主要入口处的水密容器中(应备有200%的备件);⑦ 消防员设备(如安全绳索、防爆灯、消防衣、呼吸器、手套、靴、太平斧等)的状况如何,消防呼吸器备用气瓶是否足够(应备有200%备件);⑧ 各种遥控切断装置和速闭装置状态是否良好和工作正常;所有通风筒的防火挡板状况如何(必检项目),是否活路并标有醒目的"开"和"关"字;自动火灾报警装置的工作状况是否良好;⑨ 国际通岸接头的情况如何;⑩ 消防演习是否按照国际公约或船旗国的要求进行,并记录在航海、轮机日志上等。

三、救生

根据国家海上安全部门规定,1986年7月以后建造的海船,救生艇必须使用封闭式的。是年,上海海运局有25艘新船配备封闭式救生艇共50只。部分旧船经改装后亦配备封闭式救生艇。1987年后,鉴于"振奋11""建设7""安平6""新宁"等轮先后发生吊放救生艇时单钩脱落事故,造成艇身、艇架严重损坏,上海船检局和上海海运局有关部门对救生艇的设计、制造、检验和使用作了专门研究,并采取改进措施。至1988年底,上海海运局所属船只,除个别因运煤任务紧张未全部改装外,其余各轮均已完成救生艇的改装、试验工作。1989年1月,上海海运局颁发《封闭救生艇演习、保养制度》,要求各轮每月演习一次,每3个月必须进行一次维护保养。至20世纪80年代末,上海海运局沿海船舶救生设备均按国内《海船救生设备规范》配置,新造船舶吊艇架都已改成重力式,船横倾20度时救生艇仍能放出舷外。1990年4月起,交通部船检局重新颁布的《海船救生艇规范(国内航行船舶)》开始施行(1983年,该局曾颁布《海船救生设备规范》,计12章39节,自1984年2月1日起施行),规定客船在Ⅱ类航区航行者,救生艇总容量为全船总人数的30%,气胀筏为40%,艇筏乘员总数为总人数的110%。在Ⅲ类航区航行者其救生艇乘员为全船人数的50%,另60%为气胀筏乘员。货船在Ⅱ类航区航行者其艇筏乘员总数为船上总人数的150%,每舷至少有一艘机动艇,在Ⅲ类航区航行艇筏乘员占全船总人数的比例要达到110%。

图5-3-6 中远集运船员正在进行海上施放救生艇演习

(照片提供:中远集运档案室)

80—90年代,上海海洋运输行业用于船舶救生的设备器材除救生艇外,还有气胀救生筏、救生圈、救生衣、海船救生信号等。《1974年国际海上人命安全公约1983年修正案》中,规定客船上应配备可吊式气胀救生筏,并自1986年7月1日开始实行。1990年国家颁发的《海船救生设备规范》中对Ⅱ类航区的客船也规定,须配备全船总人数40%的可吊式救生筏。船用救生圈,在80年代后期已淘汰原先使用的软木救生圈,而多用聚苯乙烯泡沫塑料材料制成。上海海运局当时已改用最新式的一次成型的聚丙烯救生圈,避免了有毒和易损坏。随着化学合成材料生产的发展,船用救生衣在进入80年代后，也渐以聚乙烯闭孔泡沫塑料作为内部浮力材料，同时逐步淘汰用植物纤维材料制成的救生衣。对海船救生信号，交通部船检局 1984 年公布过《海船信号设备规范》，规定所有求救烟火信号有效期为 3 年。1989 年 11 月，国际海事组织（IMO）在《1974 年国际海上人命安全公约 1983 年修正案》第三章中规定，船舶救生衣、救生圈、救生筏、救生艇等救生设备要装贴逆向反光材料，以便发生事故时能被及时发现和获救。

2002 年 7 月始，《国际安全管理规则》（ISM 规则）全面强制实施。根据港口国监控对安全及救生设备器材的检查要求，上海海洋运输行业所有营运船舶都需做好救生设备器材的应检工作，包括① 驾驶台设备：4 套抛绳器、12 只降落伞火箭信号、EPIRB 及电池与其水压释放装置、雷达应答器、人员落水信号、救生艇电台、保温救生服、4 件救生衣等设备情况是否良好。设备在驾驶室两侧的带自发烟雾信号的救生圈能发烟雾信号的救生圈能速投掷。② 救生艇设备及索具：艇体是否处于良好状态，艇底部扶正把手、扶正锁、环艇锁以及止荡锁链、快速释放装置和固艇装置、舵基架、车叶等状况是否良好。救生艇内部装置如横座板、浮力柜、水和邮箱以及吊钩的状况是否良好。救生艇机器是否每周测试一次且状况良好。是否按 SOLAS 公约所规定的，救生艇属具、食品均在救生艇内，小至水勺、钓鱼钩等物品是否短缺，有否每月检查一次，并编写《救生艇设备每月检查清单》；是否将可移动的设备都已固定在艇上，食品和设备橱柜是否均保持干燥水密。登艇灯是否工作良好，有无应急电源；救生绳梯的状况如何。吊艇架、吊艇索是否润滑、活络（滚轴、轮子、钢丝绳），吊艇索钢丝绳换新/调头日期及证书是否存在于船上。收艇装置及限位开关的状况如何；封闭艇的自动释放器工作是否良好。松放操作中英文说明书是否张贴于适当的地方，救生艇标志是否清晰完整。救生演习是否按照国际公约货船旗国要求进行，并记录在航海、轮机日志内。③ 其他救生设备及器材：是否按照 SOLAS 公约的规定配备了足够的救生衣、救生衣的标志是否清晰和贴有反光带，是否都附有哨子和海水自亮灯。是否有足够的保温服给所有船员（仅限于开敞式救生艇）。船上是否有足够和标识清晰的救生圈，并且这些救生圈是否按规定配有自亮灯、浮绳、烟雾信号及贴有反光带。具有自亮灯浮救生圈的电池是否有效，救生圈的架子是否良好。救生筏标识是否清晰和贴有中英文抛放操作说明书，摇架是否良好，系筏索和静水力释放器是否连接以弱环。救生信号表是否张贴于驾驶室内；船员培训指南是否按照规定存放于驾驶台、机控室、船员餐厅、休息室等场所；IMO 的安全设备符号标志是否张贴于适当位置等。

及至 2010 年，上海海洋运输行业船舶使用的救生艇，广泛采用的是增强玻璃纤维塑料艇，因其强度、弹性、防水和阻燃性能良好，且耐腐蚀，已逐步取代其他材料制造的救生艇。其按推进动力，可分为机动的和非机动的；按结构形式，可分为开敞式的、封闭式的和全封闭式的。封闭式艇装有顶篷，使乘员免受风吹、日晒和雨淋；全封闭式救生艇装有防水顶篷和空气再生、艇外洒水等系统，可通过海上火区，为油船所必备。救生筏，有传统式和气胀式两种。传统式救生筏为环状金属空气浮箱，中央部分为筏底，可供乘员搁脚。气胀式救生筏由橡胶锦纶布制成，使用时以压缩空气充胀成型，带有篷罩，保护乘员免受伤害。气胀式救生筏因体积小，存放和使用方便，保护性好，已得到广泛应用。救生圈，由泡沫塑料或其他轻质材料制成，外包色彩鲜明的布，四周有救生把手索，用时套在腋下，能使人直浮水中，救生圈上有自亮浮灯和烟雾信号可指示落水人员的位置。救生衣，有的以塑料或木棉作为浮力材料，有的为充气式的。其中保暖救生衣，可使穿着者在水中支持较长时间。抛绳设备，可用以抛射细绳至他船或岸上，包括抛射火箭、火药筒、抛射绳和抛绳器。求救信号，按照《国际海上避碰规则》规定：船舶遇险时可以发送红星火箭、红光降落伞火箭、红光火焰信号或橙声烟雾信号。除船舶配备规定数量的信号弹，每艘救生艇或救生筏上也有适当的信号设备。

四、防污染

20世纪70年代始,上海海洋运输行业的船舶防污染工作逐步取得进展。时上海海运局为统筹解决油轮的油污水处理问题,先是将报废的2万吨级“大庆26”轮,改装成国内第一艘处理洗舱、压舱油污水和净化饮用水的综合性防污染工作船;建立杨林油污水处理站,供系泊油污水处理船及洗舱油轮。后又将4.5万吨级“黄岛”号废钢船改装成该局第二艘油污水处理船,每年可处理油污水72万吨,1984年3月因老旧损坏,正式停产报废,由上海海运局第三艘油污水处理船“大庆41”轮接替(日处理能力为2 000吨)。该轮是瑞典1960年建造的2万吨级油轮,船上加装石脑油处理新设备,采用“混凝、溶气浮选”净化装置,使污水处理后达标排放,去除率达到85%,从而填补中国海上轻质油污水处理技术空白。“大庆41”轮在改建成油污水处理船时,对安全质量特别重视,严格按照一类油船规范施工,加强船舶消防设施,增加两台高倍泡沫灭火装置,更换生活区老化的照明线路,甲板也油漆一新。但其只能在浏河口外宝山锚地长期抛锚生产,经常要起锚动车移动调整锚位;且双船靠泊,受风和潮流条件限制,给油轮洗舱和油污水净化处理带来困难。其时,上海海运局油污水处理站设有油污水接收船队,担负在港内接收、驳运各轮的机舱舱底油污水和油轮的压舱水任务。成立初期只有几艘破旧的小油轮,1982年前后添置2艘400吨级油污水接收船。至1990年,全队共拥有1艘1 000吨级含一级油品的油污水接收船,3艘400吨级一般油品的油污水接收船,1艘233吨的油驳和1艘交通船。是时,该局油污水处理站不仅能承担本局船舶的油污水接收和处理,还可承担上海内河航运局、第三航务工程局、救捞局、上海长航、上远公司、中波公司、上海石油公司、上海部分船厂及外省市和外籍轮船的油污水处理,其能力占上海港区船舶油污水处理的90%以上。

按照《1973年国际防止船舶污染公约》的要求,凡150总吨以上油轮和400总吨以上的非油轮,都必须装置油水分离器。70年代时,上海海运局“长”字型客货轮、部分货轮及1.5万吨级油轮,已装有未经船检型式认可,没有“型式认可证书”的试验性油水分离器。1985年,该局装有油水分离器的船舶占船舶总数62%,但使用率较低。1990年该局已为199艘运输船舶装配15 ppm的油水分离器,其中62艘装有上海船舶运输科学研究所研制的CYF—4型船用油水分离器。此分离器采用重力分离和粗粒化分离组合结构形式,可实行二级排放:第一级公海100 ppm以下;第二级港内10 ppm以内。同一时期,上海海运局还为部分船舶安装生活污水处理装置、污染物焚烧炉等设备,以积极消除污染危害,改善工作环境。

图5-3-7 上海海运船舶污水处理厂

(摄于1996年,照片提供:中海集团宣传部)

1996年12月,上海海运为保证长江水域不受污染,确保黄浦江饮用水质,建成年处理船舶含油污水40万吨、化工废水10万吨的现代化污水接收处理厂——上海海运船舶污水处理厂(以下简称船舶污水处理厂)。该厂位于上海市浦东新区外高桥,北临长江,南靠外高桥保税区,西与外高桥发电厂近邻,东与外高桥修造船基地接壤,占地面积5万平方米,岸线长300米,拥有大小码头2座。大码头长330米,可停靠3.5万吨级油轮(兼靠减载后的6.3万吨级油轮),小码头可满足400吨级船舶靠泊。船舶含油污水处理全套引进国外先进的旋流油水分离装置和接收装置。该项目利用联合国全球环保基金组织赠款和世界银行信贷,总投资近2亿元。为确保及时接收船舶油污水并处理排放合格,船舶污水处理厂建成后的几年间,以技术创新为突破口,采取新增"气浮"设备、新建斜板分离装置、扩大罐容等一系列技术改造措施,改革工艺,推动技术升级,确保污水处理质量达到并超过国家标准。2006年,该厂作为首批安装在线监测单位,实现政府安排的对该厂排放水进行实时监控管理。2009年11月12日,国际海事组织审核组对船舶污水处理厂进行视察审核,主要内容包括船舶油污水接收、处理等环境治理项目。是为国际海事组织审核组对中国履行国际海事公约等相关情况进行全面审核的一个重要步骤。该审核组与厂方就我国尤其是上海港环境保护项目建设实施现状进行沟通和交流,并实地参观污水处理车间及污水处理整个流程。其对船舶污水处理厂的建设和管理予以充分赞许和肯定。2010年5月28日,船舶污水处理厂码头扩建工程开工。扩建项目总投资概算4 384万元,在已有码头基础上向上游方向延长100米,使码头总长达到430米,可满足2艘3万吨油轮同时靠泊和洗舱作业,有效提高码头的使用效率。

同年7月,上港集团与中海集团联合研究开发的移动式岸基船用变频变压供电系统开始启用。是时,随着经济社会不断发展,港口城市因停靠船舶油料发电产生的废气污染日益严重。据统计上海港平均每天有170多艘大型船舶靠泊,小船更是不计其数,其停靠期间都需燃烧柴油发电,产生废气污染。移动式岸基船用变频变压供电系统的成功开发,解决了中国港口实现岸基供电的难题,利用码头桥吊富余的电箱供电,成本低、见效快,首次实现将供电系统装入标准箱,方便移动,适合港口操作,可有效减少船舶污染排放,提高能源利用效率。

为有效控制船舶营运对环境造成的污染,国际海事组织(IMO)曾制定包括船舶能效设计指数(EEDI)、船舶能效营运指数(EEOI)和船舶能效管理计划(SEEMP)在内的相关文件,对航运公司监控船舶二氧化碳等温室气体排放提出量化要求,也为公众对航运公司能源管理水平的评估提供依据。2010年,中远集运联合上海海事大学等单位,积极推进EEOI和EEDI实施方案的制定和计算系统研发,同年10月正式启用"中远集运碳排放计算器"。其设计理念采用系统和动态计算方法,根据公司船队历年来真实油耗等航行数据,建立动态的EEOI数值,真实反映每艘船舶在不同航线上的碳排放情况。同时,动态EEOI数值也为降低客户在评估承运货物碳排放量时的偏差,提供了校验保证,这在航运公司的碳排放计算器设计领域属于首创。该碳排放计算器的推出,使中远集运成为国内首家可以向全球用户提供碳排放计算的航运公司,同时也是当时唯一取得国际权威认证机构——挪威船级社(DNV)认证的碳排放计算工具。

五、防海盗

2008年前后,亚丁湾海域海盗活动猖獗。为防范海盗袭扰,确保船舶和船员人身安全。上海海洋运输行业根据政府有关部署和要求,及时为船舶配备必要的防海盗设备和器械。是年,中波公司根据防海盗工作实际情况,陆续为船舶增配防弹背心、钢盔、消防皮龙水枪等防抗海盗物品。中海货运给航经海盗警戒区的船舶都配备10套防弹衣、防弹钢盔和掩体钢板等器材。

2010年1月,交通运输部公安局召开会议,要求强力推进、加快落实"船舶防海盗器械"配备工作。为贯彻交通部指示,防患海盗袭扰,中远集团安全技术监督部发出通知,要求尽快将"船舶防海盗器械"中的防弹衣、防弹头盔、防弹盾牌等制式防护装备配备到船舶。并要求航行亚丁湾、索马里东部以及西非等海盗活动猖獗海域的船舶,每船是时至少应配备制式防护装备:防弹衣六件、防弹头盔六个、防弹盾牌两个。同月,中海油运新船“新埔洋”轮首航中东,因需经过海盗出没的亚丁湾。船员们特地准备一套完善的“防海盗秘笈”:在遇海盗袭击或其他突发事件时,可在35秒之内,通过船舶保安警报系统以传真或电话短信方式迅速向船公司和船舶主管机构发出报警,自动提供船舶相关信息,使岸上相关机构能够及时向船舶提供援助。万一有海盗试图登船,该轮高速航行时会产生很大的波浪令小船剧烈摇晃,小船贴近时,该轮可通过合理转向产生巨大波浪令海盗难以站立。船上还配有十多门消防高压水炮,射程达30多米,可以打翻小艇类型海盗船,使海盗难以攻击。此外,船员还有针对性地做好应急训练。准备充足的“武器弹药”包括燃烧瓶、高压水枪、太平斧等,可随时对海盗进行还击。

2010年6月,中海货运为加强防海盗工作,还增加投入,在远洋船舶上改建防海盗专用安全舱室。倘若阻击海盗登轮措施失败或者已经明确不能避免船舶被海盗挟持时,所有船员可按照报警信号撤至该舱室,等待外来救援。安全舱室伪装良好的铁门,可从里侧快速锁闭,有效拖延海盗入侵时间。安全舱室内还备有供水供气设施、休息设施、隔音设施、监控设施等,可有效保护船员安全。

同一时期,上海海洋运输行业研发和配置的用于船舶防海盗的设备器材还有:① 高压电网。其运行电压高达5 000伏特,能使攀爬货轮的海盗即刻晕厥,但不危害其生命。2010年3月,中远集运巴拿马籍“锡伯河”轮作为沪上第一艘配置防海盗电网装置的集装箱轮,顺利完成电网安装后的首次亚丁湾航行任务。② 笼型“刀网”。③ 防海盗棘刺。

第五节 安 全 活 动

一、宣传教育

1987年前后,中波公司海监部门定期组织船长、驾驶员就《海损事故汇编》中有关碰撞事故的实例,结合公司发生的事故进行学习讨论,从中吸取经验教训。并建立驾驶员避碰规则考试制度,对到港船舶驾驶员和提升驾驶员,必须通过避碰考试才能接班。该公司还运用报刊、录像、编发事故案例、组织赴外港工作组宣讲等各种形式和手段,加大安全生产的宣传教育力度,增强职工的责任心和自我保护意识。

1997年4月,上远公司集中一段时间在全公司范围开展以“珍惜生命、爱惜财产、实现安全生产、保障家庭幸福”为主题的安全宣传教育活动。各轮、各单位围绕主题,因地制宜,发动船员,依靠群众,大会上课,小会交流,自我教育,自我检查,自我整改,自我提高,使活动形式多样、内容丰富、贴近实际、行之有效、为船岸员工喜闻乐见。

1998年,上海海洋运输行业组织广大船员、职工认真学习、贯彻《消防法》,对船舶和陆地基层单位提出学习、贯彻要求,并利用船舶领导学习班、例会、专业培训班等机会组织学习、培训,增强职工的消防安全意识和法制观念。同年,中海集团以深入学习《消防法》为主题,开展“119消防宣传日”活动,加强对职工消防安全知识的宣传教育,促进所属单位消防安全管理体系和网络的形成,员工消防安全意识普遍增强。

进入21世纪后,针对世界局势复杂多变,恐怖势力活动猖獗,海盗袭扰、劫持、偷渡等事件多发给航运事业带来的影响,上海海洋运输行业加强对船员做好船舶安全保卫工作的宣传教育,使“两反两防”(反恐怖、反劫船、防海盗、防偷渡)工作得以深入持久开展,逐步形成较为完善的工作机制。

2003 年 3 月，中海货运针对海湾局势，及时下发加强航行波斯湾船舶安全保卫工作的通知，要求相关船舶迅速行动，高度重视，做好船舶和船员安全保卫工作，做到加强值班，落实责任，严格检查，保持联络，并对船员做好安全保卫的宣传和思想教育。按照中海集团关于做好“两反两防”工作的通知要求，要求船舶在事件多发的国家和海域必须提前安排好昼夜安全保卫值班。翌年 1 月，中海集团在当年职工代表大会上进一步强调，要把“两反两防”工作落到实处，尤其要重点加强客轮、油轮的安全保卫。

2005 年，中海集团防火委员会编写的海运火灾案例汇编《惨痛的教训》发行。该书共收集中海集团上海地区单位 1965—2004 年有文字材料记载的各类火灾、火情案例 414 例，按航行船舶、修船厂(站)、陆地单位三大块分编，以不同的案例进行分类。其具体记录有关案例的火灾发生和施救经过、火灾损失及其原因、经验教训；选登历次火灾现场及历年消防活动的 60 多幅珍贵照片；并选录在消防工作中经常需要查阅的 12 个消防法律、法规和制度。因具有真实性、可读性、知识性的特点，通俗易懂，成为对广大员工进行消防安全教育的活教材。同时也可作为消防专业人员、专职消防干部、高级船员、普通船员和海运院校师生的业务参考书和消防专门培训教育的配套教材。

2009 年，中海集团组织职工学习、宣传和贯彻是年 5 月 1 日起施行的“新消防法”。召开整个集团范围的“新消防法”宣贯视频会议，专门邀请上海市消防局水上支队消防法制专家进行宣贯，对职工准确理解消防法，认真、全面贯彻消防法起到指导和促进作用。

2010 年，中海集运主动适应船舶安全管理的新情况、新特点，严格执行安全管理体系文件，积极开展“中海杯”“安康杯”等安全竞赛活动，通过安全格言征集、安全论文评比、安全知识竞赛、安全警示提示、安全行为规范、安全习惯养成等手段，发挥全体船员安全自我教育和生产自主管理的主观能动性、积极性和创造性，推进“安全型班组”“无事故岗位”建设。通过先进示范船舶的引领，使“不让安全隐患过夜”“8 小时值班，24 小时责任”等安全管理理念成为各轮船员履行岗位职责的自觉行动。

二、专项检查

20 世纪 80 年代前，上远公司将安全检查作为确保船舶安全生产的一项重要手段，利用船到港、安全日活动、航次总结、船员交接班和举行消防救生演习等时机开展安全检查，主要查安全意识、执行纪律、事故隐患等情况，发现问题及时解决。同时结合季节特点，有针对性地进行季节性安全防范检查。1980 年以后，上远公司结合每年的“安全月”和“质量月”活动，开展为期一个月的安全质量检查，提高安全质量意识。

1981 年 7 月，上海海运局传达贯彻中共中央领导同志针对货运质量问题的批示以及交通部的通知精神，派出运输质量普查组和“一条龙”百杂货运输质量检查组，深入船舶检查货运质量，并通电各轮开展质量自查活动，要求加强岗位责任制，努力提高货运质量水平。

1987 年 9 月，根据交通部安全工作会议提出的从严治理，全面整顿，逐一验收的要求，遵循“标本兼治、远近兼顾、综合治理”的方针，上海海运局从本局船舶安全管理实际出发，制订《运输船舶安全检查标准》(细则共 300 条)，以开展安全第一思想教育、遵守劳动纪律、遵守安全生产规章制度和操作规程、船舶设备管理、安全管理基础等五方面工作以及船舶“六防”(防海损、防火灾、防机损、防工伤、防污染和防货损货差)为主要内容，规定安全检查的要求。在各轮自查基础上，采用评分法进行逐一验收。对查出的问题要求并督促落实整改措施，借以加强对船舶安全生产的监督管理。

同年,中远总公司颁布《船舶安全纪律检查提纲》1 000 条,并对验收标准、事故等级、奖惩办法等作出明确规定。中波公司根据船舶航行的特点,确定往返航次(国内—欧洲—国内)检查周期,对抵港船舶逐条进行检查验收,做到一船不漏,严格按照验收标准进行评议和写出检查三联单,要求船舶对检查过程中发现的缺陷逐条落实整改,并对检查结果实行优秀、良好、通过、不及格等 4 个等级的浮动奖金制,促进"安全第一,预防为主"方针的落实,保证船舶的安全航行。

1989 年 7 月,上远公司根据中远总公司制定的"一千条"检查提纲,进行安全检查。近航船舶每季度检查一次,远航船舶每往返航次检查一次。同时组织船员开展全面系统的自查和整改,采取部门(工种)自查自整与船舶(部门)抽查的方法,结合人员配备、设备状况和航次任务特点等实际,有针对性地开展安全检查。在船舶自查基础上,由船舶管理处复查,由公司职能部门抽查,是年共复查和抽查 132 艘次。

1990 年 4 月,交通部发布《中华人民共和国船舶安全检查规则》。上海海上安全监督局根据该规则,加强进出上海港船舶的安全检查工作。检查内容包括船舶文书、船员证书和配员、船体和机电设备、消防救生设备、航行及操纵设备、无线电设备、应急设备、防污染设备、安全制度及与安全有关的其他项目。

同年 10 月,上海海运局在各职能部门自行开展安全检查评比基础上,下达《上海海运局安全生产先进评比奖励试行办法》,确定每年评比一次局安全先进集体和个人,重点评比标兵船长、轮机长、"六好"驾驶台(安全航行好、遵章守纪好、设备养护好、文本记录好、图书资料管理海图作业好、文明管理好)和"五好"机舱(预防检修保养好、设备运转性能好、规章制度执行好、资料备件管理好、机舱文明生产好)以及消防、环保、劳动保护、货运质量等方面的先进集体和个人。

1997 年,上远公司根据季节、航线、人员、设备和船队结构调整的特点,坚持开展航务安全检查。结合国内外公约、法规和规章制度,做到细化和量化,按照港口国检查记录、驾驶台管理、安全航行、甲板设备、航行及操纵设备、救生设备、消防设备、消防和救生演习、安全制度和安全管理十大项 220 个条目进行检查。全年公司安监部共检查船舶 88 艘次,提出整改意见 779 项;船舶管理处海务监督员共检查船舶 270 艘次,提出整改意见 1 567 项。

1998 年 7 月 1 日,ISM 规则在世界范围内开始生效和实施,PSC 检查力度随之大幅增强。全球各海运公司为应检,大都提早采取准备措施。上海海洋运输各企业也纷纷加强和改善安全管理体系,集中力量搞好 PSC 管理工作,大力降低船舶(在港口国的)滞留率。中海集团当年就全面贯彻 PSC 管理办法作了专门布置,要求各单位组建 PSC 小组,定期开会汇报情况,解决难题;船舶出国前要接受船检、港监、船东三方检查;ISM 证书发现问题要及时处理;各公司要组织教育,强化培训,各轮要组织播放有关 PSC 检查的 VCD;并制定 PSC 检查奖惩规定,列入黄红牌简报,将船舶滞留作为大事故处理。是年 7 月,该集团在国外受检船舶 34 艘,检查通过率达 100%,其中 23 艘次获无缺陷通过。1998—1999 年,中远集运积极参加上海市防火委员会开展的"消防安全规范船舶"检查、考评活动,从船员消防安全意识、灭火技能、规章制度、电器设备、消防设施、应急切断、安全疏散等多方面进行考核。截至 1999 年底,该公司已有 18 艘船舶获市防火委员会颁发的《消防安全规范船舶》称号。

2001 年 10 月,为加强老旧油轮(1980 年前建造)的安全管理,激发船员对老旧油轮管理和维护保养的积极性,提高老旧油轮在安全检查中的通过率,中海油运下发"老旧油轮安全检查奖励办法"。规定对老旧油轮的检查,原则上每 3 个月考核一次。经考核属 A 级和 B 级的发给安全检查考核合格奖。对有缺陷通过,并被要求限期整改的,先发 80%,其余部分待整改后返还。属 C 级和

D级的,不发安全检查考核奖,并在套派奖或其他奖励中予以扣罚。

2002年7月1日起,国际营运船舶全面强制实施ISM规则。港口国检查(PSC)的重点是:船员在消防和弃船演习中对基本程序的熟悉与否,能否定期进行,有无记录可查;防污染、救生、消防、应急设备等是否符合要求。有关消防、救生方面的检查项目占了很大比例,基本上是每次必查。因此船舶消防、救生设备性能的好坏,是否存在缺陷成为能否顺利通过港口国安全检查的关键之一。为迎接ISM大检查,上海海洋运输各船公司积极制定对策,强化安全管理。中海集团下发《关于进一步加强PSC管理工作的决定》,从2004年4月份开始对干部船员分批进行PSC专题培训工作,邀请海事局专家以及相关方面管理专家授课,有效提高干部船员的履约意识和安全意识。当年,培训干部船员4 001人次,翌年又办班65期,培训干部船员3 024人次,为PSC管理水平稳步提高打下扎实基础。

《船舶和港口设施保安规则》(《ISPS规则》)于2004年7月1日生效,是为涉及所有外贸船舶的一项重要国际规则。对此,中海集团各有关单位和部门齐心协力,克服时间紧、任务重等困难,为每艘船舶实施保安评估,编写保安计划,进行保安审核,培训船舶保安员,保证了船舶按时履约。在该规则生效后4个月内,该集团有77艘船舶接受美国等国家的大检查,无缺陷通过率达到97.4%。2005年,中海集团各船公司不断加大PSC管理工作力度,使之逐步规范化和制度化,实现PSC检查零滞留目标,无缺陷通过率也创历史最好水平。在当年4月30日美国海岸警卫队公布的"21世纪优质船舶"证书名单中,中海货运有9艘船舶榜上有名,这也是中海货运所属船舶首次获此荣誉。(注:"21世纪优质船舶"系美国海岸警卫队根据近几年对全球抵美船舶进行PSC检查的状况,进行综合评估后确定的。获得此殊荣的船舶不超过接受检查船舶的10%。)

2009年,中远集运多渠道、多形式地开展安全管理活动,重点抓好船舶防碰撞、防污染的"两防"专项整治活动,加强对公司和船舶履行公约和法规情况、驾驶台管理情况、安全航行和安全进出港情况以及电助航仪器设备、航行及操纵设备、救生消防设备使用情况的现场督查,并将现场监督检查与培训指导相结合,安全管理与技术咨询服务相结合,帮助船舶及时纠正缺陷。是年该公司船舶水上交通无上报等级事故。

2010年,中海集团共接受船舶PSC检查385艘次,无缺陷通过267艘次,无缺陷通过率69.4%;船舶滞留率为0.3%;该集团船舶检查组共检查船舶283艘,其中专项检查9艘,复查和回访20艘。参加评分的254艘船舶中,62艘优秀,181艘良好,11艘及格,无不及格船舶。船舶安全状况有明显提升。中远集运所属上海远洋运输有限公司管理的船舶共有186艘接受PSC检查(包括ISPS方面的专项检查),其中无缺陷通过128艘,无缺陷通过率69%;船舶滞留率为1%。在履约ISPS过程中,没有发生船舶被拒绝进港或驱逐出港事件。

三、专题活动

【百日安全活动】

1978年6月,上远公司组织船舶开展"百日安全单项竞赛",以实现"十无"为船舶安全竞赛获奖条件,即:无重大海损,无重大机损,无重大火灾,无严重货损货差,无重大工伤死亡,无严重污染,无食物中毒死亡,无潜伏性事故,无严重违法乱纪而受处分者,无偷渡、纵火、爆炸、泄密等严重政治事故。竞赛每四个月评比一次,由船舶领导组织船员,根据"十无"条件,对安全生产工作进行总结评比。对全年实现"十无"的船舶,由公司授予奖状,对于采取有效预防措施或紧急措施而避免重大事故发生的个人或集体,给予表扬或一次性奖励。此项安全竞赛有效调动了船员抓安全工作的积极性,使船舶安全状况有较大好转。1979 年,获得百日安全奖的船舶达 292 艘次,全年实现安全无事故船舶占公司船舶总数的 80%。

1981 年,上远公司将百日安全无事故竞赛改为安全优质竞赛,把无货运事故亦列为竞赛条件之一。全年有 64 艘船舶连续 3 次实现"六无"(无重大海损、无重大机损、无火灾爆炸、无重大货损货差、无重大工伤死亡和无重大污染事故)。

1984 年始,上海海运局开始连续开展"百日安全活动"。是年 4 月中旬,该局召开百日安全活动动员大会,开展以反违章、反违纪为重点内容的安全宣传、检查和整顿。该次活动于 7 月下旬结束,共检查船舶 130 艘次,计 500 多岗位,对发现的违章违纪现象作了及时严肃处理。第二次百日安全活动从同年 7 月开始,贯彻"以严治航,狠抓落实"的方针,要求把提高质量,确保安全放在企业管理的首位,并把当年 9 月的"质量月"活动同百日安全无事故活动结合起来,以"月"促"百日",以"百日"促全年。第三次百日安全活动把冬季安全生产作为重点,要求切实抓好季节性安全防范及船舶整顿验收工作。1985 年 4 月上海海运局第四次百日安全活动结束,第一次在全局范围内实现百日无重大事故和大事故的奋斗目标。此后,该局每年一般都要开展 3 次百日安全活动。1987 年曾连续三次实现百日安全。80 年代后期,该局在持续开展百日安全活动同时,在运输船舶中进一步推行全面质量管理,建立完整的质量保证体系,促使客货运输质量显著提高,从而也推动了"六无"竞赛活动的开展。

1999 年 9 月,中海集团和中远集运等驻沪航运企业认真落实国家经济贸易委员会、中华全国总工会关于在全国开展"百日安全无事故"活动的通知精神,在所属各公司、各轮广泛开展"百日安全无事故"活动。为保证活动顺利进行,分别成立专门的领导小组,由企业领导亲自抓,并指定专人负责;充分利用通电、企业内部报刊和录像等手段,加大宣传力度;以船舶、车间、班组为单位组织学习,进行遵章守纪教育,提高职工安全意识,达到自我教育、自我提高的目的。

2002 年 9—12 月,中远集运在全公司范围开展"百日安全无事故"活动。其主题是:学法守法、尽责尽心、保障安全。公司所属各单位在活动中,认真贯彻中央领导关于安全生产工作的重要指示,提高对安全工作重要性的认识;广泛学习、宣传和贯彻《安全生产法》;强化安全管理体系运行及相关工作。

及至 2010 年,中海集团和中远集运等驻沪航运企业围绕安全管理的阶段性任务和重点,已多次开展"百日安全无事故"活动。

【"安全质量月"活动】

1979 年,根据国家经委通知和交通部关于每年 9 月开展"质量月"活动的决定,上远公司组织开展"安全质量月"活动。在牢固树立安全质量第一思想的基础上,根据长期质量管理的经验,制定防止货损货差的措施并印发各轮。把远洋货运质量工作概括为四个环节:装货之前过细准备;装货之时严格把关;运输途中妥善保管;卸货之时谨慎交接。以此规范船舶质量工作的各项规定和要求。

【"六无"安全竞赛活动】

20 世纪 80 年代,上海海运局和上远公司等航运企业在所属船舶开展"六无"安全竞赛活动,以实现"六无"(无重大海损、无重大机损、无火灾爆炸、无重大货损货差、无重大工伤死亡和无重大污染事故）为竞赛条件，重点突出航行安全。在船舶内部普遍建立安全生产岗位责任制，推动船舶安全活动深入开展。

1987年，中波公司在所属船舶中开展以无重大海损事故、机损事故、货差货损、污染、火灾、人身伤亡、食物中毒等“七无”为内容的安全航次活动。

【“安全、质量、服务、效益年”活动】

20世纪90年代初，上远公司按照交通部和上海市统一部署，开展“安全、质量、服务、效益年”活动。采用现场指导方法，及时向受载船舶布置配、积载及运输管理注意事项；加强与港区的协作配合，对出口班轮建立理货质量信息反馈制度，提高理货质量；对老旧船舶加强维修保养，使其随时处于适航适货状态，防止发生因设备破旧老化而引起货损事故；在船舶继续推行全面质量管理方法，以抓好工作质量提高工序质量，以提高工序质量保证运输质量，使远洋货运质量明显提高。

【“119消防宣传日”活动】

1992年，公安部发出通知，将每年11月9日定为“119消防宣传日”，旨在进一步搞好冬季防火工作，集中一段时间开展内容广泛、形式多样的消防安全宣传活动，提高全民消防安全意识，推动消防工作社会化的进程。及至2010年，上海海洋运输各企业每年都结合自身实际，以多种形式开展此项活动。

【“全国安全生产月”和“反三违月”活动】

2001年5月始，上海海事局根据交通部和上海市对安全专项整治的部署，结合“安全生产周”和“反三违（违章指挥、违章操作、违反劳动纪律）月”活动，全面开展船舶监督管理、通航管理、危防管理、船员管理、取缔“三无”（无船名、无船籍港、无船舶证书）船舶等专项整治活动。并联合上海市航务管理处、上海市水上公安局，对“三无”船舶连续开展4次集中清理整顿，为期50天，是为海事局建局后海事、航务、公安部门联合开展的规模较大的一次水上专项执法行动。共滞留“三无”船舶114艘，没收43艘，拆解71艘，使黄浦江水域的“三无”船舶得到比较彻底的清除，保证航行安全。

2002年5月，中共中央宣传部、国家安全生产监督管理局、中华全国总工会、共青团中央联合发文，决定从2002年起，将每年5月份开展的全国“安全生产周”活动改为在6月份开展“全国安全生产月”活动。交通部决定将每年5月份开展的全国交通系统“反三违月”活动改为每年6月份与“全国安全生产月”同步进行。及至2010年，上海海洋运输行业每年此时都结合实际，积极开展此项活动。中海集团和中远集运在2002年活动中，将“全国安全生产月”“反三违月”活动作为水运系统正在开展的“水上运输安全管理年”活动的一项重要内容，推进并完善安全管理体系，大力做好防抗台等季节性安全工作，为企业的稳定、发展创造良好环境。

【船舶、班组安全竞赛活动】

2003年2月，中远集运根据中远集团工会《关于开展船舶、班组安全竞赛活动》的通知精神，在本公司范围内开展船舶、班组安全竞赛活动，旨在进一步提高职工安全生产的自觉性、主动性，努力实现船舶、班组安全管理标准化、规范化和制度化，逐步建立长效安全管理机制，为生产经营营造良好安全氛围。同年，中海集团工会、安委会也下发通知，要求各单位组织职工积极参加由中国海员工会、交通部交通安全委员会联合举办的全国水运系统船舶、班组安全竞赛活动，进一步落实“安全第一,预防为主”方针,增强职工安全责任意识,把各项安全工作制度、措施和要求落到实处。该集团各基层单位都相继成立竞赛活动领导小组,负责竞赛活动的组织发动、方案制订、检查考核和评选推荐安全竞赛优秀船舶、优秀班组等工作。

【防船舶碰撞、防泄漏专项整治活动】

2007年7月1日—2007年12月31日,上海海洋运输行业根据交通部有关在全国开展一次防船舶碰撞、防泄漏专项整治活动的通知和具体部署,在全行业深入开展此项活动。该项活动旨在全面落实船舶运输安全管理责任,改善通航环境,规范通航秩序,提高船员安全意识和技能,完善监管手段,加大监管力度,提高船舶对交通事故的预防能力,保障船舶航行安全,保障桥梁和通航建筑物的安全,避免通航水域船舶泄漏污染,规范水运市场,促进水上交通运输事业健康有序发展。各航运企业在活动中,对可能造成船舶碰撞和泄漏的安全隐患进行排查;对船员进行安全教育及船舶避碰规则和航行规章的学习;进一步落实企业安全管理责任;对查出的问题和隐患及时制定整改方案,实施整改行动,并将整改过程中的有效措施固化为长效管理机制,强化安全管理。至是年11月,该专项整治活动已在全国范围取得初步成效。2007年第三季度事故总件数较2006年同期下降20.27%,与2007年第二季度相比下降10.15%,其中碰撞事故与2006年同期相比下降32.14%,与2007年第二季度相比下降29.62%。交通部在《关于继续深入做好防船舶碰撞防泄漏专项整治活动的通知》中要求相关单位和部门,巩固已取得的成效,保证“两防”工作势头不减,认真及时总结本地区本单位开展“两防”活动中好的经验做法,及时加以推广;同时要加强宣传力度,扩大社会影响。在此基础上,积极研究建立长效安全管理机制。

第六节 事 故

20世纪70年代末至80年代中期,上海海运局颁发的《海损事故处理及抢救细则》,按船舶事故损失(人员死伤、船舶沉损、直接经济损失等),根据船舶大小,将事故分为重大事故、大事故、一般事故和小事故。事故类别主要有碰撞、搁浅、触礁、倾覆、火灾、爆炸、机损、人员伤亡等。是时,上海港进出海船艘数、吨位、密度大增,且船舶逐步向专业化、自动化方向发展。因干部船员紧缺,致部分船员职务提升较快,有的从担任水手至提升驾驶员仅相隔1~2年时间,限于文化和技术水平,操作时有差错。加之其他方面的主客观原因,船舶安全状况不稳定。重大甚至特大恶性责任事故屡有发生。

1983年3月1日起,国家《海洋环境保护法》开始实行。同年,国务院颁布《防止船舶污染海域管理条例》,将“污染”列为海损事故类别之一,运用法律手段加强海洋环境保护。

1985年10月5日,交通部按照中共中央《关于加强安全生产的通知》精神,为认真贯彻安全第一方针,做好船舶海损事故统计工作,分析研究事故发生的原因和规律,总结经验教训,采取有效措施防止事故发生,特制定和发布《船舶海损事故统计、报告规定》,并自1986年1月1日起执行。该规定将船舶发生碰撞、搁浅、触礁、触损、浪损、风灾等事故,造成财产、货物和营业损失或人身伤亡的都称为海损事故。凡船舶由于火灾或机务、货损事故引起的海损均列为海损事故。船舶海损事故分为重大、大、一般和小事故四级,其划分标准按《船舶海损事故分级标准表》的规定办理。该项规定也为驻沪各航运企业的事故统计和处理工作提供了依据。

表 5-3-2　1985 年 10 月交通部制定的船舶重大海损事故等级标准表

船舶吨位	3 万总吨以上或 1 万马力以上船舶	5 000～3 万总吨或 5 000～1 万马力船舶	1 000～5 000 总吨或 1 000～5 000 马力船舶 200～1 000 总吨或 1 000 马力以下船舶
重大事故等级标准	死亡 3 人及以上，或船舶沉没、全损或无修复价值，或直接经济损失 100 万元以上	死亡 3 人及以上，或船舶沉没、全损或无修复价值，或直接经济损失 70 万元以上	死亡 3 人及以上，或船舶沉没、全损或无修复价值，或直接经济损失 50 万元以上 死亡 3 人及以上，或船舶沉没、全损或无修复价值，或直接经济损失 20 万元以上

资料来源：[85]交水监字 1952 号

1989 年，交通部和上海海运局规定，船舶根据油种及入水(跑、冒、漏、溢等)油类的数量和经济损失上报的污染事故，分为重大事故、大事故和一般事故等级别。其中重大污染事故的标准是：货油入水量≥50 吨，经济损失≥10 万元或船用油入水量≥1 吨，经济损失≥1 万元。污染事故的经济损失中包括调查费、取证费、清理费、罚款费、赔偿费等各项费用。

1990 年 1 月 11 日，经国务院批准，交通部发布《海上交通事故调查处理条例》，计 837 条。同年 8 月，施行《船舶交通事故统计细则》，将重大事故导致直接经济损失金额标准规定为：2 万总吨以上船舶为 150 万元以上；1 万总吨以上至 2 万总吨船舶为 130 万元；5 000 总吨以上至 1 万总吨船舶为 100 万元；3 000 总吨以上至 5 000 总吨船舶为 75 万元；1 500 总吨以上至 3 000 总吨船舶为 60 万元。

进入 20 世纪 90 年代后，上海海洋运输行业的船舶技术状况日益改善，船员队伍的技术业务素质和安全观念不断提高。各航运单位出于对安全工作的重视，普遍建立和健全多种安全管理制度和措施，加强监督和检查，使船舶安全状况趋于平稳，各类海损事故较 70 年代和 80 年代明显减少，特别是特大恶性事故的发生率得到有效控制。但鉴于各方面原因，各类事故包括一些重大海损事故仍时有发生。其中尤以碰撞事故的发生率居多。2008 年，中海集团在全国“隐患治理年”活动中，深入开展隐患排查治理，认为船舶碰撞事故多发是集团安全生产的最大隐患。根据航运企业特点，该集团把 2008 年定位为船舶防碰撞“攻坚年”，制订具体要求和措施。所属各船公司根据实际情况，对各项要求和措施逐项细化并落实，通过综合治理，使船舶碰撞事故起数稳步下降。

2009—2010 年，上海海洋运输系统未发生重大海损事故，船舶安全生产状况总体平稳。

1978—2010 年上海海洋运输行业重大海损事故案例

“团结”轮火灾事故　1978 年 4 月 8 日，上远公司“团结”轮在驶往日本横滨途中，因轮机长舱内烟蒂引发火灾，导致该轮上层建筑、机舱上部及部分货物烧毁，直接经济损失 1 793 万元，船舶全损报废。

“风雷”轮火灾事故　1979 年 9 月 7 日，上远公司 1.25 万吨货轮“风雷”轮在青岛港内卸黄麻，因货舱照明灯无罩，两极外露，造成短路产生电火花，引起舱内黄麻燃烧，直接经济损失 1 000 万元。

“和田”轮碰撞事故　1980 年 9 月 11 日，上远公司杂货船“和田”轮在日本六连岛锚地抗台，因空船在大风中起锚，碰沉韩国船一艘，致该轮船长死亡，“和田”轮左舷三舱受损严重。直接经济损失 1 610 万元。

“宜兴”轮火灾事故　1980 年 10 月 30 日，中波公司“宜兴”轮在上海船厂西厂修理时，因第四冷藏货舱喷漆作业遇明火爆炸引起火灾。致该轮上层建筑包括驾驶台、电台和冷藏舱全部烧毁，按推定全损处理。

“莲花城”轮爆炸起火事故 1981年9月26日，上远公司1.03万总吨多用途船“莲花城”轮从西欧载货返航，停泊在新加坡西锚地。由于货舱内装载的聚苯乙烯(属易燃易爆危险品)，挥发出大量可燃气体，在关闭舱内照明灯时，突发爆炸起火，导致船货全损，幸无船员伤亡，直接经济损失4.46亿元。

“红明”轮座礁弃船事故 1982年1月8日，上远公司“红明”轮在叙利亚拉塔基亚港外候泊，因遭遇11级大风，空船被大风吹压上(RAS ZIARET)礁石，造成座礁，船舶全损，死亡1人，直接经济损失990万元。

“大庆53”轮爆炸沉没事故 1982年5月4日，上海海运局1.5万吨级油轮“大庆53”自上海石化总厂陈山码头开航，空放秦皇岛。次日上午航行至山东石岛东南35海里处黄海海面时，因船员违反电焊操作规程，在机舱用电焊焊补污水管与蒸气冲洗管连接处的小洞，而该固定污水管直接通向该轮中5舱(是为该轮在江苏省张家港船厂修船时违规擅自加装的)，以明火点燃中5舱可燃气体，引起强烈爆炸，约50分钟后沉没。49名船员(内有实习生8人)中29人获救，船长等20名船员殉难。直接经济损失1 438.3万元。难船还造成对海洋污染和影响航道畅通。

“建德”轮碰撞事故 1982年10月16日，上远公司“建德”轮在直布罗陀海峡东口外，因遇雾与苏联渔业加工厂船ZHEL ENOVOSK轮碰撞，造成苏船沉没(无人员伤亡)，本船右舷及首柱受创，直接经济损失1 000万元。

“西蒙诺夫斯基”轮碰撞事故 1982年10月24日，中波公司“西蒙诺夫斯基”轮离新港开往青岛途中碰撞“鲁文渔3039”轮，致渔船沉没，渔民12人丧生。

“龙溪口”轮火灾爆炸事故 1983年4月19日，上远公司1.4万总吨滚装船“龙溪口”轮从上海驶往索马里和叙利亚途中(印度洋斯里兰卡东海域)，第三货舱装载的铝粉因内在化学作用引起爆炸起火。虽经全体船员奋力抢救，但因火势太大，无法控制，于当天16时弃船，次日该轮爆炸沉没。36名船员脱险返沪。事故造成直接经济损失3.92亿元。

“战斗67”轮倾覆事故 1983年11月10日，上海海运局货船“战斗67”轮载生铁2 010吨、钢丝盘元320吨、工业桶装猪油200吨和OP腊等其他货物326吨，离开天津新港开往上海。次日晚因遇大风浪，货物倾倒移位，造成船舶倾覆翻沉。44名船员中除21人登上救生艇筏外，余23人(包括船长在内)殉难。经济损失600多万元。据该事故联合调查组深入调查分析，认为“战斗67”轮倾覆的主要原因是：① 装载不良，监装不严，没有采取平铺积载及防滑隔垫，以致遭遇风浪时货物移位，造成船舶倾覆。② 防风考虑不周，船长未认真考虑防风或避风，对货物倾倒移位的危险性没有估计和采取措施，对如何防浪保持水密保存浮力也未作考虑。

“大庆62”轮碰撞事故 1986年7月6日，上海海运局油轮“大庆62”轮离开上海驶往烟台。8日晨5时在山东半岛桑沟湾附近海面，船首左部碰上“烟渔255号”轮右舷尾部，致渔轮翻沉，救起4人，死亡14人。事故主要原因是，双方都违反了国际海上避碰规则，疏忽瞭望，在多雾季节缺乏应有戒备，未作有效连续观测和雷达标绘。

“金山”轮倾覆事故 1989年10月31日，上海港驳船运输公司所属货船“金山”轮(原名“秀山”，4 000吨级)在天津新港装妥3 900吨煤，平均吃水5.6米，于当天开出驶往上海。23时航至北纬38°34′、东经120°13′，即龙口港屺姆角灯塔以北距约35海里海面上，突遇10级以上灾害性气旋风袭击，船舶发生微弱呼救声，以后音信全无。直至第二、三天后在长山列岛附近蓬莱县、大黑山岛屿海滩上陆续发现"金山"轮船员遗体，证实该轮已倾覆沉没，30 名船员无一生还。此事故属自然灾害事故，由保险公司负责全部赔偿。

"贺新"轮碰撞事故　1990 年 3 月 21 日，上海海运局客货船"贺新"轮载客 902 人出口，在上海港长江南水道 Q1 灯浮附近与"浙玉机 4"轮相撞。"浙玉机 4"轮沉没，死亡 18 人。"贺新"轮前尖舱离水面 0.5 米处，有 70 厘米×30 厘米破洞，右舷有 12 厘米×12 厘米破洞，水下部位多处变形并有 3 米破口 2 处。直接经济损失 48.5 万元。据上海港监调处意见："贺新"轮出口未能使用有效手段获得早期警报；"浙玉机 4"轮进口偏离航道，航行灯显示不符国际海上避碰规则要求。据此"浙玉机 4"轮承担事故责任 70%，"贺新"轮承担 30%。

"大庆 62"轮爆炸起火事故　1992 年 1 月 18 日 15 时 42 分左右，上海海运局"大庆 62"轮在长江上海宝山水道石洞口电厂上游江面，发生因违章电焊引起的爆炸起火特大事故，致该轮舯楼前主甲板向船头方向炸开，甲板天桥、桅杆倒塌，舯楼严重烧损；舯楼后两根桅杆严重向内倾斜；船体被炸变形、破裂，致使船舱进水，船舶下沉搁浅。事故中有 4 名船员失踪，4 名船员受伤，直接经济损失 1 000 万元以上。

"林海 1"轮倾覆事故　1992 年 9 月 1 日，上海海运局"林海 1"轮满载铁木驶沪途中遭受不测风暴袭击，在山东荣城湾沉没，船上 35 名船员全部落水。经附近龙须岛镇委、镇政府组织机关干部、渔业公司职工前往抢救，救出落水船员 17 人，其余 18 人遇难。

"桃河"轮碰撞事故　1994 年 5 月 25 日，上远公司所属货轮"桃河"轮与"威海"轮，在汕头港以东约 55 海里(23°21′42″N/117°43′54″E)处海面，雾航中发生碰撞，造成"威海"轮沉没，船货全损，所载煤炭 2.96 万吨，价值 788 万余元；"桃河"轮首部及球鼻首等受损，修理费总计人民币 115 万元。

"华珠 1 号"轮沉船事故　1995 年 11 月 7 日下午 6 时左右，上海长航所属载重 1.1 万吨的货轮"华珠 1 号"装载 8 625 吨块煤，由天津驶往上海途中，在上海外海(31°41′48″N，122°45′18″E)因突遇寒潮巨浪袭击，导致船舶沉没，船上 30 人全部遇难。经济损失 1 700 万元。

"昆仑山"轮碰撞事故　2000 年 4 月 22 日，中海货运货轮"昆仑山"轮在珠江航行时，在♯7—8 浮与横越航道的"穗港驳 1001"碰撞，1 人救起，5 人失踪，驳船沉没。

"徐州"轮碰撞事故　2000 年 5 月 5 日，中海货运货轮"徐州"轮在黄浦江朱家门原地掉头出口，船尾碰撞擅自系挂在♯4 系船浮上的"宣洲货 2223"轮，致该船沉没，3 人死亡，经济损失 73 万元。

"向恒"轮碰撞事故　2000 年 5 月 16 日，中海集运集装箱船"向恒"轮在 3012N/12236E(小板门)与福建"南油 11"轮碰撞，油船起火，失踪 3 人。经济损失约 100 万元。

"向旭"轮碰撞事故　2000 年 5 月 25 日，中海集运集装箱船"向旭"轮在珠江 30♯浮下游(22042N/11304E)与"航锋 419 拖"发生碰撞，致对方船沉没，失踪 3 人，经济损失约 100 万元。

"定河"轮碰撞事故　2001 年 6 月 16 日，中海油运"定河"轮在 2050.3N/11441E 处与外轮"CITRON　GOLD"轮碰撞，外轮沉没，20 名船员救起，经济损失约 400 万元。

"郁金香"轮触碰码头事故　2002 年 2 月 28 日，中海集运客箱船"郁金香"轮在韩国仁川港内航行时遇雾，船长对雷达观察及引水员操作不当，触碰油轮码头。码头和船舶损失严重。属全责重大事故，经济损失 298.2 万美元。

"霸王岭"轮碰撞事故　2003 年 1 月 21 日，中海货运货轮"霸王岭"轮在琼州海峡♯4—5 浮附近航行时，与穿越水道的渔船"临高 11317"轮碰撞，渔船沉没，12 人落水，5 人生还，1 人死亡，6 人失踪。赔付 266.2 万元。

"大庆 93"轮碰撞事故　2004 年 3 月 12 日，中海油运油轮"大庆 93"轮满载进靠泉州外海锚地过程中，与75吨渔船“闽狮渔2380”号碰撞，渔船倾覆，7人失踪死亡，经济损失146万元。

“大庆51”轮碰撞事故 2004年6月18日，中海油运油轮“大庆51”轮在长江龙潭水道＃127浮下游，与横穿航道抢头的黄沙船碰撞，黄沙船沉没，6人失踪，经济损失241万元。

“大庆51”轮碰撞事故 2005年7月23日，中海油运“大庆51”轮在长江南通＃27浮下游处，与穿越定线制深水航道的“丰航6188”小船碰撞，小船沉没，4人落水，救起1人，3人失踪，经济损失145.8万元。

“新连云港”轮碰撞事故 2006年10月25日，中海集运“新连云港”轮在2653.2N/12126.1E与巴拿马籍船“EVER GAIN”碰撞，外轮沉没，救起11人，10人失踪。“新连云港”轮艏尖舱破损。

“粤顺”轮碰撞事故 2007年1月18日，中海集团货轮“粤顺”轮在外高桥＃54浮与进口集装箱船“生松1号”碰撞，对方船破损进水，随后翻沉，14名船员救起，165个箱子落水，“粤顺”轮船艏破损，总损失2 100万元。

“浦海216”轮碰撞事故 2007年3月10日，浦海航运集装箱船“浦海216”轮在长江镇江段＃98号灯浮附近上驶航道行驶时，与一艘1 000吨级运煤小船“皖寿县货1886”轮发生碰撞，对方船沉没，5名人员落水，2人救起，3人死亡。因事故赔偿132万元。

“宁安11”轮触碰事故 2008年5月26日，中海货运“宁安11”轮在进靠外高桥一期码头时，因对潮水估计错误，在拖轮未到位情况下，操作不当，触碰＃2门机，致使门机严重损毁，上半部坠海，输送带损坏，属于全责重大事故。损失4 010万元。

第六篇

航 运 服 务

鸦片战争后，上海被辟为通商口岸，一度成为繁华的内外贸运输集散中心，随之产生最初的经纪人、揽载行和报关行等航运服务业，为华商和外商开展航运服务。是时，在沪的大轮船公司设有船务机构，专门从事运输代理业务。外商洋行也纷纷抢滩上海，在上海开设洋行或分行，经营进出口贸易和运输代理业务。20 世纪 20—30 年代，上海由外商开办的主要船舶代理行有数十家，报关行多达 300 多家，其中，外贸运输及代理为其所垄断。上海解放后，在上海的数十家外商轮船公司和代理行陆续歇业。内贸运输代理业务由上海港务局代为经营，外贸运输代理业务转由上海外轮代理公司经营。至改革开放初期，上海地区航运代理业务统一由上海外轮代理公司独家经营。

1979 年，国务院决定进出口物资由厂矿企业直接与交通运输部门签订包港口、包航线、包期限的“三包”合同，初步形成货主与船公司双向选择的航运服务市场。航运企业揽货机构开始走出大门，主动与厂矿企业接洽业务。1985 年，上海外轮代理市场逐步形成，全市成立 10 余家外轮代理公司，打破原由上海外轮代理公司独家经营的局面，而该公司规模和业务量仍处于全国领先地位。1992 年，国务院进一步决定“放开货代、船代市场，允许多家经营，鼓励竞争，以提高航运服务质量”。上海地区相继新成立各种航运服务公司 13 家，为船公司与货主提供揽货、代运、报关、报验、仓储、货物中转等航运服务。是年底，上海货代公司达 33 家。各公司执行“方便货主，价格合理，安全优质”的方针，提高服务质量，促进外贸和海洋运输业的发展。1995 年，中远集团深化陆上货运体制改革，组建中远国际货运有限公司，成为上海地区又一家大型航运服务公司。

“九五”计划期间，上海航运服务业发生深刻变化，开始向高端服务发展。1996 年 1 月，中共中央、国务院提出建设上海国际航运中心战略目标。是年，交通部和上海市人民政府为加快建设上海国际航运中心步伐，共同组建成立新中国第一家航运交易机构——上海航运交易所，集聚航运服务功能，促进航运服务业在航运信息、运价报备、船舶交易、航运咨询等各个领域向航运高端服务发展。中海集团、中远集运等大型国有企业在沪成立后，积极实施“大物流”发展战略，将航运向两端延伸，不再拘泥于“港到港”服务，大力发展多式联运和航运企业自行经营的第三方物流，实施“门到门”服务，使航运服务渗透到物流各个领域及环节，有力促进了海洋运输及航运服务业的发展。

1998 年 8 月 18 日，上海国际航运服务中心在北外滩正式启用，入驻机构、单位及企业等 100 多家。标志着上海在建设培育国际性航运大市场方面迈出重要一步。上海航交所也迁入该中心新址，积极推进航运市场服务功能组合，把有关航运的港方、船方、货方、代理方及海关、边防、检验、金融保险、法律咨询和仲裁等引入航交所，为航贸企业提供一门式服务。是年，上海外轮代理公司改组为区域性公司，积极发展现代物流，全方位开拓业务，取得良好业绩。

进入 21 世纪，上海地区加快推进国际航运枢纽港、现代航运集疏运体系和现代航运服务体系建设，至 2005 年以国有、民营、外资等各种所有制航运服务企业共存的航运服务市场已初具规模。全市物流业增加值达到 150 亿美元，占全市生产总值的 13%。是年 7 月，中国物流企业评估结果出炉，中国远洋物流公司、中海集团物流公司晋级其中，位列最优秀的 9 家 5A 级企业之一，成为中国物流业界公认拔尖的航运物流大企业。这两家物流企业从管理体制、经营理念、运作模式等方面均体现出现代物流企业基本特征，成为业界现代物流业发展方向。

2009 年 4 月 14 日,《国务院关于推进上海加快发展现代服务业和先进制造业,建设国际金融中心和国际航运中心的意见》正式出台,明确上海国际航运中心的建设目标是:到 2020 年,基本建成航运资源高度集聚、航运服务功能健全、航运市场环境优良、现代物流服务高效,具有全球航运资源配置能力的国际航运中心。提出优化现代集疏运体系、发展现代航运服务体系、探索建立国际航运发展综合试验区、完善现代航运发展配套支持政策、促进和规范邮轮产业发展等五大任务。同年 5 月 8 日,上海市人民政府出台《贯彻国务院关于推进上海加快发展现代服务业和先进制造业,建设国际金融中心和国际航运中心的意见的实施意见》。全市以优化现代航运集疏运体系和发展现代航运服务体系为重点,全力推进各项政策措施的落实。至年底,在国际航运中心建设领域 59 项年度重点工作目标中,有 27 项基本完成或者取得重要突破。

2010 年,上海地区现代航运服务体系已初步形成。有千家以上各种资本类型的海上运输服务公司在上海开展经营活动,并在国内各大港口及内地重要城市设立分公司或办事机构;在全球各重要港口及城市拥有众多代理及分支机构,服务网络遍及欧、美、亚、非、澳五大洲,可为客户提供全方位、全天候"无障碍"服务。上海航运服务集聚区布局不断优化,北外滩航运服务集聚区、浦东航运金融集聚区建设均已取得阶段性成果。航运服务业在上海各大物流园区中均建有基地,并占有较大业务份额,仅外高桥保税区便集聚航运服务企业 1 400 多家,成为上海地区特色鲜明的航运物流发展区。一大批航运代理、航运金融、航运保险、航运运价交易、第三方船舶管理、船舶交易、航运经纪、航运产业基金等航运服务企业和部门以及海事司法、仲裁机构先后在沪成立。其中包括新成立的国内首家专业船舶保险公估公司上海船舶保险公估有限责任公司、中国人民财产保险股份有限公司航运保险运营中心、中国太平洋财产保险股份有限公司航运保险事业运营中心等。"电子口岸"平台建设在全国范围内取得领先地位,实施"大通关"工程,优化"一门式"服务,为提升上海地区航运服务质量,推进上海国际航运中心建设奠定了重要基础。

第一章　航 运 物 流

20 世纪 70 年代末始,上海地区航运物流业的发展逐步提速,主要包括货运代理与船舶代理(以下分别简称货代和船代)。根据国务院关于"放开货代、船代,允许多家经营,鼓励竞争,以提高服务质量"的决定,上海地区航运物流业朝着各种资本类型企业多家经营格局发展。"九五"计划期间,中海集团、中远集团等驻沪大型航运企业引进"大物流"经营理念,将航运服务向航运两端延伸,有力促进航运物流的发展,其自行开办的第三方航运物流迅速崛起,成为上海地区航运物流的主力。至 2010 年,上海地区航运物流业初具规模,已有千家以上大小航运物流公司(含无船承运人)在上海地区开展经营活动,其服务网点以及海铁、海公(路)、海江等多式联运网络遍及国内外各主要港口和城市,形成现代航运物流服务体系,可为客户提供全方位、全天候"无障碍"服务。

第一节　规 模 结 构

改革开放初期,上海地区航运物流由上海外轮代理公司(以下简称上海外代公司)独家经营。该公司规模发展主要在本地区及江浙一带,先后在上海的闵行、南汇、奉贤、金山、宝山、崇明、嘉定、青浦,浙江省的湖州、杭州,江苏省的太仓、昆山、苏州、无锡、常州等地设有联营货运代理机构。期间,沿海各省到上海港的运输船舶逐年增加,该公司代理对象也随之扩大到沿海各省船舶,北起辽宁、山东,南到广东、广西。

20世纪80年代,上海成立多家船舶代理公司,逐步形成具一定规模的外轮代理市场。1982年,上海港务局成立上海港地方船舶代理公司(1989年更名为上海港船舶代理公司),主要经营进出上海的沿海地方船舶代理和港口货运代理业务。1985年1月12日,经对外经济贸易部批准,上海外贸运输公司成立上海船务代理公司,从事船舶代理、管理和自营管理三项业务。上海地区的船舶代理由上海外代公司独家经营的局面被打破。是年,全市已有10余家外轮代理公司,其中,上海外代公司的规模和业务量仍首屈一指,并在国内领先,当年代理货运量30万吨,创收30万元;1987年,代理货运量增至90万吨,创收80万元。1990年,上海港船舶代理公司代理沿海各省船舶及长江驳船的货运量达到120万吨,营业收入180万元,创利115万元,分别为1985年的3倍、6倍和9倍。1992年,国务院决定开放航运物流市场,允许、鼓励多家经营航运物流,通过竞争,提高服务质量,促进航运物流及航运事业发展,各种资本类型的船代、货代公司随之大量涌现。是年底,上海地区仅货代公司已发展到33家。

与此同时,上海航运物流业在业务结构和经营范围上也发生很大变化,从以前揽货为主,扩大到货运代转、代运;租船包舱运输;申请引水、洽办船舶检验、修理;代购、代供船用燃料、机油、淡水、机配件及材物料;代办船舶、货物保险业务;代办船舶买卖和租船业务等诸多项目,业务量逐年上升。1992年,上海港船舶代理公司总代理的各类船公司已有102家,代理船舶总数205艘,平均每家公司有2艘船航行上海港;代理货运量增至150万吨,营业收入252万元,创利180万元,分别比1990年增长25%、40%和56.6%;全年总代理船舶达6 000艘次。同年,上海外代公司已代理中国各远洋运输公司14家、上海地区航运公司11家、其他地方航运公司40家、侨华商13家、中外合营公司5家、日本轮船公司21家、其余国外租船220家,共计327家;代理的国际航线已达19条,而且多为中国远洋运输公司定期直达班轮,包括全集装箱核心班轮、全集装箱班轮、多用途班轮、客货班轮以及不定期的航次代理船舶,常挂世界港口155个,中转港口433个;全年代理船舶7 380艘次,代理货运量2 604万吨,完成利税6 771万元,分别比1982年增长67.1%、199.0%和106.5%。

1993年后,上海又有多家规模较大的物流、代理、仓储等企业陆续成立,服务范围和业务项目进一步扩大和增多。成立于1993年的民生国际船务代理有限公司,为中国船代市场放开后交通部最早批准成立的船舶代理公司之一,也是新中国第一家民营的国际船务代理公司,主要经营国际、国内集装箱班轮和各类散杂货船舶在中国港口的各项代理业务。其在天津、大连、青岛、宁波、广州、重庆等港口都成立有分支机构,业务延伸至中国沿海及长江沿线主要港口,形成强大的代理网络。同年成立的上海港船务代理有限公司,可为船舶提供引航、拖轮、靠离泊和海事申报等服务;为货主或货运物流企业提供港口装卸、水陆中转、租船运输等代理服务。1994年9月成立的上海联合国际船舶代理有限公司(以下简称"上海联合船代")是当时上海最大的公共国际船舶代理有限公司之一,与世界上20余家著名班轮公司建有长期代理关系。其服务内容包括各类国际航运船舶代理、集装箱运输代理、多式联运代理、船舶报关代理、无船承运人及物流服务、修船业务等。1996年6月成立的上海远洋国际集装箱储运有限公司专业从事集装箱堆存、修理、租赁、货物仓储、进出口货物装拆箱、进出口货物查验、进口分拨、集装箱陆上运输及与国际货物运输业务有关的配套业务,为客户提供24小时全天候服务。

20世纪90年代后期,中远集团和中海集团等大型骨干航运企业开始将"大物流"概念引入企业经营发展战略，积极实施从全球航运承运人到以航运为依托的全球物流经营人的转变。其战略转变的核心为“做强班轮，壮大物流”，以强大的航运为依托，充分利用丰富的全球物流资源，以客户满意为中心，将服务由运输延伸到仓储、加工、配送，直至深入到产品的生产、流通、分配、消费的大部分环节，以提供全过程整体解决方案为服务产品，巩固企业作为全球航运承运人的地位，并逐步向全球物流经营人转变。因此不再局限于传统的“港到港”服务，而是通过大力发展多式联运和自行经营第三方物流，将航运向两端延伸，为客户提供“门到门”的物流服务。

1997年底，中远集团对上海中远国际货运有限公司（以下简称中货公司）进行大规模体制改革，将中远系统的集装箱货运代理和船舶代理两大业务功能紧密有机地结合在一起，从而大大扩展该公司市场服务领域，使之成为上海口岸综合实力最强的货运代理企业之一。其在上海及江、浙、皖三省一市所设立的地区公司、分公司、货运部及其遍布三省城乡的分支机构多达40余家，进而构建成以上海口岸为龙头、以华东三省和长江沿线等内陆城市为业务覆盖面的，集海运、陆运、空运和多式联运为一体的，全方位、多功能的国际货运网络体系。

1998年3月，中海集团物流公司（以下简称中海物流）成立，为该集团直属的专业从事综合物流的国有大型企业，也是国内和上海地区大型综合物流企业之一。其在全国设有北方、华北、山东、华东、福建、华南、海南和中西部八大区域公司，近80个服务网点，覆盖国内主要大中城市，为客户提供完善优质的仓储服务和集疏运服务。因依托中海集团资源优势，以优质服务和完善的信息、运输网络作支撑，很快构建起立足沿海、辐射全国、连接全球的物流供应链，形成以化工品物流、纸品物流、汽车物流、产品制造业物流和家电产品物流为主体，具有行业核心竞争力的第三方物流企业。至是年底，中海集团在国内已建立中海货代、中海船务、香港鹏达3家代理公司共84个船代、货代网点；在海外相继成立的合资或独资代理已遍及多个国家和地区。

2002年，国际船代市场进一步开放，竞争更为激烈，中海船务由于加大了船代市场开拓力度，全年代理各类内外贸船舶3.29万艘次，比上年同期增长27.52%；代理货物吨位占全国港口货物总吞吐量的12.34%，其中代理外贸货物吨位占全国港口外贸货物吞吐量的9%；代理集装箱277.01万TEU，比上年同期增长28.92%，占全国港口集装箱总吞吐量的7.49%；累计承揽集装箱30.35万TEU，为上年同期的146.9%。同年，上海外代公司与中货公司部分优质资产合并，成立上海中远物流有限公司（以下简称上海中远物流）。其作为中国远洋物流公司旗下最大的区域公司，集中中远集团上海地区的优质物流资源，总资产达到23亿元人民币，有独资、合资企业近百家，包括上海中空、上远储运、亚太、南华和苏集等多家大型物流配套企业。业务范围涵盖物流服务方案设计和实施、支线服务、拼箱分拨、海铁联运、航空货运、设备管理、场站服务和信息管理等诸多方面，可为中国经济最发达的长江三角洲地区货主提供优质高效的物流服务。当年成立的还有中国外运华东有限公司，其集国际多式联运、综合物流、船务代理、陆上运输、仓储为一体，是国内领先和具有国际影响力的大型综合物流供应商之一，旗下有数十家分公司、子公司和合资企业，服务网络涵盖上海、江苏、浙江等地区各主要城市。

图6-1-1 中海船务外勤人员登轮办理代理业务

（摄于2007年，照片提供：中海集团宣传部）

21世纪初,上海市人民政府制订《上海市“十五”现代物流产业发展重点专项规划》,在分析上海发展现代物流业紧迫性和优势的基础上,提出总体发展目标,即:上海现代物流业发展要以商贸流通和航运航空为依托,以充分发挥海陆空枢纽和大口岸的综合优势为抓手,大力构筑以现代综合交通运输体系为主的物流设施平台、以互联网信息网络技术为主的物流信息平台和以政府引导、协调、扶持为主的物流政策平台。要积极发展第三方物流,培育建设物流园区,努力保持物流业发展速度略高于全市GDP增幅。是时,上海国际航运中心建设正逐步推进;中国加入世贸组织后,航运和船代、货代市场进一步开放,外资加快进入上海国际船舶代理行业;上海地区船舶、汽车、家电等6大支柱制造业基本形成,上海港进出口贸易量的不断增长,带动对航运物流的强大需求;多种因素促使上海航运物流市场进一步走向兴旺,尤以船代、货代业务发展迅猛。2003年,全市国际船舶代理企业新增11家,总数达48家,比上年增加29.73%。在整个上海航运物流业中,以上海外代公司和中海物流、上海中远物流等大型航运企业自办的物流公司规模为最大。其依托航运主业,以现代物流理念加快转型发展,不断拓展服务范围,突出服务特色,向服务多元化发展,在上海航运物流市场中始终居于主导地位。当年,专业从事国际经济贸易运输的代理企业上海外代公司,共代理船舶8 529艘次,代理货运量2 500多万吨,代理网络覆盖上海、江苏、安徽和湖南三省一市17个对外开放口岸,拥有70多家代理分支机构,与1 000多家航运、贸易、金融等企业建立了多种形式业务关系,成为上海地区规模最大、历史最悠久、实力最强(在2003年上海港船代市场占有率超过30%)的现代化国际运输代理企业。2004年,上海又新增国际船舶代理企业21家,总数达到69家,比上年增加43.75%。2005年,仅黄浦区域内,已有416家航运物流企业,其中包括外资航运物流企业39家。是年6月成立的上海中远物流配送有限公司以“做最强的物流服务商”为宗旨,秉承“服务客户最优,回报股东最大”的经营理念,致力于钢材、电子、化工、航空、重型机械、汽车、纺织、会展等领域的供应链策划和管理,为客户提供质押监管、集装箱及散杂货国际货物运输代理、国内公路运输、仓储,配送,报关报检,无船承运等“一站式”的现代物流服务,将商流、信息流、资金流、物流有机结合在一起,业务快速发展。至2006年底,在上海地区注册登记的国际船舶代理企业已达97家。

是时,中海物流在巩固完成本集团内代理业务的同时,努力开拓集团外市场,把大客户作为重点公关对象。针对国内船代市场由船东指定代理,转变为货主或租家指定代理的变化,花大力气协调、沟通与大货主、大船东、大租家之间关系,从而赢得一批口岸公司在当地的油船、矿石船、煤船、粮食船、河沙船等货类代理市场,市场占有份额得到不断巩固和扩大。按照“先国内、后国外”的方针,“十五”计划期间,该公司已逐步建立起全国性的三级配送服务网点体系:第一级为中央配送中心服务网点,在全国选择经济辐射能力强、生产消费水平高、交通发达、成本较低中心区域,如上海、北京、广州、武汉、重庆、西安、沈阳周边等地建立;第二级为区域配送中心服务网点,根据第三方物流项目需要,采取租赁等方式建立,区域配送中心基本属于动态的,根据业务需要设置;第三级为当地配送中心服务网点,大多属于临时的,根据物流项目需要进行设置,从而形成覆盖全国的服务网点。

中海船务坚持“立足沿海、服务中海、树立品牌、走向市场”的经营方针,在及至2007年的10年中,累计代理各类船舶21.85万艘次,其中代理本集团外船舶7.7万艘次;代理各类内外贸货物36.7亿吨;代理集装箱423万TEU,承揽集装箱152万TEU;实现利润相当于该公司总注册资金的3.8倍;累计向国家上缴利税3亿元;成为国内船舶代理行业中一支重要力量。

2010年,中海物流主营业务已从传统货运代理逐步确定为项目物流、多式联运、仓储、修箱业务、海外业务、金融物流、货运代理等七大业务,全年承揽集装箱48.69万TEU;集装箱卡车完成计费箱 0.65 万 TEU，车辆总行驶里程 41.02 万车公里；仓储公司完成装箱数 15.24 万 TEU，拆箱数 1.24 万 TEU，修箱数 25.65 万 TEU；实现主营业务收入 4 亿多元，年底资产总额达 6.79 亿元。中海船务当年累计代理各类内外贸船舶 3.72 万艘次，全年承揽集装箱 33.79 万 TEU，实现主营业务收入 2.98 亿元，年底资产总额 7.77 亿元。

是年底，上海地区共有国际航运企业及其辅助企业 1 285 家，其中国际船舶代理企业 97 家，无船承运人 948 家；国内水路服务业 380 户，其中经营水路货运代理、船舶代理的有 358 户。是时，上海航运代理行业在总体上产业集中度尚较低，大型和集团型船舶代理、无船承运企业较少。中小国际航运代理企业在数量上占有较大比重，但规模普遍较小，并不具有很强的竞争实力，在功能、服务和业绩等方面尚存在明显的不足，专业化、国际化水平有待提高。相比之下，大型航运企业自办的第三方物流在业务经营上则优势明显，成为上海地区规模较大、服务功能齐全的航运物流企业。

第二节　设 施 设 备

一、车辆

改革开放初期，上海航运物流企业拥有少量自备车辆。20 世纪 90 年代初，市内部分航运物流企业开始自行组建集装箱卡车车队(简称集卡车队)。1992 年，上海奥吉实业有限公司拥有由 20 辆海关监管集装箱卡车组成的运输车队。1993 年，上海远新国际运输有限公司也拥有自己的集卡车队。

“九五”计划期间，上海部分航运物流企业为扩大陆上运输规模，建立独资、合资、租赁等不同形式集卡车队，连通沿海和内陆各大城市。1996 年 6 月，上海远洋国际集装箱储运有限公司拥有海关监管的集卡 20 辆，配备车载发电机 16 台，并全部装备 GPS 卫星定位系统。1997 年底，上海中远国际货运有限公司拥有集卡车辆 100 余台，且都具有与当代国际货运手段相配套的硬件设施。90 年代末，中海物流本着“物流发展从海上运输积极向两头延伸，成熟一个发展一个”原则，先后在天津、连云港、上海、广州、泉州等 10 多个地区，分别建立独资、合资、租赁等不同形式的集卡车队，从 2 辆五十铃厢式货车起家，不断增加投入，至 2001 年自有与合作车队规模已超过 1 600 辆。

“十五”计划期间，上海部分航运物流企业通过招投标形式，尽量降低购买集卡车辆成本，壮大集卡车队规模。为进一步拓展上海及周边地区集装箱陆上运输业务，除发展集卡车队之外，还引进一批特种车辆，提升航运物流多式联运能力。2002 年 3 月，中海物流采用招投标形式，在济南首批集中采购 30 辆集装箱卡车。2003 年 11 月，上海中远物流重大件运输有限公司从德国特种车辆制造厂(SCHEUERL)引进国际最先进、国内承载能力最大的自行式平板车，具有线控操作、全液压升降、自行、可控全转向、纵横向任意组合等优势。该车全长 72 轴线(108 米)，共有 576 个车轮，单车可承载 3 200 吨。引进后连续 3 次刷新国内船车大件滚卸单重(1 284

图 6-1-2　中海物流的集卡车队

(摄于 2010 年，照片提供：中海集团宣传部)

吨)和国内道路运输单重新纪录,完成100吨以上大件设备140多件,全部完好无损地交到客户手中,创出在工程物流领域国内领先水平。同时,该公司还拥有200吨平台半挂车、100~1 000吨长货运输车、100~500吨半挂车等多种专用车型,可适应各种不同货物的运输需求。2004年12月,中海物流购置的50辆北方奔驰集卡抵沪。北方奔驰全套引进德国奔驰生产技术,重型车生产能力位居国内同行业前列。此次中海物流在上海口岸再投资50辆集卡,旨在进一步拓展上海及周边地区的集装箱陆上运输业务。同一时期,中国外运华东有限公司拥有运营车辆4 600余台(含集装箱拖车1 500台),拥有各类挂车包括气囊平板和气囊鹅颈挂车,部分牵引车配备了随车发电机,可以承运精密仪器、避震设备和需要恒温的各类货物,许多车辆配有卫星通讯(GPS)系统和陆上物流信息管理系统(SRMIS),经营普通货运、货物专用运输、道路危险货物1至9类运输,运输业务遍及全国。

2010年,上海大中型航运物流企业普遍建有具一定规模的车队,拥有类型不同、各具特色的众多车辆。上海中远物流重大件运输有限公司拥有液压轴线车285轴线(其中索埃勒液压平板车142轴线)、奔驰重型牵引车、QAY-160吨全地面起重机、桥式车、集卡车、空客专用车等配套辅助设备,综合实力位居国内第一。是年8月,其使用加长600吨桥式车组完成辽化项目设备水陆联运,一举刷新国内600吨桥式车组运输设备最长(车组总长131米)、重量最重(540吨)及运输距离最长(160公里)三项纪录。中海物流拥有自有集装箱卡车700多辆,社会车辆1 000多辆,这些车辆都与该公司签有长期用车协议,可基本满足该公司航运物流联运需要。上海中外运海港国际物流有限公司拥有高价叉车2台和30辆集装箱卡车的集卡车队。上海中远集装箱综合发展有限公司拥有150多部集装箱拖车,同时与十几家协议车队签约,涵盖了集卡、大件车、3吨/5吨厢式货车、栅栏车、翼展式开启车辆、帘布式车等多种车型,另有上百辆其他种类车辆,提供集装箱运输、重大件货物运输,以及分拨配送服务。

二、仓储

改革开放初期,上海航运物流业拥有少量仓储设施。20世纪90年代前期,该行业的仓储业发展较快。部分储运公司已可承接各船公司集装箱堆存业务,具备同时堆存干货箱、开顶箱、冷藏箱、框架箱上万TEU的能力,可以严格按照船公司及其代理的指令编制、落实仓储计划,并按标准承接干货箱、冷藏箱及各类特种修理业务,承办冷藏箱预检、清洗,代办商检以及保养业务等。同时还可根据不同需求,提供有关配套业务。其中,上海亚太国际集装箱储运有限公司拥有堆场总面积7.8万平方米,冷藏箱堆存、制冷、预检、修理、清洗场地面积5 000平方米,其他各类集装箱修理清洗场地5 000平方米。堆存能力按堆高7箱计,可同时堆放1万TEU。全年可收发各类集装箱36万TEU。同时,拥有进口集装箱堆高机7台,其中升高7箱机4台,5箱机1台,3箱机2台,并配有各类集装箱修理工具、设施和备件、材料供应库等。上海远新国际运输有限公司拥有集装箱堆场6 200平方米,仓库面积3 300平方米。

90年代中后期,上海航运物流业发展仓储设施,更加讲求交通地理位置的优越,便于开展航运物流及多式联运服务,并配置良好硬件设备。其中,上海远洋国际集装箱储运有限公司新建的集装箱堆场,距军工路集装箱码头0.5公里,距张华浜集装箱码头1.5公里,距宝山集装箱码头仅7公里。占地面积7.8万平方米,其中重箱堆存能力1 200 TEU,空箱堆存能力4 300 TEU,冷藏箱供电插座64只,修箱场地7 000平方米,进口分拨海关监管区域6 000平方米和监管仓库3 000平方米,进出口装拆箱场地和仓库 6 200 平方米，熏蒸场地 4 000 平方米。中海集团由中海集运、中海货代、中海船务、中海投资等单位集资组建上海中海仓储运输公司，将原中海供贸上海分公司世界路仓库改造成集装箱堆场。拥有 45 吨的重箱正面吊、空箱正面吊、7 高和 5 高空箱堆高机、大型铲车等先进起重设备，并设有 3 000 平方米的仓库和相应的货场，可进行拆、装箱，拼箱及散件货的堆存保管等业务。该公司被上海出入境检验检疫局指定为集装箱熏蒸专用场地，被三菱重工指定为三菱冷藏集装箱技术服务站。

是时，其他一些规模较大的航运物流企业，也普遍拥有相当面积的仓储场地。中海物流拥有堆场 23 万平方米（其中自有堆场 22 万平方米）、租赁经营各类仓库 11 万平方米（其中自有仓库 1.14 万平方米）。并配备有 71 台各式叉车、20 台堆场重型装卸机械等机械设备。上海中远国际货运有限公司有集装箱堆场 20 万平方米，并拥有与当代国际货运手段相配套的各种硬件设施。上海奥吉仓储物流公司拥有面积约 1.3 万平方米的保税仓库和 1 万平方米的集装箱堆场，以及平整宽敞的月台和多台不同吨位的铲车设备。

进入 21 世纪，上海地区航运物流业在仓储的设计、建造和信息化管理上又有新的发展。2000 年 8 月，上海中货在其下属上远储运公司所在场地，按照现代物流运用模式设计和建造职能型立体仓库。该仓库是在原平面仓库基础上，根据物流市场发展趋势和客户日益增多需求，进行投资改建的。改建后立体仓库全长 80 米，宽 14 米，高 7.5 米。库内装有钢结构 4 层立体货架，货物堆卸作业采用计算机遥控，全自动机械手操作模式。货物进出、存储与仓库管理，全部使用电脑管理系统。从货物出入库、数据统计、查询、货品识别，到货物配送信息处理，均由仓库电脑管理系统统一调度和监控。立体仓库还配备良好消防和照明系统，保证在任何光照和温度条件下，都可进行全天候正常作业。立体仓库建成后，货物可堆存空间比过去增加近一倍，达 3 840 平方米左右。

中海物流加快配送中心建设，将其仓库以高标准进行改造，安装立体式货架、条形码机、盘点机等设备。还对仓库进行统一颜色粉刷，在库房顶部、外墙喷涂中海标识，造成强烈视觉广告效应。之后又陆续租赁两个仓库，扩大仓储面积，形成仓储、配送一条龙服务格局。配送中心装卸作业量、配送车次上升，仓储利用率达 85%以上。

2002 年成立的中国外运华东有限公司拥有众多仓储企业，包括各类专业普通及危险品仓库 27 处，总面积超过 73 万平方米，主要分布在长江三角洲。在主要物流节点地区拥有各类保税仓库（总面积近 3 万平方米），同时参股重要港口前沿的集装箱场站，拥有近 14 万平方米的堆场资源和近 1 万 9 千平方米的码头资源。

2003 年，上海锦昶物流有限公司投资建立上海锦亿储运有限公司，拥有 4 幢共 6 000 平方米室内仓库，以及内装箱场地 6 000 平方米、卡尔玛 41 吨集装箱重型正面吊 1 台、3 吨合力（五十菱发动机）叉车 4 台、6 吨叉车 1 台、20 吨内仓行车 2 台、6 吨内仓行车 2 台等设施设备，同时建立完整的业务信息化管理系统。拥有一批从事物流、仓储运输、集装箱堆场管理的专业人才，可以为客户提供货物整理、货物储存、中转及分拨服务、陆路运输服务等综合服务业务，货运站及仓库全天候 24 小时为各类集装箱进行拆装服务。

2004 年，上海中远物流重大件运输有限公司新建仓储面积 2.8 万平方米，总投资为 7 600 万元，占地 10.3 万平方米，是一个集仓储、运输、物流供应链解决方案和物流库计算机管理等综合功能为一体的专业化化工物流基地，为上海化工园区提供专业化航运物流服务。

同年，上海奥吉浦东分公司在发展正规仓储同时，采用租赁场地方式，扩大经营仓储面积，解决库容紧张问题。其租赁经营的堆场面积达 2.1 万多平方米，到达港区交通便捷，主要为中远集运提供干冷箱的堆存、修理、清洗等服务。拥有包括6高和7高堆高机在内的数台先进的生产设备,以及多名专业的干冷箱维修人员,实行24小时全天候服务。上海中远物流配送有限公司致力于保税物流业务的开发和运作,成为中远物流在华东地区的运作平台,为客户提供优质的"一站式"现代物流服务。其有宝山区联谊路和富联路两大仓库,占地总面积9万平方米,室内仓库2.5万平方米,全天候作业天棚近5 000平方米,集装箱堆放场地2万平方米。

上海中远化工物流有限公司地处上海化学工业区奉贤分区E9地块,占地10.33万平方米,建筑面积2.94万平方米,专营存储业务。2004年,该公司委托上海环保科技咨询中心完成环评,获环保局审批通过。

2005年底,上海外高桥物流中心有限公司建成外高桥保税物流园区二期仓库。该仓库设计为双层结构,总建筑面积达到27.83万平方米,其中,单元建筑面积合计为26.52万平方米,仓库实用面积为21.17万平方米。其与已经投入使用的一期10万平方米单层仓库一起,成为当时国内面积最大的仓储仓库。

在加快仓储设施设计和建造的同时,一些航运物流企业还注重加强系统集成,在降本增效的同时有效提高服务质量。2006年3月始,中远集运上海分部在奥吉恩达堆场正式运行两项新服务,一项是增加24小时放箱点,实现24小时不间断放箱;另一项是现场收发箱,将人工操作转为计算机信息系统控制,在提高效率的同时,降低成本与风险。该两项服务在上海地区均为首创。

"十一五"计划后期,上海航运物流业规模和业务进一步扩大,仓储设施也不断扩展和完善。2007年,上海中远化工物流有限公司立足上海,面向全国,与众多大型跨国化工企业都建立良好业务关系,其库容紧张问题日益突显。为此,该公司在厂区北侧新租土地37亩,实施改扩建仓库项目。将已有2座堆场移至新租地块,腾出的地块建造2幢丙类仓库,同时将已有甲类仓库附近空地平整,建造3座甲类仓库,由此新增仓库面积1.43万平方米,最大存放量由1.5万吨增加至2.2万吨。2008年,上海中外运海港国际物流有限公司占地面积扩至约36万平方米,已投入生产运营的一期工程有4栋物流仓库2万平方米,集装箱堆场4万平方米;当年开工的二期工程,设计修箱车间3 000平方米,仓库3万平方米,堆场5万平方米。2009年,上海中远集装箱综合发展有限公司成立,其拥有完善的硬件设施,配有先进的仓储管理系统,可为客户提供各类仓储服务及物流增值服务。在长三角地区拥有仓库29万平方米、堆场20.8万平方米,其中包括上海临港物流园区内25万平方米普通仓库,6.8万平方米堆场;外高桥2万平方米普通仓库,4万平方米堆场;洋山保税区内2万平方米保税仓库。拥有近3万平米修理场地,3 000平米专业修理车间(包括冷箱发泡车间、打磨喷沙车间)。在临港堆场有专门的冷箱场地,可堆放1 080 TEU冷箱,并拥有72个380 V冷箱插座。

图6-1-3　2006年11月15日上海中海洋山国际集装箱储运有限公司开业
(照片提供:中海集团宣传部)

及至2010年,上海航运物流业仓储规模空前扩大。其中,上海中远集装箱综合发展有限公司坐落于临港物流园区的物流基地占地23.2万平方米,建有4座单层仓库,共5万平方米。有重箱堆场面积2.8万平方米,空箱堆场面积4万平方米。拥有3 000 TEU的重箱箱位,7 500 TEU的空箱箱位,168 TEU的冷箱箱位。上海中海洋山国际集装箱储运有限公司在临港物流园区有堆场6万平方米,分为空箱区、重箱区、冷箱区、熏蒸区和坏、污、改造箱区,集装箱堆存量可达到2万多TEU,且堆场管理操作系统功能齐全先进,能满足各大船公司的不同需求。中海物流在上海、大连、青岛、苏州、海口、连云港等全国重点港口都拥有集装箱堆场,可提供集装箱提箱、回箱、堆放、维修、清洗、改箱以及装拆箱、仓储分拨等多种物流服务。海丰国际控股有限公司通过合营公司,共经营约57.8万平方米堆场,近7.1万平方米仓库。除标准仓库设施外,仓库内还配备电脑系统和客户查询功能,不但为客户提供货物的仓储服务,而且提供货物信息化服务。中波物流公司拥有3.33万平方米场地,可堆存5 000个标箱;拥有仓库2座,内装仓库面积3 000平方米,装卸平台800平方米,雨天卸车雨棚600平方米,特种货物仓库400平方米。上港物流拥有堆场面积2.5万平方米,仓库6 700平方米。

三、计算机系统

20世纪90年代,上海对交通设施建设投入加大,以外高桥港区、铁路上海站和浦东国际机场为代表的一大批海陆空重要枢纽设施相继建成,多种运输方式组成的综合运输体系基本形成,促使航运物流的运输能力和现代化服务水平不断提高,带动了航运物流IT(Information Technology),即在计算机技术基础上开发建立的一种互联网信息技术得到广泛应用,为上海航运物流业发展提供有力的技术支持和保障。至2010年,上海航运物流各企业广泛采用计算机系统进行管理,并已初步形成覆盖面广,横向纵向相结合的信息网络。其中尤以上海中远物流系统IT、中海集团物流系统IT发展为快。

【上海中远物流系统IT】

1996年6月,上海远洋国际集装箱储运有限公司为提高工作效率,降低劳动强度,委托中科院软件研究所开发使用集装箱场站计算机管理系统。并根据有关部门要求,陆续使用电子装箱单、海关监管场所计算机应用系统、运输企业IC卡(注:IC卡又称集成电路卡,是在大小和普通信用卡相同的塑料卡片上嵌置一个或多个集成电路构成,集成电路芯片可以是存储器或微处理器。带有存储器的IC卡又称为记忆卡或存储卡,带有微处理器的IC卡又称为智能卡或智慧卡。记忆卡可存储大量信息;智能卡则不仅具有记忆能力,而且具有处理信息的功能)、财务软件等计算机管理系统。

2006年11月,上海中远物流货运分公司作为最早参与总部FOCUS(货运代理)信息系统开发的区域公司,在全系统内作为试点,首先完成FOCUS信息上线,并逐步推广到全区域,实现上海区域货运板块的技术创新。其通过对网上提单确认、网上电子订舱进行推广,为客户提供更加便捷的订舱平台,并有效提高操作正确率。FOCUS系统可全面提供对单证业务需求的支持,完善对客户意见反馈、投诉等售后服务的管控,较好实现对业务的监督和管控功能,其提供的各类报表涵盖全方位业务和商务统计,包括供应商、客户、内部考核等。而不断进行的系统优化、新功能开发,包括客户IC卡项目已正式进入客户试点推广,订舱客户通过使用客户IC卡进行网上提单申领、凭客户IC卡进行提单柜台交接工作,使公司客服水平持续提高。2007年,该公司FOCUS信息系统得到进一步推广运用,电子订舱比例已达到80%以上。

2009年3月,由香远集团和中远物流合资组建的中远网络物流信息科技有限公司,成为排名居国内前列的专业化网络物流信息科技公司,致力于为国内外客户提供领先的物流软件产品和供应链解决方案。在国家发改委(2009年3月9日)公布的第一批国家信息化试点单位名单中,该公司物流行业信息系统外包服务名列其中。试点内容为"开发船代、货代、配送、仓储、码头堆场、空运、船检等应用软件及系统集成,以契约形式向母公司及其他物流航运企业提供外包服务"。

上海中远物流重大件运输有限公司自成立初即开始开发物流IT系统,至2010年,该公司已拥有"公路大件运输计算机决策系统"和"特种船重大件吊装模拟系统",并达到国内领先和国际先进技术水平,能为工程项目物流提供技术支持和保障;拥有"多模式自动化滚装/滚卸仿真系统",在多次超重设备的滚装/滚卸操作中获得良好应用。同时还拥有多套桥梁、道路载荷验算软件和特种重型载重车辆运行轨迹模拟软件。这些先进技术确定了该公司在工程物流领域内的领先地位。中远物流和英国皇家海军共同开发的"全球智能航海系统",具有相当高的知名度和可操作性。在物流服务上,公司利用该系统进行海洋运输航线的设计及相关港口资料的查询,确保了海运方案的可靠、可行。

【中海集团物流系统IT】

自1999年开始,中海集团就十分重视物流信息系统建设。在前期系统应用基础上,中海物流于2002年投入数千万元,开发和构建新的、功能更强的物流信息系统(以下简称:SUNNY系统),立足于国内物流业务发展实际,结合当今先进物流技术,集互联网技术、卫星定位跟踪技术、地理信息技术、射频技术于一体,支持与第三方系统高效集成,在国内率先实现物流网络综合调度。其最大特点是实行高效的网络化管理,借助于电子管理信息平台,通过数据交换系统及Internet技术(Internet即因特网,又称国际计算机互联网,是目前世界上影响最大的国际性计算机网络),将公司总部与全国八大区域公司管理总部、所属各配送中心以及各网点营运中心联结成一个高效的物流信息管理网络,便于公司内部统一管理。该IT系统是较成熟的支持多用户的第三方物流信息系统,针对客户的业务特点,在与不同客户的系统接口中,可通过设置不同委托人的不同参数,进行多委托人的数据交换互动,满足不同客户系统数据的平稳过渡。该系统还具有适用范围广泛、操作便捷、扩展性强、安全性好、网络速度快、容灾策略完备等特点,成为中海物流的核心竞争力之一。同年,中海集团货运代理公司网络,在国内设有大连、天津、青岛、上海、厦门、广州、深圳、香港、海南九大片区公司,在国际上已覆盖美洲、欧洲、地中海、亚洲、澳洲、非洲,并在71个国家设有代理公司进行系统管理。

2003年3月始,中海物流信息系统一期工程各子系统,在区域公司及网点上线使用。公司先后举行3次大规模培训工作,培训300多人次。每次培训,公司领导都亲临现场指导。通过培训,区域公司人员很快熟悉系统业务流程和操作规范,工作效率大为提高。2004年,该公司物流信息系统一期工程开发工作基本完成,包括第三方物流系统、集卡管理系统、车辆跟踪系统。其中,第三方物流系统覆盖订单接受、自动处理、出入库操作、运输、配送、回单等业务过程,通过与第三方系统的接口,第三方物流系统能自动把处理结果反馈到客户系统;集卡管理系统具有车辆调度、维修、配件管理等功能;车辆跟踪系统具有对车辆监控、远程调度、轨迹回放、自动报警等功能。该系统的研制成功,标志着中海物流已建立起比较完善的信息系统,市场竞争力得到新的提升。

2010年,中海物流自行开发配备的一套先进的电子管理信息平台,通过数据交换系统及信息技术,可将公司总部与全国8大区域公司管理总部、所属各配送中心以及各网点营运中心,联结成一个高效的物流信息管理网络。因实行高效网络化信息管理,便于公司内部统一管理。客户可以加入该公司平台，通过物流网络，随时查询物流业务营运状态，并可通过中海物流信息系统进行电子订舱、电子结算等商务活动。该公司不仅在中国而且在海外拥有多个服务供应网络，业务覆盖华南地区、长三角地区、香港、环渤海地区以及欧洲、北美、东南亚等区域，实现货物门到门一体化服务。该系统的应用，可支撑中海物流数百家客户、数千家供货商和数万种物料的第三方物流服务。中海物流处于买方和卖方中间，是买卖双方完成商流的结合点，同时也扮演结算中心角色。每个作业完毕，依据物流状况，按照中海物流与工厂以及供应商之间的服务合同，各种费用自动生成，准确无误。

是时，中海物流配送业务已逐步摸索出一套与国际标准接轨，符合中国国情的物流运作模式，包括"多对一""多对多"、信息系统支撑下的5R服务，即物流服务的电子商务化、服务过程的流程化和可视化等。其所有物流运作均采用国际惯例，实现全程流程化管理，并不断根据运行情况实施流程重组和优化。公司信息系统完整地覆盖每一个物流操作流程，客户任何一个作业指令，都能通过信息系统对指令操作进行实时跟踪，客户也可通过中海物流网，完整了解到整个物流过程，如同客户自己在进行物流操作一样，实现整个物流过程可视化。该公司承担的是四种物流形式中最困难最复杂的生产型物流服务，要求必须在无障碍信息通信条件下才可实现。但其在强大的信息系统支持下，实现"五正确"服务，即在正确时间，以正确方式，将正确货物，送达正确地点和正确客户。

四、物流园区

20世纪90年代始，上海陆续规划和建成一批大型物流园区，其中，上海外高桥保税物流园区、上海西北物流综合园区、上海临港物流园区、上海国际航运中心同盛物流园区等，对上海地区航运物流的发展产生重大影响，为上海航运物流业提供重要集散地。2010年，上海航运物流业在各物流园区建立的内资航运物流企业达117家，投资额17.5亿元人民币；全年引进外资航运物流企业12家，吸引外资1 978万美元。

【上海外高桥保税物流园区】

90年代设立的上海外高桥保税区位于上海浦东新区，面积10平方公里，濒临长江入海口，地处黄金水道和黄金岸线的交汇点，紧靠外高桥港区，是上海地区航运物流重要的集散地。其吸取国外类似区域先进的发展理念，根据上海经济与地理的实际情况，精心规划，发展成为集国际贸易、现代物流及保税商品展示交易等多种经济功能于一体的综合型保税区，是上海市重要的进出口贸易基地之一。上海外高桥保税物流园区总投资33亿元人民币，是国务院批准的首家区港联动试点项目，也是上海市"十五"期间重点规划的现代物流园区，享受保税区和出口开发区的相关政策。

2004年4月15日，上海外高桥保税物流园区经海关总署联合验收小组验收通过，封关运作面积1.03平方公里。之后两年间建成14万平方米集装箱堆场和70万平方米的现代化物流仓库，其仓库规模雄居世界第一；集装箱年综合处理能力可达100万TEU。

2006年，已经实现进出货物一次申报、一次查验、一次放行，并且实现无纸报关、自动卡口。偌大园区内，只有一座五层楼高的调度中心实施对"港区联动"的监管，现代化、信息化管理手段支持着该保税物流园区的日常运转。货物一旦入区，便视同出口，即可退税，并且允许对集装箱进行分装和拆卸，大大降低了航运公司的运输成本，使"国际中转""国际配送""国际采购""国际转口贸易"等国际物流功能得以顺利展开，为上海成为国际经济、金融、贸易、航运中心夯实又一级台阶。及至

图 6-1-4 上海外高桥保税物流园区
(摄于 2006 年 3 月,照片提供:上海新航信息科技公司)

是年,世界知名物流企业包括丹麦马士基、荷兰 TNT、德国 DHL 等公司已纷纷入驻上海外高桥保税区,世界 500 强企业已有 130 家在此设立分号。上海港集装箱年吞吐量中,有七成是在外高桥地区实现的。上海外高桥保税区八成以上货物来自江苏、浙江及上海本地出口加工企业。分布在长江纵深流域的加工制造产业带日益壮大,物流源源不断,外高桥保税物流园区则为其提供了出口贸易的服务平台。

2010 年,外高桥保税区依托浦东开发开放的优势,坚持对外开放宗旨,经济快速发展,已形成以国际贸易、现代物流、先进制造业等三大功能为主的口岸产业。有来自 58 个国家和地区的企业在外高桥保税区投资设立贸易公司。世界 500 强企业中有 45 家在外高桥保税区设立国际贸易公司,包括美国通用电气、朗讯科技、默克公司、杜邦公司、日本三菱商事、英国壳牌、英国 BP 石油、巴斯夫、罗伯特博世、法国圣戈班公司等,从而为上海航运物流业的不断发展提供契机。是年,外高桥保税区运作企业 6 000 余家,年进出口额约占全国保税区总量的 50%,集聚航运服务企业大约 1 400 多家,成为亚太地区重要的采购、配送、分拨中心之一。通过继续强化展示交易、保税仓储、分销零售及售后技术服务等特色功能,推进离岸贸易、离岸金融、期货保税交割等创新业务试点,外高桥保税区成为特色鲜明的航运物流发展区。

【上海西北物流综合园区】

上海西北物流综合园区位于上海西北桃浦地区,连接吴淞集装箱码头,沪宁高速公路以及铁路沪宁线和沪杭线,是上海的一处交通枢纽和货物集散中心,也是上海赖以开展海铁联运的重要物流园区之一。由于地域区位和交通条件,桃浦的物流具有一定基础,至 1999 年底,桃浦地区已有货运配载企业 621 家、仓储近 60 万平方米、可停车 2 千余辆的停车场,初步形成货运配载和物流产业的市场和网络。"十五"计划期间,上海市人民政府和相关企业,通过"总体规划,分步实施,完善功能,搞好服务",不断推进园区建设进程。至 2004 年,该园区物流已拥有 8 000 亩土地,建成一个中心和两大基地,即陆上货运中心;未来岛物流科技园区基地及槎浦物流基地。陆上货运中心于 2004 年 12 月正式开业,集货运、信息、贸易等多种功能于一体,已开发"上海市道路货物运输交易信息系统",规范货运市场。至 2005 年,有会员单位 500 余家。未来岛物流科技园区,作为市科委的科技成果孵化基地,建成园林生态式的集物流科研、咨询、法律、培训等于一体,引进国内外大型现代物流企业的基地。建成后已有美国的 APW(艾佩达)电子通信设备有限公司、法国的斯耐德、上海大众等知名企业进驻。槎浦物流基地,占地 3 000 亩,作为上海市最大的仓储配送基地,建成后已有华联、农工商、上海烟草、台湾大荣等一大批物流配送企业进驻。

2010 年,西北综合物流园区已具相当规模,成为上海陆路辐射长江三角洲和内陆省份的物流枢纽,也是华东、华中、华南各地区向上海扩散、上海对外辐射的交结点和必经之处。该园区至张华浜国际集装箱码头仅 15 分钟车程。独特的区位优势使之成为新世纪上海都市型工业和物资配载流通的重要基地。是以省际物流集散功能为主,集货运配载、交易、信息服务、仓储、流通、加工、配送、展示等物流服务于一体的集散型综合性物流园区，也是上海地区重要的航运物流集散中心之一。

【上海国际航运中心同盛物流园区】

2005年，上海国际航运中心同盛物流园区建成后，配合上海洋山港开港运作，成为集装箱进出口运输的重要物流园区。该物流园区占地13.8平方公里，分为功能区和港口辅助区，引进20余家国际著名物流企业，实现物流的仓储、分拨、配送、加工一体化运作。园区内还设有危险品作业区集中进行危险品装卸作业。该园区实行边开工建设边开展业务，至2005年末已有多家国内外企业联系进驻。

上海同盛物流园区投资开发有限公司获得上海期货交易所批准，成为中国首批保税期货交割业务的试点企业。同盛期货运营中心作为同盛物流园区投资开发有限公司期货交割业务的具体运作部门，拥有保税及非保税两座交割仓库，合计占地近25万平方米。该中心周边有发达的交通网络，位于上海东南角的洋山保税区，集结五类交通设施：深水港、铁路、高速公路，以及内河航运。仓库距洋山深水港32公里，东侧紧邻A2沪芦高速，直接连接上海市以及长江三角洲的高速公路网，拥有快速便捷的公路交通。同盛芦潮库与上海芦潮港铁路中心站隔街相望，相距不过500米，同盛保税库与上海芦潮港铁路中心站距离2公里，通过芦潮港铁路中心站可贯通到全国铁路网，为海铁联运提供极为便利的条件。

【上海临港物流园区】

2008年，上海临港物流园区建成后，有许多重要的航运物流企业进驻。当年4月，东方海外物流(中国)有限公司(以下简称东方海外物流)于上海临港物流园区获地8.35万平方米，兴建仓库及堆场设施，服务以洋山深水港集装箱码头为环球供应链主要通道的国际客户。该公司是香港联交所上市公司东方海外(国际)有限公司的全资附属公司，作为一家国际供应链管理及物流服务供应机构，在北美、欧洲及亚洲的28个国家设有72家办事处。该公司凭借其在临港物流园区的仓库及堆场设施，以及在上海、北京、天津、大连、宁波、厦门、西安、广州和其他地区服务中心，可进一步完善全线服务网络，为客户提供贯彻始终的优质服务。其所有仓库设施，均由先进的计算机网络互相连接，客户可透视及掌控整个供应链的流程。临港物流园仓库是东方海外物流继天津保税区物流园仓库后，在中国内地拥有及营运的仓库网络中最新的成员。此前，东方海外物流已在上海浦西的东方海外集装箱货运有限公司、上海宝湾国际物流中心东方海外仓库及浦东外高桥的东方物流有限公司营运仓库设施，增加最新的临港物流园仓库后，可为国际及本地客户提供多元化选择的服务。

2009年，上海中远集装箱综合发展有限公司建成临港物流基地，坐落于上海东南角的临港物流园区内，距洋山深水港32公里，距上海市中心75公里；园区周边有铁路中心站、沪芦高速、两港大道等发达的交通网络。基地占地面积23.2万平方米，建有4座单层仓库，共5万平方米。堆场总面积达6.8万平方米。

2010年，上海中海洋山国际集装箱储运有限公司成立，位于临港物流园区捷畅路156号，地理位置优越，交通便利，毗邻沪芦高速公路(S2)，成为上海地区重要的航运物流公司及航运集装箱集散地之一。拥有堆场占地面积6万平方米，集装箱堆存量可达2万多TEU。堆场分为空箱区、重箱区、冷箱区、熏蒸区、改造坏污箱区，功能齐全。

第三节 服务项目

进入20世纪80年代后,上海地区航运物流业随着我国经贸的快速发展,在规模、设施及现代信息、管理科技等方面均取得长足进展。特别是90年代后期至2010年,上海部分国有大型航运企业自办第三方物流,积极实施向航运两端延伸,由全球航运承运人逐步向全球物流经营人转变,进一步促进了该行业客户服务水平和质量的提高,并在不同物流项目领域取得较好业绩。

一、汽车及零配件物流

【上海通用汽车零配件物流】

1998年7月,中远集运和上海通用汽车有限公司(SGM)签订门到门运输协议,其中由上海中远国际货运有限公司(以下简称中货公司)负责SGM汽车零件(CKD)从上港九区至SGM再配送中心(RDC)的一关三检(注:外贸企业进行进出口贸易活动时,在向海关申报前,首先要申请商品检验、动植物检疫和卫生检疫,俗称"一关三检")、码头提箱和内陆运输任务。上海通用汽车有限公司(SGM)由美国通用汽车公司和上海汽车工业总公司联合投资建立,是及至当时中美两国最大的合资企业,项目总投资15.2亿美元,被列为1998年市府一号工程。

作为世界上最大的汽车制造商,美国通用汽车公司要求采购、包装、海运、进口报关、检疫、陆路运输、拉动计划等一系列操作之间的衔接十分紧密。由于当时汽车零件的运输周期为3个月,而计划市场周期为1周,所以只能通过扩大汽车零件的储备量来保证生产的连续性周期,常造成大量到港集装箱积压,库存费用较高。且由此产生的瓶颈效应,使得海运、进口报关、内陆运输等后续工作难度大增。传统的集装箱内陆运输已无法适应SGM小批量、高频率的零件拉动。在RDC库存达到饱和状态时,只能采取掏箱方式,即在车队送达的集装箱中掏取部分木箱。为减轻仓储压力,中货公司项目组着手进行一系列前期准备工作,包括可行性论证、场库勘察、成本核算等。经过反复斟酌,决定实施上海通用汽车零配件木箱物流配送项目。按照集装箱、木箱、零件三个层次进行库存管理。该项目中运用木箱配送物流服务,包含高科技信息化的物流管理,开创了整合物流配送的新模式,也奠定了该公司作为通用汽车公司战略合作伙伴的基础,增加了客户对公司的依赖性。是年,在巴西新车型(欧宝CORSAR)的海运业务竞标中,由于公司的竞争对手无法提供相应的零部件高层次海运及陆上运输物流服务,使得该公司赢得竞争胜利。2000年,该公司还将上述物流方法运用于秦山三期项目中的二号排管容器、冷凝器以及价值1亿元人民币的模拟电子器设备运输,并出色顺利运抵秦山工地。

【沈阳金杯汽车配送物流】

2001年,中海物流承接上海华晨集团汽车销售公司在广州、福建等地的金杯汽车配送服务项目,一年间共完成发往南方7 000多台金杯商品车的运输服务,为中海集运的集装箱船增加7 000 TEU箱量,带来近90万元的收益。该项业务配送要求很高,不仅涉及海上和陆路运输,还涉及卸船、拆箱、仓储等诸多环节。中海物流为做好服务工作,对拆装箱、提货、仓储以及验收等方面周密安排,并对运送全过程实行监控,发现问题及时予以解决,保证货物适时完好地交付收货人。春节长假期间,公司采取船舶直靠、直卸、直拆等措施,尽量减少物流时间,以便收货人及早提货。

当年 3 月,中海集运北方南下航线普遍爆舱,中海物流对舱位进行协调和事先安排,保证了所有承运金杯汽车的舱位。为了解决运输配送的困难,公司专门为金杯项目定制了"客户服务规范",该规范涵盖运输、仓储和配送所有的流程以及客户服务的保障措施,首次将一个项目各个环节的服务程序化、标准化,有效保障了该项目的运行。根据发货要求,中海物流对客户实行"七、五、三、一"的信息反馈服务,即 7 天一次船期预报、每月 5 日一个运输报告、有异常情况 3 天内报告、一天一个动态信息。为了在货物交接过程中有据可依,并尽可能地做到严格把关,减少损失,该公司还引入了国际商品车 PDI 标准,该标准对汽车物流所有内外细节都有明确规定,提供了可靠的验收标准。是年,广东物资集团汽车贸易公司金杯车销售量达到 1.5 万辆,有一半是中海物流从大连、营口海运发车,及时安全地把 7 000 多辆金杯车运到目的地,因服务质量上乘,受到金杯汽车销售公司好评。

【"奇瑞"轿车装箱配送物流】

为配合中海集运汽车箱的开发和运作,中海物流在积累对金杯汽车的配送经验基础上,对国内经济型轿车新品种"奇瑞"轿车,提出针对性物流营销方案,赢得奇瑞公司的认可,同意由中海物流进行装箱试运行,如试运行成功,其运输将逐步交付中海物流。2001 年 8 月 15 日,中海物流在奇瑞牌轿车产地安徽芜湖朱家桥,将 4 辆奇瑞牌轿车通过特殊的绑扎和固定,顺利装进中海集团新开发的汽车特种箱内,通过拖车及江海联运方式由芜湖运往蛇口,并由中海物流蛇口网点的操作人员将车直接成功地送往深圳经销商。此次试运行,是奇瑞公司首次尝试集装箱海运方式,也是中海集团汽车集装箱设计成功后首度装运。随着经济型轿车的发展,奇瑞车的产量逐渐增加,年产达到 5 万辆。中海物流充分发挥网络优势,加大营销力度,与奇瑞公司的物流合作范围已从单一的江海联运方式,扩展延伸到仓储、配送等多项服务。

【陕西汽车集团原材料和配套件物流】

2003 年 4 月 8 日,陕西汽车集团与中海物流正式签订物流服务合作合同。是时,陕西汽车集团生产规模迅速扩大,拥有陕西欧舒特汽车股份有限公司、陕西宝鸡华山工程车辆有限责任公司、陕西通力专用汽车有限责任公司和陕西汉德车桥有限公司等 10 家全资子公司和控股公司。原有的供应运输能力和仓储已无法满足物流需求,该集团决定将其所有零配件的采购运输和仓储配送等物流服务全部交由第三方物流公司运作。按双方约定,中海物流为陕西汽车集团所需原材料和配套件提供采购供应一体化,包括江海联运及陆路运输的物流供应链服务,实现陕西汽车集团采购零库存,大大减轻其采购资金压力,降低物流成本。中海物流在与陕西汽车集团进行业务洽谈,就双方物流合作方向达成共识后,开始全面接管重庆、成都、江浙方向陕汽汽车零配件的仓储、配送、生产和零部件长途采购、长途运输等物流服务,并在此基础上进行轮胎总成加工等增值业务。通过与陕西汽车集团联手,不仅有利于促进双方降低生产经营成本,提高社会和经济效益,而且为中海物流进军汽车行业物流服务业奠定基础。

【一汽大众进口汽车零件物流】

2004 年 5 月 27 日,中海物流与中海集运大连公司联手,经过不同层面人员长达 9 个月的艰苦攻关与谈判,成功中标一汽大众 20%的进口汽车零件(CKD)集装箱一体化运输业务。此项目是将德国大众和德国奥迪公司生产的 CKD 件,从德国汉堡港通过集装箱海运到中国大连,然后陆运至长春一汽大众,再将拆空后的集装箱返至大连口岸。中海物流与中海集运大连公司为此做好项目运作的所有准备工作,包括成立项目运作小组、派驻总协调人常驻长春等,并根据一汽大众提供的CKD件集装箱一体化运输操作流程,对具体业务操作人员进行现场培训,确保了该项目的圆满完成。

【神龙汽车整车和汽车零配件物流】

2009年起,中海物流武汉公司与当时国内最大的中法合资企业神龙汽车公司开始物流合作,初期提供整车、样车空运法国业务以及日本流向的海运进出口业务。合作期间,中海物流的优质服务得到客户高度赞赏,双方合作范围不断扩大。至2010年,中海物流为神龙汽车提供的综合物流服务,包括整车、新车样车和汽车零配件等各类货物的海运和空运等,成为其重要的物流供应商。是年5月19日,中海物流在前期合作基础上,又为神龙汽车最新推出T73车型CKD散件海运出口到马来西亚的全程物流服务,该业务周期为4年,业务量预计近2万TEU。

【上海安吉汽车物流有限公司整车物流】

2010年,该公司已拥有年均运输400万辆商品车的汽车物流服务能力,约占国内整车物流市场35%的份额。拥有各类可整车装运汽车的江轮、海轮,包括滚装船、多用途船和集装箱专用船舶多艘。整车物流为其三大业务板块之一。

图6-1-5 上海安吉汽车物流有限公司"安吉1"轮

(摄于2006年,照片提供:上海船东协会)

二、电子及电器产品物流

【电子料件配送物流】

1998年,中海物流承接IBM(国际商业机器公司)国内工厂的电子料件配送业务,在全国首创电子料件从境外运输到国内工厂的配送业务模式,称为"多对一"配送模式。以IBM为标杆,中海物流开始为联想、华为等著名跨国企业提供高要求的物流服务。2000年,中海物流为美能达在国内的多个工厂提供多海关关区下的电子料件配送业务,创立领先的精细配送业务模式,称为"多对多"配送模式。

【长虹电器产品国内外配送物流】

2002年，中海集团与位于四川绵阳的长虹电器公司签订出口运输合作项目，由中海物流负责其中陆路运输任务。中海物流公司抓住与长虹电器的合作契机，抓紧在绵阳设立服务网点，成立绵阳物流分公司和集卡运输车队。是年5月，当15辆标有中国海运标志和具有统一外观的斯太尔集卡，满载长虹电器产品运往重庆港集装箱码头时，港口领导和工人惊叹不已，盛赞中海物流的车队“就像从天上掉下来一样，效率真高，说干就干起来”。之后数月，中海物流在四川地区的陆上运输业务大幅增长，仅8月12日至9月1日，就为长虹电器公司运输电器产品389个40英尺高柜。

2003年，该公司与长虹电器公司紧密合作，共同规划长虹全球物流系统。一方面，开展长虹进口彩管的供应物流业务，负责从东莞、深圳、天津、南京等地至绵阳的运输计划安排、运输代理、装卸及配送等服务。另一方面，承担其彩电出口物流业务。出口物流含有两种运作方式。流程一：在绵阳装箱通过集卡车拖至重庆，在重庆上长江支线船到上海，再由上海口岸装海运干线船至洛杉矶；流程二：在绵阳装箱通过铁路运至连云港，再从连云港装海运干线船运至洛杉矶。

【海信电器产品全国配送物流】

2002年，中海物流中标青岛海信电器股份公司电视机产品全国配送物流项目，成为海信电器2003—2004年连续两年电视机产品的唯一指定全国物流服务供应商，服务范围涉及电器成品销售的所有环节。该项目于2003年3月17日正式启动，范围涉及全国各地，并包括仓储、运输、配送等多项物流服务。经过3个月试运作后，进入正常推进阶段。海信营销整合前期，中海物流已经接下海信电器股份公司5个电视机生产基地，以及山东、浙江、江苏、福建四省的电视机物流业务，并在全国成立19个配送基地。期间，出入库各类电视机158万台，回单回收率始终保持在100%，赢得客户的信任。为应对激烈的市场竞争，青岛海信集团于当年7月份完成旗下电视、空调、冰箱产品销售体系的重组与整合，并于8月13日对以上三大主打产品的物流业务进行全国招投标。中海物流以其规模优势和服务质量再次中标，成功承接海信营销公司黄岛、临沂、广州三个生产基地及辐射的15个海信分公司的产品销售物流业务，使海信公司产成品总量的40%，每年178万台电视、冰箱、空调产品的销售物流业务纳入中海物流供应链。中海物流与海信集团的物流合作，也在原来单一的电视机产品物流服务基础上，进一步扩大合作领域，提升服务层次。该公司借助此项目运作，创新推出全国性物流运作组织模式，其物流网络整体协调性及规模优势初现端倪。因成功中标海信物流项目，涉及江海联运和陆路运输，进一步扩大中海物流品牌的影响力。

【永乐家电仓储配送物流】

2004年5月29日，中海物流与永乐家电的仓储配送物流合作正式开始运作，中海物流首批9辆全新小型箱式货车装载各种电器，驶出中海物流(福建)有限公司泉州配送中心仓库，准时配送各家客户。永乐家用电器有限公司总部设在上海，是一家净资产上亿元的民营股份制大型家电连锁零售企业，也是国内家电连锁业的领头羊之一。其泉州分公司的扩张被列为永乐公司进军二三级市场的重点发展规划。中海物流(福建)凭借泉州配送中心家电物流的丰富经验以及规范的操作、完善的系统、科学的管理，面对众多竞争对手，一举成为永乐家电在泉州市场的物流主运作商，中海福建物流泉州配送中心为永乐提供独立的仓储服务和70%以上的泉州地区的配送服务，配送模式由B2B向B2C转型，其特点是批次多、批量少且配送至末端客户，配送频率和配送难度大大提高,其对于泉州配送中心是新的业务突破,对整个泉州物流服务水平向更高层次提升也是一次革新。

【灿坤小家电仓储物流】

2004年11月21日,中海物流(福建)公司继为永乐家电提供物流服务后,又牵手一家台湾家电连锁企业——灿坤3C。灿坤为世界知名的小家电产销合一跨国集团,其主力产品电熨斗、煎烤器年产量均列全球第一位。灿坤于1993年成立中国市场总部,经营网点遍布上海、北京等29个大、中城市,为中国第一家先后在大陆、台湾、美国纳斯达克上市的大型跨国集团。中海物流(福建)泉州配送中心利用日益完善的城市配送网络,为灿坤3C提供仓储及“最后一公里”的B2C物流服务。

【大批量精密仪器跨国物流】

2010年1月3日,上海中远物流中标京东方科技集团股份有限公司京东方第六代薄膜晶体管液晶显示器件物流服务项目,实现公司大批量精密仪器跨国物流业务突破。该项目主要为精密设备的恒温、恒湿、全程减震运输,服务内容为从日本、韩国港口接货,用滚装船运输到国内港口,再从国内港口将设备运抵项目现场的全程物流。运输设备货值高达40多亿元人民币,仅减震恒温恒湿箱就达到260多箱,而且由于核心设备曝光机生产周期长、精密度极其高、涉及环节多且设备具有不可替代性,因此对运输过程中各环节的要求都极高。该项目从中标到完成第一批货物运输仅用3个月时间,没有现成的项目经验可作为借鉴,在物流总部的大力支持下,在太仓外代及安徽中货等兄弟单位积极配合下,项目组人员克服各种困难,最终安全顺利地将货物送达工厂现场,赢得货主方面一致好评。

三、大型及成套设备物流

【“西气东输”管道工程进口设备物流】

从1999年至2001年9月,上海中远物流配送有限公司在为中国石油天然气股份有限公司西气东输管道分公司服务的两年多时间里,克服诸多困难,积极配合中国石油物资装备(集团)总公司工作,从海上运载进口物料,配送到各省市,确保每一批货物在最短时间内送到指定地点,得到工程总包方和业主的一致好评,并被授予《西气东输管道工程优胜服务商》证书及纪念奖章。西气东输管道工程是西部大开发标志性工程,该工程源自新疆塔里木油田的天然气,通过西气东输管道,供应河南、安徽、江苏、上海、浙江以及京津地区亿万城市居民和数十家工业用户。西气东输项目是从清关、短驳、拆箱、分拨、二次包装到运输的综合物流项目。

2003年4月,上海中远物流有限公司经过公开竞标,被中国石油物资装备总公司指定为国家“西气东输”项目进口设备的国内物流服务商,为“西气东输”项目的进口设备提供在上海口岸的报关、仓储、分拨、包装、全线陆路运输等一系列物流服务。“西气东输”是国家“十五”期间重点基础设施建设项目。本次进行的国内段运输招标的设备价值高达5亿多美元,其运输要求具有技术高、时间紧的特点。上海中远物流凭借强大实力,以认真严谨的方案标书和务实高效的工作作风,赢得专家、业主的一致肯定,在众多竞争对手中脱颖而出,一举中标。

【浙江中货成套设备物流】

2000年，上海远洋国际集装箱储运有限公司承接一批浙江中货成套设备，涉及海上和陆路运输，其价格高，时间紧。仓储员工在4天内将形状各异、规格不同，共计59件、7.08吨、1 952.13立方米的成套设备安全、稳妥地装入集装箱。其中最大设备重8吨，体积17立方米。原计划用108 TEU(其中特种箱48 TEU)，实际用85 TEU(特种箱30 TEU)，为客户节省大笔费用。

【扬子石化成套进口设备全程物流】

2003年4月25日，中国远洋物流公司成为南京扬子石化比欧西气体有限公司成套进口设备全程物流项目的总承包商。这是中远物流在石化领域的第一个物流项目，标志着该公司在石化物流领域实现零的突破。该物流项目的全部设备从德国汉堡、不莱梅起运，经过一万多海里海上运输，在上海港口转驳，经长江驳运至南京港，再经公路运输至工地现场。中远物流负责海运、转驳、内河驳运、公路运输、装卸等全程物流服务。全部设备从当年9月份起运，分四个批次，历时3个月完成，其中包括件重370吨、长58米、宽9.3米、高6.7米的超大超限设备，该设备为箱体结构的精密管线，对运输质量要求非常高。中远物流发挥在项目物流方面的核心优势，以现代科技手段为依托，确保了全程物流任务的圆满完成。

【上海市电力总公司风力发电设备物流】

2003年初，中远物流总部从国家计委了解到，上海市电力总公司将在上海第一次建造风力发电厂。上海中远物流公司闻讯立即组织人员对该项目进行跟踪，并多次驱车赶赴南汇、奉贤等风力发电厂现场，认真勘探路线，计算道路转弯半径，制定详细的技术方案，最终通过客户认可，于当年9月8日成功承包运输风力发电设备项目。风力发电设备非常昂贵和难运，每台发动机的三片叶轮，不仅超长，而且叶片质地柔软，容易损坏，穿越上海市区有很多困难。为减少运输风险，该公司项目部人员决定将运输工作放在夜间进行，从码头到达工地的近100公里运输过程中，项目部派人全程跟踪，指挥车辆通过各个危险地段。经过整整24小时连续奋战，将三套风力设备安全卸在客户指定地点，圆满完成第一批风力发电设备的运输任务。

【华电集团燃气电站系列物流】

2004年7月，上海中远物流成功中标华电集团苏州望亭发电厂扩建2×390兆瓦级燃气—蒸汽联合循环发电机组物流项目，这是该公司继夺得华电集团戚墅堰发电有限公司和张家港华兴电力有限公司扩建2×395兆瓦级燃气—蒸汽联合循环机组工程的两个物流合同之后，第三次中标，从而成为华电集团在华东地区首批开工的燃气电站系列物流项目的承包商。这三个电站扩建项目，对完善江苏乃至华东地区的能源结构，提高电网调峰能力，缓解“电荒”起到至关重要的作用。上海中远物流依靠健全的国内网络、坚实的工程物流运营经验以及完备的方案，力挫众多竞争对手而连续夺标。

【船舶上层建筑物流】

2004年12月10日，中海物流在韩国东方精工有限公司包船进口近万立方米重大件船舶上层建筑招标中一举中标。该物流项目包括进口货物包船的船舶代理、货运代理、清关、码头作业、过驳作业衔接、物料搬运、预测等一揽子综合物流服务,其打开中海物流与大连东方精工船舶配套有限公司的新合作空间,也为中海物流与韩国东方精工、大连船舶工业集团及各船舶制造企业搭建了合作平台。

【海水淡化大型进口设备物流】

2005 年,中海物流华北区域公司凭借中海集团航运主业优势,借助完善的海内外代理网络,在中海集运、中海重大件、北京鹏达、中海韩国公司、欧洲控股、中海黄骅船务等兄弟公司大力支持下,成功中标神华集团旗下河北国华沧东电厂海水淡化大型设备进口物流项目。该物流项目涉及货物主要从韩国、法国等进口,包括大件船舶海运、集装箱运输、进口清关报检和陆上送货到门运输。是年 7 月 15 日,在中海韩国公司倾力帮助下,第一批大件货物由中海重大件公司的 650 吨自卸吊船舶运出,7 月 21 日货物安全运抵黄骅沧东发电厂工地现场。同一天,49 个 40 英尺特种货柜也装上中海集运“新盐田”轮。在项目运作过程中,客户对中海集团和中海物流完善的全球网络、强大的专业运输船队和齐全的配套服务交口称赞。

【大连石化进口大件设备物流】

2005 年 4 月,上海中远物流重大件运输有限公司成立,以区别于传统大件运输企业运作模式,找准企业定位,制定营销策略,大力拓展市场份额。2006 年,该公司在大连石化项目中首次采用 6 纵列平板车滚卸运输 2 件 1 100 吨反应器,开创国内使用 6 纵列 16 轴线技术承运设备先河。是年 5 月 14—21 日,该公司再次顺利完成“大连石化进口大件货物滚装卸船”第二航次的物流服务。该航次 3 件设备总重近 2 600 吨,其中有 2 件设备均达 1 100 吨。根据托架宽度,采用 6 纵列 16 轴线拼接技术确保设备安全滚卸上岸。

【巴基斯坦恰希玛二期土建设备物流】

2006 年 4 月,上海中远物流成功签约巴基斯坦恰希玛二期(C2)土建运输项目,为争取中标 C2 设备运输项目打下扎实基础。此次签约项目为整个 C2 项目的第二标段,运输的货物为 C2 项目安装配套物资,其总货量为 1.5 万立方米,运输标的总金额为 1 000 万人民币。服务范围从国内仓库接货开始,一直延伸到巴基斯坦 KARACHI 港卸货为止,具有流程环节多,运输方式多等特点。

【罗泾工程设备整体动迁项目物流】

2006 年 5 月 9 日,上海中远物流重大件运输有限公司在宝钢集团重大工程项目——罗泾工程设备整体动迁项目中,凭借科学详尽的承运方案、丰富的实践经验和优秀的团队精神,克服多个技术难关,成功地将外径达 12.8 米、高 3.8 米、重达 80 吨的炼钢炉炉壳从宝钢综合码头出发,海运抵罗泾基地。该项目服务于上海世博会,同时创下新中国成立以来上海公路运输最宽件记录。

【上海华侨城欢乐谷设备物流】

2007 年初,上海华侨城欢乐谷项目总体规划正式完成,华侨城对于整个项目的投资达到 40 亿元,是北京欢乐谷投资额度的 2 倍。上海欢乐谷地处佘山国家度假区,占地 1 300 亩,需要进口 10

套大型游乐设备，该项目建成后成为当时上海乃至华东地区最大的主题公园，年可接待游客500万至700万人次。是年6月，上海中远物流出色完成上海华侨城欢乐谷项目第一批货物的全程海上及陆上运输工作。2008年4月，该公司和上海华侨城投资发展有限公司正式签署货物物流服务合同和设备物流服务协议，签约总金额为人民币830万元。

【加氢裂化反应器全程物流】

2007年3月，上海中远物流在大连石化项目操作中，成功完成单件重达1 466吨和1 347吨的两件加氢裂化反应器全程物流服务，刷新2004年创造的1 284吨的重大件货物水陆联合运输及重大件滚装上下船的全国纪录。

2008年9月，由该公司承运的中石油广西石化1 000万吨/年苏丹原油工程项目中1 703吨(含支架)加氢反应器(长46.45米、宽10米、高7.4米)在中国一重车间装车启运，经大连棉花岛码头滚装海运到钦州石化自备码头滚卸，再陆运至设备安装现场。整个运输过程再次展示该公司在货物滚装运输上的国内领先技术水平。也是该公司继2007年完成单件重达1 466吨的大型加氢反应器滚装、滚卸、道路运输操作，创下全国最重件道路运输纪录后，再次刷新全国最重单件道路运输纪录。

2010年8月，已有多次加氢反应器运送经验的上海中远物流重大件运输有限公司，又承担起辽阳石化项目540吨加氢反应器运输。经过严格计算、论证，该公司将600吨桥式车组进行加长改造，整合系统内天津、大连两大分公司的优势资源，对设备、工程技术人员进行统一指挥调度，最终顺利完成辽化反应器的水陆联运，刷新国内600吨加长桥式车组最长(车组总长131米)、最重(840吨)及运距最长(160公里)三项纪录。

【大型化工设备常压塔设备物流】

2007年6月，上海中远物流在中石化工程公司青岛大型炼油项目中，成功操作长63.25米，直径7.6米，重600吨的大型化工设备常压塔设备运输，继2006年7月创造上海陆上运输58米最长构建后再次刷新该市陆上运输最长件设备纪录，同时创造本市陆上运输最高、最大件纪录。

【包钢集团CCPP项目设备物流】

2007年6月，上海中远物流成功操作包钢集团CCPP项目设备运输，运输路段横穿内蒙古大草原，全长3 328公里，运输过程中灵活运用多种设备和技术方案，克服重重困难，最终提前到达目的地，圆满完成任务。

【包头钢厂余热锅炉及其成套设备物流】

2007年12月，受寒流和暴风雪天气影响，国内大部分地区出现雨雪冰冻灾情，给电力和交通运输等行业带来严重影响。而由上海中远物流重大件运输有限公司承运的包头钢厂低热值煤气燃气轮机联合循环发电(CCPP)项目余热锅炉及其成套设备第二批次运输，却在如此恶劣的气候条件下启运。2台设备(高5.27米、长70米)从日本三凌公司水运到天津，从天津倒驳到大连，从大连上岸至沈阳，再至吉林，向内蒙的包头钢厂进发。为了确保设备的安全运输，该公司根据道路情况，多次调整行驶路线，修改运输方案，顶着零下近30度的严寒，克服道路结冰等困难条件，最终圆满完成设备运送任务。

【中信泰富澳大利亚 SinoIron 项目综合物流】

2008 年至 2011 年,中国外运华东有限公司作为该项目承运商,承运包括磨机机组、海水淡化厂模块、船舶系缆桩、取水口沉箱、破碎站模块、浓密机、电子控制机房、搅拌槽等核心设备在内的超过 130 万运费吨的货物,把相关设备从全球十余个发运国二十余个启运地运抵澳大利亚工地现场,受到业主好评。

【出口大型设备 778 吨高压釜物流】

2009 年 4 月,上海中远物流重大件运输有限公司承运由上海森松厂制造的 3 台 778 吨高压釜。运输过程为:上海森松厂—外高桥码头—罗泾码头—巴布亚新几内亚工地。其中境内外滚装上下船以及公路短倒运输,均由重大件运输公司负责,海运部分由系统内广州中远物流负责。该设备用于“巴布亚新几内亚瑞木镍钴项目”,而运输的高压釜可列入世界前三甲,为项目的核心设备。此次运输是上海中远物流重大件运输公司组建后首次迈出国门。车队赴海外作业,受到业内广泛关注。为此,该公司特意选派最优秀的骨干人员,并投入 36 轴线重型平板车(公司总设备数的一半)于此项目中。经过艰苦努力,成功将第一台高压釜成功运抵巴新工地。至是年 7 月,整个项目圆满完成。

图 6-1-6 2010 年 4 月上海中远物流重大件运输有限公司再创我国道路超宽件运输新纪录

(照片提供:中远集运档案室)

【世界首批三代核电 AP1000 机组最大件物流】

2010 年 4 月,上海中远物流重大件运输有限公司海阳核电项目部采用 4 台 6 轴 PPU 联动,完成直径达 43 米、高 15.5 米、重 1 050 吨的一号核岛钢制安全壳(CV)底封头的运输。是为世界首批三代核电 AP1000 机组的最大件,再创我国道路超宽件运输的新纪录。

【空气化工产品(中国)投资有限公司渭河项目物流】

2010 年 4 月,空气化工产品(中国)投资有限公司将其“渭河项目”主体部分空分装置中关键部位的国内陆运,全权交由上海中远物流工程物流部负责。此项目共有 29 件货物,其中 4 个大件,从水路运至南京港卸货后,陆运至陕西渭南项目工地,路线总长 1 400 公里。从 4 月 14 日起操作,于 6 月 11 日结束。项目组在接到货物清单后,对货物进行详细研究,同时,针对运输路线进行设计和道路勘查。整个项目的最大难点为蒸汽透平的运输,该货物单件尺寸为:6.51 米×5.54 米×4.4 米,重 90.2 吨,看似尺寸不大,但属宽和高都超过 4 米的货物,陆路运输难度非常大。项目组为此设备专门设计超低框架运输板,用来降低货物的高度,分散货物的重量。在沿途经过的江苏、河南、安徽及陕西几个省,为了货物能安全通过,拆除至少 10 个收费站,以满足这件超宽货物的安全通过。公司根据方案,严格操作,耗时一个月,沿途进行各省交警路政的协调工作,为大件公路运输提供安全保障。基于项目组成员的努力认真、准备充分,提前 14 天安全完成该项目,保证了施工进度。

【中石油四川石化 80 万吨/年乙烯装置项目物流】

2010 年 5 月 10 日，上海中远物流重大件运输公司开始承运中石油四川石化 80 万吨/年乙烯装置项目。该项目共计 13 件设备，其中有 9 件大件设备，需要分三批次运输至四川德阳小汉堆场。其最长 54 米，重 385 吨，最大内径 6.8 米，管接头等装车后总高度达 9.15 米。运输全程为：分别从宁波、上海森松公司车板接货(设备)—从宁波海船转江船和在上海直接装江船—四川乐山大件码头—采用 550 吨行车吊卸船装车——陆运至目的地。期间，由于长江水位不足，仅船舶江运设备至乐山大件码头，就历时 1 个半月；在岷江通行时，原通行最大船舶为 1 500 吨级，由于设备超长达 54 米，1 500 吨级船舶无法满足装船要求，不得不采用 2 500 吨级大型驳船。项目部技术人员周密测算，大胆创新设计，并采取大型拖轮拖带及候潮方式，通航岷江段，创下及至当时岷江历史上最大船舶通行纪录。截至 8 月中旬，该公司已将 13 件设备中 9 件最大最重件安全运抵目的地，剩余 4 件 50 米长左右设备已安全存放于乐山大件码头，当年 11 月完成整个项目全部运输任务。是为该公司在四川境内完成的首个重大项目，对于成功实施西南市场的开发起到积极促进作用。

【国内最大吨位薄壁设备二甲苯再蒸馏塔物流】

2010 年 7 月 27 日，上海中远物流重大件运输公司工程技术人员历时 40 分钟，在宁波镇海五里牌大件码头成功完成直径 12.35 米，长 120.65 米，重 1 200 吨的“再蒸馏塔”滚装上船作业，再创全国滚装运输最长件的运输新纪录。该设备由宁波天翼石化重型设备制造有限公司制造，塔体最薄处厚度只有 23 毫米，其水压试验时最大充水重量达 5 400 吨，是当时国内最大吨位的薄壁设备二甲苯再蒸馏塔，为腾龙芳烃(漳州)80 万吨/年对二甲苯工程中核心设备。因为设备尺寸极为特殊，超长超重，技术人员在运前花费整整 3 个月时间进行固定鞍座设计制造、船舶记载计算、船舶自卸方式、配车模拟等一系列准备工作。尤其是为了满足超长超重设备安全运输，选用 1 万吨级驳船配 4 000 马力拖轮，而原航道通行能力仅为 3 000 吨级。为破解难题，项目组开动脑筋，协调联系疏浚公司，专门增设疏浚航道环节。在滚装作业过程中，又因设备长度限制，未使用较为常见“整板”运输方式，而是使用“长货”运载方式：索埃勒 4 纵列前后各 15 轴线平板车搭载设备，确保此次运输安全顺利完成。受业主委托，公司负责 4 航次共 9 件“再蒸馏塔”的运输任务，运输范围均为：宁波镇海滚装上船—海运—漳州古雷港滚卸下船并运输就位。继 7 月 27 日完成第一航次 3 件“再蒸馏塔”(分别为 1 200 吨、660 吨、243 吨)滚装上船后，其余航次的运输任务定于 2011 年底前陆续完成。

四、其他

【广东健力宝集团饮料配送物流】

2003 年前后，广东健力宝集团将物流配送业务整体外包给中海物流，即由中海物流负责健力宝集团发自一个总厂和五个分厂配送到全国近 1 000 个门点、190 个大卖场的饮料物流配送，全年配送量可达 80 多万吨。为了配合该项目运作，公司在全国总计设置了 50 个地区配送中心，5 个分厂配送中心。健力宝总厂和分厂生产出的健力宝饮料首先进入配送中心，再由配送中心分拣、存储，然后根据健力宝反馈的订单消息按指定的品种、数量，就近配送到指定的客户(大卖场、分销商、连锁店、超市)。

【蒙牛乳业公司冷藏品物流】

2004年3月26日,中海物流与蒙牛乳业公司签订蒙牛公司乳业项目物流合同,蒙牛公司将其泰安基地的冰淇淋运输任务全包给中海物流承运,由此中海物流正式进入冷藏品物流市场。蒙牛乳业公司是国内知名的乳产品生产企业,固定资产13亿,时有15个分厂、8个冷库,年产值可达100亿元。该集团于2003年6月在泰安投资建厂,投入12条冰淇淋生产线和15条液体奶生产线。在生产业务迅速扩展过程中,其对运输的需求不断提高,欲从社会上寻找优秀的第三方物流企业作为合作伙伴。中海物流以遍布全国的江海联运及陆上运输服务网络,以及首家通过ISO论证的国家重点扶持的物流企业等资质和良好信誉,成为蒙牛公司首选。中海物流前期投入30辆冷藏车,利用专业物流服务技术和设施,为蒙牛公司乳业生产提供优质服务。

【河北泛亚龙腾纸业公司进口原料物流】

2004年10月20日,中海物流中标河北泛亚龙腾纸业公司原料进口及华北地区成品分拨物流项目,在开拓纸业供应链一体化物流业务上获得重大突破。河北泛亚龙腾纸业是由世界两大新闻纸制造商合资经营的新加坡泛亚纸业投资3亿美元,在河北赵县与龙腾纸业建立的合资公司。该项目一期工程占地600亩,2005年下半年投产后,成为世界上设备最先进、亚洲单机规模最大的新闻纸生产厂,年产量可达33万吨。而原材料需求达42万吨,其中80%来自美国,20%国内采购。其物流招标涵盖除生产环节以外所有供应链业务,其中仅国内物流成本就预计为每年1 000万元。此次中标是中海物流利用中海集团海运优势,发展大物流的一次重要实践。由于该项目涉及海上运输、清关、短拨、仓储和成品分拨等诸多环节,具有业务范围广、操作量大、协调点多等特点,其运作有力提升了中海物流区域公司乃至全系统的基础建设和项目管理水平。

【上海赛科沿海成品化工物流】

2005年3月,中海物流(华东)经过与众多国内知名船公司和物流商激烈竞争后,以其优质的综合服务能力和良好的组织管理而中标,成为当时拥有国内最大石化项目的上海赛科石油化工有限公司的沿海成品化工主力物流营运商。3月10日,两家公司在华东中海物流总部签订物流合作协议。经商定,中海物流承担上海赛科2005年沿海8 000 TEU运输量的80%,负责其厂区主要流向广东、山东、福建、辽宁、天津等地区的全程内贸集装箱门到门运输全过程,并包括一系列必要的信息跟踪反馈。上海赛科石油化工有限公司是BP华东投资有限公司、中石化、中石化上海公司投资组建的总投资约合27亿美元的中外合资企业。其所建的一体化项目,具有世界级上下游一体化特点。其中90万吨/年乙烯裂解是当时世界上单线产能最大的乙烯装置之一,其余7套装置也均达到世界水平。因该公司采用世界先进工艺,投产后每年可提供国内紧缺的高质量、多规格、宽覆盖面石化产品228万吨。

【中法文化年展项目物流】

2005年9月,历时两年,覆盖中国和法国多地,先后举办700余场活动,被誉为“中欧文化交流史上的创举”的中法文化年展落下帷幕。受上海市新闻办公室委托,上海中远物流配送有限公司承担此次年展从各个委办指定的制作单位接货打包运输、海运及空运、目的地的报关并运送至指定公园内安装就位的全程物流项目。

【宜家家居项目物流】

2006 年 11 月 10 日，中海物流在宜家家居招标项目中脱颖而出，成为宜家 2006—2008 年物流服务的供应商。宜家项目是中海物流与中海集运共同开发运作的物流项目，该项目充分利用中海集团沿海、沿江航线优势，结合公路线路，以及广大的内陆运输服务网点，为宜家提供内贸船舶及拖车集装箱运输服务。在各方共同努力下，该项目运作一年中情况良好，总出运量近 3 000 TEU。随着双方了解的逐渐深入，合作范围呈逐步扩大趋势。根据新订业务合同，2008 年宜家项目出运量达 4 000～5 000 TEU。

【"中国国家展"全部展品物流】

2007 年 3 月 26—29 日，"中国国家展"在俄罗斯莫斯科市成功举办。展场面积达 2 万多平方米，共展出 1.5 万件展品，近千幅图片和模型。上海中远物流配送有限公司派出精兵强将，配合上级公司，圆满完成为展览提供全部展品送达展台的物流服务。

【"2007 中国(上海)国际游艇展"展品物流】

2007 年 4 月 8 日，为期 4 天的 2007 中国(上海)国际游艇展在上海展览中心落下帷幕。上海中远物流配送有限公司作为主办方指定的物流供应商之一，圆满完成包括从海上进口清关，游艇和其他相关展品运输、就位，以及展览结束后撤展回运等全程展运物流服务项目，受到主办方和参展商一致好评。

【拜耳材料科技公司包装类货物一体化物流】

2007 年 9 月 18 日，中国远洋物流有限公司与拜耳材料科技有限公司在上海签署长期战略合作协议，旨在为拜耳材料科技公司包装类货物提供长期的一体化物流服务。拜耳材料科技公司隶属于拜耳集团公司，是全球最大的聚合物生产公司之一，其业务范围主要集中在高科技聚合物材料制造及日用化工领域的创新解决方案。自 2005 年起，中远物流就开始为拜耳集团提供全国仓储、运输等物流服务。2007 年，上海中远物流化工物流再次挑战高难度，积极争取与国际知名化工企业建立长期战略合作关系。在物流总部关心、指导下，经过近半年努力以及前期优质服务的积累，依托中远物流强大的品牌和网络优势以及化工物流中心现代化资源设备和技术优势，成功中标拜尔公司包装货物流运输项目。按照合同约定，该公司为拜尔公司包装类货物提供长期的一体化物流服务，合同总金额超过 1 亿元，无论在规模还是周期上都实现化工物流领域新的突破。

第二章 航运金融·交易

1995 年底，中共中央、国务院提出"建设上海国际航运中心"重大战略目标后，上海现代航运服务业步入快速发展轨道。作为其重要组成部分，上海航运金融、航运交易的发展也逐步提速。2009 年，国务院《关于推进上海加快发展现代服务业和先进制造业建设国际金融中心和国际航运中心的意见》以及上海市人民政府贯彻实施意见的发布，为上海航运金融和航运交易的加快发展注入强大动力。至 2010 年末，上海已初步形成具一定规模的航运金融服务体系和航运交易服务体系。

第一节　航运金融

一、航运融资

20世纪90年代后期始，上海国际航运中心建设深入推进，不仅为驻沪各航运企业发展带来历史性重大机遇，也为上海航运服务业包括航运金融业的加速发展提供了难得机遇。“十五”“十一五”期间，上海各大银行十分重视与国有大型航运企业开展战略合作，逐步形成“立足上海、服务全国、通达全球”的航运金融业务服务经营网络，尤以航运融资业务发展为快。

图6-2-1　2006年6月19日中海集团与建设银行股份有限公司签署银企合作协议

（照片提供：中海集团宣传部）

2002年11月28日，上海浦东发展银行与中海集团签署《银企合作协议》。双方本着真诚合作、银企双赢的理念，经过充分协商和沟通，最终达成全面合作意向。协议签署后，上海浦东发展银行不仅向中海集团提供人民币、外币长短期贷款、票据业务、进口开证等传统金融服务，还本着以客户为中心的营销理念，根据中海集团业务发展需求，提供项目融资、财务顾问、银团贷款等个性化金融产品和优质、高效、全方位的金融服务。

2005年，驻沪深圳发展银行先后与国内三大物流企业——中国对外贸易运输(集团)总公司、中国物资储运总公司和中国远洋物流有限公司签署战略合作协议，正式拉开供应链金融服务的序幕。此项服务推出后，在短短几年时间内，就使大量中小企业分享到供应链金融平台所带来的融资便利与物流增值。在华东地区，中远物流供应链融资业务的主导权由上海中远物流配送公司行使。当环球金融危机袭来时，该供应链金融价值得到明显体现。在航运市场需求大幅下滑，绝大多数中小企业资金链骤然绷紧，几近断裂时，正是依靠供应链金融服务，不少中小企业才得以维持其脆弱的资金链，度过最困难时期。上海中远物流是中远物流在国内的八大区域公司之一，因其处于中国经济最为发达的长三角地区，也是中远物流系统中最为重要的企业。从在华东地区启动供应链金融业务开始，仅仅3年时间，上海中远物流该业务所占市场份额已超三分之一，信贷超过70亿元，确定了华东地区供应链融资行业的龙头地位。

2006年6月19日，中海集团与建设银行股份有限公司签署银企合作协议，共同推动航运金融业务的发展。同年10月11日，上海金融业在贸易融资领域正式试水货押授信业务。其中，中国建设银行与中远物流签订国际贸易货押授信业务战略合作协议，双方联手推动国际物流金融和商品融资业务的发展。建行借机推出“现货仓”“海陆仓”和“保税仓”等贸易融资产品，其与中远物流签约，强强联合，双方充分利用自身资源，实现优势互补，促进共同发展。依靠第三方物流的强力支持，建设银行大力拓展仓单融资和大宗商品融资，并将客户资源向上下游延伸，为国际业务发展增添新动力。中远物流则通过此次合作，进一步扩大客户资源，增强在物流行业的综合竞争力。

2007年12月28日，由交通银行独资设立的交银金融租赁有限责任公司(以下简称“交银租赁")在上海举行隆重开业典礼。交银租赁的成立,是交通银行打造金融控股集团进程中又一重要举措。在交通银行综合经营的框架下,交银租赁积极探索建立多层次、多途径银租合作有效模式,形成交银租赁与商业银行母体之间利益分享、双赢共生的局面,为广大客户提供优质、丰富的融资租赁产品。翌年5月28日,交银租赁在洋山港保税港区注册了1家集装箱船舶单船租赁项目公司(SPV),是为全国第一家融资租赁单船公司。在被国外租赁机构"控盘"70%的市场上,交银租赁等银行系金融租赁公司脱颖而出。2007年上海地区航运融资的发展,也为航运物流业务高端化、多元化发展创造了更多机会,打开物流事业发展的新渠道。是年,上海中远物流进一步扩大融资物流业务规模,与8家银行建立良好合作关系,签约客户达80家,业务种类涉及钢铁、汽车、油品、有色金属、零星制造业等多个行业,银行贷款敞口金额达到30亿元人民币。尽管如此,国内航运融资发展尚处于起步阶段,在国际航运市场所占份额甚微。2008年世界航运市场所需融资规模达4 900亿美元;其中,中国所提供的资金和服务仅占不到1%,上海所提供的资金和服务不到0.5%。

2009年5月5日,中海集团与交通银行股份有限公司正式签署《全面合作协议》,标志着双方银企合作迈入新的阶段。交通银行承诺为中海集团提供10亿美元船舶贷款以及总额为300亿元人民币的信贷支持;中海集团则在现金管理、信贷、企业年金、投资银行等业务上进一步加强与交通银行的合作。

同年7月3日,上海市人民政府与交通银行签署全面合作备忘录,中共中央政治局委员、中共上海市委书记俞正声出席并指出,上海建设国际金融中心和国际航运中心,是国家的重大战略部署,也是金融业加速发展的难得机遇。此次合作备忘录的签署,在服务上海国际金融中心和国际航运中心建设、服务世博会,以及打造上海航运领域专业金融服务机构等多方面达成一系列合作共识。当日,交通银行成立航运金融部,加强对航运行业的政策研究、分析和趋势研判,规划和组织实施航运业的业务发展战略和产品服务策略,创新航运行业产品和服务模式。作为唯一一家总部设在上海的大型国有银行,该行大力开展产品创新,不断提升服务航运客户的能力,至2009年底,航运类贷款余额同比增速超过70%,并获得在上海保税区开展融资租赁业务的资格、注册成立两家项目公司,以便提供更有竞争力的融资租赁航运金融产品。同时,为全面了解上海航运企业在发展中的金融需求及其所遇困难,交通银行还联合上海市金融办,完成《上海航运金融服务调研报告》,对上海航运业的金融需求,包括大型和中小型航运企业的融资途径、融资手段、融资困难,进行深入调研和分析,旨在为航运业提供更好的金融环境。

随着上海国际金融中心和国际航运中心建设的深入推进,上海航运金融发展开始提速。2009年7月8日,中国银行上海市分行正式成立国际航运金融服务中心,是为中国银行系统内第一家航运金融服务专业平台,服务内容包括对航运企业的产品设计、客户营销、账户管理、结算服务、资金理财、融资授信、电子银行等一揽子金融服务,并与全球排名前20位的航运公司建立业务合作关系。根据航运行业客户的特点和需求,该行整合各项业务与产品资源,实现产品推介、结算操作、营销支持的"一站式"服务,并重点推出适合于航运行业的"同城辖内托收""汇出汇款贸易融资""汇利达"等特色业务,力求做到深度服务上海"两个中心"建设。在航运行业金融服务领域,该行不断加大金融服务和支持力度,牵头发起洋山深水港一期银团贷款,全力支持上海船舶行业龙头企业创新技术研发和融资,筹备推广"大通关"专业服务,并利用新版网银为"走出去"企业定制"外汇资金集团理财综合解决方案",向企业提供多币种、多账户、操作便捷、易于掌控的现金管理平台,满足其海外项目拓展外汇资金集中管理的需求。

是时,作为国际金融中心和航运中心建设的重要内容,金融支持航运发展已成各银行看重的业务。工商银行上海市分行也开始积极筹划建立专业航运金融平台,联合总行航运金融产品设计及工银租赁等部门,在上海成立专门化分支服务机构,全力支持上海国际航运中心建设。在交行、中行、工行等大银行开始积极谋划的同时,光大银行等一批中小银行也积极跟进。为成立专业航运金融机构,光大银行总行负责人还亲自率队来沪调研。尽管上海航运金融服务在产品创新、金融服务国际化等方面尚处起步阶段,但专业平台的搭建为国际航运金融产品的本地化提供便利,加速了上海航运金融的发展。

2010 年 2 月,中国银监会下发《关于金融租赁公司在境内保税地区设立项目公司开展融资租赁业务有关问题的通知》,为航运租赁、尤其是船舶租赁的金融服务体系建设奠定制度基础。同年 5 月 21 日,住所地在沪的交银金融租赁公司和招银金融租赁公司分别获得在境内保税地区设立项目公司开展融资租赁业务的资格。同时,在上海银监局、市金融办、保税区管委会的积极协调下,相关各部门相互配合,基本解决了项目公司设立运营过程中的一些主要问题,并达成共识。6 月 27 日,上海综合保税区融资租赁项目正式启动,交银金融租赁公司和招银金融租赁公司在保税区内的 6 家单机单船融资租赁项目公司获颁营业执照,其中涉及船舶租赁的金额为 1.08 亿元人民币。此举意味着上海成为全国第一个同步开展飞机、船舶单机单船租赁业务的综合性 SPV 项目运作平台。融资租赁取得突破,成功吸引单机项目公司落户浦东机场综保区、单船项目公司落户洋山保税区开展业务,标志着高端船舶金融服务体系的建立。

2010 年末,上海航运要素进一步集聚,航运服务功能加快提升,现代航运服务体系建设全方位展开。在上海银监局、上海金融服务办公室大力推动下,上海航运金融服务体系建设和航运金融业务迅速拓展,多家银行都已成立航运金融专营部门。其中,上海陆家嘴依托其金融集聚的优势,不断丰富航运金融机构主体,已拥有金融机构近 150 家且都设立专门航运金融部,初步形成航运金融群。上海各主要银行业金融机构全年对上海航运产业的授信总额达到 2 166.81 亿元人民币、同比增长 4.59%。航运相关企业的贷款余额 663.82 亿元人民币、同比增长 19.37%;融资租赁 148.18 亿元人民币、同比增长 453.57%;经营租赁 12.33 亿元人民币、全部为当年新增额;其他融资方式为 10.49 亿元人民币,同比增长 63.66%。其中,对上游船舶及相关设备制造和修理等企业的授信总额 489.60 亿元人民币,同比增长 9.99%;相关企业实际使用的贷款余额 101.78 亿元人民币,同比增长 12.49%;融资租赁 1.6 亿元人民币,全部为当年新增额。对中游船公司、船务代理和货运代理等企业的授信总额 552.71 亿元人民币,同比减少 6.73%;相关企业实际使用的贷款余额 101.59 亿元人民币,同比增长 32.55%;融资租赁 39.04 亿元人民币,同比增长 128.42%;其他融资方式为 0.47 亿元人民币,同比增长 100%。对下游港口及相关物流仓储等临港企业的授信总额 1 124.50 亿元人民币,同比增长 8.76%;相关企业实际使用的贷款余额 460.46 亿元人民币,同比增长 18.38%;融资租赁 107.54 亿元人民币,同比增长 1 015.12%;经营租赁 12.33 亿元人民币,全部为当年新增额;其他融资方式为 10.02 亿元人民币,同比增长 62.28%。据不完全统计,以船舶收益为还款来源的船舶贷款约为 80 亿元人民币。在沪主要银行(含政策性银行)对航运相关企业的表外授信(表外航运授信主要包括信用证、保函、票据承兑业务)余额为 346 亿元人民币。

二、航运保险

20 世纪末和 21 世纪初,中国保赔险市场潜力巨大,但国内沿海大量船舶都未上保险。船东保险意识薄弱,且市场缺乏合适的保险机构容纳大量中小船东。2000 年前后,在上海市场做船舶保险的除了太平洋保险(以下简称太保)和中国人民财产保险(以下简称人保)等大型国有保险公司外,主要有美国怡安保险集团、韦莱集团、达信集团3家外资公司;其他的还有一些规模较大的民营保险公司,包括上海中和保险经纪有限公司、诺亚保险经纪有限公司等。其保险业务都以国有船队为主。航运保险在国内又称水险,主要包括船舶保险、货运保险和保赔保险。船舶保险以各类船舶本身为保险标的,货运保险则针对船上所运输的各类货物,这两个险种主要由商业保险公司经营。保赔保险属于船东公司责任险,大多由船东公司自发组成的保赔协会进行承保,其为商业保险模式外的一种非商业性组织,类似于国际上的互助保险公司。

"十一五"计划期间,上海航运保险业发展步伐加快。2006年4月,中远物流与人保签订《中远物流综合责任险保险协议》,为中远物流全资或控股累计166家企业承担货损货差责任、第三者责任、额外费用损失、物流费用损失等四项风险,累计保险责任限额达1.7亿元,是当时国内最大一笔物流责任险保险业务。2007年6月22日,中国人保财险在上海与中海物流签署车险统保协议,成为中海物流2007—2008年度机动车保险唯一供应商。该项目的签署,为中国人保财险进一步拓展专业大型物流公司保险项目提供了有力支撑。2008年4月,中国大地保险上海分公司成功参保中远集运远洋船队的船舶保险业务,其中,当时国际上最新的可装载1万标准集装箱的大型集装箱船,保险金额达1.4亿美元。2009年4月,国务院颁布实施《关于推进上海加快发展现代服务业和先进制造业建设国际金融中心和国际航运中心的意见》,注册在上海的保险企业可享受免征国际航运保险业务营业税。税收优惠政策给上海航运保险业务带来成本优势,有效促进了航运保险业发展。太保和人保是国内航运保险市场两家龙头企业,借助于上海的优惠政策,能够免去5%的营业税。当年,上海共计免除航运保险相关营业税1 800多万元。2009年12月3日,太保成立国内首个航运保险事业部,主要负责航运保险业务的市场研究、业务推动、核保、理赔追偿、海事担保及理赔网络管理、单证管理等。其各分公司也建立相应的航运保险部,主要经营船舶保险、货物运输保险、海事责任保险、码头财产和责任保险、保赔保险和海事担保等业务。与传统的业务经营模式相比,航运保险运营中心凭借集约化、标准化、信息化和人员专业化的独特优势,为大型航运企业提供"一对一"的专业化服务,不断提升航运保险产品的创新能力和服务能力。

尽管如此,是时中国航运保险也和航运融资一样,尚处于起步阶段。2009年,全球海上航运保费规模大约为250亿美元,而中国当年的全国航运保险费总收入仅占全球航运保险市场份额不足1%。与伦敦、新加坡等国际公认的航运中心城市相比存有较大差距。主要表现为中资保险机构国际认可度低、风险评估技术落后、专业人才缺乏、风险定价能力不强。特别是进出口货物运输险的承保面,尚未达到中国进出口贸易总额的10%,大量进出口货物的保险都在境外投保。是年,中海发展投入保险费用2.37亿,在运输成本中占比3.4%,较2008年略有下降;按船壳险和船东责任险两部分总体投保额来算,约有80%投在国内,其中船舶险占比更多,而保赔保险即船东责任险由于国内起步较慢,大约70%投在国外。

2010年,上海航运保险业借助贯彻国务院《关于推进上海加快发展现代服务业和先进制造业建设国际金融中心和国际航运中心的意见》,大力发展现代航运服务体系,发展步伐明显提速。是年1月,上海船舶险首次超越企业财产险,船舶险与货运险总和在上海产险市场的占比已经超过22%,1—5月,上海地区船舶险保费收入7.23亿元,同比增长33.86%,是产险市场第三大险种;货运险保费收入5.27亿元,同比增长35.11%;船舶险和货运险分别占全国的23.25%和14.85%。7月30日,保监会批复人保和太保在上海试点成立"航运保险事业运营中心"。12月29日和30日,两家航运保险事业运营中心先后正式成立,意味着保险公司对航运保险业务实施专业化经营体制改革,对航运保险业务实施一体化管理。其中,太保以航运保险事业总部作为航运保险业务经营管理的责任部门和利润中心,将原来分散在不同部门的市场拓展、承保理赔、财务核算、客户服务等经营职能都集中到该航运保险事业营运中心,受其经营委员会的直接领导。是时,包括该两家航运保险运营中心在内,上海保险市场已有36家财产保险公司从事船舶保险、货物运输保险以及出口信用保险业务。其中以公司资本性质不同划分,中资财产保险公司27家,外资财产保险公司9家;从经营险种划分,经营船舶保险的公司23家,经营货物运输保险的公司35家,经营出口信用保险的公司1家。同时,上海保险市场共有4家再保险公司从事航运相关再保业务。其中中国财产再保险公司为中资公司,其他三家为外资再保险公司,即劳合社(中国)有限公司、科隆再保险公司上海分公司和汉诺威再保险公司上海分公司。

是年,上海地区航运保险业务得到国家保监会和上海市地方各级政府的大力支持,呈现快速发展良好态势。航运保险市场规模扩大,全年船舶险和货运险总量达到21.94亿元,比上年增长30.9%,超过当年上海港吞吐量增速20个百分点,占全国相关业务量的17%。其中,船舶险业务总量9.94亿元,增速超过全国平均水平7个百分点,占全国船舶险保费总量的19.57%,主要集中在中资机构;货运险业务总量为12.00亿元,增速超过全国平均水平5个百分点,占全国货运险总量的15.63%,货运险业务相比船舶险业务更为分散,中外资保险机构市场份额基本相当。在航运保险险种方面,产品创新加快。美亚保险公司特别推出创新型险种"港口和码头综合保险""物流经营人综合责任保险"。行业内还就无船承运人责任险、租家责任险等新型业务进行相关客户调查研究,为相关产品的推出进行积极探索和准备。同时,保险中介机构参与航运保险业务程度也较高。全年上海地区专业保险中介机构参与促成的船舶险和货运险业务总量达到12亿元,共有10家大型保险经纪公司和代理公司经营与航运保险相关的业务。其中由专业保险中介机构参与促成的船舶险业务为6.70亿元,占全部船舶险业务的67.4%;参与促成的货运险业务为5.31亿元,占全部货运险业务的44.3%。年内,经中国保监会批准成立的国内首家专业船舶保险公估公司——上海船舶保险公估有限责任公司正式落户上海。相关政策推动航运保险业发展效果显现,全市共有33家公司享受国际航运保险业务免征营业税优惠政策,当年免征税额达5 504.23万元,与之相关的航运保险业务增量达到5.18亿元。自国务院《关于推进上海加快发展现代服务业和先进制造业建设国际金融中心和国际航运中心的意见》发布至2010年底,注册在上海的保险企业享受免征国际航运保险业务营业税额已达到7 941.39万元。税收优惠政策给上海带来航运保险业务的成本优势,从而有效加快该行业的业务聚集。

表6-2-1　2010年上海地区部分经营航运保险业务的保险公司名单表

中　资　企　业	
中国人民财产保险股份有限公司上海分公司	中银保险股份有限公司上海分公司
中国人民财产保险股份有限公司航运保险运营中心	紫金财产保险股份有限公司上海分公司
中国太平洋财产保险股份有限公司上海分公司	上海安信农业保险股份有限公司
中国太平洋财产保险股份有限公司航运保险事业营运中心	安邦保险股份有限公司上海分公司
中国平安财产保险股份有限公司上海分公司	民安保险(中国)有限公司上海分公司

（续表）

中资企业	
华泰财产保险股份有限公司上海分公司	安诚保险股份有限公司上海分公司
中国大地财产保险股份有限公司上海分公司	华安财产保险股份有限公司上海分公司
中国人寿财产保险股份有限公司上海分公司	都邦财产保险股份有限公司上海分公司
大众保险股份有限公司上海分公司	信达财产保险股份有限公司上海分公司
太平保险有限公司上海分公司	渤海保险有限公司上海分公司
阳光财产保险股份有限公司上海分公司	鼎和财产保险股份有限公司上海分公司
永诚财产保险股份有限公司上海分公司	中国出口信用保险公司上海分公司
天安保险股份有限公司上海分公司	英大泰和财产保险公司上海分公司
	中华联合财产保险公司上海分公司
外资企业	
三井住友海上火灾保险公司上海分公司	国泰财产保险有限公司
日本东京海上日动火灾保险株式会社上海分公司	丘博保险股份有限公司
美国美亚保险公司上海分公司	太阳联合保险公司
日本财产保险公司上海分公司	三星火灾海上保险（中国）有限公司
丰泰保险（亚洲）有限公司上海分公司	

资料来源：上海保险公司网站（2015 年 7 月）

第二节　航运交易

一、船舶交易

20 世纪 70 年代末至 80 年代，上海船舶交易主要通过专业公司及经纪人进行。1996 年，上海航交所成立后即开展船舶交易鉴证业务，为上海地区的船舶买卖提供咨询服务。是年，根据交通部规定和授权，在上海、浙江、江苏地区的二手船舶、废旧船舶买卖必须在上海航交所内进行。

2003 年 3 月，在上海市人民政府相关部门的大力支持下，上海航交所推出“船舶交易专用发票”，进一步为船舶交易价格提供鉴证服务，促进船舶买卖业务发展。翌年，上海航交所共收集发布船舶买卖信息 2 000 多艘次；完成船舶交易鉴证 125 艘次，其中新增业务涉及其他地区船舶交易鉴证达 50 艘次；船舶咨询服务成交 5 艘次；完成船舶评估 6 艘次。

2005 年，在继续完善全国性船舶交易全程服务基础上，上海航交所积极探索健全船舶交易的全程监管制度，努力打造规范的船舶交易市场。该所通过对国内船舶交易市场走访调研，系统分析国内船舶交易市场，尤其是国有资产（船舶）交易过程中存在的问题，从加强企业国有产权交易行为监管的角度出发，按照国家提出的“规范发展、合理引导、完善服务、促进流转”的产权交易原则，研究制订船舶交易挂牌、交易合同审核、交易合同复查、交易合同争议调解、合同档案管理和交易价款结算等一系列规范化交易规则,并向政府有关部门提出进一步完善船舶产权交易的政策及操作建议,对政府健全船舶交易监管制度、引导船舶交易市场健康发展,发挥积极促进作用。是年,该所共收集发布船舶买卖信息1 028艘次,完成船舶交易鉴证近120艘次。

2006—2007年,上海航交所积极探索建设与上海国际航运中心软环境相匹配的航运要素市场,对建立船舶交易信息平台的可行性进行探讨;从规范交易市场,务实、可操作的要求出发,组织专业人员设计船舶交易平台运作流程模式,制定从挂牌、合同审核直至合同争议调解等整个运作过程的全套交易规则和管理办法。2007年内,该所共交易船舶131艘次,成交船舶总价达到12亿元,二手船舶交易量在全国船舶交易总量中占主导地位。船舶交易对象从传统的普通船型拓展到更为专业的特殊船型,包括冷冻船、液化气船等,同时加大船舶评估的专业力度,规范市场运作、维护市场秩序。

2008年11月28日,由上海航交所建立的中华船舶交易网在上海正式开通。是为首个面向全国的大型二手船舶交易平台,为航运企业提供一个"阳光交易"平台,也是上海加紧打造国际航运交易中心、定价中心的最新举措。新网站具有公示公告、交易挂牌、查询统计、资讯评估、在线交流、业务指南、会员空间等7大功能。通过聚集全国范围内船舶交易挂牌信息,可有效压缩暗箱操作空间,将船舶买卖置于"阳光交易"之中,保证买卖双方在船舶交易时信息对称而又透明,保障双方的合法权益。该平台开始试运行后,保持运行平稳。交易服务机构和会员单位可通过用户名和密码登录全国性船舶交易信息平台,独立查询、统计和发布船舶交易信息。各会员机构对平台的总体反馈良好,并逐步在平台上发布信息。在上海航交所的积极努力和推动下,近一年中已有11家地方船舶交易服务机构成为会员单位。每周会员单位将各自二手船舶交易情况中的船舶名称、初次登记号、成交价格等信息汇总至上海航交所。面对始于2008年下半年的航运市场的低迷不振,作为航交所当时最主要的交易品种,二手船舶交易鉴证和服务却逆势上行。2009年1月至10月,该所共交易111艘船舶,交易船舶总价值达18.8亿,基本确立在国内船舶交易市场的核心地位。

2010年3月5日,交通运输部颁布《船舶交易管理规定》,自是年4月1日起施行。《规定》实施后,在国内船舶交易中,增加船舶进场交易、信息公示和成交信息报备三项制度。交易服务机构负责审核船舶交易资料、鉴证交易行为和开具交易发票;成交信息由交易市场汇总至全国统一的船舶交易信息平台;油船、化学品船、液化气船、客船等重点监管船舶进行交易时,必须在船舶交易信息平台进行信息公示,广泛接受社会监督。由此,船舶从"场外交易"进入"场内交易",交易信息进入全国统一的船舶交易信息平台。上海航交所受交通运输部委托,通过船舶交易信息平台接受各地船舶交易服务机构的船舶交易信息报送,定期汇总发布船舶交易信息和市场行情。在收集、汇总、发布船舶交易信息过程中,船舶交易信息平台严把信息报送关,在审核报送信息时,审核人员严格检查船舶交易材料,不放过任何疑点。在着力建设全国船舶交易信息平台、汇总全国二手船成交信息的同时,上海航交所还积极收集全球二手船、新造船、废钢船的市场信息,生成典型船舶的交易估价,形成周、月、年度船舶交易信息报告,并研究开发船舶交易的增值信息等,服务宏观经济,成为中国船舶交易信息备案中心。该所先后开发有《上海船舶价格指数》(含5个船型指数和17种典型船舶估价)、《中国船舶交易信息公报》《国内船舶交易市场周评述》《国际船舶交易市场月评述》等信息产品。经过一段时间运行,作为船舶交易信息集结地,船舶交易信息平台在业界已具有相当大知名度,成为交通运输部掌握国内船舶交易状况的一个有效途径和船东了解行情的可靠窗口。

2010年,上海共完成船舶交易196艘次,船舶交易总价值31亿元,同比分别增长44.1%和24%,连续五年创下历史新高。交易的品种由原先较为单一的散杂货船、集装箱船、油船等扩展到冷藏船、挖泥船、工作船、液化气船等特种船型，基本实现全覆盖。在交易业务类型上得到进一步充实，拍卖、评估、招投标、法律咨询等服务比重有所提升，并与各大银行保持联系沟通，洽谈合作船款流转、船舶融资等业务，为客户提供更完善的船舶交易增值服务链。“中国船舶交易信息平台”平稳运行，接受各地船舶交易服务机构的船舶成交信息报送。全国已有26家船舶交易机构成为平台会员，全年平台公示成交船舶91艘次，接受1 057艘次船舶的成交信息报送。

二、运价交易

20世纪90年代，上海航交所推出中国出口集装箱运价指数(CCFI)，该指数成为继波罗的海干散货运价指数(BDI)之后的世界第二大运价指数。在此基础上，2009年10月16日，上海航交所开发的新版上海出口集装箱指数(SCFI)正式发布，其在时效性、表征性和权威性等方面作了重要改进，为开发航运指数衍生品交易奠定坚实基础。

2010年1月15日，为适应国际集装箱运价指数衍生品开发需要，完善中国出口集装箱运价指数体系，以SCFI指数为结算标准，采用场外现金结算的掉期合同形式，达成全球首笔集装箱运价掉期协议。2010年6月，上海航交所与伦敦清算所和新加坡交易所亚洲结算行签署指数使用协议，授权两家清算机构使用SCFI作为全球场外交易(OTC)集装箱运价掉期合约的结算标准。由国际结算所提供清算服务的国际集装箱运价衍生品交易包含4条航线，分别为上海—美东、上海—美西、上海—西北欧和上海—地中海航线。以SCFI作为结算依据的掉期合约推出，填补国际集装箱衍生品交易领域空白，为班轮运输业提供了一个套期保值和运价风险管理工具。上海航交所为适应SCFI指数衍生品国际交易需要，还聘请国际著名的会计师事务所毕马威对指数进行审计，并出具审计报告，使指数权威性、规范性得到进一步体现。

为贯彻落实国务院《关于推进上海加快发展现代服务业和先进制造业建设国际金融中心和国际航运中心的意见》中关于“丰富航运金融产品，加快开发航运运价指数衍生品，为我国航运企业控制船运风险创造条件”的要求以及交通运输部和上海市人民政府《加快推进国际航运中心建设合作备忘录》，上海航交所积极推进运价指数中远期电子交易工作，于2010年10月由该所、上海市虹口区国有资产经营有限公司等单位发起成立“上海航运运价交易有限公司”(简称SSEFC)，探索开展航运运价衍生品交易业务。该公司是由上海航交所控股的全球首个航运运价第三方集中交易平台，其致力于建立一个创新发展、制度健全、功能完善、技术领先的世界一流航运衍生品交易平台，服务于上海国际航运中心和国际金融中心建设，支持中国航运经济转型发展，成为立足国内、影响世界的国际航运定价中心。

图6-2-2 2011年6月28日上海航运运价交易有限公司在沪开市

(照片提供：上海航交所总经办)

(续记：2011年6月28日，上海航运运价交易有限公司(SSEFC)已在沪开市。是日上午，航运运价中远期交易第一批交易成交。同时，大屏幕上同步呈现航运运价中远期交易实时行情。

SSEFC总裁宣布航运运价交易正式开市，并向到场嘉宾公布交易数据：欧洲航线10月合同EU1110开盘价为866美元/TEU，美西航线10月合同UW1110开盘价是1 658美元/FEU。同时宣布公司已推出上海出口集装箱中远期运价交易产品，包括上海—欧洲、上海—美西两条航线；中国沿海干散货中远期运价交易、国际远洋干散货中远期运价交易等交易品种也待适时推出。航运运价中远期交易旨在为船公司、货主、货代、无船承运人、贸易商和投资人等进行航运运价交易活动提供服务。是时，中国银行、工商银行、兴业银行和南京银行等银行已率先成为SSEFC的首批结算银行。)

第三节　航运经纪

1998年，上海也是国内第一家航运经纪人公司——上海经纬航运经纪有限责任公司在沪开业，主要为船货双方提供租船、揽货服务，利用其拥有丰富航运市场信息的优势，为船舶揽到足够的货载，为货主寻找合适的船舶和避免运输中的风险、从而为提高船货双方经济效益服务。

但及至2000年12月15日，上海市第十一届人民代表大会常务委员会第二十四次会议通过的《上海市经纪人条例》，尚无航运经纪人类别，使得整个市场较为无序，影响了上海航运服务能力的提升。是时，上海尚无一家航运经纪公司在国内注册。

2009年4月14日，国务院发布《关于推进上海加快发展现代服务业和先进制造业建设国际金融中心和国际航运中心的意见》，明确提出上海要大力发展航运经纪等航运服务机构，拓展航运服务产业链。同年，交通运输部水运局同意上海在航运经纪市场准入方面进行先行试点。为贯彻落实国务院文件精神，上海市人民政府出台的“实施意见”也明确要求推动发展航运经纪人业务，并在上海国际航运中心建设2010年重点工作安排中，要求市交通港口局会同市工商局等部门“培养航运经纪人才，研究建立航运经纪人资格准入制度，研究成立航运经纪人行业组织”。由此，航运经纪公司无法在国内注册的局面终被打破。是年12月，上海市交通运输和港口管理局会同市工商局等部门，启动航运经纪发展政策和规范管理制度研究工作，并与虹口区政府等就航运经纪市场准入的操作性问题进行深入研究，基本达成一致意见。同年12月9日，作为上海国际航运中心软环境建设的一部分，上海也是国内首家航运经纪人俱乐部在上海国际航运研究中心成立，由上海国际航运研究中心牵头，联合在全球具有较大影响力的船舶经纪公司、保险经纪公司、租船经纪公司、全国唯一的船舶产业投资基金管理公司以及著名海事律师事务所等九家单位共同发起。时航运经纪人俱乐部成员包括Chinica Shipbroking(上海祥华船务咨询有限公司)、中船产业投资基金、Arrow Asia Shipbrokers Ltd.(箭亚船舶经纪有限公司)、上海津洋船务有限公司、Marsh［Hong Kong］Limited(达信风险管理及保险服务［香港］有限公司)、上海华利律师事务所、伟马集团、上海辛浦森航运咨询有限公司和精英租船有限公司等多家单位。该航运经纪人俱乐部的成立，旨在通过行业规范建设、学术交流、职业培训等一系列活动，逐步塑造其成员在国际航运市场上的良好信誉，为形成一个公平、公正、公开、宽松与

图6-2-3　2009年12月9日国内首家航运经纪人俱乐部在上海成立

(照片提供：上海新航信息科技公司)

经纪友好型的市场环境，培养专业、守法、有职业操守的航运经纪人；组织会员打造高端航运服务群品牌，并在政府各部门和业界的支持下，针对航运保险发展等关键问题提出务实的解决方案。

2010 年 3 月 5 日，交通运输部正式发布的《船舶交易管理规定》，第一次把“船舶交易经纪”写入规范性文件。通过我国船舶交易经纪人的准入制度加强船舶交易经纪人的培训、考核和资质认定，以及船舶交易市场对船舶交易经纪人的会员管理，规范船舶交易经纪人行为，改善船舶交易经纪人的综合素质，提高船舶交易经纪人的信誉。同月 12 日，在上海国际航运研究中心举行的专题研讨会上，来自业界和政府的代表一致表示，航运经纪人在航运市场上的作用十分重要，上海要尽快培育航运经纪人队伍，扩大自身在航运资源配置方面的话语权。

同年 6 月 9 日，上海市正式启动第一批航运经纪人准入试点工作。先后召开一系列工作推进会，反复调研、论证、协调、磋商和酝酿，推动航运经纪有关政策在虹口区北外滩先行先试，并取得重大进展。受市交通港口局和市工商局委托，上海市执业经纪人协会于是年 7 月 10 日在北外滩首次举行航运经纪从业人员资格考试，全市共有 195 人报名参加考试，135 人考试合格，取得《经纪执业资格（航运）考核合格证明》。7 月 29 日，上海市交通港口局、市工商局、市商务委、虹口区政府共同举办“首批航运经纪公司颁照仪式”，这也是中国内地首次颁发航运经纪人证书，标志着内地航运经纪人正式合法化走向市场。首批获准注册成立的 9 家航运经纪公司分别是：克拉克森航运经纪（上海）有限公司、上海辛浦森航运经纪有限公司、百力马航运经纪（上海）有限公司、百利航运经纪（上海）有限公司、毅联汇业航运经纪（上海）有限公司、祥华航运经纪（上海）有限公司、上海菁英航运经纪有限公司、上海津洋航运经纪有限公司、上海海高航运经纪有限公司。此举填补了我国航运经纪领域的空白，对上海国际航运中心建设的推进具有里程碑意义。该 9 家公司此前已在境外从事国际航运（船舶）经纪业务，在境内拥有联络点，具有一定影响力，其成功办到工商登记注册，取得航运经纪营业执照后，可正式以中国市场主体身份参与航运经纪活动。是年，这一群体已逐步显现其存在价值，研发出“中国新造船价格指数 CNPI”，亦正在研究建立人民币 FFA（远期运费协议）市场。但由于航运经纪尚处于成长起步阶段，缺乏国际竞争力，总体距上海国际航运中心建设的要求尚有明显差距。

第三章　其他航运服务

自 20 世纪 80 年代始，上海海事司法和仲裁、航运信息和咨询以及报关、电子口岸、第三方船舶管理等航运服务系统逐步形成，其作为上海现代航运服务体系的组成部分，虽大多问世时间不长，有的仅有一两年历史（至 2010 年），但在上海国际航运中心建设的强力带动下发展迅速。至 2010 年末，这些航运服务系统都已取得令人瞩目的成就，在上海航运界发挥出日益重要的作用。

第一节　海 事 司 法

一、海事法院

【案件受理】

20 世纪 80 年代，上海海事法院建院之初，根据全国人大常委会和最高人民法院决定，主要管辖上海、江苏沿海海域和长江浏河口以下水域范围内的海事侵权、海商合同、海事请求保全、海事执行及其他海事海商纠纷案件,涵盖江苏、上海、浙江、福建沿海海域和部分内河流域的18种海事案件。案件纠纷主要集中在海上、通海水域货物运输合同货损货差纠纷和欠费纠纷,年均收案量90件。

90年代,我国集装箱运输跨入迅猛发展时期,也引起新类型案件层出不穷。虽然厦门和宁波两家海事法院相继成立,上海海事法院管辖范围大幅缩减,但面对海上贸易前所未有蓬勃发展,收案量仍逐年上升,受理案件类型有所扩大,其中货运代理合同纠纷数量上升,集装箱运输引起的案件增多。

1999年12月25日,第九届全国人大常委会第十三次会议通过《中华人民共和国海事诉讼特别程序法》(以下简称《海诉法》),自2000年7月1日起施行。根据海诉法的规定,审理海事案件可以适用简易程序,即可以由独任法官一人审理而不必组成三人以上的合议庭。通过有重点地开展简案简审工作,适用简易程序审理海事案件的范围得到有序扩大,受理案件数量明显增加。

进入2000年后,上海海事法院年均收案量进入快速上升期。2000至2003年,共受理一审、执行等各类案件3 352件,结案3 718件,案件涉及40多个国家和地区,包括美、英、法、德、俄、日等国际上各主要海运贸易国家和地区。其中,根据《海诉法》专门规定的海事强制令、扣押船舶、海事证据保全等海事特别程序案件,因其程序简便,诉讼成本低,并能较好地保护当事人权益,受案数量呈直线上升趋势。期间,受理海事请求保全案件85件,海事强制令案件38件,海事证据保全案件20件,设立海事赔偿责任限制基金案件6件,债权登记与受偿程序案件33件。扣押美、日、德、韩、朝鲜、伊朗等国籍的船舶83艘,拍卖阿拉伯联合酋长国籍"示芭"轮和俄罗斯籍"土克曼尼斯坦"轮,标的分别为1 300万和67.5万美元。同时,审结一批广受社会和业界关注、影响较大的海事案件,如"永怡"轮债务清偿案、"土克曼尼斯坦"轮欠付船员工资案、"奥丽安娜"轮欠付码头费用案、法国"达飞"轮因遇"派比安"台风致100多只集装箱落海受损的15起系列案件、"示芭"轮抵押贷款合同案等。在审理涉及船舶碰撞、人身伤亡损害赔偿、港口作业及其他权益纠纷等海事侵权案件时,上海海事法院根据《海诉法》的程序规定和举证要求,科学、合理地认定双方当事人的责任,全力维护其中作为社会弱势群体的渔民、船员的合法权益。自2000年至2003年,该院共受理101起海事侵权案件,其中海上人身伤亡案件47件,船舶碰撞案件40件。许多纠纷都起因于多船损毁或多人伤亡事故,给受害方造成财产、身心上很大损害,亟待司法机关给予救助。

从1984年至2004年的20年中,上海海事法院共受理各类案件约1万件,一审结案标的总额约人民币50亿元,案件涉及亚、欧、美洲40多个国家和地区。

2005年,上海海事法院精心审结一批重大、疑难案件。《最高人民法院公报》先后登载了上海海事法院审理的江苏省海外企业集团有限公司与丰泰保险(亚洲)有限公司上海分公司海上货物运输保险合同纠纷案,以及浙江省纺织品进出口集团公司与中国台湾长荣国际储运股份有限公司海上货物运输合同无单放货纠纷案。前一案的判决适用英国《1906年海上保险法》,受到国内外业界关注。后一案的判决得到台湾地区桃园地方法院认可,成为台湾地区三级法院认可的首例内地法院商事判决。在上海中大德威国际货运有限公司与美国美瑞股份有限公司诉前保全货物案中,审判人员依法平衡和保护三国四方当事人权益,妥善解决该起涉及美国法院具有域外效力的复杂纠纷。在洋山深水港区建设期间,审结3起发生在该区域海事纠纷。以人民币139万元价格成功拍卖伯利兹籍"七星"轮,涉及船员、企业的案件也得到公正审理。其一系列审判活动,有力促进了司法公正,维护了司法权威。同时,该院调解能力也逐步加强,当年一审调解撤诉结案率达到54.9%,同比上升8.1%。至是年末,上海海事法院建院后首次年收案过1 000件。一审涉外(含涉港澳台)

案件收 243 件，同比上升 44.6%；结 284 件，同比上升 21.4%。境外当事人来自美、英、德、日、加拿大、秘鲁、墨西哥、澳大利亚、挪威、希腊、以色列、巴拿马、马耳他等国家。

2006 年，上海海事法院共受理一审、执行等各类案件 1 234 件，结案 1 211 件，同比分别上升 23.2%和 18.5%。在一审收案中，海商合同案件和海事侵权案件分别占 79.6%和 5.4%，其中海事纠纷比较集中的海上货物运输、无单放货、货运代理等案件合计占 65.3%，涉外案件占 40.06%。在结案方式上，一审结案中判决 325 件，调解 189 件，撤诉 323 件，分别占 38.8%、22.6%和 38.6%。结案标的总金额为 6.39 亿元，其中，海事海商案件 5.26 亿元，占 81.8%；执行案件 1.16 亿元，占 18.2%。是年初，该院设立洋山深水港派出法庭，对洋山深水港区及附近海域的海事海商纠纷行使司法管辖权。一年中，洋山深水港派出法庭共受理案件 86 件，审结 47 件。当年，上海海事法院还撰写出版“海事精品案例丛书”，包括《无单放货案例精选》《海上保险、保险代位求偿案例精选》《海事侵权案例精选》《货运代理案例精选》等；开展“完善海事司法模式的思考与实践”及“物流发展对海事审判的影响和应对”两项重点课题调研，撰写总计 7 万字的调研报告，得到上级法院和专家肯定，对促进海事审判工作起到良好借鉴作用。

图 6－3－1 2010 年 7 月 13 日上海海事法院召开新闻发布会

（照片提供：上海船东协会）

2008—2009 年，上海海事法院收案中，以海上、通海水域货物运输合同纠纷和货运代理合同纠纷案件居多，船员劳务合同、船舶修理建造买卖、港口作业纠纷、财产保全等案件也有上升。全球金融危机对造船业的影响已逐步反映到海事诉讼中，涉及船舶的案件增幅较大。2008 年，该院共受理一审、执行等各类案件 1 630 件，同比上升 11.2%；年结案 1 610 件，同比上升 24%。受理案件中，一审案件 1 280 件，执行案件 349 件，申诉案件 1 件。年结案标的总金额为人民币 13.9 亿元，同比上升 23.8%。一审收案中，海商合同案件占 82.7%，海事侵权案件占 6.3%，特别程序案件占 11%。海商合同案件中，海上、通海水域货物运输合同案件和货运代理合同案件占 86%。海事侵权案件中，船舶碰撞案件和人身伤亡案件占 78%。一审涉外、涉港澳台案件收案 314 件，其中涉外 252 件，涉港 57 件，涉台 5 件。案件涉及美国、日本、德国等 40 多个国家和地区。在结案方式上，一审结案中判决 400 件，占 31.45%；调解 349 件，占 27.44%；撤诉 385 件，占 30.27%；其他结案方式 138 件，占 10.9%。调解和撤诉共占 57.71%，同比上升 14.41 个百分点。海事执行案件收案 349 件，同比上升 46%；执结 336 件，同比上升 68%。2009 年，该院受理的海上、通海水域货物运输合同纠纷和货运代理合同纠纷案件，占海商合同收案总数的 79.26%。其中，货运纠纷收案数量同比上升 56.07%，主要原因在于受国际贸易市场行情下滑影响，贸易买方违约、弃货情况增多，造成船公司追讨运费案件大幅上升；船公司运输业务量和利润空间削减，导致一些原本可以通过经营活动消化的纠纷进入司法诉讼程序。货代纠纷收案数量同比下降 28.92%，其原因与货代市场交易量减少，一批资质较差、纠纷较多的货代企业被市场自然淘汰，“赊销”的经营方式相对减少等因素有关。

2010 年，上海地区海事海商纠纷案件总量上升，其中，新型案件数量明显增多。随着上海国际航运中心、国际金融中心建设的深入推进,海上保险、租船合同等案件数量上升,出现了海上(通海水域)运输联营合同纠纷、船坞建造合同纠纷等新类型案件,涉船类案件同比上升45.6%。是年上海海事法院共受理一审、执行等各类案件1 878件,同比上升7.81%。年结案1 884件,同比上升9.03%。受理案件中,一审案件1 506件,执行案件370件,申诉及申请再审案件2件。年结案标的总金额为人民币14.31亿元,同比上升2.06%。一审收案中,海事海商合同案件占85.1%,海事特别程序案件占14.9%;其中海上货物运输、货运代理案件合计占70.0%。一审涉外、涉港澳台案件共收351件,其中涉外260件,涉港85件,涉台6件,案件涉及美国、德国、英国、澳大利亚等30多个国家和地区。在结案方式上,一审结案中判决462件,占35.5%;调解378件,占29.0%;撤诉407件,占31.2%,其他结案方式占4.3%。

表6-3-1 1984—2010年上海海事法院受理海事案件情况统计表

单位:件

年份	收案	结案	年份	收案	结案
1984	10	5	1998	971	863
1985	63	45	1999	941	1 105
1986	97	64	2000	911	1 269
1987	75	77	2001	875	918
1988	120	82	2002	767	789
1989	171	107	2003	799	742
1990	163	128	2004	881	896
1991	189	135	2005	1 002	1 022
1992	224	120	2006	1 234	1 211
1993	257	220	2007	1 466	1 299
1994	405	298	2008	1 630	1 610
1995	686	490	2009	1 742	1 728
1996	542	634	2010	1 878	1 884
1997	598	641			

资料来源:上海海事法院

【部分案例】

扣押巴拿马籍“帕芝”轮 1984年10月24日,上海海事法院建院之初,在国内没有相关立法和海事司法实践的情况下,首次依法发出扣押船舶命令,实施诉讼保全,在宁波港裁定扣押巴拿马籍“帕芝”轮,成为中国海事审判中首例成功扣船案例,司法扣船的程序性实践大获成功。其后数年间,最高人民法院结合国际惯例,先后出台一批司法解释以明确和规范船舶扣押制度。

希腊籍“阿加米能”轮拖锚钩损过江电缆案 1984年11月26日,上海海事法院参照国际惯例,针对希腊籍“阿加米能”轮拖锚钩损过江电缆案,首次对责任人的船舶实施诉前保全,并判决被告赔偿因违章航行造成的全部损失。“阿加米能”轮案,表明我国确认海事请求人可在诉前申请财产保全的国际通例，是国内较早的涉外海事侵权案和最早的涉外诉前扣船案。最高人民法院审判委员会在有关决定中指出，该案可供各级人民法院借鉴。随后，在《民事诉讼法》制定时也借鉴采纳该案的成功做法，建立"诉前财产保全"制度。

拍卖外籍船舶"帕莫娜"轮 1985 年 10 月 18 日，上海海事法院依法在沪拍卖巴拿马索达·格兰特航运有限公司所属的"帕莫娜"轮，并以拍卖所得清偿该公司所欠的有关债务。"帕莫娜"轮是一次非常成功的拍卖，既是我国海事法院首次拍卖船舶，也是我国法院首次拍卖外籍船舶。

上海首例海洋污染纠纷("海利"轮)案 1985 年 10 月，上海海事法院受理上海首例海洋污染纠纷案。东方船务公司所属"海利"轮在浙江温州附近海域产渔区与其他船舶发生碰撞后沉没，"海利"轮所载油类和其他化学物品大量泄露，导致严重海洋污染。浙江温州市渔民协会要求东方船务公司赔偿损失 1 250 多万元。"海利"轮案首次将环境影响评价方法引入司法审判领域，作为法院审理裁决海洋污染案件的主要依据。

日籍"臼杵先锋"轮撞损北仑港 10 万吨级码头引桥案件 1985 年 12 月 30 日，日本国田中产业株式会社所属的"臼杵先锋"轮遇大风后多次撞击北仑港 10 万吨级码头引桥，造成该码头桥梁多处受损，经济损失严重。原告宁波港务局向上海海事法院提起诉讼时，索赔金额高达 1 810 万美元，而被告船方则认为损失不大，仅愿意赔偿 20 万美元。鉴于涉案事故发生当时进行的现场司法勘验材料不足以证明受损事实，且原、被告对该事实存在严重分歧，上海海事法院依据《民诉法》中有关规定，在海事审判中首次引入专家鉴定的证据形式，委托国内地下基础、桥梁设计权威机构和专家对北仑港码头桥梁受损情况进行鉴定，并以此作出公正判决。

福建宁德地区经济技术协作公司与日本日欧集装箱运输公司海上货物运输纠纷案 1986 年 3 月，上海海事法院受理福建宁德地区经济技术协作公司与日本日欧集装箱运输公司海上货物运输纠纷案，是为我国较早审理国际海运预借提单及集装箱运输损害赔偿纠纷案件。该案的审理直接涉及当时我国法律未明确规定的预借提单是否属于侵权行为这一法律问题。对此，上海海事法院在审理过程中借鉴《维斯比规则》，并参照 1924 年《统一提单的若干法律规定的国际公约》规定。此案被作为典型案例载入最高人民法院公报，而此案例确立的原则最终为我国《海商法》所吸收，成为《海商法》的立法借鉴。

"爱丽丝·奥登道夫"轮触碰码头设施案 1999 年 10 月 9 日，上海船厂建造的"爱丽丝·奥登道夫"轮试航，途经上海集装箱码头有限公司所属军工路码头时，与正在作业的 J103 桥吊发生碰撞，造成该桥吊当场倾覆。为此，上海集装箱码头有限公司诉请判令上海船厂赔偿经济损失，金额高达人民币 8 200 余万元。该案是当时上海最大的一起船舶触碰码头设施案。

拍卖外籍船舶"土克曼尼斯坦"轮 2000 年 9 月 8 日，上海海事法院根据新颁布的"海诉法"规定的程序，首次公开拍卖俄罗斯籍"土克曼尼斯坦"轮。其受理的俄籍"土克曼尼斯坦"轮系列案件，债务人船东和包括俄罗斯籍船员和挪威公司在内的 33 个债权人大部分是外方当事人。

受理首起海事行政诉讼案 2001 年 12 月 26 日，上海海事法院开庭审理首起海事行政诉讼案件，原告叶海国以上海海事局作出的处罚决定书认定事实不清、处罚内容违法为由诉至上海海事法院，要求依法撤销该处罚决定书。上海海事法院经审理后认为被告上海海事局对原告叶海国作出海事行政处罚决定，行政执法主体合法。被告对原告叶海国作出的港监罚字[2001]1002016 号海事行政处罚决定事实清楚，证据充分。惟被告上海海事局举行听证会的行政执法程序和海事行政处罚内容违反法律规定。依照《中华人民共和国行政诉讼法》第五十四条第(二)项第二目、第三目、

《中华人民共和国行政处罚法》第四十二条第(二)项、《中华人民共和国水上安全监督行政处罚规定》第五十八条第(一)项的规定,该院于2002年3月26日作出判决:撤销被告中华人民共和国上海海事局2001年9月6日对原告叶海国作出的港监罚字[2001]1002016号海事行政处罚决定。案件受理费人民币1 010元,由被告中华人民共和国上海海事局负担。宣判后,当事人在法定期限内未提出上诉。

拍卖外籍集装箱船"示芭"轮 2002年1月,原告德国再建设银行因与被告阿联酋阿布达比集装箱航运公司发生船舶抵押贷款合同纠纷,向上海海事法院提起诉讼。起诉前,法院根据原告的申请,裁定扣押被告所属阿拉伯联合酋长国籍集装箱船"示芭"轮(M/V"ADCL SHEBA")。5月,依据《海诉法》规定,上海海事法院依法拍卖"示芭"轮,拍卖价为1 300万美元。"示芭"轮是上海拍卖价格最高、技术最先进的集装箱船。在随后债务清偿过程中,该院尝试在尚有部分债权未确定的情况下,对具有优先性抵押债务进行清偿并取得成功。从扣船、拍卖到清偿,仅用境外法院审理所需时间不到一半和所需费用不到三分之一,就彻底解决涉及该轮纠纷。挪威报刊就此案成功解决,在题为《中国法院的裁决赢得了赞誉》的报道中写道:"由于中国在过去几年里对外国当事人的透明度加大,上海海事法院声誉正在不断提高。上海海事法院在处理国际海事索赔案件中显示出相当的法律理念和务实态度,选择在上海诉讼要比在周边一些法院更为可靠和经济。"

"大勇"轮与"大望"轮碰撞导致海洋污染案 2002年4月,韩国S公司(Sekwang Shipping Co. Ltd.)"大勇"轮在长江口与中国香港籍"大望"轮发生碰撞,导致700余吨有毒、易燃、易爆、易挥发、强污染的化学品苯乙烯溢流污染海域,引起社会各界广泛关注。在设立海事赔偿责任限制基金程序中,上海海事局、农业部东海区渔政渔港监督管理局、上海市环境保护局参加诉讼活动。其中,东海渔政代表国家向两家船公司提起标的金额达9 000多万元人民币的巨额索赔。是为上海海事法院受理的首起因海洋污染损害赔偿引起的以国家为索赔主体的案件。

预期扣押外籍船舶"安蒂诺"轮 2003年,上海海事法院应当事人申请,预期扣押周六到港的外籍"安蒂诺"轮。实施预期扣船,即提前审核扣船申请并制作相应法律文书,在船舶进港后即刻实施扣押。此种做法主要针对少数船舶有意将进港作业安排在法院工作日之外的时间,完成装卸作业后立即离去的规避保全的情况,因而取得良好法律和社会效果。

"光芒"轮倒签提单案 2004年,上海海事法院审结的"光芒"轮倒签提单案是一起较为敏感的涉外案件。因该轮实际属朝鲜所有,引起多次外交照会,外交部和市政府外办高度重视。而在"光芒"轮被扣的113天时间里,上海地区多次出现强台风,给船舶安全带来威胁。该院始终把朝鲜籍船员的人身以及船货财产的安全放在首位,同相关部门多方协作,保障船舶供给,疏导船员激动情绪。同时积极争取市高院、市外办和外交部领事司的支持,与朝方多次沟通,最后促成双方和解,取得良好社会效果。

"韩进・宾夕法尼亚"轮火灾系列案 2004年,在"韩进・宾夕法尼亚"轮火灾系列案中,针对逾亿元的经济损失,货主与保险公司分别聘请律师在德国、英国及我国大陆地区提起追偿诉讼。仅上海海事法院受理的16起系列案件,当事人就涉及5个国家或地区。

台湾地区法院认可大陆海事法院判决的首例商事案件 2006年,上海海事法院对浙江纺织品进出口集团有限公司诉(台湾)立荣海运股份有限公司海上货物运输无单放货纠纷案作出判决,经上海市高级人民法院终审维持后,由台湾地区三级法院裁定在台湾地区生效。该案成为台湾地区法院认可大陆法院裁决的首例商事案件,并在台湾正式进入债权执行阶段。该案被《人民日报》《人民法院报》《法制日报》《解放日报》、台湾的《中华时报》、香港的《大公报》等多家媒体相继报道。

中威轮船公司、陈震、陈春诉日本商船三井株式会社定期租船合同欠款及侵权赔偿纠纷案 20世纪30年代"中国船王"陈顺通将两艘轮船借给日本商船三井，轮船在日本侵华战争中沉没。陈家三代人相继在日本东京、中国上海提起诉讼。1988年，上海海事法院受理中威轮船公司、陈震、陈春诉日本商船三井株式会社定期租船合同欠款及侵权赔偿纠纷案。2007年，上海海事法院一审判决：商船三井株式会社支付和赔偿陈春、陈震租金和损失2 916 477 260.80日元，约合人民币2亿元。（续记：2014年4月19日，上海海事法院为执行生效民事判决，依照《中华人民共和国民事诉讼法》《海诉法》的有关规定，对被执行人日本商船三井株式会社所有的226 434吨"BAOSTEEL EMOTION"货轮实施了扣押，引起全世界关注。）

表6-3-2 1985—2007年刊载于《最高人民法院公报》的部分案例

案例名称	日期出处
《格布·舍马克尔有限合伙公司与上海市对外贸易总公司随船债务转移纠纷案》	1985年第3期
《上海供电局与保罗的斯船务公司海事损害赔偿纠纷案》	1986年第1期
《中国武汉长江轮船公司海员对外技术服务公司诉巴拿马索达·格莱特航运有限公司船员雇佣合同纠纷案》	1988年第1期
《利比里亚海洋航运有限公司诉前申请扣押土耳其玛迪租船公司货物案》	1988年第2期
《美国梯·捷·斯蒂文逊公司与欧文信托公司诉利比里亚詹尼斯运输公司追索垫付船员工资、船舶费用纠纷及行使船舶抵押纠纷案》	1989年第1期
《福建省宁德地区经济技术协作公司诉日本国日欧集装箱运输公司预借提单侵权损害赔偿纠纷上诉案》	1989年第3期
《中国人民保险公司浙江省分公司诉广州远洋运输公司和中国对外贸易运输总公司上海分公司海上货物运输合同及代理纠纷案》	1994年第1期
《中国抽纱公司上海进出口公司诉中国太平洋保险公司上海分公司海上货物运输合同纠纷案》	2001年第3期
《斯达迪船务有限公司与中海发展股份有限公司船舶无接触碰撞损害赔偿纠纷案》	2001年第5期
《韩国SEKWANG船务公司申请设立海事赔偿责任限制基金案》	2003年第5期
《江苏外企公司诉上海丰泰保险公司海上货物运输保险合同纠纷案》	2005年第11期
《浙江纺织公司诉台湾立荣公司海上货物运输合同无单放货纠纷案》	2005年第12期
《连云港外代公司诉连云港港务局、港明实业公司、港明贸易公司无单放货侵权赔偿纠纷案》	2006年第7期
《中国人民财产保险股份有限公司浙江省分公司诉上海瀚航集运有限公司海上货物运输合同货物灭失代位求偿纠纷案》	2007年第10期

资料来源：上海海事法院

二、海事仲裁

改革开放初期,随着上海海洋运输业的发展,海事纠纷逐渐增多。是时,由中国海事仲裁委员会在上海设置的上海分会开展海事仲裁服务。2004 年 10 月 1 日,中国海事仲裁委员会新的仲裁规则开始实施。新规则明确中国海事仲裁委员会上海分会的地位,降低仲裁收费标准,加快仲裁程序,进一步体现当事人意思自治原则,并将受案范围扩大到包括航运物流在内的当事人提交的一切争端。是年,中国海事仲裁委员会上海分会受理 32 件仲裁案件,争议标的 1.5 亿元人民币。案件类型有船舶碰撞、提单、租船合同、造船合同、货运代理合同、保险合同、物流、渔业争议等。

2005—2006 年,中国海事仲裁委员会上海分会共受理 60 多件仲裁案件,争议标的 2.5 亿多元人民币。案件类型包括提单、租船合同、造船合同、海上运输合同、货运代理合同、保险合同、销售合同、船舶买卖、船舶碰撞、沉船打捞、物流、渔业争议等。

2007 年,该分会受理案件类型中以船舶碰撞案件所占比重较大,约占 1/3 以上。中国海事仲裁委员会上海海事调解中心全年受理 6 个船舶碰撞案件,其中 5 个已结案,当事人达成和解协议,或者进入仲裁程序做出仲裁裁决书,在航运界产生重要影响,并被国外保障协会认可,为海事纠纷的解决找到一条公正高效的途径。中国海事仲裁委员会上海分会在港口一线及时解决争议、提供良好服务的优势得到体现。全年共受理仲裁案件 33 件,争议标的 8 854 万元;审结案件 32 件,其中撤案 4 件,和裁 16 件,裁决 12 件,分别占 12.5%、50%和 37.5%。翌年,该分会仲裁与调解相结合的争议解决方式比例增高,案件类型涉及租船合同、提单、货运代理、船舶碰撞、船舶买卖、渔业纠纷、船员劳务等争议。共受理仲裁案件 34 件,争议标的 7 000 万元,审结案件 25 件,其中裁决 6 件、和裁 16 件、撤案 3 件。

2009 年,该分会共受理案件 57 件,同比增长 65%;受案争议金额为 11.1 亿多元,同比增加 38 倍。案件涉及境外当事人包括日本、韩国、澳大利亚、新西兰、新加坡、马耳他、挪威、马绍尔、意大利、法国、美国、香港等 12 个国家和地区。审结案件 44 件,其中 10 件采用国际通行的简易书面审理方式。在受理案件中指定仲裁员达 68 人次,共有 40 名仲裁员参与审理案件,占上海地区海事仲裁员人数的 70%。是年 6 月,该分会调解上海首个发生在吴淞口的一起船舶碰撞纠纷,得到快速解决。该案发生于当年 1 月 31 日,7 万吨散货船“飞越”轮与 1 800 吨散货船“福兴 8 号”轮在临近吴淞口的黄浦江上发生碰撞,“福兴 8 号”轮严重受损,“飞越”轮也有轻微损伤。经协商,事故双方决定委托中国海事仲裁委员会上海分会对此案进行调解。中国海事仲裁委员会上海分会认定“福兴 8 号”轮违反海事规定横穿航道,应负事故主要责任,“飞越”轮瞭望时疏忽且对危险估计不足,应负次要责任。事故双方均同意这一认定,签署了调解协议书。

图 6-3-2 2009 年上海国际航运仲裁院在沪成立

(照片提供:上海船东协会)

同年,上海国际航运仲裁院成立,当年即受理案件 8 件,争议标的 3 720 余万元。受理案件中，3 件为物流仓储合同纠纷，2 件为运输合同纠纷（包含一件海上货物运输合同纠纷），2 件为购销合同纠纷（船舶配件及造船材料），1 件为承揽合同纠纷（船舶舾装），案件类型涉及航运业多个方面。当年内结案归档 5 件，其中 3 件案件的当事人和解后撤回仲裁申请，1 件案件的当事人在仲裁员主持下达成调解，1 件案件以裁决方式结案。（未在当年结案的 3 件案件中，2 件已于 2010 年 2 月做出裁决）是年 11 月，该院审结一起海上货运提单纠纷案件，该案是上海国际航运仲裁院成立后首个海商纠纷案件。双方当事人系有长期合作关系的货运代理企业，在纠纷产生后，经协商一致事后达成仲裁协议，提交上海国际航运仲裁院仲裁。庭审中，案件双方对争议事项各执一词。经过独任仲裁员的耐心工作，双方当事人达成调解协议，由甲公司承担 30%的换货费用，乙公司承担 70%的换货费用，仲裁费各自承担 50%，该案顺利办结。案件审结后，双方当事人对仲裁员的公正性和专业性均表示满意。

2010 年，上海国际航运仲裁院受理案件数量明显增加，案件类型呈现多样化，审理效率进一步提高。是年，该院共受理 10 件案件，争议标的金额共计人民币 4 200 余万元。审结案件 8 件，案件撤回和解、调解率达 62.5%。案件涵盖造船企业、船务公司、物流管理、进出口贸易、货物运输代理、船舶工程、船舶物资、船舶投资管理、港机及运输等单位和个人，涉及船舶交易、船舶租赁、船用物件定作和购销、货运代理和运输以及仓库租赁等合同争议。

同年，中国海事仲裁委员会上海分会受理仲裁案件 33 件，争议标的为人民币 3.567 亿元，结案 38 件，平均结案期为 114 天，涉外案件比例高达 78%。其中，海商合同纠纷案件占 82%，海事侵权纠纷案件占 18%。海商合同纠纷中，与大宗船舶的维修、建造、买卖相关的案件占 39%，因租船合同引起的纠纷占 35.5%。上海国际航运仲裁调解中心工作取得突破性进展，制定了有效可行的调解规则：取消调解员名册制，不给当事人选择调解员设限，为推广调解提供更加广泛的空间；降低收费标准，明确调解不成不收取费用的阶段性政策；邀请一批行业内的专业人士作为调解员。至年底，全年仲裁审理航运类争议案件 41 件，调解和解结案 9 件。案件类型不仅涉及海商合同纠纷、海事侵权、仓储装卸、货运代理等，还包括道路运输、水上运输、航空运输、港口岸线合同及船舶的交易、融资、租赁等方面。仲裁案件标的约 4 亿元人民币。

第二节 航运信息·咨询

一、航运信息

1997 年 5 月 9 日，国内首次通过电视传播媒体发布的航运交易行情与国内外航运市场动态信息，在中央电视台《商务电视·交通快报》栏目正式连续定期播出。由上海航交所收集整理、编制发布的最新航运交易所行情与国内外航运市场动态信息及评述分析，适应当时国内外航运市场激烈竞争与瞬息变化的趋势，满足国内港、航、货、代企业把握市场脉搏、参与市场竞争和交易的信息需求，通过电视更加直观形象、准确、及时地向广大观众提供信息服务。时由中央电视台《商务电视·交通快报》播报的航运信息内容主要包括：上海航交所每周货物运输成交报告和一周市场行情评述、中外班轮公司向上海航交所报备的集装箱运输运价与评述、每周国内外航运市场动态变化的评述等。为充分发挥电视传播媒体的特性，使信息方便、快捷、有效与全方位传递，《交通快报》栏目还分设若干小板块，介绍最新出台的交通政策法规，分析运输市场动态，评价市场发展前景，发布船期公告与市场供求信息等。

进入21世纪后,随着上海国际航运中心建设的推进,航运信息服务成为上海现代航运服务业的重要组成部分而加快发展。通过不断发掘信息源、构建信息网络、优化信息处理、创新信息传播,及至2010年,上海航交所已初步建成九大板块信息渠道和分时段即时信息情报系列,具体包括:一书,中国航运发展报告(航运白皮书中文版和英文版);两刊,航运交易公报和航运动态月报;两报告,季度航运热点分析报告和年中(终)水运形势分析报告;两网站,中华航运网和中华航运物流人才网;两指数,中国出口集装箱运价指数和中国沿海(散货)运价指数。其中,中华航运网包含18个栏目、九大指数,每日更新80条中文信息和20条英文信息;航运交易公报和指数每周发行与发布;航运动态月报每月一期,包括近40张图表和40余条最新航讯;水运形势分析报告分季度和半年度编发,而中国航运发展报告则为每年发行一次的政府年报。从而构成日、周、月、季、半年度和全年度全时段信息系列。

2010年3月25日,上海国际航运信息中心成立,设在上海航运交易所内。该中心具有实现航运信息有效聚集、航运信息专业分析、航运信息权威发布、航运信息辅助决策(为政府服务)、航运信息增值服务(为市场服务)等五大功能,可就船、人、货提供更准确的各类数量和价格的信息,帮助航运相关企业和政府部门实现信息资源共享,以提高资源利用效率。上海航交所作为交通部唯一授权的全国运价备案受理中心和中国船舶交易信息平台,以及国内权威的航运交易运价指数发布机构,其整合已有信息资源,深化推进《中国航运发展报告》《年度水运形势分析报告》《航运动态信息》《视点与研究》等一批极具影响力的核心研究成果,建立互联网、无线网络、纸质媒体等相结合的全覆盖信息集散渠道,从而逐步完善以国际班轮运价备案中心、全国船舶交易信息中心、运价交易信息中心、上海口岸舱单数据分析中心、中国航运指数编制与发布中心、全国港航信息联络中心等分中心为支撑的上海国际航运信息中心体系。

除上海国际航运信息中心外,上海国际航运研究中心(成立于2008年7月)也将航运信息服务列为其主要功能之一。由该中心主办的中国海运信息网依托上海海事大学和上海国际航运研究中心的专业背景,立足于航运及相关产业信息情报收集汇编,内容涵盖航运动态、航运政策、航运市场、航运金融、法律法规、海商法案例、经营管理、船舶期租及买卖等诸多方面,成为上海和国内最大最重要的航运信息门户之一。

二、航运咨询

2008年7月14日,上海国际航运研究中心正式成立。其由21家单位共同发起,挂靠上海海事大学。第一届理事长单位为中海集团。该研究中心为国际航运业发展的研究和咨询机构,为政府和国内外企业与航运机构等提供决策咨询和信息服务。决策咨询为其三大主要功能之一,即分析和把握港口和航运业发展的脉络,提供港口与航运企业发展的咨询意见,成为政府部门航运发展的决策智库,打造中国航运发展的咨询平台。该中心的服务宗旨是,以上海国际航运中心建设为依托,广泛联络国际航运组织、企业和院校,凝聚国内外一流专家,搭建国际航运研究平台,跟踪全球航运发展的新理念、新技术、新趋势和新制度,把握国际航运市场变化的脉搏,为中国航运事业发展做出贡献。

2009年,该中心在成立后两年间,所编发的航运市场分析报告,已形成以国际集装箱运输市场、国际干散货运输市场、国际油轮运输市场、中国沿海主要干散货市场等四大市场为分析对象,以双周报、月报、季报、年报为时间周期的完整的产品体系,并推出英文版的航运市场分析报告年报摘要。有关市场的预判结论被英国每日电讯报、大公报、英国海贸传媒、劳氏日报等境外媒体和中央电视台、第一财经等国内媒体报道。其创建的中国航运数据库，为国内首个全面整合中国港航领域统计数据、信息资源的公共服务平台，旨在为政府机关、航运企业、科研院校等各类用户提供便捷的查询和数据分析等功能的一站式数据服务。是年 12 月 29 日，该中心在上海首次发布包括中国航运景气指数(CSPI)、中国航运信心指数(CSFI)、中国航运预警指数(CSAI)、中国航运景气动向指数(CSCI)在内的四大指数，从而结束中国航运业一直以来无景气监测预警体系的局面。中国航运景气指数(CSPI)与中国航运信心指数(CSFI)选择了具有代表性的航运企业作为样本，建立定期调查联系制度。这两个指数从微观层面反映中国航运业的发展状况，为季度发布。其中景气指数的数值介于 0 和 200 之间，100 为其临界值。

2010 年，上海国际航运研究中心发挥服务市场、建言献策的作用，多次以内参形式向国务院、上海市领导提供行业发展建议，并获得采纳和批示；完成以及在研究课题共计 33 项，其中《完善上海国际航运中心建设推进机制及资源整合研究》荣获第七届上海市决策咨询研究成果二等奖。该中心不断提升航运市场咨询服务功能，在原有国际集装箱、国际干散货、国际油轮、中国沿海主要干散货等四大主要航运市场分析报告和中国邮轮市场发展研究报告的基础上，首发《中国航运景气报告》和《全球港口发展季报》，全年共推出航运市场分析报告 108 份，为港航企业和政府部门提供行业决策参考。

是年 7 月，经上海市机构编制委员会批准，上海市交通港航发展研究中心成立。是为上海市交通运输和港口管理局直属的承担上海市交通港航发展研究、决策咨询、规划设计、学术交流、技术服务等职能的事业单位。其主要职责包括：负责开展交通港航行业发展战略和重大问题研究，提出决策咨询意见和建议，参与行业发展政策、规范和标准的研究与编制；负责围绕交通港航行业日常管理中的热点、难点问题开展调查研究，提出对策思路等。

第三节　报关 · 电子口岸 · 第三方船舶管理

一、报关

20 世纪 70 年代末，上海地区报关业务一度由各船舶代理公司和货运代理公司兼顾。1994 年，经中国海关批准，上海地区专业报关企业—上海外运聚运报关有限公司在上海注册成立，隶属于中外运上海(集团)公司。该公司在上海口岸的主要海空港、重要关区、外高桥保税区设立多个业务部，配置 20 多台 EDI 预录入微机和多台检验检疫申报系统。主营上海地区进出口货物的预录入、报关、进境备案、出入境检验检疫申报及代理企业的注册年审，提供进出口货物的海空运输、保税储运、转关运输等服务。

1996 年 1 月，上海欣海报关有限公司成立，注册资本 150 万元人民币。其为中国报关协会常务理事单位，也是我国规模最大、最具影响力的全国百优报关公司之一。经营范围为：代理货物报送业务、代理报检、商务信息咨询、企业管理咨询等。

1996 年始，外省市一些报关公司开始在上海地区设置分支机构。其中，青岛海丰报关公司资质全面，在上海、烟台、宁波、天津和大连等多个地区设立分支机构。服务范围涉及专业报关、报检、一级货运代理、保险兼业代理等，是首批“无纸化通关”“信誉通关”“报检资质”报关行之一。

1999 年 2 月，上海市报关协会成立，是为全国第一个地方性报关行业协会。其以服务为宗旨，

图 6-3-3 上海航联报关有限责任公司业务现场
(摄于 2006 年 6 月,照片提供:上海新航信息科技公司)

全力为行业、会员和政府服务。为会员单位提供的六项服务包括通关服务、帮困服务、咨询服务、培训服务、信息服务、维权服务等。该协会的主要任务是监督指导、沟通协调、行业自律、培训辅导、咨询解答、交流合作及创办实体等。协会内设三个部,即综合部、行业部、培训部,各部在秘书长统筹下开展日常工作。

“十五”计划期间,经海关总署批准,上海地区陆续出现多家新成立的报关公司,报关行业逐步向规模化、大型化发展。其中包括上海远洋泛奥报关服务公司、上海中外运报关有限公司、上海航联报关有限责任公司等。上海中外运报关有限公司系中外运华东有限公司的子公司,注册资本 150 万元人民币,总资产 1 000 万元人民币,员工 103 人,下设海运出口报关部、海运进口报关部、海运现场操作部等 5 个业务部门,派出机构遍布吴淞、外高桥、浦东机场、洋山深水港等上海各大口岸以及航交所、武定路邮政局等单位,服务网络齐全。经营范围包括海运、赛事等项目货物的预归类、检验检疫、清关和转关等服务。上海航联报关有限责任公司在上海虹口工商注册成立,由上海航交所和中外运上海(集团)有限公司、中国上海外轮代理公司、上海中远国际货运有限公司四家单位联合投资组建,注册资本 150 万元,为是时上海最大的专业报关公司之一。主要经营代理进出口货物和物品的报关及出口退税业务保税仓储,设有出口报关部、进口物流部等部门,业务范围遍及代理海运、陆运、空运进出口报关、代办进出境物品检验、检疫和提供内陆运输、仓储以及保税业务等一系列相关的物流服务。同时开辟网上报关信息服务,向客户及时提供通关信息,方便查询和沟通,并为客户代办无纸通关申办手续和无纸报关业务,积极为客户提供全方位、多元化、一条龙的特色服务。

2005 年,上海市报关协会已有团体会员 448 家。其成立六年间,大力促进提高报关质量,为“大通关”服务。认真做好培训工作,仅 2003 年内就培训在职报关员 1 810 人次,报关员资格全国统考辅导培训 1 715 名。该协会办有不定期会刊《通关》《报关快讯》,并开通协会网和编发《报关协会通讯》,及时、准确地向会员提供通关方面大量最新法律、法规、规章制度及有关信息,并进行国际交流合作。

“十一五”计划期间,上海部分航运企业自行成立报关公司,为船、货代业务提供保障,加大报关专业化、规范化建设,加强对下属揽货机构提供规范化通关服务能力。其中,中远集运上海分部成立众愿锦业报关有限公司,调整进出口报关、拼箱进出口报关、多式联运中转报关、空箱调运报关、进口项目及其他综合业务的报关、报检等业务。该报关公司对外营业,从事上海海关关区内的报关、报检业务、道路货物运输代理、货物仓储、商务咨询、货物及技术的进出口业务(涉及行政许可的,凭许可证经营)。在上海华星国际集装箱货运有限公司报关部基础上组成的上海华鑫报关有限公司,设址上海市杨树浦路 88 号 1010 室,即上海航交所内。在报关业务经营方面,该公司已有 14 年业务经验,与海关、口岸相关部门联系密切,对于报关程序的控制、运作以及外部业务协调均很熟悉,具有服务大公司、完成大业务量的运营能力和条件。其主要经营客户的进出口业务代理报关业务,涉及海关、商检等有关部门,拥有先进、便捷的电脑操作系统,与海关、EDI 中心(电子数据交换平台)、商检部门接口,实现电子化报关、快速数据共享与传输,为客户提供一站式服务。

二、电子口岸

2001 年,在国务院统一协调下,由商务部、海关、检验检疫、工商、公安、国税、外管等中央 10 个部委联合成立中国电子口岸,成为对国家所有口岸相关业务进行集中监管和运作的无纸贸易数据处理平台。2005 年,上海市人民政府与海关总署签订合作备忘录,由亿通国际股份有限公司、中国电子口岸上海数据分中心共同承建上海电子口岸。上海电子口岸网是这个平台的门户网站,在原来亿通网—上海大通关门户网站基础上升级而成,由上海亿通国际股份有限公司和中国电子口岸上海数据分中心共同运营和管理,由上海美华系统有限公司负责运营,至 2010 年已有注册企业用户 6 万余家。

2010 年,上海电子口岸基础设施承载能力和综合服务水平进一步提高,其传输流量达 23.5 万 MB(其中发送流量 10.2 万 MB,接收流量 11.4 万 MB),同上年相比增加 43.25%,平均每天流量达 64.3 万 MB;传输报文达 1.3 亿个(其中发送报文 5 287.7 亿个,接收报文 6 839.7 亿个),同上年相比增加 32.97%,平均每天报文数达 36.3 万个。上海电子口岸呼叫中心对坐席应用系统进行细化,优化相关服务功能,全年处理用户电话达 12 万次。上海电子口岸门户网站内容得到进一步改善。在资讯采集方面,新增关务指南栏目,作为在线可互动知识库,通过政策解读、关务知识、关务问答等形式,架接起用户、行业专家以及政府监管部门进行信息沟通的桥梁;在数据整合方面,提供全国口岸数据查询服务,用户只需输入报关单号,即可获取通关状态和单证信息,成为上海第一家可调用全国口岸数据的网站。上海电子口岸网用户注册数量从 2009 年的 5.47 万家增加到 2010 年的近 6 万家,新增用户 5 200 余家,增幅超过 9.6%,居各地电子口岸之首。

是年,上海电子口岸主要应用系统规模实现较快增长。上海口岸税费电子支付系统已完成整合,并进入业务联调测试阶段,下一步拟在长三角地区投入试点运行,为上海国际航运中心综合信息共享平台的航运金融提供基础支撑环境。在上海海关当年征收的关税总量 2 857 亿元中,上海口岸税费电子支付系统年交易量达到 1 500 亿元,中国电子口岸网上支付系统中支付上海海关关税的交易量达到 812 亿元,两套整合系统为上海海关征税占总数的 81%。至是年底,电子支付平台已实现与 15 家中外银行联网,注册用户逾 4 500 家。上海电子口岸特殊区域业务也保持高速增长。年内新增用户 56 家,用户总数达到 250 家,单证传输 264.96 万份,同上年相比增长约 23%。检验检疫入境货物无纸化申报工作取得长足进展,完成具有地方业务管理特点的入境货物无纸化申报信息系统基础框架建设,进一步提高口岸数据共享度、操作集成度,以及口岸通关整体运行效率。该系统已在上海大部分口岸、属地检验检疫机构推广应用,全年申报总量约为 125 票,同上年相比增长超过 15%,新增用户近 100 家。

三、第三方船舶管理

20 世纪末和 21 世纪初,随着我国航运事业的持续、高速发展和上海国际航运中心建设的逐步推进,上海地区第三方船舶管理公司,也称专业船舶管理公司应运而生,并很快成为现代航运服务业的重要组成部分。其不同于船东对自己所拥有的船舶进行管理(称为第一方船舶管理),也不同于租船人(主要指光租)对所租船舶的管理(称为第二方船舶管理),而以独立于船东、租船人之外的专业公司对船舶进行管理;通过向船东提供一项或多项专业船舶管理服务,以满足船东委托管理船舶的需要、达到船舶管理目的而收取一定管理费用和其他约定费用;服务范围包括船舶全面技术管理、船员配备与管理、船舶维修管理、船舶供应、船舶保险、船舶租赁、船舶买卖、新船监造等专业活动。

2000年,上海也是国内第一家专业船舶管理公司——上海中波国际船舶管理有限公司,经交通部批准在沪组建成立。其业务重心从自有船舶运营转向第三方委托管理,成为名副其实的“船舶管家”公司,不仅要制定航线,执行航海任务,还要定期为船舶作“体检”,以保证每艘委托船“健康状况良好”。为此,该公司特意开发一套船舶智能管理软件,实时监控公司每艘船,并配备船务专员,对船舶进行一对一贴身管理。其专业的服务、敬业的态度解除了外行船东的后顾之忧,保证了船东的投资回报率。

同年3月,上海远洋船舶管理有限公司在中远集运船舶管理公司对外船舶管理处的基础上组建,主要职责是对非中远集运公司下属的船舶,按照《国际安全管理规则》(ISM)进行委托管理。2003年4月,海南中化船务有限责任公司和美国思多而特船务公司合资组建上海傲兴国际船舶管理有限公司,主要提供船舶安全营运技术管理、船员配备、船舶建造、买卖、租赁、修理等技术服务。2004年12月,中海集团将其下属的人力资源及相关资产进行专业化重组,成立中海国际船舶管理有限公司,负责中海集团下属的船员管理、船舶管理等管理业务。2005年隶属于德国Schuite家族的贝仕船舶管理(中国)有限公司在上海浦东成立,是为国内首家外资专业船舶管理公司。及至是年底,上海已有国际船舶管理企业(均为第三方船舶管理公司)42家,比上年的27家增加55.56%。

“十一五”计划期间,在加速建设上海国际航运中心,大力发展现代航运服务业的带动下,上海第三方船舶管理公司继续增多,业务范围进一步扩大。市有关部门积极研究相关扶持政策,全力发展该产业。2010年7月始,根据交通运输部统一部署,由上海市交通和港口管理局牵头,专门开展为期一年的上海市船舶管理市场清理整顿专项行动,以切实规范船舶管理市场的健康发展。至2010年底,上海国际船舶管理企业已增至97家,比上年增加11.5%。但因我国独立的第三方船舶管理公司起步较晚,是时具有一定规模的船舶管理公司尚不多见,除中海、中远等大型国有企业所属专业船舶管理公司外,大多业务范围相对较小,且存在着技术力量和管理方法以及经验水平上的问题,难以达到船东的预期。整个船舶管理市场尚待进一步培育。

表6-3-3　2010年上海航运服务业集聚区布局情况表

序　　号	航运服务集聚区名称	航运服务集聚产业
1	陆家嘴航运金融服务区	航运金融服务 航运保险服务 航运交易 航运人才(侧重航运金融、航运保险) 海事仲裁机构 船舶检验
2	临港航运服务业集聚区	海事研发咨询 航运人才 海事资信评估 国际海事会展服务 航运文化 船舶供应

（续表）

序　号	航运服务集聚区名称	航运服务集聚产业
3	外高桥港区	港口服务 船舶运输 航运代理与报关 船舶供应 现代物流
4	洋山保税港区	航运金融服务(侧重离岸金融) 理货 现代物流 港口服务 船舶运输
5	北外滩航运服务业集聚区	邮轮服务业 船舶交易 航运咨询研发 航运经纪 航运信息 航运人才 航运代理与报关 海事仲裁
6	宝山吴淞口邮轮服务集聚区	邮轮服务业 港口服务

资料来源：上海市交通港航发展研究中心《上海现代航运服务业发展报告》

第七篇

陆 岸 保 障

鸦片战争后，上海被辟为通商口岸，外商轮船业迅速取代国内的木帆船运输。适应轮船业海洋运输需要的后勤保障业务和办事机构，包括船舶修造、船舶供应和船舶通信导航等行业应运而生。但直至上海解放前夕，其各项后勤保障业务主要由外国人操纵或垄断。上海解放后30余年间，上海海洋运输行业自成体系的以船舶修理、船舶供应和船舶通信导航为主的保障系统逐步发展，至20世纪70年代末已初具规模。

中共十一届三中全会后，随着上海航运业的日益发展，这些陆岸保障行业的发展步伐也相应加快。特别是进入21世纪后的十余年间，其变化发展速度尤甚：为配合上海国际航运中心建设，修船系统在短时间内已基本建成国内一流的长兴修船基地，加之原有设施设备的改善和完备，使上海地区修船能力和水平大幅提高。港口船舶供应的逐步放开和繁荣活跃了市场，形成多种经济成分的船供企业并存和相互竞争，也促进各主要船供企业进一步改进服务方式，提高服务质量。现代通信导航技术的高速发展和不断进步，使船岸通信更加通畅、便捷，也为船舶运输提供更为可靠的安全保障。

2010年，上海海洋运输行业的修船、供应、通信导航三大保障系统无论在设施设备还是业务技术上，均能适应上海国际航运中心的建设和发展，满足国内外到港船舶的相关需要。

第一章　船舶修理

改革开放初期，上海海洋运输的修船行业发展迅速，经营管理和技术工艺水平有较大提高，修船设施设备日趋完善。1980—1990年修船产值为前30年的总和。1982年，上海建立修船中心后，修船业务扩展，很快与20多个国家和地区建立业务关系，从一般运输船修理，发展到大型、高科技船舶的修理和改装。其中，上海海洋运输系统所属立新船厂、外轮修理厂、立丰船厂（后合并为立新船厂）都取得较快发展。

进入21世纪后，在上海成功举办世博会和黄浦江两岸加速开发的大背景下，为快速发展集装箱运输及远洋运输，上海海洋运输行业在上海市人民政府关心支持下，积极增强大型船舶修理能力，开始抓紧进行长兴修船基地的规划和建设。至2010年，长兴船厂已初具规模，成为国内规模最大、设施最完善的修船企业之一，也为上海国际航运中心建设提供了重要的专事船舶修造服务的配套工程。随着长兴船厂的入列，上海海洋运输行业自成体系的修船系统在修船规模、能力、水平上都取得明显提升，位居国内同行前列。

第一节 设施设备

一、修船厂

20 世纪 70 年代末，上海海洋运输系统已形成一支具有一定规模、自成体系的修船力量，不仅可承担万吨级以下客、货、油轮的小修、检修任务，而且可担负 2.5 万吨级货轮的小修，以及各类船舶的坞修工程。是时，海运系统的修船厂家集中于上海海运局和上远公司。上海海运局拥有立新船舶修造厂（原名鸿翔兴船舶修造厂，以下简称立新船厂）、上海外轮航次修理厂（以下简称外轮修理厂）、上海立丰修船厂（以下简称立丰船厂）、荻港修船厂（位于安徽繁昌，以下简称荻港船厂）等四家修船厂以及第一货轮、第二货轮、客轮、油轮等四家航修站，共有职工 7 000 多人。其中立新、外轮、立丰、荻港等四家修船厂拥有固定资产 1.94 亿元；厂区总面积达 62.91 万平方米；有泊位 13 个，岸线 1 732 米；船坞 5 个，计 3.82 万吨；并有金属加工机床 461 台。创建于 1970 年的上海远洋船务工程公司（原为上远公司上海航修站），拥有厂房面积 7 046 平方米，生产用机床 162 台，工作船 8 艘，车辆 24 辆，固定资产达 1 000 万元。

及至 1988 年，位于黄浦江上游的立丰船厂，因地理位置优越，前沿水域开阔，水深条件不用挖泥就可停靠大型船舶修理，得以迅速发展。已建成船体、轮机、铜工、舾装等主要生产车间，有 2 艘大型钢质浮船坞，2 座可同时并靠 6 艘万吨级船舶的修船专用码头，各类金加工机床 95 台，辅助船舶 12 艘，以及各种配套项目。拥有固定资产 7 447.8 万元，年修船能力达 107 艘（万吨级），成为当时上海海运局船舶厂、坞修的重要基地之一。外轮修理厂十年间陆续新建、改建金工车间、舾装车间、综合车间、船体车间、泵房和乙炔发生站。拥有坞北 109 米的固定码头，增设 15 吨×42 米高架门式起重机，提高了码头生产能力。立新船厂则建有船体、轮机等 9 个车间，工种齐全，成为有相当修船能力的中型企业。其拥有 2 座修船码头，可同时并修 2.5 万吨级海轮和 5 000 吨级客货轮各 2 艘。除可满足国内外船舶急需，及时组织航次修理和抢修工程外，还具备一定的船舶制造能力，曾参与设计，并自行建造举力为 8 500 吨的浮船坞“庐山”号和“钟山”号。

1996 年末，立丰、立新、外轮三家修船厂，按照集团化管理、规模化经营、专业化分工和资产优化重组的原则，合并组成拥有 5 000 名职工、5 个大船坞、5 亿元资产和 3 亿元产值的综合性大型修船工业企业——上海联合船坞有限公司。其中，立新船厂桂家村码头及草镇码头以 5 万吨级海轮修理为主，与大坞配套形成一坞四泊位 6 万吨船舶的修理能力；立丰船厂以二坞六泊位，修理 1.5～3.5 万吨级的海轮为主；外轮修理厂则以 5 000 吨级以下的海轮修理为主。上海联合船坞有限公司以其整体实力，成为当时上海和国内最大的修船基地之一。

21 世纪初，上海海洋运输行业修船工业继续得到发展。除中海工业拥有的修船厂（上海地区有立丰、立新、外轮等厂）外，上海远洋船务工程公司也拥有较为完备的修船设施，有一座宽 11 米、长 235 米、水深－6 米，前后缆桩距离为 335 米的沿江码头，并配有 2 台跨距分别为 48 米和 42 米的 15 吨门机，可同时靠泊 4 艘万吨级以上船舶进行岁修；厂区内有一个 1 000 平方米的大件工作场地，配有一台 10 吨龙门吊，专门从事船舶舱盖板的整修；并有各类船舶修理设备 200 多台件、各种类型车辆 30 多辆；有 720 吨级多用途航修工作船一艘，并有 3 艘电焊工作船 24 小时配合航修，可独立承接沿江、沿海小轮船的航修、抢修工程。2002 年 12 月，上远公司和中远船务工程集团有限公司对该船务工程公司进行重组，将其划归中远船务工程集团有限公司。

2003年，中海集团所属中海工业抓住有利时机，成功收购中外合资粤海长兴船坞工程有限公司的股权，为积极拓展修理大型船舶能力，实施产业结构调整奠定基础。是年，上海市人民政府与中海集团签订《合作备忘录》，在上海市长兴岛提供岸线和腹地，供中海工业在长江口建设中海集团的修船基地长兴船厂。2004年，在获得市政府主管部门关于长兴岛岸线和滩涂使用施工许可后，中海工业以“建设大型现代化一流修船基地”为目标，坚持绿色环保理念，抓紧进行长兴船厂的规划和建设，现场围堰、驳岸扩坡、F型深水码头等建设项目相继展开。按照建设计划，长兴船厂的深水岸线3.5公里，修船码头总长度达到4 056米，拥有30万吨级修船泊位6个，10万吨级泊位7个。加之20万吨级浮船坞“中海九华山”、30万吨级浮船坞“中海峨眉山”和8万吨级浮船坞“中海普陀山”，形成“三坞十三泊位”的配置及其配套设施，使其在修船行业中占有明显的硬件优势，可为海内外大型船舶修理提供高水准的安全服务和技术保障。

图7-1-1 建设中的大型修船基地长兴船厂
(摄于2008年12月，照片提供：中海集团宣传部)

长兴船厂的圈围工程于2005年1月15日开工，到2007年8月18日完工。圈围岸线2 400米，标高6.8米，圈围面积约555亩，累计吹填164万立方米，灌砌块石护坡1.07万立方米，栅栏板6 149立方米，砼路面5 437立方米，项目预算1.19亿元，并于2008年10月22日通过上海市水务局组织的竣工验收。根据市水务局要求，为保证防汛达标要求，还实施了防浪墙标高提高至7.8米的防汛达标工程。

长兴船厂的码头工程共13个泊位，在1＃～5＃泊位和10＃～11＃泊位后方新建码头后平台，宽27米，总长1 757.7米。整个码头工程于2007年1月26日正式开工，2010年末已基本完工，总投资9.92亿元。码头上还配备了30～60吨的门座式大型起重机19台；后平台配备了10～50吨的龙门吊13台。其新建造的4075直臂架门机，为当时上海地区所属各船厂中最大最先进的门机，起重能力达到40吨，臂伸距离75米，可满足2艘大型船舶并靠修理时吊装物件的需要，避免频繁换档的麻烦，对有些超大超重机器部件的吊装也足可承担。

至2010年末，长兴船厂的水域项目，除配置三艘大型浮船坞外，新购35台高空作业车，高度25～38米；新建5艘方驳及2艘趸船，2艘趸船作为工作船码头，总长212米；新建4 000匹全回转拖轮4艘；新建60吨浮吊1艘；在建200吨浮吊1艘；计划新建5 200匹全回转拖轮2艘。水域部分计划投资12.53亿元。其陆域项目，已完成35 kV总降压站一期及进线工程；新建电动空压站，上下游各一座，满足三坞十三泊位、加工场地和车间使用压缩空气的需要；新建钢结构加工场地累计2.5万平方米；新建仓库5 700平方米；新建厂区分变电站已完工9座(计划10座)；新建船体车间，面积约2万平方米。长兴船厂全部建成后，可修理5 600 TEU以上大型集装箱船、20万吨级大型船舶和其他海洋工程设备，具备年修船200余艘次、改装船舶20余艘次、维修海洋平台6艘次的生产能力，成为上海乃至国内沿海最具规模和竞争力的修造船厂，可为上海深水港和国际航运中心建设提供有力保障和配套服务。

在长兴船厂加紧建设的同时，为改变修船资源分散，各船厂分兵作战、各自为政的状况，中海工业不断调整组织结构，整合内部资源，于2007年将上海地区的立丰船厂、立新船厂和外轮修理厂整合成一家新的船厂，以充分利用人力、设备、资金等企业资源，提高企业经营效益。整合后的厂名为“中海工业有限公司立新船厂”，设有三林、塘桥、东沟、高桥等厂区，总部设在三林厂区。可同时靠泊修理18艘灵便型、巴拿马型船舶，为船东提供更多选择。其拥有完备的修理车间和机械设备，年修船量可达240艘7万载重吨级以下中外船舶。

2010年底，上海海洋运输行业的修船厂家主要有中海工业所属长兴船厂和立新船厂。其主要设施设备情况如下表。

表7-1-1 长兴船厂主要设施设备

1. 船坞

坞　名	类　型	长度(M)	内宽(M)	容量(DWT)	坞吊
中海峨眉山	浮坞	410	72	300 000	25T×2;15 T×2
中海九华山	浮坞	308	50	200 000	25T×2;15 T×2
中海普陀山	浮坞	247	36.6	80 000	25T×1;15 T×1

2. 泊位

泊　位	长度(M)	前沿吃水(M)	适靠船舶(T)
NO. 1、NO. 2	600	－10～－14	100 000
NO. 3、NO. 4、NO. 5	803	－10～－14	100 000
NO. 6、NO. 7	334	－12～－16	300 000
NO. 8、NO. 9	333	－12～－16	300 000
NO. 10、NO. 11	637	－8～－12	100 000
NO. 12、NO. 13	341	－12～－16	300 000

3. 大型设备

码头吊车(吨×台)	拖轮(HP)
60×2;40×15;32×1;30×2;15×1	总马力：16 000 HP,4 000 HP×4;9 000×1

浮吊(吨×艘)	高空作业车(台)	运输车、吊(吨×台)
60×1;200×1	Range：21～35 m×49	40T 平板车×2;70T 汽车吊×1 50T 汽车吊×1;25T 汽车吊×1

资料来源：中海工业总经办

表7-1-2 立新船厂主要设施设备

1. 坞名	类　型	长度(M)	内宽(M)	举力(T)
中海浦东	浮坞	222.5	38	22 000
中海黄山	浮坞	190	28.8	11 000
中海华山	浮坞	164	27.4	9 000

（续表）

2. 泊位			
泊　位	长度(M)	前沿吃水(M)	适靠船舶(T)
NO. 1	100	−6	10 000
NO. 2	258	−6	10 000
NO. 3	160	−6	15 000
NO. 4	180	−7	110 000
NO. 5	270	−7	60 000/24 000
NO. 6	165	−6	5 000/1 000
NO. 7	140	−6	2 000

3. 大型设备		
码头吊车(吨×台)	拖轮(HP)	浮吊(吨×台)
30×1；20×3；16×1；15×6	总马力：13 100 HP	60×1

资料来源：中海工业总经办

此外，中海工业还拥有专业化的控股公司和参股公司，为修船工业配套，包括：上海中达船舶工程有限公司(特涂)，上海丰昌船务工程有限公司(锅炉、尾轴油封、消防工程)，上海立沣测厚工程有限公司(测厚)，上海市一电机有限公司(电机)，上海万度力机械工程有限公司等。

二、浮船坞

20 世纪 70 年代，上海立丰修船厂调入 6 500 吨级“庐山”号浮船坞，形成对万吨级以上船舶坞修带部分厂修的能力。

1980 年，因上海海运船舶结构已发生很大变化，3 000 到 5 000 吨级船舶比重减少，1.5 万吨级以上船舶增多，坞修能力不协调，上海海运局遂对所属修船厂的船坞组合进行调整。是年 3 月，将立丰船厂 6 500 吨举力的浮坞“庐山”号与获港船厂 9 000 吨举力的“华山”号浮船坞进行对调。

1985 年 1 月 12 日，立丰船厂总长 164 米、举力 9 000 吨的“华山”号浮船坞将总长 178 米，自重 1.1 万余吨的“大庆 44”轮稳稳地托出黄浦江面。这是国内浮船坞超长超载抬船成功的首例。“华山”号浮船坞抬起“大庆 44”轮后，该厂技术人员对“大庆 44”轮进行数次船底望光和船坞挠挠度测量，数据均在正常范围之内。之后，立丰厂继续采取一系列扩大浮船坞适应性的试验，先后抬起局部超重和船型特殊的“上海”轮、“海兴”轮、“屈原”轮等。是时，上海地区 3.5 万载重吨级船舶增加，而只有江南造船厂一个大型岸坞可供这类船舶进坞修理。立丰船厂遂对其所属“黄山”号浮船坞进行拓宽，确保型宽在 26～27.4 米的船舶都能进坞修理，形成该厂 1～3.5 万载重吨的各类船舶的坞修系列。

1996 年 12 月，当时黄浦江上最大的浮船坞——6 万吨级“浦东”号浮船坞投入营运。上海海运为了保证运力投放，确保上海和华东地区 90%以上的煤炭石油运输，从 1994 年 8 月起，先后投资 1.41 亿元建造该 6 万吨级浮船坞。“浦东”号属整体式浮船坞，坞长 222.5 米，内坞宽 38 米，坞高

17.4 米，举力 2.2 万吨，最大沉深吃水 13.9 米，工作吃水 4.1 米。坞上有 6 台排水泵，同时工作时，排水量每小时 2.1 万吨，抬举 2.2 万吨级船起浮时间不超过 120 分钟。“浦东”号浮船坞可承接 3.5 万吨的浅吃水肥大型散货船，同时可满足 6.3 万吨级油轮在超大状态下进坞修理的需要，也能满足各类船舶在特殊情况下，包括船舶部分海损时载货进坞修理的需要，使当时的上海海运联合船坞有限公司增添一艘主力坞，解决大吨位船舶的修理问题。

2001 年，中海工业收购上海粤海长兴船务工程有限公司 8 万吨级“粤海长兴”号浮船坞资产，并改名为“中海普陀山”号浮船坞。

2005 年 11 月 18 日，“中海九华山”号浮船坞的改建工程起始。2007 年 1 月 26 日该坞正式投产。“中海九华山”的前身是 13 万吨的报废油轮“宁河”轮。中海工业完全依靠自身力量，将其改建成 20 万吨级的浮船坞，实现修船能力由 6 万吨到 20 万吨的巨大跨越。“中海九华山”浮船坞建成后，经过两次空坞沉浮试验和一次重载试生产，各项技术测试指标均达到设计要求。其举力达 3.8 万吨，可承担起 5 600 TEU 集装箱船、阿芙拉型油轮、17 万吨级散货船等中海集团主力运输船舶的进坞修理任务。该坞改建完毕后即加入长兴船厂修船行列，成为长兴修船基地的重大修船装备之一。

图 7-1-2　30 万吨级“中海峨眉山”号浮船坞

（摄于 2008 年 12 月，照片提供：中海集团宣传部）

2007 年 8 月 8 日，中海工业 30 万吨级“中海峨眉山”浮船坞开工建造，2008 年 9 月 28 日建成下水。“中海峨眉山”号浮船坞由中船集团上海船舶研究设计院负责设计，总长 410 米，型宽 82 米，型深 28 米，举力 8.5 万吨，自重 4.2 万吨，总造价 5.8 亿元人民币，是及至当时世界上型体最大、技术最先进的浮船坞。该坞结构合理，稳性可靠，设备先进，自动化程度高，设有超大排量的进排水泵及阀门遥控、液位遥测和自动挠度测量装置，实现中央控制室遥控操作。“中海峨眉山”浮建成后，于当年 10 月 4 日移至长兴船厂落位，不久即投产。长兴船厂添此重大装备后，可承接当今世界范围内任何类型商船的维修和改装工程，修船能力和水平由此实现新的飞跃。

2010 年，上海立新船厂和长兴船厂共拥有六艘大型浮船坞，即“中海浦东”（举力 2.2 万吨）、“中海黄山”（举力 1.1 万吨）、“中海华山”（举力 9 000 吨）、“中海普陀山”（举力 8 万吨）、“中海九华山”（举力 20 万吨）、“中海峨眉山”（举力 30 万吨），修船技术装备力量领先于国内同行。

第二节　维　　修

改革开放后十余年间，上海海洋运输行业的自我修船能力（当时主要是船舶维修）提高迅速。从修一般运输船舶，到能承接国内外集装箱船、滚装船、自动化船、海洋工程与海洋平台修理业务。1980—1990 年间曾完成“渤海 8”号、“渤海 10”号海洋平台、“极地”号南极考察船、“远望 1”号、“远望 2”号测量船以及多艘舰船的修理。还先后为印度、伊朗、英国、日本、古巴、朝鲜等 20 多个国家和地区修理过各类船舶。在国际修船市场上，能按照国际标准和多国标准修理各种功能和各种用途的船舶，且在质量、修期、价格、安全、服务等方面具有相当的竞争能力。

其中,立新船厂自1979年始,制订和贯彻“深化改革,修船为主,多种经营,搞活企业”的经营方针,积极研究市场变化,适应市场需求,扩大经营网点,先后与全国各地航运部门,以及苏联、古巴、伊朗、新加坡、日本、香港等国家和地区的轮船公司,建立业务往来;利用企业技术优势,相继组建船舶自动化服务站、制冷专业维修站,以及与465厂联合经营的油泵、油嘴调速器维修站,与日本新潟铁工所合作的ZP拖轮维修站等。并相应发展造船、铸造、镀烙、热处理、金属结构和机械产品制造等多种经营业务。其镀烙技术质量,在国内享有盛誉,可承担柴油机、蒸汽机、液压机械、各类混凝土输送泵筒、工程车辆、机床等易磨损、易腐蚀的大型、精密机械零件的镀烙。其中柴油机气缸套松孔镀烙更是驰名国内外。1988年完成工业总产值3 161万元,实现利润358万元。

立丰船厂在加速基本建设,逐步扩大修船规模的同时,大力开发新技术、新工艺,促进修船优质、高效、安全和低耗。其通过船舶螺旋桨拆装液压化,提高坞修效率,确保安全生产;推广应用修船机械零部件、电机和锅炉的化学清洗技术,完善工艺规程、检测手段和三废处理,废除传统的柴油和汽油清洗工艺,节约能源,改善劳动条件;设计改进船舶艉轴油封,制造安装“LF-3”型艉轴油封替代旧式端石油封装置,改进结构,完善性能;修船中的冷热喷涂焊技术和快速电镀技术也得到应用推广;汽缸头、螺旋桨的焊补恢复,则减少了船舶零部件的报废损失。从1982年起,该厂先后在12艘1.5万吨级以上油轮自行设计加装固定式甲板泡沫灭火系统装置,开创油轮安全技术改装先例;1984年率先在“大庆43”轮加装惰性气体保护系统装置获得成功,使油轮技术改造迈出新的一步。仅1983—1989年的五六年间,该厂在新工艺,新产品的引进、开发、研制、应用等方面就完成主要项目80余项,解决修船生产中不少技术难题。1987年,经过招标,承接香港“银歌”轮加装CO_2灭火系统项目,使其特色修船技术进入国际市场。是年完成中、小修船舶19艘,坞修93艘。实现工业总产值1 871.9万元,比上年同期增长32.3%,其中修船产值增长37.3%。1988年7月,经扩建后的“黄山”号浮船坞,首次接受上海海运局超宽、超长型“安平16”轮的坞修任务。该轮船宽28.4米,是一艘3.5万吨级大型散装货轮。而“黄山”坞主要承接型宽不超过26米的船舶坞修。为了解决大型船舶坞修问题,立丰船厂职工通过精心设计和反复测算,将船坞上甲板和两边各拓宽0.2米,船坞净宽达到28.8米,终使“安平16”轮进坞成功。是年,该厂年修船能力已达107艘(万吨轮),工业总产值3 000多万元。

外轮修理厂在从生产型向生产经营型的转变过程中,加快新技术开发和生产结构调整步伐,制定“修船为主,多种经营,对外开拓”的经营方针。建立经营信息系统,收集各船公司船舶技术资料,加强横向业务联系,到1988年止,已同世界40多个国家和地区的船公司建立业务往来。其创汇率连年上升。1986年全年创汇224万(外汇人民币),1987年增至418万,1988年达到624.6万。在扩大修船业的同时,该厂逐步引进世界先进修船技术,派出技术人员先后考察日本、香港、新加坡、荷兰、联邦德国、泰国等国家和地区的修船管理、技术和工艺。经分析论证,引进新加坡万度力公司柴油机零部件修理和翻新技术,组成新加坡万度力和上海外轮修理厂联合公司——上海万度力机械工程有限公司,是为国内最早引进国外先进技术和设备,经营柴油机、螺旋桨等多种机件修旧翻新业务的企业。其运用切除、堆焊、机加工、镀铬工艺,使修复件寿命比新件增加1~2倍,达到国际先进水平,填补国内空白,取得良好经济效益和社会效益。仅该项业务1986年产值即达到63万元,1987年增到94万元,1988年增加到123万元。

上远公司航修站(1993年后改制为上海远洋船务工程公司)1979年整修船舶8艘,岁修12艘,航修290艘次,总产值为304.4万元。进入20世纪80年代后,总产值稳步上升,1984年为531.7万元;1988年岁修船舶23艘,航修414艘次,修理集装箱1 156只,修船、修箱和多种经营的总产值达 1 051.8 万元；1990 年（是年改名上海远洋船舶修理厂）岁修船舶 28 艘，航修 430 艘次，修箱 1 357 只，修船、修箱和多种经营的总产值上升至 2 165.3 万元。

90 年代，上海海洋运输系统修船能力进一步提高。1995 年 11 月，立新船厂完成对希腊籍 17 万吨级油矿两用船“凯和”轮的大修，其修理船舶吨位之大在当时修船界引起强烈反响。1997 年，上海海运联合船坞有限公司不断缩短修船周期，提高修船质量，以良好信誉积极占有外轮修理市场份额，取得修理外轮 89 艘（占修船总数 39%）的好成绩。全年以工业总产值 1.46 亿元，修船艘数 229 艘，分获全国修船企业三项主要经济指标中两项的第一名，修船出口创汇达 2 118.6 万美元，排名全国第六位。1998 年 3 月，该公司提前两天完成 3.5 万吨级台湾化工品运输船“富莎 8 号”轮的修理，以质量、船期上乘受到台湾台塑海运股份有限公司总经理的高度赞扬，同时也创下坞修、厂修工程同步进行，出坞就出厂的佳绩。同年，中远总公司实施体制改革，所属船队相互交接进入高峰期，船舶航修任务急剧上升。为确保船队顺利交接、安全营运，上海远洋船务工程公司一方面对所有移交给外地船公司的船舶进行修理，确保移交船舶处于良好运行状态；一方面对上海船公司接收的船舶实行全天候 24 小时跟踪，充分发挥快、准、优、好的优势，随叫随到。同时根据船舶修理的需要，选派人员组建精干的航修突击队，随部分集装箱班轮出国航修，利用航运和停靠港间隙，修复包括曲轴翻新在内的 10 台辅机，确保了这些船舶安全航行。是年，该公司航修产值和修次分别比上年增加 33.6%和 122 艘次，创历史最高纪录。1999 年 9 月，万吨级客轮“云天”轮因船艏球鼻海损进入立丰船厂修理，原计划修复船期为 14 天（包括进出坞坞期），但该厂船体施工队职工发扬创新精神，克服首次修理船舶巨型球鼻遇到的诸多困难，仅用 10 天就优质、快速地完成修复任务。

进入 2000 年后，上海海洋运输系统各修船厂除为国内船舶提供修船保障外，不断开拓外轮修理市场。既提高经济效益，也为企业赢得信誉，增强了企业的市场竞争力。是年，立新船厂从企业实际出发，在确保中海集团船舶修理的前提下，将外轮和地方船的市场开拓作为企业经营重点，制定了外轮、地方船和中海集团所属船的产值分别为全年总产值的 50%、20%和 30%的奋斗目标，并付诸实施，使外轮修理艘次和产值明显上升，自年初至 4 月中旬已承接了 15 艘外轮的修理。同年 6 月，立丰船厂船体施工队职工运用科学技术，首次采用激光经纬仪校准精确度要求很高的摇臂铰链板中心位置，仅用一星期时间成功修复香港利海公司“海望”轮的舱盖板，为企业赢得信誉。及至 2000 年底，由于立丰船厂加大产品结构调整力度，始终瞄准技术含量高的技术密集型中外船舶修理业务，相继开拓北欧液化气船、沥青船等特种船舶修理市场，在挪威、丹麦等国航运界已享有一定声誉，先后承接挪威籍“维纳斯”轮、“尤鲁斯”轮和丹麦籍“帕迪玛”轮等特种船舶的修理。其已与遍布欧、美、亚洲 20 多个国家的船公司建立修船业务关系，并与全国各主要港口城市航运界形成长期合作关系。

2005 年，长兴修船基地开工建设后，边建设，边生产，修船业务发展迅速。2007 年 1 月 28 日，刚刚竣工投产的“中海九华山”浮船坞，成功托举起中远天津散货公司的 17.5 万吨级货轮“新发海”轮，进行坞内工程作业。“新发海”轮总长 289 米、型宽 45 米，是长兴船厂开工建设后承修的最大吨位船舶，也标志着该厂在承修超大型船舶上迈出重要一步。2006 年，长兴船厂承修船舶 109 艘，实现产值 1.9 亿元；2007 年承修船舶 126 艘，实现产值提升至 5 亿元。2008 年，当时国内最大的浮船坞——30 万吨级“中海峨眉山”正式投产，使长兴船厂的修船能力跃居国内前列，产品类型形成从修小船到修超大型船舶的全覆盖。在经营上，该厂加快企业硬件、软件的建设步伐，吸引优质船东，扩大经营网络，调整修船结构；以“多接外轮，多接一些高附加值和技术含量较高的船舶”为指导思想。仅 1—6 月，就修理出厂外轮 29 艘，修船产值占总产值的 71.7%。全年先后承接多艘中海集团和马士基、地中海航运、达飞轮船等国内外著名航运企业的超级油轮、大型矿砂船和大型集装箱船的修理工程,年承修船舶140艘,实现产值10亿元。在管理上,该厂在2007年就建立了质量、安全和环保健康"三合一"管理体系,并取得DNV审核(第三方机构的审核)证书。其不断加强信息化建设和精细化管理,继建立"一卡通"管理系统后,又开发建立MIS(信息管理)系统,使基础管理工作愈加扎实。

2008年8月5日,长兴船厂"中海九华山"浮船坞将总重量约2.5万吨的海损船舶"中昌118"轮抬出水面,开始进行对该轮的临时抢修工程。"中昌118"轮2007年12月在长江口水域发生碰撞海损,船体损坏严重,其第4、5货舱进水,机舱进水,船艉下沉坐底。因船体破损严重,机舱进水,可能发生污染,对长江口航道产生威胁,引起上海市领导的关注,特地对该轮坞修作出批示。该轮总长185.8米、型宽30.4米,因船舱内还有剩余矿砂和江水,船舶中拱变形严重,需绑扎4只巨大的浮筒同时进坞修理,进坞作业十分特殊。20万吨级浮船坞"中海九华山"自投产后尚未遇此先例,施工存在极大风险。接到修理任务后,中海工业组织技术人员仔细研讨抢修方案,并与政府部门和施工单位现场勘察海损具体情况。针对长兴厂区水域水深浪急的特殊条件,制定周密合理的施工计划,落实铺设围油栏等防污染措施,终使受损严重的"中昌118"轮一次进坞成功。

2009年,长兴船厂对8 500 TEU集装箱船"CSCL OCEANIA(中海大洋洲)"轮的高倾斜度螺旋桨桨叶进行修理。该船的螺旋桨直径8 800毫米,重量84吨,为6叶大倾角集装箱螺旋桨,堪称世界最大级别螺旋桨。其断裂部分尺寸达1 700×1 500×120毫米,拼接铜板重量超过1.2吨。长兴船厂仅用6天时间,便将该轮螺旋桨拼接修理完毕,并通过LR验船师的现场Γ射线探伤检验。

2010年10月,长兴船厂圆满完成对意大利歌诗达邮轮公司豪华邮轮"歌诗达经典"轮的抢修工程。当月18日,该轮与一艘同向进入码头水域的比利时籍货轮发生擦碰,造成右侧船体大面积受创。由于该轮是在航行中发生事故,维修任务十分紧迫。长兴船厂迅速组织工程部及各车间召开专题会,研究抢修的可行方案,制定120小时抢修计划,实行24小时全天候作业,并派遣富有经验的总管及主管组织协调此次修船任务。经过2天3夜艰苦奋斗,仅用75小时就完成抢修工程,比原计划提前45小时,由此表明作为上海国际航运中心重要配套设施的长兴修船基地,具有快速完成大型海损船舶抢修的能力,上海国际航运中心安全航运保障已凸显成效。

表7-1-3 2010年中海工业及其上海地区所属船厂完成修船产值和艘数情况表

指标 \ 单位名称	中海工业	立新船厂	长兴船厂
修船产值合计(亿元)	14.59	4.39	6.18
其中:修理中海集团船舶产值	4.02	1.20	1.23
修理地方船舶产值	1.41	0.31	0.15
修理外轮产值	9.17	2.88	4.79
修船完工艘数合计(艘)	657	187	260
其中:中海集团船舶	174	63	71
地方船舶	166	42	23
外轮	317	82	166

资料来源:中海工业有限公司

第三节　改　　装

20 世纪 90 年代后期，中海工业所属立新、外轮、立丰等修船厂及上远船务工程公司在大幅提升修船能力的同时，不断提高船舶改造能力，使修船业务由常规修船向改装船舶拓展，并逐渐形成完整的产品系列，先后成功实施多艘运输船舶的改装工程。产品中包括单壳油轮改装成散装货轮、散装货轮改装成集装箱船、集装箱船改装成散装货轮、集装箱船改装成液体硫磺运输船和沥青船等，促进了修船业的发展。

1998 年 6 月，立新船厂为积极拓宽修船市场，提高企业综合修船能力，争创修船品牌，以良好的企业信誉初次承接中海海盛“新宁”轮的改装工程。在船舶常规修理基础上，将载重 6 700 吨的多用途货船改建成为载重 5 500 吨左右，装载 150～160℃、最高达 200℃的半流质沥青专用运输船。根据船东提供的改建设计要求，在原货舱新建安装 3 只总容积达 5 638 立方米，独立的内胆式储油舱，同时在机舱内增设两台热油锅炉，用于沥青装载及运输过程中的加热保温。整个工程突破船舶的常规修理，既有部分结构改建，又有内胆式储油舱的制造、安装和加温系统配备，工艺要求高，技术难度大。为确保改装工程的按计划完成，立新船厂成立“新宁”轮改建领导小组，由分管生产的厂长负责。同时组建一支技术素质高、责任心强的管理队伍，多次召开专题会，按船东设计要求，制订工艺流程，严格工艺纪律，确保工程质量，最终圆满完成改装工程。

同年 7 月，中海集团为进一步调整运输生产经营结构，抓住当时集装箱运输看好的趋势，拟以低成本扩张手段，对所属“堡”字号、“新”字号、“振奋”号等数十艘没有市场前景、亏损严重的货船进行技术改造，将其改建为集装箱船，以提高集装箱船队运力规模，形成中海集团新的支柱产业，并将改建任务落实到中海工业的立新、立丰两大骨干船厂。7 月 22 日始，首批进行改造的“星堡”“连堡”“柳堡”“高堡”“英堡”和“友谊 22”等 6 艘多用途货船陆续开进两家船厂，拟改建成可装载 184～190 只集装箱的专用运输船。时恰逢 60 年一遇的高温天气，且货船改建集装箱船在两家船厂均属首次。但广大船厂工人立足岗位，昼夜奋战 40 多天，出色完成首批 6 艘船舶的改装任务。8 月 17 日，第一艘由 5 000 吨级多用途货船改建为集装箱船，可装载 184 只标准箱的“向菊”轮（原“星堡”轮）在立新船厂圆满竣工，投入营运。其余 5 艘也于 9 月份相继投入集装箱运输。9 月 13 日，第二批进行改造的“新平”“新和”“新城”“潼堡”“伦堡”等轮依次进入立丰、立新和外轮修理厂。之后，中海集团的货船改造工作加快步伐，又有“石堡”“安堡”“泰堡”“振奋 22”“振奋 23”“新惠”等十余艘货船进厂改造。承担此任务的船厂，除上海地区的立丰、立新、外轮修理厂外，扩大至广州的菠萝庙船厂和城安围船厂（均为中海工业所属），规模宏大。在不到半年中，即成功地将 22 艘货船改建为集装箱船。其中，由 2.2 万吨级散货船“振奋 23”轮改装的拥有 1 008 个箱位的“向平”轮，是当时中海集运载箱量和载重吨位最大的全集装箱船，首航从上海开往广州黄埔，箱量创中海集运当时的新纪录。

翌年，又有“振奋 15”“仙霞岭”“威虎岭”“振奋 16”“振奋 17”“振奋 18”“振奋 19”等轮分别由立新、立丰等厂改建为集装箱船。持续一年多的船舶改造工程，实现了中海集团的“一举多得”：使集装箱运输在短时间内得到低成本快速扩张；为一些不适应市场需求的货运船舶（富余运力）找到了出路。也使一些船龄长、技术状态较差，已接近报废的改造船提高安全系数，延长船舶使用寿命。同时使各修船厂的生产能力、技术素质、管理水平得到显著提高。

2000 年 8 月，上远船务工程公司首次承接安盛汽车船务公司“安立 8 号”轮改装工程。其中，将上层甲板中800～900平方米的面积(约占甲板总面积的77%)整体抬高11米和加装两架尾跳,是整个工程技术要求最高、施工难度最大、工作时间最紧的项目,也是该公司建立30年来首次遇到的高难度工程。但在生产部门的精心组织和安排下,施工人员攻克许多技术难题,使甲板整体抬高一次到位,最终成功完成改装任务。

2001年上半年,立新船厂充分发挥货船改装沥青船、货船改装集装箱船的成功经验,第一次承接并圆满完成韩国1.6万吨级普通散货船"韩星55"轮改造为自卸式散装水泥专用运输船的工程。

同年12月,立丰船厂完成对大型客箱船"紫玉兰"轮的改装工程。"紫玉兰"轮原为烟台—韩国航线定点班轮。为建立海口—蛇口的"绿色通道",改驶海南至深圳航线,并需作较大范围改装。承接改装任务的立丰船厂精心安排,在任务重、要求高、时间紧、难度大的条件下,确保"紫玉兰"轮舱壁改装、通风系统、压铁工程、主甲板立柱及舱盖、电器等六大工程按期完工,满足船上食物冷藏及增加18只40英尺集装箱位的要求。

2002年8月28日,沿海货船"安龙"轮(原名"宝尼")船体接长改造工程在外轮修理厂完工。原先"宝尼"轮仅限于在内河装运黄沙,经改造后将船体接长23米,使整个船身长度达到88米,改变其运输功能,使其可投入近海进行货物运输。此项改造工艺要求将整个船体拦腰截断,中间增加23米长的船体和货舱,然后再接拢,修期为2个月。整个工程不仅工艺技术要求高,施工难度也相当大,且外轮修理厂先前从未承接过此类改造工程。但该厂干部职工积极接受挑战,决心探索出一条船舶改造的新路子。从设计、施工到最后检验,每道步骤、工艺都经过严格审批和反复论证。尤其是拦腰截开分段工程,为了船舶拉开后能够准确定位,工程指挥组召开专题会议专门研究怎样将定位误差减小到最低,技术人员实地测量反复计算,制定进坞定位方案,在坞内前方及左、右两边各设了几根立柱用以定位,使得该轮在拉开后定位一次成功。

2004年8至12月,为保证有充足的运力投入沿海煤炭运输,中海集团通过技术改造,将一批老旧油轮改装成为运煤船。首艘"大庆31"轮出厂后即投入京塘—青岛煤运航线。随后"大庆63""大庆61""大庆46"轮亦在立新、立丰等船厂完成改造,正式投入天津—乍浦煤炭运输。2005年2月和4月,由油轮改为货轮的"大庆87"和"莲池"轮完工后也投入沿海煤炭运输。2006年3月,改装后的"大庆31、46、61、63、87""莲池"等6艘运煤船全部移交中海货运进行运营和管理。这批"油改货"船投入运煤第一线后,营运情况良好,均能按要求完成预定计划,确保了沿海电煤运输。

2010年1月9日,经过改装焕然一新的15万吨级"好风"轮驶离长兴船厂7#泊位,开始处女航。这已是该修船基地为东方远洋运输有限公司改造的"好"字头系列船的第五艘。"好风"轮是由14.7万吨级单壳油轮改造成的散货轮。该轮钢质工程达4 900吨、管路工程1.2万米、特涂面积2.9万平方米,不仅工程量大,改造周期短,而且存在一定主机技术难题。长兴船厂针对施工中遇到的难点及时组织攻关和整改,圆满完成改造任务。五艘"好"字头系列船的改造质量都受到客户好评。

同年11月,立新船厂在相继完成难度较高的"鸿威""鸿鹏""鸿豪"三艘集装箱船改装杂货船的工程后,又完工出厂改造一新的"恒盛"轮。该轮前身为7.6万吨级油轮,改造为货轮用钢3 300吨,日均换板36.6吨,成为可以载入立新船厂修船史册的标志性工程。其90天改造完工的承诺得以兑现,创出中海工业修船品牌。

第二章　船 舶 供 应

20 世纪 70 年代末，上海海洋运输行业历经多年建设，已基本形成自我燃物料供应体系。进入 80 年代后，船舶燃物料供应贯彻改革开放方针，从原先的全部按计划指标分配转变为部分走向市场。随着海运事业的快速发展，船舶燃物料、淡水、食品供应量大幅增长，用于船用物资供应的各项设施设备也日趋完备。

90 年代至 21 世纪初，国家出台一系列有关港口管理的法律法规，特别是《港口法》的施行，全面开放了船舶燃物料供应市场。2005—2009 年，国家先后发布《关于明确港口经营管理有关问题的通知》和《关于完善国际航行船舶港口供应市场管理工作的通知》，上海海洋运输系统船舶供应进一步走向市场化，各种类型船舶供应企业大量增多，竞争激烈。

2010 年，上海港船舶供应单位主要有：上海外轮供应有限公司、上海远洋运输公司船舶供应公司、中石化中海船舶燃料供应有限公司上海物资分公司和上海中燃船舶燃料有限公司。主要供应对象为中远集团、中海集团所属各船公司船舶，中国香港、台湾地区各船公司和国外船公司所属船舶，以及进出上海港的各国邮轮、军舰等。

第一节　设 施 设 备

一、油库

20 世纪 70 年代末，上海海运局燃料站（对外亦称中国船舶燃料供应总公司上海分公司，后改制为上海中燃船舶燃料有限公司）辖有两处油库，即何家湾油库和海滨油库。

何家湾油库始建于 1959 年，地处黄浦江下游，为上海海洋运输系统最早设置的储供油设施。1976 年，该库开始实施扩建工程。至 1978 年竣工投产时，已陆续新建 5 000 立方米储油罐 4 座，连同原有油罐，总容量为 2.8 万立方米。另建有 100 立方米润滑油罐 8 只。经扩建后的油库，占地面积增至 47.5 亩，可同时储存 8 个油种，适应沿海、远洋各种类型船舶及外轮的需要。油库内有 2 座蒸发量为每小时 10 吨的燃油锅炉，其温度、气压、风压、风量及熄火装置均有仪表显示，给水为自动控制。还设有电动离心油泵，每台输油量为每小时 300 立方米，可以直接将油输送至储油罐和码头船舶。油库设有专门仪表控制操纵室，用以测量油罐储油温度、液位报警以及供应流量计数等。并安装各种口径的蒸汽往

图 7－2－1　何家湾油库
（摄于 1980 年，照片提供：中海集团宣传部）

复泵,在电源发生故障时可由蒸汽泵供油,以保证正常生产。扩建后的油库水陆交通便利,建有1座可停泊5千吨级油轮的专用码头(为增强码头装卸能力,该库在原先码头岸线90米的基础上扩建加长92米,形成总长182米的2个泊位,可同时进行装卸油作业),并铺设油库专用铁路,一次可以接卸50节油槽车来油。油库还设有一套比较完整的污水处理装置,回收废油,净化水质,防止环境污染。

海滨油库兴建于1972年,被列为国家重点工程之一。整个兴建工程于1978年9月正式验收。验收时,库区已建有车间、信号台、油罐、码头,架设输油管线,铺设水泥大道,建成5 000立方米油罐17座、2 000立方米油罐2座,总储油量8.9万立方米。并有与之相配套的万吨级码头1座,由4条输油管连接油库。8.9万立方米的油罐已试投产一年以上,年供油能力达54万立方米。1984年,海滨油库占地面积195亩,拥有油罐19座,万吨级码头1座,泊位3个,4条输油管线能同时使用。每年吞吐量为70～80万吨(设计为108万吨),至1990年,该油库一直为上海和国内最大的港口储供燃油油库。

2001年5月,由中海集团和中远集团共同投资组建的上海中燃船舶燃料有限公司(以下简称上海中燃)在沪成立,其由原中国船舶燃料供应上海公司按照《公司法》和现代企业制度要求改制更名而成,分别由中海集团所属中海供贸有限公司与中远集团所属中国船舶燃料供应总公司注册资本。公司拥有大型油库2座,即何家湾油库和海滨油库。

2002年12月,由上海中燃(持股51%)、中国石油天然气股份有限公司(持股49%)共同投资的上海中油中燃石油仓储有限公司在上海注册成立。翌年7月起,为保障上海地区的成品油供应,该公司在上海中燃原海滨油库旧址上,推倒重建近30万立方现代化成品油仓储基地,整个工程于2007年初竣工投产。新建成的海滨油库位于上海市外高桥长江沿岸,占地170亩,建有24座储油罐,总库容为29.4万立方米。分别拥有柴油、汽油和燃料油罐容近10万立方米。码头靠泊接卸能力5万吨。有可同时停靠10辆槽车装油作业的陆路车发平台一座,采用先进的PROMASS系列质量流量计和BDQC-2D装车仪设备,能保证车发油作业24小时畅通无阻,日均发油能力达3 000吨,实现装车业务的分散控制集中管理。该油库具有优越的地理环境,水陆交通便捷,便于接卸、中转国内外石油资源,是立足上海,辐射华东的大型现代化成品油存储、中转基地,也是当时上海地区最大的成品油库。该油库的建成,为中石油建立起更加完善的仓储物流配送体系,上海市内的加油站和机构用户可直接从该油库配送油品,从而对稳定上海成品油市场起到至关重要的作用。

在海滨油库重建的同时,上海中燃于2003年自筹资金519.3万元对何家湾油库原5005#、3006#两个油罐进行改造,并将原3006#罐容由原来3 000立方扩大至7 000立方,从而将何家湾油库库容提高到3.2万立方。整个工程跨年度历时9个月,并经上海市杨浦区质监站评定为优良工程。

图7-2-2 上海中油中燃石油仓储有限公司油库
(摄于2010年,照片提供:中海集团宣传部)

2010年,上海中燃在上海港内全资拥有一座占地面积60亩、总罐容3.2万立方的储油库——何家湾油库。其地处黄浦江下游,毗邻上海市区,地理位置优越。同时拥有铁路专用线三条,直通油罐区域。罐区可进出10吨油罐车,可满足水路、铁路、陆路同时进发油作业。同时拥有设备齐全的油品化验室和专业化验员,为客户提供全方位、全过程的优质计质量服务。在外高桥长江沿岸,则与中石油合营上海中油中燃石油仓储有限公司,拥有总库容为29.4万立方米的现代化大型库区海滨油库。

表 7－2－1　2010 年上海中燃何家湾油库主要设施设备情况表

罐容(立方米)	数　　量	油品类型
7 000	1 个	180 cst 燃料油
	2 个	0＃柴油
5 000	1 个	4＃燃料油
	2 个	180 cst 燃料油
100	12 个	润滑油
总罐容 3.32 万立方米	共 6 个油罐 12 个小罐	

资料来源：中石化中海船舶燃料供应有限公司

表 7－2－2　2010 年上海中油中燃石油仓储有限公司海滨油库主要设施设备情况表

罐容(立方米)	数　　量	油品类型
20 000	2 个	汽油
	2 个	0＃柴油
18 000	1 个	380 cst 燃料油
	1 个	180 cst 燃料油
	4 个	0＃柴油
10 000	3 个	380 cst 燃料油
	1 个	180 cst 燃料油
	2 个	汽油
7 000	3 个	0＃柴油
5 000	3 个	180 cst 燃料油
	2 个	汽油
总罐容 29.4 万立方米	共 24 个油罐	

资料来源：中石化中海船舶燃料供应有限公司

二、供油供水船舶·泊位

20 世纪 70—80 年代，上海地区内燃机海船不断增多，燃油和淡水需求量逐年增大，为适应海运发展变化，中国船舶燃料供应总公司上海分公司(以下简称中燃上海分公司)陆续新建和购买供水船、供油船。原先使用的蒸汽机供水船相继淘汰，自动化程度大为提高。大部分供水船的轮机部设有集控室，船舶装有先进的通信设备。供油船(含成品油和润滑油船)先后添置多艘，载重量自 300 吨至 3 000 吨级不等。至 1988 年底，该公司共有供水船 5 艘，合计 2 800 载重吨；供油船 21 艘，合计

19 190 载重吨。同时,在上海市区定海桥、平定路、怀德路等处建有 8 个供油船专用码头。其中,平定路码头建有 2 个泊位,共长 80 米;怀德路码头建有 2 个泊位,共长 80 米;定海桥码头建有 4 个泊位,共长 180 米;连同何家湾、海滨油库及游龙路码头已有的 4 个泊位,供油轮泊位总计达 12 个。

1990 年后十年间,中燃上海分公司先后添置一批新的供应船舶,并淘汰一批旧船。至 2000 年,该公司共有 31 艘在册的各类生产船舶(包括供油、供水船、拖轮等),总载重量 2.28 万吨;并有配套的专用码头 6 座,15 个泊位,最大靠泊能力 3.5 万吨级,岸线总长 1 272 米。

2007 年 10 月,上海中油中燃仓储有限公司海滨油库码头竣工验收。该码头为一座"F"型码头。外档大码头长 270 米、宽 25 米,外侧布置 1 个 5 万吨级泊位,内侧布置 2 个 1 000 吨级泊位;内档小码头长 204 米,布置 3 个 500 吨级泊位。经过试运行,码头生产设备设施情况良好。

及至 2010 年,上海中燃加大供应船舶的更新力度,在淘汰多艘老旧船舶的同时,陆续建造、引进一批现代化程度较高的供应船舶,使船舶结构进一步得以改善,能够适应日益增加的大批量供应需求。

三、仓库・车辆・供物船舶

1978 年后,上海港承担船舶物料、食品供应的单位主要有上海市外轮供应公司、上海远洋船舶供应公司、上海海运局物资供应站(后改制为中石化中海船舶燃料供应有限公司上海物资分公司)、上海海运局船舶服务站(后并入该局海运服务公司)等。因船舶供应所需,这些单位都具备相应的设施设备,包括仓库、车辆、船舶等,且随着航运事业发展和供需实际变化,不断有所更新和发展。

【上海市外轮供应公司】

1988 年 4 月组建时,有 500 吨位冷库 2 座;总面积 5 000 平方米的干货仓库 3 座;总面积 3 500 平方米的堆货场地多处;并拥有一支供货船队和 19 辆客货汽车。1995 年改制成为有限责任公司,成为由上海华联(集团)公司投资控股的涉外企业。

【上海海运局物资供应站】

1978 年实有仓库四座:世界路仓库、大连路仓库、公平路仓库、浦东南路备件库,总面积 1.42 万平方米,堆场面积 1.27 万平方米。其中,大连路仓库是在拆除原 1 100 平方米平房仓库的基础上,于 1975 年后建成的一幢五层楼仓库,供应各种船用物料。世界路仓库主要储存钢材、机电设备等船用备件。1974 年建成时有大型备件库 2 834 平方米,内装 5 吨行车 1 台;150 平方米危险品库 1 座;简易库 4 581 平方米;露天行车堆场 4 600 平方米,装有桥式铁轨行车;辅助大型备件堆场 8 000 平方米。公平路仓库面积 2 200 平方米,主要用于回收储存船舶废旧物资,并加工利用。同年,该站拥有物料供应船舶 5 艘,总吨位 390 吨,以及货运车辆若干。1987 年,该站下设的物资仓库含有杂料库、五金库、油漆库、备件库、垫仓料库、旧料库、大备件库、机电库、危险品库、钢材简易库、综合厂仓库、行政科仓库等。1990 年,该站有供物船舶 6 艘,885 载重吨;载货汽车 29 辆,合计载重量 156.6 吨。所用车辆以国产新式解放牌、东风牌为主体,单车载重吨位 0.5 吨至 40 吨不等,形成多档次、多功能、适应性强、作业条件好的车型结构。主要担负上海海运局所属运输船舶和局属基层单位生产、生活所需材料和物资的提、送、退任务。进入 90 年代后,随着企业多次重组,该站资产结构也不断调整:世界路仓库、海保船队与公平路仓库分别于 1998 年、2001 年和 2008 年划出。为优化资源、节约费用、增加收入,对大连路仓库进行改建后出租;所属物流部减少自有用车,增加社会运输车辆的使用，以降低供应成本。截至 2010 年末，由该站改制而成的中石化中海船舶燃料供应有限公司上海物资分公司设有船供一部、船供二部、备件经营部、贸易部、采购部、废旧物资利用经营部、海供船队、物流部等单位，资产总值 5 120 万元，为上海市内最具实力的船用物资供应企业之一。其历年拥有仓库、车、船情况如下表。

表 7－2－3　1990—2010 年上海海运局物资供应站（中石化中海船舶燃料供应有限公司上海物资分公司）部分年份资产情况表

资产项目＼年份	1990 年	1993 年	1994 年	1999 年	2004 年	2006 年	2010 年
资产占地面积（平方米）	3.2 万	3.2 万	3.2 万	6 500	6 500	6 500	4 800
仓库面积（平方米）	1.4 万	1.4 万	1.4 万	1.1 万	1.1 万	1.1 万	8 800
仓库出租面积（平方米）	／	／	／	／	1 100	1 600	2 400
作业船（艘）	12	12	12	12	5	5	5
运输车辆（辆）	30	30	30	20	17	8	7

资料来源：中石化中海船舶燃料供应有限公司上海物资分公司

【上海远洋船舶供应公司】

1978 年，有仓库面积 8 056 平方米，供应小艇 8 艘，各类车辆 40 辆。1981 年建造物料仓库一座，共 4 层、4 500 平方米，其中两个层面存放船舶备件。1984 年改造危险品仓库 350 平方米，使供应物料品种上升到 5 000 余种，并开始办理船用化学品代销代理业务。翌年 1 月，购买容量 4 吨的冷藏车，用于供应远洋运输船舶冷冻食品。1988 年建造大型食品仓库一座，共 4 层，2 419 平方米。翌年再造容量 200 吨的食品冷藏库一座，用于解决供船冷冻食品的储藏。其有速冻车间 38 平方米，库容 4 吨；低温冷藏间 240 平方米，分左右两间；高温冷藏间 75 平方米；能满足上远公司所有远洋船舶和部分宾馆所需冷冻食品的供应。1991 年设立保税仓库，主要储存各种进口船用油漆、滑油和化学品。1997 年共拥有食品仓库、食品冷藏库、大小五金库、油漆化学品保税库、国产和进口备件保税库、家电保税库等各类库房面积 2 万平方米；拥有货车 27 辆，供应船 5 艘；固定资产达 3 625.51 万元。设有免税品商店、物业管理部、代理部、食品供应部、物料供应部、车队、百舸船队、万事达经营公司、救生筏销售维修中心、家电维修中心等。及至 2010 年，占地 4 万平方米，拥有库场、冷库、办公楼等 3.2 万平方米，设有海关综合性保税仓库，备有多种车船运输工具，可为靠泊上海各港区及锚地的船舶提供淡水补给、食品、物料及备件运输等相关服务。经历 30 多年建设，该公司已形成完整的服务体系和计算机管理系统，通过 ISO9001：2000 标准质量管理体系的认证，其海关综合性保税仓库获得“信得过企业”称号。

【上海海运局船舶服务站】

1980 年，上海海运局船队编制发生变化，原各船队所属供应车、船统一划归船舶生活服务站，并将该站改名为船舶服务站，负责局属货轮、油轮及系带浮筒的客轮的主副食品供应。该站当时拥有 2 个车队，即第一车队（浦西车队）、第二车队（浦东车队）；共有大客车 6 辆、吉普车 5 辆、2 吨货车 4 辆、4 吨货车 8 辆、2.5 吨货车 1 辆。并建有小船队，拥有交通船及工作船 13 艘（“海交 1—12”以及“海交14”),其中“海交8、9”为60吨机动驳。同时建有助航船队,拥有工作船2艘。1985年前后,该站所属第二车队划归上海海运局油轮公司,由其负责该公司船舶的食品供应。1988年,船舶服务站并入上海海运局海运服务公司(以下简称海服公司)。其所属汽车队、小船队、助航船队等一同归并。是时,吴淞口外货轮的食品由助航船队运送;黄浦江内货轮的食品由小船队及车队运送;上海海运局油轮公司、客轮公司船舶的食品由其本公司自行供应。1990年,海服公司共有2吨货车5辆、4吨货车1辆、5吨货车2辆。是年,小船队更名为港内交通运输船队,拥有交通船4艘、工作船4艘。助航船队拥有工作船3艘。90年代中期,因供应体制变动等因素,该公司船舶食品供应业务停止,所属车船设备亦作相应调动。

第二节 燃料·淡水供应

一、燃煤供应

进入20世纪70年代后,上海地区内燃机海船逐渐增多,蒸汽机船则趋于减少。船用燃料供应的结构相应发生变化,供油量逐年递增,供煤量逐年下降。1978年前上海海运局燃料供应站的年均供煤量可达18万吨左右,1990年全年供煤量仅为4 011吨。进入90年代后,随着蒸汽机货船的不断减少直至全部淘汰,上海地区的船舶燃煤供应也最终停止。

图7-2-3 中燃上海分公司的供水船舶正在为外轮供应淡水

(照片提供:中海集团宣传部)

二、淡水供应

20世纪70年代末,上海港船舶淡水供应主要由中燃上海分公司供水船队承担。1978年,其供水量为121.83万吨。进入80年代后,船舶燃料、淡水供应贯彻改革开放方针,从全部实施计划安排转变为部分市场化,供应量亦随之大幅增长。1988年,原先由供水船队承担的部分运输船舶的淡水供应转由其他途径解决,该队代供业务量减少。同年,上海海运局和中燃总公司成立上海船舶燃料供应联合管理委员会,以中燃上海分公司的名义,负责承担来沪外轮的淡水供应,经注册登记,作为中燃上海分公司该项业务的经营实体。至当年底,所属5艘供水船,年供水量共完成88.92万吨。1990年完成淡水供应量93.76万吨,其中供应外贸轮船0.98万吨,供应沿海轮船92.78万吨。1991年,鉴于外滩沿江景观建设需要,上海市人民政府对地处外滩的所有船舶停靠码头进行搬迁。原先停靠外滩3号码头的供水船舶,因码头搬迁全部迁移至怀德路码头停泊。

1992—1996年,中燃上海分公司年完成淡水供应量分别为99.89万吨、126.90万吨、120万吨、104.20万吨、84.70万吨。1999年完成49.40万吨。2000年完成45.04万吨。

“九五”计划期间，该公司累计完成供水量304万吨，为计划的86.86%。自1993年后，其淡水供应量呈逐年下降趋势，主要原因是黄浦江码头外移，新造的船舶停靠码头均有供水装置。同时船舶淡水供应逐步趋向市场化，供应单位增多，受供船舶节约成本，用水量减少。2001年，上海中燃船舶燃料有限公司组建后，成为上海港从事船舶淡水供应的主要单位。

表7-2-4 2001—2010年上海中燃船舶燃料有限公司淡水供应量统计表 单位：万吨

年份	供应量	年份	供应量
2001	41.01	2006	30.02
2002	40.03	2007	34.00
2003	38.46	2008	27.40
2004	34.86	2009	22.30
2005	30.00	2010	22.80

资料来源：上海中燃船舶燃料有限公司

三、燃油供应

1978年，上海地区海船所用燃油主要由上海海运局燃料站（中燃上海分公司）供给。是年，该站船用燃油供应量为81.33万吨（其中轻柴油11.73万吨，重柴油36.76万吨，燃料油7.15万吨，渣油25.49万吨），占整个船舶燃料供应量的97.83%。其中渣油占31.42%，20＃、30＃重柴油分别占24.87%和20.44%，轻柴油、燃料油分别占14.45%和8.82%。

进入20世纪80年代后，上海海运局燃料站贯彻“燃供为主，多种经营，确保海运船舶，完成外贸指标”的经营方针，根据市场需求，适时进行油源、运输及客户的预测，连年超额完成国家下达的供油计划。在燃油供应品种结构上，根据船舶节能需要，继续向使用低质油方向发展，其中燃料油、渣油、20＃重柴油所占比例最大，分别为27.9%、24.93%和24.1%；30＃重柴油、轻柴油分别占12.4%和10.67%。1990年，该站为进出上海港的中外船舶，主要是沿海船舶供应燃油106.6万吨，其中0＃柴油10.69万吨，20＃重柴油26.15万吨，30＃重柴油8.66万吨，渣油20.19万吨、燃料油27.30万吨。同年，开始对外贸船舶开展油品串换业务。

90年代，随着市场经济的逐步建立，上海海洋运输进入新的发展时期，上海港船舶燃油供应也有长足发展。在油品市场从计划经济逐渐向社会主义市场经济转变过程中，交通运输业所需燃油资源计划由国家指令性配置向指导性配置转变，市场化进程极大推动油品由卖方市场转为买方市场。1994—1996年，中燃上海分公司完成燃油供应量分别为82.24万吨、87.37万吨、79.09万吨。1999—2000年，完成燃油供应量分别为69.28万吨和75.90万吨。“九五”期间，累计完成供油量361万吨，为计划的100.84%。

90年代后期，上海地区水上民营供油商逐渐出现，中燃上海分公司在上海港的“独家经营”局面被打破。但公司秉承“油品合格、计量准确、供应及时、服务优质”的良好信誉，继续在上海港船舶燃供市场保持着“龙头”地位。

2001年,上海中燃船舶燃料有限公司组建后,成为上海地区从事船舶燃油供应的主要单位。是时,面对外资进入市场、民营企业迅速崛起(至2004年,上海港口具有船舶供受油作业许可证的企业已近30家)、成品油供应市场竞争日趋激烈的形势,上海中燃及时改变观念,加快经营转型,积极调整与航运市场快速发展及企业发展不相适应的经营结构与管理机制,增设营销管理部,加强对国内外市场油价的动态分析,并强化服务、计量、质量管理,从而不断巩固企业终端市场份额。根据上海航运市场大吨位船舶骤增、集装箱船舶增多,大船供油量大、时间短等特点,该公司果断购入载重2 000吨位的供油轮,并对部分供油轮的货泵进行改造,优化供油船队结构。同时发挥公司地处上海国际航运中心的地理优势,与中石油强强联合,成立仓储有限公司,对海滨油库实施大规模改扩建工程,使油库罐容扩大到30万立方米,为供油业务的发展奠定坚实基础。

2005年,上海洋山深水港建成开港后,上海中燃积极做好国际航运中心建设的配套服务,面对新型中外集装箱船受油吨位大,停泊周期短的特点,专门对千吨以上供油船舶的货油泵进行改造,使原先供油速度150立方/小时提升到400立方/小时左右,同时还配套了3 000吨级的大型供油船,以随时满足洋山港供油任务。2006年7月5日,上海中燃下属的"海供油27"轮为停泊在洋山深水港的"青云河"轮供应燃油,是为洋山港一期码头建成后,停泊于此的集装箱船首次接受供油。自此上海中燃的洋山港供油业务正式启动。

及至2006年,我国相继取消进口成品油(含燃料油)国营贸易的配额管理,改为自动许可管理;对外开放油品零售市场;开放油品批发市场。至2007年,船用成品油市场已成为完全开放和自由竞争的市场。2010年,上海港船舶供油量达到213万吨,与1990年的93万吨相比,翻了一番多。

2010年,上海中燃信息化建设基本完成,其将人力资源系统、设备管理系统、船舶修理系统、船舶调运系统、财务系统等全部纳入一个整体系统,利用3G技术(第三代移动通信技术)直接连到油库、船舶,使经营数据更加及时、准确,业务流程更加优化,各子系统之间实现数据集成,既降低运营成本,也提高了船舶供应效率。

是年末,上海港从事水上燃油供应的企业除上海中燃外,主要有中石化长燃公司、上海博丰船舶燃料有限公司、上海一秀实业有限公司、中燃实业公司、上海通申石油化工有限公司、上海鹏盾石油水上运输公司、上海通银石油化工有限公司和上海云峰集团等。其中中石化长燃公司和中燃实业公司为国营企业,其余皆为民营企业。中石化长燃公司依托中石化的柴油资源,主要为长江航运集团船舶供应0#柴油。其余供油企业燃油资源都需在市场上直接采购,主要供应对象为除中海集团外的地方航运公司及港口、工程类客户。

表7-2-5 2001—2010年上海中燃船舶燃料有限公司燃油供应量统计表 单位:万吨

年 份	供应量	年 份	供应量
2001	71.50	2006	101.70
2002	79.14	2007	104.00
2003	89.14	2008	128.20
2004	118.21	2009	120.00
2005	119.00	2010	125.70

资料来源:上海中燃船舶燃料有限公司

四、保税油供应

20 世纪 70 年代前，我国对保税油实行集中式管理制度，严格控制保税油供应和存储业务，为国际航行船舶供油长期由原商业部负责。1972 年，为更好适应中美建交后的市场环境，国家将为国际航行船舶供油的业务由商业部移交给交通部。同年，在交通部授权下中国船舶燃料供应总公司成立（在上海地区设分公司），并开始其在中国保税油领域长达 34 年的独家经营。

进入 21 世纪后，随着中国港口货物吞吐量的不断攀升，保税油供应缺口越来越大。2006 年 7 月，商务部、财政部、交通运输部和海关总署等部委给予中石化中海船舶燃料供应有限公司、中石化长江燃料有限公司、中石化舟山石油分公司以及民营企业深圳光汇股份有限公司等 4 家企业经营保税油的资格，打破中燃独家经营的局面。其中，“中石化中海燃供”主要负责沿海开放港口的保税油供应网络；“中石化长燃”主要负责长江沿线开放港口的保税油供应业务；“深圳光汇”主要负责深圳港保税油供应业务；“中石化舟山”主要负责舟山港的保税油供应业务。

图 7 - 2 - 4　2006 年 7 月中石化中海船舶燃料供应有限公司获经营保税油资格
（照片提供：中海集团宣传部）

2007 年 11 月，中石化中海船舶燃料供应有限公司在上海外高桥船厂码头成功为印度籍“ANTONIS ANGELI-COUSSIS”轮供应 1 900 吨的 380 CST 保税燃料油，从而创下该公司开展保税油供应业务后最大单船供应量纪录。客户对供方的规范操作和优质服务表示赞许。

2009 年 4 月，国家四部委下发《关于发展连锁经营做好保税油市场供应的通知》，放开之前对保税油经营范围的严格限定。通知公布后，5 家保税油供应企业纷纷在国内各港口构建自己的营销网络，开展连锁经营，竞争格局进一步形成。是年，上海港保税燃油供应量为 85.20 万吨。

2010 年，上海港保税燃油供应量达 90.40 万吨。

表 7 - 2 - 6　1990—2010 年上海港历年保税燃油供应量情况表　　单位：万吨

年　份	供应量	备　　注
1990	40.69	其中外贸燃油供应量 32.54 万吨，代销油供应量 8.16 万吨
1991	46.17	其中外贸燃油供应量 33.50 万吨，代销油供应量 12.67 万吨
1992	42.12	其中外贸燃油供应量 30.92 万吨，代销油供应量 11.20 万吨
1993	13.27	
1994	10.18	
1995	32.45	其中外贸燃油供应量 18.45 万吨，代销油供应量 13.99 万吨
1996	15.75	
1997	14.63	
1998	12.73	
1999	12.46	

(续表)

年 份	供应量	备 注	年 份	供应量	备 注
2000	18.14		2005	57.00	
2001	28.70	其中外贸燃油供应量 4.34 万吨,代销油供应量 24.36 万吨	2006	61.96	
			2007	66.40	
2002	33.93	其中外贸燃油供应量 3.69 万吨,代销油供应量 30.24 万吨	2008	89.70	
2003	35.78		2009	85.20	
2004	45.09		2010	90.40	

资料来源:中石化中海船舶燃料供应有限公司

第三节 物料·食品供应

一、物料供应

20 世纪 70 年代末,上海海洋运输行业的国内外船舶物料供应,主要由上海远洋船舶供应站(后为上海远洋船舶供应公司)、上海海运局物资供应站以及上海市外轮供应公司承担。改革开放初,国家物资供应管理体制实行改革,物料供应从按计划指标分配,到部分走向市场。而市场资源常因产品短缺,造成有价无货。为保证对运输船舶的供应,上海船用物资部门转变以往依赖国家分配资源,面向社会,多渠道、多形式筹措资源,包括通过补偿贸易解决计划外钢材;通过报废船的拆解回收钢材;争取计划外汽油、木材、水泥等,对缓和供应缺口起到补充作用。同时加强物资管理,降低成本,陆续整理制定“物资供应管理制度”“统配部管物资管理实施细则”“市场采购物资管理实施细则”“旧废物资管理细则”“防止新积压措施”“统计和原始记录管理”“仓库和现场物资管理”“物资基金管理”等一系列管理制度,使经办人员办事有章可循。在送新料上船的同时,上海海运局物资站坚持收旧利废,把船舶废旧物料全部退回,其中部分经加工后变旧为新,变无用为有用。在科技部门协助下,该站还开发电脑应用,以电脑编制月度计划采购单和仓库配料、送料单的运行程序,为管理部门及时提供可靠的计划、统计数据与分析资料,也为仓库账卡管理、资金管理以及船舶领料带来方便,提高工作效率。

1979 年,中远总公司与美国德鲁奥妙能化学品有限公司和英国碧浪灵化学品公司签订代销协议,代为销售各种船用化学品,包括锅炉清洗剂、油漆清洁剂和燃油添加剂等,收取代销手续费,委托各公司代销。上远公司为此成立代理科,负责该项代销业务,并归上海远洋船舶航修站领导。服务对象为上远公司和中远其他公司到达上海港的船舶,有时也对外轮提供服务。同年 6 月,上远公司成立备件科,主管船舶备件的计划编制,订货分配到船。所有备件由上远船舶供应站保存并按通知送船。1981 年,该站建造备件与物料仓库后,专门划出两个楼面存放船用备件,增加船用备件的储备量。在制订制度,加强管理基础上,理顺供应渠道,使备件供应做到分批订货、及时供船、满足需要、不误船期。

80 年代,为满足上海港外贸船舶需要,中燃上海分公司开始开展代销国外润滑油业务。1984 年始,为弥补计划分配数量的不足,又通过中燃总公司国外采购渠道,先后同壳牌公司、东方公司、埃索公司、埃索夫公司、嘉实多公司、美孚公司等20多家外商公司建立业务联系，开展代销润滑油业务。为加强与外商的业务交流，该公司还在何家湾油库建造润滑油调和厂，为外商来料加工，生产各种型号的英国“壳牌”润滑油，满足水上及陆上各用户的需要。

1984年9月，上远船舶供应站改制为上远船舶供应公司，负责上远公司远洋船舶备件、物料、食品及船员个人外汇物品的供应。其供应物料品种升至5 000余种。翌年物料供应金额达1 500多万元，其中主要供应物资有钢材2 111吨、钢丝绳145吨、水泥8 540吨、原木5 697立方米、油漆1 200吨、尼龙绳235根等，基本满足上远公司船舶和抵达上海港的中远其他公司船舶的需要。

1986年，上海海运局物资站针对传统的“分船审核”物料管理方法（即由船舶提出领料申请，由物资审核员参照物料供应的限额进行核批。因船舶领料不讲核算，多多益善；审核者因船舶吨位、类型、设备各不相同，难以把关，易造成物料严重浪费）反映出的弊端，改革物料管理方式，实行“定额管理，费用承包”的新办法。由该站组织调查组，对“大庆46、28”两艘油轮的物料使用、消耗、管理情况进行调查分析，制定1.5万吨级油轮物料定额标准。继而在两船试行新的管理办法，对润滑油、钢丝绳、丙纶缆绳、油漆4类物料实行限量供应，其他物品供应以限量与费用定额相结合，船舶可在一定范围内调节各类物料的使用数量。新办法把物料管理的主动权交给船舶，做到节约有奖，超耗受罚，从而将物料使用状况直接同船员经济利益挂钩。

1990年4月，上远船舶供应公司开始作为东方石油有限公司的代理，代销美孚船用润滑油和盛全化学品、纳菲化学品、佐敦油漆等物资。1991年在上海港设立保税仓库，主要储存各种进口船用油漆、润滑油和化学品。

图7-2-5 中海供贸上海分公司员工正在接卸润滑油

（摄于2010年7月，照片提供：中海集团宣传部）

90年代，港口船舶供应市场逐步放开，国营、民营等各种经济类型的船供企业迅速增多。上海海运局物资供应站的业务结构，由原先单一船舶润物料供应向多元业务方向发展，新增备件、贸易、房屋租赁等板块，且新增业务板块发展迅速，在整个销售收入中占有较大比例。1994年始，原先由该站负责的润物料审核权转移到各船公司，其物供经营模式进一步从计划经济向市场经济转变。面对竞争日趋激烈的船用物资供应市场，上远船舶供应公司和中海供贸上海物资分公司（由上海海运局物资供应站改制而成）积极改进管理，提高服务质量，在上海港船舶供应中始终居于市场主导地位。

1997年1月起，上远船舶供应公司对上远公司所属船舶实施物料、食品送货到舱，既方便了船舶，也为提高集装箱船的准班率提供了保障。同年6月，该公司对原有物料电脑管理系统加以改进完善，形成物料进价核算管理系统，改变由销售价进行核算的计划经济模式，代之以平均进价进行核算的市场经济模式，降低库存资金和供应成本，反映真实的供应利润，赋予物料管理系统新的使用价值。从当年9月起，该公司对所有供船的食品和物料实施商品标签管理，启用的商品标签上印有“COSCO”“上远供”标记及出库日期，从而杜绝伪劣和过期商品，进一步提高服务船舶的质量，加强了企业现代化管理。

1999年2月,中海供贸上海物资分公司向广大船东提出12项服务承诺,并接受船东和船员对承诺兑现情况的监督。其服务承诺为:24小时提供“全天候”服务;船舶急需物资6小时内送达;所供物资送达船舶甲板清点交接(笨重物资请船方协助);在相同质量前提下,所供物资价格不高于市场零售价;优先采购名牌产品,杜绝“三无”产品;所供物资全部采用计算机制单据,标明品种、规格、型号、单价、总价;客户可指定物资品牌或分供方;所供物资实行“三包”(包修、包退、包换);工作人员为客户提供服务时着装整齐,佩戴胸卡,待人礼貌,举止文明,热情周到;工作人员上船服务不随意进入与工作无关场所,一般不在船上用餐(除特殊情况,交纳餐费外);定期或不定期征求客户对物资质量和服务质量的意见;对客户的投诉,3天内予以回复。该公司还建立一整套严格的检查、考核和评比制度,并公开公司监督电话。

2000年,上海远洋船舶供应公司以客户为中心,市场为导向,不断完善营销策略,拓展营销渠道,有力促进经济效益的增长。全年完成主营业务收入9 951万元,实现利润1 321万元,为年考核指标的330.25%,创造历年少有的佳绩。2005年1月始,该公司派专人跟踪每天所供应船舶物资的数量、金额、运输成本、人员管理成本等,对每一张订单的实现进行分析,每月提供分析报告。同时,对物料配载流程进行重新设计,专门成立装箱小组,试制一批大小尺寸不一的包装箱,采取对散装小件物料重新装箱,大件物料重新捆扎整理的措施。新措施的实施,改进了物料配送质量,缩短与船方的交接时间,方便船方收货与验货,得到船方好评。

“十五”计划期间,随着上海港造船工业的快速发展,上海中燃润滑油代销业务呈逐年增长趋势。该公司将润滑油业务划入营销部统一经营,增强润滑油业务综合开发的规模优势。2005年润滑油供应量达到8 900吨,翌年又升至1.1万吨。“十一五”计划期间,该公司总计代销润滑油8.4万吨。2007年11月,还实现中国大陆散装保税船用润滑油的首次供应。

2006—2009年,上海外轮供应有限公司努力开拓邮轮供船业务,相继与美国和意大利的邮轮公司达成合作意向,以上乘质量、文明服务迎接到达上海港的各类邮轮、为上海世博会的成功举办作出贡献。

是时,随着上海港货物吞吐量和来往于上海港的国内外船舶数量持续增长,为船舶提供物资和生活用品的港口服务类经营企业迅速增加。但上海港的船供企业由于许可“门槛”较低,利润可观,大量企业纷纷涌进该行业,而这些企业总体规模偏小,资质偏低,导致市场偏乱状况出现,甚至产生人为压价和现金交易的不正常现象。为此,上海市港口局于2007年8月14日,专门下达关于开展船舶港口服务类经营市场专项整治的公告,以完善船舶港口服务类经营市场的准入机制,规范船舶港口服务类经营企业的经营行为为整治内容,加强船舶港口服务类经营市场管理。

2009年10月6日,国务院办公厅颁发《国务院办公厅关于完善国际航行船舶港口供应市场管理工作的通知》,宣布放开国际航行船舶供应市场,进一步促进了我国船舶港口服务业服务水平和国际竞争力的提高。

2010年,上海远洋船舶供应公司已与国内外200多家航运企业建立业务关系,不仅向国内各大远洋公司的不同船舶供应各种船用物资,而且为中国南极考察船“雪龙”号、国内部分石油钻井平台以及来沪的各国邮轮提供服务。新加坡泰昌祥公司、希腊高世迈公司、意大利邮航公司、中国台湾长荣和万海公司等十几家境外知名度较高的大船东公司均与该公司建立长期合作关系。由于其坚持奉行“远洋供应,至诚至信”的服务宗旨,全天候、全方位、全过程地为船舶(客户)提供服务,已创出同行业中的“上海远供”品牌。是年,该公司实现主营业务收入1.8亿元,净利润2 692万元,圆满完成上级公司下达的各项任务指标。鉴于其优质的服务质量和服务态度,被上海市授予“一星级诚信企业”,并被上海出入境边防检查总站授予“2010年度诚信单位”。

随着中国海洋运输船舶逐步朝大型化、远洋化、现代化方向发展,90年代时的船用润物料品种已不能适应需求。且国有物供单位由计划经济走向市场经济,从自身发展需要出发,也需加强对库存物资储备情况的统筹规划和全面管理,通过调整常备品种和储备定额,使物资储备达到最佳最合理状态。为此,中石化中海船舶燃料供应有限公司上海物资分公司以中海集团为依托,根据不同客户的不同要求,适时推荐、调整润物料品种和档次,逐渐更换淘汰不适用、低档次产品。至2010年,其所供润物料常备品种从原先的6 000余种精简至3 500多种。同时为应对和保障不同船型的应急或特殊润物料要求,开设船舶专用料仓库,增加6 500多种专用料品种,使该公司库存品种达1万余种,可以满足不同船舶的不同润物料需求。是年,该公司完成物料销售额8 123.97万元,备件销售额4 774.38万元,化工产品销售额4 262.59万元;完成润料供应1.11亿吨,销售额1.23亿元。

及至2010年10月,经上海港口行政管理部门许可核发的港口服务企业已达180家,其中从事船舶供应的企业150家,其中数十家已发展成为集约经营,各具特色,在国内外享有一定知名度的规模型企业。

二、食品供应

20世纪70年代末,到达上海港的中外船舶多由上海市外轮供应公司提供船舶主副食品。80年代始,上海海运局、上远公司等驻沪航运企业陆续建立自己的食品供应渠道。

1980年,上海海运局所属货轮、油轮及系带浮筒的客轮的主副食品,均由该局船舶服务站供应;非系带浮筒客轮的主副食品由该局客轮公司后勤部门自行供应。(1985年前后,该局所属油轮的食品供应改由该局油轮公司车队运送。)

1984年9月,上海远洋船舶供应公司开始筹备船舶食品供应业务并成立食品科(原先到达上海港的远洋船舶的食品均由上海市外轮供应公司负责供应),翌年1月正式向上远公司船舶供应食品。当年共为25艘远洋船舶供应食品约150余种。1986年,该公司以调查研究、摸清市情为主线,疏通货源渠道,合理调整库房,优化运输条件,因地制宜抓好食品供应。至年底,供应食品品种由初供时的150余种增加到370余种。是年,还借用2只20英尺、2只40英尺冷藏集装箱,用以存放船用冷冻食品。与此同时,该公司还跨省市为上远公司船舶供应食品,将食品运抵南通、张家港、南京、营口及山东龙口等港,全年食品供船541艘次。1988年5月,上远船舶供应公司与上海市平凉路菜场联营向远洋船舶供应新鲜蔬菜和副食品。并根据远洋船舶在港停靠时间短促的特点,对供应工作实行“三包一不误”的服务准则,即包质量、包数量、包送货到船和不误船期。

同年,上海海运局船舶服务站并入该局海运服务公司(以下简称海服公司)后,本局吴淞口外货轮的食品由该公司助航船队运送;黄浦江内货轮的食品由该公司小船队及车队运送;油轮公司、客轮公司所属船舶的食品仍由其本公司自行供应。海服公司当年共为船舶送粮送菜1 459.53吨。1989年夏,上海陆上交通因受政治风波影响一度堵塞,海服公司助航船队接受从水上运送副食品至宝钢、石洞口等地的任务,保证了停泊在那里的运输船舶按时开航。海服公司当年为船舶运送主副食品2 273.39吨,运送佐料价值20余万元。1990年,海服公司车、船为船舶运送主副食品1 182吨,其中粮食438.55吨,副食品743.45吨;食品价值4万多元,佐料价值16万多元(90年代中期,因体制变动等因,该公司船舶食品供应业务停止)。同年,上海远洋船舶供应公司的食品供应对象进一步扩大,从原先只对上远公司停靠上海港和部分国内其他港口的船舶供应伙食,逐步扩大到对中远系统其他远洋公司约30%的抵沪船舶实施供应,供应的主副食品品种约360种。翌年起,已对中远系统所有抵沪远洋船舶和停靠上海港的其他远洋运输船舶进行伙食供应。1991年供船1 199艘次,供应额达1 540.7万元。1992年则分别达到1 253艘次和2 047万元。

90年代中期始,国内船舶食品供应市场逐步放开,上海港船供单位大量增多。内贸船舶可有选择地向供应商订购食品或自行采购食品。

1997年2月,上海远洋船舶供应公司自行设计开发的电脑管理系统软件"食品进价核算管理系统"投入运行。该系统通过对食品的开票台账、仓库进货明细账的跟踪,实现对仓库实时库存的跟踪,以及对各类食品生产日期、保质期的控制,做到先进先出。其将计划经济下的计划价模式改变为市场经济下的进价核算模式,降低库存资金,提高各类食品周转率。

2009年,国务院办公厅下发《关于完善国际航行船舶港口供应市场管理工作的通知》,并同时废止《关于做好外轮和远洋国轮港口供应工作的通知》和《国务院办公厅关于进一步做好国际航行船舶港口供应工作的补充通知》两个文件。该《通知》明确放开国际航行船舶港口供应市场:凡按照相关规定取得相应资质的企业,均可从事国际航行船舶港口供应业务。但及至2010年,在上海港诸多船供企业中,只有3家为取得海关报送资质的船供企业,分别是上海外轮供应有限公司、上海远洋船舶供应公司以及上港集团的船舶物资供应公司,其中上海海关特批的上港集团的船舶物资供应公司只取得部分资质。其余船供企业均无法直接与外轮接触。是时,上海外轮供应有限公司是国家指定的从事上海口岸国际航行船舶港口供应的国有企业,秉承"全天候登轮、全方位服务、全身心投入"的三全经营理念,为到港的中、外船舶提供船舶伙食、船舶物料、船舶生活用品、船舶备件、船舶油漆、免税品供应等服务。上海远洋船舶供应公司专业从事远洋船舶的免税烟酒及食品供应业务,是上海港船舶供应行业中获得中华人民共和国上海出入境检验检疫局颁发的《中华人民共和国国境口岸服务行业卫生许可证》的单位之一。主要经营品种有:免税烟酒、粮油制品、调料、饮料、水产、蔬菜、肉类、家禽等。其已与中远集团、中海集团、国家极地研究所、海洋石油钻井、上海打捞局、上海远洋渔业公司、希腊高世迈、新加坡泰昌祥、日本邮船、台湾长荣等200多家中外船公司建立良好业务合作关系。

第三章 通信导航

1978年后,随着改革开放方针政策的逐步推进,上海航运事业进入新的快速发展时期。作为船舶安全航行重要保障的通信导航业也同步取得发展。至2010年,先进的现代通信信息技术已在上海海洋运输行业广泛推广和应用,船舶通信导航日益现代化。

第一节 设施设备

一、上海海岸电台

20世纪70年代末,上海海岸电台已由上海解放初期只有6条电路,发信机输出总功率不到5千瓦,单机输出最大功率仅2千瓦,没有远洋电路,只有一台电传机,发展到29条电路,其中高频电路 23 条，中频电路 4 条，甚高频电路 2 条；发信机输出总功率已达 213 千瓦，单机输出最大功率提高到 15 千瓦；架设定向天线，通信距离可达远洋船舶航行的各条航线；开设电传电路 11 条，直通 8 个单位；承担着全国运输船舶和外轮 50%以上的通信业务。

1981 年，上海海岸电台收信台有收报机 28 台，电传机 10 台，自动发报机 8 台，并有中、高频天线共 16 副。发信台有发信机 35 部，最大发射功率为 15 千瓦，发射总功率为 152 千瓦。有各种天线 32 副。1986 年收信台进行改建，将原设备简陋、噪声大、互相干扰的大间报房分隔成 13 间报房，设多功能、组合式工作台，并有传送带传送电报，避免报务员上机操作互相干扰。1987 年有各种型号收报机共 33 台，天线 26 副，最高天线 2 座，高约 60 米。同年发信机增加到 56 部，其中 15 千瓦的 5 部，5 千瓦以上的 16 部，5 千瓦以下的 35 部，总输出功率为 235.7 千瓦。

80 年代，《全球海上遇险和安全通信国际公约》颁布，对通信发展提出严格要求，包括逐步取消莫尔斯报通信，用数字选择性呼叫代替音频数字选呼；用窄带直接印字电报和单边带无线电话代替莫尔斯报；用奈伏泰斯自动接收航行警告和气象报告代替人工抄收。我国从 1987 年开始在北京建造海事卫星通信地面站(岸站)，同时在中国沿海部署建立海上安全信息播发 NAVTEX(奈伏泰斯，警告、航行警告接收机)系统覆盖区，并加速对岸台(站)的通信设施进行技术更新，扩大电路数，增宽覆盖区域，以适应全球海上遇险与安全系统(GMDSS)的需要。上海海岸电台自 1986 年始对岸台进行改造。1988 年完成 SPT 发信机及遥控设施的订购和安装工作，解决岸台发信机的老化问题，同时完成微波通信设备的选型、核价和订购工作。1989 年电报工作量达 1 千万字，占全国水运电报 50%左右，国际电报工作量达 80 万字，占海上国际电报 33.3%。

1990 年，上海海岸电台(呼号 XSG)由中央控制台(04)、收信台(01)、发信台(02)、第二发信台(03)组成，隶属上海海运局通信导航站。其中央控制台地处上海广东路 20 号 7 楼，主要业务是以有线通信联系方式传递来往电报，是收信台和两个发信台的联系控制中心，电台的来去电报均由中央控制台收受后、分送有关单位和翻译、传送收信部门。收信台地处上海川沙县张江乡团结村，占地面积 23.01 亩。主要业务是通过无线通信方式与船舶进行通信联络。发信台地处上海南汇县周西乡百曲村，占地面积 21.86 亩。作为常规业务发信台，主要担任海岸电台与船舶联系的各种无线信号发射业务。第二发信台地处上海杨浦区嫩江路 2 号，占地面积 6.37 亩，主要担任气象、航行警告、报时、通电等广播业务发信台，并和 02 发信台互作备用。是年，上海海岸电台共开放 35 条工作电路，为国内外用户提供莫尔斯无线电报、无线电传(NBDP)、单边带无线电话(SSB)、甚高频无线电话(VHF)通信服务。总发射功率已达到 274 千瓦，并拥有部分遥控自动化的先进通信设备，成为中国和远东地区最大的海岸电台之一。

1990 年后，随着电子技术快速发展和计算机技术的应用，上海海岸电台收信台通信设备也朝着智能化和数字化方向更新换代。电传机由西门子 T1000 型先后更新成 PACT250 型智能电传机和 BDC－250 型电传机；天线在 1990 年增加一副四环有源定向天线、后又增加二副四环有源定向天线。收报机主要使用日本 JRC 的 NRD－93 型收报机；1991 年安装日本 JRC 330B NAVTEX 业务的播发设备。NAVTEX(奈伏泰斯)业务是各国政府机关指定有关海岸电台在规定的时间段，通过印字电报模式向在 400 海里海域内的船舶发送航行警告、气象警告、气象预报和紧急信息等海上安全信息(MSI)，船舶通过小型 NAVTEX 接收机自动接收安全信息的一种安全通信系统。其为“全球海上遇险与安全系统”(GMDSS)的一个组成部分，也是全球航行警告业务的一部分。1992 年起，在 518 kHz 上定时播发国际 NAVTEX 业务。1994 年收信台安装一组(4 台)荷兰无线 TT－1585E 窄带直接印字电报(NBDP)设备，正式开通窄带直接印字电报(NBDP)业务(1994 年前试开通此项业务)。1995 至 1997 年,实施 GMDSS 项目改造,期间新建定向收讯天线一副、新安装英国 RACL 数字式收报机一组(9 台)、新安装日本 JRC 302A 收信机 11 台和 JRC-NCG 收信遥控器 11 台、新安装 HARRIS 微波系统一套和 AWA 微波系统二套、安装柴油发电机组东风 75KVA 两套、新建横沙岛 DSC 收发电台一座。

为适应和满足全球海上遇险与安全系统(GMDSS)1999 年 2 月 1 日起在全球全面实施的要求,上海海岸电台自 80 年代中期起就做了大量预备工作。1990 年前后开放高频无线电话(SSB)(开放 4 兆、6 兆、8 兆、12 兆和 17 兆);开放 NBDP 业务(窄带印字电报)(开放 8 兆,其他频率按需开放)。1993 年开放奈伏泰斯(NAVTEX)业务,发射机识别符"Q"。随着上海、广州、大连、福州、三亚等地耐伏泰斯(NAVTEX)播发台的建设,链状覆盖我国沿海 400 海里以内的海域。1996 年始,交通部按照 GMDSS 要求,对全国各海岸电台通信设施进行大规模更新与改造:在上海建立中高频 2、4、6、8、12.16 MHz 和甚高频 VHF70 频道国际国内选择性呼叫(DSC)值班台及相应的窄带印字电报(NBDP)和单边带无线电话电路(SSB);在广州、天津建立高频选择性呼叫(DSC)国内值班台;在大连、秦皇岛、海口等地建立 15 个中频和甚高频 VHF DSC 值班台以及相应的窄带直接印字电报 NBDP 和单边带无线电话(SSB)电路。各海岸电台根据其功能分别配置相应的收发信机、DSC、NBDP 和 SSB 终端设备。

1996 年,上海海运通信中心大楼竣工,上海海岸电台收信台搬迁至通信中心大楼(上海东大名路 700 号)16 楼,中央控制台搬迁至通信中心大楼 17 楼。翌年,上海海岸电台进行体制改革,打破原先 4 个电台各自为政的局面,成为一个整体,原收信台改为收信部、发信台改为发信部、第二发信台改为第二发信部,撤销中央控制台建制。

1997 年 7 月,地处横沙岛新联村的上海海岸电台横沙 VHF 电台正式竣工投入使用(占地面积 5 725 平方米),是为上海海运所属通导公司专门为 GMDSS 项目配套的工程项目。其通信设备是利用澳大利亚政府贷款,并由该国 STANILITE 公司设计安装的。该电台的建成与海岸电台构成一个完整的 VHF 通信网络。通信范围的覆盖可延伸至离岸基 25 海里,解决南北水道和佘山、长江口锚地以北地区的船舶通信,填补长江口附近短距离通信的盲点,保证了船舶在上海地区、A1 海区航行的通信安全,也大幅改善长江口南北水道的通信条件。次年 4 月,上海海岸电台芦潮港 VHF 电台开工建设(占地面积 8 104 平方米),其开放 2 条 VHF 电路,该项目 1998 年 10 月正式竣工投入使用,解决了长江口南水道、嵊泗列岛、杭州湾北部、金山等海区通信问题。该台与横沙 VHF 电台联网,使 VHF 通信上了一个台阶。至此上海海岸电台对外开放的 VHF 频道已达 6 个。

同一时期,上海海岸电台公益性业务通信设施立项并开始实施。1999 年 10 月全部设备投入试运行。2002 年 5 月,交通部验收委员会对上海海岸电台公益性项目进行现场检查,通过评审同意正式竣工验收,交付使用。

2002 年 9 月 1 日,上海海岸电台正式开通全球海上遇险和安全系统地面无线电数字选择性呼叫(GMDSS DSC)通信业务,成为国内唯一的选呼国际值班台。

2003 年 11 月,上海海岸电台正式开放自动无线传真(ART),该项目于 2001 年 10 月立项,2003 年通过试运行验收。

2005 年 3 月 1 日起,上海海岸电台和广州海岸电台划归交通部管理。上海海岸电台自划转进入交通部上海海事局后,工作重点从企业管理模式下的经营性通信为主转移到海事管理模式下的航海安全通信保障的公益性通信为主。在电台经营性通信量逐年下降的同时,公益性通信量稳中有升。

二、船用通信设备

20世纪70年代后期，国际海事组织规定，自1980年开始一律不准再使用双边带通信，而代之以单边带。为适应这一要求，上海海岸电台于1978年开始试用单边带无线电话。翌年3月，开放第一条高频单边带无线电话电路，航行在千里以外海面上的轮船可以同陆上直接通话。是时，上海海运局通信导航处为了促进航运通信现代化，在远洋轮“东海”号和海运局的“长山”号上安装单边带无线电通信设备，使船舶与岸台建立无线电话联系。经过试调情况良好。之后，上海海运局绝大多数船舶先后安装单边带无线电通信设备。至1981年11月，上远公司的137艘船舶也都装备具有单边带无线电话联络功能的无线电收发信机，加快了船舶在海上航行与陆上沟通信息的速度。

1982年，大量外国高质量甚高频设备可在国内购买，为推动这一通话办法，上海港监发布限期装上这一设备和对进出上海港的船舶强制执行此通话办法的规定；交通部也将这一通话办法作为规章制度，列入通信章程，从而使国企和地方航运船舶都按期装上这一设备，并共同执行。

1983年，上远公司船舶通信设备大都更新为采用晶体管、频率合成电路技术的设备。主、备用发信机型号主要有丹麦制造“S1250”型、瑞典制造“ST－1600”型、日本制造“NSD”系列等。主、备用收信机型号主要有美国制造“3020A”型、日本制造“NRD”型系列，丹麦制造“M1250”型等。同年2月，上海海运局通信站开放21频道，实现船舶与船公司各部门之间有无线电转接，直接通话，便于及时沟通船岸联系和调度指挥。

鉴于远洋运输船舶与国内海岸电台远距离通信时经常有通信“盲区”现象。为解决这一问题，上远公司自1984年3月1日起在“铜川”轮首先安装“JUE－35A”型卫星通信船站装置，以后又分别在各轮安装通信效果更好的“JUE－45A”型、“RSS－402A”型、“ARIES－3S”型等卫星通信船站装置。

80年代中期，上海海运局所属船舶配备由该局航运电子设备厂开发的模拟制选择性呼叫接收报警器。报房无人值守时，海岸电台可通过该设备启动驾驶台音频报警，通知船舶报务人员与岸台联系。

1987年11月，为适应实施GMDSS系统的需要，上远公司首先在集装箱船“泰河”“普河”轮上安装能自动接收航行警告、气象预报和紧急通知的“NAVTEX－2”型气象航行警告接收机（简称NAVTEX），接着对其他船舶也逐步进行安装。

1988年后，因实施GMDSS系统，上海海船通信设备发生根本变化，以组合电台的形式配备于船舶，其中包括JRC的中高频设备JSS－710、JSS－720、JSS－800等，后发展到JSS－196、JSS－296、JSS－596；INMARSAT设备JUE－75、JUE－85、JUE－95；FUGUNO的中高频设备FS－500等，后又发展到FS－1570、FS－2570、FS－5070；INMARSAT设备FELCOM11，FELCOM15、FELCOM16；SAILOR的中高频设备SAILOR2000系列、SAILOR4000系列、SAILOR6000系列；INMARSAT设备H2095B等。根据中国船级社“《海船无线电设备规范》1988年修改通报”，取消通信设备中的应急通信设备配备要求，对救生艇电台要求增加工作在2 182千赫兹的报警信号自动拍发器；所有1 600总吨以上的船舶都要安装航行警告接收机，并配备甚高频双向手机，且油轮与化学品船使用的甚高频双向手机必须是防爆性的。

1989年9月，上远公司从“民河”轮开始，对所属船舶配备“TRON－30S”型卫星紧急无线电示位标装置（简称S－EPIRB）。当船舶遇险时，该装置能自动或手动接通电源，在规定的频率上发射遇险信息供卫星接收。

80年代内,上海海船通信设备的配备按照国际海事组织《1974年国际海上人命安全公约》及其1981年修正案和1983年修正案,以及中国船检局《74年海船无线电设备规范》的要求执行。主要含有以下种类:

用于遇险安全通信和常规通信的主要设备有工作中高频的主发信机、主收信机、备用发信机、备用收信机、应急发信机、应急收信机。

用于遇险报警的工作在500千赫兹报警信号拍发器、用于接收遇险船发出的遇险报警信号的工作在500千赫兹自动报警器;工作在2 182千赫兹频点上自动报警器和报警信号发生器。

用于船与船通话和船与港口通话的甚高频无线电话。

用于救生艇上的手提式发信机及500千赫兹报警信号拍发器和收信机。

用于接收各国气象组织通过短波播发气象图的气象传真接收机。用于驾驶台对船头船尾及机舱通信、对本船广播和对其他船喊话的传令机广播机。

用于紧急情况下驾驶台与舵机间和机舱进行通信的声力电话。

用于船舶内部各房间和工作场所相互通话的程控电话系统。

中短波无线通信方式原先主要是莫尔斯电报和调幅波无线电话。80年代初开始配备具有单边带无线电话通信收发信机、窄带直接印字报设备;部分航行于国际航线的船舶配备INMARSAT A系统通信设备。80年代后期部分船舶配备航行警告接收机、用于标示遇险位置的紧急示位标、用于救生艇的甚高频双向手机等。以上通信设备的配置,大大改变船舶通信设备落后于形势的状况,部分自制产品还填补了我国通信导航设备的空白。

至1992年底,上远公司已有69艘船舶安装全球卫星通信船站装置;106艘船舶安装NAVTEX设备;所有船舶全部配齐"S-EPIRB"装置。

为实现全球海上遇险与安全系统(GMDSS)的计划,国际海事组织于1988年通过《1974年国际海上人命安全公约的1988年修正案》决议,对船舶通信设备配备提出新的规范要求;中国船级社也发布相应的配备规范。规范要求的实施期为1992年2月1日至1999年2月1日。

根据规范要求,在实施期内,包括上海地区在内的所有新造船舶在出厂时必须满足要求,对老旧船的通信设备需作GMDSS改造。GMDSS船舶通信设备主要含有以下种类:

带有数字选择性呼叫功能、报警信号接收值守功能和遇险报警功能,具有单边带无线通话功能的中高频收发信机及窄带直接印字电报设备。

带有遇险报警功能、接收EGC信息和进行字符通信的INMARSAT C站和具有前述功能并可通话、传真的A站及B站设备。

用于标示遇险位置的紧急示位标。

用于为搜救船指向的雷达应答器。

用于接收航行警告和气象信息的航行警告接收机。

用于救生艇与搜救设施通信的甚高频双向手机。

用于发送值守报警信号、船舶驾驶台与驾驶台通信和具有数字选择性呼叫功能的甚高频对讲机。

部分船舶安装INMARSAT-M和INMARSAT-F卫星通信设备。

90年代中期,上海海运局为方便远洋船员与家庭的联系,开通"远洋单边带"电话。远洋船员可通过船上电报员呼叫海运局通讯电台,再由岸台接线员接通家里的固定电话。

1999 年 8 月,中海电信开发中心研制成功的 NR-1 型接收机通过上海市人民政府交通办公室组织的新产品鉴定,被认定为国内首创,并获得上海市 99 科技博览会金奖。NR-1 型 NAVTEX 接收机,是根据《中华人民共和国船舶检验局海船法定检验技术规则》修改通报 1994 年第十三篇无线电通信设备(GMDSS)中关于《奈伏泰斯接收机》的各项规定和要求而设计的,适用于各类大小船舶自动接收并打印出海岸电台播发的有关海上安全航行警告信息。

进入 2000 年后,计算机及软件技术在运输船舶上逐步应用。上海海洋运输行业开始建立船舶局域网,并通过 INMARSAT 设备实施与岸上的数据交换;部分沿海岸航行的船舶利用 CDMA 系统实施船岸间数据交换。

是年 3 月,为使中远集运船岸通信迅速适应世界航运事业高速发展的迫切需要,上远通导公司引进具有世界一流水平的船岸通信自动化数码元件(RYDEX),着手开发"船岸通信自动化系统"。同年 7 月,该项目通过中远总公司验收,并在中远集运第一批 27 艘船舶中投入使用,取得良好社会效益和经济效益。该系统利用数码技术,可由卫星通信船站经通信卫星传输,迅速进入中远公司地面局域网。船舶配置专用数码相机,使各职能部门能每时每刻掌握在航船舶的各种信息,对船舶所需问题作出迅捷反应和部署,并对数据作出压缩处理,对降低船岸通信费用起到积极作用。岸上管理人员还可及时调阅、掌握和分析航行船舶的驾驶、轮机等有关数据,实现船舶信息管理现代化,提高船舶安全航行控制力。"船岸通信自动化系统"的建立和应用成功,使中远集运的船岸通信上了新的台阶。

同年 10 月,由上远通导公司下属上海越洋无线电有限公司研制的船用卫星电视系统,在中远集运"商城"轮和中日轮渡公司"新鉴真"轮投入实船试用阶段。船用卫星电视接收系统的研制成功,对丰富远洋船舶业余生活和促进船舶精神文明建设起到积极作用。

至 2001 年末,中远集运已有 80 艘船舶相继安装船岸数据通信系统。为使该系统有效运行,该公司技术信息中心通导科为船舶举办培训班 12 期,培训人数 171 人次。在非紧急情况下,所有船岸间来往信息通过每天一至两次的信息交换,以发挥该系统的最大效用。同一时期,上远通导公司和中远集运船管公司联合立项的"中远集运船岸 E-mail(电子邮件)通信系统的开发与应用"项目获得中远集团创新创效成果奖。该项目成功应用 RYDEX(邮件系统)元件开发,用于中远集运船舶电子邮件系统的建立,并推动 AMOS 软件在船岸电子邮件系统中的实际应用,投入使用后取得较好实际效果。

图 7-3-1 中远集运船员在收看通过船岸信息系统发送的新闻

(摄于 2001 年,照片提供:中远集运档案室)

2002 年,根据国际海事组织 74 SOLAS 公约(国际海上人命安全公约)2002 年修正案,上海所有航行于国际航线的船舶都已安装船舶保安报警系统(SSAS)设备。鉴于加强海上保安已成为国际航运界当务之急,国际海事组织海上安全委员会(MSC)于同年 12 月第 76 届会议上审议,并在 IMO 海上保安外交大会上通过 SOLAS 公约修正案,将《国际保安规则》(ISPS 规则)纳入 SOLAS 公约。在这次大会上,船舶远程识别和跟踪系统 LRIT(Long Range Identification and Tracking of Ships)作为海上保安的特别措施被提交给航行安全分委会和通信及搜救分委会(COMSAR)研究。在 2006 年 3 月召开的国际海事组织无线电通信与搜救分委会(COMSAR)第 10 次会议上,船舶远程识别与跟踪系统(LRIT)性能标准草案获得通过。同年5月,在伦敦召开的MSC第81次大会采纳"LRIT性能标准及功能要求"。其被纳入SOLAS第五章,规定从事国际航行的客轮、300总吨及以上的货船和海上移动平台,都必须强制实施船舶远程识别和跟踪,并于2008年1月1日生效。LRIT系统由船载终端设备、通信服务提供商(CSP)、应用服务提供商(ASP)、数据中心等组成。其基本原理为:航行船舶通过卫星通信把LRIT信息发送到陆地地球站,地球站再通过ASP和LRIT分配网络转发到经IMO授权的用户终端——IMO缔约国政府,后者就可以实现对航行船舶进行全球性识别和跟踪。LRIT系统还可把LRIT信息(预先设定发送时间的船位报告、被要求发送的船位报告和事件报告)发送给其他经授权的用户。为按时履行国际公约,加强我国海上保安、搜救、环保,促进航运业发展,切实保护我国船队利益,交通运输部批准建设中国船舶远程识别与跟踪系统工程(LRIT)。包括上海在内的所有航行于国际航线的船舶,都及时安装了远程识别与跟踪系统(LRIT)设备。

2005年5月始,根据美国海岸警卫队要求,上远通导公司自动化中心为驶抵美国的"中远上海"轮等36艘船舶实施安装Enoad系统。该系统是美国海岸警卫队开发的一套电子申报船舶信息的系统软件,用于抵离美国港口时传送船舶信息及船员名单等内容。只有在通过电子邮件递交此信息后,船舶才能正常抵离美国港口。

2009年起,国际海事卫星组织(INMARSAT)开始向船舶提供宽带海事通信业务,上海部分船舶安装了FBB宽带卫星通信设备。卫星宽带通信也称多媒体卫星通信,可通过卫星进行语音、数据、图像和视像的处理和传送。该设备的应用,使船舶与船公司的联系更加便捷,也方便了远洋船员与家庭的沟通联系。

及至2010年,上海海洋运输系统为船舶配备的通信设备主要有:中高频DSC收发信机、中高频DSC值守机、甚高频DSC无线对讲机、INMARSAT－C卫星通信船舶站、INMARSAT－B卫星通信船舶站、INMARSAT－F卫星通信船舶站、INMARSAT－M卫星通信船舶站、INMARSAT－F卫星通信船舶站、INMARSAT－FBB卫星通信船舶站、甚高频双向手机、紧急示位标、雷达应答器、声力电话、船舶内部通信与广播系统、船舶保安报警器、船舶远程识别跟踪系统等。

三、船用导航设备

20世纪70年代后期,随着海运事业的发展,船舶增多,进出港口的船舶密度相继增加,船舶对导航仪器的要求也越来越高。是时国产电罗经在上海海洋运输船舶中已普及使用,为之配套的自动操舵设备得以推广。船用雷达由原先的一船一套增加到一船两套。部分远洋船舶已开始采用卫星导航设备。1977年2月,上远公司在"江川"轮首先安装利用人造卫星自动测定船位的"MX－1102"型子午仪导航卫星系统的"卫星导航接收仪"(简称NNSS),使测定船位精确到分、秒,提高确定船位的速度和准确性,减少船位偏差。

1979年5月,该公司在日本建造的新船"花园口"轮首先安装由计算机与雷达技术相结合,在多目标船相遇时能快速、准确、直观控制并具有自动避让功能的"CAS－101"型自动雷达标绘仪(简称ARPA)。ARPA能随时对驾驶员所关注的20个或20个以上目标进行跟踪并报告动态(包括目标的方位、距离、航向、航速等)。若存在碰撞危险,能自动发出警报,提醒驾驶人员注意,并可通过模拟形式,提供直观的避碰方案。同年建造的"白河口""小石口""枝江口""太平口""喜峰口"和"张家口"等轮也都安装这一设备。1981年6月,在"风庆"轮安装利用导航卫星获得精度定位及在二次卫星定位间隔中连续定位的“MX－1105”型卫星和奥米加导航仪。同年11月起，又先后在“溧阳”等在航船舶加装ARPA自动雷达标绘装置。至1988年9月，上远公司除1979年后新造、新购的42艘船在出厂前已配备外，其余100多艘在航船全部安装ARPA装置，全公司共配有148台。同一时期，上海海运局也有50％的船舶配置卫星导航仪，并为12艘总吨在1.5万吨以上的远洋运输船舶配置ARPA装置。

随着卫星导航技术的迅速发展，全天候为船舶连续提供高精度船位、船速和时间信息的卫星全球定位系统（简称GPS）逐渐替代子午仪卫星导航系统。1987年，交通部开始在北京建设海事卫星地面站（岸站），并先后承担交通卫星长途专用通信网、全球低极轨道卫星搜救系统以及中国北斗卫星民用导航系统等国家重点工程建设任务，为国内外用户提供海、陆、空全天候、全方位、高质量、高可靠性的卫星通信、导航定位、监控报警、遇险搜救等多种服务。1991年6月，上远公司“桃河”轮首先安装GPS装置“GP－500”型卫星导航仪，使船位、航向测定一次完成，可随时掌握船位、确保船舶航行安全。至1992年底，上远公司已有64艘船配备GPS设备。同一时期，上海海运局船舶也开始配备卫星全球定位系统的接收机，即GPS设备。

1997年1月15日，上海市人民政府交通办公室在上远公司主持召开由上远通导公司研制的全球卫星定位仪GPS信号多路分配及转换器项目的科研鉴定会。该项目通过鉴定后被列为上海市1996年科研成果，在上远、广远、青远、天远和香港远洋等船公司推广使用，获得良好的社会效益。

90年代后期，上海部分船舶开始使用气象导航。1998年，中远集运共有392艘次船舶使用气象导航，其中82艘次船舶使用北京全球气象导航技术有限公司的气导服务，310艘次船舶使用中美合资上海海洋气象导航有限公司的气导服务。在两家气导公司的有效服务下，该公司受导船舶在缩短航线、节省燃油、保障航行安全、提高船舶准班率等方面都取得显著效果。同时，还利用气导公司提供的气象信息资料，指导未使用气导的船舶预防、规避恶劣天气，取得实效。

2000年，按照国际海事组织《1974年国际海上人命安全公约》和公约的1981年修正案以及中国船检局《1975年海船航行设备规范》的要求，上海海船配备导航设备还有用于指示船舶方位的磁罗经、用于发现本船周围目标和定位的各种型号的雷达、用于测出报警信号方位的测向仪、采用陀螺原理用于指示船舶方位的电罗经、用于显示记录船舶航速和距离的计程仪、基于电罗经方位信号，通过设定偏向角实现自动控制船舶航向的自动舵等。

2005年前后，根据国际海事组织通过的74 SOLAS公约的2000年修正案、2004年修正案及中国海事局的有关规定，上海海洋运输船舶按种类和总吨位不同，分期安装航行数据记录仪（VDR）、简易型航行数据记录仪（S－VDR）和船舶自动识别系统（AIS）；1万总吨以上的船舶配备有航向航迹控制系统。

2009年，国际海事组织通过的74 SOLAS公约2009年修正案，规定航行于国际航线的船舶需于2011年7月1日起安装驾驶台航行值班报警系统（BNWAS）设备（当驾驶台人员睡着或失去驾控能力时该设备会自动分级报警），2012年7月1日起需强制安装电子海图显示与信息系统（ECDIS）。中国海事局于2010年4月下达“关于印发《国内航行船舶船载电子海图系统和自动识别系统设备管理规定》的通知”，要求航行于国内沿海及长江和珠江水系的船舶，按船舶种类和不同吨位，从2010年7月1日起分期安装船载电子海图系统（ECS）设备和船舶自动识别系统设备。按照要求，上海海洋运输系统部分船舶在2010年底前已经安装驾驶台航行值班报警系统设备和电子海图显示与信息系统设备。

2010年，上海海洋运输船舶配备的导航设备主要有：磁罗经、具备自动标绘功能的雷达、电罗经、自动舵、测深仪、计程仪、船舶自动识别系统、船舶航行数据记录仪、电子海图显示与信息系统、驾驶台航行值班报警系统、航向航迹控制系统等。

第二节 管理和服务

1978年,为加强对船舶通信导航业务技术的管理,上海海运局专设通信导航处(通信导航站)。其既为该局负责通信导航业务技术管理的一个职能部门,又是局属的一个基层单位,具有通信业务技术管理和生产经营双重职能。通信导航处(通信导航站)机关设办公室、业务科、技术科、政工科。其中业务科、技术科负责管理指导海岸电台业务技术和海运局所属船舶的通导业务技术;对船舶通导业务的管理,包括检查无线电规则的执行情况和电台(包括应急设备)使用保养情况,对船舶电台报务员作业务技术培训,制定通信导航设备的更新改造计划和审批通导设备的更新申请以及安排设备安装、维修等。该处(站)下属单位有上海海岸电台、维修厂、上海船舶无线电厂等。

1979年,根据交通部关于制造和航行分开的指示,该处(站)将原上海船舶无线电厂制造部分和维修部分拆分,分别成立上海航运电子设备厂和上海海运局通信维修厂。1980年,通信维修厂有各种设备20台(1988年增至40台)。主要业务为承担国内外船舶各类船用收发信机、航海仪器设备的安装、调试和维修,包括雷达(ARPA)、劳兰、卫星导航、气象传真、测向仪、磁罗经、电罗经、测深仪、自动舵、计程仪、六分仪、望远镜、天文钟、各类收发信机、甚高频电话、船内有线通信设备和电视机等,并进行磁罗经、测向仪的自差校正。该厂以上船安装和修理业务居多。1980年后数年间年均上船修理达4 200艘次。上海航运电子设备厂成立后,曾归交通部领导。1981年5月,交通部将该厂下放,仍归上海海运局通信导航站领导。其产品品种逐渐增多,有双波道中频发讯机、甚高频无线电话机、测深仪、无线电气象传真机、双曲线定位仪、选择性呼叫器、劳兰C定位仪以及为甚高频无线电话配套的自动录音装置等,可为海运船舶提供部分国产通信设备和航海仪器装备。

1984年10月,上远公司在原上海远洋通信站基础上,组建中远上海海上电子设备工程公司。主要经营通信、导航设备的预检、安装和修理,生活电器的预检、安装和修理,电航仪器的预检、安装和修理及代理等业务。

1988年,上海航运电子设备厂从美国、新加坡引进MC610甚高频无线电话和航行警告接收机方面的技术,进行组装,并陆续在船舶上安装,以适应国际海协组织规定所有海上船舶在1991年8月1日前必须配备航行警告接收机等航海设备的要求。

1995年4月,在原中远上海海上电子设备工程公司的基础上,组建上海远洋通信导航公司(以下简称上远通导公司)。其为集科、工、贸为一体的综合性专业化公司,主要业务之一是从事船舶通信导航设备和机舱自动化设备部件的研制、生产、销售和维修。可在国内任何港口为船岸客户提供全方位、全天候、全过程服务。该公司是美国国际电报电话公司(ITT)、美路华公司(MAGNAVOX),德国雷森-安修司公司(RAYTHEON - ANSCHUTE)、迪拜公司(DEBEG),日本无线电公司(JRC)、东京记器公司(TOKIMEC)、横河-北辰公司(YOKOGAWA)、古野公司(FURUNO)、安立公司(ANRITUZ)和英国雷卡公司(RECAL - DECCA)、丹麦SAIT公司等著名厂商在中国口岸的专业维修代理,拥有经这些厂商培训的工程技术人员和充足的配件供应。

1998年10月,由原上海海运船舶通信导航公司、广州海运通信导航事业部、大连海运通信导航公司、中海集团企管部计算机中心四个单位重组成立中海电信。其通信部负责对海岸通信的管理(通信部撤销后职能划归通导事业部),通过协议方式代理各专业船舶运输公司的部分通导管理业务，包括检查无线电规则的执行情况和通导设备的使用保养情况；对船舶电台操作人员作业务技术培训；根据各船公司船舶通导设备状况和法规要求向船公司提出设备更新和配备的建议，并根据更新改造计划安排具体实施工作。是时，上海海岸电台、广州海岸电台均由中海电信统一管理。其作为提供海上电子与信息技术综合服务的专业化公司，通过不断改革和调整，已形成路岸通信信息技术综合服务产业和海上电子综合服务产业，实现从内部管理为中心向为客户提供优质服务为中心的转型，从单纯技术应用向技术与服务并重的转型，从内部支持保障型向为社会公众服务的转型。该公司突破传统通信技术的局限，围绕水上运输及其相关产业的IT（信息技术）、ICT（信息和通信技术）新技术应用，开展相关产品研发和信息技术项目建设，先后参与中海集团船舶保安警报系统SSAS、船舶局域网、智能导航系统、岸上AIS（全球最大的船舶动态查询系统，免费船位查询）监控系统、船舶总调度监控管理信息系统等通信信息项目的开发和建设；完成了NR－1型490/518中英文航行警告接收机、GPS车载移动跟踪终端、风速风向仪、E视通视频会议系统等产品的研发并被广泛应用。这些产品涉及GPS、GSM、A/D转换等多项现代通信、信息、自动控制领域的先进技术。其中NR－1型490/518中英文航行警告接收机曾在上海市人民政府交通办公室组织的新产品鉴定中被认定为国内首创，并获得当年上海市科技博览会金奖。

同年11月，为适应中远集运在航船舶设备新和在港时间短的特点，保证船舶航行安全，上远通导公司投入十多万元资金，对原雷达、通信和罗经实验室进行改建。各实验室根据中远集运船舶设备的实际情况，分别配置JRC、FURUNO（日本船用设备生产厂家）生产的多种型号雷达、JRC－GMDSS组合台、多类品牌的GPS、气象传真机、航行警告值守机、卫星通信A站、C站及通信设备、安修司、SPERRY等罗经，并且配备专职高级工程师2名、工程师3名，常年保持各类设备完好和配件完整，为企业向客户提供高质量、高效率的服务创造条件。

图7－3－2　中海电信员工正在进行船舶通导设备维修

（摄于2008年1月，照片提供：中海集团宣传部）

2000年，上远通导公司加强自动化服务中心计算机技术的投入和船岸数字自动化通信网络的开发和运用，全年为各类船舶修理、安装通信导航设备1 552台次，其中中远集运船舶占44%，其他公司船舶占56%；为157艘次船舶提供各类自动化系统的调试和维修服务，确保中远集运船岸及陆地通信畅通，全年共收发各类电报17.96万份，差错率为0。2001年为各类船舶修理、安装和调试通信导航设备1 872台次；为船舶提供各类自动化系统的维修、安装和调试481台次；全年收发各类报文31.25万份，差错率为0。

2003年，中海电信以市场为导向，加大科研开发力度，成功完成AIS通用罗经转换器的开发工作，实现当年开发、当年生产、当年销售、当年盈利的目标。完成船舶保安警报系统的研发工作，并通过产品确认评审。2004—2005年，又积极运用通信新技术，陆续推出船队在线跟踪系统服务、卫星D+船位跟踪设备、卫星D+保安系统、卫星C站通信、卫星中文EMAIL系统平台业务、卫星传真、船舶图书资料跟踪服务、GZRD0 电邮通信服务等多项新的通信服务项目。2005 年 3 月,上海海岸电台划归交通部上海海事局后,中海电信在原有传统通信和通导设备生产、安装、维修等业务基础上,进一步调整业务发展方向,挖掘新的增值业务,保持企业持续发展。

2007 年初,为适应市场变化,整合和优化内部资源,更好为客户服务,上远通导公司撤销所属电子公司和贸易部,先后成立生产经营部和信息服务部,紧盯船舶通信导航等维修服务市场,努力打造公司服务品牌。全年实现销售收入 5 206 万元,整机服务收入 37 万元,实现利润 735 万元。

同年 7 月,为做好新造船舶通导设备配置工作,中海电信专门成立中海电信新造船通导业务部。2008 年,中海电信完成通导设备维修 7 452 艘次;检验船舶 736 艘次;船舶信息化系统软件安装 78 艘,维护 363 艘次;通导设备代管总数 673 艘次;卫星通信代理船舶 897 艘;全年检查船舶 515 艘次;代办船舶电台执照 263 份;申请 SSMI 标识 142 艘;完成通信工程项目 408 项;宽带用户总数为 2.27 万户;电话业务用户总数为 1.09 万户。

2010 年,中海电信完成的通导修理业务包括:通导设备维修总次数 6 847 艘次,为上年同期 6 046 艘次的 113.25%,其中中海集团内部船舶 4 174 艘次,占 60.96%,集团外部船舶 2 673 艘次,占 39.04%。检验船舶 885 艘次,其中外部船舶 505 艘次,占 59.98%。船舶信息化系统软件安装 52 艘,维护 348 艘次。完成的船舶代管业务包括:代管船公司共计 179 家,其中中海集团内部 17 家,集团外部 162 家,代管船舶总数 740 艘,为上年同期 698 艘的 106.02%。全年检查船舶 454 艘次,代办船舶电台执照 267 份,申请 MMSI 标识 187 艘。同时还开展了通信工程业务、宽带信息业务和有线通信业务等。全年实现主管业务收入 22 849.56 万元,利润总额 880.54 万元。其所属上海修理厂担负着华东地区船舶通导设备的维修、安装、调试。

同年,上远通导公司突出技术服务模式的创新,坚持技术服务和代理服务相结合,不断拓展市场份额。建立与日本多家知名海事通导设备开发制造商的设备备件在中国地区保修、信息交流和技术培训等合作关系。对外销售收入占全年收入的 62.42%,比上年增加 4.1%。全年为船舶技术服务 1 484 航次,比上年增加 4.4%。

第八篇

科技·文化·教育

清末民初，上海创办吴淞商船专科学校，重视培养高级航海技术人才，打破外国人控制中国航海技术的局面。上海解放初期，上海航运业从接管一批老旧船开始经营沿海运输，在行业中提倡技术革新与技术革命，为恢复和发展海洋运输起到积极促进作用。“文化大革命”期间，上海航运科技文化教育事业遭到严重冲击，停滞不前，直到中共十一届三中全会后才得以迅速恢复和发展。

20世纪80—90年代，以上海船舶运输科学研究所为代表的上海航运专业科研机构以及驻沪各航运企业、航海院校科研机构，在国家科技工作方针指导下，潜心投入航海科研工作，结合生产实际，将自主研发和引进、应用国际先进科学技术相结合，取得丰硕科研成果。上海航海教育事业坚持“两条腿走路”，逐步形成以上海海运学院(后为上海海事大学)为代表的院校教育与中海集团、中远集运等驻沪航运企业形式多样的船员培训相结合的不同层次的教育培训体系，为发展上海海洋运输培养和输送大量优秀专业技术人才。上海航运文化，包括城市航运文化和企业航运文化，在新形势下得到继承和发扬。

2000—2010年，在上海国际航运中心建设的推动下，上海海洋运输科教文化事业加速发展。各种类型的科研机构坚持“科学技术是第一生产力”的指导思想，充分发挥科技创新在交通运输跨越式发展中的重要作用，重大科技成果层出不穷，特别是以计算机信息技术为代表的新技术、新成果，被更加广泛地开发应用于运输生产实际，显著提高各航运企业的经营管理水平和服务质量。水运教育事业贯彻“科教兴国”的基本国策，紧紧围绕规模、结构、质量、效益协调发展的目标，在改革水运教育体制和发展多层次、多规格教育培训方面迈上新的台阶。各航运企业始终十分重视对人才的培养，在提升员工综合素质上投入大量人力物力，将教育培训作为保障企业发展、关心员工的主渠道之一，将拥有高素质人才队伍作为提高企业核心竞争力的关键，从而使职工队伍的学历、职称、技术结构不断优化，为企业可持续发展奠定良好基础。在国家有关部委和上海市人民政府的关心、支持下，通过纪念郑和下西洋600周年、举办“中国航海日”等大型活动，上海的航运文化建设也取得新的进展。各航运企业持续开展企业文化活动，提炼和发扬激励广大员工奋发向上的企业精神，形成各具特色的企业文化体系，提升了影响员工价值取向和行为方式的文化理念。

第一章　航运科技

改革开放30余年间，上海海洋运输系统科技事业持续发展，逐步形成本系统雄厚的科技力量。其既拥有众多不同类型的科研机构，又建有一支数量可观的高素质科技人才队伍。紧贴生产实际的各类科研项目层出不穷，适用于推进经营管理、运输生产的重大科技成果不断推出，特别是电子计算机的开发运用、环保节能技术的研发运用、航运设备的研制与改进等，有力推进了上海海洋运输船队的大型化、规模化、现代化进程。

第一节　科 研 机 构

一、专业科研机构

【上海船舶运输科学研究所】

上海船舶运输科学研究所(简称上海船研所)成立之初(1962年)位于上海浦东陆家嘴地区东部,占地面积130余亩,直属交通部领导。1982年,设有12个专业研究室、1个航海仪器设备厂和1个仪表室,职工1 000余人,内有技术人员500多人(含高、中级研究人员300余人),成为上海地区航运专业研究比较齐全,具有一定规模的民用船舶运输科学技术综合性研究基地。是年,在运输和工程船舶的新船型、新机型、新产品和新技术以及航海技术和交通安全管理等方面,已完成国家、交通部、上海市及生产单位提出的较大科研项目近300项,取得科研成果232项,发表250余篇具有一定学术水平的论文。

1984年7月,经交通部批准,该所作为全国科技体制改革试点单位之一。

1985年,研究室扩展为15个,职工1 200余人,其中,技术人员700余人。开办了一个拥有300余名职工的实验工厂。同时设立交通部节能技术服务中心、交通部上海计算机中心和蛇口工业区南海船舶技术服务中心。1987年,完成较大科研项目累计已达400余项。该所研制的主机驾驶台遥控技术、无人值班机舱以及油轮装卸自动化装置、油轮油舱液位遥测装置等,已在上海海运局实船使用,对确保船舶航行安全,改善船员劳动条件起到积极作用。20世纪90年代初,开始从事高速双体客船的开发研究。1994—1997年间,与使用单位共同研发建造200客位短程高速铝合金双体客船。

2000年10月,根据科技部等六部(委)《关于印发建设部等11个部门(单位)所属134个科研机构转制方案的通知》要求,上海船研所转制为中央科技型企业,由交通部划归中央企业工作委员会管理。2003年3月,转由国资委领导。

2006年,为中国船舶工业和航运业累计承担科研项目16项。其中,在"洋山深水港江海联运集装箱船型开发"项目中,主要完成3型江海联运集装箱船型方案设计和1型江海集装箱船型送审设计,为提高上海洋山深水港集装箱集疏运效率作出重要贡献。至年底,已累计获得重大科技研究成果1 000多项,其中获国家、交通部和上海市科技进步奖、发明奖和优秀新产品奖300多项。

图8-1-1　2009年第十五届海事展上海船研所展台现场

(照片提供:中海集团宣传部)

2008年,为国务院国资委直属的6家在沪中央企业之一。作为国家最大的交通运输综合技术研究开发基地,承担着国内交通运输行业共性技术、前瞻性技术开发研究和促进行业科技创新的重要使命。时有员工近700人,技术人员占80%左右,其中,具有高级专业技术职称的科研人员160余名。

2010年8月,经国务院批准,上海船研所整体划归中海集团,成为其全资子企业,注册资金为1.5亿元人民币。至年底,资产总额13.13亿元。从业人员近800人,其中,80%以上为科技人员,具有高级专业技术职称人员190余名。经国务院学位委员会批准,设有四个硕士研究生培养点(即通信与信息系统、交通信息工程及控制、船舶与海洋结构物设计制造、轮机工程等)。作为国家最大的交通运输综合技术研究开发基地,其拥有船舶运输控制系统国家工程研究中心、航运技术与安全国家重点实验室和航运技术交通行业重点实验室,在船舶自动化、智能交通、环境工程以及船舶水动力业务领域处于国内领先水平。

【上海国际航运研究中心】

成立于2008年7月,为国际航运业发展的研究和咨询机构。除为政府发展航运建言献策外,多次承办和协办国际航运领域大型论坛,组织相关研讨会,举办高层次专业培训。(详见本卷“航运服务”篇“航运咨询”目)

2010年,在6个所属研究所(航运政策与法律研究所、航运服务研究所、港口发展研究所、邮轮经济研究所、现代物流研究所和航运发展研究所)的基础上,新组建运行研究所4个,包括中美航运经济研究所、航运发展研究所、航运金融研究所、航运信息技术研究所。其中,中美航运经济研究所是与美国纽约州立大学和美国商船学院合作组建,航运发展研究所与中远集运合作组建。是年底,共有198家理事单位。

二、院校科研机构

【海商法研究中心】

1978年,上海海运学院根据中国对外贸易和远洋运输事业发展的需要,建立国内第一个海商法研究室。

1983年3月,该学院将海商法研究室与远洋系海商法教研室合并,组成远洋系海商法研究室和海商法教研室。

至1985年11月,海商法研究室设有国际海上公约研究组、海事研究组、中国海上法规研究组和资料室。当时确定的研究方向及任务是以应用研究为主,立足国际航运,研究国际公约及海事处理案例,为建立我国海商法及为我国海事处理解决理论和实际问题。主要研究课题有海商法研究对象、起草我国海商法的具体问题、海事案例检索、海洋法研究、海上保险法研究、经济责任和国际多式联运中的法律问题等。

2000年,海商法研究室改制为上海海事大学海商法研究中心。

2007年12月,经上海市教育委员会批准,海商法研究中心被确定为上海市人文社会科学重点研究基地。该中心以航运法律和政策的研究为特色,重点研究我国海商法、航运法的理论和法律制度的完善,以及国家航运强国战略和上海国际航运中心建设中的法律与政策问题,为此积极组织重大科研项目,申报国家社会科学基金项目和省部级科研项目。该中心依托上海海事大学雄厚的航运专业基础和上海市高等学校本科教育高地法学海商法专业,以上海市重点学科国际法学海商法为龙头,涵盖海商法、国际航运政策与管理法、海事国际私法等海商法律学科群中的主要领域,是国内唯一的以“海商法研究中心”命名、全方位从事有关航运的法律与政策研究、立法与决策咨询以及人才培养的机构。海商法研究中心以“立足上海、服务全国、面向世界”为宗旨,逐步建设成为中国海商法的理论研究中心、人才培养中心、咨询服务中心和数据信息中心。

2010 年，海商法研究中心下设海商法研究室、国际航运政策与管理法研究室、海事国际私法研究室，参加交通运输部航运法立法工作，承担省部级科研项目 10 项。

【上海海运学院(上海海事大学)科技处】

1981 年 1 月，上海海运学院设置科技处，负责全校学科建设、科技项目管理、科技成果管理、知识产权管理、学术交流、科技成果转化、科技服务管理等日常组织管理。

1992 年 6 月，科技处撤销，设立科技与产业办公室。下设 4 个工作岗位。科研管理由科研计划、科研成果管理、科技服务 3 个工作岗位负责，1993 年 12 月增设学科建设岗。1995 年 12 月，恢复设立科技处。

2010 年，科技处下设项目管理科、成果管理科和科技发展部，负责全校学科建设、科技项目管理、科技成果管理、知识产权管理、学术交流、科技成果转化、科技服务管理等日常组织管理，实行校院(部门)两级科研管理。

【上海海运学院(上海海事大学)水运经济科学研究所】

1979 年 3 月，经交通部批准，上海海运学院成立水运经济科学研究所(以下简称水经所)。下设港口及物流经济、国际航运、管理现代化 3 个研究室和航运信息咨询部，设有“技术经济及管理”硕士点。主要研究交通运输发展战略与管理研究、运输系统技术与经济分析、交通运输规划与管理现代化、航运现代化管理、集装箱运输管理、交通理论研究、综合物流技术、城市物流配送、国际航运经济与市场规律、航运政策、运输产业发展、港航企业计算机管理系统等，承担部分交通部重点科研课题和省市及企业等横向课题。

1983 至 1987 年，水经所设置几经变化。1983 年 3 月 5 日，上海海运学院党委决定调整水经所领导成员和研究室设置，水经所隶属水运管理系，下设港口咨询、管理现代化、水运经济、集装箱运输、航海史 5 个研究室。1985 年，水经所调整所属研究室，设置现代化管理、水运技术经济、国际航运、港口咨询 4 个研究室。研究方向和任务以应用研究为主，研究我国水运部门的经济理论和实际问题。主要研究课题有水运企业管理的计算机应用及现代化管理方法、国际航运市场及航运政策、航运及港口的社会经济效益、新增货运量的运输方式等。研究任务由上级主管部门下达或受企业委托。另外，不定期出版论文资料汇编。1986 年 9 月 15 日，学院改变水经所隶属关系，决定水经所与水管系分开，由学院直接领导(业务由科研处代管)。下设管理现代化研究室，水运技术经济研究室、国际航运研究室、港口咨询研究室，并设计算机房和资料室等。1987 年，水经所调整研究室，设国际航运经济与市场研究室、水运技术经济研究室、现代化管理研究室等。

1992 至 1997 年，水经所根据水运形势的发展变化，设置再次变更。1992 至 1995 年，设置现代化管理、国际航运、航运经济和港口咨询等 4 个研究室；1996 至 1997 年，设港口经济、国际航运、管理现代化 3 个研究室和航运信息咨询部、MBA(专业硕士学位)教学部。主要研究方向有运输系统理论、国际航运市场与政策、综合物流、现代企业经营战略、运输企业计算机管理系统等。水经所与交通部海洋运输情报网合作主办《海运情报》学术刊物，并与国内外港航企业、航运研究咨询机构、高等院校保持密切合作关系。

2006 年，该所成为上海海事大学科学研究院的一个科研分支机构。

2010 年，水经所下设港口及物流经济、国际航运、管理现代化 3 个研究室和航运信息咨询部，设有“技术经济及管理”硕士点。主要研究交通运输发展战略与管理研究、运输系统技术与经济分析、交通运输规划与管理现代化、航运现代化管理、集装箱运输管理、综合物流技术、城市物流配送、国际航运经济与市场规律、航运政策、运输产业发展、港航企业计算机管理系统等。

【航海科学研究所】

1995年,上海海运学院(上海海事大学)航海科学技术研究所成立,原为该校船舶管理自动化研究所设置的4个研究室之一,其他3个研究室是船舶导航自动化、船舶节能技术、船舶自动化研究室。1987年,船舶管理自动化研究所分解成为航海系的航海科学技术研究所和轮机系的船舶运输工程技术研究所。前者设置航海技术研究室和船舶自动化研究室;后者设电气自动化研究室和轮机工程研究室。1989年,船舶运输工程技术研究所分解为轮机系的轮机工程研究室和电气工程系的电气自动化研究室。1995年4月,成立商船学院后,航海、轮机、船电的研究机构归并为统一的航海科学技术研究所。2004年,航海科学技术研究所更名为航海科学研究所,直属上海海事大学商船学院。该研究所主要研究航海电子系统设计、航海模拟系统开发、航海运用软件设计、航海安全保障、自动导航、机电一体化、无损检测、故障诊断等。

2009年9月,上海海事大学航运仿真技术教育部工程研究中心成立后,该研究所划归该研究中心,成为其一支重要的科研团队。

【航运技术与控制工程交通行业重点实验室】

1999年11月,上海海运学院航运技术与控制工程实验室成立,是交通部首批17个交通行业重点实验室之一。

2006年5月,经交通部科技司批准,更名为“航运技术与控制工程交通行业重点实验室”(以下简称重点实验室)。结合航运交通行业的科技发展需求,以航运技术与控制工程为特色,形成三个在交通行业有一定影响和研究方向的学术梯队:船舶、港口自动化与网络控制;船舶电力推进系统和大功率传动控制;航运仿真与决策支持。该实验室实行“开放、交流、合作、竞争”的运行机制,成为我国交通科技创新和科技服务的重要基地。

2007年,该重点实验室主持和承担国家及省部级科研项目10余项,获得5项省部级成果奖励;发表论文20余篇,其中被SCI/EI/ISTP[注:SCI(科学引文索引)、EI(工程索引)、ISTP(科技会议录索引)是世界著名的三大科技文献检索系统,也是国际公认的进行科学统计与科学评价的主要检索工具]收录8篇。2009年,主持和承担国家及省部级科研项目13项;发表论文40余篇,其中被SCI/EI/ISTP收录32篇;申请发明专利11项,获得发明专利授权1项;项目“散货港口物料输送系统计量误差自适应补偿技术”获得2009年度上海市科技进步二等奖。

2010年,发表论文40余篇,其中被SCI/EI/ISTP收录16篇,申请发明专利23项,获得发明专利授权9项;其完成的“内河小型船舶电力推进系统研制”科研项目获得2010年云南省技术发明一等奖。

【上海海事大学科学研究院】

2006年9月27日,上海海事大学为全面推进科学研究工作,设置上海海事大学科学研究院,下辖航运技术与控制工程交通行业重点实验室、物流研究中心、电气自动化研究所、水运经济科学研究所、海洋文化研究所、仿真研究所、中国海洋运输情报网等学术机构。成立时有教职员工56名,其中副高级以上职称教师24名，教师中具有博士学位的11名，约占教师总数20%。该院拥有物流管理与工程博士学位授予权，同时拥有科学管理与工程、技术经济及管理、检测技术与自动化装置3个硕士点。

2007年，该院上海市重点学科“物流管理与工程”按物流管理与工程、采购与供应链管理两个研究方向，首次招收硕士生和博士生。新设“物流工程”工程硕士专业学位授予权。2008年，在交通运输工程博士后流动站新增“物流管理与工程”科目，具有博士学位授予权。2009年，有教授、副教授、高级工程师等组成的专职教研人员53人，其中教授8名、占15.1%，副高职称15人、占28.3%。博士学位22名、占41.5%。

2010年，下辖交通运输部航运技术与控制工程交通行业重点实验室、物流研究中心、电气自动化研究所、水运经济科学研究所、海洋文化研究所等学术与科研机构。新增“工程管理”工程硕士专业学位授予权。有教职工57人，其中具有博士学位的25人，占43.9%，教授9人，占15.8%，副高职称15人，占26.3%。已逐步建立起结构合理，动态平衡的学术梯队。该院以努力强化学科建设内涵，不断提高科技服务能力，全面培养高层次技术人才为宗旨，已初步建立一支年轻的科研队伍，并与许多国际相关机构和学会建立常态合作关系，与多家国内外知名企业保持良好合作关系。

【集装箱供应链技术教育部工程研究中心】

2007年10月，经教育部批准，上海海事大学与上海振华港口机械（集团）股份有限公司联建成立集装箱供应链技术教育部工程研究中心。主要研究方向包括集装箱供应链规划与管理、集装箱供应链过程监控技术、集装箱装备机电系统集成等。在三个研发方向基础上，已建成六个研发实验室：集装箱供应链一体化、集装箱供应链知识工程与智能决策、集装箱供应链过程可视化技术、自动化集装箱码头模型实验室等。该中心与多个大型企业，包括上海振华港机（集团）股份有限公司、上海集装箱码头有限公司、天津港第二港埠有限公司、南京港口机械厂等，都签订了长期产学研合作协议。为了促进国际交流与合作，与国际知名大学，包括新加坡国立大学、新加坡南洋理工大学、荷兰泽兰德大学、香港理工大学、韩国国立釜山大学等建有合作研究平台；并加入多个物流领域的国际合作协议，包括中—新—挪政府海事与港口研究、开发、教育与培训谅解备忘录及中—日—韩运输与物流部长级会议行动计划等。

2008年，该中心获得纵横向科研项目39项，科研经费2 500多万元；发表论文42篇，其中被SCI/EI/ISTP收录16篇；获得各类专利及软件著作权7项。2009年，获得纵横向科研项目87项，科研经费2 700多万元；发表论文48篇，其中被SCI/EI/ISTP收录16篇；获得各类专利及软件著作权8项。

2010年，获得纵横向科研项目68项，科研经费2 300多万元；发表论文36篇，其中被SCI/EI/ISTP收录13篇；获得各类专利及软件著作权6项；主办“中国工程机械学会测试与控制技术分会学术研讨会”等，扩大了国内外影响力。

【上海国际海事信息研究中心】

2007年底，上海国际海事信息研究中心依托上海海事大学图书馆成立，由上海市教委组织验收。该中心旨在为政府、国内外海事业界提供高起点、高水平的信息、情报与政策服务，使中国海事界通过信息性增值、情报性增值、政策性增值而获得应有的经济与政治利益。拥有国内海运界唯一的教育部部级科技查新工作站，是中国物流学会首批产学研基地，也是上海图书馆上海科技情报研究所的战略合作机构。该中心服务网络开辟“上海国际海事信息与文献网”、情报月刊《海事纵览》、信息季刊《物流文摘》、物流情报研究以及海事信息咨询等，涉及海事、物流行业；建有“港口、航运、物流”“海事法律与政策”“商船、海洋科学与工程”三大海事文献与信息集群。其海事类英文数字资源亚洲领先，海事类纸质资源国内领先。至2010年，该中心首要任务是为确立上海国际航运中心地位提供海事信息与情报保障。

【上海航运物流信息工程技术研究中心】

2009年9月，经上海市科委批准，上海航运物流信息工程技术研究中心依托上海海事大学立项建设。主要研发方向包括航运物流信息集成、调度优化与协同服务技术；航运物流智能信息处理与决策支持技术；航运物流远程检测、监控和一体化集成技术等。在三个研发方向上，该中心共建成“航运物流系统规划研究室”“航运物流系统优化与模拟实验室”“航运物流物联网技术实验室”“集装箱供应链可视化实验室”“航运物流设备远程健康诊断分析与安全测控实验室”、中央与地方共建的“物流信息工程综合实验室”、上海市科学技术委员会资助的“新工艺下的集装箱港口资源分派及其新型实时测控技术实验室”、上海海事大学-ESRI(美国环境系统研究所公司)共建的“航运物流空间信息技术实验室”、上海海事大学-SAP(成立于1972年，总部位于德国沃尔多夫市，是全球最大的企业管理和协同化商务解决方案供应商)共建的“供应链管理实验室”等11个实验室。

2010年，有教职员工25人，获得各类纵横向课题36项，发表SCI/EI/ISTP检索论文38篇，获得各类专利和软件著作权4项，已形成物流管理与工程博士后流动站和博士点、物流管理、物流工程、采购与供应链管理等硕士点的学位点体系。

【航运仿真技术教育部工程研究中心】

2009年9月，航运仿真技术教育部工程研究中心获教育部批准立项，依托上海海事大学运行，并与航运技术与控制工程交通行业重点实验室共同构成面向全国航运仿真领域技术研究和应用开发的仿真技术工程研究中心。该中心集航海仿真、港航工程风险评估、轮机仿真于一体，是上海国际航运中心规划建设的技术和工程服务基地之一。该中心的全功能综合船舶操纵模拟器系统，直接以先进的大型集装箱船舶为对象，既满足船员教育与培训的需要，又满足工程与研究需要，为港航安全论证和风险评估提供了一个优秀的模拟试验平台，可直接服务于上海国际航运中心建设。该中心下设办公室、航海仿真分中心、港航工程风险评估分中心、轮机仿真分中心、港航安全研究中心、港航安全研究研发室、船舶操纵运动数学模型研究室、多功能仿真模拟实验室、航运仿真数据分析实验室、市场与技术推广部。2010年，已形成完善的组织架构和30人的研发团队，获得纵横向科研项目50余项，科研经费2 000多万元；发表论文20篇，

图8-1-2　1998年，由上海海运学院发明制造的大型船舶操作模拟器获得上海市优秀发明选拔赛一等奖

(照片提供：上海海事大学)

其中被 SCI/EI/ISTP 收录 11 篇；申请发明专利 6 项；形成海难搜救机器视觉集成系统、集装箱坠海事故仿真再现系统解决方案、船用电子海图系统产品及其模拟培训系统、船舶交通管理系统模拟器等若干有竞争力的工程化成果。

三、企业科研机构

中共十一届三中全会后，上海海洋运输行业科技工作恢复和发展迅速。当时的上海海运局、上远公司以及 90 年代中期组建的中海集团、中远集运等驻沪主要航运企业都设有主管科技工作的部门。

1978 年，上海海运局设科技办公室，负责本系统科技工作，制定科技计划及科技发展规划并组织实施；引进国内外先进技术和新工艺，为发展船舶运输生产及修船工业服务。同时，负责电子计算机等高新技术在本局系统的开发和应用，并积极开展各种学术活动与群众性科技活动。同年，上远公司决定采用计算机新技术来管理日益庞大的远洋船队。翌年 7 月，成立电子计算机工作领导小组，负责领导公司计算机系统的筹建工作，由公司科技办公室负责日常工作（该公司在 1978 年前就设有科技办公室）。

1983 年，上远公司在电子计算机专业小组基础上，成立电子计算机室（以下简称计算机室），作为计算机应用开发专业技术管理部门，分应用开发、硬件、行政管理和系统运行 4 个小组。计算机室成立后，该公司原科技办公室撤销，有关其他科技工作改由船技处负责。成立后的计算机室，主要负责编制电子计算机应用长远发展规划及年度开发应用项目计划；归口管理公司船岸电子计算机机型选择、引进及技术管理、设备维护工作；会同各业务技术处室、基层单位，对各部门提出的项目进行开发研究；承担开发项目的设计工作，对已开发的应用系统负责维护、修改、扩充，对各部门终端机操作员负责培训；组织电子计算机应用成果的鉴定、宣传，交流电子计算机应用成果和技术管理经验；负责电子计算机系统各项数据、资料和输入输出凭证、报表的保密和档案管理；综合平衡各应用系统可相互串用的数据，防止重复，提高设备利用率；调查研究国内外电子计算机新技术，及时推广应用；负责对外开放设备、服务支援的洽谈、订约和有关管理工作。为加强对电子计算机新技术应用工作的领导，统筹开发，协调应用部门的相互关系，该公司调整电子计算机工作领导小组成员。调整后的领导小组，对于投资、应用规划、设备引进等重大问题，均能果断决策，及时解决，使电子计算机技术为远洋运输经营生产服务的进一步开发应用，从组织体制上得到保证。1987 年，该计算机室设应用和运行两科。至 1990 年，其大量科研成果运用于航海实践，对推动企业运输生产起到积极作用。并有多项科研成果获部、市和国家级科技成果奖。

1997 年，中海集团在沪成立后，成立科技委员会，并制定《中海集团科技管理办法》等相关管理规定，规范科技项目验收，科技成果鉴定及应用推广的程序，制定创新成果的管理办法以及相应激励机制。

1998 年 6 月，中远集运和中远资讯科技（香港）有限公司合资组建上海中远资讯科技有限公司（中远集运计算机中心），具有独立法人地位，对外主要承接各类计算机应用软件的开发、网络工程的设计和施工，提供相关技术服务和技术支持；对内作为中远集运职能部门全面负责中远集运信息系统规划、管理和建设。

2010 年，上海船舶运输科学研究所划归中海集团，成为该集团科研中心，有力推动该集团在船舶制造设计、集装箱产品研发以及教育科技创新等方面不断推陈出新，促进新工艺、新技术在各系统全面应用。同年2月,中远集运所属上远公司对本公司科技机构进行部分调整,设置管控部、开发一部、开发二部、运维部、发展部等部门。管控部负责项目管理、流程管理、绩效考核、审计监督和信息系统架构管理;开发一部、开发二部负责应用系统的分析与设计、编程与测试、应用软件维护及用户培训指导,为货代业务、船代业务、财务业务、电子商务业务和EDI操作(电子数据通关)业务提供稳定的系统,并满足业务发展对系统的新需求;运维部负责信息系统安全管理、系统运行管理、网络通信管理及设备维护保养;发展部负责研究航运、物流及IT行业(信息技术行业)的市场需求、发掘市场机遇、改善客户关系、提升销售收入、完善公司产品、提高服务质量。

第二节　科技成果

改革开放后30余年间,上海海洋运输系统科技工作者坚持以科技进步、科技创新促进运输生产,取得大量科技成果。

一、计算机运用开发

【集装箱跟踪管理应用系统】

1981年3月,上远公司从日本引进小型电子计算机,进行集装箱跟踪管理应用系统开发。经与上海海运学院协作,完成跟踪系统总体设计和54个系统程序的制作。跟踪系统投产后,公司航运部门随时将集装箱信息、各远洋船舶从世界各地港口发来的动态信息,经检验后输入电子计算机,进行及时处理;了解和查询分散在世界各地港口和各远洋船上的集装箱类型、数量及动态,准确进行分析研究,科学地实施跟踪管理。从而改变过去费时费力的手工管理方法,提高了工作效率,集装箱周转加快,堆存费用减少。1982年7月,该系统获得上海市重大科技成果三等奖。

【船舶运输统计系统】

1982年底,上海海运局完成船舶运输统计系统的开发,并通过交通部鉴定,于1984年1月正式投入使用。其通过画面输入航次电报和其他辅助数据,可输出船舶客货运输量统计、船舶在港停时分析、船舶运输完成运用情况、货物分类流向以及技术经济指标完成情况等多种统计分析资料,并具有提供多种查询功能。计算机每月输出的报表及各种资料比人工提前近10天,内容更加完善详细。

80年代至2010年,上远公司应用计算机技术成功开发"远洋运输统计系统",并获得交通部部级鉴定。其投入运行后,所使用数据都源于数据库,保证了统计数据的一致性;在输入航次报告的数据中,时间精确到分,航次时间衔接一致;按货种、流向、集装箱箱型分类统计的运量、周转量等数据,均经过逻辑校验,避免了以往手工运算中时有发生的差错;"统计系统"使工效显著提高,原来每月需8～9人才能完成的统计工作,减少至只需2～3人10天即能完成;以往每月20日以后才能报出的货种流向表,提前至每月5日前就能报出,同时还增加统计报表和统计项目。

【船舶调度系统】

1983年3月,交通部从日本富士通公司引进一套中型电子计算机系统设备,拨给中远集团使用,中远集团决定首先在上远公司安装应用,再逐步发展至广州、天津、青岛、大连各远洋运输分公司，建成中远系统电子计算机网络。上远公司按预定开发计划，使用该电子计算机先后完成远洋基础信息管理系统、远洋运输船舶调度管理系统、远洋会计核算系统、船舶航次分析系统、远洋运输统计分析系统和远洋船员人事信息管理系统的开发应用。是年10月，上远公司编成《航运业务代码》，发至各远洋船舶。从1984年1月1日起，该公司各远洋船舶根据中远集团制定的调度规程，在与公司保持通讯联络时，均严格按照《航运业务代码》拍发电报，准确、及时和完整地向公司报告船舶动态和运输生产情况。至是年11月，电子计算机已贮存1 466航次信息资料。1985年10月，经上海市优秀软件评审委员会评审，该调度系统获上海市优秀软件二等奖(后改为上海市科技进步二等奖)。

1985年3月底，上海海运局船舶生产调度系统完成设计。内容包括船舶动态管理、船位自动跟踪、综合查询、快速统计和分析、集装箱跟踪、远洋运输经济效益事先测算、远洋运输油水补给点的选择、船型选择等子系统。

至2010年，电子计算机技术已被广泛运用于上海海洋运输船舶调度管理系统。

【航运财务会计系统】

20世纪80年代，上海海运局安装运用航运财务计算机管理系统，主要功能是进行全局收、支利润分析、运费收入统计分析、航次成本统计分析、船舶单船盈亏核算及提供局收入总账、燃料、物料费用管理等各类财会结算报表等。1984年，上海海运局船舶运输成本核算系统通过技术鉴定，1985年1月开始正式投入运行。该系统主要功能是对上海海运局200余艘船舶进行单船成本及综合核算，代替人工记账、分类登记，产生各类报表及船舶航次、航线成本核算的分析资料。全部报表的完成每月比人工提前1个星期左右，并且提高了准确性。

从1985年1月1日起，上远公司财务会计系统正式投入运行，财务处停止手工记账，应用计算机处理财务、编制报表、进行月度结账和年度决算，不定期地提供经营管理需要的统计资料。按会计系统设计要求，电子计算机每月处理进入的记账凭证数据达20万个以上，形成的电子计算机记录超过4万个。该系统运行效果明显，过去成本核算按年结算一次，决算则要延至翌年二三月间才能完成；该系统运行后，由电子计算机及时提供数据，可做到按月、航次核算成本，随时汇总和统计成本盈亏情况。以前用手工核算成本，工作量很大，只能采取分10多个大项目归集费用后核算，每个项目成本少则千万元，多则逾亿；应用电子计算机能够将成本项目划分到最细程度(远洋运输成本有200～300项)，可以从实际与计划、当期与上期等比较分析中找到控制和降低成本的潜力所在。以往，公司按年编报生产费用表，由于数据来自各个费用具体项目，收集汇总并做到准确很困难，只能采用近似数字。应用电子计算机后，为编制生产费用表专门设计程序，能根据上级要求，按月准确无误地编报，解决长期手工操作没有解决的问题。由于远洋运输业务遍布世界各地，以往财务部门收到国外账单长则逾年，短的需一二个月，采用人工估算港口费用以开展成本核算，标准很难掌握。财务会计系统输入和存储世界各国港口的费率标准，当输入实际货物装卸量等有关数据后，电子计算机即自动计算各船、各航次在各港发生的港口使费，记入成本卡片，能及时计算出航次、月度成本，提供经营管理需要。该公司全年约完成1 800多个航次，近20个收支项目，数据巨大，以往人工计算航线成本盈亏需多人多天，应用电子计算机只需10分钟就可完成。1987年，上远公司对通过电子计算机获得的成本项目资料进行对比分析，发现租箱费支出较大，决定采取清理退租措施，先后退租集装箱9 880只，每月可减少支出2万元美金。该系统还具有自动对账、销账功能，会计人员可随时掌握人欠、欠人情况，以利及时结算，加速资金周转；可自动计提折旧费、船舶修理基金、编制20多种统计报表等。“会计系统”运行使会计人员从过去繁忙的手工算账、记账、报账等日常事务工作中摆脱出来,能够集中较多时间,及时正确地运用会计数据,进行经营管理的科学研究,提高船舶营运效益。

1988年4月,交通部经济信息领导小组主持召开评审会。经计算机技术与会计业务有关专家评审,上远公司财务会计系统获鉴定通过,并取得交通部科学技术研究成果技术鉴定(评审)证书。1989年7月,“会计系统”获交通部科技进步三等奖。1991年5月,国家科委给予颁发国家科技成果证书。

2010年,电子计算机技术已被普遍运用于上海海洋运输各企业财务管理系统,有效提高了财务管理工作效率。

【航运综合管理信息系统】

20世纪90年代末,中远集运致力于搭建电子商务平台,协助客户提高供应链操作效率。1998至2000年,陆续在船舶调度、生产统计、财务管理上引进计算机应用系统。随后陆续对财务系统、统计系统加以完善和再开发,大大压缩人工统计、分析工作,显著减少数据错误,提高了有关部门的工作效率。但由于上述系统是独立开发的,相互无关联,相关数据产生后,需人工比对和校正,对公司整体工作效率并未带来明显促进,还不能适应全球营销一体化服务要求,为此,该公司启动新系统的建设,制定中远集运全球信息战略规划。

2000年11月,该公司引进当时世界最先进的航运信息系统(IRIS-2系统),在全球各区域推进实施,形成全球信息的高度集成,实现了合同细分管理、在线订舱、远程提单打印等功能。随着IRIS-2系统的引进和实施,需要一个与之相辅的财务系统、统一的资金管理体系与之协调一致。2001年,中远集团、中远集运进行财务系统的实施,其与IRIS-2系统中应收账款模块相结合,有助于加速资金周转,提高资金利用效率;也可作为IRIS-2在应付账款管理上的有力补充,提供财务支持。翌年,中远集运开展财务管理系统的开发应用,当年6月,自行开发报表系统。11月8日,财务系统正式启用,财务人员全面使用该系统处理日常财会业务。

2003年,切换工作顺利完成。公司依据数据管理的安全性、数据处理的及时性及信息共享的需要,又分别架构MIS(管理信息系统)、EDI(全球数据交换平台)、电子商务和容灾管理系统等多个子系统。经过多年引入、消化、再开发,该系统指导和监督生产经营、提高管理水平的作用日趋显现。于是,中远集运生产经营的所有体系,均纳入正规渠道,形成全球信息的高度集成、总部与现场操作的高度集成、装港与卸港的高度集成、货流与箱管的高度集成、实现对舱位和合同进行细分管理、在线订舱、远程提单打印等功能。依托IRIS-2系统的高度集成性,将客户关心的数据进行综合、提集后,在国内第一家推出船公司电子商务平台(www.coscon.com),涵盖船舶动态、集装箱动态、在线订舱、远程提单打印等功能,其快捷的查询界面、详细的集成数据,获得客户一致好评。2005至2010年,随着IRIS-2系统在全球的推广,中远集运计算机网络也向全球不断延伸,已遍及世界各大航区主要城市和港口。

21世纪初,中波公司开始在“泰兴”等船实施AMOS管理系统。该系统为全球海运事业中较为领先的船舶技术管理系统,对船舶进行日常管理。它将计划维护保养工作与备件管理结合,并且与AMOS采购软件集成应用。船岸信息共享这一平台,使得船上人员能更好执行维修保养工作和库存管理;岸基部门能够实时了解船舶物料备件储存情况,船舶主要机器的工作状况等重要信息,从而加强船岸联系沟通。

2006 年，中波公司与上海海运学院合作，引进 SMIS 船舶管理信息系统（为一套集船舶设备管理、文件管理等为一体的船舶管理信息系统），并成功在公司船舶推广运行，有效丰富和完善了公司的机务管理及船舶技术管理，实现无纸化办公环境，加强了船岸信息的共享，使船岸协同进一步做好船舶机务管理工作。

同一时期，中海集团把信息技术运用体系作为建成世界一流航运企业的支持体系写入“十五”发展规划纲要，提出信息技术运用的发展目标是适应集装箱运输和综合物流发展，建成具有中海特色的一网（Internet 网），一台（电子商务平台），一主系统（中海集箱运输管理系统）、二辅系统（物流系统和集团信息内部管理系统）。根据“十五”信息规划，该集团先后建立中海集团网站，开发航运管理、船舶动态信息管理、物流信息和资金结算管理系统，同时成立管理信息系统、电子商务系统领导小组、开发工作小组和集团电子商务系统领导小组，下发一系列文件规定，对信息化开发工作进行指导，取得较好成效。中海集运管理系统容灾备份建成；中海油运所有船舶成功采用船舶动态系统；中海货运自主开发航运管理系统；中海资金结算管理系统成功实现与银行系统对接等功能；中海物流信息系统实现第三方物流、多式联运、车辆跟踪、电子商务等功能；各专业化公司根据自身业务和管理需要，购买相关软件，开发适合自身的业务平台和办公自动化系统，在生产和管理中发挥积极作用。

2010 年，中海集团建立“全球现金结算网上银行系统”，成为企业经营管理的“神经系统”。集团领导可通过该系统了解到国内各分公司、全球各个站点的资金情况，下属企业与银行之间的每一笔收支往来，集团结算中心都能掌握。在此系统上，集团内部调账 1 分钟内就可完成；在招商银行系统内调账支付，10 分钟可以完成；即使是跨行调账，3 个小时内也可结清。同时，中海集团利用市场成熟的信息技术产品，还及时建立起保证集团经济、安全、高效航运的五大系统：MIS（物流综合管理信息）系统，TS（集装箱运输）系统、货物代理系统、PMS（维修保养计划）系统、船舶调度系统。

锦江航运自成立始，一直致力于将信息化建设与企业品牌创建相结合，至 2010 年已初步搭建起以国际集装箱运输管理、国际船舶代理、国际货运代理、堆场管理四大业务处理系统为基础的经营业务数据处理平台，以办公系统、电子档案管理系统、财务管理系统、人力资源管理系统、船舶技术安全管理系统为基础的管理支撑性平台，基本实现对企业经营、管理的全覆盖。同时，在一定程度上推动了企业经营管理的流程再造和服务创新，整个企业的网络体系以及相应硬件和系统软件构成公司信息化基础设施。

【计算机信息系统备灾系统】

2004 年，中海集团投入 2 300 万元在香港建立“计算机信息系统备灾系统”，后者保持与主体系统的同步运行。如集团总部系统出现“不测”，备灾系统可立即启用，以确保集团经营管理的正常运行。

【船舶全球动态监控系统】

2004 年，随着船舶现代化程度的不断提升，中远集运开始研发船舶全球动态监控系统。该系统 2005 年投入试运行。2006 年 9 月举行科技成果鉴定会，被专家认定为具有前瞻性和实用性的先进平台。2009 年，该系统（COSCON－VGMS）获得中远历史上首个“中国航海学会科学技术一等奖”。2010 年“远洋船舶全球动态主动监控技术研发及应用”成果获“上海市科技进步奖”一等奖。

二、节能环保技术研究开发

【船舶使用渣、重混合油】

1977年,上海海运局在"长顺"轮试烧1∶1的渣、重混合油获得成功,经过3 850小时主机运转,检测零部件情况完全正常。翌年,在全局运输船舶中推广,年内有50余艘船舶使用渣、重混合油。同年,上海海运局在试验室里进行掺烧渣油50%试验,积累了各种数据,并经实船使用,取得成功。1978年,"长顺"轮掺烧渣油1 020吨,节约燃料费7.65万元。该轮主机累计运转3 853.58小时,其中掺烧50%渣油运行1 573.55小时。吊缸检查,汽缸头仅有松软积灰,活塞环在槽中活动正常,环的表面光滑。6只缸套每4小时平均磨损0.043毫米,活塞环6缸平均磨损0.1毫米,全部达到国外柴油机磨损标准。1979年,"长顺""云海"等轮进一步试烧6∶4渣、重混合油成功。是年,上海海运局试制的CNT燃黏度调节器通过技术鉴定,可以自动把燃油调节到最佳雾化黏度,保证燃烧良好,消除结炭,节约用油,解决了燃烧劣质油的技术关键。经"长顺"轮使用,效果良好,节约燃油1%。1985年,上海船舶运输科学研究所试制成功CRH-2型燃油混合装置,可使混合油比例稳定,混合均匀,黏度符合要求,保证了柴油机工作安全可靠,节油效果显著。

【电解海水防海生物装置】

船舶因终年航行、停泊在海水中,易附着和生长海生物,增加船舶阻力,使船速下降,燃料消耗增加,情况严重时甚至需停航清除堵塞冷却器及海水管系的海生物。70年代,上海船研所研制的电解海水防海生物装置解决了船舶海水系统海生物附着问题。该装置先在"工农兵2"轮安装并进行实船试验,取得较理想的结果。船舶进坞后检查,整个海水系统很清洁,没有任何海生物附着,海底阀光滑,海底箱及栅篦也保持清洁。1979年在"天山""云华"两轮分别安装防海生物装置,经一年多使用,效果良好,促使冷却器使用效率提高。1980年,将原来的并联式电解槽结构进行改进,直流电源简化,并组织航修站批量生产,陆续在其他船舶上安装使用。

【水基无污染尾轴润滑剂】

1985年,上海海运局立丰船厂修船工艺研究所试制成功水基无污染尾轴润滑剂,为从根本上解决船舶尾轴漏油污染走出一条新路。1987年通过部级鉴定,申请发明专利,并先后获得部级、国家级科技进步奖和国际专利展览大会金奖。上海、广州、大连、秦皇岛等地均在船上应用。当时苏联中央海运科研设计院一度来电订货;香港、瑞典洋行要求作为国外总经销;英国一家公司通过香港公司要求将此产品作为其密封配套润滑剂。

【船舶停泊使用岸电系统】

2004年,中海集运积极推进全球船舶停泊使用岸电的实施工作,在新建的"新扬州"等3艘4 250 TEU和2艘5 600 TEU船舶专门配备岸电设备,可在港内停泊作业时使用陆上电源供应,有利于节约船舶自身能源及减少空气污染。2010年,该公司"新烟台"轮在上海港外高桥码头岸电试运行取得圆满成功,在上海港使用码头岸电迈出重要一步。

【船舶轮机选用电控共轨式注油器】

2006年，中远集运船舶轮机选用MAN公司ALPHA电控共轨式注油器，使节油率达到20%，全年节省汽缸油150吨，人民币225万元，获得中国航海协会科技进步三等奖。

【新型防污漆】

2008年，国际海事组织(IMO)关于新型环保船舶建造规范出台，船舶环保已成为世界潮流，也是航运企业推进环保举措的重要一环。中海集运抓住船舶这一关键载体，在进行大量科学分析研究，并借鉴国内外先进技术的基础上，大力推进船舶防污漆改造。结合大型集装箱船舶坞修，中海集运分批将船舶的传统防污漆改为新型防污漆，以进一步减少船体阻力，降低燃油消耗。2008年至2009年，该公司对原使用传统防污漆的10艘大型集装箱船完成改造。在使用新型防污漆后，船舶平均节油率达到约5%，每年可节约燃油1.15万吨。2010年，中海集团积极开展环境友好型船体涂料的研发与应用，利用船舶进厂修理机会，进行大型集装箱船体涂装节能环保型油漆改造，以减少对海洋环境的污染和节约燃油消耗。

【集装箱船主机气缸油注油器改造】

2008年，中海集运对新建的部分大型集装箱船主机气缸油注油器进行改造，将原来机械式注油器改造成ALPHA注油器，并对各轮气缸油使用进行指导和监控，使改造后的各轮气缸油油耗较改造前下降17%，大幅降低主机气缸油的消耗。

【冷藏集装箱安全运输与节能关键技术研究及应用】

2008年，上海海事大学、扬州通利冷藏集装箱有限公司、上海中集冷藏箱有限公司，针对船舶冷藏集装箱远洋运输环境的特殊性，共同进行环境模拟、检测和监控、箱体隔热，乃至运输安全等一系列关键技术的研究，首创变频热泵式冷藏集装箱海上运输综合实验平台。其可实时模拟冷藏集装箱远洋运输途中温度、湿度、风速等各种海况，对箱内热负荷无级调节；开发冷藏集装箱综合检测和监控系统，保证船舶冷藏集装箱海上运输安全；对冷藏箱动态热负荷进行定量描述，并根据动态热负荷的变化，对船舶冷藏集装箱涡旋式制冷压缩机、冷凝风机和冷风机变频联控、无级调节各自转速，使制冷剂流量与送风量和冷藏集装箱所需制冷量相匹配，实现冷藏集装箱变频节能。该项目成果对实现海运节能，提高货物运输质量和促进我国经济、能源和环境的协调发展具有重要理论与实践价值。超低导热系数真空绝热板在远洋特种冷藏集装箱上的应用填补了国内空白。真空绝热板对箱体围护的改造，减轻了冷藏集装箱的箱重，在同等漏热量的情况下可以增加集装箱箱容7%～10%，同等箱厚的情况下可以减少漏热量26.17%，延长保温时间2～4小时。

【碳排放计算器】

2010年，中远集运积极研究和推进船舶能效管理工作，将保护环境与积极履行国际公约紧密结合，努力践行社会责任。在公司节能减排工作领导小组的统一部署下，由安全技术管理部牵头，组织公司实施方案的制定和计算系统的研发。在战略发展部、计算机中心、上远公司和上海海事大学等部门和单位的积极配合下，经过八个多月努力，顺利完成“中远集运碳排放计算器”研究和开发工作。该碳排放计算器的设计理念采用系统和动态的计算方法，即根据公司船队历年来真实油耗等航行数据，建立动态数值，真实反映每艘船舶在不同航线上的碳排放情况。同时，动态数值也为降低客户在评估承运货物碳排放量时的偏差提供了保证。其投放运行,促进了公司节能减排工作,使该公司成为在全球继东方海外、韩进海运之后第三家、也是国内首家可以向全球用户提供碳排放计算的航运公司,并且是唯一取得国际权威认证机构——DNV 认证的碳排放计算工具。

【移动式岸基船用变频变压供电系统】

2010 年 7 月,中海集团与上港集团积极履行社会责任,共同推进资源节约型、环境友好型港口发展,联合研究开发移动式岸基船用变频变压供电系统,通过利用码头桥吊富余的电箱供电,成本低、见效快,首次实现将供电系统装入集装箱,方便移动,适合港口操作,每年可减少有害物质排放 3 万多吨,减少二氧化碳排放 90 多万吨,相当于节约 30 多万吨标准煤能耗。两大集团携手推行船舶靠港使用岸基供电,商定中海集团下属的中海集运船舶靠泊上海港期间,凡具备岸基供电条件的,全面使用岸基供电。

三、设备研制与改进

【浮子式静油机跑油警报器】

1979 年,上海海运局“大庆 50”轮轮机部研制成功浮子式静油机跑油警报器。该警报器装在 DZY－30 型油分离机的污水出口管上,构造简单,制作容易,灵敏度好。遇油机故障或进口阀开得太大而造成跑油,即可由警铃报警。此装置安装后多次及时报警,有效制止跑油现象的发生。

【船尾升降工作台】

1979 年,上海海运局立丰船厂自行设计制造出 1 台船尾升降工作台。其最大工作面积 1.5 米×3.2 米,升降高度 3.85～9.2 米,安全负荷 500 公斤。使用该平台只需 1 人用手摇绞手即可升降至任意位置,并设有保险装置加以固定。其结构简单,搬运方便,升降省力,操作平稳安全,可提高工效,有利于缩短船舶坞修期限。该设备的制成,改变了过去船舶在坞修中,检查、拆装车叶以高脚凳搭脚手架,每次船舶进出均需拆装,劳动强度大而且不安全的状况。

【自动雾钟控制器】

20 世纪 80 年代,上海海运局“战斗 1”轮船员试制成功自动雾钟。应用互补管自激多谐振荡电路制成自动雾钟控制器,代替以往船舶雾天航行需要人工敲钟的工作。该钟由立新船厂成批生产后,陆续在上海海运局“战斗 67”“战斗 42”“战斗 37”“战斗 45”等船上安装使用。

【VC 型静电仪】

1980 年,上海船研所研制的 VC 型静电仪通过技术鉴定。该静电仪是一种感应式交流型静电测量仪,不仅能测量静电电位和电容,还能估算出积聚电荷和放电能量。适用于生产现场和油轮测试,也适用于科研单位、学校、工厂、实验室等。

【CZJ－1 气象传真接收机】

1981 年,上海航运电子设备厂研制成功 CZJ－1 气象传真接收机,并通过交通部工业局主持的技术鉴定。该机是国内交通系统首次研制成功的无线电传真接收设备,能广泛应用于各类船舶、陆地气象台(站)及文字传真部门,能及时接收气象图、海况图及文字真迹等。经实际使用达到国外同类产品水平,接收图像清晰,能满足海船及陆地使用要求。

【船舶机舱无人值班系统】

1983 年,上海船研所率先解决微机监控系统在船舶处于恶劣环境下稳定运行的难题,自主研制出国内首套船舶机舱无人值班系统,并在实船成功运行。此后 20 多年间,该所为满足船舶机舱监测控制系统的研制要求,继续深入进行该领域研究。20 世纪 90 年代,船舶运输控制系统国家工程研究中心在该所成立。并引进具有国际先进水平的柔性设计与制造系统,包括电子电路设计自动化及机械设计计算机辅助系统、印刷电路板表面贴装数控钣金加工设备和箱体涂装生产线、电子产品例行环境试验设备等。依靠这些先进的硬件设施,该所在这一领域先后通过 4 次大的技术升级换代,一直保持着国内领先水平,并与国际同步发展。该所自主开发的舰船自动化设备——现场总线型船舶机舱监控系统一直是国内自主研发的最先进的舰船自动化控制设备,受到客户好评。

【船舶机舱恒温隔声操纵室】

1984 年,上海海运局与宝山劳动保护设备厂合作研制的船舶机舱恒温隔声操纵室项目通过交通部技术鉴定。国内柴油机船舶机舱噪声一般在 95～100 分贝之间,夏季气温在 40 摄氏度以上。轮机人员长期在噪声大和气温高的环境下工作,听力普遍受到影响,劳动强度较高。船用机舱恒温隔声操纵室密封性能好,内装 4 300 大卡空调机,室周围装配大面积玻璃窗和色调柔和的墙布。经过试用和严格的技术测试证明,安装这种操纵室后,室内外噪声相差 20～30 分贝,气温相差 10～20 摄氏度,既可防噪声、降高温,也可隔绝机舱有害气体。夏天机舱高温达 40 摄氏度时,恒温室内只有 28 摄氏度,噪声也在 75 分贝以下。该操纵室制成后陆续在上海海运局“长力”“长绣”“长山”“贺新”“风丽”“徐州”“胜利 1”“大庆 46”“大庆 51”等客、货、油轮上安装使用。

【CM881－1 船名自报装置】

1988 年,为了加强船舶无线电通讯纪律管理,维护空间电波秩序,上海海运局通信站下属的航运电子设备厂研制出 CM881－1 船名自报装置。该装置采用集成电路等先进元件,体积小,使用 VHF 无线电话的电源,能直接安装在 VHF 无线电话内,使用方便。只要一按 VHF 无线电话的键,VHF 无线电话即会自动在短时间内发出本船特定编码,而不影响正常通话内容。而 VHF 无线电话通话的监听部门,可通过航运电子设备厂研制的编码器直观地知道发话者的编码,从而有效地对 VHF 无线电话通话纪律进行监督。

【老旧油轮防静电装置】

2000 年 9 月,由中海油运为主开发的“油轮货油舱导静电缆绳”“油轮防静电测深杆”和“货油舱透气装置检测系统及高速透气阀”等科技新成果通过交通部海事局专家评审。这些成果属国内首创,对老旧油轮的防火防爆工作具有推广价值。

【ATB 推驳船组】

2003 年,上海长航成功研发出 ATB 推驳船组,并顺利通过专家评审。其通过具有一流技术含量的集装箱平底船,可直接将集装箱从内河各码头运至洋山港,为洋山港集装箱集疏运服务,以缓解洋山公路疏运的瓶颈压力,提高港口水水中转的份额。洋山港位于杭州湾崎岖列岛,距上海约30公里。海船受吃水深度和过桥高度限制,不能进入长江内河,而由内河到洋山港必须走海船。ATB推驳船组是一种能适应洋山深水港海运与内河航运相衔接要求的新船型。

【电子标签集装箱航线】

2004年1月,世界上第一条电子标签集装箱航线在上海问世。这项由上海港被誉为“抓斗大王”的著名劳模包起帆潜心钻研4年多的课题终于结出成果。“电子标签”其实是一种信息存储器,像是集装箱的“身份证”,把运输中产生的物流和信息流记录下来,以此作为对集装箱的电子识别。安上“电子标签”的集装箱,在进出道口时,不再需要驾驶员人工填写货单,车辆只需稍作停留,两侧的“探头”——读写器就会自动照射,把所有的信息,包括货物名称、件数、起运港、目的港、船公司、货主等都一一记录在案,使集装箱变得“明明白白”,从而有效提高集装箱管理水平和信息化程度。

【洋山深水港江海联运集装箱船型开发】

2006年11月,由上海船研所承担的上海市重点科技攻关项目“洋山深水港江海联运集装箱船型开发”项目,顺利通过上海市科学委员会组织的专家组验收。该项目成功开发出298 TEU江海型集装箱船型、汉洋300 TEU江海型集装箱船等多个船型。专家组认为该所提出的长江干线集装箱江海联运运输方式现实可行,开发的船型结构合理,船型快速性能处于国内领先水平。可有效促进长江沿线至洋山深水港的集装箱水上运输发展,促进提高未来上海国际航运中心水上集装箱疏运比例,是保护长江流域生态环境,实施长江流域可持续发展战略的有效措施和重要步骤。

四、获奖科技成果

1978至2010年,上海海洋运输系统科技工作深入发展,成果丰硕。其中大量成果获得国家、交通部、上海市、中国航海学会科技进步奖。据不完全统计,期间上海海洋运输企事业单位共获得部、市级以上科技成果奖约170项,其中,从1990年至2010年获得100余项。

表8-1-1 1980—2010年上海海洋运输企事业单位部分科技成果获奖情况表

年 份	成 果 名 称	研 制 单 位	协 作 单 位	获 奖 情 况
1980	灰口铸铁缸套和活塞环离子软氮化研究及其在船用低速柴油机6(9)ESDZ43/82上的应用	上海海运局科技办公室	大连海运学院旅顺龙头机械厂	交通部交通重大科技成果一等奖
1980	ZCJ型主机操纵记录仪	上海立新船厂		交通部交通重大科技成果三等奖
1980	CLP-1型船用电罗经	船研所 上海海运局		上海市科技成果二等奖
1980	LX-Z交直流电焊机自停省电及遥控电流装置	上海立新船厂		交通部交通重大科技成果三等奖

（续表）

年 份	成果名称	研制单位	协作单位	获奖情况
1980	JZJ－1型船舶机舱组合报警装置	船研所 上海海运局科技办公室、长顺轮		交通部交通重大科技成果二等奖
1980—1981	模态综合超单元法及其在船舶动态计算中的应用	船研所		上海市重大科技成果奖、国家科学技术进步二等奖
1980—1981	申-椒航线航海节能研究	船研所	浙江省航运公司海门分公司	上海市重大科技成果奖
1980—1981	对“（海协）船舶完整稳性标准”的改进	船研所	船舶检验局上海办事处	上海市重大科技成果奖
1980—1981	CZJ－1型无线电气象传真接收机	上海航运电子设备厂		上海市重大科技成果奖
1980—1981	运输船舶技术经济论证方法	船研所	上海交通大学、交通部水运科学研究所、上海海运学院	上海市重大科技成果奖
1980—1981	CZF系列油水分离器研究	船研所		上海市重大科技成果奖
1980—1981	CZZY型低速大功率主柴油机电子/气动遥控装置	船研所	上海海运局	上海市重大科技成果奖
1980—1981	GLD－1型港口雷达	船研所		上海市重大科技成果奖
1980—1981	海洋运输船舶动力技术政策情报研究	船研所		上海市重大科技成果奖
1981	灰口铸铁离子氮碳钛三元共渗新工艺及其应用	上海海运局 大连海运学院	旅顺龙头机械厂	交通部科技一等奖
1981	大型低速柴油机燃用250号重油（渣油）	上海海运局 货轮公司		交通部科技成果三等奖
1981	船体修理技术标准	上海立新船厂、船检局上海办事处、上海海运局科技办公室		交通部优秀标准成果三等奖
1981	船舶电气设备维护基本技术要求	上海海运局科技办公室		交通部优秀标准成果四等奖
1981	船用柴油机零部件镀铬、镀铁、电弧焊补修复工艺	上海立新船厂		交通部优秀标准成果四等奖
1981	船用雾钟自动控制器	上海海运局科技办公室、上海立新船厂		上海市重大科技成果三等奖
1981	YSL－1型机电设备运行时间累计器	上海海运局科技办公室	温州中频电子厂	上海市重大科技成果三等奖

(续表)

年 份	成果名称	研制单位	协作单位	获奖情况
1981	SQKY-1型陆船两用转速计数显示装置	上海海运局 上海汽轮机厂		上海市重大科技成果三等奖
1981	开辟大型船舶经杭州湾至算山油码头航线	上海海运局海监室		上海市科学技术进步二等奖
1982	长顺轮机舱自动化控制	船研所、上海海运局科技办公室、上海海运局货轮公司		交通部科技成果三等奖
1982	81型安全酸洗剂	上海立丰船厂 上海试剂工厂		交通部科技成果三等奖
1982	安源轮主机试烧250号重油	上海海运局		上海市重大科技成果二等奖
1982	安源轮主机试烧250号重油	上海海运局		交通部科技进步二等奖
1982	ZCJ-1型主机操纵记录仪	船研所 上海海运局		上海市重大科技成果三等奖
1982	集装箱跟踪管理系统	上海远洋运输公司		上海市重大科技成果三等奖
1983	8米玻璃钢耐火封闭式救生艇	上海海运局船技处、704所、宁波福明船厂		国家科学技术进步三等奖 交通部优秀科技成果二等奖
1984	船队轮机节能情报研究	上海海运局、船研所		上海市重大科技情报成果二等奖
1984	依靠情报推动我国化工品船运输业	上海海运局科技办公室		上海市重大科技情报成果三等奖
1984	SG-200,S-2型耐高温胶粘剂	上海海运局科技办公室、上海海运局油航站		交通部优秀科技成果四等奖
1984	船舶运输成本核算计算机管理系统	上海海运局科技办公室、上海海运局财务处、船研所		上海市科学技术进步三等奖
1984	船舶机舱恒温隔声室	上海海运局科技办公室、上海海运局劳动工资处		国家劳动人事部劳动保护成果三等奖
1985	远洋运输船舶调度管理系统	上海远洋运输公司		上海市首届优秀软件二等奖(1987年改为上海市科技进步二等奖)
1985	船体整段割换的改造修理技术	上海海运局船技处、获港船厂		上海市科技成果三等奖

（续表）

年　份	成 果 名 称	研 制 单 位	协 作 单 位	获 奖 情 况
1985	上海港新港址的选择	上海航海学会、上海海运局海监室		上海市科技成果三等奖
1985	YH－1型便携式引航仪	上海海运局航运电子设备厂		上海市优秀新产品三等奖
1985	WZS－10型无线电话遇险频率值班收信机	上海海运局航运电子设备厂		上海市优秀新产品三等奖
1985	船舶无人值班机舱自动化系统	船研所 上海海运局		交通部科技成果一等奖、国家科学技术进步二等奖
1985	钳式抓斗	上海海运学院、获港船厂		国家科学技术进步三等奖
1985	利用浮船坞将油轮货油舱区船体整段割换的改造修理技术	上海海运局船技处、获港船厂		上海市科学技术进步三等奖
1985	从船舶通航能力的分析论证上海港新港地址的选择	上海航海学会		上海市科学技术进步三等奖
1985	海船装运重装备绑扎设备	上海海运局战备办公室、南京军区航务战备处		中国人民解放军总后勤部科技进步二等奖 国家科技进步二等奖
1986	集装箱运输状态代码	上海远洋运输公司		交通部标准化三等奖
1986	船舶运输成本核算计算机管理系统	上海海运局科技办公室、上海海运局财务处、船研所		上海市科技进步三等奖
1987	水基无污染艉轴润滑剂	立丰修船厂、上海海运局科技办公室		交通部科学技术进步二等奖 1988年首届国际专利及新技术设备展览会金奖
1987	船舶运输调度计算机管理系统	上海海运局科技办公室、上海海运局运务处		上海市科学技术进步三等奖
1987	船用便携式液位测量装置	上海海运局		1988年首届国际专利及新技术设备展览会优秀奖
1989	远洋运输企业会计系统			交通部科技进步二等奖

(续表)

年份	成果名称	研制单位	协作单位	获奖情况
1990	微电脑控制技术应用于船舶起货机	上海海运局科技办公室、上海海运局货二公司		交通部科学技术进步三等奖
1990	大中型船用柴油机活塞头环槽镀铬	上海立新船厂		交通部科学技术进步三等奖
1991	水运统计指标体系及方法研究	上海海运学院		交通部科学技术进步三等奖
1992	船员管理电脑辅助人事系统	上海远洋运输公司		上海市科技成果奖
1992	上远航运市场信息管理系统	上海远洋运输公司		上海市科技成果奖
1993	情景分析方法在港航企业发展战略中应用的研究	上海海运学院		交通部科学技术进步三等奖
1993	船舶货舱温湿度微机自动控制仪	上海海运学院		交通部科学技术进步三等奖
1993	港口机电设备状态监测和故障诊断技术应用研究		上海海运学院	上海市科学技术进步奖二等奖
1994	电子海图综合显示技术研究	上海海运学院		交通部科学技术进步三等奖
1995	自动化机舱(大型柴油机机舱综合仿真系统)	上海海运学院		交通部科学技术进步二等奖
1995	交通部部属单位机构编制标准与管理研究	上海海运学院		交通部科学技术进步三等奖
1995	水路运输统计体系的研究	上海海运学院		交通部科学技术进步三等奖
1995	内河中小港用起重机及其CAD系统		上海海运学院	交通部科学技术进步三等奖
1996	交通部CAD工程支撑软件	上海海运学院		交通部科学技术进步二等奖
1996	河南省交通运输三十年发展战略相关关系研究	上海海运学院		交通部科学技术进步二等奖
1996	通用图形式用户接口管理系统 UGUIMS 及其支撑环境	上海海运学院		上海市科学技术进步奖二等奖
1996	磁控电弧粉末膏堆焊工工艺研究	上海海运学院		上海市优秀发明奖二等奖
1997	航运企业船舶负债经营及融资的研究	上海海运学院		交通部科学技术进步三等奖

(续表)

年 份	成果名称	研制单位	协作单位	获奖情况
1997	金属轴搓滚加工工艺与设备	上海海运学院		上海市优秀发明选拔赛优秀发明二等奖
1997	袋式除尘模糊自适应清灰控制仪	上海海运学院		上海市优秀发明选拔赛优秀发明二等奖
1997	结构神经网络柴油机故障预测和诊断系统	上海海运学院		上海市优秀发明选拔赛优秀发明二等奖
1998	大型船舶操作模拟器	上海海运学院		上海市优秀发明选拔赛一等奖
1998	通用LED视频显示非线性控制系统	上海海运学院		上海市优秀发明选拔赛二等奖
1998	旋杯式空调滴水雾化器	上海海运学院		上海市优秀发明选拔赛三等奖
1999	大型综合船舶操纵模拟器	上海海运学院		交通部科学技术进步奖三等奖
1999	上海港口机械制造厂第一期CAD应用工程	上海港口机械制造厂	上海海运学院	上海市科学技术进步奖二等奖
1999	船舶机舱仿真系统的MMI开发技术及实现	上海海运学院		上海市优秀发明选拔赛一等奖
1999	集装箱船舶机舱系统仿真模型建立与仿真软件开发	上海海运学院		上海市优秀发明选拔赛二等奖
2000	轮机模拟器可控图解板	上海海运学院		上海市优秀发明选拔赛二等奖
2000	液面仿真显示器控制装置	上海海运学院		上海市优秀发明选拔赛三等奖
2001	网络型集装箱船舶轮机模拟器	上海海运学院		上海市科学技术进步奖二等奖
2001	2500T/H桥式抓斗卸船机		上海海运学院	上海市科学技术进步奖二等奖
2002	粉体料仓电场分布及经典安全技术评价	上海海运学院		上海市科学技术进步奖二等奖
2002	大型机械结构常用板材的裂纹扩展规律研究	上海海运学院		上海市科学技术进步奖二等奖
2002	船艇机舱操作模拟器	上海海运学院		上海市优秀发明选拔赛一等奖
2002	集装箱管理优化决策研究	上海海运学院		中国航海学会科学技术奖三等奖

(续表)

年份	成果名称	研制单位	协作单位	获奖情况
2003	集装箱管理优化决策研究	上海海运学院		上海市科学技术进步奖三等奖
2003	IMO载重线最小船首高度和储备浮力研究	中国船级社上海规范研究所		中国航海学会科学技术奖一等奖
2003	中国海运业在WTO多边框架下发展战略研究	上海航运交易所	上海海运学院	中国航海学会科学技术奖三等奖
2003	潜水员水下用电安全操作规程(GB17869—1999)	上海交通大学海洋水下工程科学研究院		中国航海学会科学技术奖三等奖
2003	动力定位铺设海底电缆技术	交通部上海海上救助打捞局		中国航海学会科学技术奖三等奖
2004	船岸安全电气连接新技术	上海海运学院		上海市科学技术进步奖三等奖
2004	中远集运船舶管理信息系统	中远集装箱运输有限公司	上海海运学院	上海市科学技术进步奖三等奖
2004	中远集运船舶管理信息系统	中远集装箱运输有限公司	上海海运学院	中国航海学会科学技术奖二等奖
2004	航海轮机英语应用研究与实践	上海海运学院		中国航海学会科学技术奖三等奖
2004	中国航海教育立法研究	上海海运学院		中国航海学会科学技术奖三等奖
2005	基于INTERNET的港航EDI信息增值技术的研究	上海海事大学		中国航海学会科学技术奖三等奖
2006	航运水污染综合治理研究及在上海国际航运中心的应用	上海海事大学		上海市科学技术进步奖二等奖
2006	主推进装置控制监测系统	上海船舶运输科学研究所		上海市科学技术进步奖三等奖
2006	航运对长江流域水环境的影响调控机制的基础研究	上海海事大学	上海海事局	中国航海学会科学技术奖三等奖
2006	船舶多种发电方式联合运行仿真系统研究	上海海事大学		中国航海学会科学技术奖三等奖
2006	动力定位系统检验指南	中国船级社上海规范研究所		中国航海学会科学技术奖三等奖
2006	电子定时、旋流喷雾式汽缸油注入新技术应用研究与推广	中国远洋运输(集团)公司	中远集运、上远、上海海事大学	中国航海学会科学技术奖三等奖
2007	长距离输送系统动态监测与故障诊断技术	上海海事大学		上海市科学技术进步奖三等奖

（续表）

年　份	成果名称	研制单位	协作单位	获奖情况
2007	船舶冷藏集装箱远洋安全运输与节能技术研究及应用	上海海事大学	扬州通利冷藏集装箱有限公司、上海中集冷藏箱有限公司	中国航海学会科学技术奖三等奖
2007	“十一五”交通教育与培训发展规划研究	上海海事大学		中国航海学会科学技术奖三等奖
2007	风险管理在航标上应用	上海海事局	上海财经大学	中国航海学会科学技术奖三等奖
2008	4 000 吨级海上重型起重装备全回转浮吊关键技术及应用	上海振华港口机械（集团）股份有限公司	上海海事大学	上海市科学技术进步奖一等奖
2008	复杂电子设备智能综合故障诊断技术及应用	上海海事大学		上海市科学技术进步奖二等奖
2008	船舶数字化机舱仿真与控制的关键技术与应用	上海海事大学		上海市科学技术进步奖二等奖
2008	建筑空调中的新型蓄冷技术	上海海事大学	南京大学	上海市科学技术进步奖三等奖
2008	冷藏集装箱远洋安全运输与节能关键技术研究及应用	上海海事大学	扬州通利冷藏集装箱有限公司、上海中集冷藏箱有限公司	上海市科学技术进步奖三等奖
2008	拥挤交通网络中交通分配与相关因素集成的关键技术及应用	上海海事大学		上海市科学技术进步奖三等奖
2008	中远集运船舶全球动态监控系统	中远集装箱运输有限公司	上海远洋运输公司	中国航海学会科学技术奖一等奖
2008	船舶数字化控制与仿真技术研究	上海海事大学		中国航海学会科学技术奖二等奖
2008	船舶综合性能快速预报系统	上海船研所	中船 708 研究所、中船 702 研究所	中国航海学会科学技术奖二等奖
2008	PFID 技术在港航管理中的应用	上海海事大学	嘉兴市港航管理局、上海地方海事局	中国航海学会科学技术奖三等奖
2009	低谐波高效永磁同步电动机技术	上海海事大学		上海市技术发明奖三等奖
2009	AWENA-1 船舶智能导航仪开发及应用	上海海事局	上海埃威航空电子有限公司	中国航海学会科学技术奖二等奖
2009	面向“平安渔业”的远距离智能渔船识别系统研究	上海海事大学	连云港市海洋与渔业局	中国航海学会科学技术奖二等奖
2009	长江中下游 200 TEU 干线集装箱标准船型开发	上海船研所	上海浦海航运有限公司	中国航海学会科学技术奖三等奖

(续表)

年　份	成 果 名 称	研 制 单 位	协 作 单 位	获 奖 情 况
2009	船舶周边水域安全可视化监控系统	上海海事大学		中国航海学会科学技术奖三等奖
2010	港航物流信息增值关键技术及应用	上海海事大学	上海海勃物流软件有限公司	上海市科学技术进步奖三等奖
2010	飞机大部件跨洋运输技术开发	中国远洋物流有限公司	中远集装箱运输有限公司	中国航海学会科学技术奖二等奖
2010	船舶电力推进综合监控系统开发	上海船研所		中国航海学会科学技术奖三等奖
2010	中远集运船舶全球动态监控系统	中远集装箱运输有限公司	上海远洋运输公司	上海市科学技术进步奖一等奖

资料来源：表内各相关单位

第二章　航 运 文 化

上海城市航运文化历史悠久。进入改革开放新时期后，特别是中共中央、国务院确立建设上海国际航运中心重大战略目标后，城市航运文化通过新建的文化设施、场所和广泛开展的群众性文化活动，得以进一步传承和发扬。驻沪各航运企业也将传统航运文化的精髓视为传家宝，紧密结合社会主义精神文明建设，大力开展企业文化建设，使以爱国主义、爱岗敬业为核心的具有时代特色的航运文化理念成为广大船员职工的道德准则和行为规范。

第一节　城市航运文化

一、“航运街”和博物馆

【北外滩“航运街”】

北外滩地处上海黄浦江北岸，自清代始，先后建有多处码头、引来百舸穿梭，逐步形成上海地区颇有特色的东大名路“航运一条街”雏形。至20世纪90年代，随着上海海洋运输船队的大型化、规模化发展，北外滩因不适宜停靠大型船舶，码头功能逐渐萎缩，但上海地区的主要航运企业及相关辅助企业和机构仍然集中于此地，其始终保持着航运基地功能。

1998年8月，中国第一个国家级水运交易市场——上海航运交易所在北外滩“航运街”落成。同日同址，上海国际航运服务中心搬迁至此地。虹口区政府与上海国际航运中心上海地区领导小组办公室签订共建北外滩航运街的协议。1999年底，“建设北外滩航运服务一条街”被写进《上海市城市总体规划》。

2002年，1.8公里长的北外滩“航运街”初显繁华，16栋航运商务楼汇集中外航运企业557家，与航运相关的港、航、货、代、海关、商检、银行、报关、咨询、仓储、运输等机构已发展至600余家。2009年，国务院将“北外滩航运服务集聚区”作为上海航运服务集聚区之一，使之成为上海国际航运中心建设的重要组成部分，同时也成为上海国际金融中心建设“一城一带”中“外滩金融集聚带”的重要组成部分。

鉴于北外滩“航运街”是上海也是中国最早向世界开放的地区之一，是海派文化的重要发源地，拥有丰富的文化资源和深厚的历史积淀，其开发建设从规划入手，尽力做到现代化建筑和丰厚的文化底蕴完美结合，突出航运文化特色。其中，上海国际客运中心作为“水上门户”，架起上海与全世界航运文化交流的桥梁；北侧的白玉兰广场配合航运文化，建立起以白玉兰为形态的地标性建筑，发挥航运贸易文化的办公功能。整个街道利用北外滩良好的地域优势和滨江环境，以航运文化为出发点，通过产品发布会、设备展览会、商品订货会、旅游推介会、电影首映式等形式，搭建文化创意企业和文化生产企业的展示平台，使该地区成为上海城市文化的重要组成部分。

2010年，上海北外滩航运街“辉煌航运”大型浮雕落成，成为北外滩航运街的标志性图案。“辉煌航运”大型浮雕位于中海集团总部所在地东侧，全长近70米，高约3米，采用160吨纯铜精心雕刻而成。浮雕刻画了郑和下西洋时期的木船、使用蒸汽机作为动力的船舶，以及现代大型集装箱船、超级油轮和大型干散货船，展现了中国航运业的变化历程。

【上海中国航海博物馆】

2010年7月5日，由交通运输部和上海市人民政府共同筹建的我国第一家国家级航海博物馆——上海中国航海博物馆正式开馆并对外开放。历时4年建成的上海中国航海博物馆，不仅展示中国的航海文化与海上成就，也成为上海建设国际航运中心的标志之一。该馆地处上海浦东临港新城，占地2.4万余平方米，外形为两只白色风帆交错互抱，十分醒目。馆内藏有2万多件文物，全面反映了中国航海历史、航海文化、航海技术。其中包括一艘以古代造船工艺复制的巨型明代福船、各种船模300余艘以及战国时期的水陆攻战船、纹青铜器壶等珍贵文物和重要史料。该馆分设航海历史、船舶、港口、海事与海上安全、海员、军事航海六大展馆。其中，位于一楼大厅内的高近70米、长30余米，宽逾8米的巨型明代福船，为参观者展示了中国自郑和下西洋始的航海历史。在海事与海上安全馆，仿真模型逼真地再现直升机和救生索具搭建出的海上立体救助场景。观众可通过实物参观和多媒体影像，重温“振华4”轮在亚丁湾成功击退索马里海盗等航海热点事件。设于该馆二楼的军事馆，以大量文物展示和反映中国海军建军历程，并陈设各类中国军舰的模型。为培养青少年对海洋的向往、对航海事业的兴趣，上海中国航海博物馆内还设有天象

图8-2-1　上海中国航海博物馆展出的中国古代帆船

（照片提供：上海中国航海博物馆）

馆、航海4D影院等,让参观者可以足不出馆体验到航海的魅力。至2010年11月6日,该馆已先后接待10万名观众。其作为上海城市航运文化生活的重要组成部分,成为广大市民喜爱的文化休闲场所。

【董浩云航运博物馆】

董浩云航运博物馆坐落于上海交通大学徐汇校区内建于1910年的“新中院”,由香港董氏东方海外基金会捐资500万元人民币,与上海交通大学联合创办,为国内首个以航运为主题的高校博物馆,于2003年1月正式开馆迎宾。

董浩云,原籍浙江定海,1912年出生于上海,1982年在香港病逝,是中国东方海外货柜航运公司的创办人,曾被誉为“现代郑和”和“世界七大船王之一”。以董浩云命名的该博物馆楼高两层,为西式建筑,建筑面积1 300平方米,展厅面积600平方米。一楼为中国航运史馆,通过大量图片、文献资料和实物模型及航海贸易物品,概括反映中国古代自新石器时期以来的舟船及航运历史,特别是明代航海家郑和率领庞大船队七下西洋,创造的航海伟绩以及上海以水兴市,沙船运输一度兴旺发达的历程。二楼为董浩云陈列室,展示董浩云先生在航运领域的理想和成就,以生动的照片、资料、实物和逼真的场景,浓缩其在几十年间白手起家,建立起拥有巨轮百余艘,载重量超过1 100万吨家业的传奇一生。

作为上海市科普基地和上海交大文化建设基地,董浩云航运博物馆开馆后,依托学校的学科优势,聚焦行业及社会热点,开展一系列诸如专题讲座、临时展览、艺术沙龙、巡回展览等形式多样的活动,取得良好社会效益,在全国高校博物馆中享有一定知名度。至2010年,已接待海内外社会各界观众几十万人次,其中50%为青少年学生,30%为海外观众。

二、文化活动

【中国航海日】

经国务院批准,自2005年起,每年7月11日国家举办“中国航海日”庆祝活动,同时也作为“世界海事日”(由国际海事组织确定,每年由各国政府自选一日举行庆祝活动,以引起人们对船只安全、海洋环境和国际海事组织的重视)在中国举办的警示活动日。

图8-2-2 2006年7月11日第二届“中国航海日”庆祝活动在上海举行
(照片提供:上海船东协会)

2006年,第二届“中国航海日”庆祝活动在上海举行(这是自2005至2010年唯一一届在上海举办的“中国航海日”庆祝活动,其他几届分别在北京、山东青岛、江苏太仓、辽宁大连和福建泉州举办),上海市人民政府为此组织开展一系列庆祝活动。第二届“中国航海日”活动主题为“爱我蓝色国土,发展航海事业”。是年7月11日,交通部和上海市人民政府在洋山深水港联合召开“中国航海日”庆祝大会。中共中央政治局常委、国务院副总理黄菊为“中国航海日”发来贺信。当日上午 9 时正，位于长江口和黄浦江水域的船舶统一挂满旗并鸣号，以示庆祝“中国航海日”的到来。

此次活动期间，“中国航海日”活动组委会主任、交通部部长李盛霖与上海市市长韩正共同为设在上海的“中国航海博物馆”揭牌。中国“航海日”活动组委会首次向 10 位船长颁发“郑和航海贡献奖”。由上海海事大学、上海交通大学、华东师范大学、上海大学和上海政法学院等高校联合组建的“上海郑和研究中心”在上海海事大学成立。7 月至 8 月，国家海洋局、上海市科学技术协会和中国极地研究中心共同举办“上海市中小学生网上科学知识竞赛”活动，开展以“爱我地球：海洋—极地—环境”为主题的科普知识竞赛。上海市航海学会开展航海科普系列宣传活动，进一步展示航海科技的历史和研究成果。期间，上海海事大学还以“机遇、使命与海洋观的塑造”为主题，举办首届中国航海日文化论坛。

【郑和航海暨国际海洋博览会】

2005 年，是中国伟大航海家郑和首次下西洋 600 周年，国家为此举行一系列纪念活动，“郑和航海国际海洋博览会”(以下简称“海博会”)是纪念活动中的重要内容之一。是年 7 月 8 日，由交通部、国防科工委、国家海洋局、上海市人民政府主办的“郑和航海暨国际海洋博览会”在上海展览中心开幕。交通部部长张春贤，中共上海市委副书记、市长韩正出席开幕式。

此次“海博会”围绕“热爱祖国、睦邻友好、科学航海”12 字主题，布置 5 个展馆，共 2 万平方米展区。在“郑和七下西洋史和中国航海史”主馆，观众可与郑和巨型雕像和郑和船队旗舰—“宝船”复原模型合影，追溯伟大的“航海先驱、友谊使者”郑和率领庞大船队七下西洋，遍访亚非 30 多个国家和地区，传播中华文明，促进中外友好和经济文化交流，为世界航海和人类文明作出的重大贡献。在航海、海洋、港口、船舶四个分馆，中国自主研发的第一颗海洋卫星和科考采集来的南极陨石等实物首次展出。“海博会”以郑和七下西洋的伟大壮举和中国航海历史及航海科学成果为主线，全面展示了当代国内外航运事业、造船事业、海洋事业和港口建设最新成果。历时一周的展出，共吸引超过 16 万人次观众，其中包括近 5 万名大中小学生，成为弘扬民族精神、增强海洋意识、传播航运文化的生动课堂。“海博会”期间，组委会还特别安排全市领导干部参观专场，举办东海联合搜救演习、国际海事论坛、国际海洋论坛等活动，使之成为海内外企业和专业人士交流当今世界航海和海洋科技发展成果、广泛开展经济与技术合作的平台。

【上海航运青年文化节】

2009 年 9 月 28 日，由共青团上海市虹口区委主办的“迎国庆、迎世博、相约北外滩”——首届上海航运青年文化节暨“聚焦北外滩，发展航运业”庆祝活动开幕。本次活动发出的《青年世博行动倡议》书，倡议全市广大青年在“青春世博行动”引领下，以饱满的精神、高涨的热情积极投身于服务上海国际航运中心建设、迎接 2010 年上海世博会召开。开幕仪式上，与会青年通过以 215 个漂流瓶、215 份邀请信形式，向世界各国朋友发出参加 2010 年上海世博会的邀请。航运青年代表乘坐航运节宣传车分赴国际邮轮码头、张华浜码头、外高桥码头，将漂流瓶转交各停泊码头的远洋轮船长，委托他们投至公海。同时，还举办了以“聚焦北外滩，发展航运业”为主题的“上海航运青年发展论坛”。

【中国国际航运文化节】

2010 年 1 月 26 日，首届中国国际航运文化节在沪举行。中国国际航运文化节由中国交通运输

图 8-2-3　2010 中国国际航运高峰论坛在沪举办

协会领导,10 多个国家社团支持,《中国航务周刊》主办。其以“挖掘航运事业发展的精神内涵,提振航运人信心和决心,弘扬航运企业先进的文化理念,助力航运业复苏和振兴”为宗旨,活动内容包括 2010 中国国际航运高峰论坛、第七届中国货运业大奖颁奖盛典暨航运界新春联谊晚会、第四届中国航运企业年会等系列核心项目。

本次航运文化节徽标揭幕仪式特意安排在上海虹口区著名的下海庙举行,寓意着航运界安定和谐发展。同时举行的航运企业虎年祈福活动,则是沿袭传统,通过组织游览、拜庙等形式,为中国航运企业和航运事业的明天祝福。祈福活动之后,还举行了文化气氛浓郁的书法笔会,中国交通书画协会的书法、绘画大师将现场作品以特殊形式赠送参会业界人士。

“文化节”期间举办的第四届中国航运企业年会、中国国际航运高峰论坛、港航企业文化建设研讨会、港航企业媒体联盟筹备会暨港航媒体主编座谈会、中国航运企业“总裁课堂”、第七届中国货运业大奖颁奖盛典暨航运界新春联谊晚会等一系列活动,弘扬了航运文化,进一步提振了上海航运界积极投身上海国际航运中心建设的信心和决心。

第二节　企业航运文化

一、文化建设

1978 年始,随着改革开放的逐步推进,加强企业文化建设,塑造高质量的职工队伍,在驻沪各海洋运输企业得到高度重视。上海海运局、上远公司(后分别重组成立中海集团、中远集运)、锦江航运等大型国有航运企业均坚持不懈地开展多种形式的企业文化建设,使历史悠久的航运文化在新时期得到继承和发扬光大。及至 2010 年,各主要航运企业均已形成具有不同特色的本企业文化体系。

20 世纪 70—80 年代,上海海运局在职工中,特别是客轮船员中,大力弘扬著名全国劳动模范杨怀远的“小扁担精神”,促使为人民服务的思想观念进一步扎根于职工队伍。该局申连客运航线客服人员在实践中总结出的“亲、勤、和”服务经验,即对待旅客在思想上突出一个“亲”字,把旅客当亲人,主动、热情、诚恳、周到地为旅客服务,做到“心灵美”;在工作上突出一个“勤”字,遵守劳动纪律,按时进岗,人不离岗,做到“四勤”(勤扫、勤拖、勤揩、勤倒)、“四理”(理桌面、理行李、理鞋子、理毛巾),保持客舱“环境美”;在态度上突出一个“和”字,做到说话和气,文明用语,微笑待客,得理让人,讲究语言艺术,做到“语言美”;使该局企业文化的传家宝“小扁担精神”得到进一步传承和发扬,对改进海上客运服务工作起到有力推动作用。

在弘扬“小扁担精神”的同时,上海海运局还结合在船员中开展向“大庆 16”轮模范轮机长周来根学习的活动,大力倡导和发扬“动手派”精神(即在生产任务吃紧时,为了抢船期和减少维修费用,依靠自己动手解决机务中遇到的各种问题),使“自力更生,艰苦创业”的传统文化更加深入人心。许多船舶都能见缝插针抓好维修保养工作,保证运输安全。1986 年 1 月,“大庆 21”轮在东莞县卸完一载柴油，船员们利用2天避风时间，对货舱进行清理，共清除铁锈近5吨，解决一度影响货载的突出问题。1990年1月，“华北”轮航行渤海时，遭遇寒流袭击，整船被层层冰雪裹住，船员们顶着严寒坚持进行维修保养工作，确保了船舶安全。

80—90年代，上海海洋运输企业普遍将船舶安全文化列为企业和船舶文化建设的重点之一，运用各种形式，强化船员安全生产意识。上海海运局、上远公司等大型国有航运企业都坚持以群众自我教育为主，大力普及“船舶安全文化”，营造浓厚的安全文化环境和氛围，多渠道、多层次、全方位开展以安全为主题的宣传教育活动，使“安全第一”的思想观念贯穿于全员生产的全过程。为提高船员队伍综合素质，各企业还注重加强船舶文化设施建设，打造学习型船舶，鼓励船员积极开展读书活动，形成船舶浓郁的文化氛围。

创建于1983年的锦江航运，因市场不景气等诸多原因，生产经营一度陷入窘境，连续四年大额亏损，导致净资产小于注册资本，员工人心涣散。公司领导意识到，要摆脱经营困境，实现良性发展，必须以企业文化为指引，凝聚发展合力，以先进正确的理念团结引领职工。20世纪末，公司明确提出“树立信心，塑造正气、扎实工作，创响品牌”的16字企业精神。21世纪初，又进一步提出“以人为本，依法管理”的管理方针和建立“荣誉、利益，命运共同体”的企业核心价值观，并写入“员工手册”。在其引领下，营造出良好的干事创业氛围，为公司二次创业、大打翻身仗提供了精神支柱。经多年实践，该公司已逐步形成一系列企业文化理念，除核心价值观外，还包括“求精务实、优质高效”的企业作风、“诚信、创新、共赢”的企业宗旨、“工作高效率，生产高效益”的企业管理活动价值取向、“带队伍、保安全、出精品、创品牌、客户信赖、服务一流”的企业管理成果衡量标准和重要目标、“精品的承诺，超值的服务，放心的选择”的企业经营理念等；并使之成为引领锦江航运两个文明建设，统一全体员工思想和行动的指南，有力提升了企业的凝聚力和市场竞争力。该公司不但走出了困境，而且步入良性发展轨道，在国际航运市场中屡创佳绩。其经营的中日航线作为中国出口集装箱运输三大航线之一，运量连续多年大幅增长，并以精品航线创出了企业品牌。

1997年1月，《人民日报》在头版头条发表《创海上中华名牌——“华铜海”轮纪事》，并为此专门写了《编者按》。“华铜海”轮船员在长期实践中形成的“爱国奉献”的华铜海精神，以一流的管理、一流的安全、一流的服务、一流的效益，被国际航运界誉为“中国出租船舶的一面旗帜”，成为海上中华名牌。交通部授予“华铜海”轮“两个文明建设标兵船”，并号召全国交通系统向“华铜海”轮学习，从而大大推动整个航运系统的企业文化建设。

同年7月，中海集团成立伊始，即坚持以适应企业改革发展要求，建设世界一流航运企业为目标，持续不断推进企业文化建设。在职工中先后开展“一个新起点，我该怎么办”的“大讨论”、开展“树新风、创一流”活动、开展“一流企业、一流员工”素质工程建设，以此统一职工的思想和行动。为强化对文化建设的领导，该集团不断完善企业文化建设制度和机制，多次调整和充实集团企业文化建设领导小组，多次召开企业文化建设领导小组专题会议，坚持每年召开企业文化建设推进大会，并及时制定《企业文化建设规划》和《中国海运机关员工行为规范》、《中国海运船员行为规范》等制度，经反复讨论、修改，在职代会上通过，成为集团企业文化建设的规范性文件。该集团还注意总结提炼企业核心价值体系，经过多年不懈努力，已逐步形成本集团“爱我中海，勇创一流”的企业精神；形成“诚信四海，追求卓越”的企业核心价值观；并分别形成企业的管理文化、安全文化、服务文化、廉洁文化、制度文化、风险文化、品牌文化、团队文化、和谐文化等，推进全系统各单位企业文化建设各具特色、平衡发展。随着干部员工对企业文化的认知不断增强，企业文化理念潜移默化地影响着员工的价值取向和行为方式，其内聚人心、外树形象的作用清晰显现。

图8-2-4 2007年10月在中远集运召开的企业文化建设研讨会
(照片提供：中远集运档案室)

2001年，中远集运企业文化体系建设进入新的阶段。该公司根据中远集团《企业文化建设纲要》，结合公司实际，制定《中远集运企业文化建设"十五"规划》。确定总体目标为：吸取、借鉴中外优秀企业文化，建立企业文化体系框架，包括企业精神文化、制度文化、行为文化、物质文化等不同结构层面的系统内容，为企业持续稳定发展，提供强有力的精神文化动力；建立和完善企业文化建设领导体制、组织结构和管理制度，保证企业文化建设的顺利进行，发挥企业文化对提升企业核心竞争力的促进作用；创造良好的企业文化环境，具备融合不同文化特质的能力；以中远集运的企业文化凝聚全体船员职工，形成企业不断创新、与时俱进、自我再造的良性循环机制；塑造中远集运一流航运企业的国际品牌形象，培养一支同世界500强企业相匹配的有创新理念、进取精神、团队意识、严谨作风、图强报国使命感的员工队伍。之后近十年，该公司已基本完成企业文化体系建设，形成具有远洋企业特色，向国际一流航运企业奋进的企业文化体系。

进入21世纪后的十年间，上海海洋运输行业进一步把企业文化建设融入精神文明建设全过程，使文化建设内涵更加丰富，作用和成果愈加明显。中海集团在企业文化建设上做到与创新相结合，与现代企业制度相结合，与人力资源开发相结合，以培养和造就"四有"职工队伍为目标，用优秀企业文化，凝聚广大干部职工的价值观，打造高素质员工队伍。中远集运则坚持弘扬以"爱国主义"为核心的企业文化，致力于营销文化、服务文化、安全文化、廉洁文化建设，并将先进的文化理念融入企业制度当中，精心打造企业的软实力。作为实施联合国全球契约的试点单位，该公司连续多年通过中远集团向联合国提交履行社会责任《可持续发展报告》，将"安全、快捷、优质、高效"方针、节约能源、减少污染、增加就业和不使用童工、参与社会公益活动、参与捐助灾区以及反腐败、反贪污等条款写入可持续发展报告，作为公司向联合国和全社会作出的庄严承诺予以认真履行，在全社会树立起诚信负责任企业的良好形象。

2009年9月10日，由中共中央宣传部、组织部、统战部等11个部门联合组织开展的"100位为新中国成立做出突出贡献的英雄模范人物和100位新中国成立以来感动中国人物"(简称全国"双百")评选结果揭晓，中海集团全国著名劳模杨怀远光荣入选"百位感动中国人物"。其几十年如一日，坚持发扬"小扁担精神"，认真践行"为人民服务到白头"的承诺，成为该集团和全国航运系统典型的企业文化践行者。

及至2010年，上海海洋运输行业的企业文化建设深入推进，成果丰硕。广大职工的工作热情和奉献精神得以调动和激发，中海集团、中远集运等主要企业均涌现出大批先进船舶、标兵船舶和先进个人。由此，也为持续开展企业和船舶文化建设奠定更加扎实的基础。

二、文化媒体

自1978年至2010年，为配合企业航运文化建设，在广大船员职工中弘扬航运文化，上海海洋运输系统有关部门和企业办有多种各具特色的报刊杂志,充分发挥媒体在文化建设中的引导、鼓劲和桥梁、纽带等重要作用。

【《海运报》】

由上海海运局创办的《上海海运报》在“文革”期间一度停刊,1978 年 11 月复刊。该报复刊后,坚持“做海员益友”的办报思想,注意选登海员关心的新闻,讴歌海员优良品质,抒发海员心声,开辟充满“海”味的栏目,精心编排,逐步形成报纸的海运特色。复刊后头几年里,该报针对“文化大革命”动乱中被搅乱的思想和遗留下来的不良倾向,勇于揭露矛盾,坚持“实践是检验真理的唯一标准”,对海运系统拨乱反正起到重要促进作用。随着改革开放政策的深入贯彻,该报采编人员加强学习,解放思想,业务水平得到提高,提出要进一步贴近海运局党政中心工作,进一步贴近海运职工,强调报纸的思想性、指导性、可读性。1990 年,《上海海运报》被全国、市、部一级新闻单位评出的好新闻、好图片、好版面等达 50 余篇(幅)。报社机构也进一步完善,基本上成为该局新闻中心。其下设编辑室、采通室、录像室(建于 1985 年,定期拍摄声像新闻和制作专题片供船员观看)和画报编辑室。

1998 年,该报转由中海集团主管主办,改名为《海运报》,由创刊时的 4 开 4 版,改为对开 8 版,仍为周一刊,每周五出版。成为反映中海集团员工工作、学习、生活和为该集团广大海员提供新闻阅读及服务的专业性报纸。

及至 2010 年,《海运报》始终坚持符合海运企业特点的办报方针,扎根于广大海员职工之中,多次被评为上海市优秀企业报。该报不仅及时报道集团的重要活动、重大新闻,而且经常性报道船员工作、学习和生活情况,“海味”和生活气息浓厚,深受海运职工欢迎和好评。该报注重通讯员队伍建设,历经多年努力,已在广大海员职工中建成一支优秀的通讯员队伍,为创建富有海员特色的企业文化、船舶文化作出积极探索与实践。

【《上海远洋报》】

1986 年,上远公司创办《上海远洋报》,每周出刊,反映公司的一周要闻,刊发专题报道,探讨企业经营发展中的热点、疑点、难点问题,并为职工提供《海角》文学副刊。该报刊面向船员、贴近实际、融入经营管理和安全生产,文字短小精悍、生动活泼,受到公司领导和职工群众的肯定和好评,多次荣获上海和全国企业报优秀奖。1998 年,随着该公司重组为集装箱专业化公司,该报更名为《中远集运》,除了保持原有特色外,还面向中远货运系统全国各口岸和网点,突出企业文化融合,开设“天海星约”专栏,每期反映一个一线员工的工作、生活和心声,深受船员职工欢迎。因企业机构变动等因,该报在 2004 年底停刊。

【《航海》和《航海技术》杂志】

1979 年,由上海市科协主管、上海市航海学会分别主办创刊《航海》和《航海技术》杂志。《航海》杂志是新中国成立后国内航海界第一本科普刊物,面向海内外公开发行,双月刊;《航海技术》为中级航海技术期刊。1983 年起,《航海技术》杂志由原来的季刊改为双月刊,内部发行改为公开发行,由中国航海学会主办,上海市航海学会代管,成为全国水路运输类中文核心期刊,交通部优秀科技期刊,也是航海工作者交流航海科研心得,切磋航海实践经验,解决航海技术难点、重点和热点问题的园地。2010 年,《航海》杂志改版为综合性科技期刊,立足于上海国际航运中心建设,服务航运,服务社会。《航海》杂志大16开全彩印,融航海学术交流、航海文化发掘、航海知识普及、航海生活展示等为一体。成为传播航海知识和文化的大众化期刊,也是航海学会、业界与社会各界以及广大航海爱好者普及科学,交流信息的重要平台。

【《海员之友》和《上海远洋》杂志】

1986年,上远公司工会创办《海员之友》杂志,该杂志以反映海员生活为宗旨,综合性双月刊。设有“当代海员”“航海生涯”“主人翁论坛”“恋爱、婚姻、家庭”“海洋文学”“航海传奇”“服务之窗”等栏目,内容丰富多彩,并以海员写海员为特色,为第一线船员职工学习写作、反映海员生活提供文艺阵地和舞台。多年来培养了一批业余作者,在海运系统产生一定影响。因其热心为船员服务和排忧解难,受到船员及家属青睐。该刊在中远集运建立船舶管理公司后由船舶管理公司工会主办,2004年停刊。当年其刊号被新成立的上海远洋运输有限公司所用,改名《上海远洋》杂志,仍为双月刊,由上远公司党委主办,重点反映企业安全生产、经营管理和思想政治工作以及企业文化,弘扬先进典型,交流学习体会,成为企业宣传舆论的重要平台。

【《绿舟》杂志】

20世纪80年代,上海海运局工会协同该局海洋文学社开始编印《绿舟》文学杂志(为企业内部刊物)。至1990年,共出版8期,每期1 500册左右。该杂志设有“爱我海运”“海夫人之歌”“回忆录”“小说”“散文”“诗歌”“评论”“游记”“寓言”“美术、摄影、书法、篆刻”等栏目,刊登船员职工各类文学艺术作品。

【《海上旅游》画报】

20世纪80年代,上海海运局、海兴公司、锦江航运与香港庞元(国际)广告设计公司联合创办《海上旅游》画报。该画报为季刊,编辑室设在《上海海运报》社内,在香港印刷,发行量每期1万册。《海上旅游》画报旨在为港、澳、台同胞和各国来宾作中国旅行的旅游指南和提供有关商品信息。除介绍主办单位的航运业务、班期、票价、客轮设施、服务内容外,还介绍上海的对外交通、旅游、商品信息、投资伙伴、国内外产品广告,以及介绍中国的名胜古迹、风土人情、人文地理、文化艺术等。因其文字活泼、图片精美、资料丰富,具有使用、欣赏和保存价值,颇得读者欢迎。《海上旅游》画报除赠阅往来于香港至上海、香港至宁波航线的旅客外,还提供上海至广州、厦门、福州、温州、宁波、青岛、大连等航线旅客阅读,同时赠送上海部分酒店、宾馆和外贸进出口公司、旅行社以及海兴公司有关业务部门。该刊在香港地区的发行范围为香港旅游协会、招商局及在港各国办事处、驻港各国工商贸易团体、香港贸易发展局等。国外发行范围为东南亚、美洲、欧洲等50多个国家的世界贸易中心。

【《中国海员》杂志】

1985年6月20日,由交通部和中国海员工会全国委员会委托上海海运局编辑出版的综合性双月刊《中国海员》复刊。该杂志主要面向全国水运系统职工,初时发行量5万份,2004年主管单位变更为上海海运。该杂志是中国水运系统具有光荣传统且有重要影响的刊物之一。受到全国水运系统职工欢迎。其创刊于1926年,由当时的“中华海员工业联合总会”创办,历史上经历过四次出版。自1985年办刊后,秉信力求创新办刊理念,坚持为港航广大员工服务的方针,在中国海员建设工会领导下,忠实记录港航员工在经济建设中拼搏努力、无私奉献的精神风貌。其始终围绕服务港航职工的宗旨，按照海员建设工会每年的工作方针要求，宣传报道上级领导机关的重要指示和政策变化，推动港航单位工会工作健康发展；报道港口航运动态、各大港口重要信息发布、技术革新等；弘扬港航系统员工的先进事迹，记录广大职工工作中的感悟、生活中的体会等；成为港航系统职工了解行业的一扇窗口。其跟踪社会热点、政策推行情况，对海员职工关注的事件进行深度报道；挖掘港航发展史上重大历史事件，解密历史事件；刊登海外见闻、港口拾趣、港口建设以及异域风情等；努力使杂志成为港航系统职工的良师益友，成为港航文化建设的一个特色阵地。

【《海员之声》杂志和《新闻信息摘要》(电子版)】

20 世纪 90 年代，中海上海船员公司创办《海员之声》及《新闻信息摘要》(电子版)，前者是双月刊，后者是每星期一期，每期容量在 70 页 A4 纸，直接用电子邮件发送到该公司派员的 200 艘左右船舶。其内容紧贴船员生活、工作，受到广大船员欢迎，被中海集团评为集团十大窗口之一。

【《中远集运》杂志和《中远集运一周要闻》(电子版)】

2000 年，中远集运创刊《中远集运》杂志(双月刊)和《中远集运一周要闻》(电子版)，面向广大远洋船员发行。因其内容贴近实际，得到该公司海员职工一致好评。

【《上海航运》杂志】

2005 年 8 月，上海市船东协会(后更名上海船东协会)成立伊始，即开始出版发行会刊《上海航运》(月刊)，内容包括行业热点、数字与评论、经贸信息、航运市场述评(集装箱运输、干散货运输、油轮运输等)、航运动态、内贸运输、港口动态、上海国际航运中心建设动态、口岸通关、物流纵横、船舶建造、船市行情、燃油市场、运价速递、案件传真、协会动态、会员园地等 20 多个栏目。至 2010 年底，已按时发行 65 期。因其较好发挥了政府与企业之间的桥梁和纽带作用，受到该协会会员单位欢迎和好评。

第三章　教育培训

改革开放后，上海航海教育始终坚持“两条腿走路”方针，即将航海院校(包括高等院校、中专和技校等)教育与形式多样的职工培训密切结合。由于紧跟国际航运市场发展变化，紧贴企业生产经营实际，不断深化教育改革，注重提高教育质量，教学成果显著，为上海乃至全国航运界源源不断培养、输送大量专业技术人才。

第一节　院校教育

一、高等院校

【上海海运学院】

沿革　上海海运学院建于 1959 年，设有海洋船舶驾驶、轮机管理、港口机械等专业。1978 年后,该院得到快速发展,1979 年成为国内首批经国务院学位委员会批准有权授予硕士学位的高等院校之一,由此启动研究生教育,并新设水运经济专业、水运管理专业;同时,为适应国家海洋运输事业快速发展需要,相继建立计算机应用等专业。

1986 年,经上海市高教局批准,招收应届高中毕业生率先试办海洋船舶驾驶和轮机管理两个专业“高职班”,学制三年,开创学校高等职业教育的办学历史。该院充分利用企业办学的优势条件,实行校企合作,工学结合,根据企业要求制订教学计划,在全国航海院校首创航运类专业“三上三下”的教学模式,即学生三年内安排三次上船实习(认识实习、专业实习、毕业实习),突出学生实践技能培养。在招生方式上实行“双招”,即学校招生与企业招工相结合,采用“订单式”培养。学生毕业取得“双证”,即专科学历证书和船员适任证书,学生毕业后直接到企业船舶工作。

自 20 世纪 80 年代中期始,该院开始探索对教学内容、教学方法和教学管理制度进行改革,使全体教职员工树立起“教书育人、管理育人、服务育人”的观念;制定《两年教改设想(1987—1988)》,确定“合格加特色”的因材施教教育方法,以及“文明、团结、求实、创新”的校风和“治学严谨、精益求精、教书育人”的教风。

90 年代,该院进入全面发展阶段。1991 年,设有 1 个管理学院、8 个系、11 个本科专业、4 个专科专业,有 9 个学科拥有硕士学位授予权。学校在校本专科学生 2 828 人,研究生 120 人,函授生 124 人,专业证书班学生 249 人。教职员工 1 939 人,其中教授 22 人,副教授 150 余人,讲师 300 多人。为了更好适应交通运输事业的发展和需要,使学校教育上层次,教学质量上水平,学校率先在交通部部属高校和上海市高校中进行内部管理综合改革。精简和紧缩编制,制定和建立工作目标责任制,进一步扩大系的办学自主权,逐步建立以市场经济为走向的办学体系。

1993 年,该院对学生试行学分制教学管理制度改革,制订《上海海运学院学分制管理办法》。1994 年上半年,制定并全面实施《上海海运学院 1994—1996 年专业、学科建设“攀登计划”纲要》(简称“攀登计划”),提出在三年内建设一批重点学科、重点专业,培养一批学科带头人和骨干教师,形成一批有较高水平的学术群体;为提高学校教学、科研、师资水平,建设一批新硕士点和博士点,攀登学术高峰,为在“九五”期间全面提高学校办学水平、建成一所新型的高水准的大学打好基础。1995 年,制订和实施与“攀登计划”配套的旨在支持学科建设、提高教学质量和改进学生工作的“育才工程”,明确提出转变教育思想、全面修订教学计划、更新教学内容、严格教学管理、采用学分制强化课程的基本教学环节、建立教学成果和教学对象的考评体系、建设系部教学实体等 12 项任务。“育才工程”的目标是争取三年左右时间,形成适应市场经济的教学思想,建成新的教学管理和学生工作体制框架,使学校教学质量有明显提高。当年,学校设有 20 个本科专业、9 个专科专业,13 个学科有硕士学位授予权。有学生 5 000 人,具有高级技术职称的专业人员 300 余人,讲师近 300 人。通过“攀登计划”和“育才工程”的先后实施,学校专业和学科建设有了长足发展。

90 年代末,该院电力电子与电力传动学科经上海市教委评审,列入市级重点学科建设;学校设置的交通运输规划与管理、产业经济学,经交通部组织的专家组评审,成为部级重点学科。同时,学校引入 ISO9001 质量管理体系,制定“视教育质量为生命,严谨治学,发扬航运特色,培养一流人才”的教育教学质量方针。学校教育质量体系通过国际和国内权威机构认证,成为上海市首家通过国际质量体系认证的高校。同年,经国务院学位委员会评审,交通运输规划与管理学科成为新增博士点,实现博士点“零”的突破。该院根据面向 21 世纪教育内容和课程体系改革要求,在教育部颁布的普通高校新的专业目录基础上,确定 18 个本科专业(19 个专业方向)。“航运仿真中心”通过交通部的评估,成为交通部重点实验室,也是该院获得的第一个省部级研究基地。

2000年,上海海运学院实行上海市与交通部共建,以上海市管理为主的管理体制。该院全面启动和实施《学科建设推进计划》《全面提高教学质量推进计划》《师资队伍建设推进计划》和《素质教育推进计划》4个"推进计划",使各项工作进入强调内涵发展的新阶段。是时,该院设有23个本科专业,22个硕士学位授权点,2个博士学位授权点("交通运输规划与管理"和"电力电子与电力传动"),2个专业硕士学位授权点["交通运输工程"和工商管理硕士(MBA)]。有正副教授和具有高级职称的专业人员300余名,中级技术职称专业人员500余名。在校本专科生(包括高职生)7 200余名,成人教育学生3 000余名,研究生600余名。2002年,该院明确"到2010年基本建成以航运为特色、多学科协调发展的教学研究型大学,到2020年基本建成世界高水平海事大学"的奋斗目标。时有本专科学生1.25万人,研究生1 368人。学校设有本科专业(专业方向)31个、高职专业13个。24个学科有博士和硕士学位授予权,有2个专业硕士学位授予权;全校有专任教师608人,其中正副教授300余人。

2004年5月19日,经教育部批准,上海海运学院更名为上海海事大学。

国际合作办学 1983年,与联合国亚洲太平洋经济社会委员会联合办学,培养硕士研究生和本科生。1991年,与美国、英国、日本、挪威、荷兰等20多个院校进行友好往来和交流,并多次与国际海事组织联合办学。80—90年代先后与苏联敖德萨海运学院、波兰格丁尼亚航海学院、日本神户商船大学等建立校际合作关系。1992年,与挪威船东协会联合办学,引进挪威等航海发达国家教育培训理念,在国内首创航海类订单式"三明治"教育模式,培养面向欧美国际海员劳务市场的高级海员。1995年,与荷兰马斯特里赫特管理学院合作举办中荷工商管理硕士(MBA)班。2001年,与美国圣马丁大学进行商务英语、会计专业专科项目的合作办学。

上海海运学院分院 1978年,根据天津市"三结合"(高校、地方政府、企业)办大学分校,广育人才的经验,由上海海运学院、黄浦区人民政府、上海海运局、上海港务局4家单位创办上海海运学院分院。其教学行政工作由上海市高教局领导,教学业务由上海海运学院指导,校舍设于崂山西路500号乳山中学。任课教师大部分由上海海运学院教师兼任,办学期间又陆续从外地调入16名讲师、副教授。学校职工除乳山中学留用人员外,大部分来自上海海运局,部分来自上海港务局。当年,上海海运学院分院为适应远洋运输事业和对外贸易发展,不断充实教学力量,增设新专业。11月,该分院开始对外招生,设有船舶驾驶、轮机、船舶电气、水运机械、水运管理5个专业,招生规模为320人。1979年2月开学上课。1979年秋季,除船舶电气专业外又招收新生160人,教学计划大纲除普通文化课按上海市统一规定外,技术基础课和专业课都参照上海海运学院同类专业执行。

1980年11月,因该分院在办学过程中,经费问题较突出,经中共上海市委与交通部批复,决定原主要由上海海运局负责的上海海运学院分院改由上海海运学院主办。历时一年多的"三结合"办校至此结束。上海海运局、上海港务局派去分院工作的教职工除少数留校外,大部分撤回。1999年,该分院改制为上海海运学院继续教育学院。

【上海海事大学】

沿革 上海海事大学的前身是上海海运学院,隶属交通部、上海市人民政府领导。从1979至2009年,该校培养的各类毕业生达6万名,在港航企业以及其他用人单位受到普遍欢迎,毕业生就业率一直在95%以上。

2004年,经教育部批准,上海海运学院更名为上海海事大学。当年10月16日至22日,教育部本科教学工作水平评估专家组对学校进行现场考察评估，在认真调研和考察的基础上，形成肯定性评估结论。当年，学校共有专任教师726人，其中教授(正高)93人，副教授296人。在教师中，具有硕士以上学位的453人，占教师总数62.4%，其中具有博士学位的93人，占教师总数12.8%。学校有34个本科专业、15个专科专业，23个硕士学位授权点，3个博士学位授权点，2个专业硕士学位授权点。“航运仿真中心”为交通部重点实验室，“交通运输规划与管理”“产业经济学”“电力电子与电力传动”“国际法学”和“机械设计及理论”5个学科为交通部或上海市教委重点学科。在校本专科生1.33万人，其中本科生1.03万人。硕士研究生1 287人，博士生66人。

2004年11月19日，该校在浦东临港新城新校址举行奠基暨动工仪式。新校园占地2 000亩，总建筑面积约60万平方米。至2007年，2007级4 000余名新生入驻临港新校区。当年，上海海事大学新一轮内部管理体制改革稳步推进，校院二级实体化办学模式及管理体制开始运行。教学、科研、人事等管理重心逐渐下移；校院两级之间、职能部门与相关二级单位之间的责任、权利、义务划分更加明确；二级办学实体自我管理、自我约束和自我发展的空间有效拓展。

图8-3-1 建造中的上海海事大学4.8万吨级大型散货教学实习船“扬子”轮

(照片提供：上海海事大学)

2008年9月27日，《上海市人民政府、交通运输部共建上海海事大学的意见》正式签署。翌年，在中国高等航海教育迎来100周年之际，全校上下形成共识，进一步加强内涵建设，聚焦教学质量和科研水平。

2010年，该校实行校、院二级管理体制。下设商船学院、交通运输学院、经济管理学院、物流工程学院(含中荷机电工程学院)、信息工程学院、外国语学院、海洋环境与工程学院、法学院、文理学院(含徐悲鸿艺术设计学院)、科学研究院、海洋材料科学与工程研究院、高等技术学院、海华高等技术学院、浦东工商管理学院、继续教育学院等二级办学部门。拥有集装箱供应链技术教育部工程研究中心、航运仿真技术教育部工程研究中心、航运技术与控制工程交通行业重点实验室、教育部科技查新工作站、上海市普通高校人文社会科学重点研究基地——上海海事大学海商法研究中心、上海航运物流信息工程技术研究中心、上海市社会科学创新研究基地等省部级重点研究基地。有1个国家重点(培育)学科(交通运输规划与管理)，5个国家级特色专业(航海技术、物流管理、机械设计制造及其自动化、轮机工程、航运管理)，9个部市级重点学科，17个上海市本科教育高地。学校还设有水上训练中心，拥有万吨级集装箱教学实习船“育锋”轮；并筹备建造4.8万吨级“扬子”轮大型散货教学实习船。是时，该校共设有本科专业(专业方向)43个、专科(高职)专业10个。有1个一级学科博士学位授权点，7个二级学科博士学位授权点，2个博士后流动站；2个一级学科硕士学位授权点，28个二级学科硕士学位授权点，6个专业硕士学位授权点。有专任教师1 013人，其中正教授130人，副教授326人。2010年8月31日，共有本专科学生1.82万人，硕士研究生2 220人，博士研究生166人。

该校出版的专业刊物有：《上海海事大学学报》《集装箱化》《水运管理》《计算机辅助工程》；并建有“中国海运信息网”，由中国海洋运输情报网和上海海事大学主办；“国际海事信息网”，由上海海事大学主办。

表 8-3-1 2010 年上海海事大学各专业研究生招生人数 单位：人数/年

录取专业	2010	录取专业	2010	录取专业	2010
法律硕士(法学)	12	港口、海岸及近岸工程	24	民商法学	30
法律硕士(非法学)	9	英语语言文学	40	通信与信息系统	21
船舶与海洋工程	13	控制理论与控制工程	18	企业管理	39
电气工程	16	载运工具运用工程	10	电力电子与电力传动	20
电子与通信工程	14	计算机软件与理论	10	计算机应用技术	25
交通运输工程	16	技术经济与管理	23	会计学	45
物流工程	15	检测技术、自动化装置	20	国际贸易学	65
工商管理硕士	52	机械电子工程	13	产业经济学	48
电磁场与微波技术	7	交通信息工程与控制	19	交通运输规划与管理	102
思想政治教育	14	管理科学与工程	46	外国语言学及应用	83
机械工程	18	制冷及低温工程	14	国际法学	184
经济法学	26	轮机工程	20	总计 1 176 人	
信号与信息处理	17	机械设计及理论	28		

资料来源：上海海事大学

国际合作办学 上海海事大学历来重视并不断发展与国外(境外)的交流与合作，并与国外知名大学联合举办多个本科生、研究生等中外合作办学和学术交流项目。2004 年，如期启动与世界海事大学的“国际运输与物流”硕士研究生培养项目。主办“世界海事大学笹川中国同学会论坛”；与亚太地区海运院校联合会合作举办“海事教育与培训研讨会”；协办“第二届劳氏船员配备和培训国际会议”“亚洲、欧洲和美国海洋污染损害赔偿与防止国际研讨会”以及“采购与供应链管理认证体系培训班”。2005 年，与荷兰马斯特里赫特管理学院合作举办中荷 MBA 项目；与美国圣马丁大学合作举办会计、商务英语专业专科项目；与瑞典世界海事大学合作举办“国际运输与物流”硕士研究生培养项目。2006 年，新获批准中外合作办学项目 3 个，使该校中外合作办学项目达 7 个。首期与世界海事大学的合作办学项目学生顺利毕业。2007 年，与国际海事大学联合会、国际海事教师联合会、波罗的海航运公会、国际油污损害赔偿基金组织等国际组织保持密切合作关系。是年 1 月，波罗的海航运公会亚洲航运研讨班在该校举办，是为继新加坡之后在亚洲举办的第二个研讨班，也是学校首次与波罗的海航运公会合作；与世界海事大学合作举办的“国际运输与物流”项目首次招收外籍学生，该项目第二届学生顺利毕业；3 月，与澳大利亚西澳大利亚大学合作办学的“物流工程与管理”硕士项目经教育部批准首届开班。9 月，与荷兰泽兰德大学合作成立的中荷机电工程学院 2007 级新生开学；同时继续与荷兰马斯特里赫特管理学院合作举办 MBA 项目；与美国圣马丁大学合作举办会计、商务英语专科专业项目等。2008 年，承办商务部援外项目“非洲东南区域船长培训班”；承办“非洲海事院校校长培训班”，是为中国交通运输部和国际海事组织在技术合作谅解备忘录下开展的一个重要项目，来自非洲 10 个国家的 20 名院校长参加培训。同年与美国缅因海运学院、美国麻省海运学院、加拿大纽芬兰纪念大学海运学院、乌克兰敖德萨国立海事大学等 7 所境外院校建立校际交流关系;与意大利船级社签订合作办学协议,第一届意大利船级社船检本科班顺利开学。

2010年,上海海事大学继续扩大对外交流与合作。中荷合作3+1本科项目、英国斯旺西大学3+1项目、与美国麻省海运学院之间校际互派本科生交流项目等7个中外合作办学项目顺利进行。其中与世界海事大学合作举办的“国际运输与物流”硕士项目第五届学生、与西澳大利亚大学合作举办的“物流工程与管理”硕士项目第三届学生顺利毕业。经教育部批准,学校与加纳中西非地区海事大学合作举办“物流管理”本科教育项目,并开始在非洲招生,这是该校第一个,也是上海市地方高校第一个海外办学项目。

上海海事大学继续教育学院 1999年,上海海运学院继续教育学院(以下简称继续教育学院)成立。其在原上海海运学院分院、分部、成人教育学院基础上改制而成,与上海船员培训中心实行两块牌子一套班子管理模式。主要承担成人高等学历教育、高等职业技术教育、高级船员培训和成人岗位培训等任务。2000年,继续教育学院下设船员培训部、函授夜大部、继续教育部三个教学管理部门,分别负责各类船员的国家港监适任证书的考证培训和特殊培训、成人高等学历教育(本专科)和专业证书教育、交通系统高中层次管理干部和技术干部岗位培训和继续教育以及面向上海及浦东的各类技术培训;同时开设国际航运业务、集装箱运输、英语口译、外轮理货、物流与电子商务等各类培训班,全年培训9 191人。2004年,上海海运学院更名上海海事大学后,该院改名为上海海事大学继续教育学院。是年,经该院培训的船长、轮机长已达3 448人和3 388人;全年培训船员人数4 324人;为交通部和港航企业开设各种短训班25期,培训人数1 040人次。当年,该学院还与日本邮船公司(NYK)、英国的V-SHIPS船舶管理公司等国外船东合作招收委托培养水上专业高职学生,招收120名水上专业成人高职预科生,使在校水上专业高职生达到358名。

2010年,该学院下设船员培训部、函授夜大部、继续教育部和航海职教部四个教学管理部门,分别负责各类国家海事局船员适任证书的考证培训和特殊培训、成人高等学历教育(本、专科及专科升本科)和专业证书教育、交通系统高中层次管理干部和技术干部岗位培训和继续教育以及面向上海的各类技术培训、为国内外知名船东和管理公司定向培养高级船员,拥有一整套行政、财务、教材、总务等管理和服务机构。至是年底,经该院培训的船长、轮机长累计达5 656人和5 160人。全年培训船员总数为3 855人。函授夜大专业共18个,其中本科专业4个,专升本专业8个,专科专业4个,函授设有专升本专业2个;夜大学在校生总人数为4 314人。为交通运输部和港航企业开办的各种短期培训继续稳步发展,共计开班59期,培训学员7 506人次。其中承办9期支持西部地区开发的培训项目,培训学员268名;同时继续与日本邮船公司(NYK)、加拿大SEASPAN(航运公司)、香港金辉、中化国际、中远北京、上海远洋、上海港务局等国内外13家船东或船员管理公司合作招收水上专业高职学生。

【上海海事大学高等职业技术学院】

1998年,上海海事大学高等职业技术学院成立,本部设在浦东东沟(浦东北路1010号),同时在上海港湾学校(地址位于浦东大道2600号)设有办学点。1999年3月,该院建制划归上海海事大学,作为高等技术学院的一个校区,开始招收高职生,学制三年。设有国际航运管理、港口物流设备与自动化控制、物流管理、集装箱运输管理与外轮理货、智能化楼宇设施管理、装潢艺术等专业。2004年7月,原上海海事大学高等职业技术学院东沟校区580名高职学生全部毕业离校,东沟校区全部撤出东沟。

【上海海运职工大学】

1978 年,上海海运局在整顿“七·二一”工人大学基础上,开办学制 2 年的全日制上海海运职工大学大专班,设有船舶驾驶员、轮机管理、船舶无线电通讯、船舶电气设备 4 个专业。1979 年 2 月,经市工交办、文教办验收合格。1980 年 7 月,经交通部正式批准,并经教育部备案,上海海运局工人大学更名为上海海运职工大学,隶属交通部,由上海海运局主管,教学业务接受上海市教育局指导,学制三年,参加全市成人高校招生统考、市职工大学学期学科统考。同年,学校通过上海市高教局首批整顿验收。1981 年,通过上海市高教局组织的职工大学数理学科统考,并经确认达到大专水平。

1986 年,在上海市高教局和上海海运局支持下,经国家教委批准,上海海运职工大学率先举办高等职业教育,是上海市乃至全国从事高等职业技术教育历史最长的院校之一。其开办的“高等海洋船舶驾驶班”“高等轮机操作管理专科班”“高等船舶无线电通讯专科班”三个专科班(简称高职班),招收应届高中毕业生,学制 3 年。主要培养无限航区一级船舶(1 600 总吨以上)驾驶员和主机 3 000 千瓦以上海船轮机员及船舶报务员。该校对高职班教学体制进行大胆改革,取得突破性进展,确定以国际海事协商组织(IMCO)《海员培训发证和值班标准国际公约》(STCW)及有关船员职务考证大纲为制定教学计划的基本依据,将高职班学生达到培训目标要求应有的知识结构分为:应用性职业技术基础课、对口性职业技术专业课和职业技术实践训练课三大模块,三者课程时间按 3∶3∶4 安排,使高职班具有较高的办学层次和应用型的职业性质以及突出培养实践能力的模块式教学法等特点,成为一种打破传统格局的新颖航海教育。

1987 年后,陆续新建教学办公大楼一幢、实验大楼两幢、学生宿舍两幢及 250 米跑道的运动场、藏书 7.3 万册的图书馆和大礼堂。经扩建后共占地 4.9 万平方米,建筑面积 3.8 万平方米。先后建立各种实验室、实习室、实习工厂,设有理化、语言、电航、导航、气象、海图、信号、船艺、力学、机械零件、金相、柴油机、制冷、水泵、自动化、电子、电工、电拖、电站、电信、仪器、计算机 VHF 无线电话和水手工艺、柴油机拆装、电工工艺、电子工艺、接收、发讯等实验、实习室 41 个。主要相应设备有 ARPA 自动避碰雷达、卫星导航接收仪、劳兰定位仪、气象传真仪、航向电罗经、测深仪、计程仪、DF 接收机、IBM－PC 计算机、APPLF 型计算机、TP801 单扳机、TRP5001 单边带收发信机、柴油机拆装机组、4135 柴油机试验台、制冷试验机组、各类船舶辅机、电站模拟装置、自动舵、自动锅炉、起货机等。电化室占地 906 平方米,设有录像放映室、投影放映室、演播室、语音室等。教学实习工厂设车钳焊车间,有钳床 42 台及电焊机 6 台。

1990 年,上海海运职工大学有教职员工 338 人,其中专任教师 134 人,高级职称 12 人,中级职称 54 人。为上海海运局输送大专毕业生 391 人;并与海运学校共同举办各种非学历的专业技术知识短训班,培训技术干部 5 014 人。

1996 年,经交通部教育司推荐,上海海运职工大学成为“全国成人高校示范性学校”。同年 8 月,上海海运(原上海海运局)对企业教育资源进行重组,将上海海运职工大学、上海海运学校、上海海运技工学校和公司教卫处合并,组建“上海海运(集团)公司教育培训中心”,对内实行四块牌子、一套班子、一本账,对外继续沿用三所学校校名,保持高职、中专和技工三个层次的学历教育功能,并承担公司内船员培训和干部业务培训任务。

2000 年初,国务院实施教育体制改革,交通部将其所属的上海海运职工大学、上海海运学校和上海海运技工学校划转地方。中海集团领导经与上海市教委协商,决定三所学校由中海集团举办,保持原学历教育功能,教学业务归上海市教委管理。年底,上海海运职工大学接受上海市教委评审,并经专家投票表决,获得通过“转型”。当年,在校生人数达 1 735 人,其中当年面向全市共招收学生 1 312 名,包括招收高中毕业的三年制高职生 1 159 名。并开始招收初中毕业六年一贯制的高职生 153 名。招生的专业有电子技术、工业企业设备管理、计算机技术与应用、物流设备管理与自动控制、国际航运业务管理、智能化楼宇设施管理、集装箱运输业务管理与外轮理货和商务英语等。

2001 年 4 月 29 日,上海市人民政府正式发布文件,批准上海海运职工大学由成人高校转型为高等职业技术学院,更名为上海海事职业技术学院,并经上海市教委同意,保留成人高等教育功能。

【上海海事职业技术学院】

上海海事职业技术学院是由上海市人民政府批准的专门培养高等海事技术技能型人才的普通高校,原为上海海运职工大学。1997 年 7 月,中海集团成立后,实行资产重组,该学院先后由集团所属上海海运和中海国际管理。

图 8-3-2 上海海事职业技术学院教职人员正在进行教学探讨

(摄于 2009 年 9 月,照片提供:中海集团宣传部)

1998 年,通过国家海事局船员教育和培训质量体系认证,并报备国际海事组织。其具有包括中国海事局认可的船员适任培训、专业培训和特殊培训等各类培训项目 110 多项,年培训各类船员近万人次,成为国内航海院校中船员证书培训规模最大、种类最全的教育培训机构之一。

2002 年 6 月,该院一级学生管理模式转变为由院、系二级管理学生模式,并制订学院二级管理实施办法,对分级管理的职责界限、管理目标、考核等做出规定,使学校由成人高等教育院校进入普通高等教育院校行列。2003 年 4 月,该院被上海市教委确定为上海市高职高专示范性院校建设单位。2004 年,在校生人数 438 人,毕业学生 1 252 人。

2006 年 12 月,顺利通过上海市教委专家组对学院进行的人才培养工作水平评估。是时,该院已发展成为集学历教育、成人教育、船员培训和干部培训等功能于一体的高职院校。

2007 年,中海集团投资 2.3 亿元建成该院信息图书综合楼,启动中海集团人才培养基地建设项目,相继改造“向欢”轮、“宁安”4 轮、“宁安”5 轮、“仙霞岭”轮等 4 艘万吨级运输船舶作为生产实习船。当年,上海海事职业技术学院高职、中专、成人教育共有班级 165 个,学生总人数 5 977 人。学院船员培训部共开设船员种类培训项目 45 个,培训班 236 期,培训总人数 6 697 人次;学历班船员项目培训期数 94 期,人数 3 080 人次,两项合计总培训人数 9 777 人次。为加强学生职业资格培训与技能培养,以及提高交通行业从业人员职业素质,该院按交通部职业技能鉴定指导中心有关文件要求,积极主动做好交通行业职业技能鉴定培训工作站申报工作,并最终被交通部职业技能鉴定指导中心认定为交通部第一批交通行业职业技能鉴定培训工作站。翌年,学院开展“上海市高职高专院校专业布局结构调整优化工作方案”规划工作。经调整确定“急需专业”“特色专业”和“强势专业”的专业布局。其中“急需专业”包含国际航运业务管理、集装箱运输管理、机电一体化技术、物流管理、港口物流设备与自动控制；“特色专业”包含船舶工程技术、会计(水运会计、国际会计)、商务英语、船舶电气自动化技术；“强势专业”包含港口业务管理、(船舶)应用电子技术、计算机应用技术(物流信息)、船舶驾驶(新增)、轮机管理(新增)等。

2009年，中海集团进一步加大对教育培训单位的投入，配套设立每年1 000万元(连续3年)的基本教育专项经费投入机制，围绕集团人才队伍建设，重点加强水上专业建设、师资队伍建设和学生版军事化管理，以整体规划、重点突出、分步实施和实用高效为要求，通过逐年投资，使教培单位的办学能力和水平得到质的提高，尤其是构建航海职业教育的实训特色，从而形成该院标志性教育品牌，进入国内一流航海专科院校行列。至年底，该学院共开设船员种类培训项目34个，培训班481期，培训总人数1.44万人次，其中中海集团内达4 498人次，占31.3%；船员适任证书考证率船长97%、轮机长100%、大副76%、大管轮66%。

2010年，该院教学设施初具规模，拥有教学大楼、实验大楼、图书馆、学生宿舍楼、室外运动场、室内体育馆、游泳池等；有3艘2万吨级远洋教学实习船，并建有海员职业开放实训中心、国际航运公共实训中心、航海技术实训中心、轮机工程管理实训中心、电子电工基础实训中心等。拥有装备技术达到国际先进水平的大型船舶操纵模拟器、轮机模拟器、模拟教学船、舵机实训室、GMDSS实训室、LPG模拟实训室，以及UNITOR中挪高级焊接培训中心等设施设备。有全日制高职在校学生4 321人，至是年末，累计为交通系统各港航企事业单位培养、输送高职大专毕业生1.07万人。历年毕业生就业率平均在90%以上。当年高职毕业1 411人，就业率95.5%；中专毕业450人，升学率35.6%，就业率66.2%。船员培训种类项目共开设34个，402期，培训总人数1.18万人次，其中为中海集团培训4 345人次，占37%；船员适任证书考证率船长91.3%、轮机长93.8%、大副70.7%、大管轮65.9%。该院(高职)时有教职员工283人，专任教师100人，其中高级职称19人，中级职称51人。

【上海交通大学船舶海洋与建筑工程学院】

2003年12月17日，上海交通大学所属船舶海洋与建筑工程学院成立，由船舶与海洋工程学院、建筑工程与力学学院合并组成，下设船舶与海洋工程系、工程力学系、土木工程系、建筑系、国际航运系和港口航道与近海工程系，涵盖6个一级学科。船舶海洋与建筑工程学院下设的国际航运系和港口航道与近海工程系承担了大量港口、航运人才的培养任务。国际航运系设有交通运输(国际航运)本科专业，具有船舶与海洋工程一级学科博士学位授予权，建有船舶与海洋工程博士后流动站；拥有海洋工程国家重点实验室，船舶与海洋结构设计制造国家重点学科。并有交通运输工程一级学科硕士点、交通运输工程全日制专业硕士学位点以及物流工程、交通运输工程、项目管理3个工程硕士领域。主要研究方向有航运与物流管理、运输系统规划与管理、交通安全、交通基础设施建设与管理等，学科定位以航运为特色的综合交通运输。其重视创新性人才培养体系建设，为国内外航运、物流、交通等相关企业、科研机构和政府机关培养高素质技术与管理人才。港口航道与近海工程系主要培养本科生、硕士研究生。培养的学生是具备港口工程、航道工程、海岸工程的规划、设计、施工和管理等方面知识，能在交通水利海岸开发等部门从事规划、设计、施工和管理等工作的高级专门人才。

【华东政法大学国际航运法律学院】

2010 年,为配合上海国际航运中心建设,华东政法大学设立国际航运法律学院。是为该院从零开始建设的独立二级学院,其会同资料与数据部、理论研究与实务咨询部共同构成“国际航运法律研究与人才培养中心”。国际航运法律学院的本科生教育从 2010 年开始招生,致力于培养在国际法学科达到较高学术水平,主要从事国际航运法、国际航空法、海事国际私法教学科研和法律实践工作的高层次专门人才。采用全日制方式学习,学制一般为三年。下设三个研究方向:海商法、航空法、海事国际私法。国际航运法律学院的研究生教育,重点培养航运法律方向与航空法律方向硕士研究生和博士研究生,以满足上海市对高端航运法律人才的需求。在教学内容方面,学院深化专业课程设置,将航运法律细化为 5~6 门以上具体课程。在教材方面,采取中文教材与外文原版教材相结合。在授课方面,采取专业教师授课与外聘教师授课相结合。在学生实习和培训方面,采取国内实习与国外实习相结合,国外联合培养和国外短期培养相结合。实现所有硕士研究生均有在司法机关、国内航运企业或保险公司实习经历,一半以上学生经历过国外短期培养或实习,三分之一以上学生在国外高校同时攻读联合培养或委托培养硕士学位。所有博士研究生有参与国内事务部门课题研究的经历,在国外高校接受过短期培养(如一学期),部分博士研究生在国外相关机构实习。

二、中专、技校

【上海海运学校】

“文化大革命”中一度停办,1978 年,经交通部批准,恢复上海海运学校。学校隶属交通部,委托上海海运局主管,教学业务由交通部教育局和上海市教育局指导,由当时的上海海运职工大学领导班子兼管海运学校复校事宜,确立上海海运学校与上海海运职工大学两块牌子、一套班子的管理体制,形成中专学历教育和成人高等学历教育并行的教育格局。

1985 年,经交通部批准,学校扩建,全校占地面积 4.93 万平方米,建成理化、电子、语音、电航、导航、船艺、气象、计算机、电讯和动力等 41 个实验(实习)室。教师增加至 140 人,其中副教授、高级工程师、高级讲师 15 人,讲师 61 人;持有各级各类船舶技术岗位证书的 15 人。学校设置海船驾驶、船舶轮机管理、船舶无线电通讯和船舶电工等 4 个专业。翌年,招收应届高、初中毕业生,学制分别为 2 年和 4 年。1990 年,该校有全日制中专在校学生 737 人。至是年,共为交通系统各港航企事业单位培养、输送中专毕业生 2 272 人,并与海运职工大学共同举办各种非学历的专业技术短训班,培训技术干部 5 041 人。

1991 年初,为增强航海类专业学生国防观念,提高航海职业意识,适应海洋运输船舶工作的特点,根据交通部要求,经上海海运局批准,学校实行“半军事管理”。同年,交通部为提高中专学校教学质量,颁布《交通系统规范化普通中等专业学校标准》,上海海运学校接受交通部教育司组织的规范化建设评估,于 1992 年首批被确定为交通部规范化普通中专学校。1992 年,在校学生达到 1 200 人。1993 年,被认定为上海市和交通部重点中等专业学校。

1993 年后,随着国家经济体制改革的不断深化,上海海运局改制,组建上海海运(集团)公司(即上海海运)。为适应这一改革需要,上海海运于 1996 年对公司内教育资源进行重组,将上海海运职工大学、上海海运学校、上海海运技工学校和公司教卫处合并;同年 8 月,组建“上海海运(集团)公司教育培训中心”,对内实行四块牌子、一套班子、一本账,对外继续沿用三所学校校名,保持高职、中专和技工三个层次的学历教育功能，并承担公司内船员培训和干部业务培训任务。

1997 年 7 月，中海集团成立后，实行资产重组，该校先后由集团所属上海海运和中海国际管理。

1998 年，该校建立船员教育培训质量管理体系，并通过国家海事局审核，成为中国政府首批报国际海事组织(IMO)认可的履行《STCW78/95 国际公约》的国内六所航海院校之一。1999 年，与挪威船东协会合作培养国际海员。同年，该校接受教育部委托上海市教委对学校进行的国家级重点中专评估，并获得通过。

2000 年初，国务院实施教育体制改革，交通部将其所属上海海运职工大学、上海海运学校和上海海运技工学校划转地方。中海集团经与上海市教委协商，决定三所学校由该集团举办，保持原学历教育功能，教学业务归上海市教委管理。同年 3 月，该校被确定为国家级重点中等职业学校。2004 年，被国家教育部再次认定为国家级重点中专学校，拥有上海市重点专业。2005 年，建立上海海员职业开放实训中心。

2008 年，中海集团成立所属院校管理委员会，对学校加强管理。上海海运学校由浦东校区、松江校区、万州校区、靖江校区和嵊泗校区组成。学校教学设施先进，拥有国内领先的海员开放实训中心、消防安全训练中心、国际级高标准焊接工场、模拟教学船一艘以及各类实验、实习室组成的实训中心。学校师资力量较雄厚，专任教师中 95%以上具有高、中级专业技术职务；74%属“双师型”教师。学校开设船舶水手与机工、机电技术应用、现代物流、国际商务(国际航运业务管理)、交通运输管理(集装箱运输管理)等 15 个专业。其中：船舶水手与机工专业为上海市重点专业，机电技术应用专业为国家奖励专业，国际商务(国际航运业务管理)、交通运输管理(集装箱运输管理)、现代物流等为学校特色专业。该校坚持以航海教育为特色，发扬“励志、求实、勤奋、守纪”的校风，重点发展与航运相关的各类专业，并结合上海国际航运中心建设，立足上海、服务全国，培养高素质中等技能型人才。

2010 年，上海海运学校有全日制中专在校学生 1 309 人，历年共为交通系统各港航企事业单位培养、输送中专毕业生 9 607 人。有相当数量毕业生通过“三校生”高考升学，历年就业率平均在 96%以上。

【上海港湾学校】

上海港湾学校创建时是一所全日制综合性中等专业学校，1980 年与 1984 年均被定为国家级重点中专。1998 年 5 月，与浦东新区社会发展局签订协议，成立共建委员会。1999 年，学校通过国家级重点中专评估复查认定。同年 3 月，上海港湾学校建制划归上海海事大学。

2000 年，有中专在校生 2 789 名，其中本部学生 1 402 名，当年招收新生 405 名，毕业 703 名。招生的专业有起重运输与工程机械、机电设备维修、水运管理与外轮理货业务、交通运输财务会计、对外贸易、建筑装饰和现代文员与法律事务。另外，开始招收初中毕业六年一贯制中高职(3+3)153 名，专业有国际航运业务、集装箱运输管理与外轮理货业务和物流设备管理与自动控制。至是年底，共有教职工 278 人，专任教师 96 名，其中高级讲师 29 名，讲师 47 名。

2003 年，学校通过国家教委关于国家级重点中等职业学校重新认定及上海市教委百校重点建设验收评估。围绕上海国际航运中心建设的需要，为培养上海市场紧缺航运类人才，开设有港口大型机械(集装箱装卸桥)管理与维修(上海市重点专业)、港口电气设备安装与维修、港口管理、外轮理货(特色专业)、国际航运管理、对外贸易运输业务等具有港航特色的专业。

2004 年，有中专在校生 4 000 名，其中本部学生 1 618 名，当年招收新生 1 149 名，毕业 371 名。

2008 年,根据市场需求,该校招生的专业有:机电设备安装与维修、文秘(外贸运输单证管理)、交通运输管理(港口管理、集装箱管理)、现代物流、外轮理货、国际商务(外贸运输业务),招收学生 283 人。

【上海海运技工学校】

上海海运技工学校原为上海海运局工人大学,校址在浦东三林塘。"文化大革命"期间一度停办。1978 年,交通部发文正式恢复上海海运技工学校。1980 年,经上海市审定为上海市重点技工学校。1981 年 11 月,该校直属上海海运局领导。

1989 年,该校在原有教学楼一幢及实习工厂、简易专科实习室及游泳池、大礼堂等设施基础上,先后建造试验楼、教学实习工厂楼、变电所、操场等。经扩建后,占地面积 2.84 万平方米,建筑面积 2.01 万平方米。轮机专业设有动力实习车间、柴油机、辅机拆装室 6 间、车钳焊实习工场 5 间。水手专业设有水手工艺实习教室 7 间及爬大桅上高、船舶搭跳板等室内作业设备,另有模拟驾驶台操舵装置。电工专业设有电子实验室、电力拖动实验室、电工工艺实习室、电机拆装室等。此外还有各种专用教室,包括海图室、制图教室、航海仪器室、船艺室、语音室、阶梯教室等。电化教室有各种电化教学仪器、摄像机、投影仪及各种直观教具。该校内建有近 7 000 平方米的体育场地,内有 250 米跑道、足球场、篮球场以及田径活动场地,另有乒乓室、游泳池等,并置有多种具有航海特色的运动器材,能满足学生开展体育活动的需要。

1990 年,上海海运技工学校全日制在校学生有 11 个班级 433 人,短训班学生 350 人,有教职工 189 人,专职教师 85 人,其中高中级专业技术职称 25 人。从复校至是年已培养全日制毕业生 1 828 人,开办局内船舶工种职前、职后初、中、高级工专业短训班 90 余期,共培训 3 903 人次。

1994 年 1 月 25 日被劳动部批准为国家级重点技工学校。

1996 年,与上海海运职工大学、上海海运学校和上海海运教卫处合并,组建"上海海运(集团)公司教育培训中心",对内实行四块牌子、一套班子、一本账,对外继续沿用三所学校校名。

2001 年 4 月,经上海市教委同意,撤销上海海运技工学校建制。

【上海远洋职业技术学校(上海远洋海员技工学校)】

1984 年 9 月,上海远洋教育中心在五角场地区开设船舶技术干部(即高级船员)考证培训班。1985 年 8 月,上远公司正式组建上海远洋培训中心,有教师二十来名。一个月后,公司根据船队发展需要,成立上海远洋职业技术学校(以下简称职校),在曲阳二中开办水手和机工技能培训班。

1986 年,上远公司在上海市龙吴路 2600 号(上海远洋船舶航修站内)建成培训中心教育楼。新建教学楼共 6 层,总面积 3 176 平方米。内有教室 15 间,包括通信导航实验室、英语语音室等,可容纳 400 人同时上课;有办公室、图书资料室、文化活动室和仓库等 21 间;有学员宿舍 24 间,可供 200 人住宿。是年 7 月,职校迁入该楼,一个月后,又迁至浦东庆宁寺高庙居委大院。并经上海市教育局批准,另与杨浦区东平中学联办职业高中,向社会招生,培养初中毕业生 3 年制、高中毕业生 2 年制船舶驾驶、船舶轮机、船舶电工。

1987 年 1 月,职校被上远公司确认为独立基层单位,教职员工增至 43 人,其中教师 26 人,发展初具规模。为了适应远洋运输生产和经营管理需要,聘请上海海运院校专家教授和公司机关、船舶技术骨干担任授课教师,提高技术干部船员的专业理论水平和实际操作能力。从 1989 年起,开办船舶技术干部中专一年轮训班,将公司年龄 45 岁以下未在正规大中专院校系统学习的技术干部船员,分批分期调岸轮训。为满足船员学习英语的需求,在开办好驾驶员、轮机员英语强化班的同时,自编教材在上远公司系统内开展英语函授,并在中远总公司范围内推广;自编的各3册共130万字的《驾驶英语》《轮机英语》函授教材被中远总公司定为中远系统船舶驾驶员、轮机员英语函授教育的统一教材。

20世纪90年代初,职校规模扩大,教职员工增至140人,其中教师65人。学校设五科(教务科、学生科、人保科、财务科、总务科),三室(校办公室、党总支办公室、工艺实习室),其中教务科下设航海、电机、轮机、英语4个教研组,有教师40人;工艺实习室有水手工艺、轮机工艺2个教研组,有教师25人。教师队伍中30年以上教龄的教师有5人。职校坚持为远洋运输事业服务的办学方向,教师自编《电航仪器》《轮机自动化》《水手长业务》《水手英语》《轮机英语》《远洋轮机工艺》等各种专业教材,自编各种钢丝绳结示教板、船舶舱吊模型、集装箱模型教具。为帮助学生提高解决实际问题的能力,经常与在港船舶联系,带领学生上船现场操作讲解,先后完成实习任务4期,519人次。并总结出一套具有职校特点的强化工艺教育方法,其中包括入门指导、示范指导、巡回指导、结束指导等,使学校工艺水准明显提高。水手班学生插钢丝最快速度为6分17秒,10种船舶常用绳打结不超过50秒,达到和超过国家港监局规定标准。至1992年,职校拥有140名教职员工,其中教师65人,开办各类培训班119期,毕结业后分配到上远公司、中波公司及其他海运单位,人数达3 130人。同年9月1日,经交通部和上海市劳动局批准开始建设技校,职校升级为上海远洋海员技工学校,并开始招生。技校生共招收3届,全部实行半军事化管理,毕业人数分别为72、18、40人。1995年上远公司教育中心成立(其行政管理后归属中远集运船舶管理公司)后,该校并入其中,并于1996年6月停止技校工作。合并之时,有教职工145人,其中教师64人。

【上海海运局立丰船厂技工学校】

1986年10月,鉴于上海海运局所属各船厂技术工人缺乏,经交通部同意,上海立丰、立新、外轮修理厂等三家修船厂协议联合开办技工学校,校址设于浦东三林塘立丰船厂内,由立丰船厂承办,定名为立丰船厂技工学校,设钳工、船体二个专业。经费由三家船厂按比例分担,毕业生也按出资比例分配。1987年,经上海市劳动局验收为合格技校。1988年,增设船舶电工、机加工专业。1990年,学校占地面积4 200平方米,教学设备齐全。有一幢5层计846平方米的教学楼,楼内有45平方米教室10间。另置有办公用房和学生宿舍,校内有实习场地1 100平方米,设钳工、船体两个工场,内有车、刨、铣、钻等各类机床,并配有柴油机、电焊机、刮削台、工作台、气割机等。该校还拥有电化室、电脑室、图书室、资料室及操场、篮球场、健身房、乒乓室等体育设施。学校重视生产实习教学,突出技能训练,理论与实操之比为4∶6,积极承担厂内生产任务,结合生产,进行实习教学。是年底,经交通部教育司生产实习教学评估定为生产实习B类学校。90年代末,因经费与师资等原因,立丰船厂决定撤销该校。

第二节 职 工 培 训

一、培训机构

【交通部上海船员培训中心】

1986年4月4日,交通部上海船员培训中心在浦东崂山西路成立,共有教职员工50人,设教育管理和后勤行政两个科。教育管理科有教师20人,后根据教育需要,从各远洋海运企业选调具有航海经验的船长、轮机长和专长人员,到校担任兼职教师。交通部上海船员培训中心成立后,成为交通部的一个独立教育实体,承担对全国在职高级船员进行业务知识和航海技能培训。1999年,上海海事大学继续教育学院成立后,与交通部上海船员培训中心实行两块牌子一套班子管理模式,主要承担成人高等学历教育、高等职业技术教育、高级船员培训和成人岗位培训等任务。下设航海职教部、船员培训部、函授夜大部、继续教育部4个教学管理部门,分别负责为国内外知名航运公司或船东定向培养高级船员,组织各类船员参加国家海事局适任证书的考证培训和特殊培训,开展成人学历教育(本、专科)和专业证书教育、交通系统高中层次管理干部和技术干部岗位培训和继续教育以及面向全国的各类技术培训。

【上海远洋教育中心】

1995年1月,上海远洋教育中心(以下简称教育中心)成立,位于上海浦东新区浦东大道2594号,占地3.42万平方米,建筑面积1.71万平方米。

1999年10月18日,教育中心获得国家海事局颁发的船员教育和培训质量体系证书。其开办的培训项目有:大副、大管轮考证;GMDSS(全球海上遇险与安全系统的缩写)二级电子员、通用操作员考证;驾驶员、轮机员英语;电焊初证、复证;轮机长(员)精通船电业务;危险品证书;熟悉和基本安全;高级消防;精通急救;船上医护;客船及滚装客船船员;精通救生艇筏和救助艇;以及各类新知识、新技能、新法规培训。

至2000年,建有教学大楼、办公大楼、电力拖动模拟器实验室、电工工艺实验室(轮机钳工实验室)、GMDSS实验室、自动化模拟电站、高级消防训练舱、救生艇筏操作架、危险品陈列室、STCW78/95履约[《1978的海员培训、发证和值班标准国际公约》(简称STCW78公约)于1995年作了全面修正后,各缔约国政府面临全面履行新公约,即STCW78/95公约的任务]培训陈列室、车工实验室、焊工实验室、动力车间焊工考核站、图书馆、语音室、计算机房、摄录编辑室等设施。是年3月,中远集运成立船舶管理公司后,教育中心行政管理划归该公司。

2001年2月,教育中心获得国家海事局颁发的精通快速救助艇培训资格。为公司全面履行国际公约和国家法规所规定的精通快速救助艇培训提供了保证。同年3月,教育中心开办第一期精通快速救助艇培训,33人参加培训。

2005年5月,教育中心建制纳入上海远洋对外劳务有限公司,委托管理,以实现教育培训资源、来源、效果评估一体化。其积极开拓对外培训和交流渠道,先后有挪威、英国、日本、新加坡、美国、韩国、德国等国船东及其代表莅临考察,挪威船东和日本船东还委托教育中心举办专业及英语强化培训。

2006年,完成上海远洋安全技术培训中心(焊工、金属切割专业)注册登记;是年3月,注册成为上远公司分支机构,取得对外经营资质,同时更名为"上海远洋运输公司海事培训中心";同年12月,取得国家海事局认可的三副三管轮考证培训资质。全年新开发三副三管轮考证班、中外合作英语强化培训班、轮机资源管理高级研修班、厨工业务提高班等9个培训项目,完成各类业务培训220个班次,同比增加18.9%,培训6 941人次,同比增加21.6%。

2007年,经过一年多调整改革和转换办学思路,成功完成从以往以机工/水手低端培训为主,到以三副/三管轮、大副/大管轮等高级船员教育和培训为主导的业务转型,其中三副/三管轮以上高级船员考证培训在校生超过900人,占75%以上,基本确立了教育中心的办学定位和发展方向。

全年举办各类业务培训 307 个班次，同比增加 40.2%，培训 7 944 人次，同比增加 15%。

2008 年，经受全球金融危机的冲击和全球航运市场极度低迷的严峻考验，以积极态度努力适应市场，基本实现培训业务转型，度过走市场、求生存、谋发展的艰难一年。是年，在校生突破 1 200 人，举办各类培训 348 个班次，同比增加 41 个班次，增幅 13%；培训 1.12 万人次，同比增加 3 236 人次，增幅 41%。翌年，因对外培训人数大幅下降，造成总培训人次有所下降，但由于该中心注重拓展市场和办学效益，培训收入再创历史新高。剔除不可控成本因素，首次实现培训总收入增加，可控成本下降的局面。全年开办各类培训 321 个班次、1.02 万人次，总收入达到 1 726 万元，同比增加 8.7%。

2010 年，由于受船员培训市场外部环境影响，对外招收生源不足，总培训班次、人次均有一定下降。经统计，全年总开班 306 个班次，同比下降 5%；总培训人数 8 826 人次，同比下降 13%。年底，通过交通部海事局现场核验小组进行的“船员培训机构资质现场核验”。

【上海海运(集团)公司教育培训中心】

1996 年，上海海运对本企业教育资源进行重组，将上海海运职工大学、上海海运学校、上海海运技工学校和公司教卫处合并；于是年 8 月组建“上海海运(集团)公司教育培训中心”，对内实行四块牌子、一套班子、一本账，对外继续延用三所学校校名，保持高职、中专和技工三个层次的学历教育功能，并承担公司内船员培训和干部业务培训任务。

【中波国际海运研发中心】

2008 年，中波国际海运研发中心(以下简称研发中心)在嘉定黄渡建造的研发楼结构封顶，教学楼、宿舍楼全面竣工。按照“办成行业中具有一定影响力的一流船员培训基地”要求，研发中心前期调研工作顺利完成，机构设置、师资配备以及薪资管理制度初步建立。研发中心坐落于上海市国际汽车城，占地面积 43 亩，总建筑面积 3.14 万平方米。教学楼内教学设施完备，生活设施完善，置有船员培训专用设备及近 20 个各类实训室、实验室、语音室，为学员提供良好的学习和生活环境。

研发中心依托中波公司的人才优势，拥有一支由各类专家、船长和轮机长组成的素质优良、具备航海理论知识和实践经验的专职教师队伍，同时聘请航海高等院校教授为外聘教师。

该中心实行半封闭和半军事化教学管理，重在提高学生综合素质和实际能力，为航运事业培养具有较强事业心责任感、严明组织纪律性、相当执行力的合格人才。重在提高学生良好的政治素质、业务素质以及外事处理能力、应变能力、海难求生能力，以适应航运事业艰苦性、流动性的要求。按照 STCW78/10 公约和海事局的要求，该中心坚持以服务企业、服务客户、服务学员为办学宗旨，在全体员工中牢固树立“坚持以人为本，培训航海人才”的办学理念，加强教育教学改革，培养符合船员适任标准、能胜任现代化船舶工作的远洋普通船员。研发中心开设海船水手、机工职业教育课程，主要培养学员掌握符合国际海事组织(IMO)制定的国际海员培训、发证、值班标准(STCW78/10 公约)要求的航海知识和实操技能。完成全部培训课程要求，成绩合格者可获得国家海事局颁发的海船船员(值班水手、值班机工)适任考试合格白皮书、基本安全培训证书及专业技能适任培训证书。

2010 年，研发中心通过海事局办学资质验收，获得船员培训资质。是年 9 月 6 日，研发中心首期高级船员培训班如期开班。

【中海集团院校管理委员会】

2008年,中海集团成立院校管理委员会(以下简称校委会),进一步发挥该集团在上海、广州、大连三地所属航海院校作用,加强船员素质培养;加大投入,增强集团教育培训基地设施;开通远程教育系统,以利船员在船、在线、在岗学习。校委会由集团领导任主任,集团人事部、企管部、计财部和下属各专业公司,以及上海海事职业技术学院、广州教育培训中心为成员单位;中海国际总经理担任常务副主任,并在中海国际设立“校委会”办公室。至2010年,中海集团所属教育培训机构由校委会统一管理,实行办学经费预算制,院校管理体制机制再次发生变化。校委会按照《中国海运所属院校管理委员会章程》和《中国海运所属院校管理委员会章程议事规则》,每年召开一次校委会会议,主要研究讨论确定拓展航海职业培训,发展航海职业教育的战略、计划和实施等工作。

二、培训方式

【委托院校培训】

20世纪70—80年代,上海海洋运输各企业根据船队发展需要,尤其是远洋运输发展需要,加大船舶技术干部培训力度,除企业自办培训外,委托航海院校对选拔出来的优秀普通船员进行培训,是当时常用的培训方式之一。

1981年,上远公司从一水、机工、电工等普通船员中选拔干部苗子,委托上海海运学院、上海海运职工大学、青岛远洋船员学院、集美航海专科学校和南京海员学校等五所航运学校培训,分驾驶、轮机、船电、报务4个专业、13个班级。采用脱产培训办法,学制为5个月,结业后申请港监进行远洋船员相应职务证书考试,考试合格者根据工作需要,经公司批准后任用。共培训397人。

1985年,为提高船舶政工干部素质,该公司选调一批船舶政委、副政委和政工干事,到华东师范大学进修;委托上海师范大学开办半脱产政工班和函授政工大专班,参加学习的船舶政工干部共254人。其中全脱产61人,半脱产59人,不脱产134人。1986年起,对年龄在40岁以下的,未经各类正规学校系统学习的干部船员(船长、轮机长、大副、大管轮的年龄扩大到45岁),分批分期调岸进相关航运院校轮训一年,学习专业知识。经考试合格、发给结业证书,在远洋系统内享受中专待遇、承认中专学历。至1992年,共有734人调岸轮训,并取得中专专业证书,其中,驾驶员213人,轮机员306人,电机员82人,管事105人,政工28人。

1996年始,随着国际海事组织(IMO)《经1995年缔约国大会通过修订的〈1978年海员培训、发证和值班标准国际公约〉》(简称《STCW78/95公约》)的颁布,我国作为IMO的A类理事国,交通部开始全面履行《STCW78/95公约》,颁布一系列“履约”文件。1997年,上海海运职工大学根据交通部和主管企业中海集团的要求,积极参与“履约”工作,参加交通部科教司组织的相关课题研究和交通部海事局组织的部分“履约”文件起草工作。根据主管企业“履约”的需求,该校提出“企业的需求就是我们的任务”,为满足企业在职船员“履约换证”需要,在中海集团和上海海事局指导下,开发符合《STCW78/95公约》和我国履约文件要求的船员适任培训、专业培训和特殊培训三大类培训项目,接受国家海事局验收。1998年11月24日,国家海事局发文公布,该校取得22个船员培训项目的培训许可证,成为国内航海院校中船员培训项目最多、培训种类最全、培训规模最大的院校之一。1998年至2001年,完成履约培训4万多人次,为中国船员在履约培训最后期限到来之前如期换证,确保中国船舶正常航行不受履约影响,也为我国政府全面履行《STCW78/95公约》发挥了积极作用。

90 年代末，国内外海洋石油天然气不断开发，其作为一种无污染新能源具有热能率高、运输方便等优点，液化气船运输日益受到国际市场追捧，而国际劳务市场急需这方面技术人才。上海海运学校闻讯后投入资金，购置一台当时国内最先进的液化气船船员仿真模拟实操仪，经国家海事局批准，成为继珠海和大连后，国内第三家持证培训点。为搞好该项培训工作，该校组织一批长期从事船员培训的教师，送港监受训，并获得资格证书，同时聘请一位长期从事液化气船运输、富有操作经验的老船长作技术顾问。所有学员接受港监的严格考试，并采用一票否决制，即所有考试项目必须一次性全部通过，方能获得资格证书。1999 年，经国家海事局批准，华东地区首家液化气船船员培训点（LPG）在上海海运学校成立。是年，由上海中海船员公司推荐 40 名油轮船员，在这里接受为期一个月的首届培训。

进入 2000 年后，随着船队的发展和外派业务的增多，上海许多航运企业更加重视对船员的英语培训。2000 年至 2001 年两年间，中远集运船舶管理公司共委托上远教育中心和青岛远洋船员学院举办 12 期英语强化培训班，参加培训的船舶驾驶员 123 人，轮机员 120 人；委托上远教育中心和南京海运学校举办 12 期水手、机工英语强化培训班，参加培训的水手 180 人，机工 126 人；委托上远教育中心举办 12 期船员英语六级考试培训班，参加考试 1 237 人次，及格 746 人次，及格率 61%。2002 年，该公司还委托上海海运学院举办 2 期驾驶英语培训班，培训对象为较年轻的船长、大副，授课内容为港口国检查（PSC）、租船条款、ISM 规则、1972 年海上避碰规则、SOLAS 等国际公约，以英语授课为主，共有 57 人参加。2003 年，鉴于航行美国航线的船舶驾驶员必须持有《危险品运输船舶船员驾驶员培训证书》，青岛远洋船员学院是唯一的颁证授权点。经多次协商，青岛远洋船员学院同意派老师来中远集运船管公司授课、考试、发证，共举办 2 期危险品证书培训班，115 人取得证书。2005 年，根据公司岗位设置的需要，中远集运船管公司选派一批较为年轻的，大专学历以上的电机员和船医共 26 人，在青岛远洋船员学院举办船电业务培训。经过 4 个月强化培训，进行严格考试和评估，取得良好成绩。

2003—2008 年，上海海事职业技术学院根据中海集团党组要求，加大干部培训力度。建立干部培训远程教育网，开办企业各级领导干部、船舶“三长”、船舶党员和船舶政委等系列干部培训及轮训班。并与有关学校合作开展函授教育，提升集团内职工和船员的学历。及至 2008 年，该校共开办各类干部培训班 123 期，为中海集团培训干部 6 438 人次。

2006—2010 年，上海部分航运企业通过委托航海院校开办紧缺人才高技能培训班，促进船舶管理与安全生产。其中，中远集运委托上海海事大学开办“驾驶台资源管理（BRM）”培训班，使船舶驾驶人员通过培训进一步强化安全意识，端正对船舶安全工作的认识，明确在驾驶台工作中的作用与分工，提高正确判断船舶内外部态势和对紧急局面采取应急措施的能力，以及综合运用驾驶台人力与物力资源的管理能力。同时，该公司还安排部分机工、水手到青岛远洋船员学院参加船舶技师和高级技师资格培训，有力促进了紧缺人才的培养。

上海海事大学继续教育学院自成立始，一直坚持面向航运企业的各类技术培训，为国内外知名船东和管理公司定向培养高级船员，拥有一整套行政、财务、教材、总务等管理和服务机构。及至 2010 年底，由企业委托该学院培训的船长、轮机长已超过万人。当年培训船员总数 3 855 人；为交通运输部和港航企业举办的各种短期培训，共计开班 59 期，培训学员 7 506 人次。

【在岸培训】

20 世纪 70 年代末至 80 年代，上海海运局、上远公司等驻沪航运企业为适应改革开放后海洋运输生产快速发展的需要,自行举办多期不同形式的船员在岸培训班,且收效明显。1979年,上海海运局举办船舶自动化短训班,为期半年,为学员进修自动控制数字电路、逻辑电路、晶体管电路、科技日语等四门主课。任课教师向船舶研究所、部分高校和相关工厂聘请。经师生共同努力,参加培训的38名学员全部获得结业证书,80%学员获得满分优异成绩。1980年3月,该局举办为期半年的以船长、驾驶员为主的远洋运输业务培训班,有23人参加培训,学习科目为英语、远洋业务、远洋船舶管理、电子计算机应用等。1984年,为配合液体化学品运输的开展,上海海运局先后举办三期化学品运输培训班,讲解有关化学品性能及运输管理基本知识,帮助学员掌握防火灭火的实际操作技能,152人参加培训。1986年5月起,分期举办全面质量管理短训班,先后有1.64万名职工参加TQC(全面质量管理)轮训,有效促进企业全面质量管理工作的开展。自1979至1990年,该局共举办船舶工种岗位职务专业技术短训班381期,参加人数1.14万人,其中船长短训班培养508人,轮机长短训班培养243人,驾驶员短训班培养1 372人,轮机员短训班培养1 496人,电机员短训班培养249人,报务员短训班培养526人,客货运员短训班培养544人,甲板技工短训班培养3 190人,轮机技工短训班培养3 297人。10年间,通过各类短训班,从水手、机匠、电匠中培养技术干部船员共875人,包括三副336人、三管轮433人和电机员106人。

1989年,上远公司培训中心开办船舶技术干部中专一年轮训班,将年龄在45岁以下未经各类正规大中专院校系统学习的技术干部船员,分期分批调岸轮训;为满足远洋船员学习英语的迫切要求,开办驾驶员、轮机员英语强化班,在中远系统内率先开展船员英语函授教育。自编英语函授教材《驾驶英语》《轮机英语》各2册100万字,被中远总公司定为中远系统船舶驾驶员、轮机员英语函授教育的统一教材。

20世纪90年代,为适应上海海洋运输船队大型化、规模化、现代化的发展趋势以及船员劳务外派日益兴旺的需要,驻沪各航运企业更加重视对船员的培训,有针对性地举办多期在岸培训班。1990年,上海海运局专门举办液化气专业知识培训班,有45人参加学习。是年,该局共办班194个,培训1.72万人,其中船员98个班,培训1.3万人。1992年,上远公司从船队发展和生产需要出发,抓好职工教育培训工作,全年共举办60多项100多个班次的培训班,培训人员达4 913人次,全员培训率为35.6%,其中全脱产培训2 273人次,在职培训2 640人次。是时,该公司船队结构经过几年调整,已从以散杂货船为主转变为以集装箱船为主,且集装箱船向大箱位方向发展,有3 500 TEU的集装箱船进入美国航线,并有3 800 TEU的集装箱船在建,急需有一支训练有素的集装箱船舶驾驶和轮机人员队伍。为此其加快培训工作步伐,仅1993年就完成干部船员培训1 600人次,普通船员培训2 000人次。

图8-3-3 中海集团以多种方式强化船员培训

(摄于2005年5月,照片提供:中海集团宣传部)

90年代末至21世纪初,根据国际海事组织STCW78/95公约要求,经营国际航运的企业必须在规定时间内对所有船员进行有关培训。"履约"培训由此成为当时上海海洋运输行业职工培训的一项重点任务。2000年,中海集团完成职工资格性岗位培训8 134人,技术等级培训121人,适应性培训1 595人。中远集运船舶管理公司完成"履约"培训达1.33万人次。

其中大多为在岸培训。当年,中远集运共举办航运知识、英语函电、新进员工岗前教育等各类培训班168期,完成船员培训1.71万人次。2001年,中远集运船管公司教育中心完成航海模拟器安装,获得国家海事局颁发的大型船舶操纵(即航海模拟器)特殊培训许可证。培训对象为在8万总载重吨或总长250米以上船上任职的船长或大副,且实际担任船长或大副职务不少于12个月。培训内容分理论和实操两部分。中远集运船管公司安排船长、大副97人参加航海模拟器培训,经上海海事局考试,均取得特殊培训合格证书。是年,该公司共完成STCW78/95公约"履约"培训9 916人次,很多客货船舶的驾驶员、轮机员通过"履约"培训取得专业证书。为适应远洋运输的发展和船员劳务外派不断增多的需要,中远集运还加大对船舶驾驶员、轮机员的英语培训力度,2002年首次聘用上海外国语大学英国籍留学生和印度船东,对参加培训的驾驶员班、轮机员班学员进行英语口语强化教学和船东对外派船员的有针对性培训,取得良好成效。

中国正式加入世界贸易组织(WTO)后,上海海洋运输业进一步融入世界经济,为该行业发展开创了广阔国际竞争环境。驻沪各航运企业为适应上海海洋运输发展需要,进一步加强职工在岸培训。2003年,中海集团共有1.32万人次参加岗前安全培训班;194人参加船舶保安培训班,占应培训人数的22.3%;全年参加资格性学习培训的有3 076人,适应性培训的有2 967人,技术等级培训的有182人。2004年,该集团开设多期适任证书培训班,共有601名技术干部船员取得各级各类适任证书,其中取得甲类任职资格的船长102人、大副192人、轮机长94人、大管轮112人。同时,开设PSC和PMS培训班,共有3 000多人参加培训,促进了船舶安全生产,提高了船舶PSC检查通过率;举办52期船舶保安培训班,选送培训1 348人,确保ISPS规则顺利实施。当年,该集团有3 762人参加资格性培训,3 938人参加适应性培训,698人参加技术等级培训。

同年,中远集远根据年度培训计划,以"突出重点,注重实效,分层培训,强化服务"为原则,精选课程,精选师资,精选对象,组织系列日常培训讲座,全年共举办培训和讲座41次,培训员工2 159人次;中远集运船管公司教育中心全年办班184期,培训5 478人次,比2003年分别增长39.7%和28.3%。培训项目包括集装箱船驾驶员业务培训、三副和三管轮综合业务素质提高培训、轮机模拟器设备操作(初级)培训、GMDSS考证补习培训、船舶厨工业务服务员业务培训等。根据国际海事组织通过的SOLAS公约中的《加强海上保安的特别措施》和《国际船舶和港口设施保安规则》(ISPS),以及《中华人民共和国船员培训管理规则》的规定,上远公司教育中心当年还举办船舶保安员和公司保安员培训班30期,包括船长、政委、大副、轮机长、海务监督、机务监督共938人参加培训,并参加上海海事局组织的考试,取得专业培训合格证书。

2006年,中远集运所属上远公司首期1万TEU船舶培训班,在该公司海事培训中心开班。培训项目由上远公司海监部、海事培训中心共同策划、实施。目的在于使船长、轮机长等高级船员对1万TEU集装箱船的安全管理、操作特点有基本了解和认识,以适应"万箱船"的问世,推进远洋集装箱船队的大型化发展。有19名高级船员参加为时三周的培训。

2008年,中远集运船管公司结合生产实际所需,举办多种多样在岸培训。其中,专业证书培训25期,281人次参加(包括大型船舶操纵特殊培训17期115人次、保安专业证书培训6期116人次、船舶医护培训2期50人次);岗位培训26期,626人次参加;SMIS管理信息系统培训4期,74人次参加;船长业务培训4期,211人次参加;厨工业务提高培训6期,54人次参加;机工适岗培训4期,52人次参加;水手适岗培训6期,67人次参加;劳动保护培训2期,105人次参加;GMDSS通用操作员培训4期,143人次参加;精通艇筏培训15期,550人次参加;精通救护培训12期,457人次参加;滚装客船培训3期,20人次参加;熟悉基本安全培训12期,447人次参加;高级消防培训12

期,454 人次参加。同年,中海集团职工参加资格性培训 1 839 人,适应性培训 7 561 人。

中海国际从 2005 年成立至 2010 年,累计组织船员参加适任证书培训 4 823 人次,其中干部船员 4 364 人次、中普船员 459 人次;专业、特殊证书培训 2.19 万人次,其中干部船员 1.73 万人次、中普船员 4 651 人次;安全培训 3.52 万人次,其中干部船员 3.29 万人次、中普照船员 2 297 人次。经过系统、规范的培训,船员素质得到整体提升,促进了船舶运输安全。

表 8-3-2 2005—2010 年中海国际船舶管理公司船员培训情况表 单位:人次/年

	适任证书培训		专业,特殊证书培训		其他证书培训		业务技能培训		安全培训		派前教育		其他培训	
	干部	中普	干部	中普	干部	中普	干部	中普	干部	中普	干部	中普	干部	中普
2005	733	191	3 091	1 517	230	246	509	367	6 089	140	3 154	6 263	1 129	504
2006	843	110	2 846	588	798	508	1 686	266	6 516	529	2 793	5 635	633	70
2007	812	34	2 247	601	465	431	954	144	8 095	1 130	4 631	7 109	598	75
2008	676	115	2 860	669	544	355	648	625	6 177	419	2 964	4 754	432	69
2009	655	6	3 488	1 089	1 065	554	110	172	3 190	33	7 958	3 785	278	63
2010	645	3	2 725	187	1 524	235	340	280	2 862	46	9 028	2 708	176	35
合计	4 364	459	17 257	4 651	4 626	2 329	4 247	1 854	32 929	2 297	30 528	30 254	3 246	816

资料来源:中海国际船舶管理公司

除中海集团、中远集运外,中波公司、锦江航运等驻沪企业的职工培训也不断取得新的发展。2010 年,中波国际海运研发中心开办值班水手和值班机工两个培训班,共完成 140 名学员的培训工作。本着资源共享、合作共赢原则,该研发中心与交通运输部海事局培训中心签订了长期合作战略协议,全年协办海事局各类培训班 13 期,培训学员达 463 人次。锦江航运当年启动新一轮员工综合素养培训,对员工进行法律法规、生活哲学等方面的专题培训。同时根据船员工作特点,利用公休时间,组织高级船员进行小班化、集中式的封闭培训,举办的两期培训共有近 60 名船员参加。

【在船培训】

20 世纪 70 年代后期,上海海洋运输系统部分企业为改变技术干部紧缺现状,加强技术干部在船培训,选择有条件船舶,举办各种专业训练班,培养航海紧缺人才。上远公司“江川”“银川”“盐城”和“丰城”轮分别承担过驾驶专业班、船电专业班、轮机专业班的培训船办学任务,培训船学员来源由各船舶根据条件选调。培训船紧密结合远洋运输生产实际,针对性强,可在短期内帮助船员提高专业技术水平,由此解决干部船员配套紧缺的困难。

1980 年,上远公司由固定航行中国—地中海、西欧航线,舱室较多的“清河城”轮(1.2 万吨级)承担举办船长、轮机长培训班的办学任务。为创造和改善学习条件,“清河城”轮利用修船机会,对船上原有游艺室、酒吧间、餐厅、客房等生活设施,按照办学规划,进行改装和调整。设置 1 个实习驾驶室,2 间教室(驾驶、轮机),10 间教员和学生宿舍;实习驾驶室安装了供教学操作使用的安修斯电罗经、台卡雷达、劳兰定位仪、无线电测向仪、六分仪、天文钟等各种导航仪器设备,并配有培训用的各种航海书籍、表册,供学员模拟操作。两间教室可容纳 24 名学员上课。学员宿舍 4 人一间,特设带壁灯的书桌和椅子，供学员自修。是年9月，正式举办第一期培训班，学员20人，其中船长班10人、轮机长班10人。培训班以培养航海合格人才为宗旨，由公司教育处同教员一起制定教育大纲。船长班设置天文、地文、船舶操纵等9门课程；轮机长班设置船舶柴油机、船舶辅机、机械制图等8门课程，由4名专职教员包教。“清河城”轮船长、政委当兼职教员，分别上政治课和组织实施教育。参加培训的学员均具有8～10年海龄、中学以上文化程度，并担任大副、大管轮职务一年半以上。学员入学后平均每天学习12小时，总计达1 000学时，一个航次(平均120天)办一期。学员结业后下船即参加港监考试。至1982年5月，“清河城”轮共开办船长班、轮机长班各4期，培训学员69人(船长30人、轮机长39人)，其中有24名大副和28名大管轮通过上海港务监督的考试，获得国际海上航运公认的船长、轮机长技术证书，合格率分别为80%和72%。其间，为提高新船长专业技能，增长船舶管理知识，该公司还先后安排12名新船长，到“柳林海”和“汉川”两轮实习，由这些船舶的老船长传、帮、带、培，进行专业技术指导。新船长经过实习，均已正式任职，并独立开展工作。

1981年，上远公司决定船员在职培训实行“三统一”的培训方法(即统一计划进度、统一学习内容、统一进行考试登记)，组织全体在职船员进行系统的专业教育，使船员文化水平、专业知识和本职技能达到相当于中专程度。各轮由船长任船员在职培训小组组长，政委和轮机长任副组长，聘请有教育能力的船员担任兼课教员，采取自学与辅导相结合的办法，按统一计划进度，有组织、有步骤地开展技术培训工作。至1983年，已有106艘船舶，根据“三统一”培训大纲命题，组织742名技术干部船员，进入第一单元的技术业务考试，合格率达99.48%。参加应知应会考试的普通船员和事务主任有5 082人，占应考人数的81.5%。

1983年初，上海海运局从船舶大副中选拔船长20人。该局海监部门针对新船长成批上岗、对船舶操纵尚不熟练的情况，派出指导船长随船出海，同新船长一起制定航行计划和离靠码头方案，实行“保驾”与实操培训相结合的方法，进行在船培训。

20世纪80年代中期，该局货轮船队改变“随船学习”培养船长的方法，成立见习船长移泊组，针对学员技术上的薄弱环节，结合生产任务，在上海港内专习浦江操纵船舶。由经验丰富的指导船长带领学员上船帮助该局营运船舶移码头，移浮筒，进出船坞。由学员根据当时自然条件，各人拟定操作方案，然后师生共同研究，进行比较，分析利弊，再由学员单独操作，指导船长在旁“保驾”，其他学员帮助瞭望，事后总结经验，共同提高。如此学员在1个月内可有20次左右在黄浦江操纵船舶的机会，相当于过去“随船学习”半年的效果，不仅提高了学习成效，而且使学员广泛接触更多复杂情况，学到在一条船上随船学习很少遇到的一些高难度操作技术。该船队用这样的方法一年之中办了4期训练班(每期4人)，培养船长16人。1985—1987年，上海海运局共举办5期“移泊组”训练班(每期4人)，培养船长20人，同时派指导船长对部分船舶(含技术状况不好的船舶、首次赴新港口的船舶、远洋归来的船舶，快速船等)的船长和新上任船长实行“保驾”，重点放在南水道和黄浦江等事故多发

图8-3-4　中海货运“宁安4”轮船员正在进行磁罗经现场培训(摄于2009年7月)

(照片提供：中海集团宣传部)

地段。(1989 年,上海海运局通过移泊训练培养船长 5 人。1990 年,以同样方式训练培养船长 14 人)

1986 年 8 月,上海海运局为着重培养学生实践能力,确定“郑州”“湖州”两轮为教学实习船,专门安排职工大学及海运学校学生上船实习和教师上船进修性实践锻炼。每船一次接纳教师 3 人,学生 15 人。其中,“郑州”轮为轮机专业教学实习船,“湖州”轮为驾驶专业教学实习船。学校在每年年底前,将下一年对教学实习船的使用(教学、实习计划)以及完成教学实习计划对航线、航行等的特殊要求,具文报送上海海运局有关部门作出安排。

1990 年,为强化油轮安全生产管理,进一步提高船员的安全生产技能,上海海运局举办油轮安全知识随船培训,先后有 38 艘次 1 350 名油轮船员参加学习。

2004 年,为适应大型集装箱船的发展需要,中海上海船员公司与中海集运携手实施干部船员滚动培训规划。对船长的滚动培训一般控制在 6 个月左右时间,采取先上小船后上大船,再上大型集装箱船,最后上岗任职的培训途径。对未操纵过集装箱轮的船长,采取先逐次在大型集装箱轮任跟班大副、跟班船长,然后与集装箱轮其他船长一样再进行滚动培训的办法。经考察,这些经过滚动培训、跟班见习的船长都能较快适应大型集装箱船快节奏的工作需要。对轮机长的滚动培训、跟班见习,一般是担任两个航次跟班轮机长职务,4 个月左右时间,经中海集运考核,再经过中海集团大型集装箱轮船员专家组面试合格后报中海集团领导审批,同意后上岗任职。对其他干部以及中普船员,同样采取灵活多样、有的放矢的滚动培训及跟班见习计划,然后一看其在船考核业绩,二看面试结果。其中,在船表现优秀,被考核评为 A 级船员、面试成绩较好,经公司认可,上大型集装箱船任职。至是年 11 月,中海上海船员公司已有 157 名大型集装箱船干部船员得到中海集团及中海集运确认,其中,船长 27 名、轮机长 26 名、政委 34 名、大副 36 名、电机员 34 名,圆满完成 44 套大型集装箱船干部船员配置任务。

2007 年,中远集运船管公司为建立一支高素质的船员队伍,印发《上海远洋运输公司船舶带教人员聘任管理办法(试行)》,充分发挥公司船舶高级管理人才的作用,鼓励优秀人才在船传授业务技能,指导和培养跟班见习人员,规范船舶带教工作。

2008 年,由中海国际船舶管理有限公司首席培训官办公室牵头举办,各船公司船员管理部门参加的远程教育系统,共为中海集团 3 万余名船员注册学员账号;网站累计访问量 39 万余人次;已有超过 1.6 万名船员开始课程学习,超过 1 万人开始课程考试;中海集团 300 余艘船舶实施在船学习;船舶成功上传船员的学习数据超过 1.6 万条。

图 8-3-5 中远集运船员正在进行海上课堂学习

(摄于 2007 年,照片提供:中远集运档案室)

中海油运工会自 2010 年 7 月开展船员远程教育后,已有近 1 000 名船员在大海航行途中进行岗位课程学习,并通过考试,占到船员总数的 32%;实现 100%船舶开展船员远程学习培训活动、100%船员参与远程学习培训的目标,从而有效提高船员的岗位知识水平。该公司船员每年在海上工作时间 6 到 8 个月之间,学习培训一直是个难题。为提高船员综合素质,适应现代化大型油轮操作技能需求,该公司从 2010 年初起,成立船员远程教育工作领导小组,以"创建学习型船舶,争做知识型员工"为目标,全面推进船员岗位知识学习活动。为43艘船舶配备学习用电脑,并由工会出资8万元,为69艘船舶配备内含航海类轮机、甲板等科目教材的500兆移动硬盘,从而保证大多数运营外贸航线、很少回国内港口的船舶,能够在航行途中有计划地组织员工学习培训岗位知识。各轮根据自身特点,开展各种形式的学习培训活动。为此,被中海集团评为"船员远程教育培训优秀组织者"。

自"中国海员船员培训在线"开通后,中海集团远程教育网络课程已建立船员培训管理信息系统、船员培训在线远程教育系统、船员适岗能力考试系统。三个系统构成集团的培训信息化体系,从而实现船员培训数据无纸化迁移,保证数据的统一性和准确性,覆盖船员培训的整个流程,适应集团船员管理的实际,提高管理效率,给ISO10015质量培训体系的有效运行提供可靠保障。

【合作培训】

20世纪90年代始,上海部分航运企业为加强职工培训,采取与国内外有关机构、院校合作,共同开展培训的方式,取得建设性成效。

1998年,中海集团为进一步拓展国际海员劳务市场,与挪威船东协会(NSA)洽谈联合培训船员项目。同年11月,双方在北京签署联合培训船员意向书。经磋商决定在中国建立联合培训基地,培养符合挪威和欧洲船东要求的高级船员。根据集团要求,上海海事职业技术学院于1999年开始与挪威船东协会合作。双方签署《中国海运集团与挪威船东协会合作培训项目协议备忘录》,成立中挪联合培训中心,制定5年培训规划,同年秋季招收50名学生。中挪合作培养高级船员项目,旨在通过引进挪威等航海发达国家教育培训理念,培养符合欧洲标准的国际海员,以推进航海教育的改革。该"项目"以我国教育部对学历教育的要求,以及国家海事局船员适任标准和欧洲船东对海员的特殊要求为依据,制订教学计划。学制三年,第一年在校学习航海基础知识;第二年在挪威船东的船舶实习;第三年回校学习专业课,参加国家海事局组织的船员适任证书考试。由于欧洲船东对学生的语言交流能力有特殊要求,学校提出把英语教学作为航海教育的重要组成部分,实行学校教师与外籍教师合作,英语教师与专业教师合作,探索英语教学新模式,促进了学校航海英语教学改革的深入。2002年,首届学员毕业,全部通过国家海事局组织的船员适任证书考试,80%以上学生通过挪方组织的英语和业务面试,分别被派往欧洲各国船东的船舶工作。

2006年,中远集运与上海海事大学合作开办"轮机资源管理"(ERM)培训班,共有40名轮机管理人员,分4期参加培训并获得证书。同年5—7月,上远公司海事培训中心与菲律宾PTC公司合作开办首期中外合作英语培训班,全程聘用菲籍教师任教。来自上远公司、中波公司的65名船员接受日常英语、专业英语以及相关知识的培训,27人取得海事培训中心颁发的培训证书。翌年,该培训中心又与上海市培训机构昂立进修中心合作开展英语培训,与江苏海事局合作开办"海进江"培训项目,均取得良好社会效益。2008年1月,该中心与德国RICKMERS公司系列委培项目正式启动,标志着其培训品牌得到国际船公司认可。是年内,第一个合作项目——两年制航海职业教育培训班,在海事培训中心开班,参培的46名学员毕业后到RICKMERS公司就职服务。同年,中远集运还与大连海事大学合作举办工商管理硕士学位(MBA)培训班。54名员工报名参加,经筛选46人符合报考条件。经参加MBA入学全国连考,最终37人通过初试。

【其他】

学徒培训　中共十一届三中全会后,上海海洋运输系统学徒制培训方式逐步走向正轨。1979

年,上海海运局对1976年入局的在船学徒分5批进行集中转正考试,应考的水手、机匠、生火、电匠学徒共404人,成绩及格的按期转正,不及格的53人限期补考,从而促进了青工的技术学习。

1981年,上海海运局重新制定颁布《学徒培训管理暂行办法》,决定在该局恢复实行签订师徒合同制。学徒上船后,船舶党支部和行政领导负责为每个学徒选好师傅,师徒双方签订教学合同。师傅必须按照技术培训要求,教会学徒掌握操作技能和生产基本知识;负责教育学徒遵守岗位责任制和其他各项规章制度,指导学徒养成艰苦朴素的生活作风,尊敬长者,团结互助。学徒期满须经技术理论、操作技能、文化水平三项考核,成绩合格方能转正。为了鼓励师傅积极带徒,在实行签订师徒合同制的同时实行对师傅进行奖励。对带徒期间付出超额劳动的师傅,每月增发20%~30%生产奖金;学徒能按期转正或转学,按考核实绩优异程度,酌情增发一次性奖金。

1981—1985年,上海海运局向社会招收艺徒1 766人、复员退伍转业军人494人、合同工635人,共2 895人,都是通过上述方法培养成为船舶技术工人的。其间,海运技校毕业生为730人,学徒制培训仍为培养船舶技术工人的主要途径。1986—1990年技校毕业生增加为874人,占职工总数的比例由3.3%上升到4.5%,学徒制培训技术工人所占比例相应减少。之后,随着航海专业院校毕业生数量增大,最终取消学徒制培训技术工人的制度。

考证培训 “文化大革命”期间,海事监督机构瘫痪,船员考证培训工作中断。改革开放初期,恢复船员考证培训工作。为给船舶输送合格船员(必须具备船员适任证书与适岗证书),上海航运企业自行组织船员进行考证培训,或与海事部门联合组织船员进行考证培训工作。

1979至1980年,上远公司在停泊于上海港的“建华”轮举办10期换证培训班。参加考试换证船员共1 343人,占应考人数的65%;组织171名技术干部船员进行换证考证培训,参加上海港监的发证考试,均获得通过。至1982年6月,共举办技术干部船员换证考证培训班19期,完成1 917名技术干部船员考试换证工作,占应考对象2 005人的96%。

1983年,上远公司将考证培训工作常态化,由公司主管领导负责,成立由上海港务监督局派员参加的船员考证领导小组。抽调具有理论基础和实践经验的船长、轮机长、电机员、报务主任担任主考。建立由教育行政管理干部和政工干部组成的船员考试办公室,负责船员考证培训工作。同年,该公司根据国际海事协会有关规定,对船员进行“海上求生”“救生艇筏操纵”“船舶消防”“海上急救”四项基本技能训练及考证(简称“四小证”)培训。由于设备、场地等训练条件不足,之后委托青岛远洋船员学院、上海海运学院、上海市航海学会等单位,对船员进行“四小证”考证培训工作。安排参加培训的船员分7批,每批15天左右,共培训269人,均通过了“四小证”考试。翌年,为加快考试培训进程,上远公司先后到杨浦区体育馆,海军靶场和摩托俱乐部、划船俱乐部租借场地,从报废旧船拆取部分训练器材,配备经港监认可符合条件的教员,自办“四小证”考证培训班。每月1期,学员100人左右,全年共11期,培训学员941人,均获得“四小证”证书。

1984年4月,国际海协开始实行对海员进行“四小证”检查。上海海运局加快“四小证”考证培训步伐,连续举办船舶技术干部考证辅导班,从1984年至1990年,有1.78万名船员经考证培训获得“四小证”,至此,该局运输船舶船员已全部获得船员“四小证”。1987—1990年,上海海运局有221人参加远洋驾驶员“三小证”[自动雷达标绘(ARPA)、甚高频(VHF)无线电话、卫星导航]培训班。为缓和船舶技术干部紧缺局面,该局还于1983—1990年,连续举办船舶技术干部考证辅导班,先后有1 242人参加学习,不同程度提高考证通过率。8年中共有1 948人通过考试获得适任证书和单科英语及格。

1985年,上远公司为充分利用船舶消防、救生、报警等应急设备齐全的有利条件,“四小证”培训考试采取船岸结合，以岸为主的训练方法。先由“铜川”轮、“益阳”轮进行试点，培训船员 87 人，考试及格率达 98%。船岸结合培训方式得到推广，公司聘用一批经过“四小证”考试的骨干担任教员，分派各轮，在确保安全生产前提下，组织船员开展“四小证”考试训练。待训练结束，船舶抵港后，由港务监督部门逐船逐人组织阅卷和考试发证。至 1990 年，上远公司按国家要求，如期完成 9 600 名现职船员四项基本技能训练的考证任务。根据国际海协规定，该公司还对船舶驾驶员分批分期举办“三证”培训（自动雷达标绘仪、无线电通话、雷达观测和雷达模拟器训练）考证班。至 1992 年，共培训船舶驾驶员 1 221 人，经考试成绩合格，取得三项技能证书，在国际海协规定时间内，完成所有船舶驾驶员的考证任务。针对机舱技术干部特殊操作知识缺乏的现状，该公司与上海市劳动局联合开办机电人员电、气焊自学考证培训，参加培训轮机员 700 人，经考试合格，获得上海市劳动局颁发的电焊特殊工种操作证。是年，该公司共完成船长、轮机长考证培训 53 名；三副、三管轮考证培训 99 名；通用电机员考证培训 16 名；电机员考证培训 22 名。

及至 1992 年底，交通部上海船员培训中心共举办船长考证班 23 期，培训学员 1 011 人，其中上远公司 214 人，中波公司 20 人，锦江航运 1 人；轮机长考证班 22 期，培训学员 984 人，其中上远公司 171 人，中波公司 19 人，锦江航运 2 人；通用电机员考证班 4 期，培训学员 81 人。

2000 年，中远集运船管公司海船船员适任证书全国统考按照“97 规则”进行，学员先经过适任评估（实操考试）合格，再通过理论培训考试（每门及格分数为 70 分，航行值班与避碰为 90 分）及格，完成“船上培训”或“船上见习”认可后方能取证。年内该公司共组织 308 人次参加三副、三管轮、大副、大管轮、船长和轮机长适任证书考试及补考。65 人通过评估和理论考试，并相继安排上船培训或见习。

2002 年 2 月，上海海事局船员处考试科对上远教育中心申报的值班水手、机工进行大型船舶操纵、雷达观测与模拟器、自动雷达标绘仪等培训，并对培训情况进行验收。参加培训人员通过验收均获得培训许可证。

同年，中海集团加强对完成履约培训船员新证书换发及新证书送上船情况的检查督促，以保证在本集团船舶工作的船员都持有合格有效的证书，保证船舶安全生产的正常进行。同时，加强对各船员公司船员适任证书考证的检查督促力度，全年共有 999 名各类各职船员参加考试，610 名船员通过，合格率达到 61%。翌年，有 662 名船员通过适任证书考证，其中甲类船长 75 名，轮机长 110 名，甲类大副和大管轮 163 名和 182 名。

2004 年，中海国际船舶管理公司成立伊始，即组织安排各职船员参加各类专业证书培训，至 2005 年已安排海事主管机关规定的各类专业证书培训 3 951 人次、特殊证书培训 9 515 人次、适任证书和特殊证书换证知识更新培训 9 892 人次。还积极组织安排主管船公司要求的各类证书培训，如“小三长”（水手长、机匠长、大厨）培训 683 人次、兼职安全员证书培训 1 119 人次、船舶驾驶员“海进江”证书初（复）训 111 人次、轮机长 PMS 证书培训 699 人次、焊工证书初（复）训 2 170 人次、集装箱危险品证书培训 692 人次、驾驶台资源管理培训 1 830 人次、驾驶台班组管理培训 795 人次、电子海图培训 762 人次等，满足各船公司对船员的特殊适岗要求。

2007—2008 年，中远集运先后组织公司总部及下属单位领导和管理人员，参加上海市安全生产管理证书初、复训考证 53 人次；在上海海运学院举办船长考证培训 2 期 80 人次、轮机长考证培训 2 期 72 人次；在上海远洋海事培训中心举办大副考证培训 2 期 108 人次、大管轮考证培训 2 期 91 人次。

2004—2010 年，中海国际船舶管理公司考证合格率逐年递增，其中，上海海事职业技术学院考证合格率船长、轮机长从62.1%提升到92.6%,大副、大管轮从47%提升到68.6%;广州教培中心考证合格率船长、轮机长从92.1%提升到96%以上,大副、大管轮从52.5%提升到73%,教学改革成果逐步显现。2005—2010年,该公司积极组织安排技术干部船员参加适任培训,加强培训过程管理,不断提高培训质量,考证合格率一直名列行业前茅。累计安排4 661人次船员参加适任考试培训,其中,考出新船长987人、新轮机长897人、新大副1 033人、新大管轮935人,基本能适应中海集团船队发展对技术干部船员的需要。

表8-3-3 2005—2010年中海国际船舶管理公司船员适任考证培训情况表 单位:人次/年

年度	船长			大副			轮机长			大管轮			合计		
	甲类	丙类	小计	甲类	丙类	小计	甲类	丙类	小计	甲类	丙类	小计	甲类	丙类	小计
2005	132	36	168	197	23	220	116	22	138	155	14	169	600	95	695
2006	122	34	156	188	25	213	118	28	146	176	27	203	604	114	718
2007	173	51	224	174	14	188	154	22	176	160	31	191	661	118	779
2008	129	25	154	76	10	86	113	23	136	105	6	111	423	64	487
2009	112	12	124	130	1	131	98	6	104	90	6	96	423	64	487
2010	87	10	97	98	9	107	126	12	138	82	1	83	393	32	425
合计	755	168	923	863	82	945	925	105	838	768	85	853	3 104	487	3 591

资料来源:中海国际船舶管理公司

文化技术补习 中共十一届三中全会以后,上海海洋运输系统职工业余文化教育开始复苏。1979年,上海海运局在"长顺"轮、"战斗30"轮率先恢复业务文化学习,每航次学习2~3小时。1980年,该局"大庆51""胜利4""战斗45""海兴""战斗6""福州""长青"等轮也相继开办高初中文化班(语文、数学)和英语班教育。

与此同时,上海地区大专业余高等教育逐渐恢复。上海海运系统职工参加大专业余教育主要有两种方式:一种是在市属各种高等院校或电视大学的对口专业或为适应工作需要的专业全科进修;另一种是完成文化补课或具有高中文化程度的职工参加管理数学、统计学、基建设计、水运会计、英语、日语等单科进修。1980年底,大连海运学院恢复函授招生;1981年7月,武汉水运工程学院开始函授招生。上海海运局成立函授站,设于职工大学内,有函授生134人。其中属上海海运局的47人;属交通系统其他单位的87人。此外,尚有英语初级班及中级班函授生42人。1980—1981年,上海海运局先后有16名水手、11名机匠、6名电工通过自学考试,获得港监证书,由普通船员晋升为技术干部,分别担任船舶三副、三管轮和电机员。其中,有的年轻船员原来只有初中文化程度,通过勤奋自学,在实践中虚心向老船员学习,最终考取相当于大专水平的三副证书。

1981年,中共中央和国务院发出《关于加强职工教育工作决定》。次年,全国职工教育委员会、教育部、国家劳动总局、中华全国总工会、共青团中央发出《关于切实搞好青壮年职工文化技术补课的联合通知》。同年12月,上海海运局根据上述两个文件精神,结合该局职工文化技术现状,颁布《关于青壮年职工文化技术补课工作的若干规定》,对本局1968年至1980年初、高中毕业而实际文化水平达不到初中毕业程度和未经专业培训的三级工以下青壮年职工进行文化技术补课,简称"双补”，主要是机关干部补初中语文、数学、物理或化学三门，陆地普通工和船员补语文、数学二门；技术补课内容以本职技术业务的应知应会为标准。

1982 年 2 月，上海海运局举办初、高中文化补习班，船舶、陆地基层单位、局机关共有 140 名学员参加学习，为期 5 个月，主要学习语文、数学、物理、化学等课程，结业后参加统一考试，对及格者发给同等学历毕业证书。

1984 年，根据全国职工教育管理委员会、教育部、国家劳动总局、中华全国总工会、共青团中央等五个部门的联合通知，该局对文化程度在初中以下的青壮年船员，进行文化补课工作。主要采取船舶承包方法，由船舶与教育部门签订文化补课承包合同。在船选择具有中专(高中)以上学历，能胜任初中语文或数学教育任务的船员，担任兼职教员。合同规定每一补课对象，每一门科目考试成绩合格，发给本人初中文化单科结业证书；两门科目考试成绩及格，发给本人初中文化合格证书。

同年 5—12 月，上远公司在“东风”“潞城”“清河城”“丰城”“盐城”“三明”6 艘船舶进行初中文化补课试点。补课对象 97 人，经双科或单科的文化考试后，及格率达 61.1%。从 1985 年 1 月起，补课工作全面展开，有 393 名船员参加补课，及格率达 78.1%，另有 148 人进行高中文化补课，及格率达 88.12%。至 1986 年底，参加青壮年船员文化补课的成绩合格人数达 1 736 人，占应补对象的 80.85%。

1982—1985 年的三年多时间中，上海海运局的“双补”工作(补文化、补技术)，有力推动全局业余中等教育及专业技术教育的发展。该局立丰船厂从 1982 年起，每年开设四期初中文化补习班(并外送职工脱产半脱产学习)，至 1984 年，办了 21 个文化技术班级，600 余人参加学习。立新船厂 1984 年开办 11 个初高中文化班，有 526 名职工参加学习，占全厂职工总数四分之一。运输船舶在 1982—1983 年间，有 160 艘船先后设立中学文化教学小组，同时成立船舶业余教育辅导站，重点抓好青壮年文化技术补课。为保证教学质量，对职工“双补”采取统一教材、分散办学、统一考核的办法。办学形式有脱产半脱产、业余教育和自学等，以业余教育为主。1985 年是完成“双补”任务的最后一年，当年内开办初中文化补课提高班共 43 个(为解决师资和教室不足的困难，曾向市内 15 所中学租用教室或委托培训)，参加学习的总人数达 1 521 人次。其中脱产学习的青壮年船员为 474 人，船舶“双补”仍以业余教育为主。除船员自学外，还成立教学小组，由教师定期上课；实行包教包学，即一个教师指定教一二名学生，订立包教包学合同，以自愿为主，充分利用船员零星空闲时间，见缝插针进行教学。其上课时间灵活，利于因材施教，每周教学时间不少于 3 次，每次不少于 1 小时。

及至 1985 年，上海海洋运输行业青壮年职工文化补课累计合格人数为 6 850 人，占应补对象 9 776 人的 70.1%，技术补课累计合格人数为 6 257 人，占应补对象 7 373 人的 84.9%。文化补课已达到中共中央，国务院《关于加强职工教育工作的决定》中规定的低限(60%)要求，技术补课达到《决定》中规定的高限(80%)要求。补课对象中原来只有小学或初中一二年级文化程度的，大部分已提高到初中毕业或语文、数学达到初中水平，原来达不到三级工技术标准的也大部分取得了三级工证书。不少青壮年职工在“双补”合格的基础上积极参加高中文化班或中专班学习，1985 年参加市业余高中文化班的就有 440 人。当年，为培养后备干部，上海海运局选拔 71 名干部参加高复班学习，经市统考被高校干部专修科录取入学的有 52 人，升学率达 73.2%。1986 年，该局开办 5 个高中文化班，280 人参加学习，为职工报考高校创造条件，经市统考合格，被录取入工大、电大、高校函授、干部专修科的共 130 人，升学率达到 46.4%。

从 1987 年 4 月起，上远公司为全面提高工人船员队伍素质，在完成初中文化、技术补课的基础上,开展以中级工技术培训为重点的岗位技术培训工作,各轮成立中级工岗位技术培训领导小组。船舶与教育处签订中级工培训承包合同,按教育大纲施教,在完成理论与操作课后,由教育处登记,进行理论与操作的考试和考核。成绩合格者,颁发中级工岗位技术证书。至1990年,与公司签约的船舶有60余艘,均能按大纲完成教育计划,学员合格率达90%。

业务讲座 1979年,为提高船员技术业务和管理水平,上海海运局机务处举办船舶轮机讲座。首讲有局、船队从事机务工作的人员及在港船舶的轮机长等50多人参加。同年,上海海运局3 000吨级客轮“盛新”轮在求新船厂建造,因接船船员中有的机匠没有在内燃机船工作过,该船领导遂利用接船机会,有计划地组织船员进行技术业务讲座,按照厂方安装程序,由轮机长、电机员等人开办技术理论课,使机匠了解各种机器的工作原理,性能及操作规程,并到现场熟悉各种管系,绘制各种管系布置图,通过一段时间教学,收效明显。

1980年12月,上海海运局海监室举办技术讲座和学术报告会,每星期四邀请在港船舶船长参加,听讲或座谈,称为“船长星期四座谈会”。其内容除分析运输生产形势,传达近期海监室有关安全措施外,并请指导船长、教授、专家主讲以安全生产为中心的有关课题。每逢雾季前,分析介绍上海海运局历年来雾航事故教训,以引起船长们对雾航的重视。根据远洋航行需要,讲述海商法,以提高船长处理涉外变故的能力。平时则更多探讨如何在黄浦江调头、过弯头,如何预防搁浅等船舶操纵技术。1980—1982年共举办100次座谈会,有3 000多名船长到会听讲。

1981年10月,上海海运局“长通”轮因设备较其他同类型船舶有所改进,有的船员未能掌握其性能,曾多次发生事故苗子。为了提高船员技术水平,保证船舶安全,该轮特开办甲板、轮机和电工技术业务讲座,制定半年的学习计划,每航次由驾驶员、轮机员分别讲课。同年,该局“森海2”轮投入营运后,针对船员班子新、水手中新学徒工多的特点,及时举办“水手工艺”技术业务讲座,每航次由大副和正副水手长讲课一两次,使该船水手学完了插钢丝、打绳结、撇缆、上高、舷外作业以及油漆等水手工艺课程。

1982年9月,上海海运局连续举办3次全面质量管理讲座。翌年9月,又举办1次全面质量管理讲座,邀请部属企业中推行全面质量管理较早、取得成绩较好的黑龙江航运管理局干部,介绍在航运企业中如何推行全面质量管理的经验,以推进本局全面质量管理工作的开展。

1983年2月,上海海运局针对液体化学品运输发展较快的现状,为扩大干部员工的知识面,举办“化学品运输知识讲座”,特请704、708所两位高级工程师主讲。

图8-3-6 2007年9月中海国际举办船员技术比武活动

(照片提供:中海集团宣传部)

2007年,中远集运船管公司为了提高船舶机务队伍管理水平,组织船舶技术干部参加各种培训讲座9次。其中包括邀请专家对美国防污法规和ALFA-LAVAL新型压载水处理装置、MITSUIBISHI增压器、YANMAR330N柴油机等技术进行培训以及邀请CCS船体专家等来公司讲课,有效提高了机务人员的管理能力。

技术比武 20世纪70—80年代,上海海运局在全局范围多次举办职工技术比武活动,紧密结合生产实际,开展厨工、机匠、水手、车工、打字、汽车驾驶、钳工、电焊工、报务等项目的竞技比赛，寓安全生产教育于娱乐竞赛之中，推动海运青工练好基本功，掌握本职技能。同时鼓励职工“拜师学艺、互教互学”，推广先进操作法，并及时将技术比武的成果推广应用于生产中。1987 年，该局获港船厂轮机车间一青年职工的“管络示意图操作法”，被作为市青工先进操作法之一，收入《上海青工操作法》一书。技术比武成为当时职工喜闻乐见，富有成效的一种学习培训方式。

第九篇

船　　员

唐宋时期，上海已有木帆船往来南方和北方沿海地区，船员多为贫民。清代前期，上海发展成为沙船运输集散中心，船工近10万人。鸦片战争后，外商航运公司纷纷介入沪上江海运输，并迅速以其先进的轮船运输取代国内传统的沙船运输，导致大批沙船船工破产。大量失业船工与沿海贫困农民、渔民和手工业者一起成为廉价劳动力，被招雇到外轮上当船员，由此产生近代上海海员队伍。这些船员文化水平低、缺乏技术能力，在外商轮船上大都担任水手、生火、厨工等低级职务，社会地位低下，劳动条件恶劣，生活处境艰难。清末民初，上海地区开始创建各类民族资本航运企业，创办航海学校，重视培养高级航海专业人才，打破了外国人垄断航海技术的局面。轮船招商局等航运企业逐步全部使用中国船员，包括船长、大副、轮机长等高级船员，从事海洋运输生产。抗日战争与解放战争时期，上海航运业几经战火摧残，大批船员被迫失业。

上海解放初，市军管会接管官僚资本企业轮船招商局，组建成立国营轮船总公司，即后来的上海海运局；20世纪60年代前期，相继将中波公司总部迁沪和组建上远公司，沿海和远洋运输逐步得到恢复和发展。这些企业的大部分船员均从退伍军人及农村中招募，文化水平偏低。各航运企业自行开展船岸培训，努力提高船员队伍技术文化水平。同时在中国共产党与人民政府关心下，船员劳动与生活条件日益改善，政治上也得到应有的社会地位。70—80年代，上海海洋运输行业招收部分航海院校毕业生，船员队伍得到补充和加强，并开始有条件组织船员外派，参加国际海员劳务市场竞争。90年代，随着上海海洋运输业及航海教育事业的快速发展，大批大中专航海院校毕业生充实到上海船员队伍，使之技术文化结构进一步优化。各航运企业都十分重视船员管理及教育培训工作的加强和改进，重视船员物质和文化生活水平的提高，不断促进船员队伍建设。部分航运企业组建专业外派船员队伍，频繁走出国门，享誉国际船员劳务市场，既为企业增加外汇收入，又有利于提高船员自身技术业务水平及船舶管理能力。

进入2000年后，上海海洋运输船员队伍规模进一步壮大，技术文化结构显著提高，因训练有素、配置合理，拥有良好职业道德和精湛业务素质，在国际航运市场具有较强竞争力。2010年，上海最大的两家航运企业中海集团和中远集运，拥有船员总数超过3.5万人。其中，中海集团船员总人数2.7万多人，其中自有技术干部船员1.18万人；中远集运所属上远公司拥有远洋船员7 939人，其中高级船员3 770人。

第一章　船员队伍

1978年后，上海海洋运输业快速发展，船员队伍日益壮大，在数量上、结构上、质量上都有改善。在探索改革劳动用工制度，大力提高船员队伍素质，满足自身船队发展需要的同时，船员劳务外派工作也不断取得新的进展。及至2010年，上海船员队伍以其良好素质和技艺，屡创佳绩，享誉国内、国际海洋运输市场。

第一节　船 员 来 源

一、船员招募

20 世纪 70 年代末，上海航运企业为适应海洋运输业快速发展需要，尤其是远洋运输业的发展需要，广开门路，通过社会、部队、航海专科院校、普通中等学校等多种渠道招募船员，充实船员队伍。1978 年，上远公司从东海舰队接受 600 名退伍士兵，并按国家劳动总局分配指标，招收大中专毕业生 95 人，包括大连海运学院、上海海运学院毕业生 66 人，使远洋船员达到 9 935 人，基本上能够满足该公司远洋运输及船队发展需要。

80 年代，随着改革开放的深入发展，上海地区人力资源市场已基本形成，人才竞争激烈，既有利于用工制度的改革，也为一些大型国有航运企业的用工带来新的挑战与困扰。1983—1984 年，上海地区大型国有航运企业船员短缺情况趋于突出。部分外地驻沪企业为满足用工需要，以出国、加工资、分房子、解决家属子女户口和就业等优惠条件招聘船员，具有很大吸引力，导致大型国有企业船员被优惠条件吸引，申请调动或提出辞职报告，甚至有少数人不辞而别，造成技术船员流失较多，船员队伍不稳定。其间，上海海运局不得不增加郊县招工指标，而两年都未完成招工数，船员一度紧缺。为稳定船员队伍建设，根据国务院改革劳动用工制度的规定，大型国有航运企业开始逐步试行招收合同制船员。1982 年 1 月，上海海运局初步试行合同制用工制度，通过该局劳动服务公司，从职工子女中招收第一批 21 名合同制工人，全部为女性，上客船任客运服务员。1985 年，该局招收合同制船员约占船员总数 3%。锦江航运于 1983 年成立时，尚无自备船员，后随着船舶增加，从农村、海运院校及其他航运企业招收一批合同制人员，至 1985 年底，已有船员 180 人。1988 年，上远公司开始全面实行劳动用工制度改革，新进船员一律实行劳动合同制。招募船员时经德、智、体全面考核，择优录用，合同期为 5～8 年。本人表现好、愿意，可续订合同。是年，按中远总公司分配指标，该公司在上海市南汇、上海县，江苏省睢宁县等地，分两次共招收合同制船员 735 人。1989 年，该公司拥有船舶总数 155 艘，实有普通船员 5 086 人。1990 年底，上海海运局拥有船员 1.96 万人，其中合同制船员达 2 296 人，占船员总数提高到 11.7%。

90 年代初，随着我国及上海地区航海教育事业的发展，为船员招募带来新的生机，上海海洋运输行业的船员队伍从数量上、质量上都得到有效改善。在建设自有船员队伍的同时，部分企业开始注重建设一支能够适应外派需要的船员队伍。1990 年，上远公司按交通部、中远总公司要求，开始组建外派船员专业队伍，主要从现职船员中抽调，同时选择邻近省市部分贫困地区，招收农村合同工 300 名，作为外派船员培养。为解决外派高级船员短缺问题，在农村合同工外派船员中，挑选考试成绩好，身体健壮，有志于远洋运输事业的优秀青年，选送航海院校学习船舶驾驶、轮机等专业技术，作为后备外派技术干部船员补充。至 1991 年 12 月，该公司外派船员队伍人数达 1 040 人，已建成一支能够基本适应国际船员劳务市场需求的外派专业船员队伍。

为了拓宽招募渠道，并帮助部分船员克服家庭实际困难，上远公司根据上海市劳动局的有关规定，允许部分年龄较大，家居农村的远洋船员提前退休，由其符合船员条件的子女顶替，参加远洋运输船舶工作，或充实到外派船员队伍，1992 年内共招收分布在 9 省 35 个市县的 43 名远洋船员。同年，该公司还接受国家分配大中专毕业生 229 人，招收城镇合同制工人 158 人。是年底，共有船员 1.03 万人，其中固定工船员 9 322 人，合同工船员 935 人；干部船员 4 378 人，普通船员 5 879 人。

1997年,上海地区部分海洋运输企业为加强船员招募培训管理,将船员招募质量控制"关口前移",尝试新的船员招募及用工方式。是年,中远集运与上海市南汇职业介绍所、安徽省职业介绍中心、江苏省睢宁县劳动服务公司签订船员劳务基地协议,首批共招募82名船员纳入船员基地管理培训。根据协议规定,劳动关系确立在基地,其工资和各种福利均由基地负责,劳务船员上船有租金,下船无租金。船公司与船员仅在船员上船工作过程发生劳务关系,其他方面由基地负责,包括发生各种意外事故,均由基地为主负责处理。基地船员上船率比正式船员高约4%～5%。同年,该公司还在江苏省睢宁县、湖北省麻城市两地招用42名农村劳动合同工船员,经参加全国成人高考录取后,与公司签订培训合同,送往青岛远洋船员学院学习。规定在3年培训期间,费用自理,公司提供奖学金,毕业后公司正式录用。这种新的船员招募培训形式,改变了过去由公司包揽培训费用,不管好坏先培训的做法,节约了培训费用,有利于调动船员的学习积极性,且符合STCW-95公约对船员培训的要求。翌年,该公司在原有3个船员劳务基地基础上,经多次协商,与崇明县瀛发劳动服务公司签约建立第四个船员劳务基地,吸纳公司合同到期船员43名。船员基地的建立与发展,使得该公司船员招募用工制度改革得到深化和完善,基地船员在船率进一步提高到60%以上。

进入21世纪后,随着国内航运院校规模的发展壮大,毕业生数量增加、质量不断提高,为船员招募开创了新的局面。为了确保航运院校毕业生的就业,交通部逐年下达《关于部属院校水上专业毕业生就业计划的通知》,上海海洋运输各企业根据交通部《通知》精神,按照预定指标,有计划地招募部属院校水上专业毕业生及其他航海院校毕业生,招收数量逐年增加,有效改善了船员队伍的技术文化结构。2001年,中远集运为其船管公司招收102名水上专业毕业生。其中,本科68名,专科34名;驾驶专业毕业生59名,轮机专业毕业生43人,分别来自上海海运学院、大连海事大学、集美大学、武汉理工大学、青岛远洋船员学院以及广州航海专科学校6所院校。

2002年,中海集团共招收高校应届毕业生576人,其中水上专业毕业生349人;2004年,招收航海类水上专业毕业生676人。为了作好人才储备工作,该集团到各航海院校进行企业推介活动,与大连海事大学等六所航海类本科院校493名2005年毕业生签订就业协议书。2005年,在集美大学、武汉理工大学、上海海事大学、大连海事大学四所航海类本科院校共招收本科毕业生555人。2006年招收航海类水上专业毕业生更多达950人,为该集团组建后招收航海类本科毕业生数量最多的一年。

图9-1-1　2005年8月中远集运招收的中国第一代藏族远洋船员

(照片提供:中远集运档案室)

2007年始,中海集团先后在湖南、江苏、云南建立3个船员基地,实行通过船员基地招募应届高考毕业生,在上海海事职业技术学院定向培养干部船员的新模式。首批40名毕业生于船员基地签订劳动合同后,由基地派往主营、合资船舶服务。船员基地的建立为创新用工模式进行了积极探索,为加强船员招募管理创造了条件。

与此同时,上海海洋运输企业亦通过社会其他渠道招募船员。2005年8月2日,中远集运从西藏东北部洛隆县招收7名藏族青年,进入上海远洋教育中心，进行为期4个半月的远洋船员专业培训。7名船员中4人为水手，3人为机工，成为中国第一代藏族远洋船员。2008年7月，中海国际在湖南省招聘一批选择自主择业的军转干部，担任船舶政委。招聘范围和条件为中共党员，男性，具有大专及以上学历，身体健康，形象良好，符合国际《海船船员体检要求》的标准。营、团职干部，45岁以下，在部队从事政治工作或从事过船舶工作的干部优先。考试采取综合面试加笔试方式，经录用的船舶政委人选需与中海国际签订劳动合同，建立劳动关系。同时期，中波公司制定《关于吸收协作中心和社会骨干普通船员的暂行办法》，2008—2010年已有10余名社会和协作中心普通船员中的优秀水手长、机工长、大厨转编为中波公司职工。这一做法在当时中远集团系统内尚属首例，得到集团领导的充分肯定。其人性化、规范化管理有效激励了协作中心船员和社会船员的积极性，使之工作责任心、业务上进心、团队荣誉感和主人翁意识明显增强。2009年5月，上远公司为支援四川地震灾区建设，缓解灾区就业难的矛盾，根据上海市和中远集运指示精神，在四川都江堰招募5名劳务船员。

2010年，驻沪海洋运输企业在招募航海院校毕业生时，开始注重本科、专科与中专毕业生比例结构的合理性，以满足海洋运输对于船员各技术文化层次的需要。对社会技术骨干船员实行“合同化”，对普通船员实行“社会储备多元化”，做到根据航运企业对于用工的需要，灵活招募用工，努力实现人力资源效益最大化。2005年至2010年，中海集团为确保和扩大自有技术干部船员队伍建设，高度重视船员招募和航海院校毕业生推介及招募工作，共招募船员7 000余人。其中，重点招收航海大学毕业生累计达1 595人。中海国际船员总人数从2005年的2.45万人增加到2010年的2.76万人，增长12.71%；其中，自有运输船员人数从2.05万人增加到2.11万人，增长3.27%；自有干部船员人数从9 854人增加到1.18万人，增长19.84%；自有中普船员人数从1.06万人减少到9 331人，减少12.1%，自有干部船员和中普船员两者比例得到明显优化。同年，中远集运所属上远公司共招收水上专业毕业生70人。其中，本科21人，专科49人；驾驶专业33人，轮机专业27人，船舶电气专业10人。2002—2010年，中波轮船公司每年招收70余名航海院校毕业生，自有船员达到600余人，其中，干部船员400余人，占60%以上；对社会骨干船员队伍实行“合同化”，不断招揽社会船员为己所用，拥有和控制的社会骨干船员达到500余名，返船率95%以上，有效整合了船员资源；对普通船员逐步实行“社会储备多元化”，建立3个船员协作中心，使用普通船员300余名。

二、女船员

20世纪70年代后期至80年代初，上海海洋运输系统除客轮配备女船员外，在部分远洋货轮上一度也配备女船员，并有女船员就职于船舶技术干部岗位。1976—1980年，上远公司远洋货轮“风涛”轮曾配备11名女船员。1978至1979年间，上海海运学院曾有2名航海专科女毕业生，分配至上海海运局客轮任见习三副，80年代初调离船舶岗位。进入80年代后，鉴于身体条件、工作环境、工作强度等客观原因，女船员逐步退出船舶技术干部岗位及货轮岗位，只有在客货轮上的服务员、广播员等服务性岗位，仍配备女船员。

1982年1月，上海海运局通过下属劳动服务公司，从职工子女中招收第一批21名女性合同制船员，上客船担任客运服务员。1983年，又招收第二批20余名女服务员，并以第一批骨干力量带领新服务员。每季度进行一次考核，评一次浮动工资。这两批女船员工作积极、热情，受到旅客好评，有的提升为服务组长，有的担任船上广播员，有的女船员因工作表现出色，被评为上海市“三八红旗手”。1985年，上海海运局有女客运服务员（包括广播员、售货员等）992人，1990年达到1 376人。

1997年3月,中远总公司根据客货轮上需要女船员,从对口的扶贫县—云南省怒江州福贡县招收8名平均年龄不足20岁、具有高中文化程度的傈僳族女青年,到上远公司进行理论学习和技术操作培训。是年7月8日,这批傈僳族女船员被派往"新鉴真"号客货轮实习,实习期满后4人被派往天津和厦门远洋公司的客轮上,4人分别上"新鉴真"轮和"苏州号"轮,航行于上海至日本之间,成为新中国第一代傈僳族近洋客货轮女海员。1998年,中海集团与韩国沆林株式会社、大韩通运株式会社联手组建仁川国际,开辟上海至仁川中韩旅游航线,并从吉林省延边地区招募少量朝鲜族女船员,上船担任服务员、广播员工作,为中韩等国旅客提供"浪漫海上旅游,观赏异国风光"服务。21世纪初,随着上海沿海客运市场的萎缩和客运干线的逐一停航,原在这些客运航线工作的女船员亦退出或调离原岗位。

2010年,上海中日客货轮定班航线上,聘用少量女船员,担任服务员、广播员等工作,她们流利的外语水平和热情的工作态度,得到社会尊重与首肯。从事中日国际客货运的"新鉴真"轮和"苏州号"轮上的女船员与其他船员一起,坚持优质服务、准班准点,使两轮连续10多年名列上海港至大阪港、神户港安全准班率之前列,打造出具有国际影响力和社会知名度的服务品牌,多次获得上海市和全国"优质服务窗口"称号。

三、外籍船员

中波公司在1951年成立初期共有船员587人,其中,波方外籍船员358人(包括高级船员:轮机部28人,甲板部57人;普通船员:轮机部120人,甲板部153人)。1961年,该公司在船船员共有899人,其中,波方外籍船员645人,占总数的61%。在公司18艘船舶中,中波混合配备的有7艘船舶,共有57名波方外籍船员与中国船员同船工作。20世纪70年代,中波双方船员开始分开管理操纵该公司船舶。至2010年,该公司共有22艘船舶,其中波方管理9艘船舶,由波方根据需要自行聘用近250名外籍船员,从事远洋运输。

2004年,上海远洋劳务有限公司为中远集团主船队招募8名菲律宾船员。次年,该公司积极协助主船队扩大雇用菲律宾船员上"裕固河""峰云河""荣河""潮汕河"等轮16个岗位工作,为探索远洋船员管理新模式,提升主船队船舶安全管理和提高中国船员英语水平,培养和造就一支高素质船员队伍做出全新尝试。上远公司以"裕固河""峰云河""潮汕河"3艘船舶作为试点船,每艘船聘用4名菲律宾船员,分别担任大副、大管轮、水手长和机工。在9个月的聘用期内,为使外籍船员适应中国船上工作,所有聘用菲律宾船员的船舶对船上设备的操作规程、工作要求、注意事项,全部翻译成英文张贴。工前会用中、英文布置工作,航海日志和轮机日志要求用英语填写,有关台账用英文记录,消防、救生、保安演习等均用中、英文进行演习讲评。船上还重新制订作息时间,增加"COFFE TIME"(喝咖啡时间),便于中外船员之间对话交流。但通过9个月聘用期间的工作、学习实践,没有达到预期效果,遂于2005年聘用期满后,中止对外籍船员的聘用。

第二节　船员结构

一、技术结构

1978年后,上海海洋运输业快速发展,船队规模扩大,科技含量提高,船舶自动化程度越来越高,企业订购的由国外造船厂建造的船舶日益增多,总体上对船员队伍的外语水平和操作技能提出更高要求。为了适应这种变化,部分驻沪航运企业通过开展船岸多种培训形式,提高船员业务技术素质,使得船员队伍的技术结构更趋合理,适应船队规模化、现代化、远程化发展的需要。

1979年至1992年间,上远公司通过各种途径加强对远洋船员的培训,取得较好进展,有效改善远洋船员的技术结构。1979年,该公司船员总数为9 493人,技术干部船员2 424人,占船员总数25.23%,经过调整和培训,至1992年,该公司船员总数为1.03万人,其中技术干部船员3 651人,占船员总数35.6%,技术干部船员人数比例明显提高。

表9-1-1　1979—1992年上远公司技术干部船员人数分类统计情况表　　单位:人

年份	船员总数	技术干部船员	占船员总数%	技术干部船员(分类)									
				船长	大副	二副	三副	轮机长	大管轮	二管轮	三管轮	电机长	报务员
1979	9 493	2 424	25.53	205	185	197	289	205	165	196	351	170	294
1981	9 579	2 428	25.35	210	217	226	214	197	211	241	265	165	273
1985	9 645	3 038	31.50	236	284	275	275	248	289	268	318	260	374
1990	9 915	3 359	33.88	263	368	337	322	268	351	359	398	346	327
1992	10 257	3 651	35.60	291	363	362	319	290	374	391	375	368	337

资料来源:《上海远洋运输志》P303~305

进入2000年后,上海各航运企业为了适应船队快速发展需要,加强船员招募及培训工作,并通过船员外派,滚动培训(即有计划地把船员派往小船,积累工作经验后,再逐步派往大船工作)等多种方式,优化船员队伍技术结构。

"十五"计划期间,中海集团为提高技术干部船员队伍的技术水平,连续制定《2001—2005年干部教育培训规划》和《2005—2007年干部培训规划》,并通过严格的措施保障两个规划的有效实施。其间,该集团有1 032名船员参加国家适任证书考试,741名获得三副、三管轮以上证书,有效改善和提高船员队伍技术结构,为该集团发展大型和超大型船舶运输,储备了重要的技术干部船员梯队。2004年,该集团筹建中海国际,以其为主要船员培训平台,建立一系列有效措施,提高技术干部船员队伍素质,加强大型和超大型船舶船员队伍建设,及时扭转该集团成立初期船队发展迅速,而船舶技术干部紧缺局面,并形成大型和超大型船舶船员通过滚动培训、自我递进、自我"供血"机制。在各个船队都面临较大需求的情况下,该集团推出大型船舶干部在本船直升或缩短"高代低职"及滚动培训时间,形成大型和超大型船舶船员的自我递进及自我"供血"。

2009年,该集团为进一步加强技术干部队伍建设,分别建立中海船员首席培训官制度和集团校委会,发挥两个平台的作用,统一完成《"三江两区"培训教程》《船舶安全员培训教程》等远程船舶教育培训课题项目,全年培养干部船员1 674人,招募社会干部船员911人;共组织2.24万人次参加各类船员培训,其中有634名船员参加国家适任证书考试,465名获得三副、三管轮以上证书;着重加强大型和超大型船舶技术干部船员的培养,共培养大型船舶船长24名、政委18名、轮机长19名、大副36名,从制度和培训机制上确保船队大型化、规模化、远程化发展对于技术干部船员的需求。同年,中远集运所属上远公司有63名高级船员通过相应任职资格认定(船长22人、政委15人、轮机长26人)。34名船员申报相应系列各级别专业技术职务任职资格评审。28名船员通过评审,其中11人获得高级船长职称,17人获得高级轮机长职称。

至2010年,上海各海洋运输企业通过加强船员招募和培训工作,使船员队伍技术结构普遍得到快速、经济、有效的改善。中远集运通过发挥老船员作用,积极开展船舶传帮带等培训形式,有效优化船员队伍的技术结构,克服短期内大副、大管轮数量短缺的局面。其高级技术干部船员逐年增加,基本可适应和满足该公司船队大型化、现代化、规模化发展需要。中海集团积极开展船员在船远程教育培训,形成船员学习培训的高潮。仅是年,就有2.77万名船员注册学员账号,网站累计访问量近29万人次;有1.44万名船员开始系统课程学习,其中,7 782人开始课程考试。该集团下属各船公司有337艘船舶实施在船学习培训。是年,该集团自有适航船舶技术干部甲乙类证书持证率为89.34%,比5年前提高5.6个百分点,基本能适应该集团船队发展,尤其是集装箱运输的发展需要。2005—2010五年间,中海国际共新培养船长、轮机长各600人,船舶政委近300人,其他各职干部船员1万余人;培养水手长、机工长、大厨等"小三长"共计800人。2010年,中海集团自有技术干部船员人数已从2005年的9 854人增加到1.18万人,增长19.84%;自有普通船员人数从2005年的1.06万人减少到9 331人,减少12.1%,从而使自有技术干部船员和普通船员的比例由五年前的0.93∶1提高到1.27∶1。

表9-1-2　2010年中海集团在岗干部船员队伍结构情况表　　单位:人

	船长	政委	大副	二副	三副	轮机长	大管轮	二管轮	三管轮	电机员	合计
正职	911	515	794	945	914	902	749	868	971	728	8 292
见习	40	17	25	1	661	19	7	6	687	147	1 610
合计	951	532	819	946	1 575	921	756	874	1 658	875	9 907

资料来源:《中国海运统计年鉴2011》P105

表9-1-3　2010年上远公司船员队伍结构情况表

职　务	人　数	职　务	人　数	职　务	人　数	职　务	人　数
船长	336	轮机长	316	事务员	3	机工	82
政委	155	大管轮	338	船医	3	大厨	134
大副	323	二管轮	288	防火员	1	厨工	1
二副	261	三管轮	258	水手长	157	服务员	102
三副	254	轮机见习生	39	木匠	91	社会保障部	570
驾驶见习生	46	电机员	222	一水	146	人力资源管理中心	43
报务员	7	电气见习生	11	二水	32	其他	3
机工长	127	客运主任	3	见习水手	11		

资料来源:《中远集装箱运输有限公司年鉴2011》

二、文化结构

20世纪70年代末至80年代中期,由于"文化大革命"期间教育事业受到严重干扰和破坏,各航海院校停止招生，毕业生来源中断，船员多来自部队和农村；且从社会上新招募的船员文化程度普遍不高，致使上海海洋运输系统船员队伍文化水平总体偏低。1980年，上海海运局船员队伍中初中及初中以下文化水平者占66%。1981年，上远公司9 323名船员中，大专文化程度694人，占7.45%；中专880人，占9.44%；中技619人，占6.64%；高中1 601人，占17.17%；初中3 428人，占36.77%；小学2 097人，占22.49%；文盲4人，占0.04%。在2 428名技术干部船员中，大专以上文化程度474人，占19.52%；中专255人，占10.50%。由于船队发展迅速，船舶技术干部紧缺，大都从水手、机匠中直接提升任职，其虽有良好实践经验，但没有经过系统文化学习。1986年，该公司有船舶驾驶员1 088人，其中初中以下文化水平456人，占42%；轮机员1 147人，初中以下文化水平637人，占56%。

为适应海洋运输船队规模化、现代化、远程化发展需求，上海各航运企业采取选送船员参加院校进修、船上办学、由公司举办各种类型技术文化培训班等多种形式培训船员，提高船员队伍技术水平和文化层次，同时有计划地逐年增招大中专毕业生，充实到船员队伍，提高船员队伍整体文化水平。根据交通部、中远集团总公司指示，为适应船队发展需要，加快人才培养，上远公司从1986年起对年龄在40岁以下，未经各类正规学校系统学习的干部船员，分批分期选送院校进修一年，使其达到中专文化水平。是时，共有734人调岸轮训，取得中专证书，其中，驾驶员213人，轮机员306人，电机员82人，管事105人，政工28人；对未达到初中文化水平的船员，采取船舶与公司教育处签订文化补课承包合同办法，有1 736名船员经文化补课，考试合格，达到初中或高中文化水平。1986—1990年，该公司共招募大中专毕业生1 023人，占新增职工总数43%，有效提高船员队伍整体文化水平。

表9-1-4　1986—1990年上远公司招募大中专毕业生人数情况表　　单位：人

年　份	新增职工	招募大中专毕业生	占新增职工总数比例
1986	185	132	71%
1987	438	223	51%
1988	371	174	47%
1989	946	285	30%
1990	430	209	49%
合计	2 370	1 023	43%

资料来源：《上海远洋运输志》P308—309

80年代后期至90年代初，上海各海洋运输企业注重发挥教育培训专业机构作用，积极落实各项文化教育措施，努力提高船员队伍文化水平。其间，上远公司注重抓好船员单科、船舶技术考证和上岗前专业培训任务。至1990年，其培训中心培训人次已达9 304人，职校培训各种技术工人881人。由于各项教育措施落实，船员文化水平普遍提高，尤其是船长、轮机长、大副、大管轮等主要技术骨干提高较快。上海海运局通过专业教育培训机构对船员的培训，船员队伍总体文化水平也有较快提高。1987年，该局船员人数共1.41万人（包括干部船员3 794人，普通船员1.03万人），其中，大学本科734人，占总数的5.23%；大专387人，占总数的2.75%；中专1 009名，占总数的7.18%;技校826人,占总数的5.88%;高中3 631人,占总数的25.85%;初中5 634人,占总数的40.09%;小学1 829人,占总数的13.02%。与1980年相比,初中及初中以下文化程度者占比明显减少。1990年,海兴公司共有船员约4 000人,其中船长、轮机长、驾驶员、轮机员等技术干部约1 000人。由于该公司船员是从上海海运局中挑选出来的,并经过专业教育机构培训,技术干部中约90%达到大中专文化程度。

表9-1-5 1981—1991年上远公司船长文化结构情况表

单位:人

年份	合计	大专	占%	中专	占%	中技	占%	高中	占%	初中	占%	小学	占%
1981	210	66	31.43	21	10.00	20	9.52	17	8.10	67	31.90	19	9.05
1984	223	71	31.84	26	11.66	25	11.21	17	7.62	66	29.60	18	8.07
1989	259	95	36.68	39	15.06	15	5.79	23	8.88	61	23.55	26	10.04
1991	263	98	37.26	39	14.83	16	6.08	23	8.75	75	28.52	12	4.56

资料来源:《上海远洋运输志》P308—309

表9-1-6 1981—1991年上远公司轮机长文化结构情况表

单位:人

年份	合计	大专	占%	中专	占%	中技	占%	高中	占%	初中	占%	小学	占%
1981	197	28	14.21	11	5.58	15	7.61	9	4.57	65	33.00	69	35.03
1984	227	48	21.15	21	9.25	16	7.04	10	4.41	65	28.63	67	29.52
1989	262	64	24.43	44	16.79	13	4.96	15	5.73	89	33.97	37	14.12
1991	268	73	27.24	46	17.17	14	5.22	14	5.22	77	28.73	44	16.42

资料来源:《上海远洋运输志》P308～309

90年代中期始,上海海洋运输各企业经过多年努力(包括不断加强船员招募和船员教育培训等工作),使得船员队伍的总体文化层次进一步提高。1998年,中远集运招募船员的具体构成为:招收应届大、中专毕业生404人、军队转业干部1人、退伍军人6人、外系统调入17人。应届大、中专毕业生中包括航海类专业毕业生272人(本科118人,专科119人,中专35人),陆上专业毕业生132人。2003年,该公司对船员文化综合情况进行评估,结果为:可使用船员7 950人,内含自有船员6 883人,农村合同工外派船员、基地船员1 067人。其中,高级船员中具有大专以上学历1 753人,占总数48%;中专学历1 282人,占总数35%;高中及以下学历624人,占总数17%。普通船员中具有大专以上学历151人,占总数5%;中专学历326人,占总数10%;高中及以下学历2 747人,占总数85%。2004年后,该公司船员队伍中持有大专以上学历者比例更是明显提高。

至2008年,中海集团已新增大中专毕业生近万名,在岗总人数维持相对稳定,员工队伍知识化、专业化、年轻化程度不断优化,队伍结构明显改善。大专以上学历员工占38%,35岁以下青年员工占39%,中高级职称专业人员占45%。蓬勃发展的海运事业为员工提供施展才华的机会和舞台,聚集1.2万多名高级航海人才,2 300多名船长、轮机长。2005—2010年,该集团自有干部船员队伍中,大专以上学历所占比例从64.2%上升到82.8%,增加了18.6个百分点。中海国际自有适航主要干部船员中,大专以上学历占75.75%,比五年前提高11.6个百分点;其中驾驶员大专及以上学历占59.56%～90.12%,为梯形分布;轮机员大专及以上学历占57.99%～89.66%,也为梯形分布，呈现出低职务高学历的特征。至此，该集团运输船队的船员技术结构和文化结构均已上了新的台阶，为建成一支素质优良的船员队伍奠定良好基础。

表 9-1-7　2005—2010 年中远集运船员文化结构情况表

年　份	船员人数	高级船员人数	学历(占%)				证书(占%)	
			大学及以上	大　专	中专或技校	中专、技校以下	中远英语或大学英语等级证书	计算机证书
2005	8 900	4 200	25	27	36		35	24
2006	8 900	4 200	25	27	36		35	24
2007	9 200	4 100	25	27	36		35	24
2008	9 500	4 041	17	38	43			
2009	9 098	3 813	16.3	42.3	32.6	8.8		
2010	7 939	3 770	15.4	44.8	38.6	1.2		

资料来源：《中远集装箱运输有限公司年鉴(2011)》

表 9-1-8　2005—2010 年中海国际自有适航干部船员文化结构情况表　单位：人

年份		船长	政委	大副	二副	三副	电报员	轮机长	大管轮	二管轮	三管轮	电机员	合计
2005	总数	871	533	935	1 066	1 200	352	860	796	1 051	1 029	596	9 289
	大专以上	419	252	540	724	1 074	51	414	447	779	974	293	5 967
	占比(%)	48.1	47.3	57.8	67.9	89.5	14.5	48.1	56.2	74.1	94.7	49.2	64.2
2006	总数	916	561	953	968	1 336	154	900	828	915	1 185	707	9 423
	大专以上	449	259	583	658	1 244	18	430	510	683	1 126	408	6 368
	占比(%)	49.0	46.2	61.2	68.0	93.1	11.7	47.8	61.6	74.6	95.0	57.7	67.6
2007	总数	914	560	921	975	1 251		858	832	864	1 265	824	9 264
	大专以上	487	403	581	723	1 116		453	544	657	1 162	477	6 603
	占比(%)	53.3	72.0	63.1	74.2	89.2		52.8	65.4	76.0	91.9	57.9	71.3
2008	总数	953	561	914	1 068	1 642		907	866	913	1 676	796	10 296
	大专以上	512	376	549	763	1 450		479	532	664	1 486	469	7 280
	占比(%)	53.7	67.0	60.1	71.4	88.3		52.8	61.4	72.7	88.7	58.9	70.7

(续表)

年份		船长	政委	大副	二副	三副	电报员	轮机长	大管轮	二管轮	三管轮	电机员	合计
2009	总数	975	536	922	1 045	1 850		890	871	928	1 847	812	10 676
	大专以上	575	464	577	754	1 663		515	561	668	1 642	509	7 928
	占比(%)	59.0	86.6	62.6	72.2	89.9		57.9	64.4	72.0	88.9	62.7	74.3
2010	总数	1 024	510	946	1 059	2 135		947	881	975	2 112	840	11 429
	大专以上	628	455	620	783	1 924		559	569	738	1 902	550	8 728
	占比(%)	61.3	89.2	65.5	73.9	90.1		59.0	64.6	75.7	90.1	65.5	76.4

资料来源：中海国际船舶管理公司

第三节 外派船员

20 世纪 70 年代末，欧洲部分航运企业船员短缺，希望从中国等一些发展中国家招募一批合格船员，弥补船员不足的状况。鉴于船员外派属技术劳务输出，经营风险小，投资少，见效快，是船员比较容易适应的一项业务，且可为国家创收外汇，为企业带来经济效益，又可增加船员收入，同时也是解决富余船员就业的有效途径，交通部于 1979 年 5 月上报国务院关于我国远洋船员受雇到外国船上工作的请示获准，为船员外派拉开序幕。

是年，上远公司即开始组织船员劳务输出(通称船员外派)，但人数不多，没有专门建立船员外派管理机构，由公司干部处调配科指定人员负责船员外派工作。是时，没有专门的船员外派队伍。接受外派的船员，根据条件从现职船员中抽调，在思想品德、专业技术、外语水平和身体状况等方面，要求都较高。1980 年 1 月，上远公司为抽调 26 名船员组成第一套外派船员班子，到联邦德国货船“约瑟夫·罗丝”轮工作，几乎拆掉 2 套现职船员班子，造成人力浪费。翌年，上海海运局成立上海海运对外技术服务公司，也开始组织实施船员外派业务。该公司成立后，立即着手组建第一套外派船员班子，派往香港金星轮船有限公司“新鹰”轮工作，合同期为一年。

随着船员外派工作的逐步展开，上海航运企业逐步加强对船员外派工作的管理，努力拓展船员劳务输出业务。1983 年，上远公司将干部船员划归人事处统一调配管理，在处内设立一个外派工作小组，成员 3 人，专门负责外派船员调配管理工作。1984 年，该公司船员外派人数逐渐增加，为进一步加强管理，在外派工作小组的基础上，成立船员外派科，编制人员增加到 4 人。至 1986 年 3 月，该公司共向国外 10 多家船公司派出船员 1 116 人次。上海海运局为加强船员外派管理工作，不仅增设以从事船员劳务外派业务为主的专门机构，而且陆续对美国、日本、希腊、英国、挪威、瑞士、香港等十几个国家和地区的航运公司拓展船员外派业务，并与之建立长期业务关系。

90 年代初，部分驻沪航运企业为应对不断扩大的船员外派业务，按照交通部及上级公司要求，开始成立专业船员外派管理部门或公司，组建和扩大专业外派船员队伍。1990 年，上远公司成立船员外派工作部，专门负责船员外派工作的统一管理，组建并扩大专业外派船员队伍。其来源除从现职船员中抽调外，选择在交通和邮政方便的贫困地区招收农村合同工，充实到外派船员队伍。该公司船员外派部、人事处、教育处、保卫处、职校及医院派员组成联合招工组，先后在安徽颍上、寿县、无为和枞阳等县，招收农村合同工外派船员300人，安排他们去职校培训，掌握外派水手、机工专业技能及一般专业英语，外派到外商远洋船舶工作。至是年底，该公司外派部负责调配的船员达1 440人，在船人数683人。因选派的外派船员都经过严格挑选和培训，具有良好技术业务素质、职业道德素养和文化层次，在国际航运界为中国海员及本企业树立了良好形象和口碑。1991年，该公司有一套由二副，二管轮以下船员28人组成的外派班子，派到美国海威公司"大明华"轮1年多时间，因工作认真负责、作风团结协作，品德奉公守法，得到外籍船长信任和赞誉，受到雇用船公司高度评价，为中远系统创建外派船员品牌起到表率作用。中远总公司组织所属各远洋公司认真学习其先进事迹，以推进船员外派工作的开展。同年，为解决外派高级船员短缺问题，按中远集团总公司分配的指标，中远集运派出招生组在江苏宜兴、泰兴两县，招收农村合同工外派高级船员64人。翌年7月，又在湖北麻城、上海南汇及河南省，招收农村合同工外派高级船员120人。新招进的农村合同工外派高级船员，分别安排去大连和南京海运学校培训，学习驾驶、轮机专业2年，经港监考试合格后，再安排在国内船上学习1年，取得港监颁发的适任证书后，与其签订外派船员劳务合同，分配上外籍船工作。至1992年底，上远公司专业外派船员队伍已发展到1 874人，其中，固定工现职船员1 346人，农村合同工船员270人，在校培训高级外派船员258人，初步建成一支能够适应国际船员劳务市场需求，各类船员配置合理，具有国际竞争力的船员外派专业队伍。是时，该公司外派船员实际在船人数有907人，分布在美国、日本、加拿大、中国香港等国家和地区24家船公司的50艘船舶上工作，全年创汇2 028万元，获净利润853万元。该公司从首次船员外派算起，已累计外派船员6 088人，其中干部船员2 112人，普通船员3 976人。

同一时期，上海海运局船员外派工作也取得较快进展。至1990年底，该局共外派船员80批，其中有全套班子，也有半套班子，累计2 000余人次，创汇797万余美元。该局2.7万吨级自卸船"南极洲"轮，1988年始期租给美国拿维斯公司，投入英法海底隧道(英国段)建筑石料的运输。三年间由该局外派的船员换了一批又一批，始终坚持信誉至上、优质服务，恪守职业道德，全力为中国海员在国际劳务市场上争光的宗旨。其间，该轮遇大风暴不下百次，从未因之停航一天，成为英方租用的3艘自卸船中唯一以坚持维修保养创下1 000天不停航纪录的船舶，累计承运建筑石料300多万吨。因其为隧道工程建设作出卓越贡献，"南极洲"轮的船名被英国当局刻上隧道竣工纪念碑，供世人瞻仰。

"九五"计划期间，由中海集团、中远集运、中波公司等大型航运企业组织的船员外派工作，进一步拓展了上海专业外派船员队伍在国际船员劳务市场的占有率，并开始重点打入欧美船员劳务市场，获得良好成效。1999年，中海上海船员公司与中欧联合油品公司签署一份关于接管、操纵"太平洋首脑"轮(后改名为"太平洋先驱"轮)的合同。该轮为25万吨级超级油轮(简称VLCC)，根据合同规定，船员公司必须先派出一套船员班子上船实习，取得外国高级船员认可后，方可实施交接船。30名外派船员克服重重困难，成功接管、操纵"太平洋先驱"轮，填补了中国船员管理、操纵世界超级油轮的空白，在社会上引起巨大反响。《新华社》《人民日报》《解放日报》、中央电视台等新闻媒体先后报道了此次船员外派的先进事迹，向国内和国际宣告中国海员有志气、有能力自主驾驭国际航运界的"巨无霸"(详情见本卷《专记》)。

翌年，上海中海劳务合作有限公司与美国NAVIOS公司取得合作，成功接管该公司租用的"南极洲""纳斯先锋"轮等自卸船。在中海上海船员公司的积极配合和支持下，该公司选派优秀船员班

图 9-1-2 “鸿运”轮外派船员把船东货主利益放在首位，积极开展船舶自修(摄于 2000 年)
(照片提供：中远集运档案室)

子前往接管，对每一位派出船员都进行严格面试考核，坚持把思想素质好、业务能力强、英语水平高、身体健康的优秀船员派往服务，还针对每位外派船员的特点、特长，进行优化组合和合理调配，使上船船员很快即能胜任本职工作，由此受到船东高度称赞。该公司凭着严谨求实的工作态度和认真过细的工作作风，先后成功为“纳斯先锋”轮派出 4 整套船员班子。之后，美国 NAVIOS 公司又再次指定该公司为其属下的两艘拖轮配备中国船员。由于该公司坚持把“市场需要什么样的船员，就重点培训什么样的船员”作为开展各种培训的立足点和出发点，积极开拓、创新，加快了集团船员走向国际劳务市场的进程。其向欧洲市场派出船员占比由 1998 年的 36.5%，提升到 2000 年的近 50%。至 2000 年，中海集团通过加强自有船员队伍培训和管理，已拥有一支 3 746 人且素质较好的自有外派船员队伍，其中在编院校生 932 人，农民合同工 1 032 人，合同制船员 1 782 人；高级船员比例达到 55%。中波公司积极探索和拓展欧洲劳务市场外派业务，针对本公司普通船员年龄老化、体质下降的现状，为充实外派船员队伍，尝试聘用外单位农村合同工上外派船工作，并取得成效。这些船员具有一定业务水平，年纪轻，身体好，可直接上外派船，对于调整公司船员结构、降低用工成本起到积极作用。该公司首批外派船员派至挪威船工作时，为确保服务质量，公司特将外派船员降低一个级别使用，取得成功经验后，再陆续派出其他船员。该公司派出的一名船长，在取得挪威船长证书后，正式担任挪威“BELNOR”轮船长，成功带领 18 名中方船员在挪威船上工作，从此打开欧洲劳务市场大门。1998 年 11 月，中远集团劳务公司首次承接欧洲劳务市场挪威籍“卡特盖特”轮，为创建品牌，要求中波公司派全套 21 名船员上船工作。该船劳务经济效益为当时外派之首，年租金 30.4 万美元(佣金、伙食费除外)。结果派出的船员班子不负众望，以其优质服务在挪威船公司创出品牌，也为本公司竞争欧洲劳务市场打下良好基础。

至 90 年代末，中远集运船管公司外派部已与亚洲、欧洲、美洲多个国家以及中国香港、台湾地区建立长期稳定合作关系，并先后与香港远洋公司、香港鹏利公司、美国海威公司、美国华轮公司、美国福茂公司、日本正和公司、日本第一兴产公司、台湾新兴公司等保持合作关系。1998 年，该部共承揽外派船、合资船和联营船 59 套，外派船员 1 296 人，陆上劳务派出 86 人，外派收入 4 000 多万元人民币，利润 180 万元人民币，未发生船员外出不归或偷引渡事件，基本上达到安全无事故。1999 年，继续开拓劳务市场，全年共承揽外派船、合资船和联营船 71 套，其中全套班子 37 套，半套班子 30 套，零星散派 4 套，外派船员 2 080 人，陆上劳务 198 人，共计创汇 820 万美元。该部还将 2 000 多名船员的人事卡片信息全部输入计算机，以提高管理水平。2000 年，中远集运船管公司所属上海远洋劳务合作公司(后更名为上海远洋对外劳务有限公司，以下简称上海远洋劳务公司)，在劳务合作市场竞争激烈的形势下，超额完成船管公司下达的比上年净增外派船员 440 人的指标。全年共承揽外派船、合资船和联营船外派船员班子 91 套，其中全套班子 50 套、半套班子 31 套，零星散派 10 套。

2000 年至 2010 年，上海海洋运输行业通过不断完善劳务船员用工制度，提高外派船员工作积极性，尤其在面对全球金融危机冲击船员劳务市场，国际海员需求回落，船员劳务市场竞争激烈的形势下，船员外派工作仍取得新的成绩和进展。

上海远洋劳务公司为适应船员外派班子逐年增加的需求，于 2002—2003 年间，相继在江苏溧水、上海崇明、湖南长沙和江苏江都 4 地建立船员劳务基地，并为基地船员建立人事档案，将其个人信息登录劳务公司人事系统，以备外派船员招募使用。其间，该公司还与湖北省麻城市职业技能开发公司签约成立麻城基地，根据外派船员资源供求状况，以及对未来劳务外派人力资源需求的预测，在麻城招募首批劳务基地高级船员，经过文化考试和面试，安排到上海海运学院进行为期三年的正规院校学习，为高级船员外派储备力量。2005 年 5 月，上海远洋劳务公司在《新民晚报》刊登公开招聘社会船员的广告。这是该公司乃至重组后的上海远洋运输公司，历史上首次通过媒体向社会招聘船员，标志着上远公司、上海远洋劳务公司走向国际化、市场化道路的决心和信心。其共面试 1 000 多人次，实际派船 752 人，大幅缓解公司船员资源不足的现状。是年共外派船员 2 940 人，超额完成公司董事会下达的 2 875 个在船岗位的人数指标。2008 年，上海远洋劳务公司多渠道拓展高级船员资源，加强高级基地船员培养，在湖南、湖北、河南、河北、山东、安徽、江苏等地招募 258 名高级基地船员培训生，其中大专班 40 人，中专班 50 名，二年期考证班 230 名(含 62 名在职基地普通船员)；并在各海事院校招收航海类应届委培大专毕业生 100 多名。2010 年，为积极培养新生力量，抓好高级基地船员的培养，又在河南、河北、山东聊城、江苏海利达、湖北黄冈等几个生源充足并且管理较好的基地招收 100 名大专班高级基地船员培训生以及 160 名考证班学员，为劳务公司高级基地船员队伍可持续发展奠定了基础。该公司还对工作表现好并已任职大副、大管轮及以上劳务高级船员进行转制，以提高劳务船员的工作积极性，仅 2009 年就完成劳务高级船员转制 14 人，使劳务船员用工制度进一步得到完善。2010 年，上海远洋劳务公司在船外派船员达 2 760 人，外派班子 134 套，其中全套外派班子 96 套，半套与大半套外派班子 38 套。

同一时期，上海中海劳务公司充分利用和发挥中海集团大型航运企业的规模优势和船员资源丰富的人才优势，不断提高对外竞争能力，积极开拓对外业务。其实施“巩固和加强东南亚市场，稳步开拓欧美市场”的经营方针，在国际航运劳务市场的占有率逐步提高。尤其在油轮、化工船、大型集装箱船、天然气船和超大型油轮(VLCC)等特种船舶的劳务开发中取得较快进展，树立起中海劳务的品牌。至 2002 年底，该公司已与中国香港、中国台湾、日本、美国、德国、挪威等国家和地区 30 余家船东和船舶管理公司建立长期合作关系，共有 1 150 多名外派海员受雇于上述船东所属的百余艘各类船舶，航迹遍及世界各大洋。全年对外签订劳务合同总额 961 万美元，创汇 370 万美元，创利 852 万元人民币。2004 年，中海集团组建中海国际船舶管理有限公司，将北京、上海、广州、大连四地从事船员劳务外派业务的专业公司一并纳入，使四地各具规模和特色的船员劳务外派业务融为一体，借助中海集团品牌释放出更大能量，该集团专业外派船员队伍由此进一步壮大。2005 年底，中海国际外派在船人数已达 2 130 人，收入 4 214 万元。此后数年，恰逢世界航运市场持续火爆，对外派船员的需求量不断增加，该公司紧抓市场机遇，外派船员人数屡创新高。即使在面临全球金融危机冲击时，通过广泛接触客户，着力开拓市场，特别是向欧洲增派多套高端船员外派班子，2009 年底的外派在船人数仍达 3 424 人，2010 年则达到 4 039 人，平均每月增加一套船员班子。劳务外派的发展，也为该集团建设大型船舶船员队伍，提供一种便捷、有效的培训途径，成为主营船队急需船员的“蓄水池”。通过劳务外派，使许多船员能够学习到国外船公司、船舶管理公司先进的管理理念和管理方式,为集团培养造就一批大型船、特种船船员。该集团大型油轮主要干部船员很多都是通过劳务外派积累起操作和管理经验。

2010年,上海海洋运输行业船员外派工作健康有序开展,全年外派船员8 832人次,同上年相比增加78.9%。经过多年锻炼和实践,上海专业船员外派队伍不断发展壮大,并以其良好素质和优质服务,享誉国际船员劳务市场;同时也为整个上海海洋运输系统船员队伍的发展,特别是一些大型现代化船舶的船员配备,培养和输送大量人才。

第二章　船员管理

1978年后三十多年间,上海海洋运输行业,特别是中海集团、中远集运等国有大型航运企业始终坚持"以人为本"的理念,把人力资源视为企业发展第一资源。为加强船员管理,最大限度调动广大船员的积极性和创造性,建设高素质的能适应企业发展需要的船员队伍,从船员管理机构的设置,船员管理模式的改进,以及船员的调配使用等诸方面,进行反复深入的探索和实践,并取得良好成效。

第一节　管理机构

20世纪70年代末,驻沪主要航运企业上海海运局主要以划分油轮、货轮、客轮船队和设置人事管理部门从事对于船员的日常管理。

80—90年代,上海海洋运输行业的船员管理机构随着船队发展而变化。在船队管理体制不断深化改革中,船员管理机构的设置也日臻完善,逐步与之相适应,为加强船员管理发挥积极作用。

1985年,上海海运局成立油轮、货轮、客轮专业公司后,由各专业公司设置船员管理部门,从事对于船员的专业化管理。

1986年4月,上远公司成立集装箱船舶管理处,对34艘集装箱船实行集中管理,凡在集装箱船舶工作的船员统一由该处掌管调配。1987年4月,该公司又相继成立杂货船舶管理一处至管理六处,原集装箱管理处更名为管理四处。同年5月,为适应船员外派事业发展需要,建立船员外派部,作为船员外派专门管理机构。1992年,该公司船员总数为1.03万人,分属6个船舶管理处和外派部管理。

1991年4月,锦江航运组建留司船员工作部,负责留司船员的管理。之后,该公司为进一步理顺职能,将人事部、保卫部和留司船员工作部合并,命名为人事保卫部,从事对船员的日常管理。

1995年10月,中波公司经过一年多时间调查研究和改革方案酝酿,正式成立中波船员公司,负责其船员队伍的管理与建设。1999年7月,为进一步深化船员管理体制改革,改变对船员公司以行政管理为特点的管理体制,成立中波船员公司管理委员会,实行规范管理,明确管理职责和权限,以适应市场经济和对外部注册、内部独立核算的模式。

1998年5月,中海集团组建中海上海船员公司,改变以往船员由其所在船公司管理的传统管理方法,由船员公司对船员实行集中统一的"人船分离"管理(详见本章"管理模式")。该集团从建立现代企业制度,实行"专业化分工、规模化经营、集约化管理"的原则出发,以成立船员公司实现了四个"有利于":有利于船员队伍稳定,避免在船队专业化重组中的船员大调动;有利于适应专业公司在船队结构调整中，对船员数量需求的变化；有利于人才充分开发、利用，开拓船员劳务输出市场；有利于强化择优上岗机制，全面提高船员队伍技术文化素质。

同月，中远集运为推进机构改革工作，成立公司人力资源开发中心，挂靠人事部。9月，中远集运船员公司正式成立，承担中远集运集装箱船舶和船员管理。公司下设船员管理一、二、三、四、五部，外派部等。机关人员编制为258人。该公司成立后，对船舶和船员按船型、机型进行分类，实施板块管理。其中，船员管理一部有船26艘，船员1 479名；船员管理二部有船22艘，船员1 424人；船员管理三部有船23艘，船员1 447人；船员管理四部有船23艘，船员1 473人；船员管理五部有船23艘，船员1 335人。2000年3月，中远集运船舶管理公司成立，承担中远集运船舶和船员的管理职责。该船管公司有船岸职工1万多人，管理中远集运100多艘集装箱船舶和外派、合资、联营等80多艘船舶。船管公司下设船舶管理一、二、三、四、五处以及对外船舶管理处、劳务合作处和上海远洋教育中心等。有机关员工307人。2004年，上远公司重组后，中远集运所属船舶和船员均归由该公司管理，原中远集运船舶管理公司则不复存在。

为适应国有大型航运企业的快速发展，有效为其提供人力资源及人才保障，中海集团于2004年成立中海国际船舶管理公司（以船员管理为主），将原上海、广州、大连等地船员公司全部纳入该公司，由中海国际集中承担船员的招募、培训及派员，并负责与所有船员签订劳动合同以及对富余船员进行管理。该公司由此成为集团人才培养（主要指船员）的培训中心和人才输送的“蓄水池”。

2009年5月22日，锦江航运正式成立船员管理部，把船员管理职能从原先的人保部中分离出来。船员管理部专门负责船员管理调配、考试、评价及船员专业培训，并积极尝试开拓船员外派业务。该部编制5人，设部长1名，全面主持本部门工作；副部长1名，分管船员基地建设与船员管理工作；船员调配1名，负责船员调配，确保开航船舶符合船员配备要求；船员劳资管理1名，负责船员薪酬管理及各类上船费用的统计、分析；证书管理1名，负责船员适任培训、技能培训、知识更新培训，以及船员证书及档案的管理。成立船员管理部后，使该公司船员管理工作顺利实现由粗放型向精细化转变、由单一船员调配功能向全方位船员管理职能转变，提高了船员管理的专业化水平。

2010年，鉴于上海部分大型国有企业将船员管理职能回归船公司，上海地区设有船员管理机构的主要有中海集运、中海油运、中海货运、中远集运（上远公司）、锦江航运等专业轮船公司以及中海国际船舶管理公司、中波船员管理公司等专业船舶（船员）管理公司，负责中海集团、中远集运、中波公司等大型国有航运企业和合资企业的日常船员管理工作。

第二节　管理模式

20世纪70年代末，驻沪航运企业开始逐步实行劳动用工制度改革，对原固定工船员实行岗位经济责任制管理，对新进船员经德、智、体全面考核，择优录用，签订劳动合同，推行劳动合同制管理。并深化船员管理体制改革，从抓船舶定员定编着手，提高船舶工作效率。

1979年至1983年初，上远公司根据中远集团总公司的要求，抓船舶定员定编工作，降低后备船员系数，从45%减至33%。实行新的管理模式后，该公司平均每船定员为38.1人，比原来平均定员减少5人，节约劳动力677人。

1988年，中波公司在中管船舶实行船员定船管理模式，使得船员能熟悉长期工作的船舶技术状况和熟练使用船舶各种航行设备，便于加强船员管理工作和船舶维修保养，提高船舶航行的安全性与工作效率。该公司结合船舶和航线特点，压缩船舶定员数，将悬挂中国国旗各轮均减少1名机工、1 名服务员、取消专职木匠;半自动化的 3 艘船舶各派 1 名电机员,不派电助和电工。船舶定员在 31～33 人之间(1998 年 1 月 1 日起,该公司实施一系列改革,改变管理模式,再次降低船舶人员定编,从每船 26 人减至 22 人)。

1997 年初,上远公司对各船舶管理处船员定船管理工作进行一次集中检查和考核,考核结果为定船船舶总数 123 艘,占总艘数的 92.5%。其中实行单船定船的船舶 108 艘,试行分组定船的船舶 15 艘。定船船员在船率和年变动率合格的船舶各占定船船舶总数的 75.6%和 91.9%。在上述基础上,该公司重新核定每艘船舶的定员人数和减员承包编制。交接船开始后,又对所有新接集装箱船舶定员人数和减员人数进行审定。至年底,该公司船舶平均每船定编人数为 27.2 人。

同年,中海集团在沪成立后,根据企业运输发展需要,对船员管理模式的改进进行新的尝试。1998 年,该集团参照国际上船员管理惯例,率先在上海地区组建中海上海船员公司,继而又分别组建广州和大连船员公司,采用集中管理、统一调配的船员管理模式。将原属于各船公司的船员划拨到船员公司统一进行管理。其既便于从原有货轮、油轮船员中抽调优秀船员加入集装箱运输,迅速建立和发展集装箱船员队伍,又可使各专业船公司腾出手来,集中精力抓好运输市场开拓、船舶营运和安全生产,适应集团对船公司专业化重组的需要。是时,该集团制定和实施“以船舷为界”“人船分离”的管理模式。即船员离船期间的管理全部由船员公司承担,上船之后的管理则由专业船公司承担。中海上海船员公司成立之初,根据中海集团下属三大船公司(集运、货运、油运)需要,提供临时性船员班子,经三大船公司确认,方才上船接班。一般情况下,一个套派期结束后,该套船员班子即解散,随后船员公司再根据船公司新的要求,重新组合新的船员班子,再经船公司确认后上船接班。船员班子经船公司确认上船接班后,即由船公司管理。是时,船员公司建有三大船公司的“船员库”,经船公司确认后,三大船公司船员队伍基本稳定。新组建的船员公司,始终坚持“三个不变”原则,即:船员的主人翁地位不变;船员的待遇不变;机关为船员服务的宗旨不变。至 2000 年,该公司共对 257 套船员班子、5 694 名船员进行派前培训教育。并且要求套派船员班子离船后,由船舶“三长”(船长、轮机长、政委),向公司作安全生产、节控成本、争创效益和维修保养等工作的述职报告,以此强化船员的事业心和责任感。该公司还将船舶安检结果等与船长、轮机长考核挂钩,在考核中体现出船长、轮机长的实绩。如该公司派员的“紫丁香”轮严格按 SMS 规则(即《国际安全管理规则》)运作,在中海集团安检时被评为 A 级,该轮船长季度考核则评分为 A 级。“振奋 14”轮加强船舶维修保养,改变船容船貌,安检时被评为 A 级,该轮船长、轮机长在考核中均被评为 A 级。通过强化考核,将考核与奖金挂钩的管理模式,起到激励先进,鞭策落后的作用。2000 年 4 月始,该公司还建立由公司领导对“三长”派前谈话的制度,并委派指导船长和指导轮机长,对各套船员班子在运输生产各个环节中可能出现的问题进行有针对性的指导。同年 7 月,中海上海船员公司开始实施对船员 10%综合工资考核办法,即拿出船员 10%的综合工资,对船员劳动工作情况考核后再作分配,有奖有罚,加大对船员的考核力度,以激励船员努力工作。

图 9-2-1　船员工作交流

(摄于 2002 年 4 月,照片提供:中海集团宣传部)

2001年，为进一步加强船员队伍建设，中海集团开始实行船员定船管理模式，即在一段时间内，船员相对稳定在一条船上或同类型船组内工作(船型、机型和航线要求相同，1个船组不超过5艘船舶)；定船一个周期不少于3年，实行定船船舶的船长、政委和轮机长只能在一个定船周期结束后逐步变动(调岸、退休、处分及其他特殊情况除外)。集团所属各船公司主要采用船组内船员定船的方式，定船范围为船舶领导班子(三长)和主要骨干船员(客轮为客运组长级以上船员)，定船周期为3年。各船公司制定船员定船的方案和规定，并与船员公司签订定船协议书，明确定船船员名单、定船的时限和有关保证船员稳定的要求和措施。至2001年8月15日，该集团船员定船工作进展顺利，已有191艘船舶实行船员定船，定船完成率为64.1%。是时，各船公司和船员公司对定船工作十分重视，普遍认为实施船员定船，保持船员相对稳定有利于船舶的安全生产和科学管理，有利于船舶的维修保养和提高经济效益，有利于保持船员培训、考核和管理的连续性，有利于促进船员队伍建设和船舶精神文明建设。

2004年，中海集团组建中海国际船舶管理公司，有效整合上海、广州、大连、北京四地的船员资源，实现船员"统一招募、统一培训、统一配置、统一管理、统一服务"的集约化、专业化管理，不仅为该集团做强做大船员资源"人才库""蓄水池"提供了体制保障，也为本集团船队调整升级、跨越发展，特别是快速打造一支跻身世界前列的集装箱船队提供了强有力的人才支撑。成立当年，该公司就完成集团大型船舶配员60余套。自2005年4月至2006年4月的一年间，其以组建船员班子月均超过1艘的速度，完成14艘大型集装箱船的接船任务。

图9-2-2 中海国际成立后对船员进行集中管理集中培训

(摄于2005年，照片提供：中海集团宣传部)

在中海集团积极探索和改善船员管理模式的同时，上海地区其他几家大型航运企业为适应市场经济发展需要，也对船员管理模式不断进行更加细化的变革。1999年，中远集运船员公司(后改为中远集运船舶管理公司)从深化船员管理体制改革和建立现代企业制度出发，开始逐步推进船员管理由卡片式管理向计算机管理的转变，加快人事管理信息网络建设，第一期工程于是年9月1日正式运行。2000年，该公司为加强船员管理，采用船岸员工交流工作岗位的管理模式，借调优秀船员到公司经营部门工作，加强船岸员工交流，为选调优秀船员充实到经营部门作好人员考核与遴选的准备工作，并由此建立起"优秀船员人才库"。是年下半年起，每半年一批，每批选调船舶驾驶员10人左右，以交流性质到经营部门临时帮助工作。借调期满全部返回船管公司，仍由船管公司安排至船舶工作。借调期间由公司人事部跟踪考核，表现优秀者列入"优秀船员人才库"以备调用。同年12月，中远集运船管公司取消船员职务任免制，实施船员岗位聘任制，促进船员资源合理配置与有序流动，进一步理顺用工关系，明确管理职责。翌年10月，该公司开始接管各基地船员的管理工作，采用将考核与任用有机结合的管理模式，有效加强基地船员在船的跟踪管理。

2003年1月，中波公司废除原《船东管理条例》，制定出台新的《船员在船管理办法》。该办法实行船员管理职能的转变，将船员管理的责、权、利统一到中波船员公司，并理顺公司职能部门与船员公司的关系，改变过去职能交叉、重复劳动的现象，使船员事务处理更加快捷、有效，从而调动了船员积极性，增强了船员的效益、安全和管理意识。为保持船员队伍稳定，防止技术干部船员的流失，该公司坚持推行“三个留人”机制,即事业留人、感情留人、适当的待遇留人,通过加大与船员的交流、沟通,创新船员激励机制,加强船岸人才交流,选拔部分优秀高级船员进入机关和陆上企业任职等方法,使船员流失率保持在较低水平。

“十一五”计划期间,上海海洋运输系统船队规模化、大型化、现代化发展较快,对船员综合素质提出更高要求。为适应船队的快速发展变化,中海集团等重点航运企业在船员管理模式上不断进行探索、调整和改革,力求使之更加切合生产经营实际和适应船员队伍的发展壮大。

2007年4月,中海国际为满足三大主营船公司(中海集运、中海货运、中海油运)的个性化管理需求,加大对船员的关心关爱力度,增强船员的归属感和稳定性,按照中海集团部署,创新船员管理模式,以船员管理专业化、专属化、精细化为切入点,以“实名制”形式,为各主营船公司建立“专属船员库”。同年,“管船、管人、管事”(简称“三管”)相统一的“人船合一”管理模式在中海油运开始试点。翌年3月,中海集运、中海货运、中海客运等中海集团所属专业船公司全面实行“三管”模式。“船员库”内船员的调配权及相关调配人员从中海国际移交各船公司,船员的使用、管理、任免、考核、奖惩、流失都由船公司负责。至此,中海国际的管理角色,由原先全面担负集团船员管理职责,转变到供给主营船员、调节主营船员库余缺的“主渠道”和“蓄水池”上来。为推进“三管”顺利进行,该公司制订一系列配套管理制度,调整管理机构,深化船员管理信息化建设,认真做好船员招募,船员劳动合同签订、船员换库、接纳分流安置主营出库船员等服务,为主营船员库建设提供了有力保障。2009年4月,中海集团根据“三管”实际,制定《中国海运船员管理工作职责界定》,进一步明确实行“三管”后船公司和中海国际的船员管理职责。各相关单位都以促进船员管理精细化、船员资源利用率最大化为目标,及时设置相应的船员调配机构和党群管理岗位,完善和优化船员晋升、聘用、考核等管理工作流程,建立起包括集团所有船员信息的数据系统,为船员动态显性化、船员成本明晰化、船员管理精细化搭建操作平台。通过船员管理信息平台与财务系统的数据对接,使船员成本费用实现“实名制”,精细到单船、单人、单项成本,从而规范了船员成本费用统一口径,加强了对可控成本的控制和管理。

2010年,中海集团、中远集运等大型国有航运企业基本上都实施“人船合一”的船员管理模式。即由主营船公司负责“三管”。船舶(船员)管理公司则主要负责船员招募(负责签署劳动合同)、培训和外派等管理。其中,中海集团主要分为中海集运、中海货运、中海油运三大主营公司分管船员。上远公司通过船管部对在船船员实施“人船合一”的常态化船员管理模式,便于船员熟悉掌握船舶设备技术及有效地激发船员的“主人翁”精神。该公司将船员资源分为主船队和劳务外派两个板块。主船队由四个船舶管理部组成,对应相应的自有船舶,由上远公司人力资源部负责招募;劳务外派由上海远洋对外劳务有限公司自行招募、管理并派遣到相关的外轮和国轮上。上远公司和上海远洋对外劳务有限公司均建有自己相对稳定的劳务基地,普通船员大都由劳务基地提供,干部船员在大专院校中招募。两个板块之间的船员也有交流和流动,包括将主船队部分船舶连同船员整建制交由劳务外派使用和管理。每年在主船队船舶中评比出“华铜海式”船舶和文明船舶,在外派船舶中评比出船东满意最佳船舶和船东满意船舶,予以奖励。

第三节　船员调配

一、调配机构

改革开放初期,上海海洋运输各企业普遍设有专门的船员调配部门。1978年,上海海运局下属的客运、货运、油运3个船队均有船员调配部门。同年，上远公司为加强干部管理，船员调配分别由两个部门进行，船舶干部统一由公司干部组调配，普通船员由公司人教组调配。1979年5月，该公司人教组改名为人事处。人事处分船员管理科、船员调配科和劳动工资科。调配科按船型、航线、船员人数，划分3个调配小组，分别负责所属船员调配工作。干部组改名为干部处，也相应设3个调配小组，每组调配员3人(其中1人担任调配组长)，按船舶类型、航线、干部船员人数，分别负责干部船员调配工作。

1980年11月，上海海运局为有利于执行“既沿海，又远洋”的经营方针，避免分级分权管理和统一指挥、统一调度之间的矛盾，经交通部批准撤销原船队管理体制，实行局对运输船舶的一级管理。同时按管理职能组建航运、船务和人事3个部，由分管副局长分别兼任部主任，各部直接管理到船。船员调配由人事部负责。1983年底，该局船舶管理体制再次变动，在局机关分设第一货轮、第二货轮、客轮、油轮4个船舶管理处，并相应撤销航运、船务和人事部，船员调配职能划归各船舶管理处。1985年，该局为在船舶管理上合理划小核算单位，实行分级分权管理，撤销原船舶管理处，组建相对独立的专业运输公司，即石油运输公司、客运公司、第一货运公司和第二货运公司。4个专业运输公司均作为一级管理机构，从而形成了局、船公司对船舶的二级管理体制。船员调配部门由各船公司直接设置。

1986年4月，上远公司对所属34艘集装箱船实行集中管理，成立集装箱船舶管理处。凡在集装箱船舶工作的船员统一由集装箱船舶管理处掌管调配。翌年4月，又相继成立船舶管理一处至管理六处，原集装箱管理处更名为管理四处。并设船员外派部，作为船员外派专门管理机构。至1992年，上远公司船员总数为1.03万人，分属6个船舶管理处和外派部管理。在调配方式上，由先前公司人事处集中统一调配，转变为由各船舶管理处(含外派部)负责调配。各船舶管理处设船员管理科，编制6～7人，设科长1人，专门负责管理处所属船员调配工作。随着船队管理体制改革的深化，其船员调配机构日臻完善。

1998年始，中海集团分别组建上海、广州、大连船员公司，对船员实施集中统一管理。是时，中海上海船员公司分别设有集装箱运输、货运、油运船员调配科，对集团上海地区的船员实施统一管理、统一调配原则。2004年，中海国际成立后，将中海集团在上海、广州、大连、北京等四地的船员资源融为一体，统一管理、统一调配。

2008年至2010年，中海集团所属各专业船公司全面实行“三管”模式，将管船、管人、管事统一起来。原先由中海国际掌管的“船员库”内船员调配权及相关调配人员全部移交各船公司，船员的使用、管理、任免、考核、奖惩、流失均由各专业船公司负责。各船公司都设有专门的船员调配部门。至2010年，上远公司船舶管理部由六个相继调整为五个、四个，船员调配机构都是在船舶管理部下设船员管理科，统一调配所属船舶的船员。前期船员管理科内除调配员外，还设有财务专员、工会干事、汽车驾驶员，直接行使公司为船舶服务的相关职能；后期将调配员之外人员均收归职能部门，船员管理科专司船员调配以及船员劳动安全管理职责。外派船员由上海远洋对外劳务公司船员管理部调配。

二、调配方式

20世纪70年代末至80年代，驻沪各海洋运输企业在船员调配工作中，认真贯彻“有利生产、有利安全，科学安排，合理调配”原则，努力使调配方式适应船队发展需要。

其间，上海海运局十分注重船舶领导班子(主要是船长、政委、轮机长)的搭配，包括以新船长搭配老政委协助其工作,以老船长搭配新政委等。在调配船员班子时还注意发挥先进船员班子的榜样作用以及新老船员间的传帮带作用。

上远公司船员管理部门在配备船员班子之前,对船长、政委、轮机长的调配,须事先由公司海监、机务、政治部组织部门签署意见,报公司主管领导审批后执行;大副、大管轮、管事的调配须由调配科长把关,处长批准;船员调动或公休,要同时征得船长、政委两人同意,不到公休时间,原则上不能离船。安排船员公休时,长航线每一往返航次休假人数不超过40%,短航线每一往返航次休假人数不得超过20%,遇特殊情况分别不得超过50%和30%。1986年始,该公司针对集装箱船周转快、船期紧、靠泊时间短,对船员技术素质要求高的特点,在调配集装箱船船员时,按"三早""二先""一流动"原则进行。"三早"即船舶早报公休人员名单,调配早叫接替人员,船员(接替人员)早到指定地点报到或上船。"两先"即"先远后近","先长后短",调配人员对职务相同,时间相近的公休假人员,需调派上船工作时,先抽调路途远的或外埠船员,保留路途近的或本埠船员,以资机动;对职务相同,住地相近的公休假人员,需要调派上船工作时,先抽调休息时间较长的,以体现合理调配,苦乐均衡原则。"一流动"是在业务技术胜任条件下,大、小船舶和远近航线逐步调整;在小船(或近航)工作的船员,每年要有一定比例的人调整上大船(或远航船);反之大船(或远航)每年也要有一定比例的人调整上小船(或近航)。实施这一调配原则后,使得集装箱船的船员调配交接班时间缩短,当集装箱船返航抵靠码头时,接班船员即可上船,船员交接班仅用一天时间或者2～3小时内便可完成。是时,该公司船员调配程序同时还规定:长航线船在抵国内港口前15天左右,短航线船提前一个航次,将公休船员名单报送船员主管部门;调配人员根据船上意见和原来安排,及时提出调配方案,交有关负责人审定;对主要干部船员调配,分别由海监、船技、组织部门签署意见,报主管领导批准,并电告船舶。

1990年,中波公司在船员调配工作中,坚持"五个搭配"原则,即注意政治状况、技术状况、船员住地、新老成分、文化结构的合理搭配。在条件许可时,部分实行双向选择,使每艘单船的船员配备形成整体合力,从而保证船舶的安全生产、稳定团结和双文明建设。在做好正常船员调配工作的同时,遵照中远总公司有关"双定"(定船定员)工作的指示,继续做好船员"双定"工作,其所属"长兴"等四艘船因实行单船双套班子定船,保持了船员配备基本稳定,达到年变动率不超过15%的规定。

1992年,上远公司贯彻中远总公司《远洋船员管理工作条例》,使船员调配工作进一步制度化、规范化。根据不同类型船舶,科学安排,合理调配船员,注意做好对大吨位船舶船长和大副的配备;对自动化船舶轮机长和电机员的配备;对大吊船、集装箱船和装载危险品的船舶,则视其特点配备相应船员,尤其是配备好船舶领导班子。

90年代末,上海海洋运输行业开始将先进的计算机技术应用于船员管理及船员调配工作,使工作效率与管理水平明显提高。1998年,中远集运船员公司管理五部管理科与IBM公司所属上海友胜经贸有限公司技术人员,率先共同开发"船员管理电脑程序"。该程序具有六大功能,包括船员全部资料收集、统计、分类及查询;所有船舶基本数据的查询和在船人员的查询;自动生成船员上船调令和自动计算船员在船天数;查询船员地址、出生年月、入司时间、毕业院校、学历、经历、培训、各类证书、合同期限等船员个人资料;在船部门长以上人员的统计;船员跨部门调动管理等。其特点为查询快捷、操作简单直观、能替代人事卡片,并可实现船员公司各管理部门之间以及与各领导和职能部门之间的联系。经试运行情况良好,基本实现船员管理和调配使用电脑化。

2000—2010年,中海集团、中远集运等驻沪主要航运企业及船员管理公司将船员调配工作进一步制度化、规范化，而且注重发挥船员统管、集约化配置的优势，使船员调配工作更加适应运输生产的迅速发展。2002年，中远集运船舶管理公司制定《船员适任资格、适岗资格评估管理细则》和《船舶岗位聘用管理程序》等办法，为船员调配工作的合理配置从制度上打下良好基础。2004—2005年，中海国际成立之初，恰逢中海集团一批新造大型集装箱船陆续投入营运，急需选拔配置船员。该公司充分发挥船员资源统一配置的优势，在船员调配中体现出突出重点，满足急需，全力解决运输生产急难问题的特点。本着“确保集团船舶配员，确保开船不掉链”的承诺，集中所有船员资源，在短时间内为中海集运32艘大型集装箱船，包括当时我国乃至全球装载能力最大的9 600 TEU集装箱船，及时推荐了200余名优秀干部船员为其所用。与之同时，还加快集装箱干部船员的滚动培养，为集团集装箱运输的快速发展储备一批合格的后备船员队伍。同一时期，中波公司认真贯彻船员调配原则，讲究调配艺术，注重调配质量的提高。其根据船员年龄结构、技能水平和个性特征，配出最佳船员班子；推行内部“板块管理”，建立和健全调配工作责任制，加强对调配质量的考查评估，并与工作人员的考核奖励挂钩；进一步落实船员跟踪管理制度，加强对船员素质和能力的考核；坚持对船员班子的定期分析制度，重点是船长、政委、轮机长，特别是新任职人员。由此，使船员调配更加合理和规范。锦江航运在船员调配中，确立高级船员“自有化”、普通船员“多元化”的管理模式，有计划地引进、培养和稳定一支优秀干部船员队伍，做好干部船员梯队储备，从而为确保船舶各岗位调配所需，发挥企业核心竞争优势提供保障。2006—2010年，上远公司针对新时期船员心理特点改进船员调配工作，将机关、船舶、船员和船员家庭有机融合成一体，及时掌握船员实际要求和困难，有的放矢、最大限度地调动船员上船积极性。在船舶领导班子调配中征询个人搭档要求，试行个人意向和组织安排相结合的方法，组合最佳船舶班子。此后该公司各船舶管理部在船员调配尤其是船长、政委和轮机长调配上均沿袭既充分尊重个人意愿，又考虑强弱、个性、文化层次、既往合作等多方面因素，合理、科学、有效组合船员班子的传统做法，做到优势互补，船员心情舒畅。

第三章　船　员　生　活

中共十一届三中全会后，在大力发展海洋运输的基础上，上海海洋运输系统的船员生活水平和劳动条件，包括收入、伙食、居住、医疗、疗休养等各项物质待遇，不断提高和改善，船员业余生活也日益丰富多彩，广大船员的工作热情和“主人翁”精神进一步得到激发。

第一节　物　质　待　遇

一、工资

20世纪80年代初，上海海洋运输系统船员工资标准分船上和岸上两种。船上工资是船员在船工作时的工资待遇。根据海上航行特殊劳动条件，船上工资比岸上工资增加30%（水陆差）；岸上工资是船员在离船公休、待派或临时奉调做其他工作时所享有的工资待遇。

1984年，上远公司开展职工工资调整工作，较大幅度调高远洋船员工资。列入这次调资范围共1.06万人，其中升一级9 943人，较多增加工资的478人；少升（不满一级）的74人，共增加工资

11.33 万元,平均级差 10.78 元。同年 12 月,上远公司超额完成总公司下达的运输任务和多项经济指标,决定由企业自费,给予职工工资浮动升级,其款源从公司奖励基金中支付。船员按交通部上海地区各类船员工资标准的级差,就近向上浮动一级。

1985 年,交通部直属航运企业根据交通部制定的直属航运企业各类船员套改工资标准,为船员增加工资。增加水平基本上是套一级升一级。经过套改,原船员数 10 种工资标准,全部统一到交通部规定标准级上,以进一步体现按劳分配原则。是年,上海海运局根据企业效益情况,利用企业自有资金,为船员职工增加一次性企业内部工资,船员人均净增月工资 19.75 元。

表 9-3-1 1985 年交通部直属航运企业各类船员套改工资暂行标准情况表

单位:元(人民币)/月

工资等级		岸上工资标准	船上工资标准	工资等级		岸上工资标准	船上工资标准
一(特级)	正	285	371	十	正	117	152
	副	270	351		副	110	143
二(特级)	正	256	333	十一	正	103	134
	副	243	216		副	96	125
三	正	231	300	十二	正	90	117
	副	221	287		副	84	109
四	正	212	276	十三	正	78	101
	副	203	264		副	72	94
五	正	195	254	十四	正	67	87
	副	186	242		副	62	81
六	正	178	231	十五	正	57	74
	副	170	221		副	52	68
七	正	162	211	十六	正	47	61
	副	154	200		副	43	56
八	正	147	191	十七	正	39	51
	副	149	181		副		
九	正	132	172				
	副	124	161				

资料来源:《上海远洋运输志》P329～330

1986 年,经国务院批准,上海海洋运输行业贯彻按劳分配原则,进行船员工资制度改革,把船员工资同本人职务、责任和劳绩紧密联系,实行职务工资制。提职提薪,变职变薪。上远公司参加这次工资改革船员人数 9 381 人,人均每月增资 42.40 元。绝大部分船员实际收入均有提高,有 8 924 人职薪不一致问题得到解决,其中干部船员 3 604 人,普通船员 5 320 人。上海海运局推行新的工资制度,理顺工资关系,逐步使工资同本人职务、责任和劳绩密切联系,促进了船员队伍稳定和技术进步，调动了船员积极性。新的工资制度实行职务工资、奖励工资和现行津贴相结合，船上工资标准包括船岸差。按船组、职务确定职务工资等级线，每职级数、船岸差比例从20%提高到30%。实行提职提薪，变职变薪。提高新进船员（包括大、中专、技校毕业生和从社会招收的学徒工）的定级工资待遇。规定船员定级工资水平，运输船员可比陆上同类人员高一级。此次工资改革后，船员月平均增资20.77元，增资最多的122元，最少的12元。1987—1988年，上海海洋运输企业遵照国务院关于"按国营企业职工人均每月增加1.80元计算增加工资总额"规定，再次为部分船员调整工资。

1988年后，上海海洋运输系统开始实行承包经营责任制，同时实行工资总额同经济效益挂钩。按照经济效益好差，公司可自主浮动船员工资。上海海运局在企业取得较好经济效益的前提下，1989年内连续三次增加职工工资。第一次自当年1月1日起，增加功效挂钩浮动工资，若经济效益下降，不能提取足够效益工资基金时，所加工资相应减发或停发。第二次自3月1日起，对经过考核，在劳动表现、遵章守法、服从分配、坚守岗位、安全生产等方面表现较好的人员，增加企业工资一级。其中半级系海运局被交通部批准为国家二级企业后增资。若二级企业受影响时，这半级工资相应取消；另半级为效益工资，若企业经济效益下降时相应下浮。第三次自8月1日起，鉴于企业效益较好，再次增加企业功效工资（根据企业效益浮动）。1990年1月1日起，继续增加一级企业浮动工资。经过几次调整后船员工资有较大提高，全年人平均工资为6 682元。

上远公司自1988年起，实行工资总额承包，发给船员职工的工资、奖金和岗位津贴等，都在工资基金内列支。因生产任务完成好，经济效益明显提高，是年先后两次给船员职工增加效益工资，并将前年浮动的一级效益工资作为企业固定工资，增资款源由工效挂钩后提取年度效益工资中支付。1989—1991年，结合公司生产效益情况，再次调整船员工资。1991年5月1日起，根据交通部、中远总公司规定，对远洋船员工资标准进行调整，并将粮油调价后人均每月增加6元补贴，计入标准工资。船员工资额（含基本工资、岸上职务工资、船上职务工资和浮动效益工资）标准，若不在原工资标准等级上，均就近向上靠至新工资标准。1992年，该公司深化改革，各项经济指标完成较好，在提高企业经济效益基础上，给全体职工增加效益工资，并向生产第一线的远洋船员，尤其是技术干部船员倾斜。凡符合升级条件，任现职14年以上船长、政委、轮机长增加二级半效益工资；大副、大管轮、一级电机员和一级报务员增加二级效益工资；其余船员均增加一级半效益工资，使船员个人收入大幅增加。

1993年6月，中波公司大幅提高船员在船工资水平，鼓励船员安心工作。翌年，根据中远集团统一安排，再次调整船员在船工资，使船员工资（扣除人民币与美元汇率并轨的影响）总增长幅度达到43.77%。1998年6月，该公司开始在船舶实行全外汇计价工资制。在船发放远洋津贴和固定加班费，按规定标准由船舶制单，以美元发放。国内发放职务工资，按汇率折成人民币，由财务部计算，按月从国内工资中发放。完成任务奖，待航次结束由公司考核，根据船员在船表现，以人民币发放。

中远集运在沪组建后，于1998年根据中远集团规定，对船员工资体制进行改革，从岗位技能工资制转变为岗位职务工资制，船员上船实行"一岗一薪"，同时统一船员下船工资标准。为使新老工资体制平稳过渡，确保安全生产，该公司对船员公司采取适当扶持政策，对其工资总额由船员公司根据实际使用情况实报实销。为进一步促进船员公司加强内部管理和成本核算，有效控制人工成本，从2000年起对船员公司机关和船舶实行工资总额计划管理。

表9-3-2 1999年中远集团远洋船员工资标准表

单位：人民币元/月

序 号	岗位/职务	工资标准	序 号	岗位/职务	工资标准
1	船长	4 000	10	船医	1 500
2	轮机长	3 720	11	水手长、机工长	1 680
3	政委	3 050	12	大厨	1 500
4	大副、大管轮	2 900	13	木匠	1 460
5	二副、二管轮	2 200	14	一水、一机、一电	1 400
6	三副、三管轮、冷藏员	1 680	15	二厨、大台服务员	1 360
7	报务员、电机员	2 200	16	二水、二机、二电	1 280
8	报助、驾助	1 450	17	三厨、服务员	1 200
9	管事	1 560			

注：此次工资调整于1999年5月1日起执行。
资料来源：《中远集装箱运输有限公司年鉴2000》P222～223

同年，中远集运船舶管理公司(原船员公司)根据“以市场为导向、船员的专业技能管理能力参与分配”原则，经过全面、反复调研和测算，归并或取消20余项船舶劳务费奖金，制定出《船员业绩工资管理规定》和《船员加班工资管理规定》，简化发放程序。为使船员收入水平同其承担的责任和实际工作业绩挂钩，加强对船舶和在船船员的考核，简化在船船员工资奖金发放程序，对船员劳务费奖金进行大调整，实施船员业绩工资制度与加班工资制度。

2001年，中远集运为适应市场竞争、人才竞争的新形势，建立以吸引人才、留住人才为核心的激励与约束机制，确保航运主业的人才优势和船员队伍稳定。根据《中远集团远洋船员工资改革指导意见》和公司集装箱船队特点，制定《中远集装箱运输有限公司远洋船员工资实施办法(试行)》，在2000年船员奖金结构调整基础上，再次对船员工资进行改革。重点是按生产要素和市场原则分配，大幅度提高在船船员工资收入水平，特别是船长、政委、轮机长、大副、大管轮等重点岗位干部船员的工资收入水平；普通船员中则重点提高水手长、机工长工资收入水平。为加强船员现场考核力度，在船船员业绩工资全部纳入考核发放。通过工资改革，使船员工资变隐形工资为显性工资；变事后激励为事前激励；变人为调节为市场调节。其中，年功工资体现不同岗位之间劳动积累和劳动贡献差别，标准为每年6元；加班工资实行法定节假日加班工资制度；航贴按中远集团1998年标准执行；待派工资包括待派基本工资和年功工资，待派基本工资按中远集团1999年标准执行。此次调整后，其船员岗位职务工资、业绩工资标准如附表。

表9-3-3 2001年中远集运船员岗位职务工资标准表

单位：人民币元/月

船舶类型	一类船舶			二类船舶			三类船舶			四类船舶		
工资类别	岗位工资	业绩工资	合计	岗位工资	业绩工资	合计	岗位工资	业绩工资	合计	岗位工资	业绩工资	合计
船长	7 500	9 700	17 200	7 500	7 600	15 100	7 500	4 800	12 300	7 500	4 100	11 600
轮机长	6 800	8 800	15 600	6 800	6 900	13 700	6 800	4 350	11 150	6 800	3 800	10 600

（续表）

船舶类型	一类船舶			二类船舶			三类船舶			四类船舶		
工资类别	岗位工资	业绩工资	合计	岗位工资	业绩工资	合计	岗位工资	业绩工资	合计	岗位工资	业绩工资	合计
政委	6 000	6 000	12 000	6 000	4 600	10 600	6 000	3 550	9 550	6 000	2 800	8 800
大副、大管轮	5 000	5 650	10 650	5 000	4 550	9 550	5 000	3 100	8 100	5 000	2 300	7 300
电机员	3 600	4 800	8 400	3 600	3 600	7 200	3 600	2 600	6 200	3 600	2 000	5 600
二副、二管轮	3 600	4 200	7 800	3 600	3 250	6 850	3 600	2 300	5 900	3 600	1 700	5 300
报务员	3 600	3 800	7 400	3 600	2 800	6 400	3 600	2 200	5 800	3 600	1 600	5 200
三副、三管轮	2 800	3 150	5 950	2 800	2 500	5 300	2 800	1 800	4 600	2 800	1 450	4 250
事务员、船医	2 400	2 600	5 000	2 400	2 000	4 400	2 400	1 700	4 100	2 400	1 440	3 840
水手长、机工长	2 700	3 250	5 950	2 700	2 600	5 300	2 700	1 900	4 600	2 700	1 550	4 250
大厨	2 400	2 550	4 950	2 400	1 950	4 350	2 400	1 650	4 050	2 400	1 420	3 820
木匠	2 200	2 470	4 670	2 200	1 870	4 070	2 200	1 600	3 800	2 200	1 400	3 600
一水、机工	2 000	2 060	4 060	2 000	1 760	3 760	2 000	1 650	3 560	2 000	1 360	3 360
电工	2 000	1 790	3 790	2 000	1 590	3 590	2 000	1 440	3 440	2 000	1 290	3 290
厨工、服务员	2 000	1 790	3 790	2 000	1 590	3 590	2 000	1 440	3 440	2 000	1 290	3 290
二水	1 800	1 790	3 590	1 800	1 590	3 390	1 800	1 440	3 240	1 800	1 290	3 090

注：① 一类船舶为 5 000 TEU 以上（含 5 000 TEU）船舶。
② 二类船舶为 3 000～4 999 TEU 船舶。
③ 三类船舶为 1 000～2 999 TEU 船舶。
④ 四类船舶为 999 TEU 以下（含 999 TEU）船舶。
资料来源：《中远集装箱运输有限公司（上海远洋运输公司）史》P420

2003 年起，上海海洋运输各主要企业为了进一步适应人才市场的激烈竞争，提高船舶在岗运输船员工资，出台一系列新的工资调整方案。其中，中海集团从 2003 年 1 月 1 日起，将在岗运输船员（含后备系数）按人均 220 元/月增资。中远集运根据市场化原则，自 2004 年 4 月 1 日起，在保持船舶原工资结构基本不变基础上，对一、二类船舶关键岗位（船长、轮机长、政委、大副、大管轮和电机员）月业绩工资标准进行适当调整。中波公司自 2003 年上调主营船队船员岗位工资标准后，2005 年 1 月起又对中管船舶的船长、政委、轮机长等七个岗位实行岗位津贴，体现向主要岗位倾斜的工资改革理念。2006 年 1 月起，该公司在主营船队船员待遇不变的基础上，实行在船船员法定节假日发放节日加班工资。是年 7 月 1 日，该公司出台主营船队船员新的岗位工资管理办法及工资标准，船员在船岗位工资平均增幅达 8.8%。在主船队调整船员工资的同时，外派各板块也相应调整工资待遇，将“待遇留人”落到实处，进一步调动了广大船员的工作积极性。

表 9-3-4 2004 年中远集运远洋船员业绩工资标准表 单位:人民币元/月

职 务	业绩工资标准			
	一类船	二类船	三类船	四类船
船长	22 700	18 600	4 800	4 100
轮机长	18 800	14 900	4 350	3 800
政委	8 000	6 100	3 550	2 800
大副、大管轮	7 650	6 050	3 100	2 300
电机员	7 650	6 050	2 600	2 000
二副、二管轮	4 200	3 250	2 300	1 700
报务员	3 800	2 800	2 200	1 600
三副、三管轮	3 150	2 500	1 800	1 450
管事	2 600	2 000	1 700	1 440
船医	2 600	2 000	1 700	1 440
水手长、轮机长	3 250	2 600	1 900	1 550
大厨	2 550	1 950	1 650	1 420
木匠	2 470	1 870	1 600	1 400
一水、机工	2 060	1 760	1 560	1 360
厨工、服务员、电工	1 790	1 590	1 440	1 290
二水	1 790	1 590	1 440	1 290

注:一类船舶为 5 000 TEU 以上船舶;二类船舶为 3 000~4 999 TEU 船舶;三类船舶为 1 000~2 999 TEU 船舶;四类船舶为 999 TEU 以下船舶。

资料来源:《中远集装箱运输有限公司年鉴 2 005》P272~273

2005 年,因中国远洋股票上市,其所属中远集运对船员工资和奖励的操作及支付流程发生变化,按照《船员租赁协议》约定,该公司根据船舶实际运营和编制情况,以租金方式,向下属上远公司支付船员固定工资费用。为了更好行使船东的激励职能,保障船舶运营安全,中远集运根据公司整体效益完成情况,结合船舶管理状况,视情给予船员船东效益奖励,以调动船员工作热情。上远公司还提高了退养船员工资标准,从原来每月 1 000 元,提高到每月 1 400 元。

同年,中海集团投入 1 亿多元资金,实施主营船舶船员工资改革。该集团按照大型船舶船员工资分配模式,将当时中海国际发放的船员工资津贴与船公司发放的奖金劳务费(不含自引劳务费、洗舱劳务费和客轮特殊劳务费),合并成改革前的在船船员工资收入。实施工资改革后,在船船员工资分为岗位工资和业绩工资,各占 50%。岗位工资内含技能工资、工龄工资、加班工资(含法定节假日加班工资)、煤气补贴、书刊费、油轮津贴、交通补助、冬菜补助等。业绩工资内含船员在船奖金、劳务费等。岗位工资由中海国际按月代发,业绩工资由各船公司制定考核办法,经考核后发放。该集团所属船公司除按规定发放远洋航行津贴外,继续保留自引劳务费、洗舱劳务费和客轮特殊劳务费项目,由各船公司根据有关规定执行。鉴于老旧船等船舶管理难度较大,各船公司可根据上级有关文件规定制定补贴办法,上报集团批准后执行。在本次船员工资改革中,船长、政委、轮机长、大副大管轮、二副二管轮驾助、三副三管轮轮助、电机员、客运主任、水手长机工长、大厨等岗位设置多个档次工资标准，各职务分配关系基本与市场和集团大型船舶的分配关系接近。根据工资改革后在船工资标准不低于现行水平原则，使船员在船工资水平均得到不同程度提高。在改革过程中，该集团按船舶类型、船舶吨位、箱位、载客量、载车量大小，并根据发展要求，重新划分各类型船舶档次，建立了集装箱轮、油轮、货轮、客轮、化学品船、沥青船和汽车运输船船员工资标准体系。通过改革，实现船员在船工资收入显性化，工资结构简洁，工资标准明了，船员对自己的在船工资收入一目了然，既有利于增强工资的激励作用，又有利于加强船舶管理。

翌年始，中海集团对船员工资方案作了进一步完善。其主要措施是：改变在船船员法定节假日加班工资支付方式，一年 10 天的法定节假日加班工资不再按一年 12 个月平均分摊纳入船员岗位工资中发放，船员法定节假日在船工作时才予计发；完善船员任职年限计算，因公司调配原因，套派期正好跨越两个考核年度(指跨越考核套档起始时间 7 月 1 日)，且完成套派上岗合同、考核称职和未发生责任性上报及以上事故的船员，若第一年考核在船任职月数没有达到工资晋档最低月数的，可将第一年任职月数累积到第二年计算(只能跨一个年度累计)。由此避免部分船员因在船工作跨越考核年度，而未达到任职年限，工资不能晋档情况；实行大型船舶船员人民币工资标准，大型船舶美元工资以 2006 年 7 月 1 日当天汇率折算成人民币工资，并从这天起，作为大型船舶实行人民币工资标准。船员实际收入不再随汇率变化而变化。

2007—2010 年，上海海洋运输各主要企业，为加强船员队伍建设，进一步调动船员生产积极性，继续加大资金投入，努力提高在船船员工资水平，甚至面对全球金融危机给企业效益带来的巨大冲击，在经营压力很大的情况下，仍然为一线船员增资。2007 年，中海集团加大资金投入，以年近两亿元资金的投入，实施综合提高主营运输船舶在船船员待遇。按在船船员工资总额的 11%和 5%分别增加船员工资和奖金，提高船员伙食津贴，相应提高船员“社保四金”和住房公积金缴费水平。2008 年末，该集团针对水手、机工、服务员工资体系不能体现“新老人员技能差别和工资差别”等问题，统一制定《完善水手机工服务员工资体系指导意见》：在保持集团船员工资框架体系不变和已在船上正式任职的水手机工服务员工资水平不下降的前提下，水手机工服务员在船工资标准由原来的 3 档，往下增设 2 档，形成 5 档。新 1 档和新 2 档工资标准，由各主营船公司确定，但由集团规定新 1 档工资标准取值范围。次年 1 月 1 日以后正式上岗任职的机工水手服务员，执行新 1 档工资标准。各主营船公司根据集团指导意见结合本单位实际情况，制定本公司《完善水手机工服务员工资体系方案》，报集团审批后执行。由此，适当体现出中普船员在本企业服务年限和劳动积累的差别，使不同服务年限的工资分配关系更趋合理。2010 年，该集团为进一步稳定干部船员队伍，下发《关于改进和完善集团运输船员工资管理的通知》，由各主营船公司根据干部船员紧缺情况和生产经营需要设立干部船员临时补贴，并自主确立临时设立或撤销的具体时间和具体办法。同时制定下发《集团香港控股工资属地化方案》《集团欧洲控股七家公司工资属地化方案》和《集团北美控股四家公司工资属地化方案》，全面完成集团海外工资属地化工作。由此，使职工工资管理进一步制度化和规范化。是年，该集团坚持“以人为本”，关心关爱职工群众，为职工实发工资总额同上年相比增加 1 亿多元。整个“十一五”期间，该集团职工年均收入增长保持在 9%。

中远集运根据中远集团船员工资改革指导意见，结合公司实际情况，于 2007 年修订《远洋船员工资实施办法》，自次年 1 月 1 日起实行。新办法以市场为导向，进一步完善船员工资结构、工资调整机制，坚持以岗位为主，合理体现船舶箱位、船舶运营年限和船舶航线等因素，使中远集运船员工资管理逐步与国际船员接轨。

中波公司根据《海员条例》制定的《中波公司船员工资管理办法》自2008年1月1日起正式施行,使该公司主船队船员的工资标准、伙食费等待遇大幅提高。在航工资标准平均增幅超过50%。其他如待派工资的提高,带薪休假制度,也逐一得到落实。是为中波公司历史上船员工资待遇调整幅度最大、最全面的一次。

同一时期,锦江航运努力为职工谋利益,让广大员工共同分享企业发展成果。在分配方式上,实行绩效考核和长效激励相结合,明确"向一线倾斜、向重要岗位倾斜、向贡献突出者倾斜"分配原则,不断优化船员收入分配,有力激发广大船员的工作热情。每年公司行政方与工会方代表根据《工资集体协商条例》规定程序进行平等协商,共同确定当年员工工资水平,协商结果提交职代会审议。公司行政方积极配合工会开展职工维权工作,定期就劳动报酬、工作时间、休息休假、劳动安全卫生、职业培训、保险福利、纪律奖惩等事项与工会方代表进行集体协商,使广大职工的正当权益得到有力保证。

及至2010年,上海海洋运输系统各企业,均建有符合本企业实际、比较完善、与市场经济相适应的船员工资收入分配制度,基本形成"调节市场化、收入显性化"的新型船员工资收入分配格局。随着企业运输生产的发展和经济效益的提高,船员工资收入水平也不断有所提高。

二、奖金和津贴

改革开放初期,上海海洋运输系统在船员队伍中逐步推行经济责任制,把奖金和津贴的发放与船舶安全生产、经济效益紧密挂钩,有效激发广大船员的劳动生产热情。

1978年,根据交通部下达的远洋运输船舶开展评奖工作通知精神,上远公司所属远洋船舶全面试行奖励制度,主要为月度综合奖。船舶在每月工作结束后,首先对照获奖条件,自行评议,凡在完成运输生产任务、安全优质、维修保养、节约、船舶管理、船员生活6个方面符合评奖条件的船舶,即可组织船员评月度综合奖。奖金标准为一等奖11元,二等奖8元,三等奖6元。该公司还同时实行"百日安全无事故竞赛奖",竞赛优胜船舶,平均每人发放奖金10元。是年5—11月,上远公司滚装船"南口"轮,先后装运各种车辆1 058辆,均由船员自行绑扎加固,为国家节约外汇人民币9 000余元,该公司决定按雇佣外国人绑扎应付绑扎费的10%,提取奖金发给船员。由于每航次承运车辆数量不等,按每一车提取奖金2.07元计算。奖金分配本着干好多奖,一般少奖,不好不奖的精神,由船舶自行确定。"南口"轮船员自行绑扎车辆奖励办法实施后,经该公司推广,在各远洋轮实施。该公司在船舶除实行月度综合奖和百日安全竞赛奖之外,还陆续实行一些额外劳动报酬办法,有超产奖、特殊扫舱报酬、节约燃油奖、扩大自修奖、装载危险品报酬和特定港口船员自行理货报酬等奖励项目。

是年,上远公司对远洋船员航行津贴标准也作了调整,分远洋航线和近洋航线两种。远洋航线包括欧洲、美洲、大洋洲、非洲和亚洲的新加坡(不含)以西等航线;近洋航线包括日本、朝鲜、越南、菲律宾、新加坡、泰国、印度尼西亚(不包括新加坡以西港口)、马来西亚(不包括新加坡以西港口)、柬埔寨等航线。根据船上职务与工种特点,航行津贴分为5个等级。远洋航线每人每天最高为3.20元,最低为2.50元;近洋航线每人每天最高为2.50元,最低为1.80元。离开国内港口期间,按各个职务等级航行补贴标准,半数支付外币(近洋航线中四、五等级标准的全数支付外币)。

同年5月,上海海运局将油轮津贴(因油轮船员经常接触有害气体,工作环境具有一定危险性,该项津贴自1952年就开始实行)改为固定金额支付，船员每人每天0.40元。1980年7月进行调整，提高该项津贴数额。运输汽油、石脑油、苯等物品的船员每人每天0.80元；运原油的船员每天0.6元；运柴油、煤油等成品油的船员每天0.5元。1987年，进一步提高油轮津贴金额，运原油、汽油、航空煤油以及石脑油、苯等化工品的船员每人每天1.80元，运柴油、煤油、渣油等成品油的船员每人每天1.30元。

表9-3-5　1978年上远公司船员航行津贴标准表　　单位：人民币元/天

等级	职务	远航线标准	近航线标准
一	船长　政委　轮机长　大副　大管轮　客轮业务主任	3.20	2.50
二	副政委　二副　二管轮　电机员　管事　报务主任　水手长　大厨	3.00	2.30
三	三副　三管轮　政干　报务员　医生　翻译　冷藏员　二厨　木匠　副水手长	2.80	2.10
四	驾助　轮助　电助　报助　冷藏助　医助　一水　一火机工　冷藏机工　大服务员　三厨　加油　生火长　铜匠	2.60	1.90
五	二水　电工　服务员　卫生员　广播员　二火	2.50	1.80

资料来源：《上海远洋运输志》P333

20世纪80年代初，随着上海地区沿海、远洋船队的迅速发展，上海海洋运输行业已成为承担国家内外贸运输的主要力量。船员在海洋特殊条件下工作，必须付出比一般陆地职工较多的劳动，但是时船员收入水平尤其是主要技术干部船员收入水平依然偏低。为此，部分航运企业对以往船员奖励制度和和津贴制度多次进行调整改革。1981—1983年，上远公司在深化经营体制改革过程中，对船员奖励制度进行较大幅度改革，船员奖金有所增加。有49艘船实行经济责任制，先后与公司签订“包保合同”(承包的一种形式)，取消综合奖，船舶在完成各项经济指标后，按合同规定由公司发给承包奖。1983年4月，经中远总公司批准，上远公司开始实行船员岗位职务津贴。凡远洋船员在定编岗位上，完成岗位职责好，本人在航工资低于职务在航工资额，可享受岗位职务津贴；凡不在定编岗位或虽在定编岗位，但不能很好完成岗位职责，则不能享受职务津贴。担任什么职务，可享受什么津贴。岗位职务津贴实行后，船员平均每人每月增加收入26.35元，特别是工资低、职务高的船员，收入明显增加。1984年10月1日起，该公司对远洋船员航行津贴(以下简称航贴)进行改革，部分航线船员津贴按航次包干，并改发全外汇。远近航线的航贴标准，仍按原规定执行。凡航行日本、朝鲜、东南亚、欧洲、澳大利亚、北美洲航线船舶，均实行航次包干。航行非洲、南美洲、海湾、中东及其他没有条件实行航次包干的船舶，凡生产时间按标准发给100%航贴，非生产停泊时间按标准只发给50%的航贴。凡各航线上班轮、均实行航贴航次包干。

1987年，根据交通部规定，上远公司又两次调整远洋船员航行津贴。船员按规定领取所达国家外币，其折换比价，以中远总公司美元对其他国家货币兑换统一比价表折换。航行津贴按船员职务划分七个等级。航贴计发办法规定，出航船舶自国内最后一个港口联检完毕启航的当日起计发航行津贴，返航船舶抵达国内第一个目的港口抛锚的次日起停发航行津贴。如果船舶不抛锚停泊，直接进入港内卸货锚地或靠码头，从抵锚地或靠码头的次日起停发航行津贴，在国内港口外海上抛锚减载过驳,视同国内港口锚地。船舶在国外属生产时间发给全额航行津贴。凡班轮、固定航线、港口的船舶,实行航次包干,原则上按核定天数计发航行津贴,但核心班轮最多不超过航次实际天数15%,其他班轮不超过10%。

同年,上海海运局利用减少船舶定员、组织船员外派所得款项,实行一定数额的船员海龄补贴。对在船上工作已满5年的船员,并根据其在船不同年限,给予不同数量补贴。1990年1月1日起,该局开始实行工龄津贴制度,对本局工龄满五年以上职工发给工龄津贴。按国家规定的参加工作的年限计算,每满一年每月增加0.50元,工龄津贴的最高限额为每月40元。

1997年,上远公司再次改革奖金分配制度,制定有关规章制度,完善奖金审核流程,使奖金发放严格调控在工资总额之内。船舶的奖金发放,坚持按劳取酬分配原则,按劳务类、节约类等进行专项奖励,分别设置绑扎奖、扫舱奖、自引航奖、装载危险品奖、节油奖、节索具奖、防盗防偷渡奖、老超龄奖等20多项。1998年5月1日起,中远集运对船员航行津贴标准进行调整,航贴新标准比原标准提高30%。2000年,中远集运船员公司为深化船员分配制度改革,针对船舶奖金分配中存在的结构多而散,考核、兑现管理相对滞后等不合理现状,对船员奖金结构进行详细调查分析和测算,并在比较分析国内外有关船公司船员收入结构和收入水平基础上,对船员奖金结构进行调整,取消除自引奖及冷箱超装奖以外的船员奖金和劳务费;取消原有的船员类别差工资、副食品补贴、书包费、洗理费;将原先绝大部分奖金、劳务费和津补贴等归并为业绩工资和加班工资。此次改革重点是向船舶关键技术岗位倾斜。实施改革后,船舶关键技术岗位的收入得到较大幅度提高,船员收入状况逐步向国际市场靠拢。

2005年,中海集团调整改革船员工资、奖金、津贴分配模式,在船船员工资分为岗位工资和业绩工资,各占50%。业绩工资内含船员在船奖金、劳务费等。同时明确船公司除按规定发放远洋航行津贴外,可继续保留自引劳务费、洗舱劳务费和客轮特殊劳务费等项目,由各船公司根据有关规定执行;老旧船等船舶管理难度较大,各船公司可根据上级有关文件规定制定补贴办法,上报集团批准后执行。2007年7月,中海集团在经济效益稳中有升,安全生产相对平稳的基础上,从关心关爱船员出发,综合提高集团主营运输船舶在船船员待遇,除按在船船员工资总额11%增加船员工资外,按在船船员工资总额5%增加船员奖金。从2008年1月起,中海集团按在船船员工资总额的4%,建立主营船舶安全奖励长效机制,由各主营船公司结合本单位实际情况,自行制定船舶安全奖励考核方案。完善在船船员法定节假日加班工资计算办法,以激励广大船员进一步抓好安全生产。

2010年,上海海洋运输系统各企业普遍建有形式多样、与企业生产实际相适应的船员奖金、津贴发放管理制度。随着现代企业制度的建立和逐步完善,船员分配激励机制也不断得到完善和优化,有效调动了广大船员的生产积极性。

三、伙食

改革开放后,上海海洋运输系统的船员伙食标准,在企业发展生产和提高经济效益基础上,逐步有所提高,船员在船生活和健康进一步得到保障。

1978年,上海海运局根据物价波动情况,调整船员伙食标准。是年10月1日起,将船员伙食费提高到每人每日1.3元。

1982年,上远公司提高船员伙食标准,远洋航线每人每天3.30元,近洋航线每人每天2.80元。

为加强船舶伙食管理，该公司制订《船舶伙食管理办法》，规定船舶伙食费必须在船集体使用；粮食、蔬菜、鱼肉等主副食原料，原则上在国内购买，国外采购必要食品，应严格控制在一定标准之内；必须保证船员（一日三餐及夜餐）吃足伙食费的85%以上，其余15%可以购买饮料、水果、干点、糖果供船员在加班或遇大风浪时食用。1985年，该公司再次提高船员伙食标准，远洋航线每人每天5.40元，近洋航线每人每天4.70元。并重新修订《船舶伙食管理办法》，规定事务主任和大厨必须保证船员（一日三餐及夜餐）吃足伙食费90%以上，其余10%可以购买饮料、水果、干点、糖果供船员在加班或遇大风浪时食用。该公司所属各远洋船舶认真贯彻《船舶伙食管理办法》，船舶领导把伙食管理工作提到重要议事日程。为民主管理伙食，经过民主选举，成立船舶伙食管理委员会，由委员3～5人组成，主要职责为监督事务主任、大厨管理好本船伙食，广泛听取船员对伙食意见，督促改进；对船舶伙食使用和账目监督检查，包括支出是否合理、招待费与船员伙食是否分清；对现金采购食品参与验收，审签发票等，并督促事务主任按期公布伙食账目；会同事务主任、大厨清点伙食仓库；监督客饭管理等。

1988年，上海海运局调整运输船舶船员伙食津贴标准：远洋航线每人每天10元，近洋航线每人每天8.8元；沿海营运船舶每人每天4.2元，其中上海至广州航线每人每天5.2元；在上海厂修船舶期间每人每天3.2元，在外地厂修船舶期间每人每天4.2元。

1991—1992年，上海地区远洋船员伙食标准提高到远洋航线每人每天14元，近洋航线每人每天12.50元，提高幅度较大，远洋船员伙食得到显著改善。

表9-3-6　1979—1991年上远公司远洋船员伙食津贴标准情况表　单位：人民币元

年　份	近洋航线		远洋航线	
	调整前标准（每人每天）元	调整后标准（每人每天）元	调整前标准（每人每天）元	调整后标准（每人每天）元
1979	2.50	2.80	3.10	3.30
1983	2.80	3.30	3.30	3.80
1984	3.30	4.70	3.80	5.40
1986	4.70	6.20	5.40	7.20
1988	6.20	8.80	7.20	10.00
1991	8.80	12.50	10.00	14.00

资料来源：《上海远洋运输志》P336～337

1998年5月1日起，中远集运对船员伙食费标准进行调整，新标准比原标准提高22.5%。2002年起，该公司按上级有关规定，对船员伙食津贴不再列入工资总额统计。

2002年10月1日始，中海集团为保证船员身体健康和安全生产，对沿海运输船员及在国内修船时船员伙食津贴标准统一，并提高到每人每天18元。2007年，该集团经济效益稳中有升，安全生产相对平稳，从关心关爱船员，进一步调动广大船员生产积极性出发，决定增加船员伙食津贴，沿海船舶每人每天增加3元，远洋船舶每人每天增加1美元。

2008至2010年，上海海洋运输行业面对全球金融危机给企业效益带来的巨大影响，在经营压力增大情况下，仍坚持对员工的关心关爱，包括进一步提高船员伙食津贴。2008年6月，中海集团再次

图 9-3-1 2007 年 6 月,中海集团组织开展船舶厨工培训
(照片提供:中海集团宣传部)

提高船员伙食标准,并决定每年支出近 1.8 亿元。2009 年 1 月,中波公司考虑到当时物价上涨和人民币升值等因素,决定将船员伙食费标准提升到每人每天 8 美元,并进一步加强对船舶伙食的管理,加大对船舶厨工培训力度,提高烹饪水平,确保船员身体健康。(2011 年 1 月 1 日起,中波公司再次将船员伙食标准提升到每人每天 9 美元,船员伙食水平得到进一步改善)2010 年,中远集运根据中远集团船员伙食费调整通知,经协调上远公司、泛亚公司等,统一提高远洋船员伙食标准,制定船员伙食费调整具体实施意见,明确船员伙食费调整标准、结算汇率、支付使用等相关规定,自是年 9 月起实施。

四、住房

20 世纪 70 年代后期,上海海洋运输系统尚有不少船员面临住房困难。为此,上海海运局专门设有住宅建设办公室,把加快职工住宅建设列入重要议事日程。1979 年交通部批准该局自筹资金建房,其不断增加建设住宅投资。及至 1979 年的 3 年间,上海海运局系统参加市里统建和自己征地、自己动迁、自己组织施工建造的住宅,除去应负担的公建、人防、拆迁补偿面积后,实际交付分配房屋合计 2.26 万平方米(建筑面积),加上职工原住房的倒配,共解决住房困难户、结婚户、落实政策户等计 1 007 户。同时,为解决部分家住外港的困难户,经征得有关省市支持,在青岛、大连、宁波等地开始建造一批职工住宅。1984 年,为及时完成企业自筹资金建造 3 万平方米工房的指标,该局制订“统管分建暂行管理办法”,实行工房建造统管分建,即按照各基层单位人数,把建房指标分配到基层单位,发动基层单位和局共同建造船员职工住宅,调动基层单位建房的积极性,当年在杨浦、黄浦、徐汇等区,地跨浦东、浦西,征得基地 9 块,计 80.38 亩,可建住宅 9.79 万平方米。

同年,上海海运局职工代表大会设立生活委员会,组织职工代表对建房工作进行检查和监督。翌年,该局职工代表大会又增设职工住房分配委员会,定期听取本局住宅建设情况的汇报,审查和讨论住房分配方案,加强建房和分房的民主监督。

80 年代内,住宅建设一直被该局作为改善职工生活条件的首要任务。住宅建设规模逐渐扩大,每年提供约 1.5 万平方米(建筑面积)房屋分配给职工。1990 年竣工职工住宅建筑面积达 2.76 万平方米。住宅分配标准逐渐放宽,船长、轮机长、大副、大管轮等船舶干部得到优先照顾。尤其对船长从宽从优,对居住一室者尽量照顾为二室。除以自建、参加市里统建和联建等方式,加紧建设新工房外,该局还采取以建为主、以买为辅、造买结合的办法,加快组织房源。1985 年向外购买商品房 3 套,计建筑面积 214 平方米,1986 年购买商品房 44 套,至 1989 年底共购买商品房 1 万平方米,投资 6 521.1 万元。为回收部分住房建设资金,自 1985 年起,抽出部分房屋,作为商品房向职工出售。至 1989 年共出售 103 套,共计建筑面积 5 000 余平方米。为解决大龄青年职工结婚用房的燃眉之急,该局自 1985 年始拨出部分房屋,临时借给结婚户使用,这些工房被职工称作“鸳鸯楼”。为改善船员职工居住条件,该局还积极帮助部分职工解决私房维修困难,提供借款帮助职工翻建私房。

同一时期，上远公司因远洋运输业发展，船员人数迅速增加，职工住房建设任务也十分紧迫。1980年，该公司因住房困难而提出分房申请约1 000户，其中人均居住面积在2.5平方米以下及三代同住一室等困难户有480户；有436对双方均已超过30岁的大龄青年，急需登记结婚用房。为帮助船员解决住房困难问题，该公司积极采取措施，加快建房速度。1982—1984年，在本市国顺路、斜土路、田度路等地，新建船员职工住房3.93万平方米。至1985年底，共建造住房7.97万平方米。同时鼓励船员私人建房，对建房船员予以贷款。1986年，帮助479名家在农村的船员建房。此外，还采用直接购买、职工家属单位建房，公司补贴、地区建造，公司投资等方式增加房源。经多方努力，船员住房条件改善较快，住房紧张状况得到缓解。在住房分配过程中，该公司坚持实行向船员倾斜原则，规定住房分配比例：远洋船员约占70%，陆地职工占30%。1989年，分配住房254套，建筑面积为1.39万平方米。其中公司新建住房210套，建筑面积1.15万平方米；由各方联系落实，集中购买新房源44套，建筑面积2 323.97平方米。经合理分配，并将收回住房一起进行调整套配，共分配735户职工住房。其中船员567户，占77.1%；陆地机关职工168户，占22.9%。此后，上远公司每年都购买或建造一批船员职工住房，以缓解职工住房困难。1992年，建造和购买公房403套，经合理分配、套配，共解决756户困难职工住房。其中船员495户，占65.48%；陆地机关职工261户，占34.52%。

90年代，我国进一步推进市场经济，延续多年的职工福利分房逐渐取消。1991年，上海市借鉴新加坡的中央公积金制度，在全国率先试行住房公积金制度，并很快在全国推开。1994年4月，国务院颁布《住房公积金管理条例》。1998年，国务院下发《关于进一步深化城镇住房制度改革，加快住房建设的通知》，决定自当年起停止住房实物分配，建立住房分配货币化、住房供给商品化、社会化的住房新体制。2002年3月，国务院发布《关于修改住房公积金管理条例的决定》，并自公布之日起施行。随着国家住房制度的改革，船员住房也开始实行住房公积金制度。及至2010年，仍延续该项制度。其间，许多原先住房困难的船员，在企业快速发展，职工收入水平提高的基础上，居住条件得以明显改善。

五、医疗卫生

【医院、卫生防疫站】

1978年5月，经上海市卫生局批准，上海远洋医院正式成立。翌年11月，上海海员医院为国际海员服务的医疗部门及辅助设施工程竣工交付使用，医院建筑面积扩大到2.66万平方米。这两家职工医院主要承担上海海洋运输系统船员及家属的医疗、保健任务；同时加强对船舶医生的管理，在医疗技术上给予指导；负责船用药品、医疗器械供应工作；船舶在海上航行中发生危重病人时，通过电报给予抢救和治疗指导；为保障船员身体健康，对船员定期进行健康检查。

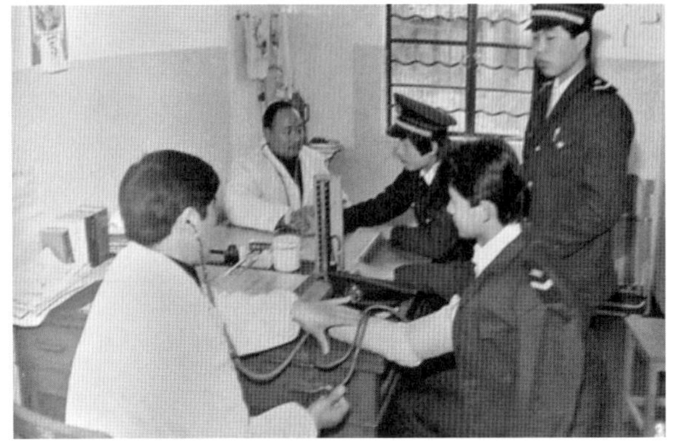

图9-3-2　上海海员医院和上海远洋医院坚持为船员定期体检

（摄于2008年，照片提供：中海集团宣传部）

早在20世纪70年代前期，上海海运局已

建有卫生防疫站，强化对传染病的管理、消毒隔离、预防接种等工作，并开展流行病学调查，搞好船员劳动卫生和饮食卫生，进行“三废”监测和调查，想方设法为船舶除害灭病，对船员中的常见病、多发病，除加强防治宣传外，陆续增加多种现代化检测设施和仪器设备。1983 年 11 月，上海远洋医院抽调医务人员 21 人，亦建立上远公司卫生防疫站。主要负责远洋船舶食品卫生质量监督，营养卫生调查分析指导；运输生产环境中有毒有害物质的检测；公共场所卫生管理和传染病防治；除害防病药物供应以及常见病、多发病的统计、分析及制订防治对策等工作。该站以灭鼠害、灭虫害为重点的船舶卫生防疫工作成效显著，1988 年上远公司船队被交通部、卫生部命名为中国第一个“无鼠害远洋船队”。随着改革开放后上海海洋运输业的快速发展，船员医疗保健工作得到更多重视。为方便船员看病，上海海员医院很早就采用为当日启航的船员发放《船员优先就诊证》办法。1980—1981 年，有计划地派出体检小组随船进行体检，共随运输船舶 140 艘，体检 6 100 人次。1985 年开始实行“优先照顾船员，处处方便病人”，增加挂号、记账、取药窗口的措施。80 年代后期始，在急诊室建立照顾门诊，对船员实行 24 小时就诊；对家住外地的船员放宽住、出院条件；在上海海运局机关、高桥油船码头、浦东职工住宅区等处设有医务室，方便职工及家属就医。1987 年，该院保健科建立专职船员体检组和船员健康档案，并以计算机系统管理船员健康档案。至 80 年代末，该院已坚持送医送药上船服务数十年，受医船员在 70 万人次以上。同一时期，上海远洋医院专设船舶医疗服务科，负责为在港远洋船舶送药、体检等工作，为航行船舶提供医疗指导，为海上危重病人提供电报会诊等一条龙服务，受到广大船员好评。1992 年，该院共为船员体检 1.41 万人次，送药上船 352 次，电报会诊 75 次。除承担上海地区船员职工及其家属以及来沪国际海员医疗、保健服务外，上海海员医院还逐步扩大就诊范围，担负交通部在沪其他航运单位和沿海省市驻沪航运单位，以及沿海省市海运企业在沪基层单位人员的医疗服务。

90 年代至 21 世纪初，上海海洋运输系统所属医院和卫生防疫站，医疗保健环境和条件进一步得到改善，拥有众多专业医药卫生技术人员和大量先进医疗设施设备。船员就医更加方便，保健卫生可享受更多优厚待遇。医院、卫生防疫站和船医，构成较为完善的医疗保健网络，使远洋船员医疗条件从根本上得到改善。船员在航行中生病，有船舶医生随时给予治疗；当病情危急时，可由船舶开到附近港口就医或电请邻近国家和地区，派快艇或直升飞机接船员赴医院诊治；一旦染上疑难疾病，也能很快经医疗专家会诊，得到有效治疗。而且，海员医院和远洋医院始终坚持为船员定期体检，由于积极防治，船员所患牙病、胃病、腰痛等常见职业病日趋减少。1994 年，上海海员医院首批通过卫生部“二级甲等”医院评审，1997 年起连续三届被评为“上海市文明单位”“上海市卫生系统文明单位”。

随着国企改革的逐步深化，企业职工医院的改革也提上议事日程。2002 年，《国家经贸委等八部门关于国有大中型企业主辅分离辅业改制分流安置富余人员实施办法的通知》出台，国有大中型企业进行主辅分离，大量企业将所属医院以不同形式进行改制分离。2007 年 11 月 6 日，上远公司与交通大学医学院附属瑞金医院正式签订托管协议。11 月 29 日瑞金医院派员进驻上海远洋医院。该院遂成为上海交通大学医学院附属瑞金医院集团旗下的一所集医疗、预防、保健为一体的综合性医院，又名上海交通大学医学院附属瑞金医院远洋分院。虽医院管理体制发生变化，但其与上海海员医院一样，主要服务海员的宗旨没有改变，仍然与公司卫生防疫站相配合，竭诚为船员做好医疗卫生服务。

【船舶医疗】

改革开放初期，上海海洋运输系统船舶普遍设有船员医疗卫生室，每个航次根据航线长短配备相应药品,有专人负责船员患病时的初步救治。其中,上远公司、上海海运局等航运企业基本做法大同小异。是时,由于远洋运输船舶的特殊性和国际海事及卫生等专业机构要求,远洋运输船舶都配有诊疗室和病房、简单的医疗器材,包括基本的手术工具和药品。每艘船上还配有专职医生。专职医生大部分是由医科院校毕业生分配而来,也有企业医院抽调医生轮换上船服务。船员在船发生一般疾病,船上医生都能处理,包括简单手术。一旦船员发生重症,船舶医疗条件不具备时,则安排转陆地医院治疗;航行途中则安排就近靠泊,寻找合适医治点,甚至动用直升飞机,将危急患者接下船抢救。

20世纪80年代中期,随着船舶减员增效的推进和与国际接轨,近航线(指不过马六甲海峡)船舶不再配备专职医生,之后部分远洋船舶的医生也逐步由船舶管事兼任。90年代中期,所有远洋船舶医生基本都由管事兼任。至2006年,船舶岗位序列中不再设置医生和管事。医生的部分职能由船舶大副或二副负责。大副或二副在考证时接受医疗卫生培训,考核合格后,方能取得大副或二副岗位资格证书。此后,船上虽不再配备专职医生,但船员日常用药以及简单的医疗器材仍然配备,且按照相关国际组织确定的标准,定期更新。相关国际机构也会抽查,并督促船舶配备,一旦不符合要求,即会提出警示。船上诊疗室和病房虽不完全分开,但至少保留一间。船舶配备日常用药,根据需要提出申请,船公司有年度定额标准,船上有使用记录,供药由企业医院或专业单位负责。船员在船舶航行途中发生不适和病痛,一般可通过配备的药品予以解决。如船上难以解决的重症病人,则安排靠泊求治,一时没有靠泊港口的,由陆上企业医院或其他专业医疗机构提供治疗意见,指导船舶应对和处理,等待靠泊计划和合适救治机会。

"十一五"计划期间,上海部分远洋航运企业为进一步保障远洋船员在船基本医疗,制订下发《远洋船员在船医疗管理规定》及《关于调整船舶购药费用标准有关问题的通知》,对船用药品、境外就医、上船体检等有关船员在船医疗管理工作进行完善和规范;2010年,将远洋船舶购药标准由每船1 100元/月调整为每船1 500元/月。新增船舶第一次配备药品时,按3个月船舶购药标准购药,为船员在船用药提供方便。

【航病待遇及家属劳保】

改革开放初期,上海海洋运输各企业继续执行经交通部和中国海员工会全国委员会(1953年)批准的有关船员航病待遇规定。根据海上运输特殊情况,船员在航行中生病(包括在码头停泊5天内),实行航病待遇,即在病假6个月以内享受因公负伤同样待遇,工资不打折扣,住院伙食费报销,这是在劳保条例以外,给海员的特殊待遇。关于船员家属劳保,上海海运局先是对居住在大连、青岛、秦皇岛等11个港口的船员家属给予报销医药费一半的待遇,1986年又作补充规定,将范围扩大到凡住在沿海各港口的职工供养直系亲属均可按规定报销医药费的一半。1998年,国务院下发《关于建立城镇职工基本医疗保险制度的决定》,上海海洋运输企业开始实行由"公费医疗制度"与"劳保医疗制度"向"基本医疗保险制度"的转变,并为船员购买"大病医疗保险""补充医疗保险"等,建立多层次医疗保障体系。至2010年,上海部分航运企业除为船员购买各种医疗保险外,仍然采用相应的船员在船生病补贴。

六、公休假和疗休养

【公休假】

20世纪70年代末至80年代初,上海海洋运输系统为提高船员生活待遇,对原有船员公休假制度进行调整完善，并新建立船员探亲假、油轮船员疗休养假等多项制度。1979年4月，根据远洋船员队伍发展需要，上远公司按中远总公司统一规定，将船员公休假由全年52天改为59天(即52个星期日和7个法定假日，法定假日不发加班工资)。为保证船舶运输生产安全，每个往返航次离船公休人数，远航线原则上不超过50%；近航线原则上不超过30%。主要船员(政委和副政委或政干、船长和大副、轮机长和大管轮、水手长和木匠等)一般情况下不同时公休离船。休假船员必须和接班船员认真办理交接手续，一经交接完毕，在得到船舶领导或部门领导同意后，立即离船。船员在船工作满10个月，确因工作需要不能休假，而家属又不能来港探亲者，经船员管理部门批准，可休航次假，其往返路费予以报销，所休航次假天数在公休假中扣除。

1981年始，上海海运局规定海轮船员可享受探亲假待遇。按照规定，凡在运输生产船舶上工作的属于正式编制船员，由于受生产性质和条件限制，必须昼夜24小时在船，不能在公共休假日与配偶团聚，除公休外，可享受探亲假待遇。海轮船员不论配偶是否居住在船籍港，凡当年内实际在航行船舶工作，都可按探亲规定探望配偶，探亲假为30天。未婚船员探望父母的探亲假为20天。

1983年，鉴于油轮船员常年受有害气体影响，容易造成体质下降，白细胞减少，为增强油轮船员体质，上海海运局职工代表大会通过《油轮船员疗养暂行规定》，凡在油轮上工作满一年的船员，每年可享受21天疗休养假期。

1992年，上远公司根据中远总公司要求，对船员公休假制度作了进一步完善，规定原则上船员连续在船工作满9个月(集装箱班轮满6个月)，待船回到国内港口后，应安排公休假。对确因工作需要不能安排的船员，可推迟或提前安排休假。公休假期按在船工作满1个月休假5天(油轮6天)计算。船员公休期间，发给本人在船职务工资，遇到法定节假日，按节假日天数补假。如船员休假期未满又被调上船工作，则剩余假期可移至下次公休时合并使用，且船员管理部门在他们下次休假时，给予优先安排。

2007年10月，中远集运所属上远公司根据《中华人民共和国船员条例》和中远集团《关于中远集团远洋船员带薪年休假管理有关问题的通知》，结合公司实际情况，印发《上海远洋运输公司远洋船员带薪年休假管理办法》，并自是年9月1日起执行，从制度上进一步加强了船员公休假管理。

及至2010年，中海集团、中远集运等驻沪主要航运企业均沿袭本企业已执行多年并不断完善的船员享受公休假期制度。

【疗休养】

20世纪80年代始，上海海洋运输系统为提高船员生活水平，保障船员身体健康，一直坚持不定期组织船员进行疗休养。1980—1982年，上远公司安排船员职工中劳动模范、先进生产者去北戴河、庐山、黄山等地疗养。仅庐山一地，就先后组织15批，共312人疗养。同时还组织在港公休船员9批450人次，举办苏州、杭州或无锡一日、二日游活动。同时期，上海海运局有200余名职工分赴市总工会上海虹桥休养所、杭州屏风山休养院及全国总工会北戴河疗养院疗休养。

1981年，上海海运局在宁波市建立职工休养所，有客房25间(双人)，每批可接待40余名船员职工疗休养。1983年，该局职工代表大会通过《油轮船员疗养暂行规定》，凡在油轮上工作满一年的船员，每年可享受一次性疗养假21天。是年该局在苏州租用部队宿舍，供油轮船员疗养。1985年至1987年，该局参加上海市总工会集资，兴建黄山疗养院，分得床位10张，每年可安排500人疗休养；并在苏州城西南阳澄湖附近，建成专供油轮船员疗休养的苏州休养所，环境优美，备有客房36间，安装空调、彩电、卫生间等设备，使油轮船员疗休养条件进一步改善。经有关部门测定，油轮船员经疗休养后，90%以上白细胞数量上升，达到标准。该局还在杭州富阳县建成疗养院一所，占地46亩，建有别墅式疗休养楼5幢，客房82间，208个床位，环境优美，设施齐全，专供海员职工旅游和疗休养。

1988年至1991年，上远公司分别在浙江奉化溪口建成远洋船员疗养所，在浙江富阳县筹建远洋船员疗养院。每年春秋旅游季节，由公司工会分期分批，安排在岸公休船员及其家属到溪口疗养。为适应船员疗休养需要，除自建船员疗养所、疗养院外，该公司还积极开辟新的疗休养点，包括庐山、杭州、普陀山、武夷山、厦门、桂林、雁荡山、莫干山、千岛湖、苏州、无锡、镇江、南京、北京、西安、黄山、松江、青浦和南翔等地，先后安排船员职工和家属前往疗休养。

90年代，上海部分航运企业，除组织在岗船员及家属开展疗休养活动外，还组织为海洋运输事业做出贡献的离退休老职工开展疗休养活动，增强他们的身心健康。仅1997年，上远公司工会就组织船岸职工和离退休老职工疗休养共67批1 560人，分赴桂林、武夷山、富阳、溪口等地疗休养。

2001年，中远集运工会对77名家住外省市的船长、政委、轮机长组织就近疗休养，给予每人一次性疗休养费补贴1 000元。2004年，中远集运船舶管理公司工会组织96位船长、轮机长携带家属赴海南、武夷山旅游；并组织25位船舶优秀骨干家属随“新鉴真”轮、“苏州号”轮考察，体验船员生活。

自1998年至2010年，中远集运先后组织1.5万余名船员职工，分赴临安、溪口、雁荡山、张家界、武夷山、云南、海南、黄山、三清山、西安等著名风景区开展疗休养活动。2006年至2010年，中海集团除组织在岗船员参加疗休养活动外，还组织当年退休船员一次性携带家属（共1 500多人），参加疗休养活动；该集团各级工会组织船员职工疗休养达3.4万人次。

七、困难帮扶

20世纪70年代末至80年代，上海地区航运企业的经营管理模式从社会主义计划经济逐步朝社会主义市场经济转变，许多企业一如既往延续以往关心关爱船员的做法，根据海上运输流动分散，船员无法很好照顾到家庭生活的特点，以及部分船员家庭生活的困难，积极开展帮困送温暖、帮困助学等活动。1979年，上海海运局为船员职工困难补助总数为30万元，后随着职工工资增加，职工困难面逐渐缩小，企业每年帮困支出也相应减少，1981年为20.5万元，1985年为18万元。

90年代至2010年，随着海洋运输行业改革的深化及运输业务快速发展，为了确保海上运输生产安全和贯彻“以人为本”理念，驻沪各主要航运企业将船员帮扶工作提到更加重要的议事日程。在发展生产的同时，实施规范化、制度化、人性化船员管理模式，关心关爱船员生活，使帮扶资金来源多元化，帮扶工作常态化，并形成浓厚的帮扶文化氛围，从而进一步增强企业凝聚力、创新力和执行力，对建立和谐劳动关系、促进企业改革稳定发展起到重要作用。

帮扶资金来源多元化。为了确保帮扶资金的来源，部分航运企业采取“四个一”方法，即：行政出一部分，设立帮困救急等专项资金；工会拨一部分，如中海集团工会用于帮扶的资金支出占到工会经费总额的25%以上；企业干部职工捐一部分，开展企业职工“一日捐”活动，职工互帮互助的款项全部充实到帮困基金（1997年元月，中海集团工会组织开展的帮困献爱心“一日捐”活动，仅上海地区1.23万名职工即捐款22.63万元，全部转入帮困基金。之后，中海集团上海地区每年开展献爱心帮困“一日捐”活动，募捐款项全部作为帮困基金）；政府提供的保障项目补充一部分，企业工会为职工办理所在地总工会推出的各种职工保障项目，使得生病职工有政府医保、企业补充医保和工会互助保障“三道防线”,为船员职工办理各种助医卡、助学卡、助老卡等,努力做到“不让一名困难职工生活上过不去,不让一名困难职工有病得不到医治,不让一名困难职工的子女上不起学”。中远集运还将原公司帮困基金会和困难职工教育基金会合并,专门成立爱心基金会,制订基金会章程,明确基金的适用范围,包括爱心帮困(公司范围内全体职工、离退休职工、劳务工的救难、助医、扶贫等帮扶活动)、爱心助学(公司范围内职工家庭因经济和生活困难而影响职工子女就读的助学活动)、爱心慰问(公司范围内各船舶、各陆地单位、各口岸网点以及劳模、先进、一线职工的慰问活动)和爱心援助(在中远集团和属地党组织、政府等相关部门倡导下组织开展的救灾、赈灾、助残、敬老、扶贫等社会公益活动),提高爱心资助、慰问标准,进一步规范基金的审核、报批、发放程序和对基金的监督管理。

帮扶工作实现常态化。驻沪航运企业在深化改革中,优先做好职工帮扶工作,实现困难帮扶工作常态化、长效化。许多企业坚持“冬送温暖、夏送清凉、金秋助学”,并采取以现金救济与实物救济相结合、日常帮扶与定向、定额、定期帮扶相结合、组织救济与职工互助互济相结合的方式开展帮扶。1998 年,中海集团工会通过深入调查摸底,掌握困难职工基本情况,建立困难户和特困户档案,做到定期走访、定期补助、定期检查。对部分虽未下岗、但一时又上不了船的职工,以及离退休职工、病休职工等,想方设法给予困难补助,及时送上企业的关怀和温暖。是年,上海海运帮困慰问 8 951 人次,“送温暖”金额达到 167.78 万元,对 512 名困难职工子女发放助学金达 7.65 万元。2000 年,中海集团已建立完整的帮困工作网络和工作机制:通过工会经费、行政支持和职工募捐等多元结合的途径,在各单位普遍建立并逐步扩大帮困和救急济难基金;对各类困难职工情况全面调查摸底,分类管理,其中,上海海运将特困职工情况和帮困资料全部输入电脑,实行电脑化动态管理;制定帮困标准,对困难职工实行定向补助;开展帮困助学,每逢学校开学之际,对特困职工子女进行帮困助学。2003 年,上海海运为中海集团上海地区的 50 名身患重病特困职工发放上海市总工会所属“公惠医院”的帮困医疗卡(每张卡值 500 元),给 100 多名重病困难职工发放一次性补助(每人 300～500 元),并为 245 名 75 岁以上退休职工发放牛奶费。2004 年,中海集团各级工会共为 2 044 人次困难职工子女进行助学帮困,助学金额达 72.91 万元。2008—2010 年间,中远集运工会不断丰富帮困助学活动内涵。拟订帮困助学工作协议书,由公司工会和资助方、受助人共同签订认可。通过帮困助学活动累计资助 55 名困难职工子女就学,支付帮困助学金额 16 余万元,其中 18 名学生进入大学或大专继续深造。该公司建有信访例会制度。自 2005 年起,每月召开信访例会,重点关注涉及职工切身利益的热点难点问题,力争在第一时间协调解决职工实际问题,并注重调查排摸,完善帮扶档案,做好跟踪式帮扶和服务。之后五年内,共组织 20 多个慰问组慰问家在外地的船员,足迹遍布 20 个省 516 个县市的 3 128 户船员家庭,发放慰问金 200 万元以上;走访慰问船舶 200 余艘(次)、口岸网点 46 家(次)、职工 1 300 人次;慰问困难职工、离退休老同志和劳动模范 1.6 万人次,共投入送温暖资金 750 多万元,努力把关爱带到每个员工。2009 年,上海海运工会重新修订《上海海运工会帮困基金理事会章程》和《上海海运工会帮困基金实施办法》,组织开展困难职工普查工作,及时掌握困难职工变化情况。中远集运工会则牵头修订和完善《中远集运船员在船伤病亡处理办法(试行)》和实施细则,完善保险理赔渠道,大幅提高在船职工伤死亡补偿标准和工伤致残、工伤患病的补偿标准,切实保障船员切身利益。2010 年,中海集团各级工会坚持把改善职工群众生活作为正确处理改革发展稳定关系的结合点,努力解决困难船员生活问题。集团工会认真做好退休运输船员帮困基金的审核和使用,全年共帮困 1 052 人次,发放退休运输船员帮困基金 92.64 万元;是年共帮困慰问困难职工 8 706 人次,发放帮困慰问金 743.39 万元,帮困结对困难户

131 户;慰问职工 2.87 万人次,发放慰问金 896.15 万元;帮困助学 1 755 人次,发放助学金 125.1 万元。

帮扶文化氛围进一步形成。为了进一步营造帮扶文化氛围,部分驻沪航运企业由党政领导、机关干部与困难职工开展结对子帮扶活动,广泛开展"进职工门、知职工情、解职工难、暖职工心"活动,形成了独特的企业帮扶文化。针对船员长期工作在外,无法及时照顾家庭的特点,一些企业还专门设立"海嫂联络站""热线电话"等,为广大船员解除后顾之忧。为做好这项工作,企业工会给予充分物质支持和工作指导。使"海嫂"们走出家门,走进社区,开展丰富多彩的集体活动、增进沟通、团结互助、化解家庭矛盾、促进企业与员工的和谐关系,为长期远航的船员解除后顾之忧。90 年代,中海集团在上海、广州、大连等地共建起了 8 个"海嫂联络站";1998 年,中海上海船员公司率先建立"热线电话",以船舶为单位组成联系网络。船员班子上船前,公司向船舶政委提供"热线电话"号码及电子邮箱地址,并由船长或政委夫人担任中继站志愿者,由志愿者负责联络公司及船员家属,及时传递信息,帮助船员及家属解决实际困难,受到广大船员和家属高度评价。该公司一年间即建立 46 条热线,约有 1 380 户船员家属进入热线服务网络。同时还组织家属干部上门访问远洋外派船员家庭 367 户,受理咨询、调解电话两千多人次,以稳定船员思想情绪,做好船员家属工作。及至 2010 年,通过"热线电话"的使用,在船员和家属中发生大量感人事迹,涌现出多名无私奉献的热心人。为了进一步营造帮扶文化氛围,中海集团各级工会还坚持在春节、"五一""国庆"等重大节假日期间,大范围开展对各类困难职工、伤病职工、退休职工、劳模先进人员及第一线船员职工的慰问活动,为困难职工雪中送炭,提高广大一线船员的生产积极性。

第二节 业 余 生 活

一、文体活动

1978 年后,上海海洋运输系统逐渐恢复和活跃船员职工业余文体活动,组织开展多种形式文娱体育活动,不断丰富船员职工业余文化生活。

【文艺演出】

20 世纪 80 年代至 21 世纪初,上海部分航运企业多次组织职工业余文艺演出团体,为广大船员职工进行文艺演出。并积极组织各种文艺会演、歌咏比赛等。期间,上海海运局工会组织铜管乐队及文艺演出队,先后为"长柳"轮、职工大学等船舶和单位举办演出,参加上海市总工会举办的职工文艺会演,并获得演出奖。1982 年,该局工会组织职工演唱队,参加上海市"十月歌会"比赛,部分节目获"优秀歌曲奖"。1986 年,该局客运公司组建海上轻音乐队,活跃在各客轮为旅客和船员演出,广受欢迎。1998—2003 年,中远集运先后举办"职工文艺

图 9-3-3 2010 年 10 月中海集团组织的职工文艺会演

(照片提供:中海集团宣传部)

汇演”“弘扬团队精神、振兴中远集运”与“爱我中华、兴我远洋”歌咏大会，并组队参加中远集团“歌从海上来”首届船员职工卡拉 OK 比赛。2001 年后，中海集团在纪念建党 80 周年和庆祝新中国 60 周年华诞之际，都组织船员职工开展以歌颂党、歌颂祖国、歌颂改革开放为主题的大型职工文艺会演，不仅丰富了职工业余生活，而且有效推动企业“两个文明”建设。

【文艺创作】

20 世纪 80 年代始，上海海洋运输行业由船员职工自发组建的各种文化团体及协会组织纷纷出现，群众性文艺创作日渐繁荣，对丰富船员职工业余文化生活起到积极促进作用。1985 年，由上海海运局青年职工文学爱好者成立的海洋文学社与上海市文联等单位一起，致力于海洋文学探索和实践，在上海市和外省市报刊杂志上发表多篇反映海员劳动和生活的报告文学、诗歌、小说等作品，被团市委授予“上海市优秀业余社团”称号。同年成立的上海海运局摄影爱好者协会，亦为上海市职工摄影爱好者协会的一个分会，致力于反映海运战线广大职工的新风尚，新风貌，曾多次组织会员赴基层船、厂，以及宁波、绍兴、杭州、黄山和沿海城乡进行艺术创作活动，拍摄出许多具有“海味”特色的作品，部分佳作还入选全国或上海市摄影展并获奖。1988 年，该局美术爱好者自愿结合成立美术协会与书法协会。其会员书法和美术作品广受海内外人士赞赏，多次在国内获奖和在美国、新加坡和日本等国展出。同年 2 月，上海海运局组织成立职工文艺社团联合会，在局工会、团委领导下开展群众性文化艺术活动，为广大海员职工服务。1998—2003 年，中远集运先后举办两届“美术、书法、摄影展”，并精选其优秀作品编辑出版《中远集运职工美术、书法、摄影作品选》(画册)，还选出部分作品参加中远集团第八届美术、书法、摄影展。2006 年 12 月，中海国际在上海成功举办“海员，我爱你”大型文艺晚会。这台海味十足的综合性文艺晚会，节目大多由船员职工和家属自编、自导、自演，歌唱海员，颂扬“海嫂”，抒发“爱我中海，勇创一流”的真挚情感，塑造了战风斗浪、拼搏奉献、勇创一流的中海船员形象。由于文艺汇演唱先进，说模范，自己写自己，自家演自家，亲切感人，更能打动人心。该公司还把晚会制成 DVD，赶在春节前发至每艘船舶，成为献给船员们的迎春文化礼物。2007 年 10 月 12 日，中远集团“2007 年职工文化月书法摄影展”在上海举办，上远公司征集到 100 余件作品，经筛选有 50 余件作品参展，其中部分作品分获书法、美术、摄影一、二等奖。

【电影电视】

20 世纪 80 年代，上海海运局安排电影放映队到船舶和外港为船员放映电影，并分批为船舶配备小型电影放映机。该局工会设有电影放映站，为船舶提供片源和修理放映机，并培训放映人员。1981 年，该局举办 4 期电影放映员学习班，为船舶培养 89 名电影放映员。是年，该局电管站还为 65 艘运输船舶配备 16 毫米电影放映机。后随着社会科技发展，船上电影放映机渐被录像机、VCD、DVD 所代替。90 年代，上海远洋船管公司工会开始为船舶配置录像机，并调换录像带 1.18 万盒，调换 VCD 片 3 620 片，在录像带、影碟和文体用品方面总投入 61.74 万余元。中远集运船舶管理公司工会为船舶调换录像带 1.09 万盒、VCD 片 8 045 盘，录像带、影碟片和文体用品总投入 75.65 万余元。根据船舶航行海上不易接收电视频道的特点，中海货运公司自 2009 年 4 月始，分批为船舶安装卫星电视天线，安装成功后，船员可以不受海域限制，收看到 50 多个电视频道，从而丰富了船员在船业余文化生活。“十一五”期间，中海集团建立的海上俱乐部覆盖所有船舶，该集团工会不定期向船舶发放音像制品等，以进一步提高船员业余文化生活水平。2010 年，上远公司工会共为中远集运所属船舶发放 VCD 和 DVD 碟片 3.17 万张。

【体育活动】

20 世纪 70 年代末，上海海洋运输系统船员职工业余体育活动逐步恢复。此后 30 余年间始终保持蓬勃发展局面。该系统各主要企业从关爱船员职工身体健康出发，投入一定人力物力，组织船员职工因地制宜，开展多种形式体育运动和比赛，深受职工群众欢迎和喜爱。1978—1979 年，上海海运局工会组织船员进行游泳训练，共举办 13 期游泳训练班，并组织游泳、乒乓、象棋、拔河等竞赛活动。1980 年，组织有 19 艘船舶船员参加的篮球赛，共进行 22 场比赛，并组织局级游泳、乒乓、象棋代表队参加上海市职工体育比赛。1981 年，上海海运局基层单位共建有 97 支各种业余体育运动队，有 552 名船员职工参加。其中有 13 个单位举办 154 次各种体育竞赛，6 711 人次参加。并有 7 个体育项目参加上海市第五届职工运动会。同年，上远公司"清河城"轮工会应国际海员工人俱乐部邀请，首次参加在荷兰鹿特丹港举办的国际海员运动周，并夺得乒乓球单打、双打冠军和跳远第一名，获得国际海员运动周集体奖杯。1983 至 1997 年间，上远公司为丰富船员业余生活，先后举办 9 次大型船员职工运动会，激励和提高船员职工参加体育锻炼的积极性，增强船员体质。许多船舶也以各种形式开展体育活动，举办体育比赛。同一时期，锦江航运也积极组织职工开展乒乓、扑克和足球赛等文体活动。

鉴于船舶流动分散，场地有限，难以开展大型体育比赛的特点，上海海运局等单位还采用"通讯比赛"形式，开展船与船之间体育竞赛，以推进各轮体育活动。同时将操艇、撇缆等项目与船舶安全生产工作相结合，与船员各项技术比武活动相结合。这些体育比赛发动面广，参加人多，受到各单位领导重视，有力推动了各单位业余体育活动的开展，在促进职工身体素质提高的同时，也不同程度密切了干群关系，取得良好实效。1985 年，上海海运局举办的船舶体育通讯比赛，有 31 艘船舶参加，共评出 4 艘优胜船、8 艘受表扬船和 51 名体育工作积极分子。其中"大庆 61"轮针对船舶特点开展体育活动，成绩突出，被评为上海市"职工体育先进单位"。1997 年 11 月，上远公司"秋河"轮在澳大利亚悉尼港码头举办第一届"海上技术比武节"，设立撇揽、插钢丝、电脑演示、电焊等 7 个项目比赛。共有 30 人次参加比赛。

2001 年，中海集团工会组织全系统船员职工开展象棋、乒乓球、篮球、足球、游泳、羽毛球、保龄球、桥牌等多项体育比赛。翌年 4 月 25 日至 9 月 24 日，该集团举办首届体育运动会，共进行 13 个大项目、54 个小项目比赛，直接参赛运动员达 1 755 人次，既丰富了职工业余生活，也增强了企业向心力和凝聚力。1998—2003 年，中远集运也举办多次船员职工体育比赛。

为支持和鼓励船员职工积极开展体育活动，上海海洋运输各企业及时投入资金，为船舶添置大量健身器材。1997 年，上远公司工会为船舶购置健身器材，增加船舶工会文体活动经费，由原来的 800 元和 1 200 元 2 种年度使用标准，分别增加到 1 200 元和 1 500 元，即 20 名以下船员的小型船舶全年使用 1 200 元，20 名以上船员的大型船舶每年使用 1 500 元，外派船员则根据班子组成人数情况参照执行。并规定此项经费专用于船舶工会开展文体娱乐活动，从而进一步活跃了船舶业余文体活动。2006 年至 2010 年，上远公司工会对返回国内的中远集运船舶，先后配备新一代健身器——"健身椅"，共为 8 艘船舶发放 156 个"健身椅"，为船员健身创造条件。中海集团各级工会共计拨款 668.7 万元，购买健身器材，建立"海上健康俱乐部"，至 2010 年已覆盖该集团所有船舶。

二、读书活动

20世纪70年代后期始,上海海洋运输各企业为丰富船员业余文化生活,提高船员思想道德情操,积极组织船员职工开展读书活动。上海海运局工会图书馆为广大船员职工开展读书活动创造条件,为20余艘船舶办理集体借书卡,至1980年,办理集体借书卡的船舶已增至38艘。

80年代,上海部分海洋运输企业开展以船舶为重点的职工读书自学活动,作为职工进行自我文化教育的有效形式。1982年,上海海运局利用自学成才典型人物和先进事迹,通过评比、表彰,推动全局职工读书活动。并采用演讲、诗歌朗诵、歌咏比赛、写读书心得体会、知识测验等多种形式,吸引和鼓励广大职工参加读书活动。1983年,该局组织的"上海杯国际知识竞赛"参赛小组,在决赛中获得第三名。1985年,组织船员职工进行"振兴中华读书活动"知识竞赛,船舶与陆地职工踊跃参加。同时有10艘运输船舶自行开展此类知识竞赛活动。是年,该局工会图书室向16艘船舶和部分陆地单位发放图书610本,借出各类书籍1万余本,有力配合职工读书活动的开展。

80年代中期,上海海运局工会为了在船舶大力开展读书活动,组织船舶与黄浦区图书馆、浦东第二图书馆、卢湾区图书馆开展"结对子"活动,在120余艘运输船舶建立"海上图书馆"。为了方便船舶借书,还为船舶配备流动图书箱。1987年,该局工会图书室共为职工个人办理借书手续近万人次,为104艘船舶集体借还书刊2 200多册,并向部分船舶、基层单位及退休工人活动室赠送500册书刊。翌年,上海海运局召开"红五月海运职工读书表彰联谊会",有200多名读书积极分子参加。会议总结了该局6年来的职工读书活动情况,表彰10个先进小组和21名先进读书个人。

90年代,该局积极组织开展"海上读书知识竞赛",以及读书心得演讲、征文比赛等活动。仅1990年就有59艘运输船舶参加局工会组织的"海上读书知识竞赛"活动,参加决赛的船员还进行3分钟临场发挥演讲比赛,创作出一批优秀演讲作品。该局"长河"等轮在开展读书活动时,将海员求知与岗位技术练兵结合起来,以读书活动提高船员的思想和技术素质,收效明显。是时,该局船员职工先后9次参加上海市举办的国际知识竞赛、演讲比赛、班组读书乐比赛、读书征文比赛,获一等奖、三等奖、精神文明奖共7次。

同一时期,上远公司船员职工读书活动也持续深入开展。1997年,该公司工会为加强船舶文化工程建设,在船舶原有文化设施基础上,为每艘船舶订阅《人民日报》《解放日报》《工人日报》《劳动报》《大众电影》《现代家庭》《采风》《青年一代》等10多种报刊杂志,并专门为船舶配备《红楼梦》《西游记》《水浒传》《三国演义》《安娜·卡列尼娜》《傲慢与偏见》《红与黑》《战争与和平》以及《家庭医药全书》《现代汉语词典》10余部中外名著和工具书籍。

1993—1998年,中海集团及上海海运工会把职工读书自学活动推向新阶段。其把读书活动重点放在船舶,与浦东第二图书馆携手合作,开展建设"海上图书馆"活动,根据海运企业和广大海员生活实际,实施在每艘船配备100本图书的"1100"工程;共出资30万元,为近200艘客、货、油轮建立"海上图书馆",并为之购置多种丰富多彩的图书、受到广大海员欢迎。中海集团工会还组织船员职工参加各种专题座谈会、征文、演讲比赛,进一步推进船员读书活动,丰富船员业余文化生活。

为落实用3年左右时间逐步为每艘船舶建立一个藏书约300册左右小图书馆的计划,中远集运船舶管理公司工会积极筹措,仅2000年就新购图书6 000余册,为89艘船舶配备新图书。其中还增加学习电脑的书籍和软盘,方便船员学习和操作电脑。

进入21世纪后,上海海洋运输系统各主要企业,始终将组织船员职工开展读书活动,激发广大船员的学习热情，作为企业精神文明建设和文化建设的一项重要任务。其间，不断巩固扩大“海上图书馆”建设，为船舶配备各种书籍，为船员开展读书活动创造良好条件。“十一五”期间，中海集团各级工会共向基层船舶、班组选送书籍、影像制品等价值 668.7 万元，“海上图书馆”已覆盖该集团所有船舶。2010 年，上远公司工会为中远集运所属船舶购置图书 5 115 册，发放船舶文体用品价值 54.8 万余元，为船舶营造良好读书氛围，推进船舶读书活动蓬勃开展创造了有利条件。

第十篇

人　　物

新中国成立后，上海海洋运输行业在其长期发展历程中，产生过大量为本行业作出杰出贡献的代表人物。其中既有革命老干部、也有航运界专家和知名劳动模范。改革开放后三十余年间，上海海洋运输系统更是先进模范人物辈出，在平凡岗位上创造出了不平凡的业绩。本篇对其中13名在业界有一定影响的已故人物（均为1978年后去世）予以列传记载，并对部分省部级以上领导干部、业内知名模范人物以及航运界知名人士予以简介或列表简介。人物传略以去世先后为序，人物简介以出生先后为序。

第一章　人物传略

于　眉

于眉（1914—1980.9），山东蓬莱人。早在中学时期就接受了马列主义。民国18年（1929年）参加共产主义青年团。民国22年参加“左联”和“反帝大同盟”。民国25年加入中国共产党。曾任北京大学东斋支部书记、北大总支组织委员，从事中共地下工作。抗日战争爆发后，受中共党组织委托，回原籍开展工作，在山东省委和胶东特委领导下，建立抗日武装，开展对敌斗争。历任山东人民抗日救国军第三军第二路政治特派员、八路军山东纵队第五支队政治部主任。民国28年9月，当选为中共七大代表，到达延安后任中共七大山东代表团徐向前、张经武的秘书，后在延安马列学院、中央党校学习。民国34年参加中国共产党第七次代表大会。解放战争时期，历任华东军区政治部秘书主任、华东军区兵站部政委、华东运输公司副经理、山东公路运输总局局长、华东野战军南下二大队大队长等职。

1949年5月27日，上海解放当日，以中国人民解放军上海市军事管制委员会财政经济接管委员会航运处处长身份，率领接管干部进驻招商局。次日，被市军管会任命为驻招商局轮船股份有限公司军事代表（后为军事总代表），对该局执行军事监督及办理接管事宜。因认真贯彻接管工作的各项方针政策，使整个接管工作在短短数月中即圆满完成。之后，参加领导了上海解放初期的反封锁、反轰炸，迅速恢复航运事业，保证上海市煤、粮等物资供应的斗争；参与了加强对私营航商的领导和管理，吸收航业界具有影响的进步人士参加，组成民营航业指导委员会，并担任主任委员。在任市军管会航运处处长期间，主持制定和颁布《私营船舶船员特殊伤亡抚慰临时办法》及《民营船舶担任军公运输船员特殊伤亡抚慰临时办法》，鼓励船员积极参加当时的支前运输；主持制定和公布《招商局军管时期船舶管制办法》，规定在船舶实行军事代表制，加强对各轮的管理。1949年10月，任华东区航务管理局局长。1950年1月，被政务院任命为交通部航务总局副局长，并以军事代表名义领导招商局工作。1950年11月后，长期在交通部门担任领导工作，历任交通部海运总局副局长、代局长、局长、海河总局局长、交通部部长助理、常务副部长、中共交通部委员会委员、交通部党的临时领导小组副组长等职。其间，曾以中国政府全权代表的名义，参与领导中波轮船股份公司的筹建工作，审定各项章程。1951年1月，代表中国政府与波兰政府代表在北京正式签署《关于组织中波轮船股份公司协定》。中波轮船股份公司成立后，担任过中波轮船股份公司第一、六、七、十一、十三届中方股东代表，以及第一、六、七、八、九届管理委员会中方主任委员，为中波轮船股份公司的创立和发展作出重要贡献。在任交通部副部长期间，主管水运生产，认真执行党和国家关于交通运输的方针、政策，为我国水运事业的建设和发展做了大量工作。1980年5月，调任国家建委副主任，同年9月2日因病在北京逝世。

黄慕宗

黄慕宗(1893—1985)，江苏崇明(今属上海)人。民国2年(1913年)至5年在复旦公学大学部理科学习，后到上海肇兴公司船上当练习生，民国10年晋升二副，从此以毕生精力投身于航海事业。民国15年，毕业于美国万通函授学校远洋航海科，同年来到同德公司唯一一艘5 000吨级货轮上当大副，深得器重，不久被委为船长，成为现代海轮最早的中国船长之一。民国17年，进招商局工作，历任“广利”“遇顺”“江华”和“新丰”等轮船长。民国22年，以优异成绩考进天津引水公会，成为天津港第一名中国籍引水员，开创了中国航海史上的新纪录。

“七七”事变后，为避日本侵略者搜捕，被迫离开天津，回到上海，后又到重庆，改行经营五金生意。徐学禹任招商局总经理后，应邀回到招商局任船务部经理。抗日战争胜利后，美国卖给国民党政府一批万吨级自由轮，徐学禹原拟启用外国人当船长，其据理力争，力主“一个外国人也不要，全部用中国船长”，并承诺一切责任由自己负。经争取最终将当时上海航海界的一批优秀中国船长调至该批自由轮上工作。

民国36年后，任招商局副总经理，并兼任交通大学航海系主任、上海航政局局长、上海港务整理委员会委员、船舶碰撞纠纷处理委员会主任委员、交通部船员考试委员会主任委员等职。时上海港有引水员40人左右，多为外国人而中国人极少。其早有夺回国家引航权之意，遂趁外籍引水员要求增薪罢工之机，写信给国民党政府交通部航政司，提出建议和见解，征得同意后将上海一批技术较好的中国船长调去当引水员，收回了被外国人把持半个世纪的上海港引水权。

解放前夕，招商局高级职员纷纷迁往台湾。面对各种威胁利诱，其不为所动，毅然留在上海。以后又积极争取招商局船舶回归。1950年，曾随同中国人民解放军上海市军管会的军代表一起到香港，商议接收13艘起义船舶事宜。20世纪50年代初，招商局改组为中国人民轮船公司(即上海海运局前身)后，曾担任公司顾问室顾问，获得过交通部教育司一等二级工程师技术职称，并曾当选徐汇区政协委员。晚年虽体弱多病，仍十分关心祖国统一大业，关心航海事业的发展，为台湾早日回归祖国做了许多力所能及的有益工作，并对发展海运积极提供信息和提出建议。1985年因病在上海逝世，享年91岁。

贝汉廷

贝汉廷(1926.4—1985.4)，浙江镇海人。1951年毕业于上海航务学院(原上海吴淞商船专科学校)航海系。1958年被派往中捷海运公司船舶任大副,开始投身远洋运输事业。1961年,中国远洋运输公司广州分公司成立后,被调到该公司工作,1962年被任命为船长,成为新中国成立后第一代远洋海员和远洋船舶船长。其后先后驾驶过15艘远洋轮船,到过40多个国家、80多个港口,为发展祖国的远洋运输事业作出卓越贡献。

"文化大革命"期间,因莫须有罪名被调离远洋船舶岗位,来到上海航道局,在挖泥船上担任三副。面对困境,自我加压,在刻苦钻研航海业务的同时,以非凡毅力自学英语和法语,使个人综合素质得到进一步提升。1974年,重回中远上海分公司工作。在随后11年里,为发展远洋事业忘我工作,多次圆满完成接新船,开辟新航线,承运成套设备和重要物资等工作。1978年5月,上远公司"汉川"轮在联邦德国汉堡港装载大型化纤成套设备,其经过100多次反复排列,科学计算,制定方案,充分利用甲板空间,最终用一艘船装妥通常需用一船半装的全套设备,单航次增收运费58.8万元外汇人民币,节约绑扎费3万马克,净得利润100多万元。同年12月,驾驶"汉川"轮在地中海的狂风暴雨中,成功救起即将沉没的塞浦路斯籍遇难船"艾琳娜霍浦"号上全体船员和家属,获得国际友人高度赞誉。1979年3月加入中国共产党。同月,作为中美恢复海运通航的友谊使者,受命担任"柳林海"轮船长,驾船从上海起航驶往美国西雅图港,圆满完成首航任务。同年9月被评为上海市劳动模范、全国劳动模范。1980年8月荣立二等功一次。1981年被评为上海市劳动模范。1982年当选为第六届全国人民代表大会代表。1983年2月被评定为船舶高级工程师。1984年7月起担任上远公司指导船长。

1985年3月,奉命赴德国接收全集装箱船——"香河"轮。返航途中,因突发心脏病,经抢救无效逝世,终年59岁。

鲍浩贤

鲍浩贤(1928.7—1989.8),江苏宝山(今属上海)人。民国38年(1949年)6月毕业于上海吴淞商船专科学校。上海解放初任市军管会航运处水运大队联络员。1954年,任中波公司"国际友谊"轮三副,开始远洋运输生涯。在船期间边勤奋工作边抓紧学习远洋业务,1957年提升为大副。1961年,中国远洋运输公司成立后,调至广州远洋运输公司,成为新中国第一代远洋船长。1962年,驾驶国产远洋轮"和平"号开辟我国至西非几内亚和东非坦桑尼亚航线。1964年授命将中国政府赠送阿尔及利亚的"曙光"号远洋轮安全顺利交至该国,受到外交部、交通部表彰。1974年4月起在上海远洋运输公司船舶工作。1979年,为发展我国集装箱运输,被派赴丹麦学习集装箱运输和管理技术。1982年11月驾驶全集装箱船"汾河"轮从上海港首航美国东海岸,开辟中国至美国东海岸集装箱班轮航线。首航后,因该轮长期保持准班准点,中远美东航线一度被称为"汾河班轮",成为当时在美东地区最具信誉和影响力的集装箱班轮之一。

其在长期工作中积累了丰富的驾船经验,且学识渊博,注重学习钻研,每到一港,每上一船,每行一条航线,都十分详尽地做好有关记录。随身笔记本分门别类,内容齐全,清晰实用,常成为年轻船长和驾驶员的学习教材。1983年被评定为高级工程师,当选为上海市第六届政协委员,并被评为上海市劳动模范。1984年起任上远公司指导船长。1985年调至"清河城"轮,担负操船和带教实习船长的双重任务,始终将船员业务培训作为一件大事来抓,为人师表,言传身教。当年获全国总工会授予的"全国优秀船长"称号和全国"五一"劳动奖章。1986年被授予全国交通系统"两个文明"建设标兵、"全国优秀船长"等称号。1987—1988年,参加第三代全集装箱船"泰河""普河"两轮的监造工作，任监造组组长，期间忘我工作，确保了新船建造质量。1988 年被全国海员总工会授予“金锚奖”和全国“最佳船长”称号。曾当选为第七届全国人大代表。

1989 年 8 月 18 日因病逝世。

方枕流

方枕流(1916—1991.6)，出生于上海。因家境贫寒，高中毕业即失学，到美国总统轮船公司做职员。民国 27 年(1938 年)进入上海海关总署，任江海关巡缉船“流星号”候补驾驶员。太平洋战争爆发后，因不愿在日本控制的海关船上工作，从烟台前往重庆。民国 31 年 6 月至民国 34 年 2 月，任重庆总税务司署海务科二等二级驾驶员。

抗战胜利后，与人联名上书当局，反对再由外国人到中国海关船上任职，在意见遭到冷遇后，退去海关职务，到三北轮船公司“鸿利”轮上当大副。民国 35 年初到上海招商局任船舶驾驶员，同年 11 月担任“海湘”轮船长。民国 38 年改任“海辽”轮船长，受其好友(中共地下党员)影响，按照中共党组织的指示，积极开展“海辽”轮起义发动工作。是年 9 月，驾船由香港开往厦门途中，冒着生命危险，克服多种困难，组织全体船员起义，经 8 天 9 夜惊险航行，终将该轮驶进解放区大连港。“海辽”轮起义成功，在国内外引起巨大反响，并获得毛泽东嘉勉电。大连轮船公司专门为其荣记特等功。在“海辽”轮带动下，香港招商局所属“海厦”“蔡锷”“教仁”等 13 艘海轮于 1950 年 1 月 15 日亦宣告起义。

1950 年 5 月，任大连航务局航务处副处长，1950 年 7 月加入中国共产党，同年被评为全国劳动模范并出席全国战斗英雄、劳动模范代表大会。1951 年 8 月，任中波海运公司航运处处长，1955 年 5 月，任中波海运公司黄埔办事处主任、航运处处长。1956 年 5 月，任中国远洋运输公司广州分公司副经理，同年被评为全国先进工作者。20 世纪 70 年代末授命筹备大连远洋运输公司，任筹备组组长、后任大连远洋分公司经理。1982 年离休。1991 年 6 月 12 日，病逝于大连。

龚丕勋

龚丕勋(1906.1—1991.12)，又名龚丕谷，江苏崇明(今属上海)人。民国 12 年(1923 年)进吴松水产专科学校求学。民国 17 年经人介绍到合众轮船公司工作。因勤奋努力，好学进取，很快从船舶水手提升为驾驶员，曾任“大兴”轮三副、“朝阳”轮代二副。民国 25 年后在英商怡隆公司任船舶二副、大副等职。太平洋战争爆发后，因英商船公司被迫停运而失业。但其宁可返乡，不愿去日伪公司任职。抗战胜利后，历任招商局“江鸿”“华 202”“永洛”“锡麟”等轮船长和该局驻天津港船长。

新中国成立前夕，由其担任船长的大中华轮船公司所属“大江”轮撤至海外。1949 年 11 月 5 日夜，趁该轮从日本航行至朝鲜半岛时，带领船员勇敢机智地将船驶离锚地，胜利开回已经解放的青岛港。后由北洋区海运管理局将这艘 9 200 吨级货轮买进，其继续留任该轮船长。

1952 年，国家进入大规模经济建设时期，电力需求量增加。“大江”轮担任上海市发电用煤的运输任务，为了多运煤，首创船舶对外联络小组，并自任组长，同秦皇岛、上海等港签订港航联系协议,使船舶周转由过去每月航行两到两个半航次增加到三个航次,并创造30个航次未在铜沙抛锚候潮的好成绩。北洋区海运管理局曾专门下达文件,在全局范围内推广其创造的船舶对外联络小组先进经验。翌年,为满足上海电煤运输需要,提出航行黄浦江不用领港和夜航黄浦江的课题(此前因黄浦江航道复杂,历来5 000吨以上船舶进出都要强制领港,吃水超过24英尺的船舶都不能夜航黄浦江,大吨位船舶常为在吴淞口外抛锚等候领港和天明耽误很多时间)。在取得海运局和交通部领导同意后,认真研究黄浦江航道,熟记各个航段水深、流向和航行标志,制订出应付可能出现的各种意外情况的操作措施,并于1954年4月首次使"和平一号"轮(即原"大江"轮)不用领港安全驶进黄浦江,紧接着又在同月使"和平一号"轮安全夜航黄浦江。1953年和1954年,两度被评为上海市劳动模范。1956年加入中国共产党。同年被评为上海市先进生产者和国家交通部二等先进生产者。在任船长期间十分重视科学管理,从驾驶台到机舱,严格规范要求,对事故苗子从不轻易放过,必找出原因,吸取教训,把防范工作做到前面。自1954至1957年,由其担任船长的"和平一号"轮连续安全航行20多万海里,被评为上海市安全航行先进船舶,本人也被誉为"安全船长"。

1956年后,上海海运局领导安排"和平一号"轮边进行运输生产,边作为培训驾驶骨干的基地。在其带教下,成批新船长在该轮得到培养和锻炼。1965年退休。1991年12月31日病逝。

王玉琪

王玉琪(1922.7—1994.5),河北阜平人。民国29年(1940年)5月参加革命工作。民国30年3月加入中国共产党。先后在抗日大学二分校、中共中央党校、晋察冀中央党校、中央西满分局、中央东北局工作,历任战士、副班长、宣传员、事务排长、收发室主任、党委秘书等职。

中华人民共和国成立后历任东北邮电总局人事处副处长、东北政府交通部秘书、中央交通部北洋区海运管理局党委书记、上海海运局政治部副主任、副局长、中共上海海运局党委书记等职。担任上海海运局领导期间,关心、重视船舶运输生产和安全,1964年倡导《上海海运报》以《论安全是命根子》为总题,发表9篇社论,在航运系统首次阐述船舶运输生产应贯彻"安全质量第一"方针,在职工安全生产教育中取得良好成效。1973年10月调上远公司工作。1976年6月起先后担任过中共上海远洋运输公司党委副书记、书记和上远公司经理、顾问等职。在上远公司工作期间,结合远洋运输工作特点开展形式多样的思想政治工作,摸索总结符合远洋运输企业特点的思想政治工作经验,为促进上海远洋运输船队的建设和发展作出贡献。1994年因病逝世于上海。

车朝纯

车朝纯(1935—1996.9),辽宁金县人。1956年考入大连海运学院航海系,1961年毕业后分配到上海海运局,先后担任船舶三副、大副,1979年开始任船长。因重视和善于船舶管理,很早就在运输船舶上试行全面质量管理(TQC),且在航海技术上精益求精,多次出色完成工作任务。1981年,其任船长的"战斗44"轮被交通部授予"推行全面质量管理先进单位"称号。1985年被授予市劳动模范称号。

1988年，担任上海海运局"泰山"轮船长后，率领全体船员艰苦奋斗，狠抓船舶整顿和基础建设，形成一套比较完善的安全生产管理体系和奖惩考核办法，很快改变这艘已有20余年船龄的老旧船的面貌。其坚持以市场为导向，努力提高船舶运输效率和效益。为增加运输收入，总是尽量争取多装运费高而风险也高的大件货物和危险品货物。秦山核电站、宝钢、长江三峡等国家重点工程的许多大件物资，都是由"泰山"轮克服种种困难，安全运至上海。任职期间，从提高本轮竞争能力出发，提出"创安全优质金字招牌"的运输战略，主持重新修订和健全各种装卸操作制度，促使"泰山"轮货运质量远近闻名，为船舶提供了稳定而充沛的货源。1993年，使"泰山"轮一举扭转年亏损60多万元的局面，盈利130多万元。1994年再创利170多万元。同年，其本人及"泰山"轮甲板部分别被授予上海市质量标兵及质量标兵集体称号。为最大限度降低运输成本，其打破船舶验船换证前必需进厂修理的惯例，坚持同船员们一起敲铲油漆，在1994—1995年的一年多时间里，自修甲板部和轮机部多项按传统做法需进厂修理的工程，并经船检局验船师严格检查一次通过，创造了本轮"进坞不进厂"，节约修船费100多万元的佳绩。1995年，获得全国劳动模范和上海市优秀共产党员等称号。

长期的艰苦工作使其积劳成疾，但不顾重病，仍一心扑在船舶生产和建设上，直到住院治疗期间，仍抱定"我这个共产党员，活着干，死了算，治好病还要为海运干"的决心，表现出共产党员的高度奉献精神。1996年9月5日病逝于上海。

蔡国华

蔡国华(1930—1999.1)，浙江瑞安人。1951年9月至1955年3月在上海航务学院轮机系、大连海运学院轮机系学习。1954年3月加入中国共产主义青年团。1955年进入上海海运局工作，先后在"和平""建设""长字""风字"型船舶任轮机员。因学习认真，工作积极，1958年至1960年连续3年被评为局先进生产者，1959年被共青团上海市委命名为红旗青年突击手。1960年5月加入中国共产党。

1972年起担任船舶轮机长。工作中注意积累大量的国内外科技资料和丰富的轮机管理经验，扎实抓好船舶管理和机舱技术管理，并敢于解放思想，勇于创新，尤其在船舶的技术革新、节约能源方面成绩显著。1977年被评为局先进生产者、上海市科技战线先进生产者。1978年被评为上海海运局技术革新积极分子、交通部先进生产者、上海市劳动模范。1979年1月担任上海海运局总轮机长，1981年2月起任上海海运局副局长，1984年11月起任上海海运局局长，高级工程师职称。其间，带领职工立志改革，积极开创企业发展的新局面，坚持将确保煤炭、石油等能源物资运输作为企业生产经营的重点，超额完成"七五"计划全部指标。自1985年起，率该局职工连续六年获交通部经济效益先进单位称号。1988年第三季度后，煤炭供需矛盾一度困扰上海。为缓解燃煤紧缺局面，支援上海和华东地区的经济建设，带领全体员工，迅即动员、部署，发起大规模"保煤运输"，并收到显著成效，受到中共上海市委、市政府领导的表彰。时任上海市市长的朱镕基亲笔写信给该局，赞扬煤运船员"作了大贡献，创造了历史的业绩"。

在职期间曾当选上海市黄浦区第十届人民代表大会代表。1991年3月退休。1999年1月27日病逝于上海。

刘延穆

刘延穆(1922.1—2004.8),山东济宁人。民国18年(1929年)9月起在原籍读书,民国24年10月开始务农。受身为共产党员的父亲和兄长影响,经常参加党组织所办的各种训练班学习。民国27年6月始,在八路军苏鲁豫支队四大队分别任战士、班长、排长等职,同年9月加入中国共产党。次年9月,被任命为连队政治指导员。民国30年11月至34年9月,在八路军一一五师教导五旅十三团、山东滨海区党委任教导员、武工队队长等职务。

解放战争时期,先后任山东滨海军区石臼所海防大队大队长、华东军区直属机关政治部、兵站部组织干事、组织科长、第一兵站处总支书记、山东运动公司接收大队大队长、山东兖州运动公司经理等职。民国38年2月随中国人民解放军南下,任工作队中队长。是年5月,作为上海市军管会代表之一,参加接管了当时国内最大的轮船公司——招商局。同年7月至1953年3月,先后任中国人民轮船公司海洲分公司经理、华东区海运局运动处副处长、上海海运局南洋运输部经理、党总支书记等职。1953年4月后历任交通部上海海运管理局副局长、交通部上海区海运管理局副局长、上海轮船公司经理等职。

"文化大革命"期间受到迫害。1971年重新工作后,对林彪及"四人帮"的倒行逆施,进行抵制和斗争,并担负起对上海海运局生产的领导工作,在社会动乱期间始终保持船舶运输不停航。1978年3月后历任交通部上海海运管理局副局长、代局长、党委委员、党委副书记等职务。其间认真贯彻党的改革开放方针政策,带领职工坚持"立足沿海,发展远洋"的经营方针,推进企业由生产型向生产经营型转变,为上海海洋运输逐步走向市场和不断取得发展打下基础。

1985年5月离职休养后,仍继续发挥余热,始终关注企业改革与发展,并为之献计献策。曾担任上海海骥公司董事长。获得过全国老干部"精英奖"。为弘扬革命传统,教育后人,多次前往工厂、街道、兵营、学校作辅导报告。其重视和关心企业文化建设,先后主持编写《上海海运》《上海沿海运输志》等史志书籍,并将几十年收藏的各类书籍一千余册,全部捐赠给中海集团上海地区老干部管理中心,用以设立图书室,为离退休人员提供阅读条件。为表彰其捐书义举,中海集团党组特发证书以示嘉奖。

2004年8月6日病逝于上海。

史　堪

史堪(1919.3—2005.11),江西南昌人,出生于农民家庭。民国18年(1929年)至26年就读于南昌市立实验小学、江西私立心远中学。民国27年2月,在中共地下党开办的江西大众文化社做店员,受到革命思想熏陶,同年9月奔赴延安,10月加入中国共产党。曾在陕北公学分校、延安蟠龙镇抗大分校、延安中共中央出版发行部、新华书店、中共中央出版局、八路军三五九旅九干队任学生、干事、巡视员、科长、秘书等职务,参加了延安整风、土改、整党等运动。解放战争时期,先后在东北书店、东北日报发行处、东北行政委员会交通部计划处任副经理、副处长、处长等职务。

全国解放后,曾任东北人民政府办公厅秘书。1951年5月至1966年6月,在东北人民政府公路管理局、国家计划经济委员会交通局任副局长、局长等职务。1966年6月至1968年6月任长江航运总公司总经理。"文化大革命"期间受到迫害。1975年2月重新工作后，先后担任天津港务管理局交通部工作组组员、局革委会副主任。1978 年 3 月调任上海海运局局长，1983 年 12 月离职休养。

自新中国成立后，长期在交通运输系统领导岗位上工作，认真贯彻党的方针、政策，深入研究交通运输在国民经济中的地位和作用，为国家制订交通运输方针、政策出谋划策，曾参加川藏、青藏公路等国家重大工程的设计、规划与建设。在任上海海运局局长期间，带领职工肃清"文化大革命"余毒，努力完成国家下达的各项运输计划，深入开展增产节约和增收节支，积极推进企业改革，使该局在确保沿海运输的基础上，安排出更多运力投入外运，实行沿海和远洋并举的发展方针，为振兴中国航运事业作出了贡献。因病离职休养后，仍始终关心企业的改革、发展与稳定，热情支持在职领导的工作，积极发挥余热。1998 年被评为上海市交通邮电系统优秀共产党员。

2005 年 11 月 15 日病逝于上海。

周来根

周来根(1928.5—2009.3)，浙江慈溪人，中共党员。1956 年 1 月从海军转业到上海海运局工作，先后在"生产一号""和平六十三号""大庆 16"等轮任轮机员，1961 年 2 月始任船舶轮机长。虽只有初中文化程度，但技术好，肯钻研，谙熟船舶轮机，遇到各种故障往往都能自行解决，被同事誉为能妙手回春的轮机长。

在任"大庆 16"轮(从国外购进的二手船)轮机长期间，带头苦干、实干，带领机舱一班人认真做好机舱设备的养护，积极扩大自修项目。在生产任务吃紧时，为了抢船期和减少维修费用，大胆实施不进船坞修理的创举，依靠自己动手解决了烟囱冒黑烟、油轮尾轴漏油等"老大难"问题。同时带领船员积极开展技术革新，使"大庆 16"轮这艘老旧船焕发青春，延长了 16 年寿命，且年年超额完成生产任务，成为上海海运局有名的高产船、红旗船，为国家创造大量财富。每逢修船，都能积极配合厂方，力争提前完成维修任务，为企业节约大笔修理费用，且增加了船舶营运吨天。其在长期工作实践中，摸索出一套港航协作争运力、厂船合作抢运力、合理配载出运力、部门合作促运力、维修保养保运力的宝贵经验，并积极推广应用，以闻名本系统的"动手派精神"带动成批船舶兴起增产增效热潮，为海运事业发展作出突出贡献。其事迹被在上海海运局大力宣传推广，成为企业发扬"动手派精神"的先进典型。

从 1976 年到 1985 年，先后 7 次荣获上海市劳动模范称号，2 次被评为全国交通战线劳动模范，是上海海运局被评为劳动模范次数最多的一名海员。因工作出色，多次受邀出席全国交通工作会议，并曾当选中共十二大候补代表。1988 年退休。2009 年因病逝世。

洪振权

洪振权(1927—2010.7)，江苏崇明(今属上海)人。少年时在崇明城东与城西小学求学，民国 35 年(1946 年)于崇明扬子中学毕业，考入吴淞商船专科学校航海系，为该校抗战胜利后复校的第一批学生。1949 年 5 月，任上海市军管会航运处联络员，在远洋拖轮"海獭号"工作。1950 年始分别在"利生"轮任实习生，在"竹喜马"轮任三副，在"东方 3 号"轮任二副、船长。

1958年始,先后任上海海运局"和平三十一号"轮、"民主五号"轮(后改名"工农兵5"轮)船长。在"民主五号"任船长的10年间,共运送旅客十多万人次,保持安全无事故。

20世纪70年代后期始,任上海海运局指导船长、局安全委员会办公室主任和局安监室主任。其间,打破旧的航区界线,贯彻实施"立足沿海,发展远洋"的经营方针,积极推进企业的市场化改革,不畏风险和艰难,经常勇担首航和护航重任。曾参与开辟中欧、中美等航线,且安全顺利完成任务;对上海海运局执行多年的相关安全制度进行修订完善,并首次制定船员责任制规则,使安全管理有章可循。1984年加入中国共产党。

1986年始,兼任两届上海市航海学会秘书长。其间参与编写、制定中华人民共和国《海上运输船舶安全技术要求》,该文件于1989年5月31日由国家发布实施;参与编著《世界港口》大型航海书籍;多次开展航海课题研究,特别是安全航行方面的研究。所作《船舶避碰与思维》一文在业界影响甚大,在"集美学术讨论会"上被评为优秀论文;1996年在大连召开的"96海上避碰国际会议"也对此文进行宣读发表,并收入会议论文集。后以此文为基础,经进一步收集整理过往实践资料,又写成专著《船舶安全航行的思维与实践》。该专著被上海海事大学列为研究生教材。

在长达40年航海生涯中,共任船长、指导船长33年,任上海海运局安监室主任5年,并担任过国家安全生产委员会重大事故调查专家组专家,具有坚实的理论基础和丰富的实践经验,为国家航运建设,特别是航行安全进行了长期的理论研究,并卓有成效。荣获过中华人民共和国人事部颁发的"成绩优异高级工程师"证书、"中青年有突出贡献专家"证书、"全国安全委员会专家"证书等国家级证书和"中国航海终身成就提名奖"。1988年被评为教授级高工。1991年离休后仍积极发挥余热,以专家身份参与东海大桥、崇明越江工程的论证,并提出合理建议,为上海国际航运中心建设奉献智慧和力量。

2010年7月8日病逝于上海。

第二章　人物简介

林祖乙

林祖乙,民国20年(1931年)4月出生,福建泉州人,中共党员。1951年2月考入集美水产商船专科学校驾驶专业,1953年并入大连海运学院,1954年2月毕业。在校期间曾担任学生会委员、团支部书记、团总支委员。毕业后在上海海运局先后任三副、二副、大副,并多次获得先进生产者称号。1960年任船长。1963年11月奉调参加上海远洋运输公司筹建及"燎原"轮首航日本的准备工作。1977年12月调任上海远洋运输公司海监室主任,后历任公司副经理、经理兼党委副书记。1983年6月调任中国远洋运输总公司总经理兼党委书记,1985年6月调交通部任副部长,1992年9月届满离职。1995年9月退休。曾任中国航海学会理事长,中国水上消防协会理事长、中国科学技术协会全委会委员、中国国际贸易促进会特邀顾问、中国航海学会名誉理事长。

钱永昌

钱永昌，民国22年(1933年)4月出生，上海市人。1950年入上海航务学院(今大连海事大学前身)学习，1953年毕业于大连海运学院(今大连海事大学前身)航海系。同年10月加入中国共产党并参加工作。1953年始先后在上海中兴轮船公司“新康”轮做实习生，任三副、见习二副，在上海海运局“中兴五号”轮任二副、大副。1960年始，历任上海海运局“和平三十一号”轮、“中兴五号”轮、“和平三十七号”轮船长。1964年始，在中国远洋运输总公司上海分公司任船长。1974年始先后任中国远洋运输总公司上海分公司航运组负责人、党委常委、革委会副主任、副经理、党委副书记、经理等职。1980年任交通部党组成员、远洋局局长、党委副书记兼中国远洋运输总公司总经理。1982年4月任交通部常务副部长、党组成员、党组副书记。1984年后历任交通部部长、党组书记，中国航海学会第一、二届理事长，中国造船工程学会第三届副理事长，中国交通运输协会副会长、会长。高级工程师职称。任职期间曾当选中共第十二、十三届中央委员。

杨怀远

杨怀远，民国26年(1937年)1月生，安徽庐江人。1956年参加中国人民解放军，1958年加入中国共产党。1960年复员后到上海海运局“和平十四号”轮当生火工，后历任“民主五号”轮服务员、副政委、政委，“长征”轮政委，“长山”和“长柳”轮服务员。

在任客轮服务员期间，长年如一日，坚持使用扁担义务为旅客挑送行李，其全心全意为人民服务的“小扁担精神”在上海和全国广为流传。1963年被评为上海市五好职工。1982年被评为全国交通战线劳动模范。1985年被评为全国劳动模范、上海市劳动模范、全国交通战线两个文明建设标兵、上海市优秀共产党员。1986年荣获全国总工会“五一”劳动奖章。1987年当选中共十三大代表。1988年荣获全国海员工会“金锚奖”。1993年，其先进事迹被收入《中国名人大词典》。在上海海运局工作期间，曾被任命为船舶政委，并作为基层领导被选为该局五人核心领导小组成员之一。但出于对平凡工作的热爱，三次打报告主动请求辞去政委职务，甘当一名普通服务员，立志“为人民服务到白头”。工作之余，还学习和运用心理学积极探索服务规律，提高服务质量，著有《讲点服务学》一书，并将学习心得、工作经验、生活体会等用日记和诗歌方式表达出来，几十年间写有大量反映海上客运的日记和近千首诗歌。上海民间艺术家协会在上海市文联召开“杨怀远诗谣研讨会”时，对其诗歌给予高度评价，认为这些诗歌反映了海员的生活和情操，是海洋文学的一种表现方式。

1997年11月退休后，依然关心海运事业，不忘自己的职责，一方面整理多年为旅客服务积累的经验，一方面参加各类社会活动。在共产党员先进性教育活动中，现身说法，传经送宝。日常积极参与社区思想道德建设和关心下一代工作。2005年7月，被中国关心下一代工作委员会和中央文明办授予“全国关心下一代先进工作者”荣誉称号。其多年如一日，走一处，讲一处，仅2009年一年就为近5 000人作了13场德育报告。国庆60周年时被评为“100位新中国成立以来感动中国人物”之一，并获得“时代领跑者——新中国成立以来最具影响的劳动模范”称号。

顾富生

顾富生,民国27年(1938年)8月出生,江苏兴化人。1959年7月从南京海运技校毕业后分配在上海海运局工作,任船舶机匠。1960年6月调至广州远洋运输公司,先后任“光华”轮机工、轮机员、轮机长。1965年5月加入中国共产党。1970年7月调任中波公司波兰分公司船技处处长。1976年8月任中波公司上海总公司船舶轮机长。1987年被评为上海市劳动模范、全国海员工会最佳轮机长、获得“金锚奖”。1989年被评为全国劳动模范。1991年被评为中国远洋运输系统十大安全先进标兵之一。

李克麟

李克麟,民国31年(1942年)9月出生,浙江镇海人。1959年参加工作,1961年上船工作,先后在上海海运局、上远公司任船舶报务员、报务主任、驾驶员、船长。1966年2月加入中国共产党。1979年被评为交通部和上海市劳动模范。1980年6月任上远公司航运处副处长。1983年9月任上远公司经理后,积极发展集装箱班轮运输,组建环太平洋集装箱干支线网络,将船队打入国际航运市场,使公司经济效益连年提高。1984年当选为上海市虹口区和上海市人民代表大会代表、上海市航海学会副理事长。1985年被选为中国共产党全国代表会议代表。1989年被评为上海市优秀厂长(经理)和全国劳动模范。1993年8月起任中国远洋运输(集团)总公司第一副总裁兼集装箱公司总部总经理。1997年出任中国海运(集团)总公司总裁后,积极推进改革,重点发展集装箱运输,使企业扭亏为盈,并创造出显著经济效益。2006年退出领导岗位后,曾担任中海集团高级顾问。

陈永康

陈永康,1950年10月出生,上海嘉定人,中共党员。1970年到上远公司工作,从船舶水手起步,经过数年持之以恒的工作锻炼和刻苦学习,于1978年任船长。30多年中先后在20多艘远洋轮上任职,工作中恪尽职守,始终将船舶的安全、准班、效益视为自己的责任和使命,以身作则,严格管理,忘我工作,从不计较个人得失。业务上虚心好学,精益求精,在航行日本等国港口和航道时,坚持自己引航、自己靠泊、自己离泊,为企业节省大量经费,且从未发生一起责任事故,仅2000—2005年,即安全航行38万海里。因工作卓有成效,成为远洋运输战线的领军人物之一,赢得公司领导、职工群众的信任和好评,先后被评为公司先进生产者、中远集运高级船长、上海市交通邮电系统优秀共产党员和中远(集团)总公司劳动模范,并获得中国海员工会第七届“金锚奖”。2005年荣获全国劳动模范称号。2007年调至中远集运欧洲Ⅱ线上的现代化集装箱船“中远厦门”轮担任船长。

李绍德

李绍德,1951年出生,上海市人,中共党员。1968年开始从事海运工作。1983年毕业于上海

海运学院(现上海海事大学)水运管理专业。历任上海海运局油轮船队党委副书记,局劳资处处长。1988年起先后任上海海运局副局长、上海海兴轮船股份有限公司副总经理、上海海运(集团)公司总经理等职。1997年起任中海集团副总裁,同年取得工学硕士学位。1999年获国家政府特殊津贴。2003年起任中海集团党组书记。2006年6月起任中海集团总裁、党组书记。2009年4月任中国国际经济交流中心常务理事。在中海集团任职期间,还担任过中国船东协会副会长、上海市口岸管理委员会委员等职,并被聘为大连海事大学、上海海事大学客座教授。为第十一届全国政协委员。

徐祖远

徐祖远,1952年1月出生,江苏太仓人,中共党员,高级工程师。1976—1988年,在广州远洋运输公司船舶任三副、二副、大副、船长等职。1988—1993年,任海南船务企业有限公司总经理。1993—1995年,任广州远洋国际货运公司总经理。1995—1998年,任广州海运(集团)有限公司副总经理。1998年7月始,先后任广州海运(集团)有限公司总经理、董事长,中海发展股份有限公司副总经理、总经理兼党委书记,中海发展股份有限公司货轮公司总经理。2003年2月始任中国海运(集团)总公司副总裁、党组成员。2004年4月始任交通运输部党组成员、副部长。

沈祖强

沈祖强,1952年出生,浙江平湖人,中共党员。1968年12月,初中毕业分配至上海海运局"大庆26"轮当水手学徒,后到"大庆1"轮当学徒。1971年学徒转正后,即代木匠,不久代水手长,工作中吃苦耐劳,业务上刻苦好学,1974年初开始代理三副,1978年考出三副证书。先后在"大庆48""大庆14""胜利3""大庆29"等轮任三副、二副和大副。1991年,经长期坚持不懈的刻苦自学,终于考取船长证书。1992年,被提升为"大庆28"轮见习船长和船长。面对该轮设备陈旧、主机老化,勇挑重担,安全稳妥操船,多次排除险情,并不辞辛劳,挤出时间参加甲板除锈、油漆和下到舱底挖油脚等工作,带领船员认真搞好船舶维修保养工作,使船壳焕然一新。1995年2月,乘修船机会,狠抓进度,带领船员扩大自修,节约修船费60多万元,缩短三分之一船期。因坚持发扬"实干、进取、奉献"精神,工作成绩显著,2000年荣获全国劳动模范称号。

陆金林

陆金林,1954年5月出生于上海,1971年10月参加工作,1983年10月加入中国共产党。1985年担任上海海运局立丰船厂船体车间党支部副书记,1995年起任车间主任、党支部书记。在基层管理岗位上踏实勤恳工作,通过不断学习、实践、摸索,形成一套独特的人性化管理方法,使得企业基层党务工作更加紧密贴近生产和职工,被誉为"把职工的事时时放在心里的好干部”。1998—1999 年,率职工承担将 13 艘万吨级货轮改造成集装箱船的工程,不惧艰难,日夜奋战,出色完成任务。2000 年获上海市劳动模范称号,2001 年获中国海员工会“金锚奖”,2006 年获 2005—2006 年度全国“五一”劳动奖章,2010 年荣获全国劳动模范称号。

在厂工作期间还多次获得集团、公司和船厂优秀党务工作者、先进个人、“十佳双文明标兵”和“振兴中华读书活动积极分子”等荣誉称号。

孙 敏

孙敏,1954 年 5 月出生,上海嘉定人,中共党员,高级工程师,毕业于集美航海专科学校。曾任中国远洋运输(集团)总公司总裁事务部副总经理。1997 年调任中远厦门远洋运输公司总经理。其创立的单船效益成本控制制度,被集团作为管理船舶的典范加以推广。

2001 年调任中波公司总经理后,在中波两国政府股东和双方管委会支持下,提出以打造世界一流重大件设备货专业化运输企业为目标,实现由亚欧区域性航线运输向全球航线运输转变,由传统件杂货运输向重大件设备货专业化运输转变的公司发展战略。围绕上海建设国际航运中心目标,加快船队结构调整步伐,发挥运输超长、超高、超重设备货的优势,成功构建覆盖亚、欧、美洲的全球重大件设备货班轮运输网络,以安全、快捷、优质、高效的服务享誉业内,为中波两国航运事业的发展和经贸合作交流作出积极贡献。曾获全国水运系统第十届“金锚奖”、2007 年度“中央企业思想政治工作研究先进工作者”等荣誉称号,入选 2009 年度上海领军人才。为中国船东协会理事、上海市航海学会副理事长、中国航海学会理事、上海市交通运输协会常务理事,曾当选中共上海市第八、第九次代表大会代表,上海市第十三届人大代表。

张 页

张页,1963 年 1 月出生,广东丰顺人,中共党员。毕业于武汉水运工程学院(今武汉理工大学),并获得上海交通大学 MBA 学位和上海海事大学博士学位。1996 年获高级工程师职称。曾任上海长江轮船公司副总经理、华泰海运公司总经理、上海长江航运实业公司常务副总经理、沪港合资万里旅游公司副总经理等职,从事过内外贸运输经营管理、集装箱船队经营管理、船舶制造技术监督管理、长江游船管理以及与航运相关的服务企业管理等工作。2003 年 1 月起任上海航运交易所党委书记、总裁,从事航运金融、航运交易、航运信息等工作。并兼任大连海事大学和上海海事大学客座教授,上海财经大学商学院兼职教授,华东政法大学中国自贸区法律研究院专家咨询委员,上海市仲裁委员会委员,上海市国际航运中心建设工作推进小组办公室副主任,上海市口岸联合会副会长,上海市航海学会理事和交通运输部新闻宣传专家咨询委员会专家。2010 年入选英国伦敦《劳氏日报》年度世界百大最具影响力航运人物榜。为十二、十三、十四届上海市人大代表。

王新全

王新全,1964 年 4 月出生,江苏泰兴人。1985 年加入中国共产党。1986 年 7 月毕业于集美航

海专科学校轮机专业。同年到中远总公司所属集装箱船工作，历任三管轮、二管轮、大管轮、轮机长等职。1997 年开始担任当时国内现代化程度最高的第五代集装箱船轮机长，为世界上同类船舶中最年轻的轮机长之一。2000—2002 年，任中远集运船舶管理公司技术信息开发中心主任。2003 年 2 月起任中远集装箱运输有限公司技术部经理，2004 年 9 月任上远公司船舶技术部部长。2006 年 1 月起任中远（集团）总公司安全技术监督部总轮机长。

在从事远洋运输工作中，爱岗敬业，工作踏实，技术功底扎实，先后在中国航海学会主办的《航海技术》杂志上发表远洋船舶轮机管理论文近 30 篇，并有四部专著、编著分别由人民交通出版社、上海交通大学出版社出版。其组织并参与开发的中远集运船舶安全管理信息系统荣获中国航海科技二等奖。因工作出色，曾被评为中远（集团）总公司优秀青年、全国交通系统劳动模范、上海市劳动模范、新长征突击手、优秀共产党员、"学科学、学技术、学文化"三学状元、全国杰出青年岗位能手、全国职业道德十佳标兵、全国十大杰出职工和全国劳动模范，获得过特殊贡献奖、全国"五一"劳动奖章、中国青年五四奖章。

第三章 人物名录

表 10-3-1 1978—2010 年上海海洋运输系统全国劳动模范名单（部分）

姓　名	单　位	简　况
贝汉庭	上海远洋运输公司	1978 年全国劳动模范
李克麟	上海远洋运输公司	1989 年全国劳动模范
杨怀远	上海海运局	1985 年全国劳动模范
车朝纯	上海海运局	1995 年全国劳动模范
贾洪祥	上海海运局	1989 年全国劳动模范
顾富生	中波轮船股份公司	1989 年全国劳动模范
沈祖强	中海集团	2000 年全国劳动模范
王新全	中远集装箱运输有限公司	2000 年全国劳动模范
陈永康	中远集装箱运输有限公司	2005 年全国劳动模范
陆金林	中海集团	2010 年全国劳动模范

资料来源：表内各相关单位

表 10-3-2 1978—2010 年上海海洋运输系统全国"五一"劳动奖章获得者名单（部分）

姓　名	单　位	简　况
杨怀远	上海海运局	1986 年获全国"五一"劳动奖章
鲍浩贤	上海远洋运输公司	1985 年获全国"五一"劳动奖章

(续表)

姓　名	单　位	简　况
贾洪祥	上海海运局	1985 年获全国“五一”劳动奖章
朱尔敏	上海海运局	1986 年获全国“五一”劳动奖章
蒋华金	上海海运局	1987 年获全国“五一”劳动奖章
张庆信	上海海运局	1988 年获全国“五一”劳动奖章
黄凤德	上海远洋运输公司	1990 年获全国“五一”劳动奖章
郑小毛	上海海运局	1991 年获全国“五一”劳动奖章
诸彭年	上海海运局	1991 年获全国“五一”劳动奖章
钟月翔	上海海运局	1991 年获全国“五一”劳动奖章
胡汉宝	上海海运局	1991 年获全国“五一”劳动奖章
陈工麟	上海海运局	1991 年获全国“五一”劳动奖章
许立荣	上海远洋运输公司	2000 年获全国“五一”劳动奖章
沈祖强	上海海运局	1995 年获全国“五一”劳动奖章
时国权	中远集装箱运输有限公司	1997 年获全国“五一”劳动奖章
王新全	中远集装箱运输有限公司	1998 年获全国“五一”劳动奖章
陆金林	中海集团	2006 年获全国“五一”劳动奖章
李一平	中波轮船股份公司	2009 年获全国“五一”劳动奖章
郁国华	中远集装箱运输有限公司	2008 年获全国“五一”劳动奖章

资料来源：表内各相关单位

表 10-3-3　1978—2010 年上海海洋运输系统交通部、上海市劳动模范名单(部分)

姓　名	单　位	简　况
顾土良	上海海运局	1978、1979 年上海市劳动模范，1980 年交通战线劳动模范
周来根	上海海运局	1978、1979、1981、1983、1985 年上海市劳动模范、1980 年交通战线劳动模范
徐殿洪	上海海运局	1978 年上海市劳动模范
蔡国华	上海海运局	1978 年上海市劳动模范
陈昌本	上海海运局	1979 年上海市劳动模范
周以恒	上海海运局	1978、1979 年上海市劳动模范、1980 年交通战线劳动模范
徐以杰	上海远洋运输公司	1978、1979 年上海市劳动模范，1979 年交通部劳动模范
贝汉庭	上海远洋运输公司	1978、1981 年上海市劳动模范

（续表）

姓 名	单 位	简 况
夏玉书	中波轮船股份有限公司	1978、1979年上海市劳动模范，1980年全国交通战线劳动模范
李克麟	上海远洋运输公司	1979年交通部和上海市劳动模范
杨怀远	上海海运局	1980年全国交通战线劳动模范，1981、1983、1987年上海市劳动模范
彭建年	上海远洋运输公司	1981年上海市劳动模范
经永安	上海海运局	1981年上海市劳动模范
应嘉良	上海海运局	1981、1983年上海市劳动模范
刘经昌	中波轮船股份公司	1981年上海市劳动模范
蔡正荣	上海远洋运输公司	1981年上海市劳动模范
施振东	上海海运局	1983年上海市劳动模范
葛文华	上海海运局	1983、1985年上海市劳动模范
王德祥	上海远洋运输公司	1983、1985年上海市劳动模范
施祖康	上海远洋运输公司	1983年上海市劳动模范
鲍浩贤	上海远洋运输公司	1983年上海市劳动模范
车朝纯	上海海运局	1985、1993年上海市劳动模范
贾洪祥	上海海运局	1985年上海市劳动模范
史美思	上海远洋运输公司	1985、1987年上海市劳动模范
朱尔敏	上海海运局	1987年上海市劳动模范
蒋华金	上海海运局	1987年上海市劳动模范
张庆信	上海海运局	1987年上海市劳动模范
刘万润	上海海运局	1987年上海市劳动模范
顾富生	中波轮船股份公司	1987年上海市劳动模范
黄凤德	上海远洋运输公司	1987、1989年上海市劳动模范
吴建中	中波轮船股份公司	1987、1988年全国交通系统劳动模范
李敏华	上海海运局	1989年上海市劳动模范
贝春元	上海海运局	1989年上海市劳动模范
马如华	上海海运局	1989年上海市劳动模范
马克君	上海海运局	1989年上海市劳动模范
李恩民	上海远洋运输公司	1990年上海市劳动模范
焦金铎	上海远洋运输公司	1990年上海市劳动模范
褚一骅	中波轮船股份公司	1989年上海市劳动模范

(续表)

姓　名	单　位	简　况
郑小毛	上海海运局	1991年上海市劳动模范
诸彭年	上海海运局	1991年上海市劳动模范
钟月翔	上海海运局	1991年上海市劳动模范
胡汉宝	上海海运局	1991年上海市劳动模范
陈工麟	上海海运局	1991年上海市劳动模范
许立荣	上海远洋运输公司	1991年上海市劳动模范
杨德华	上海远洋运输公司	1992年上海市劳动模范
张良保	上海远洋运输公司	1992年上海市劳动模范
汪永祥	上海海运局	1993年上海市劳动模范
刘磊晓	上海海运局	1993年上海市劳动模范
赵登澄	上海海运局	1993年上海市劳动模范
郑宝湖	上海海运局	1993年上海市劳动模范
燕明义	上海海运局	1993年交通部劳动模范
刁子寅	上海海运局	1993年交通部劳动模范
王信智	上海海运局	1993年交通部劳动模范
陈　勇	中波轮船股份公司	1995年上海市劳动模范
沈汉和	上海海运局	1995年上海市劳动模范
茅文荣	上海海运局	1995年上海市劳动模范
顾约翰	上海海运局	1995年上海市劳动模范
侯永安	上海海运局	1995年上海市劳动模范
沈祖强	上海海运局	1995年上海市劳动模范
陈　忠	中远集装箱运输有限公司	1997、1998年上海市劳动模范
项隆益	中海集团	1997年上海市劳动模范
刘顺荣	中远集装箱运输有限公司	1997、1998年上海市劳动模范
蔡祖华	中远集装箱运输有限公司	1997、1998年上海市劳动模范，1998年交通部劳动模范
刘书禄	中海集团	1998年上海市劳动模范
王瞿昌	中海集团	1998年上海市劳动模范
龚文益	中海集团	1998年上海市劳动模范
徐瑞琨	中海集团	2000年上海市劳动模范
陆金林	中海集团	2000、2006年上海市劳动模范
徐一飞	中海集团	2001年上海市劳动模范

(续表)

姓 名	单 位	简 况
陆万机	中海集团	2001 年上海市劳动模范
吴钟琪	中海集团	2001 年上海市劳动模范
杨国磊	中海集团	2001 年省部级劳动模范
夏学禹	中海集团	2001 年省部级劳动模范
李一平	中波轮船股份公司	2003 年上海市劳动模范
刘柳南	中海集团	2004 年上海市劳动模范
杨福弟	中海集团	2004 年上海市劳动模范
陆文兴	中海集团	2004 年上海市劳动模范
黄小文	中海集团	2004 年上海市劳动模范
辜忠东	中海集团	2006 年上海市劳动模范
周纪方	中波轮船股份公司	2006 年上海市劳动模范
金孟宇	中波轮船股份公司	2007、2008、2009 年度上海市劳动模范
袁小宇	中远集装箱运输有限公司	2007 年上海市劳动模范
陈 贵	中海集团	2007 年上海市劳动模范
庞海臣	中海集团	2007 年上海市劳动模范
林松山	中海集团	2007 年上海市劳动模范
颜铁观	中远集装箱运输有限公司	2007 年上海市劳动模范
曹致俊	中远集装箱运输有限公司	2007 年上海市劳动模范
黄建平	中远集装箱运输有限公司	2007 年上海市劳动模范
黄铭飞	中海集团	2009 年上海市劳动模范
陆 良	中海集团	2009 年上海市劳动模范
陈 奇	中海集团	2009 年上海市劳动模范
王学美	中海集团	2009 年上海市劳动模范
支家茂	中海集团	2009 年上海市劳动模范
曹玉元	中海集团	2009 年获省部级劳模

资料来源：表内各相关单位

表 10－3－4 1978—2010 年上海海洋运输系统交通部、上海市先进生产者名单(部分)

姓 名	单 位	简 况
顾土良	上海海运局	1978 年交通部先进生产者
周来根	上海海运局	1978 年交通部先进生产者
徐殿洪	上海海运局	1978 年交通部先进生产者

(续表)

姓　　名	单　　位	简　　况
陆少福	上海海运局	1978年交通部先进生产者、上海市先进生产者
季建峰	上海海运局	1978年交通部先进生产者、上海市先进生产者
费莜露	上海海运局	1978年交通部先进生产者、上海市先进生产者
虞小海	上海海运局	1978年交通部先进生产者、上海市先进生产者
蔡国华	上海海运局	1978年交通部先进生产者
黄国忠	上海海运局	1978年交通部先进生产者
徐连杰	上海海运局	1978年交通部先进生产者
何耀明	上海海运局	1978年交通部先进生产者、上海市先进生产者
徐文林	上海海运局	1978年交通部先进生产者
潘耀根	上海海运局	1978年交通部先进生产者、上海市先进生产者
陈有义	上海海运局	1978年交通部先进生产者
谢伟凯	上海海运局	1978年交通部先进生产者、上海市先进生产者
王升可	上海海运局	1978年交通部先进生产者、上海市先进生产者
杨婉华	上海海运局	1978年交通部先进生产者、上海市先进生产者
于士荣	上海海运局	1978年上海市先进生产者
陈　锡	上海海运局	1978年上海市先进生产者
李启明	上海海运局	1978年上海市先进生产者
胡兴岳	上海海运局	1978年上海市先进生产者
陈昌本	上海海运局	1978年上海市先进生产者
陈德斌	上海海运局	1978年上海市先进生产者
孔钦祥	上海远洋运输公司	1978年交通部先进生产者
何慧琴	上海远洋运输公司	1978年交通部先进工作者
褚一骅	中波轮船股份公司	1978年交通部先进个人

资料来源：表内各相关单位

表10-3-5　1978—2010年上海海洋运输系统其他荣誉获得者名单(部分)

姓　　名	单　　位	简　　况
陈　翔	中远集装箱运输有限公司	2008年全国“三八红旗手”
何慧琴	上海远洋运输公司	1979年全国“三八”红旗手
贝汉庭	上海远洋运输公司	第六届全国人大代表
鲍浩贤	上海远洋运输公司	第七届全国人大代表
胡月祥	中海集团	2010年上海世博会先进个人(享受全国劳模待遇)

资料来源：表内各相关单位

专　　记

海峡两岸隔断近40年后台湾客轮首航上海港

清代，上海与台湾之间已有客货轮往来。民国34年(1945年)8月，台湾光复后，中兴、民生两家航运公司有客货班轮定期往返于上海—基隆之间。民国38年5月上海解放后，上海至台湾海上客运航线中断。

中共十一届三中全会召开后，随着改革开放各项方针政策的贯彻实施，海峡两岸交流逐渐趋于频繁。1979年1月1日，中华人民共和国全国人民代表大会常务委员会发表《告台湾同胞书》，郑重宣告了中国政府和平解决台湾问题的大政方针，呼吁两岸就结束军事对峙状态进行协商谈判，并表示在实现国家统一时一定“尊重台湾现状和台湾各界人士的意见，采取合情合理的政策和办法”。1981年9月30日，全国人大常委会叶剑英委员长在向新华社发表的谈话中，阐述了中国共产党和政府对两岸和平统一与两岸往来的一系列重要政策主张，再次呼吁“双方共同为通邮、通商、通航、探亲、旅游以及开展学术、文化、体育交流提供方便，达成有关协议”。这也是祖国大陆第一次明确“三通”的内容，即由1979年的“通航通邮”与“经济交流”概括为“通邮、通商、通航”。1988年5月，台湾当局提出大陆政策的三个基本原则，其中第二项为“区分官方与民间，官方维持不接触、不谈判、不妥协，民间则渐次开放”；第三项为“单向间接原则”。

图专-1-1　1988年9月12日首次驶抵上海港的台湾客轮“昌瑞”号

(照片提供：上海船东协会)

是时，当年随蒋介石败退台湾的国民党军老兵，怀着40年乡愁，正以街头抗争的强烈诉求，迫使当局开放，准于返回大陆探亲。但由于飞机费用昂贵且仓位有限，亟待为老兵返乡提供廉价的海上交通工具。在此背景下，台湾昌宏海运股份有限公司(以下简称昌宏海运公司)董事长吴亦宽先生，和其支持者(吴父)吴寿松先生，积极响应中共关于“三通”的呼吁，毅然投入巨资，购置两艘客轮，分别取名“昌鑫”和“昌瑞”，开始申办由台湾基隆至上海的客轮通航航权。经过细密筹划和不断与台湾当局相关部门交涉，终于获准于1988年9月8日，由台湾基隆港发船，经日本冲绳那霸港换船、换文后首航上海港。此举不仅有效疏导了大量急于返乡探亲的国民党老兵，而且直接冲破了台湾当局1979年时就提出的对大陆“不妥协、不接触、不谈判”的“三不政策”的阻挠。

台湾客轮航行上海港，得到祖国大陆方面的及时批准和高度重视。国家主席杨尚昆专为此事作出重要批示，中共上海市委书记江泽民和其他市领导则对批示作了具体执行和工作部署。根据上海市委副书记杨堤关于“统一领导，分工负责，各司其职，一定要把这件事认真办好”的指示，上海市人民政府交通办公室专门就台湾客轮首航上海港口岸工作，进行了认真研究和部署。该办在“关于台湾客轮首航上海港口岸工作安排的报告”中提到：“经中央批准，同意台湾昌鸿航运公司开辟基隆港—日本冲绳那霸港—上海港的客运定班（六天一班）航线。该公司所属‘昌鑫’轮（悬挂巴拿马国旗，客位 337 个）将于八月中旬首航上海。这是大陆与台湾中断海上客运达四十年后的第一次通航，对促进海峡两岸的人员往来和贸易发展具有重要意义。”

1988 年 9 月 8 日是个值得纪念的日子。昌宏海运公司所属“昌鑫”轮，当日由基隆发船经日本冲绳那霸港换船，换文，9 月 12 日由该公司“昌瑞”号客轮驶抵上海港。（注：按照上海外轮代理公司与昌宏海运公司商定的基隆到上海的通航方案，由“昌鑫”轮从基隆航行到日本那霸，再换由“昌瑞”轮到上海）是为大陆与台湾海上客运中断近 40 年后第一次通航。据媒体记载：“昌瑞”轮在上海刚一靠岸，船上船下便哭声四起。两岸亲人尚未见面，已哭成一片。压抑 40 年的骨肉亲情，终于在此刻喷发出来。码头上，等待丈夫的妻子、等待父亲的子女、白发苍苍的老者……无不翘首注视下船的老兵，追寻自己的亲人而泪流眼涩。老兵下船后，有的向年迈的父母跪拜、叩首、涕泪满脸；有的与自己的亲人抱头痛哭，捶胸顿足，仰天呼叫，泣不成声；有的兄弟姐妹相拥而泣，许久说不出话来；有的带着在台湾的妻室儿女回来认祖归宗；有的与留在大陆的原配相对而泣，声泪俱下；还有些未见亲人来接的老兵，更是泪眼蒙眬，掩面而泣，场面十分凄惨而又感人。阻隔骨肉同胞分离 40 载的台湾海峡，终于在此刻化为通途。

图专-1-2 1988 年 9 月 12 日“昌瑞”轮抵达上海时的码头情景

（照片提供：上海船东协会）

自 9 月 8 日至当年 12 月 3 日，昌宏海运股份有限公司经营的“昌鑫”“昌瑞”轮从台湾基隆港经日本冲绳那霸港到上海港，共运行 12 个航次，运送台胞 1 880 人次，终因绕道航行亏损，两艘客船在运营 3 个月后被迫宣布停航。但其顺应民心民意，以实现海峡两岸“三通”的先驱者之一被永久载入史册。1993 年，江泽民当选国家主席之后，特地通过原上海市台办主任季挺，邀约吴亦宽先生在澳门会面，转达江泽民主席对吴家的盛情邀请，表明中共政策的连贯性，表达中共和中央人民政府对吴家的关切和问候。

台湾客轮复航上海港历时虽短，但对尽快实现海峡两岸直接“三通”发挥了重要促进作用。在两岸同胞的共同努力下，两岸人员往来不断增加，经贸交流与合作越来越密切。2000 年，台湾同胞来祖国大陆探亲、旅游、经商和从事各项交流的人数已突破 300 万人次，两岸间接贸易达到 305 亿美元，台商来祖国大陆投资不断增加。2008 年 11 月 4 日，《海峡两岸海运协议》在台北签署，两岸同胞盼望已久的两岸间海上直航终于实现。

上海船员首次驾驭超级油轮（VLCC）纪实

20 世纪 90 年代之前，对于中国船员来讲，驾驭超级油轮（简称 VLCC，指载重吨在 20 至 30 万吨左右的大型油轮），还只是一个美好梦想。1998 年，上海地区也是全国最大一家海上石油运输企业一中海油运组建成立。该公司经营和管理各类型油轮近百艘,船舶平均吨位2.5万载重吨。其中,阿芙拉型(10万左右载重吨)油轮2艘;巴拿马型(6万左右载重吨)油轮12艘;大多数油轮(82艘)都在4万载重吨以下。经营业务以沿海内贸油运为主。历经上海解放后近五十年建设,中海油运船队已初具规模,但是,与国际油运强国比较起来,尚缺少一支先进的超级油轮(简称VLCC)船队。

是年,中海油运的控股股东中海集团率先接触到VLCC运输。11月9日,中海集团与比利时CMB航运集团合资组建中欧油轮有限公司,光租一艘25万吨级VLCC“太平洋力量”号,在新加坡正式投入营运。该轮船长317米,船宽58米,型深28.8米,相当于10层楼的高度,其吨位相当于两艘半美国“米尼兹”号航空母舰,船员配备仅30人。中海集团参与该公司的经营管理,而该轮船员配置从普通船员到高级船员全部由外籍船员担任。

图专-2-1 “太平洋先驱”轮

(照片提供:上海船东协会)

翌年初,中海集团下属中海上海船员公司(注:中海油运的船员由中海上海船员公司提供)迎来一次千载难逢的机遇,为上海船员管理操纵VLCC拉开帷幕。是时,中海上海船员公司与中欧联合油品公司签署了一份关于接管、操纵该公司VLCC“太平洋首脑”轮(2000年2月后改名为“太平洋先驱”轮)的合同。“太平洋首脑”轮是一艘载重27.35万吨的巴拿马籍VLCC。根据合同规定,由中海上海船员公司先派遣30名船员上船实习,而接管、操纵“太平洋首脑”轮必须得到该轮的外籍高级船员和中欧联合油品公司认可,方可实施接管计划。

为此,中海上海船员公司立刻组建最强船员班子,从油轮船队中选派30名优秀船员,由资深老船长陈志铭带队,甚至不惜采取由另外一名年轻的船长李广红代替大副身份,以“高代低”的方式,组成实际上有两名船长同时参加的船员班子。该公司高度重视这次接船工作,由指导船长、指导轮机长等高级技术人员预先对这套船员班子进行英语及各项技能的强化培训,为船员日后接受各种考验,赢得VLCC操船权打下良好基础:

一、初次接触VLCC

接受船东公司面试。1999年3月25日,中欧油轮公司的两名船东代表来到中海上海船员公司,对主要岗位船员进行面试。船东代表向船员介绍了中欧油轮公司的情况以及面试要求。面试分三部分进行,船员首先根据各种职务要求进行计算机答题;然后,由船东代表和船员进行英语口语对话;最后,要接受英语听力测试。在计算机答题考试中,考题针对性强,涵盖面广,主要涉及GMDSS通讯(全球海上遇险与安全系统)、油轮管理、油类记录簿的规范记录、驾驶员的雷达操作、避碰能力测试、轮机员的主、辅机的机械理论、电气管理等知识测试。因船员们整体英语基础较好，计算机答题考试进行得比较顺利。在口语对话测试中，船东代表十分注重船员的英语口语表达能力，由船员用英语作自我介绍，包括家庭、成员结构等，然后进行英语问答式对话，包括个人经历、职务以及与职务相对应的问题。在语音考试中，船东代表提供的考题又使船员们面临新的考验，计算机英语读音精准，语速飞快，以此来考核船员的英语听力水准。严格的面试考核历时两天整，共有18名水手长、机匠长以上干部船员接受面试，全部获得通过。

与外籍船员初次接触。按照预订计划，30名船员分三批先后赴新加坡上船。干部船员率先上船与原外籍船员接洽。1999年4月19日，第三批19名船员登上在新加坡森巴旺(Sembawang)修船厂修理的“太平洋首脑”轮，与先期抵达的干部船员汇合后，分别到达各自指定岗位。先期抵达的干部船员在陈船长带领下，以较强的英语会话能力积极主动与外籍高级船员交流和沟通，并以实际工作能力取得外籍高级船员的初步理解和信任，为后期接船工作创造了良好氛围。

尽快熟悉掌握各种机器设备性能。船员上船后，穿上整齐划一的工作服，每天早上6点钟就准时投入工作，抓紧熟悉本职工作和所管辖的机器设备，上海船员严守纪律和吃苦耐劳的工作作风令外籍高级船员刮目相看。其中，大副李广红(原中海油运船长)为检查厂修质量，连续上下5个大舱，仅垂直高度就将近300米，尽管两腿又酸又胀，但他没有停下休息，显示了极高的工作效率和认真负责态度。所有派出的干部船员白天跟着外籍船员干活、跟着学，到了晚上则利用休息时间翻阅图纸资料，尽快掌握机器设备的各种性能。为使大家及早适应外轮管理的规范，陈船长组织船员们认真学习有别于国轮的管理规则。外籍船员为了检验我方普通船员的技能，指令外籍大管轮组织由中方普通船员独立作业，分别焊补管子，修理油、水泵等，均得到认可。

突击提高英语水准。在“太平洋首脑”轮上，船员们都深知掌握英语的程度对于做好工作关系极大。是时，陈船长要求驾驶员、轮机员在工作和就餐时间必须用英语对话，不管外籍船员是否在场，在消防救生演习或使用对讲机通话时也要全部使用英语，经过一个阶段训练，干部船员的英语交流水平明显提高。为了迅速提高普通船员英语水平，中方船员在船上还专门开辟英语角，每周举行2至3次英语交流活动，从英语单词、工具名称到简单会话，熟能生巧，普通船员的英语水平也都有不同程度的提高。经过一段时间接触，中国船员与外籍船员之间建立了良好沟通往来，外籍船员也学会中国话“你好”等简单用语，同时对中方船员良好的工作和生活作风有了较好的认同感。

经历第一个航次。为抓船期，“太平洋首脑”轮受令在厂修完毕后立即投入营运。1999年4月22日，VLCC“太平洋首脑”轮从新加坡起航驶往中东，船员们开始登轮后的第一个航程。陈船长在开航后第3天召开中国船员大会，要求船员进一步更新观念，适应外轮船舶的管理规则，做好吃大苦耐大劳的思想准备，尽快熟悉各种机械设备、掌握各项技能。面对非常艰难的工作，陈船长告诫大家“要不负公司重托”“在困难面前没有退路”“只许成功、不能失败”。

出色的维修保养工作得到外籍船员好评。“太平洋首脑”轮是一艘已有25年船龄的老旧船，维修保养工作量大，难度高、条件差。然而，困难没有吓倒船员。船员们为了让旧船换新貌，发扬中国船员艰苦奋斗、能征善战的实干精神，吃大苦耐大劳，顶着航行于赤道附近50多度的高温，硬是将这艘老旧船从船艏到船艉的铁锈敲净，油漆一新，一尘不染。期间，当船员发现泵间的原油洗舱管多处有蚀洞，在轮机长俞伯正带领下，主动利用船舶靠泊机会迅速将其修复，并揽下换修锚泊机械等20余项原属厂修的“份外活”，还修复一台“瘫痪”多年的机舱空压机，受到外籍船长的好评与称赞。

以精湛的技术水平赢得外籍船员信赖。航行期间，船员们在下班后经常放弃娱乐和休息时间，孜孜不倦地学习、钻研业务技术。每到关键时刻,他们总能充分显示出不同凡响的技术水平。一次,“太平洋首脑”轮在美国卸油,由于舱内泵油管漏蚀,油卸到一定液位后便卸不出来,外籍大副焦急万分,而中方大副李广红赶到后,凭着娴熟的技术经验,以熟练的操作技巧将油卸净,使得“太平洋首脑”轮在美国顺利通过验舱。还有一次航行途中,驾驶台主机驾控单元内变压器因老化烧损,中方船员果断采取应急措施,确保了船舶安全航行,并迅速将其修复。为迎接到港后船级社的SMS外审(安全检查),船上在准备文件时发现缺少一本重要操作文件,中方船员凭着深厚的知识积累,及时编制一本《船舶特殊设备操作手册》,使得船舶在新加坡接受DNV船级社外审时一次性通过审核,顺利通过BAHAMA证书(巴哈马证书)的换证检查。

注重从实践中学习掌握VLCC操作方法。“太平洋首脑”轮驶抵中东某港受载时,该轮采用的“单点系泊”是船员们第一次接触的新方法,即船艏绞上两根锚链固定在止链器上并倒缆系泊;该轮还采用“船到船”(Ship to Ship)的过驳输油方式,与一艘13万吨级的油轮并靠后漂航装载,两艘巨轮以这种系泊方式过驳输油,对于船员亦属首次尝试,通过工作实践,使中方船员们初步学到高难度的VLCC作业技术。

严格遵守安全操作规程。为了确保安全运营,“太平洋首脑”轮上每项工作都按照高标准、严要求制定详细的规章制度。船舶航行期间,船上反复强调宣传“安全凌驾于一切之上”的观念,将安全提高到对人的生命的尊重、体现人的尊严的高度来认识,要求船舶救生设备人人会用;除恶劣天气外,船上坚持每周进行防污、防爆、灭火等演习,从消防、救生、溢油到弃船,每一项训练均按实战要求演练,要求每一名船员在演练中做到严格服从命令、反应迅速、准确,做到每项应急设备人人知道、人人会用;演练结束后召开全船安全会议,对船上被认为不安全的地方,任何人都可以提出整改建议,并妥善处理。为了提高大家的安全意识,中方船员还集体观看介绍国外船东公司的安全管理系统录像。在“太平洋首脑”轮上,执行规章制度是极其严格的,甚至涉及船员举止的每一个细节,在工作时间不允许一边干活、一边说些与工作无关的话,船员们对此已养成习惯,形成从不适应到适应、从不规范到规范的行为转变。通过实践,船员们对执行规章制度的重要性和严肃性有了更为深刻的理解和认识。

提前完成接船任务。1999年5月26日,“太平洋首脑”轮历经40天航行后,安抵我国茂名港。该轮比利时船长向公司发出通电报告,充分肯定中方干部船员的良好素质,认为他们已经基本熟悉业务,适任本职工作,同时亦对中方普通船员加以充分肯定,认为他们整体上正朝着越来越好的方向发展。同年8月,历经四个月左右时间,上海船员终于取得外籍高级船员和中欧油轮公司的一致认同,第一次从外籍高级船员手中接管VLCC,比原定计划提前了两个月。

二、首次接管VLCC

上海船员首次接管VLCC,填补了中国船员管理、操纵VLCC的历史空白,为中国船员管理操纵VLCC积累了宝贵的经验和技能。这一令人振奋的消息传到国内,《人民日报》《新华社》《解放日报》、上海人民广播电台等新闻媒体均发布长篇通讯报道,东方电视台还专门拍摄了长达20分钟的题名为“驾驭‘巨鲸’的人”纪录片,高度赞扬上海船员为发展我国海洋运输做出了杰出贡献。比利时大副离船前,中外船员聚集在餐厅举行欢送会,气氛非常热烈。该大副动情地说:“我干了很多船,也曾与很多国家船员共事,中国船员是最棒的! 这次我回公司述职时,一定要将你们的良好表现向公司如实报告。”

成功驾驭VLCC。2000年2月,李广红正式受命以船长身份驾驭改名后的“太平洋先驱”轮起航，这位年仅三十岁出头的年轻船长不负公司重托，在管理上、技能上均出色完成任务，严格管理得到有效验证。一次，船到沙特阿拉伯港口受载，傍晚时分，距装油港还有十几小时航程，泵舱有根输油管突然发生泄漏。按照航次命令，受载期定于船舶到港后两天才装油。这时，船员们已经非常疲倦，大副想安排到次日再修理。李船长诚恳告诫大家，国际油运市场变化是很难预测的，只能船等货，决不能让货等船，他要求大副立即组织人员排除故障。当抢修工作即将结束，船舶离装油港锚地还有两小时航程时，突然接到港方调度的 VHF 电话，指令“太平洋先驱”轮直接开往引航站，接引水员上船，靠码头受载。消息传来，原先有些不服气的船员不由得打心眼里佩服船长的决策正确。李船长在后来召开的船员大会上对此事作了解释：“我们为什么必须这么做，第一，设备有故障，理应立即修复；第二，中东国家的生产计划性很强，如果船舶到港因油管故障而不能受载，虽然没有违反合同，但给港口当局一个坏影响，他们会利用 PSC 检查等手段来严厉要求我们，会使我们处于非常不利的地位，甚至会影响到公司声誉。尽管大家干得很辛苦，但是，苦有所得，苦有所值。”

图专-2-2　“太平洋首脑”轮上的中外船员在进行工作交流

（照片提供：上海船东协会）

成功驾驭 VLCC 闯过浅滩。2000 年 8 月中旬，“太平洋先驱”轮于也门受载原油，计划到我国舟山港岙山油库卸油。9 月 7 日，因避台风，船抵虾峙门。此时，该轮必须驶过虾峙门东南海面 17.50 米的浅滩，才能抵达虾峙门引航站上引水进港。对于操纵 VLCC 闯浅滩来说，这在国际航运史上也属罕见。李船长意识到责任重大，必须准确计算潮汐，合理预配风流压，调整抵达浅点的时刻，准确定位，走准航线，在从未经历过如此险要的情况下，慎重考虑，大胆决定，将船于最高潮前约 15 分钟驶抵浅点。此时，渐近高潮，而流速极小，流压影响极弱。当船舶抵达浅滩前，他将船速降低到 6 节以下航行，减少了流压的影响。同时，指令驾驶员精确使用雷达物标定位及 GPS 定位，确保船舶走正航线，使得这艘“巨无霸”安全驶过浅滩，准时进港，受到货主及船东公司高度赞扬。

顺利完成高难度作业。中方船员驾驭“太平洋先驱”轮期间，绝大多数装油港均采用海上单点系泊作业，这在欧美、中东地区非常多见，在我国广东茂名石化港也有一个单点系泊浮。对于船员们来讲，虽然曾经有过接触，毕竟还很不熟练。单点系泊要求船员训练有素、动作迅速，无论安全地绞进链或离泊时的松链，还是接驳海底输油管或离泊时拆除输油管要求都相当严格。而且，船舶靠离泊时需合理考虑风流，控制好余速，严格按照“国际油轮码头安全指南”的要求进行。为此，李船长预先认真研读各种英文资料，并全部翻译成中文，对船员们逐一进行详尽讲解，使得船员们在很短时间内掌握作业的技术要求和工作要领，从而安全顺利完成高难度作业。

留下宝贵的第一手资料。“太平洋先驱”轮在上海船员手中经过几个航次的安全运营后，已到达报废船龄，完成历史使命，并由上海船员负责将该轮冲滩，用作拆废钢船。上海船员以出色的表现证明，他们已经完全能够熟练驾驭 VLCC 了。中海上海船员公司及时组织全体船员到杭州进行疗养并认真总结经验，为中海油运日后管理操纵 VLCC，发展 VLCC 运输提供了宝贵的第一手资料。

三、结出丰硕成果

2003 年 5 月 13 日，中海集团与大连新船重工先后签订建造两艘 VLCC 合同。2004 年 12 月 21 日，中海油运拥有的第一艘 30 万吨级超级油轮，也是中国第一艘悬挂五星红旗的 VLCC“新金洋”轮正式投入使用，弥补了超级油轮在国家一程进口原油运输市场的空白，也标志着中海油运具备了参与国际 VLCC 油运市场的竞争能力。

2010 年，中海油运经营的 VLCC 已增至 11 艘。上海船员驾驭着我国自行设计建造的 VLCC，在国际 VLCC 油运市场竞争中取得良好业绩。是年初，中海油运新辟中东—美湾—西非—东亚原油运输航线，以 30 万吨级 VLCC“新润洋”轮首航非洲西部赤道几内亚和尼日利亚两个国家。4 月初，“新润洋”轮在赤道几内亚和尼日利亚两国安全顺利完成单点系泊装载原油作业，满载原油返回湛江。至年底，中海油运 VLCC 船队累计完成货运量 1 729.5 万吨，周转量 1 013.9 亿吨海里，收入 15.07 亿元，同比分别增加 56%、58.6%和 73.5%；实现运输利润 1.65 亿元，同比增长 35%，占该公司毛利的 14%。

北外滩航运服务集聚区建设纪实

北外滩是近代上海航运业的发祥地之一，具有悠久的航运历史和深厚的航运文化底蕴。自上海开埠始，经过一个半世纪的发展，一度成为上海最繁忙的码头作业区之一，大批旅客、货物通过这里进出上海。90 年代，随着上海海洋运输业的快速发展，大型、超大型集装箱轮、货轮先后问世，北外滩岸线码头因水浅而功能逐步萎缩，但是，上海地区主要航运及相关企业仍集中于此地，形成了独特的“航运一条街”(地属上海市虹口区)。随着改革开放深入发展，上海市人民政府将北外滩航运服务集聚区建设列入上海市现代服务业发展整体规划和上海市“十一五”规划中，北外滩成为上海“四个中心”建设重要组成部分。至 2010 年，经过精心规划、紧锣密鼓地施工建设，已取得举世瞩目的阶段性成果，成为上海重要的航运产业基地。

一、规划

20 世纪 90 年代，上海市人民政府提出“四个中心”建设战略目标，北外滩被列入航运服务集聚区建设规划之中，由上海城市建设设计院等单位为北外滩综合开发建设制定最初设计规划，北外滩新一轮综合开发建设由此拉开帷幕。

“十五”计划期间，中共上海市委、市政府启动浦江两岸综合开发建设，北外滩被确定为全市唯一的建设以航运服务为特色的现代航运服务业集聚区，进一步修订了《北外滩航运服务集聚区建设规划》(以下简称《规划》)。

根据《规划》，确定北外滩航运服务集聚区综合开发建设范围东至大连路，西至河南北路，南至黄浦江、苏州河，北至周家嘴路海宁路，占地面积 3.66 平方公里，沿江(河)岸线 3.53 公里，雄踞黄浦江、苏州河交汇处，与南外滩、陆家嘴金融贸易区呈“三足鼎立”之势，俗称“金三角”；并且，伴随着上海洋山深水港和外高桥码头的建成与发展，北外滩被计划建设为上海重要的航运产业基地。

《规划》确定了北外滩航运服务集聚区建设总体目标与功能目标。

北外滩建设总体目标：依托区位优势和产业基础，以航运、金融、贸易融合发展为方向，大力发展高端服务业，重点推进建设以航运交易、航运金融、航运咨询、海事法律、口岸服务、邮轮经济为特色的现代航运服务体系，和以资产管理、私人理财、股权投资、风险投资、对冲基金和证券期货交易等财富管理为特色的金融服务体系，着力形成企业成群、产业成链、要素成市的航运服务业发展集聚效应。提升和拓展北外滩地区航运综合服务功能，使区域内商务商贸、旅游休闲、文化娱乐等功能完善，综合商务配套，环境优化，服务业发展体制机制和政策体系不断完善，产业结构优化调整，区域功能转型升级取得重大进展，航运服务业经济规模和效益明显提高，把北外滩地区建设成为上海国际航运、国际金融中心重要功能区域和上海中央商务区的重要组成部分。

北外滩建设功能目标：按照上海国际航运中心和国际金融中心建设的总体战略目标，以及黄浦江两岸综合开发的要求，以现代航运服务体系和航运专业金融服务体系建设为突破口，形成与南外滩、陆家嘴、洋山深水港、浦东外高桥等区域错位互补，重点打造“一个基地、四个中心”：即企业总部基地、航运要素集聚中心、邮轮客运中心、口岸服务中心和文化创意中心五大功能。

航运企业总部基地和金融企业集聚地：依托区域内重点功能性项目建设，加快完善周边设施配套，集聚船公司、航运物流公司、邮轮公司等航运企业总部，集聚证券公司、基金管理公司、期货公司、信托公司、担保公司、融资租赁公司、财务公司和资产管理公司等金融机构，集聚商贸、专业服务、文化、旅游等现代服务企业总部。促进北外滩与南外滩、陆家嘴联动发展，增强上海“金三角”的集聚辐射能力，提升上海国际大都市的竞争力和吸引力。

航运、金融要素集聚中心：加快推进平台搭建和政策突破，集聚航运交易、金融保险、人才服务、信息服务、海事服务等现代航运服务体系核心要素。鼓励金融产品和服务创新，发展各类股权投资、风险投资基金等资产管理机构，发展信用评级、资产评估、融资担保、投资咨询等金融中介服务和各类专业服务。丰富商业商贸、文化创意、旅游休闲等功能要素，形成要素集中、产业多元、功能复合的资源集聚中心，建成资金、人力、信息等要素活跃、配置优化的市场体系。

邮轮客运中心：以打造邮轮母港功能为中心，拓展上海国际客运中心功能，完善邮轮补给、维修等配套服务，吸引更多世界知名邮轮公司开辟邮轮航线。完善邮轮经济服务配套，促进邮轮产业与商贸、文化、旅游等产业的联动发展，建成上海邮轮客运的“水上门户”。

口岸服务中心：建成上海国际航运中心服务大厦，完善“一门式”通关服务中心功能，促进口岸服务部门与港、航、货、代等企业实现有关数据共联共享，形成集通关业务、查验单位行政审批、地面运营服务处理、政府公共服务等功能于一体的口岸服务中心，提升服务长三角、服务长江流域、服务全国的能力和水平。

文化创意中心：结合城市建设、历史文化保护，大力发展创意航运文化产业、数字媒体产业、休闲娱乐业和都市旅游业，形成以文化产业园区、创意产业园区和文化消费集聚区为主要形态的文化和创意产业“多组团”布局，打造集历史人文、旅游休闲、时尚体验等为一体的文化创意集聚地。

2003年7月，上海市土地规划局批准更加具体化的《北外滩建设控制性详细规划》(以下简称“控制性详细规划”)，明确北外滩综合开发建设以航运为特色，商贸办公发达，居住舒适、交通便捷、历史文化内涵丰富的新兴城区，与南京路商圈、南外滩、陆家嘴金融区联动构成上海商务中心。

《控制性详细规划》将北外滩划分为5个功能区：商住综合区(河南北路—吴淞路)；商务办公区(虹口港以西、吴淞路以东地区)；航运商贸区(虹口港以东、公平路以西、黄浦江以北、长治路以南地区)；提篮桥历史风貌及现代商业街区(公平路以东、大连路以西、黄浦江以北、唐山路以南地区)；高档居住区(周家嘴路以南、汉阳路以北、大连路以西、吴淞路以东地区)。北外滩地区地块的开发强度由南至北逐渐递增，开发功能也由公共活动设施向办公、公寓、住宅过渡。

《控制性详细规划》根据北外滩地区近代优秀建筑分布密集，文化气息浓厚，在建筑设计总体上要求现代、简洁、高科技为特色，在现代商业街区，保护建筑集中的地区及提篮桥地区，传承历史风貌,体现传统建筑的特色和风格。充分发挥北外滩地区历史文化内涵丰富的特色,塑造以历史为背景、文化为主线的新旧融合的城市环境和景观。

《控制性详细规划》通过对北外滩地区道路的调整和梳理,形成二横六纵干路为骨架,辅以若干支路的方格网状道路网,建立多形式、多层次、全方位、立体化的公共交通系统。

《控制性详细规划》本着人与自然和谐统一的设计原则,制定了建设适合居住和城市发展的北外滩绿化系统:在国际客运中心北侧和海员医院西侧基地,设置总面积在2.1万平方米左右的大型集中绿地和广场;在吴淞路与东长治路的交汇处,建设2.5万平方米的大面积绿地;在下海庙和摩西教堂之间,建设一块面积约为2.6万平方米的大型公共绿地;在吴淞路西侧的商业居住综合区内,结合原有昆山花园,设置一处面积约4 000平方米左右的城市公共绿地,以及1.1万平方米左右的沿苏州河的滨河绿地。

2009年4月14日,国务院发布《关于推进上海加快发展现代服务业和先进制造业、建设国际金融中心和国际航运中心的意见》,明确上海国际航运中心建设,将着重现代航运集疏运体系和现代航运服务体系建设,明确将北外滩航运服务集聚区建设纳入上海国际航运中心建设,成为上海国际航运中心建设的重要组成部分。要求到2020年,将上海基本建成具有全球航运资源配置能力的国际航运中心。

2010年5月8日,《上海市人民政府贯彻国务院关于推进上海加快发展现代服务业和先进制造业、建设国际金融中心和国际航运中心意见的实施意见》出台。《实施意见》肯定了北外滩重点发展的五大功能,支持北外滩"发展航运交易、航运咨询、口岸服务、航运仲裁、国际客运等航运服务业"。当年的上海市政府工作报告再次明确,要"着眼于建设国际航运中心,充分发挥北外滩航运服务集聚区功能"。根据国务院的部署和上海市人民政府制定的具体规划,北外滩以推进现代航运服务体系建设为重点,大力发展航运高端服务业,立足于航运与金融、航运与贸易的融合发展,全力打造上海国际航运中心的核心功能区。

二、建设

1998—1999年,根据上海市人民政府的具体部署,为了实施综合开发建设北外滩,先后成立"北外滩规划建设指挥部"和"北外滩综合开发领导小组"等机构,为开发建设北外滩拉开序幕。根据总体《规划》,北外滩综合开发建设总量为350万平方米,按照沿江一线的第一层面、东大名路以北的第二、三层面循序渐进地开发建设。

至2002年3月,北外滩综合开发建设顺利推进,1.8公里长的北外滩及附近的16栋航运商务楼,已汇集中外航运企业557家,与航运相关的港、航、货、代、海关、商检、银行、报关、咨询、仓储、运输等机构已发展至600余家。上海地区约80%的航运及相关企业设址于北外滩,约80%以上的出口业务和40%以上的进口业务,都在北外滩报关。至2005年底,北外滩沿江一线17个重点项目中有7个重点项目开工建设。

2007年7月12日,中共上海市委书记习近平在北外滩调研时指出:"上海国际航运中心建设不仅要加快港口等硬件建设,更要重视软件建设;要依托北外滩规划,大力建设北外滩航运服务集聚区,加快航运金融、咨询、经纪、保险等要素市场的集聚,促进航运服务企业成群、产业成链、要素成市,与洋山港、外高桥等港区错位互补,相得益彰,通过完善现代航运服务业体系,提升上海在国际航运市场上的地位和作用,有力推进上海国际航运中心建设。"

同年11月,为了推进北外滩地区软环境建设,设立"北外滩航运服务集聚区专项资金",用于支持与北外滩航运服务集聚区建设密切相关的金融、保险、中介、咨询、信息、网络、广告、会展、培训、代理等航运辅助、衍生业及航运企业的发展。当年专项资金总额3 000万元，先后对近70余个项目进行了扶持，并补贴资金3 500万元左右。(2008年，再次注入3 000万元专项资金，使得落户北外滩的航运功能性机构租房享受最高20%的房租补贴，在北外滩购房的航运总部或重点企业购房时，获得最高2%的补贴；开展与北外滩航运服务软环境建设密切相关的研发工作，可获得最高50万元的资金扶持；中小航运企业融资担保费用，提供最高50%的补贴；在北外滩举行航运物流会展，给予最高100万元的补贴；对于落户北外滩重点航运企业的高级管理人员，每年给予最高5万元的培训补贴，以及在办理户口和子女入学、就医等方面予以支持；吸引航运企业入住北外滩的中介公司，也得到相应奖励。)通过优惠政策和服务，旨在把北外滩航运服务集聚区建设成为集聚企业成群、产业成链的一个现代航运服务集聚区。

至2007年底，北外滩沿江一线形象初显。竣工建筑面积地上12万平方米、地下5万平方米，在建建筑面积地上20万平方米、地下30万平方米，一大批在建和即将开工的项目，为北外滩航运服务功能不断集聚提供强有力的硬件支持。

2008年1月2日，中共中央政治局委员、中共上海市委书记俞正声赴北外滩调研，视察了上海港国际客运中心、上海航运交易所等项目建设的状况，并指出，航运服务是上海服务全国、服务长江流域、服务长三角的重要内容，要提升集聚度，形成集聚区，借此提高航运服务效率；要研究推进航运中心建设的思路和举措，力争取得更大进展。

是年，亚太地区港口竞争重心从国际集装箱竞争向航运高端服务业转移，新加坡和香港都在航运离岸金融、保险、法律和自由港政策上加大了竞争力度。国际航运经济形势的发展变化，要求上海国际航运中心建设在注重硬件建设的同时，更要关注软环境的建设。上海市人民政府在上海国际航运中心港口硬件建设不断取得成绩和突破的同时，大力推进符合上海城市功能和地位的高端航运服务业的发展。加快推动航运软环境建设，加快航运要素市场的集聚，加快北外滩航运服务集聚区建设步伐。北外滩综合开发建设按照“百年大计、世纪精品”的要求，紧紧依托上海国际航运中心建设，积极参与世界知名邮轮公司合作，共同开发邮轮经济；依托国际航运中心服务，加速完善现代航运服务业体系；依托提篮桥地区历史风貌和商业基础，集聚高档居住与现代商业功能。由此，使当年北外滩建设取得了日新月异的变化：

北外滩地区动迁工作有序推进。完成新建路隧道浦西风井段动迁；外滩通道二期工程(北段)动迁进入拨点扫尾阶段；中房项目动迁户数过半；至年底，海门路55号地块综合交通枢纽土地储备项目完成动迁居民619户、单位59家；东长治路拓宽工程(旅顺路—大连路)完成动迁居民619户、单位59家。

北外滩建设规划进一步深化。上海汇港房地产开发有限公司继获得汇山中块和汇山西块开发权后，又获得汇山东块开发权，至此，汇山地块整体开发具备条件。年底，根据《黄浦江核心段W9控制性详细规划》，汇港公司编制《汇山地块修建性详细规划》，上报市规划局获批。地块规划用地性质为商办，占地面积10.72万平方米(含滨江绿地35.5万平方米)，地上建筑面积32.09万平方米，地下建筑面积24.58万平方米。

北外滩综合开发建设初见成效。投资2.6亿美元建设的上海港国际客运中心已进行最后的配套建设。港务大厦已进行外墙装修，完工后，国内最大的港口企业——上海国际港务集团总部计划迁至此地办公。位于北外滩的五星级外滩茂悦大酒店、5A甲级商办楼瑞丰国际大厦正式运营。东方海港国际大厦、白玉兰广场陆续开工。一批在建项目全速推进，随着茂悦北外滩酒店、国际客运

图专-3-1　2009年5月19日虹口区政府、上海海事局、上海航交所签署加快建设上海国际航运中心现代航运服务体系合作框架协议

（照片提供：上海船东协会）

中心、瑞丰国际大厦等沿江7个重点建设项目的建成，北外滩地区逐步实现城市功能、建筑形态和生态环境的完美结合，形成融国际航运服务、中央商务、现代商业、高尚居住和滨江休闲为一体的发展区域，成为新世纪上海的新亮点，与南外滩、陆家嘴形成上海名副其实的“金三角”。

泛捷股份有限公司总裁庄海民是最早投资上海航运，入驻北外滩的台商之一。他见证了北外滩航运服务集聚区建设的风貌，几年间企业规模已从最初的6、7个人，发展到1 000多名员工。庄海民把公司总部从台湾搬到上海，成为北外滩建设与企业发展双赢的典型。

同年11月15日，上海市委副书记、市长韩正视察北外滩航运服务集聚区建设情况，并在上海港国际客运中心会见首批签约入驻北外滩的中国中化、中海集团、中国远洋、上海港务、上海地产、上海建工、瑞士地中海航运七大集团负责人。韩正感谢中外大型企业支持上海“四个中心”建设，表示要创造更好的环境，提供更优的服务，吸引国内外航运服务企业集聚。并指出要留出更多的公共空间，营造更好的氛围，让市民共享北外滩建设成果，共享北外滩滨江美景。

2009年3月25日，中共中央政治局常委、国务院总理温家宝主持召开国务院常务会议，审议并原则通过关于推进上海加快发展现代服务业和先进制造业、建设国际金融中心和国际航运中心的意见。上海国际航运中心建设的主要任务是优化现代航运集疏运体系，实现多种运输方式一体化发展。整合长三角港口资源，完善航运服务布局。探索建立国际航运发展综合试验区，积极稳妥发展航运金融服务和多种融资方式，促进和规范邮轮产业发展。是年，国务院颁布的19号文件中重点提到北外滩为上海三大航运服务集聚区之首。中共上海市委、市政府统一部署，在北外滩着力发展航运交易、航运仲裁、口岸服务、国际客运、航运咨询等高端航运服务业，全力推进上海国际航运中心航运服务体系建设。

同年7月，北外滩地区设立航运服务集聚区建设发展领导小组，下设北外滩航运服务集聚区建设发展办公室(简称北外滩集聚办)，整合原有的北外滩地区开发建设办公室，强化职能，使之能更好推进北外滩建设，进一步统筹各方力量，推进北外滩功能、产业、形态三位一体协调建设发展。

至年底，北外滩已聚集数千家航运、物流及航运金融等服务类企业，集中了上海国际航运仲裁院、上海船东协会等18家功能性机构和团体。中国大陆前十位集装箱运输企业有7家落户北外滩，运力占到全国的86.5%，水上运输增加值占上海总量的67%，国际邮轮码头等大型项目陆续建成落地，地处北外滩的上海航运交易所承担起上海地区75%的出口报关和25%的进口报关。

2010年2月8日，北外滩建设领导小组负责制定《北外滩2010年开发建设项目分工推进表》《北外滩2010年发展航运服务业分工推进表》，明确2010年北外滩航运服务集聚区开发建设30项任务和功能，招商27项任务。明确了北外滩2010年度57项重点工作，其中航运产业功能发展27个项目，27项工作都细化明确了责任单位和时间节点。是年3月，实施新版《关于推进北外滩航运服务集聚区发展的若干措施》，加强了对航运金融、船舶管理、航运经纪、航运信息、海事法律、航运人才服务、国际客运等航运服务业的扶持力度。完成了北外滩第二、第三层面城市设计国际方案征集活动。作为北外滩第二、第三层面城市设计国际方案征集的优胜方，德国亚施德邦建筑设计咨询(上海)有限公司(简称AS&P公司)着重从功能细化、空间结构、开放空间系统、地下空间、地上空中连廊系统及四个重点片区等方面进行了深化研究，基本明确了以“多功能、低碳型、国际化”的理念开发建设北外滩第二、第三层面。

3月9日，有38家世界知名船舶管理企业代表参加的“国际船舶管理行业服务推进会”在沪召开。推进会上，通报了北外滩将全力发展高端航运服务业，融合金融、贸易等产业，统筹规划，联动发展的规划；解读了对北外滩投资环境的优惠政策以及对入驻北外滩的航运企业的扶持政策。8月17日，北外滩建设领导小组对北外滩开发建设项目进展情况和重点推进事项进行总结，就下阶段工作提出了具体要求，要求各部门形成合力，主动协调和提供服务；要求各开发单位作为项目建设的责任主体，主动与相关职能部门进行沟通交流，备齐各项手续；注重施工安全，着力解决专业配套、竣工报验和夏季连续施工安全等问题；加紧环境建设与配套工程，做好工地围墙美化工作等。

至年底，功能性项目上海港国际客运中心全面竣工，上海国际航运服务中心大厦基本完成结构改造。改建完成后的国际航运服务中心大厦，包括裙楼在内将近3万平方米的建筑面积交由“一门式”通关中心、口岸职能部门、上海航交所使用。对北外滩地区的优秀历史建筑进行了保护性修缮；在软环境建设方面也取得了长足进展。入驻北外滩的航运及辅助企业已超过3 000家。上海航运产业基金管理公司、上海航运运价交易有限公司、沪港航运研发与交流中心，以及国家级船员评估中心先后在北外滩地区成立。其中，上海航运产业基金是首个国家级航运领域专业基金，上海航运运价交易有限公司是国际上首个航运运价第三方交易平台，从而有力提升北外滩航运、金融服务等级。

图专-3-2　2009年7月18日在沪举行的聚焦北外滩推动上海国际航运中心建设座谈会

(照片提供：上海新航信息科技公司)

12月7日，上海市委副书记、市长韩正到北外滩东方海港国际大厦在建工地，巡视工程建设及安全生产工作情况时指出，北外滩经过多年打造，取得了阶段性成果，航运服务企业集聚、航运服务功能显现，邮轮经济持续升温，在下阶段推进中，要注重与南外滩、陆家嘴的功能互补、优势对接，把联动效应做大做强，为上海“四个中心”建设作出新的贡献。

三、成果

2010年，是上海世博年，北外滩航运服务集聚区建设沿江一线形象凸显，航运功能全面升级。北外滩沿江核心功能区新增竣工面积44.3万平方米(地上25.4万平方米，地下18.9万)，历年累计开发建设面积207.7万平方米(地上126.7平方米，地下81万平方米)，总投资约250亿元人民币。已完成若干重点项目与配套工程，建成现代航运服务体系，营造良好的商业环境，提升浓厚的航运文化氛围。

上海港国际客运中心全面竣工投入使用。其展现了北外滩开发建设的新形象。位于北外滩的上海港国际客运中心被列为上海市重大工程建设项目,西至虹口港、北至东大名路、东至高阳路、南到黄浦江,建筑面积地上16万平方米,地下24.5万平方米,包括客运综合楼、港务大楼、9幢商办楼、音乐中心和艺术画廊等。上海港国际客运中心按照功能可分为客运和商业办公两部分。客运部分主要由码头和客运综合楼组成。其中正式码头岸线长880米,可停靠3艘邮轮,另有一段300米左右的备用码头。客运综合楼为钢结构球体建筑,建筑面积4 000平方米,全部采用玻璃幕墙,因其外型如同水滴,又称"一滴水"。地上商业办公部分主要由港务大楼、沿江6幢商办楼、北侧东大名路沿线3幢商务办公楼组成。

上海国际航运服务中心改造工程完成。使得通关环境得到了进一步改善。该工程东至大连路,南至黄浦江,西至霍山路,北至杨树浦路,规划占地面积14.27万平方米,建筑面积32.09万平方米,其中地下建筑面积24.58万平方米。地块分西、中、东三块,地块内现有建筑是90年代建成的港运大厦,主楼为上海港务集团总部所在地,裙楼属上海航运交易所。

图专-3-3 2009年3月,4艘豪华邮轮和国际客轮同时靠泊上海港国际客运中心北外滩码头

(照片提供:上海新航信息科技公司)

外滩茂悦五星级大酒店全面运营。该酒店地处黄浦路以北,大名路以南,武昌路以东,南浔路以西。位于黄浦路199号,占地面积1.36万平方米,建筑面积6.83万平方米,其中地下建筑面积3.28万平方米。酒店由东楼、西楼两幢高120米的姐妹楼组成,共有套房631间。2010年6月28日,西楼对外试运营;11月16日,东楼对外营业。

瑞丰国际大厦进入全面招商阶段。该大厦位于杨树浦路248号,地处杨树浦路以南,黄浦江以北,秦皇岛路以西。占地面积1.23万平方米,建筑面积5.18万平方米,其中地下建筑面积1.39万平方米,5A甲级写字楼,地上28层,地下2层。

东方海港国际大厦完成外立面施工。该大厦位于东大名路1088号,为一幢26层120米高的甲级商办楼,拥有3层18米高裙房,占地面积8 826平方米,建筑面积3.99万平方米,其中地下建筑面积1.05万平方米。2008年7月10日,东方海港国际大厦开工,2010年世博会前完成外立面施工。

新外滩花苑结构封顶,进入内外立面装饰阶段。新外滩花苑东至公平路,南至黄浦江,西至高阳路,北至东大名路,占地面积8万平方米,建筑面积20万平方米,建造中的三期和待建的四期占地面积1.78万平方米。其中,三期A楼建筑面积2.42万平方米,地下建筑面积9 684平方米;三期F楼建筑面积3.96万平方米,地下建筑面积7 156平方米;四期E楼建筑面积1.77万平方米,地下建筑面积1.18万平方米。已建成的一期、二期为住宅、商办,三期A楼为商办、F楼为酒店式公寓,四期E楼为酒店。至2007年底,F楼结构封顶,内外装修过半;A楼开工建设;E楼规划方案上报待批。2010 年 5 月 8 日，新外滩花苑 F 楼主体提前结构封顶，进入内外立面装饰阶段。

宝矿国际大厦竣工运营。该大厦位于吴淞路 218 号，建筑面积 7.79 万平方米，由高 139.55 米 36 层主楼和 4 层裙房组成，拥有 3 层地下车库 220 个车位。该大厦为 5A 甲级写字楼，主楼 1、2 层为大堂，3 层以上为纯写字楼；裙房提供银行、西式餐饮、时尚咖啡吧、中式餐饮等功能。

百联仓库改建成商务楼宇。该仓库位于杨树浦路 61 号。由英国人设计，1931 年开工，1935 年建成。百联仓库改造的功能定位为租赁式乙级写字楼，辅以部分商业配套设施，打造成既有现代气息又具历史韵味的商务楼宇。

远洋宾馆改建成五星级酒店。远洋宾馆位于东大名路 1171 号。占地面积 5 266 平方米，1988 年建成，共 28 层。2007 年 7 月启动改造，对外立面及内部客房的设计调整重新装修，成为建筑面积 5.16 万平方米的五星级酒店，总投资约 3.4 亿元。

晟隆广场建成涉外商务楼。晟隆广场位于东长治路 760 号，前身为晟隆公司大厦，始建于 1970 年，1980 年建成。占地面积 8 430 平方米，建筑面积 3.8 万平方米。2007 年起，由上海晟隆（集团）有限公司投资约 1 亿元进行改造，对主楼外立面幕墙挂装并重建辅楼和地下车库，成为建筑面积 1.26 万平方米，总高 20 层的综合办公航运总汇特点的涉外商务楼，其中 2 至 17 层为开启式高档办公楼、18 至 20 层为商住两用高级公寓式套房。

高阳宾馆保护性修复。高阳宾馆位于东大名路 817 号。高阳宾馆（原南洋兄弟烟草公司）建于 1915 年。建筑面积 1.43 万平方米，高 5 层，市级保留建筑。1999 年，上海实业（集团）有限公司投资 1 000 万元对该楼内外结构、外墙、楼层、屋面、梁柱实施保护性修复，显露原有建筑特色。

新上海航运交易所结构封顶。2010 年 11 月 16 日，新上海航运交易所结构封顶。2011 年 6 月，新上海航运交易所竣工。

完成市政建设项目。2002 年，根据《控制性详细规划》，从供电、供水、供气、排水、通信等方面对北外滩地区进行了逐项的配套设施建设。2006 年，根据《北外滩地区市政公用设施配套规划》，完成提篮桥 220 千伏地下输变电工程、高阳 110 千伏地下输变电工程、新汉阳雨水泵站等一系列重大市政工程建设。

完成公交建设项目。根据《北外滩地区综合治理交通规划》，对北外滩地区道路总长 30.1 公里，面积 70.1 万平方米，路网密度 21%（含外围主干道）实施改造。加强南北向次干道密度，打通东西向和南北向的地面通道，形成连贯、协调、合理的路网结构，起到扩容作用并发挥集散功能。东大名路拓宽全长 1 959 米，完成该路段绿化；东长治路拓宽西起旅顺路，东至大连路，全长约 2 000 米，腾地 2.44 万平方米；新建路隧道起于浦西海伦路、四平路交叉口，经海伦路、周家嘴路、新建路、东长治路、东大名路后穿越黄浦江，下穿银城中路后到达浦东大道。主线全长 2 764 米，双向 4 车道；外滩隧道南起中山东二路老太平路口，沿外滩向北穿越苏州河至吴淞路、海宁路口北侧，全长 3 720 米，地下道路 3 300 米，延安路匝道与延安路高架外滩匝道相连，长治路匝道连接北外滩地区。主线延安路—长治路为双向 6 车道，其余为双向 4 车道。基本采用双层结构，车辆驶向上层由北向南行驶，下层由南向北。主道设计车速 40 公里/小时，匝道设计车速 30 公里/小时。2010 年 3 月 28 日，外滩隧道、新建路隧道正式通车，使地处上海核心位置的陆家嘴、南外滩、北外滩三大中央商务区实现全面连通，为上海市建设国际航运中心、金融中心、召开世博会提供有力的交通保障。

新增绿地。1996 年，曾提出“将北外滩建成上海的一个重要的对外窗口，充分体现‘滨江绿色’的概念”。2003 年确定方案、绿地权属、投资、建设和管理主体等事项，启动建设。至 2007 年底，北外滩滨江绿地面积已完成约 5 万平方米。国际客运中心客运综合楼区域完成 2 万平方米的公共绿地,东段瑞丰国际大厦新增5千平方米绿地。2008年,北外滩滨江国际客运中心段在完成2万平方米绿地的基础上,在商办楼东侧和中央区域新增绿地4万平方米。为贯彻落实《迎世博600天行动计划》精神,改善北外滩地区沿江公共环境,该绿化段于2009年进行整体优化调整。

完成沿江景观灯光工程。2000年,北外滩灯光一期工程于海门路至高阳路沿江一线建造2座跨街牌楼,设立35座广告灯箱;2007年,为迎接2010年上海世博会,进一步美化沿江形象,北外滩沿江景观灯光工程项目增设东起高阳路,西至虹口港,结合上海港国际客运中心建设,在充分发挥北外滩公共空间功能的同时,打造沿江岸线崭新形象。

继续打造航运服务体系。北外滩航运服务集聚区以高端航运服务业为中心,优化航运产业机构,提高航运产业能级,构建上海国际航运中心的航运服务体系。1996年,我国第一个国家级水运交易市场——上海航运交易所在东大名路485号鸣锣开张。上海航运交易所成立后,沟通了航商与货主的联系,成为交易当事人的桥梁。经交通部授权,航交所在上海、江苏和浙江口岸率先实行运价报备制度,增加了交易的公开性和透明度,使上海成为我国航运市场交易成本最低的口岸城市。2010年,北外滩引进中海集团财务有限责任公司、上海嘉禾航运有限公司、中外运(上海)集团有限公司等一批航运企业,当年,航运及辅助企业户数已达到4 000家,实现区级税收4.87亿元,超额完成3.5亿元的年度税收指标。上海国际航运研究中心、上海航运人才交流中心等高端航运研究及服务机构相继落户北外滩,为北外滩建成高端航运服务中心奠定了良好基础。同年7月29日,首批9家国际航运经纪公司在北外滩正式注册成立,成为中国内地首批获得航运经纪营业执照的企业。航运经纪作为为船货双方提供船舶租赁、船舶买卖、货物招揽等中介服务的航运服务门类,充当着航运市场润滑剂的角色,是国际航运服务业的一个重要环节。此举填补了我国航运经纪领域的空白,对上海国际航运中心的建设工作具有里程碑意义。

邮轮经济发展提速。北外滩是中国大陆邮轮经济的发源地,有众多邮轮相关企业入驻发展。全球排名最靠前的四家邮轮公司:(嘉年华)中意海歌邮轮咨询有限公司、皇家加勒比邮轮公司上海代表处、地中海邮轮(上海)旅行社、丽星邮轮(上海)旅行社都已在虹口区设立相应机构;国内第一家独资邮轮船务公司"歌诗达邮轮船务(上海)有限公司"已获批准,落户北外滩;上海外轮供应有限公司、上海港国际邮轮旅行社、上海港船舶服务有限公司等也落户北外滩;北外滩还集聚了中国交通运输协会邮轮游艇分会、上海邮轮游船游艇行业协会、上海邮轮经济研究中心和上海国际航运研究中心邮轮经济研究所等邮轮经济研究机构和协会。当年,上海港邮轮(包括客班轮)航次达到203艘次,其中停靠北外滩为194艘次,占比95.57%;访问上海游客达到26.64万人次,其中北外滩为22.34万人次,占比83.86%。

商务环境日益改善。北外滩地区分东、南、西三个方向与黄浦江、南外滩金融中心和陆家嘴金融贸易区呼应,其中虹口港以西的吴淞路、东汉阳路、九龙路(虹口港)和东大名路之间的核心地区打造为现代商务区。2008年后,区级税收年均增长40%,航运企业税收占区级税收比重上升到13%至14%,北外滩航运服务集聚区开发建设的工作重心调整到了商务环境的优化上,相继推出了一系列举措:年初,投入总额3 000万元的"北外滩航运服务集聚区发展专项资金"拓展功能,对航运企业在沪举办国际性会展提供资金支持等。优化商务环境的一系列动作,触发了行政机关的作风变革,特别是一些拥有行政执法权的部门,在坚持严格执法的同时,开始主动服务企业。税务部门启动了"约谈制度",在执行处罚时,帮助企业界定"合法避税"与"偷逃税款"两种不同行为;工商部门不仅主动为企业提供上门年检服务,还建立了"出诊"制度,为重点行业、重点企业提供跟踪服务。2009年,北外滩以白玉兰广场等高档商务楼宇为重点,面向商务人士消费需求,开设中高档专卖店、品牌店。建成一条400米长的沿江商业街，重点发展商贸旅游文化休闲服务业，提升区域综合商务环境。这条400米长的北外滩沿江商业街还包括旅游用品、特色餐饮、娱乐消费等项目。2010年，北外滩进一步增加商务楼宇资源，改善交通设施，发展商业配套，美化市容环境，大幅提升整体商务办公环境。进一步优化地下空间整体开发，使楼宇之间实现互连互通，在道路连接和地块联系上成网状结构，带动地区整体发展。其中，浦江国际金融广场商业辅楼，引进餐饮、休闲等商家，与东方海港辅楼、白金湾广场，联袂向北外滩地区的居民和商务人士提供商业配套服务。国际客运中心、航运服务中心联动发展，对滨江绿地、商业餐饮、游艇港池等设施进行概念化设计，打造成具备水陆两用、星光大道、梦幻餐厅、滨江鹊桥等诸多特色的商业综合体，营造更为浓郁的商务商业气息。

航运文化氛围进一步提升。及至2010年的六年间(2004年9月，南湖职校与丽星邮轮集团香港公司开始合作办学，开设云星国际邮轮管理专业，培养适应上海国际航运中心发展，符合国际邮轮标准的专业服务人员)，北外滩合作创办航运专科学校、举办国际航运会议、论坛等活动蓬勃开展，航运文化旅游产业方兴未艾，有力提升了该地域航运文化氛围。2008至2010年，北外滩每年举办国际航运会议、论坛等活动都在10次以上。包括连续多届举行中国航运企业年会、国际港航高峰论坛、中美物流会议、航运金融服务国际会议等。并与有关方面联合主办、协办了诸如北外滩航运服务业香港推介会、亚洲邮轮大会、首届中国国际航运文化节、2010上海航运法律服务国际研讨会、国际船舶管理行业服务推进会、促进我国航运服务业发展重点政策专题座谈会、第五届2010报关企业合作发展论坛、2010国际港航高峰论坛、《2009—2010中国邮轮发展报告》发布会、“国际航运上海论坛2010”“第二届航运金融服务国际会议2010”等一系列大规模、高层次的会议和活动，扩大了北外滩在国际航运界的影响，提升了北外滩航运文化的规格与层次。同时，北外滩依托提篮桥和苏州河口优秀历史建筑风貌保护区，对下海庙、摩西会堂等文化旅游资源进行保护性开发，增设航运雕塑等文化元素；并对虹口港两侧进行整治改造和开发，利用黄浦江至老场坊一线的虹口港水系，打造滨水休闲活动带，进一步加快航运文化旅游产业的发展。

附　　录

国务院关于推进上海加快发展现代服务业和先进制造业建设国际金融中心和国际航运中心的意见

国发〔2009〕19号

各省、自治区、直辖市人民政府，国务院各部委、各直属机构：

上海有比较完备的金融市场体系、金融机构体系和金融业务体系，有雄厚的制造业基础和技术创新能力，有先进的现代航运基础设施网络。推进上海加快发展现代服务业和先进制造业，加快建设国际金融中心、国际航运中心和现代国际大都市，是我国现代化建设和继续推动改革开放的重要举措；是贯彻落实科学发展观，转变经济发展方式，突破资源环境承载能力制约，实现全面协调可持续发展，继续发挥上海在全国的带动和示范作用的必然选择。在当前应对国际金融危机的关键时期，要站在全局和战略的高度，充分认识加快上海国际金融中心和国际航运中心建设的重要性，努力推进上海率先实现产业结构优化和升级，率先实现经济发展方式的转变。为此，提出以下意见：

一、推进上海加快发展现代服务业和先进制造业，建设国际金融中心和国际航运中心的重大意义

（一）推进上海加快发展现代服务业和先进制造业，建设国际金融中心和国际航运中心，既是上海实现又好又快发展的需要，也是更好地服务于全国发展的需要。现代服务业和先进制造业发展水平，是衡量一个国家经济社会发达程度的重要标志，是一个国家综合实力、国际竞争力和抗风险能力的集中体现。提高现代服务业和先进制造业就业比重和产值比重，提升产业附加值和国际竞争力，是推进产业结构升级、加快转变经济发展方式的必由之路；是适应全球化新格局和对外开放新形势，加快构筑新的竞争优势，提高国家整体竞争力的有效途径。推进上海加快发展现代服务业和先进制造业，建设国际金融中心和国际航运中心，有利于上海突破资源环境承载力逐渐下降的制约，增强可持续发展的能力；有利于拓展金融资源运作空间，提高金融资产配置效率，更好地维护国家经济金融安全；有利于强化航运枢纽中心地位，更好地满足周边地区和全国的国际航运要求；有利于通过改革开放和创新的先行先试，加快形成更具活力、更富效率、更加开放的体制机制，奠定科学发展的体制基础。

（二）推进上海加快发展现代服务业和先进制造业，建设国际金融中心和国际航运中心，有利于更好地夯实并充分发挥上海的比较优势。上海具有比较完善的现代市场体系、现代金融体系、先进的港口基础设施、高效的航运服务体系，以及便捷的交通运输网络；有广泛参与全球竞争的周边经济腹地，具有加快形成国际金融中心和国际航运中心的有利条件。采取有力措施，加快推进上海国际金融中心和国际航运中心建设，大力发展金融业、航运业等现代服务业和先进制造业，率先转变经济发展方式，可以使上海更好地发挥综合优势，更好地发挥带动示范作用，更好地服务长三角地区、服务长江流域、服务全国。

二、推进上海加快发展现代服务业和先进制造业，建设国际金融中心和国际航运中心的指导思想和原则

（三）指导思想：高举中国特色社会主义伟大旗帜，以邓小平理论和“三个代表”重要思想为指导，深入贯彻落实科学发展观，进一步解放思想，进一步改革开放，进一步发挥优势，继续当好全国改革开放的排头兵，充分发挥对长三角地区乃至全国的带动和示范作用。要坚持科学发展，不断扩大发展规模，完善发展机制，提高发展水平；要在发展中优化经济结构，优先发展金融、航运等现代服务业，以及以高端制造和研发为主的先进制造业，不断增强服务功能，提高核心竞争力；要在发展中创新发展思路，坚持先行先试，不断创新体制机制，提高体制运行效率；要在发展中坚持市场化、国际化和法治化，不断改善投资环境，提高对外吸引力；要在发展中发挥比较优势，努力完善区域分工，不断扩大辐射带动效应，提高专业分工和协作水平。

（四）把握的原则：处理好深化改革与加快发展的关系，坚持以改革促发展，以改革解难题，以改革建制度，为现代服务业和先进制造业发展营造良好体制环境；处理好先行先试与制度规范的关系，通过创新和探索，加快与国际惯例接轨，为全国性的制度规范奠定实践基础，发挥示范作用；处理好突出重点与全面推进的关系，以金融业、航运业和先进制造业为重点，不断创新服务业态，不断提高制造业的核心竞争力和附加值，全面提升现代服务业和先进制造业的发展水平；处理好加快发展现代服务业与发展先进制造业的关系，形成现代服务业与先进制造业相互支撑、相互带动的产业发展格局；处理好推进金融创新与完善金融监管的关系，在推进金融改革、创新和开放过程中，努力维护金融体系的安全和稳定；处理好推进上海自身发展与区域协作发展的关系，按照国家明确的战略定位和分工，加强上海与长三角地区以及国内其他中心城市的相互协作和支持，加强与香港的优势互补和战略合作，形成分工合理、相互促进、共同发展的格局。

三、国际金融中心和国际航运中心建设的总体目标

（五）国际金融中心建设的总体目标是：到2020年，基本建成与我国经济实力以及人民币国际地位相适应的国际金融中心；基本形成国内外投资者共同参与、国际化程度较高，交易、定价和信息功能齐备的多层次金融市场体系；基本形成以具有国际竞争力和行业影响力的金融机构为主体、各类金融机构共同发展的金融机构体系；基本形成门类齐全、结构合理、流动自由的金融人力资源体系；基本形成符合发展需要和国际惯例的税收、信用和监管等法律法规体系，以及具有国际竞争力的金融发展环境。

（六）国际航运中心建设的总体目标是：到2020年，基本建成航运资源高度集聚、航运服务功能健全、航运市场环境优良、现代物流服务高效，具有全球航运资源配置能力的国际航运中心；基本形成以上海为中心、以江浙为两翼，以长江流域为腹地，与国内其他港口合理分工、紧密协作的国际航运枢纽港；基本形成规模化、集约化、快捷高效、结构优化的现代化港口集疏运体系，以及国际航空枢纽港，实现多种运输方式一体化发展；基本形成服务优质、功能完备的现代航运服务体系，营造便捷、高效、安全、法治的口岸环境和现代国际航运服务环境，增强国际航运资源整合能力，提高综合竞争力和服务能力。

四、国际金融中心建设的主要任务和措施

（七）加强金融市场体系建设。上海国际金融中心建设的核心任务是，不断拓展金融市场的广度和深度，形成比较发达的多功能、多层次的金融市场体系。不断丰富金融市场产品和工具，大力发展企业（公司）债券、资产支持债券，开展项目收益债券试点，研究发展外币债券等其他债券品种；促进债券一、二级市场建设及其协调发展；加快银行间债券市场和交易所债券市场互联互通，推进上市商业银行进入交易所债券市场试点。根据投资者资产配置和风险管理的需要，按照高标准、稳起步和严监管的原则，研究探索并在条件成熟后推出以股指、汇率、利率、股票、债券、银行贷款等为基础的金融衍生产品。加大期货市场发展力度，做深做精现有期货品种，有序推出新的能源和金属类大宗产品期货，支持境内期货交易所在海关特殊监管区内探索开展期货保税交割业务。拓宽上市公司行业和规模覆盖面，适应多层次市场发展需要，研究建立不同市场和层次间上市公司转板机制，逐步加强上海证券交易所的主板地位和市场影响力。研究探索推进上海服务长三角地区非上市公众公司股份转让的有效途径。优化金融市场参与者结构，积极发展证券投资基金、社保基金、保险资产、企业年金、信托计划等各类机构投资者。根据国家资本账户和金融市场对外开放的总体部署，逐步扩大境外投资者参与上海金融市场的比例和规模，逐步扩大国际开发机构发行人民币债券规模，稳步推进境外企业在境内发行人民币债券，适时启动符合条件的境外企业发行人民币股票。在内地与香港金融合作框架下，积极探索上海与香港的证券产品合作，推进内地与香港的金融合作和联动发展。积极发展上海再保险市场，鼓励发展中资和中外合资的再保险公司，吸引国际知名的再保险公司在上海开设分支机构，培育发展再保险经纪人，积极探索开展离岸再保险业务。

（八）加强金融机构和业务体系建设。根据金融市场体系建设的需要，大力发展各类金融机构，重点发展投资银行、基金管理公司、资产管理公司、货币经纪公司、融资租赁公司、企业集团财务公司等有利于增强市场功能的机构。积极推进符合条件的金融企业开展综合经营试点，培育和吸引具有综合经营能力和国际竞争力的金融控股集团，在试点过程中探索建立金融监管协调机制。鼓励发展各类股权投资企业(基金)及创业投资企业，做好上海金融发展投资基金试点工作。积极拓展各类金融业务，推动私人银行、券商直投、离岸金融、信托租赁、汽车金融等业务的发展，有序开发跨机构、跨市场、跨产品的金融业务。开展商业银行并购贷款业务，为企业并购活动提供资金支持。鼓励个人购买商业养老保险，由财政部、税务总局、保监会会同上海市研究具体方案，适时开展个人税收递延型养老保险产品试点。根据国家金融对外开放总体进程，稳步推进金融服务业对外开放，支持设在上海的合资证券公司、合资基金公司率先扩大开放范围。

（九）提升金融服务水平。健全金融服务方式和手段，大力发展电子交易，促进各类金融信息系统、市场交易系统互联互通，降低交易成本，提高交易效率。完善金融服务设施和布局规划，进一步健全为市场交易服务的登记、托管、清算、结算等统一高效的现代化金融支持体系，提高上海金融市场效率和服务能力。加强陆家嘴等重要金融集聚区的规划和建设，全面提升金融集聚区的服务功能。规范发展中介服务，加快发展信用评级、资产评估、融资担保、投资咨询、会计审计、法律服务等中介服务机构，加强监管，增强行业自律，规范执业行为。在上海建立我国金融资讯信息服务平台和全球金融信息服务市场。充分发挥上海金融市场种类齐全、金融机构体制健全、金融发展环境良好的优势，先行在上海开展金融市场、金融机构、金融产品等方面的改革和创新。制定并完善促进金融创新的政策，形成以市场需求为导向、金融市场和金融企业为主体的金融创新机制。

（十）改善金融发展环境。加强金融法制建设，加快制定既切合我国实际又符合国际惯例的金融税收和法律制度。完善金融执法体系，建立公平、公正、高效的金融纠纷审理、仲裁机制，探索建立上海金融专业法庭、仲裁机构。加强社会信用体系建设，以金融业统一征信平台为载体，完善企业和个人信用信息基础数据库建设，促进信用信息共享。适应上海金融改革和创新的需要，不断完善金融监管体系，改进监管方式，建立贴近市场、促进创新、信息共享、风险可控的金融监管平台和制度。加强跨行业、跨市场监管协作，加强地方政府与金融管理部门的协调，维护金融稳定和安全。

五、国际航运中心建设的主要任务和措施

（十一）优化现代航运集疏运体系。适应区域经济一体化要求，在继续加强港口基础设施建设基础上，整合长三角港口资源，形成分工合作、优势互补、竞争有序的港口格局，增强港口综合竞争能力。加快洋山深水港区等基础设施建设，扩大港口吞吐能力。推进内河航道、铁路和空港设施建设，优化运输资源配置，适当增加高速公路通道，大力发展中远程航空运输，增强综合运输能力。促进与内河航运的联动发展，充分利用长江黄金水道，加快江海直达船型的研发和推广，从船舶技术和安全管理方面采取措施，推动洋山深水港区的江海直达，大力发展水水中转。充分发挥上海芦潮港集装箱中心站及铁路通道作用，做好洋山深水港区铁路上岛规划研究，逐步提高铁水联运比例。

（十二）发展现代航运服务体系。积极研究采取措施，降低国际集装箱中转成本，鼓励我国外贸集装箱在上海国际航运中心转运。充分发挥上海靠近国际主航线的区位优势，以及工业基础、人才资源、商务环境等方面的综合优势，大力发展船舶交易、船舶管理、航运经纪、航运咨询、船舶技术等各类航运服务机构，拓展航运服务产业链，延伸发展现代物流等关联产业，不断完善航运服务功能。完善航运服务规划布局，进一步拓展洋山保税港区的功能，发展北外滩、陆家嘴、临港等航运服务集聚区。引导和规范船舶交易市场健康发展，充分发挥上海航运交易所的船舶交易和运价信息发布功能，加快建设全国性船舶交易信息平台，在上海形成具有示范作用的船舶交易市场。建立上海国际航运中心综合信息共享平台，促进形成便捷高效的长三角区域及长江干线港口、航运信息交换系统。

（十三）探索建立国际航运发展综合试验区。研究借鉴航运发达国家（地区）的航运支持政策，提高我国航运企业的国际竞争力。实施国际航运相关业务支持政策。将中资“方便旗”船特案减免税政策的执行截止日期由 2009 年 6 月 30 日延长至 2011 年 6 月 30 日。对注册在洋山保税港区内的航运企业从事国际航运业务取得的收入，免征营业税；对注册在洋山保税港区内的仓储、物流等服务企业从事货物运输、仓储、装卸搬运业务取得的收入，免征营业税。允许企业开设离岸账户，为其境外业务提供资金结算便利。在完善相关监管制度和有效防止骗退税措施前提下，实施启运港退税政策，鼓励在洋山保税港区发展中转业务。探索创新海关特殊监管区域的管理制度，更好地发挥洋山保税港区的功能。

（十四）完善现代航运发展配套支持政策。加快发展航运金融服务，支持开展船舶融资、航运保险等高端服务。积极发展多种航运融资方式，探索通过设立股权投资基金等方式，为航运服务业和航运制造业提供融资服务。允许大型船舶制造企业参与组建金融租赁公司，积极稳妥鼓励金融租赁公司进入银行间市场拆借资金和发行债券。积极研究有实力的金融机构、航运企业等在上海成立专业性航运保险机构。优化航运金融服务发展环境，对注册在上海的保险企业从事国际航运保险业务取得的收入，免征营业税。积极研究从事国际航运船舶融资租赁业务的融资租赁企业的税收优惠政策，条件具备时，可先行在上海试点。研究进出口企业海上货物运输保费的有关税收政策问题。丰富航运金融产品，加快开发航运运价指数衍生品，为我国航运企业控制船运风险创造条件。

（十五）促进和规范邮轮产业发展。允许境外国际邮轮公司在上海注册设立经营性机构，开展经批准的国际航线邮轮服务业务。鼓励境外大型邮轮公司挂靠上海及其他有条件的沿海港口，逐步发展为邮轮母港。为邮轮航线经营人开展业务提供便利的经营环境。研究建立邮轮产业发展的金融服务体系，在保险、信贷等方面开设邮轮产业专项目录，促进邮轮产业健康有序发展。

六、加快推进先进制造业和技术先进型服务企业的发展

（十六）以现有制造能力为基础，以调整、优化和提高为方向，以研发、创新和增值为重点，不断

提高制造业的核心竞争力和产业附加值。大力发展先进制造技术,着力提升汽车、装备、船舶、电子信息等优势制造业的研发能力和核心竞争力;加快发展航空航天、生物医药、新能源、新材料等新兴制造业和战略产业;优化发展精品钢材、石油化工等基础制造业;增强先进制造业发展的技术支撑和服务能力。在浦东新区开展鼓励技术先进型服务企业发展政策试点工作,支持从事软件研发及服务、产品技术研发及工业设计服务、信息技术研发及外包服务、技术性业务流程外包服务等业务的技术先进型服务企业的发展。自2009年1月1日起至2013年12月31日止,对符合条件的技术先进型服务企业,减按15%的税率征收企业所得税;技术先进型服务企业职工教育经费按不超过企业工资总额8%的比例据实在企业所得税税前扣除;对技术先进型服务企业离岸服务外包业务收入免征营业税。设立政府创业投资引导基金,引导创业投资企业加大对先进制造和先进技术服务领域初创期企业的资本投入。

七、加强组织领导和协调服务

(十七)建立健全上海国际金融中心和国际航运中心建设的指导协调机制。建立由发展改革委牵头,有关部门参加的协调机制,加强对上海国际金融中心和国际航运中心建设的指导、协调和服务。进一步细化相关政策措施,认真研究解决推进上海国际金融中心和国际航运中心建设过程中出现的新情况和新问题。

(十八)转变政府职能,加强政府服务,营造良好环境。上海市政府要从全局和战略的高度,充分认识上海国际金融中心和国际航运中心建设的长期性和艰巨性,增强责任感、紧迫感和使命感,精心筹划实施方案,扎实推进各项工作。要加快政府职能转变和管理创新,加快事业单位改革,加快构建服务型政府,深入推进浦东综合配套改革,使上海成为全国行政效能最高和行政收费最少的地区,成为中介服务最发达的地区。要加快淘汰落后产业和弱势产业,积极推进产业转移和产业升级,积极推进国有企业改革和重组,完善有利于现代服务业和先进制造业加快发展的政策和体制环境。要建立健全有利于人才集聚的机制,研究制定吸引各类高层次人才的配套措施,加强职业教育和培训,营造良好、便利的工作和生活环境,使上海成为国际化高端人才的集聚地,为上海国际金融中心和国际航运中心建设提供人才支撑。

国务院
二〇〇九年四月十四日

上海市人民政府贯彻《国务院关于推进上海加快发展现代服务业和先进制造业建设国际金融中心和国际航运中心的意见》的实施意见(节录)

沪府发〔2009〕25号

各区、县人民政府,市政府各委、办、局:

为贯彻《国务院关于推进上海加快发展现代服务业和先进制造业建设国际金融中心和国际航运中心的意见》[国发(2009)19号,以下简称国务院《意见》],把握历史机遇,应对国际金融危机,加快建设"四个中心",努力实现"四个率先",结合上海实际,现提出如下实施意见:

一、深刻认识贯彻国务院《意见》的重大意义

(一)推进上海加快发展现代服务业和先进制造业,加快建设国际金融中心、国际航运中心和现代国际大都市，是我国现代化建设和继续推动改革开放的重大举措；是贯彻落实科学发展观，推进产业结构升级，转变经济发展方式，突破资源环境承载能力制约，实现全面协调可持续发展的重要选择；是适应全球化新格局和对外开放新形势，加快构筑新的竞争优势，提高国家整体竞争力的有效途径。深入贯彻国务院《意见》，加快落实各项任务措施，有利于拓展金融资源运作空间，提高金融资产配置效率，更好地维护国家经济金融安全；有利于强化航运枢纽中心地位，更好地满足周边地区和全国的国际航运要求；有利于通过先行先试，加快形成更具活力、更富效率、更加开放的体制机制，奠定科学发展的制度基础。

（二）加快发展现代服务业和先进制造业，推进上海国际金融中心和国际航运中心建设，有利于提升上海的比较优势，增强国际竞争力和可持续发展能力。上海具有加快形成国际金融中心和国际航运中心的有利条件。深入贯彻国务院《意见》，进一步解放思想，推进改革开放，大力发展金融业、航运业等现代服务业和先进制造业，率先转变经济发展方式，可以使上海更好地发挥综合优势，更好地发挥带动示范作用，更好地服务长三角地区、服务长江流域、服务全国，继续当好全国改革开放的排头兵。[……]

三、明确加快推进上海国际航运中心建设的具体任务和措施

全力配合国家有关部门，加快推进国际航运枢纽港、现代航运集疏运体系和现代航运服务体系建设，努力增强国际航运资源整合能力，提高综合竞争力和服务能力。到2020年，基本建成航运资源高度集聚、航运服务功能健全、航运市场环境优良、现代物流服务高效，具有全球航运资源配置能力的国际航运中心。

（一）优化现代航运集疏运体系

1. 发挥区域整体优势。积极配合国家有关部门编制完善和组织实施长三角地区综合交通运输规划和港口、城际轨道交通等重点专项规划。鼓励支持港口、航运企业以资本为纽带，开展跨区域合作。

2. 完善上海港口结构与布局。继续推进外高桥港区和洋山深水港区建设，增强港口参与国际竞争的综合实力，建成东北亚国际集装箱枢纽港。有序推进黄浦江沿岸港区的功能调整和专用码头的资源整合，加快建设国际邮轮母港。

3. 大力发展水水中转。研究制定促进集装箱水水中转业务发展和市场培育的政策措施。积极依托长江黄金水道建设，研究建立推进国际集装箱水水中转业务发展的监管模式，鼓励长江、沿海和国际水水中转业务做大做强。加快江海直达船型的研发和推广，落实特定航线船舶安全管理有关规定，提高江海直达比例。

4. 增强综合运输能力。加快推进航道整治工程和配套港区建设，形成高等级内河航道网。适当增加高速公路通道，不断完善高速公路网。深化落实《上海航空枢纽战略规划》，大力发展中远程航空运输。优化铁路枢纽布局，加快铁路路网建设和货场调整，发展海铁联运。

（二）发展现代航运服务体系

1. 完善港口收费体系。进一步梳理调整干支线船舶进港成本，形成合理的、具有竞争力的港口收费体系，吸引更多航运公司的船舶挂靠上海港。建立动态的价格机制，鼓励我国外贸集装箱在上海转运。完善一门式服务和收费方式，改进和规范货物通关收费，逐步形成标准程式服务管理。

2. 拓展航运服务产业链，完善航运服务功能。鼓励世界知名船舶管理公司入户上海，配套建设中国船员专业人才市场。大力发展航运经纪人，建立航运经纪人资质准入和审核工作制度。积极引进世界知名航运研究机构和咨询机构，完善航运科技、航运咨询和航运信息服务产业体系。鼓励船舶技术转让、技术开发和与之相关的船舶技术咨询、技术服务等加快发展。

3. 拓展洋山保税港区的功能,发展北外滩、陆家嘴、临港等航运服务集聚区。支持洋山保税港区积极发展现代物流、贸易展示、研发加工、期货保税交割等业务,大力吸引跨国企业采购分拨中心、营运结算中心以及国际航运企业入驻。依托北外滩、陆家嘴、临港等航运服务集聚区的发展基础和各自优势,集聚航运要素资源,营造良好的航运市场环境,提升航运服务功能,完善航运服务空间布局。

4. 加强船舶交易市场建设。积极争取国家有关部门支持,依托上海航运交易所,加快建设全国性的船舶交易信息平台,编制开发船舶交易指数,在上海形成具有示范作用的船舶交易市场,引导和规范船舶交易市场健康发展。进一步拓展上海航运交易所的服务功能,开展船舶交易鉴证、船舶拍卖、评估等服务,增强航运市场的综合竞争力。

5. 建立航运综合信息共享平台。积极配合国家有关部门开展区域经济一体化、长三角通关模式改革等制度建设,充分发挥上海港航 EDI 中心及上海电子口岸平台的整合优势,加大上海港与长江干线港口的交流合作力度,加快建立上海国际航运中心综合信息共享平台,形成港口、航运、物流、监管等信息共享和应用体系,推动长三角、长江流域航运市场联动发展。

(三) 探索建立国际航运发展综合试验区

1. 实施洋山保税港区营业税优惠政策。对注册在洋山保税港区内的航运企业从事国际航运业务取得的收入和仓储、物流等服务企业从事货物运输、仓储、装卸搬运业务取得的收入,免征营业税。

2. 继续实施中资外籍船舶特案减免税政策。积极配合国家有关部门延长执行中资外籍船舶特案减免税政策,将执行截止日期由 2009 年 6 月 30 日延长至 2011 年 6 月 30 日。

3. 推进企业开设离岸账户试点。继续推进外汇管理改革试点,在完善现有跨国公司外汇资金管理方式改革试点政策的基础上,支持注册在洋山保税港区等特殊监管区域内,有实际需求的贸易、物流等外向型企业在境内银行开设离岸账户,为其境外业务提供资金结算便利,降低企业财务成本。

4. 抓紧实施启运港退税政策。积极配合国家有关部门研究完善出口货物国内中转的监管制度和有效防止骗退税的措施;推动实施在国内港口报关启运,经洋山保税港区中转出口的货物,凭启运地海关签发的出口报关单办理退税。

5. 探索创新特殊监管区域管理制度。在国家有关部门指导下,积极拓展航运服务业对外开放创新试点,探索创新符合洋山保税港区实际的各项管理制度,为开展国际中转、现代物流、商品展示、仓储租赁、期货交割等多层次业务提供监管服务支撑,进一步优化口岸服务环境。实现以"关检联动"为重点的口岸管理单位联动,确保口岸安全,提高通关效率。

6. 加强促进航运发展的政策和制度研究。积极配合国家有关部门,借鉴航运发达国家(地区)的支持政策,研究制定具有国际竞争力的航运税费政策。研究借鉴国际自由港政策,拓展洋山保税港区功能。不断丰富和完善国际航运发展综合试验区的内涵。

(四) 完善现代航运发展配套支持政策

1. 积极发展多种航运融资方式。引导金融机构加大对具有发展前景、信用良好的造船、航运等企业的信贷支持。鼓励金融机构加大金融服务创新,大力开展船舶抵押贷款、船舶抵押贷款信托、船舶融资租赁、船舶经营性租赁、船舶融资租赁信托、船舶售后回租、船舶出口信贷等融资服务。探索航运融资方式创新,支持航运相关企业、金融机构等共同组建航运产业基金,为航运金融、物流等航运服务,以及航运制造业提供融资服务。支持航运相关企业等参与组建或参股金融租赁公司,支持在上海的金融租赁公司进入银行间市场拆借资金和发行债券。

2. 加快发展航运保险业务。大力发展船舶保险、海上货运险、保赔保险等传统保险业务，积极探索新型航运保险业务，培育航运再保险市场。鼓励在沪保险公司结合实际自主开发产品，不断提高勘验、评估、理赔等保险服务水平。加强航运保险信息化建设，努力形成具有影响力的航运保险定价机制。积极推动有实力的金融机构、航运企业等共同出资组建专业化的航运保险机构。

3. 优化航运金融服务发展环境。对注册在上海的保险企业从事国际航运保险业务取得的收入，免征营业税。积极配合国家有关部门完善船舶抵押登记制度，简化操作流程；研究并先行试点从事国际航运船舶融资租赁业务的融资租赁公司（金融租赁公司）的税收优惠政策；研究进出口企业海上货物运输保险费的有关税收问题，鼓励进出口企业在国内投保。

4. 加快开发航运运价指数衍生品。依托上海期货交易所、上海航运交易所的专业优势，在国家有关部门指导下，进一步完善运价指数体系，加强航运运价指数衍生品研究，为我国航运企业进行航运风险控制创造条件。

（五）促进和规范邮轮产业发展

1. 大力吸引境外国际邮轮公司落户上海。积极配合国家有关部门，制定境外国际邮轮公司在上海注册设立经营性机构和开展经批准的国际航线邮轮业务的操作办法。积极争取国家有关部门同意境外邮轮公司在沪设立控股或独资的邮轮公司，开展邮轮业务。

2. 着力完善促进境外大型邮轮公司挂靠上海的政策措施。积极争取国家有关部门支持，对以上海为母港长期停靠的邮轮给予规费优惠；探索制定国际邮轮公司挂靠上海的“一揽子”规费优惠标准和便利通关措施，进一步规范邮轮船供市场；制定国外入境邮轮乘客中转免签的相关规定，提高通关效率。

3. 加快完善促进邮轮产业发展的金融服务体系。研究建立上海邮轮产业发展的金融服务体系，积极争取国家有关部门支持，在保险、信贷等方面开设邮轮产业专项目录。

四、加强统筹协调，确保各项政策落实

（一）建立完善协调推进机制。积极配合国家有关部门建立和完善上海国际金融中心和国际航运中心建设的协调推进机制，研究解决重要问题，落实有关协调推进工作。

（二）加强地方立法，完善法治保障。配合市人大制定出台《上海市推进国际金融中心建设条例》，加快研究建立相关配套制度，全力营造有利于金融发展的人才环境、创新环境、信用环境、监管环境和法治环境；研究制定促进上海国际航运中心建设的地方性法规，推进上海口岸综合管理地方立法，按法定程序完善港口经营、船舶服务等方面的政策法规。大力支持海事仲裁机构和海事司法机构建设。

（三）加快政府职能转变和管理创新。深化行政审批制度改革，简化审批程序，优化审批流程，建立网上审批平台，推广告知承诺和并联审批，进一步减少审批事项和收费项目，加快构建服务型政府。深入推进浦东综合配套改革试点，在政府行政管理体制改革、金融体制改革、科技体制改革、航运制度创新、口岸保税体制改革等方面先行先试，加快构建适应服务经济发展的管理模式和制度框架。加大国资国企改革力度，推进国有企业开放性、市场化联合重组，不断提高企业核心竞争力，推动国资管控模式优化，着力完善进退有序、流转顺畅的国资运营体系。加大支持力度，不断优化非公有制经济发展环境。

……

（五）完善有利于人才集聚的政策措施。实施“千人计划”，着力引进金融、航运等各类海外高层次人才。鼓励金融和航运机构引进各类高端、紧缺人才,对于符合条件的人才,给予住房、医疗保障、子女就学、户籍(居住证)等方面的优惠或便利。建立金融等人才奖励计划,对于做出显著贡献的人才给予奖励。进一步完善金融和航运类人才公共服务平台功能,提高人才综合服务水平。促进高校主动加强学科专业优化调整,积极利用“985 工程”和“211 工程”,重点支持金融和航运类学科专业建设和相关人才培养。加强职业教育培训,统筹利用教育资源,鼓励和支持高等院校等有关方面加大金融、航运人才教育培训力度,研究建立浦东国际金融研究培训中心。强化校企合作、产学研联盟,探索建立金融和航运专业学位制度。积极引进海外知名教育和培训机构,支持高校开展高水平国际合作,提高金融类、航运类人才培养培训的国际化水平。完善金融和航运类人才评价标准,构建与国际接轨的职业能力评价制度。

……

上海市人民政府

二〇〇九年五月八日

上海市水路运输管理条例(2010 年修正本)

(1997 年 10 月 21 日上海市第十届人民代表大会常务委员会第三十九次会议通过。根据 2003 年 10 月 10 日上海市第十二届人民代表大会常务委员会第七次会议通过,2003 年 10 月 10 日上海市人民代表大会常务委员会公告第 22 号公布,自公布之日起施行的《上海市人民代表大会常务委员会关于修改〈上海市水路运输管理条例〉的决定》第一次修正。根据 2010 年 9 月 17 日上海市第十三届人民代表大会常务委员会第二十一次会议通过,2010 年 9 月 17 日上海市人民代表大会常务委员会公告第 24 号公布,自公布之日起施行的《上海市人民代表大会常务委员会关于修改本市部分地方性法规的决定》第二次修正)

第一章　总　　则

第一条　为了维护本市水路运输市场秩序,保障水路运输经营者、旅客、货主和其他当事人的合法权益,促进水路运输事业的发展,规范水路运输管理,根据国家有关法律、法规,结合本市实际情况,制定本条例。

第二条　本条例适用于在本市行政区域内从事营业性国内国际的水路货物运输、水路旅客运输(含旅游运输)和水路运输服务(以下统称水路运输)以及相关的管理活动。

第三条　市港口行政管理部门(以下称市水路运输行政管理部门)负责本市水路运输的管理,组织实施本条例;浦东新区、嘉定区、闵行区、宝山区、金山区、松江区、青浦区、南汇区、奉贤区和崇明县水路运输行政管理部门[以下统称区(县)水路运输行政管理部门]负责本行政区域内水路运输的管理。

市水路运输行政管理部门所属的上海市航务管理处(以下简称市航务处)负责本市水路运输的具体管理;区(县)水路运输行政管理部门所属的航务管理署(所)[以下简称区(县)航管署(所)]在市航务处的业务指导下,负责本行政区域内水路运输的具体管理。

本市有关行政管理部门以及海上安全监督、船舶检验、海关等行政管理部门按照各自的职责,协同实施本条例。

第四条　水路运输的管理应当遵循保护合法经营、维护公平竞争、坚持协调发展的原则，促进水路运输为国民经济和社会发展提供安全、准点、快捷、经济、方便的服务。

第五条　市水路运输行政管理部门应当根据经济和社会发展的需要，编制本市水路运输发展规划，报市人民政府批准后组织实施。

第六条　水路运输经营者依法组织的行业协会，按照法律、法规建立行业自律机制；为经营者提供政策、信息咨询服务，维护经营者的合法权益；接受市水路运输行政管理部门的委托，对水路运输经营者的经营活动进行指导；向市水路运输行政管理部门提出意见和建议。

第二章　基本规定

第七条　本市营业性水路运输实行许可制度。

从事营业性水路运输活动，应当按照法律、法规和国家水路运输行政管理部门发布的水路运输规定，取得合法的水路运输经营资格，并在批准的经营范围内经营。

第八条　设立水路货物运输、旅客运输企业，应当具备下列条件：

（一）有与经营范围相适应的船舶，并持有船舶检验部门签发的有效船舶证书；

（二）有相应的组织机构和专业人员；

（三）主要船员持有有效的适任证书；

（四）有固定的经营场所和必要的设施，其中经营旅客运输的，还须落实客船沿线停靠站点；

（五）有与经营范围相适应的注册资金。

开设水路货物运输或者旅客运输个体工商户，应当具备前款（一）、（三）、（四）、（五）项的条件。

国家规定必须办理第三者责任保险、旅客意外伤害保险和船舶保险的，还须提供保险证明。

第九条　设立水路运输服务企业，应当具备下列条件：

（一）有相应的组织机构和专业人员；

（二）有固定的经营场所和必要的营业设施；

（三）有与经营范围相适应的注册资金。

开设水路运输服务个体工商户的条件，按照国家规定办理。

第十条　申请从事国内水路运输，应当向市航务处或者所在地的区（县）航管署（所）提出；申请从事国际水路运输，应当向市水路运输行政管理部门提出。

受理机关应当按照审批权限报送相关机关审批。本市审批机关应当在规定的期限内作出书面审批决定。决定批准的，按其经营范围分别发给水路运输许可证、水路运输服务许可证或者相关批准文件。

外商投资设立水路运输企业，应当经市水路运输行政管理部门审核，并按照有关法律、法规办理审批手续。

第十一条　取得水路运输许可证和水路运输服务许可证或者批准文件的，凭证或者凭批准文件向工商、税务行政管理部门登记，经核准领取营业执照、税务登记证件后方可经营。

第十二条　从事国内水路运输的本市水路货物运输、旅客运输经营者，应当按照申请核准的船舶向市航务处领取船舶营业运输证和相关的业务单据。

船舶营业运输证应当随船携带。

第十三条　本市水路运输经营者合并、分立或者变更经营范围，应当报经原审批机关批准后换领有关许可证件，并到工商、税务行政管理部门办理相关手续；变更企业名称、住所和法定代表人等事项，在办理相应工商、税务变更登记的同时，应当到原审批机关更换有关许可证件。

第十四条 本市水路运输经营者停业、歇业，应当提前三十日向原审批机关申报。在办理相关手续的同时，应当交回许可证和有关业务单据。

第十五条 临时从事跨市的营业性水路货物运输、旅客运输的，按照本条例第十条规定办理。

第十六条 本市水路运输经营者和石油、煤炭、冶金、商业、供销、外贸、林业、电力、化工、水产、环卫等部门，应当按照国家规定及时、准确地向水路运输行政管理部门报送水路运输统计表。

第十七条 本市从事水路运输经营的主要从业人员，应当接受有关水路运输法律、法规和业务技术知识的培训、考核，持证上岗。

第十八条 本市水路运输经营者应当接受市水路运输行政管理部门或者市航务处对其经营资格的年度审验，经审验合格，方可继续经营。

市水路运输行政管理部门或者市航务处应当在收到水路运输经营者填报的年度审验表后三十日内作出书面审验决定。

第十九条 本市水路运输经营者新增运力，应当按照国家有关规定办理。

禁止购置超龄、报废船舶作为新增和更新运力。

本市水路运输经营者报废、出售或者改装船舶，应当向市航务处或者区(县)航管署(所)提供船舶登记机构出具的证明文件，并办理有关船舶营运证件的注销或者变更手续。

本市水路运输经营者运力增减，按照国家规定在上海航运交易所进行交易的，在办理船舶营运证件的申领或者注销时，还需向市航务处或者区(县)航管署(所)提供上海航运交易所的船舶买卖证明。

第二十条 水路货物运输、旅客运输经营者应当遵守国家水污染防治的法律、法规，加强设备保养，改善运行管理，维护船舶航行、停泊水域的环境卫生，不得违反规定排放、倾倒废弃物、污染物。

第二十一条 水路运输行政管理部门和市航务处、区(县)航管署(所)应当加强对水路运输活动的监督、检查。水路运输行政执法人员执行公务时，应当佩戴统一标志，穿着识别服装，并出示统一的行政执法证件。

水路运输经营者应当自觉接受水路运输行政执法部门的检查，如实反映情况，提供有关资料。

第二十二条 任何单位和个人不得出借、转让、倒卖、涂改和伪造本条例规定的水路运输经营许可证件、统一发票和有关业务单据。

第三章 货物运输

第二十三条 抢险、救灾以及国家、市人民政府指令性的水路货物运输，由市水路运输行政管理部门或者市航务处组织实施。

任何单位和个人不得对水路货物运输实行部门、地区垄断。

第二十四条 水路货物运输经营者运输危险货物，应当按照国家有关危险货物运输的规定执行。

托运人托运危险货物必须按照危险货物运输的规定办理，不得谎报品名、隐瞒货物性质或者在普通货物中夹带危险货物。

国家规定必须凭证运输的货物，水路货物运输经营者应当要求托运人提供有关证明。

第二十五条 在本市从事海上集装箱运输的国际水路货物运输经营者，可以在本市从事海上集装箱国际转运业务。市水路运输行政管理部门、海上安全监督和海关等有关管理和监督部门应当按照国际惯例、国家和本市的有关规定，本着快捷、便利、安全、畅通的原则，方便国际转运。

海上集装箱国际转运的具体管理办法由市人民政府另行制定。

第二十六条　以本市为起点的水路货物运输，经营者应当与托运人签订水路货物运输合同。其中国内水路货物运输合同，应当参照使用市水路运输行政管理部门和工商行政管理部门推荐的合同示范文本。

经营者和托运人在上海航运交易所从事水路货物运输交易，应当遵守国家对航运交易所规定的交易规则。

第二十七条　国内水路货物运输的运价，根据国家规定由国家定价的，执行国家定价；本市定价的，由市水路运输行政管理部门提出方案，经市物价行政管理部门批准后执行；自行定价的，由经营者按照公平、合理的原则自行定价。

国际水路货物运输的运价，由从事国际水路货物运输的经营者自行定价，并执行国家有关运价报送备案的规定。

第二十八条　从事国内水路货物运输的经营者在本市起运货物，应当使用市水路运输行政管理部门规定格式的水路货物运输运单。

从事国内水路货物运输的本市经营者和其他从事市内营业性水路货物运输的经营者，应当使用本市水路货物运输统一发票。

本市水路货物运输统一发票，由市税务行政管理部门监制，市水路运输行政管理部门统一印制、发放和管理；其他水路货物运输单据，由市水路运输行政管理部门或者市航务处根据国家有关规定统一印制、发放和管理。

第二十九条　国内水路货物运输的运价，实行市场调节价。

在本市签发国际水路货物运输提单的承运人，应当将其提单的格式样本报市水路运输行政管理部门备案。

市水路运输行政管理部门应当将备案的提单格式样本供社会公开查阅。

国际水路货物运输提单格式的报送备案实施办法，由市水路运输行政管理部门规定。

第四章　旅 客 运 输

第三十条　水路旅客运输经营者应当为旅客提供文明、规范的服务，按照船票载明的船名、航次、日期和席位运送旅客，保证旅客安全到达目的地。

水路旅客运输经营者不得对船票价格内已包含的服务项目另行收费或者向旅客强制提供收费服务。

第三十一条　从事国内水路旅客运输的经营者应当按照核定的航线、班次和停靠站点提供服务，不得擅自取消航线或者增减班次和停靠站点。需要取消或者增减的，应当在发生变更前三十日向市水路运输行政管理部门申请变更，经批准后予以公告。

因不可抗力等因素需要临时取消班次的，应当事先公告，并办理乘客全额退票或者换票。

第三十二条　船舶的客运设施应当保证技术、卫生状况良好，安全设备齐全，符合国家规定的船舶乘客定额与舱室设备规范。

水路旅客运输经营者自有的客运站应当根据旅客发送量的规模，设立相应的候船、售票、服务等基本设施和必要的安全设施。自有客运站的设施必须符合国家规定的标准。

渡口必须有与客流量、车流量相适应的候渡室、场地、进出通道、引桥及渡船停靠设施。

第三十三条 本市水路旅客运输经营者应当维护客运站、渡口的秩序，保障客运、渡运的安全。

第三十四条 本市水路旅客运输经营者应当按照国家规定对旅客携带物品实行危险品检查。

任何人不得违反规定携带危险品和其他禁止携带的物品进站、乘船、办理托运。

旅客进站、乘船拒绝接受危险品检查的，水路旅客运输经营者可以不予承运；已携带进站、乘船的危险品，经营者应当按照国家有关规定实行监管或者处理。

第三十五条 国内水路旅客运输运价，按照本条例第二十九条第一款的规定执行。

国际水路旅客运输的运价，由国际水路旅客运输经营者自行定价。

第三十六条 国内水路旅客运输经营者应当使用符合国家规定基本格式的客运票证。

第五章 运输服务

第三十七条 水路运输服务分为船舶代理和货物、旅客运输代理。

从事船舶代理的水路运输服务经营者，可以接受承运人的委托，在协议的范围内，为承运人承揽货源或者客源，并以承运人的名义办理水路货物运输、旅客运输手续和提供相关服务。

从事货物、旅客运输代理的水路运输服务经营者，可以接受托运人、收货人或者旅客的委托，为其联系船舶、确定舱位，并以托运人、收货人或者旅客的名义，办理船舶的运输、货物装卸手续和提供相关服务。

第三十八条 水路运输服务经营者应当与委托方本着平等自愿的原则订立委托合同，按照约定的代理事项，为委托方提供合法、安全、诚实信用的服务。

第三十九条 水路运输服务经营者在从事代理业务时，必须以被代理人的名义与承运人或者托运人、收货人签订水路货物运输合同，或者向旅客出售客票。

第四十条 水路运输服务经营者不得从事下列活动：

(一) 以本企业名义为他人托运或者承运货物，收取运费差价；

(二) 强行代办业务；

(三) 为无水路运输经营资格或者超越经营范围的经营者提供水路运输服务；

(四) 垄断、倒卖货源，或者采取不正当的手段哄抬、竞相压低运价。

第四十一条 水路运输服务经营者必须按照国家和本市规定的收费标准收取代理服务费。从事国内水路运输服务的本市水路运输服务经营者必须使用市水路运输行政管理部门规定的水路运输服务统一发票。

水路运输服务统一发票的管理和使用，按照本条例第三十条第三款的规定执行。

第六章 法律责任

第四十二条 违反本条例规定，市和区(县)水路运输行政管理部门或者市航务处、区(县)航管署(所)，根据各自职责按照下列规定予以处罚：

(一) 违反第七条、第十二条、第十五条规定，持无效许可证件或者无证从事营业性水路运输活动的，责令停止违法经营活动，没收违法收入，并处以违法收入一倍至三倍，但最高不超过十万元的罚款；超越经营范围从事营业性水路运输活动的，处以警告或者三千元至三万元的罚款；

(二) 违反第十三条、第二十条第一款、第二十三条第二款规定，不按照规定办理换领许可证件、参加年审或者在接受执法部门检查时提供虚假资料的，处以警告或者五千元以下的罚款；

(三) 违反第十四条规定,擅自停业或者歇业的,处以警告或者五百元至二千元的罚款;

(四) 违反第二十四条规定,出借、转让、倒卖、涂改和伪造经营许可证件、水路运输统一票证、单据的,收缴其全部证件和票证、单据,没收违法收入,并处以违法收入一倍至五倍,但最高不超过十万元的罚款;

(五) 违反第二十七条第一款规定,不按照规定从事危险货物水路运输的,处以警告,可以并处二千元至二万元的罚款;

(六) 违反第三十条第一、二款、第四十三条第一款规定,不使用本市水路运输统一发票和单据的,责令改正,处以警告或者二百元至五千元的罚款;

(七) 违反第三十一条第二款规定,不按规定报备提单的,处以警告或者二千元至一万元的罚款;

(八) 违反第三十三条规定,擅自取消航线、增减班次和停靠站点的,责令改正,处以一千元至一万元的罚款;

(九) 违反第三十五条规定,不维护客运站、渡口秩序的,责令改正,处以警告或者五千元以下的罚款;

(十) 违反第三十六条第一款规定,不实行危险品检查的,处以警告,可以并处五百元至五千元的罚款;

(十一) 违反第三十八条规定,不使用规定格式客票的,责令改正,处以警告或者五百元至二千元的罚款;

(十二) 违反第四十二条规定,以本企业名义为他人托运、承运货物,收取运费差价的,处以警告,并处以违法差价收入一倍至三倍,但最高不超过五万元的罚款;强行代办业务的,处以警告,并处以一千元至五千元的罚款;为非法经营者提供服务的,处以警告或者一千元至一万元的罚款。

有前款第(一)、(四)、(五)、(六)、(十一)、(十二)项所列行为情节严重的,可以责令停业整顿;其中第(一)、(四)项和前款第(二)项所列行为的,还可以吊销经营许可证件。

违反本条例规定,其他行政管理部门根据法律、法规对同一违法行为已经作了处罚的,不再重复罚款处罚。

第四十三条　违反本条例规定给他人造成损害的,应当赔偿损失,承担相应的民事责任。

第四十四条　拒绝、阻碍水路运输行政管理人员执行职务,违反《中华人民共和国治安管理处罚法》的,由公安部门依法处理。违反本条例规定,情节严重、构成犯罪的,依法追究刑事责任。

第四十五条　水路运输行政管理人员玩忽职守、滥用职权、徇私舞弊的,由其所在单位或者上级主管部门给予行政处分;构成犯罪的,依法追究刑事责任。

第四十六条　市和区(县)水路运输行政管理部门或者市航务处、区(县)航管署(所)作出行政处罚,应当出具行政处罚决定书。收缴罚款和没收财物时,应当出具市财政部门统一制发的收据。

罚没款全部上缴国库。

第四十七条　当事人对市、区(县)水路运输行政管理部门和市航务处、区(县)航管署(所)的具体行政行为不服的,可以依照《中华人民共和国行政复议法》《中华人民共和国行政诉讼法》的规定申请复议或者提起诉讼。

当事人逾期不申请复议,不提起诉讼,又不履行处罚决定的,作出处罚决定的部门可以申请人民法院强制执行。

第七章 附 则

第四十八条 本条例下列用语的含义是:

(一) 营业性水路运输,是指为社会服务,发生各种方式运费结算的水路运输。

(二) 非营业性水路运输,是指为本单位服务并对外不发生各种方式运费结算的水路运输。

(三) 国际水路货物运输提单,是指用以证明国际水路货物运输合同和货物已经由从事国际水路货物运输的经营者接收或者装船,以及据以保证交付货物的单证。

(四) 海上集装箱国际转运,是指国际集装箱货物,由境外装船起运,经本市口岸换装国际航线船舶后,继续运往第三国或者地区指运口岸的集装箱转运业务。

(五) 渡口,是指在本市行政区域内江河、湖泊两岸专供渡运乘客、车辆的码头以及候渡设施。

第四十九条 从事与香港特别行政区和澳门特别行政区、台湾地区之间的水路运输活动,参照本条例国际水路运输的规定执行。

第五十条 国际水路货物运输代理的管理,按照国家和本市国际货物运输代理的有关规定执行。

第五十一条 本条例的具体应用问题,由市水路运输行政管理部门负责解释。

第五十二条 本条例自1998年1月1日起施行。

《上海市加快国际航运中心建设“十二五”规划》(节录)

沪府发(2012)48号

为加快“十二五”时期上海国际航运中心建设,根据《中华人民共和国国民经济和社会发展第十二个五年规划纲要》《国务院关于推进上海加快发展现代服务业和先进制造业建设国际金融中心和国际航运中心的意见》(国发〔2009〕19号,以下称“国务院19号文”)和《上海市国民经济和社会发展第十二个五年规划纲要》,编制本规划。

一、“十一五”发展回顾

(一) 上海国际航运中心建设回顾

“十一五”期间,上海航运基础设施建设发展迅速,港口吞吐能力大幅提升,集疏运体系不断完善,公路建设进展顺利,航空枢纽建设取得重大突破,航运服务业发展得到进一步重视和加强。国务院19号文进一步明确了上海国际航运中心发展的战略目标和任务,上海国际航运中心建设由注重基础设施建设转入提升基础设施能力与发展服务软环境并举的阶段。

1. 国际航运主业快速发展

上海港年货物吞吐量从“十五”期末的4.45亿吨增长到2010年的6.5亿吨,其中集装箱吞吐量从1 808万标准箱增长到2 907万标准箱。自2005年以来连续5年货物吞吐量排名世界第一,2010年上海港集装箱吞吐量排名世界第一。国际著名航运企业云集上海,全球排名前20的班轮公司均有分支机构入驻上海。在上海注册的国际航行船舶(包括国际航线船舶和特案免税登记船舶)从“十五”期末的223艘、总吨位493万吨,增长到2010年的356艘、总吨位869万吨。据不完全统计,2010年国际货物运输代理企业5 926家,船舶代理企业139家,船舶管理企业97家,无船承运人(上海地区中国企业法人)948 家,船供企业 204 家,船员服务机构 57 家,船员培训机构 7 家,注册海员 69 377 人。

2. 集疏运体系建设取得重大进展

"十一五"期间,集疏运体系不断优化,公路、港口、内河航道、铁路、航空等硬件设施建设进展顺利,规模化、集约化、快捷高效的多种运输方式一体化发展格局基本形成。港口集装箱水水中转比重由 2004 年的 25.4%上升到 2010 年的 38.0%,公路运输比重相应地由 2005 年的 40.3%下降到 2010 年的 37.5%。

一是港航设施建设成绩显著。东海大桥建成后,洋山深水港区一期、二期、三期,外高桥四期、五期、六期工程相继投入使用。上海港码头年设计货物吞吐能力从 2005 年的 3.04 亿吨增加到 2010 年的 4.6 亿吨;集装箱专用码头泊位数和集装箱年设计吞吐能力由 2005 年的 29 个和 920 万标准箱增加到 2010 年的 41 个和 2 062 万标准箱。长江口深水航道整治三期工程顺利完成,主航道水深达到 12.5 米;长三角内河高等级航道整治工程全面启动,苏申外港线、大芦线(一期)、赵家沟航道经整治后均达到三级航道标准,初步形成连通江浙的高等级内河航道网络;上海港国际客运中心建成并投入使用,吴淞口国际邮轮码头一期泊位建设基本完成。

二是公路建设进展顺利。上海公路总里程由"十五"期末的 8 110 公里增加到 2010 年的 11 974 公里;高速公路里程由 560 公里增加到 775 公里。随着长江隧桥、申嘉湖高速、杭浦高速等相继建成,沪宁高速、沪杭高速完成拓宽工程,上海形成了"两环、九射、一纵、一横、两联"的高速公路网格局。"十一五"期间,上海与江浙联系的省道新增加 6 条,高速公路增加到 8 条、48 车道,其他公路通道达到 23 条、74 车道,港口集疏运通道路网结构进一步优化。

三是铁路建设全面提速。截至 2010 年底,上海境内铁路营业里程 414 公里,建成"2 主 3 辅"共 5 个铁路客运站。"十一五"期间,建成沪宁城际铁路、沪杭客运专线,有效释放了沪宁铁路、沪杭铁路的货运能力;建成服务于洋山港的芦潮港铁路中心站,完成南浦货站至闵行货场搬迁调整。京沪高速铁路于"十二五"初期竣工。上海地区铁路运输能力明显提高,布局进一步优化,为形成沿海铁路货运大通道、发展海铁联运奠定了基础。

四是航空枢纽建设步伐加快。截至 2010 年底,上海浦东、虹桥国际机场已形成 5 条跑道、4 座航站楼的规模,可保障高峰日 2 400 架次起降。两机场旅客吞吐量和货邮吞吐量由"十五"期末的 4 134 万人次和 221 万吨增长到 2010 年的 7 188 万人次和 371 万吨。已有 81 家国内外航空公司开通上海定期航班,国内外通航城市达到 219 个;浦东国际机场连续三年货邮吞吐量位居全球机场第三,基本确立国际航空货运枢纽地位;2010 年浦东国际机场旅客吞吐量位列国际机场协会(ACI)全球排名第 20 名,首次进入前 30 名排行榜。

3. 现代航运服务体系建设全方位开展

"十一五"后期,上海全面贯彻落实国务院关于加快建设上海国际航运中心的战略部署,全方位展开现代航运服务体系建设,航运要素进一步集聚,航运服务功能加快提升,航运市场环境得到进一步完善和规范,航运服务体系框架逐步形成。

一是航运服务产业初步集聚。"十一五"期末,在沪从事国际海上运输及辅助行业的外商驻沪代表机构达到 250 家左右,有 1 000 余家不同资本类型的国际海上运输和辅助服务企业在上海开展经营活动。全球九大船级社均在上海开设了代表处,开展船舶检验服务。上海国际航运研究中心、上海海事仲裁院、上海国际航运仲裁院、中国国际集装箱班轮运价备案中心、上海国际航运信息中心等机构相继成立。开展了航运经纪业准入制度试点,国内第一批专业航运经纪公司率先在上海成立。上海航运交易所积极落实交通运输部印发《船舶交易管理规定》,2010年"中国船舶交易信息平台"公示成交船舶91艘次,接受1 057艘次船舶的成交信息报送。非双边海运协议关系国际航运企业在境内设立独资公司取得政策性突破,全球第二大班轮公司地中海航运公司在沪设立独资公司。

二是口岸服务水平进一步提升。"十一五"期间,上海口岸深化推进"大通关"工程,完善"5+2"通关工作制,优化"一门式"服务,加快建设电子口岸平台。启动"统一平台、区域联动、选择申报、多点放行"改革试点,探索实施了"便捷通关""无纸通关""快速通关""分类通关"等通关模式,推进"属地申报、口岸验放""属地检验、口岸放行""直通放行"等区域通关改革,提高了口岸通关效率。改进空港中转联程流程,提高国际中转旅客通关效率。

三是航运服务集聚区布局不断优化。科学调整洋山保税港区、外高桥保税区、浦东机场综合保税区管理机构,成立了"上海综合保税区管理委员会","三港三区"联动工作实质性启动,统筹效果显著。虹口区落实专项资金扶持航运企业和航运服务业的发展,北外滩已经成为国内航运产业资讯发达、航运服务相关产业门类齐全的航运企业聚集区之一。浦东新区充分利用港口资源禀赋、先行先试政策优势以及金融、贸易等现代服务业发展基础,发展形成了陆家嘴高端航运服务区、外高桥航运物流发展区、洋山临港综合服务发展区、临空航运服务发展区四大重点区域。

四是口岸安全和环境保障体系不断完善。"十一五"期间,上海港水上安全形势总体保持稳定,水上交通事故件数等安全指标值比"十五"期间有所下降。推进实施了水上安全和防止船舶污染的源头管理,实现了水上安全预防预控管理;实施了长江上海段和长江口定线制,完善了吴淞、洋山船舶交通管理系统(VTS),实施了水上网格化巡航管理模式,完善了口岸水上助航体系,优化了口岸水域通航环境;建成水上自动识别系统(AIS)信号网络,提高了船舶进出港助航能力;发布了《上海海上搜救和船舶污染事故应急处置专项预案》,船舶污染应急处置能力达到一次性清除800吨溢油的水平,推进外高桥五号沟水上综合应急反应基地建设,建立了船舶污染事故应急组织协调指挥体系。

4. 国际航运发展综合试验区作用得到发挥

积极落实国发19号文要求,探索建立国际航运发展综合试验区。"十一五"期间,上海已经为注册在洋山保税港区的国际航运企业从事国际航运业务,以及物流、仓储等企业累计免征营业税超过22亿元人民币;中资国际航运船舶特案免税登记政策有效延长;进口汽车保税展示平台在洋山保税港区正式启用。

5. 航运金融业务迅速拓展

"十一五"后期,国内金融机构加大了对航运金融业务的投入力度,多家银行成立了航运金融专营部门,中国人民财产保险股份有限公司、中国太平洋财产保险股份有限公司均在上海筹建航运保险运营中心;船舶险和货运险等航运相关保险业务发展迅猛,2010年,上海产险市场中船舶险首次超越企财险,船舶险与货运险总和在上海产险市场的占比已经超过22%;融资租赁业务取得突破,成功吸引单机项目公司落户浦东机场综保区、单船项目公司落户洋山保税区开展业务。上海航运交易所编制的新版上海出口集装箱运价指数正式颁布,据此指数开发的金融衍生品在国际市场实现了多批次交易。

6. 邮轮产业发展趋势良好

"十一五"期间,邮轮产业发展环境日渐改善,市场经营主体纷纷进驻,世界三大邮轮公司均在上海设立分支机构,并开设多条以上海为母港的区域邮轮旅游航线。邮轮通关便利措施进一步落实，邮轮母港船舶进出安全保障得到加强，提高了邮轮旅客通关服务能力和效率，境外邮轮挂靠上海日益频繁。2010 年，上海港邮轮靠泊 108 艘次，其中母港邮轮 60 艘次，访问港邮轮 48 艘次；进出境旅客 266 865 人次，其中母港邮轮 170 240 人次，访问港邮轮 96 625 人次。上海国际客运中心、吴淞国际邮轮码头两大邮轮港口、邮轮公司与相关机构开展的合作业务，已发展至咨询、旅行社、教育培训、旅游电子商务、票务代理、劳务服务、技术研发等领域。2010 年 10 月，上海始发经厦门至台湾高雄的邮轮航线开辟，实现境外邮轮国内多点挂靠。

7. 港航装备制造业保持领先地位

“十一五”期间，以集装箱码头装备制造为主的上海港口装备产业继续保持世界领先地位，占据全球集装箱码头大型设备约 70%市场份额。船舶制造业能够制造各种类型的现代船舶和海上工程项目，在国际航运界影响日益增强，2010 年上海建造交付船舶 110 艘，合计吨位 1 210 万吨。

8. 区域合作不断加强

“十一五”期间，国务院制定了《长江三角洲地区区域规划》，建立了推进上海“两个中心”建设部际协调机制，长三角港口管理部门联席会议制度作用进一步发挥。市政府与交通运输部签署了《交通运输部、上海市人民政府加快推进国际航运中心建设合作备忘录》，取得了国家主管部门对上海国际航运中心建设的全面支持。建立了长三角、上海与中部六省市以及川渝沪等区域“大通关”合作工作机制，促进跨区域口岸物流联动发展。落实航运业交流与合作的双边协议，增强了地区间港航业深度合作。上海国际港务集团不断扩大对外合作，继续实施“走出去”战略，与沿江多个港口建立合作关系，成立长江港口物流有限公司。

（二）存在的主要问题

“十一五”期间的发展，上海国际航运中心建设总体上仍以基础设施建设为主，航运服务体系建设相对滞后，航运集疏运结构还需进一步优化，航运安全保障、航运发展政策、法律、科技、人才建设等有待进一步加强，围绕上海国际航运中心建设这一国家战略目标的各项任务有待深化落实。

1. 集疏运体系结构有待进一步优化

集装箱集疏运体系总体结构还存在进一步优化的空间，铁路设施运能不足、与港口缺乏紧密衔接，海铁联运等多式联运发展缓慢。洋山港支线码头泊位尚待建设，内河水运优势有待进一步发挥。

上海空域资源紧张与航空需求增长之间的矛盾日益突出，两场地面配套交通保障能力有待进一步提升，基地航空公司的国际竞争实力、航空枢纽的管理服务水平有待进一步提升。

2. 航运服务体系建设相对滞后

航运服务业尚处于培育发展阶段。航运相关法律、鉴证、评估、代理、咨询、经纪、船舶管理等服务机构规模较小、专业化和国际化程度不高。

口岸通关环境有待进一步提升。上海口岸“分类通关”“属地申报、口岸验放”以及“直通放行”等通关改革覆盖面有待进一步拓展，与长三角、长江流域等地的口岸资源和跨区域物流通关信息网络需要进一步整合。

航运发展环境有待进一步优化。船舶融资、船员个人所得税、航运企业所得税等相关税收政策，国际航运企业、航运辅助服务业外资准入条件，国际航线船舶船员国籍标准、航运仲裁法律适用、开放船舶供应市场等，有待进一步探索研究与国际航运通行惯例的接轨。

航运复合型人才结构、总量和整体素质需要优化和提高。特别是熟悉航运金融、航运咨询、海商海事、国际公约、航运交易、邮轮管理、空中交通等领域的复合型人才严重缺乏，现有航运教育和培训机构难以满足航运发展对复合型高端航运人才的需求。

应急处置能力有待提升。上海港水上突发事件应急预案有待进一步健全,应急力量建设和协调机制尚需加强,特别是水上油污染事故和水上化学品事故应急处置力量建设尚处于起步阶段。

3. 航运金融服务水平有待提升

大量中资船舶在境外注册,航运融资业务多在境外发生,影响了境内航运金融业务规模的拓展。国内航运保险市场环境有待进一步完善,法律服务、航运交易鉴证、评估咨询等中介服务机构尚不能满足航运金融专业化外包服务的需要,其专业化水平有待进一步提高。

4. 邮轮产业发展滞后社会需求

邮轮产业相关专业法规、政策体系、行业协调与管理机制尚待完善,邮轮船队经营及航线开发等关键政策尚待研究突破,邮轮技术研发与装备制造水平有待实现突破。

[……]

索　引

说明：

1. 本索引按主题词索引、人名索引、图表索引分类制作。正文中完整的信息单元均可检索。

2. 主题词索引按主题词汉语拼音字母顺序排列。人名索引按人名首字汉语拼音字母顺序排列；首字相同的，按第二字音序排列，依此类推。图表索引按在正文中出现顺序排列。

3. 索引标目后的阿拉伯数字表示该标目所在页码。同一标目在书中多次出现的，在标目后用不同的页码标引出处。

一、主题词索引

C

D

E

F

G

H

J

进出口原油二程中转运输　212,217

K

L

M

N

内贸成品油运输 209,211,214,215,218,219

O

P

Q

R

S

T

W

X

Y

Z

二、人名索引

B

C

D

F

G

H

三、图表索引

本卷部分企业、机构全称和简称对照表

企业、机构全称	企业、机构简称
航运企业	
交通部上海海运管理局	上海海运局
上海海运（集团）公司	上海海运
上海海兴轮船公司	海兴公司
上海海兴轮船有限公司	海兴公司
上海海兴轮船股份有限公司	海兴公司
上海远洋运输公司	上远公司
中国海运（集团）总公司	中海集团
广州海运（集团）有限公司	广州海运
大连海运（集团）公司	大连海运
中海发展股份有限公司	中海发展
中海发展股份有限公司油轮公司	中海油运
中海发展股份有限公司货轮公司	中海货运
中海（海南）海盛船务股份有限公司	中海海盛
中海集装箱运输有限公司	中海集运
中海集团客运有限公司	中海客运
中海汽车船运输有限公司	中海汽车船
中海川崎汽车船运输有限公司	中海川崎
上海浦海航运有限公司	浦海航运
上海时代航运有限公司	时代航运
上海友好航运有限公司	友好航运
上海金海船务贸易有限公司	金海船务
上海北海船务股份有限公司	北海船务
中国远洋运输（集团）总公司	中远集团

(续表)

企业、机构全称	企业、机构简称
中国远洋控股股份有限公司	中国远洋
中远集装箱运输有限公司	中远集运
上海泛亚航运有限公司	泛亚公司
中日国际渡轮有限公司	中日轮渡
上海国际渡轮有限公司	国际轮渡
上海仁川国际渡轮有限公司	仁川国际
中国长江航运(集团)总公司	长航集团
中国对外贸易运输(集团)总公司	中外运
中国外运长航集团有限公司	中外运长航
上海长江轮船公司	上海长航
中外运集装箱运输有限公司	中外运集运
上海长航国际海运有限公司	长航国际
上海市锦江航运有限公司	锦江航运
中波轮船股份公司	中波公司
民生轮船股份有限公司上海分公司	上海民生
上海新海航业有限公司	新海航业
中国扬子江轮船股份有限公司	扬子江公司
上海海华轮船有限公司	海华轮船
上海集海航运有限公司	集海航运
上海振华船运有限公司	振华船运
上海新海丰集装箱运输有限公司	新海丰集运
上海新海天航运有限公司	新海天公司
上海安吉汽车物流有限公司	安吉物流
上海中谷新良海运有限公司	中谷新良
华海石油运销有限公司	华海公司
上海新洋山集装箱运输有限公司	新洋山公司
韩进海运(中国)有限公司	韩进海运
商船三井(中国)有限公司	商船三井
日本川崎汽船株式会社	川崎汽船
日本邮船(中国)有限公司	日本邮船
马士基航运公司	马士基公司

（续表）

企业、机构全称	企业、机构简称
以星综合航运有限公司	以星航运
达飞轮船（中国）有限公司	达飞轮船
东方海外货柜航运（中国）有限公司	东方海外
台湾长荣海运集团	长荣海运
台湾阳明海运股份公司	阳明海运
台湾万海航运股份有限公司	万海航运
台湾航业股份有限公司	台湾航业
上海中化思多尔特船务有限公司	中化思多尔特
其他企业	
中国上海外轮代理有限公司	上海外代
上海中远国际货运有限公司	中货公司
上海联合国际船舶代理有限公司	联合船代
上海中远物流有限公司	中远物流
上海远洋船舶管理有限公司	上远船管公司
上海远洋船舶供应公司	上海远供
中海集团物流有限公司	中海物流
中海船务代理有限公司	中海船务
中海工业有限公司	中海工业
中海电信有限公司	中海电信
中海供贸有限公司	中海供贸
中海码头发展有限公司	中海码头
中海国际船舶管理有限公司	中海国际
中海集团国际贸易有限公司	中海国贸
中海集团投资有限公司	中海投资
中海信息系统有限公司	中海信息
上海傲兴国际船舶管理有限公司	傲兴公司
上港集团物流有限公司	上港物流
中石化中海船舶燃料供应有限公司	中石化中海燃供
上海中燃船舶燃料有限公司	上海中燃
上海国际港务（集团）股份有限公司	上港集团
中国船舶工业集团公司	中船集团

(续表)

企业、机构全称	企业、机构简称
沪东中华造船(集团)有限公司	沪东中华船厂
日本川崎重工坂出工厂	日本川崎
江南造船(集团)有限责任公司	江南造船
江南长兴重工船厂	长兴重工
中远川崎船舶工程有限公司	中远川崎
大连新船重工有限责任公司	大连新船重工
大连船舶重工集团有限公司	大连船舶重工
广州广船国际股份有限公司	广船国际
广州中船集团龙穴造船有限公司	广州龙穴造船
上船澄西船舶有限公司	澄西船厂
渤船重工船舶有限责任公司	渤海船厂
中国华能集团公司	华能集团
中远船务工程集团有限公司	中远船务
上海振华重工(集团)股份有限公司	振华重工
中国海洋石油总公司	中海油
中国石油化工集团公司	中石化
中国石油天然气股份有限公司	中石油
中国石油天然气集团公司	中石油
中国石化上海石油化工股份有限公司	上海石化
首都钢铁集团总公司	首钢集团
上海宝山钢铁总厂	宝钢
宝钢集团股份有限公司	宝钢集团
武汉钢铁集团公司	武钢集团
神华集团有限责任公司	神华集团
亿通国际股份有限公司	亿通国际
机构	
中华人民共和国上海海事局	上海海事局
上海船舶运输科学研究所	上海船研所
上海航运交易所	上海航交所

资料来源：表内各相关单位

编 后 记

《上海市志·交通运输分志·海洋运输卷(1978—2010)》是上海第一部完整记载海洋运输行业发展变化的断代志，展现的是上海海洋运输行业在改革开放32年中波澜壮阔的历史画卷。本志书由上海船东协会承编。其编纂工作始于2010年，历经七年寒暑，千锤百炼后，方才交由市方志办审定出版。

依法修志组织发动。这次修志是继20世纪90年代全国及上海市第一轮修志后又一次开展的大规模修志工程。2006年，国务院颁发《地方志工作条例》，上海市人民政府也颁布了相应法规，高度重视这一民族文化工程的传承发扬光大。根据市方志办和市交通运输分志编委会的统一部署和要求，由中国海运(集团)总公司主要领导牵头，各主要参编单位负责人参加的《海洋运输卷》编委会于2010年成立，并设置编纂室，落实编纂人员，建立了本系统兼职资料员队伍。仅2011年，上海船东协会就先后召开5次资料员工作会议，组织资料员学习《地方志工作条例》等条例、法规，及时通报编纂工作进展情况，增强相关人员的责任感和积极性。组织发动的落实，为全面开展资料收集及编纂工作奠定了扎实基础。

同心协力众手成志。改革开放30多年间，上海海洋运输行业变化巨大。《海洋运输卷》涉及的点多面广，各种资本类型的航运企业大量涌现、船舶日益向大型化、远程化、规模化发展；现代航运服务业蓬勃兴起；信息化、网络化管理已在全系统普及。如何客观、全面、准确地反映行业变化，体现出地方特色、时代特色、行业特色，需要运用大量的资料来说话。《海洋运输卷》的编纂，始终坚持“两条腿走路”方针，既充分发挥专职编纂人员的主观能动性，又紧紧依靠各参编单位领导的重视、支持与配合，切实发挥全体资料员的作用。本卷志书大致经历了组织发动、篇目设计、资料收集、编写资料长编、纂写初稿、总纂及评审等六个阶段。整个编纂过程，得到了市方志办、市交通运输分志编委会以及中海集团、中远集运、中外运集运、中波公司、锦江航运、上海长航、上港集团、上海航交所、上海海事局、上海海事大学、虹口区航运办、上海新航信息科技公司等近50家驻沪航运企业及相关单位的高度重视、悉心指导及鼎力相助。本卷志书的问世既是编纂人员多年心血的结晶，也是全体参编单位集体智慧和力量的成果。期间，上海市地方志办公室给予多方面指导，上海市交通运输和港口管理局、上海交通运输分志编委会办公室不仅在修志工作的开展和实际操作上予以关心和帮助，而且直接提供了大量有关上海海洋运输方面的宝贵资料。这些资料大都从宏观角度反映了上海海洋运输的发展变化情况，为编纂人员准确把握全行业情况，发挥了重要作用。市方志办市志处的黄晓明、杨军益和市交通运输分志编委会的葛明明、陈毅影、沙伟倩、茅伯科等领导和专家，都曾为本卷编纂工作作过具体指导。各参编单位不厌其烦地多次提供大量宝贵资料和图片，充分体现了众手成志的初衷。在此，我们谨向所有为《海洋运输卷》编纂提供过支持和帮助的人员表示由衷的感谢！

玉汝于成不辞辛劳。南朝文学家江淹说:“作史之难,无出于志。”我们深感修志工作的主要难处在于修志工作者自身文史素养和专业知识的缺乏,只能在实践中不断摸索,加深认知。《海洋运输卷》先后收集了上千万字的专业性较强的各类资料、百余幅历史图片,整理编写出大约 250 万字的资料长编,在此基础上形成了近百万字的志稿。面对繁纷、清苦而又精细入微的工作任务,要求编纂人员不仅要坐得住,走得勤,而且要不断丰富提高自身的专业知识水平和文字表达能力。为此,全体编纂人员以“板凳要坐十年冷,文章不写一句空”为座右铭,除加强相互间的学习、探讨外,努力借鉴古今优秀志书的长处,虚心向行家里手学习,几年间几乎走遍了各主要参编单位,并登门拜访了多名业内的专家和老前辈,征询意见,聆听教诲。在多重困难面前,始终以强烈的使命感勤勉尽责、锲而不舍,边学边干,在实践中总结、提高。春华秋实,令我们倍感欣慰的是七年的努力和付出,终于初见成果。

《海洋运输卷》由上海船东协会常务副会长陈德明担任主编,王树军为常务副主编,卢启汉为责任编辑。其中第一、三、六、九篇由卢启汉执笔;第二、四、五、七、十篇及大事记、概述由王树军执笔;第八篇由张丽娟执笔;专记由卢启汉和王树军分别执笔;全卷由王树军总纂。参加过本卷组织发动、资料收集和整理、初稿修改等工作的人员还有施聪裕、于强、吴锦祥、朱文樵、江长城、杨顺娟、高峰、王逸奇、陈彭年、富平、姚平、宋辉、胡柏青、吴乃文、周雯珺、朱宇、李文才、林惠政、沈志华、宋飞飞、金佳慧、罗斌、郑懿、倪蓉、王家斌、张洁、林玉萤、果萤、韩金晶、萧雪春、舒晓燕、葛钰麟、王宏强、单丹、李韵、顾磊、于政霞、杨荣骏、王思、吴学锋、徐朝利、袁隽、沈兰、吴菁玮、高娟、黄佳萍等同志。《海洋运输卷》的编纂,是一项涉及面广、操作难度大的浩繁工程,限于编纂人员的认知水平和工作能力,难免会存在各种疏漏和差错,欢迎广大读者,尤其是本行业领导和专家予以批评指正。

上海船东协会《海洋运输卷》编纂室
2017 年 6 月